매튜 풀

청교도 성경주석

MATTHEW POOLE'S COMMENTARY

에베소서 ~ 데살로니가후서

박문재 옮김

역자 박문재

역자는 서울대학교 법과대학, 장로회신학대학교 신대원 및 대학원(Th.M.)을 졸업하였다. 역서로 비슬리 머리의『예수와 하나님 나라』, 존 브라이트의『이스라엘 역사』, F.F. 브루스의『바울』, B.S. 차일즈의『구약신학』, 아이히로트의『구약성서신학 I, II』, 제임스 D.G. 던의『바울 신학』,『매튜 헨리 주석』(「요한복음」, 시가서·선지서 전부) 외에 다수 있다.

청교도
성경주석

19

매튜 풀

청교도 성경주석

MATTHEW POOLE'S COMMENTARY

에베소서 ~ 데살로니가후서

박문재 옮김

SINCE 1984
크리스천
다이제스트

MATTHEW POOLE'S COMMENTARY

에베소서

MATTHEW POOLE'S COMMENTARY

서론

에베소는 소아시아에서 가장 비중 있고 중요한 도시였는데, 첫째로는 죄와 마술(행 19:19), 우상 숭배(특히 아데미 숭배, 행 19:24), 박해(고전 15:32; 16:9), 다음으로는 바울의 전도를 받아 복음을 받아들여서(행 18장) 큰 열심을 보인 것(행 19:17-18; 계 2:2-3), 마지막으로는 "처음 사랑"을 버리고 신앙이 식어 냉랭해진 것으로 유명하였다(계 2:4). 바울은 사도행전 20:29-30에서 "내가 떠난 후에 사나운 이리가 여러분에게 들어와서 그 양 떼를 아끼지 아니하며 또한 여러분 중에서도 제자들을 끌어 자기를 따르게 하려고 어그러진 말을 하는 사람들이 일어날 줄을 내가 아노라"고 말한 것으로 보아서, 에베소 교회에서 거짓 교사들과 분파주의자들이 일어나서, 결국에는 에베소 교인들의 신앙을 망쳐 놓게 될 것을 미리 내다보았던 것으로 보인다. 그래서 사도는 사도행전 20:28에서 "여러분은 자기를 위하여 또는 온 양 떼를 위하여 삼가라 성령이 그들 가운데 여러분을 감독자로 삼고 하나님이 자기 피로 사신 교회를 보살피게 하셨느니라"고 말하며, 에베소 교회의 장로들에게 그들 자신과 온 양 떼를 잘 보살필 것을 당부하였을 뿐만 아니라, 나중에 로마에서 죄수로 감금되어 있는 동안에, 에베소 교인들에 대한 관심과 염려로 인해서, 그들로 하여금 자신들이 전에 받은 믿음에 굳건히 서서, 거룩한 복음에 합당한 거룩한 삶을 살게 하기 위하여 이 서신을 그들에게 써 보냈다.

이 서신은 크게 두 부분으로 되어 있다: (1) 처음 세 장은 교리 부분으로서, 거기에서 사도는 먼저 택하심, 속량하심, 부르심, 의롭다 하심, 양자됨과 관련한 하나님의 은혜의 교훈을 에베소 교인들에게 설명하고(엡 1장), 그 은혜가 어떠한 것인지를 예시하기 위하여, 그들이 전에 얼마나 통탄할 만한 삶을 살았었는지를 보여 주며(엡 2장), 자신을 반대하고 비방하는 모든 자들을 반박하여, 자기가 이방인들에 대한 사도라는 것과 하나님으로부터 "측량할 수 없는 그리스도의 풍성함을 이방인에게 전하라"는 사명을 받았음을 단언함으로써 자신의 부르심이 참됨을 분명하게 보여 준다(엡 3장). (2) 다음 세 장은 실천 부분으로서, 거기에서 사도는 에베소 교인들에게 그리스도인으로서의 의무들, 즉 모든 믿는 자들에게 해당되는 좀 더 일반적인 의무들(엡 4장), 또는 특별히 에베소 교인들과 관련된 몇몇 구체적인 분야들, 특히 질서에 관한 의무들(엡 5-6장)을 부지런히 행함으로써, 그들의 부르심에 합당하게 행하라고 권면한다.

MATTHEW POOLE'S COMMENTARY

에베소서 1장

개요

1. 에베소 교인들에 대한 인사말(1–2).
2. 그리스도 안에서 택하셔서 자녀로 삼기로 예정하신 자들에게 신령한 복들을 주신 하나님을 찬송함(3–6).
3. 그리스도 아래에서 모든 사람을 한데 불러 하나가 되게 하고자 하신 자신의 뜻을 따라 은혜로 우리를 속량하신 하나님을 찬송함(7–10).
4. 먼저 그리스도를 믿은 자들로 하여금 이미 기업을 얻게 하신 하나님을 찬송함(11–12).
5. 나중에 믿은 자들에게도 그 기업에 대한 보증으로 성령을 주신 하나님을 찬송함(13–14).
6. 바울은 그들의 믿음으로 인하여 하나님께 끊임없이 감사하고 있고, 그리스도 안에서의 그들의 신분과 관련된 것들을 아는 지식에서 하나님이 그들을 온전하게 해 주실 것을 기도하고 있다고 밝힘(15–19).
7. 하나님께서는 그리스도를 일으키시고 높이셔서 몸인 교회의 머리가 되게 하심(20–23).

1. 하나님의 뜻으로 말미암아 그리스도 예수의 사도 된 바울은 에베소에 있는 성도들과 그리스도 예수 안에 있는 신실한 자들에게 편지하노니.

"신실한 자들"은 다음 두 가지 중 하나로 이해될 수 있다: (1) 사도는 앞에서 성도들이라고 말한 후에, 여기에서는 그 범위를 더욱 좁혀서, 단지 성도들일 뿐만 아니라, 그 중에서도 그리스도에 대하여 진실하여 변함이 없는 자들을 "신실한 자들"로 표현하고 있다. (2) 사도는 앞에서 성도들이라고 말한 후에, 여기에서는 그들을 "그리스도 예수 안에 있는 신실한 자들"이라고 보충설명을 하고 있다. 이 두 가지 해석 가운데서 후자가 좀 더 유력해 보인다. "그리스도 예수"는 에베소 교인들이 "성도들"로 불리기에 합당하게 만들어 주는 저 거룩함의 원천이다.

2-3. [2]하나님 우리 아버지와 주 예수 그리스도로부터 은혜와 평강이 너희에게 있을지어다 [3]찬송하리로다 하나님 곧 우리 주 예수 그리스도의 아버지께서 그리스도 안에서 하늘에 속한 모든 신령한 복을 우리에게 주시되.

영어에서 bless는 하나님에 대하여 사용될 때와 사람에 대하여 사용될 때에 서로 다른 의미로 사용되는데, 전자의 경우에는 하나님의 탁월하신 것들과 하나님이 우리에게 주신 은택들을 인정하고 감사한다는 의미에서 "찬송하는" 것을 뜻하고, 후자의 경우에는 하나님이 우리에게 "복을 주시는" 것을 뜻한다. 사도는 하나님께서 우리를 선대하셔서 우리에게 "모든 신령한 복들"을 주셨기 때문에, 하나님께서 그렇게 우리에게 복 주신 것을 우리가 인정하고 감사하며 하나님을 "찬송하는" 것이 마땅하다고 말한다. "모든"은 "온갖 종류의"를 뜻한다. "신령한 복들"은 현세적이고 세상적인 복들과 반대되는 개념이다. 육신적인 유대인들이 기대하였고 율법에서 약속한 것들(신 28장)은 대체로 현세적이고 세상적인 복들로서, 그러한 복들은 믿는 자들의 신령한 삶과 영적인 구원과 직결되어 있는 저 "신령한 복들"의 모형들이자 그림자들일 뿐이었다.

"하늘에 속한 복들"은 다음 두 가지 중 하나로 해석될 수 있다: (1) 이것은 신령한 복들과 동일한 의미로서, 단지 표현만을 달리한 것이다. (2) 이것은 하나님께서 전에 자기 백성에게 주시기로 약속하셨던 땅, 특히 가나안 땅에서의 복들과 반대되는 하늘에서의 복들을 가리킨다. 이 "신령한 복들"이 하늘에 속한 복들인 이유는, 그 복들은 이 땅에 있는 우리에게 주어졌지만, 하늘에 계신 하나님과 그리스도로부터 우리에게 주어진 것이고, 그 복들의 온전한 형태는 오직 나중에 하늘에서만 누리게 될 것이기 때문이다. "그리스도 안에서"는 "그리스도에 의해서" 또는 "그리스도로 말미암아"라는 뜻이다. 이 신령한 복들이 하나님으로부터 나와서 우리에게 주어질 수 있는 것은 그리스도의 공로로 인한 것이다. 또는, "그리스도 안에서"라는 어구는, 모든 신령한 복들이 우리의 머리 되시는 그리스도 안에 다 있어서, 그리스도에게서 흘러나와 그의 지체들인 우리에게 임하는 것이기 때문에, 우리가 가진 모든 복들은 그리스도의 충만하심으로부터 받은 것을 의미하는 것일 수도 있다. 사도는 창세기 22:18에서 하나님께서 아브라함에게 "네 씨로 말미암아 천하 만민이 복을 받을" 것이라고 약속하신 것을 염두에 두고, 거기에서 "네 씨"는 그리스도를, "복"은 모든 신령한 복을 가리키는 것으로 해석하여, 이 말을 하고 있는 것으로 보인다. 사도행전 3:25-26을 보라: "너희는 선지자들의 자손이요 또 하나님이 너희 조상과 더불어 세우신 언약의 자손이라 아브라함에게 이르시기를 땅 위의 모든 족속이 너의 씨로 말미암아 복을 받으리라 하셨으니 하나님이 그 종을 세워 복 주시려고 너희에게 먼저 보내사 너희로 하여금 돌이켜 각각 그 악함을 버리게 하셨느니라."

4. 곧 창세 전에 그리스도 안에서 우리를 택하사 우리로 사랑 안에서 그 앞에 거룩하고 흠이 없게 하시려고.

창세 전에 그리스도 안에서 우리를 택하사. 하나님께서는 "우리를 택하셨기" 때문에 거기에 따라 온갖 신령한 복들로 우리에게 복을 주시는 것이다. 택하심은 그러한 복들이 우리에게 임하는 원천이기 때문에, 하나님께서 우리의 구원을 위하여 행하시는 모든 일들은 이미 영원 전에 미리 계획하시고 작정하신 일들이다. 하나님께서는 창세 전에 자신의 영원하신 계획 안에서 자신의 은혜 밖에 두실 자들로부터 우리를 구별하셔서, 우리를 "거룩하고 흠이 없게" 하시기로 작정하셨다. "그리스도 안에서"는 다음 두 가지 중 하나를 의미한다: (1) 이것은 앞 절에서와 마찬가지로 그리스도에 의해서 및 그리스도로 말미암아를 의미한다. 그리스도와 그리스도의 공로는 하나님이 우리를 택하시게 된 원인이 아니라 우리를 거룩하게 하시는 원인으로 작용한다. 즉, 하나님께서는 그리스도로 말미암아 우리를 거룩하고 흠 없게 하시려고 우리를 택하셨다는 것이다. (2) 이것은 우리는 그리스도의 신령한 집이고, 그리스도는 우리의 터라는 것을 의미한다. 이 터 위에서 하나님은 우리를 자기와 연합하게 하시고, 자신의 은혜와 능력을 우리에게 주신다. 또는, 하나님께서는 그리스도가 우리의 머리이시기 때문에, 그리스도의 지체들인 우리에게 은혜와 힘과 생명을 주실 수 있으시다. "창세 전에"는 하나님이 세상을 창조하시기로 작정하시기 전, 또는 그 작정하심을 실제로 실행에 옮기셔서 세상을 창조하시기 전, 즉 우리나 세상이 존재하지 않았던 영원 전을 의미한다.

우리로 사랑 안에서 그 앞에 거룩하고 흠이 없게 하시려고. 이것은 하나님께서 그리스도 안에서 우리에게 은혜를 주셔서 거듭나게 하시는 것에서 시작되고, 현세에서 우리의 죄악된 본성이 죽어지게 하시고 거룩하게 하시는 것으로 이어지는데, 현세에서의 우리의 거룩함은 내세에 이르러서야 온전해진다. 여기에서 사도는 우리의 거룩함은 우리의 택하심의 원인이 아니라 결과라는 것을 분명하게 선언한다. 즉, 우리가 거룩하기 때문에, 또는 우리가 장차 거룩하게 될 줄을 하나님이 미리 아셨기 때문에, 하나님께서 우리를 택하신 것이 아니다. 반대로, 하나님께서는 우리를 거룩하게 하시려고 우리를 택하셨다. "그 앞에"는 "외모를 보고 속으시는 법이 없으시고 사람들의 마음을 보시는 하나님 앞에서"를 의미한다. 사도가 "사랑 안에서"라고 한 것은, "사랑"은 우리가 거룩하게 되었을 때에 나타나는 주된 것으로서, 우리 안에 하나님을 경외하는 마음이 있고, 우리가 온 율법에 순종하고 있음을 보여주는 최고의 증거이기 때문이다.

5. 그 기쁘신 뜻대로 우리를 예정하사 예수 그리스도로 말미암아 자기의 아들들

이 되게 하셨으니.

하나님께서는 우리로 하여금 "자기의 아들들"이 되어서 영광을 누리게 하시려고 "우리를 예정하셨다." 사도는 여기에서 하나님이 우리를 하나님의 아들들이자 천국의 상속자들로 삼으셨다고 말함으로써, 앞에서 하나님이 우리를 거룩하게 하고자 하셨다고 말한 것에서 한 걸음 더 나아가고 있는 것으로 보인다. 사도는 앞에서 중보자이시자 택함 받은 자들의 머리이신 그리스도가 하나님이 우리에게 주시는 온갖 신령한 복들의 토대라는 것을 보여 주었는데, 이제 여기에서도 또 다시 "예수 그리스도로 말미암아"라는 어구를 사용함으로써, 우리가 그리스도와 연합된 것이 하나님께서 우리를 "자기의 아들들"이 되게 하시는 토대임을 보여 준다. 하나님께서 우리를 택하셔서 자기의 아들들로 삼으신 데에는 원래부터 하나님의 아들이신 예수 그리스도의 중보가 개입되어 있다는 것이다.

이 절의 헬라어 본문은 직역하면 "그 기쁘신 뜻대로 자기 자신을 위하여 예수 그리스도로 말미암아 우리를 아들들이 되게 하셨으니"가 되는데, 여기에서 "자기 자신을 위하여"(한글개역개정에서는 "자기의"로 번역됨)라는 어구는 다음 중 하나를 의미한다: (1) 이 어구는 하나님께서 우리를 자신의 아들들로 삼으신 이유 또는 동기가 전적으로 하나님 자신에게 있다는 것을 보여 주는 것일 수 있다. (2) 이 어구는 흠정역의 번역대로 "하나님에 대하여"라는 뜻으로, 결국 "자기의 아들들"이 되게 하셨다는 의미일 수 있다(한글개역개정에서도 이렇게 번역하고 있다 — 역주). (3) 이 어구는 아람어 신약성경의 번역대로 "자기 자신을 위하여"를 의미할 수 있다. 즉, 하나님께서는 자기 자신의 영광을 위하여, 우리를 자신의 아들들로 삼으셔서, 우리로 하여금 하나님을 아버지라고 부르게 하셨다는 것인데, 이 해석이 가장 유력하다. "그 기쁘신 뜻대로"는 이 일이 전적으로 하나님의 주권적인 은혜와 선의에 의해서 이루어진 일이라는 것을 보여 준다. 왜냐하면, 하나님의 예정과 작정하심은 오로지 하나님의 주권적인 은혜와 선의로부터만 나올 수 있고, 그 은혜와 선의는 전적으로 오직 하나님으로부터만 기인하고, 하나님 밖의 외부적인 것은 그 어떤 것도 거기에 전혀 영향을 미치지 못하기 때문이다.

6. 이는 그가 사랑하시는 자 안에서 우리에게 거저 주시는 바 그의 은혜의 영광을 찬송하게 하려는 것이라.

"그의 은혜의 영광을 찬송하게 하려는 것이라." "은혜의 영광"은 통상적인 히브리식 표현으로서 영광스러운 은혜, 즉 크고 풍성하며 칭송할 만한 은혜를 의미한다. 사도는 우리로 하여금 하나님의 이 영광스러운 은혜를 찬송하게 만드는 것이, 하나님께서 우리를 자기 아들들이 되게 하시기 위하여 택하시고 예정하신 목적이라고 말한다. 하나님께서 우리를 택하셔서 자기 아들들이 되게 하시는 은혜를 우리에게 나타내신 것은 우리로 하여금 하나님의 그러한 은혜를 사실 그대로 인정하고서 하나님을 찬송하고 경배하게 하기 위한 것이다. 사도는 하나님께서 이 은혜를 "사랑하시는 자 안에서 우리에게 거저 주셨다"고 말한다. 하나님께서는 그리스도 안에서 우리를 택하셨고, 지금도 여전히 그리스도 안에서 은총을 베풀어 주신다. 이렇게 하나님이 우리를 기뻐하시는 것은, 우리가 우리의 머리 되시는 그리스도와 연합되어 있는 지체들인 까닭에, 하나님께서는 그리스도 안에서 우리를 보시기 때문이다. 우리 자신만 놓고 보았을 때에는, 우리는 그저 죄인들일 뿐이기 때문에, 하나님께서는 "그가 사랑하시는 자"이신 그리스도 안에서만 우리를 자기 아들들이 되게 하시는 것이다.

7. 우리는 그리스도 안에서 그의 은혜의 풍성함을 따라 그의 피로 말미암아 속량 곧 죄 사함을 받았느니라.

우리를 속량하시는 일은 성부와 성령께서도 관여하셨지만, 직접적으로 그 일을 하신 분은 하나님이자 사람이신 성자 그리스도이셨기 때문에, 사도는 우리가 "그리스도 안에서" 속량하심을 받았다고 말한다. 성부와 성령은 우리를 속량하시는 일에 이모저모로 관여하셨다. 그러나 친히 우리와 같은 본성을 입으시고 우리와 똑같이 되셔서 우리의 죄를 짊어지심으로써 우리를 속량하신 분은 오직 그리스도시다. 여기에서 "우리"는, 사도가 앞에서 말하였듯이, 하나님의 택하신 자들을 의미한다. 우리를 "속량하셨다"는 것은 우리가 받아야 하였던 하나님의 진노와 율법의 저주로부터 우리를 해방시키시고, 결과적으로 죄의 권세와 사탄의 폭정으로부터 우리를 해방시키셨다는 것이다. 우리가 "그의 피로 말미암아" 속량하심을 받았다는 것은 그리스도께서 십자가 위에서 죽으심으로써 자신의 피로 제사를 드리신 것으로 말미암아 우리의 속량하심이 이루어진 것을 의미한다. 그리스도께서 흘리신 피는 우리를 하나님께 드린 속전이었다. 이것으로써 하나님의 공의가 충족되었기 때문에, 우리는 더 이상 마귀에게 붙잡혀 있거나, 죄의 지배 아래 있지 않아도 되게 되었다. "죄 사함"은 "속량"과 동일한 것이 아니고, "속량"의 결과이다. 따라서 사도는 속량의 유일한 결과가 아니라 일차적이고 중요한 결과로서 "죄 사함"을 언급한 것이다.

그의 은혜의 풍성함을 따라. 6절에 나온 "은혜의 영광," 즉 영광스러운 은혜는 여기에서는 "은혜의 풍성함," 즉 풍성한 은혜로 표현된다. 사도는 다른 곳들에서도 이 어구를 여기에서와 동일한 의미로 자주 사용한다(롬 9:23; 엡 2:4, 7).

8. 이는 그가 모든 지혜와 총명을 우리에게 넘치게 하사.

사도는 하나님께서 앞에 언급된 그러한 은혜를 우리에게 넘치게 하셔서, 즉 하나님 자신 안에 있는 풍성한 은혜(7절의 "은혜의 풍성함")로부터 우리에게 "지혜와 총명"을 부어 주셨다고 말한다. 이것과 비슷한 표현이 디모데전서 1:14에도 나온다: "우리 주의 은혜가 그리스도 예수 안에 있는 믿음과 사랑과 함께 넘치도록 풍성하였도다." "모든 지혜"는 다른 모든 지혜보다 더 온전하고 뛰어난 지혜를 의미하거나, 구약 시대에 부분적으로 주어진 것보다 더 온전한 지혜를 의미한다. 구약 시대에는 하나님의 진리들이 부분적이고 단편적으로 계시되었기 때문에, 영적인 지혜도 더 풍성하지 못했지만, 복음 아래에서는 지혜와 계시의 성령이 믿는 자들에게 부어져서, 그들은 좀 더 온전하고 풍성한 지혜를 갖게 되었다.

지혜와 총명. 이것은 헬라인들이 구한 것보다 더 온전하고 수준 높은 지혜를 담고 있는 복음의 교훈을 가리키는 것일 수 있다. 헬라인들은 그러한 지혜가 결여되어 있어서, 복음을 "미련한 것"으로 여겼다: "유대인은 표적을 구하고 헬라인은 지혜를 찾으나 우리는 십자가에 못 박힌 그리스도를 전하니 유대인에게는 거리끼는 것이요 이방인에게는 미련한 것이로되"(고전 1:22-23). 또는, "지혜"는 우리가 우리에게 계시된 영적인 진리들이 뛰어나고 탁월하다는 것을 알고서 받아들여 믿게 된 것을 가리키고, "총명"은 우리가 우리의 삶과 행실이 어떠하여야 하는지를 알아서, 거기에 따라서 우리 자신을 다스리게 된 것을 가리키는 것일 수 있다. 후자의 해석에 의하면, "지혜"는 다름아닌 믿음을 가리키고, "총명"은 사실상 거룩함을 가리킨다고 할 수 있기 때문에, "지혜"는 우리가 믿는 것들과 관련되어 있고, "총명"은 우리가 행하는 것들과 관련되어 있다. 사도는 이 절에서 하나님께서 실효적으로 우리를 부르시기 위하여 우리의 심령과 내면에서 행하시는 역사를 이렇게 "지혜와 총명"으로 표현하고, 다음 절에서는 복음 전도를 통한 외적인 부르심에 대하여 말한다.

9. 그 뜻의 비밀을 우리에게 알리신 것이요 그의 기뻐하심을 따라 그리스도 안에서 때가 찬 경륜을 위하여 예정하신 것이니.

그 뜻의 비밀을 우리에게 알리신 것이요. "그 뜻의 비밀"은 그리스도로 말미암은 은혜와 구원에 관한 가르침 전체를 가리킨다. 만일 하나님께서 복음을 통해 이 비밀을 우리에게 계시하지 않으셨다면, 이 비밀은 우리에게 여전히 비밀로 남아 있었을 것이다. 그런데 하나님께서는 내적으로는 성령의 조명을 통해서, 그리고 외적으로는 복음 전도를 통해서 우리에게 자신의 뜻의 비밀을 계시하셨다. 이것은 "그의 기뻐하심을 따라" 된 것이었다. 하나님께서 우리에게 모든 신령한 복들을 주시기 위하여 먼저 우리를 택하시고 예정하신 것도 "그의 기뻐하심을 따라" 된 것이고, 모든 신령한 복들이 우리에게 부어지게 된 것도 "그의 기뻐하심을 따라" 된 것이다. 이렇게 하나님의 기뻐하심은 이 모든 것의 토대이다. 이것이 "예정하신 것"이었다는 것은, 하나님께서는 외부의 그 어떤 것에 의해서도 영향을 받지 않으시고 오로지 자신의 뜻을 따라 이것을 확고하게 미리 정하셨다는 것을 의미하는 것일 수도 있고, 이 비밀을 계시하기로 정하신 때가 올 때까지는 이 계획을 자기 자신 속에만 담아 두셨다는 것을 의미하는 것일 수도 있다.

일부 사본들에서는 9절에 나오는 관계사를 생략하고, 헬라어 본문으로 "그의 기뻐하심을 따라"에서 문장을 끝내서, "자기 자신 안에서 때가 찬 경륜을 위하여 예정하신 것이니"(한글개역개정에는 "자기 자신 안에서"가 "그리스도 안에서"로 되어 있다 — 역주)를 10절과 연결시켜서 이렇게 읽는다: "그는 그의 기뻐하심을 따라 그 뜻의 비밀을 우리에게 알리셨다. 그는 때가 찬 경륜 속에서 하늘에 있는 것이나 땅에 있는 것이 다 그리스도 안에서 통일되게 하려고 자기 자신 안에서 예정하셨다." 하지만 대부분의 사본들에서는 흠정역의 번역처럼 9절에 관계사가 있어서, 9절이 "그는 그의 기뻐하심을 따라 자기 자신 안에서 예정하신 그 뜻의 비밀을 우리에게 알리셨다"에서 끝나는 것으로 읽고, 10절은 "때가 찬 경륜 속에서 하늘에 있는 것이나 땅에 있는 것이 다 그리스도 안에서 통일되게 하려 하셨다"로 읽는다. 그리고 오직 일부 사본들에만 10절의 처음에 보충설명을 의미하는 불변화사가 나온다. 하지만 어느 쪽으로 읽든, 사도가 9절과 10절에서 말하고자 하는 취지는 동일하다. 즉, 사도는 9절에서는 하나님께서 영원 전에 예정하신 자신의 감추어진 뜻을 이제 우리에게 알게 하셨다고 말한 후에, 10절에서는 앞에서 말한 하나님의 "뜻의 비밀"이 무엇인지를 요약해서 제시하고 있다.

10. 하늘에 있는 것이나 땅에 있는 것이 다 그리스도 안에서 통일되게 하려 하심이라.

10절의 헬라어 본문은 "때가 찬 경륜 속에서 하늘에 있는 것이나 땅에 있는 것이 다 그리스도 안에서 통일되게 하려 하심이라"로 되어 있기 때문에, "때가 찬 경륜 속에서"는 "통일되게 하다"에 걸린다(한글개역개정에서는 "때가 찬 경륜 속에서"가 9절의

"예정하다"에 걸리는 것으로 번역하였다 — 역주).

때가 찬 경륜 속에서. "경륜"은 하나님께서 자신의 집에 있는 좋은 것들을 언제 어떻게 나누어 주실지를 정해 놓으시고, 때가 되면 그 정하신 바에 따라 나누어 주시는 것을 의미한다. 이것은 청지기의 직무로부터 가져온 비유인데, 청지기가 주인의 지시에 따라 주인 집에 속한 자들에게 양식이나 물건을 나누어 주는 것을 "경륜"이라고 말한다: "주께서 이르시되 지혜 있고 진실한 청지기가 되어 주인에게 그 집 종들을 맡아 때를 따라 양식을 나누어 줄 자가 누구냐"(눅 12:42). 교회는 하나님의 집이고, 하나님은 그 권속의 주인이시며, 그리스도는 그 집을 다스리시는 청지기이시고, 그리스도께서 나누어 주시는 좋은 것들은 3절에 언급된 저 "신령한 복들"이다. 하나님의 은혜라는 보화들은 구약 시대에는 단지 소수에게 적은 분량만 주어졌을 뿐이고, 많은 사람들에게 풍성하게 주어지는 것은 "때"가 차서 그리스도께서 오셔서 나누어 주실 때까지 보류되어 있었다.

"때가 찼다"는 것은 아버지 하나님께서 전에 하신 약속을 따라 그리스도를 육신의 모양으로 이 땅에 보내어 복음을 선포하게 하셔서, 그리스도 안에서 모든 것을 통일하게 하실 그 때가 이르렀다는 것이다. 하나님께서 정하신 이 "때"는 그리스도께서 이 땅에 오실 때를 가리키기 때문에, 그리스도께서 오시기 이전의 모든 시간들이나 시대들과 반대되는 개념이다: "내가 또 말하노니 유업을 이을 자가 모든 것의 주인이나 어렸을 동안에는 종과 다름이 없어서 그 아버지가 정한 때까지 후견인과 청지기 아래에 있나니 이와 같이 우리도 어렸을 때에 이 세상의 초등학문 아래에 있어서 종 노릇 하였더니 때가 차매 하나님이 그 아들을 보내사 여자에게서 나게 하시고 율법 아래에 나게 하신 것은 율법 아래에 있는 자들을 속량하시고 우리로 아들의 명분을 얻게 하려 하심이라"(갈 4:1-5).

하늘에 있는 것이나 땅에 있는 것이 다 그리스도 안에서 통일되게 하려 하심이라. "하늘에 있는 것"은 그리스도에 의해서 이미 구원을 얻은 죽은 성도들을 가리키는 것일 수도 있고, 자신들의 본래의 자리를 계속해서 지켜 온 거룩한 천사들을 가리키는 것일 수도 있다. "땅에 있는 것"은 여기 이 땅에서 하나님이 여러 세대들의 사람들 중에서 택하신 자들을 가리킨다. "다"는 갈라디아서 3:22에서 "성경이 모든 것을 죄 아래에 가두었으니 이는 예수 그리스도를 믿음으로 말미암는 약속을 믿는 자들에게 주려 함이라"고 한 것처럼 모든 지적인 존재들 또는 모든 사람들을 가리킨다. "그리스도 안에서"는 모든 지적인 존재들이 그들의 머리 되시는 그리스도 안에서 하나님과 연합되고 서로와 연합될 것임을 의미한다. "통일되게 하다"로 번역된 단어는 여러 숫자들을 한데 더해서 그 합계를 아래에 적는 것을 가리키거나(헬라인들은 이렇게 더한 것을 위에 적는다), 웅변가들이 자기가 여러 항목으로 나누어 말한 것들을 마지막에 몇 마디 말로 요약하는 것을 가리키기 때문에, 이것은 구약 시대의 모든 예언들과 약속들과 모형들과 그림자들이 그리스도 안에서 수렴되고 집약되고 성취되었다고 말하는 것이고, 이전에 나뉘어지고 흩어져 있던 모든 것들이 그리스도라는 머리 아래에서 한데 연합되고 통일되었다고 말하고 있는 것이다.

따라서 이 본문의 의미는 이런 것이다: 죄가 세상에 들어옴으로써, 하나님의 주된 작품인 지적인 존재들, 즉 천사들과 사람들의 질서와 조화가 흐트러지고 깨져서, 온 인류와 많은 천사들이 하나님을 떠나 배교하였고, 나머지도 본성적으로 불완전하고 언제 변할지 모르는 상태에 있게 되었다. 그래서 하나님께서 자신이 정하신 때에 만물의 상속자이신 그리스도를 이 땅에 보내어 이 모든 균열을 고치고 바로잡게 하셔서, 자신의 피조세계의 분열된 지체들을 그들의 머리이자 치리자이신 그리스도 아래에서 다시 한데 결합시키고 통일시키심으로써, 선한 천사들이 자신들의 본래의 자리를 더욱 견고하게 지키게 하시고, 자신의 택함 받은 자들을 배교 상태에서 회복시키고자 하셨다. 물론, 그리스도께서 오시기 전인 구약 시대에도 믿는 자들이 구원을 받았고, 택함 받은 천사들이 자신들의 원래의 자리를 견고하게 지켰지만, 그들이 그렇게 될 수 있었던 것은 그들의 머리 되시는 그리스도에 관한 장래의 약속이 그들이 하나님과 연합할 수 있는 토대가 되어 주었기 때문이었다. 만일 그리스도에 관한 하나님의 약속이 없었더라면, 구약 시대에서 날 때부터 죄악된 상태에 있을 수밖에 없었던 우리 인간이 회복될 수 없었을 것이고, 천사들도 자신들의 원래의 자리를 견고하게 지킬 수 없어서 타락하고 말았을 것이다.

11. 모든 일을 그의 뜻의 결정대로 일하시는 이의 계획을 따라 우리가 예정을 입어 그 안에서 기업이 되었으니.

"우리"는 우리 사도들 및 유대인들 중에서 택함 받은 자들, 즉 "그리스도를 먼저 믿은"(12절의 흠정역 번역) 우리를 가리킨다. "기업을 얻었다"(한글개역개정에는 "기업이 되었다")는 것은 기업에 참여하게 되거나 기업에 대한 권리를 얻게 되었다는 것인데, 사도는 여기에서 이스라엘의 열두 지파가 가나안 땅을 나누어 가질 때에 제비뽑기를 통해서 각자의 기업을 얻은 것에 빗대어서, 우리의 기업에 대하여 설명한다. 사도는 우리가 먼저 기업을 구한 것도 아니었고, 기업을 받을 만한 자격을 갖춘 것도 아니었지만, 하나님께서는 전적으로 자신의 뜻에 따라 우리 각자에게 기업을 주신 것임을 보여 준다. 다른 사람들은 하늘에 속한 기업을 얻지 못하였지만, 우리는 하늘에 속한 기업을 얻었다. "예정을 입어." 이것은 앞에 언급된 특권들과 마찬가지로, 하나님의 영원하신 예정에 의해서 우리에게 주어지게 되어 있던 것이었고, 비록 우리의 기여에 의해서가 아니라 값없이 거저 주어진 것이었지만, 하나님의 즉흥적인 생각을 따라 주어진 것이 아니라 영원 전부터 계획된 것에 따라서 주어진 것이었다. 하나님은 "모든 일을 그의 뜻의 결정대로" 강력하고 실효적으로 "일하시는 이"이신데, 우리가 그리스도 안에서 예정을 입어 하나님의 기업이 된 것은 하나님의 저 무한하신 지혜를 따라 된 것이다. 하나님께서는 그러한 지혜로 자신의 뜻을 따라 자유롭게 행하실 때, 그 일들은 하나님의 무한하신 온전하심으로 인하여 깊이 숙고해서 나온 것은 아니지만, 언제나 지극히 이치에 맞고 합당하며 온전하다.

12. 이는 우리가 그리스도 안에서 전부터 바라던 그의 영광의 찬송이 되게 하려 하심이라.

이는 우리가 … 그의 영광의 찬송이 되게 하려 하심이라. 이것은 다음 둘 중의 하나를 의미한다: (1) 우리는 이 구절을 수동적인 의미로 이해해서, 하나님께서 우리를 예정하시고 부르시고 거룩하게 하시고 구원하심으로써, 우리를 통해서 하나님의 탁월하시고 크신 지혜와 능력과 은혜와 긍휼이 드러나게 하고자 하신 것으로 해석할 수 있다. (2) 우리는 이 구절을 능동적인 의미로 이해해서, 우리가 하나님으로부터 받은 그러한 특권들에 걸맞는 거룩함과 순종과 우리 행실의 열매를 통해서 우리에게 그러한 특권들을 주신 하나님의 영광을 드러내게 하고자 하신 것으로 해석할 수 있다.

그리스도 안에서 전부터 바라던. 이 절의 헬라어 본문은 직역하면 "이는 먼저 그리스도께 소망을 둔 우리가 그의 영광의 찬송이 되게 하려 하심이라"가 되고, 여기에서 흠정역은 "먼저 그리스도께 소망을 둔 우리"를 "먼저 그리스도를 믿은 우리"로 번역한다. 사도가 여기에서 말하는 "우리"는 신약 교회의 첫 열매들, 즉 그리스도로부터 친히 복음을 들은 사도들, 그리고 사도들로부터 복음을 전해 받아서 믿게 된 유대인들을 가리킨다.

13. 그 안에서 너희도 진리의 말씀 곧 너희의 구원의 복음을 듣고 그 안에서 또한 믿어 약속의 성령으로 인치심을 받았으니.

그 안에서 너희도 진리의 말씀 곧 너희의 구원의 복음을 듣고. 이 구절의 헬라어 본문에는 "그 안에서" 뒤에 동사가 생략되어 있기 때문에, 우리는 11절의 주동사인 "기업이 되었다"를 가져와서 보충하여 "너희도 진리의 말씀 곧 너희의 구원의 복음을 듣고 그 안에서 기업이 되었고"로 읽을 수도 있고, 여기에서 가장 가까운 12절에 나오는 "믿다" 또는 "소망을 두다"를 가져와서 보충하여 "너희도 진리의 말씀 곧 너희의 구원의 복음을 듣고 그 안에서 믿었고"로 읽을 수도 있는데, 흠정역은 후자로 읽고 있다. 그러나 어느 쪽으로 읽어도 의미상의 차이는 나지 않는다. "너희"는 에베소 교인들을 비롯한 이방 그리스도인들을 가리킨다.

진리의 말씀. 복음은 다음과 같은 이유들로 인해서 "진리의 말씀"이라 불린다: (1) 통상적인 히브리어 어법을 따라, 복음은 "참된 말씀"이라는 것이다. (2) 복음은 모든 진리들 가운데서 가장 탁월하고 필수적인 진리들인 예수 그리스도로 말미암은 의와 생명에 관한 가르침을 담고 있다는 것이다. (3) 율법은 복음의 그림자들을 담고 있는 반면에, 복음 속에는 진리의 실체가 계시되어 있다는 것이다. 사도가 복음을 "너희의 구원의 복음"이라고 부르는 것은, 복음 안에 담긴 내용물이 구원에 관한 가르침임과 동시에, 복음은 하나님께서 사람들에게 역사하셔서 믿음과 구원을 주시는 수단 또는 통로가 되기 때문이다(롬 1:12; 히 2:3).

그 안에서 또한 믿어 약속의 성령으로 인치심을 받았으니. 우리는 "그 안에서"를 "또한 (너희가) 믿어"에 걸리는 것으로 보고서, "또한 너희가 그리스도를 믿어"라고 해석할 수도 있고, "약속의 성령으로 인치심을 받았으니"에 걸리는 것으로 보고서, "그리스도 안에서 약속의 성령으로 인치심을 받았으니"라고 해석할 수도 있는데, 이 구절은 전자의 해석에 의하면, 우리가 그리스도를 믿었기 때문에 약속의 성령으로 인치심을 받았다는 것이 되고, 후자의 해석에 의하면, 우리가 약속의 성령으로 인치심을 받게 된 것이 그리스도 덕분이라고 말하고 있는 것이다. 우리가 "약속의 성령으로 인치심을 받았다"는 것은 하나님이 약속하신 기업을 받게 될 우리의 권리를 성령이 보증하였다는 의미이다. 성령의 이러한 보증은 중생을 통해서 우리의 영혼에 하나님의 형상을 각인하는 방식으로, 또는 우리의 양심 속에서 우리가 하나님의 자녀라는 것을 끊임없이 증언하는 방식으로 이루어진다고 할 수 있는데, 본문에서는 "너희가 믿은 후에 인치심을 받았다"고 말하고 있지만, 전자는 "믿음 후에" 이루어지는 것이라고 할 수 없기 때문에, 후자가 유력하다. 즉, 성령은 직접적으로는 우리의 영혼에 강력한 빛을 비추어서 우리가 그리스도와 천국에 분깃이 있다는 확신을 주는 방식으로, 간접적으로는 우리로 하여금 우리의 영혼 속에 있는 하나님의 형상을 분별할 수 있게 하여, 우리가 하나님이 약속하신 기업에 장차 참여하게 될 것임을 확신하게 하는 방식으로, 우리가 하나님의 자녀이자 기업을 이을 상속자라는 것을 증언한다: "하나님의 성령을 근심하게 하지 말라 그 안에서 너희가 구원의 날까지 인치심을 받았느니라"(엡 4:30); "성령이 친히 우리의 영과 더불어 우리가 하나님의 자녀인 것을 증언하시나니"(롬 8:16); "너희가 아들이므로 하나님이 그 아들의 영을 우리 마음 가운데 보내사 아빠 아버지라 부르게 하셨느니라"(갈 4:6). 성령을 "약속의 성령"이라고 부르는 이유는 하나님께서 전에 성령이 장차 오실 것임을 약속하셨기 때문이거나, 성령은 믿는 자들의 심령 속에서 하나님의 약속들이 참되다는 것을 확증해 주기 때문이다.

14. 이는 우리 기업의 보증이 되사 그 얻으신 것을 속량하시고 그의 영광을 찬송하게 하려 하심이라.

이는 우리 기업의 보증이 되사. 하나님께서 믿는 자들에게 보내셔서 내주하게 하신 성령의 은사들과 은혜들은 하나님이 믿는 자들에게 약속하신 기업이 확실하다는 것을 보증해 주는 담보 또는 계약금이다. 여기에서 "보증"이라는 단어는 사람들 사이에서 거래를 할 때에 장래에 거래대금 전체를 지불하겠다는 약속을 보증하는 의미로 그 대금 중의 일부를 계약금으로 미리 지급하는 관행에서 그 "계약금"을 의미한다.

그 얻으신 것을 속량하시고. 이것은 두 가지로 해석될 수 있다: (1) 우리는 여기에서 치환법이 사용된 것으로 보고서, "그 얻으신 것을 속량하시고"를 "속량하심을 얻으시고"로 해석할 수 있다. 즉, 성령께서는 우리가 죄와 사망과 지옥과 사탄으로부터 최종적으로 온전히 속량함을 받게 될 때까지 우리에게 보증이 되어 주신다는 것이다. 왜냐하면, "속량하심"은 그리스도에 의해서 온전히 이루어졌지만, 현세에서는 부분적으로만 성취되고, 내세에 가서야 비로소 온전히 성취되기 때문이다. (2) 우리는 사도가 여기에서 하나님의 모든 백성을 "그 얻으신 것"이라고 부른 것으로 보고서, 이 어구는 성령께서 세상 끝에 하나님의 모든 백성을 최종적이고 온전하게 속량하실 때까지 우리에게 보증이 되어 주신다는 것을 의미하는 것으로 해석할 수 있다. "그 얻으신 것"이 하나님의 백성을 가리키는 의미로 사용되고 있는 예로는, 사도행전 20:28의 "하나님이 자기 피로 사신 교회"와 베드로전서 2:9의 "그의 소유가 된 백성"이 있다. 그의 영광을 찬송하게 하려 하심이라. 하나님의 백성의 최종적이고 온전한 구원과 속량은 하나님께 큰 영광이 된다: "그 날에 그가 강림하사 그의 성도들에게서 영광을 받으시고 모든 믿는 자들에게서 놀랍게 여김을 얻으시리니"(살후 1:10).

15. 이로 말미암아 주 예수 안에서 너희 믿음과 모든 성도를 향한 사랑을 나도 듣고.

나도 듣고. 사도는 에베소 교인들이 처음으로 믿을 때에 직접 그 현장에 있었던 목격자였지만, 여기에서는 그 이후로 에베소 교인들의 믿음이 한층 더 성장하고 견고해졌다는 것을 다른 사람들을 통해서 자기가 들었다고 말한다. 주 예수 안에서 너희 믿음. 그들은 단지 그리스도께서 행하신 놀라운 일들만을 믿은 것이 아니라, 그리스도가 그들의 구주라는 것을 믿고 받아들여서, 그들의 신앙의 직접적인 대상으로 삼았고, 그리스도로 말미암아 하나님을 믿었다: "너희는 그를 죽은 자 가운데서 살리시고 영광을 주신 하나님을 그리스도로 말미암아 믿는 자니 너희 믿음과 소망이 하나님께 있게 하셨느니라"(벧전 1:21). 모든 성도를 향한 사랑. 이것은 그들의 믿음이 진짜라는 것을 보여 주기 위하여 덧붙인 것이다. 즉, 그들의 믿음은 "사랑으로써 역사하는 믿음"이라는 것이다: "그리스도 예수 안에서는 할례나 무할례나 효력이 없으되 사랑으로써 역사하는 믿음뿐이니라"(갈 5:6). 또한, 사도가 에베소 교인들이 보여 준 "모든 성도를 향한 사랑"을 언급한 것은 하나님에 대한 그들의 사랑이 진짜라는 증거를 제시한 것이기도 하다. 그들이 일부 성도가 아니라 "모든 성도"를 사랑하였다는 것, 즉 어떤 사람들이 하나님의 성도이기 때문에, 하나님의 성도라는 이유만으로 사랑하였다는 것은, 하나님에 대한 사랑의 진실성을 보여 주는 것이다.

16. 내가 기도할 때에 기억하며 너희로 말미암아 감사하기를 그치지 아니하고.

너희로 말미암아 감사하기를 그치지 아니하고. 사도는 하나님께서 에베소 교인들에게 주신 믿음과 사랑, 온갖 신령한 복들을 인하여, 하나님께 감사하기를 그치지 않는다고 말한다. 내가 기도할 때에 기억하며. 또한, 사도는 하나님께서 그들에게 이미 주신 것들에 대하여 하나님께 감사할 뿐만 아니라, 그들에게 아직 부족한 것들을 채워 주시라고 기도하고 있다고 말한다.

17. 우리 주 예수 그리스도의 하나님, 영광의 아버지께서 지혜와 계시의 영을 너희에게 주사 하나님을 알게 하시고.

우리 주 예수 그리스도의 하나님, 영광의 아버지께서. 하나님은 그리스도의 신성이 아니라 인성을 따라 중보자로서의 그리스도의 하나님이 되시기 때문에, 그 점에서 그리스도는 성부 하나님께 순종하는 위치에 있었다. "영광의 아버지"는 지극히 영화로우신 아버지, 모든 영광과 영광스러운 것들의 원천, 모든 영광을 받으시기에 합당하신 분이라는 뜻이다.

지혜와 계시의 영을 너희에게 주사. 8절("이는 그가 모든 지혜와 총명을 우리에게 넘치게 하사")에 나오는 "지혜"와 마찬가지로, 여기에서도 "지혜"는 하나님의 일들을 아는 더 큰 분량의 믿음 또는 지식을 가리키는데, 그러한 믿음 또는 지식의 원천은 성령이시고, 그 성령을 보내시는 분은 하나님이시다. 하나님께서 성령, 곧 지혜의 성령을 사람들에게 주시면, 성령은 사람들 안에서 실효적으로 역사하여 지혜가 생겨나게 하신다. 여기에서 "계시"는 선지자들이 받았던 것과 같은 특별한 계시가 아니라, 믿는 자들에게 누구나 주어지는 통상적인 계시를 의미하는 것으로서, 성령이 앞서 말한 지혜를 사람들 안에서 생겨나게 하는 방식을 나타낸다. 즉, 성령께서는 사람들의 마음에 빛을 비추어서 본성적인 무지를 제거하심으로써, 이전과는 다른 새로운 것들을 보게 하기도 하시고, 이전에 알았던 것들 속에서 놀라운 것들을 새롭게 깨닫게도 하시는 등, 이전에 보지 못했던 것들을 보게 하는 방식으로, 사람들 안에서 지혜를 만들어 내신다는 것이다: "내 눈을 열어서 주의 율법에서 놀라운 것을 보게 하소서"(시 119:18); "이에 그들의 마음을 열어 성경을 깨닫게 하시고"(눅 24:45).

하나님을 알게 하시고. 여기에서 "하나님"으로 번역된 단어는 헬라어 본문에서는 삼인칭 대명사로 되어 있기 때문에, 하나님을 가리키는 것일 수도 있고 그리스도를 가리키는 것일 수도 있고, 그리스도 안에서 하나님을 알게 하신다는 의미일 수도 있다. 어느 쪽으로 해석해도, 사도가 앞에서 언급한 지혜가 어디에 있는지를 여기에서 밝히고 있는 것임은 변함이 없다. 즉, 사도는 골로새서 2:2-3에서 "하나님의 비밀인 그리스도를 깨닫게 하려 함이니 그 안에는 지혜와 지식의 모든 보화가 감추어져 있느니라"고 말하였고, 여기에서도 사람의 "지혜"는 하나님과 그리스도를 제대로 아는 것에 있다고 말하거나, 하나님께서 우리에게 온갖 지혜와 계시를 주시는 목적은 하나님과 그리스도를 알게 하셔서, 그리스도를 우리의 구주로 영접하여 믿고 사랑하며 전적으로 순복하는 데 있다고 말하고 있는 것이다: "이로써 우리도 듣던 날부터 너희를 위하여 기도하기를 그치지 아니하고 구하노니 너희로 하여금 모든 신령한 지혜와 총명에 하나님의 뜻을 아는 것으로 채우게 하시고 주께 합당하게 행하여 범사에 기쁘시게 하고 모든 선한 일에 열매를 맺게 하시며 하나님을 아는 것에 자라게 하시고"(골 1:9-10).

18. 너희 마음의 눈을 밝히사 그의 부르심의 소망이 무엇이며 성도 안에서 그 기업의 영광의 풍성함이 무엇이며.

너희 마음의 눈을 밝히사. 사도는 앞 절에서 말한 것을 여기에서 이어서 설명하면서, 하나님께서 "계시의 영"으로 그들의 "마음의 눈"을 밝혀 주셔서, 이전에 보지 못했던 것들을 볼 수 있게 해 주시라고 기도한다. 사람이 눈을 통해서 보고 자신의 몸으로 모든 행동을 하기 때문에, 눈이 몸을 인도한다고 말할 수 있는 것처럼, 사람의 심령을 인도하는 것은 "마음"이다. 그래서 사도는 그들의 마음이 성령의 더 밝은 조명을 받게 되기를 기도한다.

그의 부르심의 소망이 무엇이며. 이것은 다음 둘 중의 하나를 의미한다: (1) 골로새서 1:5에 언급된 "너희를 위하여 하늘에 쌓아 둔 소망," 그리고 갈라디아서 5:5에서 "우리가 성령으로 믿음을 따라 의의 소망을 기다리노니"라고 말한 것처럼, 여기에서 "소망"은 우리의 소망의 대상, 또는 우리가 소망하는 것을 가리키는 것으로 해석될 수 있는데, 이렇게 본다면, 사도는 여기에서 "하나님께서 복음을 통해서 너희를 어떠한 소망으로 부르셨는지"를 너희가 알게 되기를 원한다고 말하고 있는 것이 된다. (2) 사도는 여기에서 복음이 그들 안에서 만들어 낸 "소망"이 얼마나 크고 확실하며 견고한지를 그들이 알게 되기를 원한다고 말하고 있는 것일 수 있다.

성도 안에서 그 기업의 영광의 풍성함이 무엇이며. "성도"는 온전하게 된 자들을 가리킨다. 왜냐하면, 성도들은 이 땅에서는 하나님이 약속하신 기업을 단지 소망할 뿐이고, 내세에서 온전하게 되었을 때에만 그 기업을 실제로 향유하게 되기 때문이다. "기업"은 천국을 가리킨다. 천국을 기업이라고 부르는 것은, 믿는 자들은 하나님의 아들들이자 상속자들이 됨으로써 천국을 기업으로 받게 되고, 자신의 기업으로서의 천국을 영원히 누리게 되기 때문이다. 그래서 천국은 "영원한 기업"이라 불린다(히 9:15). "영광의 풍성함"은 영광스러운 풍성함 또는 풍성한 영광이라는 뜻이다. 에베소서 1:7에는 "은혜의 풍성함"이라는 말이 나오고, 로마서 9:23에서는 "영광 받기로 예비하신 바 긍휼의 그릇에 대하여 그 영광의 풍성함을 알게 하고자 하셨을지라도 무슨 말을 하리요"라고 말한다. 사도가 "그 기업의 영광"이라고 말하는 것은, 하나님께서는 영광의 아버지로서 이 영광을 사람들에게 주시기 때문이다. 사람들이 자신의 소유에 걸맞는 기업을 자녀들에게 물려주듯이, 하나님은 영광의 아버지이시기 때문에 자신들의 자녀들에게 영광스러운 기업을 물려주신다.

19. 그의 힘의 위력으로 역사하심을 따라 믿는 우리에게 베푸신 능력의 지극히

크심이 어떠한 것을 너희로 알게 하시기를 구하노라.

믿는 우리에게 베푸신 능력의 지극히 크심이 어떠한 것을 너희로 알게 하시기를 구하노라. 사도는 여기에서 하나님께서는 절대적인 능력을 가지고 계셔서 모든 것을 다 하실 수 있으시다는 것을 우리가 알아야 한다고 말하고자 하는 것이 아니라, 하나님께서 우리 믿는 자들의 구원의 처음부터 끝까지 전 과정에 걸쳐서 나타내 보이신 능력이 얼마나 크고 대단한 것이었는지를 우리가 알아야 한다고 말하고 있는 것이다. 하나님께서는 자신의 지극히 크신 능력으로 마지막 날에 우리를 다시 살리셔서 최종적으로 구원하시게 될 것은 말할 것도 없지만, 바로 그 동일하게 지극히 크신 능력으로 이 땅에서 우리 안에 믿음이 생겨나게 하시고, 그 믿음을 계속해서 보존하셔서, 우리로 하여금 흔들림 없이 구원의 길로 끝까지 행하게 하신다: "너희는 말세에 나타내기로 예비하신 구원을 얻기 위하여 믿음으로 말미암아 하나님의 능력으로 보호하심을 받았느니라"(벧전 1:5). 여기에서 사도는 에베소 교인들이 자기가 앞에서 말한 영광스럽고 풍성한 기업을 얻지 못하게 되지는 않을까 하고 염려하지 않도록 하기 위하여, 하나님께서는 그 크신 능력으로 그들을 그리스도께로 인도하셨던 것과 마찬가지로, 이후로도 그 동일한 능력으로 그들을 영광에 이르게 하실 것임을 강조함으로써, 그들에게 힘을 더해 준다.

그의 힘의 위력으로 역사하심을 따라. 어떤 이들은 이 어구가 "믿는"에 걸리는 것으로 보는데, 그렇게 보는 경우에는, 이 어구는 하나님의 크신 능력으로 말미암아 우리가 믿게 되었다고 말하고 있는 것이 되고, 이 절 전체는 하나님께서 자신의 크신 능력으로 우리에게 역사하셔서 우리로 하여금 믿게 하신 것처럼, 장래에도 그 크신 능력을 나타내셔서 우리의 구원을 완성시키실 것이라고 말하고 있는 것이 된다. 그러나 우리는 흠정역의 번역을 따라, 이 절의 전반부인 이 구절은 하나님의 능력이 구체적으로 역사한 사실에 대해서, 특히 다음 절에서 그리스도께서 죽은 자 가운데서 부활하신 사건 속에서 이 능력이 역사한 사실에 대해서 말하고 있고, 이 절의 후반부는 하나님의 그러한 능력이 지극히 크다는 것을 보여 주고 있는 것으로 해석하는 것이 좋을 것이다.

20. 그의 능력이 그리스도 안에서 역사하사 죽은 자들 가운데서 다시 살리시고 하늘에서 자기의 오른편에 앉히사.

그의 능력이 그리스도 안에서 역사하사 죽은 자들 가운데서 다시 살리시고. 사도는 믿는 자들에게 역사하는 하나님의 능력은 그리스도를 죽은 자 가운데서 다시 살리셨던 바로 그 능력이라고 말한다. 하늘에서 자기의 오른편에 앉히사. 왕들이 자신의 다음 가는 신하를 자신의 오른편에 앉힘으로써 그 신하의 존귀와 권위를 확인시켜 주듯이, 하나님께서는 그리스도를 자신의 오른편에 앉히심으로써, 그리스도께 최고의 존귀와 위엄과 권세를 수여하셨다. 여기에서 "하늘"은 가장 높은 하늘을 의미하는데, 이 하늘을 고린도후서 12:2에서는 "셋째 하늘"이라 부르고, 고린도후서 12:4에서는 "낙원"이라고 부른다.

21. 모든 통치와 권세와 능력과 주권과 이 세상뿐 아니라 오는 세상에 일컫는 모든 이름 위에 뛰어나게 하시고.

모든 통치와 권세와 능력과 주권. 여기에 열거된 용어들은 이 세상에서 권세를 지닌 자들과 방백들을 가리키는 데 사용되기도 하고(딛 3:1, "너는 그들로 하여금 통치자들과 권세 잡은 자들에게 복종하며 순종하며 모든 선한 일 행하기를 준비하게 하며"; 유 1:8, "꿈꾸는 이 사람들도 그와 같이 육체를 더럽히며 권위를 업신여기며 영광을 비방하는도다"), 선한 천사들을 가리키기도 하며(골 1:16, "만물이 그에게서 창조되되 하늘과 땅에서 보이는 것들과 보이지 않는 것들과 혹은 왕권들이나 주권들이나 통치자들이나 권세들이나 만물이 다 그로 말미암고 그를 위하여 창조되었고"), 악한 천사들을 가리키는 데 사용되기도 한다(엡 6:12, "우리의 씨름은 혈과 육을 상대하는 것이 아니요 통치자들과 권세들과 이 어둠의 세상 주관자들과 하늘에 있는 악의 영들을 상대함이라"; 골 2:15, "통치자들과 권세들을 무력화하여 드러내어 구경거리로 삼으시고 십자가로 그들을 이기셨느니라"). 세상의 권세자들과 천사들이 이런 용어들로 지칭되는 것은 하나님께서 그들을 통해서 자신의 능력과 통치권을 행사하시기 때문이다. 따라서 우리는 사도가 여기에서 언급하고 있는 이러한 용어들을, 에베소서 3:10("이는 이제 교회로 말미암아 하늘에 있는 통치자들과 권세들에게 하나님의 각종 지혜를 알게 하려 하심이니")의 용례처럼 선한 천사들을 가리키는 것이거나, 골로새서 1:16이나 베드로전서 3:22("그는 하늘에 오르사 하나님 우편에 계시니 천사들과 권세들과 능력들이 그에게 복종하느니라")의 용례처럼 온갖 종류의 권세들과 능력들을 가리키는 것으로 이해하여야 한다.

이 세상뿐 아니라 오는 세상에 일컫는 모든 이름 위에 뛰어나게 하시고. 사도는 자기가 앞에서 열거한 여러 권세 있는 존재들 외에도, 조금이라도 높다고 생각되는 그 어떤 존재보다 그리스도께서 더 뛰어나시다는 것을 말하기 위하여, 여기에 이 구절을 덧붙인다. "모든 이름"은 이름을 지니고 있어서 조금이라도 위엄이나 탁월함이 있는 모든 사람과 모든 물건, 즉 모든 존재를 의미한다. 사도가 "이 세상뿐 아니라 오는 세상"까지 언급하고 있는 것은, 내세에 존재하는 것들은 우리가 이 세상에 있는 동안에는 존재하지 않고 미래에 존재하게 될 것들처럼 보이지만 사실은 현재적으로 존재하고 있는 것들이기 때문이다. 우리는 "이 세상뿐 아니라 오는 세상에"라는 어구가 "하늘에서 자기의 오른편에 앉히사"에 걸리는 것으로 보고서, 그리스도의 통치의 영속성, 즉 그리스도의 나라가 영원한 나라가 될 것임을 의미하는 것으로 해석할 수도 있고(눅 1:33, "영원히 야곱의 집을 왕으로 다스리실 것이며 그 나라가 무궁하리라"), 바로 직전에서 나오는 "일컫는 모든 이름 위에 뛰어나게 하시고"에 걸리는 것으로 보고서, 하나님께서 현세뿐만이 아니라 내세에서도 조금이라도 위엄이나 권세가 있는 모든 존재들보다 그리스도를 더 뛰어나게 하셨다는 것을 의미하는 것으로 해석할 수도 있다.

22. 또 만물을 그의 발 아래에 복종하게 하시고 그를 만물 위에 교회의 머리로 삼으셨느니라.

만물을 그의 발 아래에 복종하게 하시고. "만물"은 그리스도의 몸인 교회를 제외한 그리스도의 모든 원수들을 가리키거나(시 110:1, "여호와께서 내 주에게 말씀하시기를 내가 네 원수들로 네 발판이 되게 하기까지 너는 내 오른쪽에 앉아 있으라 하셨도다"), 좀 더 일반적인 의미에서의 만물, 즉 사도가 앞에서 말한 천사들과 사람들을 가리킨다. 베드로전서 3:22에서 "그는 하늘에 오르사 하나님 우편에 계시니 천사들과 권세들과 능력들이 그에게 복종하느니라"고 말하고 있는 것처럼, 하나님께서는 모든 천사들과 사람들로 하여금 그리스도께 복종하게 하셨다. "발 아래에 복종하게 하셨다"는 것은 완전하고 철저하게 복종하게 하셨다는 뜻이다. 여기에서 다음과 같은 반론이 제기될 수 있다: 만물은 아직 그리스도의 발 아래 두어진 것이 아니지 않는가? 대답: (1) 만물은 지금 그리스도의 발 아래에 두어져 있어서, 그리스도께서는 만물을 자신의 뜻대로 행하실 수 있으시고, 자신이 원하실 때에는 언제라도 자신의 모든 원수들을 부술 수 있으시지만, 여러 가지 이유로 그렇게 하지 않으시고 보류하시는 것일 뿐이다. (2) 만물은 그리스도께 복종하기 시작하였고, 점차 그 복종의 정도는 더욱 커져서, 결국에는 완전히 그리스도께 복종하게 될 것이다. 즉, 만물은 법적으로는 이미 그리스도께 복종하게 되어 있고, 실제로도 그 복종이 점점 더 실현되어 가고 있다.

그를 만물 위에 교회의 머리로 삼으셨느니라. 여기에서 "삼으셨다"로 번역된 단어는 직역하면 "주셨다"인데, "삼으셨다, 세우셨다, 임명하셨다"는 의미이다. "머리"는 신비의 머리를 의미하기 때문에, 이것은 그리스도께서 왕으로서 자신이 제정한 법령들을 통해서 신민들을 외적으로 다스리실 뿐만 아니라, 사람의 몸에 붙어 있는 머리가 몸과 본성적으로 하나가 되어서 몸 안에서 운행하며 역사하여 영향을 주고, 그 생각대로 몸을 움직이듯이, 그렇게 자신의 몸인 교회와 그 지체들에 역사하여 은혜와 능력을 공급해 주고 자신의 뜻을 따라 움직이신다는 것을 보여 준다: "그에게서 온 몸이 각 마디를 통하여 도움을 받음으로 연결되고 결합되어 각 지체의 분량대로 역사하여 그 몸을 자라게 하며 사랑 안에서 스스로 세우느니라"(엡 4:16); "온 몸이 머리로 말미암아 마디와 힘줄로 공급함을 받고 연합하여 하나님이 자라게 하시므로 자라느니라"(골 2:19). "만물 위에"는 다음 둘 중 하나를 의미한다: (1) 하나님께서는 일차적으로 그리스도를 교회의 머리로 주셨다. 그리스도는 만물의 왕이시자 주이시지만, 무엇보다도 교회의 머리이시다. 하나님께서는 그리스도를 모든 통치들과 권세들 위에 세우셨지만, 특히 교회의 머리로 삼으셨다. (2) "만물 위에"라는 어구는 그리스도께서는 교회의 머리로서 행하셔서, 모든 좋은 것들을 교회에 주신다는 것을 의미할 수 있다. 즉, 그리스도께서는 교회의 머리로서 만물에 대한 자신의 권세를 교회의 유익을 위하여 사용하신다는 것이다. "교회"는 모든 시대에 세상에 존재하였거나 존재하는 믿는 자들로 이루어진 보편 교회를 가리킨다.

23. 교회는 그의 몸이니 만물 안에서 만물을 충만하게 하시는 이의 충만함이니라.

교회는 그의 몸이니. 교회의 신비의 몸이고, 육적인 몸에서 그 지체들이 육신의 머리로부터 나오는 생각들에 의해 영향을 받는 것과 마찬가지로, 이 신비의 몸의 지체들도 머리이신 그리스도의 영에 의해서 감화를 받는다. **만물 안에서 만물을 충만하게 하시는 이의 충만함이니라.** 교회는 인격적으로가 아니라 관계적인 면에서 그리스도의 "충만함"이다. 왜냐하면, 그리스도는 교회의 머리이시고, 머리는 몸 없이는 불완전하기 때문이다. 따라서 관계적으로 말하자면, 머리로서의 그리스도는 자신의 신비의 몸인 교회 없이는 불완전하다고 할 수 있다. 사도는 앞에서 교회를 그리스도의 충만함이라고 말한 후에, 사람들이 마치 그리스도께는 교회가 꼭 필요하다고 생각하지 않도록 하기 위해서, 교회 자체도 그리스도에 의해서 충만함을 받는다는 말을 여기에 덧붙인다. 그리스도께서는 자신의 몸 전체와 그 지체들을 자신의 영의 은사들과 은혜들로 충만히 채우신다: "내리셨던 그가 곧 모든 하늘 위에 오르신 자니 이는 만물을 충만하게 하려 하심이라"(엡 4:10).

MATTHEW POOLE'S COMMENTARY

에베소서 2장

개요

1. 에베소 교인들이 과거에는 이방인으로서 타락하고 부패한 삶을 살았음을 상기시킴(1–3).
2. 긍휼이 풍성하신 하나님이 그들을 건지셨음을 상기시킴(4–7).
3. 우리는 행위가 아니라 은혜로 구원을 받아서, 그리스도 안에서 선한 일들을 행하도록 지으심을 받았음(8–10).
4. 전에 하나님으로부터 멀리 있던 외인들이었던 그들이 이제 그리스도의 피로 말미암아 가까워졌음; 그리스도께서는 유대인과 이방인의 구별의 토대였던 제의 율법을 폐기하시고, 둘이 하나가 되어 동일하게 아버지께 나아가게 하심(11–18).
5. 따라서 이제 이방인들은 유대인들과 똑같은 특권을 입어서, 함께 하나님의 성령의 거처인 성전으로 세워져 가고 있음(19–22).

1. 그는 허물과 죄로 죽었던 너희를 살리셨도다.

그는 … 너희를 살리셨도다. 헬라어 본문에는 "그는 … 살리셨도다"에 해당하는 동사가 없지만, 우리는 앞의 1:19을 가져와서 이 구절을 보충해서 읽을 수 있다: "그의 힘의 위력으로 역사하심을 따라, 허물과 죄로 죽었던 우리와 너희에게 베푸신 능력의 지극히 크심이 어떠한 것을 너희로 알게 하시기를 구하노라." 사도는 원래 이렇게 말하고자 하였지만, 거기에서 오직 "허물과 죄로 죽었던 너희"라고만 말하고, 나머지는 모두 생략하였는데, 실제로 이렇게 많은 부분을 생략한 경우는 그리 드물지 않다. 또는, 흠정역 번역자들처럼, 우리는 5절에 나오는 "살리셨다"는 동사를 가져와서 여기에 보충해서 이 구절을 읽을 수도 있는데, 그렇게 할 경우에, 사도는 여기에서 하나님께서 사람들을 거듭나게 하실 때에 생명의 원리를 주입하셔서 생명을 회복시키시고 새 생명 가운데서 하나님과 동행하게 하셨다고 말하는 것이 된다.

허물과 죄로 죽었던 너희를. 사도는 여기에서 생략법을 사용함으로써, "~로"에 해당하는 전치사가 헬라어 본문에는 나오지 않지만, 골로새서 2:13에 그 생략되지 않은 온전한 표현이 나온다: "범죄와 육체의 무할례로 죽었던 너희를 하나님이 그와 함께 살리시고." 그러므로 우리는 여기에서 사용된 여격을 탈격으로 해석하여야 한다. "죽었다"는 것은 자연적인 죽음이 아니라 영적인 죽음을 가리키는 것으로서, 그 속에 영적인 생명의 원리가 결여되어 있어서, 그러한 생명의 활동이 불가능하게 된 상태를 의미한다. "허물들과 죄들"은 습관적인 것이든 실제적인 것이든 크고 작은 온갖 종류의 죄들을 가리키는 것이거나, 동일한 것을 무차별적으로 여러 가지로 표현한 것이다. 죄는 영적인 죽음의 원인이다. 죄가 지배하는 곳에는 영적인 생명이 박탈된다.

2. 그 때에 너희는 그 가운데서 행하여 이 세상 풍조를 따르고 공중의 권세 잡은 자를 따랐으니 곧 지금 불순종의 아들들 가운데서 역사하는 영이라.

그 때에 너희는 그 가운데서 행하여. 너희는 죄로 인하여 죽어 있는 동안에 죄에 대하여 살아 있는 상태 속에서, 또는 죄로 말미암아 영적으로 선한 일에 대하여 죽어 있는 상태 속에서 계속해서 삶을 살아 왔다.

이 세상 풍조를 따르고. 너희의 삶은 너희가 세상에서 살고 있던 시대 또는 그 시대의 사람들을 따라, 또는 세상의 관습과 생활양식과 유행을 따르는 삶이었다. 여기에서 "풍조"로 번역된 헬라어는 로마서 12:2에서는 "세대"로 번역되고 있다: "너희는 이 세대," 즉 세상의 방식들과 양식들을 "본받지 말고 오직 마음을 새롭게 함으로 변화를 받아 하나님의 선하시고 기뻐하시고 온전하신 뜻이 무엇인지 분별하도록 하라." 따라서 사도가 여기에서 그들이 "이 세상 풍조를 따랐다"고 말한 것은 그들이 일반적인 행실과 신앙에 있어서 세상 사람들의 방식을 따랐다는 뜻이다.

공중의 권세 잡은 자를 따랐으니. "공중의 권세 잡은 자"는 마귀, 즉 "귀신의 왕"(마 12:24, 26)을 가리킨다. 여기에서 "권세"는 "권세들"을 나타내는데, 에베소서 6:12에서는 "우리의 씨름은 혈과 육을 상대하는 것이 아니요 통치자들과 권세들과 이 어둠의 세상 주관자들과 하늘에 있는 악의 영들을 상대함이라"고 말함으로써, "악의 영들"을 "권세들"이라고 부른다. 따라서 "권세"는 귀신들 또는 흑암의 권세들을 가리킨다. 그들의 왕인 마귀는 그리스도에 대항하여 자신의 나라를 세워서, 귀신들을 자신의 졸개들로 부리고 지휘하고 있다. 그리고 귀신들이 활동하는 영역이 바로 "공중," 즉 하늘 아래의 세계이다. 귀신들은 하나님의 허락하심 아래에서 이 세상을 두루 다니며 사람들을 유혹하고 세상에 해악을 끼치는 일을 행한다. 또는, 여기에서 "공중"이라는 수식어는, 욥과 그의 자녀들의 경우에서 볼 수 있듯이, 귀신들이 폭풍과 비바람을 불러일으키는 등, 그들이 하는 일들이 하늘 아래의 인간 세상에 영향을 미치는 것을 나타내는 것일 수도 있다.

지금 불순종의 아들들 가운데서 역사하는 영이라. "지금"은 복음이 온 이후에도 마귀와 귀신들은 여전히 계속해서 일하고 있음을 보여 준다. "불순종의 아들들"은 히브리식 표현으로서, 불순종이 몸에 밴 자들, 즉 완악한 죄인들을 의미한다. "역사하는"이라는 표현은 마귀와 귀신들의 활동이 실제적인 힘을 발휘하고 있음을 보여 준다.

3. 전에는 우리도 다 그 가운데서 우리 육체의 욕심을 따라 지내며 육체와 마음의 원하는 것을 하여 다른 이들과 같이 본질상 진노의 자녀이었더니.

전에는 우리도 다 그 가운데서. "우리"는 우리 사도들과 유대인 신자들을 가리킨다. 이것은 바울이 그리스도인이 되기 전에도 에베소 사람들 같은 죄를 짓지 않았지만, 일종의 동류의식(coenosis) 속에서 자기 자신을 그들과 동일시한 것이거나, 자기는 에베소 사람들 같은 우상 숭배자들은 아니었지만, "비방자요 폭행자"(딤전 1:13)였기 때문에, 이렇게 말한 것이다. 바울은 율법의 의로는 흠이 없었고 책망 받을 만한 것이 없었지만(빌 3:6, "열심으로는 교회를 박해하고 율법의 의로는 흠이 없는 자라"), 그것은 단지 그의 외적인 행실과 관련된 것이었고, 실질적으로는 육적인 마음이 원하는 것들을 따라 행한 것은 믿지 않는 이방인들과 마찬가지였다.

우리 육체의 욕심을 따라 지내며. 여기에서 "육체"는 좀 더 일반적으로 부패하고 타락한 본성, 즉 인간 속에 있는 타락하고 부패한 원리 전체를 가리킨다. 사도는 우리도 믿지 않는 자들이 살아가는 방식대로 "세상 풍조"를 따라 똑같이 행하며 살았다고 말한다.

육체와 마음의 원하는 것을 하여. 여기에서 사도가 "육체"와 "마음"을 대비시키고 있는 것에서 알 수 있듯이, "육체"는 인간을 구성하고 있는 좀 더 열등한 감각적인 요소들을 가리키고, "마음"은 좀 더 우월한 이성적인 능력들을 가리킨다. 사도는 "육체와 마음의 원하는 것"이라고 표현함으로써, 인간이 가장 좋은 요소까지 포함해서 총체적으로 타락하고 부패하였음을 보여 준다. 고린도후서 7:1에서 사도는 "사랑하는 자들아 이 약속을 가진 우리는 하나님을 두려워하는 가운데서 거룩함을 온전히 이루어 육과 영의 온갖 더러운 것에서 자신을 깨끗하게 하자"고 말하는데, 거기에서 "육의 온갖 더러운 것"은 "육체의 원하는 것"에 해당하고, "영의 온갖 더러운 것"은 "마음의 원하는 것"에 해당한다. 로마서 7:1("육신의 생각은 하나님과 원수가 되나니 이는 하나님의 법에 굴복하지 아니할 뿐 아니라 할 수도 없음이라")과 갈라디아서 5:19-21("육체의 일은 분명하니 곧 음행과 더러운 것과 호색과 우상 숭배와 주술과 원수 맺는 것과 분쟁과 시기와 분냄과 당 짓는 것과 분열함과 이단과 투기와 술 취함과 방탕함과 또 그와 같은 것들이라 전에 너희에게 경계한 것 같이 경계하노니 이런 일을 하는 자들은 하나님의 나라를 유업으로 받지 못할 것이요")을 보라.

다른 이들과 같이 본질상 진노의 자녀이었더니. "진노의 자녀들"은 히브리식 표현으로서 "진노를 받게 되어 있던 자녀들"이라는 뜻이다. 우리는 사무엘상 26:16에서 다윗이 아브넬에게 "네가 행한 이 일이 옳지 못하도다 여호와께서 살아 계심을 두고 맹세하노니 여호와의 기름 부음 받은 너희 주를 보호하지 아니하였으니 너희는 마땅히 죽을 자이니라"고 한 것 속에서 동일한 히브리식 표현을 보게 되는데, 이 때에 "마땅히 죽을 자"로 번역된 어구는 직역하면 "죽음의 아들들"이다. 사도는 우리가 단지 습관적으로, 또는 남들을 따라서 그렇게 행하였기 때문에 "진노의 자녀들"이 된 것이 아니라, 아담의 타락 이래로 본성적으로 "진노의 자녀들"로 태어난 것이라고 말한다.

4. 긍휼이 풍성하신 하나님이 우리를 사랑하신 그 큰 사랑을 인하여.

"긍휼이 풍성하신"은 에베소서 1:7("우리는 그리스도 안에서 그의 은혜의 풍성함을 따라 그의 피로 말미암아 속량 곧 죄 사함을 받았느니라")에 나오는 "은혜의 풍성함"과 비슷한 용법이다. 시편 51:1("하나님이여 주의 인자를 따라 내게 은혜를 베푸시며 주의 많은 긍휼을 따라 내 죄악을 지워 주소서")과 시편 86:5("주는 선하사 사죄하기를 즐거워하시며 주께 부르짖는 자에게 인자함이 후하심이니이다")을 보라. "그 큰 사랑"은 하나님이 우리에게 베풀어 주신 그 풍성하신 긍휼의 원천이 무엇이었는지를 보여 준다: 큰 사랑으로부터 나온 풍성하신 긍휼. 하나님께서 유한하고 보잘것없는 피조물들인 우리에게 긍휼을 베푸시는 이유는 오로지 하나님께서 영원 전부터 선의로써 우리를 사랑하셨기 때문이다. 하나님께서는 "그 큰 사랑"으로 "우리," 즉 유대인들과 이방인들을 "사랑하셨고," 유대인들과 이방인들에게 임한 구원의 원천도 바로 이 "큰 사랑"이었다.

5. 허물로 죽은 우리를 그리스도와 함께 살리셨고 (너희는 은혜로 구원을 받은 것이라).

허물로 죽은 우리를 … 살리셨고. 하나님께서는 우리를 죄의 죽음으로부터 일으키셔서 의의 생명으로 살리셨다. 하나님은 우리를 의롭다고 하심으로써, 영원한 사망에 처해질 수밖에 없었던 우리를 건지셨을 뿐만 아니라, 전에 율법 가운데서 죽었던 우리를 거듭나게 하시고 특히 생명의 원리를 우리에게 주입하심으로써 영원한 생명을 주셨다. **그리스도와 함께.** 이것은 다음 중 하나를 의미한다: (1) 하나님께서는 그리스도를 살리심으로써 우리도 살리셨다. 그리스도께서 죽으신 후에 다시 살아나신 것은 우리가 영적으로 살아나거나 거듭나게 된 것의 모형이나 모범이 아니라 원인이다. 왜냐하면, 우리가 영적으로 살아나는 데 토대가 된 것은 그리스도의 죽음이지만, 실제로 우리를 영적으로 살아나게 만든 것은 그리스도의 부활이기 때문이다. 죽으셨다가 다시 살아나신 그리스도께서는 아버지 하나님이 주신 능력을 사용하셔서, 자기가 원하는 자들을 살리신다: "아버지께서 죽은 자들을 일으켜 살리심 같이 아들도 자기가 원하는 자들을 살리느니라"(요 5:21). (2) 하나님께서는 우리의 머리 되시는 그리스도 안에서 그리스도의 부활의 능력으로 우리를 살리셨다. (3) 하나님께서는 그리스도를 죽은 자 가운데서 살리셨던 바로 그 권능으로 우리를 살리셨다: "그의 능력이 그리스도 안에서 역사하사 죽은 자들 가운데서 다시 살리시고 하늘에서 자기의 오른편에 앉히사"(엡 1:20). 이것과 비슷한 표현이 골로새서 2:13에 나온다: "범죄와 육체의 무할례로 죽었던 너희를 하나님이 그와 함께 살리시고 우리의 모든 죄를 사하시고."

너희는 은혜로 구원을 받은 것이라. 어떤 이들은 이 구절을 삽입구로 읽지 않고, 그리스도를 선행사로 하는 관계사를 보충해서, "우리를 그리스도와 함께 살리셨고, 너희는 그리스도의 은혜로 구원을 받은 것이라"로 읽는다. 그러나 이 구절은 삽입구로 보았을 때에 앞에 나오는 말들과 서로 잘 연결되는 것으로 보이고, 적어도 사도가 왜 여기에서 이 말을 하게 된 것인지, 그 이유가 잘 설명될 수 있다. 왜냐하면, 사도는 앞에서 하나님의 "큰 사랑"(4절)을 말한 바 있는데, 그 큰 사랑이 원인이 되어, 그들의 구원이 시작되어서, 그들이 영적으로 살리심을 받았다고 여기에서 말한 후에, 그러한 사실로부터 그들의 구원 전체가 하나님의 "은혜로" 값없이 거저 주어진 것이라고 선언하고 있는 것이기 때문이다. 즉, 그들이 살리심을 받음으로써 그들에 대한 구원이 시작되었는데, 그것은 하나님의 "큰 사랑"에서 비롯된 것임과 동시에 "은혜로" 주어졌다는 것이다.

6. 또 함께 일으키사 그리스도 예수 안에서 함께 하늘에 앉히시니.

또 함께 일으키사. 이것은 하나님께서 이 세상에서 믿는 자들로 하여금 계속해서 더 깊은 신령한 삶을 살아가게 하심으로써 그들의 거룩함을 한층 더 온전하게 하시는 것을 가리키는 것으로 이해할 수도 있지만, 그리스도와 함께 일으키심을 받는다는 것으로 표현되는 우리의 몸의 부활을 가리키는 것으로 이해하는 것이 더 좋을 것 같다. 왜냐하면, 우리는 그리스도의 부활로 말미암아 그리스도와 연합하여, 그리스도를 다시 살리시고 일으키신 바로 그 동일한 하나님의 능력으로 우리의 몸이 다시 살리심을 받고 일으키심을 받는 것이기 때문이다.

그리스도 예수 안에서 함께 하늘에 앉히시니. 하나님께서는 우리의 머리이시자 대표자이신 "그리스도 예수 안에서" 우리를 "함께 하늘에 앉히셨다." 우리는 그리스도 안에서 살리심을 받아 근본적으로 영적으로 다시 살아나게 되었을 뿐만 아니라, 우리 안에서 실효적인 부르심이 실제로 시작되었고, 우리의 몸이 부활하여 하늘에 앉는 것은 우리에게 아직 실제로 성취되지는 않았지만, 우리의 머리 되시는 그리스도께서는 이미 우리를 위하여 다시 살아나시고 승천하셔서 우리를 위하여 하늘에 앉아 계시고, 우리는 그리스도와 연합된 지체들이기 때문에, 우리도 그리스도 안에서 하늘에 앉아 있다고 할 수 있다.

7. 이는 그리스도 예수 안에서 우리에게 자비하심으로써 그 은혜의 지극히 풍성함을 오는 여러 세대에 나타내려 하심이라.

그리스도 예수 안에서 우리에게 자비하심으로써. 하나님께서는 그리스도로 말미암아, 그리고 그리스도를 통해서 온갖 구원의 은택들을 우리에게 전해 주신다. 그 은혜의 지극히 풍성함을 오는 여러 세대에 나타내려 하심이라. 그리스도께서 오신 이후로 이 세대에 하나님이 우리 믿는 자들에게 베풀어 주신 "자비하심"은 하나님의 "은혜"가 얼마나 지극히 풍성한지를 보여 주는 한 예이기 때문에, 우리의 사례는 이 세상이 끝나는 날까지 장래의 모든 세대에게 우리가 믿은 바로 그 그리스도를 우리와 똑같이 영접하여 믿으라고 격려하는 것이 된다. 사도는 디모데전서 1:16에서 이것과 비슷한 말을 한다: "내가 긍휼을 입은 까닭은 예수 그리스도께서 내게 먼저 일체 오래 참으심을 보이사 후에 주를 믿어 영생 얻는 자들에게 본이 되게 하려 하심이라."

8. 너희는 그 은혜에 의하여 믿음으로 말미암아 구원을 받았으니 이것은 너희에게서 난 것이 아니요 하나님의 선물이라.

너희는 그 은혜에 의하여 믿음으로 말미암아 구원을 받았으니. "너희" 에베소 교인들은 유대인들과 같은 그런 하나님의 약속을 받지 못한 이방인들이었지만(12절), 하나님의 값없이 거저 주시는 은총을 따라(5절) 처음부터 끝까지, 즉 너희의 부르심(5절)에서 시작하여 너희가 영광을 받은 것(6절)에 이르기까지 전적으로 "은혜에 의하여" "구원을 받았다." 여기에서 다음과 같은 반론이 제기될 수 있다: 믿는 자들은 아직 영광을 받지 않았는데, 어떻게 구원을 받았다고 말할 수 있는 것인가? 그러한 반론에 대한 대답은 이렇다: 첫 번째는 믿는 자들의 머리이신 그리스도께서 이미 영광을 받으셨기 때문이고, 두 번째는 그들의 머리이신 그리스도 안에서 실효적인 부르심으로 시작된 그들의 구원은 그들의 머리이신 그리스도 안에서 반드시 성취되고 완성될 것이기 때문이다. "믿음으로 말미암아." 너희는 "믿음"을 의지해서 복음 안에서 너희에게 제시된 은혜를 붙잡았다. 여기에서 "믿음"은 우리에 의해서 행해진 어떤 행위가 아니라, 하나님께서 우리에게 약속하신 은혜와 구원을 주시기 위한 통로이자 수단일 뿐이다. 이것은 너희에게서 난 것이 아니요 하나님의 선물이라. 이 구원은 너희 자신이 받을 만해서 받은 것도 아니고, 너희 자신의 힘으로 이루어 낸 것도 아니다. 그것은 전적으로 하나님이 값없이 거저 은혜로 주신 "선물"이다. 여기에서 "하나님의 선물"은 "너희에게서 난 것"과 반대되는 개념이고, "선물"은 단지 직전에 나오는 "믿음"에만 걸리는 것이 아니라, 이 문장 전체에 걸린다.

9. 행위에서 난 것이 아니니 이는 누구든지 자랑하지 못하게 함이라.

행위에서 난 것이 아니니. 여기에서 "행위들"은 율법 중에서 예식법에 따른 행위들만이 아니라, 온갖 종류의 모든 행위들을 가리킨다. 왜냐하면, 만일 여기에 언급된 "행위들"이 단지 예식법에 따른 행위들만을 가리키는 것이라면, 신약성경은 도처에서 하나님과 인간, 은혜와 행위를 반대되는 것이라고 말씀하고 있는데, 그런 말씀들은 다 틀린 것이 되고, 사람은 예식법의 행위들로 말미암아서는 구원을 받을 수 없지만, 여전히 자신의 행위들을 통해서, 즉 자신의 힘으로 구원 받을 수 있다는 말이 되기 때문이다. 사도는 로마서 11:6에서 "만일 은혜로 된 것이면 행위로 말미암지 않음이니 그렇지 않으면 은혜가 은혜 되지 못하느니라"고 말한다. 이는 누구든지 자랑하지 못하게 함이라. 사람은 자신의 구원에 자기가 조금이라도 기여했다고 생각하면, 자신의 행위나 자기 자신을 자랑하기 쉽다. 로마서 3:27을 보라: "그런즉 자랑할 데가 어디냐 있을 수가 없느니라 무슨 법으로냐 행위로냐 아니라 오직 믿음의 법으로니라."

10. 우리는 그가 만드신 바라 그리스도 예수 안에서 선한 일을 위하여 지으심을 받은 자니 이 일은 하나님이 전에 예비하사 우리로 그 가운데서 행하게 하려 하심이니라.

우리는 그가 만드신 바라. 유대인이든 이방인이든 "우리" 믿는 자들은 하나님의 작품이다. 이것은 하나님께서 사람을 지으셨다는 뜻이기도 하지만, 여기에서는 특히 우리를 성도로 만드셨다는 의미가 강하다. 이스라엘 백성은 전에 하나님의 작품이었다(신 32:6, "어리석고 지혜 없는 백성아 여호와께 이같이 보답하느냐 그는 네 아버지시요 너를 지으신 이가 아니시냐 그가 너를 만드시고 너를 세우셨도다"; 사 43:21, "이 백성은 내가 나를 위하여 지었나니 나를 찬송하게 하려 함이니라"; 사 44:21, "야곱아 이스라엘아 이 일을 기억하라 너는 내 종이니라 내가 너를 지었으니 너는 내 종이니라 이스라엘아 너는 나에게 잊혀지지 아니하리라"). 마찬가지로, 복음 아래에서 믿는 자들도 하나님이 새롭게 지은 자들, 즉 새로운 피조물들이다(갈 6:15, "할례나 무할례가 아무 것도 아니로되 오직 새로 지으심을 받는 것만이 중요하니라"). 사도는 여기에서 우리는 원래 그 어떤 선한 일도 행할 수 없는 자들이었는데, 하나님이 우리를 새롭게 만드셔서, 우리는 하나님의 작품이 되어, 이제 선한 일을 할 수 있게 되었다고 말함으로써, 자기가 앞에서 한 말, 즉 우리가 "행위"가 아니라 "은혜에 의하여 구원을 받았다"고 한 것을 다시 한 번 확증한다. 이렇게 하나님께서 우리를 거듭나게 하셔서 새롭게 지으시고 만드시는 것은 8절에 언급된 "구원"의 일부이다.

그리스도 예수 안에서 선한 일을 위하여 지으심을 받은 자니. 우리의 머리 되시는 그리스도께서는 우리를 살리셔서, 우리로 하여금 믿음으로 말미암아 그와 연합하여 지체들이 되게 하셨다. 첫 번째 창조가 삼위일체 하나님의 제2위이신 그리스도를 통해서 이루어졌던 것과 마찬가지로(요 1:3, "만물이 그로 말미암아 지은 바 되었으니 지은 것이 하나도 그가 없이는 된 것이 없느니라"), 두 번째 창조도 중보자이시고 새로운 피조세계의 주이시자 머리이신 바로 그 동일한 그리스도를 통해서 이루어지기 때문에, 우리는 우리 자신의 독자적인 힘이 아니라 그리스도 안에서 새로운 존재로서 살고 움직인다(고후 5:17, "누구든지 그리스도 안에 있으면 새로운 피조물이라 이전 것은 지나갔으니 보라 새 것이 되었도다"). 하나님께서 우리를 새롭게 지으신 직접적인 목적은 우리로 하여금 "선한 일들을" 하게 하시기 위한 것이다. 우리는 하나님에 의해서 새로운 존재가 되었기 때문에, 우리 속에서는 새로운 생명의 원리가 작용하고, 거기에 걸맞는 새로운 행위들과 행실들이 우리에게서 나올 수 있게 되었다.

이 일은 하나님이 전에 예비하사 우리로 그 가운데서 행하게 하려 하심이니라. 하나님께서 우리를 새롭게 지으시고 만드셔서 저 신성에 참여하게 하신 것은, 우리로 하여금 그 신성에 걸맞는 거룩한 행실을 통하여 하나님께 영광을 돌리게 하시기 위한 것이었는데, 이것은 하나님이 전부터 예정하시고 준비하신 일이었다. 즉, 하나님께서는 우리의 마음에 빛을 비추셔서 하나님의 뜻을 알게 하시고, 그 뜻을 행하고자 하는 소원을 주시며, 우리의 부패하고 타락한 감정들을 깨끗하게 하심으로써, 우리가 선한 일들을 행하는 데 적합하도록 우리를 준비시키셨다는 것이다.

11. 그러므로 생각하라 너희는 그 때에 육체로는 이방인이요 손으로 육체에 행한 할례를 받은 무리라 칭하는 자들로부터 할례를 받지 않은 무리라 칭함을 받는 자들이라.

"육체로는"은 로마서 8:8-9에서 "육신에 있는 자들은 하나님을 기쁘시게 할 수 없느니라 만일 너희 속에 하나님의 영이 거하시면 너희가 육신에 있지 아니하고 영에 있나니 누구든지 그리스도의 영이 없으면 그리스도의 사람이 아니라"고 말한 것처럼, 이것은 거듭나지 않은 육신적인 자들이라는 의미일 수 있지만, 에스겔서 44:7에서 "마음과 몸에 할례를 받지 아니한 이방인"이라고 말한 것처럼, 육체에 할례를 받지 않은 자들이라는 의미일 가능성이 크다. 따라서 여기에서 사도는 에베소 교인들이 전에는 하나님의 은혜를 받은 자들도 아니었고 그 은혜를 나타내는 표를 자신들의 육체에 지니고 있지도 않은 자들이었다고 말하고 있는 것이다. 육체에 할례를 받지 않았다는 것은 이스라엘 사람들이 아니라는 것이었고 하나님의 백성에 속한 자들이 아니라는 것이었기 때문에, "할례를 받지 않은 무리"는 일종의 욕이었다. 사도는 육신적인 유대인들을 "손으로 육체에 할례를 행한 할례를 받은 무리"라고 부르는데, 믿는 유대인이나 이방인들에 대해서는 "손으로 하지 아니한 할례"를 받은 자들이자 "마음에" 할례를 행한 자들이라 부른다(골 2:11, "그 안에서 너희가 손으로 하지 아니한 할례를 받았으니 곧 육의 몸을 벗는 것이요 그리스도의 할례니라"; 롬 2:29, 오직 이면적 유대인이 유대인이며 할례는 마음에 할지니 영에 있고 율법 조문에 있지 아니한 것이라").

12. 그 때에 너희는 그리스도 밖에 있었고 이스라엘 나라 밖의 사람이라 약속의 언약들에 대하여는 외인이요 세상에서 소망이 없고 하나님도 없는 자이더니.

그 때에 너희는 그리스도 밖에 있었고. 너희는 이전에 그리스도를 알지도 못하였고 그리스도와 아무런 관계도 없었다. 이것은 다른 모든 참상들과 불행들의 토대이다. 왜냐하면, 그리스도는 구원과 관련된 모든 복의 토대이시기 때문이다. 그러므로 사도는 이것을 가장 먼저 언급한다. 이스라엘 나라 밖의 사람이라. 전에는 하나님의 교회는 오직 이스라엘 사람들로만 국한되어 있었다. 그들의 교회와 나라는 한 몸이었고, 그들의 교회와 나라를 세우시고 율법을 주신 것은 동일한 한 분 하나님이셨다. **약속의 언약들에 대하여는 외인이요.** "약속의 언약들"은 하나님께서 장차 그리스도로 말미암아 구원을 이루시겠다고 약속하신 저 언약들을 가리킨다. 하나님께서는 아브라함과 모세를 비롯해서 여러 사람들과 여러 차례에 걸쳐서 언약을 맺으셨고, 그 언약들은 약간씩 달랐지만, 그 언약들 속에 들어 있는 핵심적인 약속은 동일하였다. **세상에서 소망이 없고.** 그들에게는 그리스도도 없었고 약속들도 없었기 때문에, 당연히 내세에 관한 소망도 없었다. 여기에서 "세상"은 교회와 반대되는 개념으로서, 악인들이 모여 사는 곳을 뜻한다. **하나님도 없는 자이더니.** 그들에게는 하나님에 대한 일반적인 지식은 조금 있었지만, 구원에 필요한 하나님을 아는 지식, 즉 그리스도 안에서 하나님을 아는 지식은 없었다. 또는, 그들은 하나님을 상관하지 않고, 하나님도 그들을 상관하지 않으신 채로, 하나님 없이 그들 자신의 생각대로 행하고 살았다.

13. 이제는 전에 멀리 있던 너희가 그리스도 예수 안에서 그리스도의 피로 가까워졌느니라.

전에 멀리 있던 너희가. 너희는 하나님으로부터, 하나님의 교회로부터, 하나님의 약속들로부터 멀리 있었고, 하나님의 성령을 통해서 하나님과 교통하는 것도 없었다. 사도는 여기에서 하나님과 이방인들 간의 영적인 거리에 대해 말하는 것이기는 하지만, 이사야서 49:1("섬들아 내게 들으라 먼 곳 백성들아 귀를 기울이라"), 12("어떤 사람은 먼 곳에서, 어떤 사람은 북쪽과 서쪽에서, 어떤 사람은 시님 땅에서 오리라")을 염두에 두고 이 말을 하고 있는 것으로 보인다. 이 이사야서 본문들에 언급된 이방인들은 지리적으로 하나님의 백성과 멀리 떨어져 있었고, 마음으로도 하나님과 멀어져 있었다. **그리스도 예수 안에서는** 갈라디아서 5:6에서 "그리스도 예수 안에서는 할례나 무할례나 효력이 없으되 사랑으로써 역사하는 믿음뿐이니라"고 말하는 것처럼, "그리스도의 나라에서" 또는 "복음의 경륜 속에서"를 의미하거나, 성령과 믿음으로 말미암아 그들이 그리스도와 연합되어 그리스도 안에 있는 것을 의미한다. 에베소서 1:12에서 사도가 "이는 우리가 그리스도 안에서 전부터 바라던 그의 영광의 찬송이 되게 하려 하심이라"고 말한 것처럼, 여기에서 "그리스도 예수 안에서"는 12절의 "세상에서"와 반대되는 개념으로 사용되고 있다. **그리스도의 피로 가까워졌느니라.** "가까워졌다"는 것은 하나님 및 하나님의 백성과 교제하는 상태가 되었고, 하나님의 백성으로서의 특권들에 참여하게 되었으며, 하나님의 약속들을 적용받는 자들이 되었다는 것이다. 그리고 이것은 모두 그리스도의 죽으심의 공로로 말미암은 것이었다. 그리스도께서는 자신의 죽음을 통해서 그들의 죄를 속하심으로써, 하나님과 그들 간의 거리를 없애시고, 그들이 하나님께 나아가 복음의 은혜와 복을 누릴 수 있는 길을 열어 놓으셨다.

14. 그는 우리의 화평이신지라 둘로 하나를 만드사 원수 된 것 곧 중간에 막힌 담을 자기 육체로 허시고.

그는 우리의 화평이신지라. 그리스도는 하나님과 사람, 유대인과 이방인을 화해하게 하시고 화목하게 하신 "화평"의 중보자로서, 다른 곳들에서는 우리의 의, 우리의 속량, 우리의 구원이라고 불리는 것과 마찬가지로 여기에서는 "우리의 화평"이라 불린다. 사도는 "하나님께서 그리스도 안에 계시사 세상을 자기와 화목하게 하시며 그들의 죄를 그들에게 돌리지 아니하시고 화목하게 하는 말씀을 우리에게 부탁하셨느니라"(고후 5:19)고 말함으로써, 하나님에 대해서는 우리와 화해를 하신 분으로 말하고 "우리의 화평"이시라고 말하지 않고, 오직 그리스도에 대해서만 "그는 우리의 화평"이시라고 말하는데, 그것은 우리와 하나님 간의 화해를 이끌어 내신 분은 오직 중보자이신 그리스도뿐이시기 때문이다.

둘로 하나를 만드사. 이것은 "둘"인 유대인과 이방인을 "하나"인 "한 몸"(16절) 또는 "새 사람"(15절) 또는 "한 백성"으로 만드셨다는 것이다. 원수 된 것. 이것은 환유법으로서 예식법을 가리킨다. 왜냐하면, 예식법은 유대인과 이방인 간의 적대 관계의 원인이자 징표였기 때문이다. 유대인들은 할례를 받지 않았다는 이유로 이방인들을 미워하였고, 이방인들은 할례를 행한다는 이유로 유대인들을 경멸하였다.

중간에 막힌 담을 자기 육체로 허시고. 다음 절이 보여 주듯이, 율법 중에서 예식법은 유대인과 이방인을 갈라 놓은 "담"이었는데, 그리스도께서는 바로 그 "중간에 막힌 담"을 제거하셨다. 사도는 여기에서 성전에서 유대인들이 들어갔던 안뜰과 이방인들이 들어갔던 바깥뜰의 중간을 막은 "담"을 염두에 두고 이 말을 하고 있는 것으로 보인다. 성전에 예배하러 온 이방인들은 두 뜰의 중간을 막고 있던 이 담 때문에 안뜰에는 들어갈 수 없었다. "자기 육체로"는 그리스도께서 희생제물들이 아니라 자신의 육체를 제물로 삼아서 그 담을 허셨다는 뜻이다. 사도는 앞에서는 그리스도의 피를 언급한 후에, 여기에서는 그리스도의 육체를 언급함으로써, 그리스도께서 피와 육체를 포함한 자신의 전체로 희생제사를 드리셨다는 것을 보여 준다. 율법에 규정된 희생제사들을 비롯한 모든 예식들은 그리스도 안에서 성취되었기 때문에 그 효력을 잃고 폐하여질 수밖에 없었다.

15. 법조문으로 된 계명의 율법을 폐하셨으니 이는 이 둘로 자기 안에서 한 새 사람을 지어 화평하게 하시고.

법조문으로 된 계명의 율법을 폐하셨으니. "계명들의 율법"은 율법 중에서 예식법을 가리키고, "법조문들"로 번역된 단어는 가르침들 또는 교훈들을 가리키는 것으로 본다면, 여기에서 "된"에 해당하는 단어는 헬라어 본문에는 없기 때문에, 이 구절은 다음과 같은 의미가 된다: 그리스도께서는 자신의 가르침 또는 교훈들을 통해서 예식법을 폐하셨다. 여기에서 "계명"으로 번역된 단어는 구약성경에서 예식법이라는 의미로 사용되고 있는 것으로 보인다: "너는 애굽에서 종 되었던 것을 기억하고 이 '규례'를 지켜 행할지니라"(신 16:12); "네 하나님 여호와의 명령을 지켜 그 길로 행하여 그 법률과 계명과 '율례'와 증거를 모세의 율법에 기록된 대로 지키라 그리하면 네가 무엇을 하든지 어디로 가든지 형통할지라"(왕상 2:3); "그러나 악인이 만일 그가 행한 모든 죄에서 돌이켜 떠나 내 모든 '율례'를 지키고 정의와 공의를 행하면 반드시 살고 죽지 아니할 것이라"(겔 18:21). 또는, 여기에서 "법조문들"로 번역된 단어는 오로지 입법자의 의지에 달려 있는 규례들을 가리키기 때문에, 골로새서 2:14에서 "우리를 거스르고 불리하게 하는 '법조문'으로 쓴 증서를 지우시고 제하여 버리사 십자가에 못 박으시고"라고 했을 때와 마찬가지로, 예식법을 규정한 조문들을 의미하는 것일 수 있다. 이렇게 이해한다면, 사도는 여기에서 그리스도께서 폐하신 율법은 도덕법이 아니라 오직 예식법뿐이라는 것을 보여 주기 위하여 이 단어를 덧붙인 것으로 보인다. "폐하였다"는 것은 사람들에 대한 구속력을 제거하였다는 뜻이다.

이는 이 둘로 자기 안에서 한 새 사람을 지어 화평하게 하시고. "이 둘"은 두 몸 또는 두 백성인 유대인과 이방인을 가리킨다. "자기 안에서"는 그리스도께서는 한 몸인 교회의 머리이시기 때문에, 한 몸에 속한 지체들인 유대인과 이방인을 서로 연합시킬 수 있으셨다는 것을 보여 준다. "한 새 사람"은 새로운 몸, 또는 한 백성, 즉 그리스도인들이라는 하나님의 백성을 가리킨다. 한 나라 전체가 일심동체로서 한 사람인 것과 마찬가지로, 교회라는 몸도 그런 의미에서 한 사람이다. "화평하게 하셨다"는 것은 그리스도께서 유대인과 이방인 간의 구별과 차별을 만들어 낸 원인이었던 예식법을 폐하심으로써 유대인과 이방인을 서로 화평하게 하셨다는 뜻이다. 이것은 "만들어 내신" 역사이기 때문에, 앞에서 언급된 "폐하신" 역사와 서로 상반된다.

16. 또 십자가로 이 둘을 한 몸으로 하나님과 화목하게 하려 하심이라 원수 된 것을 십자가로 소멸하시고.

또 십자가로 이 둘을 한 몸으로 하나님과 화목하게 하려 하심이라. 그리스도께서 예식법을 폐하신 또 하나의 목적은 유대인과 이방인으로 이루어진 모든 택함 받은 자들을 하나님과 화해하게 하여 화목하게 하기 위한 것이었다. 특히 이 점에서 그리스도는 "우리의 화평"이시다. "한 몸"은 유대인과 이방인이 연합해서 이루게 된 하나의 신비의 몸을 가리키는 것일 수도 있지만, 화해를 위한 제물로 하나님께 드려진 그리스도의 몸을 가리키는 것으로 보는 것이 더 좋을 것이다: "이제는 그의 육체의 죽음으로 말미암아 화목하게 하사 너희를 거룩하고 흠 없고 책망할 것이 없는 자로 그 앞에 세우고자 하셨으니"(골 1:22). 원수 된 것을 십자가로 소멸하시고. 그리스도께서는 자기 자신을 십자가 위에서 제물로 드리셔서, 하나님과 사람이 서로 "원수 된 것"의 원인이었던 죄를 "십자가로" 속하심으로써, 하나님과 사람 간의 적대 관계를 "소멸시키셨다." 예식법은 유대인과 이방인 간의 이러한 적대 관계의 증인이자 증표였다: "우리를 거스르고 불리하게 하는 법조문으로 쓴 증서를 지우시고 제하여 버리사 십자가에 못 박으시고"(골 2:14).

17. 또 오셔서 먼 데 있는 너희에게 평안을 전하시고 가까운 데 있는 자들에게 평안을 전하셨으니.

오셔서. 그리스도께서는 유대인들에게는 친히 오셨고, 이방인들에게는 사도들을 세우시고 보내셔서 복음을 전하게 하셨다: "이는 그리스도께서 내 안에서 말씀하시는 증거를 너희가 구함이니 그는 너희에게 대하여 약하지 않고 도리어 너희 안에서 강하시니라"(고후 13:3). 먼 데 있는 너희. 너희는 진리를 아는 지식으로부터도 멀리 있었고, 그리스도와 그로 말미암은 구원으로부터도 멀리 있었다: "이제는 전에 멀리 있던 너희가 그리스도 예수 안에서 그리스도의 피로 가까워졌느니라"(13절). 가까운 데 있는 자들. 이것은 유대인들을 가리킨다. 그에게는 하나님을 아는 지식과 하나님의 율법, 그리고 메시야에 관한 약속이 주어져 있었기 때문에, 이방인들보다는 상대적으로 하나님께 가까이 있었다. 이사야서 57:19을 보라: "입술의 열매를 창조하는 자 여호와가 말하노라 먼 데 있는 자에게든지 가까운 데 있는 자에게든지 평강이 있을지어다 평강이 있을지어다 내가 그를 고치리라 하셨느니라."

18. 이는 그로 말미암아 우리 둘이 한 성령 안에서 아버지께 나아감을 얻게 하려

하심이라.

"그로 말미암아"는 그리스도께서는 우리의 중보자이자 화평하게 하시는 자로서, 우리를 하나님과 화해시키는 일을 하셨기 때문에, 우리는 그리스도를 힘입을 때에만 아버지 하나님께 나아갈 수 있다는 뜻이다. 이렇게 "우리 둘," 즉 유대인과 이방인은 이제 오직 그리스도를 힘입어서 "한 성령 안에서 아버지께 나아갈" 수 있게 되었다. 우리가 "한 성령 안에서" 아버지 하나님께 나아가는 것은, 그리스도가 우리가 아버지께로 나아가는 "길"이신 것과 마찬가지로(요 14:6, "예수께서 이르시되 내가 곧 길이요 진리요 생명이니 나로 말미암지 않고는 아버지께로 올 자가 없느니라"), 성령은 우리를 아버지 앞으로 데려다 주는 우리의 인도자이시기 때문이다. 유대인과 이방인은 둘 다 오직 한 분 중보자이신 그리스도를 의지해서 하나님께 나아갈 수 있는 것과 마찬가지로, 오직 한 분 인도자이신 동일한 성령의 인도하심을 따라서만 하나님께 나아갈 수 있다: "몸이 하나요 성령도 한 분이시니 이와 같이 너희가 부르심의 한 소망 안에서 부르심을 받았느니라"(엡 4:4).

19. 그러므로 이제부터 너희는 외인도 아니요 나그네도 아니요 오직 성도들과 동일한 시민이요 하나님의 권속이라.

그러므로 이제부터 너희는 외인도 아니요 나그네도 아니요. 사도는 앞에서 "그 때에 너희는 그리스도 밖에 있었고 이스라엘 나라 밖의 사람이라 약속의 언약들에 대하여는 외인이요"(12절)라고 말하였는데, 여기에서는 "이제부터 너희는 외인도 아니요 나그네도 아니요"라고 말함으로써, 그들의 변화된 신분을 보여 준다. "외인들"과 "나그네들"은, 어느 도시에 거하기는 하지만, 그 곳의 시민이 아닌 자들을 말한다. **오직 성도들과 동일한 시민이요.** 이제부터 그들은 다른 성도들, 족장들, 선지자들 등이 속해 있는 저 신령한 도시의 "시민들"이다. 하나님의 교회는 도시에 비유되고, 각각의 성도는 그 도시의 "시민" 또는 자유민이다(빌 3:20-21, "우리의 시민권은 하늘에 있는지라 거기로부터 구원하는 자 곧 주 예수 그리스도를 기다리노니 그는 만물을 자기에게 복종하게 하실 수 있는 자의 역사로 우리의 낮은 몸을 자기 영광의 몸의 형체와 같이 변하게 하시리라"). **하나님의 권속이라.** 여기에서 교회는 집에 비유되고(딤전 3:15, "만일 내가 지체하면 너로 하여금 하나님의 집에서 어떻게 행하여야 할지를 알게 하려 함이니 이 집은 살아 계신 하나님의 교회요 진리의 기둥과 터니라"), 각각의 성도들은 그 집에 속한 권속, 특히 자녀들이다. 인간 사회에서는 종들도 어느 집의 권속으로 여기지만, 하나님의 집에 속한 권속은 오직 자녀들뿐이다.

20. 너희는 사도들과 선지자들의 터 위에 세우심을 입은 자라 그리스도 예수께서 친히 모퉁잇돌이 되셨느니라.

너희는 사도들과 선지자들의 터 위에 세우심을 입은 자라. "터"는 사도들과 선지자들이 말씀을 전함으로써 닦아 놓은 터, 즉 그리스도를 가리킨다. 그들은 그리스도만이 하나님과 사람 사이에 계시는 유일한 중보자이시고, 유일하신 구주이시자 교회의 유일하신 머리라고 선포하였다. 고린도전서 3:11을 보라: "이 닦아 둔 것 외에 능히 다른 터를 닦아 둘 자가 없으니 이 터는 곧 예수 그리스도라." "터"가 단수형으로 사용된 것은 그들이 오직 그리스도를 중심으로 동일한 말씀들을 전하고 가르쳤음을 보여 준다. 바울이 여기에서 "사도들과 선지자들의 터"라고 말한 것은, 말씀을 전하는 것은 왕들과 족장들이 아니라 사도들과 선지자들에게 주어진 일이었기 때문이다.

그리스도 예수께서 친히 모퉁잇돌이 되셨느니라. 그리스도는 하나님의 집을 떠받치고 계시는 분임과 동시에, 하나님의 집을 구성하고 있는 여러 부분들, 특히 유대인과 이방인을 하나로 연합시키고 계시는 분이기 때문에 "모퉁잇돌"이시다. 마태복음 21:42("예수께서 이르시되 너희가 성경에 건축자들이 버린 돌이 모퉁이의 머릿돌이 되었나니 이것은 주로 말미암아 된 것이요 우리 눈에 기이하도다 함을 읽어 본 일이 없느냐"); 시편 118:22-23("건축자가 버린 돌이 집 모퉁이의 머릿돌이 되었나니 이는 여호와께서 행하신 것이요 우리 눈에 기이한 바로다")을 보라. "모퉁잇돌"은 가장 무거운 하중을 떠받쳐서 무너지지 않게 하는 역할을 하기 때문에, 어느 나라나 사회에서 가장 비중 있고 중요한 인물들은 "모퉁잇돌들"이라 불린다(삼상 14:38, "사울이 이르되 너희 군대의 지휘관들아 다 이리로 오라 오늘 이 죄가 누구에게 있나 알아보자"[여기에서 "지휘관들"로 번역된 단어는 직역하면 "모퉁잇돌들"이다 — 역주]; 사 19:13, "소안의 방백들은 어리석었고 놉의 방백들은 미혹되었도다 그들은 애굽 종족들의 모퉁잇돌이거늘 애굽을 그릇 가게 하였도다").

여기에서 이런 반론이 제기될 수 있다: 그리스도께서 "모퉁잇돌"이시라면, 어떻게 "터"가 되실 수 있으신가? 대답: "모퉁잇돌"이나 "터"라는 단어들은 그리스도를 서로 다른 측면에서 바라보고 묘사한 표현들이다. 그리스도는 "터"(고전 3:11), "모퉁잇돌"(벧전 2:6), "성전"(요 2:19), "문"(요 10:7), 건축자(마 16:18, "너는 베드로라 내가 이 반석 위에 내 교회를 세우리니 음부의 권세가 이기지 못하리라")로 불리는 것과 마찬가지로, 여기에서도 "모퉁잇돌," 사도들과 선지자들이 놓은 "터"로 불린

다: "주 여호와께서 이같이 이르시되 보라 내가 한 돌을 시온에 두어 기초를 삼았노니 곧 시험한 돌이요 귀하고 견고한 기촛돌이라 그것을 믿는 이는 다급하게 되지 아니하리로다"(사 28:16).

21. 그의 안에서 건물마다 서로 연결하여 주 안에서 성전이 되어 가고.

사도는 그들이 "그의 안에서" 또는 "그의 위에서" 지어져 가고 있다고 말한다. "건물마다"는 "터"이신 그리스도 위에 지어지는 모든 것들, 즉 이 건물을 구성하는 부분들인 모든 개별 신자들을 가리킨다. "서로 연결하여"는 개별 신자들은 믿음으로 "터"이신 그리스도와 연결되고 연합되며, 개별 신자들끼리는 사랑으로 서로 연결되고 연합된다. 여기에서 "되어 가고"로 번역된 헬라어 동사는 직역하면 "자라다, 성장하다"인데, 이것은 (1) 이 건물이 성전이 될 때까지 계속해서 세워져 가는 것을 의미하는 것일 수도 있고, (2) 이 건물을 구성하는 돌들 또는 재료들이 그리스도께로부터 생명을 받은 살아 있는 자들이라는 것을 의미하는 것일 수도 있다(벧전 2:5, "너희도 산 돌 같이 신령한 집으로 세워지고"). 자라고 성장한다는 것은 생명을 전제한다. 이 동사가 현재 시제로 표현되어 있는 것은, 건축자들이 여전히 일하고 있고, 이 성전이 아직 완공되지 않았음을 보여 준다. 사도는 예루살렘 성전에 빗대어, 하나님께서 그리스도를 "터"이자 "모퉁잇돌"로 삼으시고 성도들을 재료들로 삼으셔서 짓고 계시는 건물이 "성전"이라고 말한다. 예루살렘 성전의 지성소는 천국의 모형이었고, 성전 자체는 교회의 모형이었는데, 지성소와 성전은 둘 다 하나님이 임재하셔서 예배를 받으시는 곳이었다.

우리는 "주 안에서"를 "되어 가고"에 걸리는 것으로 볼 수도 있고, "거룩한"(한글 개역개정에서는 "거룩한 성전"이라고 번역해야 하지만 간단하게 "성전"으로 번역하였다 — 역주)에 걸리는 것으로 볼 수도 있다. 전자로 해석하면, 이 절의 처음에 나오는 관계사를 통해서 이미 "그리스도 안에서"가 표현되고 있는데도, 여기에서 중복해서 다시 "주 안에서"를 사용한 것이 되기는 하지만, 어쨌든 이 어구는 이 신령한 건물의 재료들인 신자들이 그리스도로 말미암아 성장하고 자란다는 것을 보여 주는 것이 된다. 후자로 해석하면, 이 어구는 신자들의 거룩함이 그리스도로부터 온다는 것을 나타낸다. 또한, "주 안에서 거룩한"을 "주에 대하여 거룩한"으로 읽을 수도 있는데, 그런 경우에 이 어구는 이 성전의 성격을 나타내어서, 이 성전이 주께 구별되어 더럽혀지지 않아서 주께 합당한 곳임을 보여 주는 것이 된다.

22. 너희도 성령 안에서 하나님이 거하실 처소가 되기 위하여 그리스도 예수 안

에서 함께 지어져 가느니라.

"하나님이 거하실 처소"는 하나님이 거하실 수 있는 성전이라는 뜻이다. 믿는 자들의 전체만이 하나님의 성전이라 불리는 것이 아니라, 개별 교회들과 개별 성도들도 하나님의 성전이라 불린다. 왜냐하면, 하나님께서는 자신의 성령으로 그들 안에 거하시기 때문이다. 고린도전서 3:16-17("너희는 너희가 하나님의 성전인 것과 하나님의 성령이 너희 안에 계시는 것을 알지 못하느냐 누구든지 하나님의 성전을 더럽히면 하나님이 그 사람을 멸하시리라 하나님의 성전은 거룩하니 너희도 그러하니라")과 6:19-20("너희 몸은 너희가 하나님께로부터 받은 바 너희 가운데 계신 성령의 전인 줄을 알지 못하느냐 너희는 너희 자신의 것이 아니라 값으로 산 것이 되었으니 그런즉 너희 몸으로 하나님께 영광을 돌리라")을 보라.

"성령 안에서"는 바로 뒤에 나오는 "하나님이 거하실 처소"에 걸리는 것일 수도 있고, 이 문장의 주동사인 "지어져 가느니라"에 걸리는 것일 수도 있다. 전자로 해석하면, 하나님께서 자신의 성령으로 그 처소에 거하신다는 것을 의미하고, 후자로 해석하면, 성령께서 신자들 안에서 역사하셔서 그들에게 믿음과 사랑을 주심으로써, 그들이 이 건물의 "터"이신 그리스도 및 이 건물의 여러 구성부분들인 신자들과 연합되고 연결되어서 성전으로 지어져 간다는 것을 의미한다.

MATTHEW POOLE'S COMMENTARY

에베소서 3장

개요

1. 이방인들에게 그리스도를 전했다는 이유로 갇힌 바울은 이제까지 감추어져 있던 그들의 부르심의 비밀이 자기에게 계시되었음을 보여 줌(1-6).
2. 자신의 사역으로 말미암아, 하나님의 은혜의 경륜이 널리 알려지게 되었고, 이방인들이 믿음으로 말미암아 하나님께 받아들여지게 되었음을 확신하게 됨(7-12).
3. 바울은 에베소 교인들로 인하여 자기가 고난 받는 것에 대하여 그들이 낙심하지 않기를 바람(13).
4. 하나님께서 그들의 믿음을 견고하게 하시고, 그리스도의 무한하신 사랑을 알게 해 주시라고 기도함(14-19).
5. 그리스도 예수로 말미암아 교회 안에서 능력을 행하시는 하나님께 영광을 돌림(20-21).

1. 이러므로 그리스도 예수의 일로 너희 이방인을 위하여 갇힌 자 된 나 바울이 말하거니와.

"이러므로"는 사도가 에베소서 2:22에서 말한 대로, "너희가 그리스도를 믿는 믿음에서 더욱 견고해지고, 그리스도 안에서 하나님이 거하실 처소로 점점 더 지어져 가도록 하기 위하여"라는 뜻이다. "그리스도 예수의 일로"는 "그리스도를 위하여, 즉 그리스도께서 하신 참된 말씀들을 전하고 그리스도를 높이기 위하여"를 의미한다. 디모데후서 1:8("너는 내가 우리 주를 증언함과 또는 주를 위하여 갇힌 자 된 나를 부끄러워하지 말고 오직 하나님의 능력을 따라 복음과 함께 고난을 받으라")과 빌레몬서 1:1("그리스도 예수를 위하여 갇힌 자 된 바울"), 9("나이가 많은 나 바울은 지금 또 예수 그리스도를 위하여 갇힌 자 되어")을 보라. "너희 이방인을 위하여"는 "너희와 너희의 구원을 위하여"라는 뜻이다: 나는 이제는 유대인과 이방인 중간에 막힌 담이 허물어져서, 하나님의 은혜가 유대인들만이 아니라 이방인들에게도 똑같이 값없이 거저 주어지게 되었다고 너희에게 전하고 선포하였다.

이 절을 구성하고 있는 여러 어구들 간의 연결관계에 대해서는 해석자들 사이에서 상당한 견해 차이가 있는데, 그 중에서 가장 유력하고 자연스러운 해석은 다음 두 가지이다: (1) 이 문장에 계사인 be 동사를 보충해 넣어서, "이러므로 나 바울은 그리스도 예수의 일로 너희 이방인을 위하여 갇힌 자가 되었다"로 읽는 방법이 있다. 이렇게 읽는 경우에, 이 절은 사도가 에베소 교인들의 믿음을 더욱 견고하게 하고 하나님의 거처로 지어져 가게 하기 위한 예수 그리스도의 일로 인하여 한동안 갇힌 자가 되어 있었고, 지금도 여전히 갇혀 있다고 말하고 있는 것이 된다. (2) 에베소서 3:2-13 전체를 삽입문으로 보고서, 1절이 여기에서와 동일한 어구로 시작되는 14절로 연결되는 것으로 보고서, 다음과 같이 읽는 방법이 있다: "이러므로 그리스도 예수의 일로 너희 이방인을 위하여 갇힌 자 된 나 바울은"(1절), "이러므로 내가 하늘과 땅에 있는 각 족속에게 이름을 주신 아버지 앞에 무릎을 꿇고 비노니"(14절). 즉, 사도는 이 장의 1절에서 자기가 앞 장의 끝 절인 에베소서 2:22에서 말한 것을 위하여 갇힌 자가 되었다고 말하고서, 이 장의 2절부터 13절까지의 삽입문을 통해서 자기가 갇힌 것이 그 일을 위한 것임을 설명한 후에, 14절에서 1절의 "이러므로"를 다시 반복함으로써 원래의 흐름으로 돌아와서, 자기가 에베소서 2:22에서 말한 것처럼, 16절에서 아버지 하나님의 "영광의 풍성함을 따라 그의 성령으로 말미암아 너희 속사람을 능력으로 강건하게 하시기"를 기도하는 것을 시작으로, 에베소 교인들이 그들의 "터"이신 그리스도 위에서 점점 더 하나님의 성전으로 지어져 가게 해 주시라는 기도를 해 나가고 있는 것이다.

2. 너희를 위하여 내게 주신 하나님의 그 은혜의 경륜을 너희가 들었을 터이라.

너희가 들었을 터이라. 사도가 "너희가 들었을 터이라"고 말하는 것은, 그들이 들었을지 안 들었을지 모르겠다는 의구심을 표현하는 것이 아니라, 그들이 들었다는 것을 기정사실로 보고 전제하는 것이다. 그래서 어떤 이들은 이 어구를 "너희가 들었다는 것을 안다"로 번역하기도 한다. 이것과 비슷한 어법이 베드로전서 2:3에도 나온다: "너희가 주의 인자하심을 맛보았으면 그리하라"(여기에서 "맛보았으면"은, "너희가 맛보았는지 아닌지를 내가 알 수 없지만, 만약 너희가 맛보았다면"을 의미하는 것이 아니라, "너희가 맛보았다는 것을 내가 알고 있으니 그렇게 하라"는 뜻이다 — 역주).

하나님의 그 은혜의 경륜. 여기에서 "은혜"는 바울의 사도직을 가리키는 것일 수도 있고(롬 1:5, "그로 말미암아 우리가 은혜와 사도의 직분을 받아"; 갈 2:9, "기둥 같이 여기는 야고보와 게바와 요한도 내게 주신 은혜를 알므로 나와 바나바에게 친교의 악수를 하였으니 우리는 이방인에게로, 그들은 할례자에게로 가게 하려 함이라"), 바울이 전한 복음 안에 계시된 구원과 관련하여 하나님이 값없이 거저 주시는 은혜를 가리키는 것일 수도 있다. 후자로 해석하는 경우에, 우리는 여기에서 "경륜"(dispensation)은 하나님께서 그 은혜를 사람들에게 널리 전하고 나누어 주는 소임을 바울에게 주신 것을 가리키는 것으로 이해하여야 한다. 왜냐하면, 복음 사역자들은 하나님의 그러한 은혜를 나누어 주는 자들이기 때문이다(고전 4:1, "사람이 마땅히 우리를 그리스도의 일꾼이요 하나님의 비밀을 맡은 자로 여길지어다").

너희를 위하여 내게 주신. "너희"는 에베소 교인들을 포함한 이방인들을 가리킨다. 사도는 자기가 특히 바로 그 이방인들을 위한 사도로 세우심을 받았다는 것을 여기에서 내비친다(행 9:15; 26:17-18; 갈 2:7).

3-4. [3]곧 계시로 내게 비밀을 알게 하신 것은 내가 먼저 간단히 기록함과 같으니 [4]그것을 읽으면 내가 그리스도의 비밀을 깨달은 것을 너희가 알 수 있으리라.

"계시로"는 그리스도께서 이 비밀을 사도 바울에게 다른 사람을 통해서가 아니라 직접 알려 주셨다는 것을 의미한다. 사도행전 9:15-16에서는 주께서 아나니아에게 "가라 이 사람은 내 이름을 이방인과 임금들과 이스라엘 자손들에게 전하기 위하여 택한 나의 그릇이라 그가 내 이름을 위하여 얼마나 고난을 받아야 할 것을 내가 그에게 보이리라"고 말씀하시고, 갈라디아서 1:11-12에서는 사도 바울은 "형제들아 내가 너희에게 알게 하노니 내가 전한 복음은 사람의 뜻을 따라 된 것이 아니니라 이는 내가 사람에게서 받은 것도 아니요 배운 것도 아니요 오직 예수 그리스도의 계시로 말미암은 것이라"고 직접 말한다. "비밀"은 하나님께서 그리스도 안에서 이방인들을 부르셔서 율법의 행위가 아니라 믿음으로 구원받게 하실 것(6절)을 가리킨다. "내가 먼저 간단히 기록함과 같으니"는 사도가 이 서신의 앞의 두 장에 걸쳐서 그것에 대하여 썼다는 것이다. "그것을 읽으면"은 자기가 보낸 서신이 교회에서 공적으로 읽혀질 때에 그것을 그들이 경청해서 듣는다면 알게 될 것이라는 뜻이다.

5. 이제 그의 거룩한 사도들과 선지자들에게 성령으로 나타내신 것 같이 다른 세대에서는 사람의 아들들에게 알리지 아니하셨으니.

다른 세대에서는 사람의 아들들에게 알리지 아니하셨으니. "다른 세대들"은 그리스도께서 육체로 오시기 이전의 세대들을 뜻한다. 하나님께서 장차 이방인들을 부르실 것이라는 사실은 미리 예언되어 있어서 전에도 알려져 있었지만, 그런 일이 언제, 그리고 어떤 식으로 이루어질 것인지는 인간 세상에 알려져 있지 않았다.

이제 그의 거룩한 사도들과 선지자들에게 성령으로 나타내신 것 같이. 여기에서 "선지자들"은 신약 시대의 선지자들을 가리킨다(엡 4:11, "그가 어떤 사람은 사도로, 어떤 사람은 선지자로, 어떤 사람은 복음 전하는 자로, 어떤 사람은 목사와 교사로 삼으셨으니"; 롬 12:6; 고전 14:1, 3). "성령으로"는, 성령이 이방인들에게 부어져서, 그들이 믿는 유대인들과 함께 하나님의 기업을 함께 이을 상속자들이라는 것을 알게 하셨다는 의미일 수도 있지만, 성령이 사도들과 선지자들에게 직접 이 비밀을 알려주셨다는 의미라고 보아야 한다.

6. 이는 이방인들이 복음으로 말미암아 그리스도 예수 안에서 함께 상속자가 되고 함께 지체가 되고 함께 약속에 참여하는 자가 됨이라.

이방인들이 "함께 상속자가 된다"는 것은 이방인들이 믿는 유대인들과 동일하게 하늘의 기업을 물려 받을 수 있는 권세를 얻게 되었다는 것이고, 이방인들이 "함께 지체가 되었다"는 것은 이방인들이 믿는 유대인들과 동일하게 그리스도를 머리로 한 저 동일한 신비의 몸의 지체들이 되었다는 것이며, 이방인들이 "함께 약속에 참여하는 자들이 되었다"는 것은 이방인들이 믿는 유대인들과 동일하게 하나님의 언약에 의한 약속과 그 약속 안에 포함되어 있는 모든 것들에 분깃을 갖게 되었다는 것이다. "그리스도 안에서"는 하나님의 언약에 따른 이 모든 약속들이 그리스도 안에서 이루어졌다는 것을 의미한다(고후 1:20, "하나님의 약속은 얼마든지 그리스도 안에서 예가 되니 그런즉 그로 말미암아 우리가 아멘 하여 하나님께 영광을 돌리게 되느니라"). "복음으로 말미암아"는, 하나님께서 이방인들을 믿는 유대인들과 함께 상속자들이 되게 하시고 함께 지체들이 되게 하시며 함께 약속에 참여하는 자들이 되게 하시기 위하여, 이방인들에게 믿음을 주시는 수단 또는 통로가 "복음"이었다는 것을 보여 준다.

7. 이 복음을 위하여 그의 능력이 역사하시는 대로 내게 주신 하나님의 은혜의 선물을 따라 내가 일꾼이 되었노라.

하나님의 은혜의 선물을 따라. 이것은 하나님이 전적인 은혜로 값없이 거저 주신 것들을 따라 일하였다는 의미일 수도 있고, 여기에서 "선물"은 바울이 자신의 사도직을 제대로 수행하는 데 꼭 필요한 것들이었던 온갖 은사들(지식, 방언, 예언 등등)을 하나님이 자기에게 값없이 거저 주셨다고 말하는 것일 수도 있다. **그의 능력이 역사하시는 대로.** 믿는 자들을 박해하는 자였던 바울이 복음을 전하는 자가 된 것은 전적으로 하나님의 능력이 그에게 역사한 결과였다. 하나님의 그러한 능력은 바울이 복음을 전할 때에도 그대로 나타나서, 성령께서는 바울이 전하는 복음에 역사하여, 많은 이적들을 통하여 복음이 참되다는 것을 확증하시고(행 19:12, "심지어 사람들이 바울의 몸에서 손수건이나 앞치마를 가져다가 병든 사람에게 얹으면 그 병이 떠나고 악귀도 나가더라"), 듣는 자들로 하여금 자신들의 죄를 깨닫게 하심으로써, 수많은 사람들을 회심시키시고, 많은 나라들에 복음이 전파되게 하셨다.

8. 모든 성도 중에 지극히 작은 자보다 더 작은 나에게 이 은혜를 주신 것은 측량할 수 없는 그리스도의 풍성함을 이방인에게 전하게 하시고.

모든 성도 중에 지극히 작은 자보다 더 작은 나에게. 사도는 자기가 유대교에 몸담고 있을 때에 그리스도의 교회를 박해하였던 것을 염두에 두고 이런 말을 하고 있다: "나는 사도 중에 가장 작은 자라 나는 하나님의 교회를 박해하였으므로 사도라 칭함 받기를 감당하지 못할 자니라"(고전 15:9); "내가 전에는 비방자요 박해자요 폭행자였으나 도리어 긍휼을 입은 것은 내가 믿지 아니할 때에 알지 못하고 행하였음이라 … 미쁘다 모든 사람이 받을 만한 이 말이여 그리스도 예수께서 죄인을 구원하시려고 세상에 임하셨다 하였도다 죄인 중에 내가 괴수니라"(딤전 1:13, 15). 따라서 사도는 자신의 사도직과 관련해서가 아니라 자기 자신과 관련해서 여기에서 이렇게 말하고 있는 것이다. 측량할 수 없는 그리스도의 풍성함은 사도가 복음 전도를 통해서 이방인들에게 알게 해 주었던 그리스도의 모든 은혜를 뜻하는데, 사도는 이것을 고린도전서 1:30에서 "너희는 하나님으로부터 나서 그리스도 예수 안에 있고 예수는 하나님으로부터 나와서 우리에게 지혜와 의로움과 거룩함과 구원함이 되셨으니"라고 표현한다.

9. 영원부터 만물을 창조하신 하나님 속에 감추어졌던 비밀의 경륜이 어떠한 것을 드러내게 하려 하심이라.

비밀의 경륜이 어떠한 것을 드러내게 하려 하심이라. "비밀의 경륜"은 하나님께서 이방인들이 할례나 율법의 행위들 없이 구원 받게 하시기 위하여 준비하신 모든 것을 가리키는데, 이것은 유대인들이 믿었던 것과는 반대되는 것으로서, 이제 하나님께서 바울의 사역을 통해서 사람들에게 드러내셨다. 그래서 바울로부터 복음을 전해들은 사람들 중에서 그리스도께 속한 자들은 빛을 받고 눈이 떠져서 그 비밀을 보게 되었다(요 1:9, "참 빛 곧 세상에 와서 각 사람에게 비추는 빛이 있었나니"). 바울은 사도행전 26:16-18에서 다메섹 도상에서 나타나신 주님이 자기에게 이렇게 말씀하셨다고 간증한다: "일어나 너의 발로 서라 내가 네게 나타난 것은 곧 네가 나를 본 일과 장차 내가 네게 나타날 일에 너로 종과 증인을 삼으려 함이니 이스라엘과 이방인들에게서 내가 너를 구원하여 그들에게 보내어 그 눈을 뜨게 하여 어둠에서 빛으로, 사탄의 권세에서 하나님께로 돌아오게 하고 죄 사함과 나를 믿어 거룩하게 된 무리 가운데서 기업을 얻게 하리라."

영원부터 만물을 창조하신 하나님 속에 감추어졌던. 이방인들을 구원하는 일과 관련된 구체적인 때와 방법은 사람들에게 계시되지 않고, 하나님의 생각과 계획 속에 감추어져 있었다. 에베소서 1:9에서도 여기에서와 비슷하게 "그 뜻의 비밀을 우리에게 알리신 것이요 그의 기뻐하심을 따라 그리스도 안에서 때가 찬 경륜을 위하여 예정하신 것이니"라고 말한다. 여기에 언급된 "창조"는 첫 번째 창조를 의미하는 것일 수도 있고, 두 번째 창조를 의미하는 것일 수도 있으며, 직접적으로는 첫 번째 창조를 가리키면서 간접적으로 두 번째 창조를 가리키는 것일 수도 있다. 즉, 하나님께서는 처음에 그리스도로 말미암아 유대인과 이방인을 포함해서 "만물"을 창조하셨던 것과 마찬가지로(요 1:3, "만물이 그로 말미암아 지은 바 되었으니 지은 것이 하나도 그가 없이는 된 것이 없느니라"), 이제는 유대인과 이방인을 포함한 만물이 그리스도 아래에서 통일되어 하나가 되게 하기 위하여 그리스도로 말미암아 만물을 재창조하시고 새롭게 하신다(고후 4:6, "어두운 데에 빛이 비치라 말씀하셨던 그 하나님께서 예수 그리스도의 얼굴에 있는 하나님의 영광을 아는 빛을 우리 마음에 비추셨느니라").

10. 이는 이제 교회로 말미암아 하늘에 있는 통치자들과 권세들에게 하나님의 각종 지혜를 알게 하려 하심이니.

"하늘에 있는 통치자들과 권세들"은 선한 천사들을 가리킨다: "만물이 그에게서 창조되되 하늘과 땅에서 보이는 것들과 보이지 않는 것들과 혹은 왕권들이나 주권들이나 통치자들이나 권세들이나 만물이 다 그로 말미암고 그를 위하여 창조되었고"(골 1:16); "그는 하늘에 오르사 하나님 우편에 계시니 천사들과 권세들과 능력들이 그에게 복종하느니라"(벧전 3:22). "교회로 말미암아 … 알게 하려 하심이니"는 교회가 천사들에게 복음과 관련된 각종 지혜를 가르치는 주체가 된다는 의미가 아니고, 천사들이 교회를 바라보면서 하나님의 각종 지혜를 생각하고 깨닫게 된다는 의미이다.

"하나님의 각종 지혜"는 하나님의 지혜가 헤아릴 수 없이 많고 다양하며 다면적임을 보여 준다. 하나님의 지혜는 그 자체로는 단순하지만, 현실에서 나타날 때는 지극히 다양한 방식과 모습으로 나타나기 때문에, 여기에서 사도는 "각종 지혜"라고 표현한 것이다. 사도가 여기에서 염두에 둔 "하나님의 각종 지혜"는 인류를 속량하시기 위한 하나님의 경륜 전체, 하나님이 여러 세대에 걸쳐 자신의 교회를 다스려 오신 것, 교회의 여러 형태들, 하나님이 자신의 뜻을 나타내시는 다양한 방식들, 서로 다른 때에 서로 다른 분량의 빛을 비쳐 주시는 것, 율법 이전 시대와 율법 시대와 복음 시대에 유대인들과 이방인들에게 은혜 언약을 각각 다양하게 시행하신 것 등등이다.

11. 곧 영원부터 우리 주 그리스도 예수 안에서 예정하신 뜻대로 하신 것이라.

하나님께서 우리를 속량하시기 위하여 행하신 모든 일들을 통해서 마침내 하나님의 각종 지혜가 드러났는데, 이 모든 일들은 하나님이 "영원부터" 행하기로 계획하시고 "예정하신" 대로 행하신 것이었다. 이렇게 하나님께서 우리의 구원과 관련된 모든 일들을 언제 어떻게 행하실지를 다 "영원부터" 미리 정해 놓으시고, 그 순서에 따라 이미 정해진 대로 착착 진행시켜 나가셔서 우리의 구원을 이루셨다는 사실은 하나님의 지혜가 어떠한지를 잘 보여 준다. 그리스도는 아버지 하나님의 영원하신 지혜이실 뿐만 아니라, 하나님이 영원부터 세우신 이러한 구원 계획 속에서 교회의 머리로 이미 예정되어 있었고, 이것은 때가 되면 드러나게 될 것이었다.

12. 우리가 그 안에서 그를 믿음으로 말미암아 담대함과 확신을 가지고 하나님께 나아감을 얻느니라.

그 안에서. 이것은 "그리스도에 의해서," 또는 "그리스도로 말미암아," 또는 "그리스도께 접붙인 바 되고 그리스도와 합하여"를 뜻한다. **그를 믿음으로 말미암아.** 이 어구의 헬라어 본문은 직역하면 "그의 믿음으로 말미암아"인데, 여기에서 "그의"라는 속격은 목적격적 속격으로 사용되고 있기 때문에, 로마서 3:22("예수 그리스도를 믿음으로 말미암아 모든 믿는 자에게 미치는 하나님의 의니 차별이 없느니라")과 마찬가지로 "그를 믿음으로 말미암아"로 번역하여야 한다. 우리는 이러한 용례를 마가복음 11:22에서도 볼 수 있다: "예수께서 그들에게 대답하여 이르시되 하나님을 믿으라"(여기에서 "하나님을 믿으라"로 번역된 어구는 직역하면 "하나님의 믿음을 가지라"가 된다 — 역주).

담대함과 확신을 가지고. "담대함"은 거리낌이나 거침이 없이, 그리고 눈치를 보거나 두려워함이 없이 말하는 것을 가리키는 것으로서, 우리가 노예들이나 종들처럼 두려워하고 조심스러워하며 아버지 하나님 앞에 나아가는 것이 아니라, 자녀의 신분으로서 자유함과 영적인 평안 가운데서 아버지께 나아가 기탄 없이 말하게 되었다는 것을 의미한다: "너희는 다시 무서워하는 종의 영을 받지 아니하고 양자의 영을 받았으므로 우리가 아빠 아버지라고 부르짖느니라"(롬 8:15); "너희가 아들이므로 하나님이 그 아들의 영을 우리 마음 가운데 보내사 아빠 아버지라 부르게 하셨느니라"(갈 4:6); "사랑하는 자들아 만일 우리 마음이 우리를 책망할 것이 없으면 하나님 앞에서 담대함을 얻고"(요일 3:21). "확신"은 앞에서 담대함에 대하여 설명한 것과 마찬가지로 두려움 없이 평안한 마음으로 아버지 하나님 앞에 나아간다는 의미이거나, 우리가 구하는 것을 하나님이 들어주실 것에 대한 확신을 가지고 아버지 하나님 앞에 나아간다는 의미이다.

하나님께 나아감을 얻느니라. 이것은 단지 기도만을 가리키는 것이 아니라, 우리가 그리스도를 믿는 믿음에 의지해서 하나님과 갖는 모든 교제와 교통을 가리킨다(벧전 3:18, "그리스도께서도 단번에 죄를 위하여 죽으사 의인으로서 불의한 자를 대신하셨으니 이는 우리를 하나님 앞으로 인도하려 하심이라").

13. 그러므로 너희에게 구하노니 너희를 위한 나의 여러 환난에 대하여 낙심하지 말라 이는 너희의 영광이니라.

그러므로 너희에게 구하노니. 이것은 이하의 내용이 하나님을 향한 기도가 아니라, 에베소 교인들에게 하는 부탁이자 권면이라는 것을 보여 준다. 사도는 위에서 자기가 그들에게 들려준 사실을 토대로 해서, 이제 그들에게 권면을 행한다: "그러므로 내가 너희에게 간곡히 부탁한다."

너희를 위한 나의 여러 환난에 대하여 낙심하지 말라. 내가 지금까지 너희에게 들려준 진실이 내가 환난들을 겪는 이유이고, 이 환난들은 내가 옳고 내가 전한 것이 옳다는 것을 확증해 줌으로써 너희의 믿음이 옳다는 것도 확증해 주는 것이기 때문에, 내가 환난들을 겪는 것은 너희의 구원을 위한 것이다.

이는 너희의 영광이니라. 이것은 사도가 겪는 환난들로 인해서 그들이 낙심하지 않고 그리스도에게서 떨어져 나가지 않는 것은 그들의 영광이라는 의미일 수도 있지만, 사도가 겪는 환난들은 그가 전한 복음으로 인하여 겪는 것들인 까닭에, 자기가 그들에게 전한 복음의 교훈이 참되다는 것을 인쳐 주고 확증해 준다는 점에서 그들의 영광이 되기 때문에, 자기는 그들에게 전한 복음으로 인하여 계속해서 기꺼이 환난을 감내할 마음이 있음을 의미하는 것이라고 보아야 한다.

14-15. [14]이러므로 내가 하늘과 땅에 있는 각 족속에게 [15]이름을 주신 아버지 앞에 무릎을 꿇고 비노니.

"이러므로"는 앞 절의 "너희를 위한 나의 여러 환난에 대하여 낙심하지 말라 이는 너희의 영광이니라"를 받는 것일 수도 있지만, 1절에서 시작한 것을 여기에서 다시 재개하고 있는 것으로 보아야 한다. 즉, 이 장의 2절부터13절까지는 하나의 삽입문이고, 사도는 여기에서 "이러므로"는 1절의 "이러므로"를 다시 반복해서, "이러므로 그리스도 예수의 일로 너희 이방인을 위하여 갇힌 자 된 나 바울, 내가 하늘과 땅에 있는 각 족속에게 이름을 주신 아버지 앞에 무릎을 꿇고 비노니"라고 이어가고 있다는 것이다. "각 족속"은 하나님의 권속 전체를 뜻한다. 왜냐하면, 하나님의 교회는 하나님의 권속이기 때문이다(엡 2:19, "너희는 외인도 아니요 나그네도 아니요 오직 성도들과 동일한 시민이요 하나님의 권속이라"). 따라서 "하늘과 땅에 있는 각 족속"은 하늘에서 이미 영광 중에 있는 성도들과 아직 이 땅에서 살아가고 있는 성도들을 포함해서, 유대인이든 이방인이든, 어느 곳에 살든 그 신분이 무엇이든, 모든 성도들을 가리킨다.

"이름을 주신"은 모든 성도들이 그리스도의 이름으로 불리고 있음을 의미한다. 즉, 그들은 그리스도인들로 불리고 있고, 하나님의 교회라 불리고 있다. "이름"은 곧 실체를 의미한다(사 7:14, "주께서 친히 징조를 너희에게 주실 것이라 보라 처녀가 잉태하여 아들을 낳을 것이요 그의 이름을 임마누엘이라 하리라"; 눅 1:35, "천사가 대답하여 이르되 성령이 네게 임하시고 지극히 높으신 이의 능력이 너를 덮으시리니 이러므로 나실 바 거룩한 이는 하나님의 아들이라 일컬어지리라"). 유대인들은 아브라함이 자신들의 조상이라고 자랑하였지만, 이제 이방인들을 포함한 믿는 자들은 모두 다 그리스도의 이름으로 불리는 하나님의 백성으로서 하나의 권속이다. "하늘과 땅에 있는 각 족속에게 이름을 주신"은 관계대명사로 그 앞에 나오는 선행사와 연결되어 있는데, 여기에서 "아버지"로 번역되어 있는 부분이 어떤 사본들에는 "우리 주 예수 그리스도의 아버지"로도 되어 있기 때문에, 이 관계절의 선행사는 "아버지"일 수도 있고, "그리스도"일 수도 있다. 흠정역에 의하면, "그리스도"가 선행사가 되기 때문에, 모든 성도들에게 이름을 주신 분은 아버지 하나님이 아니라 그리스도가 된다.

16. 그의 영광의 풍성함을 따라 그의 성령으로 말미암아 너희 속사람을 능력으로 강건하게 하시오며.

"그의 영광의 풍성함"은 아버지 하나님의 능력의 풍성하심을 의미한다. 로마서 6:4을 보라: "우리가 그의 죽으심과 합하여 세례를 받음으로 그와 함께 장사되었나니 이는 아버지의 영광으로 말미암아 그리스도를 죽은 자 가운데서 살리심과 같이 우리로 또한 새 생명 가운데서 행하게 하려 함이라." "그의 성령으로 말미암아"는 성령께서 우리 안에서 역사하셔서 하나님 안에 있는 온갖 은혜를 우리에게 구체적으로 전해 주신다는 것을 의미한다. "속사람"은 우리의 영혼과 심령 속에서 은혜로 말미암아 새롭게 되는 이성적인 능력들을 가리키는데, 다음 절에 언급된 "마음"이나 데살로니가전서 5:23("평강의 하나님이 친히 너희를 온전히 거룩하게 하시고 또 너희의 온 영과 혼과 몸이 우리 주 예수 그리스도께서 강림하실 때에 흠 없게 보전되기를 원하노라")에 나오는 "영"과 동일하다. 고린도후서 4:16을 보라: "우리가 낙심하지 아니하노니 우리의 겉사람은 낡아지나 우리의 속사람은 날로 새로워지도다."

17. 믿음으로 말미암아 그리스도께서 너희 마음에 계시게 하시옵고 너희가 사랑 가운데서 뿌리가 박히고 터가 굳어져서.

믿음으로 말미암아 그리스도께서 너희 마음에 계시게 하시옵고. 그리스도께서는 "여호와의 영 곧 지혜와 총명의 영이요 모략과 재능의 영이요 지식과 여호와를 경외하는 영"(사 11:2)으로 "너희 마음에" 거하셔서, 끊임없이 친밀하게 너희의 머리를 그의 가르침으로 채우실 뿐만 아니라, 너희의 감성도 그의 영으로 충만하게 하신다. 요한복음 14:23을 보라: "예수께서 대답하여 이르시되 사람이 나를 사랑하면 내 말을 지키리니 내 아버지께서 그를 사랑하실 것이요 우리가 그에게 가서 거처를 그와 함께 하리라." "믿음"은 너희로 하여금 그리스도의 진리를 믿게 해 줄 뿐만 아니라, 그리스도 자신을 영접하고 받아들여서 그리스도와 하나가 되어 교제하고 교통할 수 있게 해 주는 통로와 수단이다.

너희가 사랑 가운데서 뿌리가 박히고 터가 굳어져서. 이것은 다음 중 하나를 의미한다: (1) 우리는 여기에서 "사랑"은 하나님과 이웃에 대한 우리의 사랑을 가리키는 것으로 이해할 수 있다. 이렇게 보는 경우에는, 사도는 여기에서 에베소 교인들의 그러한 사랑이 가볍고 피상적인 것이 아니라 강하고 견고한 것이 되기를 기도하고 있는 것이 된다. (2) 우리는 여기에서 "사랑"은 우리에 대한 하나님의 사랑을 가리키는 것으로 이해할 수 있다. 이렇게 보는 경우에는, 사도는 여기에서 이미 그리스도 안에서 하나님의 사랑을 맛본 에베소 교인들이 그 사랑에 대하여 더욱 크고 견고한 확신을 갖게 되기를 기도하고 있는 것이 된다.

18-19. [18]능히 모든 성도와 함께 지식에 넘치는 그리스도의 사랑을 알고 [19]그 너비와 길이와 높이와 깊이가 어떠함을 깨달아 하나님의 모든 충만하신 것으로 너희에

게 충만하게 하시기를 구하노라.

지식에 넘치는 그리스도의 사랑을 알고. 그리스도의 사랑은 우리가 점점 더 많이 알고 경험할 수는 있지만, 현세에서는 결코 온전히 절대적으로 이해하고 알 수는 없다. 에베소서 3:8(측량할 수 없는 그리스도의 풍성함")을 보라. 빌립보서 4:7에도 비슷한 표현이 나온다: "모든 지각에 뛰어난 하나님의 평강이 그리스도 예수 안에서 너희 마음과 생각을 지키시리라."

능히 모든 성도와 함께 … 그 너비와 길이와 높이와 깊이가 어떠함을 깨달아. 여기에서 "그"는 앞에 언급된 "비밀," 즉 유대인과 이방인 모두에게 미치는 그리스도에 의한 속량하심을 가리키는 것일 수도 있지만, 헬라어 본문에서 뒤에 나오는 "그리스도의 사랑"을 가리키는 것으로 보아야 한다. "너비와 길이와 높이와 깊이가 어떠함"은 그리스도의 사랑이 무한히 넓고 고귀하며 완전하다는 것을 나타낸다. 사도는 그리스도의 이러한 사랑을 과거와 현재의 "모든 성도"가 좀 더 온전히 깨달아 알게 되기를 기도한다.

하나님의 모든 충만하신 것으로 너희에게 충만하게 하시기를 구하노라. 하나님께서는 지식, 믿음, 거룩함 등과 같은 하나님의 모든 충만하심으로 믿는 자들을 충만하게 하실 것이지만, 현세에서는 점진적으로, "하나님이 만유의 주로서 만유 안에 계시게"(고전 15:28) 될 장래에는 온전히 충만하게 하실 것이다.

20. 우리 가운데서 역사하시는 능력대로 우리가 구하거나 생각하는 모든 것에 더 넘치도록 능히 하실 이에게.

우리 가운데서 역사하시는 능력대로. 사도가 에베소서 1:19에서 "그의 힘의 위력으로 역사하심을 따라 믿는 우리에게 베푸신 능력의 지극히 크심이 어떠한 것을 너희로 알게 하시기를 구하노라"고 한 것처럼, 이 능력은 지극히 크신 능력인데, 하나님께서는 이 능력으로 우리 안에서 역사하셔서 믿음이 생겨나게 하시고, 그 믿음을 우리 안에 끝까지 보존하셔서 우리로 구원에 이르게 하시며(벧전 1:5, "너희는 말세에 나타내기로 예비하신 구원을 얻기 위하여 믿음으로 말미암아 하나님의 능력으로 보호하심을 받았느니라"), 우리로 하여금 환난들을 견디게 하신다(딤후 1:8, "너는 내가 우리 주를 증언함과 또는 주를 위하여 갇힌 자 된 나를 부끄러워하지 말고 오직 하나님의 능력을 따라 복음과 함께 고난을 받으라"). 우리가 구하거나 생각하는 모든 것에 더 넘치도록 능히 하실 이에게. 아버지 하나님께서는 우리를 끝까지 견고하게 세우실 수 있으시고, 우리를 그렇게 하시는 데 필요한 모든 것을 행하실 수 있으시다.

21. 교회 안에서와 그리스도 예수 안에서 영광이 대대로 영원무궁하기를 원하노라 아멘.

여기에서 "교회"는 유대인들과 이방인들로 이루어진 교회 전체를 가리킨다. 오직 교회만이 사도가 앞에서 말한 "비밀"을 알고 그 은택들에 참여할 수 있기 때문에, 그러한 것들로 인하여 하나님께 제대로 올바르게 영광을 돌릴 수 있는 것도 오직 교회뿐이다. 그리스도 예수 안에서. 아버지 하나님께서 우리에 대한 자신의 모든 사랑을 그리스도 예수 안에서 나타내셨기 때문에, 사도는 그리스도 예수 안에서 하나님이 영광을 받으시기를 기원하는 것일 수도 있지만, 이 어구는 "그리스도 예수로 말미암아"로 해석하는 것이 더 합당한 것으로 보인다. 왜냐하면, 사도가 로마서 1:8에서 "내가 예수 그리스도로 말미암아 너희 모든 사람에 관하여 내 하나님께 감사함은 너희 믿음이 온 세상에 전파됨이로다"라고 말하고, 7:25에서 "우리 주 예수 그리스도로 말미암아 하나님께 감사하리로다"라고 말한 것처럼, 우리는 오직 "그리스도로 말미암아" 하나님을 예배하고 찬송하며 기도하기 때문이다. "대대로"는 "모든 세대에 걸쳐서"라는 뜻이다.

MATTHEW POOLE'S COMMENTARY

에베소서 4장

개요

1. 그리스도인으로서의 부르심에 합당한 덕목들을 권하는 가운데, 특히 하나가 될 것을 권함(1-6).
2. 그리스도께서 각 사람에게 서로 다른 은사들을 주신 것은 자기 몸인 교회가 그들의 머리인 자기를 중심으로 여러 지체들의 협력 속에서 참된 믿음 안에서 세워지고 온전하게 되게 하기 위한 것이라고 밝힘(7-16).
3. 이방 세계의 헛되고 더러운 행실을 버리라고 함(17-21).
4. 옛 사람을 벗어 버리고 새 사람을 입으라고 함(22-24).
5. 거짓말을 버리라고 함(25).
6. 죄가 되는 분노를 버리라고 함(26-27).
7. 정직하지 못한 행실을 버리고, 기회 있을 때마다 정직하게 일해서 벌라고 함(28).
8. 더러운 말을 하지 말라고 함(29).
9. 하나님의 성령을 근심하게 하지 말라고 함(30).
10. 악의가 담긴 모든 언행을 버리고, 서로에 대하여 인자하고 용서하는 마음으로 행하라고 함(31-32).

1. 그러므로 주 안에서 갇힌 내가 너희를 권하노니 너희가 부르심을 받은 일에 합당하게 행하여.

"주 안에서"는 히브리식 표현으로서 "주를 위하여"라는 뜻이다. 에베소서 3:1을 보라: "그리스도 예수의 일로 너희 이방인을 위하여 갇힌 자 된 나 바울이 말하거니와." "너희가 부르심을 받은 일"은 성도로 부르심을 받은 그들의 일반적인 부르심과 여러 가지 신분과 관계로 부르심을 받은 그들의 특별한 부르심(사도는 이 특별한 부르심들에 따른 교훈을 에베소서 5장과 6장에서 다룬다)을 가리킨다. "너희가 부르심을 받은 일에 합당하게 행하라"는 것은 그들의 부르심에 합당하고 걸맞는 방식으로 꾸준히 변함없이 인내로써 행해 나가라는 것이다(살전 4:7, "하나님이 우리를 부르심은 부정하게 하심이 아니요 거룩하게 하심이니"; 벧전 1:15, "오직 너희를 부르신 거룩한 이처럼 너희도 모든 행실에 거룩한 자가 되라"). 이것과 비슷한 표현이 로마서 16:2에 나온다: "너희는 주 안에서 성도들의 합당한 예절로 그를 영접하고 무엇이든지 그에게 소용되는 바를 도와 줄지니."

2. 모든 겸손과 온유로 하고 오래 참음으로 사랑 가운데서 서로 용납하고.

"겸손"은 자신의 마음을 낮추고 순종적이고 고분고분한 것을 의미하는데, 교만과 반대되는 개념이다. 그러한 겸손이 있어야, 우리는 남들을 우리 자신보다 더 낫게 여길 수 있게 된다(빌 2:3, "아무 일에든지 다툼이나 허영으로 하지 말고 오직 겸손한 마음으로 각각 자기보다 남을 낫게 여기고"). 겸손은 고대의 철학자들에게는 알려져 있지 않았고 오직 그리스도인들에게 특유한 덕목이었다. 사도행전 20:18-20("아시아에 들어온 첫날부터 지금까지 내가 항상 여러분 가운데서 어떻게 행하였는지를 여러분도 아는 바니 모든 겸손과 눈물이며 유대인의 간계로 말미암아 당한 시험을 참고 주를 섬긴 것과 유익한 것은 무엇이든지 공중 앞에서나 각 집에서나 거리낌이 없이 여러분에게 전하여 가르치고")과 골로새서 3:12-14("너희는 하나님이 택하사 거룩하고 사랑 받는 자처럼 긍휼과 자비와 겸손과 온유와 오래 참음을 옷 입고 누가 누구에게 불만이 있거든 서로 용납하여 피차 용서하되 주께서 너희를 용서하신 것 같이 너희도 그리하고 이 모든 것 위에 사랑을 더하라 이는 온전하게 매는 띠니라")을 보라.

"온유"는 다른 사람들이 연약함들로 말미암아 저지른 잘못들에 대하여 쉽게 화내지 않는 것을 의미하는데, 까다로운 것과 반대되는 개념이다. "오래 참음"은 남들이 가하는 좀 더 크거나 반복되는 해악들을 견디고 감수하는 것을 의미한다(고후 6:6). "서로 용납한다"는 것은 다른 사람들의 연약한 것들이나 제멋대로 행하는 것들이나 못마땅해하거나 신경질을 부리는 것 등등을 잘 참아내고 받아주며, 그런 것들을 이유로 그들을 사랑하는 것을 중단하는 것이 아니라 변함없이 그들을 선대하고 사랑해 주는 것을 의미한다. "사랑 가운데서"는 어떤 육신적인 정이나 우리 자신의 유익을 위해서가 아니라 참된 사랑이 동기가 되어야 한다는 것이다. 참된 사랑이 있으면, 사람들은 오래 참고 용납하게 된다(고전 13:4-5, "사랑은 오래 참고 사랑은 온유하며 시기하지 아니하며 사랑은 자랑하지 아니하며 교만하지 아니하며 무례히 행하지 아니하며 자기의 유익을 구하지 아니하며 성내지 아니하며 악한 것을 생각하지 아니하며").

3. 평안의 매는 줄로 성령이 하나 되게 하신 것을 힘써 지키라.

"성령이 하나 되게 하신 것"은 성령의 역사로 말미암아 믿는 자들이 영적으로 하나가 된 것을 가리키거나, 그 마음과 생각이 하나가 된 것을 가리킨다. 따라서 이것은 사도가 에베소서 2:14-16("그는 우리의 화평이신지라 둘로 하나를 만드사 원수 된 것 곧 중간에 막힌 담을 자기 육체로 허시고 법조문으로 된 계명의 율법을 폐하셨으니 이는 이 둘로 자기 안에서 한 새 사람을 지어 화평하게 하시고 또 십자가로 이 둘을 한 몸으로 하나님과 화목하게 하려 하심이라")과 3:6("이는 이방인들이 복음으로 말미암아 그리스도 예수 안에서 함께 상속자가 되고 함께 지체가 되고 함께 약속에 참여하는 자가 됨이라")에서 말한 바로 그 하나됨, 즉 유대인과 이방인이 하나가 되어 그리스도의 신비의 몸이 된 것을 가리킨다. "평안의 매는 줄"은 서로 생각과 마음이 제각각이어서 연합되지 못하고 모래알처럼 뿔뿔이 흩어져 있는 교회의 지체들이나 부분들을 한데 묶는 평안 또는 화평을 의미한다. 이러한 하나됨과 연합의 첫 걸음은 겸손이다. 왜냐하면, 겸손이 없는 곳에는 온유함이나 오래 참음도 있을 수 없고, 그런 것들이 없이는 연합이나 하나됨도 유지될 수 없기 때문이다.

4. 몸이 하나요 성령도 한 분이시니 이와 같이 너희가 부르심의 한 소망 안에서 부르심을 받았느니라.

몸이 하나요. 그리스도의 교회는 한 몸이다(엡 1:23, "교회는 그의 몸이니 만물 안에서 만물을 충만하게 하시는 이의 충만함이니라"). 골로새서 3:15을 보라: "그리스도의 평강이 너희 마음을 주장하게 하라 너희는 평강을 위하여 한 몸으로 부르심을 받았나니." 성령도 한 분이시니. 그리스도의 몸인 교회에 속한 모든 지체들은 모두 다 동일한 그리스도의 영을 의지하여 살아가고 행한다(고전 12:11-13, "이 모든 일은 같은 한 성령이 행하사 그의 뜻대로 각 사람에게 나누어 주시는 것이니라 몸은 하나인데 많은 지체가 있고 몸의 지체가 많으나 한 몸임과 같이 그리스도도 그러하니라 우리가 유대인이나 헬라인이나 종이나 자유인이나 다 한 성령으로 세례를 받아 한 몸이 되었고 또 다 한 성령을 마시게 하셨느니라"). 이와 같이 너희가 부르심의 한 소망 안에서 부르심을 받았느니라. 골로새서 1:12에서 "우리로 하여금 빛 가운데서 성도의 기업의 부분을 얻기에 합당하게 하신 아버지께 감사하게 하시기를 원하노라"고 말한 것처럼, 너희는 하늘에 있는 기업에 참여할 동일한 소망 안에서 부르심을 받은 자들이다. 여기에서 "소망"은 골로새서 1:5에서 "너희를 위하여 하늘에 쌓아 둔 소망"이라고 한 것과 마찬가지로 "소망하는 것"을 의미한다. 베드로전서 1:3-4을 보라: "우리 주 예수 그리스도의 아버지 하나님을 찬송하리로다 그의 많으신 긍휼대로 예수 그리스도를 죽은 자 가운데서 부활하게 하심으로 말미암아 우리를 거듭나게 하사 산 소망이 있게 하시며 썩지 않고 더럽지 않고 쇠하지 아니하는 유업을 잇게 하시나니 곧 너희를 위하여 하늘에 간직하신 것이라."

5. 주도 한 분이시요 믿음도 하나요 세례도 하나요.

주도 한 분이시요. "주"는 그리스도를 가리킨다. 하나님께서는 그리스도를 교회의 구속주이자 머리이시고 남편으로 세우셔서, 교회로 하여금 그리스도를 "주"로 섬기며 복종하게 하셨다(고전 8:6, "우리에게는 한 하나님 곧 아버지가 계시니 만물이 그에게서 났고 우리도 그를 위하여 있고 또한 한 주 예수 그리스도께서 계시니 만물이 그로 말미암고 우리도 그로 말미암아 있느니라"; 요 13:13, "너희가 나를 선생이라 또는 주라 하니 너희 말이 옳도다 내가 그러하다"; 행 2:36, "이스라엘 온 집은 확실히 알지니 너희가 십자가에 못 박은 이 예수를 하나님이 주와 그리스도가 되게 하셨느니라"). 믿음도 하나요. 모든 믿는 자들의 믿음의 대상, 즉 구원의 가르침은 오직 하나이다. 세례도 하나요. 외적인 상징으로서의 세례도 오직 하나이고, 그 세례가 상징하는 것도 오직 하나이다.

6. 하나님도 한 분이시니 곧 만유의 아버지시라 만유 위에 계시고 만유를 통일하시고 만유 가운데 계시도다.

하나님도 한 분이시니. 여기에서 "하나님"은 삼위일체 하나님 중에서 성부 하나님을 가리킨다. 삼위일체 하나님 중에서 나머지 두 위격이신 성자와 성령은 이미 앞에서 언급되었다(4-5절). 곧 만유의 아버지시라. 여기에서 "만유"는 모든 믿는 자들을 가리킨다. 만유 위에 계시고. 이것은 단지 하나님의 본질적인 탁월하심만을 가리키는 것이 아니라, 특히 교회에 대한 하나님의 주권적인 통치를 가리킨다. 만유를 통일하시고. 이것은 하나님의 특별한 섭리가 교회의 모든 지체들을 관통한다는 것을 의미한다. 만유 가운데 계시도다(흠정역이 사용한 사본에는 이 구절이 "너희 모두 안에 계시도다"로 되어 있다 – 역주). 이것은 하나님께서 모든 믿는 자들 안에 계셔서, 그들이 자기와 연결되어 있는 것을 의미한다. "만유 위에 계신다"는 것과 "만유를 통일하신다"는 것은 모든 피조물들에 대한 하나님의 보편적인 통치와 섭리를 가리키는 것으로 해석될 수도 있기는 하지만, 사도는 여기에서 믿는 자들이 한 분 아버지 안에서 서로 연합되어 있다는 것을 말하고자 하는 것이기 때문에, 이 두 구절도 마지막 구절에 나오는 "너희 모두 안에 계시도다"에 비추어서 제한적으로 해석되어야 한다.

7. 우리 각 사람에게 그리스도의 선물의 분량대로 은혜를 주셨나니.

우리 각 사람에게 … 은혜를 주셨나니. 여기에서 "은혜"는 모든 신자들에게 공통적으로 주어진 어떤 은혜가 아니라, 오직 교회 안에서 여러 가지 사역과 직분을 맡은 일부 신자들에게 주어진 은사들만을 가리키는 것일 수도 있지만(롬 12:6-8, "우리에게 주신 은혜대로 받은 은사가 각각 다르니 혹 예언이면 믿음의 분수대로, 혹 섬기는 일이면 섬기는 일로"; 고전 12:8-11, "어떤 사람에게는 성령으로 말미암아 지혜의 말씀을, 어떤 사람에게는 같은 성령을 따라 지식의 말씀을"), 좀 더 일반적으로 해석해서, 믿음과 소망, 사랑과 열심 등과 같이 모든 신자들에게 공통적으로 주어진 은혜들도 함께 가리키는 것으로 보아야 한다. 왜냐하면, 이러한 일반적인 은혜들은 모든 신자들에게 주어지기는 하지만, 각 사람이 실제로 받는 정도와 분량은 서로 다르기 때문이다.

그리스도의 선물의 분량대로. 그리스도께서는 자신의 뜻에 따라 어떤 사람에게는 이런 은사를, 어떤 사람에게는 저런 은사를 각각 다른 분량으로 나누어 주실 뿐만 아니라, 모든 신자에게 공통적인 은혜를 베푸실 때에도 각 사람에게 서로 다른 분량으로 은혜를 주신다. 그리스도께서 모든 지체들에게 모든 은사와 모든 은혜를 주시지 않으시는 것은, 각각의 지체들로 하여금 서로 다른 은사와 은혜를 가지게 하셔서, 자신에게 부족한 것들을 다른 지체들의 도움을 받아 보충하게 하기 위한 것이다.

8. 그러므로 이르기를 그가 위로 올라가실 때에 사로잡혔던 자들을 사로잡으시고 사람들에게 선물을 주셨다 하였도다.

그러므로 이르기를. 사도는 여기에서 시편을 인용한다. **그가 위로 올라가실 때에.** "그"는 육체로 나타나신 하나님이신 그리스도를 가리킨다. 시편 기자는 이인칭을 사용해서 예언적으로 말하고 있는 반면에, 사도는 삼인칭을 사용해서 역사적으로 말한다. 이것은 그리스도께서 죽으신 후에 다시 살아나셔서, 위치상으로 하늘로 올라가신 것을 의미하기도 하지만, 주로 신분상으로 높아지셔서 영광을 받게 되신 것을 의미한다.

사로잡혔던 자들을 사로잡으시고. 이것은 그리스도께서 우리를 포로로 사로잡았던 자들을 사로잡아 포로로 끌고 가셨다는 의미일 수도 있지만, 그리스도께서 사로잡으신 자들을 포로로 끌고 가셨다는 의미로 보아야 한다. 열왕기하 24:14에서 비천한 자들을 "비천"이라는 추상명사로 표현하고 있듯이, 여기에서 헬라어 본문에 사용된 "사로잡힘"이라는 추상명사는 "사로잡혔던 자들"을 의미한다. 이 일은 그리스도께서 죄와 사망과 사탄을 이기시고서 하늘로 영광스럽게 개선하실 때에 일어났다(골 2:15, "통치자들과 권세들을 무력화하여 드러내어 구경거리로 삼으시고 십자가로 그들을 이기셨느니라"). 이것은 그리스도께서 행하신 일을, 왕들이나 장군들이 자신들의 적에 대하여 승리를 거둔 후에 병거를 타고 포로들을 이끌고 개선하는 것에 빗대어 표현한 것이다.

사람들에게 선물을 주셨다. 사도는 계속해서 전쟁에서 승리한 자들의 관행에 빗대어, 그리스도께서 행하신 일들을 묘사해 나간다. 즉, 사도는 여기에서 전쟁에서 이긴 왕들이나 장군들이 자신의 군사들에게 탈취물들을 나누어 주거나, 개선 행렬을 구경하는 사람들에게 돈을 던져 주는 장면에 빗대어서, 그리스도께서는 승천하신 후에 자신의 제자들에게 성령을 보내 주셨고(행 2장), 그 이후로 계속해서 자신의 교회에 은사들과 은혜들을 베풀어 주고 계시다고 말한다. 시편 68:18을 보라: "주께서 높은 곳으로 오르시며 사로잡은 자들을 취하시고 선물들을 사람들에게서 받으시며 반역자들로부터도 받으시니 여호와 하나님이 그들과 함께 계시기 때문이로다."

9. 올라가셨다 하였은즉 땅 아래 낮은 곳으로 내리셨던 것이 아니면 무엇이냐.

올라가셨다 하였은즉 … 내리셨던 것이 아니면 무엇이냐. 사도는 앞 절에서 자기가 인용한 시편을 해석해서, 다윗은 장차 그리스도께서 하늘로 오르셔서 영광을 받게 되실 것을 예언하면서, 그리스도께서 낮아지셔서 땅으로 내려오실 것도 미리 알았을 것이라고 결론을 내린다. 즉, 다윗이 육신을 입으신 하나님께서 위로 오르실 것이라고 말한 것 속에는, 바로 그 육신을 입으신 하나님이 먼저 땅에 내려오실 것이라는 의미가 담겨 있다는 것이다.

땅 아래 낮은 곳으로. 이것은 눈에 보이는 세계의 가장 낮은 곳인 땅, 즉 하늘과 반대되는 개념으로서의 땅을 가리키는 것일 수도 있고, 죽은 자들이 있는 곳인 음부를 가리키는 것일 수도 있으며, 둘 모두를 가리키는 것일 수도 있다. 그리스도께서는 하늘로부터 내려 오셨다(요 3:13, "하늘에서 내려온 자 곧 인자 외에는 하늘에 올라간 자가 없느니라"; 요 6:33-59, 특히 33절, "하나님의 떡은 하늘에서 내려 세상에 생명을 주는 것이니라"). 그리스도께서 높은 곳으로 "오르셨다"는 것이 그의 높아지심 전체를 나타내는 표현인 것과 마찬가지로, 그리스도께서 "내리셨다"는 것은 그의 낮아지심 전체를 나타내는 표현이다.

10. 내리셨던 그가 곧 모든 하늘 위에 오르신 자니 이는 만물을 충만하게 하려 하심이라.

내리셨던 그가 곧 … 오르신 자니. 사도는 "오르셨던 그가 내리셨던 바로 그이다"라고 말하지 않는다. 왜냐하면, 그런 식으로 말하는 것은 그리스도께서 자신의 몸을 처음부터 하늘에서 입고 오셨다는 오래를 불러일으킬 수 있었기 때문이다. 그래서 사도는 그런 표현과는 정반대로, "내리셨던 그가 곧 오르신 자이다"라고 말함으로써, 승천으로 말미암아 하나님의 아들이 이 땅에 계셨을 때와 다른 존재가 되신 것도 아니었다는 것과, 마치 사람이 옷을 입는다고 해서, 이전과는 다른 사람이 되는 것이 아니듯이, 인성을 입으신 것이 그리스도의 인격에 그 어떤 것도 더해 준 것이 없었다는 것을 보여 준다. 그리스도께서는 이 땅에 내려오셨을 때에 하나님이라는 그의 신분에 아무런 변화가 없었던 것과 마찬가지로, 하늘에 오르실 때에도 사람으로서의 그의 신분에 아무런 변화 없이 속성들의 교류를 통해서 신성과 인성을 모두 지니신 그리스도라는 인격 전체로서 하늘에 오르셨다.

모든 하늘 위에. 그리스도께서는 눈에 보이는 모든 하늘들 너머에 있는 셋째 하늘 또는 낙원으로 오르셨다(행 3:21, "하나님이 영원 전부터 거룩한 선지자들의 입을 통하여 말씀하신 바 만물을 회복하실 때까지는 하늘이 마땅히 그를 받아 두리라"; 히 9:24, "그리스도께서는 참 것의 그림자인 손으로 만든 성소에 들어가지 아니하시고 바로 그 하늘에 들어가사 이제 우리를 위하여 하나님 앞에 나타나시고").

이는 만물을 충만하게 하려 하심이라. 그리스도께서 하늘에 오르신 것은 자신의 교회의 모든 지체들을 온갖 은사들과 은혜들로 충만하게 하시기 위한 것이었다. 그리스도의 승천의 이러한 목적은 사도행전 2장에서 이미 이루어지기 시작하였고, 세상 끝날까지 계속해서 이루어지게 될 것이다. 요한복음 7:39("이는 그를 믿는 자들이 받을 성령을 가리켜 말씀하신 것이라 [예수께서 아직 영광을 받지 않으셨으므로 성령이 아직 그들에게 계시지 아니하시더라])과 16:7("내가 떠나가는 것이 너희에게 유익이라 내가 떠나가지 아니하면 보혜사가 너희에게로 오시지 아니할 것이요 가면 내가 그를 너희에게로 보내리니")을 보라.

11. 그가 어떤 사람은 사도로, 어떤 사람은 선지자로, 어떤 사람은 복음 전하는 자로, 어떤 사람은 목사와 교사로 삼으셨으니.

그가 … 삼으셨으니. 바울은 앞에서 그리스도께서 믿는 자들에게 "은혜"를 주셨다고 일반적으로 말한 후에(7절), 여기에서는 그리스도께서 믿는 자들에게 나누어 주신 여러 은사들을 좀 더 구체적으로 언급하는데, 여기에서 그리스도께 돌리고 있는 것은 고린도전서 12:28에서는 "하나님이 교회 중에 몇을 세우셨으니 첫째는 사도요 둘째는 선지자요 셋째는 교사요 그 다음은 능력을 행하는 자요 그 다음은 병 고치는 은사와 서로 돕는 것과 다스리는 것과 각종 방언을 말하는 것이라"고 말함으로써 하나님께 돌린다. 여기에서 어떤 이들은 사도는 이 절에서 은사들에 대해서는 전혀 언급하지 않고 오직 직분들과 직임들만 언급하고 있을 뿐이라는 반론을 제기할지도 모르겠다. 거기에 대한 대답은 그리스도께서는 어떤 사람들에게 직분이나 직임을 주실 때에는 반드시 그 직분이나 직임을 감당하는 데 필요한 은사들도 함께 주신다는 것이다. 그러므로 사도가 여기에서 여러 다양한 직분이나 직임을 열거하고 있는 것은 거기에 따른 여러 다양한 은사들을 간접적으로 언급하고 있는 것이 된다.

"사도들"은 그리스도께서 최초로 기독교회를 온 세계에 창설하시기 위하여 친히 부르셔서 교회와 관련된 전권을 위임하신 특별한 직분으로서, 그들의 가르침에는 오류가 없었고, 그들에게는 이적을 행하는 능력이 주어졌다(마 28:19, "너희는 가서 모든 민족을 제자로 삼아 아버지와 아들과 성령의 이름으로 세례를 베풀고 내가 너희에게 분부한 모든 것을 가르쳐 지키게 하라 볼지어다 내가 세상 끝날까지 너희와 항상 함께 있으리라"; 행 19:6, "바울이 그들에게 안수하매 성령이 그들에게 임하시므로 방언도 하고 예언도 하니"). 여기에서 다음과 같은 반론이 제기될 수 있다: 사도들은 그리스도께서 죽으시기 전에 친히 세우신 자들이었다. 그런 반론에 대한 대답은 사도가 여기에서 말하고 있는 것은 그리스도께서 사도들을 처음으로 부르신 것에 대한 것이 아니라는 것이다: (1) 사도는 여기에서 그리스도께서 사도들에게 그들의 직분을 수행하는 데 필요한 은사들을 온전히 공급해 주신 것에 대하여 말하고 있는데, 이 일은 그리스도의 부활과 승천 이후에 일어났다(행 1:4, "사도와 함께 모이사 그들에게 분부하여 이르시되 예루살렘을 떠나지 말고 내게서 들은 바 아버지께서 약속하신 것을 기다리라"; 요 7:39, "이는 그를 믿는 자들이 받을 성령을 가리켜 말씀하신 것이라 [예수께서 아직 영광을 받지 않으셨으므로 성령이 아직 그들에게 계시지 아니하시더라]"). (2) 사도는 여기에서 그리스도께서 세우신 사도들에게 오순절에 눈에 보이는 방식으로 성령이 부어짐으로써, 그들이 정식으로 자신들의 사도직을 개시하게 된 것에 대하여 말하고 있다(행 2장).

"선지자들"은 단지 장래에 일어날 일들을 예언한 자들만이 아니라(행 11:27; 21:10), 직접적인 계시들을 통해서 성경을 해석한 자들도 포함하는(고전 14:4-5, "방언을 말하는 자는 자기의 덕을 세우고 예언하는 자는 교회의 덕을 세우나니 나는 너희가 다 방언 말하기를 원하나 특별히 예언하기를 원하노라 만일 방언을 말하는 자가 통역하여 교회의 덕을 세우지 아니하면 예언하는 자만 못하니라") 특별한 직분이다. "복음 전하는 자들"은 대체로 사도들이 여러 지역을 돌아다니며 전도하여 교회들을 세울 때에 자신들의 조력자이자 동역자로서 함께 일하게 하기 위하여 세운 특별한 직분으로서, 디모데, 디도, 아볼로, 실라 등이 여기에 해당한다.

"목사들과 교사들"은 이것은 동일한 직분에 대한 두 가지 명칭일 수도 있고, 두 가지 서로 구별되는 직분을 가리키는 것일 수도 있다. 전자가 맞다면, 이것은 이 직임이 다스리는 것과 가르치는 것으로 뚜렷이 나뉘어 있어서, "목사"와 "교사" 중 어느 쪽으로도 불릴 수 있었음을 보여 주는 것이다. 후자가 맞다면, 교회에는 다스리는 일을 맡은 목사와 가르치는 일을 맡은 교사가 어느 시대든지 늘 있어야 한다는 것을 보여 주는 것이다. "목사들"은 특정한 개교회를 맡아 그 개교회에 속한 신자들을 돌보며 가르치고 다스리는 일을 하는 직분으로서(살전 5:12, "너희 가운데서 수고하고 주 안에서 너희를 다스리며 권하는 자들을 너희가 알고"; 히 13:17, "너희를 인도하는 자들에게 순종하고 복종하라 그들은 너희 영혼을 위하여 경성하기를 자신들이 청산할 자인 것 같이 하느니라") "장로들" 또는 "감독들"로도 불린다(행 20:28; 빌 1:1; 딤전 3:1; 딛 1:5, 7; 벧전 5:1-2). "교사들"의 일은 신앙의 교훈을 가르치고, 잘못된 교훈들을 반박하는 것이다.

12. 이는 성도를 온전하게 하여 봉사의 일을 하게 하며 그리스도의 몸을 세우려 하심이라.

성도를 온전하게 하여. 이것은 죄로 인하여 뒤틀리고 어긋난 성도들을 올바르게 하고 회복시키는 것을 가리키는 것일 수도 있지만, 성도들을 점점 더 한데 엮고 결집시켜서, 믿음으로 그들의 머리이신 그리스도와 더욱더 가까이 연합되고 사랑으로 지체들끼리 서로 연합되게 하는 것을 가리킨다. 고린도전서 1:10을 보라: "형제들아 내가 우리 주 예수 그리스도의 이름으로 너희를 권하노니 모두가 같은 말을 하고 너희 가운데 분쟁이 없이 같은 마음과 같은 뜻으로 온전히 합하라." 봉사의 일을 하게 하며. "봉사의 일"은 나누어 주는 일, 즉 말씀을 나누어 주고 모든 규례들을 시행하는 것을 의미하기 때문에, 성도들이 하는 일 전체를 가리킨다. 그러나 이 절에서 사도는 어구들의 위치를 뒤바꾸어서 표현한 것일 수 있기 때문에, 우리는 "봉사의 일을 하게 하며"라는 어구와 "성도를 온전하게 하여"라는 어구를 서로 뒤바꾸어서, 이 절을 다음과 같이 읽는 것이 좋을 것 같다: "이는 직분의 소임은 성도들을 온전하게 하고 그리스도의 몸을 세우는 것임이라." 그리스도의 몸을 세우려 하심이라. 이것은 앞에 나온 "성도를 온전하게 하다"와 실질적으로 동일한 의미이다. 그리스도의 몸인 교회를 세운다는 것은 새로운 지체들을 교회에 더함과 동시에, 이미 들어와 있는 지체들의 믿음과 성결을 더욱 견고히 하는 것이다.

13. 우리가 다 하나님의 아들을 믿는 것과 아는 일에 하나가 되어 온전한 사람을 이루어 그리스도의 장성한 분량이 충만한 데까지 이르리니.

우리가 다 … 이르리니. 유대인이든 이방인이든, 우리 모든 믿는 자들은 세상의 여러 곳에 흩어져 있고 하나님으로부터 받은 빛과 지식의 정도에 있어서도 각기 다르지만, 다음과 같은 것들에서 함께 만나거나 함께 간다. 하나님의 아들을 믿는 것과 아는 일에 하나가 되어. "믿는 것에 하나가 되어"로 번역된 헬라어 본문은 직역하면 "믿음의 하나됨"이지만, 이것은 믿음이 모든 믿는 자들을 온전히 하나가 되게 하는 끈이기 때문에, 모든 믿는 자들은 믿음으로 하나가 되어야 한다는 의미라기보다는, 우리 모두가 믿음에 있어서 하나가 되어서 신령한 일들에 대하여 다 같은 지식을 갖고 다 같은 생각을 하여야 한다는 것을 의미한다. 하지만 우리에게는 아직도 어둠이 남아 있어서, 믿음에 있어서 하나가 되는 데까지 이르지 못하고 있는 것이 현실이다. "하나님의 아들을 아는 일"은 그리스도를 단순히 사변적으로 머리로만 아는 지식을 가리키는 것이 아니라, 그리스도와 우리 각 사람이 하나가 되어 온 몸으로 그리스도를 알며 진심으로 사랑하게 되는 것을 가리킨다.

온전한 사람을 이루어. 사도는 그리스도의 신비의 몸인 교회를, 사람이 나이를 먹어 가면서 여러 단계에 걸쳐 성장하고 힘이 자라서, 결국에는 어린 아이를 벗어나서 "온전한 사람," 즉 장성한 사람이 되는 것에 빗대어서 묘사한다(고전 13:11, "내가 어렸을 때에는 말하는 것이 어린 아이와 같고 깨닫는 것이 어린 아이와 같고 생각하는 것이 어린 아이와 같다가 장성한 사람이 되어서는 어린 아이의 일을 버렸노라"). 사도는 그리스도의 교회의 하나됨을 나타내기 위하여, 단수형을 사용해서 "한 온전한 사람"으로 표현하면서, 그리스도의 몸인 교회는 현세에서 유아기와 소년기를 거쳐서, 내세에서는 온전히 성장하여서 더 이상 성장할 수 없는 상태인 "온전한 사람"의 상태에 이르게 될 것임을 보여 준다.

그리스도의 장성한 분량이 충만한 데까지. 이것은 그리스도께서 교회에 채우시는, 또는 할당하신 분량에 이르기까지 교회가 자라게 될 것임을 가리키는 것으로 해석할 수도 있지만(엡 4:7, "우리 각 사람에게 그리스도의 선물의 분량대로 은혜를 주셨나니"), 교회가 그리스도와 동일한 충만함에 이르지는 못하지만, 그 충만함에 거의 가까워지는 분량까지 자라게 될 것을 가리키는 것으로 해석하여야 한다. 사도는 12절에서 그리스도께서 자신의 교회에 여러 직분들을 세우신 목적을 보여 주고 나서, 여기에서는 그 직분들이 언제까지 존속할 것인지를 보여 준다. 성도들이 온전하게 될 때까지(12절), 즉 모든 성도들이 "믿음에 있어서 하나가 되고 그리스도의 장성한 분량이 충만한 데 이를 때까지" 교회의 직분들은 계속해서 존속해서 활동하게 되리라는 것이다.

14. 이는 우리가 이제부터 어린 아이가 되지 아니하여 사람의 속임수와 간사한 유혹에 빠져 온갖 교훈의 풍조에 밀려 요동하지 않게 하려 함이라.

이는 우리가 이제부터 어린 아이가 되지 아니하여. "어린 아이들"은 믿음에 있어서 연약하고 판단력과 분별력에 있어서 미숙하고 불안정한 신자들을 가리킨다. 고린도전서 14:20에서는 "형제들아 지혜에는 아이가 되지 말고 악에는 어린 아이가 되라 지혜에는 장성한 사람이 되라"고 말한다. 이런 어린 아이들은 가르칠 필요가 있고 힘을 키워서 강건하게 할 필요가 있다. 로마서 2:20("율법에 있는 지식과 진리의 모본을 가진 자로서 어리석은 자의 교사요 어린 아이의 선생이라고 스스로 믿으니"); 고린도전서 3:1("형제들아 내가 신령한 자들을 대함과 같이 너희에게 말할 수 없어서 육신에 속한 자 곧 그리스도 안에서 어린 아이들을 대함과 같이 하노라"); 히브리서 5:13-14("이는 젖을 먹는 자마다 어린 아이니 의의 말씀을 경험하지 못한 자요 단단한 음식은 장성한 자의 것이니 그들은 지각을 사용함으로 연단을 받아 선악을 분별하는 자들이니라")을 보라.

사람의 속임수와 간사한 유혹에 빠져. "사람의 속임수"는 비유적인 표현으로서, 사도는 여기에서 어른들이 주사위 놀이에서 쉽게 어린 아이들을 속일 수 있는 것처럼, 사람들이 교묘한 궤변으로 미숙하고 어리숙한 사람들을 쉽게 유혹하고 미혹시키는 것에 대하여 말한다. 그런 자들은 교활하고 영악해서, 사람들을 속이는 방법들을 아주 잘 알고 있기 때문에, 그 어떤 것으로도 사람들을 쉽게 속일 수 있다. 여기에서 "유혹"으로 번역된 헬라어는 수풀에 매복해 있거나 등 뒤에서 사람을 공격하는 것을 뜻하는 단어로서, 에베소서 6:11에서는 "간계"로 번역되고 있는데, 사도는 "마귀의 간계를 능히 대적하기 위하여 하나님의 전신 갑주를 입으라"고 말한다. 따라서 사도는 여기에서 원수들이 눈에 보이지 않는 방법으로 은밀하게 접근해서, 또는 자신의 정체를 드러내지 않고 철저하게 감춘 채로, 믿음이 약한 자들을 유혹해서 진리로부터 멀어지게 하는 것에 대하여 말하고 있는 것이다.

온갖 교훈의 풍조에 밀려 요동하지 않게 하려 함이라. 사도는 여기에서 믿음에 있어서 어린 아이인 자들을, 바닥짐이 없는 배들이 가볍고 불안정해서 조금만 풍랑이 일어도 이리 흔들리고 저리 흔들리는 것에 빗대어 말한다. 앞에서 말한 것처럼, 그런 자들은 믿음에 있어서 흔들리고 요동하는 것에서 그치지 않고, 판단력과 분별력이 부족해서, 여기에서 풍랑(한글개역개정에는 "풍조"로 번역됨 – 역주)에 비유된 거짓된 교훈들과 가르침들 속으로 휩쓸려가 버린다.

15. 오직 사랑 안에서 참된 것을 하여 범사에 그에게까지 자랄지라 그는 머리니 곧 그리스도라.

오직 사랑 안에서 참된 것을 하여. 이것은 오로지 사랑 안에서 참된 것을 말하고 따르며 행하는 삶을 살아가라는 것이다. 우리는 단지 사람들의 속임수와 교활한 간계에 속아 넘어가지 않는 것으로 만족해서는 안 되고, 사랑 안에서 진리를 굳게 붙들고 결코 놓지 않아야 한다. 사랑과 진리는 기독교 신앙의 핵심을 요약한 것이다. 이것이 우리가 계속해서 자라가서 어린 아이로 머물러 있지 않을 수 있는 비결이다.

범사에 그에게까지 자랄지라. "범사에"는 지식과 믿음과 사랑을 비롯해서 새 사람을 이루는 모든 부분들을 다 포함한다. "그에게까지 자라는" 것은 어린 아이에서 계속해서 머무는 것과 반대되는 개념이다. 우리는 한 곳에 머물러 있어서는 안 되고, 계속해서 성장해 가야 한다(히 6:1-2, "우리가 그리스도의 도의 초보를 버리고 죽은 행실을 회개함과 하나님께 대한 신앙과 세례들과 안수와 죽은 자의 부활과 영원한 심판에 관한 교훈의 터를 다시 닦지 말고 완전한 데로 나아갈지니라").

그는 머리니 곧 그리스도라. 우리의 성장의 목표는 우리의 머리이신 그리스도가 되어야 한다. 우리는 그리스도의 감화를 받고 자라고, 우리에게 주어지는 모든 성장의 동력은 그리스도로부터 나오기 때문에, 우리가 성장하기 위해서 해야 하는 일은 더욱더 그리스도를 인정하고 의지하는 것이다. 따라서 우리가 점점 더 우리 자신을 높이는 것이 아니라 우리의 머리이신 그리스도를 높이는 모습으로 변화되어 가고 있다면, 그것이 바로 우리가 성장하고 있다는 증거가 된다.

16. 그에게서 온 몸이 각 마디를 통하여 도움을 받음으로 연결되고 결합되어 각 지체의 분량대로 역사하여 그 몸을 자라게 하며 사랑 안에서 스스로 세우느니라.

그에게서 온 몸이 각 마디를 통하여 도움을 받음으로 연결되고 결합되어. "그에게서"의 "그"는 15절의 마지막에 나온 머리이신 그리스도이다. "온 몸"은 그리스도의 신비의 몸, 즉 모든 믿는 자들로 구성되는 교회를 가리킨다. 모든 참된 성도는 이 몸의 지체들이다(롬 12:4-5, "우리가 한 몸에 많은 지체를 가졌으나 모든 지체가 같은 기능을 가진 것이 아니니 이와 같이 우리 많은 사람이 그리스도 안에서 한 몸이 되어 서로 지체가 되었느니라"). "각 마디를 통하여 도움을 받음으로"는 온갖 종류의 다양한 직분들과 직임들과 은사들은 몸에 생기와 자양분을 전달해 주는 역할을 한다는 것을 보여 준다. 골로새서 2:19에서는 "온 몸이 머리로 말미암아 마디와 힘줄로 공급함을 받고 연합하여 하나님이 자라게 하시므로 자라느니라"고 말함으로써, "마디"와 더불어서 "힘줄"도 언급하고 있는데, 이것은 몸의 모든 마디들이 힘줄로 서로 연결되고 결합되어 있듯이, 그리스도의 몸인 교회에 속한 모든 지체들도 그렇게 서로 분리되어 있지 않고 연결되어 있으며 단단하게 결합되어 있다는 것을 의미한다.

"연결되고"는 그리스도를 머리로 해서 각각의 지체들이 제자리를 찾아들어가서 온 몸이 제대로 된 모습을 갖추게 되는 것을 의미한다. 즉, 어떤 이들은 눈이 되고, 어떤 이들은 귀가 되며, 어떤 이들은 손이 되고, 어떤 이들은 발이 되어서, 몸으로서 갖추어야 할 모든 것이 다 제대로 갖추어지게 된다는 것이다. 그래서 고린도전서 12:15-18에서는 "만일 발이 이르되 나는 손이 아니니 몸에 붙지 아니하였다 할지라도 이로써 몸에 붙지 아니한 것이 아니요 또 귀가 이르되 나는 눈이 아니니 몸에 붙지 아니하였다 할지라도 이로써 몸에 붙지 아니한 것이 아니니 만일 온 몸이 눈이면 듣는 곳은 어디며 온 몸이 듣는 곳이면 냄새 맡는 곳은 어디냐 그러나 이제 하나님이 그 원하시는 대로 지체를 각각 몸에 두셨으니"라고 말한다. "결합되어"는 온 몸을 구성하고 있는 다양한 기능의 지체들이 서로 분리되지 않고 단단하게 결합되어 있다는 것을 의미한다. 여기에서 이런 질문이 제기될 수 있다: 그리스도의 신비의 몸에서 마디들과 힘줄들은 무엇을 가리키는가? 그것들은 믿는 자들을 그리스도와 결합시키고, 그리스도인들 서로와 연결시켜 주는 모든 것을 가리키는데, 그러한 것들로는 머리이신 그리스도와 모든 지체들 안에 동일하게 계시는 그리스도의 영이 있고, 성령의 은사들, 특히 믿는 자들을 그리스도와 연합시켜 주는 믿음과, 믿는 자들 서로를 결합시켜 주는 사랑이 있으며, 성례전들, 교회의 직분자들이 있다(11절).

각 지체의 분량대로 역사하여. 여기에서 "역사하여"는 머리이신 그리스도께서 모든 지체들에게 은혜와 능력을 공급해 주시는 것을 가리키는 것일 수도 있고, 각각의 지체가 자신이 받은 은사들을 다른 지체들에게 전해 주는 것을 가리키는 것일 수도 있다. "각 지체의 분량대로"는 각 지체의 상태와 필요성과 역량에 따라 자양분이 각 지체에게 공급된다는 뜻이다. 따라서 더 많이 필요한 지체에게는 더 많이, 적게 필요한 지체에게는 좀 더 적게 주어져서, 모든 지체들이 다 골고루 자양분을 얻게 된다. 또는, 이것은 각각의 지체가 받은 대로, 그것을 다른 지체들에게 전달해 준다는 의미일 수도 있다. 모든 지체들은 다른 지체들에게 모두 다 똑같은 도움을 주거나 동일한 정도로 도움을 주지는 않지만, 어떤 식으로든 쓸모가 있고 유익하며 도움을 줄 수 있다.

그 몸을 자라게 하며. 여기에서 "그 몸"은 히브리식 표현으로서 재귀적인 의미를 지니는 목적어이기 때문에, 이 구절은 문자적으로 직역하면 "온 몸이 그 몸을 자라게 하며"가 되지만, 그 의미는 "온 몸이 스스로 자란다"는 것이다. 또는, 이것은 그 몸에 합당한 성장을 하게 된다는 의미일 수도 있다. 사랑 안에서 스스로 세우느니라. 사도는 앞에서는 교회를 "몸"에 비유하였다면, 여기에서는 "집"의 비유를 도입한다. 그러나 비유는 바뀌었어도, 의미는 동일하다. 즉, 사도는 모든 지체들이 이렇게 서로에게 자양분을 전달해 주고 서로 돕는 목적은, 각 지체의 개인적인 유익이 아니라, 온 몸의 유익을 위한 것이고, 온 몸에 속한 각각의 지체들이 머리이신 그리스도로부터 여러 다양한 은사들을 받는 목적도 온 몸의 유익을 위한 것이라고 말하고 있는 것이다. "사랑 안에서"는 모든 직분이나 직임들이 다 사랑을 나누고 베푸는 것들임을 가리키는 것일 수도 있고, 각각의 지체들이 이렇게 몸을 자라게 하기 위하여 애쓰는 동기가 머리이신 그리스도와 모든 지체들에 대한 사랑 때문이라는 것을 보여 주는 것일 수도 있다.

17. 그러므로 내가 이것을 말하며 주 안에서 증언하노니 이제부터 너희는 이방인이 그 마음의 허망한 것으로 행함 같이 행하지 말라.

그러므로 내가 이것을 말하며 주 안에서 증언하노니. 나는 주로 말미암아 너희에게 간곡하게 부탁한다. 이것과 비슷한 표현이 로마서 12:1("그러므로 형제들아 내가 하나님의 모든 자비하심으로 너희를 권하노니")과 빌립보서 2:1("그러므로 그리스도 안에 무슨 권면이나 사랑의 무슨 위로나 성령의 무슨 교제나 긍휼이나 자비가 있거든")에 나온다. 이제부터 너희는 이방인이 그 마음의 허망한 것으로 행함 같이 행하지 말라. 하나님께서는 사람들에게 가장 고귀하고 고상한 마음과 생각과 총명을 주셨는데, 이방인들은 자신들에게 주어진 그러한 것들을 헛되고 덧없으며 무익한 것들, 그들의 기대를 완전히 저버리는 것들, 따라서 "허망한 것들"인 우상 숭배와 세상 것들을 즐기는 일에 사용하고 있다.

18. 그들의 총명이 어두워지고 그들 가운데 있는 무지함과 그들의 마음이 굳어짐으로 말미암아 하나님의 생명에서 떠나 있도다.

그들의 총명이 어두워지고. "총명"은 사람의 마음 중에서 생각하고 추론하며 조리 있게 말하는 능력을 가리키는데, 이방인들의 그러한 능력은 신령한 일들에 대해서 어두워져 있다. 그들 가운데 있는 무지함과. 이방인들 속에 본성적으로 내재해 있는 저 "무지함"은 그들이 하나님의 생명에서 떠나 있게 된 원인이다. 왜냐하면, 하나님의 생명은 빛과 지식에서 시작되기 때문이다. 그들의 마음이 굳어짐으로 말미암아. "굳어짐"으로 번역된 헬라어는 보통 노동자들의 손에 생기는 굳은 살을 의미한다. 여기에서 사도는 이방인들의 무지함 외에 이것을, 그들이 하나님의 생명에서 떠나 있게 된 또 다른 원인으로 제시하는 것일 수도 있고, 그들의 무지함의 원인으로 제시하는 것일 수도 있다. 왜냐하면, 이방인들의 무지함은 본성적으로 그들에게 내재적인 것이기는 하지만, 그들의 마음의 완악함으로 인하여 빛에 대하여 고의적으로 눈을 감음으로써 한층 더 강화되기 때문이다.

하나님의 생명에서 떠나 있도다. "하나님의 생명"은 영적인 생명, 즉 하나님이 명하시고 인정하시는 생명의 삶을 가리킨다. 하나님께서는 이 생명으로 믿는 자들 안에서 사시고, 믿는 자들은 이 생명으로 하나님 안에서 살아 있다(갈 2:19-20, "내가 율법으로 말미암아 율법에 대하여 죽었나니 이는 하나님에 대하여 살려 함이라 내가 그리스도와 함께 십자가에 못 박혔나니 그런즉 이제는 내가 사는 것이 아니요 오직 내 안에 그리스도께서 사시는 것이라 이제 내가 육체 가운데 사는 것은 나를 사랑하사 나를 위하여 자기 자신을 버리신 하나님의 아들을 믿는 믿음 안에서 사는 것이라"). 여기에서 하나님의 생명은 생명의 원리와 그 활동들을 둘 다 가리킨다.

19. 그들이 감각 없는 자가 되어 자신을 방탕에 방임하여 모든 더러운 것을 욕심으로 행하되.

그들이 감각 없는 자가 되어. 이방인들은 죄에 대한 모든 감각과 분별력을 다 상실한 자들이 되었는데, 이것은 앞에서 말한 그들의 마음의 "굳어짐" 또는 완악함이 한참 진행된 결과이다(딤전 4:2, "자기 양심이 화인을 맞아서 외식함으로 거짓말하는 자들이라"). 자신을 방탕에 방임하여. 그들은 자신의 관능적이고 방탕한 욕구에 자발적으로 그들 자신을 내맡겨서, 그 욕구에 저항하지 않고, 그 욕구가 시키는 대로

다 행하였다. 모든 더러운 것을 욕심으로 행하되. 그들은 내적인 욕망과 정욕으로 불타올랐을 뿐만 아니라, 외적인 행위들을 통해서 그 욕망과 정욕을 채웠다. "모든 더러운 것"은 가장 기괴한 것들까지 포함해서 온갖 종류의 추악한 짓들을 가리킨다(동성애[롬 1:24, 26-27]; "음행하는 자나 우상 숭배하는 자나 간음하는 자나 탐색하는 자나 남색하는 자"[고전 6:9]; "음행과 더러운 것과 호색"[갈 5:19]). "욕심으로"는 돈을 벌기 위해 매춘하는 자들처럼 탐욕으로 행한 것을 가리킬 수도 있지만, 그들이 만족할 줄 모르는 욕망 속에서 계속해서 더러운 짓을 행한 것을 가리키는 것으로 보아야 한다.

20-21. [20]오직 너희는 그리스도를 그같이 배우지 아니하였느니라 [21]진리가 예수 안에 있는 것 같이 너희가 참으로 그에게서 듣고 또한 그 안에서 가르침을 받았을진대.

오직 너희는 그리스도를 그같이 배우지 아니하였느니라. 그리스도께서 너희에게 주신 가르침 또는 삶의 규범은 다른 이방인들처럼 마음의 허망한 것을 따라 행하라는 것이 아니었다. 진리가 예수 안에 있는 것 같이. 그리스도인이 어떤 삶을 살아야 하는지, 그 참된 길은 그리스도의 가르침과 모범에 있다. 그리스도께서는 참된 삶을 가르치셨고 친히 보여 주셨다. 사도는 그리스도께서 가르치시고 모범을 보여 주신 그리스도인들의 참된 삶의 규범을 이하의 절들에서 제시한다. 요한복음 17:17("그들을 진리로 거룩하게 하옵소서 아버지의 말씀은 진리니이다")과 디도서 1:1-3("하나님의 종이요 예수 그리스도의 사도인 나 바울이 사도 된 것은 하나님이 택하신 자들의 믿음과 경건함에 속한 진리의 지식과 영생의 소망을 위함이라 이 영생은 거짓이 없으신 하나님이 영원 전부터 약속하신 것인데 자기 때에 자기의 말씀을 전도로 나타내셨으니 이 전도는 우리 구주 하나님이 명하신 대로 내게 맡기신 것이라").

너희가 참으로 그에게서 듣고. 이것은 그들이 복음을 통해서 그리스도께서 그들에게 말씀하시는 것을 들었다는 의미로서, 바로 뒤에 나오는 "그 안에서 가르침을 받았다"는 것과 동일한 의미일 수도 있고(히 12:25, "너희는 삼가 말씀하신 이를 거역하지 말라 땅에서 경고하신 이를 거역한 그들이 피하지 못하였거든 하물며 하늘로부터 경고하신 이를 배반하는 우리일까보냐"), 그리스도께서 친히 그들에게 말씀하시고 설교하시는 것을 그들이 들었다는 의미일 수도 있다.

또한 그 안에서 가르침을 받았을진대. "그 안에서"('엔 아우토')는 "그에게서" 또는 "그로 말미암아"로 해석될 수 있는데, 헬라어 전치사 '엔'의 이러한 용법은 골로새서 1:16 ("만물이 그에게서['엔 아우토'] 창조되되")과 히브리서 1:2("아들을 통하여 ['엔 휘오'] 우리에게 말씀하셨으니")에서 확인할 수 있다. 따라서 이 구절은 말씀의 능력에 대한 것으로서, 말씀이 가르침을 받은 자들의 마음에 깊이 각인되었음을 나타낸다. 즉, 너희는 그리스도의 말씀을 단지 귀로만 들은 것이 아니라, 너희 안에서의 성령의 역사로 말미암아 그리스도를 알게 되고 그리스도의 가르침이 너희 심령 속에 각인되게 되었다(사 54:13, "네 모든 자녀는 여호와의 교훈을 받을 것이니"; 요 6:45, "선지자의 글에 그들이 다 하나님의 가르치심을 받으리라 기록되었은즉 아버지께 듣고 배운 사람마다 내게로 오느니라").

22. 너희는 유혹의 욕심을 따라 썩어져 가는 구습을 따르는 옛 사람을 벗어 버리고.

유혹의 욕심을 따라. "유혹의 욕심들"은 사람들을 유혹해서 진리와 하나님으로부터 멀리 떠나게 만드는 욕심들을 가리킨다(약 1:14, "오직 각 사람이 시험을 받는 것은 자기 욕심에 끌려 미혹됨이니"). 이 욕심들은 선한 것인 것 같은 모습으로 다가와서, 사람들에게 즐거움과 행복을 줄 것처럼 유혹하지만, 결국에는 사람들의 기대와 소망을 저버리고 더욱더 비참하게 만들어 버린다. **썩어져 가는.** 이것은 앞에서 말한 "유혹의 욕심들"이 사람들을 부패시켜서 멸망으로 이끄는 성향을 지니고 있음을 보여 주는 것이거나(갈 6:8, "자기의 육체를 위하여 심는 자는 육체로부터 썩어질 것을 거두고 성령을 위하여 심는 자는 성령으로부터 영생을 거두리라"), 이 "유혹의 욕심들"을 충족시키는 자들은 날마다 점점 더 썩어져 가게 된다는 것을 의미한다. **구습을 따르는 옛 사람을.** "구습"은 그들이 이전에 이방인으로서 살았던 삶과 행실(엡 2:2, "그 때에 너희는 그 가운데서 행하여 이 세상 풍조를 따르고 공중의 권세 잡은 자를 따랐으니 곧 지금 불순종의 아들들 가운데서 역사하는 영이라")을 가리킨다. 사도는 그들이 어떻게 해야 그들의 "옛 사람"을 벗어 버릴 수 있는지를 보여 준다. 즉, 그들의 "구습," 즉 이전의 행실을 버려야 한다는 것이다. 골로새서 3:9에서는 이것을 "옛 사람과 그 행위를 벗어 버리고"라고 말한다. "옛 사람"은 타락하고 부패한 본성을 가리킨다. **너희는 … 벗어 버리고.** 이것은 입었던 옷을 다시는 입지 않기로 결심하고 벗어서 완전히 내버리는 것에서 가져온 비유이다. "벗어 버리는" 것은 "죽이는" 것(골 3:5, "땅에 있는 지체를 죽이라"), 또는 "십자가에 못 박는" 것(갈 6:14, "그리스도로 말미암아 세상이 나를 대하여 십자가에 못 박히고 내가 또한 세상을 대하여 그러하니라")과 동일한 의미이고, "입는" 것(24절, "새 사람을 입으라")과 반대되는 개념이다.

23. 오직 너희의 심령이 새롭게 되어.

"너희 심령이 새롭게 되어"의 헬라어 본문은 직역하면 "너희의 마음['누스']의 영['프뉴마']에서 새롭게 되어"가 된다. 여기에서 "심령"으로 번역된 "마음의 영"은 "영인 마음"이라는 뜻이다. 데살로니가전서 5:23("너희의 온 영['프뉴마']과 혼['프쉬케']과 몸['소마']이 우리 주 예수 그리스도께서 강림하실 때에 흠 없게 보전되기를 원하노라")과 디모데후서 4:22("나는 주께서 네 심령['프뉴마']에 함께 계시기를 바라노니")을 보라. "영"은 중생이 시작되는 곳으로서, 고대 철학자들은 영을 지극히 순수한 것으로 생각하여 높였다. 믿는 자들의 영은 이미 부분적으로는 새롭게 되어 있는 상태이기 때문에, 사도가 여기에서 "새롭게 되어"라고 말한 것은 그 영이 점점 더 새롭게 되어 가는 것을 의미한다.

24. 하나님을 따라 의와 진리의 거룩함으로 지으심을 받은 새 사람을 입으라.

하나님을 따라. 하나님의 형상을 따라. 의와 진리의 거룩함으로 지으심을 받은. "진리의 거룩함"은 참된 거룩함이라는 뜻이다. 여기에서 "의"는 십계명의 두 번째 돌판과 관련된 것이고, "거룩함"은 첫 번째 돌판과 관련된 것으로서, 사도는 여기에서 사람과 하나님에 대한 우리의 의무를 이 두 단어로 표현한 것이다. 또는, "의"는 우리로 하여금 하나님과 사람에 대한 우리의 의무 전체를 행할 수 있게 해 주는 우리 속에 있는 저 신적인 원리를 나타내는 것이고, "거룩함"은 하나님과 사람에 대한 의무를 행함에 있어서 썩어짐이 섞여 있지 않은 상태를 나타낸다. 따라서 "의와 거룩함"은 22절의 "욕심들"과 반대되고, "진리의"는 "유혹의"와 반대된다. 새 사람을 입으라. "새 사람"은 전인적으로 새롭게 된 믿는 자들의 성품 또는 근본적인 체질을 가리키는데, 이것을 고린도후서 5:17("누구든지 그리스도 안에 있으면 새로운 피조물이라 이전 것은 지나갔으니 보라 새 것이 되었도다")에서는 "새로운 피조물"이라고 말하고, 베드로후서 1:4("너희가 정욕 때문에 세상에서 썩어질 것을 피하여 신성한 성품에 참여하는 자가 되게 하려 하셨느니라")에서는 "신성한 성품"이라고 말한다. "입으라"는 사도가 여기에서도 앞에서와 동일하게 옷을 입고 벗는 것에 관한 비유를 사용해서, "새 사람"이 우리의 장식물로서 우리와 아주 밀접하게 연관되어 있음을 보여 준다.

25. 그런즉 거짓을 버리고 각각 그 이웃과 더불어 참된 것을 말하라 이는 우리가 서로 지체가 됨이라.

"거짓"은 속이고 사기치고 시치미 떼고 하는 것과 같이 "참된 것"과 반대되는 모든 것을 가리킨다. "참된 것을 말하라"는 단지 사실 그대로를 말하는 것뿐만 아니라, 진실하고 솔직하게 행하는 것도 포함한다. "우리가 서로 지체가 됨이라"는 우리가 서로에게 또는 서로를 위한 지체이기 때문에, 서로에게 도움이 되어야 한다는 뜻이다.

26. 분을 내어도 죄를 짓지 말며 해가 지도록 분을 품지 말고.

분을 내어도 죄를 짓지 말며. 사도는 여기에서 명령이 아니라 용인의 방식으로 말한다. 즉, 그들이 꼭 화를 내야 할 상황이라면, 화를 내기는 하되, 그렇게 화를 내는 것이 죄가 되지는 않게 하라는 것이다. 해가 지도록 분을 품지 말고. 헬라어 본문에서 전반절에서 "분"으로 번역된 단어는 "화"를 의미한다면, 후반절에서 "분"으로 번역된 단어는 좀 더 크게 화를 내는 것, 즉 "분노"를 의미한다. 따라서 이것은 화가 많이 났더라도, 해가 지기 전에는 화해를 해서, 그 화가 너무 오래 지속되지 않게 하라는 것이다.

27. 마귀에게 틈을 주지 말라.

이것은 마귀로 하여금 너희의 마음을 장악해서, 너희를 점점 더 큰 악들로 이끌어 갈 수 있게 해 주는 빌미를 주지 말라는 것이다. 누가복음 22:3("열둘 중의 하나인 가룟인이라 부르는 유다에게 사탄이 들어가니"), 요한복음 13:26-27("예수께서 대답하시되 내가 떡 한 조각을 적셔다 주는 자가 그니라 하시고 곧 한 조각을 적셔서 가룟 시몬의 아들 유다에게 주시니 조각을 받은 후 곧 사탄이 그 속에 들어간지라"), 사도행전 5:3("베드로가 이르되 아나니아야 어찌하여 사탄이 네 마음에 가득하여 네가 성령을 속이고 땅 값 얼마를 감추었느냐")을 보라.

28. 도둑질하는 자는 다시 도둑질하지 말고 돌이켜 가난한 자에게 구제할 수 있도록 자기 손으로 수고하여 선한 일을 하라.

도둑질하는 자는 다시 도둑질하지 말고. 우리는 여기에서 "도둑질"을 폭넓게 이해해서, 남의 것을 빼앗거나 제대로 주지 않음으로써 어떤 식으로든 남의 것을 취하여 자신의 이득을 구하는 모든 것을 가리키는 것으로 보아야 한다. 돌이켜 … 자기 손으로 수고하여 선한 일을 하라. 여기에서 "수고하여"로 번역된 단어는 근면하고 성실하며 부지런히 일하는 것을 뜻한다. 게으름은 도둑질로 이어지는 성향을 지니고 있기 때문에 단죄된다. "손"은 사람이 대부분의 직업이나 기술을 행할 때에 사용하는 유일한 도구이기 때문에, 사도는 여기에서 손이라는 단어를 사용한다. "선한 일을 하라"고 한 것은 조금이라도 불법적인 일을 하지 말고 정직한 일을 하라는 것이다. 가난한 자에게 구제할 수 있도록. 사도는 도둑질해서 살던 자들은 이제부터는 도둑질을 하지 말고 손수 땀 흘려 일해서 먹고 살아야 할 뿐만 아니라, 자기가 수고하여 번 것으로 가난한 자들을 도울 수 있어야 한다고 말한다(눅 21:2, "어떤 가난한 과부가 두 렙돈 넣는 것을 보시고").

29. 무릇 더러운 말은 너희 입 밖에도 내지 말고 오직 덕을 세우는 데 소용되는 대로 선한 말을 하여 듣는 자들에게 은혜를 끼치게 하라.

무릇 더러운 말은 너희 입 밖에도 내지 말고. "더러운 말"은 무익하고 상스러우며 사려깊지 못한 말을 의미한다(골 4:6, "너희 말을 항상 은혜 가운데서 소금으로 맛을 냄과 같이 하라 그리하면 각 사람에게 마땅히 대답할 것을 알리라"). 마가복음 9:50을 보라: "소금은 좋은 것이로되 만일 소금이 그 맛을 잃으면 무엇으로 이를 짜게 하리요 너희 속에 소금을 두고 서로 화목하라 하시니라."

오직 덕을 세우는 데 소용되는 대로 선한 말을 하여. 여기에서 "덕을 세우는 데 소용되는 대로"로 번역된 어구는 헬라어 본문에서는 환치법이 사용되어서 "유익의 덕 세움을 위하여"로 되어 있는데, 그 의미는 말의 주된 용도는 우리가 대화하는 상대방의 덕을 세우는 데 있다는 것이다. 그러나 여기에서 "소용"으로 번역된 단어는 "유익, 필요"를 뜻하기도 하고, 히브리식 표현에서는 이 단어가 형용사를 대신하는 실명사로 사용될 수 있기 때문에, 이 어구는 "유익하거나 필요한 덕을 세우기 위하여" 또는 난외주에 나와 있는 읽기를 따라 "유익하게 덕을 세우기 위하여"로 해석될 수도 있다. 하지만 어느 쪽으로 해석해도 의미상의 차이는 거의 없다. 따라서 "오직 덕을 세우는 데 소용되는 대로 선한 말을 하여"라는 구절은 우리가 우리의 말을 듣는 자들의 상태나 필요에 따라서 거기에 합당한 가르침이나 책망이나 권면이나 위로의 말을 하여야 한다는 의미이다. 듣는 자들에게 은혜를 끼치게 하라. 이것은 우리가 하는 말들이 가르침이든 책망이든 권면이든 위로이든, 듣는 자들에게 은혜를 끼치는 것이 되어야 한다는 것이다.

30. 하나님의 성령을 근심하게 하지 말라 그 안에서 너희가 구원의 날까지 인치심을 받았느니라.

하나님의 성령을 근심하게 하지 말라. "더러운 말"은 성령을 근심하게 한다. 만일 성령이 감정을 나타낼 수 있다고 한다면, 우리가 성령이 근심하거나 슬퍼할 만한 일을 했을 때, 우리는 성령이 근심한다고 말한다. 또는, 이것은 우리가 성령을 화나게 해서, 성령이 우리에게 임재하셔서 우리를 위로하시는 것을 거두시는 것을 의미할 수도 있다. 이사야서 63:10("그들이 반역하여 주의 성령을 근심하게 하였으므로 그가 돌이켜 그들의 대적이 되사 친히 그들을 치셨더니")을 보라. **그 안에서 너희가 구원의 날까지 인치심을 받았느니라.** "구원의 날"은 우리가 모두 육체로 부활하여 최종적으로 온전히 구원받게 되는 날을 의미한다. "인치심을 받았다"는 것은 성령이 우리를 따로 장차 구원받을 자들로 구별하시고 표시하셔서 안전하게 보호하고 있다는 것이다. 에베소서 1:13-14("그 안에서 너희도 진리의 말씀 곧 너희의 구원의 복음을 듣고 그 안에서 또한 믿어 약속의 성령으로 인치심을 받았으니 이는 우리 기업의 보증이 되사 그 얻으신 것을 속량하시고 그의 영광을 찬송하게 하려 하심이라"), 고린도후서 1:21-22("우리를 너희와 함께 그리스도 안에서 굳건하게 하시고 우리에게 기름을 부으신 이는 하나님이시니 그가 또한 우리에게 인치시고 보증으로 우리 마음에 성령을 주셨느니라"), 에스겔서 9:4("여호와께서 이르시되 너는 예루살렘 성읍 중에 순행하여 그 가운데에서 행하는 모든 가증한 일로 말미암아 탄식하며 우는 자의 이마에 표를 그리라 하시고"), 요한계시록 7:3("우리가 우리 하나님의 종들의 이마에 인치기까지 땅이나 바다나 나무들을 해하지 말라")을 보라.

31. 너희는 모든 악독과 노함과 분냄과 떠드는 것과 비방하는 것을 모든 악의와 함께 버리고.

"악독과 노함과 분냄"은 내적인 감정과 관련이 있고, "떠드는 것과 비방하는 것"은 그 감정이 말로 표현되어 겉으로 나타난 것들을 가리키는 것으로 보인다. "악독"은 다른 사람에 대한 불만이나 불쾌감, 아니 앙심을 마음속에 지속적으로 은밀하게 간직하고 있는 것을 의미하고, "노함"은 맨처음에 혈기가 치솟아 오르는 것을 가리킨다. 이러한 "노함"은 우리의 몸에 영향을 미쳐서 몸 안에서 기혈이 격동을 일으키게 만든다. "분냄"은 앞에서 말한 "노함"의 정도가 더 강하고 심한 것을 가리키거나, 보복하고자 하는 간절한 것을 가리킨다. 골로새서 3:8("이제는 너희가 이 모든 것을 벗어 버리라 곧 분함과 노여움과 악의와 비방과 너희 입의 부끄러운 말이라")을 보라. "떠드는 것"은 사람이 화가 치밀어 올라서 절제하지 못하고 마구 큰소리로 떠들어대는 것을 가리키고, "비방하는 것"은 하나님에 대한 것일 수 있고 사람에 대한 것일 수도 있지만, 여기에서는 주로 후자의 경우를 의미하는 것으로 보인다. 여기에서 "비방하는 것"으로 표현된 것은 화를 참지 못하고 거칠고 상스러운 말이나 욕을 퍼붓는 것을 가리킨다. "모든 악의"는 다음 절에 언급된 "서로 친절하게 하며 불쌍히 여기는" 것, 즉 인자함이나 온유함과 반대되는 악의적인 마음을 가리킨다. 로마서 1:29("모든 불의, 추악, 탐욕, 악의가 가득한 자요 시기, 살인, 분쟁, 사기, 악독이 가득한 자요 수군수군하는 자요"), 고린도전서 5:8("우리가 명절을 지키되 묵은 누룩으로도 말고 악하고 악의에 찬 누룩으로도 말고 누룩이 없이 오직 순전함과 진실함의 떡으로 하자"), 14:20("형제들아 지혜에는 아이가 되지 말고 악에는 어린 아이가 되라 지혜에는 장성한 사람이 되라"), 디도서 3:3("우리도 전에는 어리석은 자요 순종하지 아니한 자요 속은 자요 여러 가지 정욕과 행락에 종 노릇 한 자요 악독과 투기를 일삼은 자요 가증스러운 자요 피차 미워한 자였으나")을 보라.

32. 서로 친절하게 하며 불쌍히 여기며 서로 용서하기를 하나님이 그리스도 안에서 너희를 용서하심과 같이 하라.

서로 친절하게 하며. 이것은 말과 행실에 있어서 온유하고 사랑스러우며 싹싹하고 고분고분한 것을 의미한다(눅 6:35, "오직 너희는 원수를 사랑하고 선대하며"). 불쌍히 여기며. 인자하고 인정이 많으며 자비롭고 금방 남들과 함께 같이 아파하는 것을 가리킨다. 사도는 골로새서 3:12에서 "너희는 하나님이 택하사 거룩하고 사랑받는 자처럼 긍휼과 자비와 겸손과 온유와 오래 참음을 옷 입고"라고 말한다. 서로 용서하기를 하나님이 그리스도 안에서 너희를 용서하심과 같이 하라. 하나님께서 도저히 용서받을 수 없는 너희를 그리스도를 인하여 용서하셨듯이, 너희는 너희 자신이 그렇게 용서받았다는 것을 기억하고서, 너희에게 해악을 끼친 자들을 너그럽고 관대한 마음으로 기꺼이 용서하는 것이 마땅하다.

MATTHEW POOLE'S COMMENTARY

에베소서 5장

개요

1. 하나님을 본받고 그리스도의 사랑을 본받으라고 권면함(1–2).
2. 음행과 온갖 더러운 것을 피하라고 권면함(3–4).
3. 음행하는 자와 더러운 자는 하나님의 나라에 들어갈 수 없고, 믿지 않는 자들에게는 하나님의 진노가 임할 것임(5–6).
4. 그리스도인들은 어둠의 일들을 행하는 자들과 어울리지 말고, 도리어 자신들이 가진 빛으로 그들에게 감화를 끼치는 것이 마땅함(7–14).
5. 주의깊고 신중하며 지혜롭게 행하여야 함(15–17).
6. 술 취하지 말고, 도리어 성령으로 충만하여, 하나님께 찬송과 감사를 드려야 함(18–20).
7. 서로에게 복종하여야 함(21).
8. 남편에 대한 아내의 도리(22–24).
9. 그리스도와 그의 교회 간의 모범을 들어서, 아내에 대한 남편의 도리를 말함(25–33).

1. 그러므로 사랑을 받는 자녀 같이 너희는 하나님을 본받는 자가 되고.

그러므로 … 너희는 하나님을 본받는 자가 되고. 너희는 특히 하나님께서 너희에 대하여 자비로우시고 인자하시며 너희의 모든 죄를 기꺼이 용서하신 것을 본받는 자들이 되어야 한다(마 5:44-48, "나는 너희에게 이르노니 너희 원수를 사랑하며 너희를 박해하는 자를 위하여 기도하라 이같이 한즉 하늘에 계신 너희 아버지의 아들이 되리니 이는 하나님이 그 해를 악인과 선인에게 비추시며 비를 의로운 자와 불의한 자에게 내려주심이라 … 그러므로 하늘에 계신 너희 아버지의 온전하심과 같이 너희도 온전하라"). 이 구절은 앞 장의 마지막 절과 연결되어 있다. 사랑을 받는 자녀 같이. 너희는 하나님으로부터 사랑을 받는 자녀들이다. 자녀들은 아버지를 본받는 것이 마땅하고, 아버지로부터 사랑 받는 자녀는 특히 그러하다.

2. 그리스도께서 너희를 사랑하신 것 같이 너희도 사랑 가운데서 행하라 그는 우리를 위하여 자신을 버리사 향기로운 제물과 희생제물로 하나님께 드리셨느니라.

이 절의 헬라어 본문은 이렇게 되어 있다: "그리스도께서 너희를 사랑하셔서 우리를 위하여 자신을 버리사 향기로운 제물과 희생제물로 하나님께 드리신 것 같이 너희도 사랑 가운데서 행하라." **그리스도께서 너희를 사랑하신 것 같이 … 그는 우리를 위하여 자신을 버리사.** "자신을 버리셨다"는 것은 죽으셨다는 것이다(갈 2:20, "나를 사랑하사 나를 위하여 자기 자신을 버리신 하나님의 아들"). 우리에 대한 그리스도의 사랑을 가장 극명하게 보여 준 증거는 바로 그리스도께서 우리를 위하여 죽으신 것이었다(요 15:13, "사람이 친구를 위하여 자기 목숨을 버리면 이보다 더 큰 사랑이 없나니"; 롬 5:8, "우리가 아직 죄인 되었을 때에 그리스도께서 우리를 위하여 죽으심으로 하나님께서 우리에 대한 자기의 사랑을 확증하셨느니라"). **향기로운 제물과 희생제물로 하나님께 드리셨느니라.** "제물"은 피의 희생제사에 곁들여 드려진 "예물" 또는 "헌물"을 가리키는 것일 수도 있지만, 좀 더 일반적으로 율법 아래에서 드려졌던 온갖 봉헌물들을 가리키는 것으로 보인다. "희생제물"은 특히 죄를 속하기 위하여 피로써 드려진 제물을 가리킨다. 그리스도께서는 자기 자신을 고유한 의미에서의 "희생제물"로 삼아서, 하나님께 피의 제사를 드리셨다. "향기로운"은 하나님께서 기쁘게 받으실 만한 것이었다는 의미로서, 그리스도의 제사가 율법에서 정한 대로 드려진 합당한 제사였음을 나타낸다(창 8:21, "여호와께서 그 향기를 받으시고"; 레 1:9, "이는 화제라 여호와께 향기로운 냄새니라"). 이것은 하나님께 드려진 모든 제사들이 오직 그리스도께서 드리신 제사에 의거해서 하나님께 기쁘게 받아들여졌음을 보여 준다. 그리스도께서 죄인들을 하나님과 화목하게 하시기 위하여 드리신 제사가 하나님께 기쁘게 받아들여진 것과 마찬가지로, 우리의 영적인 제사들도 우리가 우리의 형제와 화해하고 화목하게 될 때에야 비로소 하나님께 기쁘게 받아들여질 수 있다(마 5:23-24, "예물을 제단에 드리려다가 거기서 네 형제에게 원망들을 만한 일이 있는 것이 생각나거든 예물을 제단 앞에 두고 먼저 가서 형제와 화목하고 그 후에 와서 예물을 드리라"). **너희도 사랑 가운데서 행하라.** 이것은 우리의 모든 행실이 사랑 가운데서 이루어지게 하여야 한다는 것이다.

3. 음행과 온갖 더러운 것과 탐욕은 너희 중에서 그 이름조차도 부르지 말라 이는 성도에게 마땅한 바니라.

음행과 온갖 더러운 것과 탐욕은. "음행"은 결혼하지 않은 사람들 간에 이루어지는 성적으로 더러운 짓, 특히 남자들이 매춘부들과 음행을 행하여 그들 자신을 더럽히는 것을 가리키는데, 이러한 행위는 이방인들 사이에서는 죄로 여겨지지 않았다. "온갖 더러운 것"은 앞에서 말한 "음행" 이외에 사람들이 정욕을 충족시키기 위해 온갖 불법적인 추악한 짓들을 행하여 그들 자신을 더럽히는 것을 가리킨다. "탐욕"

은 에베소서 4:19에서 "그들이 감각 없는 자가 되어 자신을 방탕에 방임하여 모든 더러운 것을 욕심으로 행하되"라고 말한 것처럼, 사람들이 자신의 욕심을 충족시키기 위하여 끝없이 목말라하는 것을 가리키는 것일 수도 있지만, 이득을 얻고 재물을 얻는 데 혈안이 되어서 지나치게 욕심을 부리는 것을 가리키는 것으로 보이는데, 에베소 같이 상업이 크게 발달한 도시들에는 이러한 탐욕스러운 자들이 많았다. 5절을 보라.

너희 중에서 그 이름조차도 부르지 말라. 이것은 그리스도인들에게 그런 것들은 입에 올리거나 귀로 듣기만 해도 몸서리쳐지고 혐오스러운 것들이 되는 것이 마땅하다는 것이다. 시편 16:4("다른 신에게 예물을 드리는 자는 괴로움이 더할 것이라 나는 그들이 드리는 피의 전제를 드리지 아니하며 내 입술로 그 이름도 부르지 아니하리로다")과 고린도전서 5:1("너희 중에 심지어 음행이 있다 함을 들으니 그런 음행은 이방인 중에서도 없는 것이라 누가 그 아버지의 아내를 취하였다 하는도다")을 보라. 이는 성도에게 마땅한 바니라. 이것은 성도들은 몸과 마음만이 아니라 말에 있어서도 순전하고 거룩하여야 한다는 것이다.

4. 누추함과 어리석은 말이나 희롱의 말이 마땅치 아니하니 오히려 감사하는 말을 하라.

누추함과 어리석은 말이나 희롱의 말이 마땅치 아니하니. "누추함"은 상스럽고 외설스러우며 비루하고 역겨운 말을 의미한다. 골로새서 3:8에서는 이것을 "너희 입의 부끄러운 말"이라고 부른다. "어리석은 말"은 농담이든 진담이든 듣는 자들에게 무익한 어리석고 헛된 말을 의미한다. "희롱의 말"은 바로 앞의 어구와 분리 접속사인 "또는"으로 연결되어 있다는 점에서 "어리석은 말"을 보충설명 하는 말로 볼 수도 있고, 우회적으로 조롱하는 것(이런 식의 말이 몸에 밴 자들은 이것을 세련된 유머라고 부르는 경우가 많다)을 의미할 수도 있다. 하지만 열왕기상 18:27("정오에 이르러는 엘리야가 그들을 조롱하여 이르되 큰 소리로 부르라 그는 신인즉 묵상하고 있는지 혹은 그가 잠깐 나갔는지 혹은 그가 길을 행하는지 혹은 그가 잠이 들어서 깨워야 할 것인지 하매")과 이사야서 14:4, 11("너는 바벨론 왕에 대하여 이 노래를 지어 이르기를 … 네 영화가 스올에 떨어졌음이여 네 비파 소리까지로다 구더기가 네 아래에 깔림이여 지렁이가 너를 덮었도다")이 보여 주듯이, 이것은 모든 조롱을 일률적으로 다 단죄하는 것은 아니다. 사도는 이런 말들이 성도들에게는 "마땅치" 않다고 말한다. 오히려 감사하는 말을 하라. 성도들은 자신들이 받은 은혜에 대하여 하나님께 감사하는 말을 하는 것이 마땅하다. 어리석고 더러우며 희롱하는 말을 하는 것이 아니라 이렇게 감사하는 말을 할 때, 성도들의 심령은 새 힘을 얻을 수 있다.

5. 너희도 정녕 이것을 알거니와 음행하는 자나 더러운 자나 탐하는 자 곧 우상 숭배자는 다 그리스도와 하나님의 나라에서 기업을 얻지 못하리니.

"탐하는 자"는 하나님 대신에 맘몬을 섬기고, 하나님보다 재물을 더 사랑하며, 자신의 소망을 재물에 두는 자이기 때문에 "우상 숭배자"이다. "음행하는 자나 더러운 자나 탐하는 자"는 회개하지 않는 한 "기업을 얻지 못한다." 사도는 평생을 그런 자들로 살아가며 회개하지 않는 자들을 "불순종의 아들들"(6절)이라고 부른다. "그리스도와 하나님의 나라"는 서로 구별되는 두 개의 나라가 아니라, 본질적으로는 하나님께 속하지만 중보자로서의 그리스도께도 속한 하나의 동일한 나라이다. 이 구절을 통해서 사도는 그리스도로 말미암지 않고는 하나님의 나라에 올 수 없다는 것을 보여 준다.

6. 누구든지 헛된 말로 너희를 속이지 못하게 하라 이로 말미암아 하나님의 진노가 불순종의 아들들에게 임하나니.

"헛된 말들"은 거짓되고 속이는 말들이다. 그들은 음행이나 더러운 짓이나 탐욕을 부리는 것이 죄도 아니고 그렇게 위험한 일도 아니라고 호언장담하지만, 너희가 그 말들을 의지하고 따른다면, 결코 죄에서 벗어날 수 없고 하나님의 진노를 벗어날 수 없기 때문에, 그들의 그런 말들은 거짓되고 속이는 말들이다. "하나님의 진노"는 사람이 내세에서 받게 될 벌을 의미한다.

7. 그러므로 그들과 함께 하는 자가 되지 말라.

이것은 사도가 앞에서 언급한 죄들을 계속해서 저지르며 회개하지 않는 불순종의 아들들과 함께 하지 말라는 것이다. 욥기 34:8-9("악한 일을 하는 자들과 한패가 되어 악인과 함께 다니면서 이르기를 사람이 하나님을 기뻐하나 무익하다 하는구나"), 시편 50:18("도둑을 본즉 그와 연합하고 간음하는 자들과 동료가 되며")을 보라.

8. 너희가 전에는 어둠이더니 이제는 주 안에서 빛이라 빛의 자녀들처럼 행하라.

너희가 전에는 어둠이더니. 이것은 그들이 전에는 어둠 속에 있는 것과 같았다는 뜻이다(롬 2:19, "맹인의 길을 인도하는 자요 어둠에 있는 자의 빛이요"; 살전 5:4, "형제들아 너희는 어둠에 있지 아니하매 그 날이 도둑 같이 너희에게 임하지 못하리니"). "어둠"은 죄와 무지와 불신앙의 어둠을 가리킨다. 여기에서 사도가 어둠의 구체적인 예들을 들지 않고 "어둠"이라는 추상명사로 그들의 이전의 상태를 표현한 것은, 그들이 전에 그 가운데 있었던 "어둠"이 아주 컸다는 것을 보여 준다. **이제는 주 안에서 빛이라.** 이것은 이제는 그들이 그리스도 안에 있어서 빛이라는 의미일 수도 있지만, 그들이 그리스도로 말미암아 빛을 받아서 신령한 지식과 믿음과 순전함과 거룩함을 갖추게 되었다는 의미이다. **빛의 자녀들처럼 행하라.** "빛의 자녀들"은 히브리식 표현으로서 빛 안에 있는 자녀들이라는 뜻이다(살전 5:5, "너희는 다 빛의 아들이요 낮의 아들이라 우리가 밤이나 어둠에 속하지 아니하나니"). 그러므로 너희는 너희의 신분과 상태와 특권들에 걸맞는 행실을 보이는 것이 마땅하다. 요한일서 1:7("그가 빛 가운데 계신 것 같이 우리도 빛 가운데 행하면 우리가 서로 사귐이 있고 그 아들 예수의 피가 우리를 모든 죄에서 깨끗하게 하실 것이요")을 보라.

9. 빛의 열매는 모든 착함과 의로움과 진실함에 있느니라.

"빛의 열매"는 새로운 본성, 또는 우리를 주 안에서 빛이 되게 하신 성령의 열매나 일을 가리킨다. 갈라디아서 5:22-23("오직 성령의 열매는 사랑과 희락과 화평과 오래 참음과 자비와 양선과 충성과 온유와 절제니 이같은 것을 금지할 법이 없느니라")을 보라. "모든 착함"은 일반적으로 악함과 반대되는 덕목을 가리키거나, 좀 더 구체적으로 인자하고 너그러운 것을 가리킨다. "의로움"은 탐욕과 사기 등등의 불의와 반대되는 것이고, "진실함"은 오류, 거짓됨, 위선 등과 반대되는 것이다. 여기에서 사도는 "빛의 자녀들처럼 행하는"(9절) 것이 무엇인지를 보여 준다.

10. 주를 기쁘시게 할 것이 무엇인가 시험하여 보라.

이것은 주의 뜻이 무엇인지를 잘 살펴서, 그것을 너희의 행실의 규범으로 삼아 행함으로써, 너희가 주의 뜻을 행하고 있음을 보이라는 것이다(롬 12:2, "너희는 이 세대를 본받지 말고 오직 마음을 새롭게 함으로 변화를 받아 하나님의 선하시고 기뻐하시고 온전하신 뜻이 무엇인지 분별하도록 하라").

11. 너희는 열매 없는 어둠의 일에 참여하지 말고 도리어 책망하라.

"열매 없는 일들"은 실제보다 줄여서 표현한 완서법(緩敍法)이 사용된 경우로서, 파괴적이고 위험하며 악한 열매를 맺는 일들을 의미한다(롬 6:21, "너희가 그 때에 무슨 열매를 얻었느냐 이제는 너희가 그 일을 부끄러워하나니 이는 그 마지막이 사망임이라"; 갈 6:8, "자기의 육체를 위하여 심는 자는 육체로부터 썩어질 것을 거두고 성령을 위하여 심는 자는 성령으로부터 영생을 거두리라"). "어둠의 일들"은 악한 일들을 의미한다. 악한 일들이 이렇게 어둠의 일들이라 불리는 이유는, 그 일들이 사람의 마음의 어둠, 즉 하나님에 대한 무지로부터 시작되고, 어둠의 임금인 마귀의 사주에 의한 것이며, 빛을 두려워하기 때문이다. "참여하지 말고"는 그들 스스로 그런 일들을 행해서도 안 될 뿐만 아니라, 다른 사람들이 그런 일들을 행하는 것에 동조하거나 조언하거나 돕는 등, 어떤 식으로든 그런 일들에 연루되어 자신을 더럽혀서는 안 된다는 뜻이다. "도리어 책망하라"는 것은, 그런 일들을 하는 자들에게 동조하거나 동참하는 것이 아니라, 도리어 책망하여, 그런 자들로 하여금 그 일들이 죄악이라는 것을 깨닫게 해 주고(레 19:17, "너는 … 네 이웃을 반드시 견책하라 그러면 네가 그에 대하여 죄를 담당하지 아니하리라"; 마 18:15, "네 형제가 죄를 범하거든 가서 너와 그 사람과만 상대하여 권고하라 만일 들으면 네가 네 형제를 얻은 것이요"), 특히 그런 자들과는 반대로 행하여, 그들의 행위가 어둠의 일이라는 것이 분명하게 드러나서, 그들이 책망을 받아도 할 말이 없게 만들어야 한다는 것이다.

12. 그들이 은밀히 행하는 것들은 말하기도 부끄러운 것들이라.

"그들이 은밀히 행한다"는 것은, 그런 자들은 어둠 속에서 은밀하게 그런 일들을 행함으로써 사람들의 눈을 피하기만 하면 하나님의 눈도 피할 수 있을 것이라는 착각 속에서 어둠을 빌려서 대담하게 그런 일들을 행하는 자들임을 보여 준다. 그런 자들이 행하는 것들은 "말하기도 부끄러운 것들"이기 때문에, 그런 일들에 참여한다는 것은 있을 수 없는 일이다.

13. 그러나 책망을 받는 모든 것은 빛으로 말미암아 드러나나니 드러나는 것마다 빛이니라.

"책망을 받는 모든 것들"은 책망 받아 마땅한 열매 없는 어둠의 일들을 가리킨다. "빛"은 말로 책망할 때에 그 속에 들어 있는 진리의 빛과 선한 모범을 통한 책망 속에서 비쳐 나오는 거룩한 생명의 빛을 의미한다. "드러난다"는 것은 책망을 받은 죄인들의 마음과 양심 속에서 그 일들의 정체가 분명하게 드러난다는 뜻이다. "드러나는 것마다 빛이니라"는 이전에 어둠 속에 있던 모든 것들을 분명하게 드러내는 것은 빛이라는 의미이다. 여기에서 사도는 빛의 본질과 소임을 근거로 해서 논증을 전개해 나간다. 즉, 이전에 눈에 보이지 않았던 것들을 드러내어 분명하게 드러나게 하는 것이 빛의 고유한 속성이라는 것이다. 따라서 주 안에서 빛인 너희는 "어그러지고 거스르는 세대 가운데서 하나님의 흠 없는 자녀로 세상에서 그들 가운데 빛들로서" 빛을 비추는 것이 합당하다(빌 2:15). 즉, 너희는 악인들 앞에서 너희의 거룩한 행실을 보여서, 전에는 자신 속에 있는 악과 자신들이 행하던 어둠의 일들을 깨닫지 못했던 악인들로 하여금 자신들의 악과 어둠의 일들을 깨닫게 해 주는 것이 마땅하다.

14. 그러므로 이르시기를 잠자는 자여 깨어서 죽은 자들 가운데서 일어나라 그리스도께서 너에게 비추이시리라 하셨느니라.

그러므로 이르시기를. 이것은 하나님께서 선지자들을 통해서 하신 말씀을 사도가 요약해서 제시한 것일 수도 있고, 그리스도께서 자신의 사역자들을 통해서 하신 말씀들에 대한 요약일 수도 있다. 전자의 경우로 보면, 이 본문은 특히 이사야서 60:1("일어나라 빛을 발하라 이는 네 빛이 이르렀고 여호와의 영광이 네 위에 임하였음이니라")을 염두에 둔 것이다. 후자의 경우로 보면, 이것은 복음 사역자들이 날마다 복음을 전하면서, 사람들로 하여금 회개하여 죄의 사망으로부터 일어나서 영생의 약속으로 들어가라고 부르는 것을 가리키는 것일 수 있다. **잠자는 자여 깨어서 죽은 자들 가운데서 일어나라.** 이것은 동일한 것을 두 가지 서로 다른 표현을 사용해서 말하고 있다. 죄인들은 어떤 점에서는 잠자고 있다고 말할 수 있고, 어떤 점에서는 죽어 있다고 말할 수 있다. 그들은 잠자는 자들이 현실이 아닌 허망한 꿈들을 꿀 뿐이고 일상생활을 영위해 나갈 수 없는 것과 마찬가지로, 온갖 미몽들과 허황된 생각들로 가득 차 있기 때문에 그 어떤 선한 일을 하기에도 합당하지 않다. 또한, 그들에게서는 죽은 자들처럼 온통 썩어 가는 역겨운 악취만이 풍겨져 나온다. 그래서 사도는 여기에서 그들에게 죄의 잠에서 깨어나고 죄의 죽음에서 일어나라고 명한다. 이 구절의 의미는, 그들은 지금 온갖 죄를 범하며 영적인 죽음의 상태로 누워 있는데, 이제는 믿음과 회개로써 거기로부터 일어나야 한다는 것이다. **그리스도께서 너에게 비추이시리라.** 그리스도께서 비추시는 빛은 현세에서는 평안과 기쁨의 빛이고 내세에서는 영원한 영광의 빛이다. 여기에서 사도는, 복음을 통해서 그리스도께서 행하신 일이 곧 "주 안에서 빛"이라 불리는 에베소 교인들이 해야 할 일인데, 그것은 열매 없는 어둠의 일들을 책망하고, 잠자는 자들이자 죽은 자들인 죄인들을 깨워 일으키며, 그들에게 그리스도의 빛을 비추는 것이라고 말하고 있는 것이다.

15. 그런즉 너희가 어떻게 행할지를 자세히 주의하여 지혜 없는 자 같이 하지 말고 오직 지혜 있는 자 같이 하여.

그런즉 너희가 어떻게 행할지를 자세히 주의하여. 너희는 다른 사람들의 악한 행실을 책망하도록 부르심을 받은 자들이기 때문에, 너희 자신에 대해서는 더욱 엄격하고 철저하게 좌로나 우로나 치우치지 말고 선한 규범을 정확하게 지켜 행하는 것이 마땅하다. 여기에서 "자세히 주의하여"로 번역된 단어는 "엄밀하고 정확하게"라는 뜻으로서, 마태복음 2:8("베들레헴으로 보내며 이르되 가서 아기에 대하여 자세히 알아보고 찾거든 내게 고하여 나도 가서 그에게 경배하게 하라")과 데살로니가전서 5:2("주의 날이 밤에 도둑 같이 이를 줄을 너희 자신이 자세히 알기 때문이라")에서도 "자세히"로 번역되고 있다. 지혜 없는 자 같이 하지 말고. 여기에서 "지혜 없는 자들"은 복음의 빛 안에 있으면서도, 영적인 지혜가 부족하여, 부주의함과 경솔함으로 인하여 죄에 빠지고 잘못을 저지르는 자들이다. 오직 지혜 있는 자 같이 하여. 여기에서 "지혜 있는 자들"은 하나님으로부터 가르치심을 받아서 위로부터 오는 지혜를 덧입은 자들이다.

16. 세월을 아끼라 때가 악하니라.

세월을 아끼라. 또는, 기회를 사라. 이것은 상인들이 가장 많은 이득을 남기기 위해서, 물건을 사야 할 때와 팔아야 할 때를 정확히 알아내려고, 잠자고 쉬고 놀 시간을 아껴서 부지런히 관찰하고 살피는 것에서 유래한 비유이다. 따라서 사도는 여기에서 이렇게 말하고 있는 것이다: 너희는 너희 자신이 편히 쉬고 즐기고 놀 시간을 최대한으로 아껴서, 선한 일을 행할 기회를 잡기 위해 힘써야 한다. 때가 악하니라. 사도는 당시에 살아가는 자들이 악하다는 의미로 "때가 악하다"고 말한 것일 수도 있고, 사람들이 믿는 자들을 미워해서, 믿는 자들이 복음 전도를 통해서 선한 일을 할 수 있는 기회를 박탈해 버리거나 선한 일을 한다는 이유로 위험에 빠뜨리고 있기 때문에, 지금은 믿는 자들에게 많은 어려움들과 위험들이 많아서 선한 일을 하기가 힘든 때라는 의미에서 이렇게 말한 것일 수도 있다.

17. 그러므로 어리석은 자가 되지 말고 오직 주의 뜻이 무엇인가 이해하라.

너희의 지혜는 "주의 뜻"을 깨닫는 데에서 나오기 때문에, 너희는 "어리석은 자"가 되지 않기 위해서는, "주의 뜻이 무엇인가"를 부지런히 살펴서 "이해하고" 깨달아야 한다.

18. 술 취하지 말라 이는 방탕한 것이니 오직 성령으로 충만함을 받으라.

술 취하지 말라 이는 방탕한 것이니. 술 취하는 것 속에 "방탕"이 있다. 즉, 온갖 음란함과 방탕함이 술 취하는 것으로부터 생겨난다는 것이다(잠 23:29-30, "재앙이 뉘게 있느뇨 근심이 뉘게 있느뇨 분쟁이 뉘게 있느뇨 원망이 뉘게 있느뇨 까닭 없는 상처가 뉘게 있느뇨 붉은 눈이 뉘게 있느뇨 술에 잠긴 자에게 있고 혼합한 술을 구하러 다니는 자에게 있느니라"). **오직 성령으로 충만함을 받으라.** 성령은 흔히 물에 비유되기 때문에, 이것은 술에 취하지 말고 성령에 취하라는 의미일 수도 있고(행 2:13, "또 어떤 이들은 조롱하여 이르되 그들이 새 술에 취하였다 하더라"), 포도주를 마셔서 육신적인 즐거움으로 충만하게 되려고 하지 말고, 성령으로 충만하여 성령의 기쁨을 충만하게 누리라는 의미일 수도 있다. 따라서 사도는 성령을 조금 받은 것으로 만족하지 말고, 더 많은 분량의 성령을 구하여, 성령의 충만함을 받으라고 권한다. 시편 36:8("그들이 주의 집에 있는 살진 것으로 풍족할 것이라 주께서 주의 복락의 강물을 마시게 하시리이다"), 요한복음 3:34("하나님이 보내신 이는 하나님의 말씀을 하나니 이는 하나님이 성령을 한량 없이 주심이니라"), 4:14("내가 주는 물을 마시는 자는 영원히 목마르지 아니하리니 내가 주는 물은 그 속에서 영생하도록 솟아나는 샘물이 되리라")을 보라.

19. 시와 찬송과 신령한 노래들로 서로 화답하며 너희의 마음으로 주께 노래하며 찬송하며.

시와 찬송과 신령한 노래들로. 사도는 믿는 자들이 서로 간의 덕 세움과 하나님의 영광을 위하여 행하는 온갖 종류의 찬양을 이러한 명칭들로 포괄한다. 사도가 여기에서 열거한 이러한 것들이 구체적으로 서로 어떤 차이가 있었던 것인지는 확실하지 않지만, 대부분의 해석자들은 "시들"은 옛적에 악기들의 반주에 맞춰서 부른 찬양들을 가리키고, "찬송들"은 오직 하나님을 찬송하는 내용만을 담은 노래들을 가리키며, "신령한 노래들"은 교훈적이거나 예언적이거나 서사적인 것 등등 여러 가지 다양한 내용을 담은 노래들을 가리키는 것으로 본다. 골로새서 3:16("그리스도의 말씀이 너희 속에 풍성히 거하여 모든 지혜로 피차 가르치며 권면하고 시와 찬송과 신령한 노래를 부르며 감사하는 마음으로 하나님을 찬양하고")을 보라. **서로 화답하며.** 이것은, 믿지 않는 자들이 술잔을 기울이면서 헛된 잡담과 음담패설을 즐기는 것과는 반대로, 믿는 자들은 교회의 모임들에서나 가정에서의 모임에서 이러한 찬양들로 서로 대화하는 것이 마땅하다는 것이다. **너희의 마음으로 주께 노래하며 찬송하며.** 외식하는 자들이 입으로만 찬송하는 것과는 달리, 너희는 입으로만이 아니라 너희의 마음속에 진정으로 하나님을 찬송하고자 하는 마음을 가지고 이런 찬양들을 행하여야 하고, 너희 자신이 즐기기 위해서나 이득을 얻기 위해서가 아니라 하나님의 영광을 위하여 이런 찬양들을 행하여야 한다.

20. 범사에 우리 주 예수 그리스도의 이름으로 항상 아버지 하나님께 감사하며.

범사에. 이것은 하나님이 베푸신 온갖 종류의 은혜들에 대하여 감사하여야 한다는 것이다. 로마서 8:28에서 "우리가 알거니와 하나님을 사랑하는 자 곧 그의 뜻대로 부르심을 입은 자들에게는 모든 것이 합력하여 선을 이루느니라"고 말하고 있기 때문에, 믿는 자들은 자신들이 겪고 있는 환난이나 고난에 대해서조차도 하나님께 감사하는 것이 마땅하다. 우리 주 예수 그리스도의 이름으로. 하나님께서는 그리스도의 공로를 근거로 삼으셔서 그리스도의 이름으로 우리에게 온갖 복된 것들을 베풀어 주시고, 우리의 모든 기도와 찬송과 영적인 섬김도 오직 그리스도의 이름으로 하나님께 드려질 때에만, 하나님께서는 그것들을 기쁘게 받으신다. 항상 아버지 하나님께 감사하며. 하나님, 곧 우리의 아버지이신 하나님이 우리의 모든 복과 은혜의 원천이시기 때문에, 우리가 감사해야 할 대상은 하나님이시다. 또한, 하나님께서는 계속해서 새로운 은혜와 복을 베풀어 주시기 때문에, 우리에게는 하나님께 감사해야 할 일이 계속해서 있게 된다. 따라서 우리는 이 땅에서 살아가는 동안에 "항상" 쉬지 않고 계속해서 하나님께 감사를 드려야 한다.

21. 그리스도를 경외함으로 피차 복종하라.

여기에서 사도는 모든 권세의 원천이신 분으로서 복종할 것을 명하신 그리스도께 죄를 짓지 않도록 두려워하는 마음으로, 또는 그리스도를 경외하는 그런 마음으로, 하나님께서 금지하지 않으신 일들에서, 믿는 자들은 자연적이거나 시민적이거나 교회적인 관계들 속에서 복종해야 할 자들에게 복종하여야 한다고 말한다.

22. 아내들이여 자기 남편에게 복종하기를 주께 하듯 하라.

아내들이 남편들에게 "복종한다"는 것은 남편들을 높여서 존귀하게 대하고 남편들에게 순종한다는 뜻이다. "주께 하듯 하라"는 것은 이것이 주께서 명하신 것임을 명심하고 주를 생각해서 그렇게 행하라는 것이다. 따라서 아내들이 남편들에게 복종하지 않으면서, 자신들은 주께 복종하고 있다고 말하는 것은 거짓이다. 디모데전서 2:12("여자가 가르치는 것과 남자를 주관하는 것을 허락하지 아니하노니 오직 조용할지니라")을 보라.

23. 이는 남편이 아내의 머리 됨이 그리스도께서 교회의 머리 됨과 같음이니 그가 바로 몸의 구주시니라.

남편이 아내의 머리 됨이. 육신의 몸에서 머리는 이성이 자리 잡고 있는 곳이자 지각과 활동의 원천이어서 몸의 다른 모든 부분들보다 더 우월한 것과 마찬가지로, 하나님께서는 남편을 아내의 머리로 정하심으로써 아내보다 더 우월하게 하셨다. 그리스도께서 교회의 머리 됨과 같음이니. 에베소서 1:22("만물을 그의 발 아래에 복종하게 하시고 그를 만물 위에 교회의 머리로 삼으셨느니라")과 골로새서 1:18("그는 몸인 교회의 머리시라 그가 근본이시요 죽은 자들 가운데서 먼저 나신 이시니 이는 친히 만물의 으뜸이 되려 하심이요")을 보라. "같음이니"라는 불변화사는 대등하거나 똑같다는 의미가 아니라, 그 이치가 비슷하다는 의미이다. 그리스도께서 교회의 머리 됨은 남편이 아내의 머리 됨과는 비교할 수 없을 정도로 대단한 사실이다. 그가 바로 몸의 구주시니라. 사도가 여기에서 그리스도가 자신의 교회의 구주시라고 말하고 있는 것 속에는, 하나님께서는 아내를 구원할 자로서 남편을 아내에게 주셔서, 아내를 보호하고 지키게 하셨기 때문에, 아내는 하나님으로부터 복을 받고자 한다면 남편에게 복종하고 불평하지 말아야 한다는 뜻이 내포되어 있다.

24. 그러므로 교회가 그리스도에게 하듯 아내들도 범사에 자기 남편에게 복종할지니라.

교회는 정절을 지키는 가운데 겸손하고 순종하는 마음으로, 그리고 억지로가 아니라 자원하는 기쁜 마음으로 그리스도에게 복종하는 것과 마찬가지로, 아내들은 자기 남편에게 복종하여야 한다. 즉, 교회가 그리스도께 복종하는 것은 아내가 남편에게 복종하는 것의 본이 된다는 것이다. 여기에서 "범사에"는 남편의 권세가 미치는 범위를 보여 준다.

25. 남편들아 아내 사랑하기를 그리스도께서 교회를 사랑하시고 그 교회를 위하여 자신을 주심 같이 하라.

남편들은 진실하고 순수하며 열렬하고 변함없는 사랑으로 자신의 아내를 사랑하여야 한다. 그리스도께서 교회의 머리로서 존귀를 받으시는 것 같이, 남편들도 아내의 머리로서의 존귀를 받는 것과 마찬가지로, 그리스도께서 교회를 사랑하셔서 교회를 위하여 죽으셨던 것 같이, 남편들도 아내를 그렇게 사랑하여야 한다. 여기에서 사도는 아내에 대한 남편의 온갖 도리들을 "사랑"이라는 말로 포괄적으로 표현한다. 그리스도께서는 "자신을 주심"으로써 자신의 사랑이 얼마나 큰지를 증명하셨다.

26. 이는 곧 물로 씻어 말씀으로 깨끗하게 하사 거룩하게 하시고.

물로 씻어. 이것은 세례를 가리킨다. 세례를 통한 외적인 씻음은 세례 받는 사람이 그리스도의 피로 말미암아 자신의 죄로 인한 죄책과 더러움으로부터 내적으로 씻음을 받았음을 보여 주고 인치는 것이다(히 9:14, "하물며 영원하신 성령으로 말미암아 흠 없는 자기를 하나님께 드린 그리스도의 피가 어찌 너희 양심을 죽은 행실에서 깨끗하게 하고 살아 계신 하나님을 섬기게 하지 못하겠느냐"; 계 1:5, "우리를 사랑하사 그의 피로 우리 죄에서 우리를 해방하시고"). 말씀으로. 이것은 복음의 말씀, 특히 믿음으로 그리스도를 영접한 자는 값없이 의롭다 하심을 얻고 거룩함을 입게 될 것이라는 하나님의 약속을 가리킨다. 이러한 약속이 없다면, 외적인 씻음은 아무런 효력도 지니지 못한다. 어떤 표징을 보증하고 인치는 하나님의 말씀이 없는 경우에는, 그 표징은 성례전이 될 수 없다. 깨끗하게 하사. 이것은 그리스도께서 어떤 수단을 통해서 믿는 자들을 거룩하게 하시는지를 보여 준다. 즉, 믿는 자들은 복음의 말씀과 세례로 씻음을 받아 깨끗하게 되어서 거룩함을 입게 된다는 것이다. 거룩하게 하시고. 이것은 그리스도께서 믿는 자들을 죄의 더러움으로부터 깨끗하게 하시고 성별하셔서 하나님께 거룩한 제물로 바치는 것을 의미한다. 사도의 이 말 속에는, 믿는 자들이 죄 사함과 본성의 변화를 통해서, 죄와 비참의 상태에서 벗어나 은혜와 생명의 상태로 완전히 옮겨진다는 의미가 내포되어 있다.

27. 자기 앞에 영광스러운 교회로 세우사 티나 주름 잡힌 것이나 이런 것들이 없이 거룩하고 흠이 없게 하려 하심이라.

자기 앞에 영광스러운 교회로 세우사. 이것은 장차 내세에서 이루어질 일에 대한 것이다. 즉, 모든 택함 받은 자들로 이루어진 교회는 천국에서 그리스도와 함께 있게 될 것이라는 의미이다(고후 5:6, 8, "그러므로 우리가 항상 담대하여 몸으로 있을 때에는 주와 따로 있는 줄을 아노니 … 우리가 담대하여 원하는 바는 차라리 몸을 떠나 주와 함께 있는 그것이라"; 살전 4:17, "그 후에 우리 살아 남은 자들도 그들과 함께 구름 속으로 끌어 올려 공중에서 주를 영접하게 하시리니 그리하여 우리가 항상 주와 함께 있으리라"). "영광스러운 교회"는, 지식과 거룩함에 있어서 온전하고, 하늘의 영광으로 빛나며, 그리스도를 온전히 닮은 교회를 뜻한다(요일 3:2, "사랑하는 자들아 우리가 지금은 하나님의 자녀라 장래에 어떻게 될지는 아직 나타나지 아니하였으나 그가 나타나시면 우리가 그와 같을 줄을 아는 것은 그의 참모습 그대로 볼 것이기 때문이니"). 티나 주름 잡힌 것이나 이런 것들이 없이 거룩하고 흠이 없게 하려 하심이라. "티"는 죄의 티를 뜻하는데, 이것은 죄를 옷에 묻은 티들에 비유하여 말한 것이다. "주름 잡힌 것"은 옛 아담의 온갖 잔재를 뜻하는데, 이것은 사람이 나이가 들어서 몸에 생기는 흉한 주름들에 비유하여 말한 것이다. "이런 것들"은 교회의 아름다움과 반대되는 추한 것들, 즉 남편이신 그리스도를 찡그리게 만드는 교회의 온갖 추한 모습들을 가리킨다. "흠이 없다"는 것은 교회에게서 그 어떤 잘못도 발견할 수 없는 것을 뜻한다. 레위기 1:3에서 "그 예물이 소의 번제이면 흠 없는 수컷으로 회막 문에서 여호와 앞에 기쁘게 받으시도록 드릴지니라"고 말하고 있는 것처럼, 사도는 "흠 없는" 희생제물을 염두에 두고 이 말을 한 것으로 보인다. 아가서 4:7("나의 사랑 너는 어여쁘고 아무 흠이 없구나")을 보라.

28. 이와 같이 남편들도 자기 아내 사랑하기를 자기 자신과 같이 할지니 자기 아내를 사랑하는 자는 자기를 사랑하는 것이라.

"이와 같이 남편들도 자기 아내 사랑하기를 자기 자신과 같이," 즉 그들 자신의 몸을 사랑하는 것과 같이 그렇게 사랑하여야 한다. 하나님께서 태초에 아담의 갈비뼈를 취하여 여자를 지으셨기 때문에, 아내는 남편의 일부라고 할 수 있다. 따라서 "자기 아내를 사랑하는 자는 자기를 사랑하는 것"이다. 여기에서 "자기를 사랑한다"는 것은 앞에서 말한 것과 동일한 것으로서 "자기 자신을 사랑하는" 것과 마찬가지라는 의미일 수도 있고, 거기에서 한 걸음 더 나아가서, 아내는 남편과 한 몸으로서 남편의 또 다른 자기이기 때문에, "자기를 사랑하는" 것이라는 의미일 수도 있다.

29. 누구든지 언제나 자기 육체를 미워하지 않고 오직 양육하여 보호하기를 그리스도께서 교회에게 함과 같이 하나니.

"누구든지"는 자신의 몸에 있는 질병들이나 비참한 것들을 미워하는 사람들은 있겠지만, 자기 육체를 절대적으로 미워하는 사람은 문자 그대로 아무도 없다는 뜻이다. "자기 육체"는 자기 몸을 의미한다. "양육하여 보호한다"는 것은 자기 몸에 자양분을 주고 옷을 입히며 필요한 것들을 공급한다는 뜻이다. "그리스도께서 교회에게 함과 같이." 그리스도께서는 구원에 필요한 모든 것들을 교회에 공급해 주신다.

30. 우리는 그 몸의 지체임이라.

"우리는 그 몸," 즉 그리스도의 신비의 몸의 "지체들"이다. 아담이 하와를 보고서 "이는 내 뼈 중의 뼈요 살 중의 살이라 이것을 남자에게서 취하였은즉 여자라 부르리라"(창 2:23)고 말한 것처럼, 우리는 그리스도의 뼈 중의 뼈이고 살 중의 살이다. 아담과 하와는 육신적으로 그런 관계로 맺어져 있었지만, 그리스도와 우리는 영적인 방식으로 그런 관계 속에 있다. 그리스도께서는 성령으로 말미암아 그의 살과 피를 우리에게 전해 주심으로써, 우리는 그리스도와 연합되고, 그리스도의 지체들이 되었다.

31. 그러므로 사람이 부모를 떠나 그의 아내와 합하여 그 둘이 한 육체가 될지니.

"그러므로"는 "여자가 남자의 살과 뼈로 지음을 받았기 때문에"라는 의미이다. 사도는 창세기 2:24("이러므로 남자가 부모를 떠나 그의 아내와 합하여 둘이 한 몸을 이룰지로다")에 나오는 아담의 말을 그대로 가져온다. "사람이 부모를 떠나 그의 아내와 합하여"는 부모와 더불어 한 가정을 이루어 함께 기거하고 생활하는 것으로부터 떠나서, 자신의 아내와 합하여 한 가정을 이루어 살아야 한다는 것이다. 이것은 자식으로서 부모에 대하여 행하여야 할 다른 도리들을 중단하라는 의미가 아니고, 아내와 하나의 가정을 이루기 위하여 부모를 중심으로 이루어진 기존의 가정으로부터 떠나야 한다는 의미이다. "그 둘"은 혼인으로 인한 결합을 통해서 "한 육체," 즉 한 몸 또는 한 사람이 되어야 한다. 남편과 아내는 이렇게 한 몸이 됨으로써, 부부 간에는 서로의 몸을 주장할 수 있는 권리가 생겨난다(고전 7:4, "아내는 자기 몸을 주장하지 못하고 오직 그 남편이 하며 남편도 그와 같이 자기 몸을 주장하지 못하고 오직 그 아내가 하나니").

32. 이 비밀이 크도다 나는 그리스도와 교회에 대하여 말하노라.

이것은 사도가 이 절의 후반부에서 보충적으로 밝히고 있듯이, 교회가 그리스도의 살과 뼈로서, 그리스도와 교회가 혼인으로 인하여 한 몸이 된 것이 큰 비밀이자 신비라고 말하는 것일 수도 있고, 그리스도와 그의 교회 간의 혼인관계를 보여 주는 모형으로서의 아담과 하와의 결합이 큰 비밀이자 신비(즉, 경건에 있어서의 큰 비밀)라고 말하는 것일 수도 있는데, 후자의 경우에 이것은 하나님께서 의도적으로 정하신 모형은 아니고, 이 두 가지 간의 유사성으로 인해서 자연스럽게 생겨난 모형이다.

33. 그러나 너희도 각각 자기의 아내 사랑하기를 자신 같이 하고 아내도 자기 남편을 존경하라.

"그러나"는 "이러한 비밀 또는 신비는 일단 접어두고, 남편과 아내에 대한 나의 앞서의 권면으로 다시 돌아가서 말하자면"이라는 뜻이다. "자기의 아내 사랑하기를 자신 같이 하고"는 아내를 자기와 한 몸이 된 사람으로 여기고 사랑하라는 것이다. "아내도 자기 남편을 존경하라"는 것은 두려워하라는 의미인데, 여기에서의 두려움은 노예 같은 굴종적인 두려움을 뜻하는 것이 아니라, 사랑으로부터 자연스럽게 흘러나오는 진정한 공경을 뜻한다.

MATTHEW POOLE'S COMMENTARY

에베소서 6장

개요

1. 자녀들의 도리(1-3).
2. 부모들의 도리(4).
3. 종들의 도리(5-8).
4. 주인들의 도리(9).
5. 하나님의 전신 갑주를 입고 영적인 원수들을 물리치라고 형제들에게 권면함(10-17).
6. 모든 성도들에게 늘 기도하되, 특히 자기가 담대하게 복음을 전할 수 있도록 해 주시라고 기도해 줄 것을 부탁함(18-20).
7. 두기고를 칭찬하며 천거함(21-22).
8. 모든 진실한 그리스도인들에게 은혜가 있기를 기원하는 것으로 끝맺음(23-24).

1. 자녀들아 주 안에서 너희 부모에게 순종하라 이것이 옳으니라.

"자녀들"은 외적으로 드러나는 행위들로만이 아니라 내적으로 공경하는 마음과 자발적인 마음으로 "주 안에서" "부모에게 순종하여야" 한다. "주 안에서"는 주께서 그것을 명하셨다는 의미일 수도 있고, 부모에게 순종하되, 모든 일에서 주의 뜻에 합당하게 하여야 한다는 의미일 수도 있다. 에베소서 5:21("그리스도를 경외함으로 피차 복종하라")과 사도행전 5:29("베드로와 사도들이 대답하여 이르되 사람보다 하나님께 순종하는 것이 마땅하니라")을 보라. "이것이 옳으니라"는 자연법으로 보나, 열방의 법으로 보나, 하나님의 법으로 보나, 자녀가 부모에게 순종하는 것은 모든 면에서 옳고 합당하고 의롭다는 뜻이다.

2. 네 아버지와 어머니를 공경하라 이것은 약속이 있는 첫 계명이니.

"약속이 있는 계명"이라는 것은 하나님이 명하신 특정한 계명에 특별한 약속이 첨부되어 있는 것을 의미한다. 하나님께서 주신 십계명 중에서 이렇게 약속이 첨부되어 있는 것은 오직 두 계명, 즉 두 번째 계명과 여기에 언급된 다섯 번째 계명인데, 두 번째에 덧붙여진 것은 율법 전체와 관련된 일반적인 약속인 반면에, 이 다섯 번째 계명에 첨부된 것은 구체적이고 특별한 약속이다.

3. 이로써 네가 잘되고 땅에서 장수하리라.

하나님께서 "네 아버지와 어머니를 공경하라"는 계명을 주시면서 거기에 덧붙여 주신 약속은 "네가 잘되고 장수하리라"는 것, 즉 이 땅에서 행복하게 오래 살게 되리라는 것이다. 이 약속은 믿는 자들에게 여전히 성취되고 있다. 즉, 하나님께서는 믿는 자들을 현세에서 잘되고 장수하게 하실 뿐만 아니라, 내세에서 영원한 삶을 살게 해 주신다.

4. 또 아비들아 너희 자녀를 노엽게 하지 말고 오직 주의 교훈과 훈계로 양육하라.

"아비들"은 이치에 맞지 않는 엄함과 책망과 벌, 불의한 명령들로 "자녀를 노엽게" 해서는 안 되고, "오직 주의 교훈과 훈계로 양육하여야" 한다. 여기에서 "양육하다"로 번역된 단어는 "징계를 해서 바로잡다"는 의미이다(히 12:6-8, "주께서 그 사랑하시는 자를 징계하시고 그가 받아들이시는 아들마다 채찍질하심이라 하였으니 너희가 참음은 징계를 받기 위함이라 하나님이 아들과 같이 너희를 대우하시나니 어찌 아버지가 징계하지 않는 아들이 있으리요 징계는 다 받는 것이거늘 너희에게 없으면 사생자요 친아들이 아니니라"). "교훈과 훈계"는 아버지가 자녀를 징계하고 벌주는 목적을 나타낸다. 징계의 목적은 잘못을 저지른 자녀로 하여금 올바른 교훈을 얻게 하기 위한 것이다. 사도가 "교훈과 훈계"를 "주의," 즉 주 예수 그리스도의 교훈과 훈계라고 말한 것은, 그러한 교훈과 훈계가 주께서 명하신 것이라는 의미일 수도 있고, 아버지는 자녀를 교훈하고 훈계해서 자녀로 하여금 그리스도를 알게 하여야 한다는 의미일 수도 있다.

5. 종들아 두려워하고 떨며 성실한 마음으로 육체의 상전에게 순종하기를 그리스도께 하듯 하라.

여기에서 "종들"은 노예들을 가리킨다. 노예들이 그리스도인이 되어서 그리스도인으로서의 자유를 향유하였다고 할지라도, 그 자체로 노예로서의 사회적 신분을 벗어날 수 있는 것은 아니다. 베드로전서 2:18에서 "사환들아 범사에 두려워함으로 주인들에게 순종하되 선하고 관용하는 자들에게만 아니라 또한 까다로운 자들에게도 그리하라"고 분명하게 말하고 있듯이, 주인이 선한 자이든 악한 자이든, 종들은 주인에게 순종하는 것이 마땅하다. 하지만 "육체의 상전"이라는 표현은 노예 주인들은 노예의 영혼과 양심을 주관할 수 있는 주인들이 아니라, 단지 노예의 외적인 것들만을 주관할 수 있을 뿐임을 보여 준다. 즉, 주인과 노예는 단지 사회적인 신분의 구별일 뿐이다. "두려워하고 떨며"는 주인의 심기를 건드려서 벌을 받게 될 것을 두려워하는 가운데 공경하는 마음으로 순종하라는 의미일 수도 있지만(롬 13:4, "그는 하나님의 사역자가 되어 네게 선을 베푸는 자니라 그러나 네가 악을 행하거든 두려워하라 그가 공연히 칼을 가지지 아니하였으니 곧 하나님의 사역자가 되어 악을 행하는 자에게 진노하심을 따라 보응하는 자니라"), 겸손함으로 순종하라는 의미라고 보아야 한다. 다음과 같은 본문들에서 사용된 "두려워하고 떨다"의 의미는 바로 그런 것이다: 시편 2:11("여호와를 경외함으로 섬기고 떨며 즐거워할지어다"); 고린도전서 2:3("내가 너희 가운데 거할 때에 약하고 두려워하고 심히 떨었노라"); 고린도후서 7:15("그가 너희 모든 사람들이 두려움과 떪으로 자기를 영접하여 순종한 것을 생각하고 너희를 향하여 그의 심정이 더욱 깊었으니"); 빌립보서 2:12("그러므로 나의 사랑하는 자들아 너희가 나 있을 때뿐 아니라 더욱 지금 나 없을 때에도 항상 복종하여 두렵고 떨림으로 너희 구원을 이루라"). 또한, 로마서 11:20을 참조하라: "옳도다 그들은 믿지 아니하므로 꺾이고 너는 믿으므로 섰느니라 높은 마음을 품지 말고 도리어 두려워하라." "성실한 마음으로"는 거짓이나 간사함이 없이 진실한 마음으로 순종하라는 뜻이다. "그리스도께 하듯 하라"는, 그리스도께서 이러한 순종을 명하셨기 때문에, 종들이 주인에게 순종하는 것은 곧 그리스도께 순종하는 것이라는 의미이다.

6. 눈가림만 하여 사람을 기쁘게 하는 자처럼 하지 말고 그리스도의 종들처럼 마음으로 하나님의 뜻을 행하고.

"눈가림만 하여"는 종들이 주인이 볼 때에만 열심히 일하고 주인이 보지 않을 때에는 대충 일하는 것을 가리킨다. "사람을 기쁘게 하는 자처럼 하지 말라"는 것은, 하나님께 죄를 짓든 말든, 오로지 주인의 환심을 사고 주인의 비위를 맞추기 위하여, 주인이 좋아하고 기뻐하는 것이면 옳은 일이든 잘못된 일이든 가리지 않고 행해서는 안 된다는 것이다. "그리스도의 종들처럼"은 그리스도의 종들답게 그리스도를 기쁘시게 해드리고자 하여야 한다는 것을 의미한다. "하나님의 뜻을 행하고"는, 주인에게 순종하는 것을 단지 주인의 뜻에 맞추는 것으로 여기지 말고, 그것이 하나님이 요구하시는 하나님의 뜻으로 알고 행하여야 한다는 것이다. 사도는 이것을 앞의 5절에서는 "그리스도께 하듯 하라"고 표현하였다.

7. 기쁜 마음으로 섬기기를 주께 하듯 하고 사람들에게 하듯 하지 말라.

"기쁜 마음으로 섬기라"는 것은 불평하거나 억지로 마지못해서 섬기는 것이 아니라 자원해서 기쁜 마음으로 섬기라는 것이다. "주께 하듯 하고 사람들에게 하듯

하지 말라"는 것은, 종은 사람들을 자신의 주인으로 섬긴다고 생각하지 말고, 자신의 진짜 주인이신 그리스도를 섬긴다는 생각으로 주인들을 섬겨야 한다는 것이다. 종들이 그리스도를 사랑하는 마음으로 자신의 주인들의 어리석음이나 잔인함을 참고 견디며, 지독하게 나쁜 주인들이 시키는 아주 혹독한 일들을 행한다면, 그것은 곧 그리스도를 섬기는 것이 된다.

8. 이는 각 사람이 무슨 선을 행하든지 종이나 자유인이나 주께로부터 그대로 받을 줄을 앎이라.

"각 사람이" 그리스도의 종으로서 그리스도를 섬기는 마음으로 "무슨 선을 행하든지," 그들은 "주께로부터" 자기가 행한 "그대로 받게" 될 것이다. 이것은 종이든 자유인이든 모든 사람에게 적용되는데, 그리스도께서는 "종"이라든가 "자유인"이라든가 하는 그런 사회적 신분에 따라 사람을 차별하지 않으시고, 최후의 심판의 날에도 그런 신분은 전혀 고려되지 않을 것이기 때문이다(고전 7:22, "주 안에서 부르심을 받은 자는 종이라도 주께 속한 자유인이요 또 그와 같이 자유인으로 있을 때에 부르심을 받은 자는 그리스도의 종이니라"; 12:13, "우리가 유대인이나 헬라인이나 종이나 자유인이나 다 한 성령으로 세례를 받아 한 몸이 되었고 또 다 한 성령을 마시게 하셨느니라"; 갈 3:28, "너희는 유대인이나 헬라인이나 종이나 자유인이나 남자나 여자나 다 그리스도 예수 안에서 하나이니라"; 골 3:11, "거기에는 헬라인이나 유대인이나 할례파나 무할례파나 야만인이나 스구디아인이나 종이나 자유인이 차별이 있을 수 없나니 오직 그리스도는 만유시요 만유 안에 계시니라").

9. 상전들아 너희도 그들에게 이와 같이 하고 위협을 그치라 이는 그들과 너희의 상전이 하늘에 계시고 그에게는 사람을 외모로 취하는 일이 없는 줄 너희가 앎이라.

상전들아 너희도 그들에게 이와 같이 하고. "이와 같이"는 오직 종들에게만 해당되는 것들도 상전들이 똑같이 행해야 한다는 것이 아니라, 종들이든 상전들이든 모두에게 적용될 수 있는 일반적인 원리, 즉 상전들도 하나님과 그리스도를 섬기는 마음과 선의로써 종들을 대하여야 한다는 것이다. 골로새서 4:1에서 "상전들아 의와 공평을 종들에게 베풀지니 너희에게도 하늘에 상전이 계심을 알지어다"라고 말하고 있는 것처럼, 사도는 여기에서 상전들이든 종들이든 모든 사람에게는 하늘에 자신의 진짜 상전이 계시고, 인간 사회에서 상전이니 종이니 하는 것은 단지 이 땅에서의 부르심에 지나지 않는 것임을 알고서, 상전으로 부르심을 받은 자들은 자신의 그러한 부르심에 걸맞게 종들에게 자신들의 도리를 다하여야 한다고 말하고 있는 것이다. 위협을 그치라. 난외주에서는 이 어구를 "적정하게 하라, 온건하게 하라"로 읽고 있다. 즉, 상전들은 종들에 대한 자신의 권위를 다른 방법으로 유지할 수 있는 경우에는, 종들에 대하여 자주 화를 내고 겁을 주어서는 안 된다는 것이다. 이는 그들과 너희의 상전이 하늘에 계시고. 그들과 너희의 상전이 하늘에 계시고, 너희는 하나님을 힘으로 당할 수 없기 때문에, 너희가 너희의 종들을 지나치게 가혹하게 대하면, 너희는 그 종들의 진짜 상전인 하나님 앞에 설 수 없게 될 것이다. 그에게는 사람을 외모로 취하는 일이 없는 줄 너희가 앎이라. 하나님께서는 능력이 크시지만 동시에 의로우시기 때문에, 인간 사회에서 상전들이라고 해서 봐주시는 법도 없으시고, 종들이라고 해서 벌하시는 법도 없으시다. 사도행전 10:34("베드로가 입을 열어 말하되 내가 참으로 하나님은 사람의 외모를 보지 아니하시고"), 갈라디아서 2:6("본래 어떤 이들이든지 내게 상관이 없으며 하나님은 사람을 외모로 취하지 아니하시나니"), 골로새서 3:25("불의를 행하는 자는 불의의 보응을 받으리니 주는 사람을 외모로 취하심이 없느니라")을 보라.

10. 끝으로 너희가 주 안에서와 그 힘의 능력으로 강건하여지고.

"주 안에서"는 그들 자신 안에서가 아니라 주 예수 그리스도 안에서 강건하여져야 한다는 것이다. 왜냐하면, 그들의 힘은 그리스도 안에 있고, 그들은 믿음으로 말미암아 그리스도에게서 힘을 얻을 수 있기 때문이다. 빌립보서 4:13("내게 능력 주시는 자 안에서 내가 모든 것을 할 수 있느니라")과 디모데후서 2:1("내 아들아 그러므로 너는 그리스도 예수 안에 있는 은혜 가운데서 강하고")을 보라. "그 힘의 능력으로"는 주의 강력한 힘으로 강건하여지라는 것이다. 에베소서 1:19("그의 힘의 위력으로 역사하심을 따라 믿는 우리에게 베푸신 능력의 지극히 크심이 어떠한 것을 너희로 알게 하시기를 구하노라")을 보라. 너희 자신의 힘은 약하기 짝이 없지만, 그리스도의 힘은 막강할 뿐만 아니라, 그리스도께서는 얼마든지 너희에게 그 막강한 힘을 주실 수 있으시다.

11. 마귀의 간계를 능히 대적하기 위하여 하나님의 전신 갑주를 입으라.

마귀의 간계를 능히 대적하기 위하여. 마귀는 힘과 폭력만이 아니라 술수와 계략도 사용하기 때문에, 우리의 영적 무장 중에서 어느 한 부분이라도 제대로 무장되어 있지 않는 경우에는, 마귀는 우리의 가장 약한 부분을 공격해 올 것이다. "대적하다"로 번역된 단어는 직역하면 "서다"인데, 성경에서 "선다"는 것은 승리한다는 뜻이고, "넘어진다"는 것은 패배한다는 뜻이기 때문에(시 89:43, "그의 칼날은 둔하게 하사 그가 전장에서 더 이상 버티지 못하게 하셨으며"["버티지 못하다"는 "서다"를 의역한 것이다 – 역주]), 이 어구는 "마귀의 간계에 맞서 싸우기 위하여"를 의미하는 것일 수도 있지만, "마귀의 간계에 맞서 이기기 위하여"를 의미하는 것으로 보아야 한다.

하나님의 전신 갑주를 입으라. "전신 갑주를 입으라"는 것은 우리 속에 어느 한 부분이라도 은혜 가운데 있지 않아서 원수들에게 그대로 노출되어 위험에 처하게 되지 않도록 전인적으로, 그리고 모든 부분에서 은혜를 덧입어야 한다는 것이다. 사도가 "하나님의 전신 갑주"라고 한 것은 우리 믿는 자들이 육신적인 것들로 무장해서는 안 되고, 하나님께서 덧입혀 주신 신령한 것들로 무장해야 한다는 의미이다. 고린도후서 10:3-4("우리가 육신으로 행하나 육신에 따라 싸우지 아니하노니 우리의 싸우는 무기는 육신에 속한 것이 아니요 오직 어떤 견고한 진도 무너뜨리는 하나님의 능력이라")과 데살로니가전서 5:8("우리는 낮에 속하였으니 정신을 차리고 믿음과 사랑의 호심경을 붙이고 구원의 소망의 투구를 쓰자")을 보라.

12. 우리의 씨름은 혈과 육을 상대하는 것이 아니요 통치자들과 권세들과 이 어둠의 세상 주관자들과 하늘에 있는 악의 영들을 상대함이라.

"우리의 씨름은" 단지 또는 주로 "혈과 육," 곧 혈과 육으로 이루어져 있는 사람들을 "상대하는 것이 아니요"(마 16:17, "예수께서 대답하여 이르시되 바요나 시몬아 네가 복이 있도다 이를 네게 알게 한 이는 혈육이 아니요 하늘에 계신 내 아버지시니라"; 갈 1:16, "그의 아들을 이방에 전하기 위하여 그를 내 속에 나타내시기를 기뻐하셨을 때에 내가 곧 혈육과 의논하지 아니하고"), "통치자들과 권세들" 같은 마귀들과 "이 어둠의 세상 주관자들과 하늘에 있는 악의 영들을 상대함이라"(골 2:15, "통치자들과 권세들을 무력화하여 드러내어 구경거리로 삼으시고 십자가로 그들을 이기셨느니라"; 엡 1:21, "모든 통치와 권세와 능력과 주권과 이 세상뿐 아니라 오는 세상에 일컫는 모든 이름 위에 뛰어나게 하시고"). "이 어둠의 세상 주관자들"은 하나님께서 사람들을 벌하시기 위하여 허락하신 것을 따라 어둠의 공중을 주관하는 자들(엡 2:2, "그 때에 너희는 그 가운데서 행하여 이 세상 풍조를 따르고 공중의 권세 잡은 자를 따랐으니 곧 지금 불순종의 아들들 가운데서 역사하는 영이라")을 가리키는 것일 수도 있지만, 땅의 어두운 곳들을 지배함과 동시에 사람들 속에 있는 어둠으로 인하여 어두워진 사람들의 마음들을 주관하는 자들을 가리킨다. 그런 점에서 마귀는 "이 세상의 신"(고후 4:4)이자 "이 세상의 임금"(요 14:30)이라 불린다. 따라서 여기에서 "어둠의 세상"은 에베소서 5:8의 "빛의 자녀들"과 반대되는 개념인 것으로 보인다.

하늘에 있는 악의 영들을 상대함이라. "악의 영들"은 악한 영들을 가리키거나, 최고의 악인 영적인 악을 가리킨다. 여기에는 천사들은 원래 인간보다 훨씬 더 뛰어난 본성을 지닌 존재로 지음을 받았기 때문에, 그런 천사들이 타락하자, 그들의 악은 사람들의 악보다 훨씬 더 지독하고 심하게 되었다는 뉘앙스가 내포되어 있다. 여기에서 "하늘"은 땅과 별들 사이에 펼쳐져 있는 "공중"을 가리키는 것으로 해석할 수도 있다. 이 "공중"은 마귀와 그의 졸개들이 자리를 잡고서 우리를 공격하는 곳이다(엡 2:2). 하지만 이 서신의 앞에서 네 번 등장한 "하늘"은 모두 천상의 영역을 가리키는 데 사용되었고(엡 1:3, 20; 2:6; 3:10), 공중을 가리키는 데에는 단 한 번도 사용되지 않았다. 따라서 사도는 여기에서 우리는 혈과 육, 곧 사람들과 씨름하고 싸우는 것이 아니라, "통치자들과 권세들" 같이 하늘에 속한 악한 존재들에 맞서서 싸우는 것이라고 말하고 있는 것이다. 이러한 해석에 대하여 헬라어 전치사는 그러한 구문 해석을 허용하지 않는다는 반론이 있을 수 있지만, 헬라어를 모국어로 사용해서 누구보다도 헬라어를 잘 아는 크리소스토모스(Chrysostom)를 비롯한 헬라 교부들이 그러한 해석을 제시하고 있기 때문에, 그런 반론을 제기하는 사람들은 그들에게 가서 따져야 할 것이다.

13. 그러므로 하나님의 전신 갑주를 취하라 이는 악한 날에 너희가 능히 대적하고 모든 일을 행한 후에 서기 위함이라.

"악한 날"은 사탄이 몹시도 날뛰고 기승을 부리는 시험의 때를 의미한다. 에베소서 5:16("세월을 아끼라 때가 악하니라)을 보라. "모든 일"은 예수 그리스도의 선한 군사들이 해야 할 모든 일이다. 우리는 하나님의 전신 갑주를 입지 않으면, 우리의 힘으로는 이 모든 일에서 이길 수 없고 제대로 설 수 없다. "선다"는 것은 전쟁에서 패배하여 무너지거나 항복하지 않고 이겨서 전쟁터에 견고히 서 있는 것을 의미한다.

14. 그런즉 서서 진리로 너희 허리 띠를 띠고 의의 호심경을 붙이고.

그런즉 서서. 여기에서 "선다"는 것은 앞 절에서와는 다른 의미로서 전투를 벌일 만반의 준비를 갖추고서 우리의 일반적인 부르심과 특별한 부르심에 따른 우리의 자리를 지키며 깨어 있는 것을 의미하는 것으로 보인다. 군사들이 자신의 계급에 따른 자리를 떠나 정위치를 지키지 않으면 위험에 빠지게 된다. 진리로 너희 허리 띠를 띠고. 사도는 앞에서 "하나님의 전신 갑주를 입으라"고 명한 후에, 이제는 그 구체적인 무장들, 즉 방어용 무장과 공격용 무기를 하나하나 열거해 나가기 시작한다. 데살로니가전서 5:8에서 "우리는 낮에 속하였으니 정신을 차리고 믿음과 사랑의 호심경을 붙이고 구원의 소망의 투구를 쓰자"라고 간단하게 언급하고 있는 것에서 볼 수 있듯이, 여기에서 사도는 이 여러 가지 육신적인 무장이나 무기들을 영적인 무장이나 무기들과 치밀하고 정확하게 대응시켜서 열거하고 있는 것이 아니고, 단지 둘 간의 유비에 착안하여, 군사들에게 육신적인 무기들이 필요한 것과 마찬가지로, 그리스도의 군사인 믿는 자들에게도 영적인 무기들이 필요하다는 것을 보여주고자 하는 것이기 때문에, 우리는 그리스도인의 여러 무기에 대하여 사도가 왜 그런 명칭들을 붙인 것인지에 대하여 호기심을 가지고서 세세하게 캐물을 필요는 없지만, 사도가 그런 명칭을 붙인 이유를 조금은 헤아려 볼 수 있을 것이다.

사도는 힘의 중심인 "허리"와 관련된 무장, 즉 힘을 더욱 강화하기 위한 목적과 장식을 위한 목적으로 사용하는 군사용 "허리 띠"를 언급하는 것으로 시작한다. 그리스도인이 허리에 띠어야 할 "허리 띠"는 "진리"라는 것이다. "진리"는 복음의 진리를 가리키는 것일 수도 있지만, 복음의 진리는 나중에 "성령의 검"이라는 무기로 지칭된다는 점에서, 그리스도인들에게 가장 아름다운 장식물인 참되고 진실한 마음을 가리키는 것으로 보아야 한다. 고린도후서 1:12("우리가 세상에서 특별히 너희에 대하여 하나님의 거룩함과 진실함으로 행하되 육체의 지혜로 하지 아니하고 하나님의 은혜로 행함은 우리 양심이 증언하는 바니 이것이 우리의 자랑이라"), 디모데전서 1:5("이 교훈의 목적은 청결한 마음과 선한 양심과 거짓이 없는 믿음에서 나오는 사랑이거늘"), 19("믿음과 착한 양심을 가지라 어떤 이들은 이 양심을 버렸고 그 믿음에 관하여는 파선하였느니라")을 보라. 사도는 여기에서 이사야서 59:17("공의를 갑옷으로 삼으시며 구원을 자기의 머리에 써서 투구로 삼으시며 보복을 속옷으로 삼으시며 열심을 입어 겉옷으로 삼으시고")을 염두에 두고, 이렇게 그리스도인이 구비해야 할 하나님의 전신 갑주에 대하여 말하고 있는 것으로 보인다.

의의 호심경을 붙이고. 선을 행하기로 단단히 결심하고, 자신이 행한 악에 대해서는 회개하는 행실의 "의"는 그리스도인들에게 가슴과 배 전체를 보호해 주는 무장인 "호심경"과 같다. 죄를 짓지 않기로 단단히 결심하게 되면 시험을 이기게 되고, 양심에 비추어 자기가 잘못한 것이 없다는 확신이 있으면 사람들과 마귀들의 비난과 고소를 이기게 된다. 고린도전서 4:3-4("너희에게나 다른 사람에게나 판단 받는 것이 내게는 매우 작은 일이라 나도 나를 판단하지 아니하노니 내가 자책할 아무 것도 깨닫지 못하나 이로 말미암아 의롭다 함을 얻지 못하노라 다만 나를 심판하실 이는 주시니라"), 요한일서 3:7("자녀들아 아무도 너희를 미혹하지 못하게 하라 의를 행하는 자는 그의 의로우심과 같이 의롭고")을 보라.

15. 평안의 복음이 준비한 것으로 신을 신고.

"복음이 준비한 것"은 복음이 믿는 자들에게 제공해 주는 무장을 가리키는데, 그것은 그리스도께서 사람들을 하나님과 화목하게 하여 사람들과 하나님 사이에 평화가 이루어질 수 있는 길을 열어 놓으셨다는 기쁜 소식이다. 그래서 여기에서 복음은 "평안의 복음"이라 불린다. 사람들은 복음이 준 이 "평안" 또는 평화로 무장했을 때, 세상의 역경들을 가장 잘 헤쳐나갈 수 있게 된다. 요한복음 16:33("이것을 너희에게 이르는 것은 너희로 내 안에서 평안을 누리게 하려 함이라 세상에서는 너희가 환난을 당하나 담대하라 내가 세상을 이기었노라")을 보라. "신을 신고"는 군사들이 자신의 발과 다리를 보호하기 위하여 군화를 신고 정강이 보호대를 하는 것을 가리킨다. 그리스도인들은 거친 곳들을 지나가야 하고 엉겅퀴와 가시덤불 사이를 헤치고 나아가야 하기 때문에, 가장 힘들고 어려운 때에도 믿음을 고수하고 그리스도를 고백하기 위해서는 이러한 무장이 반드시 필요하다.

16. 모든 것 위에 믿음의 방패를 가지고 이로써 능히 악한 자의 모든 불화살을 소멸하고.

이 모든 것 위에. 이것은 가장 중요하다는 의미이다(골 3:14, "이 모든 것 위에 사랑을 더하라 이는 온전하게 매는 띠니라"). 여기에서 사도는 가장 지독한 시험들, 즉 "불화살들"을 막기 위한 그리스도인의 가장 중요한 무기로 "믿음의 방패"를 든다(벧전 5:8-9, "근신하라 깨어라 너희 대적 마귀가 우는 사자 같이 두루 다니며 삼킬 자를 찾나니 너희는 믿음을 굳건하게 하여 그를 대적하라"; 요일 5:4, "무릇 하나님께로부터 난 자마다 세상을 이기느니라 세상을 이기는 승리는 이것이니 우리의 믿음이니라"). 믿음의 방패를 가지고. 그리스도와 그 대속의 은택들을 받아들이는 것으로서의 믿음은, 한 사람을 전체적으로 보호해 줄 뿐만 아니라, 우리의 다른 모든 영적인 무기들까지 보호해 주는 일종의 총체적인 방어용 무장인 "방패"에 비유된다(적군의 화살들로부터 군사들을 보호해 주는 것도 바로 이 "방패"이다). 이로써 능히 악한 자의 모든 불화살을 소멸하고. "악한 자"는 마귀를 가리킨다(마 13:19, "아무나 천국 말씀을 듣고 깨닫지 못할 때는 악한 자가 와서 그 마음에 뿌려진 것을 빼앗나니 이는 곧 길 가에 뿌려진 자요"). "불화살들"은 일부 야만인 종족들이 사용하던 독화살을 가리키는 것으로 보이는데, 이런 독화살에 맞은 사람의 몸은 빨갛게 염증을 일으키며 부어올랐기 때문에 이런 명칭이 생긴 것 같다. 사도는 사람들의 욕심과 정욕을 불타오르게 하는 온갖 격렬한 시험들을 이런 "불화살들"에 비유하면서, 그리스도인들은 믿음으로 말미암아 그리스도에게서 얻은 은혜를 힘입어서 그러한 시험의 불화살들을 "소멸할" 수 있다고 말한다.

17. 구원의 투구와 성령의 검 곧 하나님의 말씀을 가지라.

구원의 투구. "구원"은 "구원의 소망"을 가리킨다(살전 5:8, "구원의 소망의 투구"). 믿음에는 구원의 소망이 수반된다. 군사들은 "투구" 없이는 감히 싸우고자 하지 않는다. 마귀는 우리를 시험하여 절망에 빠뜨리고, 우리는 절망하게 되면 싸움을 그만두게 된다. 반면에, 구원의 소망은 우리로 하여금 시험과 환난에 둘러싸여 진퇴양난이 된 상황 속에서도 머리를 번쩍 들고 담대하게 싸우게 만든다. 사도는 이사야서 59:17("공의를 갑옷으로 삼으시며 구원을 자기의 머리에 써서 투구로 삼으시며 보복을 속옷으로 삼으시며 열심을 입어 겉옷으로 삼으시고")을 염두에 두고 이 말을 한 것으로 보인다. 성령의 검. 이것은 영적인 싸움을 하는 데 필요한 영적인 검이라는 의미일 수도 있지만, 하나님의 성령이 우리에게 쥐어 주어서 우리로 하여금 강력한 힘으로 싸울 수 있게 해 주는 검을 가리킨다.

곧 하나님의 말씀을 가지라. "하나님의 말씀"은 성경에 나와 있는 하나님의 가르침을 가리킨다. "좌우에 날선 검"(계 1:16; 2:12)이라 불리는 하나님의 말씀은 사람들의 심령 속으로 들어가서 사람들의 가장 내밀한 감정이나 생각까지도 다 찔러 쪼개고(히 4:12, "하나님의 말씀은 살아 있고 활력이 있어 좌우에 날선 어떤 검보다도 예리하여 혼과 영과 및 관절과 골수를 찔러 쪼개기까지 하며 또 마음의 생각과 뜻을 판단하나니"), 가장 지독한 시험들의 힘줄을 끊어 놓음으로써(마 4:4, 7, 10, "예수께서 대답하여 이르시되 기록되었으되 사람이 떡으로만 살 것이 아니요 하나님의 입으로부터 나오는 모든 말씀으로 살 것이라 하였느니라 … 또 기록되었으되 주 너의 하나님을 시험하지 말라 하였느니라 … 사탄아 물러가라 기록되었으되 주 너의 하나님께 경배하고 다만 그를 섬기라 하였느니라") 마귀를 이기고, 죄인들을 마귀의 권세로부터 구해 낸다. 이사야서 49:1-3을 참조하라: "섬들아 내게 들으라 먼 곳 백성들아 귀를 기울이라 여호와께서 태에서부터 나를 부르셨고 내 어머니의 복중에서부터 내 이름을 기억하셨으며 내 입을 날카로운 칼 같이 만드시고 나를 그의 손 그늘에 숨기시며 나를 갈고 닦은 화살로 만드사 그의 화살통에 감추시고 내게 이르시되 너는 나의 종이요 내 영광을 네 속에 나타낼 이스라엘이라 하셨느니라."

18. 모든 기도와 간구를 하되 항상 성령 안에서 기도하고 이를 위하여 깨어 구하기를 항상 힘쓰며 여러 성도를 위하여 구하라.

모든 기도와 간구를 하되. 사도는 여기에서 "기도"와 "간구"를 서로 반대되는 의미로 사용해서, "기도"는 좋은 것들을 구하는 것이고, "간구"는 나쁜 것들에서 건져 달라고 구하는 것을 가리키는 데 사용한 것으로 보인다(딤전 2:1, "모든 사람을 위하여 간구와 기도와 도고와 감사를 하되"). 항상 성령 안에서 기도하고. "항상"은 우리 자신이나 다른 사람들을 위하여 기도가 필요할 때는 언제든지 그 기회를 놓치지 말고 기도하라는 것이다(살전 5:17, "쉬지 말고 기도하라"). 여기에서 "성령 안에서 기도하고"로 번역된 어구는 우리가 입으로만 기도하지 말고, 우리의 마음을 다하여 하나님께 가까이 나아가서 기도하라는 의미일 수도 있지만(사 29:13, "주께서 이르시되 이 백성이 입으로는 나를 가까이 하며 입술로는 나를 공경하나 그들의 마음은 내게서 멀리 떠났나니"), 성령을 힘입어서 기도하라는 의미로 보는 것이 좋을 것이다(롬 8:26-27, "성령도 우리의 연약함을 도우시나니 우리는 마땅히 기도할 바를 알지 못하나 오직 성령이 말할 수 없는 탄식으로 우리를 위하여 친히 간구하시느니라 마음을 살피시는 이가 성령의 생각을 아시나니 이는 성령이 하나님의 뜻대로 성도를 위하여 간구하심이니라"; 유 1:20, "너희는 너희의 지극히 거룩한 믿음 위에 자신을 세우며 성령으로 기도하며").

이를 위하여 깨어 구하기를 항상 힘쓰며. 기도하는 것은 깨어 있는 것이고, 기도하지 않는 것은 나태하고 안일하게 지내는 것이다. 마태복음 26:41("시험에 들지 않게 깨어 기도하라 마음에는 원이로되 육신이 약하도다"), 골로새서 4:2("기도를 계속하고 기도에 감사함으로 깨어 있으라"), 베드로전서 4:7("만물의 마지막이 가까이 왔으니 그러므로 너희는 정신을 차리고 근신하여 기도하라")을 보라. "항상 힘쓰라"는 형통할 때이든 역경에 처해 있는 때이든 어떤 처지와 형편에 있더라도 끊임없이 쉬지 말고 꾸준히 기도하고, 즉시 응답받지 못한다고 하여도 계속해서 기도하라는 뜻이다(눅 18:1, "예수께서 그들에게 항상 기도하고 낙심하지 말아야 할 것을 비유로 말씀하여"). 여러 성도를 위하여 구하라. 우리는 우리 자신만을 위해서 기도해서는 안 되고, 전 세계에 있는 우리의 형제들을 위하여 기도하여야 한다. 왜냐하면, 이 세상에서 우리의 기도를 필요로 하지 않을 만큼 형편과 처지가 좋은 형제는 아무도 없기 때문이다.

19. 또 나를 위하여 구할 것은 내게 말씀을 주사 나로 입을 열어 복음의 비밀을 담대히 알리게 하옵소서 할 것이니.

내게 말씀을 주사. 사도는 자기가 그때그때 전해야 할 말씀들을 자기에게 주시고, 자기가 전해야 할 말씀들을 제대로 합당하게 전할 수 있는 능력도 주시라고 기도해 달라고 에베소 교인들에게 부탁한다. 나로 입을 열어. 이것은 부끄러움이나 두려움 없이 진리를 거리낌 없이 온전히 전하게 해 달라는 것이다. 담대히 알리게. 이것은 앞에서 말한 바와 같이 거리낌이나 두려움 없이 전하게 해 달라는 것이거나, 은밀하게 전하는 것이 아니라 많은 사람 앞에서 공개적으로 대놓고 전하게 해 달라는 것이다(막 8:32, "드러내 놓고 이 말씀을 하시니"; 요 11:14, "예수께서 밝히 이르시되"). 아마도 이것은 사도가 지금 옥에 갇혀 있는 상태여서 마음껏 복음을 전할 수 없기 때문에, 그러한 갇혀 있는 상태에서 풀려나서 자유롭게 복음을 전할 수 있게 해 달라고 기도 부탁을 하고 있는 것으로 보인다.

20. 이 일을 위하여 내가 쇠사슬에 매인 사신이 된 것은 나로 이 일에 당연히 할 말을 담대히 하게 하려 하심이라.

이 일을 위하여 내가 쇠사슬에 매인 사신이 된 것은. 나는 지금 비록 옥에 갇혀 있는 몸이지만, 그리스도의 사신으로서 그가 내게 맡기신 복음 전하는 일을 여전히 계속하고 있다. 나로 이 일에 당연히 할 말을 담대히 하게 하려 하심이라. 이것은 사도가 자유롭고 거침없이 복음을 전하고 있고, 복음 전도와 관련한 모든 일에서 적극적으로 담대하게 행하고 있다는 것을 의미하는 것으로 보인다.

21. 나의 사정 곧 내가 무엇을 하는지 너희에게도 알리려 하노니 사랑을 받은 형제요 주 안에서 진실한 일꾼인 두기고가 모든 일을 너희에게 알리리라.

사도는 "나의 사정 곧 내가 무엇을 하는지," 즉 내가 갇혀 있는 상태에서도 로마인들에 의해서 어떻게 사용되고 있는지(행 28:30-31, "바울이 온 이태를 자기 셋집에 머물면서 자기에게 오는 사람을 다 영접하고 하나님의 나라를 전파하며 주 예수 그리스도에 관한 모든 것을 담대하게 거침없이 가르치더라")를 다른 교회들에게와 마찬가지로 "너희에게도 알리려" 한다고 말한다. 여기에서 "일꾼"은 넓은 의미로 사용된 것으로서, 통상적인 목회자들만이 아니라 복음 전도자들과 사도들을 포함해서 어떤 식으로든 복음을 위해 수고하는 모든 사람들을 가리킨다.

22. 우리 사정을 알리고 또 너희 마음을 위로하기 위하여 내가 특별히 그를 너희에게 보내었노라.

사도는 에베소서 3:13에서는 "너희에게 구하노니 너희를 위한 나의 여러 환난에 대하여 낙심하지 말라 이는 너희의 영광이니라"고 말한 바 있다. 바울이 로마에서 갇혀서 구금 상태에 있으면서도 하나님의 쓰임을 받아서 여전히 자기를 찾아오는 사람들에게 복음을 자유롭게 전하고 있다는 소식을 두기고가 에베소 교인들에게 전하였을 때, 그들은 틀림없이 위로를 받았을 것이다.

23. 아버지 하나님과 주 예수 그리스도께로부터 평안과 믿음을 겸한 사랑이 형제들에게 있을지어다.

사도는 에베소 교인들에게서 이미 시작된 이러한 은혜들, 즉 "평안과 믿음을 겸한 사랑"이 그들 가운데서 지속되고 더욱 깊어지게 되기를 기도한다.

24. 우리 주 예수 그리스도를 변함 없이 사랑하는 모든 자에게 은혜가 있을지어다.

사도는 앞 절에서 에베소 교인들을 위해 기도하고 나서, 여기에서는 좀 더 범위를 넓혀서 도처에 있는 모든 참된 신자들을 위하여 기도한다. "변함 없이"는 꾸준함과 진실함을 모두 포함하는 개념이다. 처음에 그리스도를 믿을 때에 지니고 있었던 그 믿음을 세월이 가도 변함이 없이 꾸준하고 진실하게 지니고 있는 자들을 그리스도의 사랑에서 떼어놓을 수 있는 것은 아무것도 없다. 이 서신의 사본에는 "두기고가 로마에서 에베소 교인들에게 씀"이라는 후기가 덧붙여져 있다.

MATTHEW POOLE'S COMMENTARY

빌립보서

MATTHEW POOLE'S COMMENTARY

서론

바울은 드로아에서 주님으로부터 마게도냐에서 복음을 전하라는 부르심을 받고, 거기에서 배를 타고 사모드라게로 직행했다가 이튿날 네압볼리(Neapolis)를 들러, 그 위치상으로 볼 때에 "마게도냐 지방의 첫 성"이었던 빌립보에 도착하였고(행 16:11-12), 다시 거기에서 암비볼리와 아볼로니아를 거쳐 데살로니가로 갔다(행 17:1). 헬라 출신의 로마사가 아피아노스(Appian, 주후 95-165년)는 옛적에는 샘들과 금광들이 인접해 있다고 해서 크레니데스(Crenides)라 불리기도 하고 보화가 많다고 해서 인근의 타소스(Thasus) 섬을 본떠 다토스(Dathus)라 불리기도 한 판게아(Pangae) 산 근처의 작은 구릉 지대 위에 빌립보가 자리 잡고 있었는데, 나중에는 마게도냐 왕 빌립이 이 성을 확충하고 요새화하여서 자신의 이름을 따 빌립보라 명명하고, 트라키아 지경에 있던 자신의 통치지역 안의 변경도시로 삼았으며, 로마인들의 손에 넘어간 후에는, 아우구스투스와 안토니우스 연합군이 브루투스와 카시우스의 연합군을 격파하고 승리한 기념비적인 장소가 되었다고 말한다.

바울 시대에 빌립보는 "로마의 식민지"였다(행 16:12, 21). 어떤 박식한 사람은 이 서신이 씌어질 무렵에 빌립보는 마게도냐의 대도시였다고 주장하지만, 그런 주장을 밑받침해 줄 수 있는 성경적 증거나 아주 신뢰할 만한 세속사적 증거는 없다. 빌립보에는 마게도냐의 다른 몇몇 식민지들과는 달리 총독이 아니라 관리들과 군관들만이 상주하였다는 사실("상관들," 행 16:20, 22, 35-36, 38)은, 어떤 이들의 주장처럼, 빌립보가 큰 도시였던 데살로니가의 관할 아래에 있던 작은 도시였음을 보여주고, 마찬가지로 이 때로부터 몇 세기 후에 교회사에서도 빌립보 교회는 데살로니가 교회의 관할 아래에 있었음을 보여 준다.

하지만 빌립보는 바울이 전한 복음을 받아 들여서, 거기에 교회가 세워졌다. 지금 로마에서 갇힌 몸이 되어 있던(빌 1:7, 13-14, 16; 딤후 4:6) 바울은 빌립보 교인들이 그들의 "사자"인 에바브로디도를 통해서 그에게 보내준 것들을 받고(빌 2:25; 4:18), 아울러 그들이 처음에 받은 가르침을 변함없이 잘 준행하고 있다는(일부 교만한 자들이 교회를 괴롭히기는 했지만) 소식을 전해 듣고 나서, 사랑하는 자녀 같은 그들에 대하여 영적인 아버지로서의 애정이 가득하여, 그들에게 자신의 현재의 고난을 보고 절대로 낙심하지 말고, 도리어 믿음과 경건을 끝까지 인내로써 지켜 나가면서, 서로 하나가 되어서 겸손한 가운데 복음에 합당한 삶을 살아가라고 지극히 열정적으로 권면하는 한편, 먼저 디모데를 그들에게 보낸 후에 나중에 자기도 직접 그들에게 갈 계획이라고 말함으로써 그들에 대한 자신의 사랑과 관심을 보여 준다. 또한, 바울은 빌립보 교인들에게 율법과 복음을 혼합한 가르침을 베풀어서 그들을 미혹시켜 잘못되고 거짓된 길로 이끌어 가려고 하는 자들을 조심하라고 경고하고, 정신을 바짝 차리고 깨어서 여러 은혜들 가운데서 하늘에 속한 거룩한 행실을 보이며 살아가라고 당부한다. 마지막으로, 바울은 그들이 반복적으로 자기에게 필요한 것들을 보내 준 것에 대하여 감사하고, 인사말과 축도로 끝을 맺는다.

MATTHEW POOLE'S COMMENTARY

빌립보서 1장

개요

1. 빌립보 교인들에게 인사함(1–2).
2. 그들이 계속해서 변함없이 복음 안에서 교제하는 것에 대하여 자기가 하나님께 감사하고 있다고 말함(3–7).
3. 그들에 대한 자신의 사모하는 마음을 밝힘(8).
4. 그들이 영적으로 진보가 있기를 기도함(9–11).
5. 자기가 로마에서 갇힌 몸이 된 것이 복음의 진보에 기여하는 것이 되었음이 드러났고, 자신의 그러한 모습을 본 많은 형제들이 여러 가지 서로 다른 동기로 복음을 전하는 데 열심을 내게 되었다고 말함(12–20).
6. 자기는 죽는 편이 더 행복할 것이지만, 자기가 살아 있는 것이 그리스도와 그 복음을 위하여 유익이 될 것이라고 생각하기 때문에, 어느 쪽을 택해야 할지를 모르겠다고 함(21–24).
7. 자기는 머지않아 자유의 몸이 되어서 그들을 위로하기 위하여 다시 그들을 방문하게 될 것임을 안다고 말함. 그들은 이미 복음의 신앙을 위하여 자기와 마찬가지로 고난을 겪은 자들이기 때문에, 계속해서 복음에 합당하게 살고, 믿음에 있어서 변함없이 견고하고 한 마음이 되라고 권면함(25–30).

1. 그리스도 예수의 종 바울과 디모데는 그리스도 예수 안에서 빌립보에 사는 모든 성도와 또한 감독들과 집사들에게 편지하노니.

"그리스도 예수의 종들"은 특별히 그리스도를 좀 더 직접적으로 섬기는 데 온전히 그리고 영속적으로 헌신해서 화해의 사역 또는 화목하게 하는 사역을 행하는 자들을 가리킨다(행 13:2; 롬 1:1, "예수 그리스도의 종 바울은 사도로 부르심을 받아 하나님의 복음을 위하여 택정함을 입었으니"; 고전 4:1, "사람이 마땅히 우리를 그리스도의 일꾼이요 하나님의 비밀을 맡은 자로 여길지어다"; 고후 5:18, "그가 그리스도로 말미암아 우리를 자기와 화목하게 하시고 또 우리에게 화목하게 하는 직분을 주셨으니"; 갈 1:1; 약 1:1). 여기에서 "바울"은 이 서신의 저자로, "디모데"는 이 서신을 보증하는 자로 등장한다. 사도가 "바울과 디모데"를 함께 언급한 것은 서로를 잘 알고 있는 이 두 사람이 이 서신에 어떤 내용들을 써야 할 것인지에 대하여 생각이 일치하였음을 보여 준다(마 18:16, "만일 듣지 않거든 한두 사람을 데리고 가서 두세 증인의 입으로 말마다 확증하게 하라"). 고린도전서 1:1("하나님의 뜻을 따라 그리스도 예수의 사도로 부르심을 받은 바울과 형제 소스데네는")과 고린도후서 1:1("하나님의 뜻으로 말미암아 그리스도 예수의 사도 된 바울과 형제 디모데는 고린도에 있는 하나님의 교회와 또 온 아가야에 있는 모든 성도에게")을 보라.

"그리스도 예수 안에서 빌립보에 사는 모든 성도"는 그리스도의 부르심을 따라 세상으로부터 나와서 그리스도 앞으로 나아와서 그리스도에 대한 진정한 신앙 고백과 순종을 통해서 그리스도께 드려지고 성별된 빌립보 교회 공동체에 속한 모든 지체들을 가리킨다(고전 1:2; 엡 1:1; 골 1:2). 따라서 사도가 빌립보 교인들을 이렇게 부르고 있는 것은 그들이 끝까지 신앙을 지켜 나가게 될 것을 굳게 확신하고 있기 때문이다(빌 1:6-7).

"감독들과 집사들"은 아람어 역본에는 장로들과 사역자들로 번역되어 있다. 고대와 현대의 해석자들은 사도가 여기에서 빌립보 교회의 감독들과 집사들을 복수형으로 언급한 것은 이 두 직분이 교회의 상시적인 직분들이었기 때문이라고 이해하는데(교회가 직분들을 위해 존재하는 것이 아니라, 직분들이 교회를 위해 존재한다), 우리가 그러한 이해를 받아들이지 않을 합당한 이유는 없어 보인다. 먼저 "감독들"에 대해서는, 사도 시대에는 장로들과 "감독들"과 목사들과 교사들은 동일한 권세를 지닌 동일한 직분이었다. 이 본문 외에도 여러 본문들이 그것을 잘 보여 준다(행 20:17, 20, 25, 28; 11:30; 고전 4:1; 12:28; 살전 5:12-13; 딤전 3:1-8; 5:17; 딛 1:5, 7; 히 13:17; 약 5:14; 벧전 5:1, 3; 요삼 1:1, 9). 성도들을 감독하고 다스리며 인도하고 먹이는 일, 말씀을 전하는 일, 성례전들이나 복음의 신비의 규례들을 집례하는 일 등이 그들에게 공통적으로 맡겨졌다. 다음으로, "집사들"은 공동 식사와 성찬과 가난한 자들의 식사를 준비하고, 경건한 용도들을 위해 교회에 맡겨진 헌금과 헌물을 관리하며 그들 자신의 분별력에 따라 적절하게 사용하고, 목사들에게 조언하며, 교회의 가난한 지체들과 고아들과 과부들, 특히 믿음의 가정이 이 세상을 살아갈 때에 필요한 것들을 공급해 주고, 나그네들을 대접하는 일을 담당하였다(행 6:2; 롬 12:7-8; 15:25-27; 16:1; 고전 12:28; 고후 9:1-2, 12; 딤전 3:8; 벧전 4:11; 갈 6:10-11; 빌 2:1, 25, 30; 4:18; 유 1:12).

그러나 우리 중에서 두 명의 박식한 박사들은 감독들과 집사들에 대한 이러한 이해에 반대하여, 그 중 한 사람은 여기에서 "감독들"은 주교들만을 가리키는 것으로 보았고, 다른 한 사람은 여기에서 "집사들"이 장로들을 가리키는 것으로 보았다. 그들의 견해에 따르면, 사도 시대에도 오늘날과 같은 그런 장로들의 서열 제도가 존재하였다는 말이 되고, 집사들은 교회에서 상시적이 아닌 일시적인 직분이었다는 것이 된다. 이러한 견해를 최초로 주장한 클레멘스(Clement)와 폴리카르포스(Polycarp)는 사도가 여기에서 언급한 감독들과 집사들이라는 두 개의 구별되는 직분이 당시의 교회에 존재하였다는 것에 대해서는 아무런 이의를 제기하지 않고 받아들이고 있기는 하지만, 빌립보가 당시에는 오늘날과는 달리 대도시였을 것이라는 증명되지 않은 가정 하에 그 어떤 만족스러운 증거도 없이, 여기에 언급된 "감독들"은 주교들을 가리키는 것이었다고 주장한다. 하지만 우리가 앞서 제시한 성경의 여러 증거 본문들은 사도 시대에는 동일한 직분을 가리키는 데 "감독"과 "장로"라는 명칭이 서로 혼용되어 사용되었고, 단지 감독이라는 명칭보다는 장로라는 명칭이 더 자주 사용되었다는 것을 증명해 준다. 클레멘스는 오늘날의 "목사"의 직분을 가리키는 의미에서의 장로라는 명칭이 언제 어떻게 교회에서 생겨나게 되었는지에 대해서는 말하지 않고, 단지 후대에 이르러서야 사용되게 되었다고만 말한다. 따라서 그는 사실상 초창기의 빌립보 교회가 여러 지교회들을 거느린 모교회였다고 본 것이다. 그런 식으로 생각한다면, 사도가 지금 빌립보 교회의 직분자들이었던 사람들에게 서신을 쓰면서 오직 "감독들과 집사들"만을 언급하고 있다는 것은, 우리가 지금 목사들이라고 부르는 그러한 직분에 있던 자들이 빌립보 교회에는 단 한 사람도 없었다는 것이 된다. 하지만 사도가 디모데전서 4:14에서 디모데가 "장로의 회에서" 안수를 받았다고 말하고 있는 것에 비추어 볼 때, 만일 신약성경에서 "장로들"을 언급하고 있는 모든 구절들에서 "장로들"은 오늘날의 장로나 목사들과는 구별되는 주교들을 가리키는 것이었고, 바울이 말한 "집사들"은 오늘날의 장로들을 가리키는 것이었다고 본다면, 이 집사들보다 서열상으로 높은 것으로 볼 수 있는 오늘날의 목사에 해당하는 사람이 빌립보 교회에 단 한 사람도 없었다는 것이 되는데, 이것은 이상하다. 이러한 신기한 주장에 따르면, 당시에는 주교들이 아니면서 말씀을 전하는 장로들인 오늘날의 목사들이 없었다는 것인데, 그렇다면 주교들과 장로들의 관계는 어떤 것이었는가? 목사들이 없었다면, 주교들은 어떻게 서임되었는가? 주교는 장로들 중에서 선출되어, 장로들을 다스리는 일을 하였고, 당시에 주교들은 사도들과 동등한 지위에 있었다고 할 때, 목사들과 교사들은 장로가 아니었다면, 어떤 위치에 있었던 것인가(고전 12:28-29, "하나님이 교회 중에 몇을 세우셨으니 첫째는 사도요 둘째는 선지자요 셋째는 교사요"; 엡 4:11-12, "그가 어떤 사람은 사도로, 어떤 사람은 선지자로, 어떤 사람은 복음 전하는 자로, 어떤 사람은 목사와 교사로 삼으셨으니")? 권면하고 가르치며 다스리는 일은 당시의 교회들에 꼭 있어야 할 소임들이었기 때문에, 사도 바울은 "각 교회에서 장로들을 택하여"(행 14:23) 그 소임들을 맡겼다. 겐그레아는 주교가 관할하여야 할 정도로 큰 도시가 아니었고, 아굴라와 브리스길라의 집에서 모인 교회도 마찬가지였지만(롬 16:3-5; 고전 16:19), "교회들"이라고 복수형으로 불린다(고전 14:33-34). 만일 그 각각의 교회가 주교좌였다면, 성경이 어떻게 그 각각의 교회를 "교회들"이라고 복수형으로 부를 수 있었겠는가? 또한, 그 각각의 교회를 주교좌로 보는 견해는 사도 바울이 여러 도시들과 성읍들과 지역들에 있는 교회들을 서로 구별해서 각각 개별적으로 서신을 쓴 방식과도 부합하지 않는다. 바울은 데살로니가전서 1:7-8에서 "너희가 마게도냐와 아가야에 있는 모든 믿는 자의 본이 되었느니라"고 말함으로써, 데살로니가 교회를 마게도냐 지역의 교회들이나 아가야 지역의 교회들로부터 구별하고, 골로새서 4:13에서는 "그가 너희와 라오디게아에 있는 자들과 히에라볼리에 있는 자들을 위하여 많이 수고하는 것을 내가 증언하노라"고 말함으로써, 골로새 교회들과 라오디게아 교회들을 구별한다. 마게도냐에 있던 빌립보 교회에 "감독들"이 있었던 것과 마찬가지로, 동일하게 마게도냐에 있던 데살로니가 교회에서도 더 많은 사람들이 "감독"의 직분을 수행하고 있었다(살전 5:12, "형제들아 우리가 너희에게 구하노니 너희 가운데서 수고하고 주 안에서 너희를 다스리며 권하는 자들을 너희가 알고"). 그렇다면, 바울이 데살로니가 교인들에게 "너희 마게도냐의 그리스도인들이 마게도냐의 모든 그리스도인들에게 본이 되고 있다"고 말한 것은 이상하지 않는가? 또한, 사도가 골로새서 4:12, 17에서 골로새 교회에 에바브라와 아킵보가 있다고 말한 것으로 보아서, 골로새 교회에도 더 많은 감독들이 있었을 것임에 틀림없다. 그리고 바울이 야고보서 5:14에서 "너희 중에 병든 자가 있느냐 그는 교회의 장로들을 청할 것이요 그들은 주의 이름으로 기름을 바르며 그를 위하여 기도할지니라"고 명한 것이 병든 사람들에게 "교회의 장로들," 즉 어느 대도시의 주교좌에 속한 모든 주교들을 청하라고 명한 것이라고 보는 것은 이상하지 않는가? 만일 모든 주교들을 청하라고 명하고자 한 것이라면, 바울은 단수형으로 "교회"의 장로들을 청하라고 표현하지 않고, 복수형으로 "교회들의 장로들"을 청하라는 표현을 사용하였을 것이다. 사도행전 15:4에서는 바울과 바나바가 "예루살렘에 이르러 교회와 사도와 장로들에게 영접을 받았다"고 할 때에 단수형의 "교회"라는 표현을 사용한다. 예루살렘에는 모든 "사도들과 장로들"이 모여 있었고(행 21:18), 로마 치하에서 팔레스타인의 대도시는 예루살렘이 아니라 가이사랴였다.

클레멘스와는 달리, 폴리카르포스(Polycarp)는 집사를 서임하는 영국국교회의 직분 제도와는 반대로, 사도 바울이 여기에서 언급한 "집사들"은 장로들을 가리키는 것으로 보고, 오늘날의 집사는 당시에는 단지 일시적이고 임시적인 직분이었을 뿐이기 때문에, 바울이 이 서신에서 오늘날의 집사 직분을 언급했을 가능성은 없다는 점에서, 바울의 서신들에서 언급된 "집사들"은 모두 다 오늘날의 장로들을 가리키는 것으로 이해하여야 한다고 주장한다. 하지만 사도 바울이 여기에서 "감독들"과 확연히 구별되는 직분으로서 "집사들"을 명시적으로 언급하고 있기 때문에, 우리는 바울이 빌립보 교회에서 일할 때에 함께 동역하였고 헬라어에 능통하였던 누가가 이 서신이 씌어진 이후에 쓴 사도행전에서 어떤 직분을 "집사들"이라고 불렀는지를 따져 보는 것이 합당하고(행 6:3-4 등), 또한 바울도 이 서신에서도 바로 그런 의미로 "집사들"이라는 직분 명칭을 사용하였을 것이라고 보는 것이 합당하다. 이렇게 본다면, 바울이 여기에서 언급한 "집사들"은 단지 임시적이고 일시적으로 임명된 일꾼들이 아니라 교회의 항존직이었다. "가난한 자들은 항상 너희와 함께 있거니와"(요 12:8)라고 하신 주님의 말씀대로, 예루살렘 교회에 제자들의 수가 늘어나자, 육신적으로 궁핍한 가난한 성도들이 생겨나서, 특별히 그들을 잘 돌보아 주는 일을 해줄 사람들이 필요하게 되었다(행 20:34-35, "수고하여 약한 사람들을 돕고"). 우리는 사도 바울이 자신의 서신들에서 교회 내에서의 이 특별한 사역을 아주 분명하게 설명하고, 예언이나 가르침과는 구별되는 또 다른 사역 분야로서의 이 일에 대하여 구체적인 지시들을 하고 있는 것을 보는데, 이러한 것은 다음과 같은 본문들을 이 서신의 본문들과 서로 비교해 보면 금방 드러난다: 로마서 12:6-8("우리에게 주신 은혜대로 받은 은사가 각각 다르니 혹 예언이면 믿음의 분수대로, 혹 섬기는 일이면 섬기는 일로, 혹 가르치는 자면 가르치는 일로, 혹 위로하는 자면 위로하는 일로, 구제하는 자는 성실함으로, 다스리는 자는 부지런함으로, 긍휼을 베푸는 자는 즐거움으로 할 것이니라"), 15:26-27("이는 마게도냐와 아가야 사람들이 예루살렘 성도 중 가난한 자들을 위하여 기쁘게 얼마를 연보하였음이라 저희가 기뻐서 하였거니와 또한 저희는 그들에게 빚진 자니 만일 이방인들이 그들의 영적인 것을 나눠 가졌으면 육적인 것으로 그들을 섬기는 것이 마땅하니라"), 16:1("내가 겐

그레아 교회의 일꾼으로 있는 우리 자매 뵈뵈를 너희에게 추천하노니"), 고린도후서 8:19("그는 동일한 주의 영광과 우리의 원을 나타내기 위하여 여러 교회의 택함을 받아 우리가 맡은 은혜의 일로 우리와 동행하는 자라"), 9:1-2, 12("성도를 섬기는 일에 대하여는 내가 너희에게 쓸 필요가 없나니 이는 내가 너희의 원함을 앎이라 내가 너희를 위하여 마게도냐인들에게 아가야에서는 일 년 전부터 준비하였다는 것을 자랑하였는데 과연 너희의 열심이 퍽 많은 사람들을 분발하게 하였느니라 … 이 봉사의 직무가 성도들의 부족한 것을 보충할 뿐 아니라 사람들이 하나님께 드리는 많은 감사로 말미암아 넘쳤느니라"), 빌립보서 2:25, 30("에바브로디도를 너희에게 보내는 것이 필요한 줄로 생각하노니 그는 나의 형제요 함께 수고하고 함께 군사 된 자요 너희 사자로 내가 쓸 것을 돕는 자라 … 그가 그리스도의 일을 위하여 죽기에 이르러도 자기 목숨을 돌보지 아니한 것은 나를 섬기는 너희의 일에 부족함을 채우려 함이니라"), 4:18("내게는 모든 것이 있고 또 풍부한지라 에바브로디도 편에 너희가 준 것을 받으므로 내가 풍족하니 이는 받으실 만한 향기로운 제물이요 하나님을 기쁘시게 한 것이라"). 이러한 본문들은 누가가 사도행전에서 말하고 있는 것이나, 베드로가 "각각 은사를 받은 대로 하나님의 여러 가지 은혜를 맡은 선한 청지기 같이 서로 봉사하라"(벧전 4:11)고 말한 것과 부합하고, 바울이 디모데전서 3:8-13에서 "집사들도 정중하고 일구이언을 하지 아니하고 술에 인박히지 아니하고 더러운 이를 탐하지 아니하고 깨끗한 양심에 믿음의 비밀을 가진 자라야 할지니 이에 이 사람들을 먼저 시험하여 보고 그 후에 책망할 것이 없으면 집사의 직분을 맡게 할 것이요 … 집사들은 한 아내의 남편이 되어 자녀와 자기 집을 잘 다스리는 자일지니 집사의 직분을 잘한 자들은 아름다운 지위와 그리스도 예수 안에 있는 믿음에 큰 담력을 얻느니라"고 디모데에게 쓴 것과 부합한다. 영국국교회는 "집사들"을 서임해서 이러한 직무를 담당시키는데, 집사의 직무에 대해서 이렇게 서술한다: "집사의 직무는 장로를 도와 가난하고 병들며 힘 없는 자들을 찾아 기쁘고 자원하는 마음으로 돕고 구제하는 것이다. 따라서 모든 성도는 집사들이 자신들의 직무를 수행함에 있어서 절제하고 겸손하며 변함없기를 기도하여야 한다."

2. 하나님 우리 아버지와 주 예수 그리스도로부터 은혜와 평강이 너희에게 있을지어다.

이것은 복음적인 인사말이다(롬 1:7, "로마에서 하나님의 사랑하심을 받고 성도로 부르심을 받은 모든 자에게 하나님 우리 아버지와 주 예수 그리스도로부터 은혜와 평강이 있기를 원하노라"; 엡 1:2, "하나님 우리 아버지와 주 예수 그리스도로부터 은혜와 평강이 너희에게 있을지어다"; 벧후 1:2, "하나님과 우리 주 예수를 앎으로 은혜와 평강이 너희에게 더욱 많을지어다"). 야고보서 1:17이 "온갖 좋은 은사와 온전한 선물이 다 위로부터 빛들의 아버지께로부터 내려오나니"라고 말하고 있는 것처럼, 아버지 하나님은 모든 복의 원천이시고, 내적이거나 외적인 모든 복은 그리스도로 말미암아 값없이 우리에게 주어지기 때문에, 사도는 "하나님 우리 아버지"와 "주 예수 그리스도"로부터 오는 온갖 복이 빌립보 교인들에게 주어지기를 기도한다.

3. 내가 너희를 생각할 때마다 나의 하나님께 감사하며.

사도는 자신의 대부분의 서신들에서와 마찬가지로(롬 1:8; 고전 1:4; 고후 1:3; 엡 1:3; 골 1:3; 살전 1:2; 살후 1:3; 딤후 1:3), 하나님께 감사하는 것으로 시작한다. 또한, 사도는 사도행전 27:23에서 "내가 속한 바 곧 내가 섬기는 하나님"이라고 말하고, 로마서 1:9에서 "내가 그의 아들의 복음 안에서 내 심령으로 섬기는 하나님"이라고 말한 것처럼, 여기에서 하나님을 "나의 하나님"이라고 부르는 반면에, 유대인들과 이방인들은 하나님을 그런 식으로 부르거나 고백하지 않는다. "너희를 생각할 때마다"는 사도가 늘 그들을 자신의 마음속에 품고서 기쁜 마음으로 하나님께 그들을 위하여 기도해 왔음을 보여 준다.

4. 간구할 때마다 너희 무리를 위하여 기쁨으로 항상 간구함은.

사도는 기도할 때마다 늘 빌립보 교인들이 지금까지 받은 온갖 은혜의 원천이신 하나님을 찬송해 왔을 뿐만 아니라, 그들 모두에게 필요한 것들을 그들에게 베풀어 주시기를 계속해서 늘 하나님께 간절하게 구해 왔다고 말한다. 이렇게 사도는 자기가 데살로니가전서 5:17에서 "쉬지 말고 기도하라"고 말한 것을 직접 실천에 옮기는 모습을 보여 준다. 3절과 4절에서 세 번 나오는 "모든"이라는 단어는 강조적인 의미로 사용되고 있다(3절의 "생각할 때마다," 4절의 "간구할 때마다," "너희 무리를 위하여," 이렇게 세 개의 어구에서 "모든"이라는 단어가 사용됨 ― 역주). 누가복음 2:37("과부가 되고 팔십사 세가 되었더라 이 사람이 성전을 떠나지 아니하고 주야로 금식하며 기도함으로 섬기더니") 및 로마서 1:9("내가 그의 아들의 복음 안에서 내 심령으로 섬기는 하나님이 나의 증인이 되시거니와 항상 내 기도에 쉬지 않고 너희를 말하며")과 비교해 보라.

5. 너희가 첫날부터 이제까지 복음을 위한 일에 참여하고 있기 때문이라.

너희는 우리를 비롯한 여러 그리스도인들과 더불어서 그리스도와의 교제 및 그리스도로 말미암은 구원의 기쁜 소식에 참여하고 있다(고전 10:16-17, "우리가 축복하는 바 축복의 잔은 그리스도의 피에 참여함이 아니며 우리가 떼는 떡은 그리스도의 몸에 참여함이 아니냐 떡이 하나요 많은 우리가 한 몸이니 이는 우리가 다 한 떡에 참여함이라"; 벧전 4:13, "너희가 그리스도의 고난에 참여하는 것으로 즐거워하라 이는 그의 영광을 나타내실 때에 너희로 즐거워하고 기뻐하게 하려 함이라"; 요일 1:3, 7("우리가 보고 들은 바를 너희에게도 전함은 너희로 우리와 사귐이 있게 하려 함이니 우리의 사귐은 아버지와 그의 아들 예수 그리스도와 더불어 누림이라 … 그가 빛 가운데 계신 것 같이 우리도 빛 가운데 행하면 우리가 서로 사귐이 있고"). 그것은 너희의 후한 연보(갈 6:6; 히 13:16)와 너희가 복음을 처음으로 받은 때로부터 지금까지 그리스도인으로서의 모든 도리와 본분들을 인내로써 변함없이 계속해서 지켜 온 것에 의해서 증명된다.

6. 너희 안에서 착한 일을 시작하신 이가 그리스도 예수의 날까지 이루실 줄을 우리는 확신하노라.

우리는 확신하노라. 사도는 앞에서 하나님께서 빌립보 교인들을 위하여 지금까지 행하신 일들에 대하여 감사한 후에, 이제 여기에서는 하나님께서 그들을 마지막 순간까지 붙들어 주셔서 그들의 믿음을 온전하게 하실 것이라는 확고한 믿음과 소망을 천명함으로써 그들에 대한 자신의 사랑을 표현한다. **그리스도 예수의 날까지.** "예수 그리스도의 날"은 그들이 죽는 날을 가리키는 것일 수 있다. 의인들은 이 세상에서 살아가는 동안에는 온전하지 않지만(빌 3:12, "내가 이미 얻었다 함도 아니요 온전히 이루었다 함도 아니라 오직 내가 그리스도 예수께 잡힌 바 된 그것을 잡으려고 달려가노라"), 죽으면 그 영이 온전하게 되고(히 12:23, "온전하게 된 의인의 영들"), 각 사람마다 개별적으로 그리스도에 의해서 심판을 받게 된다. 하지만 여기에서 "예수 그리스도의 날"은 최후의 심판의 때에 그리스도께서 심판하실 그 날을 가리키는 것으로 보아야 한다(고전 1:8, "주께서 너희를 우리 주 예수 그리스도의 날에 책망할 것이 없는 자로 끝까지 견고하게 하시리라"; 살전 4:15, "우리가 주의 말씀으로 너희에게 이것을 말하노니 주께서 강림하실 때까지 우리 살아 남아 있는 자도 자는 자보다 결코 앞서지 못하리라"). 그 날에 그리스도께서는 그들을 흠이 없고 책망할 것이 없다고 인정하실 것이고, 그것은 그들을 그 순간까지 내내 인도해 오셨던 그리스도께 영광이 될 것이다. 또한, 그 날에 그리스도께서는 그들 속에서 이루어져 왔던 믿음의 역사를 완성하셔서 그들을 영화롭게 하실 것인데(살후 1:11-12), 그들은 그리스도의 영광인 자들이다(고후 8:23).

너희 안에서 착한 일을 시작하신 이가 … 이루실 줄을. 빌립보 교인들 안에서 시작된 "착한 일"이 온전히 완성될 수 있는 것은 그들에게 다른 사람들에게는 없는 어떤 능력 같은 것이 있기 때문이 아니라, 선한 일을 행하시는 데 지치지 않으시는 아버지 하나님께서 에베소 교인들과 마찬가지로 죄 가운데서 죽어 있던(엡 2:1, "그는 허물과 죄로 죽었던 너희를 살리셨도다") 빌립보 교인들 속에서 믿음의 역사를 시작하셨기 때문이다(빌 2:13, "너희 안에서 행하시는 이는 하나님이시니 자기의 기쁘신 뜻을 위하여 너희에게 소원을 두고 행하게 하시나니"; 요 6:29, "예수께서 대답하여 이르시되 하나님께서 보내신 이를 믿는 것이 하나님의 일이니라 하시니"). 왜냐하면, 참된 그리스도인들로 하여금 신령한 열매들을 맺게 하시기 위하여 그들 속에서 끊임없이 역사하시는 하나님은 그 열매들이 불완전한 상태로 있는데도 그대로 내버려 두시고 손을 떼시는 분이 아니라(시 138:8; 사 64:8), 그 열매들이 온전히 맺히게 하기 위하여 견고히 붙들어 주시고 힘과 은혜를 공급해 주셔서 결국에는 그 일이 완성되게 하시는 분이시기 때문이다. 여기에서 "이루시다"로 번역된 헬라어는 성경에서 온갖 난관과 어려움을 뚫고 결국 이루어 내는 것을 의미한다.

7. 내가 너희 무리를 위하여 이와 같이 생각하는 것이 마땅하니 이는 너희가 내 마음에 있음이며 나의 매임과 복음을 변명함과 확정함에 너희가 다 나와 함께 은혜에 참여한 자가 됨이라.

내가 너희 무리를 위하여 이와 같이 생각하는 것이 마땅하니. 사도는 "내가 너희 모두에 대하여 이렇게 생각하는 것"은 공평과 사랑의 법에 비추어 볼 때(고전 13:7, "모든 것을 참으며 모든 것을 믿으며 모든 것을 바라며 모든 것을 견디느니라"; 골 4:1, "상전들아 의와 공평을 종들에게 베풀지니 너희에게도 하늘에 상전이 계심을 알지어다") "마땅하다"고 말한다(행 4:19, "베드로와 요한이 대답하여 이르되 하나님 앞에서 너희의 말을 듣는 것이 하나님의 말씀을 듣는 것보다 옳은가 판단하라"; 벧후 1:13, "내가 이 장막에 있을 동안에 너희를 일깨워 생각나게 함이 옳은 줄로 여기노니"): 내가 너희 모두에 대하여 이러한 판단을 내리는 것은 여러 가지 것들을 생각해 볼 때에 합당하고 타당하다.

이는 너희가 내 마음에 있음이며. 빌립보 교인들은 사도 바울의 마음에 새겨져 있었고(고후 3:2-3, "너희는 우리의 편지라 우리 마음에 썼고 뭇 사람이 알고 읽는 바라 너희는 우리로 말미암아 나타난 그리스도의 편지니 이는 먹으로 쓴 것이 아니요 오직 살아 계신 하나님의 영으로 쓴 것이며 또 돌판에 쓴 것이 아니요 오직 육의 마음판에 쓴 것이라"), 앞에서 말한 것처럼, 사도 바울은 자신의 기도 가운데서 늘 그들을 하나님께 올려드리고 있어서, 얼마든지 그들과 함께 죽고 함께 살 수 있었다(고후 7:3, "내가 이 말을 하는 것은 너희를 정죄하려고 하는 것이 아니라 내가 이전에 말하였거니와 너희가 우리 마음에 있어 함께 죽고 함께 살게 하고자 함이라").

나의 매임과 복음을 변명함과 확정함에 너희가 다 나와 함께 은혜에 참여한 자가 됨이라. 사도 바울에게 빌립보 교인들은 "우리 하나님과 구주 예수 그리스도의 의를 힘입어 동일하게 보배로운 믿음을 우리와 함께 받은 자들"(벧후 1:1)이었고, "함께 하늘의 부르심을 받은 거룩한 형제들"(히 3:1)이었으며, 믿음과 사랑 가운데서 살아가는(살후 1:3, "형제들아 우리가 너희를 위하여 항상 하나님께 감사할지니 이것이 당연함은 너희의 믿음이 더욱 자라고 너희가 다 각기 서로 사랑함이 풍성함이니") "빛의 자녀들"(살전 5:5)이었고, 자기와 동일한 참된 은혜에 참여하여 성도들 간의 사귐 가운데서 "그리스도를 위하여 그를 믿을 뿐 아니라 또한 그를 위하여 고난도 받는"(빌 1:29) 자들이었다. 사도 바울이 그들에 대해서 이러한 판단을 내린 이유는, 그들이 갇혀 있던 바울에게 사람을 보내 필요한 것들을 공급해 주고 교회의 소식을 전해 주는 등 물심양면으로 사도를 도움으로써 "복음을 변명함"에 참여하였고, 바울이 고백하고 전한 믿음을 옳다고 시인하고 굳게 붙들고서, 그리스도의 이름으로 고난을 받는 바울을 자랑스러워하는 등 바울로부터 받은 복음의 진정한 후원자가 됨으로써 "복음을 확정함"에 참여하였기 때문이었다(행 5:41-42, "사도들은 그 이름을 위하여 능욕 받는 일에 합당한 자로 여기심을 기뻐하면서"; 벧전 4:15-16, "너희 중에 누구든지 살인이나 도둑질이나 악행이나 남의 일을 간섭하는 자로 고난을 받지 말려니와 만일 그리스도인으로 고난을 받으면 부끄러워하지 말고 도리어 그 이름으로 하나님께 영광을 돌리라"). 그들은 모든 정직한 수단들을 동원해서 사도 바울을 돕고자 하였고, 그들이 사도와 마음을 함께하고 있다는 것을 나타내 보였다(빌 4:14, "빌립보 사람들아 너희도 알거니와 복음의 시초에 내가 마게도냐를 떠날 때에 주고 받는 내 일에 참여한 교회가 너희 외에 아무도 없었느니라"; 히 10:32-34, "전날에 너희가 빛을 받은 후에 고난의 큰 싸움을 견디어 낸 것을 생각하라 혹은 비방과 환난으로써 사람에게 구경거리가 되고 혹은 이런 형편에 있는 자들과 사귀는 자가 되었으니 너희가 갇힌 자를 동정하고 너희 소유를 빼앗기는 것도 기쁘게 당한 것은 더 낫고 영구한 소유가 있는 줄 앎이라").

8. 내가 예수 그리스도의 심장으로 너희 무리를 얼마나 사모하는지 하나님이 내 증인이시니라.

내가 … 너희 무리를 얼마나 사모하는지 하나님이 내 증인이시니라. 사도는 앞에서 자기가 빌립보 교인들을 얼마나 사랑하는지를 이미 누누이 말하였지만, 여기에서는 사람의 마음을 감찰하시고 폐부를 시험하시는 하늘의 하나님을 증인으로 내세워서 다시 한 번 그들에 대한 자신의 사랑을 확증한다. 우리는 사도 바울이 하나님을 증인으로 세우는 것을 다음과 같은 본문들에서도 볼 수 있다: 로마서 1:9("내가 그의 아들의 복음 안에서 내 심령으로 섬기는 하나님이 나의 증인이 되시거니와 항상 내 기도에 쉬지 않고 너희를 말하며"), 고린도후서 1:23("내가 내 목숨을 걸고 하나님을 불러 증언하시게 하노니 내가 다시 고린도에 가지 아니한 것은 너희를 아끼려 함이라"), 11:31("주 예수의 아버지 영원히 찬송할 하나님이 내가 거짓말 아니하는 것을 아시느니라"), 갈라디아서 1:20("보라 내가 너희에게 쓰는 것은 하나님 앞에서 거짓말이 아니로다"), 데살로니가전서 2:5, 10("너희도 알거니와 우리가 아무 때에도 아첨하는 말이나 탐심의 탈을 쓰지 아니한 것을 하나님이 증언하시느니라 … 우리가 너희 믿는 자들을 향하여 어떻게 거룩하고 옳고 흠 없이 행하였는지에 대하여 너희가 증인이요 하나님도 그러하시도다"). 구약 시대에서는 욥도 "지금 나의 증인이 하늘에 계시고 나의 중보자가 높은 데 계시니라"(욥 16:19)고 말함으로써, 하나님을 자신의 말에 대한 증인으로 내세우기도 하였다. 신명기 6:13에서 "네 하나님 여호와를 경외하며 그를 섬기며 그의 이름으로 맹세할 것이니라"고 말하고 있는 것처럼, 사람들이 하나님의 영광과 그들의 선을 위하여 맹세하는 것은 합당한 일이었고, 히브리서 6:16에서 "사람들은 자기보다 더 큰 자를 가리켜 맹세하나니 맹세는 그들이 다투는 모든 일의 최후 확정이니라"고 말하고 있는 것처럼, 사람들은 하나님을 증인으로 삼아 맹세함으로써, 어떤 일에 대한 모든 의심을 제거할 수 있었다. 따라서 사도 바울은 빌립보 교인들 각 사람을 향한 자신의 사랑과 애정이 진실하고 강렬하다는 사실을 강조하기 위해서 "하나님이 내 증인"이시라는 말을 덧붙인다(빌 2:25-26; 4:1).

예수 그리스도의 심장으로. 이것은 어떤 육신적이거나 이기적이거나 세상적인 사랑이 아니라, 성령으로 말미암아 그리스도와 하나가 되어서 그 사랑을 받아 거룩함을 입은 사도의 내면에 자리 잡고 있는, 그리스도에게서 흘러나오는 진정으로 신령하고 자애로운 사랑으로 그들을 사모하고 있음을 뜻한다. 이루 말할 수 없이 큰 사랑으로 자기 사람들을 사랑하시는 그리스도는 그리스도인들이 행하는 모든 사랑의 모범이자 원천이시기 때문에, 그리스도인들의 사랑은 그리스도의 사랑과 마찬가지로 자신들의 마음 깊은 곳에서 우러나오는 순전하고 "거짓이 없는" 사랑이다(롬 12:9, "사랑에는 거짓이 없나니"; 벧전 1:22, "너희가 진리를 순종함으로 너희 영혼을 깨끗하게 하여 거짓이 없이 형제를 사랑하기에 이르렀으니 마음으로 뜨겁게 서로 사랑하라"). 사도 바울은 여기에서 하나님과 그리스도를 본받아 최고의 지고지순한 사랑으로 빌립보 교인들을 사랑하였는데, 데살로니가전서 2:7-8("우리는 그리스도의 사도로서 마땅히 권위를 주장할 수 있으나 도리어 너희 가운데서 유순한 자가 되어 유모가 자기 자녀를 기름과 같이 하였으니 우리가 이같이 너희를 사모하여 하나님의 복음뿐 아니라 우리의 목숨까지도 너희에게 주기를 기뻐함은 너희가 우리의 사랑하는 자 됨이라")은 사도가 데살로니가 교인에 대해서도 그러한 사랑을 지녔음을 잘 보여 준다.

9. 내가 기도하노라 너희 사랑을 지식과 모든 총명으로 점점 더 풍성하게 하사.

내가 기도하노라. 사도는 하나님께서 빌립보 교인들에게 주신 은혜와 복에 대해서 감사한 후에, 이제 4절에서와 마찬가지로 다시 그들에 대한 자신의 사랑을 그들을 위한 기도로 나타낸다. **너희 사랑을 … 점점 더 풍성하게 하사.** 사도는 그들이 자기를 아낌없이 도운 것에서 드러난 하나님과 사람에 대한 그들의 사랑이, 우리 구주께서 "불법이 성하므로 많은 사람의 사랑이 식어지리라"(마 24:12)고 말씀하셨고, 실제로 "데마는 이 세상을 사랑하여 나를 버리고 데살로니가로 갔고 그레스게는 갈라디아로, 디도는 달마디아로 갔고 오직 누가만 나와 함께 있게"(딤후 4:10) 된 것과 주님께서 나중에 에베소 교회에 대하여 "너의 처음 사랑을 버렸느니라"(계 2:4)고 말씀하신 것이 보여 주듯이, 점점 더 약화되어 버리는 것이 아니라, 샘에서 솟아난 물줄기가 점점 더 널리 퍼져나가서 넓은 지경을 다 적시듯이 끝까지 퍼져나가서 모든 그리스도인들에게 미치고 그리스도인으로서의 모든 직무들에 미쳐서 더욱더 풍성하게 되기를 기도한다(살전 3:12, "주께서 우리가 너희를 사랑함과 같이 너희도 피차간과 모든 사람에 대한 사랑이 더욱 많아 넘치게 하사").

지식과 모든 총명으로. 사도는 그들의 그러한 사랑이 한편으로는 하나님께 속한 일들과 그들 자신에 대한 건전한 구원의 지식과 "경건함에 속한 진리의 지식"(딛 1:1), 다른 한편으로는 하나님의 은혜와 양자 됨에 대하여 성령께서 우리의 심령 속에서 행하시는 증언을 구체적으로 경험하고 맛보며 느끼는 가운데 생겨나는 실천적인 분별력 또는 내적인 지각(롬 5:1, 5; 8:16-17; 14:17)에 토대를 둔 것이어야 한다고 말한다. 여기에서 "지식"에 대해서는 요한복음 17:3("영생은 곧 유일하신 참 하나님과 그가 보내신 자 예수 그리스도를 아는 것이니이다"), 로마서 3:20("율법의 행위로 그의 앞에 의롭다 하심을 얻을 육체가 없나니 율법으로는 죄를 깨달음이니라"), 에베소서 1:17("우리 주 예수 그리스도의 하나님, 영광의 아버지께서 지혜와 계시의 영을 너희에게 주사 하나님을 알게 하시고"), 4:13("우리가 다 하나님의 아들을 믿는 것과 아는 일에 하나가 되어 온전한 사람을 이루어 그리스도의 장성한 분량이 충만한 데까지 이르리니"), 베드로후서 3:18("오직 우리 주 곧 구주 예수 그리스도의 은혜와 그를 아는 지식에서 자라 가라")을 참조하라. 머리에 올바른 개념을 지니고 있을 뿐만 아니라, 마음속에 신령한 일들에 대한 참된 지각과 분별력이 있을 때에만(히 5:14, "단단한 음식은 장성한 자의 것이니 그들은 지각을 사용함으로 연단을 받아 선악을 분별하는 자들이니라"), "지식"은 공중에만 떠 있는 뜬구름이 되지 않고, 사람의 심령에 촉촉이 내리는 비가 되어, 그 심령을 하나님의 사랑으로 뜨겁게 하고, 그리스도의 부활의 권능을 체험하게 해 줄 수 있다. 사도 바울은 나중에 빌립보서 3:10에서 "내가 그리스도와 그 부활의 권능과 그 고난에 참여함을 알고자" 한다고 말하고, 다윗도 "너희는 여호와의 선하심을 맛보아 알지어다"(시 34:8)라고 말한다.

10. 너희로 지극히 선한 것을 분별하며 또 진실하여 허물 없이 그리스도의 날까지 이르고.

사도는 앞에서 자기가 빌립보 교인들의 사랑이 지식과 총명 안에서 더욱 풍성하게 되기를 기도하는 이유 내지 목적이 무엇인지를 여기에 덧붙이는데, 첫 번째는 "너희로 지극히 선한 것을 분별하게" 하기 위함이고, 두 번째는 "진실하여 허물 없이 그리스도의 날까지 이르게" 되게 하기 위함이라는 것이다. 첫 번째와 관련해서, 우리는 시간이 조금 걸리더라도 여러 상황들과 정황들을 잘 헤아리고 시험해 본 후에, 보통 사람들이나 꼼꼼이 살펴보지 않는 사람들의 눈에는 잘 보이지 않는 차이들을 제대로 분별해서(롬 2:18, "율법의 교훈을 받아 하나님의 뜻을 알고 지극히 선한 것을 분간하며"; 살전 5:21-22, "범사에 헤아려 좋은 것을 취하고 악은 어떤 모양이라도 버리라"), 그 중에서 하나님께서 받으실 만한 가장 선한 것을 취하거나 행하고 조금이라도 악한 것은 버리며(롬 12:2, "너희는 이 세대를 본받지 말고 오직 마음을 새롭게 함으로 변화를 받아 하나님의 선하시고 기뻐하시고 온전하신 뜻이 무엇인지 분별하도록 하라"), 무엇보다도 "지식에 넘치는 그리스도의 사랑을 알고 그 너비와 길이와 높이와 깊이가 어떠함을 깨달아"(엡 3:19) 그러한 사랑 가운데서 지극히 선한 것을 분별하여 행하여야 하는데, 우리의 사랑이 지식과 총명으로 풍성해지면 이런 것이 가능해진다.

두 번째와 관련해서, 참된 지식과 총명 가운데서 우리의 사랑이 더욱 깊어지고 풍성해질 때, 우리는 "진실하고" 올바른 자들이 될 수 있다(잠 11:20, "마음이 굽은 자는 여호와께 미움을 받아도 행위가 온전한 자는 그의 기뻐하심을 받느니라"["행위가 온전한 자"는 "마음이 굽은 자"와 반대개념으로서 "행위가 정직하고 올바른 자"를 의미한다 — 역주]). 사도가 사용한 "진실하여"라는 헬라어는 어떤 것을 햇빛에 비추어 보아서 어떤 흠이나 결함이나 속임수는 없는지를 세세하게 검사하거나, 어떤 것을 햇빛에 말려서 깨끗하게 하고 정화시키는 것을 가리키는 단어로서, 여기에서 대단히 강조적인 의미로 사용되고 있다. 따라서 바울은 여기에서 빌립보 교인들의 마음과 삶이 믿음과 행실에 있어서 옛 누룩이 제거되고(고전 5:6-8) 부패함이나 치우침이 없이 타락과는 거리가 먼 순전한 것이 되어야 하고, 그리스도를 아는 그들의 지식이 인간이 고안해 낸 전통들과 뒤섞이지 않고, 하나님이 보시기에 복음의 순수성을 그대로 간직한 것이 되어야 한다고 말하고 있는 것이다(고후 1:12, "우리가 세상에서 특별히 너희에 대하여 하나님의 거룩함과 진실함으로 행하되 육체의 지혜로 하지 아니하고 하나님의 은혜로 행함은 우리 양심이 증언하는 바니 이것이 우리의 자랑이라"; 딤전 1:5, "이 교훈의 목적은 청결한 마음과 선한 양심과 거짓이 없는 믿음에서 나오는 사랑이거늘"; 5:22, "다른 사람의 죄에 간섭하지 말며 네 자신을 지켜 정결하게 하라").

허물 없이. 이것은 기독교 신앙의 주된 취지와 의도로부터 벗어나서 어그러진 길로 감으로써, 천국으로 가는 길에 있는 그들 자신이나 다른 사람들을 자의적으로나 타의적으로 방해하거나 걸림돌이 되는 것이 아니라, 도리어 아주 지혜롭게 행하여 그들 자신이나 다른 사람들에게 올무가 되는 일이 없게 하는 것이다(마 18:7, "실족하게 하는 일들이 있음으로 말미암아 세상에 화가 있도다 실족하게 하는 일이 없을 수는 없으나 실족하게 하는 그 사람에게는 화가 있도다"; 행 24:16, "이것으로 말미암아 나도 하나님과 사람에 대하여 항상 양심에 거리낌이 없기를 힘쓰나이다"; 고전 10:32, "유대인에게나 헬라인에게나 하나님의 교회에나 거치는 자가 되지 말고"). 데살로니가전서 5:23을 보라: "평강의 하나님이 친히 너희를 온전히 거룩하게 하시고 또 너희의 온 영과 혼과 몸이 우리 주 예수 그리스도께서 강림하실 때에 흠 없게 보전되기를 원하노라." **그리스도의 날까지 이르고.** 빌립보서 1:6에 대한 설명을 보라. 사도는 빌립보 교인들로 하여금 "그리스도의 날"을 진지하게 생각하도록 하기 위하여 여기에서 다시 한 번 이 말을 반복한다.

11. 예수 그리스도로 말미암아 의의 열매가 가득하여 하나님의 영광과 찬송이 되기를 원하노라.

의의 열매가 가득하여. 사도는 그들이 어쩌다가 한 번씩 의의 열매를 맺는 자들이 아니라, 늘 의의 열매들로 가득한 자들이 되기를 바란다(행 9:36, "욥바에 다비다라 하는 여제자가 있으니 그 이름을 번역하면 도르가라 선행과 구제하는 일이 심히 많더니"; 골 1:10, "주께 합당하게 행하여 범사에 기쁘시게 하고 모든 선한 일에 열매를 맺게 하시며 하나님을 아는 것에 자라게 하시고"). "의의 열매들"은 다른 곳에서는 "성령의 열매들"(갈 5:22) 또는 "빛의 열매들"(엡 5:9)로 불리는데, 후자의 본문에서는 성령의 열매들은 "모든 착함과 의로움과 진실함에 있다"고 말한다. 이러한 선한 것들은 교황주의자들의 주장과는 달리 믿는 자들의 의의 원인이 되는 행위나 공로인 것이 아니라, 성령께서 사람들을 거듭나게 하시고, 그들의 조상 아브라함의 믿음의 발자취를 따라 행하도록 그들의 내적이고 외적인 행위들을 지도하셔서(롬 4:12), "주와 합하여 한 영"이 된 자들(고전 6:17)의 심령 속에서 초자연적인 은혜를 통해 만들어 내는 것이다.

예수 그리스도로 말미암아. 그들은 그리스도께 접붙인 바 되어서(요 15:1, 5), 주께서 심으신 "의의 나무들"(사 61:3)이 되고, "그리스도 예수 안에서 선한 일을 위하여 지으심을 받은 자들"(엡 2:10)이 되기 전에는, 그들 자신의 힘과 능력으로는 의의 열매들을 맺을 수 없고, 하나님께서 기쁘게 받으실 수 있는 선한 일들을 행할 수 없다(고후 13:5). 그러나 그리스도께서 그들의 믿음으로 말미암아 그들 속에 거하시고 사시며(갈 2:20; 엡 3:17), 하나님께서 그들에게 역사하셔서 "소원을 두고 행하게 하시면"(빌 2:13), 그들은 "내게 능력 주시는 자 안에서 내가 모든 것을 할 수 있느니라"(빌 4:13)고 말할 수 있게 되고, 그리스도 안에서 하나님께 받아들여지게 된다.

하나님의 영광과 찬송이 되기를 원하노라. 그들이 열매를 많이 맺는다고 하여도, 우상을 섬기는 등 그들 자신을 위하여 열매를 맺는다면, 그것은 헛된 열매들이 되고 말 것이다(호 10:1, "이스라엘은 열매 맺는 무성한 포도나무라 그 열매가 많을수록 제단을 많게 하며 그 땅이 번영할수록 주상을 아름답게 하도다"). 따라서 그들이 맺는 풍성한 열매는 그들을 부르신 이에게 영원한 존귀와 영광을 돌리는 것이 되어야 한다: 마태복음 5:16("이같이 너희 빛이 사람 앞에 비치게 하여 그들로 너희 착한 행실을 보고 하늘에 계신 너희 아버지께 영광을 돌리게 하라"), 고린도전서 10:31("너희가 먹든지 마시든지 무엇을 하든지 다 하나님의 영광을 위하여 하라"), 에베소서 1:6, 12, 14("이는 그가 사랑하시는 자 안에서 우리에게 거저 주시는 바 그의 은혜의 영광을 찬송하게 하려는 것이라 … 이는 우리가 그리스도 안에서 전부터 바라던 그의 영광의 찬송이 되게 하려 하심이라 … 이는 우리 기업의 보증이 되사 그 얻으신 것을 속량하시고 그의 영광을 찬송하게 하려 하심이라"), 베드로전서 2:12("너희가 이방인 중에서 행실을 선하게 가져 너희를 악행한다고 비방하는 자들로 하여금 너희 선한 일을 보고 오시는 날에 하나님께 영광을 돌리게 하려 함이라"), 4:11("만일 누가 말하려면 하나님의 말씀을 하는 것 같이 하고 누가 봉사하려면 하나님이 공급하시는 힘으로 하는 것 같이 하라 이는 범사에 예수 그리스도로 말미암아 하나님이 영광을 받으시게 하려 함이니 그에게 영광과 권능이 세세에 무궁하도록 있느니라"), 요한계시록 5:13.

12-13. [12]형제들아 내가 당한 일이 도리어 복음 전파에 진전이 된 줄을 너희가 알기를 원하노라 [13]이러므로 나의 매임이 그리스도 안에서 모든 시위대 안과 그 밖의 모든 사람에게 나타났으니.

"형제들아 … 너희가 알기를 원하노라." 사도는 거짓 교사들을 비롯한 자신의 대적들이 자기가 갇혀서 고난을 받고 있는 것을 빌미로 삼아서 여러 가지 비방과 중상모략을 하여, 사람들로 하여금 자기가 전한 저 기쁜 소식을 마음으로 받아들이는 데 거리낌을 갖게 만들고, 복음 진리에 순종하였던 자들을 낙심하게 만드는 일이 일어나지 않도록 하기 위해서, 자기가 자주 사용하는 "형제들아"라는 친근한 호칭을 사용해서 그들을 부른 후에, "내가 당한 일이 도리어 복음 전파에 진전이 되었다"는 것을 잘 생각해 보라고 그들에게 권고한다. 즉, 바울이 사도직을 수행할 때, 모든 일들을 주관하시는 하나님의 섭리를 따라 그가 옥에 갇히기도 하고 밖으로부터 온 여러 환난들을 겪기도 하였지만, 그러한 고난들은 그를 박해한 자들의 의도와는 정반대로 복음의 진보를 방해하기는커녕 도리어 촉진시켰고, 교회에 속한 믿는 자들을 감소시키기는커녕 도리어 증가시켰다는 것이다. 왜냐하면, 사도는 로마로 압송되어 재판을 받는 과정에서 2년 동안 셋집에 머물면서 사람들에게 널리 복음을 전파할 기회를 얻었기 때문이다(행 28:30-31, "바울이 온 이태를 자기 셋집에 머물면서 자기에게 오는 사람을 다 영접하고 하나님의 나라를 전파하며 주 예수 그리스도에 관한 모든 것을 담대하게 거침없이 가르치더라").

따라서 바울이 갇혀 있게 된 것은 다음과 같은 이유로 인해서 고린도 교인들에게와 마찬가지로(고후 1:5-7, "그리스도의 고난이 우리에게 넘친 것 같이 우리가 받는 위로도 그리스도로 말미암아 넘치는도다 우리가 환난 당하는 것도 너희가 위로와 구원을 받게 하려는 것이요 우리가 위로를 받는 것도 너희가 위로를 받게 하려는 것이니 이 위로가 너희 속에 역사하여 우리가 받는 것 같은 고난을 너희도 견디게 하느니라"), 빌립보 교인들에게도 낙심함과 의기소침함을 가져다준 것이 아니라 위로를 가져다주었다: 사도가 그리스도의 복음을 위하여 매이게 된 저 쇠사슬은 로마 황제의 궁정에서나(빌 4:22, "모든 성도들이 너희에게 문안하되 특히 가이사의 집 사람들 중 몇이니라") 시위대 중에서나(행 28:16), 재판정에서나(마 27:27; 막 15:16; 요 18:28, 33) 다른 사람들이 끼고 싶어하는 저 빛나는 금반지들보다 사도에게 더 영광스러운 것이었다(행 5:41, "사도들은 그 이름을 위하여 능욕 받는 일에 합당한 자로 여기심을 기뻐하면서 공회 앞을 떠나니라"; 약 2:2). 왜냐하면, 사도가 행악자로서 고난을 받고 있는 것이 아니라 오직 주님을 위하여 고난 받고 있는 것임은 황제의 궁정 사람들이나 로마 시민들이나 유대인들이나 로마에 온 타지 사람들에게 분명하였고(엡 3:1, "그리스도 예수의 일로 너희 이방인을 위하여 갇힌 자 된 나 바울"; 4:1; 벧전 2:19-20, "부당하게 고난을 받아도 하나님을 생각함으로 슬픔을 참으면 이는 아름다우나 죄가 있어 매를 맞고 참으면 무슨 칭찬이 있으리요 그러나 선을 행함으로 고난을 받고 참으면 이는 하나님 앞에 아름다우니라"; 3:14, "의를 위하여 고난을 받으면 복 있는 자니"), 그가 갇혀 있는 동안에도 그리스도의 능력이 그에게서 역사하여서 사람들을 회심시켰으며, 재판을 받는 과정에서 자신이 갇히게 된 이유를 설명하면서, 자신은 떳떳하고 죄가 없으며 오직 그리스도께 충성하였다는 것을 보여 줌과 동시에, 그리스도와 그리스도로 말미암은 구원의 기쁜 소식을 사람들에게 전할 기회를 가질 수 있었기 때문이다.

14. 형제 중 다수가 나의 매임으로 말미암아 주 안에서 신뢰함으로 겁 없이 하나님의 말씀을 더욱 담대히 전하게 되었느니라.

형제 중 다수가 나의 매임으로 말미암아 주 안에서 신뢰함으로. 박해자들은 바울을 이런 식으로 갇히게 하여 교회에 큰 타격을 입히고 무너지게 만들려고 의도하였지만, 여기에서도 또다시 그들의 기대와는 정반대로, 사도가 무죄한 가운데서 변함없는 신앙으로 꿋꿋하고 담대하게 십자가를 지는 모습을 본 많은 형제들(이들은 로마서 9:3에서 사도가 말한 "육신을 따른" 형제들을 가리키는 것이 아니라 주 안에서의 형제들을 가리킨다)은 그리스도를 섬기는 일에 더욱더 담대함을 얻어 열심을 내게 되었다.

겁 없이 하나님의 말씀을 더욱 담대히 전하게 되었느니라. 처음에는 소극적이었던 목사들과 교사들은 사도 바울의 그런 모습을 본 후에는 큰 담력을 얻어서 육신적인 두려움을 떨쳐내 버리고, 십자가에 못 박히신 그리스도, 또는 "구원을 주시는 하나님의 능력"인 그리스도의 십자가를 이전보다 더욱 담대하게 고백하고 전하게 되었다(고전 1:18, 23, "십자가의 도가 멸망하는 자들에게는 미련한 것이요 구원을 받는 우리에게는 하나님의 능력이라 … 우리는 십자가에 못 박힌 그리스도를 전하니"; 롬 1:16, "내가 복음을 부끄러워하지 아니하노니 이 복음은 모든 믿는 자에게 구원을 주시는 하나님의 능력이 됨이라"). 우리는 이러한 담대함을 사도행전 13:46(" 바울과 바나바가 담대히 말하여 이르되 하나님의 말씀을 마땅히 먼저 너희에게 전할 것이로되 너희가 그것을 버리고 영생을 얻기에 합당하지 않은 자로 자처하기로 우리가 이방인에게로 향하노라")에서의 바울과 바나바의 모습 속에서, 그리고 아리마대 사람 요셉과 니고데모가 그리스도를 은밀히 따르는 제자들이었다가, 그리스도께서 십자가에 못 박히시자, 그리스도를 자신들의 주로 공개적으로 고백한 것 속에서 본다(마 27:57; 요 19:39).

15. 어떤 이들은 투기와 분쟁으로, 어떤 이들은 착한 뜻으로 그리스도를 전파하나니.

사도는 여기에서 복음을 전하는 일과 관련해서 자기가 앞에서 말한 것에 대한 반론이 될 수 있는 예외를 언급하면서, 거기에 대한 자신의 입장을 밝히는데, 어떤 자들은 자기가 사람들로부터 더 많은 미움을 받게 하고 자기의 평판을 안 좋게 만들기 위해서 아주 대놓고 담대하게 복음을 전하는데, 그런 자들은 차라리 입을 다물고 침묵하는 편이 더 낫다는 것을 내비친다. 먼저, 사도는 자신의 매인 모습을 보고서 어떤 자들이 좋지 않은 의도로 복음을 담대하게 전하게 된 것은 복음의 진보라고 할 수 없을 것이라는 반론을 어느 정도 수긍하면서도, 그렇다고 해서 자신의 고난이 복음의 진보에 기여하였다는 사실이 달라지는 것은 아니라는 것을 보여 준다. 다음으로, 사도는 잘못되고 거짓된 시기하는 마음으로 복음을 전하는 자들과 진실하고 참된 마음으로 복음을 전하는 형제들을 구별한다. 전자에 속한 자들은 사도 바울이 소아시아와 헬라 지역에서 많은 사람들을 회심시킨 후에, 이제 세계의 수도인 로마에 갇힌 자로 와서도, 이방인 개종자들과 궁정의 조신들을 비롯한 많은 사람들로 하여금 그리스도를 영접하게 하는 것을 보고서 시기하여, 이 뛰어나고 훌륭한 사도를 어떻게 해서든지 깎아내릴 의도로 복음을 전하는 자들이었다. 후자에 속한 자들은 바울이 갇힌 몸인데도 불구하고 열심으로 그리스도를 전하는 모습을 보고서, 기독교 신앙의 진리 위에 서서 그리스도를 진정으로 사랑하는 마음에서 그리스도를 전하며 그리스도의 사도인 바울을 돕는 일에 더욱 큰 열심을 내는 자들이었다. 따라서 전자에 속한 자들이 행하는 것들은 원리와 목적이라는 두 가지 측면에서 모두 악한 일이었고(빌 3:2, "개들을 삼가고 행악하는 자들을 삼가고 몸을 상해하는 일을 삼가라"), 후자에 속한 자들은 그 두 가지 측면에서 모두 진실하게 행하는 자들이었다(고후 2:17, "우리는 수많은 사람들처럼 하나님의 말씀을 혼잡하게 하지 아니하고 곧 순전함으로 하나님께 받은 것 같이 하나님 앞에서와 그리스도 안에서 말하노라").

16. 이들은 내가 복음을 변증하기 위하여 세우심을 받은 줄 알고 사랑으로 하나.

사도는 여기에서 앞에서 말한 두 부류 중에서 후자에 속한 자들에 대해서 좀 더 구체적으로 보충설명을 해 나가면서, 그들은 참된 원리와 선한 목적으로 복음을 전하는 전도자들이라고 말한다. 즉, 그들은 하나님을 진정으로 사랑하고 심령들을 구원하고 덕을 세우기 위한 목적으로 복음을 변호하는 자들로서, 하나님이 세우신 사도인 바울과 진심으로 마음을 같이하여 바울과 동일한 의도와 목적으로 복음의 일을 해 나가는 자들이라는 것이다(행 23:11, "그 날 밤에 주께서 바울 곁에 서서 이르시되 담대하라 네가 예루살렘에서 나의 일을 증언한 것 같이 로마에서도 증언하여야 하리라 하시니라"; 살전 3:2-3, "우리 형제 곧 그리스도의 복음을 전하는 하나님의 일꾼인 디모데를 보내노니 이는 너희를 굳건하게 하고 너희 믿음에 대하여 위로함으로 아무도 이 여러 환난 중에 흔들리지 않게 하려 함이라 우리가 이것을 위하여 세움 받은 줄을 너희가 친히 알리라"). 그들은 바울이 "하나님의 뜻을 따라 그리스도 예수의 사도로 부르심을 받아서"(고전 1:1) "하나님의 복음을 위하여 택정함을 입어"(롬 1:1) "이 복음을 위하여 그의 능력이 역사하시는 대로" 그에게 "주신 하나님의 은혜의 선물을 따라 일꾼이 되어서"(엡 3:7), 테르툴리아누스(Tertullian)의 표현에 의하면, 마귀를 발로 밟고 하나님의 집을 세우는 사역을 하고 있다는 것을 잘 알고 있었기 때문에, 바울과 동일한 마음으로 복음을 전하고 가르치는 것과 순종하는 삶을 통해서 그 복음을 변호하는 데 힘썼다.

이 모든 것은 비록 우리가 당시의 상황을 제대로 다 아는 것은 아니지만, 당시에 사람들은 후자에 속한 자들이 아무리 경건하고 선한 목적으로 복음을 전하다고 할지라도, 전자에 속한 자들이 악한 마음으로 복음을 전함으로써, 결국에는 복음도 혼잡하게 되고, 사도 바울도 더 곤경에 처하게 될 것이라고 예상하고 판단하였겠지만, 실제로는 하나님의 선하신 손길로 말미암아 이 모든 것들이 합력하여 복음을 진보시키는 데 기여하는 결과를 가져오게 되었다는 것을 보여 준다. 이것은 오늘날에도 마찬가지여서, 일부 거짓 형제들이 맹목적인 야망과 무절제한 열심에 휘둘려서, 복음을 전하는 일을 선하고 경건한 목회자들을 괴롭히는 무기로 사용한다고 할지라도, 결국에는 하나님께서 그 모든 것이 복음의 진보에 기여하게 하신다.

17. 그들은 나의 매임에 괴로움을 더하게 할 줄로 생각하여 순수하지 못하게 다툼으로 그리스도를 전파하느니라.

사도는 여기에서는 앞에서 말한 두 부류 중에서 전자에 속한 자들에 대하여 좀 더 구체적으로 보충설명을 하면서, 그들은 증오와 시기와 분노라는 악함 감정에 사로잡혀서 악한 동기와 목적과 방식으로 복음을 전하는 최악의 전도자들로서(고후 12:20, "내가 갈 때에 … 다툼과 시기와 분냄과 당 짓는 것과 비방과 수군거림과 거만함과 혼란이 있을까 두려워하고"; 갈 5:19-21, "육체의 일은 분명하니 곧 음행과 더러운 것과 호색과 우상 숭배와 주술과 원수 맺는 것과 분쟁과 시기와 분냄과 당 짓는 것과 분열함과 이단과 투기와 술 취함과 방탕함과 또 그와 같은 것들이라 전에 너희에게 경계한 것 같이 경계하노니 이런 일을 하는 자들은 하나님의 나라를 유업으로 받지 못할 것이요"), 어떻게든 바울로 하여금 교회 안에서 의심과 멸시를 받게 하고, 황제 앞에서 행해질 재판에서 좀 더 혹독한 벌을 받게 하며, 바울을 고소한 자들의 분노를 더욱 부채질해서, 외적인 환난과 고난들로 인해서 바울의 심령을 더욱 괴롭게 만들어서, 바울에게 쏠렸던 사람들의 박수갈채가 그들 자신에게 돌아오게 하려는 무절제한 욕망과 열심이 가득한 자들이었다.

18. 그러면 무엇이냐 겉치레로 하나 참으로 하나 무슨 방도로 하든지 전파되는 것은 그리스도니 이로써 나는 기뻐하고 또한 기뻐하리라.

그러면 무엇이냐 겉치레로 하나 참으로 하나 무슨 방도로 하든지 전파되는 것은 그리스도니. 이렇게 전도자들이 서로 다른 여러 가지 의도로 복음을 전한다고 해서,

그것이 복음 전파에 방해가 되는 것은 아니다. "겉치레로" 복음을 전하든, "참으로," 즉 진실한 마음과 의도로 복음을 전하든, 그 모든 일들은 하나님의 전체적인 섭리에 의해서 이루어지는 것이기 때문에, 너희와 나는 이러다가 그리스도의 복음을 전하는 일이 잘못되는 것이 아닌가 하고 걱정할 필요가 없다. 따라서 앞에서 이미 말했듯이, 나와 동일한 선한 의도를 가지고 사랑 가운데서 진실한 마음으로 신실하게 말씀을 전하는 자들만이 아니라(렘 23:28, "꿈을 꾼 선지자는 꿈을 말할 것이요 내 말을 받은 자는 성실함으로 내 말을 말할 것이라 겨가 어찌 알곡과 같겠느냐"; 마 22:16, "선생님이여 우리가 아노니 당신은 참되시고 진리로 하나님의 도를 가르치시며 아무도 꺼리는 일이 없으시니 이는 사람을 외모로 보지 아니하심이니이다"), 겉으로는 좋아 보이지만 실은 비열하고 악한 목적과 의도로 나를 시기해서 복음을 전하는 자들(빌 1:15; 살전 2:5, "너희도 알거니와 우리가 아무 때에도 아첨하는 말이나 탐심의 탈을 쓰지 아니한 것을 하나님이 증언하시느니라")도 하나님께서 그리스도와 그의 복음의 진보를 이루시는 데 사용하신다. 물론, "투기와 분쟁으로" 복음을 전하는 것은 그 자체로는 옳은 것이 아닌지만, 하나님께서는 그러한 복음 전도도 사용하셔서 사람들을 변화시키신다는 것이다.

이로써 나는 기뻐하고 또한 기뻐하리라. 내가 지금 이렇게 기뻐하는 것은, 사람들이 어떤 동기나 목적으로 복음을 전하든지, 그러한 복음 전도를 통해서 죄인들이 그리스도를 알게 되어 구원에 이르게 되는 너무나 선한 결과가 생겨나게 된다는 것이다. 또한, 좋지 않은 동기로 복음을 전하는 자들이 계속해서 그런 식으로 행하여 나의 환난을 가중시킨다고 하여도, 나는 장래에도 어떤 식으로든 그리스도께서 전파되는 것을 보고 기뻐할 것이기 때문에, 그런 자들은 나에게서 기쁨을 앗아가지 못할 것이다. 왜냐하면, 그런 자들이 그런 식으로 복음을 전파하는 것은 그 자체로는 결코 기뻐할 수 없는 일이기는 하지만, 하나님께서는 그들의 그러한 행위조차도 선하게 사용하셔서, 결국에는 복음의 진보에 기여하는 선한 결과를 만들어 내실 것이기 때문이다.

19. 이것이 너희의 간구와 예수 그리스도의 성령의 도우심으로 나를 구원에 이르게 할 줄 아는 고로.

이것이 … 나를 구원에 이르게 할 줄 아는 고로. 이 절에 나오는 이유를 나타내는 불변화사가 보여 주듯이, 사도는 여기에서 자기가 앞에서 그렇게 말한 이유를 여기에서 설명한다. 즉, 그는 시기로 복음을 전하는 자들은 자신들의 행위로 사도가 더욱 곤경에 처하게 될 줄로 생각하여 그렇게 행하고 있지만, 사실은 그들의 그러한 행위가 사도의 구원에 기여하게 될 것임을 자기는 안다고 말한다. 그들이 하는 행위들은 그로 하여금 복음을 변호하기가 더욱 어렵게 만들고, 따라서 그가 복음을 변호하는 일을 굽히지 않는다면, 네로 황제의 노여움을 사서 목숨이 위태로울 수도 있는 일이었지만, 사도는 그들이 그에게 고통과 괴로움을 더하기 위하여 행하는 일들이 결국에는 그에게 선하게 작용해서(롬 8:28, "우리가 알거니와 하나님을 사랑하는 자 곧 그의 뜻대로 부르심을 입은 자들에게는 모든 것이 합력하여 선을 이루느니라"), 그가 한동안 목숨을 부지하고 안전하게 지내게 되는 데(25절) 큰 역할을 할 것임을 온전히 확신하였다. 여기에서 "구원"은 영혼의 구원이 아니라 이 세상에서 목숨을 건지는 것을 의미한다(행 27:34, "음식 먹기를 권하노니 이것이 너희의 구원을 위하는 것이요 너희 중 머리카락 하나도 잃을 자가 없으리라 하고"; 히 11:7, "믿음으로 노아는 아직 보이지 않는 일에 경고하심을 받아 경외함으로 방주를 준비하여 그 집을 구원하였으니"). 바울이 갇혀 있는 상태는 하나님이 그를 살려 두시기 위한 구원의 방주 역할을 할 것이었기 때문에, 그는 "구원의 투구"(엡 6:17)를 쓰고서 기쁜 마음으로 담대하게 그리스도를 계속해서 증거해 나갈 수 있었다.

너희의 간구와 예수 그리스도의 성령의 도우심으로. 사도는 빌립보 교인들이 자기를 위하여 기도해 주고, 성령이 자기에게 충만히 공급됨으로써, 자기가 목숨을 구하게 될 것임을 확신한다고 말하면서, 먼저 그들에게 자기를 위하여 기도해 달라고 직접적으로 요청하고 있지는 않지만, 실제로는 그들이 자기를 위하여 기도함으로써 계속해서 자기를 도울 수 있다는 것을 암시한다(고후 1:11, "너희도 우리를 위하여 간구함으로 도우라"; 히 13:18, "우리를 위하여 기도하라"). 다음으로, 주님께서 "너희 하늘 아버지께서 구하는 자에게 성령을 주시지 않겠느냐"(눅 11:13)고 약속하신 말씀을 따라, 사도는 자기가 성령의 충만함을 입고, 그 동일한 성령으로부터 머리 되신 예수 그리스도 안에 있는 새로운 은혜를 계속해서 공급받아서(요 1:16, "우리가 다 그의 충만한 데서 받으니 은혜 위에 은혜러라"; 요 3:34, "하나님이 보내신 이는 하나님의 말씀을 하나니 이는 하나님이 성령을 한량 없이 주심이니라"), 자신의 연약한 부분들에서 도우심을 받음으로써(롬 8:26, "성령도 우리의 연약함을 도우시나니"; 고전 12:11, "이 모든 일은 같은 한 성령이 행하사 그의 뜻대로 각 사람에게 나누어 주시는 것이니라"), 자기가 목숨을 구하게 될 것임을 확신한다고 말한다. 따라서 대적들이 어떻게 예상하고 행하든지 간에, 사도는 자기가 머리 되시는 그리스도로부터 지체들에게 은밀하게 전달되는 온갖 보급품들에 힘입어서, 결국에는 악한 자들의 온갖 악한 공격을 다 물리치고 승리하여 천국에 이르게 될 것이라고 확신한다(딤후 4:18, "주께서 나를 모든 악한 일에서 건져내시고 또 그의 천국에 들어가도록 구원하시리니 그에게 영광이 세세무궁토록 있을지어다").

20. 나의 간절한 기대와 소망을 따라 아무 일에든지 부끄러워하지 아니하고 지금도 전과 같이 온전히 담대하여 살든지 죽든지 내 몸에서 그리스도가 존귀하게 되게 하려 하나니.

나의 간절한 기대와 소망을 따라 아무 일에든지 부끄러워하지 아니하고 지금도 전과 같이 온전히 담대하여. 사도는 모든 일이 자신의 대적들의 뜻대로 되지 않고, 자기에게 유익하게 잘 풀려나가게 될 것임을 알고 확신한다고 말하면서, 그 이유와 근거를 자기가 "살아 계신 하나님께" 소망을 두고 있기 때문이라고 설명한다(딤전 4:10). 즉, 살아 계신 하나님께서는 죽음의 위협을 느끼는 온갖 환난들 가운데서 그의 은혜와 긍휼에 소망을 둔 모든 자들을 말씀 한 마디로 건지시고 구원해 주신 분이기 때문이라는 것이다(시 33:18-19; 37:7, 9; 147:11). 사도는 자기가 소망을 두고 있는 하나님은 그런 하나님이시기 때문에, 자신의 신실한 종들이 성령의 도우심을 따라 과거의 경험을 기억하고서 그의 나타나심과 구원하심을 목을 길게 빼고서(여기에서 사용된 헬라어는 이런 의미이다) 구원을 기다리면, 한편으로는 "아무 일에든지 부끄러워하지 아니하게" 될 것이고, 즉 온갖 환난 속에서 하나님의 구원을 기다린 것이 허사가 되어 부끄러움을 당하게 되는 그런 일은 결코 일어나지 않게 될 것이고, 다른 한편으로는 "지금도 전과 같이 온전히 담대하게" 될 것이라고 말한다. 즉, 사도는 하나님에 대한 자신의 그러한 소망이 절대로 자기를 실망시키거나 수치를 당하게 하지 않을 것이라고 확신한다(롬 5:5; 8:25). 그런 까닭에, 사도에게는 자기를 비방하는 자들에게 대답해 줄 말이 있게 될 것이다(시 119:41-42, 46, "여호와여 주의 말씀대로 주의 인자하심과 주의 구원을 내게 임하게 하소서 그리하시면 내가 나를 비방하는 자들에게 대답할 말이 있사오리니 내가 주의 말씀을 의지함이니이다 … 또 왕들 앞에서 주의 교훈들을 말할 때에 수치를 당하지 아니하겠사오며"; 눅 9:26; 딤후 1:12, "이로 말미암아 내가 또 이 고난을 받되 부끄러워하지 아니함은 내가 믿는 자를 내가 알고 또한 내가 의탁한 것을 그 날까지 그가 능히 지키실 줄을 확신함이라"). 또한, 사도는 자기에게는 살아 계신 하나님에 대한 소망이 있기 때문에, 자기가 죽음에서 건짐을 받든, 아니면 죽음에 넘겨지든, 그 어떤 경우에도 담대하게 복음 진리를 시인하고, 그리스도를 자신의 주로 고백하는 일을 변함없이 계속해서 해나갈 수 있다고 말한다.

살든지 죽든지 내 몸에서 그리스도가 존귀하게 되게 하려 하나니. 사도는 지난 세월에 자기가 사역하면서 다른 누구보다도 더 거리낌 없고 담대하게(행 4:13, 29, 31; 고후 11:21; 갈 6:17) 그리스도와 그의 복음을 전하고 변호할 때(행 9:27; 14:3), 하나님이 주신 힘으로 늘 승리해 왔던 것과 마찬가지로, 지금도 비록 자기가 갇혀 있는 상태에 있을지라도, 자기가 존귀한 대접을 받는 것이 아니라, 그리스도께서 존귀하심을 받으시게 하고자 할 것이고, 실제로 그렇게 될 것임을 겸손하게 확신한다. 즉, 사도는 자기가 "살든지 죽든지," 자신의 "질그릇"(고후 4:7) 같은 육신을 통해서, 사람들 앞에서 그리스도께서 점점 더 큰 영광과 찬송을 받게 되실 것이라고 확신한다(롬 14:8, "우리가 살아도 주를 위하여 살고 죽어도 주를 위하여 죽나니 그러므로 사나 죽으나 우리가 주의 것이로다"). 왜냐하면, 사도가 살아서 그리스도의 교훈을 널리 전하여도, 그것으로 인하여 그리스도께서 더욱 영광을 받게 되실 것이고, 사도가 그리스도께 온전히 드려서 아무런 미련도 없는 자신의 육신을 죽음에 내어 주어 그리스도와 그의 복음을 확증하고 인친다고 하여도, 그것으로 인하여 그리스도께서 더욱 영광을 받게 되실 것이기 때문이다.

21. 이는 내게 사는 것이 그리스도니 죽는 것도 유익함이라.

어떤 이들은 이 절을 이렇게 읽는다: "왜냐하면, 그리스도는 삶에서와 죽음에서 나의 유익이시기 때문이다." 또는 "왜냐하면, 그리스도는 내게 삶에서와 죽음에서 유익이시기 때문이다." 이 절을 어떤 식으로 읽든, 모든 해석자들은 여기에서 바울은 살아 있는 동안에나 죽을 때에 그리스도께 소망을 두고 있어서, 자기가 살고 죽는 것은 자기에게는 매한가지이고 아무 상관이 없기 때문에, 자기는 하나님이 기뻐하시는 뜻에 순종하여 행함으로써, 자신의 삶을 통해서이든 자신의 죽음을 통해서이든 오직 그리스도만이 영광을 받으시고 존귀하게 되시기만을 바란다고 말하고 있다고 보는 데에는 아무런 이의가 없다. 흠정역의 번역을 따르면, 전반절은 그리스도께서 존귀하게 되시는 것을 가리키고, 후반절은 바울의 구원(본문에서 "유익함"으로 표현됨)을 가리키는 것이라고 본다: "왜냐하면, 내게 있어서 산다고 해도 그것은 그리스도를 위한 것이고, 죽는다고 해도 그것은 (내게) 유익이 되는 일이기 때문이다." 어떤 이들은 전반절은 사도가 갈라디아서 2:20에서 "내가 그리스도와 함께 십자가에 못 박혔나니 그런즉 이제는 내가 사는 것이 아니요 오직 내 안에 그리스도께서 사시는 것이라 이제 내가 육체 가운데 사는 것은 나를 사랑하사 나를 위하여 자기 자신을 버리신 하나님의 아들을 믿는 믿음 안에서 사는 것이라"고 말한 것처럼, 자기는 그리스도와 연합되어 있어서, 그리스도는 자신의 삶의 원리이며, 자기가 산다는 것은 그리스도께서 사시는 것임을 밝힌 것이라고 본다.

하지만 어떤 이들은 전반절에서 사도는 자기는 지금까지 그리스도를 섬기고 복음을 전하는 것을 일생의 과업으로 삼아 왔기 때문에, 자기가 계속해서 살아 있게 된다면, 이후에도 그리스도의 복음을 전하고 그리스도의 이름을 위하여 고난을 받음으로써 그리스도를 영화롭게 하는 삶을 살게 될 것이라고 말한 것으로 본다. 따라서 사도는 후반절에서 자기가 그리스도를 증거하다가 죽는다면, 자기는 그리스도와 함께 있게 될 것이고(빌 1:23), "몸을 떠나 주와 함께 있는"(고후 5:8) 것은 자기에게 더 좋은 일이기 때문에, 그것은 자기에게 "유익"이 될 것이라고 말하고 있는 것이 된다. 왜냐하면, 우리는 "죽었고 우리 생명이 그리스도와 함께 하나님 안에 감추어져" 있기 때문이다(골 3:3). 따라서 죽음은 바울에게서 무엇인가를 빼앗아가서 피폐하게 만드는 것이 아니라 도리어 풍성하게 해 줄 것이다. 이렇게 읽는 해석자들은 전반절이 후반절의 근거 또는 이유를 말하고 있는 것으로 보는 것이기 때문에, 이 절의 의미는 다음과 같은 것이 된다: 사도는 자기는 지금까지 살든지 죽든지 오직 그리스도만을 신실하게 섬겨 왔기 때문에(롬 14:8), 자기가 살게 되든 죽게 되든 자기를 통해서 그리스도께서 존귀하게 되는 것이 자기에게 유익이라고 여겼다.

사도는 사도행전 20:24에서 "내가 달려갈 길과 주 예수께 받은 사명 곧 하나님의 은혜의 복음을 증언하는 일을 마치려 함에는 나의 생명조차 조금도 귀한 것으로 여기지 아니하노라"고 말한 것과 같이, 삶과 죽음을 하찮은 것으로 여겼기 때문에, 살고 죽는 것에 개의치 않았고, 자기가 일생 동안 섬기며 향유해 왔던 그리스도 외에는 자기에게는 다른 생명이 없다고 여겼다. 따라서 사도가 계속해서 육신을 입고 살아간다면, 그리스도의 교회의 덕을 세우는 일에 온 삶을 바칠 것이기 때문에, 그것은 그리스도께 득이 될 것이고, 자기가 그리스도와 그의 복음을 위하여 죽게 된다면, 자신의 순교의 피로 말미암아 복음 진리가 더욱 확증되고 더욱 널리 퍼지게 될 것이기 때문에, 그것도 그리스도께 득이 됨과 동시에, 사도 자신도 "세상을 떠나서" 모든 신실한 종들을 사나 죽으나 복되게 해 주실 유일한 분이신 "그리스도와 함께 있게"(23절) 될 것이기 때문에, 유익을 얻게 될 것이다.

22. 그러나 만일 육신으로 사는 이것이 내 일의 열매일진대 무엇을 택해야 할는

지 나는 알지 못하노라.

그러나 만일 육신으로 사는 이것이 내 일의 열매일진대. 어떤 이들은 헬라어 불변화사들의 여러 가지 용법에 의거해서 이 절의 전반부를 의문문으로 해석한다: "그러나 과연 육신으로 사는 것이 (죽는 것보다) 더 가치가 있거나 유익한 일인가?" 사도는 앞에서 이미 자기가 살고 죽는 것은 아무 상관이 없고 마찬가지이기 때문에, 오직 하나님의 뜻에 전적으로 순종하여 자기가 살든지 죽든지 오직 그리스도만이 영광을 받으시게 하는 것만이 중요하다고 말한 후에, 이제 여기에서는 현재의 여러 가지 상황을 종합적으로 저울질해 보았을 때, 자기가 "육신으로 사는 이것," 즉 이 죽을 몸을 입고 이 땅에서 살아 가는 것(갈 2:20; 벧전 4:1)과 주님을 위하여 죽어서 세상을 떠나 주님과 함께 있게 되는 것(23절) 중에서 어느 쪽이 그리스도와 자기 자신에게 유익이 되는지를 심사숙고해서 따져 나간다.

무엇을 택해야 할는지 나는 알지 못하노라. 사도는 빌립보 교인들을 자기 자신처럼 사랑하기 때문에, 자신의 사역을 계속해서 그들에게 유익과 은혜를 끼침으로써 그리스도께 더 많은 열매를 바쳐 드리는 것과 원수들로부터 고난을 받고 순교자의 피를 흘려서 면류관을 받는 것(딤후 4:8, "이제 후로는 나를 위하여 의의 면류관이 예비되었으므로 주 곧 의로우신 재판장이 그 날에 내게 주실 것이며 내게만 아니라 주의 나타나심을 사모하는 모든 자에게도니라") 중에서 하나님이 그에게 어느 한 쪽을 택하라고 하신다면, 어느 쪽을 택해야 할지를 모르겠다고 고백한다.

23. 내가 그 둘 사이에 끼었으니 차라리 세상을 떠나서 그리스도와 함께 있는 것이 훨씬 더 좋은 일이라 그렇게 하고 싶으나.

내가 그 둘 사이에 끼었으니. 사도는 둘 중에서 어느 쪽을 택하는 것이 최선인지를 알지 못했기 때문에, 어떻게 해야 할 줄을 몰라서 옴싹달싹 못하는 처지가 되어서 답답해하였다("끼었다"로 번역된 단어의 용례에 대해서는 눅 12:50; 행 18:5을 보라). 사도가 그리스도와 그의 복음을 위하여 순교하든, 아니면 교회를 위하여 계속해서 수고하든, 그리스도께서 영광을 받으시는 것은 마찬가지일 것이었기 때문에, 사도에게는 세상을 떠나서 그리스도와 함께 있는 것이 더 기쁜 일이어서, 그렇게 하고 싶은 마음이 훨씬 더 강했지만, 그가 육신으로 살아 있어서 계속해서 교회의 지체들의 덕을 세우는 일도 꼭 필요한 일이었고, 그것은 그들에게 그가 죽는 것보다 더 유익한 일이 될 것이었다. **차라리 세상을 떠나서.** 사도는 세상에서 고난을 당하고 괴로움을 겪는 것이 싫어서 세상을 떠나고자 한 것이 아니었고, 진흙으로 만들어진

이 육신의 장막에서 놓여나서 더 나은 곳인 천국으로 가서 그리스도와 함께 있게 되기를 지속적이고도 적극적으로 간절하게 소원하였다(시 42:1-2; 전 12:7; 눅 2:29; 12:36; 고후 5:1, 4; 딤후 4:6). 그리스도와 함께 있는 것이 훨씬 더 좋은 일이라 그렇게 하고 싶으나. 사도는 자기가 육신을 벗어 버리고 천국으로 가서 그리스도와 함께 지내는 것이 자기에게는 "훨씬 더 좋은 일"이라고 고백한다(고후 5:8; 눅 23:43; 살전 4:17).

24. 내가 육신으로 있는 것이 너희를 위하여 더 유익하리라.

사도는 자기 자신을 생각할 때는 죽어서 그리스도께로 가는 것이 훨씬 더 좋은 일이라고 앞에서 말한 후에, 여기에서는 그럼에도 불구하고 교회를 생각하면, 자기가 이 죽을 몸을 입고 이 땅에 머물러 있는 것이 그들에게 좋고 유익이 될 것이라고 말한다. 왜냐하면, 사도는 거짓 사도들이 "사나운 이리"(행 20:29) 같이 그들 속으로 들어와서는 교묘한 술수와 거짓말로 그들을 유혹하여 어그러진 길로 이끌고 가고자 하게 될 것을 뻔히 보거나 예상하면서, 빌립보 교인들을 비롯한 여러 교회들의 믿음을 더욱 견고하게 세울 필요가 절실한 상황이라는 것을 알면서도, 나 몰라라 하며 그들을 외면하고 세상을 떠나는 것은 차마 못할 짓이었기 때문이다.

25. 내가 살 것과 너희 믿음의 진보와 기쁨을 위하여 너희 무리와 함께 거할 이것을 확실히 아노니.

이것을 확실히 아노니. 사도는 자기가 앞에서 말했던 것, 즉 자기가 이 세상에 좀 더 계속해서 살아 있는 것이 그리스도의 교회, 특히 빌립보 교인들에게 유익이 될 것임을 확신하고서, 자기가 앞으로 재판 과정에서 죽게 되지 않고 살게 될 것임을 단지 유력한 추측 이상의 확신을 가지고 말하는 가운데, 설령 자기가 죽게 되는 일이 일어난다고 하여도, 그들은 그리스도께 꼭 붙어 있어야 한다고 간곡하게 당부한다(빌 1:27; 2:17, "만일 너희 믿음의 제물과 섬김 위에 내가 나를 전제로 드릴지라도 나는 기뻐하고 너희 무리와 함께 기뻐하리니"). 여기에서 사도가 "안다"고 말한 데에는 그럴 만한 근거가 있었을 것이다. 즉, 사도는 전에도 종종 그랬듯이(행 16:9-10; 23:11) 예언의 영으로 말미암아 구체적인 계시를 받았거나, 성도들의 믿음의 기도의 도움을 받아서(빌 1:19) 성령이 그의 심령 속에서 증거하여 그의 믿음과 확신을 견고하게 해 줌으로써(롬 8:16, "성령이 친히 우리의 영과 더불어 우리가 하나님의 자녀인 것을 증언하시나니") 이것을 알게 되었을 것이다. 베드로전서 1:8과 비교해 보라.

내가 살 것과 너희 믿음의 진보와 기쁨을 위하여 너희 무리와 함께 거할. 사도는 앞에서 자기가 죽지 않고 살게 될 것임을 확실히 안다고 말한 후에, 여기에서는 그 목적이 자기가 그들과 함께 있어서 그들 가운데서 사역을 행하여, 그리스도를 믿는 믿음이 그들 속에서 더욱 깊어지게 하고, 성령 안에서 그들의 기쁨이 더욱 충만해지게 하며, 자기로 하여금 무사히 그들에게 돌아오게 하신 예수 그리스도의 권능을 자랑하는 것이 그들 가운데서 더욱 많아지게 하기 위한 것이라고 말한다. 에베소서 4:1과 디모데후서 4:17은 사도가 로마에서 처음 구금되어 있을 때에 이 서신을 썼던 것으로 보이고, 이후에는 구금 상태에서 풀려나서, 자기가 세웠던 교회들로 돌아가서 여러 해 동안 사역을 하였음을 보여 준다.

26. 내가 다시 너희와 같이 있음으로 그리스도 예수 안에서 너희 자랑이 나로 말미암아 풍성하게 하려 함이라.

여기에서 사도는 그들과 다시 함께 있게 되고 그들 곁에 머물게 될 것임을 확신하는 가운데, 자기가 세상을 떠나서 영광 중에 그리스도를 뵈옵게 되는 일이 당분간 미루어진다고 할지라도, 갇혀 있는 상태에서 놓여나서 그들에게로 가서 함께 박해를 받으며 그들을 섬기겠다고 말함으로써, 그들에 대한 놀라운 사랑과 애정을 표현한다. 아울러, 사도는 자기가 그들에게로 돌아가면, 그들은 이 일에서 권세를 보여 주신 그리스도 예수, 자기가 그들에게 전하였던 저 교훈의 근원이시고 그들의 구원의 원천이시며 모든 그리스도인들의 공통의 머리 되시는 그리스도 예수를 더욱 자랑할 수 있게 될 것이라고 말한다.

27. 오직 너희는 그리스도의 복음에 합당하게 생활하라 이는 내가 너희에게 가 보나 떠나 있으나 너희가 한마음으로 서서 한 뜻으로 복음의 신앙을 위하여 협력하는 것과.

오직 너희는 그리스도의 복음에 합당하게 생활하라. 사도가 앞으로 어떻게 되든지, 그런 것과는 상관없이, 복음의 교제 속으로 들어온 너희는 "그리스도의 복음에" 진정으로 합당하게 살아가고 처신하는 것은 너희의 본분이자 도리이다. 이 서신에서는 나중에 3:20과 4:8에 나오고, 다른 곳에서는 사도행전 23:1에 나오는 이 어구의 원래의 의미는, 어떤 도시의 시민들이 시민이라는 신분에 걸맞게 자신들이 살아가는 사회의 공공의 선에 가장 유익을 끼치는 방식으로 처신하고 살아가는 것이다. 따라서 사도는 여기에서 빌립보 교인들에게 그들은 세상에 속한 자들이 아니고 그들의 머리 되시는 그리스도께 속한 자들이기 때문에(요 15:19; 17:16, "내가 세상에 속하지 아니함 같이 그들도 세상에 속하지 아니하였사옵나이다"), 그들의 삶과 행실은 모든 면에서 하나님의 부르심에 합당한 것이 되어야 하고(엡 4:1; 골 1:10; 살전 2:12) 회개에 합당한 열매를 맺어야 한다고 말하고 있는 것이다.

이는 내가 너희에게 가 보나 떠나 있으나. 사도는 자기가 그들에게서 떠나 있을 때에도, 그들 가운데 있어서 그들을 감독할 때와 마찬가지로, 그들이 그리스도인으로서의 담대함과 하나됨과 인내로써 변함없이 복음을 위해서 힘쓰는 것이 합당하다는 것을 보여 준다. 사도가 이렇게 말하는 것은 자기가 머지않아 그들에게 돌아가서 그들을 더욱 세우는 일을 하게 될 것에 대하여 의심이 있었기 때문이 아니라, 자기가 그들에게서 떠나 있을 때이든 그들 가운데 있을 때이든 상관없이, 그들이 하나님의 뜻에 온전히 순종하는 것이 마땅한 일인 까닭에, 그들에게 나태함을 떨쳐 버리고 부지런히 그들의 본분과 도리를 다하라고 당부하는 것이 자신의 일이기 때문이었다. 사도는 자기가 비록 떠나 있을지라도, 그들이 그렇게 하고 있다는 소식을 듣는다면, 자신의 마음이 무척 기쁠 것임을 내비친다.

너희가 한마음으로 서서 한 뜻으로 복음의 신앙을 위하여 협력하는 것과. (1) 사도는 그들이 거룩하고 친밀하며 향기롭고 지속적인 연합을 이루기 위하여 꾸준히 애쓰는 모습을 보고 싶어 한다. 여기에서 "한마음"은 거룩하게 하시는 성령의 빛을 받아 동일한 이해와 지각을 갖게 되는 것을 의미하고, "한 뜻"은 그들을 하나로 묶어 주어서 어떠한 시험에도 흔들리지 않게 해 줄 동일한 원리를 의미하는 것으로 보인다. 빌립보서 2:2; 3:16과 로마서 12:16; 고린도전서 1:10; 고린도후서 13:11; 에베소서 4:2-3; 베드로전서 3:8을 비교해 보라. 우리 구주께서는 "우리와 같이 그들도 하나가 되게 하옵소서"(요 17:11, 20-23)라고 기도하셨고, 사도들을 비롯한 믿는 자들은 주님의 말씀에 따라 "마음을 같이 하여" 기도하고 행하였다(행 1:14; 2:16; 4:32; 5:12). (2) 사도는 그들이 마음과 뜻을 같이 할 뿐만 아니라, 행위에 있어서 서로 협력하는 모습을 보고 싶어 한다. 즉, 신령한 자들로 부르심을 받은 그들은, 교회를 괴롭히고 복음 신앙을 무너뜨리고자 하는 모든 대적들에 맞서서, 자신들의 헌장인 복음을 지키고, 기독교 신앙의 주된 원리들을 지켜 나가는 데 힘을 한데 모으는 것이 합당하다는 것이다(고전 9:24-25; 갈 5:13; 엡 6:14; 딤후 4:7). (3) 마술사 시몬 등이 그랬던 것처럼(행 8:18-21), 그들을 비방하고 박해하는 자들은 지독한 악의를 가지고 의도적으로 복음 진리와 그 진리를 고백하는 자들을 반대하였는데(딤전 1:20; 딤후 1:15), 사도는 빌립보 교인들이 그러한 박해와 고난 가운데서도 담대함을 잃지 않는 모습을 보고 싶어 한다.

28. 무슨 일에든지 대적하는 자들 때문에 두려워하지 아니하는 이 일을 듣고자 함이라 이것이 그들에게는 멸망의 증거요 너희에게는 구원의 증거니 이는 하나님께로부터 난 것이라.

무슨 일에든지 대적하는 자들 때문에 두려워하지 아니하는 이 일을 듣고자 함이라. 사도가 여기에서 사용한 헬라어는, 사람이나 말이 철천지원수의 광분함과 가혹한 비난에 놀라거나 겁을 먹고 요동하는 것이 아니라, 조금도 요동하지 않고 당당하고 굳건하게 제자리를 지키는 것을 의미한다. 이 단어는 마태복음 10:28("몸은 죽여도 영혼은 능히 죽이지 못하는 자들을 두려워하지 말고 오직 몸과 영혼을 능히 지옥에 멸하실 수 있는 이를 두려워하라")과 누가복음 12:32("적은 무리여 무서워 말라 너희 아버지께서 그 나라를 너희에게 주시기를 기뻐하시느니라")에서도 그런 의미로 사용되고 있다.

이것이 그들에게는 멸망의 증거요 너희에게는 구원의 증거니. 한편으로 생각하면, 그들이 그토록 집요하게 광분하고 난리를 치는 것은 복음의 진리가 그들을 파멸에 이르게 하는 치명적인 것임을 반증하는 것이기 때문에, 복음의 대적들인 그들이 결국에는 철저하게 멸망하게 될 것을 미리 보여 주는 증거이자 전조라고 할 수 있다(출 22:22-24; 롬 2:8-9; 살후 1:4-9, "너희가 견디고 있는 모든 박해와 환난 중에서 너희 인내와 믿음으로 말미암아 하나님의 여러 교회에서 우리가 친히 자랑하노라 … 너희로 환난을 받게 하는 자들에게는 환난으로 갚으시고 환난을 받는 너희에게는 우리와 함께 안식으로 갚으시는 것이 하나님의 공의시니 주 예수께서 자기의 능력의 천사들과 함께 하늘로부터 불꽃 가운데에 나타나실 때에 하나님을 모르는 자들과 우리 주 예수의 복음에 복종하지 않는 자들에게 형벌을 내리시리니 이런 자들은 주의 얼굴과 그의 힘의 영광을 떠나 영원한 멸망의 형벌을 받으리로다"). 반면에, 믿는 자들이 복음에 합당하게 행하고 있다는 것은 그들이 장차 영원한 복락과 영광을 받게 될 것임을 보여 주는 분명한 증거가 된다(마 5:10; 10:32, 39; 롬 2:7, 10; 엡 3:13; 살후 1:6-7).

이는 하나님께로부터 난 것이라. 하나님의 백성이 대적들에 의해서 한동안 압제와 박해를 받는 것은 만유를 주관하시는 지극히 지혜로우시고 의로우신 하나님의 섭리에 따른 것이다(욥 1:12; 잠 16:4). 하지만 하나님은 "자기를 찾는 자들에게 상 주시는 이"(히 11:6)이시기 때문에, 자신의 은혜와 힘을 공급해 주셔서, 믿는 자들이 짊어진 십자가의 혹독함을 덜어 주시고, 그들로 하여금 능히 대적들의 온갖 공격을 다 막아낼 수 있게 하심은 물론이고, "그의 거룩하심에 참여하게" 하시고, 결국에는 영광에 이르게 하신다(히 12:10-11; 딤후 2:11-12). 이것은 다른 교회들에게와 마찬가지로 빌립보 교회의 신자들에게도 아주 큰 위로가 되었을 것이다(갈 6:17).

29. 그리스도를 위하여 너희에게 은혜를 주신 것은 다만 그를 믿을 뿐 아니라 또한 그를 위하여 고난도 받게 하려 하심이라.

그리스도를 위하여 너희에게 은혜를 주신 것은. 사도는 자기가 앞에서 그들에게 권한 것을 그들로 하여금 행하도록 하기 위하여, 여기에서 하나님이 그들에게 자신의 은혜를 값없이 주셨다는 사실을 또 하나의 이유로 덧붙이는데, 그들이 복음의 신앙을 갖게 된 것이나, 인내로써 믿음을 지킬 수 있는 것은 그들 자신의 힘이 아니라 그리스도의 공로와 중보로 말미암은 것이라고 말한다(빌 4:13, "내게 능력 주시는 자 안에서 내가 모든 것을 할 수 있느니라").

다만 그를 믿을 뿐 아니라. 그들이 그리스도를 믿게 된 것은 그들의 자신의 능력으로 된 것이 아니고(요 6:37, 44, "아버지께서 내게 주시는 자는 다 내게로 올 것이요 … 나를 보내신 아버지께서 이끌지 아니하시면 아무도 내게 올 수 없으니"), 하나님이 값없이 거저 주신 선물이었다(엡 2:8, "너희는 그 은혜에 의하여 믿음으로 말미암아 구원을 받았으니 이것은 너희에게서 난 것이 아니요 하나님의 선물이라"). 사도 바울이 빌립보에 처음으로 전도하러 가서 말씀을 전하였을 때, "주께서" 루디아에게 은혜를 주셔서 "그 마음을 열어" 믿게 하신 것(행 16:14)이 그 생생한 사례였다. 말씀을 듣는 자들은 많지만, 그들이 모두 다 믿음을 갖게 되는 것은 아니었다(마 13:11; 살후 3:2, "믿음은 모든 사람의 것이 아니니라"; 딛 1:1, "하나님이 택하신 자들의 믿음"). 이렇게 "은혜"도 주어지는 것이고, 믿는 자들이 하나님이 주신 은혜 안에서 행하는 것도 역시 주어지는 것이다.

또한 그를 위하여 고난도 받게 하려 하심이라. 사도는 하나님께서 그들에게 은혜를 주신 것은 그들로 하여금 그리스도로 말미암은 고난을 받을 수 있게 하시기 위한 것이었다고 말한다. 따라서 여기에서 "고난을 받는다"는 것은 고난을 감당할 수 있는 능력이 믿는 자들에게 주어졌다는 것만을 의미하는 것이 아니라, 믿는 자들이 실제로 고난을 받는 것도 의미한다. 첫 번째 창조에서 하나님께서 나무들이 열매를 맺을 수 있는 능력을 주셨고, 거기에 따라 나무들이 실제로 열매를 맺었던 것과 마찬가지로, 하나님께서는 빌립보 교인들에게 믿음이라는 선물을 값없이 주셨기 때문에, 그들은 하나님이 주신 은혜를 따라 실제로 믿음을 발휘하여 고난을 감당하는 것이 마땅하였다. 즉, 그들은 하나님의 은혜와 성령으로 말미암아 실제로 믿을 수 있게 되었고(막 9:24; 고전 15:10; 고후 4:13), "그리스도로 말미암아 하나님을 향하여 확신"을 갖게 되었듯이(고후 3:4), 동일한 토대 위에서 그리스도를 증거하다가 고난을 당할 때에 그 고난을 얼마든지 계속해서 감당할 수 있게 되어서(행 5:41; 벧전 3:14; 4:16), 그들의 평안함과 담대함과 당당함으로 인해서, 도리어 대적들이 당황스러워하는 일이 벌어지게 되었다.

30. 너희에게도 그와 같은 싸움이 있으니 너희가 내 안에서 본 바요 이제도 내 안에서 듣는 바니라.

사도는 자기가 그들 가운데서 겪었던 것(행 16:19-24, 바울이 귀신 들려서 점치는 여종에게서 귀신을 쫓아내 주자, 그 주인들이 자신들의 수익이 끊어진 것을 보고, 그와 실라를 관리들에게 넘겨서, 두 사람이 옥에 갇히게 된 사건)과 지금 로마에서 겪고 있는 것(빌 1:13) 같은 시련과 환난들에 그들도 담대하게 동참할 것을 촉구하고 격려한다. 즉, 바울은 그들이 자신의 고난으로 인한 복된 결과들이 그들에게 미치기를 바라고서 기다리고 있지만 말고, 자신의 고난을 모범으로 삼아 "그와 같은 싸움"을 싸우라고 권면한다.

MATTHEW POOLE'S COMMENTARY

빌립보서 2장

개요

1. 빌립보 교인들에게 서로 사랑하고 하나가 되라고 간곡하게 권면함(1–2).
2. 겸손한 마음을 가지라고 함(3).
3. 그리스도의 삶과 죽음을 본받아, 스스로 낮아져서 사랑으로 다른 사람들의 유익을 구하라고 함(4–8).
4. 하나님께서는 스스로 낮아지신 그리스도를 지극히 높이셔서 만유의 주로 삼으심(9–11).
5. 조심스럽게 행하여 그들 자신의 구원을 이루라고 권면함(12–13).
6. 모든 일에서 기쁜 마음으로 하나님의 뜻에 순종하여 탁월한 미덕의 모범이 됨으로써 세상 사람들과 구별되는 자들이 되라고 권면함(14–15).
7. 그들이 그렇게 견실한 모습을 보일 때, 바울은 자신의 수고가 헛되지 않은 것을 알고 기뻐하게 될 것인데, 자기는 그들을 섬기는 일이라면 목숨까지라도 기꺼이 내어놓겠다고 말함(16–18).
8. 머지않아 디모데를 그들에게 보낼 것이라고 말하고, 디모데를 크게 칭찬함(19–24).
9. 마찬가지로, 이 서신을 그들에게로 가져 갈 에바브로디도의 사랑과 열심을 크게 칭찬함(25–30).

1. 그러므로 그리스도 안에 무슨 권면이나 사랑의 무슨 위로나 성령의 무슨 교제나 긍휼이나 자비가 있거든.

여기에서 사도는 앞 장에서 빌립보 교인들에게 하나가 되라고 권면한 것(1:27-28, "너희가 한 마음으로 서서 한 뜻으로 복음의 신앙을 위하여 협력하는 것 … 을 듣고자 함이라")의 연장선 상에서, 바로 앞에서 말한 것을 근거로 거기에서 도출되는 결론이라는 형식으로, 일종의 수사학적인 표현을 사용하여 지극히 애정어린 태도로 그들에게 간곡히 부탁하는 말을 한다.

그러므로 그리스도 안에 무슨 권면이나. 여기에서 "권면"으로 번역된 단어는 사도행전 13:15; 데살로니가전서 2:3; 디모데전서 4:13 등에서 그런 의미로 사용되고 있다. 바울은 빌립보 교인들이 사랑 가운데서 한마음과 한 뜻이 되어서 서로 그리스도의 이름으로 권면한다면, 그러한 권면은 그리스도와 그들 모두를 기쁘게 하는 것이 될 것이라고 말한다. 또는, 이 단어는 "위로"로 번역되기도 하는데(롬 15:4; 고후

1:4), 흠정역은 그런 번역을 따르고 있다. 즉, 바울은 아무리 거짓 사도들이 그동안에 빌립보 교회에 슬그머니 들어와서 교인들을 감언이설로 미혹하는 일이 있었다고 하여도, 빌립보 교인들 중 대다수는 그들 가운데서 전에 자기가 행한 사역으로 말미암아 그가 여기에서 그들에게 온전히 이루라고 권면하고 있는 것(1:6-7, 27)을 어느 정도는 이루었다는 것을 당연한 것으로 전제하고서, 자기가 떠나 있는 동안에 그들이 더욱더 거기에 힘써서 더 많은 진보를 이룬 것이 확인되어서, 그것이 자기와 그들에게 "위로"가 되기를 기대한다. 하지만 "그리스도 안에서의 위로"는 다음 둘 중의 하나를 의미하는 것으로 보인다. (1) 우리는 이것을 능동의 의미로 해석해서, "그리스도의 일로 말미암아 고난을 받고 있는 나를 너희가 위로하고자 한다면, 또는 도덕철학으로부터가 아니라 그리스도 안에 있는 위로들로부터 오거나, 동일한 그리스도를 섬기는 자들 안에 있는 기독교 신앙에 합당한 위로가 너희에게 있다면, 그리스도의 사도인 나도 거기에 동참하는 것이 마땅하다"는 의미로 이해할 수 있다. (2) 우리는 이것을 고린도후서 7:4, 6과 빌레몬서 1:7의 경우처럼 수동의 의미로 해석해서, 바울이 "너희가 그리스도 안에서 나의 사역으로 말미암아 너희의 환난들을 이길 수 있는 어떤 위로를 얻거나 발견한다면, 서로 동일하게 환난 가운데 있는 우리는 서로의 모습을 보면서 더욱 큰 위로를 받게 될 것"이라고 말한 것으로 이해할 수도 있다.

사랑의 무슨 위로. 아람어 역본에서는 이 어구를 "진심에서 우러나와서 너희를 위로하는 선한 말은 너희의 마음에 닿는다"는 취지로 번역하고 있다. "사랑의 위로"는 하나님이나 그리스도의 사랑, 또는 형제들의 사랑으로 인하여 마음이 힘과 기쁨을 얻게 되는 것을 의미한다(요 11:19, 31; 고전 14:3; 살전 2:11; 5:14). 이것은 빌립보 교인들이 그들에 대한 사도의 사랑으로 인하여 힘을 얻게 되기를 바란다는 의미일 수도 있고, 사도가 자신에 대한 빌립보 교인들의 거짓 없는 사랑으로 말미암아 힘을 얻게 되기를 바란다는 의미일 수도 있다. 사도는 고린도후서 7:7에서 디도가 "너희에게서 받은 그 위로로 위로하고 너희의 사모함과 애통함과 나를 위하여 열심 있는 것을 우리에게 보고함으로 나를 더욱 기쁘게 하였느니라"고 말함으로써, 자기 및 자기와 함께 한 사람들이 고린도 교인들의 거짓 없는 진실한 사랑으로 말미암아 위로를 받고 기뻐하였음을 보여 주는데, 여기에서 "사랑의 무슨 위로"는 사도가 빌립보 교인들에게도 그것과 동일한 것을 기대하는 말일 수 있다.

성령의 무슨 교제. 사도는 빌립보 교인들이 성령의 은혜와 은사들 가운데서 자기와 서로 교제하고 교통하는 가운데, "한마음으로" 굳게 "서서"(빌 1:27), 동일한 성령 안에서 신앙을 지키는(고전 12:4) 모습을 보고 싶어 한다. 이 동일한 성령은 그리스도의 신비의 몸에 속한 모든 지체들 안에서 역사하고, 모든 지체들은 성령 안에서 자신들의 머리이신 그리스도께 참여한다. **긍휼이나 자비가 있거든.** 사도는 자기가 그리스도 안에서 빌립보 교인들을 애끓는 심정으로 진심으로 사모하고 염려하듯이(빌 1:8), 빌립보 교인들도 그리스도를 위하여 쇠사슬에 묶인 몸이 된 자기를 그렇게 진심으로 사랑하고 염려하는 것이 마땅하다고 말한다(눅 1:78; 고후 7:15; 골 3:12). 여기에서 "긍휼"로 번역된 헬라어는 직역하면 "창자"인데, 사도는 먼저 "창자"라는 비유를 사용해서 성도들 간에 서로를 염려해 주는 마음을 표현한 후에, "자비"라는 단어로 그 비유의 의미를 직설적으로 다시 한 번 표현한다. 이렇게 사도는 열렬하고 뜨겁게 논증들을 전개해 나감으로써, 빌립보 교인들에게 자기가 그들에게 권면하고 명한 일들을 그대로 행하기를 강력하게 촉구한다.

2. 마음을 같이하여 같은 사랑을 가지고 뜻을 합하며 한마음을 품어.

마음을 같이하여. "마음을 같이하는" 것은 그들이 하나님의 뜻과 생각을 그대로 따라서 동일한 것들을 믿고 동일하게 느낄 때에 이루어진다(빌 3:15; 행 4:32; 롬 12:16; 고후 13:11). **같은 사랑을 가지고.** 이것은 서로를 진심으로 사랑하는 것을 뜻한다. 에베소서 4:1-3에서는 "너희가 부르심을 받은 일에 합당하게 행하여 모든 겸손과 온유로 하고 오래 참음으로 사랑 가운데서 서로 용납하고 평안의 매는 줄로 성령이 하나 되게 하신 것을 힘써 지키라"고 말하고, 골로새서 3:12-14에서는 "너희는 하나님이 택하사 거룩하고 사랑 받는 자처럼 긍휼과 자비와 겸손과 온유와 오래 참음을 옷 입고 누가 누구에게 불만이 있거든 서로 용납하여 피차 용서하되 주께서 너희를 용서하신 것 같이 너희도 그리하고 이 모든 것 위에 사랑을 더하라 이는 온전하게 매는 띠니라"고 말한다. **뜻을 합하며.** 사도는 빌립보 교인들이 모두가 다 정직하게 복음을 위하여 일하고자 하는 데 한 뜻이 되기를 촉구한다. 요한복음 17:22에서는 "내게 주신 영광을 내가 그들에게 주었사오니 이는 우리가 하나가 된 것 같이 그들도 하나가 되게 하려 함이니이다"라고 말하고, 베드로전서 3:8에서는 "마지막으로 말하노니 너희가 다 마음을 같이하여 동정하며 형제를 사랑하며 불쌍히 여기며 겸손하며"라고 말한다. **한마음을 품어.** 이것은 모두가 동일하게 생각하고 판단하여 그리스도의 일에 진보가 있게 하라는 것이다. 사도는 고린도전서 1:10에서 "형제들아 내가 우리 주 예수 그리스도의 이름으로 너희를 권하노니 모두가 같은 말을 하고 너희 가운데 분쟁이 없이 같은 마음과 같은 뜻으로 온전히 합하라"고 말하고, 갈라디아서 5:7, 10에서도 "나는 너희가 아무 다른 마음을 품지 아니할 줄을 주 안에서 확신하노라 그러나 너희를 요동하게 하는 자는 누구든지 심판을 받으리라"고 말한다.

3. 아무 일에든지 다툼이나 허영으로 하지 말고 오직 겸손한 마음으로 각각 자기보다 남을 낫게 여기고.

사도는 빌립보 교인들로 하여금 자기가 앞에서 그토록 열렬하고 간절하게 그들에게 권면하였던 것들을 제대로 행하도록 하기 위하여, 여기에서는 사람들로부터 높임을 받거나 박수갈채를 받고자 하는 이기적인 마음을 버리고서, 자기를 부인하고 겸손하여야 한다고 말한다. 아무 일에든지 다툼이나 허영으로 하지 말고. 이것은 그들이 다른 사람들보다 자기가 더 뛰어나고자 하는 야심을 품고 경쟁함으로써 서로를 자극하고 도발하며 서로 간에 다툼과 싸움과 시비가 끊이지 않는 무절제하고 혼란스러운 상황을 야기시켜서는 절대로 안 된다는 것이다. 그런 식으로 행하는 것은 참된 기독교 신앙과는 정반대로 육신의 혈기를 따라 행하는 것으로서(빌 2:14, "모든 일을 원망과 시비가 없이 하라"; 롬 2:8, "오직 당을 지어 진리를 따르지 아니하고 불의를 따르는 자에게는 진노와 분노로 하시리라"; 갈 5:16, 24, 26, "헛된 영광을 구하여 서로 노엽게 하거나 서로 투기하지 말지니라"), 그리스도인에게 합당한 참된 일치를 완전히 무너뜨리고(롬 13:13; "시기와 다툼이 있는 곳에는 혼란과 모든 악한 일이 있음이라"), 믿음을 파괴하는 행위이다(요 5:44, "너희가 서로 영광을 취하고 유일하신 하나님께로부터 오는 영광은 구하지 아니하니 어찌 나를 믿을 수 있느냐"; 고후 12:20).

오직 겸손한 마음으로 각각 자기보다 남을 낫게 여기고. 여기에서 사도는 그리스도인으로서의 참된 겸손함과 온유함을 귀하게 여겨서, 다른 사람을 자기보다 더 나은 자로 여김으로써 그러한 겸손함과 온유함을 실천하라고 권면하는데, 이것은 당시에 이방의 철학자들이 사람들에게 권하던 것과는 다른 것이었다(마 11:29, "나는 마음이 온유하고 겸손하니 나의 멍에를 메고 내게 배우라 그리하면 너희 마음이 쉼을 얻으리니"; 롬 12:10; 엡 4:2, "모든 겸손과 온유로 하고 오래 참음으로 사랑 가운데서 서로 용납하고"; 5:21; 벧전 5:5, "젊은 자들아 이와 같이 장로들에게 순종하고 다 서로 겸손으로 허리를 동이라 하나님은 교만한 자를 대적하시되 겸손한 자들에게는 은혜를 주시느니라"). 사도는 고린도전서 15:8-9에서 "맨 나중에 만삭되지 못하여 난 자 같은 내게도 보이셨느니라 나는 사도 중에 가장 작은 자라 나는 하나님의 교회를 박해하였으므로 사도라 칭함 받기를 감당하지 못할 자니라"고 말함으로써, 친히 자기 자신을 낮추는 겸손의 모범을 보인다.

어떤 이들은 사도의 이 말에 대하여 다음과 같이 반문할 수도 있다: 사도는 빌립보서 4:8에서 "형제들아 무엇에든지 참되며 무엇에든지 경건하며 무엇에든지 옳으며 무엇에든지 정결하며 무엇에든지 사랑 받을 만하며 무엇에든지 칭찬 받을 만하며 무슨 덕이 있든지 무슨 기림이 있든지 이것들을 생각하라"고 씀으로써, 빌립보 교인들에게 그들이 "칭찬 받을 만한" 것들과 "덕들"과 사람들로부터 "기림"을 받을 만한 것들을 가지고 있다는 것을 생각하라고 말하고 있고, 고린도후서 11:5; 12:11에서는 "나는 지극히 크다는 사도들보다 부족한 것이 조금도 없는 줄로 생각하노라"고 말하고 있는데, 이것은 그가 여기에서 한 말과 모순되고 앞뒤가 맞지 않는 것이 아닌가? 또한, 사람이 선한 것을 악한 것으로 여기고 악한 것을 선한 것으로 여기지 않는 한, 진심으로 다른 사람들이 자기보다 더 낫다고 생각하는 것이 어떻게 가능할 수 있겠는가?

그러한 반문에 대한 나의 대답은 이렇다: (1) 그리스도인이 지혜롭고 온유하게 진정으로 자기 자신을 낮추어 겸손하게 행하는 것이 지극히 칭찬 받을 만한 것이고, "하나님 앞에 값진 것"(벧전 3:4)이라는 것은 분명하다. 그러므로 사도가 이 서신에서 나중에 빌립보 교인들에게 "칭찬 받을 만한 것"이 있다고 말한 것(빌 4:8)은 그가 여기에서 쓴 것과 모순되는 것이 아니라 정확히 부합한다.

(2) 사도는 여기에서는 은혜와 경건을 다루고 있는 반면에, 앞의 반문에 나온 고린도후서의 해당 본문에서는 하나님으로부터 받은 은사들을 다루고 있기 때문에, 이 두 본문은 서로 성격이 다르다. 사도는 고린도 교회에서 암약하던 거짓 사도들이 자신에 대한 비방을 통해서 자신의 사도직과 권위를 부정하였고, 고린도 교인들 중에서도 그러한 거짓 사도들의 영향을 받아 배은망덕하게도 그러한 비방에 동조하는 자들이 일부 생겨났기 때문에(고후 12:5-6), 자신에 대한 그들의 잘못된 비방을 반박하기 위하여 어쩔 수 없이 자신의 사도직과 권위를 높이는 말을 할 수밖에 없었다(고후 10:8, "주께서 주신 권세는 너희를 무너뜨리려고 하신 것이 아니요 세우려고 하신 것이니 내가 이에 대하여 지나치게 자랑하여도 부끄럽지 아니하리라"). 하지만 우리는 고린도 서신들 속에서 사도가 자기 자신을 자랑하는 것이 아니라, 도리어 자신의 연약한 것들을 인정하고(고후 11:30), 항상 거짓 없이 진실만을

말하며(고후 12:6), 자기가 진실만을 말하고 있다는 것이 거짓이 아니라는 것이 어떻게 명백한 것인지를 보여 주고(고후 10:12-13, 15-16; 12:12), 하나님을 증인으로 내세우고(고후 11:31), 자신의 대적들이 그의 사도직을 부정하고 멸시하였을 때(고후 10:10-13, 18), 하나님이 자신의 사도직을 확증해 주신 일들과 관련된 모든 영광을 그리스도로 말미암은 하나님의 은혜에 돌리는(고전 15:10; 고후 11:31) 것을 본다. 따라서 하나님께서 각 사람에게 주신 은사들과 외적인 특권들에는 서로 분명한 차이와 우열이 있는데도(빌 3:4), 사도는 그런 것과 관련해서 모든 그리스도인들에게 다른 사람들을 자기보다 더 낫게 여기라고 말하고 있는 것이 결코 아니다. 왜냐하면, 하나님이 각 사람에게 주신 그런 은사들과 특권들에 있어서 차이와 우열이 있는 것은 명백한 사실인데, 만일 사도가 그런 사실에 눈을 감고, 무조건적으로 다른 사람들에게 주어진 은사들과 특권들이 자기에게 주어진 것들보다 더 낫다고 여기라고 말한 것이라면, 그것은 진실을 외면하는 것이기 때문이다. 하지만 사도가 갈라디아서 6:3에서 "만일 누가 아무것도 되지 못하고 된 줄로 생각하면 스스로 속임이라"고 말한 것처럼, 어떤 사람이 사실은 아무것도 아닌데도 스스로 미혹되어서 자기가 무엇이라도 된 것처럼 착각하는 경우가 아니라면, 다른 사람들의 신앙적인 인품이나 경건함과 관련해서는, 우리가 겉으로 보는 것과는 달리 우리의 눈에 보이지 않는 대단한 것들이 하나님이 보시기에는 얼마든지 있을 수 있기 때문에, 우리는 다른 사람들을 우리 자신보다 더 낫게 여기는 것이 마땅하다.

(3) 우리는 그리스도 안에서의 형제들로서 서로를 섬겨야 할 의무가 있기 때문에(갈 5:13, "형제들아 너희가 자유를 위하여 부르심을 입었으나 그러나 그 자유로 육체의 기회를 삼지 말고 오직 사랑으로 서로 종 노릇 하라"), 다른 사람들을 우리 자신보다 더 낫게 여기는 것이 마땅하기는 하지만, 마치 모든 일에서 다른 사람들을 우위에 두어야 하는 것처럼, 이것을 절대적인 명령으로 단순하게 해석하고 받아들여서는 안 된다. 다만, 우리는 우리 자신 속에는 어떤 결함이 있다는 것을 분명하게 알고 있지만, 다른 사람들에게는 없거나, 그들에게 있는지 없는지에 대한 판단을 유보할 수 있고, 아마도 다른 사람들에게 그런 결함이 실제로는 있을 수 있지만, 우리의 마음이 우리를 속일 수 있다는 사실을 감안한다면, 우리는 다른 사람들이 우리 자신보다 더 낫다고 진심으로 인정할 수 있게 된다. 왜냐하면, 이 경우에, 우리가 하나님 앞에서 우리 자신이 다른 사람들보다 더 낫다고 여긴다면, 그것은 합당한 생각이나 판단이 될 수 없기 때문이다. 그러므로 우리가 우리 자신의 결함들을 잘 알

기 때문에, 우리 자신의 연약한 것들을 정직하게 시인하는 반면에, 자신의 부르심을 따라 행하고자 애쓰는 다른 형제들의 연약한 것들은 사랑 가운데서 덮어 주고자 하고, 다른 형제들에게는 우리 자신에게는 없는 어떤 본받을 만한 선한 것들이 있을 수 있다는 것을 생각한다면, 우리는 다른 형제들이 우리 자신보다 더 낫다고 여기는 것이 안전하다.

(4) 사도가 빌립보 교인들에게 한마음과 한 뜻으로 행하라고 한 것을 제대로 올바르게 지켜 나가기 위해서, 동일한 성령으로부터 나오는 하나님의 다양한 은사들과 은혜들을 올바르고 합당하게 평가하는 것(고전 12:4)과 우리 자신의 연약한 것들을 알고서 겸손하게 인정하는 것이 필수적이다. 따라서 그리스도인들은 자기가 어떤 특정한 은사들에 있어서는 다른 사람들보다도 더 뛰어나다고 할지라도, 그러한 은사들은 하나님으로부터 받은 것들이고, 하나님께서 그들에게 그러한 은사들을 주신 것이 그들로 하여금 스스로 잘났다고 여겨서 교만해지게 하기 위한 것이 아니라는 것을 깨달아서, 자신의 분수를 모르고 하나님 앞에서 자기 자신을 대단한 자라도 된 것처럼 여겨서는 안 되고(고전 4:7, "누가 너를 남달리 구별하였느냐 네게 있는 것 중에 받지 아니한 것이 무엇이냐 네가 받았은즉 어찌하여 받지 아니한 것 같이 자랑하느냐"), 자신의 결함들과 잘못들과 부족한 것들을 생각하여 스스로 겸손해져서, 자기 자신을 아무것도 아닌 자로 여기는 반면에, 다른 사람들에 대해서는, 자기가 그들이 어떤 자들인지를 진정으로 아는 것이 아니기 때문에, 사랑 가운데서 가장 좋은 쪽으로 생각하여야 한다(고전 13:4-5). 왜냐하면, 그런 경우에 다른 사람들을 가장 좋은 쪽으로 생각하고자 하다가 잘못 판단하는 일이 생긴다고 할지라도, 그들이 자기 자신을 낮추고 다른 사람들을 높이기 위하여 범한 그러한 실수는 하나님께서 선하게 여기셔서 기뻐하실 뿐만 아니라 그들 자신에게도 유익이 되기 때문이다.

4. 각각 자기 일을 돌볼뿐더러 또한 각각 다른 사람들의 일을 돌보아 나의 기쁨을 충만하게 하라.

사도는 빌립보 교인들로 하여금 그리스도인에 합당하게 한마음과 한 뜻으로 하나가 되어 행하도록 더욱 격려하기 위하여, 여기에서 자기가 그들에게 권면하거나 명한 것들을 행할 때에 어떤 목적과 의도로 행하여야 마땅한지에 대하여 말해 준다. 즉, 그들은 그들 자신의 사사로운 이익을 위해서가 아니라, 그리스도인으로서의 참된 사랑을 지닌 자들에 합당하게 기독교 전체의 공통의 유익을 위해서 서로를 자기보다 낫게 여기는 가운데 한마음과 한뜻으로 행하여야 한다는 것이다(고전 10:24, "누구든지 자기의 유익을 구하지 말고 남의 유익을 구하라"; 13:5, "자기의 유익을 구하지 아니하며"). 사도는 그리스도인들이 그들 자신의 유익을 위한 일을 행해서는 안 된다고 말하는 것도 아니고(딤전 5:8), 다른 사람들의 일에 간섭하지 말고 "조용히 자기 일을 하라"(살전 4:11)고 명하기도 하지만, 그리스도께 속한 각각의 지체들은 자신의 은사들과 은혜들과 존귀와 유익을 고려하는 한편, 아울러 자신은 단지 자기 자신을 섬기거나 바리새인들처럼 스스로 잘났다고 여겨서 남들을 멸시하라(눅 18:11)고 태어난 것이 아니라는 것을 깨달아서, 머리이신 그리스도 및 몸인 교회의 모든 다른 지체들과 자신의 관계를 생각하고, 그리스도의 지체들은 서로를 돌보아야 한다는 것을 생각하여(고전 12:24-28), 다른 사람들의 은사들과 은혜들과 존귀와 덕 세움을 고려하여야 하는데, 하나님께서 자기에게 더 뛰어나고 유익한 은사들을 주신 경우에는 더더욱 그렇게 하여야 한다.

나의 기쁨을 충만하게 하라. 세례 요한이 "신부를 취하는 자는 신랑이나 서서 신랑의 음성을 듣는 친구가 크게 기뻐하나니 나는 이러한 기쁨으로 충만하였노라"(요 3:29)고 말한 것처럼, 사도는 그동안에 신랑이신 그리스도께서 신부인 빌립보 교인들 가운데 풍성한 은혜와 은사들을 주셔서, 신랑과 신부의 관계가 깊어진 것을 기뻐해 왔는데, 이제 자기가 권면한 것들을 신부가 행하게 되면, 자신의 기쁨이 더욱 충만하게 될 것이라고 말한다.

5. 너희 안에 이 마음을 품으라 곧 그리스도 예수의 마음이니.

대부분의 역본들은 5절이 사도가 앞에서 말한 것들을 토대로 해서 그 결론으로 도출해 낸 것임을 보여 주기 위해서, 5절의 첫머리에 나오는 결과를 나타내는 헬라어 불변화사를 살려서 번역한 반면에, 흠정역에서는 그 불변화사를 아무런 뜻이 없는 허사로 보고서 생략하고 번역하지 않았다. 하지만 여기에서 사도는 예수 그리스도의 위대한 모범을 들어서(고후 8:9, "우리 주 예수 그리스도의 은혜를 너희가 알거니와 부요하신 이로서 너희를 위하여 가난하게 되심은 그의 가난함으로 말미암아 너희를 부요하게 하려 하심이라"), 빌립보 교인들에게 자기부인(self-denial)과 서로 간의 사랑, 진심으로 자기를 낮추고 남을 낫게 여길 것을 강력히 촉구하면서, 우리가 그렇게 그리스도 안에 있었던 마음을 우리 속에서도 품는다면, 우리는 그리스도의 마음을 지닌 신령한 자들이 되어서 모든 것을 판단할 수 있게 될 것임을 가르친다. 즉, 우리가 그리스도 안에 있던 동일한 성령으로부터 조명을 받는다면, 우리는 육체로 오신 그리스도께서 모든 일에서 판단하신 것과 똑같은 판단을 하게 되고, 그리스도 안에 있던 것과 동일한 감정을 품게 되리라는 것이다(마 11:28; 요 13:15).

6. 그는 근본 하나님의 본체시나 하나님과 동등됨을 취할 것으로 여기지 아니하시고.

여기에서 "그"는 앞에 나온 "예수 그리스도"를 가리킨다. 예수 그리스도는 본성적으로 하나님의 영원하신 아들로서, 창세 전부터 아버지 하나님과 함께 계셨던 하나님이시다(요 1:1; 갈 4:4; 딤전 3:16; 6:14-16; 딛 2:13, "우리의 크신 하나님 구주 예수 그리스도의 영광이 나타나심을 기다리게 하셨으니"). 요한복음 8:42에서 그리스도께서는 "내가 하나님께로부터 나와서 왔음이라"고 말씀하셨고, 사도는 고린도후서 4:4에서는 "그리스도는 하나님의 형상이니라"고 말하고, 골로새서 1:15에서는 "그는 보이지 아니하는 하나님의 형상이시요 모든 피조물보다 먼저 나신 이시니"라고 말하며, 히브리서 1:3은 그리스도를 "하나님의 영광의 광채시요 그 본체의 형상이시라"고 말하고 있는데, 예수 그리스도께서 성부 하나님의 "형상"이시라는 것은 성부의 존재와는 별개로 존재하신다는 의미를 함축하고 있다. 소키누스주의자들과 루터파 때문에, 우리는 이 본문에서 예수 그리스도를 설명하고 있는 각각의 단어를 세심하고 주의깊게 살펴볼 필요가 있는데, 헬라어 본문은 직역하면 다음과 같이 된다: "그는 하나님의 본체로 존재하셨지만, 하나님과 동등됨을 취하는 것을 도둑질로 여기지 아니하셨다."

근본 하나님의 본체시나. 이것은 그리스도께서 근본적으로, 즉 본래 "하나님의 본체"로 존재하셨다는 것을 선언하는 것으로서, 7절에서 그리스도께서 "종의 형체"를 취하신 것과 대비되는 개념이다. 따라서 이것은 그리스도께서는 "종의 형체"를 입으시고 육체로 이 땅에 오시기 전에, 이미 영원 전부터 성부 하나님과 동일한 본질과 영광을 지니시고서 실제로 선재하셨음을 확고하게 증명해 준다(요 1:1-2; 17:5; 고후 8:9; 계 1:4, 8, 11). "하나님의 본체"라는 어구에 대해서 우리가 살펴보아야 할 것들은 이런 것들이다: (1) 여기에서 "본체"로 번역된 단어는 종종 외적인 것을 나타내는 의미로 "형체"로도 번역되기 때문에, 이적들로 말미암은 그리스도의 영광을 암시할 가능성도 있기는 하지만, 성경에서는 이 단어가 그런 의미로 사용된 예는 전혀 없다. 물론, 이 단어는 성경에서 단 한 번 마가복음 16:12("그 후에 그들 중 두 사람이 걸어서 시골로 갈 때에 예수께서 다른 모양으로 그들에게 나타나시니")

에서 부활하신 그리스도께서 놀라운 광채와 아름다움을 지닌 외적인 모습으로 나타나셔서, 그 모습 속에서 그의 위엄을 인식할 수 있는 계기가 주어진 것을 가리키는 데 사용되고 있다는 것은 사실이다. 하지만 마태복음 17:2에서는 그리스도께서 "그들 앞에서 변형되사 그 얼굴이 해 같이 빛나며 옷이 빛과 같이 희어졌더라"고 말하고, 베드로후서 1:16에서는 "우리 주 예수 그리스도의 능력과 강림하심을 너희에게 알게 한 것이 교묘히 만든 이야기를 따른 것이 아니요 우리는 그의 크신 위엄을 친히 본 자라"고 말하고 있기는 하지만, 눈부시게 광채를 발하는 그리스도의 옷 자체를 "하나님의 형체"라고 말하지는 않는다. 누가복음 24:16에서 엠마오로 가던 두 제자가 부활하신 그리스도의 그런 모습을 보고도, 그분이 그리스도이심을 알아보지 못했다고 말하고 있는 것은, 마가가 말한 "다른 모양"은 단지 그리스도께서 일시적으로 취하신 모습이었음을 보여 준다.

(2) 바울은 여기에서 그리스도의 근본적인 존재 방식을 말하고 있는 것이기 때문에, 당시의 최고의 철학자들이 가장 흔히 사용하던 어법으로 볼 때, 여기에서 "하나님의 본체'는 본질적인 형태와 그 영광을 가리킨다. 또한, 동일한 어원에서 파생된 동사들은 성경에서 눈에 보이지 않는 내적인 어떤 것을 가리키는 데 사용된다는 점(롬 12:2; 고후 3:18; 갈 4:19), 특히 이 절에 나오는 "하나님의 본체"라는 어구가 다음 절에 나오는 "종의 형체"와 대비되는 개념으로 사용되고 있다는 점, 이 절의 후반부에 나오는 "하나님과 동등됨"이라는 어구와 연결되어 있다는 점(사 40:25; 46:5)도 여기에서 "하나님의 본체"가 하나님으로서의 본질과 본성을 가리킨다는 것을 밑받침해 준다. 무한한 존재와 유한한 존재, 영원한 존재와 일시적인 존재, 피조되지 않은 존재와 피조된 존재, 본질상 하나님이신 분과 본질상 하나님이 아닌 자 간에 "동등됨"이라는 것은 있을 수 없고, 유일하게 살아 계시고 참되신 하나님께 속한 영광은 "하나님이 아닌 자들"에게 돌려질 수 없다(갈 4:4, 8). 참 하나님은 유일하게 한 분뿐이시고, 그분 외에는 다른 참 신, 즉 본질상 하나님인 존재는 없으며, "홀로 기이한 일들을 행하시는"(시 72:18) 분이시기 때문에, 자기 자신을 부정할 수 없으시다(신 4:35; 6:4; 딤후 2:13). 왜냐하면, 모든 신적인 역사들에 있어서는 신적인 권능이 필수적으로 요구되고, 신적인 권능은 지극히 단순한 본질과 그 속성들로부터 분리될 수 없기 때문이다.

따라서 "하나님의 형체로 존재하셨다"는 헬라어 본문은 그리스도께서 하나님의 권능을 행사하시는 모습이나 그리스도의 이런저런 부수적이고 현상적인 형체들을 가리키는 것이 아니라, 그리스도께서 하나님의 본질과 본성 안에서 실제로 존재하신 것을 가리킨다 — 어떤 사람이 그런 부수적인 현상적인 모습들을 하고 있는 것을 볼 때, 일반 사람들이든 학자들이든 누구나 그 모습들을 그 사람 자체라고 보지 않고, 외적으로 나타난 형태들로 볼 것임은 두말할 필요가 없다. 그러므로 사도가 여기에서 한 말을 우리가 그런 의미로 이해하지 못할 이유는 전혀 없다. 이방인들은 자신들의 신들이 나타났다고 말하지만, 그런 경우에도 그렇게 나타난 모습은 신의 부수적인 모습일 뿐이고, 그것 자체가 신이라고 생각하지는 않는다(행 14:11, "무리가 바울이 한 일을 보고 루가오니아 방언으로 소리 질러 이르되 신들이 사람의 형상으로 우리 가운데 내려오셨다 하여"). 따라서 "하나님의 형체로 존재하셨다"는 것은 그리스도께서 하나님의 본성과 본질을 지니시고 존재하셨을 뿐만 아니라, 그러한 본질과 본성에 속한 여러 속성들과 영광을 입으신 채로 존재하셨다는 것을 의미한다. 왜냐하면, 사도는 여기에서 원래 하나님으로 존재하셔서, 성부 하나님과 동등하신 분이었고 영원하신 존재이셨는데, 자기를 낮추시고 비우셔서 자신의 본체를 버리신 후에, 우리와 같은 종의 형체를 입으시고 이 땅에 오신 것을 다루고 있기 때문이다. 하나님의 본체가 그리스도 안에 있었다는 말이 틀린 것은 아니지만, 사도는 여기에서 그런 식으로 말하지 않고, 그리스도께서 "하나님의 본체로" 존재하셨다고 함으로써, 그리스도의 본질과 본성이 하나님 이외의 다른 것이 될 수 없다고 못 박고 있기 때문에, 복음의 대적자들은 그리스도는 본질적으로 하나님이신 것이 아니라, 단지 그리스도 안에 하나님 같은 어떤 속성이 존재하였을 뿐이라거나, 그리스도는 외적으로 하나님의 형상을 하고 있었을 뿐이라고 말할 수 없게 되었다. 왜냐하면, "존재하셨다"는 말은 어떤 외적인 형상을 지니고 있었다는 의미가 아니라, 어떤 특정한 본질 가운데서 존재하였다는 의미를 함축하고 있기 때문이다. 따라서 이것으로부터 우리는 성자는 성부와 단지 유사본질이 아니라 동일본질로 존재하셨다는 결론을 얻을 수 있는데, 후반부에 나오는 내용도 이것을 견고하게 밑받침해 준다.

하나님과 동등됨을 취할 것으로 여기지 아니하시고. 그리스도께서는 영원한 출생에 의해서 영원 전부터 "하나님의 본체로 존재해" 계신 분이시고, 성부 하나님과 동일한 본성과 본질 가운데 존재하시는 분이시기 때문에, 아버지 하나님과 동등됨을 취하셔도, 그것은 찬탈이나 탈취 같은 잘못된 일로 여겨질 수 없었다. 여기에서 "여기다"로 번역된 단어는 빌 2:3; 3:7-8; 살전 5:13; 살후 3:15; 딤전 1:12; 6:1; 히 10:29;

11:26에서 이런 의미로 사용된다. 그러나 그리스도께서는 다음 절에 나오는 것처럼 자기 자신을 낮추시고 스스로 낮아지셔서 종의 형체를 입으시기 위하여, 하나님의 본체로서의 본래적인 위엄을 취하시는 것을 찬탈이나 탈취로 여기시고서, 한동안 하나님으로서의 위엄을 공개적으로 나타내는 것을 중단하셨다. 또는, 그리스도께서는 자신에게 본래부터 주어져 있던 하나님으로서의 영광을 한동안 나타내 보이지 않으시고, 자원해서 스스로 낮아지셔서 그 영광을 가리기로 작정하셨다. 하지만 그리스도께서는 여전히 하나님의 아들이셨기 때문에, 하나님으로서의 영광을 완전히 감추시는 것은 실제로 불가능하였고, 성부 하나님과 동등한 권세와 영광을 종종 나타내셨지만, 그것은 자신의 것이 아닌 것을 탈취하신 것이 결코 아니었다(요 10:33; 요일 5:7, 20, "또 아는 것은 하나님의 아들이 이르러 우리에게 지각을 주사 우리로 참된 자를 알게 하신 것과 또한 우리가 참된 자 곧 그의 아들 예수 그리스도 안에 있는 것이니 그는 참 하나님이시요 영생이시라").

옛적의 아리우스파는 이 구절의 의미를 왜곡해서, 바울은 여기에서 그리스도께서는 자기가 하나님과 동등됨을 주장하심으로써 하나님의 것을 도둑질하는 짓을 자행하시지 않으셨다고 말하고 있는 것이라고 강변하였고, 소키누스주의자들은 바울은 여기에서 그리스도께서 하나님과 동등됨을 주장하신 것은 스스로 하나님의 것을 탈취하신 것이 아니라, 하나님이 거저 주신 것이라고 말하고 있는 것이라고 강변함으로써, 아주 교묘하게 본문을 변질시켰다. 하지만 바울은 이 본문에서 그리스도께서는 자기가 하나님과 동등됨을 취하는 탈취 행위를 행하고자 하지 않으셨다고 말하는 것이 아니라, 자기가 하나님과 동등됨을 취한다고 하여도, 그것이 탈취 행위가 되는 것이 아니라고 여기셨다고 말한다. 이 두 가지는 판이하게 다른 해석이다. 왜냐하면, 전자로 해석하는 것은 그리스도께서 자기를 하나님과 동등된 존재로 여기셨다면, 그것은 하나님으로서의 지위를 찬탈하는 것이 될 것이었는데, 그렇게 하지 않으셨다고 보는 것인 반면에, 후자로 해석하는 것은 그리스도께서는 본성적으로 하나님이셨는데, 자기를 하나님과 동등된 존재로 여기지 않으시는 쪽을 택하셨다는 것으로 보는 것이기 때문이다. 어떤 이들은 그리스도께서 원래 하나님이 아니셨는데, 마치 자기가 성부 하나님과 동등된 존재인 양 가장한 것이라고 주장하지만, 만일 그리스도께서 성부 하나님과 동등됨을 포기하지 않으시고, 이 땅에서도 그러한 권세를 늘 행사하셨다고 하더라도, 그것은 하나님의 권세를 탈취한 것이 되지 않았을 것이다. 왜냐하면, 사도는 이미 앞에서 그리스도께서 하나님의 본체로 존재하셨다고 말하였던 까닭에, 그리스도께서 낮아지시기 전에는 얼마든지 하나님과 동등된 권세를 행사하실 수 있으셨고, 그 때에 그가 그렇게 행사하신 권세는 결코 그가 성부 하나님으로부터 탈취한 권세로 여겨질 수 없었기 때문이다. 만약 소키누스(Socinus)가 하나님께서는 그리스도가 하나님으로서의 본성을 훔치거나 강탈한 것이라고 생각하셨다고 말하는 것은 의미가 통하지 않는 잘못된 말이기 때문에, 하나님께서는 그리스도가 하나님으로서의 본성을 훔치거나 강탈하였다고 생각하지 않으셨다고 말하는 것이 이치에 맞는 올바른 말이라고 주장한다면, 성경에서 하나님은 거짓말하실 수 없으신 분이라거나, 변덕을 부리실 수 없으신 분이라고 말하고 있는 것(삼상 15:29; 사 55:8; 말 3:6)은 우리가 어떻게 설명해야 한다는 말인가? 어떤 일들이 하나님께 해당될 수 없다고 해서, 그 정반대의 일들이 하나님께 반드시 해당되는 것은 아니다. 또한, 다음 절의 첫 머리에서 "자기를 비워" 앞에 나오는 "오히려"라는 불변화사는 우리의 해석이 올바르다는 것을 밑받침해 준다. 왜냐하면, 만일 우리가 살펴보고 있는 이 구절이 그리스도께서 자기가 하나님과 동등됨을 취하는 것이 찬탈 행위라는 것을 아시고서, 그렇게 하는 것을 포기하셨다는 의미라면(우리의 최초의 조상의 죄가 바로 그런 것이었고, 그리스도께서는 그들의 찬탈 행위를 속하시기 위하여 이 땅에 오신 분이다), 그리스도께서 자기를 비우셨다거나, 스스로 낮아지셔서 종의 형체를 입으셨다는 말은 거짓이 되고 말 것이기 때문이다.

그리스도께서 "하나님과 동등되시다"는 것은 그리스도께서 단지 자신의 일들과 관련해서만 하나님과 동등되시다고 말하는 것이 아니고(물론, 그리스도께서 행하신 일들은 그가 하나님이시라는 것을 보여 주는 것이기는 하지만, 요 5:19, 21, 23, 26-27; 10:37), 그리스도는 절대적으로 하나님과 동일한 본질과 본성을 지니고 존재하셨기 때문에, 모든 면에서 하나님과 동등됨을 취하신다고 하여도, 그것은 찬탈 행위가 되지 않는다는 것이다. 헬라어 본문에서 이 어구는 정확히 일치한다는 의미를 지닌다. 그리스도께 속한 모든 것들은 하나님께 속한 모든 것들과 동등하였지만, 그리스도께서는 그 중 일부를 한동안 자발적으로 포기하신 것일 뿐이었다. 그래서 어떤 이들은, 헬라어에서 흔히 그러하듯이, 바울은 앞에서는 그리스도를 가리키는 "그는"이라는 남성 단수형을 사용하고 나서, 그리스도께서 하나님과 동등한 본성과 본질을 지니고 계신다는 것은 말로 표현할 수 없는 신비임을 나타내기 위하여, "그는"과 연결되는 "동등된"이라는 형용사를 강조의 의미로 중성 복수형으로 사용하고 있는 것이라고 설명한다. 따라서 우리는 이 절을 이렇게 읽을 수 있을 것이다: 그리스도께서는 원래 자기에게 속한 모든 것들이 성부 하나님과 동등하다는 것을 도둑질이라고 여기지 않으셨다. 또는, 그리스도께서는 자기가 모든 일에서 하나님과 동동되다는 것을 도둑질이라고 여기지 않으셨다. 만일 그리스도께서 하나님으로부터 신적인 권능을 위임받았다고 말씀하시고, 자신이 행하는 권능은 하나님과 동등된 것이라고 주장하셨다면, 유대인들이 그리스도께서 자기를 하나님과 동등되다고 말한다는 이유로, 그리스도를 죽이고자 음모를 꾸밀 이유가 없었을 것이다. 즉, 하나님과 동등되다고 말하는 것은 자기가 하나님이라고 말하는 것과 동일한 의미였다는 것이다(요 5:18, "유대인들이 이로 말미암아 더욱 예수를 죽이고자 하니 이는 안식일을 범할 뿐만 아니라 하나님을 자기의 친 아버지라 하여 자기를 하나님과 동등으로 삼으심이러라"; 10:33, "유대인들이 대답하되 선한 일로 말미암아 우리가 너를 돌로 치려는 것이 아니라 신성모독으로 인함이니 네가 사람이 되어 자칭 하나님이라 함이로라"). 또한, 성부 하나님께서는 자신의 이름과 권능으로 자신의 영광을 위하여 독자적으로 행하시는 반면에, 우리가 그리스도의 영원한 출생에 대하여 말하고, 그리스도께서도 성부 하나님을 자신의 아버지라고 부르시며, 자기가 성부 하나님과 더불어 이적들을 행하는 것이라고 말씀하시고, "아들이 아무것도 스스로 할 수 없다"(요 5:19)고 말씀하셨다고 해도, 그리스도께서는 성자로서 본성적으로 가지고 계신 성부와 동등한 권능과 영광으로 모든 일들을 행하신 것이기 때문에, 우리는 성자이신 그리스도는 성부 하나님과 동등하신 것이 아니라고 결론을 내려서는 안 된다. 왜냐하면, 모든 아들은 자신의 아버지로부터 인성을 받기는 하지만, 아버지와 다름없는 사람이고, 사람으로서 아들에게는 없는 것이 아버지에게 있는 것은 결코 아니며, 아들도 아버지와 동일하게 인간으로서의 온전한 본성을 지니기 때문이다. 그리스도는 아들로서 성부 하나님께 종속되어 있고, 직임에 있어서는 중보 사역을 맡은 종이시기 때문에, 성부 하나님이 성자 그리스도보다 더 크시다고 말할 수 있기는 하지만(요 14:28; 16:13-15), 그것은 단지 성부와 성자가 각각 맡은 소임과 관련된 것일 뿐이다. 또한, 이 본문은 그리스도께서는 자기가 하나님과 동등되다는 것을 도둑질로 여기지 않으셨다고 말하고 있기 때문에, 복음의 대적들이 주장하는 것과는 달리, 자기 자신과 동등되다고 말씀하신 것이 아니라, 또 다른 존재이신 성부 하나님과 동등되다고 말씀하신 것임이 분명하다. 서로 동등된 것들이 한 가지 점에서는 서로 일치하지만, 다른 많은 점들에서는 서로 다르고 다양할 수 있는 것과 마찬가지로, 그리스도께서 성부 하나님과 동등되시다고 할 때에도, 성자 그리스도와 성부 하나님은 본질과 본성에 있어서는 서로 동등하지만, 다른 여러 가지 속성들과 양태에 있어서는 서로 다르다.

7. 오히려 자기를 비워 종의 형체를 가지사 사람들과 같이 되셨고.

오히려. 해석자들은 이 불변화사를 분리의 의미로 해석하기도 하고, 역접의 의미로 해석하기도 하고, 어떤 질문에 대답하는 의미로 해석하기도 한다. 자기를 비워. 이것은 그리스도께서 성부 하나님과 동등하게 가지고 계셨던 모든 영광을 지극히 의도적으로 자신에게서 비우셨거나 내려 놓으셨다는 것을 의미한다. 즉, 그리스도께서는 피조물과 창조주 간의 불균형을 생각하셔서, 자신이 육신으로 거하시게 될 이 땅에 사는 사람들의 눈으로 보기에 창조주로서의 모습을 전혀 찾아볼 수 없는 그런 모습으로 나타나셨다는 것이다(단 9:26). 이 본문은 그리스도께서 "하나님의 본체"를 자신에게서 제거하셨다거나 송두리째 모조리 비워 버리셨다고 말하는 것이 아니라, 하나님의 본체로 존재하셨던 분이 자신의 그러한 신분을 비우시거나 내려 놓으시고서 미천해 보이는 모습으로 이 땅에 오셨다고 말한다(사도는 여기에서 "비우다"로 번역된 단어를 고린도전서 9:15에서는 능동형으로, 고린도후서 9:3에서는 수동형으로 사용하고 있다 — 이 두 본문에서 한글개역개정은 이 단어를 "헛되다"로 번역한다). 그러니까, 그리스도께서는 하나님의 본성을 자기에게서 없애 버리신 것이 아니라, 하나님의 본체를 늘 그대로 유지하셨지만(슥 6:15; 13:7), 자신이 나타내시기를 원하시는 때가 될 때까지는 자신의 본체를 감추시고(롬 16:25; 골 1:26) 육체로 오셨다(딤전 3:16, "크도다 경건의 비밀이여, 그렇지 않다 하는 이 없도다 그는 육신으로 나타난 바 되시고 영으로 의롭다 하심을 받으시고 천사들에게 보이시고 만국에서 전파되시고 세상에서 믿은 바 되시고 영광 가운데서 올려지셨느니라"; 골 1:26, "이 비밀은 만세와 만대로부터 감추어졌던 것인데 이제는 그의 성도들에게 나타났고"). 하나님이신 그리스도께서 스스로 낮아지셔서 육체로 나타나신 것은 너무나 놀랍고 기이한 신비이기 때문에, 그의 성도들로부터 지극히 큰 찬양과 경배를 받으시는 것이 마땅한 일이다. 이렇게 그리스도께서는 자기 백성의 구원을 위하여 자신의 기쁘신 뜻을 따라 잠시 하나님으로서의 영광스러운 위엄을 내려 놓으시고 미천한 모습으로 이 땅에 오셨다. 그리스도께서는 이 땅에 계실 때에도 여전히 하나님으로서의 위엄과 영광을 지니고 계셨지만(요 1:14, "말씀이 육신이 되어 우리 가운데 거하시매 우리가 그의 영광을 보니 아버지의 독생자의 영광이요 은혜와 진리가 충만하더라"; 골 2:9, "그 안에는 신성의 모든 충만이 육체로 거하시고"), 자기가 기뻐하시는 동안에는 자신의 위엄과 충만하심과 영광을 드러내지 않으셨기 때문에, 우리의 눈에는 그리스도의 신성은 드러나지 않고 감추어질 수 있었다. 그리스도께서 이렇게 스스로 낮아지셔서 미천한 모습을 입으신 것은 어떤 강제에 의해서가 아니라, 성부 하나님의 동의 아래에서 자원하신 것이었다(요 3:13). 따라서 성경은 "지극히 높으신 이는 손으로 지은 곳에 계시지 아니하신다"(왕상 8:27; 사 66:1; 막 5:7; 행 7:48)고 말하고 있다고 할지라도, 지극히 높으신 이의 아들은 자신의 기쁘신 뜻을 따라 자신의 영광의 광채와 충만하심을 나타내기도 하시고 감추기도 하시며, 우리와 관련해서 자기 자신을 높이기도 하시고 낮추기도 하실 수 있으시다. 그리스도께서는 자신의 단일하고 절대적인 본성 안에서는 "변함도 없으시고 회전하는 그림자도 없으시며"(약 1:17), 성부 하나님과 동등되신 지극히 단일하고 변함없으신 모습으로 거하신다. 하지만 그리스도께서는 멸망에 처한 인류를 대속하시기 위하여 이 땅에 오실 때에는, 자신을 비우시고 하나님으로서의 자신의 위엄과 영광을 드러내지 않으심으로써, 모든 피조물들로부터 경배와 찬양을 받으실 수 없으신 모습으로 오셨다. 이것은 그리스도께서 성부 하나님과 동등된 자신의 신분을 아예 없애버리신 것이거나, 하나님과 동등된 자로서 하나님의 본질적인 형태를 자신에게서 제거해 버리신 것이 아니라, 마치 해가 구름에 가려졌을 때, 해가 없어진 것은 아니지만, 해의 모습은 온데 간 데 없고 오직 구름만 볼 수 있는 것과 마찬가지로(마 27:39-45), 전에는 한 번도 입은 적이 없었던 인성을 입으셔서 "종의 형체"를 가지시고 사람이 되어 나타나신 것이었다. 그리스도께서는 자신의 위엄을 그 때에는 덜 분명하게 나타내시고 지금은 더 분명하게 나타내신다고 하여도, 무엇이 그것을 방해할 수 있겠는가? 그리스도께서 하나님으로서의 위엄을 나타내실 때에는 사람들로부터 고백과 칭송을 받으시고, 감추실 때에는 사람들로부터 부인과 멸시를 받으셨다고 해도, 그것이 어떻게 그리스도께서 하나님이시라는 사실을 방해할 수 있겠는가? 그리스도께서는 미천한 인간의 형체를 입으심으로써 성부 하나님과 동등된 성자 하나님으로서의 자신의 위엄을 감추셨고, 그러한 행색으로는 도저히 지극히 높으신 이로 보일 수 없는 상태에서 자기가 하나님의 아들이라고 말씀하셨기 때문에, 사람들은 그리스도를 신성모독을 범한 자로 여기는 일이 벌어졌다(요 10:36). 이것은 왕이 자기가 왕임을 보여 주는 온갖 표들을 자신으로부터 다 제거하고 상인의 행색을 하고 있으면, 비록 그가 여전히 왕이고 자신의 영토에서 일인자임에는 변함이 없더라도, 사람들은 그를 왕으로 보지 않는 것과 같다. 그런 까닭에, 우리는 지극히 높으신 이이신 그리스도를 그가 지극히 온전하게 지니고 계셨던 하나님으로서의 본성이라는 관점에서 바라볼 수도 있고, 우리의 구원을 위하여 행하신 일들이라는 관점에서 바라볼 수도 있는데, 그리스도는 전자의 측면에서는 지극히 높으신 이이시고, 후자의 측면에서는 우리의 중보자이시다. 따라서 "하나님의 형체"(한글개역개정에는 "하나님의 본체"로 번역됨 — 역주)는 그리스도께서 원래부터 존재해 오신 모습을 표현하는 단어이고, "종의 형체"는 그리스도께서 하나님의 형체라는 존재방식을 벗으시고 스스로 낮아지셔서 입으신 모습을 표현하는 단어라고 할 수 있다. 그리스도께서 스스로 낮아지셨다는 것은 단지 신성 위에 인성을 하나의 옷처럼 입으신 것이 아니었고(그리스도께서는 높아지신 후에도 여전히 인성을 지니고 계시기 때문에), 인성을 취하여 "종의 형체"로 "여자에게서" 나시고 율법 아래에서" 나심으로써(갈 4:4) 진짜 인간이 되신 것을 가리키기 때문에, 육신을 입으신 그리스도께서는 성자이시고 주이심과 동시에(히 1:2; 3:6), 종의 형체를 입으신 사람이셨고, 부활하시고 영광을 받으신 후에는 "종의 형체"는 벗어 버리셨지만, 인성은 여전히 지니고 계신다. 그러므로 그리스도께서는 전에는 육신을 지니고 계시지 않으셨지만, 이 땅에 오셔서 "육신으로는 다윗의 혈통에서 나신"(롬 1:3) 것과 마찬가지로, 종의 형체를 취하시기 전에는 인성을 지니실 수 없으셨지만, 인성으로는 종의 형체를 취하셔서 사람과 같이 되셨다. 하지만 그리스도께서 인성을 입으셨을지라도, 이전에 그에게 속해 있던 것들 중에서 제거되거나 없어진 것은 아무것도 없었고, 그리스도께서는 단지 스스로 낮아지셔서 자신의 영광을 내려놓으시고, 우리의 본성을 취하시고 "종"이 되셔서 죽기까지 순종하신 것이었다.

종의 형체를 가지사. 이 구절의 처음에 흠정역에는 계사가 나오지만, 헬라어 본문에는 계사가 나오지 않는다. 여기에서 사용된 "가지사"라는 단어는 앞 절의 "하나님의 본체로 존재하셨지만"(한글개역개정에는 "근본 하나님의 본체시나")이라는 어구 속에서 사용된 "존재하셨지만"이라는 단어와 대비되는 개념으로 사용되고 있다. 그리스도께서는 전에 하나님의 형체로 "존재하셨고," 이 땅에 오실 때에는 종의 형체를 "취하셔서," 신성과 인성이 그리스도 안에서 하나로 연합되어 존재하게 되었다(히 2:16, "이는 확실히 천사들을 붙들어 주려 하심이 아니요 오직 아브라함의 자손을 붙들어 주려 하심이라"). 그리스도께서는 스스로 낮아지셔서 행하신 모든 일 가운데서 하나님의 종이 되어 행하셨는데(사 42:1; 마 20:28), 만일 그렇지 않았다면,

사도가 그리스도의 모범을 들어서 빌립보 교인들에게 스스로 낮아지라고 권면하고자 한 시도는 설득력이 없게 되었을 것이다: (1) 그리스도께서는 피조된 존재가 아니셨지만, 스스로 낮아지셔서 "종의 형체"를 취하심으로써 피조된 존재인 미천한 인성을 입으시고, 다음 구절이 설명해 주듯이, "사람들과 같이 되셨다." 성부 하나님과 모든 점에서 같으셨던 성자 하나님이신 그리스도께서 우리의 본성을 취하셔서 한 인격 안에 신성과 인성을 모두 가지시고서, "범사에" 우리와 "같이 되신"(롬 8:3; 히 2:17) 것은 우리가 도무지 상상할 수 없을 정도로 엄청나게 스스로를 무한히 낮추신 것이었다. (2) 그리스도께서는 인성을 취하신 후에 곧바로 영광 속으로 들어가신 것이 아니라, 인성을 취하신 상태에서 성부 하나님의 종이 되셔서, 하나님이 만유 속에서 행하셨던 일들 중에서 가장 어려운 일을 수행하셨다. 그리스도께서는 "죄 있는 육신의 모양으로"(롬 8:3) 사람이 되셔서 "아브라함의 자손"(히 2:11-16)으로 오셨을 뿐만 아니라, 율법 아래에서(눅 2:42, 51; 갈 4:4) 가난한 어머니의 태에서 태어나심으로써, 세상 사람들이 보기에 멸시 받을 만한 미천한 상태로 태어나셨고(사 53:2-3; 마 2:14; 8:20; 13:55; 막 6:3; 눅 2:7, 22, 24; 22:27), 자신의 일을 다 이루시는 순간까지도 사람들로부터 경멸과 멸시를 받으셨다(시 22:6-7; 사 53:1-2). 그리스도께서 육신으로 계실 때에 내내 섬기셨던 분은 오직 성부 하나님뿐이었다.

사람들과 같이 되셨고. 사도는 자기가 방금 앞에서 한 말을 좀 더 분명히 하기 위하여, 그 어떤 계사도 사용함이 없이, "사람들과 같이 되셨고"라는 어구를 덧붙이는데, 이 어구는 "종의 형체를 가지사"라는 어구를 좀 더 자세하게 보충설명하는 역할을 한다. 즉, 그리스도께서는 예언에 따라서(사 42:1, "내가 붙드는 나의 종, 내 마음에 기뻐하는 자 곧 내가 택한 사람을 보라 내가 나의 영을 그에게 주었은즉 그가 이방에 정의를 베풀리라") 성부 하나님의 종이 되기 위하여 인간으로서의 진짜 몸과 심령을 지니고 태어나셨다는 것이다. 대적들은 그리스도는 매를 맞고 고난을 당하는 체하기 위하여 단지 종의 형체를 입은 것일 뿐이라고 주장하지만, 거기에 대한 대답은 쉽다. 그리스도께서 매를 맞고 고난을 당하신 것은 그가 종의 형체를 입으심으로써 생겨난 결과들일 뿐이라는 것이다. 왜냐하면, 종이라고 해서, 다 매를 맞고 고난을 당하는 것은 아니기 때문이다. 사람들이 우리 구주를 그런 식으로 대하였을 때, 구주께서는 그들이 자기를 행악자로 취급하고 있는 것으로 여기셨다(눅 22:52). 사람이 되신 그리스도께서는 "종의 형체"를 입으셨지만, 사람들의 종이 되어 사람들에게 복종하신 것이 아니라, 오직 성부 하나님의 종이 되어 순종하셨다

(시 40:6-8). 왜냐하면, 종된 자는 오직 자신의 주인에게만 순종할 뿐이기 때문이다. 짐승은 종이 될 수 없기 때문에, 모든 종은 사람이다. 수고하고 섬기는 것은 아담의 타락 이래로 인성에 필수적으로 수반되고, 이것은 다른 사람들은 물론이고 그리스도도 마찬가지이다. 하지만 그리스도께서는 오직 성부 하나님의 뜻 외에는 그 어떤 다른 존재의 뜻도 따르지 않으시고, 성부 하나님의 뜻인 경우에는 그것이 아무리 힘들고 어려운 것이라고 할지라도, 자신의 교회를 하나님과 화해시키기 위하여 자신의 목숨을 내어 놓으시고 죽기까지 순종하신다. 분명한 것은 그리스도께서는 단지 종의 형체를 입으시고 죽으셨을 뿐만 아니라, 한 사람의 인간으로서 죽으셨다는 것이다. 헬라어 본문에서 이 어구가 계사 없이 이어지는 것에서 볼 수 있듯이, 그리스도께서는 오직 인성을 입으셨을 때, 사람과 같이 되시거나 사람의 모양으로 오실 수 있으셨다. 헬라어에서는 본질적으로 동일한 것을 표현할 때에도 "같다"(like)라는 단어를 사용하기 때문에, "사람과 같이 되셨다"는 것은 "사람이 되셨다"는 뜻이다. 요한복음 9:9에서 주님께서 날 때부터 맹인 된 사람을 고치셨을 때, 눈을 뜬 그 맹인을 보고서, "어떤 사람은 그 사람이라 하며 어떤 사람은 아니라 그와 비슷하다"고 하였다고 말하고 있는 것에서 알 수 있듯이, 비슷한 것과 동일한 것은 서로 다른 개념이다. 어떤 달걀이 다른 달걀과 같다(like)고 할 때, 그것은 본질은 동일하지만 형태나 품질 등과 같은 부수적인 것들은 서로 다를 수 있다. 마찬가지로, 그리스도는 육체의 고통을 느끼시는 등 인간으로서의 속성들과 관련해서 다른 모든 사람들과 같으셨기 때문에, 다른 사람들과 본성이 동일하셨다는 것은 부인할 수 없다(롬 8:3; 히 2:16-17). 이렇게 그리스도께서는 본질적인 속성들과 관련해서는 다른 사람들과 똑같으셨지만, 부수적인 속성들에 있어서는 다른 사람들과 다르셨다. 따라서 인성의 여러 속성들은 그리스도께서 사람과 같이 되셨을 때에 취하셨던 본질에 속한 것이었지만, 그리스도는 죄인들과는 구별되셨다(고후 5:21, "하나님이 죄를 알지도 못하신 이를 우리를 대신하여 죄로 삼으신 것은 우리로 하여금 그 안에서 하나님의 의가 되게 하려 하심이라"; 히 7:27, "이러한 대제사장은 우리에게 합당하니 거룩하고 악이 없고 더러움이 없고 죄인에게서 떠나 계시고 하늘보다 높이 되신 이라"). 하지만 사도가 여기에서 말하고자 하는 것은 육신을 입으신 그리스도께서 죄가 없으셨다는 것이 아니라, 그리스도께서 우리를 사랑하셔서 스스로 낮아지셔서 종의 형체를 입으시고 죄 있는 육신의 모양으로 이 땅에 오셨지만, 죄는 없으셨다는 것이다. 즉, 바울은 그리스도께서 입으신 인성은 모든 사람들과 동일한 것이었지만,

죄가 없으신 것은 오직 타락하기 이전의 첫 사람 아담과 동일한 것이었다고(창 5:1) 말하고 있는 것이다. 요한복음 1:14에서는 "말씀이 육신이 되셨다"고 말하고 있듯이, 여기에서는 그리스도께서 "사람들과 같이 되셨다"고 말하고 있기 때문에, 우리는 이 어구를 "하나님의 본체로 존재하셨던" 그리스도께서 모양만 사람인 존재가 아니라 명실상부한 사람이 되셨다는 의미로 이해할 수 있다. 즉, 하나님의 본체로 존재하셨고 여전히 하나님이신 지극히 높으신 분이 사람과 똑같이 되셨다는 것이다. 이것은 그리스도께서 구약 시대에 여러 모양으로 나타나셨듯이 이제는 겉보기에 사람과 같은 모양을 하고 나타나신 것이 아니라, 진짜 사람의 몸과 심령을 친히 지니시고서, 진짜 사람이 되심으로써, 참 하나님이자 참 사람이 되셨다는 것이다. 이 본문이 그리스도께서 "사람이 되셨다"고 말하지 않고, "사람들과 같이 되셨다"고 말한 것은 신성과 인성 양 면에서 일정한 제한이 있었음을 보여 주는 것이다. 즉, 신성이라는 측면에서, 그리스도께서는 자신의 신성을 다 버리신 것이 아니라, 오직 하나님으로서의 위엄과 권능만을 감추셨을 뿐이고, 인성이라는 측면에서는, 다른 사람들과 똑같이 진짜 사람이 되셨지만, 죄는 배제되었다는 것이다. 아담의 타락 이래로 모든 사람들은 죄악으로 인한 연약함과 부족함을 지니고 태어나지만, 그리스도께서는 죄가 없으셨기 때문에, 그런 것들도 없으셨고, 오직 죄 있는 육신의 모양으로 오셨을 뿐이다.

8. 사람의 모양으로 나타나사 자기를 낮추시고 죽기까지 복종하셨으니 곧 십자가에 죽으심이라.

사람의 모양으로 나타나사. 이것은 신약 성경에서 심심치 않게 나오는 히브리적인 어법으로서, 사람과 엇비슷한 모양으로 나타나셨다는 뜻이 아니고, 기대나 예상을 뛰어넘어서 의심할 여지 없이 확실하게 진짜 이 땅에 오셔서 사람으로 존재하셨다는 뜻이다. 이 본문은 그리스도께서 가룟 유다의 배신으로 로마 군병들에 의해서 붙잡히셔서 채찍질당하시고 고난을 당하실 때에야 스스로 낮아지셔서 사람이 되신 것이 아니라, 그 이전에 이미 오셔서 사람으로 존재하셨고, 그 이후에 로마 군병들에게 잡히셔서 고난을 당하신 것임을 분명하게 보여 준다. 여기에서 흠정역에서 "발견되다"로 번역되고 있는 이 단어는 성경의 여러 곳에서 그런 의미로 사용된다(빌 3:9; 창 5:24; 고후 5:3; 갈 2:17; 히 11:5; 벧전 1:7). 그리스도께서는 천사들처럼 평소에는 하늘에 있다가 잠시 사람의 모양을 하고 나타나신 것도 아니었고, 사람이 되기는 하셨지만, 첫 사람 아담이 잃어버렸던 저 특권, 즉 낙원에서 살아가는 특권을 그대로 유지하신 채로, 그 낙원으로부터 잠시 인간 세상에 내려오신 것도 아니었고, 죄가 없으신 것을 제외하고는, 다른 모든 사람들처럼 이 땅에서 그 사람들 가운데 거하시며 행하셨기 때문에, 이 본문에서는 그리스도께서 "사람의 모양으로 나타나셨다"고 말하고 있는 것이다. 사도는 6절에서는 하나님으로서의 그리스도의 본질에 대해서 분명하게 표현하였다고 한다면, 여기에서는 하나님으로서의 본질을 지니신 그리스도께서 진짜 사람이 되신 것을 아주 분명하게 표현하고 있다.

또한, 사도는 "사람"이라고 할 때, 만일 그 앞에 관사를 붙였더라면, 이 단어는 첫 사람 아담을 암시하는 표현이 되었겠지만, 실제로는 관사를 붙이지 않음으로써, 보편적인 인성을 지닌 "사람"이 되었음을 표현하고 있다. 헬라어 본문에서 "사람"이라는 단어 앞에 나오는 불변화사("~ 같은," 한글개역개정에는 번역되어 있지 않음)는, 마르키온주의자들(the Marcionites)의 주장과는 달리, 그리스도께서 진짜 인성을 취하신 것이 아니라 단지 모양만 내셨다는 의미가 아니라, 확실함을 나타내기 위하여 확증하고 보증하는 의미를 지닌 불변화사이기 때문에, 그리스도께서 인성을 취하셔서 사람이 되셨다는 것은 의심할 여지 없이 확실한 사실이라는 의미를 함축하고 있다(요 1:14, "말씀이 육신이 되어 우리 가운데 거하시매"). 어떤 이들은 여기에 나오는 "모양"을 좀 더 엄격하게 보아서, 단지 그리스도의 몸의 외적인 모습만을 가리키는 것으로 해석하는 반면에, 어떤 이들은 좀 더 폭넓게 보아서, 인성을 취하였을 때에 나타나는 모든 것들을 가리키는 것으로 해석한다. 따라서 후자로 해석하게 되면, 그리스도께서 취하신 진짜 인성은, 누가복음 24:39과 요한복음 20:20, 27에서 그가 친히 "내 손과 발을 보고 나인 줄 알라 또 나를 만져 보라 영은 살과 뼈가 없으되 너희 보는 바와 같이 나는 있느니라"고 말씀하신 것처럼, 사람들이 볼 수 있고 만질 수 있었으며(요일 1:1), 지혜와 마찬가지로 성장해 갔던(눅 2:52) 그리스도의 몸의 모양과 재료, 진짜인 살과 뼈, 입과 눈 같은 몸의 여러 지체들에서만이 뚜렷하게 드러났던 것이 아니라, 그가 주리고 목말라서 힘들어 하신 것, 지치신 것, 먹고 마신 것, 잠자신 것, 깨어 있으신 것, 말씀하신 것, 몸짓을 하신 것, 불쌍히 여기시거나 근심하시거나 기뻐하시거나 우신 것에서도 분명하게 드러났다. 그리스도께서 보여주신 후자의 모습들은 그의 인성을 분명하게 보여 준 것들이었고, 그와 교제한 사람들은 그리스도의 그러한 모습을 쉽게 발견할 수 있었다(요 4:29; 9:11; 18:22). 소키누스주의자들(the Socinians)은 삼손이 "내가 약해져서 다른 사람과 같으리라"(삿 16:7, 11)고 말한 것을 근거로 삼아서, 그리스도의 그러한 모습은 그가 성육신하신 것을 부정하는 것이라고 주장하지만, 단 지파 사람이었던 삼손(삿 13:2)을 하늘로부터 내려오셔서 "사람의 모양으로 나타나신" 그리스도(그들도 이것을 부정하지 않는다)와 비교하는 그들의 주장에는 설득력이 전혀 없다. 왜냐하면, 백 사람을 합한 것보다 더 힘이 셌던 삼손은 사람들이 자기에게 이러저러하게 하면, 자기가 다른 사람들과 같이 되어서 다른 사람들보다 더 힘이 세지 못하게 될 것이라고 말한 것이고(삿 16:17), 시편 82:7에서는 권세 있는 자들이 일반 평범한 "사람처럼 죽을" 것이라고 말하고 있는 것인 반면에, 이 본문에서는 특정한 사람을 지칭하지 않고 보편적인 사람을 지칭해서 "사람의 모양으로 나타났다"고 말하고 있는 것이기 때문이다. 소키누스주의자들은 그리스도의 그러한 모습들이 어떻게 성육신의 증거가 될 수 있느냐고 코웃음치며 반문하지만, 거기에 대한 나의 대답은 이렇다: 백 사람을 합한 것보다 더 힘이 셌던 사람이 여느 평범한 사람만큼 힘이 약해지거나, 권세를 부리며 살아가던 자들이 여느 사람들과 마찬가지로 연약함 가운데서 죽는 경우에는, 그런 것들은 성육신의 증거가 될 수 없다. 그러나 하나님과 동등되신 분으로서 영원 전부터 계시다가 종의 형체를 취하시고 이 세상에 사람으로 오신 분이 그런 연약한 모습을 보이셨다면, 그런 것들이 성육신의 증거가 된다는 것은 두말할 필요가 없다(딤전 3:16).

자기를 낮추시고. 사도는 그리스도께서 하나님의 의로우신 심판에 의해서 낮아지신 것이 아니라, 그 어떤 강제도 없이 스스로 자원해서 낮아지신 것이라고 말한다. 그리스도께서는 자신의 신성을 감추시고 사람이 되어 이 땅에서 사시는 동안에 성부 하나님의 종이 되셔서 그 뜻에 전적으로 복종하셨는데(눅 1:48), 단지 행위들과 고난들 같은 외적인 것들에서만이 아니라 생각이나 감정 같은 내적인 것들에서도 내내 순종하는 삶을 사셨기 때문에, 단지 낮아지신 척하신 것이 아니라 실제로 낮아지셔서, 온전히 하나님의 기뻐하시는 뜻에만 복종하시고, 온갖 환난들을 인내로써 감당하셨다. 사도가 이 절에서 말하고 있는 그리스도의 지극히 낮아지신 모습이 다음 절에서 사도가 묘사하고 있는 그리스도의 지극히 높아지신 모습과 대비되고, 이사야 선지자가 그리스도에 관하여 예언하였고(사 53:7) 빌립이 에디오피아 내시에게 설명해 준 것(행 8:32)과 일치한다는 것은, 그리스도께서 그렇게 낮아지신 것이 사실임을 분명하게 확증해 준다.

죽기까지 복종하셨으니 곧 십자가에 죽으심이라. 헬라어 본문에는 계사가 등장하지 않는다. 사도는 계사를 사용하지 않는 가운데, 그리스도께서 그 어떤 강제력에 의해서가 아니라 자신의 뜻을 따라 자원해서 어떻게 낮아지신 것인지를 보여 준다. 즉, 그리스도께서는 이 세상에 사시는 동안과 죽을 때까지도 하나님께 "복종하셨고"("나의 원대로 마시옵고 아버지의 원대로 하옵소서," 막 14:36), 하나님의 율법과 뜻을 따라 부모와 권세자들을 비롯한 사람들에게도 복종하는 삶을 사셨다는 것이다. "죽기까지"는 여기에서 그리스도의 복종하심을 더욱 강조하기 위한 것으로서, 죽을 때만이 아니라 사시는 동안 내내, 그 어떤 일에서도 불순종하심이 없이 철저하게 복종하셨음을 강조하는 어구이다. 그리스도께서 이 땅에 사시는 동안 내내 하나님께 순종하시는 삶을 사신 것만으로도, 그 스스로 낮아지신 모습은 참으로 경탄할 만한 일이었다. 그런데 거기에서 그치지 않으시고, 그리스도께서 하나님의 아들이신 데도 인류에 대한 형벌을 대신 받으셔서, 십자가 위에서 저 수치스럽고 고통스러운 저주받은 죽음을 죽으시는 치욕을 기꺼이 순종하는 마음으로 받으신 후에, 죽으신 지 제삼일이 되실 때까지 무덤으로 내려가셔서 하나님과 분리된 상태로 계시는 것을 감수하셨다는 사실은 참으로 너무나 엄청나게 놀라운 낮아지심이었다(신 21:23; 행 5:30; 갈 3:10, 13; 히 12:2). 그리스도께서는 우리를 하나님과 화해시키셔서 우리로 하여금 하나님 앞에 설 수 있게 하고자 하시는 형언할 수 없는 사랑으로, 참수형이나 교수형이나 화형보다 훨씬 더 수치스러운 십자가형을 기꺼이 받으셨다(롬 5:19; 골 2:14; 벧전 2:24; 3:18). 이러한 것들을 생각한다면, 어떻게 그리스도인들이 다른 형제들을 사랑하는 마음에서 자기 자신을 철저히 낮추고 다른 형제들을 자기보다 더 낫게 여기지 않을 수 있겠는가!

9. 이러므로 하나님이 그를 지극히 높여 모든 이름 위에 뛰어난 이름을 주사.

이러므로. 어떤 이들은 이 불변화사가 다른 곳들에서와 마찬가지로(요 10:17; 행 20:26; 히 3:7; 벧후 1:10), 추론의 결론, 즉 그리스도께서 사도가 앞에서 말한 대로 낮아지셨다가 높아지신 데 따른 결과를 나타내는 데 사용되고 있다고 본다. 사도는 그리스도께서 누가복음 24:26에서 "그리스도가 이런 고난을 받고 자기의 영광에 들어가야 할 것이 아니냐"고 말씀하신 대로, 여기에서 그리스도의 고난의 속편은 영광이었다는 것을 보여 주고 있다. 에티오피아 역본도 이 본문을 그런 취지로 번역하고 있다. 그리스도께서는 자신이 아니라 우리의 유익을 생각하셨기 때문에, 자신이 영원 전부터 지니고 계셨던 영광을 한동안 감추셨던 것인데, 이제 성부 하나님께서 부탁하신 구원 사역을 완성하셨을 때, 마치 구름에 가려 있던 해가 다시 구름 밖으로 나오듯이, 그 영광은 다시 나타났다(요 17:5, "아버지여 창세 전에 내가 아버지와 함께 가졌던 영화로써 지금도 아버지와 함께 나를 영화롭게 하옵소서"; 롬 9:5, "그는 만물 위에 계셔서 세세에 찬양을 받으실 하나님이시니라").

어떤 이들은 "이러므로"라는 불변화사가 인과관계 가운데서의 결과, 즉 그리스도께서 성부 하나님과 자기는 인격적으로 하나이기 때문에 복종이라든가 상이라든가 하는 말들은 가당치 않다고 얼마든지 주장하실 수 있으셨음에도 불구하고, 사도가 앞에서 말한 대로 성부 하나님께 비할 데 없는 온전한 순종을 드리신 것에 대한 상으로, 자신의 높아지심과 지극히 뛰어난 영광, 그리고 우리의 구원을 성부 하나님으로부터 받으신 것임을 나타내는 것이라고 본다(히 13:20, "양들의 큰 목자이신 우리 주 예수를 영원한 언약의 피로 죽은 자 가운데서 이끌어 내신 평강의 하나님"; 히 12:2, "믿음의 주요 또 온전하게 하시는 이인 예수를 바라보자 그는 그 앞에 있는 기쁨을 위하여 십자가를 참으사 부끄러움을 개의치 아니하시더니 하나님 보좌 우편에 앉으셨느니라"). 천사들의 순종과는 비할 바 없이 우월한 순종을 성부 하나님께 드리셨기 때문에, 천사들의 영광보다 훨씬 뛰어난 상을 받으실 만하셨던 그리스도께서는 자신의 지극한 순종에 의거해서, 우리의 중보자로서의 영광, 즉 우리의 머리가 되시고 우리의 처음과 끝이 되시는 그런 영광을 성부 하나님께 요구하셨다. 하지만 속성들의 교류로 인하여 하나님이자 사람이신 그리스도께서는 전 인격적으로 영광을 받으셨기 때문에, 우리는 "이러므로"라는 불변화사가 추론의 결론을 의미하는지, 인과관계 가운데서의 결과를 의미하는지, 또는 둘 모두를 의미하는지를 놓고서 논쟁할 필요가 없다.

하나님이 그를 지극히 높여. 이 구절의 헬라어 본문은 그리스도께서 점진적으로 낮아지신 것에 상응해서, 단계적으로 점점 더 높아지셔서 지극히 높은 데까지 높아지신 것임을 아주 우아하게 표현하고 있다. 그리스도께서는 부활을 통해서 무덤 위로 나오셨고, 승천을 통해서 땅 위로 오르시고 하늘들 위로 오르셔서, 자신의 영광의 보좌인 아버지 하나님의 오른편에 앉으셨는데, 장차 거기로부터 이 세상을 심판하러 오실 것이다(엡 1:20-22; 4:10).

모든 이름 위에 뛰어난 이름을 주사. 어떤 이들은 여기에 언급된 "이름"을 문자 그대로 제한적으로 해석해서 "예수"라는 이름을 가리키는 것으로 보지만, "예수"라는 글자들과 음절들은 다른 사람들에게서 사용된 것들과 같은 것으로서 특별히 "뛰어난" 것이라고 할 수 없다(스 2:2; 10:18; 학 1:1; 행 7:45; 골 4:11; 히 4:8) — 물론, 예수라는 이름은 특별한 이유로 그리스도의 성육신 이전에 이미 그리스도께 주어진 것이기는 하지만(눅 1:31). 또한, 어떤 이들은 여기에 언급된 "이름"이 그리스도께서 높아지셨을 때에 천사들과 사람들에게 이전보다 더욱 분명하게 뛰어난 이름으로 드러났던 성부 하나님의 독생자의 이름을 가리키는 것이라고 본다(요 1:14, "말씀이 육신이 되어 우리 가운데 거하시매 우리가 그의 영광을 보니 아버지의 독생자의 영광이요 은혜와 진리가 충만하더라"; 히 1:4, "그가 천사보다 훨씬 뛰어남은 그들보다 더욱 아름다운 이름을 기업으로 얻으심이니"; 5:8). 또한, 어떤 이들은 여기에서 "이름"은 어떤 호칭이나 명칭을 가리키는 것이 아니라, 그리스도께서 낮아지심으로 말미암아 땅 위의 권세자들과 하늘의 천사들을 포함한 모든 피조물들에게 있는 것을 뛰어넘는 어떤 것을 성부 하나님으로부터 받으시게 된 것을 가리키는 것이라고 본다(엡 1:20-21, "그의 능력이 그리스도 안에서 역사하사 죽은 자들 가운데서 다시 살리시고 하늘에서 자기의 오른편에 앉히사 모든 통치와 권세와 능력과 주권과 이 세상뿐 아니라 오는 세상에 일컫는 모든 이름 위에 뛰어나게 하시고"). "이름"은 권세를 의미하는데(행 3:6; 4:7; 계 5:12), 이 권세는 구주이신 그리스도께서 살아계셔서 하나님의 오른편에 앉으셔서 우리에게 유익과 복이 되는 모든 것들을 성부 하나님께 구하셔서 시행하시게 하는 그런 권세이다(마 12:21; 요 4:42; 행 4:11-12; 10:43). 따라서 우리가 오직 그리스도의 이름을 의지해서 믿고 기도하고 찬송하고 행할 때에만, 하나님께서는 우리의 그 모든 믿음의 행위들을 기쁘게 받으신다(마 18:20; 28:19; 요 1:12; 3:18; 14:13; 롬 10:13-14; 골 3:17).

그리스도께서는 자신의 죽으심으로 말미암아 자기 교회에게 온갖 복과 은혜를 수여하실 수 있는 권세를 얻게 되셨는데, 그러한 영광을 얻으신 것은 자기 자신을 위한 것도 아니었고, 권세 자체를 목적으로 한 것도 아니었으며, 오로지 우리 인간과 피조물들의 유익을 위한 것이었다. 그리스도께서는 스스로 낮아지셔서 인성을 입으시고 중보자로서의 소임을 감당하시는 동안에는, 자원해서 그러한 권세와 영광을 버리시고, 십자가에 죽으시기까지 성부 하나님의 뜻에 전적으로 순종하셨다. 그런 후에, 부활하셔서 다시 영광을 얻으시고, 하나님으로서의 본래의 모습을 회복하셨지만, 그 회복하신 영광 속에는 그리스도께서 이전부터 가지고 계셨던 하나님으로서의 영광에 근본적으로 무엇을 더한 것이 전혀 없었다. 단지, 그리스도께서는 자기가 영원 전부터 하나님으로서 가지고 계셨던 이름 또는 영광을 이제는 사람의 지위 가운데서 얻으신 것일 뿐이었다. 따라서 성부 하나님께서 그리스도께 주신 이름 또는 영광은 하나님이신 동시에 사람이신 중보자로서의 두 본성을 지니신 그리스도께 수여된 것이다. 왜냐하면, 하나님으로서의 그리스도는 원래부터 지극히 높으신 이셨던 까닭에, 더 이상 높아질 수 없으신 분이었고, 단지 사람으로서의 그리스도는 피조물인 까닭에, 하나님의 오른편에 앉아서 모든 이름 또는 "이름"으로 불리는 모든 것 위에 뛰어나 하나님으로서의 경배를 받는다는 것은 불가능한 일이었기 때문이다(행 2:24, 33, 36; 5:31; 고전 15:25; 계 17:14; 19:16).

10. 하늘에 있는 자들과 땅에 있는 자들과 땅 아래에 있는 자들로 모든 무릎을 예수의 이름에 꿇게 하시고.

예수의 이름에. 엘리자베스 여왕 시대의 주교들이 번역한 옛 역본과 그 사본들에는 "예수라는 이름에"(in the name Jesus)로 되어 있었지만, 우리가 지금 사용하는 흠정역에서는 "예수"와 "이름"을 동격으로 놓지 않고, 구성의 의미를 지닌 "~의"(of)를 붙여서 "예수의 이름에"(at the name of Jesus)로 번역하고 있다. 따라서 엘리자베스 여왕 시대의 번역은 "예수"라는 이름 자체가 히브리어, 헬라어, 라틴어, 영어 등으로 된 다른 이름들보다 더 뛰어나다는 것을 전제로 할 때에만 옳은 번역이 될 수 있는데, 사실 예수라는 이름은 그 이름을 구성하고 있는 글자들이나 음절들이나 소리 등에 있어서 특별히 다른 이름들보다 더 뛰어날 것이 없기 때문에 문제가 있었는데, 흠정역 번역은 그런 문제점을 수정하고 있다고 볼 수 있다. 왜냐하면, 흠정역 번역인 "예수의 이름에"는 모든 이름에 뛰어난 이름을 지니신 이의 권세와 영광과 위엄 앞에 모든 이들이 무릎을 꿇어야 마땅하다는 의미를 담고 있기 때문이다.

모든 무릎을 … 꿇게 하시고. "무릎을 꿇는다"는 것은 환유법적이자 비유적으로 해석되어야 한다. 왜냐하면, 그리스도 앞에 무릎을 꿇어야 할 자들로 이후에 열거되고 있는 존재들 중 일부는 실제로 무릎이나 혀를 가지고 있지 않은 것들이 있기 때문이다. 따라서 이 어구는 자의이든 타의이든 현세와 내세에서 그리스도의 주권적인 권세에 복종하고 순종하여야 한다는 것을 의미한다(마 11:27; 28:18; 요 5:22-23; 행 3:15). 모든 피조물들은 그리스도께 복종하여야 한다(히 2:8, "만물을 그 발 아래에 복종하게 하셨느니라 하였으니 만물로 그에게 복종하게 하셨은즉 복종하지 않은 것이 하나도 없어야 하겠으나"). 땅 아래에 연옥이 존재한다는 허구적인 주장을 펴는 교황주의자들 중 일부는 여기에서 하나님께서 그리스도께 무릎을 꿇게 하신 존재들을 인간으로 국한시키고자 하지만, 그러한 시도는 모든 이름 위에 뛰어난 이름을 갖게 되신 그리스도의 크신 영광을 축소시키고 폄하하는 것이다. 그리스도께서는 이 땅에서 낮아져 계신 가운데서도 더러운 영들의 항복을 받아내실 정도로 그 영광이 대단하셨는데(막 5:6-7, 10, 12; 눅 8:31; 약 2:19), 장차 최후의 법정에서 모든 피조물들의 눈 앞에 온전히 밝히 드러나게 될 그리스도의 영광은 얼마나 더 대단하겠는가(마 16:27; 24:30)! 그 때에는 그리스도께서 성부 하나님과 동등하시다는 것, 중보자로서의 그리스도의 지극히 크신 영광이 모든 피조물들에게 아주 분명하게 드러나게 될 것이고, 사람들이든 천사들이든, 악한 자들은 어쩔 수 없어서, 선한 자들은 자원해서, 모든 자들이 전능하신 주 하나님이자 절대주권자이신 그리스도의 위엄 앞에 무릎을 꿇게 될 것이다(사 45:23; 행 17:31; 롬 2:16; 14:10-11; 고후 5:10).

하늘에 있는 자들과 땅에 있는 자들과 땅 아래에 있는 자들로. "하늘에 있는 자들"로는 선한 천사들과 의인들의 영들이 있다. 선한 천사들은 그리스도께서 이 땅에서 낮아져 계셨을 때(시 97:7; 마 2:13; 4:11; 눅 1:30-31; 2:13; 히 1:6), 그리스도의 부활과 승천에서(마 28:6; 행 1:11) 그를 섬겨 모셨고, 그리고 장차 그가 영광으로 오실 때에는 더욱더 그를 섬기고 모시게 될 것이다(마 24:31; 25:31; 엡 1:21-22; 골 1:16; 2:10; 살후 1:7). 또한, "온전하게 된 의인들의 영들"이 있다(히 12:22-23; 계 4:6; 5:9-10). "땅에 있는 자들" 중에서 선한 자들은 자원해서(시 110:3; 행 10:33; 요일 5:3), 악인들은 어쩔 수 없어서 억지로 그리스도 앞에 무릎을 꿇는다(시 2:9; 눅 19:27; 히 2:14). "땅 아래에 있는 자들"로는 땅 속에 묻혀 있다가 장차 부활의 때에 그리스도의 권능으로 말미암아 다시 살리심을 받게 될 죽은 자들이 있고(행 24:15, "의인과 악인의 부활이 있으리라"), 귀신들과 악한 영혼들이 있다. 귀신들은 하나님의 허락하심 아래에서 "공중"에서 활동하기는 하지만(엡 2:2), 귀신들과 악인들을 위해 마련되어 있는 곳은 "지옥"이다(마 7:23; 25:41; 눅 8:31; 벧후 2:4; 유 1:6). 그리스도께서 높아지셨을 때, 위에 있는 모든 자들과 세계 안에 있는 모든 자들은 그리스도의 통치 아래 있게 되었다. 누가 땅 위에 있는 자들과 땅 아래에 있는 자들은 여전히 그리스도께 반역하고 있지 않느냐고 반문한다면, 거기에 대한 나의 대답은 이렇다: 그들도 그리스도께 순종하게 되어 있고, 순종하는 것이 마땅한데도 거기에 반발하여 반역하고 있는 것일 뿐이고(마 4:9-10), 결국 나중에 그 불순종에 대한 형벌을 받게 될 것이다. 그리스도께서는 현재에 있어서도 악인들과 귀신들을 제어하시고 벌하시는 방식으로 그들에 대한 통치권을 행사하고 계신다(욥 1:11-12; 눅 4:34-35; 눅 8:32; 19:27; 벧후 2:6; 계 2:10).

11. 모든 입으로 예수 그리스도를 주라 시인하여 하나님 아버지께 영광을 돌리게 하셨느니라.

모든 입으로 예수 그리스도를 주라 시인하여. 이 구절에서 "입"으로 번역된 단어는 직역하면 "혀"를 뜻하고 함축적으로는 언어를 뜻하지만, 여기에서는 단지 모든 언어와 백성과 민족만을 의미하는 것은 아니고, 앞에서 이미 자세하게 설명하였듯이, 사람들과 아울러 천사들도 가리키는 것으로 이해하여야 한다. 왜냐하면, 앞 절에서 "모든 무릎을 예수의 이름에 꿇게 하셨다"고 하였을 때, 천사들은 무릎이 없지만, 그리스도를 경배할 수 있는 까닭에, 그리스도를 경배하는 모든 자들 속에 포함된 것과 마찬가지로, 여기에서도 천사들은 본래 본성적으로 혀가 없지만, 하나님의 특별한 섭리 가운데서, 마치 사람들이 혀를 사용해서 말하듯이, 그것과 유사한 방식으로 말을 할 수 있어서(고전 13:1, "천사의 말"), 그리스도를 주로 시인하는 모든 자들 속에 포함되기 때문이다. 따라서 선한 천사들은 기쁜 마음으로, 악한 천사들은 억지로(계 6:16), 자신들에게 고유한 방식을 따라 그리스도를 경배하고 찬양하는 자신들의 의사를 말로 고백하거나 표현할 수 있기 때문에(계 7:9-12), 그리스도를 "영광의 주"(롬 11:36; 고전 2:8; 8:6)와 "하나님의 아들"(고후 4:5; 히 1:2, 4)로 시인할 수 있고, "죽은 자와 산 자의 주"(롬 14:9)로서 영혼과 양심에 명하시고(약 4:12) 구원하시는(히 7:27) 권세를 홀로 지니신 분으로 시인할 수 있다.

하나님 아버지께 영광을 돌리게 하셨느니라. 어떤 이들은 이 어구를 "하나님 아버지의 영광 안에서"로 번역하여야 한다고 생각한다. 즉, 이 어구는 그리스도의 영광이 성부 하나님의 영광과 동일한 영광임을 나타내는 것이거나(잠 10:1; 요 5:23; 엡 1:6), 성자 하나님께서 낮아지심으로써 성부 하나님께 지극히 큰 영광을 돌리셨기 때문에, 성부 하나님께서는 모든 피조물로 하여금 성자 하나님께 지극히 큰 영광을 돌리도록 그를 높이셨다는 것을 나타낸다는 것이다(요 12:28; 17:5-6).

12. 그러므로 나의 사랑하는 자들아 너희가 나 있을 때뿐 아니라 더욱 지금 나 없을 때에도 항상 복종하여 두렵고 떨림으로 너희 구원을 이루라.

그러므로 나의 사랑하는 자들아 너희가 … 항상 복종하여. 사도는 앞에서 그리스도께서 사랑 가운데서 놀라울 정도로 자기 자신을 낮추심으로써 영광스러운 결과를 얻게 되신 것을 본보기로 들어서, 자기 자신을 낮추는 것이 얼마나 선한 결과를 가져다주는지를 확증한 후에, 여기에서는 애정 어린 호칭으로 빌립보 교인들을 부르는 것으로 시작해서, 앞서 자기가 그들에게 행한 권면을 재개해서, 그들이 이전에 그리스도를 따라(마 11:28) 복음에 순종하고자 애쓴 것을 칭찬하고(빌 1:5; 2:15), 하나님과 사람에게 계속해서 순종과 사랑을 보이라고 권한다. 나 있을 때뿐 아니라 더욱 지금 나 없을 때에도. 빌립보 교인들의 영혼이 잘되기 위해서는, 그들의 목회자의 눈이 그들을 보고 있든 보고 있지 않든, 그리스도를 사랑하는 그들의 마음이 늘 한결같아야 하는 것은 두말할 필요가 없는 일이었지만, 사도는 지금 자기가 그들로부터 떠나 있었고, 그들 속에 모종의 결함들이 있다는 의심이 있었기 때문에(약 3:2, "우리가 다 실수가 많으니"; 요일 1:8, "만일 우리가 죄가 없다고 말하면 스스로 속이고 또 진리가 우리 속에 있지 아니할 것이요"), 자기가 이 서신 속에서 자세하게 권면하고 있는 것들을 다른 무엇보다도 더 세심하게 마음을 써서 행하게 하기 위하여 특별히 이 말을 하고 있는 것이다.

너희 구원을 이루라. 빌립보 교인들은 성도들이었고(빌 1:1), 그들에게 믿음을 주셔서 고난을 감당하게 하신(빌 2:29) 하나님께서는 그들 가운데서 시작하신 구원을 끝까지 완성하실 것이었기 때문에(빌 2:6), 사도는 그들의 구원과 관련해서 그들 편에서 꼭 해야 할 일들을 진실함과 열심으로 행하라고 권면하고(요 6:27, "썩을 양식을 위하여 일하지 말고 영생하도록 있는 양식을 위하여 하라"; 히 6:9), 그들이 그렇게 하여야만 구원을 이룰 수 있고, 그렇게 하지 않을 때에는 구원에 이를 수 없다는 것을 암시한다(빌 1:10; 마 24:13; 골 3:10, 12; 딤전 1:18-19; 6:19; 딤후 2:5, "경기하는 자가 법대로 경기하지 아니하면 승리자의 관을 얻지 못할 것이며"; 4:7-8; 벧후 3:17, "너희가 이것을 미리 알았은즉 무법한 자들의 미혹에 이끌려 너희가 굳센 데서 떨어질까 삼가라"). 이렇게 사도는 디모데전서 4:16에서 디모데에게 "네가 네 자신과 가르침을 살펴 이 일을 계속하라 이것을 행함으로 네 자신과 네게 듣는 자를 구원하리라"고 말한 것처럼, 빌립보 교인들에게 그들의 구원으로 통하는 길을 계속해서 힘써서 달려가라고 권면한다. 이것은 그들이 다른 사람들을 돌아보지 않아도 된다고 말하는 것이 아니라, 도리어 그 반대의 의미를 함축하고 있다. 왜냐하면, 히브리서 3:13("오직 오늘이라 일컫는 동안에 매일 피차 권면하여 너희 중에 누구든지 죄의 유혹으로 완고하게 되지 않도록 하라")과 10:24("서로 돌아보아 사랑과 선행을 격려하며") 등에서 말하고 있는 것처럼, 믿는 자들은 서로를 돌아볼 의무가 있기 때문이다. 하지만 믿는 자들은 각각 자기 자신과 자기가 만나는 시험들에 특히 신경을 쓰는 가운데 그들 자신의 구원이라는 푯대를 향하여 온 힘을 다해 달려가지 않으면 안 된다. 왜냐하면, 믿는 자들은 다른 사람이 자신의 짐을 져주지 않고, 결국 각자의 짐은 각자가 져야 한다는 것을 명심하고서(갈 6:1, 5), 각자가 구원으로부터 떨어져 나가는 일이 발생하지 않도록 스스로 조심하고 주의하는 것이 마땅하기 때문이다.

하지만 교황주의자들이 이 본문을 근거로 삼아서, 우리가 행한 행위들로 인한 공로는 우리의 구원을 이루기에 충분한 원인이 된다고 주장하는 것은 정말 터무니없다. 왜냐하면, 사도는 우리의 행위들이 우리의 구원을 이루어 낸다고 말하는 것이 아니라, "너희 구원을 이루라"고 말하고 있고, 이 둘은 판이하게 다른 의미를 지니기 때문이다. 하나님께서 유대인들에게 유월절 식사를 할 때에는 허리를 동이라고 명하셨다고 해서, 만일 어떤 사람이 허리를 동이는 것은 곧 유월절 식사를 하는 것이라고 말한다면, 그것은 터무니없는 말이 될 것이다. 우리의 행위로 인한 공로로 구원을 이룰 수 있다는 교황주의자들의 억지주장은, 바울이 우리가 죄 사함을 받고 영생을 얻는 것이 하나님의 거저 주시는 은사라고 가르치고 있고(롬 4:6-7; 6:23), 우리는 행위가 아니라 은혜로 말미암아 구원을 얻는다고 가르치고 있는 것(롬 3:20, 24-25; 4:16; 엡 2:8; 딛 3:5)과 반대되는 주장일 뿐만 아니라, 사도가 이 서신을 쓴 주된 취지가 빌립보 교인들이 스스로 교만해져서 자신들이 구원받을 만하다고 여기는 것을 무너뜨리고 낮아지게 하기 위한 것이라는 점에 비추어 보아도 터무니없는 주장임이 그대로 드러난다. 사도가 여기에서 빌립보 교인들에게 촉구하고 있는 것은, 우리는 구원의 일에서 모든 것을 하나님께 맡겨 두고 빈둥거리며 게으르거나 나태해서는 안 되고, 하나님의 도구로서 하나님께 협력하여 구원을 이루는 일에 힘씀으로써(이 때에 모든 능력과 힘은 하나님으로부터 나오고, 도구 자체에 그런 능력과 힘이 있는 것은 결코 아니지만), 우리가 구원을 위하여 하나님께서 주신 은혜를 헛되이 받지 않았다는 것을 증명해 보여 드려야 한다는 것이다(고후 6:1-2, "우리가 하나님과 함께 일하는 자로서 너희를 권하노니 하나님의 은혜를 헛되이 받지 말라 이르시되 내가 은혜 베풀 때에 너에게 듣고 구원의 날에 너를 도왔다 하셨으니 보라 지금은 은혜 받을 만한 때요 보라 지금은 구원의 날이로다"). 그러나 우리의 그러한 협력은 우리의 구원을 이룸에 있어서 어떤 공로가 되는 것이 아니고, 우리의 구원을 이루는 데 기여하는 모든 것은 오직 그리스도로부터만 오고, 다른 원천들로부터 오는 것은 그 어떤 것도 우리의 구원에 기여할 수 없기 때문에(행 4:12, "다른 이로써는 구원을 받을 수 없나니 천하 사람 중에 구원을 받을 만한 다른 이름을 우리에게 주신 일이 없음이라"), 우리를 우리 자신의 구원자라고 말하는 것은 불가능하다. 우리가 우리의 구원을 이루기 위하여 하나님께 협력하는 것은, 우리의 구원을 이루는 데 아직 미비한 것들을 우리 자신이 행하여 채워 넣고 완성시키는 것이 아니라, 단지 그리스도께서 이미 다 이루어 놓으신 것이 구체적으로 우리에게서 효력이 나타나게 하는 적용에 관한 것일 뿐이고, 이렇게 그리스도 안에서 이미 다 완성되어 있는 구원을 우리가 받아들이는 것은 구원의 원인이나 근거의 문제가 될 수는 없고, 단지 우리가 구원에 참여하는 길과 수단의 문제일 뿐이다.

두렵고 떨림으로. 이것은 우리가 우리의 구원과 관련하여 우리 쪽에서 해야 하는 모든 일들을, 하나님이 기쁘게 받으실 만하게 우리의 거룩한 정성을 다하여 행하는 모습을 사도가 묘사한 것이다. 따라서 사도가 이 두 단어를 통해서 말하고자 하는 것은, 우리 자신이 구원받을지 어떨지를 모르기 때문에, 노예 같은 굴종적인 두려움과 의기소침함으로, 우리가 혹시 구원받지 못하면 어쩌나 하고 노심초사하며 지내라는 것이 아니고(빌 4:4, "주 안에서 항상 기뻐하라 내가 다시 말하노니 기뻐하라"), 우리가 하나님의 위엄 앞에서 하나님을 경외하는 가운데, 하나님의 자녀들로서 자신을 철저히 낮추고, 아버지이신 하나님께 순복하는 마음으로 진실하게 행하며, 우리 자신이 악을 행하여 하나님을 노여우시게 하고 하나님으로부터 떨어져 나가는 일이 일어나지 않도록 극히 조심하여 행하라는 것이다. 우리는 이 두 단어가 시편 2:11; 다니엘서 5:19; 6:26; 로마서 11:20; 고린도전서 2:3; 고린도후서 7:5; 에베소서 6:5 등에서 동일한 의미로 사용되고 있는 것을 보는데, 결국 그 취지는, 마치 어린 아이가 위험한 절벽 위를 걸을 때, 두려움을 느끼지만, 그럴수록 더욱더 부모를 의지하고 부모에게 매달리며 부모의 도움을 절실하게 원하는 것과 같이, 우리가 그리스도의 모범을 따라 스스로 낮아져서, 우리의 구원을 이룸에 있어서 우리 자신을 의지하지 말고 전적으로 하나님만을 의지하고 의뢰하여야 한다는 것이다.

13. 너희 안에서 행하시는 이는 하나님이시니 자기의 기쁘신 뜻을 위하여 너희에게 소원을 두고 행하게 하시나니.

사도는 빌립보 교인들이 자신들은 언제라도 악한 마음을 먹을 수도 있고 선한 마음을 먹을 수도 있어서, 자신들이 마음 먹기만 한다면, 언제든지 믿고 회개할 수 있다고 생각해서, 육신적인 자부심이나 교만한 마음을 품고, 스스로 철저히 낮아져서 자신들의 구원을 이루어 내는 일을 소홀히 하지 않도록 하기 위하여, 하나님의 은혜가 그들 속에서 실효적으로 역사할 때에만, 그들이 자신의 권면을 받아들여서 행하고자 하는 마음이 생겨나게 될 것이라고 말한다. 너희 안에서 행하시는 이는 하나님이시니. 사도는 구원에 필요한 모든 것이 하나님으로부터 온다는 사실을 강조하면서, 빌립보 교인들은 자신들이 자유의지로 행하는 자들이기는 하지만, 자신의 생각에 빠져서, 자기가 구원에 이르지 못하게 될 것이라고 낙심하거나, 구원의 방편들을 부지런히 활용한 것이 다 헛수고가 되었다고 생각하거나, 자신들이 죄의 지배 아래 완전히 떨어졌다고 생각하는 일이 있어서는 안 된다고 말한다(롬 6:13-14; 고전 4:7; 고후 3:5). 왜냐하면, 하나님께서는 그들 속에서 실효적으로 강력하게 권능으로 역사하셔서, 온갖 난관과 장애물들을 다 뚫으시고 승리하심으로써, 결국 그들의 구원을 이루어 내실 것이기 때문이다(빌 1:6; 사 41:4; 히 13:20-21). 하나님은 우리를 설득하셔서 우리의 동의를 얻어 내실 뿐만 아니라, 우리에게 특별한 힘을 주셔서 하나님이 원하시는 일을 행하게 하시고, 그 일을 이루어 내게 하신다.

너희에게 소원을 두고 행하게 하시나니. 하나님께서는 단지 일반적인 방식으로 우리에게 소원을 주시는 것이 아니라(행 17:28), 멀리는 신앙의 기본원리로부터 가까이는 구체적인 행위에 이르기까지 특별한 방식으로 우리에게 소원을 주신다(시 110:3). 즉, 하나님은 우리의 마음에 할례를 행하시고(신 30:6), 돌 같은 마음을 제거하시고 연한 살 같은 마음을 주시며(겔 11:19; 36:26-27), 어둠 속에서 빛이 비치게 하심으로써(고후 4:6), 우리의 의지를 새롭게 하셔서, 하나님의 그러한 저항할 수 없는 은혜의 감화 이전에는 우리의 구원을 가로막는 일들만을 선택해서 행하였던(요 8:44) 우리의 마음이 이제는 우리의 구원에 이롭고 도움이 되는 것들을 선택하게 하신다. 하지만 하나님께서는 어떤 강제력을 사용하셔서 우리로 하여금 어쩔 수 없이 우리에게 이로운 것들을 선택하지 않을 수 없게 만드시는 것이 아니라, 우리에게 선하지만 강력한 감화를 끼치셔서, 우리 자신의 자유의지로 우리의 구원에 이로운 것들을 행하고자 하는 마음을 우리 속에서 불러일으키신다(요 6:37, 44). 따라서 우리 속에서 우리의 구원을 위한 일들을 행하고자 하는 소원이 일어난다면, 그것은 하나님께서 우리의 마음을 감화하셔서 불러일으키신 소원임에 틀림없다. 하나님께서는 우리 속에 우리의 구원에 이로운 소원을 불러일으키시는 데에서 그치시는 것이 아니라, 우리로 하여금 그 소원을 행하게 하신다. 우리 속에 어떤 소원이 생겨났다고 하여도, 그 소원은 그저 소원으로만 그칠 수 있고 행동으로 옮겨지지 않을 수도 있는데, 하나님의 저항할 수 없는 은혜로 말미암아 생겨난 소원(고전 3:7, "오직 자라게 하시는 이는 하나님뿐이니라")은 우리의 의지의 명령으로 반드시 행위로 나타나서, 그 소원의 원천이신 하나님께서 친히 영광을 받게 되신다. 예를 들면, 구제하는 일에 있어서, 하나님께서는 우리에게 가난한 자들을 구제하고자 하는 의지 또는 소원을 주실 뿐만 아니라, 그 소원을 실천에 옮기는 데 필요한 여러 가지 은혜들도 함께 주셔서, 실제로 구제가 이루어지게 하시는데, 이러한 결과는 이 소원이 우리 자신의 생각이 아니라 하나님으로부터 왔음을 보여 주는 증거가 된다. 사도는 빌립보 교인들에게 이렇게 말한다: "너희가 소원할 수 있는 것도 아니고, 너희가 행할 수 있는 것도 아니다. 오직 하나님께서 너희 속에 역사하셔서, 너희로 하여금 소원하게 하시고 행하게 하시는 것이다. 너희의 본성은 믿거나 순종하거나 기도하거나 인내하고자 하지 않지만, 하나님께서는 너희에게 그렇게 하고자 하는 소원도 주시고, 너희로 하여금 실제로 그렇게 하게도 하신다. "소원"은 의지의 활동이고, 하나님께서는 우리로 하여금 의지 활동을 할 수 있게 창조하셨기 때문에, 소원을 갖는 것은 우리 스스로의 힘으로 가능하다는 것은 사실이다. 그러나 선한 소원을 갖는 것은 우리 자신의 힘으로는 불가능하고, 오직 하나님께서 우리 속에서 은혜로 역사하셨을 때에만 가능하다. 따라서 우리에게 선한 소원이 있거나 유지된다면, 그것은 우리 속에서 역사하시는 이로 말미암은 것일 수밖에 없다. 우리 인간은 선한 소원을 가질 수 없는 것은 아니지만, 우리 자신의 힘으로 선한 소원을 가질 수는 없다. 따라서 성경에 우리의 순종을 요구하는 명령이나 계명이 나온다고 해서, 그것이 우리 자신의 힘으로 그 일을 할 수 있다는 것을 의미하는 것이 아니고, 우리가 하나님의 특별한 도우심을 의지해서 그 일을 행하고자 하고 행하여야 한다는 것을 의미하는 것이다. 그러나 하나님께서 우리 속에서 역사하셔서 우리로 하여금 순종하게 하신다고 할지라도, 그것은 우리는 꼭두각시이고, 하나님이 우리를 조종해서 그 일을 이루시는 것은 아니고, 우리는 하나님의 감화에 의해서 행하기는 하지만, 하나님께 순종해서 그 일을 행하는 주체는 바로 우리이다.

자기의 기쁘신 뜻을 위하여. 우리가 우리 자신의 구원을 이루기 위하여 행하게 되는 것은 우리 속에 이미 본래부터 존재하는 어떤 성향이나 지향성 때문이 아니라, 하나님께서 우리의 구원을 이루시기 위하여, 순전히 자신의 선하신 뜻으로 적극적으로 우리 속에서 역사하시고 이끌어 가시기 때문이다(눅 10:21; 엡 1:5, 9, 11; 2:8; 살후 1:11; 딤후 1:9). 우리의 구원을 이룸에 있어서, 우리 안에 소원을 불러일으키시는 것도 하나님의 역사로 말미암고, 우리로 하여금 그 소원을 행하게 하여 점점 우리의 구원을 이루게 가게 하시고, 결국에는 그 구원을 온전히 이루시는 것도 하나님의 역사로 말미암는다. 우리의 의지가 스스로 선한 소원을 만들어 내는 것이 아니라, 하나님의 선하신 뜻이 우리의 의지에 역사하시고 도우셔서 그러한 선한 소원을 만들어 내시고 우리로 하여금 그 소원을 따라 행하게 하시는 것이다.

14. 모든 일을 원망과 시비가 없이 하라.

사도는 빌립보 교인들에게 스스로 낮아져서 겸손하라고 권면하는 가운데, 그런 것과 정반대되는 악, 즉 그리스도인으로서의 자신들에게 부여된 모든 일을 행할 때, 사적으로 원망하거나 투덜거리고 불평하는 등, 자신들이 그리스도의 멍에를 메기 싫어하고 참을 수 없어 해서는 안 된다는 경고를 여기에 덧붙인다. 그리스도인들은 옛적의 이스라엘 백성처럼 그들을 다루시는 하나님의 섭리가 너무 가혹하다고 불평하거나 원망할 수 있는데(민 11:1; 고전 10:1), 현재의 맥락을 고려할 때, 여기에서 사도는 전에 헬라인들과 유대인들이 그랬던 것처럼(눅 5:30; 요 6:41-42; 행 6:1), 빌립보 교인들이 다른 사람들에 대하여 원망하고 불평한 것을 염두에 두고 이렇게 말한 것으로 보인다. 요한복음 6:61을 보면, 주님의 제자들 중의 일부조차도 자신의 주님에 대하여 수군거리며 험담을 하는 죄를 범하였다. 그리스도인으로서의 사랑은 "원망"을 용납하지 않고(벧전 4:9; 유 1:10), "시비"도 용납하지 않는다. 영생을 비롯해서 신앙과 관련된 중요한 문제가 아닌 다른 일들을 놓고서 열을 내며 혈기로 논쟁하고 다투며 시비를 벌이는 것은 거룩한 성령의 하나 되게 하신 것을 거스르는 것이다(마 18:1; 막 9:33; 눅 9:46; 롬 14:1; 고후 12:20; 딤전 1:6; 2:8).

15. 이는 너희가 흠이 없고 순전하여 어그러지고 거스르는 세대 가운데서 하나님의 흠 없는 자녀로 세상에서 그들 가운데 빛들로 나타내며.

이는 너희가 흠이 없고 순전하여. 너희가 그런 식으로 처신하게 되면, 제대로 된 사람들이라면, 아무도 너희를 책망할 수 없게 될 것이고(눅 1:6), 너희는 어리석은 자들을 완전히 침묵하게 만들 수는 없을지라도(요 15:25; 벧전 2:15), 그들은 너희의 이름이나 평판을 더럽힐 수 있는 어떠한 정당한 빌미도 찾을 수 없게 될 것이다. 도리어, 너희는 속임이 없고 진실하며 순수한 자들로 발견될 수 있게 될 것이다(마 10:16; 요 1:47; 롬 16:19; 벧전 1:14; 2:1). 하나님의 흠 없는 자녀로. 흠이나 오점들은 하나님의 자녀로서의 너희의 신분에 합당하지 않은 것들이고 어울리지 않는 것들일 뿐만 아니라(엡 5:27), 하나님의 자녀들은 아버지 하나님의 권속에 속하지 않은 자들에게 자신들을 비방하고 물어뜯으며 질책할 빌미를 주지 않도록 조심하고 세심한 주의를 기울이는 것이 마땅하다(아 4:7; 마 5:48; 엡 1:4; 유 1:24). 어그러지고 거스르는 세대 가운데서. 그들은 죄악 가운데 누워 지내면서 그들 자신을 지독하게 더럽히고 부패시켜 왔기 때문에, 그들의 몸에는 온통 종기들과 역병으로 인한 고름들로 가득한 모습을 보임으로써, 그들이 온갖 추악한 것들로 물들어서 뒤틀리고 "어

그러지고 거스르는 세대"라는 것을 보여 준다(신 32:5; 시 125:5; 마 12:39; 행 13:8, 10). 세상에서 그들 가운데 빛들로 나타내며. 너희가 그렇게 했을 때, 너희는 그런 부류의 사람들 가운데 살아가면서, 너희 모두가 주 안에서 빛이라는 것이 분명하게 드러나게 될 것이고, 또한 너희의 그런 모습을 보여 주어야 한다(마 5:14, 16; 엡 5:8, 15). 너희는 살인자나 도둑으로서, 또는 남의 일에 참견하다가 고난을 당해서는 안 되지만(벧전 4:4, 15-16), 너희가 그리스도와 복음을 따라 행한다는 이유로, 무례한 악인들이 너희를 욕하고 비방하며 온갖 악담을 퍼붓는 것이라면, 그들이 그렇게 하면 할수록, 너희는 의의 해이신 그리스도로부터 빛을 받은 자로서 더욱 뚜렷하고 밝은 빛을 발하게 될 것이다. 따라서 너희가 살고 있는 세대의 악한 자들이 너희를 아무리 비방한다고 할지라도, 그리스도의 신실한 대사들인 너희는 배신자 가룟 유다를 호위하였던 저 등불이나 횃불이 되어서는 안 되고(요 18:3), 그리스도로부터 빛을 받아 그 빛을 세상에 전하는 자들이 되어야 한다(칠십인역 번역자들은 별들을 세상에 빛을 전하는 존재로 묘사한다, 창 1:16; 단 12:3; 계 1:16, 20). 너희는 집 안을 비추는 촛불이 아니라, 별들처럼 세상을 비추는 빛이다(계 12:1).

16. 생명의 말씀을 밝혀 나의 달음질이 헛되지 아니하고 수고도 헛되지 아니함으로 그리스도의 날에 내가 자랑할 것이 있게 하려 함이라.

생명의 말씀을 밝혀. 너희는 너희의 신앙 고백을 통해서만이 아니라 너희의 행실을 통해서도 늘 주 예수 그리스도를 세상에 드러내어야 한다(요일 1:1). 그리스도의 복음은 "구원을 주시는 하나님의 능력"(행 13:26; 롬 1:16)이기 때문에 "생명의 말씀"이다. 사도는 육적인 제도들이나 사람의 전통들을 전하라고 말하지 않고, 그 속에 "영생"이 있는 말씀을 전하라고 말한다(요 5:39; 6:68). 그리스도의 날에 내가 자랑할 것이 있게 하려 함이라. 여기에서 사도는 장차 그리스도의 날에(빌 1:6) 그들이 최종적으로 구원을 이루게 될 때, 자기와 그들이 하나님의 값없이 거저 주시는 은혜로 말미암아 차고 넘치는 상을 받고 영광스러운 기쁨을 누리게 될 것임을 그들에게 일깨워 준다. 즉, 사도는 자신의 사역과 권면, 그리고 그들이 자신의 사역과 권면을 그대로 받아들여서, 하나님의 특별한 도우심을 따라 그들의 구원을 이루어 내었을 때, 거기에 대하여 하나님의 상이 있을 것이라고 말하고 있는 것이다. 나의 달음질이 헛되지 아니하고 수고도 헛되지 아니함으로. 그리스도의 날에 그들이 구원을 이루게 된 것을 보았을 때, 사도가 그들 가운데서 행해 온 사역과 수고가 주 안에서 헛되지 않았고 열매 없는 것이 되지 않았다는 것이 분명해져서, 그것은 그들에게나 사도에게나 영원한 위로가 될 것이다(마 25:21; 고전 3:8-9; 15:58). 그렇게 된다면, 그들은 현재에도 사도의 "기쁨이요 면류관"이지만(빌 4:1), 그 때에는 더욱 영광스러운 방식으로 사도에게 그런 존재가 될 것이다.

17. 만일 너희 믿음의 제물과 섬김 위에 내가 나를 전제로 드릴지라도 나는 기뻐하고 너희 무리와 함께 기뻐하리니.

내가 나를 전제로 드릴지라도. 사도는 자신의 최초의 간힘에서 자기가 죽지 않고 살게 될 것이라는 확신을 앞에서 피력한 바 있지만(빌 1:19, 25), 여기에서는 빌립보 교인들로 하여금 자신들의 본분과 도리를 다하도록 더욱 강력하게 권면하기 위하여, 자기가 지금 죽지는 않겠지만, 혹시라도 그들의 구원을 위해서 필요한 것이라면, 얼마든지 기쁜 마음으로 자신의 목숨을 내어 놓을 수 있다고 말한다. 즉, 사도는 그리스도께서 "나는 선한 목자라 선한 목자는 양들을 위하여 목숨을 버리거니와"(요 10:11)라고 말씀하시고 실제로 그렇게 행하신 것을 본받아서, 자기도 그렇게 할 용의가 있다는 뜻을 분명하게 드러냄으로써, 빌립보 교인들에 대한 자신의 변함없는 사랑을 보여 준다. 사도는 빌립보 교회만이 아니라 다른 교회들에게도 그렇게 말하는데(고후 12:15; 살전 2:8), 율법의 제사에 빗댄 우아한 알레고리를 사용해서 자신의 죽음에 대하여 말하고 있고(레 2:6; 민 15:5, 7; 23:4; 삿 11:13), 나중에 실제로 죽음이 가까웠을 때에도 그러한 알레고리를 또다시 사용해서, "전제와 같이 내가 벌써 부어지고 나의 떠날 시각이 가까웠도다"(딤후 4:6)라고 말한다. 사도가 여기에서 말한 "전제"는 그들을 하나님과 화해시키기 위한 것이 아니다. 왜냐하면, 하나님과 그들의 화해는 이미 그리스도께서 "우리를 위하여 자신을 버리사 향기로운 제물과 희생제물로"(엡 5:2) 하나님께 "단번에 자기를 드려 이루셨기"(히 7:27) 때문이다. 따라서 사도는 자기가 하나님이 보시기에 보배로운 피를 흘려(시 116:15) 그리스도를 증거함으로써, 빌립보 교인들의 믿음을 인치고 더욱 견고하게 하는 것을 자기가 드릴 "전제"라고 말한 것이었다. 사도가 여기에서 사용하고 있는 헬라어는 제사를 지낼 때의 관습으로부터 빌려온 것이었다. 구약 시대에 사람들은 희생제물 위에 포도주나 기름을 부어서 자신들 가운데서 맺어진 계약을 확증하였는데, 이때에 이렇게 포도주나 기름을 붓는 것은 "전제"라고 불렀다(출 30:9; 왕하 16:13; 렘 19:13).

만일 너희 믿음의 제물과 섬김 위에. 여기에서 사도가 자신이 그 위에 부어지게 될 "제물"이라고 말한 것은 좀 더 구체적으로는 그들이 고난 중에 있는 사도를 돕기 위하여 에바브로디도 편으로 보낸 것들을 가리키는 것일 수도 있고(빌 4:18, "에바브로디도 편에 너희가 준 것을 받으므로 내가 풍족하니 이는 받으실 만한 향기로운 제물이요 하나님을 기쁘시게 한 것이라";고후 9:12), 좀 더 일반적으로는 빌립보 교인들이 회심하여 믿음으로 거룩하여져서 하나님께 드려진 제물이 된 것을 가리키는 것일 수도 있다. 왜냐하면, 사도는 종종 믿는 자들이 자기 자신을 하나님께 드리거나, 자기가 사람들을 회심시켜서 하나님께 바쳐 드리는 것을 희생제사라는 개념을 사용해서 표현하고 있기 때문이다(롬 12:1, "너희 몸을 하나님이 기뻐하시는 거룩한 산 제물로 드리라"; 15:16, "나로 이방인을 위하여 그리스도 예수의 일꾼이 되어 하나님의 복음의 제사장 직분을 하게 하사 이방인을 제물로 드리는 것이 성령 안에서 거룩하게 되어 받으실 만하게 하려 하심이라"; cf. 벧전 2:5). "너희 믿음의 섬김"이라는 표현은 사도가 자신의 사역을 통해서 그들의 믿음에 유익한 일을 하는 것은 사도에게 아주 큰 기쁨이 되는 섬김이라는 것을 보여 준다. 즉, 사도는 빌립보 교인들을 포함한 하나님의 택함 받은 백성들의 심령 속에서 복음이나 새 언약에 대한 믿음이 더욱 견고해질 수만 있다면, 마치 전제가 언약을 견고하게 하듯이, 자기가 순교를 통해서 자신의 피를 "전제"처럼 부음으로써, 복음의 교훈 또는 새 언약을 확증하는 일을 기꺼이 행하고자 한다고 말하고 있다.

나는 기뻐하고 너희 무리와 함께 기뻐하리니. 사도는 자신의 순교로 하나님을 기쁘시게 해 드리게 된다면, 그것은 결과적으로 빌립보 교인들에게 많은 영광과 유익을 가져다줄 것이기 때문에, 자기는 기뻐하고 즐거워할 수밖에 없다고 말한다. 왜냐하면, 그들에게 최초로 복음을 전한 사도가 복음의 진리를 지키다가 순교하였다면, 그것은 복음을 진심으로 영접한 그들의 믿음을 견고히 하는 데 유익이 될 뿐만 아니라, 그들에게 적지 않은 영광이 될 것이기 때문이다. 그래서 사도는 그런 일이 일어났을 때에 빌립보 교회의 지극히 큰 자들이나 지극히 미천한 자들이나 모든 교인들이 그러한 영광을 받게 될 것이라는 점에서, 그들 모두에게 진심으로 축하의 말을 전한다.

18. 이와 같이 너희도 기뻐하고 나와 함께 기뻐하라.

이와 같이 너희도 기뻐하고. 사도는 빌립보 교인들 각 사람이 자기와 똑같은 마음과 심정을 가지고서, 우리가 하나님을 더욱 가까이 하려다가 사람들로부터 죽음의 위협을 받는 것(마 10:28)과 하나님으로부터 전적으로나 부분적으로 떠나고자 하다가 비난을 받는 것(살후 1:5)은 천지차이라는 것을 생각해서, 자기가 지금 겪고 있는 고난으로 인해서, 그들이 더욱더 기쁜 마음으로 자원해서 그리스도를 견고하게 믿고 담대하게 고난을 감당하게 되기를 기대한다. **나와 함께 기뻐하라.** 그들이 그렇게 되어서, 서로 사랑하는 가운데 하나가 되어 믿음 안에서 견고해지면, 사도가 앞에서 말하였듯이, 그것은 그들이 기뻐해야 할 일일 뿐만 아니라, 사도에게도 크게 기뻐해야 할 일이 될 것이다(빌 2:2).

19. 내가 디모데를 속히 너희에게 보내기를 주 안에서 바람은 너희의 사정을 앎으로 안위를 받으려 함이니.

내가 디모데를 속히 너희에게 보내기를 주 안에서 바람은. 사도는 자신의 앞서의 권면에서 잠시 벗어나서, 빌립보 교인들을 좀 더 위로하기 위해서, 자기가 갇혀 있음에도 불구하고, 에바브로디도가 그들에게 도착한 지 얼마 되지 않아서, 또다시 이번에는 어떻게든 디모데를 그들에게 보내고자 하는 자신의 계획을, 모든 이름 위에 뛰어나신 주 예수께서 이루어 주시기를 바라는 선한 소망을 피력한다. **너희의 사정을 앎으로 안위를 받으려 함이니.** 사도는 자기가 디모데를 그들에게 보내고자 하는 목적이, 그들로부터 추가적인 도움을 얻고자 하는 것이 아니라, 자기는 그들의 영혼이 잘되는 일에 관심이 있기 때문에, 그들의 영적인 상태가 어떠하고, 빌립보 교회의 일들이 제대로 잘 처리되고 있는지를 살펴서, 모든 것이 잘되어 가고 있음이 확인되었을 때, 자기가 "안위"를 받기 위한 것이라고 말한다(그는 다른 교회들에 대해서도 마찬가지였다, 살전 2:19; 3:5). 사도는 그들을 진심으로 걱정하고 염려하는 자였기 때문에(롬 12:15; 고전 12:26; 고후 11:28-29), 자기가 신뢰하는 디모데를 직접 보내서, 그들이 실제로 어떻게 행하고 있는지를 확실하게 알기를 원하였고, 그래야만 마음을 놓을 수 있었다.

20. 이는 뜻을 같이하여 너희 사정을 진실히 생각할 자가 이밖에 내게 없음이라.

사도는 자기가 왜 특별히 "디모데"를 택해서 그들에게 보내고자 하는지를 여기에서 밝히는데, 그것은 디모데는 사도가 이 서신을 쓰는 데 함께 동참한 인물이고, 동일한 성령과 믿음과 사랑을 부여받아서, 사도와 거의 같은 마음과 뜻을 지닌 인물일 뿐만 아니라, 빌립보 교인들이 잘되기를 바라는 마음에 있어서도 사도와 뜻을 같이하는 유일한 인물이라는 것이다. 사도는 디모데는 사도와 빌립보 교인들을 진심으로 대하는 자여서, 자신의 이득을 위해서 일하는 것이 아니라, 사도와 지금 함께 있는 다른 모든 사람들보다도 더 순수하고 참된 마음으로 빌립보 교인들 가운데서 그리스도의 나라가 진보하기를 바라고, 그들의 "영혼을 위하여 경성하기를" 자기가 "청산할 자인 것 같이" 할 자이기 때문에(히 13:17), 누구보다도 기쁜 마음으로 그들의 심령을 살펴서 그들의 구원을 이루는 데 유익한 것은 무엇이든지 다 기꺼이 하고자 할 것이라고 말한다.

21. 그들이 다 자기 일을 구하고 그리스도 예수의 일을 구하지 아니하되.

사도는 여기에서 로마에서 자기와 함께 복음 사역을 행하고 있던 다른 모든 사람들과 디모데를 비교하는 방식으로 추가적으로 다시 한 번 디모데를 칭찬하고 천거한다. 교황주의자들이 무엇이라고 거짓말을 하든, 당시에 베드로는 로마에 있지 않았던 것으로 보인다. 당시에 복음 사역에 관여하였던 자들 중에서 디모데를 제외하고는 사도와 마음과 뜻이 맞는 사람은 없었지만, 사도가 여기에서 "그들이 다"라고 표현한 것은 다른 모든 사람이 전부 다 그렇다는 의미가 아니라, 거의 전부, 또는 대다수가 그렇다는 의미이다. 왜냐하면, 성경에서는 "모든"이라는 표현이 "많다"는 의미인 경우가 비일비재하기 때문이다(렘 6:3; 마 10:22; 막 1:5). 그들은 사도와는 달리 자유롭게 활동하는 자들이었는데, 사도는 그들이 어떤 동기와 목적으로 복음 사역에 관여하고 있는지를 세심하게 살펴보았던 것 같다.

그들이 다 자기 일을 구하고. 그들은 전적으로, 또는 오로지 그들 자신의 이득과 편안함과 안전과 즐거움과 만족을 구하는 자들인 것은 아니었지만, 그러한 성향이 농후한 자들이었다. 사도가 그들이 "자기 일"을 구한다고 말한 것은, 그들이 하나님의 뜻을 따라 행하는 것이 아니라, 그들 자신의 시민적인 권리나 세상 사람들의 생각을 따라 행하는 경향이 있었기 때문이었다(학 2:8). 따라서 그들은 또 다른 경우에 요한 마가가 그랬던 것처럼, 그리스도를 섬기고자 하는 마음으로 길고 지루한 여정을 통해서 빌립보에 가기를 꺼려하였다.

그리스도 예수의 일을 구하지 아니하되. 그들은 그리스도의 영광 및 빌립보 교회의 안위와 덕 세움을 생각하기보다는 그들 자신의 일들을 돌보는 것을 더 중요하게 생각하였다. 하지만 사도는 그들이 그리스도의 일을 전혀 구하지 않았다거나, 그리스도를 전적으로 부인하였다고 말하고 있는 것은 아니다. 왜냐하면, 사도가 이 서신을 쓸 당시에도, 그리스도를 진심으로 구한 자들이 많이 있었다는 것은 분명하기 때문이다(빌 1:13-14; 행 28:14-15; 롬 1:8). 따라서 사도는 그들은 온 힘을 다해서 그리스도의 일을 구하는 것이 마땅하였지만(고전 10:24, 33), 그렇게 한 다른 사람들에 비해서(마 26:58; 딤후 4:16) 상대적으로 그렇게 하지 않았다고 말하고 있는 것이다. 또한, 사도는 그리스도의 사역자들이 그들 자신의 일들을 전혀 돌보지 않아야 한다고 말하고 있는 것이 아니고(딤전 3:4-5; 5:8), 단지 그들이 그리스도의 영광을 위하여 빌립보 교회에 대하여 관심을 가지는 가운데, 자신들이 메어야 할 멍에가 그들에게 조금 손해를 가져다줄지라도, 그 멍에를 기꺼이 메려고 하여야 하는 것이 마땅한데도, 그렇게 하지 않고 그 멍에를 회피해 버렸다고 말하고 있는 것이다.

22. 디모데의 연단을 너희가 아나니 자식이 아버지에게 함같이 나와 함께 복음을 위하여 수고하였느니라.

사도는 다른 사람들은 다 여러 가지 면에서 그리스도를 섬기기에 부족함을 보였지만, 그들과는 대조적으로, 자기가 그들 가운데서 복음을 전하였던 때나 그 이후에나, 디모데만큼은 조금도 흠 없이 온전히 충성스럽게 자기와 함께 수고한 것을 그들도 알고 있을 것이라고 말하면서(행 16:1; 17:15; 18:5; 19:22; 20:4), "자식이 아버지에게 함같이"라는 직유를 통해서, 디모데가 어떻게 충성하였는지를 생생하게 부각시켜서 그들에게 보여 준다. 아버지에게 순종하는 육신의 아들이 자기를 낳아 주신 아버지를 닮듯이, 디모데는 바울과 마음을 같이하여 복음 사역에 힘썼기 때문에, 바울은 비유적으로 디모데를 자기가 복음으로 말미암아 낳은 아들, 즉 "믿음 안에서 참 아들 된 디모데"(딤전 1:2)라고 부르기도 하고, "사랑하는 아들 디모데"(딤후 1:2) 또는 "내 사랑하고 신실한 아들 디모데"(고전 4:17)라고 부르기도 하였으며, 앞의 20절에서는 "뜻을 같이하여 너희 사정을 진실히 생각할 자가 이밖에 내게 없다"고 말하기도 하였다. 이렇게 디모데는 단지 "그리스도의 복음을 전하는 하나님의 일꾼"(살전 3:2)인 것에서 그친 것이 아니라, 온전히 복음에 헌신된 자였다. 사도는 디모데가 자기를 섬겼다고 말하지 않고, "나와 함께 복음을 위하여 수고하였다"고 말한다. 즉, 디모데는 바울을 도와서 바울과 마찬가지로 복음을 널리 전하여 그리스도의 영광을 드러내는 등 주의 일에 수고하였고, 또한 바울과 마찬가지로 때로는 복음의 일을 하다가 갇혀서 고난을 받기도 하였다는 것이다(히 13:23, "우리 형제 디모데가 놓인 것을 너희가 알라"). 디모데의 이러한 모습은 바울의 시중을 드는 정도를 넘어서서 진정으로 복음의 사역을 감당한 것이었기 때문에, 이 위대한 사도는 디모데를 자신의 동역자로 인정하였다.

23. 그러므로 내가 내 일이 어떻게 될지를 보아서 곧 이 사람을 보내기를 바라고.

그러므로 내가 … 곧 이 사람을 보내기를 바라고. 사도는 사정이 이러하다는 것을 알고 있었기 때문에, 빌립보 교인들에게로 가서 그들의 믿음을 돕고 섬기는 일에 디모데 외에는 달리 보낼 사람이 없다고 생각해서(20절, "이는 뜻을 같이하여 너희 사정을 진실히 생각할 자가 이밖에 내게 없음이라"), 이 서신을 쓰고 난 후 얼마 있다가 이 뛰어나고 겸손하며 검증된 젊은 일꾼을 그들에게 보낼 수 있기를 "주 안에서" 바랐다(19절).

내 일이 어떻게 될지를 보아서. 사도는 이 서신을 쓴 후에 지체 없이 바로 빌립보 교회가 자기를 돕도록 보낸 에바브로디도를 다시 돌려보내는 길에 디모데도 함께 보내고 싶은 마음이 간절했지만, 자기가 갇혀 있는 상태에서 로마라는 이 큰 도시에서 복음을 전파하는 데 필요한 일들을 해줄 손길이 꼭 필요하였기 때문에, 지금 당장은 디모데를 빌립보 교회로 보낼 수가 없었다. 하지만 사도는 자기가 현재 갇혀 있는 것이 머지않아 어떤 식으로든 결말이 나게 될 것이라고 생각하였는데, 혹시라도 자기가 죽게 되는 결과가 나온다고 하여도, 이미 앞에서 말하였듯이, 그것은 자기에게도 유익이 될 것이었고(빌 1:21, "이는 내게 사는 것이 그리스도니 죽는 것도 유익함이라"), 하나님의 섭리를 따라 빌립보 교인들의 믿음에도 유익이 될 것이었다(빌 2:17-18, "만일 너희 믿음의 제물과 섬김 위에 내가 나를 전제로 드릴지라도 나는 기뻐하고 너희 무리와 함께 기뻐하리니 이와 같이 너희도 기뻐하고 나와 함께 기뻐하라"). 따라서 어떤 결과로 끝날지라도, 사도는 하나님의 뜻에 기꺼이 따를 준비가 이미 되어 있었다. 하지만 사도는 자기가 갇힌 상태에서 풀려나서 자유를 얻게 될 것이라는 선한 소망과 확신을 가지고 있었기 때문에, 자기가 풀려나게 될 날이 머지않아 올 것이라고 생각하였고, 그 때가 되면 즉시 디모데를 빌립보 교회로 보낼 생각이었다.

24. 나도 속히 가게 될 것을 주 안에서 확신하노라.

나도 속히 가게 될 것을. 사도는 앞에서도 "내가 살 것과 너희 믿음의 진보와 기쁨을 위하여 너희 무리와 함께 거할 이것을 확실히 아노니"(빌 1:25)라고 말함으로써, 자기가 이 갇힌 곳에서 풀려나서 빌립보 교인들과 함께 있게 될 것을 확신한다는 말을 한 적이 있는데, 자신의 그러한 확신이 없어져서 앞 절에서 그런 말을 한 것이 아님을 그들에게 보여 주고, 자신의 고난으로 인해서 낙심했을지도 모르는 그들을 위로하기 위해서, 이제 여기에서는 자기가 머지않아 하나님의 기쁘신 뜻을 따라 자유의 몸이 될 것이라는 확신을 가지고 있음을 다시 한 번 분명하게 밝힌다. 또한, 그렇게 된다면, 사도는 디모데를 먼저 그들에게 보낸 뒤에, 자기도 하나님의 온 교회를 돌보아야 할 책임이 있는 자로서, 로마에서 꼭 해야 할 일들을 마치자마자 그들에게로 갈 생각이라고 말한다.

주 안에서 확신하노라. 여기에서 "확신하노라"고 번역된 헬라어는 확실한 것이 아닌 경우에는 거의 사용되지 않는 단어인데, 사도는 바로 그런 단어를 사용해서, 자신의 확신이 얼마나 강력하고 확실한 것인지를 빌립보 교인들에게 보여 준다. "주"는 예수를 가리킨다. 하나님께서는 그리스도를 "지극히 높여 모든 이름 위에 뛰어난 이름을 주셨기" 때문에(빌 2:9), 사도는 여기에서만이 아니라 빌립보서 2:29; 3:1; 4:1, 4, 10에서도 그리스도를 "주"라고 부르고, 모든 것을 주께 전적으로 의지하는 가운데, 그 결과도 주께 맡겨 드린다.

25. 그러나 에바브로디도를 너희에게 보내는 것이 필요한 줄로 생각하노니 그는 나의 형제요 함께 수고하고 함께 군사 된 자요 너희 사자로 내가 쓸 것을 돕는 자라.

그러나 에바브로디도를 너희에게 보내는 것이 필요한 줄로 생각하노니. 한편, 사도는 빌립보 교회가 자신을 돕도록 하기 위하여 보내 준 에바브로디도를 일단은 먼저 다시 그들에게 돌려보낼 필요가 있다고 자기가 생각하였음을 밝히면서, 혹시라도 그들이 에바브로디도가 자신에게 맡겨진 소임을 충실하게 다 완수하지 못했기 때문에, 사도가 그를 마음에 들어 하지 않아서 다시 돌려보내는 것이 아닌가 하고 오해할 소지가 있었기 때문에, 그가 얼마나 충성되게 자기를 돕고 수고하였는지를 먼저 설명한 후에, 다른 중요한 이유들로 인해서 그를 그들에게 돌려보내고자 하는 것임을 밝힌다. 충분한 근거가 있는 것은 아니지만, 어떤 이들은 여기에서 언급된 에바브로디도가 다른 곳에서 언급되고 있는 "에바브라"(골 1:7; 몬 1:23)와 동일인물일 것이라고 생각한다.

그는 나의 형제요 함께 수고하고 함께 군사 된 자요. 사도는 에바브로디도가 책망받을 것이 하나도 없이 자신의 소임을 얼마나 잘 행하였는지를 빌립보 교회로 하여금 알게 하기 위하여, 여기에서 그는 그리스도 안에서 자기와 동일한 신앙을 지닌 형제일 뿐만 아니라, 자기를 도와 복음 사역을 함께 한 동역자였다는 것을 밝히며 그를 칭찬한다. 다른 곳에서도 사도는 이렇게 자기를 도와 복음의 일에 수고한 사람들을 흔히 자신의 동역자로 거론한다(롬 16:3, 21; 고후 8:23; 골 4:11; 살전 3:2; 몬 1:24). 뿐만 아니라, 사도는 거기에서 한 걸음 더 나아가서, 에바브로디도는 자기와 함께 우리의 대장이신 그리스도 아래에서, 끊임없이 기독교를 파괴하고 뿌리뽑고자 하는 마귀와 육적인 세상의 온갖 공격에 맞서 충성되고 변함없이 그리스도인으로서의 싸움을 싸운 "군사"였다고 말한다.

너희 사자로 내가 쓸 것을 돕는 자라. 여기에서 "사자"로 번역된 단어는 "사도"를 가리키는 단어와 동일하지만, "사도"를 가리키는 것은 아니고, 빌립보 교회가 보낸 자를 의미한다. 이렇게 이 단어는 넓은 의미로 종종 복음전도자나 집사, 또는 복음 사역자 등에 대해서도 사용되기 때문에(롬 16:7, 9), 흠정역 번역자가 이 단어를 "사자"로 번역한 것은 잘한 것이다. 빌립보서 4:18; 고린도후서 8:22-23을 참조하라. 따라서 여기에 언급된 "사자"는 그리스도께서 특별히 세우신 사도(마 10:2)를 가리키는 것이 아니고, 빌립보 교회가 감옥에 갇혀 있는 바울을 돕도록 하기 위한 목적으로 보낸 사람을 가리킨다. 이렇게 "사자"로 온 에바브로디도는 단지 빌립보 교회가 바울에게 전달해 주라고 맡긴 것들을 충실히 전해 주는 일을 훌륭히 완수한 데서 그치지 않았고, 로마인들이 죄수인 바울에게 아주 관대하게 조치해 주어서, 도움의 손길이 절실하게 필요하였던 바울 옆에서 시중을 든 것은 물론이고, 빌립보 교회의 공적인 사역자로서, 바울이 복음을 전하는 일에서도 큰 도움을 줄 수 있었던 것으로 보인다. 이렇게 에바브로디도는 바울에게 사실은 꼭 필요한 사람이었음에도 불구하고, 바울은 비록 자기가 불편하고 힘들더라도, 그런 것들을 다 감수하고서라도, 빌립보 교회가 잘되기를 누구보다도 간절하게 바라는 사도로서, 자신이 쓴 서신과 함께 그들의 신실한 사자도 함께 보내서 그들을 안심하게 해 주고 위로함으로써, 빌립보 교회에 대한 자신의 깊은 사랑을 나타내고자 하였다.

26. 그가 너희 무리를 간절히 사모하고 자기가 병든 것을 너희가 들은 줄을 알고 심히 근심한지라.

그가 너희 무리를 간절히 사모하고. 사도는 자기가 에바브로디도를 빨리 그들에게 돌려 보내야 하겠다고 생각하게 된 첫 번째 이유를 여기에서 밝히는데, 그것은 에바브로디도는 사도 옆에 좀 더 남아서 사도를 돕고 복음 전하는 일을 돕고자 하는 마음이 없는 것은 아니었지만, 사도와 마찬가지로(빌 1:8; 4:1; 롬 1:11) 빌립보 교회에 속한 모든 신자들을 "간절히 사모하여서," 자기가 그들 가운데 있어서 그들의 영혼이 잘되도록 보살피는 일을 하기를 간절하게 원하고 있다는 것이었다. 자기가 병든 것을 너희가 들은 줄을 알고 심히 근심한지라. 에바브로디도는 빌립보 교인들이 자기가 타지인 로마에서 죽을 수도 있는 중병에 걸렸다는 소식을 전해 듣기는 하였지만, 자기가 그 병에서 회복되었다는 소식을 전해 듣지는 못해서, 얼마나 애타하고 걱정할지를 잘 알고 있었고, 그들이 사도를 돕는 이 중차대한 소임을 자기에게 맡길 정도로 자기를 몹시 아끼고 사랑한다는 것을 너무나 잘 알고 있었던 까닭에, 자기에 대한 그들의 노심초사함이 어느 정도일지를 짐작할 수 있었기 때문에, 자기가 이미 그 중병에서 회복되어 다 나았는데도, 그들이 그렇게 노심초사하고 있을 것을 생각할 때, 그의 가슴은 미어질 수밖에 없었고, 하루라도 빨리 그들에게로 가서 자신이 건강하다는 것을 그들에게 보이고 싶은 마음이 간절하였다. 사도는 고린도후서 11:29에서 고린도 교인들에 대한 자신의 심정이 어떠한지에 대하여 "누가 약하면 내가 약하지 아니하며 누가 실족하게 되면 내가 애타지 아니하더냐"고 말하였는데, 빌립보 교인들에 대한 에바브로디도의 현재의 심정이 바로 그런 것이었다.

27. 그가 병들어 죽게 되었으나 하나님이 그를 긍휼히 여기셨고 그뿐 아니라 또 나를 긍휼히 여기사 내 근심 위에 근심을 면하게 하셨느니라.

그가 병들어 죽게 되었으나 하나님이 그를 긍휼히 여기셨고. 에바브로디도는 실제로 보통의 경우에는 죽을 수밖에 없는 그런 중병에 걸렸었고, 그 병으로 인해서 죽음의 문턱까지 갔다가 왔다(사 38:1, "그 때에 히스기야가 병들어 죽게 되니"). 그러나 위대한 의사이신 하나님(육신의 의사들은 하나님 없이는 그 어떤 병도 치료할 수 없다), 자신의 이름을 부르는 자들에게 긍휼을 베푸시기를 기뻐하시는 하나님께서는 죽을 병에 걸린 에바브로디도를 긍휼히 여기셔서, 옛적에 이사야 선지자에게 "너는 돌아가서 내 백성의 주권자 히스기야에게 이르기를 왕의 조상 다윗의 하나님 여호와의 말씀이 내가 네 기도를 들었고 네 눈물을 보았노라 내가 너를 낫게 하리니 네가 삼 일 만에 여호와의 성전에 올라가겠고 내가 네 날에 십오 년을 더할 것이며 내가 너와 이 성을 앗수르 왕의 손에서 구원하고 내가 나를 위하고 또 내 종 다윗을 위하므로 이 성을 보호하리라 하셨다 하라"(왕하 20:5-6)고 말씀하셨듯이, 그의 건강을 회복시켜 주셨다. 그러나 이것에 대해서, 어떤 사람이 사도가 빌립보서 1:21에서 "이는 내게 사는 것이 그리스도니 죽는 것도 유익함이라"고 말한 것을 근거로 삼아서, 하나님께서 에바브로디도를 회복시키셔서 이 땅에서 더 살게 해주시기보다는 그를 데려가셔서 이 고해 같은 인생살이에서 벗어나게 해 주셨다면, 그것이 그에게 더 큰 긍휼을 베푸신 것이 되지 않았겠느냐고 말한다면, 거기에 대한 나의 대답은 이렇다: (1) 생명의 박탈을 의미하는 죽음 자체는 본성을 거스르는 것으로서, 우리 구주에게나 바울에게나 바람직한 일이 아니라 비참하고 불행한 일일 수밖에 없었고, 그 자체로만 본다면, 생명보다 더 선호해야 할 것이 결코 아니었다. 그러나 또 다른 측면에서 볼 때에는, 죽음은 경건한 자들이 영생으로 나아가기 위해서 통과해야 하는 것이었기 때문에, 경건한 자들에게는 이 고해 같은 인생을 사는 것보다 더 바람직한 것이 될 수 있었다. 바울은 여기에서 전자의 관점에서 죽음을 보고서, 하나님께서 에바브로디도를 죽음에서 건져 주셔서 사도를 비롯한 많은 사람들을 섬길 수 있게 해 주신 것은 긍휼을 베풀어 주신 것이라고 말하고 있는 것이다. (2) 또한, 사도는 하나님께서 에바브로디도를 죽을 병에서 건져 주신 것만을 생각하고서, 그것을 하나님이 긍휼을 베푸신 것이라고 말하고 있는 것이 아니고, 이 절의 후반부에서 사도가 직접 밝히고 있듯이, 만일 에바브로디도가 죽게 되는 일이 발생하였더라면, 그것이 빌립보 교인들과 사도 자신에게 얼마나 큰 충격과 고통을 가져다주었을 것인지를 생각하고서, 하나님의 긍휼하심을 말하고 있는 것이다.

그뿐 아니라 또 나를 긍휼히 여기사. 바울이 갖고 있던 이적들을 행하는 능력은 주로 믿지 않는 자들로 하여금 믿음을 갖게 하기 위한 목적으로 사용되어야 하는 것이었기 때문에, 오직 하나님께서 자신의 영광을 드러내시는 데 필요하다고 여기셨을 때에만 발휘될 수 있었다. 그래서 사도는 여기에서는 에바브로디도의 죽을 병을 고쳐 주신 하나님의 크신 능력을 찬양하는 것이 아니라, 자기가 죽을 병에 걸린 자신의 동역자를 위하여 마음에 큰 고통을 안고서 간절히 올려 드린 기도를 하나님이 들으시고 응답해 주셔서 그를 죽을 병에서 회복시켜 주신 그 긍휼하심을 찬송하고 높이는 좀 더 통상적인 방식을 사용한다. 왜냐하면, 앞에서 이미 말했듯이, 만일 에바브로디도가 빌립보 교회의 사자로 로마에 와서 사도를 돕다가 병으로 죽고 말았다면, 사도 자신과 빌립보 교회는 너무나 큰 고통 속에서 애통해할 수밖에 없었을 것이기 때문이다.

내 근심 위에 근심을 면하게 하셨느니라. 사도의 기독교 신앙은 그의 본성적인 감정들을 없애버린 것이 아니었기 때문에, 만일 에바브로디도가 중병을 앓다가 죽어서 세상을 떠나는 일이 일어났더라면, 그리스도를 위하여 고난받고 있던 사도에게 가해진 고통과 근심 위에 에바브로디도를 잃은 것으로 인한 고통과 근심이 더해져서, 사도가 겪는 고통과 근심은 갑절이 되었을 것이다 — 물론, 에바브로디도를 잃음으로써 사도가 느끼게 될 고통은 어떤 자들이 불순한 의도로 그리스도를 전파함으로써 사도가 느끼게 된 고통(빌 1:16, "그들은 나의 매임에 괴로움을 더하게 할 줄로 생각하여 순수하지 못하게 다툼으로 그리스도를 전파하느니라")과는 상당히 다른 종류의 고통이기는 하겠지만. 아모스서 6:6에서 "대접으로 포도주를 마시며 귀한 기름을 몸에 바르면서 요셉의 환난에 대하여는 근심하지 아니하는 자로다"라고 말하고 있는 것처럼, 교회가 환난이나 괴로움을 겪고 있을 때, 그것을 근심하지 않는 것은 악한 것이기는 하지만, 우리의 모든 감정은 하나님의 뜻에 따라 절제되는 것이 마땅하다.

28. 그러므로 내가 더욱 급히 그를 보낸 것은 너희로 그를 다시 보고 기뻐하게 하며 내 근심도 덜려 함이니라.

그러므로 내가 더욱 급히 그를 보낸 것은. 사도는 에바브로디도가 병에서 회복되자마자, 그가 자기 옆에 남아서 자기를 도우면 자기에게 아주 좋을 것임에도 불구하고, 지체 없이 그를 그들에게 보냈다고 말한다. 너희로 그를 다시 보고 기뻐하게 하며. 사도는 자기가 에바브로디도를 그렇게 신속하고 급하게 빌립보 교인들에게 보낸 첫 번째 이유는, 죽었을 것이라고 생각되었던 그가 너희 눈 앞에 직접 나타나서, 그와 자기 때문에 근심하고 괴로워하고 있을 그들을 기쁘게 해 주기 위한 것이었다고 말한다.

내 근심도 덜려 함이니라. 이것은 사도가 에바브로디도를 급히 보내게 된 두 번째 이유를 보여 준다. 즉, 사도는 빌립보 교인들이 자신들에게도 없어서는 안 되었던 귀한 존재인 에바브로디도를 자기를 생각해서 로마로 보내 돕도록 큰 은혜와 호의를 베풀었는데, 만일 그런 그가 죽을 병에 걸려 다시는 돌아오지 못할 길로 가버리게 되었다면, 자신의 고통과 근심은 너무나 컸을 것이지만, 이제 하나님의 긍휼하심으로 병에서 회복된 그를 그들에게 안전하게 돌려보낼 수 있게 되어서, 자신의 큰 근심을 덜게 되었다고 말한다(고후 6:10, "근심하는 자 같으나 항상 기뻐하고").

29. 이러므로 너희가 주 안에서 모든 기쁨으로 그를 영접하고 또 이와 같은 자들을 존귀히 여기라.

이러므로 너희가 주 안에서 모든 기쁨으로 그를 영접하고. 사도는 앞에서 에바브로디도와 관련된 그동안의 사정을 다 얘기한 후에, 이제 빌립보 교회에 속한 모든 직분자들과 평신도들에게, 에바브로디도를 주의 종으로 따뜻하게 맞이할 것을 당부한다. 그리스도께서는 열두 사도를 세우시고 전도를 위하여 보내실 때, "너희를 영접하는 자는 나를 영접하는 것이요 나를 영접하는 자는 나를 보내신 이를 영접하는 것이니라 … 누구든지 제자의 이름으로 이 작은 자 중 하나에게 냉수 한 그릇이라도 주는 자는 내가 진실로 너희에게 이르노니 그 사람이 결단코 상을 잃지 아니하리라"(마 10:40-42)고 말씀하셨고, 사도 바울도 갈라디아 교인들에게 "너희를 시험하는 것이 내 육체에 있으되 이것을 너희가 업신여기지도 아니하며 버리지도 아니하고 오직 나를 하나님의 천사와 같이 또는 그리스도 예수와 같이 영접하였도다"(갈 4:14)라고 말하고 있는 것으로 보아서, 빌립보 교인들이 복음을 위하여 죽기까지 충성스럽게 일한 에바브로디도를 지극한 신령한 기쁨으로 영접하는 것은 마땅한 일이었다.

또 이와 같은 자들을 존귀히 여기라. 사도 바울은 데살로니가전서 5:13에서 "형제들아 우리가 너희에게 구하노니 너희 가운데서 수고하고 주 안에서 너희를 다스리며 권하는 자들을 너희가 알고 그들의 역사로 말미암아 사랑 안에서 가장 귀히 여기라"고 말하고, 로마서 16:2에서는 겐그레아 교회의 일꾼으로 있는 뵈뵈에 대해서, "너희는 주 안에서 성도들의 합당한 예절로 그를 영접하고 무엇이든지 그에게 소용되는 바를 도와 줄지니 이는 그가 여러 사람과 나의 보호자가 되었음이라"고 말한다. 즉, 믿는 자들은 복음을 위하여 진실하고 충성되게 일하는 사역자들을 지극히 존귀하게 여기고 마음을 다하여 공경하는 것이 마땅하다는 것이다. 왜냐하면, 믿는 자들에게 가장 중요한 것은 그리스도와 그의 복음인데, 그런 사역자들은 그리스도와 그의 복음을 위하여 목숨을 아끼지 않고 온 힘을 다해 일하는 자들이기 때문이다.

30. 그가 그리스도의 일을 위하여 죽기에 이르러도 자기 목숨을 돌보지 아니한 것은 나를 섬기는 너희의 일에 부족함을 채우려 함이니라.

그가 그리스도의 일을 위하여 죽기에 이르러도. 에바브로디도는 전체적으로 복음의 일에, 그리고 구체적으로는 빌립보 교회의 사자로서 교회로부터 위임 받은 일을 수행하는 데 큰 열심이 있었기 때문에, 주를 위하여 갇힌 몸이 되어서 여러 가지로 어려움에 처해 있던 사도를 돕기 위해서, 아주 멀고 위험한 길을 마다하지 않고 로마까지 와서 교회가 준비한 것들을 사도에게 전달해 주었는데(빌 4:18, "내게는 모든 것이 있고 또 풍부한지라 에바브로디도 편에 너희가 준 것을 받으므로 내가 풍족하니"), 그리스도께서는 마태복음 25:39-40에서 장차 심판의 날에 의인들이 "어느 때에 병드신 것이나 옥에 갇히신 것을 보고 가서 뵈었나이까"라고 물을 때, "임금"이 "너희가 여기 내 형제 중에 지극히 작은 자 하나에게 한 것이 곧 내게 한 것이니라"고 할 것이라고 말씀하셨기 때문에, 사실 에바브로디도가 자기에게 맡겨진 그러한 소임을 충성스럽게 완수한 것만 해도, 그것은 그리스도로부터 인정받고 상을 받을 만한 일이었다. 이렇게 에바브로디도는 로마에 갇혀 있던 사도를 찾아와서 사도의 쓸 것들을 전달해 주는 소임을 맡았을 뿐이었지만, 실제로는 거기에서 그치지 않고, 로마에 머물러 있으면서, 사도가 갇혀 있는 곳을 드나들면서 사도의 시중을 들며, 사도를 도와서 복음을 전파하는 일에 수고를 아끼지 않았다. 사도행전 28:30-

31에서 "바울이 온 이태를 자기 셋집에 머물면서 자기에게 오는 사람을 다 영접하고 하나님의 나라를 전파하며 주 예수 그리스도에 관한 모든 것을 담대하게 거침없이 가르치더라"고 말하고 있는 것으로 보아, 로마인들은 바울을 아주 너그럽게 대해서, 구금되어 있던 바울을 사람들이 어느 정도 자유롭게 방문할 수 있도록 허용하였던 것 같다. 그래서 에바브로디도는 사도가 구금되어 있던 곳을 오가며 사도를 돕는 일을 하며 수고하다가, 앞에서 언급된 것처럼, 그의 목숨을 위태롭게 만든 중병에 걸리게 되었다.

자기 목숨을 돌보지 아니한 것은. 그리스도께서 요한복음 12:24-26에서 "내가 진실로 진실로 너희에게 이르노니 한 알의 밀이 땅에 떨어져 죽지 아니하면 한 알 그대로 있고 죽으면 많은 열매를 맺느니라 자기의 생명을 사랑하는 자는 잃어버릴 것이요 이 세상에서 자기의 생명을 미워하는 자는 영생하도록 보전하리라 사람이 나를 섬기려면 나를 따르라 나 있는 곳에 나를 섬기는 자도 거기 있으리니 사람이 나를 섬기면 내 아버지께서 그를 귀히 여기시리라"고 말씀하셨듯이, 사도는 에바브로디도가 자기를 도와 복음 사역을 행함에 있어서 목숨을 하찮은 것으로 여겼고, 그리스도를 섬기는 일을 행함에 있어서 자신의 목숨을 미워하고 멸시하였다고 말한다. 여기에서 "돌보지 아니하다"로 번역된 헬라어는 검투사들이 검투장에 내던져져서 맹수들에 의해서 삼켜질 위험을 감수하던 것으로부터 유래한 단어이다. 따라서 이것은 에바브로디도가 마치 검투장에 내던져져서 목숨을 걸고 맹수들과 싸우는 그런 각오로 주의 일을 행하였다고 말하고 있는 것이다. 사도는 에베소에서 그렇게 맹수와 싸운 경험을 직접 하였기 때문에(고전 15:32), 그것이 무엇을 의미하는지를 아주 잘 알고 있었다.

나를 섬기는 너희의 일에 부족함을 채우려 함이니라. 복음은 "너희가 짐을 서로 지라 그리하여 그리스도의 법을 성취하라"(갈 6:2)고 명하고, "너희도 함께 갇힌 것 같이 갇힌 자를 생각하고 너희도 몸을 가졌은즉 학대 받는 자를 생각하라"(히 13:3)고 명하고 있다는 것을 생각할 때, 원래 빌립보 교인들이 모두 다 나서서 옥에 갇힌 사도를 섬기고 돕는 것이 마땅한 일이었기 때문에, 그리스도의 영광과 존귀를 위하여 자기에게 맡겨진 소임에 아주 충성스러운 인물이었던 에바브로디도는 빌립보 교인들 모두가 해야 할 일을 자기 혼자서라도 다 해야 한다고 생각해서, 죽을 힘을 다해서, 아니 자신의 힘에 지나도록 사도를 섬겼다. 사도는 디모데후서 1:16에서 "원하건대 주께서 오네시보로의 집에 긍휼을 베푸시옵소서"라고 축복하는 기도를 하면서, "그가 나를 자주 격려해 주고 내가 사슬에 매인 것을 부끄러워하지 아니하고 로마에 있을 때에 나를 부지런히 찾아와 만났음이라"고 그 이유를 밝히는데, 에바브로디도도 바로 그렇게 하였던 것 같다.

MATTHEW POOLE'S COMMENTARY

빌립보서 3장

개요

1. 주 안에서 기뻐하고, 할례를 가르치는 거짓 교사들을 조심하라고 권면함(1–3).
2. 유대인인 자기는 그들보다 더 육체를 신뢰할 만한 이유들을 지니고 있음을 보여 줌(4–6).
3. 하지만 자기는 그 모든 것들을 거부하고, 오직 믿음으로 말미암아 하나님으로부터 오는 의만을 의지하였으며, 그리스도로 말미암아 부활에 참여할 소망을 지니고 있다고 함(7–11).
4. 자기는 현재 불완전하다는 것을 인정하고, 상을 얻기 위해 여전히 고군분투하고 있다고 함(12–14).
5. 다른 사람들에게 자기와 같은 생각을 가지라고 권면함(15–16).
6. 자신의 모범을 따르라고 권면함(17).
7. 많은 사람들이 복음의 원수들이 되어, 땅의 일을 생각하고 있다고 말함(18–19).
8. 하지만 자신의 행실과 생각은 하늘에 속한 것이라고 함(20–21).

1. 끝으로 나의 형제들아 주 안에서 기뻐하라 너희에게 같은 말을 쓰는 것이 내게는 수고로움이 없고 너희에게는 안전하니라.

끝으로. "끝으로"는 마지막으로 한 가지 더 할 말이 남아 있다는 뜻인데, 사도는 여기에서 앞서 다루었던 내용을 마무리하면서, 그 결론으로서 빌립보 교인들에게 일반적인 권면을 제시하기 위하여, 이 어구를 이후의 권면에 대한 도입구로 사용한다. **나의 형제들아.** 사도는 빌립보 교인들을 향한 자신의 심정이 어떠함을 보여 주는 한편, 자기가 이제부터 하고자 하는 권면을 그들이 마음을 열고 잘 받아들일 수 있도록 하기 위하여, "형제들"이라는 다정한 호칭을 여기에서 기꺼이 다시 사용해서 그들을 부른다.

주 안에서 기뻐하라. 우리는 "끝으로"라는 말이 나오면, 이제 작별인사를 위한 어떤 말이 나올 것이라고 예상하게 되지만(눅 1:28; 고후 13:11), 사도가 여기에서 "주 안에서 기뻐하라"고 말한 것은 빌립보 교인들에게 작별인사를 하고 있는 것이 아니고, 비록 그들이 여러 환난과 괴로움 속에 있기는 하지만, 그런 가운데서도 그들에게 기뻐할 이유를 주시는 주의 뜻을 따라 거기에 합당한 방식으로 기뻐하는 것이 마땅하다고 말하고 있는 것이다. "주 안에서 기뻐하라"고 번역된 어구에서, 우리는 "주"를 그들이 기뻐해야 할 대상을 나타내는 것으로 보아서, 이 어구를 "주를 기뻐하라"로 번역할 수도 있지만(빌 3:3; 4:4), 우리가 방금 설명한 대로 "주 안에서," 즉 주의 뜻을 따라 합당한 방식으로 기뻐하라는 의미로 해석하는 것이 더 좋을 것이다. 즉, 사도는 자기가 지금까지 하나님께서 자기와 그들에게 어떤 식으로 긍휼을 베푸셨는지를 앞에서 이미 말하였고, 그런 일들이 다 자기와 그들이 기뻐해야 할 일들이라는 것도 앞에서 이미 말하였듯이, 빌립보 교인들도 옛적의 하나님의 백성들과 마찬가지로 주의 선하심을 충분히 맛보았을 것이기 때문에, 하나님의 옛 백성들이 기뻐하는 것이 마땅하였던 것과 마찬가지로(시 4:6-7; 37:4; 렘 9:24), 그들도 세상에서 큰 환난과 괴로움에 처해 있을 때에도, 육신적이고 세상적인 방식이 아니라 그리스도인다운 신령한 방식으로 주 안에서 기뻐하고 즐거워하는 것이 마땅하다고 말한다.

너희에게 같은 말을 쓰는 것이. 이것은 사도가 빌립보 교인들에게 이 서신 외에 다른 서신들에서도 여기에서와 같은 내용을 썼다는 의미일 수는 없고, 사도가 그들 가운데 있을 때에 말씀을 전하면서 그들에게 들려 주었던 것과 내용이 동일한 말을 이 서신에 쓴 것을 가리킨다. 빌립보서 4:9에서 사도가 "너희는 내게 배우고 받고 듣고 본 바를 행하라 그리하면 평강의 하나님이 너희와 함께 계시리라"고 말하고 있는 것은 이것을 밑받침해 준다. 또한, 이사야서 28:10("대저 경계에 경계를 더하며 경계에 경계를 더하며 교훈에 교훈을 더하며 교훈에 교훈을 더하되 여기서도 조금, 저기서도 조금 하는구나 하는도다"); 로마서 15:15("내가 너희로 다시 생각나게 하려고 하나님께서 내게 주신 은혜로 말미암아 더욱 담대히 대략 너희에게 썼노니"); 베드로후서 1:12("그러므로 너희가 이것을 알고 이미 있는 진리에 서 있으나 내가 항상 너희에게 생각나게 하려 하노라"); 요한일서 2:21("내가 너희에게 쓰는 것은 너희가 진리를 알지 못하기 때문이 아니라 알기 때문이요")을 참조하라.

내게는 수고로움이 없고. 어떤 교사들은 동일한 것을 반복해서 말하는 것은 부끄러운 일이라거나 지루한 일이라거나 쓸데없는 일이라고 생각하지만, 나는 그렇게 생각하지 않는다. 너희 중에 어떤 사람들은 이미 복음에서 떨어져 나가서 "그리스도의 십자가의 원수"(빌 3:18)가 되었는데, 나는 너희 중에서 또다시 그런 사람들이 생겨나지 않도록 하기 위해서라면, 내가 전에 너희에게 전하였던 내용들과 똑같은 말들을 또다시 너희에게 해 주고 생각나게 해 주는 것을 수고라고 생각하거나 부끄러운 일이라고 생각하지 않기 때문에, 몇 번이라도 그렇게 하는 것을 마다하지 않고 기꺼이 그렇게 할 것이다.

너희에게는 안전하니라. 어떤 이들은 여기에서 "안전하다"로 번역된 단어를 "꼭 필요하다"로 번역하기도 한다. 사도는 이렇게 말한다: 내가 동일한 가르침을 이렇게 반복하는 것은 너희 쪽에서 볼 때에는 너희의 덕 세움을 위하여 유익한 일이다. 왜냐하면, 너희가 특히 곤경에 처해 있는 이 때에, 거짓 교사들의 잘못된 교설에 넘어가 미혹되지 않도록 하기 위해서 너희가 꼭 기억해 두어야 할 참된 가르침들을 이렇게 서신을 통해서 간단하게 또다시 언급함으로써 너희에게 상기시켜 주게 되면, 너희는 참된 믿음에 더욱 견고히 설 수 있게 되고, 그 결과 거짓 교사들의 미혹에 넘어가지 않고 안전하게 너희의 믿음을 지킬 수 있게 될 것이기 때문이다.

2. 개들을 삼가고 행악하는 자들을 삼가고 몸을 상해하는 일을 삼가라.

개들을 삼가고. 사도는 빌립보 교회의 직분자들과 평신도들 모두에게 주의를 주는데, 여기에서 "삼가다"로 번역된 단어는 원래 마음과 눈을 가지고 보는 것을 의미하지만, 주의를 기울이고 조심한다는 의미로 자주 사용된다(막 8:15; 12:38; 8:9, 23, 33; 고전 16:10; 요일 1:8). "개들"은 유대교와 세속적인 사상, 그리고 심지어 반기독교적인 사상으로 복음을 부패시키고 변질시키고자 하였던 거짓 사도들을 가리킨다. 개들은 탐욕스럽고 사나우며 더러운 짐승으로 여겨졌는데(잠 26:11; 사 66:3; 벧후 2:22), 신명기 23:18에서는 "창기가 번 돈과 개 같은 자의 소득은 어떤 서원하는 일로든지 네 하나님 여호와의 전에 가져오지 말라 이 둘은 다 네 하나님 여호와께 가증한 것임이니라"고 말한다. 시편 22:16, 20; 마태복음 7:6; 15:26; 요한계시록 22:15을 참조하라. 어떤 이들은 사도가 여기에서 민간에 떠돌던 속담이나 격언을 인용해서 다음과 같이 말한 것이라고 생각한다: 미친 개 같은 거짓 교사들을 조심하라. 그들은 정신이 나가서 미친 개처럼 그리스도와 그의 사도들을 물어뜯고자 하고, 자신의 몸도 찢어 놓고자 한다. 실제의 미친 개들은 사납게 짖어대면서 사람들을 물어뜯으려고 덤벼들지만, 이 미친 개들은 전혀 짖지 않는 가운데 조용히 사람들에게 다가와서 물어뜯기 때문에 한층 더 위험하다. 그런 까닭에, "짖지 않는 개와 움직이지 않는 감시자를 조심하라"는 속담이 있다. 그리스도의 십자가의 원수들로는 몇 가지 부류가 있었는데(갈 5:12; 살전 2:14-15), 그 중에는 암논을 죽인 압살롬처럼(삼하 13:22), 속으로는 죽이고자 하는 마음을 품고 있으면서도 겉으로는 친절하고 호의적인 것처럼 행동하다가 기회를 보아서 은밀하게 자신의 목적을 달성하는 부류가 있다(왕하 8:13; 13:22). 우리 구주께서는 자신의 제자들에게 그런 사람들을 조심하라고 명하셨을 뿐만 아니라(마 10:17), 다윗은 그리스도를 대언하여, "개들이 나를 에워쌌으며 악한 무리가 나를 둘러 내 수족을 찔렀나이다"(시 22:16, 20; 55:15)라고 말하였다. 또한, 이사야 선지자는 "이스라엘의 파수꾼들은 맹인이요 다 무지하며 벙어리 개들이라 짖지 못하며 … 이 개들은 탐욕이 심하여 족한 줄을 알지 못하는 자들이요 그들은 몰지각한 목자들이라 다 제 길로 돌아가며 사람마다 자기 이익만 추구한다"(사 56:10-11)고 말함으로써, 거짓 목자들을 "벙어리 개들"에 비유하기도 하였다. 이렇게 빌립보 교회 안에는, 겉으로는 그리스도의 훌륭한 사도들처럼 보였지만, 실은 그리스도의 십자가의 원수들로서, 참된 사도인 바울과 그의 양 무리를 은밀하게 물어뜯고 해치는 거짓 사도들이 있었다.

행악하는 자들을 삼가고. 교회 중에는 겉으로는 그리스도의 복음을 전파하는 일에 힘쓰는 체하면서, 사실은 뒤로는 은밀하게 그리스도인들에게 해악을 가하고, 그리스도의 영광을 구하는 것이 아니라 그들 자신의 배를 채우기 위하여 일하는 자들이 있는데(빌 3:18-19), 사도는 그런 자들을 육체를 자랑하는(갈 6:13) "거짓 사도요 속이는 일꾼이니 자기를 그리스도의 사도로 가장하는 자들"(고후 11:13)이라고 부른다.

몸을 상해하는 일을 삼가라. 유대인들은 할례를 선민의 표로 여기고서 대단한 자부심을 갖고 있었고, 복음이 전파된 후에는 기독교의 일부 거짓 교사들은 사람이 구원을 얻으려면 할례를 반드시 받아야 한다고 주장하며, 이방 그리스도인들에게 할례 받기를 강요하였기 때문에(행 15:1; 갈 5:2, 4; 갈 6:12), 사도는 여기에서 거룩한 풍자를 통해서 그런 자들이 그토록 자랑하는 할례를 "몸을 상해하는 일"이라고 폄하하여 부르며, 빌립보 교인들에게 그런 자들을 조심하라고 말한다. 원래 할례는 옛적에 하나님께서 언약의 표시로 자기 백성에게 주셔서, 이스라엘 사람으로 태어난 남자 아이의 포피를 잘라내어 언약의 표로 삼게 하신 것이었지만, 그리스도께서 오신 후로는 하나님의 언약의 표로서의 의미를 상실한 채 하나님의 언약과는 상관없이 단지 포피를 잘라내는 행위로 전락하게 되어, 이방인들이 자신의 몸을 상해하는 것과 같은 것으로 여겨져서(레 19:28; 21:5), 하나님의 정죄를 받게 되었다. 실제로 칠십인역 번역자들은 레위기 21:5에서 "살을 베지 말고"를 헬라어로 번역할 때, 사도가 여기에서 할례를 조롱하기 위하여 사용한 명사("몸을 상해하는 일")의 동사형을 사용한다. 여기에서 사도가 이렇게 할례를 폄하하는 이유는, 할례는 이제 하나님의 언약을 인치는 표시로서의 역할을 다하여서, 더 이상 거룩하거나 존귀한 것이 전혀 아니었고, 따라서 그리스도인들에게 그 어떤 유익도 가져다주지 못하는 것이 되었을 뿐만 아니라, 그리스도께서 할례를 폐하셨음에도 불구하고, 교회 속에서 할례를 고집하는 것은 교회를 찢는 행위가 되고, 사실상 교회로부터 떨어져 나가는 행위가 되기 때문이었다(갈 5:10, 12). 사도가 그리스도의 십자가에 대적하는 이러한 원수들을 "삼가라"는 말을 세 번씩이나 반복해서 강조한 것은, 기독교 신앙의 순수성과 하나됨을 지키기 위해서는, 그런 자들의 교묘하게 속이는 말들을 피하는 것이 얼마나 절실한 것인지를 보여 주고자 한 것이다. 사도는 갈라디아서에서 이 문제를 좀 더 첨예하게 다룬다.

3. 하나님의 성령으로 봉사하며 그리스도 예수로 자랑하고 육체를 신뢰하지 아니하는 우리가 곧 할례파라.

우리가 곧 할례파라. 사도는 앞에서 "몸을 상해하는 일"을 하는 자들을 반박하고, 그런 자들을 조심하라고 말한 후에, 여기에서는 자기 자신을 비롯해서 복음의 교제 안에서 모든 참된 신자들, 자기와 더불어 동일한 은혜와 성령에 참여한 자들(빌 1:5, 7; 2:1)에 대하여 거론하면서, 그런 자들과 대조되는 "우리"가 진정한 "할례파"라고 말한다. 신약성경에서는 "할례받은 자들," 즉 "할례자"를 나타내고자 할 때에 환유법을 사용해서 단순하게 "할례"라고 표현하는 것이 일반적이다(행 11:2; 롬 3:30; 4:12; 15:8; 갈 2:7, 8, 9, 12; 골 4:11; 딛 1:10). 사도가 여기에서 언급한 "할례"는 하나님께서 기쁘게 받으실 만한 할례, 하나님이 할례를 자신의 언약의 표로 주실 때에 원래 의도하셨던 것과 부합하는 그런 할례를 의미하는데, 사도는 "우리"가 바로 그런 할례를 받은 자들이라고 말하고 있는 것이다. 따라서 여기에서 "할례"는 외적으로 포피를 잘라내는 육적인 할례를 가리키는 것이 아니고, 성령 안에서 우리의 마음에 받은 할례(롬 2:28-29), 사람의 손으로 하지 않고 그리스도께서 친히 우리에게 행하신 할례, 즉 세례를 가리킨다. 그래서 사도는 골로새서 2:11-12에서 "너희가 손으로 하지 아니한 할례를 받았으니 곧 육의 몸을 벗는 것이요 그리스도의 할례니라 너희가 세례로 그리스도와 함께 장사되고 또 죽은 자들 가운데서 그를 일으키신 하나님의 역사를 믿음으로 말미암아 그 안에서 함께 일으키심을 받았느니라"고 말하고, 이제 그리스도의 할례를 받고 "그리스도의 것"이 된 자들이야말로 "아브라함의 자손이요 약속대로 유업을 이을 자"(갈 3:29)라고 말한다.

하나님의 성령으로 봉사하며. 할례주의자들이 육체를 신뢰하여 온갖 외적인 예식들을 통해서 육적인 예배를 통하여 하나님을 섬기고 구원을 얻고자 하였던 것과는 반대로, 사도는 진정한 "할례파"인 우리는 육체를 신뢰하는 모든 것들을 다 잘라내 버리고, 오직 참된 할례를 받아 새로워진 마음을 가지고, 복음 아래에서 요구되는 신령한 예배로 하나님을 섬기며, 성령의 도우심을 따라 믿음과 사랑 안에서 진실한 마음으로(롬 8:5-6, 26-27; 엡 3:16-17; 6:18; 히 10:22) 주 우리 하나님을 경배한다(요 3:8; 벧전 3:15)고 말한다. 사도가 "할례나 무할례가 아무것도 아니로되 오직 새로 지으심을 받는 것만이 중요하니라 무릇 이 규례를 행하는 자에게와 하나님의 이스라엘에게 평강과 긍휼이 있을지어다"(갈 6:15-16)라고 말하였듯이, 사도는 그리스도로 말미암아 하나님의 성령으로 새롭게 지음을 받아 그리스도 안에서 하나님을 섬기는 것이 진정한 할례파라고 말하고 있는 것이다(빌 3:16; 롬 12:1-2; 히 13;15).

그리스도 예수로 자랑하고. 거짓 교사들은 그리스도만이 아니라 모세도 자랑하지만, 우리는 오직 그리스도만을 자랑한다. 그렇게 우리가 그리스도만을 자랑하는 이유는, 우리는 오직 그리스도로 말미암아서만 하나님께 받아들여질 수 있고(고후 5:9; 갈 6:14), 모세 율법은 그리스도를 희미하게 가리키는 그림자들일 뿐이고, 그리스도는 모세 율법에서 명하고 있는 모든 것들의 실체가 되시는 분이기 때문이다(빌 3:9). 육체를 신뢰하지 아니하는. 우리는 예수 그리스도 외에 그 어떤 것도 우리를 하나님 앞에서 의롭다 하심을 얻고 구원을 받게 해 주지 못한다는 것을 알기 때문에(갈 3:2, 11-13), 그 어떤 육신적이거나 외적인 특권이나 행위를 신뢰하지도 않고, 그런 것들에 우리의 소망을 두지도 않는다.

4. 그러나 나도 육체를 신뢰할 만하며 만일 누구든지 다른 이가 육체를 신뢰할 것이 있는 줄로 생각하면 나는 더욱 그러하리니.

그러나 나도 육체를 신뢰할 만하며. 사도는 그들이 자기가 앞에서 한 말들을 듣고 나서, 마치 자기가 그들이 가지고 있는 그러한 외적인 특권들을 시기해서, 그런 것들을 자랑하는 것을 금하고, 오직 그리스도만을 자랑하라고 말한 것처럼, 자기를 비방하고 중상모략하지 못하도록 하기 위해서, 다른 곳들에서와 마찬가지로 여기에서도 그러한 비방과 중상모략의 빌미를 주지 않으려고(고후 11:12, 18, 21-22), 만일 육체를 신뢰하는 것이 옳고 선한 것이었다면, 자기도 육체로 자랑할 만한 것들을 그들 못지않게 많이 갖추고 있다는 것을 밝힌다. 하지만 사도는 "만일 내가 헐었던 것을 다시 세우면 내가 나를 범법한 자로 만드는 것이라"(갈 2:18)고 말하였듯이, 자기에게는 육체를 신뢰하거나 육체로 자랑하고 싶은 마음이 추호도 없었기 때문에, 여기에서는 단지 자신에 대한 그들의 비방과 중상모략을 미리 차단하기 위해서, "나도 육체를 신뢰하고자 한다면 얼마든지 육체를 신뢰할 수 있지만, 그렇게 하는 것은 무익할 뿐만 아니라 해롭기 때문에 그렇게 하지 않는 것일 뿐이다"라고 말함으로써, 자기에게 그들과 같이 육체적으로 자랑할 것이 없어서 그런 말을 한 것이 아님을 분명히 한다.

만일 누구든지 다른 이가 육체를 신뢰할 것이 있는 줄로 생각하면 나는 더욱 그러하리니. 사도는 여기에서 계속해서 그들이 육체를 신뢰하는 것이 옳다는 가정 아래에서, 그들과 자신을 그런 면에서 한 번 객관적으로 비교해 보자고 말한다. 즉, 사도는 앞에서 육체를 신뢰하고 자랑하며 교만하게 행하는 자들을 책망하였는데, 그런 자들이 신뢰하고 자랑하는 외적인 특권들과 예식들은 자기가 그들보다 훨씬 더 많이 가지고 있거나 그들보다 훨씬 더 큰 열심으로 행하였던 것들이지만, 단지 그런 것들은 다 무익하고 헛된 것들이어서(7절), 이제는 자기가 다 버리고 해로운 것들로 여기는 것일 뿐이라는 것이다.

5. 나는 팔일 만에 할례를 받고 이스라엘 족속이요 베냐민 지파요 히브리인 중의 히브리인이요 율법으로는 바리새인이요.

나는 팔일 만에 할례를 받고. 이 어구의 헬라어 본문은 직역하면 "팔일 만의 할례"가 되는데, 헬라어 본문에는 이 어구를 비롯해서 이 절의 모든 어구에 동사가 나오지 않기 때문에 동사를 보충해 넣어서 읽는 것이 보통이다. 또한, 여기에서는 환유법이 사용된 것이 아니다. 사도는 자신의 출생과 관련된 특권에 대하여 말하는 것으로부터 시작하면서, 자기는 비록 다소 사람이기는 하지만, 이방인으로 태어나서 유대교로 개종한 사람이 아니라, 원래부터 교회의 장막 안에서 태어나서, 하나님의 정하신 날에 하나님이 주신 언약의 표로 인침을 받아서 하나님께 바쳐진 자라는 것을 분명히 한다(창 17:12).

이스라엘 족속이요. 이것은 사도가 이방인 부모나 이스마엘 족속 또는 에돔 족속의 부모로부터 태어난 자가 아니라, 이스라엘 족속인 부모로부터 태어난 진정한 이스라엘 사람이라는 것이다(롬 11:1; 고후 11:22). 베냐민 지파요. 베냐민은 야곱이 사랑하였던 라헬에게서 낳은 아들이었고, 야곱으로부터 사랑을 받았던 아들이었고(창 44:20), 예루살렘 성전도 베냐민 지파의 지경 내에 세워졌다(수 18:28). 모세는 죽기 전에 이스라엘 자손을 축복하면서, 베냐민에 대해서 "여호와의 사랑을 입은 자는 그 곁에 안전히 살리로다 여호와께서 그를 날이 마치도록 보호하시고 그를 자기 어깨 사이에 있게 하시리로다"(신 33:12)라고 말함으로써, 베냐민 지파가 하나님의 특별한 보호하심을 받게 될 것을 예언하였다. 또한, 베냐민 지파는 예루살렘 성전을 재건하는 일에도 앞장선 지파였다(스 1:5, "유다와 베냐민 족장들과 제사장들과 레위 사람들과 그 마음이 하나님께 감동을 받고 올라가서 예루살렘에 여호와의 성전을 건축하고자 하는 자가 다 일어나니"). 사도는 이렇게 자기는 이스라엘의 여러 지파들 중에서도 특히 하나님을 진실하게 섬겼던 베냐민 지파에 속한 자임을 밝힌다.

히브리인 중의 히브리인이요. 믿음의 조상 아브라함은 "히브리 사람"이라 불렸고, 아브라함의 조상 에벨은 바벨탑을 쌓는 데 참여하지 않은 인물이었다(창 10:21, 25; 14:13; 삼상 4:6). 사도는 여기에서 자기가 그런 아브라함의 자손인 야곱의 참된 후손이라는 것을 밝힘으로써, 히브리어를 사용하는 자들의 아주 오랜 족보에 속한 자라고 말하고 있다(요 8:33, 39; 행 22:2; 롬 4:12; 고후 11:22). 율법으로는 바리새인이요. 당시에 바리새파는 유대교의 분파들 중에서 가장 인정받은 분파로서, 성경에 정통하고 거룩한 삶으로 유명하였는데(행 26:5), 사도는 자기가 단지 혈통적으로만이 아니라 신앙적으로도 자랑할 만한 그런 신분임을 보여 주기 위하여, 자신이 바리새인이었다는 것을 밝힌다. 사실, 바울만이 아니라 바울의 아버지도 바리새인이었다(행 23:6).

6. 열심으로는 교회를 박해하고 율법의 의로는 흠이 없는 자라.

열심으로는. 사도는 바리새파 내에서 미온적으로 신앙생활을 한 사람이 아니라, 외적으로 율법을 지독하게 철저히 지키는 일(눅 18:12)과 이방인들에게 전도하여 유대교로 개종하는 자들을 얻는 일(마 23:15, 25)에 아주 큰 열심을 낸 사람이었다고 말한다. 그는 갈라디아서 1:14에서 "내가 내 동족 중 여러 연갑자보다 유대교를 지나치게 믿어 내 조상의 전통에 대하여 더욱 열심이 있었다"고 말하면서, 그런 점에서 빌립보 교회 내의 거짓 교사들이 주장하는 것처럼, 만일 그렇게 하는 것이 정말 선한 일이었다면, 자기는 하나님과 사람들로부터 큰 박수갈채를 받아 마땅한 자였을 것임을 내비친다(갈 4:18).

교회를 박해하고. 사도는 바리새파에서는 그리스도인들이 모세 율법에 반대한다고 생각하였기 때문에, 자기가 그리스도인들에 대하여 "위협과 살기가 등등하여" 수단과 방법을 가리지 않고 닥치는 대로 그리스도의 교회를 박해하는 데 광분하였다고 말함으로써(행 9:1; 22:3-4; 26:9-12; 갈 1:13), 자기가 그 누구보다도 모세 율법을 소중히 여겼던 사람이라는 것을 밝힌다.

율법의 의로는 흠이 없는 자라. 사도는 자기가 바리새파의 노선을 따라 그리스도인들을 박해하는 데에만 열심을 내고, 개인적인 경건과 신앙에 있어서는 엉망인 삶을 살았던 위선자가 아니라, 율법을 철저히 지키는 일에 있어서도 그 누구 못지않았음을 보여 준다. 그는 율법 중에서 예식법이나 도덕법이 정한 것들을 외적으로 지킴에 있어서, 사람들의 눈으로 볼 때에 "주의 모든 계명과 규례대로 흠이 없이 행하여," "하나님 앞에 의인"이었던 사가랴와 엘리사벳과 같은 반열에 속한 자라고 할 수 있었다(눅 1:6). 사도는 아주 꼼꼼하게 율법을 지켜 행하는 삶을 살았기 때문에(행 23:1), 그의 행실에는 사람들이 책잡을 만한 것이 없었다. 하지만 하나님께서 그의 눈을 열어 주셨을 때, 사도는 자기가 그런 것들을 의지해서 하나님 앞에 설 수 없다는 것을 깨달았다(삼상 16:7; 고전 4:4). 왜냐하면, 그의 눈이 열렸을 때, 그는 율법을 그런 식으로 외적으로 지켜 행하는 것은 하나님께 온전히 순종하는 것과는 너무나 거리가 멀다는 것을 알게 되었기 때문이다(롬 7:7). 그래서 사도는 자기가 구원을 받기 위해서는, 이전에 자신이 의지하고 신뢰하였던 모든 것들을 다 버리고, 오직 그리스도만을 의지하여야 하며(고전 3:11; 고후 5:17), 사람들로부터 오는 영광을 구하는 것이 아니라 오직 그리스도로부터 오는 영광만을 구하여야 한다는 것을 깨닫게 되었다(요 5:44).

7. 그러나 무엇이든지 내게 유익하던 것을 내가 그리스도를 위하여 다 해로 여길뿐더러.

사도는 만일 거짓 사도들의 주장처럼, 육체를 의지하고 신뢰해서 하나님 앞에 설 수 있는 것이라면, 자기도 그 누구보다도 자신있는 사람이라는 것을, 앞에서 여러 가지 구체적인 것들을 들어서 말한 후에, 이제 여기에서는 자기가 하나님의 부르심을 받기 전에는, 자기에게 있는 그러한 특권들이 자기에게 지극히 유익할 것이라고 자타가 다 그렇게 생각하였지만, 자신의 눈에서 비늘이 떨어진 후에는, 진실을 볼 수 있게 되었는데, 그 때 이후로는 그런 것들이 "유익"이 아니라 "해"라는 것을 똑똑히 깨닫고서, 오직 그리스도를 의지하여 구원을 얻는 데(마 21:31; 롬 9:30) 유익을 주는 것이 아니라 도리어 해가 되는 것으로 여기게 되었다고 말한다. 즉, 사도는 그런 것들은 "극히 값진 진주"(마 13:46)를 찾지 못하게 가리고 있는 돌멩이들일 뿐이었기 때문에, 오직 극히 값진 진주이신 그리스도를 얻기 위하여 그런 돌멩이들을 다 버렸다는 것이다.

8. 또한 모든 것을 해로 여김은 내 주 그리스도 예수를 아는 지식이 가장 고상하기 때문이라 내가 그를 위하여 모든 것을 잃어버리고 배설물로 여김은 그리스도를 얻고.

또한 모든 것을 해로 여김은. 헬라어 본문을 보면, 여기에서 사도는 지금부터 말하고자 하는 이유로 인해서, 자기가 앞에서 말한 그런 것들을 "해"로 여기는 것이 자신에게 있어서 얼마나 단호한 결심인지를 대단히 강조해서 말하고 있다. 즉, 자기는 그리스도를 처음으로 영접할 때에 그런 것들을 자기에게 해로운 것으로 여기게 되었는데, 현재에 있어서도 그런 것들에 대한 자신의 생각과 판단은 전혀 바뀌지 않았다는 것을 다시 한 번 단호하게 밝히고 있다. 게다가, 사도는 거기에서 한 걸음 더 나아가서, 앞에서는 "무엇이든지 내게 유익하던 것"이라고 두루뭉술하게 표현하였던 것을 여기에서는 "모든 것"이라고 못 박고서는 현재 시제를 사용하여 "해로 여긴다"고 말하는데, 이것은 자기는 이제 유대인이었을 때의 자신의 지난날의 모든 특권들과 행위들만이 아니라, 회심한 후에 그리스도인으로서 자기가 행한 그 어떤 선한 일을 의지해서, 하나님 앞에서 의롭다 하심을 얻고자 할 마음이 전혀 없음을 분명하게 밝힘으로써, 자기가 영생을 얻게 된 것이 회심 후에 자기가 행한 어떤 행위로 말미암은 것이 아님을 분명히 한 것이다. 즉, 바울은 사도로 부르심을 받아 오랜 세월 동안 하나님을 섬기며, 그리스도의 이름으로 수많은 위험들과 난관들을 헤치고서 놀라운 일들을 많이 행하였고, 많은 교회들을 세우고 많은 영혼들을 그리스도께로 인도하였지만, 그런 것들은 그로 하여금 하나님 앞에서 의롭다 하심을 얻게 해 줄 수 있는 것들이 아니라는 것이다. 이렇게 사도는 "모든 것"을 해로 여긴다고 선언함으로써, 자기가 앞에서 열거한 것들만이 아니라, 사람이 생각해 볼 수 있는 모든 것들은 그리스도를 의지하는 데 방해가 되기 때문에 해로울 뿐이라고 말한다. 그것들이 그 자체로는 어떤 관점에서는 사람들에게 유익이 된다고 할 수도 있을 것이지만, 그럴수록 사람들은 그것들을 의지할 것이기 때문에, 그것들은 사람들을 하나님 앞에서 의롭다 하심을 받게 하는 데에는 "해"가 될 수밖에 없다.

내 주 그리스도 예수를 아는 지식이 가장 고상하기 때문이라. 사도는 아래에서 보여 주듯이, 믿음으로 말미암아 경험을 통해서 예수 그리스도와 그가 하신 일들과 그로 말미암는 은택들을 잘 알고 있었고, 그러한 지식이 인간의 다른 모든 지식을 한참이나 뛰어넘는 너무나 놀랍고 탁월하며 고상한 지식이라는 것을 알고 있었기 때문에, 그 지식을 얻는 데 방해가 되는 모든 것들은 자기에게 해로운 것들이라고 말한다. 초월적인 신비에 속하는 "그리스도 예수를 아는 지식"은 믿음의 눈으로 알 수 있는 것이었고(사 53:2; 요 17:3; 요일 5:20; 딤전 3:16; 벧전 1:12), 이토록 탁월하신 주님의 참된 종들은 이 지식을 가장 귀하게 여기기 때문에(막 5:30, 33), 그리스도를 얻고 누리고 있는 자들은 다른 모든 것들을 하찮은 것으로 여기게 된다.

내가 그를 위하여 모든 것을 잃어버리고. 사도는 앞에서 그런 것들을 "해"로 여기고(7절) 기꺼이 버려도 좋은 것으로 여겼다고 말하였는데, 이제 여기에서는 자기가 실제로 그런 것들을 잃어버렸다는 말을 덧붙인다(행 20:23; 고전 4:13; 고후 11:23). 사도는 자기가 그 모든 것들을 의지해서 하나님 앞으로 나아가고자 하다가 이제는 그런 것들을 완전히 다 버리겠다고 결심하고 실제로 버렸다고 말하는데, 그가 그렇게 할 수 있었던 것은 하나님의 헤아릴 수 없이 크고 풍성하신 은혜와 성령의 역사로 말미암은 것이었다.

배설물로 여김은. 사도가 이렇게 이전에 자신에게 속하였던 온갖 특권들과 이점들을 다 버리고 오직 그리스도 한 분만을 얻은 이러한 맞교환은, 제대로 결산을 해 보면, 그에게 결코 손해되는 것이 아니었다. 왜냐하면, 그가 "오직 성령께서 가르치신 것으로" "영적인 일"을 "영적인 것으로 분별하여," 이 두 가지를 양쪽에 놓고 저울질해 보았을 때(고전 2:13), 지극히 고상하신 그리스도 및 그 안에 있는 온갖 고상한 것들에 비해서, 그런 것들은 "배설물"(아람어 역본 등이 이 단어를 이렇게 번역하고 있다) 또는 "개들에게 던져 주는 음식 찌꺼기"에 지나지 않는 것들이었기 때문이다. 이 단어를 후자로 번역하는 것은, 사도가 그런 것들을 신뢰하고 자랑하는 자들을 바로 앞에서 "개들"이라고 불렀고(2절), 그리스도께서도 마태복음 15:26과 마가복음 7:27에서 그런 자들을 "개들"이라고 지칭하셨다는 점에서 아주 어울리는 번역이라고 할 수도 있을 것이다. 하지만 헬라어 저자들의 글에 정통한 해석자들은 한결같이 이 단어는 겨나 가라지 같이 역겹거나 절대적으로 쓸모없는 것은 아니지만 하찮고 멸시할 만한 그런 것들을 가리키는 것이라고 말한다. 따라서 바울이 여기에서 부분적으로 성결해진 마음으로부터 나온 우리의 선한 행실들을 포함해서 모든 것들을 "배설물"이라고 한 것은, 그런 것들이 그 자체로 아무 짝에도 쓸모없는 무용지물이라는 의미가 아니고, 단지 그런 것들을 의지해서 하나님으로부터 죄 사함과 의롭다 하심을 받고자 하는 것은 헛된 일이라는 의미이다. 또한, 사도가 여기에서 다루고 있는 것은, 우리의 성화에 대한 것이 아니라, 우리가 의롭다 하심을 얻는 문제에 대한 것이다. 그러므로 사도는 그 모든 것들을 의지하는 마음을 다 버려야 비로소 그리스도를 얻을 수 있다는 점에서, 어떤 식으로든 그런 것들을 의지하는 것은 우리의 모든 것을 팔아서 사야 할 극히 값진 진주이신 그리스도를 얻는 데 가장 큰 해가 될 수밖에 없기 때문에, 그런 면에서 그런 것들은 상대적으로가 아니라 실질적으로 해로운 것들이고 배설물들이라고 말한 것이다.

그리스도를 얻고. 사도는 위에서 그리스도께서 어떻게 낮아지셨다가 높아지셨는지에 대하여 설명한 바 있는데, 자기가 모든 것을 해로 여기고 배설물로 여기는 것은 그런 그리스도를 얻고 그리스도 안에서 발견되어 그리스도와의 사귐을 누리기 위한 것이라고 말한다(마 11:28; 눅 14:26, 33; 고후 4:6; 요일 5:12). 즉, 사도는 그리스도로부터 더 많은 것들을 받아 누리고, 그리스도를 위하여 더 많은 것들을 행하여서, 그리스도를 완전한 자기 것으로 만들고, 자기도 완전한 그리스도의 것이 되게 하고자 한다는 것인데, 고린도전서 1:29-31에서는 그것을 이렇게 표현한다: "이는 아무 육체도 하나님 앞에서 자랑하지 못하게 하려 하심이라 너희는 하나님으로부터 나서 그리스도 예수 안에 있고 예수는 하나님으로부터 나와서 우리에게 지혜와 의로움과 거룩함과 구원함이 되셨으니 기록된 바 자랑하는 자는 주 안에서 자랑하라 함과 같게 하려 함이라."

9. 그 안에서 발견되려 함이니 내가 가진 의는 율법에서 난 것이 아니요 오직 그리스도를 믿음으로 말미암은 것이니 곧 믿음으로 하나님께로부터 난 의라.

그 안에서 발견되려 함이니. 어떤 박식한 해석자는 이 구절을 능동으로 해석해서, "나의 모든 손실을 그 안에서 발견하려(즉, 회복하려) 함이니"라고 읽는다. 하지만 우리의 번역을 따르면, 사도가 "그리스도를 얻고"라고 말한 것은, 단지 자기가 복음의 신앙을 고백하는 것만을 가리키는 것이 아니라, 자기가 그리스도와 하나가 되고, 그리스도 안에 있게 되는 것도 가리키는데, 이것은 바울이 장차 현세에서든 내세에서든 모든 것을 아시는 하나님의 법정에 서서 심판을 받게 될 때, 그의 모든 손해를 다 보상해 주고도 남게 될 것이다(롬 8:1). 우리가 "그리스도 안에서 발견되다"를 오직 "그리스도 안에 있게 되다"라는 의미로 해석할 수밖에 없다는 것은, 베드로후서 3:13에서 종말에 "너희가 … 주 앞에서 점도 없고 흠도 없이 평강 가운데서 나타나기를 힘쓰라"고 말할 때, 그것은 그들이 그리스도 안에 있기를 힘쓰라는 의미로 해석될 수밖에 없다는 것이 잘 보여 준다. 왜냐하면, "그리스도 밖에" 있는 것은 곧 "저주 아래" 있는 것이기 때문이다(갈 3:10; 엡 2:3, 12-13). 따라서 그리스도께서는 우리의 제사장으로서 하나님 앞에서 우리의 이름으로 대속의 제사를 지내셨기 때문에(히 5:1; 10:7), 우리가 그리스도 안에 심겨지기 위해서는, 우리는 우리의 머리이신 그리스도 안에 거하여야 하고(요 6:56; 15:4; 엡 5:30; 골 2:6-7; 요일 5:12), 그리스도 밖에서 우리만 따로 발견되어서는 안 된다.

내가 가진 의는 율법에서 난 것이 아니요 오직 그리스도를 믿음으로 말미암은 것이니 곧 믿음으로 하나님께로부터 난 의라. 사도는 우리로 하여금 자기가 그리스도 안에서 발견되고자 한다고 말한 의미를 좀 더 잘 이해할 수 있도록 하기 위하여, 사람이 하나님께 받아들여지는 데 필요하다고 생각된 두 종류의 의를 구별해서 소극적인 면에서와 적극적인 면에서 정의한다: (1) 사도는 먼저 자기 자신 속에 내재되어 있고 자기가 직접 행함으로써 얻어지는 의라는 점에서 "내가 가진 의"라고 부를 수 있는 의를 언급하면서, 그 의는 "율법에서 난 것"이라고 말한다. 즉, 그것은 율법이 요구하는 의이고, 율법의 모든 행위들을 다 지켜 행한 사람에게 주어지는 의이다. 따라서 성경은 어떤 사람이 온 마음을 다하여 하나님을 사랑하는 가운데 모든 율법을 다 지켜 행하면, 그 사람은 그가 행한 율법의 모든 행위들로 인하여 살게 될 것이라고 말한다(롬 2:13; 3:27-28; 10:5). 사도는 회심 이전의 행위와 회심 이후의 행위를 구별하지 않고(둘 다 마찬가지이기 때문에), 다만 자기가 하나님 앞에서 의롭다 하심을 얻고자 하는 것과 관련해서(갈 3:10-12), 자신의 내재적인 의, 즉 어떤 식으로든 자기 자신에게서 유래한 의 가운데서 자기가 발견되기를 원하지 않는다고 선언한다. "우리는 그가 만드신 바라 그리스도 예수 안에서 선한 일을 위하여 지으심을 받은 자"(엡 2:10)라고 말하였듯이, 사도는 자기가 회심하여 새롭게 지으심을 받은 자였던 까닭에 당연히 선한 일들을 행하고 있었기 때문에, "나는 선한 일들을 행하고 있지 않다"고 말하는 것이 아니라, "내게는 내 자신의 의가 없다"고 말한다. 즉, 자기로 하여금 하나님 앞에 설 수 있게 해 줄 수 있는 어떤 "의"가 자기 자신 속에 내재되어 있지 않기 때문에, 자기는 자기 자신의 의를 의지해서는 결코 하나님 앞에 설 수 없다는 것이다. 사도는 하나님의 빛을 받아서, 바리새인이었을 때보다 더 나은 원리인 진리의 복음을 따라 행하고 있었고, 그 결과 더 나은 열매들을 맺으며 살아가고 있었지만, 자신의 그러한 삶을 의지해서 하나님 앞에 서거나 의롭다 하심을 얻을 수 있는 것은 결코 아니었다. 이것은 당대에 사람들에게 의를 전파한 선지자이자, 내재적인 의로 말할 것 같으면 당대에 가장 온전한 의인이었던 노아나 아브라함(창 15:6; 롬 4:3)이나 다윗(시 130:3; 143:2)에게도 그대로 적용된다.

(2) 사도는 자기 안에 내재되어 있지도 않고, 후천적으로 획득해서 자신의 것으로

만들 수도 없는, 자기 밖에 있는 제3자, 즉 그리스도의 의로 눈을 돌려서(딛 3:5-7), 자기는 그리스도를 대상으로 해서 "그리스도를 믿음으로 말미암은" 의를 얻어, 그리스도 안에서 발견되고자 하고, 결코 그리스도 밖에서는 발견되고자 하지 않는다고 말한다. 다른 곳에서는 사도는 이 의를 자기가 행한 율법의 행위들 또는 의의 행위들과 대비시키고(롬 3:28; 갈 2:16; 딛 3:5), 믿음으로 말미암는 의와 행위로 말미암는 의라는 두 종류의 의를 제시하며, 자기는 최후의 심판 날에 전자의 의 안에서 발견되고자 하고, 후자의 의 안에서는 발견되고자 하지 않는다고 말한다(롬 1:17; 10:5, 10-11). 그래서 사도는 "믿음으로 하나님께로부터 난 의"라는 설명을 덧붙임으로써, 자기가 붙잡고 있는 의가 무엇인지를 좀 더 분명하게 밝히면서, 자기가 장차 하나님의 법정에 섰을 때, 자기는 그 의 안에서 발견되고자 한다는 것을 다시 한번 분명하게 보여 준다.

"믿음으로 하나님께로부터 난 의"는 사도 자신의 내재적인 의가 아니라, 하나님께서 사도의 의로 여겨 주시는 외부의 의로서, 노아도 하나님의 명령을 따라 방주를 준비함으로써, 방주라는 모형을 통해 표상된 이 동일한 의로 말미암아 "세상을 정죄하고 믿음을 따르는 의의 상속자"가 되었다(히 11:7). 또한, 성경이 아브라함도 "하나님을 믿으매 그것이 그에게 의로 여겨진 바 되었고"(롬 4:3), 다윗도 "일한 것이 없이 하나님께 의로 여기심을 받은 사람"이었다(롬 4:6). 하나님께서 믿는 자들에게 수여하시는 이 의는 원래 믿는 자들 자신의 내재적인 의가 아니고, 그들 밖에 있는 제3자이신 그리스도의 의이고, 그들에게 수여된 의는 그리스도의 의로부터 파생된 것들일 뿐이며, 믿는 자들은 그리스도 안에서 "하나님의 의"가 된 것일 뿐이다(고후 5:21). 이것은 하나님께서 그들을 불쌍히 여기셔서 의롭다고 해 주신 것이 아니라, 그리스도의 의로 말미암아 당당하게 하나님 앞에 의가 된 것이다. 그리스도 예수 안에 있는 자들에게, 그리스도는 "의로움"(고전 1:30), 즉 "하나님의 의"(롬 1:17)가 되신다. 사도는 여기에서와 마찬가지로, 로마서 9:30-31과 10:3 등에서도 이런 것들을 아주 분명하게 말한다. 하나님께서는 믿는 자들에게 그리스도의 의를 값없이 거저 주셔서 그들을 의로운 자들로 여겨 주실 뿐만 아니라, 오직 그리스도의 의만을 사람들로 하여금 의롭다 하심을 얻게 해 줄 수 있는 의로 인정하신다. 왜냐하면, 그 의는 온전한 하나님이실 뿐만 아니라 온전한 사람이신 분이 하나님의 뜻을 온전히 이루어 얻으신 의이기 때문이다(행 20:28; 롬 3:21, 24-25; 10:3).

또한, "믿음으로 하나님께로부터 난 의"는 하나님의 본질적인 의를 가리키지 않는다. 왜냐하면, 그리스도를 믿음으로 말미암는 의(롬 3:22), 또는 사람들이 그리스도를 영접하여 접붙임을 받음으로써 하나님 앞에서 의롭다 하심을 얻게 해 주는 의는, 그리스도께서 사람들을 위하여 하나님의 뜻에 온전히 순종하여 고난을 받으심으로써 얻으신 의이기 때문이다(요 15:13; 롬 5:6-8; 빌 2:8; 딤전 6:13; 히 9:14). 자신의 인격 안에 신성과 인성을 둘 다 지니신 그리스도께서 사람들을 대신하여 하나님께 온전히 순종하신 것은 무한한 가치를 지니고 있었기 때문에, 그리스도의 중보로 말미암은 의는 그리스도 안에서 발견된 자들에게 전가되고, 그들은 성령과 믿음으로 말미암아 그리스도와 연합되어 그 살아 있는 지체들인 자들이기 때문에, 하나님의 의로우신 심판대 앞에서 의롭다 하심을 발견하게 된다(요 6:56; 15:4; 엡 5:30, 32; 골 1:27). 이 신비의 머리와 몸은 이렇게 연합되어 오직 한 분 그리스도를 이루기 때문에, 그리스도의 의는 그들에게도 그대로 전가되어, 그들은 하나님 앞에서 의롭다 하심을 얻게 된다. 왜냐하면, "머리"이신 그리스도께서 율법의 요구를 만족시키셔서 얻게 되신 의는 그리스도를 머리로 하는 몸의 "지체들"에게도 그대로 흘러들어가서, 그들이 그 의를 덧입는 것은 당연한 일이기 때문이다.

이 의는 "믿음으로 하나님께로부터 난 의"라고 말해진다는 점에서, 믿음은 우리가 그 의에 참여하게 해 주는 통로 또는 수단이 된다. 믿음 자체는 믿는 자들 "안에" 있는 의가 아니고, "하나님의 의," 즉 하나님이 인정하시는 의는 오직 그리스도의 의만 있을 뿐이고, 그 의가 "모든 믿는 자에게 미치는" 것일 뿐이다(롬 3:22). 즉, 믿는 자들은 그리스도 안에서 의를 발견하고, 믿음으로 이 의를 받아들인 자들은 하나님에 의해서 의롭다 하심을 얻게 된다는 것이다. 율법은 오로지 순종만을 요구하고, 율법의 모든 요구들을 다 행하였을 때에만 의롭다고 인정해 주기 때문에, "그리스도의 의"(롬 10:4; 딛 2:13; 벧후 1:1)는 율법의 모든 요구를 다 이루신 의이다(롬 3:31; 8:1). 우리 속에 있는 것들은 진정한 의가 아니라 우리 자신의 의, 즉 자기의(自己義)일 뿐이다(마 5:20; 눅 21:19; 롬 10:8; 고후 8:8; 골 1:4; 벧전 1:21). 그리스도는 "율법의 마침"이 되시고 율법을 온전히 이루셨기 때문에 "의"가 되시고, 믿는 자들의 죄 사함은 그 의의 결과이다.

10. 내가 그리스도와 그 부활의 권능과 그 고난에 참여함을 알고자 하여 그의 죽으심을 본받아.

내가 그리스도와 … 알고자 하여. 사도는 앞에서 자기가 그리스도를 얻음으로써 "믿음으로 하나님께로부터 난 의"를 수여받아 의롭다 하심을 얻게 되었다고 말하였기 때문에, 이제 여기에서는 그리스도 안에 있는 자들이 믿음을 발휘하여 그리스도를 더욱더 알아가서 구원의 지식을 더 깊이 몸으로 체득하게 될 때에 이루어지는 성화에 대하여 말하면서, 자기가 그리스도 안에서 의롭다 하심을 얻기 위하여 모든 것을 다 해롭게 여겼던 것과 마찬가지로, 그리스도를 본받아 거룩하게 되고자 함에 있어서도, 모든 것을 제쳐두고 거기에 전념하고 있다고 말한다(고전 1:30). 하나님께서는 그리스도 안에서 발견된 자들로 하여금 "그 아들의 형상을 본받아" 거룩하게 되도록 "미리 정하셨다"(롬 8:29; 고후 3:18). 성경의 다른 곳들에서는 이 구원의 지식을 볼 수 있고 맛볼 수 있고 냄새 맡을 수 있고 알 수 있는 것으로 묘사한다(요 10:4; 고후 2:14, "그리스도를 아는 냄새"; 4:6, "하나님의 영광을 아는 빛"; 엡 1:18, "너희 마음의 눈을 밝히사"; 벧전 2:3). 오직 그리스도 안에서 발견되는 자들만이 그런 식으로 그리스도를 알고(요 5:20; 6:46, 69; 히 8:11), 그런 식으로 그리스도를 알고자 하기 때문에(빌 1:9), 그리스도의 권능을 느끼고 그리스도와의 교제를 경험하며, 자기가 그리스도를 닮아가고 있다는 생생한 인식을 갖게 될 수 있다.

그 부활의 권능. 이것은 우리 안에서 역사하는 그리스도의 부활의 권능을 가리킨다. 즉, 사도는 하나님께서 그리스도를 죽은 자 가운데서 다시 살리신 그 동일한 성령의 실효적인 역사를 통해서, 영적인 생명과 하나님의 형상을 상실한 채 죽어 있던 자신의 심령을 다시 살리셔서, 새 생명 가운데서 살게 하시는 것을 더욱더 깊이 알고자 한다(롬 6:4, 10; 엡 1:20; 2:5-6). 이렇게 사람들의 심령이 죄의 지배 가운데서 죽어 있다가 살리심을 받는 것을 요한계시록 20:5에서는 "첫째 부활"이라고 부른다. **그 고난에 참여함.** 이것은 그리스도께서 자신의 고난으로 인하여 이루신 공로에 사도도 부분적으로 참여하겠다는 의미가 아니라, 그리스도의 몸에 속한 지체로서 그리스도의 고난에 참여하겠다는 의미이다(마 20:23; 행 9:4; 롬 8:17; 고후 1:7; 4:10-11; 갈 5:24; 골 1:24; 딤후 2:11-12). **그의 죽으심을 본받아.** 어떤 이들은 이 어구를 "그의 죽으심에 이르기까지 본받아"로 번역하기도 한다. 이것은 죄에 대하여 죽을 뿐만 아니라(롬 6:5-6), 고난을 통해서 그리스도의 형상을 닮아가겠다는 의미이다(롬 8:29). 사도는 자기가 "날마다 죽노라"(고전 15:31)라고 말하기도 하고, "우리 살아 있는 자가 항상 예수를 위하여 죽음에 넘겨짐은 예수의 생명이 또한 우리 죽을 육체에 나타나게 하려 함이라"(고후 4:11)고 말하기도 하면서, "현재의 고난은 장차 우리에게 나타날 영광과 비교할 수 없도다"(롬 8:18)라고 선언한다. 그리스도인으로서의 사도의 마음가짐은 그런 것이었기 때문에, 그는 예수 그리스도와 교통하는 가운데 그리스도를 닮기 위하여 기쁜 마음으로 온갖 고난들을 짊어질 수 있었다.

11. 어떻게 해서든지 죽은 자 가운데서 부활에 이르려 하노니.

사도는 여기에서 제유법을 사용하여 온전한 부활을 몸의 부활로 표현하는 가운데, 자기가 그리스도 안에서 발견되어 의롭다 하심을 얻고 성화를 이룬 후에, 장차 온전한 부활을 통해서 영화롭게 될 것임을 의심하지 않는다. 물론, 사도는 자기가 온전한 부활의 영광을 누리려면, 죄 가운데 죽어 있다가 다시 살아난 첫째 부활 후에 많은 고난과 어려움들을 통과해야 한다는 것을 알지만, 그런 후에는 반드시 무덤에 있던 자신의 몸이 영광스러운 부활로 다시 살아나게 되거나, 주께서 재림하셔서 자신의 몸이 무덤으로 들어가지 않고 살아 있는 채로 공중으로 끌어올려져서 주와 함께 영원히 거하게 될 것을 확신하였다(살전 4:14, 17). 사도는 죽음조차도 자기를 그리스도로부터 갈라놓지 못할 것임을 굳게 믿었고(롬 8:38-39; 딤후 4:8), 자기가 장차 부활하여 그리스도처럼 온전히 거룩해질 그 날을 기다리며 믿음으로 살아갔다(고전 15:14, 19, 30, 32; 벧전 1:6-7).

12. 내가 이미 얻었다 함도 아니요 온전히 이루었다 함도 아니라 오직 내가 그리스도 예수께 잡힌 바 된 그것을 잡으려고 달려가노라.

내가 이미 얻었다 함도 아니요 온전히 이루었다 함도 아니라. 사도는 사람들이 자기가 앞에서 한 말들을 듣고서, 마치 자기가 이미 그리스도를 아는 고상한 지식의 최고 정점에 도달해서, 그리스도의 신비의 몸 가운데서 온전하고 충만한 최고의 상태에 다다른 것처럼 생각하는 일이 일어날 수도 있었기 때문에, 미리 그러한 생각이 오해라는 것을 지적해서 바로잡아 주기 위해서, 이제 여기에서는 거짓 사도들은 마치 자신들이 그러한 경지에 도달한 것처럼 큰소리를 치고 있지만(고후 10:12), 자기는 그런 상태에 이미 도달한 것이 결코 아니라는 것을 겸손히 고백하고, 자신은 그리스도와 함께 일으키심을 받아서 온전한 거룩함에 이르러 "그리스도 예수 안에서 함께 하늘에 앉으려고"(엡 2:6) 최선을 다하고 온 힘을 다하고 있는 것일 뿐이라고 말한다(고후 12:6-7).

오직 … 달려가노라. 사도는 자기는 마치 고대 헬라에서 경주하는 자들이 온 힘을 다하여 경주하는 것과 마찬가지로, 자기에게 이미 주어져 있는 푯대에 도달하기 위하여, 낙심하지 않고 있는 힘을 다해서 열심히 달려 왔고, 지금도 그렇게 달리고 있다고 말한다(고후 4:8). 실제로, 사도는 고린도전서 9:24-27에서 자신을 경주하는 자에 비유해서 이렇게 말한다: "운동장에서 달음질하는 자들이 다 달릴지라도 오직 상을 받는 사람은 한 사람인 줄을 너희가 알지 못하느냐 너희도 상을 받도록 이와 같이 달음질하라 이기기를 다투는 자마다 모든 일에 절제하나니 그들은 썩을 승리자의 관을 얻고자 하되 우리는 썩지 아니할 것을 얻고자 하노라 그러므로 나는 달음질하기를 향방 없는 것 같이 아니하고 싸우기를 허공을 치는 것 같이 아니하며 내가 내 몸을 쳐 복종하게 함은 내가 남에게 전파한 후에 자신이 도리어 버림을 당할까 두려워함이로다." 사도는 이렇게 영광 중에 온전하게 된 자들(히 12:23)처럼 온전함에 이르기 위하여 열망하고 신음하며 그 푯대를 향하여 달려갔다(고후 5:4, 6-7; 벧후 3:12).

오직 내가 … 그것을 잡으려고. 이 구절의 헬라어 본문은 조건문으로 되어 있어서, 직역하면 "내가 그것을 잡을 수 있다면"이 된다. 하지만 이 조건문은 사도가 자신의 목표에 도달하는 것이 가능할 수도 있고 불가능할 수도 있다는 식의 그런 불확실성을 나타내는 것이 아니라, 거룩함을 이루고자 하는 그리스도인으로서의 이 경주를 자기가 더욱 열심으로 달려가겠다는 의지를 표현하는 것이다. 따라서 이 구절은 이렇게 해석될 수 있다: "오직 내가 사람들이 부활의 때에 입게 될 그 거룩함이라는 푯대를 잡으려고." 여기에서 "그것"은 부활의 때에 온전히 거룩해지고 영화롭게 되는 것을 가리킨다. 사도가 목표로 한 푯대는 바로 그런 것이었다.

그리스도 예수께 잡힌 바 된 그것. 이 관계절만을 따로 번역하면, 이렇게 된다: "나는 그것을 위하여 그리스도께 잡힌 바 되었다." 이렇게 여기에 나오는 '에프 호'는 앞의 어구를 받아서 "그것을 위하여"로 번역되는데, 우리는 그러한 예를 빌립보서 4:10에 나오는 관계절에서도 볼 수 있다: "너희가 나를 생각하던 것이 이제 다시 싹이 남이니 너희가 또한 이를 위하여 생각은 하였으나 기회가 없었느니라"(여기에서도 '에프 호'는 "너희가 나를 생각하던 것"이라는 명사구를 받아서 "이를 위하여"로 번역된다 — 역주). 따라서 여기에서 사도는 자기가 실효적인 부르심을 통해서 그리스도에 의해서 붙잡히고 그리스도 안에서 발견되게 되었는데, 그것은 자기로 하여금 온전함(perfection)을 향하여 힘써 나아가게 하기 위한 것이었다고 말하고 있는 것이다. 여기에서 "잡히다"로 번역된 단어는 경주하는 자들로부터 유래한 것으로서, 어떤 경주자가 자기와 마찬가지로 상을 얻기 위하여 달리고 있는 다른 사람을 추격하여 따라잡는 것을 의미한다. 사도는 이 비유를 사용해서, 그리스도께서 자기를 그의 손으로 잡으셔서, 대적자들이 자기를 그의 손에서 빼앗을 수 없게 하셨음을 자기가 알고 있고(요 10:28), 뿐만 아니라 그리스도께서 자기를 하나님께로 가까이 나아가게 하셨고, 자기 속에서 역사하셔서 상당한 정도의 거룩함을 이루어내셨으며, 언젠가는 자기를 온전히 영화롭게 하실 것이기 때문에, 자기가 무슨 일을 겪든, 자기는 잃을 것이 전혀 없다는 것을 알고 있다는 것을 밝힌다(요 6:39).

13. 형제들아 나는 아직 내가 잡은 줄로 여기지 아니하고 오직 한 일 즉 뒤에 있는 것은 잊어버리고 앞에 있는 것을 잡으려고.

형제들아 나는 아직 내가 잡은 줄로 여기지 아니하고. 사도는 여기에서 친근한 호칭을 앞세워서, 자기가 앞 절에서 이미 말하였던 것을 약간 다른 표현방식을 사용해서 다시 한 번 반복해서 말하는데, 사도가 그렇게 한 목적은, 다메섹 도상에서 그리스도께서 나타나셔서 자신의 사도로 친히 세우신 자기조차도 오랫동안 그리스도를 위하여 온갖 수고를 하고 고난을 겪었음에도 불구하고, 그리스도께서 자기를 부르신 그 부르심의 푯대에 아직 도달하지 못했다는 것을 빌립보 교인들에게 상기시키면서, 자신들은 이미 완전한 경지에 도달해 있다고 큰소리치고 있는 거짓 교사들에게 미혹되지 말라고 온유하고 인자한 어조로 간접적으로 경고하기 위한 것이었다.

오직 한 일. 사도는 성령께서 자기로 하여금 다른 것들은 일체 생각할 가치조차 없는 것들이라는 듯이 오직 이 "한 가지 일"만을 생각하도록 하기 위하여, 자기를 불러 그리스도와 교제하게 하셨기 때문에, 자기가 이 "한 가지 일"에 전념하도록 부르심을 받았다는 것을 빌립보 교인들이 알아주었으면 좋겠다고 말한다. 마찬가지로, 다윗은 "내가 여호와께 바라는 한 가지 일 그것을 구하리니 곧 내가 내 평생에 여호와의 집에 살면서 여호와의 아름다움을 바라보며 그의 성전에서 사모하는 그것이라"(시 27:4)고 고백하였고, 그리스도께서는 많은 일을 하려고 염려하고 근심하는 마르다에게 "네가 많은 일로 염려하고 근심하나 몇 가지만 하든지 혹은 한 가지만이라도 족하니라 마리아는 이 좋은 편을 택하였으니 빼앗기지 아니하리라"(눅 10:41-42)고 말씀하셨다.

뒤에 있는 것은 잊어버리고. 사도는 영적으로 진정한 경주자였기 때문에, 자기가 그리스도에 의해 붙잡혀서 은혜로 받아 온 것들이나, 그리스도인으로서 달려야 할 길을 얼마나 달려 왔는지에 대해서는 신경을 쓰지 않고, 오직 그리스도께서 자기를 붙잡으셔서 데려다 놓으시려고 하는 저 푯대에 도달하려면, 자기가 아직도 한참을 더 가야 한다는 것에만 신경을 쓰고 있다고 말한다.

앞에 있는 것을 잡으려고. 사도는 그리스도의 공로로 말미암아 자기가 하나님으로부터 받게 되어 있는 영원한 분깃, 즉 하나님께서 예수 그리스도 안에서 그 풍성하신 은혜로부터 자신의 고유한 몫으로 주시기로 예비해 놓으신 모든 것을 남김없이 다 얻기 위하여, 자기는 활시위를 떠난 화살이 과녁("푯대")을 향하여 날아가듯이, 그렇게 온 힘을 다해서 고군분투하며 앞을 향하여 달려가고 있는 것이라고 말한다.

14. 푯대를 향하여 그리스도 예수 안에서 하나님이 위에서 부르신 부름의 상을 위하여 달려가노라.

푯대를 향하여 … 달려가노라. 사도는 뒤돌아보지도 않았고(눅 9:62), 게으르지도 않았으며, 오직 자기 눈앞에 있는 온전함(perfection)이라는 푯대에서 벗어남이 없이, 그 푯대만을 향하여 있는 힘을 다해서 열심히 달려 왔다(마 11:12). 하지만 사도는 자기가 지금까지 받은 것들은 단지 일부에 불과하다고 생각하였고, 그리스도께서 그 손으로 자기를 붙잡으신 것은 푯대에 온전히 도달하게 하시기 위한 것이고, 조금 달린 것으로 만족하고 그만두게 하시기 위한 것이 아니라고 생각하였기 때문에, 지금도 계속해서 그 푯대를 향하여 앞만 보고 달려가고 있다.

그리스도 예수 안에서 하나님이 위에서 부르신 부름의 상을 위하여. 사도는 그리스도께서 그의 손으로 자기를 붙잡고 계시기 때문에, 자기는 내내 안전할 것이고, 결국에는 은혜로 말미암아 온갖 난관들을 넉넉히 다 극복하고, 자기가 목표로 해 왔던 모든 것들, 즉 "하나님이 위에서 부르신 부름의 상"을 온전히 받게 될 것임을 의심하지 않았다. 그리스도인들은 그리스도에 의해서 부르심을 받고 그 손에 붙잡히게 되었을 때에 하늘로부터 난 자들이고(요 1:13), 그렇게 위로부터 영적으로 난 왕 같은 자들에게는 영원한 기업이 약속되어 있다는 점에서(엡 1:14; 계 1:6), 위에서 부르신 그리스도인들의 부르심은 고귀한 부르심이라고 할 수 있다(한글개역개정에서 "위에서 부르신 부름"으로 번역된 헬라어는 "위로부터의[above] 부르심"으로 번역될 수도 있고 "고귀한[high] 부르심"으로 번역될 수도 있다 — 역주). 그들은 그리스도께서 드리신 한 번의 제사로 "영원히 온전하게" 된 자들인데(히 10:14), 그들에게 수여된 그러한 지극한 영광이 어떠한 것인지는, 장차 그들이 그리스도 안에서 일으키심을 받아서, 하나님께서 그들을 그리스도 안에서 부르실 때에 수여하시기 위하여 예비해 놓으신 모든 것들을 받게 될 때에 온전히 드러나게 될 것이다.

15. 그러므로 누구든지 우리 온전히 이룬 자들은 이렇게 생각할지니 만일 어떤 일에 너희가 달리 생각하면 하나님이 이것도 너희에게 나타내시리라.

어떤 박식한 이는 이 절과 다음 절의 헬라어 본문을 다음과 같은 취지로 해석한

다: "그러므로 누구든지 우리 온전한 자들은 이렇게 생각할지니, 만일 어떤 일에든지 너희가 다르게 생각한다면, 하나님께서는 (우리가 이미 도달한 것 외에) 이것도 너희에게 나타내셔서, 동일한 규범을 따라 행하고 동일한 것을 생각하게 하시리라." 그는 16절을 명령문으로 보고서, "동일한 규범을 따라 행할 것이라"고 번역하는 것은, 문맥상으로나 구문상으로나 맞지 않고, 헬라어 어법에도 대단히 이질적인 것이라고 생각하지만, 우리는 흠정역의 번역을 따른다.

그러므로 누구든지 우리 온전히 이룬 자들은. 사도는 앞에서 자기가 그리스도를 본받아 사랑 가운데서 스스로 낮아져서 겸손하게 행하였고(빌 2:3, 5), 육체를 신뢰하지 않고 성령으로 하나님을 섬겼으며(빌 3:3), 그리스도의 고난에 동참하는 가운데(빌 3:10) 절대적인 온전함을 향하여 온 힘을 다해 달려 가고 있다고 말하였는데, 이제 여기에서는 자신의 그러한 삶을 본보기로 삼아서, 기독교 신앙의 기본적인 것들을 이미 다 익히고서 거룩한 삶에 있어서 진보를 이루어 가고 있는 다른 많은 "온전히 이룬 자들"에게, 서로 간의 차이를 과장하지 말고, 그리스도인으로서 지향하여야 할 가장 중요한 한 가지 목표("푯대")만을 염두에 두고서 달려갈 것을 권면하고 격려한다. 사도는 그들에게 이러한 권면을 하면서, 그들을 "온전히 이룬 자들"이라고 부르는 것은, 그들이 하늘에서 온전하게 된 자들처럼 온전하다는 의미가 아니고(고전 13:10, "우리는 부분적으로 알고 부분적으로 예언하니 온전한 것이 올 때에는 부분적으로 하던 것이 폐하리라"), 푯대를 벗어나 어그러진 길에서 헤매는 것이 아니라, 푯대를 향하여 올바르게 달려 간다는 점에서 상대적으로 온전하다는 의미이다.

온전하다는 것은 다음과 같이 두 가지 의미로 사용된다는 점에서, 이것은 사도가 앞에서 말한 것과 서로 모순되지 않는다: (1) 그리스도인이 온전하다는 것은 어떤 것이 가짜가 아니라 진짜이고 있어야 할 것들을 빠짐이 없이 다 갖추고 있는 것을 의미한다. 갓난아이는 이 세상에 사람으로 방금 태어나기는 했지만, 장성한 사람들인 부모에게 있는 모든 것들을 하나도 빠짐없이 다 갖추고 있다는 점에서 사람으로서 온전하다고 할 수 있다. 따라서 "하나님께로부터 난 자들"인 모든 참된 신자들은 그리스도의 "충만한 데서" "은혜 위에 은혜"를 받은 자들이기 때문에, 하나님의 자녀로서 온전하다고 할 수 있다(요 1:13, 16). (2) 그리스도인이 온전하다는 것은 그리스도 안에서 점점 성장해 가서 장성한 분량까지 자란 상태를 의미한다. 하지만 그리스도인들이 이 땅에서 아무리 성장한다고 하여도 천국에서처럼 온전해질 수는 없기 때문에, 신앙에서 "장성한 자"라고 하여도, 그것은 상대적인 것일 수밖에 없다. 신앙과 경건에 있어서 좀 더 조악하고 무지하며 약한 그리스도인들이 있는가 하면, 경건에 있어서 진보를 이루어서, 어린 아이들처럼 행하지 않고 장성한 자들처럼 행하는 자들이 있다(고전 13:9-11; 14:20). 그런 자들은 그리스도를 아는 지식에 있어서 더 이상 어린 아이들이 아니고 장성한 자들이기 때문에(고전 2:6; 엡 4:13-14; 히 5:13-14; 6:1), "하나님의 성령으로 봉사하는"(빌 3:3) "신령한"(갈 6:1) 사들로 불린다. 그들은 감독이든 집사든 평신도이든, 그리스도인으로서 달려가야 할 길을 올바르게 제대로 달려가고 있다는 점에서, 그 길의 어느 지점을 달리고 있느냐 하는 것과는 상관없이 온전하다고 할 수 있다.

이렇게 생각할지니. 사도는 그들이 자기와 같이 생각해서, 육체를 신뢰하는 모든 것을 버리고, 그들 자신은 여전히 불완전하지만 점진적으로 온전함을 이루어 가고 있음을 인정하고서, 그리스도 안에서 온전함을 이룰 때까지 좀 더 깊은 거룩함을 이루기 위하여 계속해서 애쓰고 달려가기를 바란다. 만일 어떤 일에 너희가 달리 생각하면. 이것은 그들이 그리스도와 그들 자신에 대한 무지로 말미암아, 그들을 잘못된 길로 이끌어 가고자 하는 자들과 어울리면서, 몇 가지 점에서 사도가 말한 것과 다른 생각을 가지게 된 경우를 말한다. 믿음이 강한 자들과 약한 자들은 경건에 있어서 도달한 지점이 서로 다르기 때문에, 그들 사이에서는 감정들과 생각들만이 아니라 실천에 있어서도 부분적으로 다를 수 있지만, 그들이 올바르게 제대로 달려오기만 하였다면, 이미 도달한 것들에 있어서는 서로 동일한 것이기 때문에, 그들 간의 차이는 부분적인 것이다. 하나님이 이것도 너희에게 나타내시리라. 사도는 그리스도께서 저 신실한 자들을 이미 부르셔서 붙잡고 계시기 때문에, 그들이 진리의 지식을 얻게 해 주는 방편들을 믿음과 기도 가운데서 부지런히 활용해서 그리스도로부터 계속해서 가르침을 받고자 힘쓰기만 한다면, 그리스도께서는 때가 되면 그러한 위험스러운 잘못된 생각으로부터도 그들을 건져 주실 것임을 확신하였다(요일 2:20, 27, "너희는 주께 받은 바 기름 부음이 너희 안에 거하나니 아무도 너희를 가르칠 필요가 없고 오직 그의 기름 부음이 모든 것을 너희에게 가르치며 또 참되고 거짓이 없으니 너희를 가르치신 그대로 주 안에 거하라").

16. 오직 우리가 어디까지 이르렀든지 그대로 행할 것이라.

오직 우리가 어디까지 이르렀든지. 우리는 그리스도인으로서 달려가야 할 길에서 어느 지점에 도달해 있든지, 그리스도께서 자신의 뜻을 우리에게 좀 더 분명하게 알게 해 주실 것을 믿고서, 우리가 이미 얻은 빛을 따라 사랑 가운데서 그리스도께 순종하는 삶을 살아가야 한다. 우리에게 이미 주어진 빛을 더 많이 사용할수록, 우리는 더 많은 빛을 얻게 된다. 그러므로 우리는 사도가 앞에서 말한 노선과 규례 가운데서, 우리가 이미 얻은 그리스도를 아는 지식의 분량을 따라 합당하게 살아가는 것이 마땅하다(요일 2:3-5, "우리가 그의 계명을 지키면 이로써 우리가 그를 아는 줄로 알 것이요 그를 아노라 하고 그의 계명을 지키지 아니하는 자는 거짓말하는 자요 진리가 그 속에 있지 아니하되 누구든지 그의 말씀을 지키는 자는 하나님의 사랑이 참으로 그 속에서 온전하게 되었나니 이로써 우리가 그의 안에 있는 줄을 아노라").

그대로 행할 것이라. 사도가 여기에서 사용한 비유적인 표현이 건축자들, 군사들, 경주자들 중 어느 쪽으로부터 유래한 것인지는 그리 중요하지 않다. 확실한 것은 사도는 그들에게 잘 알려져 있고 자기도 지켜 왔던 저 "동일한 규례"를 염두에 둔 가운데 이 말을 하고 있다는 것이다. 그러므로 그것은 진정으로 하나님께서 인치신 "규례"였기 때문에, 다른 곳에서 사도는 "하나님의 이스라엘"이 "이 규례"를 정확히 지켜 행할 때, 그들에게 "평강과 긍휼"이 있을 것이라고 말하였다"(갈 6:16; 빌 4:7). 이 규례는 오류가 있을 수 없는 하나님의 말씀인데, 거기에는 그리스도께서 우리를 사랑하셔서 우리를 죄로부터 구원하시기 위하여 스스로 낮아지심으로써 우리를 향한 자신의 지극한 사랑을 보여 주신 이야기가 나와 있다. 앞에서 사도는 빌립보 교인들에게 그런 그리스도를 본받으라고 권면하면서, 그리스도의 십자가의 원수가 된 자들처럼 육체를 신뢰하지 말고, 오직 위에 마음을 두고 하나님의 뜻을 행할 것을 명한 바 있고(빌 3:18-19; 갈 6:14-15), 자기도 그리스도 안에서 발견되기를 원하며, 그리스도의 고난의 신비를 좀 더 온전히 알고자 그 고난에 참여하고 있다고 밝힌 바 있다. 사도는 믿음과 사랑의 "규례," 그리스도인으로서의 삶 또는 하늘에 속한 행실을 다른 곳에서는 육체를 따라 행하는 것과 반대되는 것으로서 성령을 따라 행하는 것이라고 부른다(롬 8:1, 5; 갈 5:16).

어떤 사본에는 흠정역에서 "동일한 규례를 따라 행할 것이라"(한글개역개정에는 "그대로 행할 것이라")로 번역된 구절 뒤에 "한마음으로 행할 것이라"는 구절이 덧붙여져 있다: "동일한 규례를 따라 행하고 한마음으로 행할 것이라." 신령한 자들, 곧 장성한 그리스도인들은 그리스도를 본받아 한마음과 한 뜻으로 행하는 것이 마땅하다. 장성한 자들은 믿음이 연약하거나 주 안에서 어린 아이인 자들을 멸시하지 말아야 하고, 어린 아이인 자들은 장성한 자들을 판단하지 말아야 한다. 그러나 우리 모두는 기독교 신앙의 근본적인 신조들과 주된 원리들에 있어서는 동일한 지식과 믿음을 가지고서, 동일한 믿음의 규례를 따라 사랑 가운데서 자기를 낮추고 다른 형제들을 높이며, 신앙의 주된 일들에서 동일한 판단과 일치된 감정과 동일한 목표, 그리고 동일한 진리에 대한 고백 속에서 우리의 공동의 구원을 향하여 달려가야 한다. 그렇게 함으로써, 우리는 우리 가운데 있는 여러 차이들은 신앙의 근본적인 문제들에 대한 것이 아니라 주변적인 것들에 대한 것이고, 교회의 순수함과 거룩함과 평안은 여전히 보존되고 있기 때문에(빌 2:14), 그런 차이들은 우리 가운데서 그리스도께서 나뉘셨음을 보여 주는 것이 아니라는 것을 하나님의 교회 앞에서 분명하게 보여 주어야 한다. 따라서 우리는 부분적으로 생각이 다른 여러 사람들이 공통적으로 인정하고 받아들이는 기독교 신앙의 근본이 되는 주된 원리들을 다른 모든 가르침을 판단하는 척도로 사용해서, 그 근본원리들에 어긋나는 것들을 배척하고, 그 근본원리들과 조화되는 가르침들을 따라 조심스럽고 신중하게 행하며, 우리에게 주어진 직분이나 분수나 믿음의 분량을 넘어서서 행하지 말아야 한다. 모든 그리스도인들은 자기가 그런 식으로 행하고 있는지를 스스로 잘 살피고(롬 14:23), 이방 그리스도인들에게 자신들의 삶의 방식을 강요하였던 저 일부 유대 그리스도인들처럼(갈 2:14-15), 복음의 가르침을 뛰어넘는 어떤 것들을 다른 형제들에게 강요하지 말고(갈 1:8-9), 오직 하나님이 각자에게 깨닫게 해 주신 진리들을 따라 살되, 사랑과 하나됨과 변함없는 마음으로 진리들을 붙들고서, "하나님이 우리에게 나누어 주신 그 범위의 한계를 따라"(고후 10:13) 각자의 분수에 맞게 적절한 절제 가운데서 지혜롭게 하나님을 섬겨야 한다. 우리는 우리의 인간적인 연약함으로 인하여 생겨난 몇몇 다른 생각들을 트집 잡아서 서로 분열하고 다투는 것이 아니라, 우리가 공통적으로 믿는 많은 진리들을 중심으로 사랑 가운데서 한마음과 한 뜻으로 행하는 것이 마땅하다.

17. 형제들아 너희는 함께 나를 본받으라 그리고 너희가 우리를 본받은 것처럼 그와 같이 행하는 자들을 눈여겨 보라.

형제들아 너희는 함께 나를 본받으라. 사도는 다른 곳에서 다른 교회의 신자들에게 그랬던 것과 마찬가지로(고전 4:16, "너희는 나를 본받는 자가 되라"), 여기에서도 빌립보 교회의 형제들에게 자신의 예를 단지 설명하고 제시하는 데서 그치지 않고, "함께"라는 단어를 사용해서, 그들도 자기를 본받아서 자기가 앞에서 그들에게 권면한 것들을 한마음으로 행하라고 촉구한다. 즉, 그들도 자기처럼 그렇게 행하여서 하나님과 그리스도를 따르는 자들이 되는 것이 마땅하다는 것이다(고전 11:1, "내가 그리스도를 본받는 자가 된 것 같이 너희는 나를 본받는 자가 되라"; 엡 5:1; 살전 1:6; 2:14). **그리고 너희가 우리를 본받은 것처럼 그와 같이 행하는 자들을 눈여겨 보라.** 따라서 사도는 빌립보 교인들이 자기가 세운 다른 교회들이 자신의 모범을 따라 자기를 본받아 행하는 것을 "눈여겨" 보고서 그대로 행하였으면 하는 바람을 피력하는데, 이것을 히브리서 13:7에서는 "하나님의 말씀을 너희에게 일러 주고 너희를 인도하던 자들을 생각하며 그들의 행실의 결말을 주의하여 보고 그들의 믿음을 본받으라"고 표현한다. 즉, 사도는 자기가 아래의 18절과 19절에서 언급하게 될 "그리스도의 십자가의 원수들," 곧 빌립보 교회를 분열시킨 원흉이 된 자들을 본받지 말고(롬 16:17, "형제들아 내가 너희를 권하노니 너희가 배운 교훈을 거슬러 분쟁을 일으키거나 거치게 하는 자들을 살피고 그들에게서 떠나라"; 고전 1:12), 자기 및 이 서신을 쓸 때에 함께 하고 있는 디모데, 그리고 자기가 위에서 말한 것과 같이 행하는 자들을 본받으라는 것이다. 여기에서 사도는 자기를 비롯한 그런 사람들은 하나님의 기업을 주관하지 않고, 오직 믿음과 사랑과 겸손함으로 양 무리의 본이 되어 행하였음을 보여 준다(고후 1:24; 딤전 4:12; 딛 2:7-8; 벧전 5:3).

18. 내가 여러 번 너희에게 말하였거니와 이제도 눈물을 흘리며 말하노니 여러 사람들이 그리스도의 십자가의 원수로 행하느니라.

사도는 하나의 삽입구처럼 여기에서 자기가 앞에서 그렇게 말한 이유가 무엇인지를 보충설명하는데, 그것은 빌립보 교인들 중에는 지금도 그리스도를 따르거나 본받지 않고(마 7:22-23) 다른 길로 행하여 "행악하는 자들"(빌 3:2)이 적지 않다는 것이다(한글개역개정에 "여러 사람들"로 번역된 단어는 "많은 사람들"이라는 뜻이다 — 역주). **내가 여러 번 너희에게 말하였거니와.** 사도는 신실하고 충성된 파수꾼이었기 때문에, 그들에게 한 번 경고한 것으로 그치지 않고, 계속해서 반복적으로 그들에게 경고하였다. **이제도 눈물을 흘리며 말하노니.** 이제 사도는 이 서신을 쓰면서, 그들의 영혼을 불쌍히 여기는 간절한 마음에서, 눈물을 흘리는 가운데 또다시 그러한 경고를 그들에게 반복하고 있다.

여러 사람들이 그리스도의 십자가의 원수로 행하느니라. 그들은 겉으로는 하나님의 신실한 종들인 것처럼 그럴 듯하게 꾸미고 위장하였지만, 실제로는 그리스도의 복음을 대적하는 자들, 즉 그리스도인의 탈을 쓴 채로 기독교 신앙의 참된 가르침과 치리와 성결한 삶을 무너뜨리는 일을 행하는 자들이었다. 그들은 모세와 그리스도를 혼합해서, 사람이 의롭다 하심을 얻고 구원을 받고자 한다면, 복음을 믿는 것으로는 부족하고 거기에 율법을 지키는 것이 반드시 더해져야 한다고 가르침으로써(빌 3:4; 갈 2:21), 그리스도께서 우리를 저주로부터 속량하신 "십자가" 사건을 폄하하였다(갈 3:13; 5:2, 4). 그리스도께서는 "통치자들과 권세들을 무력화하여 드러내어 구경거리로 삼으시고 십자가로 그들을 이기셨음에도" 불구하고(골 2:15), 그들은 자신들의 육신적인 이익을 위하여, 이방 그리스도인들에게 할례를 강요함으로써 유대인들을 만족시킴으로써, 통치자들과 권세들에게 그들의 옛 권세를 회복시켜 준 자들로서, 실제로는 그리스도인들이 아니라 당시의 에피쿠로스학파에 속한 자들과 다름없는 자들이었기 때문에, 사도가 그들을 "십자가의 원수들"이라고 부른 것은 합당한 것이었다. 또한, 그들은 그런 식으로 유대인들과 마찬가지로 그리스도의 십자가의 공로를 폄하함으로써, 유대인들로부터의 박해를 피하고자 하였다는 점에서(갈 6:12, 14), 실질적으로 십자가에 못 박히신 그리스도의 원수들로 행한 자들이었다(고전 1:23-24; 2:2).

19. 그들의 마침은 멸망이요 그들의 신은 배요 그 영광은 그들의 부끄러움에 있고 땅의 일을 생각하는 자라.

그들의 마침은 멸망이요. 사도가 앞에서 이미 그들이 행하고 있는 일들은 그들이 장차 영원한 멸망에 처해질 될 것임을 보여 주는 절망적인 "증거"라고 말한 것처럼(빌 1:28), 그들은 결국 영원한 멸망에 던져지는 비참한 최후를 맞게 될 것이었다. 사도는 고린도후서 11:15에서는 "사탄의 일꾼들도 자기를 의의 일꾼으로 가장하는 것이 또한 대단한 일이 아니지만" "그들의 마지막은 그 행위대로 되리라"고 말한다. 그들은 현재에 있어서는 대단한 하나님의 종들로 교묘하게 위장하여 많은 사람들로부터 박수갈채와 존경을 받으며 자신들의 육신적인 욕구들을 충족시키는 가운데 전혀 박해 받을 일을 하지 않고 희희낙락 살아갈 수 있겠지만, 최후에 그들이 거두게 될 열매와 그들이 치르게 될 대가는 무시무시한 것이 될 것이다(롬 6:21, 23; 갈 6:8; 계 18:8; 19:20-21).

그들의 신은 배요. 그들의 최고의 관심사는 그들 자신의 육신적인 욕망을 충족시키는 것이고, 잘 먹고 잘 사는 것이다. 그들에게는 그들 자신의 육체의 욕심과 정욕이 그들의 하나님이기 때문에, 그들은 말로는 우리 주 예수 그리스도를 섬긴다고 하면서도, 실제로는 그들 자신의 배를 섬기고(롬 16:18), 하나님보다 쾌락을 더 사랑한다(딤후 3:4, "쾌락을 사랑하기를 하나님 사랑하는 것보다 더하며"). 그 영광은 그들의 부끄러움에 있고. 그들은 많은 사람들로부터 명성을 얻는 것을 자신의 영광이라고 생각해서 그런 것을 자랑하고, "사람의 영광을 하나님의 영광보다 더 사랑하였지만"(요 5:44; 12:43), 그런 것들은 장차 그들에게 "부끄러움"만을 가져다줄 것들이었다. 즉, 그들은 나중에 결국에는 그들로 하여금 당혹스럽고 부끄럽게 만들 그런 것들을 자신의 영광으로 여기고 자랑스러워하였다(고전 5:2). 땅의 일을 생각하는 자라. 그들은 지금 기독교 신앙이라는 미명 아래에서, 자신들의 육신적인 쾌락들과 땅에 속한 즐거움들을 누리기 위하여, 그런 일들을 추구하는 데 골몰하고, 거기에 붙잡혀 있다. 여기에서 "생각하다"로 번역된 헬라어는, 그들이 단지 생각만을 하는 것이 아니라, 생각과 의지와 감정을 모두 동원해서 "땅의 일들"에 몰두하고 있는 것을 나타낸다. 즉, 그들은 그리스도의 일들을 마음에 두기보다는 이 세상에서의 이익과 편안함과 넉넉한 삶과 쾌락과 영광을 추구하는 "땅의 일들"에 온 마음과 뜻을 다하여 지나치게 골몰하였다는 것이다(롬 8:5).

20. 그러나 우리의 시민권은 하늘에 있는지라 거기로부터 구원하는 자 곧 주 예수 그리스도를 기다리노니.

그러나 우리의 시민권은 하늘에 있는지라. 사도는 여기에서 그들이 자기를 본받는 자들이 되고 자기와 같이 되기를 바라는 또 한 가지 이유를 추가하는데, 그것은 그들은 지금 천국에 있는 것은 아니지만, 그들의 "시민권"은 이미 거기에 있어서, 천국의 시민으로서의 특권들이 이미 그들에게 속해 있기 때문이라는 것이다. 그들이 천국의 시민이라는 것은 이제부터 영원토록 변할 수 없는 사실이기 때문에, 그들은 천국 시민에 합당하게 처신하여 땅의 일들이 아니라 하늘의 일들을 생각하는 것이 마땅하다(빌 1:17; 고후 4:18; 엡 2:6; 골 3:1). 왜냐하면, 하늘의 일들은 하나님의 백성 전체의 유익을 위하여 그들 각자에게 예비되어 있는 것들이기 때문이다. 따라서 그들은 위에 있는 것들을 사모하고 거기에 마음을 두어야 한다(요 14:2; 고후 12:2-5; 히 13:14).

거기로부터 구원하는 자 곧 주 예수 그리스도를 기다리노니. 여기에서 사도는 우리가 위에 있는 것들을 찾아야 하는 데에는 그럴 만한 이유가 있다고 말한다. 즉, 우리는 우리를 최종적으로 구원해 주실 자이신 "주 예수 그리스도"를 간절하게 기다리고 있는데, 우리가 기다리는 그리스도께서 바로 저 하늘로부터 다시 오실 것이라는 사실이 그 이유라는 것이다(행 1:11; 고전 1:7; 살전 1:10; 딤후 4:8; 딛 2:13). 그리스도께서는 단지 사람들을 심판하실 심판주로 오시는 것이 아니라(딤후 4:8), 우리의 마음을 위로해 주실 구주로도 오실 것이다(히 9:28).

21. 그는 만물을 자기에게 복종하게 하실 수 있는 자의 역사로 우리의 낮은 몸을 자기 영광의 몸의 형체와 같이 변하게 하시리라.

그는 … 우리의 낮은 몸을 … 변하게 하시리라. 그리스도께서는 장차 하늘로부터 오셔서, "우리의 낮은 몸," 우리의 비천하고 보잘것없는 몸을 변화시켜 주실 것이다. 사도는 여기에서 "낮은 몸"을 단수형으로 말함으로써, 복수의 몸들을 대표 단수로 표현하고 있다. 우리의 몸은 먹고 마셔야 유지할 수 있게 되어 있고, 언젠가는 썩어질 것이어서 영원하지 못하고 유한하기 때문에 "낮은 몸"이라 불리고, 그런 몸으로 살아가는 삶도 "비천한" 삶이라 불린다(눅 1:48). 우리의 몸은 역겹고 고약한 지하 감옥이라고 할 수 있어서, 우리는 그 감옥에 갇혀 온갖 고통과 질병과 수많은 연약한 것들 가운데서 신음하고 있다고 할 수 있다. 우리는 그런 몸으로 욕됨과 연약함 속에서 무덤 속으로 들어가지만, 그리스도께서는 장차 다시 오셔서 우리의 그런 몸을 영광의 몸으로 변화시켜 주실 것이다. 그래서 사도는 고린도전서 15:43에서 "욕된 것으로 심고 영광스러운 것으로 다시 살아나며 약한 것으로 심고 강한 것으로 다시 살아나며"라고 말한다.

자기 영광의 몸의 형체와 같이. 그리스도께서 다시 오셔서 우리의 낮은 몸을 변화시켜 주실 때, 우리의 몸은 그리스도의 썩지 않고 아픔을 느끼지 않고 영원히 죽지 않는 몸, 너무나 영광스러운 몸 같이 될 것이다(고전 15:51-53). 그 때에 우리 주님이 나타나시면, 우리는 우리의 육신의 눈으로 우리 주님을 보게 될 것이고, 우리의 몸은 우리 주님의 복되신 몸과 같게 될 것이다(요일 3:1-3; 욥 19:26-27; 골 3:4). 그러나 그것은 우리의 몸이 모든 면에서 그리스도의 몸과 똑같이 된다는 의미는 아니고, 단지 그리스도의 몸과 동일한 특질을 지닌 몸으로 변화될 것이라는 의미이다(고전 15:51-52; 살전 4:17). 마치 해가 별들이 지닌 모든 영광의 원천인 것과 마찬가지로, 지체들인 우리는 머리이신 그리스도에 걸맞은 모습으로 변화되어서, 우리의 주님이자 구주이신 그리스도의 영광은 우리 모두의 영광이 될 것이다(단 12:3; 마 16:27; 고전 15:40-41; 고후 4:14; 계 21:11, 23). 그러나 우리는 우리의 몸이 그리스도의 몸과 동일한 정도의 영광을 지니는 몸으로 변화될 것이라고 생각해서는 안 된다. 따라서 우리의 몸이 그리스도의 몸과 같게 변화된다고 할지라도, 원래 하나님이신 그리스도의 몸이 지닌 저 권능과 위엄에는 미치지 못할 것이지만, 사람으로서의 그리스도께서 부활 후에 얻으신 영광에 있어서는 그리스도와 같이 될 것이다. 왜냐하면, 그리스도의 몸은 다음 두 가지로 생각될 수 있기 때문이다: (1) 그리스도께서 성육신하셨을 때에 입으신 몸과 관련해서는, 성도들의 몸과 그리스도의 몸 간에는 공통점이 존재한다. (2) 그리스도께서 영원 전부터 말씀으로 선재해 계신 존재라는 점에서는, 성도들의 몸과 그리스도의 몸 간에는 공통점이 존재하지 않는다. 따라서 성도들이 장차 부활할 때에 하나님이신 그리스도와 같이 된다는 것은 불가능하다. 하지만 그들의 몸이 이 땅에서 이성 없는 박해자들에 의해 고문을 받아 그 어떤 흉한 모습이 된다고 할지라도, 그리스도께서 다시 오실 때에는 그의 영광의 몸과 같이 변화될 것이다.

만물을 자기에게 복종하게 하실 수 있는 자의 역사로. 우리의 낮은 몸이 장차 그리스도의 영광의 몸으로 변화되리라는 것이 육신적인 이성으로는 도무지 믿을 수 없는 일이기는 하겠지만(행 17:32; 26:8), 그리스도께서는 자기가 성부 하나님과 동등하다고 주장하셔도 그것이 전혀 참칭하는 것이 되지 않으시는 그런 분이시고, 자신의 뜻대로 모든 것을 하실 수 있으신 분이기 때문에(눅 18:27), 무덤으로부터 부활하셨을 때에 역사하였던 것과 동일한 하나님으로서의 자신의 권능을 통해서(요 5:21, 26, 29; 엡 1:19-20), 결국에는 만물을 자기에게 복종시키시고 사망과 음부를 멸하셔서(고전 15:24-27; 히 2:8, 14), 우리의 몸을 일으키시고 영광스러운 몸으로 변화시키셔서 천사들과 같이 되게 하신 후에, 자신의 영광의 보좌에 함께 앉히실 수 있으시다(마 19:28, "예수께서 이르시되 내가 진실로 너희에게 이르노니 세상이 새롭게 되어 인자가 자기 영광의 보좌에 앉을 때에 나를 따르는 너희도 열두 보좌에 앉아 이스라엘 열두 지파를 심판하리라").

MATTHEW POOLE'S COMMENTARY

빌립보서 4장

개요

1. 그리스도 안에 변함없이 견고하게 설 것을 촉구함(1).
2. 특정한 사람들에게 구체적으로 권면함(2–3).
3. 주 안에서 기뻐하라고 일반적으로 권면함(4).
4. 관용을 보이라고 권면함(5).
5. 기도로써 하나님을 의뢰하라고 권면함(6–7).
6. 도덕적으로 선한 온갖 것들을 행하라고 권면함(8–9).
7. 자기는 항상 자족하는 법을 배웠다고 말하면서도, 빌립보 교인들이 갇혀 있는 자기를 돌보고 필요한 것들을 공급해 준 것을 자기가 기뻐하고 있다고 말함(10–14).
8. 그들이 전에 자기에게 쓸 것을 보내준 일을 그들에게 상기시켜 주면서, 또다시 그렇게 해 주기를 바라서가 아니라, 그 일로부터 그들이 유익을 얻게 되기를 바라는 마음에서 자기가 그런 말을 하는 것이라고 밝힘(15–17).
9. 그들이 최근에 자기에게 쓸 것을 공급해 주어, 자기가 풍족하게 되었다고 말하고, 하나님이 그것을 받으셔서 그들의 쓸 것도 채워 주실 것임을 확신한다고 말함(18–19).
10. 하나님께 영광을 돌리고, 인사말과 축도로 마무리함(20–23).

1. 그러므로 나의 사랑하고 사모하는 형제들, 나의 기쁨이요 면류관인 사랑하는 자들아 이와 같이 주 안에 서라.

그러므로 나의 사랑하고 사모하는 형제들. "그러므로"라는 불변화사는 사도가 지금부터 하는 말들이, 그가 앞 장의 끝에서 약속하였던 것, 즉 결국에는 땅의 일을 생각하는 자들은 부끄러움을 당하게 될 것인 반면에, 하늘의 일을 생각하는 자들은 영광을 받게 될 것이라고 한 것으로부터 도출해 낸 결론임을 나타낸다. 사도는 빌립보 교인들이 "같은 믿음을 따라"(딛 1:4) 주 안에서 "형제"가 된 자들임을 애정 어린 마음으로 밝히면서, 거짓 교사들이나 사도들의 미혹에 넘어가지 않고 변함없이 자기를 믿어 주고 자신의 가르침을 따르고 있는 자들에 대한 자신의 참된 사랑을 고백하고(빌 2:12), 자기는 그들이 늘 참된 믿음 안에서 안전하고 평안하게 지내며 신앙의 진보를 이루게 되기만을 진심으로 바라고 있다는 자신의 심정을 "사모한다"는 말로 표현한다(빌 1:8; 2:26; 롬 1:11; 살전 3:6).

나의 기쁨이요 면류관인 사랑하는 자들아. 빌립보 교인들의 믿음과 거룩한 삶은 사도에게 기쁨을 주는 것이었기 때문에, 사도는 그들을 "나의 기쁨"이라고 부른다(빌 1:4, 7-8; 살전 2:19-20). 또한, 사도에게는 사람들로부터의 박수갈채를 받고자 하는 야심이 없었고, 마치 경주하는 자가 경주에서 승리하였을 때, 그에게 주어지는 면류관이 그의 영광이었던 것과 마찬가지로(빌 2:16-17), 사도는 빌립보 교인들이 그리스도께로 회심하였을 때, 그것을 자신의 사역으로 말미암아 자기가 받게 된 영광과 존귀, 즉 자신의 영광스러운 면류관으로 여겼다(살전 2:19, "우리의 소망이나 기쁨이나 자랑의 면류관이 무엇이냐 그가 강림하실 때 우리 주 예수 앞에 너희가 아니냐"). 성경에서는 이렇게 면류관을 영광과 존귀를 나타내는 비유적인 의미로 사용한다(잠 12:4; 14:24; 16:31; 17:6). 또한, 야고보서 1:12; 베드로전서 5:4; 요한계시록 2:10; 3:11을 보라. 사도는 이렇게 빌립보 교인들을 그리스도 안에서 바라보았을 때, 그들이 더욱 사랑스럽게 느껴져서, 그들에 대하여 애정이 가득한 심정이 되어, 여기에서 또다시 그들을 "사랑하는 자들아"라고 부른다.

이와 같이 주 안에 서라. 사도는 그들에게 단지 서라고 권면하는 것이 아니라, 넘어지지 않도록 서라고 권면하고(고전 10:12), 거기에 "주 안에"라는 어구를 덧붙인다. 즉, 그들은 그들과 그리스도의 관계를 잘 생각해서, 그들이 넘어지지 않고 설 수 있는 힘과 능력을 그리스도로부터 얻어서, 마침내 그들이 그리스도와 같이 될 때까지, 그리스도 안에서 한마음과 한 뜻으로 그리스도의 뜻을 따라 행하며 믿음을 끝까지 지켜 나가라는 것이다(빌 1:27; 3:21;요 15:4, 7; 고전 15:58; 16:13; 갈 5:7; 엡 6:11, 14).

2. 내가 유오디아를 권하고 순두게를 권하노니 주 안에서 같은 마음을 품으라.

내가 유오디아를 권하고 순두게를 권하노니. 사도는 앞에서 빌립보 교회의 모든 형제들을 향해서, 주 안에서 굳게 서서 끝까지 믿음을 지키라는 일반적인 권면을 한 후에, 여기에서는 특히 그들 중에서 복음의 진보를 위하여 그 교회에서 아주 큰 유익을 끼쳐 왔던 두 여자의 이름을 구체적으로 거명하며, 자신의 전도에 의해 복음을 받아들인 빌립보 교인들에게(행 16:13) 복음이 어떤 의미인지를 잘 생각해서, 서로 "같은 마음을 품고서" 복음 사역을 해 나가라고 아주 간곡하게 애정 어린 어조로 부탁한다. 주 안에서 같은 마음을 품으라. 사도는 앞에서 그들 모두에게 그리스도의 제자들답게 서로 사랑하고 친밀한 가운데 하나가 되라고 권면했었던 것과 마찬가지로(빌 2:2), 여기에서는 특별히 자기가 바로 앞에서 언급한 두 여자에게, 그들 간의 사사로운 문제들보다도 그리스도께서 영광과 존귀를 받으시는 것이 중요하다는 것을 생각해서, 두 사람이 합심하여 그리스도의 뜻을 따라 서로 같은 뜻을 가지고 일해 나갈 것을 권면한다(롬 15:5).

3. 또 참으로 나와 멍에를 같이한 네게 구하노니 복음에 나와 함께 힘쓰던 저 여인들을 돕고 또한 글레멘드와 그 외에 나의 동역자들을 도우라 그 이름들이 생명책에 있느니라.

또 참으로 나와 멍에를 같이한 네게 구하노니. 사도는 자기가 빌립보 교회에서 복음 사역을 할 때에 자기와 함께 신실하고 충성되게 멍에를 같이하였던 어떤 유명한 인물에 대한 자신의 아주 간절한 부탁을 여기에 덧붙인다. 사도는 디모데에 대하여 빌립보서 2:20에서 "이는 뜻을 같이하여 너희 사정을 진실히 생각할 자가 이밖에 내게 없음이라"고 말한 바 있는데, 아마도 그 인물은 사도가 빌립보 교회에서 디모데 같은 사람으로 생각하였던 인물이었던 것으로 보인다. 사도는 빌립보 교회를 세울 때부터 그 인물을 잘 알고 있었겠지만, 그 인물이 빌립보 교회에서 어떻게 하고 있는지를 에바브로디도를 통해서 좀 더 분명하게 들었을 것이다. 고대와 오늘날의 해석자들 중에서 어떤 이들은 이 인물은 바울이 빌립보 교회에 남겨 두었던 자신의 아내였을 것이라고 생각한다. 하지만 사도는 이 서신을 쓰기 이전에 빌립보 교회에 두 달 정도밖에 머물러 있지 않았던 것으로 보이는데다가, 고린도전서 7:8에서는 "내가 결혼하지 아니한 자들과 과부들에게 이르노니 나와 같이 그냥 지내는 것이 좋으니라"고 말하였을 뿐만 아니라, 각 사람은 부르심을 받은 그대로 계속해서 지내는 것이 좋다고 말한 것으로 보아서, 당시에 교회가 심한 박해를 받는 가운데서, 이리저리 두루 다니며 복음을 전하고 교회들을 돌보며 감옥에 갇히기도 하며 여러 번 죽을 고비도 넘기는 등 우여곡절이 많은 삶을 살고 있던(고후 11:23) 그에게, 아무리 베드로를 비롯한 여러 사도들과 마찬가지로 아내를 데리고 다닐 권리와 자유가 있었다고 하더라도(고전 9:5), 그가 그런 와중에서 결혼을 하였다고 보는 것은 설득력이 떨어진다. 마태복음 9:29("내 이름을 위하여 집이나 형제나 자매나 부모나 자식이나 전토를 버린 자마다 여러 배를 받고 또 영생을 상속하리라")과 22:30("부활 때에는 장가도 아니 가고 시집도 아니 가고 하늘에 있는 천사들과 같으니라")을 보라. 어떤 이들은 이 인물이 사도가 방금 앞에서 언급한 두 여자 중 한 사람의 법률상의 남편을 가리키는 것이라고 생각하고, 어떤 이들은 여기에서 "멍에를 같이한 자"로 번역된 헬라어는 그런 이름을 가진 사람을 가리키는 고유명사일 것이라고 생각하지만, 그런 해석은 문맥과 잘 부합하지 않는다. 따라서 이 인물은 바울이 빌립보에서 복음을 전하고 가르칠 때에 그와 함께 멍에를 메고서 복음의 진보를 위하여 그를 진심으로 도운 그의 친밀하고 진실한 동역자였을 것이라고 말하는 것으로 충분할 것이다.

복음에 나와 함께 힘쓰던 저 여인들을 돕고. 이 경건한 여자들은 바울이 빌립보 교회에서 사역할 때에 그와 함께 복음의 일에 진심으로 애쓰는 가운데, 젊은이들이나 다른 여자들에게 "선한 것들을 가르치고"(딛 2:3-4), 복음을 전파하기 위하여 그와 함께 여러 어렵고 위험한 일들과 고난들을 헤쳐 나온 여자들로서(빌 1:27; 행 16:13), 겐그레아 교회의 "뵈뵈"(롬 16:1-3)나 에베소 교회의 "브리스길라"(행 18:2-3, 26) 같이 여자에게 합당한 직분들을 맡아서 주의 일에 힘쓴 여자들이었다 — 사도는 여자들이 교회에서 공적으로 가르치는 것을 금하였기 때문에(고전 14:34-35; 딤전 2:12), 이 여자들은 개인적으로 사사롭게 가르치는 사역을 했겠지만. 이제 사도는 앞에서 말한 자기와 "멍에를 같이한" 인물에게 특별히 이 경건한 여자들을 조언과 기도 등을 통해서 도와줄 것을 부탁한다.

또한 글레멘드와 그 외에 나의 동역자들을 도우라. "글레멘드"는 로마 출신으로서 식민지였던 빌립보에 머물다가 그리스도를 믿고 빌립보 교회의 직분을 맡게 된 인물이었던 것으로 보인다. 이 "글레멘드"가 로마의 주교들의 명단 속에 들어 있는 인물과 동일인물인지에 대해서는 확실하지 않고 역사가들 사이에서 논란이 있다. 사도는 그 밖의 다른 사람들에 대해서는, 글레멘드 외에는 구체적으로 이름을 거론하지 않고, 단지 자기가 거룩한 복음 사역을 수행할 때에 자기를 도왔던 "나의 동역자들"이라고만 소개하는데, 그들은 아마도 빌립보 교회의 직분자들을 가리키는 것 같다.

그 이름들이 생명책에 있느니라. 우리 구주께서 자기가 전도를 위해 파송하신 칠십인들이 돌아와서 귀신들이 자신들 앞에서 꼼짝도 못하고 항복하는 것을 경험하고서 기뻐하였을 때, "귀신들이 너희에게 항복하는 것으로 기뻐하지 말고 너희 이름이 하늘에 기록된 것으로 기뻐하라"(눅 10:20)고 말씀하셨듯이, 사도는 여기에서 자기가 앞서 말한 자들의 이름이 하늘에 기록되어 있다고 말한다. 하지만 우리는 그들의 이름이 실제로 기록된 책이 하늘에 있다고 생각해서는 안 된다. 사도는 그들이 영생을 얻은 자들이라는 것은 마치 그들의 이름이 영생을 얻은 자들의 명단을 적어 놓은 어떤 책에 등재되어 있는 것과 같이 확실한 사실이라는 것을 이렇게 비유적인 언어를 통해 표현한 것이다. 어떤 사람들이 택함 받았다는 사실을 표현할 때, 베드로는 "하나님 아버지의 미리 아심을 따라 성령이 거룩하게 하심으로 순종함과 예수 그리스도의 피 뿌림을 얻기 위하여 택하심을 받은 자들에게 편지하노니"(벧전 1:2)라고 말하는 데 반해서, 사도 바울은 "하나님의 사랑하심을 받은 형제들아 너희를 택하심을 아노라"(살전 1:4)고 말하고 있는 것을 참조하라. 따라서 어떤 사람들의 이름이 생명책 또는 하나님의 책에 기록되어 있다는 것(출 32:32; 사 4:3; 겔 13:9; 단 12:1; 계 3:5; 13:8; 20:12; 21: 27)은, 그 사람들이 자신들의 행실의 열매를 통해서, 자신들이 진정으로 은혜를 받은 자들이라는 것과 하나님에 의해서 실효적으로 부르심을 받은 자들이라는 것을 나타내고 있기 때문에(롬 8:28-29, 33), 하나님에 의해서 아신 바 된 자들이자 주께서 아시는 자들이라는 뜻이다(딤후 2:19).

4. 주 안에서 항상 기뻐하라 내가 다시 말하노니 기뻐하라.

사도는 앞에서 그들에게 이미 두 번이나 기뻐하라고 말하였지만(빌 2:18; 3:1), 그리스도인이 기뻐하는 것은 아주 중요한 일이었기 때문에, 여기에서도 두 번 반복해서 기뻐하라고 말할 뿐만 아니라, 그 어떤 상황에서도 "항상" 기뻐하라고 말한다. 왜냐하면, 그리스도를 따르는 자들을 비웃는 "그리스도의 십자가의 원수들"에게는 화가 있을 것이지만(눅 6:25), 진정으로 그리스도 안에서 발견되는 자들은 그들이 이 땅에서 그리스도로 말미암아 얻게 된 하나님의 모든 은택들과 앞으로 내세에서 얻게 될 훨씬 더 놀라운 은택들로 인해서 항상 기뻐하고 즐거워할 이유가 있기 때문이다(요 16:33; 고전 1:31; 살전 5:16; 벧전 1:8).

5. 너희 관용을 모든 사람에게 알게 하라 주께서 가까우시니라.

너희 관용을 모든 사람에게 알게 하라. 우리는 혈기를 주체하지 못하고 성급하고 무절제하게 행하여 정도에서 벗어나 방탕하고 방자하게 말하고 행동해서는 안 되고, 그런 것들과는 반대로, 절제와 인내와 온유함으로 무장한 가운데 우리의 육정을 다스리고 평안하고 평온한 마음으로, 소금 치듯 고르고 화평하게 말하고 행하여야 한다. 또한, 우리 구주께서 말씀하시고 친히 모범을 보이셨듯이(마 5:16, 39-41; 17:27), 우리는 교회 안에서 믿는 자들 앞에서만 그렇게 행하는 것이 아니라, 교회의 밖에 있는 세상 사람들 앞에서도 그렇게 행하여야 한다. 우리 자신의 권리들을 하나도 빼놓지 않고 다 주장하고 누리려고 기를 쓰지 말고, 적절한 자기부인 속에서 다른 사람들의 말과 행위들에 대해서는 가장 좋은 쪽으로 해석하여야 한다. 우리 주님께서 "너희는 마음에 근심하지 말라 하나님을 믿으니 또 나를 믿으라"(요 14:1)

고 말씀하셨듯이, 우리 마음에 근심하지 말고, 사도가 다음 절에서 말하고 있듯이, 이 세상에서 좋은 것들을 누리고자 하는 마음을 버려서, 그런 것들을 얻기 위하여 이런저런 궁리를 하는 것이 우리 속에 없어야 한다. 이것과 관련해서, 사도는 고린도전서 7:29-32에서 이렇게 말한다: "형제들아 내가 이 말을 하노니 그 때가 단축하여진 고로 이 후부터 아내 있는 자들은 없는 자 같이 하며 우는 자들은 울지 않는 자 같이 하며 기쁜 자들은 기쁘지 않은 자 같이 하며 매매하는 자들은 없는 자 같이 하며 세상 물건을 쓰는 자들은 다 쓰지 못하는 자 같이 하라 이 세상의 외형은 지나감이니라 너희가 염려 없기를 원하노라."

주께서 가까우시니라. 사도는 우리가 우리 자신과 관련해서 절제하고 다른 사람들과 관련해서 관용을 베풀어야 할 설득력 있는 이유로, 주께서 다시 오실 날이 가까웠다는 사실을 든다(히 10:25; 약 5:8). 우리는 우리가 이 땅에서 어떻게 행할지를 생각할 때, 그리스도께서 자신의 원수들 가운데서도 다스리고 계신다는 사실(행 17:27; 렘 23:29)과 그가 자신의 종들을 특별히 도우신다는 사실(시 14:5)만이 아니라, 그리스도께서 장차 사람들을 심판하러 이 세상에 다시 오셔서, 모든 것들을 바로잡으시고, 상과 벌을 공평하게 나누어 주셔서, 자기 자녀들을 위로하시고, 자기에게 불손종한 자들로 하여금 낭패를 당하게 하실 것이라는 사실도 고려하지 않으면 안 된다(마 18:34-35; 막 10:29-30; 골 3:24; 4:1; 히 10:37; 벧전 3:8-9; 계 22:20). 또한, 우리는 주께서 오셔서 심판하실 날이 가까웠다고 생각할 때, 그 날이 언제일 것이라고 우리 자신의 잣대를 가지고 판단해서는 안 되고, 하나님께서 자신이 정하신 때에 그렇게 하실 것이고, 그 날은 아무도 알지 못한다는 것을 명심하여야 한다(마 24:36; 행 1:7).

6. 아무것도 염려하지 말고 다만 모든 일에 기도와 간구로, 너희 구할 것을 감사함으로 하나님께 아뢰라.

아무것도 염려하지 말고. 사도는 여기에서 우리에게 선한 원리로부터 생겨나서 올바른 규범을 따라 선한 목적으로 하는 영적인 염려를 하지 말라고 말하는 것이 아니다. 영적인 일들과 이 땅에서의 일들을 막론하고, 우리의 분수에 따라 우리의 믿음의 분량 내에서 합당한 방식으로 성실하게 그러한 염려를 하는 것은 우리에게 지워진 의무이다(빌 2:20; 롬 12:11; 고후 11:28; 12:14; 살후 3:10; 딤전 5:8; 딤후 2:15). 따라서 사도가 여기에서 우리에게 단호하게 금지하는 염려는, 온갖 육신적이고 세상적인 염려, 즉 하나님을 불신하고 자신의 힘으로 무엇인가를 이루기 위하여 궁리하느라고 온갖 잡념이 일어나서 마음이 갈기갈기 찢어지고 나뉘게 되는 그런 염려이다. 우리 주님께서 "내가 너희에게 이르노니 목숨을 위하여 무엇을 먹을까 무엇을 마실까 몸을 위하여 무엇을 입을까 염려하지 말라 목숨이 음식보다 중하지 아니하며 몸이 의복보다 중하지 아니하냐"(마 6:25)고 말씀하신 것처럼, 그런 염려는 하늘에 계신 우리 아버지의 선하신 섭리에 대한 불신을 토대로 하는 것이기 때문에(마 6:32; 시 55:22; 127:1-2; 마 4:18-19; 벧전 5:7), 온갖 잡념들로 우리의 마음을 괴롭게 하고 흐트러뜨려 놓지만, 우리에게 아무런 유익도 가져다주지 않고, 도리어 해가 되기 때문에, 주님께서는 그런 염려가 자신의 참된 제자들 속에 있어서는 안 된다고 말씀하신다. 여기에서 사도는 우리가 아무것도 염려하지 않게 될 수 있도록 해 줄 처방을 곧이어 덧붙여 놓는다.

다만 모든 일에. 이것은 형통할 때이든 역경에 처해 있는 때이든, 거룩한 일이든 세상적인 일이든, 공적인 일이든 사적인 일이든, 모든 일에서, 또는 필요할 때마다 그렇게 하라는 것이다. 어떤 이들은 이 어구를 "모든 때에," "모든 상황에서," "모든 경우에" 등으로 번역한다. 기도와 간구로. "기도"는 우리 자신이나 다른 사람에게 필요한 세상적이거나 영적이거나 영원한 은혜나 복을 적극적으로 구하는 것을 가리키고, "간구"는 우리 자신이나 다른 사람이 겪고 있거나 겪게 될 진노나 심판이나 해악을 제거하거나 면해 주실 것을 구하는 것을 가리킨다. 감사함으로. 이것은 우리가 하나님께로부터 은혜와 은택과 건지심들을 받았다는 것을 시인하고 감사하는 것을 뜻하는데, 하나님이 베풀어 주신 은총들에 대한 감사의 표현이라는 이 요소가 없이는, 우리의 기도와 간구가 하나님께 열납될 수 없다는 것을 보여 준다. 너희 구할 것을 … 하나님께 아뢰라. 우리는 우리의 마음을 열어서 우리의 간절한 소원들을 하나님 앞에 나아가 쏟아 놓아야 하는데, 그것은 하나님께서 그 어떤 상황에서든 우리를 모르시거나 우리에게 필요한 것들을 모르시기 때문이 아니라, 우리가 하나님을 인정하고 하나님 앞에 나아가서 우리의 모든 것을 고하고 도움을 구하는 것을 통해서 하나님께서 영광을 받으시기 때문이다.

7. 그리하면 모든 지각에 뛰어난 하나님의 평강이 그리스도 예수 안에서 너희 마음과 생각을 지키시리라.

하나님의 평강. 사도는 그들에게 기도할 것을 격려하기 위하여, 그리스도 안에서 세상을 자기와 화목하게 하신 하나님으로부터 오는 평강이 기도하는 그들에게 주어질 것이라는 말을 여기에 덧붙인다. 즉, 사도가 고린도후서 5:19에서 "하나님께서 그리스도 안에 계시사 세상을 자기와 화목하게 하시며 그들의 죄를 그들에게 돌리지 아니하시고 화목하게 하는 말씀을 우리에게 부탁하셨느니라"고 말한 것처럼, 진심으로 복음을 믿고 순종하는 자들은 하나님과 화목을 이루게 되고, 그리스도께서 "평안을 너희에게 끼치노니 곧 나의 평안을 너희에게 주노라 내가 너희에게 주는 것은 세상이 주는 것과 같지 아니하니라"(요 14:27)고 하신 것처럼, 그리스도로 말미암아 "하나님과 화평을 누리는"(롬 5:1) 관계 속에 있게 되는데, 그들이 기도할 때, 그러한 "하나님의 평강"이 역사하여 그들을 지켜 주시리라는 것이다. 평강의 하나님께서는 그리스도와의 사귐 가운데 믿음을 지키는 자들에게 자신의 성령을 통해서 함께 하시고 그들의 심령 속에서 자신의 임재를 지각하게 하심으로써 평강을 주신다는 점에서(빌 4:9), 그것은 "하나님의 평강"이다.

모든 지각에 뛰어난. 사도가 하나님의 평강을 인간의 유한한 지각을 초월하는 것이라고 말한 이유에 대해서, 우리는 다음과 같이 이해해 볼 수 있을 것이다: (1) 그것은 하나님의 평강을 지각하게 된 사람은 그것을 실제로 지각하기 전에는, 하나님의 평강이 어떤 것인지를 자신의 생각이나 마음속에서 제대로 알 수 없다는 의미이다. 그래서 사도는 고린도전서 2:9에서 "기록된 바 하나님이 자기를 사랑하는 자들을 위하여 예비하신 모든 것은 눈으로 보지 못하고 귀로 듣지 못하고 사람의 마음으로 생각하지도 못하였다 함과 같으니라"고 말한다. (2) 그것은 하나님의 평강을 경험한 사람은, 그 평강이 사람의 말로 표현할 수 없을 정도로 놀랍고 기이한 것이어서, 그 평강의 힘과 효능을 다른 사람들에게 말로 표현해서 전달할 수 없다는 의미이다. 사도는 하나님의 평강이 "너희 마음과 생각을 지키시리라"고 말하고 있기 때문에, 하나님의 평강이 어떤 사람의 마음과 생각에 임하였을 때, 그 사람은 그 평강을 인식하거나 지각하지 못하는 것이 결코 아니다. 요한계시록 2:17에서는 "귀 있는 자는 성령이 교회들에게 하시는 말씀을 들을지어다 이기는 그에게는 내가 감추었던 만나를 주고 또 흰 돌을 줄 터인데 그 돌 위에 새 이름을 기록한 것이 있나니 받는 자 밖에는 그 이름을 알 사람이 없느니라"고 말한다. 즉, 거기에서 끝까지 믿음을 지킨 자들에게 성령이 주는 "흰 돌"은 바로 이 하나님의 평강을 의미하는데, "받는 자 밖에는" 그것을 아무도 알 수 없다는 것이다. 성경에서 어떤 것을 인간의 지각을 초월하는 것이라고 말하는 것은 새삼스러운 것이 아니다. 왜냐하면, 인간의 유한한 지각으로는 하늘에 속한 일들을 제대로 분명하게 인식하는 것은 불가능하기 때문이다(엡 3:19). 따라서 인간의 마음과 생각은 자신에게 주어진 것들을 경외함으로 받아서, 그것들이 자기 속에 존재한다는 것을 지각할 뿐이고, 그것들이 무엇인지를 밖으로 제대로 표현하거나 전할 수는 없다.

그리스도 예수 안에서 너희 마음과 생각을 지키시리라. 베드로전서 1:5에서 "너희는 말세에 나타내기로 예비하신 구원을 얻기 위하여 믿음으로 말미암아 하나님의 능력으로 보호하심을 받았느니라"고 말한 것처럼, 하나님께서는 자기에게 모든 것을 의뢰하고 기도하는 자들을 "하나님의 평강"으로 보호하셔서, 그들의 마음과 생각을 요새처럼 지켜 주시기 때문에, 사탄이 제아무리 맹렬하게 공격을 해온다고 할지라도, 그들의 심령 전체는 안전하게 보호를 받게 되고, 그들의 이성과 감정도 흔들림 없이 올바른 상태로 보존되어서, 그리스도로 말미암아 끝까지 넘어지지 않게 된다.

8. 끝으로 형제들아 무엇에든지 참되며 무엇에든지 경건하며 무엇에든지 옳으며 무엇에든지 정결하며 무엇에든지 사랑 받을 만하며 무엇에든지 칭찬 받을 만하며 무슨 덕이 있든지 무슨 기림이 있든지 이것들을 생각하라.

사도는 이 권면을 마무리하기에 앞서, "형제들아"라는 애정 어린 호칭으로 다시 한 번 빌립보 교인들을 부른 후에, 그들이 이방인들을 이웃하여 살고 있다는 사실을 진지하게 고려해서 어떻게 처신하는 것이 합당한지를, 여러 가지를 한데 묶어서 압축하여 나열하는 방식으로 제시한다. 무엇에든지 참되며. 그들의 말과 행실은 복음의 진리와 가르침에 합당한 것이어야 하기 때문에, 믿는 자들 앞에서나 불신자들 앞에서나 그들의 양심에 거리낌이 없고 진실하고 정직하여야 한다는 것이다(시 15:2; 엡 4:14-15, 25). 무엇에든지 경건하며. 그들의 말과 행실은 하나님 우리 구주의 복음에 합당한 것이어야 하기 때문에(빌 1:27; 롬 12:17; 13:13; 딛 2:10) 존경할 만하고 진중하여야 한다. 따라서 그들은 몸짓이나 옷 입는 것이나 말이나 행실에서 경박하다거나 정직하지 못하다는 비난을 받을 수 있는 것을 피하여야 한다(고후 7:2).

무엇에든지 옳으며. 그들은 자연법이나 국법이나 그 지역의 법에 비추어 보아서 모든 사람들에게 합당하게 행하고, 거짓이나 속임수가 있어서도 안 되며, 그 어느 누구도 해롭게 하여서는 안 된다(룻 3:13; 느 5:11; 마 22:21; 롬 13:7-8; 골 4:1; 딤전 5:8; 딛 1:8; 2:12). 무엇에든지 정결하며. 그들은 그들 자신을 더럽고 추한 행위들로 더럽혀서는 안 되고(시 119:1), 죄로 오염되어서도 안 되며(요일 3:3), 더러운 언행을 보여서도 안 된다(엡 4:29; 5:3-5).

무엇에든지 사랑 받을 만하며. 그들은 하나님께 열납될 수 있는 상냥하고 인자한 품행으로 선한 자들로부터 진정으로 존경과 감사를 받을 수 있도록 행하여야 한다(딛 3:1-2, "너는 그들로 하여금 통치자들과 권세 잡은 자들에게 복종하며 순종하며 모든 선한 일 행하기를 준비하게 하며 아무도 비방하지 말며 다투지 말며 관용하며 범사에 온유함을 모든 사람에게 나타낼 것을 기억하게 하라").

무엇에든지 칭찬 받을 만하며. 그들은 사람들 가운데서 좋은 평판을 유지할 수 있도록 행하여야 하지만, 사람들로부터의 헛된 영광이나 많은 사람들로부터의 박수갈채를 받기 위한 목적으로 행하여서는 안 되고(갈 1:10), 그리스도의 영광을 위해서, 그리고 이방인들 가운데서 복음의 좋은 평판을 위해서 그렇게 하여야 하며(롬 15:2; 벧전 2:12), 또한 하나님의 말씀에 부합하는 것이어야 한다. 따라서 그들은 최대한 사람들로부터 좋은 평판을 듣는 쪽으로 행하여야 하지만, 하나님의 말씀을 지키기 위해서 사람들로부터 비방을 감수해야 할 때도 있게 된다(눅 16;15; 고후 6:8).

무슨 덕이 있든지 무슨 기림이 있든지. 이것은 "실제로 누구에게 여기에서 말한 것 외에 그 밖의 다른 칭찬 받을 만한 어떤 언행이나 품행이 있다면"이라는 의미이다. 이것들을 생각하라. 이것은 이러한 것들을 부지런히 생각하고 실천에 옮기라는 것이다.

9. 너희는 내게 배우고 받고 듣고 본 바를 행하라 그리하면 평강의 하나님이 너희와 함께 계시리라.

너희는 내게 배우고. 사도는 빌립보 교인들에게 새로운 것들을 제시하고서 그대로 행하라고 권면하고 있는 것이 아니었고, 자기가 전에 그들 가운데서 복음을 전하고 가르쳤을 때, 그들이 자기에게서 배운 중요한 가르침들을 다시 한 번 그들에게 일깨워 주고 진심으로 행하라고 권면하고 있는 것이었다. 받고 듣고. 그들은 사도로부터 그러한 것들을 들어서 배웠을 때, 그것들을 옳다고 시인하고 받아들였었다. 본 바를. 사도는 자기가 그들에게 권면한 모든 것들을 그들이 더욱 생생하게 받아들일 수 있도록 하기 위해서, 표현의 강도를 점점 높여서, 그것들은 그들이 자기에게서 "배우고 받고 들었을" 뿐만 아니라, 자기에게서 "보았던" 것들이라고 말한다. 즉, 자기는 그들에게 복음의 교훈들을 가르쳤을 뿐만 아니라, 그들 가운데 거하면서 직접 행동으로 보여 주었다는 것이다. 사도는 이미 앞의 빌립보서 3:17에서 "형제들아 너희는 함께 나를 본받으라 그리고 너희가 우리를 본받은 것처럼 그와 같이 행하는 자들을 눈여겨 보라"고 말함으로써, 자기가 말한 것들을 자신의 삶으로 다 그들에게 보여 주었기 때문에, 그들은 자기에게서 본 대로만 행한다면, 아무

문제가 없을 것임을 내비친 적이 있다(딤전 4:12; 벧전 5:3). 행하라. 사도는 무턱대고 그들에게 복음의 교훈들을 행하라고 명하고 있는 것이 아니라, 자기가 이렇게 그들에게 가르치고 직접 행하여 보여 주고 나서, 그들에게 자기와 똑같이 행하라고 명하고 있는 것이다(살전 1:6; 2:13; 히 13:7; 약 1:22).

그리하면 평강의 하나님이 너희와 함께 계시리라. 너희가 그렇게 행하기만 한다면, 내가 앞의 7절에서 말한 대로, 너희 안에 임재해 계시는 평강의 하나님으로 말미암아, 너희는 하나님이 주시는 평강을 누리게 될 것이다. 왜냐하면, 그리스도 안에서 너희를 자기와 화목하게 하시고 너희와 화평한 관계 속에 계시는 하나님께서 너희를 보호하시고 형통하게 하실 것이기 때문이다(롬 15:5, 33; 16:20; 고후 13:11; 살전 5:23).

10. 내가 주 안에서 크게 기뻐함은 너희가 나를 생각하던 것이 이제 다시 싹이 남이니 너희가 또한 이를 위하여 생각은 하였으나 기회가 없었느니라.

내가 주 안에서 크게 기뻐함은. 사도는 하나님께서 자신의 성령을 통해서 그들 가운데서 역사하셔서, 그들의 마음을 넓히셔서, 그리스도를 위하여 자기를 돌볼 마음을 갖게 하실 뿐만 아니라 실제로 그 일을 행하게 하신 것을 보고서, 자기가 육신적으로가 아니라 영적으로 크게 기뻐하게 되었다고 말한다. 어떤 박식한 해석자는 이하의 내용은 다음과 같이 해석될 수 있다고 생각한다: "너희는 실제로는 진작부터 나를 돌볼 마음을 가지고 있었지만, 그럴 힘이 없었는데, 이제는 마침내 나를 돌볼 수 있게 되었다." 사도는 여기에서 나무들이 겨울에는 수액을 껍질에 저장해 두었다가, 봄과 여름에는 그 수액을 사용해서 푸르게 자라나서 결국에는 열매를 맺는 것에 빗대어서, 빌립보 교인들도 그리스도와 그의 복음을 위하여 고난을 받고 있던 바울을 돌보고 도울 생각을 오래 전부터 품어 왔지만, 그것이 이제야 결실을 맺게 되었다고 말하고 있다. 우리가 여기에서 "다시 싹이 나다"로 번역한 헬라어는 종종 능동의 타동사로 사용되기도 하는데, 에스겔서 17:24의 칠십인역 번역과 외경인 시락서 1:18; 11:22; 50:11 등을 예로 들 수 있다. 따라서 우리는 이 본문에서도 이 단어를 단지 다시 살아나서 싹이 나고 푸르게 된 것만을 의미하는 것으로 해석하는 것은 별로 합당하지 않고, 열매를 맺게 된 것을 의미하는 것으로 해석하여야 할 것으로 보인다.

즉, 여기에서 사도 바울은 빌립보 교인들에게 자기를 돌보고자 하는 마음이 전부터 있었지만, 교회가 여러 환난들을 겪는 바람에 그것을 실천에 옮길 수 없었지만,

이제 마침내 때가 되어 그것이 열매를 맺게 되었다(마 21:34)고 말함으로써, 그들을 위하여 자기가 변명을 해줌으로써 그들의 마음을 어루만져 주고 있다는 것이다. 이것은 사도를 도울 수 있는 기회가 그들에게 주어지지 않았다는 의미가 아니고, 그런 기회는 계속해서 주어졌지만, 그들은 실제로 사도를 도울 수 있는 형편이 되지 못하였다는 의미이다. 복음을 위하여 고난을 겪고 있는 사도를 돕고자 하고 돌보고자 하는 그들의 마음은 늘 절실하였지만, 지금까지 그것을 열매로 맺을 힘이 그들에게 없다가(17절), 이제 마침내 하나님께서 그들에게 열매를 맺을 수 있는 힘을 주셔서, 사도를 돕고자 하는 그들의 간절한 마음이 결실을 보게 되었다. 여기에서 "너희가 또한 이를 위하여 생각은 하였으나 기회가 없었느니라"는 관계절을 이끄는 '에프 호'는 "이를 위하여"로 번역되어야 한다는 것은, 우리가 빌립보서 3:12을 다룰 때에 이미 살펴본 바 있다. 이 불변화사의 용법에 대해서는 마태복음 18:4을 마태복음 26:50; 로마서 5:12과 비교해 보라.

11. 내가 궁핍하므로 말하는 것이 아니니라 어떠한 형편에든지 나는 자족하기를 배웠노니.

내가 궁핍하므로 말하는 것이 아니니라. 사도는 빌립보 교인들이 자기가 앞에서 한 말을 곡해해서, 마치 자기가 몹시 궁핍한 가운데 있다가 그들이 보내 준 쓸 것들을 받고서 육신적으로 몹시 기뻐하고 있는 것이라고 여기고서, 사도도 어쩔 수 없이 미천한 인간이고 속물일 수밖에 없구나 하고 생각하며, 어려운 처지에 있는 자기를 도운 것에 대하여 우쭐하는 일이 생겨나지 않도록 하기 위하여, 여기에서 자기가 기뻐한 것이 그런 이유 때문이 아니라는 것을 분명히 한다. **어떠한 형편에든지 나는 자족하기를 배웠노니.** 사도는 하늘에 속한 더 나은 것들을 알고 있었던 데다가 고강도로 훈련을 받은 덕에, 어떤 상황에서든지 하나님이 자기에게 허락하신 것만으로 자기에게 충분하다고 여기고(딤전 6:6, 8), 자기가 비록 "수고하며 애쓰고 여러 번 자지 못하고 주리며 목마르고 여러 번 굶고 춥고 헐벗어도"(고후 11:27) 그 가운데서 자족하는 법을 체득하게 되었다. 사도는 자신의 처지가 아무리 힘들고 열악하다고 할지라도, 평정심을 잃지 않는 그런 경지에 도달하였기 때문에, 자기가 가진 것이나 자기에게 있는 것으로 만족할 수 있었고(히 13:5), 지극히 의로우시고 자애로우신 마음을 지니신 아버지 하나님께서 그 어떤 사람에게 주신 것보다 더 큰 것들을 이미 자기에게 주셨고, 앞으로도 자기를 떠나시거나 버리시는 일은 결코 없을 것임을 알고 있었기 때문에, 자기에 대한 하나님의 지극히 지혜로우신 처분을 기쁜 마음으로 받아들여서, 온갖 어려움과 궁핍을 인내로써 감당하며 견딜 수 있었다(롬 8:32).

12. 나는 비천에 처할 줄도 알고 풍부에 처할 줄도 알아 모든 일 곧 배부름과 배고픔과 풍부와 궁핍에도 처할 줄 아는 일체의 비결을 배웠노라.

사도는 자기가 하나님의 은혜로 말미암아 자족하는 법을 배워서, 하나님께서 자기에게 외적으로 좋은 것들이 없어 궁핍하게 하실 때에나 그런 것들이 풍부하게 있게 하실 때에나 기쁜 마음으로 하나님께 순복할 수 있게 되었다고 말한다. **나는 비천에 처할 줄도 알고.** 사도는 비천하고 욕된 상태에 처하였을 때에도 힘들어하며 불평하지 않고, 남들에게 짓밟힐 때에도 불만을 표출하며 투덜거리지 않고, 모든 것을 전적으로 하나님의 뜻에 맡긴 채 늘 변함없이 은혜 가운데 머물러 있을 수 있도록 영적으로 훈련되어 있었다(고전 4:11; 고후 11:27). **풍부에 처할 줄도 알아.** 사도는 사람들로부터 칭송을 받으며 존귀하게 대접을 받을 때에도 자고해지지 않고, 변함없이 자신의 분수를 지키며 겸손하게 행하는 법도 배웠다. **모든 일 곧 배부름과 배고픔과 풍부와 궁핍에도 처할 줄 아는 일체의 비결을 배웠노라.** 사도는 자기가 모든 상황에서 사방으로부터 자기를 공격해 오는 온갖 시험들에 맞서서 믿음을 견고하게 지키고 은혜 가운데서 행하는 비결을 배웠다고 말한다. 즉, 그는 모든 일이 잘 풀리고 쓸 것도 풍부하게 있을 때에는, 절제하고(고전 9:25) 겸손하게 행하며 다른 사람들에게 나누어 주었고(딤전 6:18), 궁핍하여 주릴 때에는, 때가 되면 하늘에 계신 아버지께서 충분히 공급해 주실 것을 믿고(마 6:32; 7:11; 고후 4:8) 고민하거나 염려하지 않음으로써, 현재의 상황이 어떠하든지, 모든 상황을 금 같은 최상의 상황으로 변화시키는 연금술 같은 비결을 배웠다는 것이다.

13. 내게 능력 주시는 자 안에서 내가 모든 것을 할 수 있느니라.

사도는 앞에서 자기가 비결을 배웠다고 말하고 나서, 그것이 자기 자신을 자랑하는 말이 되거나, 다른 사람들에게 자기를 헛되게 자랑하는 빌미를 주는 것이 되지 않도록 하기 위해서, 빌립보서 2:13에서 이미 "너희 안에서 행하시는 이는 하나님이시니 자기의 기쁘신 뜻을 위하여 너희에게 소원을 두고 행하게 하시나니"라고 말함으로써 그런 것들을 미리 차단하고자 하기는 했지만, 이제 여기에서도 자기가 그렇게 할 수 있는 것은 오로지 그리스도의 능력을 의지하기 때문이라는 것을 분명하게 밝힌다. 즉, 사도는 자기가 그리스도 안에서 발견될 때에만, 자기는 "모든 것을 할 수 있다"고 말하고 있는 것인데, 우리는 여기에서 사도의 이 말을 절대적인 의미로 해석해서는 안 되고, 그가 앞에서 말한 것들과 관련해서 제한적으로 해석해서, 사도는 하나님의 도우심에 의지해서 자기가 형통할 때나 궁핍에 처할 때에나 은혜 안에서 잘 행할 수 있다고 말한 것으로, 또는 하나님이 그에게 행하라고 하신 모든 일들을 하나님의 도우심을 의지해서 잘 행할 수 있다고 말한 것으로 이해하여야 한다. 교황주의자들은 아담의 타락 이후에도 사람은 누구든지 이 세상에서 하나님의 계명들을 온전히 지켜 행할 수 있다고 주장하지만, 사도가 여기에서 한 말은 그런 의미가 결코 아니고, 우리가 믿음으로 말미암아 그리스도와 연합되고, 우리 안에 성령이 거하실 때에는, 우리는 주 안에서 의로움과 능력을 갖게 되기 때문에(사 45:24), 바리새인들처럼 위선적으로 순종하는 것처럼 행하는 것이 아니라, 다윗이 그랬고(시 119:6) 사가랴와 엘리사벳이 그랬듯이(눅 1:6), 하나님의 모든 계명들을 진실한 마음으로 지켜 행하게 된다는 의미이다. 하지만 우리가 그렇게 행할 때, 그 모든 능력은 우리 자신에게서 오는 것이 아니라, 그리스도께서 우리에게 주시는 것일 뿐이다. 따라서 우리가 그리스도로부터 오는 능력을 의지해서 진심으로 하나님의 계명들을 행할 때, 비록 우리의 그런 행위들이 모든 면에서 온전하지 않다고 할지라도, 하나님께서는 그것들을 그리스도로 말미암아 열납해 주신다.

14. 그러나 너희가 내 괴로움에 함께 참여하였으니 잘하였도다.

사도는 자기가 앞에서 한 말, 즉 자기가 풍부하든 궁핍하든 모든 형편에서 자족하는 비결을 배웠다는 말을 듣고서, 빌립보 교인들이 사도가 궁핍으로 인해서 크게 힘들거나 곤경에 처한 것도 아니었고, 자신들이 사도에게 보내 준 쓸 것들도 있으나 없으나 사도에게는 별 상관없는 것이어서, 자신들이 보내 준 것들이 사도에게 별 도움도 되지 않고 사도도 별로 감사하지 않는 것 같다고 생각해서, 궁핍한 자들을 물심양면으로 돕고자 하는 그들의 의욕이 꺾이게 되지는 않을까 우려해서, 지혜롭게도 여기에서 그들이 곤경에 처한 형제들과 함께 고통을 나누는 그리스도인으로서의 도리를 잘 행한 것이라고 그들을 칭찬하면서, 그들이 궁핍한 자기를 때 맞춰 도운 것은 하나님께서 기뻐 받으셨고(롬 12:15), 자기도 그들의 호의에 기뻐하고 있다는 것을 밝힌다. 빌립보 교인들은 그리스도와 그의 복음을 위하여 고난을 받고 있던 사도의 "괴로움"에 진심으로 동참해서(고후 1:7), 갇혀 있는 사도의 처지가 바로 그들 자신의 처지인 것처럼 생각하고 행한 것이기 때문에(히 13:3; 계 1:9), 그들의 행위는 "잘한" 것이었다. 여기에서 "잘하였다"로 번역된 어구는 사도행전 10:33에서 고넬료가 자기를 찾아온 베드로에게 "내가 곧 당신에게 사람을 보내었는데 오셨으니 잘하였나이다 이제 우리는 주께서 당신에게 명하신 모든 것을 듣고자 하여 다 하나님 앞에 있나이다"라고 말하였을 때에도 동일한 의미로 사용된 어구이다.

15. 빌립보 사람들아 너희도 알거니와 복음의 시초에 내가 마게도냐를 떠날 때에 주고 받는 내 일에 참여한 교회가 너희 외에 아무도 없었느니라.

사도는 빌립보 교회의 그리스도인들이 전에도 자기를 물질적으로 도와준 것을 감사하는 마음으로 회상함으로써, 그들이 지금 이렇게 도와준 것과 아울러서, 그들에 대하여 자기가 얼마나 감사하고 있는지를 더욱 분명하게 밝힌다. "복음의 시초에"는 사도가 그들 가운데서 구원의 선한 교훈들을 전하고 가르쳐서, 그들이 그러한 복음의 교훈 위에 서게 된 직후를 가리킨다(빌 2:22; 행 16:12-13, 40). "내가 마게도냐를 떠날 때에 주고 받는 내 일에 참여한 교회가 너희 외에 아무도 없었느니라." 사도는 고린도후서 11:9에서 고린도 교인들에게 "내가 너희와 함께 있을 때 비용이 부족하였으되 아무에게도 누를 끼치지 아니하였음은 마게도냐에서 온 형제들이 나의 부족한 것을 보충하였음이라"고 말하는데, 여기에서는 그가 마게도냐를 떠났을 때, 다른 교회들은 그를 물질적으로 돕지 않았고, 오직 빌립보 교회만이 그를 도왔다고 말함으로써, 사도가 고린도 교회에서 사역할 때에(행 18:5) 그를 도운 것이 빌립보 교회였음을 밝힌다. 그 밖의 다른 교회들은 사도로부터 복음 사역을 통해서 신령한 것들을 전해 받았을 때, 육신적이고 세상적으로 쓸 것을 사도에게 공급해 주는 것이 마땅한 일이었는데도(고전 9:7, 11, 13-14; 갈 6:6; 딤전 5:17-18), 그렇게 하지 않았다. 이것은 빌립보 교회가 궁핍한 사도를 물질적으로 도운 일을 칭찬하는 것임과 동시에, 사도는 돈을 받고 복음을 전한 것이 아니라, 그 어떠한 대가도 바라지 않고 값없이 거저 사람들에게 복음을 전하였음을 보여 주는 증거이기도 하다(고후 11:7).

16. 데살로니가에 있을 때에도 너희가 한 번뿐 아니라 두 번이나 나의 쓸 것을 보내었도다.

사도는 자기가 빌립보의 모성이었던 데살로니가(이 도시는 빌립보로부터 40km도 채 떨어져 있지 않았다)에 있을 때에도, 빌립보 교인들은 한 번도 아니고 두 번씩이나 자신의 쓸 것들을 공급해 주어서, 자기가 생계 걱정 없이 마게도냐 지방을 두루 다니며 전도할 수 있었다(고전 16:5; 고후 1:16)는 사실을 감사하는 마음으로 거론하면서, 앞에서 자기가 어려울 때마다 자기를 돕고자 하는 마음이 그들에게 늘 있었다고 한 말을 구체적으로 밑받침함과 아울러, 그들이 이 일에 있어서 지극히 칭찬 받을 만하게 행하였음을 다시 한 번 내비친다.

17. 내가 선물을 구함이 아니요 오직 너희에게 유익하도록 풍성한 열매를 구함이라.

사도가 빌립보 교인들 중에 혹시라도 자기가 이렇게 이 일에 있어서 그들을 칭찬하는 것이 그들에게서 무엇인가를 더 많이 얻어내고자 하는 속내를 내비친 것이라고 곡해하는 사람이 없도록 하기 위해서, 자기가 왜 그들을 칭찬한 것인지, 그 의도를 여기에서 분명하게 밝힌다. 즉, 사도는 고린도전서 10:33에서 고린도 교인들에게 "나와 같이 모든 일에 모든 사람을 기쁘게 하여 자신의 유익을 구하지 아니하고 많은 사람의 유익을 구하여 그들로 구원을 받게 하라"고 말하였듯이, 자기가 그들을 칭찬하여 기쁘게 해 준 것은, 그런 식으로 그들을 기분 좋게 해 주고서는 은근슬쩍 자신의 유익을 위해서 그들을 이용해 먹으려고 하는 것이 아님을 그들이 똑똑히 알아주기를 바라는 마음에서, 자신의 의도는 그들이 자신에게 보여 준 사랑과 구제로부터 하나님의 은혜로 말미암아 풍성한 열매를 얻게 하고자 하는 것이라고 말한다(빌 1:11; 4:10). 왜냐하면, 잠언 19:17에서는 "가난한 자를 불쌍히 여기는 것은 여호와께 꾸어 드리는 것이니 그의 선행을 그에게 갚아 주시리라"고 말하고 있고, 우리 주님께서도 "너희가 여기 내 형제 중에 지극히 작은 자 하나에게 한 것이 곧 내게 한 것이니라"(마 25:35-36, 40)고 하시며, "누구든지 제자의 이름으로 이 작은 자 중 하나에게 냉수 한 그릇이라도 주는 자는 내가 진실로 너희에게 이르노니 그 사람이 결단코 상을 잃지 아니하리라"(마 10:42)고 말씀하신 까닭에, 수지타산을 맞추어 볼 때, 빌립보 교인들이 옥에 갇힌 사도를 물심양면으로 적극적으로 도운 것은 그들에게도 큰 유익으로 나타날 것이었기 때문이다.

18. 내게는 모든 것이 있고 또 풍부한지라 에바브로디도 편에 너희가 준 것을 받으므로 내가 풍족하니 이는 받으실 만한 향기로운 제물이요 하나님을 기쁘시게 한 것이라.

사도는 여기에서도 계속해서 그들이 자기에게 쓸 것을 보내 준 것에 대하여 감사하는 자신의 마음을, 동일한 내용을 의미하는 세 단어를 사용해서 그들에게 표현한다. 즉, 자기에게는 "모든 것이 있고," "풍부하며," "풍족하다"는 것이다. 이렇게 사도는 빌립보 교회가 그들의 신실한 사자인 에바브로디도 편으로 보내 준 것들로 이미 충분하기 때문에, 더 이상 그들이 또다시 자기에게 무엇인가를 보내 주기를 바랄 이유가 없다는 것이다. 또한, 사도는 계속해서 그들이 궁핍했던 자기를 돕고 보살펴 준 것은 하나님께서 크게 기뻐하시는 가운데 받으실 만한 "향기로운 제물"이라고 말한다. 즉, 사도는 그들이 자기에게 한 일은 하나님께 헌물을 드리고 제사를 드린 것과 같아서, 하나님께서 옛적에 자기 백성이 드린 제사를 흠향하셨듯이(레 2:1-2; 3:16; 히 13:16), 그들의 헌물과 제사도 그리스도로 말미암아 기뻐 받으셨다고 말함으로써(벧전 2:5), 다시 한 번 그들이 그렇게 한 것을 칭찬한다.

소키누스주의자들(the Socinians)은 사도가 "그리스도께서 … 우리를 위하여 자신을 버리사 향기로운 제물과 희생제물로 하나님께 드리셨느니라"(엡 5:2)고 말한 것을, 창세기 8:21에서 하나님이 노아의 제사도 흠향하셨다고 말하고 있다는 것을 근거로 삼아서 폄하하여, 그리스도께서 자기 자신을 하나님께 희생제물로 드리신 것에 특별한 의미를 두어서는 안 된다고 주장하였지만, 이 본문은 그러한 주장이 잘못되었음을 잘 보여 준다. 왜냐하면, 바울은 빌립보 교인들이 궁핍한 자기를 돕고 보살핀 일을 "받으실 만한 향기로운 제물"이라고 말한 것이고, 빌립보 교인들이 그리스도처럼 그들 자신을 "향기로운 제물과 희생제물로 하나님께 드렸다"고 말하고 있지 않기 때문이다. 그리스도께서 자기 자신을 하나님께 단번에 드리신 것은 온 인류의 죄를 제거하기에 충분한 향기로운 제사였다(히 10:10, 12). 따라서 소키누스주의자들은 이 둘을 동일시하고 있다는 점에서, 그들의 추론이나 결론은 잘못된 것이다.

믿는 자들은 "예수 그리스도로 말미암아 하나님이 기쁘게 받으실 신령한 제사를 드릴 거룩한 제사장"(벧전 2:5)이기 때문에, 그들 자신과 그들이 행하는 선한 일들이 하나님께서 열납하시는 향기로운 제물이라는 것은 사실이지만(롬 12:1), 그것은 어디까지나 그리스도 안에서만 참이 된다. 왜냐하면, 그들은 오직 그리스도와 그의 공로로 말미암아 그리스도를 위하여 행할 때에만 하나님을 기쁘시게 해드릴 수 있기 때문이다. 그러나 그리스도께서는 인류의 죄를 대속하시기 위하여 자기 자신을 향기로운 제물로 하나님께 드리는 희생제사를 드리셨고, 구약 시대의 모든 제사는 오직 그리스도의 제사 안에서만 효력을 지니는 것들이었기 때문에, 하나님께서는 그 제사를 기쁘게 흠향하셨다. 따라서 하나님께서는 그리스도께서 자기 자신을 드리신 제사는 그 자체로 흠향하시고 받으신 반면에, 믿는 자들과 그들이 마음과 행실로 드리는 제사들은 오직 그리스도 안에서만 하나님께 열납된다.

19. 나의 하나님이 그리스도 예수 안에서 영광 가운데 그 풍성한 대로 너희 모든 쓸 것을 채우시리라.

나의 하나님이. "나의 하나님"에 대해서는 빌립보서 4:3에 대한 설명을 보라. 사도가 여기에서 "나의 하나님"이라고 말하는 것은, 빌립보 교인들이 하나님을 생각하고 하나님의 대사들 중 어느 누구에게 한 일은 곧 하나님께 한 일이라는 것을 밝힌 것이다. 즉, 하나님께서는 자신의 대사인 사도 바울을 통해서 빌립보 교인들의 손으로부터 헌물을 받으셨다는 것이다. **너희 모든 쓸 것을 채우시리라.** 사도는 하나님께서 자신의 기도에 응답하셔서, 그들이 생각하거나 기대하는 것 이상으로 그들에게 필요한 모든 것들을 풍성하게 채워 주실 것이라고 말한다(시 41:1-3; 고후 9:8, 10). **그리스도 예수 안에서.** 이것은 하나님께서 그들에게 필요한 것들을 풍성하게 채워 주시는 것은 전적으로 그들과 교제하시는 그리스도 예수의 중보로 말미암는 것임을 보여 준다. **영광 가운데 그 풍성한 대로.** 하나님께서 그렇게 하시는 것은 그리스도 예수 자신의 충만하심과 풍성하신 긍휼(시 24:1; 고전 10:26; 엡 2:4), "그의 영광의 풍성함"(엡 3:16), 그의 선하심(롬 2:4; 9:23)을 따른 것이다. 하나님께서는 그렇게 자신의 풍성하신 은혜와 능력으로 이 땅에서 그리스도께 속한 자들을 붙들어 주시고, 결국에는 그들을 영원한 영광 가운데로 이끄심으로써, 그리스도를 영화롭게 하실 것이다.

20. 하나님 곧 우리 아버지께 세세 무궁하도록 영광을 돌릴지어다 아멘.

사도는 빌립보 교인들에 대한 감사를 마치고 나서, 곧바로 이 모든 일들을 친히 주관하신 제1원인이신 하나님께 감사함으로써, 그들이 의기양양하거나 우쭐해지는 일이 없게 만든다. 사도는 바로 앞 절에서 하나님을 "나의 하나님"이라고 불렀지만, 이제 여기에서는 "우리 아버지"라고 부름으로써, 하나님은 만물의 조물주이실 뿐만 아니라, 사도 자신을 비롯한 모든 신실한 자들의 아버지이시라고 고백하며, 하나님을 높여 드린다. 사도 바울이나 빌립보 교인들을 포함해서 모든 믿는 자들은 그리스도 안에서 하나님에게서 난 자들이고(요 1:12-13, "영접하는 자 곧 그 이름을 믿는 자들에게는 하나님의 자녀가 되는 권세를 주셨으니 이는 혈통으로나 육정으로나 사람의 뜻으로 나지 아니하고 오직 하나님께로부터 난 자들이니라"), 하나님께서는 그리스도로 말미암아 그들의 아버지가 되셔서 그들을 돌보신다(마 6:32, "너희 하늘 아버지께서 이 모든 것이 너희에게 있어야 할 줄을 아시느니라"). 그리스도께서 하나님을 "내 아버지"라고 하시는 것(요 20:17)은 그가 영원한 출생으로 말미암은 하나님의 독생자이시기 때문이지만, 믿는 자들에게 하나님을 "우리 아버지"라고 부르는 것을 허락하신 것은 그들은 그리스도로 말미암아 입양을 통해서 하나님의 자녀들이 되었기 때문이다.

그러므로 믿는 자들은 우리 주 예수 그리스도의 이름으로 늘 하나님께 찬송과 감사를 드리는 것이 마땅하다(엡 5:20). 초대 교회의 그리스도인들은 그렇게 송영을 행하는 것이 하나의 규례처럼 되어 있었다는 점에서, 우리도 그렇게 행하는 것이 합당하다(롬 1:25; 9:5; 11:33, 36; 16:25, 27; 엡 3:21; 딤전 1:17; 벧전 4:11; 5:11; 벧후 3:18; 유 1:25; 계 1:6). 이것은 그들의 마음이 하나님의 영광으로 충만하였기 때문에, 그들은 늘 펜으로든 입으로든 하나님의 영광을 선포하였고, 이것은 다른 사람들로 하여금 그들과 동일한 송영을 하나님께 드리게 만들었다는 것을 보여 준다. 우리가 앞에서 인용한 본문들 중에서 거의 전부에는 여기에서와 마찬가지로 "세세 무궁하도록"이라는 어구가 덧붙여져 있는데, 이 어구는 과거와 현재와 미래를 모두 포괄하는 절대적인 영원성을 나타낸다. 또한, 이 송영의 끝에 "아멘"이라는 말이 덧붙여져 있는 것은 사도가 찬송 받으시기에 지극히 합당하신 우리의 아버지 하나님을 그리스도 안에서 찬송하는 것을 자신의 마음속에서 얼마나 진심으로 기뻐하는지를 보여 준다.

21. 그리스도 예수 안에 있는 성도에게 각각 문안하라 나와 함께 있는 형제들이 너희에게 문안하고.

사도는 그리스도 안에서 거룩하심을 입고 그들 자신을 그리스도께 온전히 맡긴 채 그 지체로 그리스도 안에 거하는 모든 성도들을 사랑 가운데서 껴안으며, 그들이 잘되고 복되기를 기원하고, 로마에 있는 교회에서 자기와 함께 사역하며 수고하는 일꾼들을 다른 곳에서와 마찬가지로 여기에서도 "형제들"이라고 부르며(고전 1:1; 골 1:1; 4:7; 몬 1:1, 7, 20), 그들도 자기와 마찬가지로 함께 모든 성도들이 복되기를 기원한다고 인사말을 전한다(빌 1:14; 2:25; 고전 16:20).

22. 모든 성도들이 너희에게 문안하되 특히 가이사의 집 사람들 중 몇이니라.

사도는 앞에서 자기를 비롯한 사역자들의 문안인사를 전한 후에, 여기에서는 로마 교회의 모든 성도들의 문안인사를 전하면서, 특히 로마 황제의 가족과 가솔들, 그리고 황궁 안의 사람들로부터의 문안인사를 전한다(빌 1:13). 실제로 로마 황제나 황궁에 속한 사람들 중에는 진정으로 경건한 그리스도인들이 일부 있었던 것으로 보인다. 그러나 어떤 이들은 세네카(Seneca)도 그 중의 한 사람이었다고 말하며, 그것을 자랑스러워하지만, 그것이 사실이었음을 보여 주는 실제적인 증거는 없다. 그는 황궁의 조신이 아니라 원로원 의원이었고, 우리가 알고 있는 한, 자기가 그리스도인임을 보여 주는 그 어떤 증거도 우리에게 남기지 않았다.

23. 주 예수 그리스도의 은혜가 너희 심령에 있을지어다.

사도는 자신의 다른 서신들에서와 마찬가지로 여기에서도, 서신을 시작할 때와 비슷하게 서신을 마무리한다. 빌립보서 1:2에 대한 설명을 보라. 즉, 사도는 빌립보서 1:2에서 "하나님 우리 아버지와 주 예수 그리스도로부터 은혜와 평강이 너희에게 있을지어다"라고, 빌립보 교인들 모두를 위하여 기도하였었는데, 여기에서도 그 동일한 은혜가 그들에게 거하기를 기도한다. 어떤 사본에는 마지막에 "아멘"이 덧붙여져 있는데, "아멘"이라는 말 속에는 자기가 기도한 대로 빌립보 교인들 모두가 주 예수 그리스도의 은혜에서 떨어져 나가지 않고 끝까지 믿음에 굳게 서서 결국에 구원을 이루게 될 것을 온전히 확신하고 믿어 의심치 않는 사도의 마음이 담겨 있다. 사본의 후기에는 "이 서신은 에바브로디도에 의해서 로마로부터 빌립보 교인들에게로 씌어졌다"는 후기가 기록되어 있다.

MATTHEW POOLE'S COMMENTARY

골로새서

MATTHEW POOLE'S COMMENTARY

서론

골로새(어떤 이들은 이후에 코네[Chone]라고 불렀다)는 소아시아의 브루기아 지방에 있던 도시로서, 메안더(Meander) 강과 뤼코스(Lycus) 강이 합류하는 지점에 위치해 있었는데, 인접한 도시로는 라오디게아와 히에라폴리스가 있었다(골 4:13). 하나님께서는 골로새에 자신의 교회를 세우셨다. 골로새 교회가 처음에 "그리스도의 종"이자 "신실한 일꾼"이었던 에바브라의 전도에 의해서 세워진 것인지(골 1:7; 4:12), 아니면 바울의 전도여행에 동행하였던 누가가 쓴 사도행전으로부터 우리가 알 수 있듯이, 바울이 "브루기아와 갈라디아 땅으로 다니고"(행 16:6), "얼마 있다가" 다시 "갈라디아와 브루기아 땅을 차례로 다니며 모든 제자를 굳건하게" 하는 등(행 18:23), 아시아에서 한동안 머물면서(행 19:22), 놀라운 이적들을 베풀고(행 19:11) "거의 전 아시아를 통하여 수많은 사람들을 권유하여"(행 19:26) 우상 숭배로부터 떠나게 하였을 때, 바울의 전도에 의해서 세워진 것인지는 확실하지 않기 때문에, 우리는 이 문제를 결정하지 않고 그대로 두는 것이 좋을 것이다.

골로새에 복음을 심는 일에 하나님께서 누구를 자신의 도구로 사용하셨든지 간에, 로마에 갇혀 있으면서 빌립보 교회의 문제를 처리하고 있던 바울은 에바브라에게서 골로새 교회에 잡초들이 자라나서 좋은 씨앗을 질식시키고 있다는 전갈을 전해 듣고서(골 1:8; 4:12; 몬 1:23), 골로새 교회의 문제에도 관여하지 않을 수 없게 되었다. 골로새 교인들 가운데 침투해서 그들의 신앙을 변질시켜 놓고자 한 자들은 유대화주의자들인 거짓 교사들이었는데, 그들은 모세와 그리스도를 혼합해서, 사람이 구원을 받으려면 그리스도를 믿는 것만으로는 부족하고 반드시 모세 율법을 지키고 할례를 받아야 한다고 주장하였고(골 2:4, 8), 헛되고 부패한 세상 철학의 개념들을 동원해서 복음의 교훈을 윤색하고 덧칠해서, 인간의 전통들에 토대를 둔 미신적인 예배를 골로새 교인들에게 퍼뜨렸다(골 2:8; 2:18). 거짓 교사들의 그러한 교설에 맞서서, 바울은 골로새 교인들에게 구원에 대한 그들의 모든 소망을 오직 그리스도께만 두고, 그들이 전에 받은 복음의 교훈을 변함없이 그대로 지키며, 하나님의 도우심을 간절히 열망하는 가운데 하늘에 속한 것들을 사모하며 진정으로 거룩한 마음을 지니고서 거룩한 삶을 살아가라고 명한다. 사도는 그들 가운데서 은혜로 역사하신 하나님을 송축하고, 자기와 자신의 형제들의 문안인사들을 그들에게 전하며, 자기가 에베소 교회에 보낸 서신에서 자세하게 썼던 내용을 요약해서 그들에게 써 보낸다. 따라서 복음서들이 서로를 설명해 주듯이, 에베소서와 골로새서도 서로를 설명해 주는 그런 관계에 있다.

MATTHEW POOLE'S COMMENTARY

골로새서 1장

개요

1. 골로새에 있는 성도들에게 문안인사를 전함(1–2).
2. 그들의 믿음과 사랑에 대한 좋은 평판이 널리 퍼져 자기도 듣게 된 것에 대하여 하나님께 감사함(3–8).
3. 그들이 신령한 지식과 올바른 행실에서 더 자라가도록 늘 기도한다고 말하고, 성자의 대속의 은택들과 관련해서 하나님께 감사함(9–14).
4. 높아지신 그리스도가 어떤 분이신 것과 중보자로서의 그리스도의 직임에 대하여 말함(15–20).
5. 전에 원수들이었던 그들이 그리스도로 말미암아 하나님과 화목하게 되었고, 그들이 계속해서 복음에 견고히 서 있으면, 앞으로도 그럴 것이라고 함(21–22).
6. 자기는 이방인들에게 그 복음을 전하는 일꾼이 되었다고 함(23–29).

1. 하나님의 뜻으로 말미암아 그리스도 예수의 사도 된 바울과 형제 디모데는.

바울. 바울은 하나님의 교회를 박해하는 자였다가 복음을 전하는 자가 되었고, 이방인들 가운데서 복음을 전하는 사역을 하면서, 자신의 히브리식 이름인 "사울"을 버리고, 이방인들에게 좀 더 친숙한 "바울"이라는 이름을 사용하게 되었다(행 13:2-3, 9). 하나님의 뜻으로 말미암아 그리스도 예수의 사도 된. 바울은 우리 주 그리스도 예수께서 친히 절대주권을 지닌 자로서 복음을 전하고 자신의 교회를 세우도록 하기 위하여 특별한 명령을 통해 세우시고 파송하신 남다른 탁월한 이들인 사도들 중의 한 사람이었다. 복음을 전하는 것과 교회를 세우는 것은 하나님께서 사람들에게 주신 지상명령이다(마 10:2; 눅 6:13; 고전 12:28; 갈 1:12). 에베소서 1:1; 4:11에 대한 설명을 보라. 형제 디모데. 바울은 교회들에 편지를 쓸 때, 거기에 자기와 동일한 믿음을 가지고서 동일한 사역에서 수고하는 "형제"를 자기와 함께 공동송신자로 써넣곤 하였는데, 고린도전서에서는 "소스데네"를 써넣었고(고전 1:1), 여기에서는 "디모데"를 써넣는다. 아마도 이것은 이 서신을 받는 골로새 교인들을 배려해서 그렇게 한 것으로 보인다.

2. 골로새에 있는 성도들 곧 그리스도 안에서 신실한 형제들에게 편지하노니 우

리 아버지 하나님으로부터 은혜와 평강이 너희에게 있을지어다.

성도들. 빌립보서 1:1에 대한 설명을 보라. 그리스도 안에서 신실한 형제들. 빌립보서 4:21에 대한 설명을 보라. 골로새에 있는. 서론을 보라. 우리 아버지 하나님으로부터 은혜와 평강이 너희에게 있을지어다. 에베소서 1:2과 빌립보서 1:2에 대한 설명을 보라.

3. 우리가 너희를 위하여 기도할 때마다 하나님 곧 우리 주 예수 그리스도의 아버지께 감사하노라.

우리가 … 하나님께 감사하노라. 빌립보서 1:3에 대한 설명을 보라. 사도는 여기에서 하나님께서 지금까지 그들에게 큰 은혜를 베풀어 주신 것에 대하여 감사할 때, 디모데를 비롯한 여러 사람들을 끌어들여서 함께 감사를 표한다. 우리 주 예수 그리스도의 아버지. 사도는 디모데를 포함한 여러 사람들과 함께 하나님께 감사를 드릴 때, 하나님을 "예수 그리스도의 아버지"로 묘사한다. 이 때에 "예수 그리스도"는 그리스도의 신성과 인성을 모두 표현하는 호칭이다. 고린도후서 1:3과 에베소서 1:3에 대한 설명을 보라. 너희를 위하여 기도할 때마다. 사도는 자신들이 하나님께 기도할 때마다 늘 빼놓지 않고 골로새 교회를 위해서 기도한다고 말하는데, 빌립보 교회에 대해서도, "내가 너희를 생각할 때마다 나의 하나님께 감사하며 간구할 때마다 너희 무리를 위하여 기쁨으로 항상 간구한다"(빌 1:3-4)고 말한 바 있다.

4. 이는 그리스도 예수 안에 너희의 믿음과 모든 성도에 대한 사랑을 들었음이요.

사도는 앞에서 자기가 그들을 위하여 하나님께 기도할 때마다 감사한다고 한 이유를 여기에서 좀 더 구체적으로 밝히면서, 먼저 "그리스도 예수"를 믿는 그들의 "믿음"을 언급한다. 이렇게 사도는 그들의 믿음의 구체적인 대상을 밝힘으로써, 이방인들이 갖고 있는 여러 신들에 대한 일반적인 믿음과 차별화한다. 즉, 그들의 믿음은 그리스도 예수를 믿는 믿음이라는 것인데, 여기에서 "믿음"은 그리스도 예수를 단지 지식적으로 알거나 복음에 지적으로 동의하는 것을 의미하는 것이 아니라, 오직 그리스도 예수만을 의지하여 구원을 얻고자 한다는 것을 의미한다.

사도는 골로새 교인들에게만이 아니라, 로마 교인들에게도 "내가 예수 그리스도로 말미암아 너희 모든 사람에 관하여 내 하나님께 감사함은 너희 믿음이 온 세상에 전파됨이로다"(롬 1:8)라고 말하고, 에베소 교인들에게도 "주 예수 안에서 너희 믿음과 모든 성도를 향한 사랑을 나도 듣고 내가 기도할 때에 기억하며 너희로 말미암아 감사하기를 그치지 아니하고"(엡 1:15-16)라고 말하며, 빌레몬에게도 "내가 항상 내 하나님께 감사하고 기도할 때에 너를 말함은 주 예수와 및 모든 성도에 대한 네 사랑과 믿음이 있음을 들음이니"(몬 1:4-5)라고 말한다. 이렇게 하나님께서 각 지역의 사람들 가운데서 역사하셔서 구원의 은혜를 주신 일은 하나님께 진심으로 넘치는 감사를 드리는 것이 너무나 마땅한 일이었음은 두말할 필요가 없다.

사도는 골로새 교인들과 관련해서 자기가 하나님께 특히 감사하는 두 번째 이유로 "모든 성도에 대한" 그들의 "사랑"을 언급한다. 왜냐하면, 우리 구주를 진심으로 영접하여 믿음을 갖게 된 자들은 그리스도를 사랑하지 않을 수 없고, 그리스도를 인하여 그의 모든 지체들을 사랑하지 않을 수 없는 까닭에, 주 예수 그리스도를 믿는 믿음과 모든 성도에 대한 사랑은 서로 떼려야 뗄 수 없을 정도로 결합되어 있기 때문이다(갈 5:6, "그리스도 예수 안에서는 할례나 무할례나 효력이 없으되 사랑으로써 역사하는 믿음뿐이니라"; 딤후 1:13, "너는 그리스도 예수 안에 있는 믿음과 사랑으로써 내게 들은 바 바른 말을 본받아 지키고"). 사람들은 모두 동일한 본성을 지니고 있고, 하나님의 형상을 지니고 있는 자들이기 때문에, 믿는 자들은 모든 사람을 사랑하는 것이 마땅하고, 그리스도께서도 "나는 너희에게 이르노니 너희 원수를 사랑하며 너희를 박해하는 자를 위하여 기도하라 이같이 한즉 하늘에 계신 너희 아버지의 아들이 되리니 이는 하나님이 그 해를 악인과 선인에게 비추시며 비를 의로운 자와 불의한 자에게 내려주심이라"(마 5:44-45)고 말씀하심으로써, 믿는 자들이 그렇게 행하기를 요구하신다. 하물며 하나님께서 거룩하게 하셔서 자기에게 가까이 나아오게 하신 자들, 곧 믿음으로 말미암아 하나님의 동일한 권속이 되고 함께 천국의 시민이 된 자들에 대해서는, 믿는 자들이 얼마나 더 크고 특별한 사랑을 나타내 보여야 마땅하겠는가(롬 15:26; 갈 6:10; 엡 2:19).

5. 너희를 위하여 하늘에 쌓아 둔 소망으로 말미암음이니 곧 너희가 전에 복음 진리의 말씀을 들은 것이라.

너희를 위하여 하늘에 쌓아 둔 소망으로 말미암음이니. 사도가 여기에서 말하고 있는 "소망"은 일차적으로는 우리가 소망하는 바 저 영광스러운 영원한 구원을 환유법적으로 표현한 것으로 보이고(롬 8:24; 엡 1:18), 부차적으로는 사도가 디도서 1:2에서 "영생의 소망을 위함이라 이 영생은 거짓이 없으신 하나님이 영원 전부터 약속하신 것인데"라고 말한 것처럼, 우리가 하나님이 주시는 생생한 은혜로 말미암아 영생의 소망을 끝까지 굳게 붙잡게 되는 것도 거기에 포함되어 있는 것으로 보인다. 사도가 여기에서 하나님의 성도들인 골로새 교인들에게 영생의 소망이 있다는 것을 상기시키는 이유는, 그들에게는 이렇게 하나님께서 그들을 위하여 "하늘에 간직하신 것"(벧전 1:4)이 있고, 언제든지 그리스도께로 피할 수 있기 때문에(히 6:18), 어떤 상황이나 형편 속에서도 그리스도의 모든 지체들을 거룩한 사랑으로 사랑할 수 있는 여건이 마련되어 있다는 것을 일깨워서, 기꺼이 그러한 사랑을 행하도록 힘을 더해 주기 위한 것이다. 하지만 믿는 자들은 자신들의 믿음과 사랑과 소망을 행하고, 모든 성도들에게 사랑을 베푸는 것을 통해서, 하늘에 자신들의 공로를 쌓는 것이 결코 아니기 때문에, 하나님께서는 믿는 자들의 그러한 선한 행실들을 그들의 공로로 인정하셔서, 영생을 비롯한 하늘의 기업을 그들에게 주시는 것이 아니라, 오로지 그들에 대한 자신의 무조건적인 사랑과 값없이 거저 주시는 은혜로 말미암아, 자기를 부지런히 찾는 자들에게 상을 주시는 것이고(히 11:6), 그렇게 하심으로써 자기가 한없이 너그러우시고 차고 넘치게 은혜를 베푸시는 분임을 보여 주셔서, 믿는 자들로 하여금 하나님께서 그들을 위하여 예비해 두신 "지극히 크고 영원한 영광의 중한 것"을 위하여, 그들이 이 세상에서 "잠시 받는 환난의 경한 것"을 넉넉히 하시는 것이다(고후 4:17).

곧 너희가 전에 복음 진리의 말씀을 들은 것이라. 사도는 골로새 교인들이 처음으로 복음을 전해 듣고서 받아들였을 때(롬 10:14), 자기가 앞에서 말한 이 영생의 선한 소망을 갖게 되었다는 것을 상기시켜 준다. 복음은 무엇보다도 먼저 "진리의 말씀"인데(고후 6:7; 엡 1:13), 그것은 복음이 "진리"이시고 "생명"이신 예수 그리스도(요 14:6)의 말씀이기 때문만이 아니라, 여기에서 "진리의 말씀"과 동격으로 놓여진 "복음"은 모든 철학과 율법을 훨씬 능가하는 것은 물론이고 진리라고 하는 모든 것들 중에서 가장 탁월한 진리이기 때문이다(요 1:17, "율법은 모세로 말미암아 주어진 것이요 은혜와 진리는 예수 그리스도로 말미암아 온 것이라").

6. 이 복음이 이미 너희에게 이르매 너희가 듣고 참으로 하나님의 은혜를 깨달은 날부터 너희 중에서와 같이 또한 온 천하에서도 열매를 맺어 자라는도다.

이 복음이 이미 너희에게 이르매 … 너희 중에서와 같이 또한 온 천하에서도 열매를 맺어 자라는도다. 복음은 유대 땅이라는 좁은 테두리를 벗어나서, 세계의 거의 모든 지역으로 퍼져 나갔다(골 1:23; 마 24:24; 행 2:5; 롬 1:8; 10:18). 복음의 전파 속도는 놀라울 정도여서, 동서남북 사방으로 급속하게 전파되어서, 당시에 헬라인들과 로마인들이 알고 있던 세계에 속한 거의 모든 지역의 사람들이 복음을 들을 수 있었다. 따라서 사도가 디모데전서 3:16에서 그리스도께서 "만국에서 전파되시고 세상에서 믿은 바 되셨다"고 쓴 것은 합당한 것이었다. 이렇게 그리스도께서 이 땅에 계실 때에 자기가 세상의 빛으로 오셨다고 말씀하시고(요 12:46), "내가 땅에서 들리면 모든 사람을 내게로 이끌겠노라"(요 12:32)고 말씀하신 것은 얼마 지나지 않아 그대로 이루어졌다.

하지만 교황주의자들은, 바울 당시에 복음의 신비가 천하에 전파된 것처럼, 후대에 가톨릭이 폭력적이고 강압적으로 사람들의 전통을 복음인 것처럼 전 세계 사람들에게 강요해서 믿게 한 것을 들어서, 가톨릭이야말로 진짜 참된 기독교라는 것을 보여 주는 증거라고 생각해서는 안 된다. 왜냐하면, 골로새 교인들은 복음의 참된 열매를 맺었던 반면에, 후대의 가톨릭은 복음의 참된 열매를 맺은 것은 아니기 때문이다. 즉, 사도가 빌립보 교인들에게 "오직 너희는 그리스도의 복음에 합당하게 생활하라"(빌 1:27)고 말하였듯이, 골로새 교인들은 참된 회개를 하고(마 3:8; 13:23; 요 15:16), 복음이 그들 가운데서 실효적으로 역사하여 그들의 마음과 삶 속에 진정한 거룩함이 거하게 되어서, 복음에 합당한 행실과 삶을 살아가게 된 것인 반면에(사 55:10; 행 5:14; 6:7; 12:24; 16-17, 19-20장; 살전 2:13), 교황주의자들은 대체로 그런 열매를 맺지 못하고 도리어 정반대의 열매를 맺고 있다.

너희가 듣고 참으로 하나님의 은혜를 깨달은 날부터. 골로새 교인들은 복음을 듣고 받아들인 때로부터 진정으로 회개하고 복음의 열매를 맺으며 자라가고 있었다. 비록 거짓 교사들이 골로새 교회 속으로 들어와서, 자신들의 가라지 같은 교설들을 퍼뜨려서, 골로새 교인들 중에서 맺어진 선한 열매들을 질식시키고 망쳐 놓고자 하긴 하였지만, 하나님의 은혜와 그리스도를 아는 놀라운 지식을 진정으로 경험한 자들은 나중에라도 열매를 맺게 되어 있다(시 92:14, "그는 늙어도 여전히 결실하며").

7. 이와 같이 우리와 함께 종 된 사랑하는 에바브라에게 너희가 배웠나니 그는 너희를 위한 그리스도의 신실한 일꾼이요.

이와 같이 우리와 함께 종 된 사랑하는 에바브라에게 너희가 배웠나니. 골로새 교인들이 진리를 고수하고 유지해 나가는 데에는, 하나님께서 복음의 진리를 그들에게 가르치실 때에 자신의 도구로 사용하셨던 사람에 대하여 선한 생각을 갖는 것이 무척 중요하였기 때문에, 바울이 여기에서 에바브라를 칭찬함과 동시에, 그렇게 함으로써, 자신의 사도직을 의심하고 교묘한 말들로 자기를 비방하였던 것으로 보이는 거짓 교사들을 견제한 것은 아주 적절한 것이었다. 사도는 에바브라가 자신들과 동일한 주를 섬기는 가운데 진심을 다하여 신실하게 복음을 전파하고 가르쳤기 때문에, 자신은 물론이고 자기와 함께 한 형제들로부터도 사랑과 존경을 받고 있는 하나님의 종이라고 그들에게 말한다(골 4:7; 계 6:11).

그는 너희를 위한 그리스도의 신실한 일꾼이요. 에바브라는 골로새 교인들 가운데서 사랑과 충성된 마음으로 자신에게 맡겨진 직분과 직임을 수행한 "그리스도의 신실한 일꾼"이었다. 그는 자신의 주님이신 그리스도로부터 직분을 수여받은 자답게, 그들의 유익을 위하여 자기가 해야 할 일들을 온전히 정직하고 흠 없이 행하였다(요 12:26; 고전 4:1-2; 엡 4:12; 딤전 4:6; 히 13:17). 그래서 사도는 "그가 너희와 라오디게아에 있는 자들과 히에라볼리에 있는 자들을 위하여 많이 수고하는 것을 내가 증언하노라"(골 4:13)고 말한다.

8. 성령 안에서 너희 사랑을 우리에게 알린 자니라.

에바브라는 골로새 교인들이 그리스도와 그의 복음에 대하여, 그리고 사도 바울을 비롯해서 주 예수를 진심으로 사랑하는 모든 자들에 대하여(갈 6:10; 벧전 1:22-23), 육신적인 어떤 고려들이 아니라 성령으로 말미암아 새롭게 된 마음에서 생겨난(갈 5:6, 22; 딤전 1:5; 딤후 1:7) 열렬하고 신령한 사랑을 지니고 있다는 것을, 기쁜 마음으로 바울과 디모데에게 알려 준 인물이었다.

9. 이로써 우리도 듣던 날부터 너희를 위하여 기도하기를 그치지 아니하고 구하노니 너희로 하여금 모든 신령한 지혜와 총명에 하나님의 뜻을 아는 것으로 채우게 하시고.

이로써 우리도. 사도는 여기에서 자기 및 자기와 함께 한 형제들이 골로새 교인들을 깊이 마음에 두고 기도하게 된 이유가, 자신들이 에바브라로부터 그들의 믿음과 사랑(골 1:4-5), 사도 및 그와 함께 한 형제들에 대한 그들의 특별한 사랑(골 1:8)을 전해 들었기 때문이라는 것을 밝힌다. 에베소서 1:15-17에 대한 설명을 보라. **듣던 날부터 너희를 위하여 기도하기를 그치지 아니하고 구하노니.** 바울이 골로새서 4:2에서 골로새 교인들에게 "기도를 계속하고 기도에 감사함으로 깨어 있으라"고 권면하였듯이, 바울과 디모데 및 그들와 함께 한 형제들은 에바브라로부터 골로새 교인들에 대하여 들은 때로부터, 더욱 새로운 마음가짐으로 좀 더 구체적으로, 모든 공식적인 모임들을 가질 때마다 언제나 골로새 교인들이 영적으로 형통하기를 하나님께 기도하기를 그치지 않았던 것으로 보인다. 빌립보서 1:3-5에서 사도가 "내가 너희를 생각할 때마다 나의 하나님께 감사하며 간구할 때마다 너희 무리를 위하여 기쁨으로 항상 간구함은 너희가 첫날부터 이제까지 복음을 위한 일에 참여하고 있기 때문이라"고 말하고 있는 것은, 사도가 빌립보 교인들을 위해서도 골로새 교인들에 대해서와 마찬가지로 기도할 때마다 늘 쉬지 않고 기도하였다는 것을 보여 준다. 누가복음 18:1; 로마서 12:12; 빌립보서 1:4, 9; 데살로니가전서 5:17에 대한 설명을 보라.

너희로 하여금 … 하나님의 뜻을 아는 것으로 채우게 하시고. 바울이 골로새 교인들을 위하여 즉석에서 기도한 내용은, 그들이 그리스도 안에서 하나님의 뜻을 좀 더 분명하고 똑똑히 실제적으로 알게 되어서, 그들의 삶이 한층 더 하나님께서 복음 안에서 명하시는 것들을 따라서 살아 가는 삶이 되게 해 달라는 것이었다(골 1:6; 엡 5:15-17).

모든 신령한 지혜와 총명에. 여기에서 "모든 지혜"는 복음에 기록된 것을 따라서 믿음과 행실에 있어서 그들에게 필요한 모든 것들을 알게 되는 것을 의미한다. 왜냐하면, "지혜"라는 것은 원래 어떤 일들과 관련해서 가장 탁월하고 뛰어난 것들을 아는 것이고, 우리는 성경에 기록되어 있는 하나님의 계시된 뜻으로부터 그러한 "지혜"를 가장 분명하고 만족스럽게 배울 수 있기 때문이다. 바로 이 지혜가 바울이 고린도전서 2:6에서 "우리가 온전한 자들 중에서는 지혜를 말하노니 이는 이 세상의 지혜가 아니요 또 이 세상에서 없어질 통치자들의 지혜도 아니요"라고 말하면서, 인간의 지혜 또는 세상의 지혜와 반대되는 것이라고 말하였던 하나님의 지혜, 즉 "온전한 자들 중에서" 하나님이 가르치신 "지혜"인데, 이 지혜는 하나님의 뜻을 아는 것이다(욥 28:28; 잠 28:7; 요 6:40; 살전 4:3).

어떤 이들은 사도가 그리스도인이 지닌 "모든 지혜" 다음에 덧붙인 어구를 "신령한 사려분별"이라고 번역하지만, 우리가 이 어구를 "신령한 총명"으로 번역한다면, 앞에 나온 "지혜"와 동일한 의미로 설명할 수 있게 된다. 사도가 여기에서 "총명"으로 번역될 수 있는 단어를 덧붙인 것은 아주 적절한 것이었다고 할 수 있다. 왜냐하면, 당시의 철학자들은 사람이 여러 상황들을 고려해서 자기에게 행복을 가져다줄 것들이 어떤 것들인지를 제대로 올바르게 판단하기 위하여, 선과 악, 참과 거짓, 사실과 허구를 분별해 내는 능력을 가리키는 데, 종종 이 헬라어 단어를 사용하곤 하였기 때문이다. 사도는 디모데후서 2:7에서 "내가 말하는 것을 생각해 보라 주께서 범사에 네게 총명을 주시리라"고 말함으로써, 하나님께서 디모데에게 그러한 은사를 주시기를 기도하고, 고린도전서 1:5에서는 고린도 교인들이 "모든 언변과 모든 지식에 풍족해서," 거짓 교사들이 온갖 거짓되고 화려한 수사들과 미사여구로 혼잡하게 한 변질된 복음과 순수하고 단순한 복음을 제대로 분별할 수 있게 해 달라고 하나님께 기도한다. 우리 구주를 따르던 자들 중에서도, 실제적인 상황 속에서 어떻게 행하는 것이 믿음을 따라 행하는 것인지를 제대로 깨닫지 못한 사람들이 있었지만, 하나님의 사람들은 때를 분별할 수 있었고(대상 12:32), 그 밖의 여러 상황들도 제대로 분별해 낼 수 있었다(시 39:1; 50:23; 전 5:1; 눅 8:18). 믿는 자들은 구체적인 상황 속에서 어떻게 행하는 것이 옳은 것인지를 알 수 있을 때에만, 모든 일에서 복음에 합당하게 행하여, 하나님 우리 구주의 가르침이 지닌 광채를 드러낼 수 있다(엡 1:8; 빌 1:10, 27; 골 4:5; 딛 2:10). 하나님의 뜻을 알 때에만 하나님께 올바르게 헌신할 수 있고, 무지로부터는 참된 헌신이 나올 수 없다. 또한, 사람이 하나님을 어떻게 예배하고 섬겨야 하는지는 오직 하나님께서만 정하실 수 있으시기 때문에, 사람들이 자신의 생각에서 고안해 낸 것들로는 살아 계신 하나님께서 열납하시는 예배를 드릴 수 없다.

10. 주께 합당하게 행하여 범사에 기쁘시게 하고 모든 선한 일에 열매를 맺게 하시며 하나님을 아는 것에 자라게 하시고.

주께 합당하게 행하여 범사에 기쁘시게 하고. 사도는 자기가 앞에서 골로새 교인들에게 모든 지혜와 총명을 주셔서 하나님의 뜻을 알게 해 달라고 하나님께 기도한 목적이 무엇인지를 여기에서 밝히면서, 그것은 골로새 교인들로 하여금 그렇게 하나님이 주신 모든 신령한 지혜와 총명을 사용해서, 복음의 실효적인 부르심을 받아서 하나님의 아들들이 되고 그리스도의 종들이 되고 그리스도의 신비의 몸의 지체들이 된 자들에 합당하게 행하는 삶을 살게 하기 위한 것이라고 말한다. 에베소서 4:1과 빌립보서 1:27에 대한 설명을 보고, 로마서 16:2; 데살로니가전서 2:12; 데살로니가후서 1:11과 비교해 보라. 단독으로 사용된 "하나님"이라는 단어가 통상적으로 성부 하나님을 가리키는 것과 마찬가지로, 여기에서처럼 단독으로 사용된 "주"는 통상적으로 그리스도를 가리킨다. 그리스도인들은 그리스도를 자신들의 주로 고백한 자들이고, 그리스도께서 자신의 핏값으로 사신 자들로서, 그리스도의 보혈의 공로를 힘입어 은택들을 얻고자 하는 자들이기 때문에, 그리스도의 지혜로우심과 거룩하심, 그리고 그리스도께서 몸소 보여 주신 모범에 합당하게 행하는 것이 마땅하다.

따라서 그리스도인들은 하나님이 그들에게 선행적으로 주신 은혜들로 말미암아 선을 행하여야 할 의무를 일종의 채무로 부여받는 것이고, 우리가 하나님의 뜻을 알고자 하는 목적은 우리가 하나님께 빚진 것을 따라서 그 뜻을 행하고자 하는 것이기 때문에, 우리가 하나님의 은혜를 받은 후에 행하는 선행들은 우리의 공로가 되는 것이 결코 아니라는 점에서, 교황주의자들이 믿는 자들이 행하는 선행을 보상적 공로(condignity)라고 정의하고, 그러한 선행을 행하는 자들에게는 천국에서의 영생과 영광 같은 여러 상들을 보답으로 받을 권리가 생겨난다고 주장하면서, 이 본문에서 사도가 "주께 합당하게 행하여"라고 말한 것을 그 근거로 내세우는 것은 잘못된 것이다. 또한, 사도는 단지 한 가지 일이나 몇몇 가지 일이 아니라, 우리에게 의무로 부과된 모든 일에서 하나님의 뜻에 합당하게 행할 때, 우리는 우리 주님을 기쁘시게 해 드릴 수 있다고 말한다(골 3:20; 고전 7:32; 10:31; 살전 2:4; 히 12:28). 모든 믿는 자들은 우리 주님과 같이 모든 일에서 하나님의 뜻을 따라 인자하심과 자비하심을 베풀고, 세상의 더러운 것들로부터 그들 자신을 지켜 물들지 않는 것이 마땅하다(계 3:4).

모든 선한 일에 열매를 맺게 하시며. 골로새 교인들이 구체적으로 삶 속에서 열매를 맺는 것은 그들이 "모든 신령한 지혜와 총명에 하나님의 뜻을 아는 것으로 채워지는" 것(9절)과 서로 연결되어 있다. "열매를 맺는다"는 것은 열매를 맺는 나무들로부터 가져온 비유적인 표현인데, 성경에서는 경건한 자들이나 참된 그리스도인들을 그러한 나무들에 비유한다(시 1:3; 요 15:8). "모든 선한 일"은, 하나님께서 친히 심으시고 "하나님의 씨"인 성령을 그 속에 두신 자들(요일 3:9), 즉 하나님이 부르셔서 하나님의 영광을 위하여 살게 하신 자들이 하나님이 정하신 법을 따라(사 29:13; 갈 6:16) 올바른 삶의 원리인 복음의 교훈으로부터(딤전 1:5, "이 교훈의 목적은 청결한 마음과 선한 양심과 거짓이 없는 믿음에서 나오는 사랑이거늘") 맺는 온갖 종류의 열매를 가리킨다. 고린도후서 9:8("하나님이 능히 모든 은혜를 너희에게 넘치게 하시나니 이는 너희로 모든 일에 항상 모든 것이 넉넉하여 모든 착한 일을 넘치게 하게 하려 하심이라"); 빌립보서 1:11("예수 그리스도로 말미암아 의의 열매가 가득하여 하나님의 영광과 찬송이 되기를 원하노라"); 데살로니가후서 2:17; 히브리서 13:21("모든 선한 일에 너희를 온전하게 하사 자기 뜻을 행하게 하시고")을 보라.

하나님을 아는 것에 자라게 하시고. 골로새 교인들은 하나님을 아는 지식에 있어서 아직 온전하지 못하였기 때문에, 사도는 그들이 계속해서 하나님과 그리스도의 은혜와 지식에서 자라가게 해 달라고 기도한다(벧후 3:18, "오직 우리 주 곧 구주 예수 그리스도의 은혜와 그를 아는 지식에서 자라 가라"). 믿는 자들은 이 땅에 있는 동안에는 하나님을 아무리 잘 안다고 하여도, 그 지식은 부분적일 수밖에 없기 때문에(고전 13:9), 사도는 골로새 교인들도 빌립보 교인들(빌 3:10, 12)이나 에베소 교인들(엡 4:13)과 마찬가지로, 그들이 "다 하나님의 아들을 믿는 것과 아는 일에 하나가 되어 온전한 사람을 이루어 그리스도의 장성한 분량이 충만한 데까지 이를" 수 있도록 최선을 다해 달려가게 되기를 바랐다. 해당 본문들에 대한 설명을 보라.

11. 그의 영광의 힘을 따라 모든 능력으로 능하게 하시며 기쁨으로 모든 견딤과 오래 참음에 이르게 하시고.

그의 영광의 힘을 따라 모든 능력으로 능하게 하시며. 사도는 골로새 교인들로 하여금 자기가 위에서 말한 것 같이 범사에 하나님을 기쁘시게 해드리고 모든 선한 일에 열매를 맺을 수 있도록 하기 위해서는, 그들을 위로부터 오는 능력으로 덧입혀 주시기를 기도할 필요가 있었다. 왜냐하면, 이 땅에서는 아무리 믿음이 좋은 최고의 그리스도인들이라고 하더라도 불완전하고 연약해서, 하나님께서 그들에게 힘을 주실 때까지는, 하나님의 뜻을 따라 행하거나 고난을 받는 데 필요한 것들을 할 수 없기 때문이다. 빌립보서 4:13("내게 능력 주시는 자 안에서 내가 모든 것을 할 수 있느니라")에 대한 설명을 보고, 요한계시록 7:17과 비교해 보라. 따라서 우리가 이 땅에서 그리스도인으로서의 온갖 어렵고 힘든 소임들과 의무들을 수행하고, 우리 안에 있는 강력한 부패하고 타락한 육신의 욕심들을 죽이며, 세상의 유혹들을 단죄하고, 시도 때도 없이 찾아오는 시험들을 이기며, 많은 십자가들을 넉넉히 감당하고, 날마다 경건에 있어서 진보를 이루어가기 위해서는, 하나님의 놀랍고 기이한 권능으로부터 오는 "모든 능력"과 특별한 도우심이 절실하다. 에베소서 1:19-20; 3:16에 대한 설명을 보라. 이렇게 사도가 고린도후서 4:7에서 "우리가 이 보배를 질그릇에 가졌으니 이는 심히 큰 능력은 하나님께 있고 우리에게 있지 아니함을 알게 하려 함이라"고 말하고, 데살로니가후서 1:11에서 "우리도 항상 너희를 위하여 기도함은 우리 하나님이 너희를 그 부르심에 합당한 자로 여기시고 모든 선을 기뻐함과 믿음의 역사를 능력으로 이루게 하시고"라고 말한 것처럼, 우리 가운데서 일어나는 은혜의 역사의 시작과 끝은 모두 하나님의 놀랍고 영광스러운 권능, 즉 "그의 영광의 힘"으로 말미암는다. 그리고 이것은 비유가 아니라, 진실한 회심자들과 건전한 신자들에게 엄연한 현실이다.

기쁨으로 모든 견딤과 오래 참음에 이르게 하시고. 사도는 여기에서 골로새 교인들로 하여금 그들이 일시적으로 또는 지속적으로 겪고 있는 온갖 어렵고 힘든 일들을 끝까지 감당하게 해 달라고 하나님께 기도한다. 철학이 제시하는 처방들은 그 어떤 것도 사람들을 고난 가운데서 진정으로 인내하고 자족할 수 있게 만들어 주지 못하지만, 사도가 빌립보서 1:29에서 "그리스도를 위하여 너희에게 은혜를 주신 것은 다만 그를 믿을 뿐 아니라 또한 그를 위하여 고난도 받게 하려 하심이라"고 말한 것처럼, 하나님께서 그리스도로 말미암아 믿는 자들에게 은혜를 주시면, 그들은 말과 마음으로 범죄하거나 혈기를 부림이 없이 고난을 인내로써 감당할 수 있게 되기 때문에, 고난 가운데서도 하나님께 죄를 짓지 않고 자신의 심령을 끝까지 순전하게 보존할 수 있게 된다. 그들이 고난의 무게에 짓눌려서 가라앉아갈 때, 하나님께서는 자신의 손으로 그들을 떠받쳐 주셔서 그들의 고통을 완화시켜 주시고, 그들로 하여금 장래의 상을 바라보고 기뻐하게 하시는데, 그들은 하나님이 주시는 그런 기쁨이 없이는 고난을 감당할 수 없다(마 5:12; 행 5:41; 롬 5:3; 고전 11:32; 고후 1:5; 히 11:27; 12:10, 12; 약 1:2, 4).

12. 우리로 하여금 빛 가운데서 성도의 기업의 부분을 얻기에 합당하게 하신 아버지께 감사하게 하시기를 원하노라.

아버지께 감사하게 하시기를 원하노라. 사도는 골로새 교인들을 위하여 구하는 기도를 마친 후에(9절), 이제는 아버지 하나님께서 자기 아들 안에서 우리의 구속을 위하여 나타내신 은혜에 대하여 감사하는 기도로 넘어간다. 사도는 에베소서에서는 서두의 인사말을 마친 후에, 곧바로 "찬송하리로다 하나님 곧 우리 주 예수 그리스도의 아버지께서 그리스도 안에서 하늘에 속한 모든 신령한 복을 우리에게 주시되 곧 창세 전에 그리스도 안에서 우리를 택하사 우리로 사랑 안에서 그 앞에 거룩하고 흠이 없게 하시려고"(엡 1:3-4)라고 말함으로써, 하나님께서 모든 믿는 자들을 "창세 전에 그리스도 안에서" 택하신 것을 찬송하는 내용으로 시작하였는데, 여기에서는 하나님께서 믿는 자들을 부르신 것에 대하여 감사하는 것으로 시작한다. 사도는 성자 그리스도께서 우리를 위하여 행하신 구속 사역과 성령께서 우리 안에서 행하시는 모든 역사를 전적으로 주관하신 분이 성부 하나님이시라는 것을 인정하고 고백한다.

우리로 하여금 … 합당하게 하신. 성부 하나님께서는 우리를 자기와 사귐이 있게 하시거나, 그런 것에 합당한 자가 되도록 준비시켜 주셨다. 이것은 우리가 본성적으로 원래는 하나님과 사귐을 갖기에 준비가 되어 있지 않았고 부적절한 상태였다는 것을 의미한다. 따라서 이 본문을 근거로 해서 인간의 공로에 대하여 말하는 것은 어불성설이다. 그런데도 교황주의자들은 "우리를 부르셨다"로 번역한 아람어 역본과는 상반되게, "우리로 하여금 … 얻을 만한 자격이 있게 만드셨다"고 번역하는 만행을 저질렀다. 박식한 해석자들이 말하고 있듯이, 여기에서 "합당하게 하신"으로 번역된 헬라어 단어는 사도가 히브리어로부터 가져와서 사용한 관용어구인 것으로 보인다. 사도는 자신의 서신에서 이 곳 이외에는 오직 고린도후서 3:5-6("우리가 무슨 일이든지 우리에게서 난 것 같이 스스로 만족할 것이 아니니 우리의 만족은 오직 하나님으로부터 나느니라 그가 또한 우리를 새 언약의 일꾼 되기에 만족하게 하셨으니")에서만 이 단어를 사용하고 있는데, 거기에서 하나님께서 "사랑하시는 자 안에서 우리에게 거저 주시는 바 그의 은혜"(엡 1:6)로 말미암아 선한 일들을 행하기에 합당한 자로 만들어 주시기 전까지는, 우리가 선한 일들을 행하는 것은 불가능하다는 것을 보여 준다. 하나님께서 우리를 이끄셔서 능력을 주시고(요 6:44-45; 몬 2:13), 그의 성령을 통해서 우리 속에서 역사하셔서 우리의 마음을 새롭게 하시고 우리의 마음 눈을 열어 주실 때까지는(롬 4:17; 고후 5:5), 우리는 하나님의 성령에 속한 일들을 깨달을 수도 없고 하나님을 사랑할 수도 없다(요 12:39; 롬 8:5; 고전 2:14).

빛 가운데서 성도의 기업의 부분을 얻기에. 사도는 다메섹 도상에서 나타나신 그리스도께서 자기에게 "이스라엘과 이방인들에게서 내가 너를 구원하여 그들에게 보내어 그 눈을 뜨게 하여 어둠에서 빛으로, 사탄의 권세에서 하나님께로 돌아오게 하고 죄 사함과 나를 믿어 거룩하게 된 무리 가운데서 기업을 얻게 하리라"(행 26:17-18)고 말하였는데, 여기에서도 하나님께서 골로새 교인들을 비롯한 모든 믿는 자들을 은혜로 부르셔서 거룩하게 된 자들에게 예비된 "기업"에서 각자의 분깃을 얻게 하셨다고 말한다. 이러한 "우리 기업의 보증"이 바로 성령이시다(엡 1:14). 사도는 여기에서 하나님께서 이스라엘 백성에게 가나안 땅을 모든 사람에게 분깃으로 주셔서 각자의 기업이 되게 하신 것을 염두에 두고서 이 말을 하고 있는 것으로 보인다. 가나안 땅은 "안식할 때가 하나님의 백성에게 남아 있다"(히 4:9)는 것을 보여 주는 모형이었다. "빛 가운데서"는 다음 절에 나오는 "흑암의 권세"와 대비되는 성도로서의 지위에 수반되는 기쁨과 영광을 알레고리적으로 나타낸 것이다.

13. 그가 우리를 흑암의 권세에서 건져내사 그의 사랑의 아들의 나라로 옮기셨으니.

그가 우리를 흑암의 권세에서 건져내사. "흑암의 권세"는 저주 받은 자들의 암울함과 절망을 나타내는데(엡 6:12; 유 1:8), "빛의 자녀들"(엡 5:8)로서 빛 가운데서 행하게 된 자들은 이 흑암의 권세로부터 영원히 벗어나 있다. 사도가 하나님께서 믿는 자들을 죄와 사탄의 권세로부터 건져내신 것을 표현하는 데 사용하고 있는 단어는, 쇠사슬로 단단히 묶여서 노예로 살고 있던 어떤 사람을, 그 사람과는 전혀 안면도 없는 타인이, 그를 그 노예상태로부터 건져 줄 의무도 없고, 그도 그렇게 풀려나기를 원하지 않는데도, 그를 값없이 거저 건져 주어 자유의 몸이 되게 해 준 것을 의미하는 단어로서, 대단히 강조되어 사용되고 있다. 즉, 사도는 하나님께서 우리에게 베풀어 주신 구원의 은혜는 바로 그런 것이라고 말하고 있는 것이다(막 3:27; 눅 1:74, 79; 엡 2:2, 5-6; 히 2:14-15).

그의 사랑의 아들의 나라로 옮기셨으니. 사도는 하나님께서 우리를 "흑암의 권세에서 건져내셨다"고만 말하는 것이 아니라, 거기에 "그의 사랑의 아들의 나라로 옮기셨다"는 말을 덧붙인다. 이것은 하나님께서 타락 이전의 아담처럼 우리를 내버려 두신 것이 아니라, 우리의 그 어떤 선행적인 의지 없이 자신의 저항할 수 없는 은혜로 말미암은 실효적인 부르심을 통해서(요 6:44; 살전 2:12; 벧전 2:9) 우리를 사탄의 지배로부터 건져내셔서 "그의 사랑의 아들의 나라로" 옮기셨다는 것을 의미한다(마 3:17; 17:5; 엡 1:6). 그리스도께서는 자신의 은혜의 나라에서 자신의 신민들과 종들 가운데서 다스리시고(마 13;11), 믿음으로 자기와 연합한 자들의 심령 속에서 자신의 영인 성령을 통해서 거하신다(엡 3:17; 4:12-13; 히 12:22-23). 이렇게 그리스도의 나라로 옮겨진 우리는 우리의 머리 되시는 그리스도 안에서 하나님의 자녀이자 상속자, 즉 "그리스도와 함께 한 상속자"로서 영광도 함께 받게 되고(롬 8:17), 전능하시고 참되신 하나님이 그리스도로 말미암아 약속하신 구원에 참여할 소망을 갖게 되기 때문에(롬 8:24; 살전 5:23-24; 딛 1:2), 하나님께서는 자기 아들의 중보 없이는 그 누구도 그 나라에 들어가는 것을 허용하지 않으신다는 점에서, 사도가 그 나라를 "그의 사랑의 아들의 나라"라고 부른 것은 합당하다. 또한, 성자이신 그리스도께서는 자신의 신민들로 하여금 성부 하나님의 통치를 기꺼이 받게 만드신다(시 110:3; 마 28:18; 눅 22:29; 엡 1:6-7). 바울은 골로새를 비롯한 모든 지역에서 신실한 믿음을 지닌 자들에게 힘을 더해 주기 위해서, 하나님이 사랑하시는 이 아들에 대한 내용을 아래에서 상당히 자세하게 추가적으로 덧붙인다.

14. 그 아들 안에서 우리가 속량 곧 죄 사함을 얻었도다.

그 아들 안에서. "그 아들"은 성부 하나님께서 우리의 구원을 위하여 이 땅에 보내셔서 십자가에 못 박혀 죽게 하신 자신의 아들, 즉 하나님이자 사람이신 그리스도를 가리킨다(행 4:12, "다른 이로써는 구원을 받을 수 없나니 천하 사람 중에 구원을 받을 만한 다른 이름을 우리에게 주신 일이 없음이라"; 20:28, "하나님이 자기 피로 사신 교회"). 우리가. 여기에서 "우리"는 그리스도 안에 있게 된 우리를 가리킨다. 왜냐하면, 우리는 그리스도 안에 있을 때에 하나님으로부터 죄 사함을 받기에 합당한 자들이 되기 때문이다(12절).

속량을 … 얻었도다. 베드로전서 1:18-19에서 "너희가 알거니와 너희 조상이 물려 준 헛된 행실에서 대속함을 받은 것은 은이나 금 같이 없어질 것으로 된 것이 아니요 오직 흠 없고 점 없는 어린 양 같은 그리스도의 보배로운 피로 된 것이니라"고 말하고, 고린도전서 6:20과 7:23에서 사도가 "너희는 값으로 사신 것"이라고 말하였듯이, 우리가 영원한 구원을 얻게 된 것은 그리스도께서 우리를 속량하시기 위하여 온전한 속전을 지불하셨기 때문이다(히 9:12, "오직 자기의 피로 영원한 속죄를 이루사 단번에 성소에 들어가셨느니라"). 사도가 여기에서 말하는 "속량"은 단순히 그리스도께서 속전을 다 지불하셨다거나(눅 2:38) 마침내 대속을 이루셨다는 의미가 아니라(엡 1:14; 4:30), 그리스도께서 이루신 대속의 효력이 우리 안에서 발휘되고 실제로 이루어져서, 우리가 죄 가운데서 비참하게 살아가는 상태(요 8:36) 또는 죄의 삯인 영원한 사망의 상태(롬 6:23; 16:20)로부터 실제로 해방되었음을 의미한다.

어떤 사본에는 "그의 피로 말미암아"가 이 어구에 덧붙여져 있는데, 그것은 히브리서 9:22에서 "율법을 따라 거의 모든 물건이 피로써 정결하게 되나니 피흘림이 없은즉 사함이 없느니라"고 말한 대로, 그리스도께서 우리를 속량하시기 위하여 하나님께 속죄의 제물로 자기 자신을 드리신 것을 의미한다. 따라서 여기에서 "그의 피"는 제유법적인 표현으로서, 그리스도께서 십자가에 죽으시기까지 낮아지셔서, 우리를 위하여 둘째 사망의 고통까지 감수하신 것을 가리킨다(사 53:5-6; 행 2:24; 갈 3:13; 빌 2:8).

곧 죄 사함. 하나님께서 우리의 모든 죄를 온전히 사하시는 것은 "속량"의 필연적인 결과이지만(골 2:13; 눅 1:77; 행 10:43), 사도는 여기에서 "죄 사함"을 "속량"과 동격으로 놓고 있는데, 이것은 결과를 말함으로써 원인까지도 가리키는 환유법적 표현이다. 자세한 것은 에베소서 1:7에 대한 설명을 보라.

15. 그는 보이지 아니하는 하나님의 형상이시요 모든 피조물보다 먼저 나신 이시

니.

사도는 앞에서 그리스도의 인성과 밀접하게 연관된 그리스도의 희생제사로 말미암은 은택에 대하여 다룬 후에, 여기에서는 눈을 들어 좀 더 높은 곳을 바라보는 가운데, 근본적으로 그리스도께서 성부 하나님 및 모든 피조물과 관련해서 영원 전부터 지니고 계셨던 하나님으로서의 본성과 위엄을 설명하기 시작한다.

그는 보이지 아니하는 하나님의 형상이시요. 먼저, 사도는 성부 하나님과 관련해서 그리스도는 "하나님의 형상"이시라고 말하는데, 우리는 이것을 주화에 새겨진 왕의 형상이나, 하나님의 희미한 형상으로서의 인간(창 9:6; 고전 11:7; 골 3:10) 같은 인위적이고 부수적이며 불완전한 "형상" 쯤으로 이해해서는 안 된다. 만일 그리스도께서 단순한 인간이셨다면, 사도가 여기에서 우리를 속량하신 그리스도의 위엄을 논증하는 것은 아무런 설득력도 없었을 것이다. 그러나 셋이 자신의 아버지인 아담을 본성적으로 빼닮은 형상으로서 아담과 동일한 본질을 지니고 있었던 것과 마찬가지로(창 5:3), 그리스도는 하나님과 동일한 본성과 본질을 지니신 하나님의 온전한 형상이셨다. 즉, 영원한 말씀이신 그리스도는 본성적으로 하나님의 독생자이셨고(요 1:1, 18, 또한 빌립보서 2:6에 대한 설명을 보라), 참 하나님이셨으며(요 17:3, 5, "아버지여 창세 전에 내가 아버지와 함께 가졌던 영화로써 지금도 아버지와 함께 나를 영화롭게 하옵소서"), 성부 하나님을 정확하고 온전하게 드러내신 분이셨기 때문에, 히브리서 1:3에서는 그리스도를 "하나님의 본체의 형상," 곧 성부 하나님을 그대로 드러내시는 완벽한 형상이라고 말할 수 있었다.

하지만 그리스도께서는 다음 둘 중의 하나의 의미에서 더욱 분명하게 하나님의 형상이시다: (1) 그리스도는 창세 전에 영원한 출생에 의해서 저 찬송 받으실 삼위일체 하나님의 제2위이신 성자로서, 성부 하나님과 동일한 본성과 본질 가운데서 함께 계신 분이다. 성자이신 그리스도께서는 영원 전부터 성부 안에 계셨고, 성부는 성자 안에 계셨다(요 14:10). 따라서 그리스도는 성부 하나님과 관련해서 그의 본질적인 형상이시고, 우리와 관련해서는 성부와 마찬가지로 우리에게 "보이지 아니하는" 분이시다. 그 어떤 피조물도 창조주의 영원한 형상일 수 없고, 오직 유일하게 참되신 하나님이자 살아 계신 하나님의 아들만이 성부 하나님의 영원한 형상일 수 있다(마 16:16; 요 6:69). (2) 그리스도는 그 안에 신성의 모든 충만이 육체로 거하시는 하나님이자 사람이신 분이기 때문에(골 2:9), 천사들과 사람들을 무한히 능가하시고 뛰어넘으신다(히 1:5-6; 2:5). 사도는 여기에서 단순히 그리스도를 하나님의 형상이라고 말하지 않고, "보이지 아니하는 하나님," 즉 성부 하나님의 형상이라고 말하는데, 그 이유는 성부 하나님은 우리가 성부를 우리 눈에 볼 수 있게 해 주는 형상이신 성자 그리스도 안에서만 알 수 있고, 성부께서 성자 안에서 자기를 우리에게 나타내시고 알게 하시는 만큼만 우리가 알 수 있는 분이시기 때문이다(요 1:14, 18; 요 14:8-9; 고후 4:4).

따라서 (1)의 설명은 그리스도께서 성부 하나님의 본질적인 형상이시라는 것을 보여 주는 것이고, (2)의 설명은 그리스도께서 성육신하시고 이 땅에 오셔서 우리에게 보이지 아니하는 성부 하나님을 자신의 형상을 통해서 보여 주신 것에 대하여 말하고 있는 것이기 때문에, 사도가 여기에서 말하고 있는 것은 후자이다. 그리스도께서 중보자로서의 자신의 모든 직임들과 사역들 속에서 하나님의 속성들과 성품들과 온갖 탁월한 것들을 밝히 보여 주지 않으셨다면, 피조물인 우리는 하나님께 속한 것들을 볼 수도 없고 알 수도 없었을 것이다. 그리스도는 초월적인 방식으로 하나님의 완벽한 형상이셨다. 하나님께 속한 것들은 단순히 피조물인 존재에게는 전달될 수 없는데, 그리스도께서는 하나님을 우리에게 보여 주셨다는 점에서, "보이지 아니하는 하나님"의 형상이시다. 하나님은 몸이나 몸의 지체들을 가지지 않으신 순전한 영이시지만, 우리 가운데 장막을 치시고 거하신 그리스도 안에서 자기 자신을 분명하게 나타내셨다(요 1:14; 딤전 3:16). 그리스도는 자신의 명철과 지혜(잠 8:14-15), 전능하심과 영원하심(사 9:6; 요 1:1; 8:58), 언제까지나 변치 않으심(히 1:11-12; 13:8), 어디에나 편재하시고 모든 것을 아심(요 2:24-25; 13:18; 계 2:13)을 통해서 우리에게 하나님을 나타내셨다. 루터파는 성육신하신 그리스도께서는 하나님으로서 자신이 원래부터 지니고 계셨던 전능하심과 전지하심으로 인하여, 이 땅에서도 전능하시고 전지하신 것이라는 이상한 주장을 펴서, 마치 그리스도의 인성이 신성의 여러 속성들을 도구로 사용하는 것처럼 말하지만, 그것은 잘못된 것이다. 왜냐하면, 성육신하신 그리스도의 그러한 속성들은 하나님께 고유한 본질적인 속성들에 못 미치는 것들이기는 하지만, 하나님의 본질적인 속성들을 아주 완벽하게 그대로 보여 주는 형상이고, 단순한 피조물이 행할 수 있는 것들이 아닌 까닭에, 그리스도에게서 나타난 그러한 속성들은, 삼위일체 하나님의 제2위 안에서 신성과 인성이 서로 연합됨으로써, 실제로 인성에 내재되고 인성에 속하는 것들이 된 것들이기 때문이다. 그래서 사도 요한은 요한복음 1:14에서 "말씀이 육신이 되어 우리 가운데 거하시매 우리가 그의 영광을 보니 아버지의 독생자의 영광이요 은혜와 진리가 충만하더라"고 말하지만, 이 말을 하기 전에 1:3에서 "만물이 그로 말미암아 지은 바 되었으니 지은 것이 하나도 그가 없이는 된 것이 없느니라"고 말함으로써, 만물을 창조하시고 보존하시는 사역을 통해서 우리에게 성부 하나님을 나타내셨던 바로 그 성자 그리스도께서 우리에게 오신 것임을 보여 준다(요 5:19; 히 1:10).

모든 피조물보다 먼저 나신 이시니. 사도는 앞에서 그리스도께서 성부 하나님에 대하여 맺고 계시는 본질적인 관계를 말한 후에, 이제 여기에서는 모든 피조물과 관련한 그리스도의 위엄에 대하여, "모든 피조물보다 먼저 나신 이"라고 말한다. 여기에서 "모든 피조물보다 먼저 나신 이"로 번역된 어구는 직역하면 "모든 피조물의 장자"가 되는데, 이것은 히브리식 어법으로 표현한 것이다. 헬라의 한 박식한 주석자와 몇몇 교부들은 이 어구를 "모든 피조물 이전에 나신 이" 또는 "모든 피조물 이전에 태어나신 이"라고 번역하였기 때문에, 인간의 인식이나 말로는 표현할 수 없는 그리스도의 영원한 출생은 그리스도에게 어떤 존재의 시작점이 있었다는 것을 말하는 것이 전혀 아닌데도, 어떤 이들은 이 어구를 오해해서, 하나님께서는 창세 전에 먼저 그리스도를 창조하셨고, 그런 후에 그리스도를 도구로 사용하셔서 나머지 모든 만물을 창조하신 것이라고 생각하게 되었다. 사도가 사용한 이 히브리식 표현은 그리스도께서 처음으로 지음을 받으셨다거나 창조되셨다는 것을 의미하는 것이 아니고, 이미 골로새서 1:17에서 말하였듯이, "그가 만물보다 먼저 계셨다"는 것을 의미한다. 세례 요한은 "나보다 먼저 계심이라"(요 1:15)고 증언하였다. 따라서 그리스도는 성부 하나님과 동등되시고 그 형상이시며, 모든 피조된 것들보다 위에 계시기 때문에, 피조물들 중에서는 그리스도와 동일한 반열에 설 수 있는 것이 존재하지 않는다. 본문에서 그리스도를 "피조물보다 먼저 나신 이"라고 한 것은, 그리스도께서 모든 피조물보다 시간적으로 먼저 나셨거나 창조되셨다는 것을 의미하는 것이 아니라, 마치 원인과 결과가 서로 완전히 다른 것이듯이, 그리스도는 다른 모든 피조물들이 나거나 창조된 것과는 완전히 다른 방식, 즉 영원한 출생이라는 방식으로 영원 전에 나셨기 때문에(잠 8:22; 미 5:2; 히 1:5-6), 모든 피조물들과 완전히 구별된다는 것을 의미한다. "먼저"라는 단어는 다른 언급되는 것들과 관련해서 순서상으로 첫 번째라는 의미일 수도 있고(고전 15:47), 다른 언급되는 것들과 관련해서, 그것들보다 앞서서 존재하였다는 의미로서, 일련의 것들 중에서의 순서라는 의미를 전혀 나타내지 않을 수 있는데, 그리스도는 후자의 의미에서 다른 피조물들이 전혀 존재하지 않았을 때에 이미 존재해 계신 분이라는 것이다(사 41:4; 43:11; 계

21:6). 따라서 사도가 그리스도를 "먼저 나신 이"라고 말한 것은 그리스도가 "아버지의 독생자"(요 1:14)라는 것을 밝힘으로써, 18절에서 그리스도를 그의 교회의 중보자이자 "머리"시라고 하기 전에 그 토대를 닦아 놓기 위한 것으로 보인다. 즉, 사도는 여기에서 그리스도는 피조물이 아니라 모든 피조물보다 먼저 계시고 모든 피조물보다 위에 계시는 성부 하나님의 독생자시라는 것을 밝히고, 16절에서는 좀 더 일반적으로 만물이 그리스도로 말미암아 창조된 사실에 대하여 말한 후에, 18절에서는 바로 그 그리스도가 교회 또는 새 창조에 속한 자들의 머리가 되신 것이라고 말하고 있다는 것이다.

"모든 피조물의 장자"라는 우리의 번역에 따르면(18절에서는 "죽은 자들 가운데서의 장자"라고 말하고 있기 때문에, 이 둘은 서로 차이가 있다), 우리는 이 어구에 대해서 다음과 같이 말할 수 있을 것이다: (1) 먼저, 소극적으로 말하자면, 그리스도가 "모든 피조물의 장자"라는 것은 그리스도도 피조된 존재이고 단지 순서상으로 모든 피조물보다 먼저 창조되었다는 것을 의미하지 않는다. (2) 다음으로 적극적으로 말하자면, "모든 피조물의 먼저 나신 이"는 모든 피조물과 관련해서 그리스도의 으뜸으로서의 지위와 장자로서의 지위를 비유적으로 표현한 말이다. (a) 사도는 그리스도께서 성부 하나님께 속한 모든 것을 향유하시고 누리실 수 있는 특권을 가지고 계시다는 것을 환유법적으로 표현해서, 그리스도를 "모든 피조물의 장자"라고 말한 것이다(창 27:29; 갈 4:1). 그리스도께서는 모든 피조물의 주인이자 주이시고 왕이심은 물론이고, 인성을 입으시고 하나님이자 사람이 되셨기 때문에, 히브리서 1:2에서 "이 모든 날 마지막에는 아들을 통하여 우리에게 말씀하셨으니 이 아들을 만유의 상속자로 세우시고 또 그로 말미암아 모든 세계를 지으셨느니라"고 말한 것처럼, 모든 피조물, 즉 만유의 수장("으뜸")이 되신다(시 2:7-8; 히 1:6). 히브리 사람들은 한 가문의 "상속자"를 그 가문의 우두머리로 여겼고, 로마인들은 "주"로 여겼다. 그런 의미에서 하나님께서는 자기가 다윗을 자신의 "장자"가 되게 하실 것이라고 말씀하신다(시 89:27). 욥기 18:13; 이사야서 14:30; 예레미야서 31:9과 비교해 보라. 그리스도께서 모든 피조물을 다스리시는 절대적인 주권을 가지고 계시는 것은 그에게 주어진 장자권 때문이다. 즉, 그리스도께서는 장자이시기 때문에, 만유 중에서 그의 다스리심을 받지 않는 것은 하나도 없다(히 2:8, "만물을 그 발 아래에 복종하게 하셨느니라"). 이것은 아담이 이 세상에서 아직 범죄하기 전에 모든 것을 다스릴 권한을 하나님으로부터 받았기 때문에, 자기를 위해 창조된 것들의 장자일 수 있었던 것과 마찬가지이다. 실제로 사도는 이러한 단언의 근본적인 이유를 다음 절에서 말한다.

(b) 하나님이자 사람이신 그리스도와 모든 피조물들의 공통의 모태인 하나님의 영원한 작정하심과 계획 안에서 그리스도를 고찰해 보면, 그리스도는 "창세 전부터 미리 알린 바 되신 이나 이 말세에 너희를 위하여 나타내신 바 된"(벧전 1:20) 분이시라는 점에서, 그리스도의 형상을 본받도록 미리 예정된 자들의 장자라고 말할 수 있다(롬 8:29; 엡 1:4-5). 그런 까닭에, 그리스도는 장자들인 피조물들 또는 교회의 장자이시고(이것은 18절에서 좀 더 구체적으로 다루어진다), 다른 모든 장자들의 장자이시다(히 12:23, "하늘에 기록된 장자들의 모임"). 그리고 이것은 그리스도께서 그들보다 "먼저 계시는" 것(골 1:17; 잠 8:22)의 한 측면일 수 있다. 그리스도는 새 창조에 속한 자들만이 아니라 옛 창조에 속한 모든 것보다 먼저 계신다. 이 절 다음에 나오는 말씀들 속에서 하나님의 성령은 여기에 언급된 "모든 피조물"이 첫 번째 세계에 속한 것이든 두 번째 세계에 속한 것이든 모든 피조된 존재들을 가리키고, 그리스도는 그 두 세계 모두에 대해서 제1원인이시라는 것을 분명히 보여 주고 있는데도, 자신들의 주장을 위해서는 성경의 일부 본문들을 왜곡하는 일을 주저하지 않는 소키누스주의자들은 이 본문에 나오는 "모든 피조물"이라는 포괄적인 표현을 새 창조에 속한 자들 또는 믿는 자들만을 가리키는 것으로 제한하는 무모함과 대담함을 보인다. 사도는 아무런 수식어도 덧붙어 있지 않은 "모든 피조물"이라는 포괄적인 표현을 통해서, 하늘들과 땅, 그리고 거기에 있는 모든 피조된 것들을 가리킨다. 천사들이든 무생물이든 이성이 없는 존재들이든, 피조물이라면 그 어떤 것도 거기에서 배제되지 않는다. 사도는 자기가 여기에서 "모든 피조물"이라는 표현을 그런 의미로 사용했다는 것을 즉시 다음 절에서 분명하게 보여 준다.

16. 만물이 그에게서 창조되되 하늘과 땅에서 보이는 것들과 보이지 않는 것들과 혹은 왕권들이나 주권들이나 통치자들이나 권세들이나 만물이 다 그로 말미암고 그를 위하여 창조되었고.

만물이 그에게서 창조되되. 사도는 그리스도가 모든 피조물보다 먼저 계셨고, 모든 피조물을 주관하고 계시며, 모든 피조물보다 더 뛰어나시고, 모든 피조물에 대하여 다른 왕들에게는 없는 대권을 가지고 계심을 증명한다. 그리스도가 모든 피조물에 대하여 갖고 계시는 대권이 유일무이한 이유는, 다른 왕들은 자신의 신민들을 창조한 자들이 아니고, 그 신민들은 자신들의 왕에 의해서 또는 왕을 위해서 창조된 자들이 아닌 반면에, 만유의 모든 피조물들은 그리스도에 의해서 및 그리스도를 위해서 창조된 존재들이기 때문이다. 여기에서 사도는 자기가 앞에서 그리스도를 "모든 피조물의 장자"라고 말한 것을, 사람들이 그리스도도 피조물이고, 단지 모든 피조물보다 순서상으로 먼저 창조된 존재일 뿐이라고 오해하지 않도록 하기 위해서, 그리스도는 아무것도 없는 상태에서 모든 피조물들을 창조하시고, 그런 후에 계속해서 만물을 붙들고 계시는 분임을 아주 분명하게 밝히는 세심함을 보여 준다.

그에게서. 사도행전 17:28에서 바울은 "우리가 그를 힘입어(in) 살며 기동하며 존재하느니라"고 말하는데, 어떤 해석자들은 여기에서 "그에게서"라는 어구를 "그 안에서"(in)로 번역하기도 한다. 그러나 그들은 플라톤적인 개념들 같은 철학적인 개념들을 거부하고, 이 어구는 단지 만물이 그리스도 안에서 창조되었다는 것을 말하고자 한 것이라고 본다. 즉, 하나님께서는 자신의 영원한 작정하심 가운데서 그리스도를 모든 완전한 것들의 본으로 세우시고, 그리스도를 모든 피조물의 본으로 삼으셨고, 사람을 지으실 때에도 삼위일체 하나님의 회의에서 "우리의 형상을 따라 우리의 모양대로 우리가 사람을 만들자"(창 1:26)고 말씀하셨다는 것이다. 그러나 대부분의 해석자들은 이 어구가 도구적 원인자가 아니라 일차적인 실행자를 나타내는 것으로 보아서, 흠정역의 번역을 따라 이 어구를 히브리식 표현으로 여겨서, 이 절에 마지막에 나오는 "그로 말미암고"와 마찬가지로 "그로 말미암아" 또는 "그에 의해서"로 번역한다. 왜냐하면, 만물은 그리스도에 의해서 또는 그리스도로 말미암아 무로부터 만들어졌기 때문이다(요 1:3, 10; 히 1:8, 10). 그리스도는 만물을 최초로 지으신 분이기 때문에, 그가 만물을 주관하고 다스리게 되었다는 것은 당연한 일이다(행 10:36; 고전 8:6). 대적들이 무엇을 주장하든, 성경에서 "~로 말미암아"는 도구적인 원인자가 아니라 일차적 원인자를 가리키는 데 사용된다는 것은 너무나 분명하다(골 1:1; 롬 11:31, 36; 고전 1:1; 12:8-9; 고후 1:1; 갈 1:1; 살전 4:2; 살후 3:12).

만물이 … 창조되되. 사도는 아주 단순하고 보편적이고 절대적으로 창조를 그리스도께로 돌린다. 어떤 이들이 그 어떠한 교묘한 주장을 펼친다고 하여도, "만물이 그에게서 창조되었다"는 것은 그리스도께서 만물을 창조하셨다는 것이다. 시편 96:5; 102:25을 이사야서 44:24; 48:13; 예레미야서 10:12; 사도행전 17:24; 로마서 11:36과 비교해 보고, 고린도전서 1:9과 데살로니가전서 2:12을 비교해 보라.

하늘과 땅에서. 사도는 이 절의 서두에서 먼저 "만물이 그리스도에게서 창조되었다"고 일반적으로 표현한 후에, 이제 여기에서는 무로부터 창조된 모든 것들을 광범위하게 열거해 나가기 시작한다(행 4:24). 성경에서는 창조에 대하여 말할 때에 언제나 하늘과 땅을 언급하는 것은 아니지만(사 40:26; 막 10:6; 13:19; 행 17:24; 롬 1:20; 벧후 3:4; 계 4:11), 여기에서는 하늘과 땅에서 보이는 것들과 보이지 않는 것들을 모두 언급하고 있는 것으로 보아서, 눈에 보이는 것이든 보이지 않는 것이든 만유가 존재하는 공간을 하늘과 땅으로 포괄적으로 표현하고 있음이 분명하다. **보이는 것들과 보이지 않는 것들.** 사도는 앞에서 만유가 존재하는 공간을 먼저 말한 후에, 거기에 존재하는 모든 것들을 하나도 남김 없이 표현하기 위해서, 만유를 보이는 것과 보이지 않는 것으로 나누어서 말하고 있다.

왕권들이나 주권들이나 통치자들이나 권세들이나. 사도는 앞에서 만유를 "보이는 것들"과 "보이지 않는 것"으로 나눈 후에, 그 모든 것들이 다 그리스도에 의해서 창조된 것들이라고 말하기는 하였지만, 사람들은 자신들이 눈으로 볼 수 없는 것들을 대단한 것들로 여겨서, 그러한 것들은 예수 그리스도에 의해서 창조된 것이 아닐 것이라고 생각할 우려가 있었고, 또한 천사 숭배의 위험성이 있었기 때문에, 특히 여기에서는 "보이지 않는 것들"을 구체적으로 자세하게 열거한 후에, 그 모든 것들이 다 그리스도에 의해서 창조된 것들임을 분명하게 밝힌다. 사도가 여기에서 열거하고 있는 "왕권들"과 "주권들"과 "통치자들"과 "권세들"은 로마서 8:38; 에베소서 1:20-21; 3;10; 6:12에서도 언급된 것들로서, 이 세계에 눈에 안 보이게 거하는 존재들을 추상명사들을 사용해서 표현한 것들이다. 어떤 해석자들은 디도서 3:1; 베드로후서 2:10; 유다서 1:8에서와 마찬가지로 여기에서도 이것들은 인간 사회에서 권세를 잡고 높은 지위에 있는 자들을 가리키는 것이라고 주장하지만, 고대와 현대의 대부분의 해석자들의 견해를 따라서, 이것들은 골로새 2:15에서와 마찬가지로 사람들의 눈에 보이지 않는 천사들에 대한 명칭들로 보는 것이 더 낫다. 따라서 여기에 열거된 명칭들은 하늘에 속한 나라의 사역자들인 천사들 전체를 인간 사회에서 권세를 잡은 자들을 가리키는 명칭들을 통해서 환유법적으로 지칭한 것일 수도 있지만, 이 본문의 취지로 볼 때, 사도가 사람들의 눈에 보이지 않는 존재인 천사들을, 하나님이 각각의 천사에게 맡기신 직분들을 따라 여러 계급으로 세분해서, 인간 사회에서 권세를 잡은 자들을 공작이나 백작이나 자작이나 그 밖의 다른 명칭으로 세분해서 부르는 것을 원용해서 각각 다르게 표현한 것이라고 보는 것이 더 옳을 것 같다. 실제로 우리는 성경에서 그룹 천사들의 호위 아래에서 하늘의 보좌에 앉아 계시는 지존자의 명령을 받아 일하는 영적인 존재들인 천사들을 여러 가지 다른 명칭으로 부르는 것을 볼 수 있는데(창 3:24; 출 25:18, 22; 삼상 4:4; 삼하 6:2; 대상 28:18; 시 80:1; 사 37:16; 겔 1:13), "바사 왕국의 군주"라든가 "가장 높은 군주 중 하나인 미가엘"이라는 표현도 나오고(단 10:13, 21), "천사장"이라는 표현도 나온다(살전 4:16; 유 1:9). 이것은 천사들 가운데 계급들을 비롯한 어떤 구별들이 있다는 것을 보여 주기는 하지만, 우리는 그 구체적인 것들을 알지 못한다. 교황주의자들은 3세기 중엽의 파리 주교였던 드니(Denys)의 위서를 근거로 천사들의 위계질서에 대해서 여러 가지로 주장하고 있지만, 성경적인 근거는 전혀 없기 때문에, 이 문제를 파헤치고자 하는 것은 호기심에 의한 것밖에 되지 않을 뿐이고, 그 어떤 결론도 경솔한 것이 될 수밖에 없다.

만물이 다 그로 말미암고 그를 위하여 창조되었고. 사도는 모든 피조된 것들을 나타내는 구체적인 것들을 열거한 후에, 만물이 그리스도에 의해서 창조되었다는 것을 더욱 확증하기 위하여, 성경에서 성부 하나님과 성령 하나님을 어떤 일에 대한 제1원인자이자 실행자로 표현할 때에 사용하는 것과 동일한 전치사를 사용한 보편적인 명제를 다시 한 번 제시한다. 즉, 모든 피조된 것들은 그리스도로 말미암아 창조되었고 그리스도를 위하여 창조되었다는 것이다. 따라서 그리스도의 창조 사역은 성부와 성령의 창조 사역과 구분되지 않는다. 모든 피조물은 천사들이 아니라 그리스도에 의해서 무로부터 창조되었다. 여기에서 "그를 위하여"라는 어구는 그리스도께서 만물의 원인이자 궁극적인 목적이라는 것을 좀 더 분명하게 증명해 준다. 즉, 만물은 그리스도와 관련해서, 즉 그리스도의 영광을 위하여(롬 11:36), 그리고 그리스도의 신적인 권능과 무한하신 선하심을 나타내기 위해서 존재한다는 것이다(요 5:17, 23; 요 17:5). 그리스도는 만물의 창시자이자 종착지이다(계 5:13). 사도는 성부에 대하여 말한 것과 동일한 것을 그리스도에게도 적용한다(욥 9:8; 잠 16:4; 사 44:24, "나는 만물을 지은 여호와라"). 그리스도께서는 만물을 자기를 위하여 창조하셨다.

소키누스주의자들은 그리스도의 신성을 부정하기 위해서, 사도가 이 절에서 그리스도께서 창조하셨다고 말하고 있는 것을 축소시켜서, 단지 새 창조에 속한 것들 또는 만물을 회복한 것으로만 국한시킨다. 그러나 그들의 그러한 해석은 다음과 같은 이유들로 인해서 명백하게 이치에 어긋난다: (1) 앞 절과 이 절에 사용된 "피조물"과 "만물"이라는 단어들은, 이미 앞에서 말했듯이, 절대적인 용법으로 사용되고 있고, 또한 이 절에서 "창조되었다"라는 동사도 "만물"이라는 주어와 결합되어서 두 번이나 반복되고 있기 때문에, 우리는 다른 곳들에서와 마찬가지로 여기에서도 "피조물" 또는 "만물"은 옛 창조 또는 첫 번째 창조를 가리키는 것으로 보아야 한다(막 10:6; 13:19; 16:15; 롬 1:20, 25; 고전 11:9; 딤전 4:3; 히 4:13; 벧후 3:4; 계 10:6). 왜냐하면, "피조물" 또는 "창조"가 두 번째 창조, 또는 회복된 만물을 가리키는 데 사용되는 경우에는, 여기에서처럼 그 어떤 수식어도 없이 절대적인 용법으로 사용되지 않고, "새로운"이라는 수식어와 함께 사용되기 때문이다(사 65:17-18; 고후 5:17; 갈 6:15; 엡 2:15; 4:24). (2) 이 본문과 병행이 되는 본문들인 요한복음 1:3("만물이 그로 말미암아 지은 바 되었으니 지은 것이 하나도 그가 없이는 된 것이 없느니라")과 히브리서 1:3, 10("주여 태초에 주께서 땅의 기초를 두셨으며 하늘도 주의 손으로 지으신 바라")에서도, 소극적으로든 적극적으로든 옛 창조에 속한 모든 피조물을 하나도 빠짐없이 그리스도께 돌리고 있기 때문에, 여기에서도 그리스도께서 창조하신 것을 인간에 국한시킬 수 없다. (3) 사도는 18절과 20절에 가서 새 창조, 즉 그리스도께서 교회의 머리가 되신다는 것을 말하고 있기 때문에, 만일 우리가 15절과 16절에 나오는 창조에 관한 언급을 새 창조로 국한시킨다면, 현재의 문맥으로 볼 때, 사도는 새 창조에 대한 얘기를 두 번씩이나 쓸데없이 반복하고 있는 셈이 되고 만다. (4) 사도가 여기에서 일부러 피조된 것들을 여러 부류로 나누어서 자세하게 열거하고 있다는 것은, 그가 창조라는 주제를 가장 광범위하게 무제한적으로 고찰하고 있음을 보여 주는 증거가 된다. 그는 유형적인 것들은 물론이고 무형적인 것들도 언급하고 있고, 죄로 오염되어서 새롭게 될 필요가 있었던 땅에 있는 것들은 물론이고 회복의 필요성이 없는 하늘에 있는 것들도 언급하고 있다. 사도가 "보이지 않는 것들"에 속한 존재들로 자세하게 열거하고 있는 천사들도 새 창조에 속하지 않은 존재들로서 새롭게 회복될 필요가 없었던 존재들이었다. 왜냐하면, 선한 천사들은 원래 피조된 상태로부터 타락하지 않은 존재들이어서 회복될 필요가 없었고, 마귀들이나 악한 자들은 새로운 피조물들이 될 수 없기 때문이다(마 25:41; 계 22:15). 천사들의 세계에는 새 질서와 옛 질서가 존재하지 않는다. 따라서 다른 곳들에서와 마찬가지로 여기에서도, 우리는 사도가 그리스도께로 돌리는 창조를 새 창조에만 국한시킬 수는 없고, 옛 창조와 새 창조를 모두 포괄하는 것으로 보아야 한다(계 5:13).

17. 또한 그가 만물보다 먼저 계시고 만물이 그 안에 함께 섰느니라.

또한 그가 만물보다 먼저 계시고. 사도는 자기가 앞에서 말한 것의 의미를 오해할 소지를 완전히 없애기 위해서, 거기에 함축되어 있던 내용들을 여기에서 분명하게 명시적으로 표현한다. 즉, 그리스도께서는 모든 피조된 것들보다 먼저 계신 분이시기 때문에, 피조된 분이 아니라, 영원한 출생을 통해 나셔서, 인과관계나 위엄이나 시간에 있어서 모든 피조물보다 앞서 존재하셨다는 것이다. 만물이 존재하기 이전에는 오직 고유한 의미에서의 영원만이 존재하였다는 점에서(시 90:2, "산이 생기기 전, 땅과 세계도 주께서 조성하시기 전 곧 영원부터 영원까지 주는 하나님이시니이다"), 그것은 그리스도의 영원성을 증명해 주고, 이것은 성경의 다른 본문들의 증언과도 일치한다(잠 8:22; 사 44:6; 미 5:2; 요 1:1; 17:5; 계 1:8, 11, 17; 계 22:13).

만물이 그 안에 함께 섰느니라. 사도는 이어서 그리스도의 탁월하심과 완전하심을 보여 주는 또 하나의 논증으로 넘어가는데, 그것은 그리스도는 만유를 지으신 창조주 또는 창시자이실 뿐만 아니라, 모든 피조된 것들, 심지어 피조물들 중에서 가장 탁월하고 유익한 존재들까지도 계속해서 유지될 수 있도록 붙들어 주시는 분이라는 것이다(행 17:28, "우리가 그를 힘입어 살며 기동하며 존재하느니라"). 이렇게 그리스도는 하늘과 땅과 거기에 있는 모든 것들에 대해서 창조의 원인자이자 보존의 원인자이시다. 왜냐하면, 하나님에게 있어서는, 무로부터 만물을 만들어 낼 때에 작용하였던 그 동일한 힘이 만물을 붙들어서 유지하는 데에도 그대로 중단 없이 지속되는 것이라는 점에서, 보존과 섭리는 창조와 동일한 행위이기 때문이다(사 46:4; 요 5:19).

18. 그는 몸인 교회의 머리시라 그가 근본이시요 죽은 자들 가운데서 먼저 나신 이시니 이는 친히 만물의 으뜸이 되려 하심이요.

"그는 몸인 교회의 머리시라." 사도는 피조물 일반 또는 옛 창조와 관련해서 그리스도가 창조주이시자 보존자이시며 통치자이시라는 것을 보여 준 후에, 여기에서는 자신의 교회 또는 새 창조와 관련해서 그리스도가 교회의 머리이시자 통치자이시고, 그리스도에 의해서 택함 받고 부르심 받은 자들이 자신의 특별한 나라의 신민들, 즉 그의 신비의 몸의 지체들이라는 것을 보여 준다(에베소서 1:22-23; 4:15; 5:23에 대한 설명을 보라). 그리스도는 특히 다음 두 가지 점에서 자신의 교회와 좀 더 특별한 관계, 즉 교회는 그리스도의 몸이고 그리스도는 교회의 머리라는 특별한 관계를 맺으시고서(골 1:24), 자신의 교회를 인도하시고 다스리신다: (1) 그들은 그리스도로 말미암아 하나님과 연합된다. 이것은 주로 "그가 근본이시요"라는 말씀

속에 표현되어 있다. 즉, 그리스도는 그들로 하여금 하나님과 연합되게 해 주는 최초의 토대이자 원리시라는 것이다. 교회는 그리스도라는 "터" 위에 세워지고, 그리스도는 교회의 터이자 모퉁잇돌이시기 때문에, 첫 번째 창조의 "근본"이심과 동시에 두 번째 창조의 "근본"이 되신다(계 3:14).

(2) 그들은 그리스도로 말미암아 죄와 사망에서 벗어나고 회복되어, 하나님께서 원래 인간을 위해 의도하셨던 저 복 속으로 들어가게 되는데, 이것이 그리스도께서 인간을 하나님과 화목하게 하시고 연합시키는 중요한 의도였다. 이것은 "죽은 자들 가운데서 먼저 나신 이"라는 어구를 통해서 표현된다. 사도는 골로새서 1:15에서는 "모든 피조물의 장자"(한글개역개정에는 "모든 피조물보다 먼저 나신 이")라고 말하고 있는 반면에, 여기에서는 "죽은 자들로부터의 장자"라고 말하고 있는데, 이것은 동일한 내용을 반복하고 있는 것이 아니고, 15절에서는 그리스도와 옛 피조물 또는 옛 창조와의 관계에 대하여 말하고 나서, 여기에서는 자신의 교회 또는 새 창조와의 관계에 대하여 말하고 있는 것이다(고전 15:20, 23; 계 1:5). 불변화사 "가운데서"(또는, "~로부터의")에는, 단지 그리스도께서 죽은 자들보다 먼저 계셨다는 의미만이 담겨 있는 것이 아니라, 그리스도께서는 사람과 동일한 인성을 입으시고서 죽으심으로써 죽은 자들 가운데 계시다가 거기에서 살아난 최초의 사람이라는 의미도 담겨 있다. 그리스도께서 영광의 몸을 입으시고 부활하신 것(빌 3:21)은 일종의 새로운 탄생이었고, 그 새로운 탄생을 통해서 그의 거룩한 영혼과 몸이 재결합되어, 무덤의 태로부터 다시 태어나셔서, 자신의 몸에 속한 지체들의 머리가 되셨다. 실제로, 우리 주님께서는 마태복음 19:28에서 장차 모든 사람이 부활하게 될 것을 "새로운 탄생"(한글개역개정에는 "세상이 새롭게 되어"로 번역됨 — 역주)이라고 부르셨다. 사람들은 하나님의 실효적인 부르심을 받아 회심할 때에 은혜 가운데서 자신의 심령의 부활을 경험하고, 장차 최후의 부활의 때에 자신의 몸의 영광스러운 부활을 통과해서, "이 세상의 자녀"(눅 20:34)와 반대되는 "부활의 자녀"(눅 20:36)가 된다. 그리스도는 하나님과 관련해서 그러한 부활의 자녀들 중의 장자가 되신다(행 26:23; 고전 15:20, 23). 이렇게 그리스도는 장차 부활의 자녀가 될 자들이 무르익어 가고 있는 동안에, 먼저 이 복된 추수의 처음 익은 열매로서 성소로 들어져서 영원하신 아버지 하나님께 드려지셨다.

그리스도께서는 주 안에서 죽은 자들 중에서(고전 15:18; 살전 4:14; 계 14:13), 부활의 순서상으로도 가장 먼저 온전히 부활하셨고, 위엄이나 통치권과 관련해서도 첫 번째이시며(시 89:27; 갈 4:1), 주 안에서 죽은 자들과의 인과관계에 있어서도 그들의 부활의 원인으로서 "장자," 즉 그들의 머리이시기 때문에(롬 11:15; 고전 15:20), 주 안에서 죽은 자들은 그리스도의 부활을 힘입어서 장차 온전히 부활하게 될 것이다. 구약과 신약에서 일부 사람들이 앞서 부활하였다고 하더라도, 그것은 그리스도의 부활과는 근본적으로 다르다. 왜냐하면, 그리스도께서는 자신의 권능으로 부활하신 반면에(시 110:7; 요 10:17-18), 다른 사람들은 그리스도의 권능을 힘입어서 부활하였거나 장차 부활하게 될 것이기 때문이다. 부활의 종류와 관련해서도, 그리스도는 온전히 부활하신 첫 번째 사람이셨다. 왜냐하면, 나사로 같이 다시 살아난 사람들은 죽음에서 부활하기는 했지만, 온전히 부활한 것이 아니라, 자신의 이전의 유한하고 죽을 수밖에 없는 상태로 되돌아간 것일 뿐이었지만, 그리스도는 다시는 죽지 않으실 상태로 온전히 부활하신 것이기 때문이다(롬 6:9; 히 9:28). 그리스도는 공인으로서 부활하신 최초의 사람이셨다. 왜냐하면, 그리스도는 교회의 머리이자 둘째 아담으로서, 자신의 모든 지체들을 대표하여 부활하신 것인 까닭에(고전 15:21-22), 그리스도께 속한 모든 자들은 영적으로나 실질적으로나 대표적인 의미로나 그리스도 안에서 그리스도와 함께 부활하게 되었기 때문이다(엡 2:6; 벧전 3:21). 그리스도를 제외하고 이 땅에서 다시 살아난 자들은 하나님의 권능이 역사해서 부수적으로 드문드문 생겨났지만, 그리스도의 부활과는 근본적으로 그 성격이 다른 것이었다. 그리스도의 부활은 하나님께서 제때에 정상적으로 거두어들이신 처음 익은 열매 또는 첫 열매여서, 나머지 다른 열매들, 즉 주 안에서 모든 죽은 자들을 거룩하게 하는 역할을 하였기 때문에, 그들도 장차 반드시 부활하신 그리스도와 동일한 형체로 부활하게 될 것이다(빌 3:21).

소키누스주의자들(the Socinians)은 이 본문이 그리스도가 "죽은 자들 가운데서 먼저 나신 이"라고 비유적으로 표현한 것을 근거로 삼아서, 거기에 "너는 내 아들이라 오늘 너를 낳았다"(행 13:33)고 말하고 있는 구절을 결합해서, 그리스도께서 원래부터 하나님의 영원하신 아들이셨음을 부인하지만, 다음과 같은 이유들로 인해서 그런 주장은 너무나 실없고 터무니없는 주장임이 드러날 뿐이다: (1) 그리스도께서는 죽은 자 가운데서 부활하시기 이전부터 이미 원래부터 하나님의 아들이셨고, 부활을 통해서 "아들"이라는 관계를 얻게 되신 것이 결코 아니다. 이것은 성경의 여러 본문들이 분명하게 증언해 주고 있다(시 2:7; 잠 30:4; 미 5:2; 요 1:1; 17:5). (2) 만일 그리스도께서 부활을 통해서 하나님의 아들로 태어나신 것이라고 한다면, 그리스도는 자신의 권능으로 부활하신 것이기 때문에, 자기 자신이 아버지도 되시고 아들도 되시는 모순이 생기게 된다. 또한, 소키누스주의자들이 근거로 드는 또 하나의 본문에 대해서는, 우리는 종종 어떤 사실이 이미 오래 전에 이루어진 것이라고 할지라도, 그 일이 분명하게 드러나게 되었을 때에야 비로소, 마치 그 일이 그 때에 처음으로 이루어진 것인 양 말하곤 한다는 것이다. 따라서 로마서 1:4에서 "성결의 영으로는 죽은 자들 가운데서 부활하사 능력으로 하나님의 아들로 선포되셨으니 곧 우리 주 예수 그리스도시니라"고 말하고 있는 것은, 그리스도는 원래 하나님의 아들이셨지만, 그리스도께서 먼저 죽으셨다가 모든 죽은 자들 중에서 처음으로 그 썩어짐 가운데서 다시 살아나셨을 때, 그리스도가 하나님의 아들이시라는 사실이 선포되었다는 의미이다. 그러므로 소키누스주의자들이 근거로 인용한 "너는 내 아들이라 오늘 너를 낳았다"는 예언은, 그리스도께서 자신의 권능으로 부활하신 오늘에 이르러서야, 하나님께서 그리스도가 원래부터 자기가 영원 전에 낳은 아들이었음을 선언하셨다는 의미가 된다.

사도는 바로 뒤에서 그리스도께서는 "만물의 으뜸"이 되시기 위하여 죽은 자들 가운데서 가장 먼저 부활하신 것이라고 말함으로써, 이러한 설명을 밑받침한다. 어떤 이들은 이 구절은 그리스도의 부활의 목적 또는 의도가 그리스도께서 "죽은 자와 산 자의 주"(롬 14:9; 고후 5:15)가 되시고, 만물 중에서 으뜸 또는 첫째가는 지위를 차지하시기 위한 것이라고 말하고 있는 것으로 생각한다. 즉, 그들은 이것을 좀 더 일반적으로 해석해서, 사도가 앞의 여러 절들에서 말한 취지에 부합하게 옛 창조와 새 창조를 모두 포괄하는 만물의 으뜸이 되고자 한 것이 그리스도의 부활의 목적이었던 것으로 보거나(골 2:10; 요 5:25, 29; 엡 1:22을 참조하라), 좀 더 한정된 의미로 해석해서, 자신의 신비의 몸에 속한 모든 지체들, 즉 자신의 "형제들"의 으뜸이 되고자 한 것이 그 목적이었던 것으로 본다(롬 8:29; 고후 5:17-18). 하지만 그렇게 두 가지 해석을 구분하는 것은 별 의미가 없다. 왜냐하면, 그리스도께서는 자신의 부활의 결과로 자신의 나라를 견고히 세우시고 만유를 통치하시는 권세를 얻게 되셨기 때문이다. 어떤 이들은 그리스도께서 옛 창조 또는 모든 피조물의 으뜸이시라는 것은 원래부터 그리스도께 주어져 있던 권리였다는 점에서, 그리스도가 부활을 통해서 교회의 머리가 되신 것은 궁극적으로 자신의 교회를 구원하여 성부 하나님께 영광을 돌리기 위한 것이었고, 그 결과 그리스도는 옛 창조와 새 창조를 모두 포괄하는 만유의 으뜸이 되셨기 때문에, 사도는 그런 의미로 그리스도께서 "만물의 으뜸이 되셨다"고 선언한 것이라고 본다. 즉, 그리스도께서는 성부 하나님과의 언약에 따라 이 세상과 저 세상에서 그 어느 누구와 비교해서도 뒤지지 않는 온갖 특권들을 가지고 계시는 분이실 뿐만 아니라, 어느 누가 자랑할 만한 그 어떤 것과 관련해서도 가장 으뜸 되는 위치에 계시는 분이 되셨다는 것이다.

19. 아버지께서는 모든 충만으로 예수 안에 거하게 하시고.

한 박식한 해석자는 이 본문을 다음과 같이 읽는다: "모든 충만이 예수 안에 거하기를 기뻐하였다." 어떤 이들은 여기에서 "기뻐하였다"로 번역된 단어(한글개역개정에는 20절에 나온다 – 역주)의 구문을 보여 주는 여러 용례들을 인용해서, 이 본문을 "아버지께서는 모든 충만이 예수 안에 거하는 것을 기뻐하셨다(또는, 옳다고 하셨다)"로 번역한다. 아버지께서는 … 기뻐하심이라. 이 번역문에 나오는 "아버지"라는 단어는 헬라어 본문이나 동방의 여러 역본들에는 나오지 않지만, 문맥상으로 볼 때에 "아버지"를 보충해서 읽는 것이 맞다. 왜냐하면, 사도는 12절의 "우리로 하여금 빛 가운데서 성도의 기업의 부분을 얻기에 합당하게 하신 아버지께 감사하게 하시기를 원하노라"에 등장하는 "아버지"를 13절에 나오는 관계대명사로 이어받아서 "그가 우리를 흑암의 권세에서 건져내사 그의 사랑의 아들의 나라로 옮기셨으니"라고 말한 후에, 14절에서는 또다시 앞 절의 "그의 사랑의 아들"을 관계대명사로 받아서, 하나님이 기뻐하시는(마 3:17) 이 아들에 관한 서술을 18절까지 이어가다가, 19절에서는 주어를 명시적으로 밝히고 있지는 않지만, 사실상 그 "아버지"께서 "모든 충만으로 예수 안에 거하게 하시기를 기뻐하셨다"고 말하고 있는 것인 까닭에, 우리는 이 "기뻐하셨다"의 동사의 주어를 앞으로 꽤 거슬러 올라가서 12절의 "아버지"로 보는 것이 합당하기 때문이다.

모든 충만으로 예수 안에. 여기에 또다시 "모든"이 나오고, 이 "모든"이라는 형용사는 "충만"에 덧붙여져 있는데, "모든"은 모든 부분들을 가리키고, "충만"은 정도를 가리킨다. 모든 것 속에서 모든 것을 뛰어넘는 탁월함이 예수 안에 있다는 것이다. 우리가 그리스도를 단지 하나님의 아들로 여기는 것에서 그치는 것이 아니라, 자신의 교회의 머리이자 중보자로서 이 "모든 충만"의 주체로 여기기를 바라시는 것이 성부 하나님의 선하시고 기뻐하시는 뜻이다. 이 "충만"은 곧바로 그리스도의 신비의 몸의 소유가 아니라, 그리스도께 속한 것이고, 그리스도께서 자신의 충만으로 자신의 교회를 충만하게 하시는 것이다. 그래서 사도는 에베소서 1:23에서 "교회는 그의 몸이니 만물 안에서 만물을 충만하게 하시는 이의 충만함이니라"고 말한다. 따라서 (1) 원래, 이 "충만"은 신성의 충만을 가리킨다. 골로새서 2:9에서는 "그 안에는 신성의 모든 충만이 육체로 거하시고"라고 말하고, 요한복음 1:14에서는 "말씀이 육신이 되어 우리 가운데 거하시매 우리가 그의 영광을 보니 아버지의 독생자의 영광이요 은혜와 진리가 충만하더라"고 말한다. 그리스도 안에서는 바로 그러한 신성의 충만이 거하고 있었기 때문에, 그리스도께서는 교회와의 신비한 연합 가운데서 자신의 중보 사역을 모든 면에서 온전히 행하실 수 있으셨다. 이것에 대해서는 사도가 다음 장에서 좀 더 분명하게 말한다. (2) 부차적으로, 이 "충만"은 성령과 은혜의 충만을 가리킨다(눅 1:80; 요 1:16, 33; 3:34). 즉, 그리스도께서는 자신의 사역을 온전히 완성하실 수 있는 거룩하심과 지혜와 권능을 충만히 가지고 계셨고(요 17:4; 19:30), 자신의 신비의 몸을 하나님과 화목하게 하고 그 몸에 실제로 감화를 주기 위한 그 밖의 다른 탁월한 능력들을 충만히 가지고 계셨다(시 130:7-8; 마 28:18; 요 5:20; 롬 1:4; 고전 5:4; 고후 12:9; 엡 1:20-22; 히 7:25-26; 계 5:6, 12).

거하게 하시고. 이 "모든 충만"은 잠시 그리스도 안에 머물러 있었던 것이 아니고, 영원히 거하여 있다. 하나님의 영광이 모세의 성막과 솔로몬의 성전에 잠시 거하셨던 것과는 달리, 이 모든 충만은 사적인 인격으로서가 아니라 보편적인 원리로서 그리스도 안에 영속적으로 거하고, 자신의 몸인 교회를 하나님과 화목하게 하신 자이자 그 교회의 머리이신 그리스도께서는 자기 안에 영속적으로 거하는 이 차고 넘치는 충만한 은혜로 자기 사람들의 빈 것을 충만하게 하신다.

20. 그의 십자가의 피로 화평을 이루사 만물 곧 땅에 있는 것들이나 하늘에 있는 것들이 그로 말미암아 자기와 화목하게 되기를 기뻐하심이라.

흠정역에서는 이 본문을 "그리고"라는 계사 다음에 나오는 "그의 십자가의 피로 화평을 이루사"를 삽입구로 처리하지 않지만, 어떤 이들은 헬라어 본문을 따라 이 어구를 삽입구로 처리해서 괄호 안에 넣어 다음과 같이 읽는다: "(그의 십자가의 피로 화평을 이루사) 만물 곧 땅에 있는 것들이나 하늘에 있는 것들이 그로 말미암아 자기와 화목하게 되기를 기뻐하심이라." 그러나 사도가 "그의 십자가의 피로 화평을 이루사"라는 어구를 통해서, 자기가 골로새서 1:14에서 "그 아들 안에서 우리가 속량 곧 죄 사함을 얻었도다"라는 것을 말하고자 한 것이든, 아니면 그리스도 안에는 신성과 인성에 속한 모든 충만이 거하고 있어서, 하늘과 땅을 하나로 묶을 수 있는 권능이 있었기 때문에, 그리스도께서 십자가 위에서 흘리신 피가 인간을 하나님과 화목하게 하는 수단이 되었다는 것을 말하고자 한 것이든, 그 뒤에 나오는 "만물 곧 땅에 있는 것들이나 하늘에 있는 것들이 그로 말미암아 자기와 화목하게 되기를 기뻐하심이라"는 구절이 그런 것들을 말해 주기 때문에, 이 어구를 괄호 안에 넣어서 읽든 넣지 않고 읽든, 의미상으로는 별 차이가 없다.

그의 십자가의 피로 화평을 이루사. 아버지 하나님께서는 "그의 사랑의 아들의 나라" 안에서 자신의 원수들로 하여금 자기에게 나아오게 하시고(골 1:13, 19, 21), "그리스도 안에 계시사 세상을 자기와 화목하게 하시며 그들의 죄를 그들에게 돌리지" 아니하심으로써(고후 5:18-19), "아브라함의 자손을 붙들어" 주려 하셨다(히 2:16). 피 흘림이 없이는 죄 사함이 있을 수 없었고, 하나님께 가까이 나아갈 수도 없었기 때문에(엡 2:13; 히 9:12, 22-23), 그리스도께서는 인간의 죄 사함과 관련해서 아버지 하나님이 정하신 바를 따라서 십자가 위에서 저 저주스러운 죽음을 죽으시기까지 순종하셔야 했고(사 53:5; 갈 3:13; 빌 2:8), 그렇게 자기 자신을 피의 제사로 단번에 온전히 드리심으로써(히 9:14; 10:10, 14) "화평을 이루셨다." 그래서 사도는 "십자가의 피"라는 표현을 통해서, 그리스도께서 아버지 하나님께 온전히 순종하심으로써 얻으신 지극히 온전한 공로를 나타낸다(골 2:14; 롬 3:25; 5:10; 엡 2:16; 히 9:12).

그로 말미암아. 오직 그리스도만이 인간에 대하여 노하신 아버지 하나님의 요구사항들을 충족시키실 수 있으셨다. 하나님의 원수들인 사람들을 하나님과 화목하게 하여 화평함을 이루는 데에는 피가 반드시 필요하였는데, 천사들은 피를 흘릴 수 없었다. 거짓 사도들은 천사들을 숭배하라고 사람들을 유혹하지만, 천사들에게 복종하는 것은 그 어떤 공로도 될 수 없는 무가치한 행위일 뿐이다.

만물이 … 그로 말미암아 자기와 화목하게 되기를. 하나님께서는 성부 하나님, 그리고 결과적으로 삼위일체 하나님 전체에 대하여 속죄가 이루어지게 하고자 하셨는데, 그 일을 그리스도께 맡기셨다. 왜냐하면, 그리스도 안에는 "모든 충만"이 거하고 있었던 까닭에, 하나님으로부터 떠난 자들의 적대감을 제거하여 다시 하나님의 은총을 받게 하는 저 심오한 사역을 수행함에 있어서, 그리스도는 아버지 하나님의 요구와 의도에 꼭 부합하는 존재이셨기 때문이다(사 42:1, 4, 6; 히 9장). 사도는 여기에서 "모든 사람들"이라고 말하는 것이 아니라 "만물"이라고 말하고 있기 때문에, 이 화해 사역의 범위에 관한 문제가 첨예한 문제로 등장하였다. 실제로, 사도는 이러한 화목이 오직 하나님이자 사람이신 그리스도에 의해서 가능하다는 것을 보여 주기 위해서(행 4:12), "그로 말미암아"라는 어구를 다시 한 번 강조해서 반복하고, "만물"이라고 말한 후에 "땅에 있는 것들이나 하늘에 있는 것들"이라는 어구를

덧붙이고 있다. 우리는 사도가 여기에서 말한 "만물"을 다음 둘 중 하나로 이해할 수 있을 것이다:

(1) 첫 번째는 "만물"의 범위를 사도가 여기에서 다루고 있는 주제에 맞춰서 제한적으로 해석해서, 그리스도를 머리로 한 보편 교회를 가리키는 것으로 보는 것이다. 이렇게 본다면, 사도는 여기에서 절대적인 의미에서의 모든 "만물"을 말하고 있는 것이 아니라, 21절에서 말하고 있는 주제, 즉 죄악으로 말미암아 하나님으로부터 떠나 원수가 되어 있는 모든 사람들을 말하고 있는 것이 된다. 즉, 그리스도께서는 만물을 창조하신 분이시지만(골 1:16), 여기에서는 사도가 그 만물 중에서 하나님과의 화목이라는 주제와 관련되어 있는 모든 존재들, 즉 옛적에 장차 오실 메시야에 대한 소망 가운데서 먼저 천국에 간 사람들이든, 지금이나 장래에 거기로 갈 사람들이든 실제적으로 그리스도의 나라의 신민들이 될 모든 사람들을 "만물"로 지칭하고 있다는 것이다(행 15:11; 롬 3:25; 엡 3:15; 히 11:39-40; 12:23). 하지만 어떤 해석자들은 그러한 설명은 사도가 여기에서 이 화해 사역의 대상을 장엄하고 웅장하게 표현하고 있는 것과 잘 부합하지 않는다고 생각한다. 또한, 성경에서 "하늘에 있는 것들"이라고 말할 때, 그것은 하늘을 자신들의 처소로 삼고 있는 천사들과 하나님의 은혜로 말미암아 온전하게 되어서 천국에 가 있는 의인들의 영들을 의미하는 것이 보통이라는 것도, 이러한 해석에 걸림돌로 작용한다.

(2) 두 번째는 화해 사역을 좀 더 근본적으로 바라보아서, 사도가 여기에서 말한 "만물" 속에는 교회만이 아니라 선한 천사들도 포함된다고 보고, 여기에 나오는 화해 사역을 좀 더 넓게 해석해서, 만물을 새롭게 하는 것을 가리키는 것으로 보는 것이다. 실제로 사도는 이 문제를 여기에서는 압축적으로 간략하게 다루고 있지만, 이 문제를 좀 더 자세하게 다루고 있는 에베소서에서는 화해 사역을 그렇게 보고 있다. 즉, 여기에서 사도는 하나님께서는 그리스도로 말미암아 자신의 원수들이 된 사람들과 화목하게 되시고, 그것을 토대로 해서, 땅에 있는 것이든 하늘에 있는 것이든 모든 피조물들을 그리스도를 머리로 해서 하나로 재편하고 통일하고자 하시는 계획을 갖고 계신다고 말하고 있다는 것이다. 그렇게 되었을 때, 사분오열되어 있던 만물은 그리스도로 말미암아 하나님과 화목하게 되어서, 그리스도를 중심으로 하나님의 나라에서 화평을 이루게 되었는데, 하나님께서는 곤경에 빠져 있던 사람들을 자기와 화목하게 하시고, 거룩한 천사들도 거기에 합류하게 하셔서, 사람들과 천사들로 하여금 그리스도를 동일한 머리로 섬기게 하심으로써 그 일을 이루셨

다. 사실, 천사들은 이 땅에 육체로 오신 그리스도를 경배하였고(골 2:10; 엡 1:22), 장차 이 땅에 다시 오실 때에도 그리스도를 경배하게 될 것이다(눅 2:13-14; 히 1:6). 사람들은 믿음으로 그리스도와 연합하지만, 천사들은 그리스도가 어떤 분이신지를 보고서 알기 때문에 그리스도를 자신들의 머리로 여긴다(딤전 3:16). 하지만 천사들에게는 그리스도는 자신들의 구속주이신 것은 아니다(골 1:14; 엡 1:3). 그리스도는 천사들의 본성에 참여하지도 않으셨고, 천사들이 믿는 자들처럼 그리스도의 지체들인 것도 아니다(마치 하나님은 그리스도의 머리이시지만, 그리스도는 하나님의 지체이신 것이 아닌 것과 마찬가지로. 고전 11:3). 믿는 자들과 그리스도의 관계는 정사들이나 권세들 같은 천사들과 그리스도의 관계보다 훨씬 더 특별하다(엡 5:23, 30-31). 하지만 천사들은 어쨌든 타락의 가능성이 있었기 때문에, 그럴 가능성을 미리 차단하는 예방 차원에서 하늘에 있는 것들과 관련한 화해 사역이 필요하였고, 그런 까닭에 그들이 타락하지 않고 순수함을 지키기 위해서, 전에는 타락한 인류의 친구로 지낼 수 없었지만(창 3:24), 그들의 주이신 그리스도께서 대속을 이루시자, 인류에 대한 천사들의 거부감도 제거되어서, 이제는 그리스도로 말미암아 하나님과 화목하게 된 자들과 그리스도 안에서 함께 할 수 있게 된 것으로 보인다(엡 1:10). 천사들은 그리스도께서 저 잃어 버린 자들을 찾으러 이 땅에 오셨을 때, 그리스도를 즐거워하고 기뻐하며 지존자이신 하나님께 영광을 돌렸을 뿐만 아니라, 하나님의 명에 따라 그들을 섬기고 있다(히 1:14, "모든 천사들은 섬기는 영으로서 구원 받을 상속자들을 위하여 섬기라고 보내심이 아니냐"). 이렇게 천사들은 화해 사역을 기뻐하고(엡 3:10; 벧전 1:12), 믿는 자들을 섬기는 일을 하며(계 19:10; 22:9), 복음의 일을 돕고(행 8:26), 복음의 사역이 열매를 맺었을 때에 기뻐하며(눅 15:10), 온전하게 된 자들을 그들의 거처인 곳(눅 16:22), 곧 "하늘의 예루살렘"과 "하늘에 기록된 장자들의 모임"(히 12:22-23)으로 데려다 준다. 또한, 성경의 전형적인 묘사들에 의하면(출 25:19; 26:1; 왕상 6:23, 29), 천사들은 하늘에서 자신들과 같이 된 성도들과 더불어서(마 22:30; 막 12:25), 보좌에 앉으신 그리스도를 모시는데, 거기에 그리스도께서는 "인자"로서 앉아 계시고, 거룩한 천사들은 끊임없이 인자 위로 오르락내리락한다(요 1:51). "만물 안에서 만물을 충만하게 하시는 이"(엡 2:13, 16)이신 그리스도께서는 자신의 다른 나머지 신민들과 마찬가지로 천사들도 충만하게 하신다.

따라서 이 문제와 관련해서, 이 본문이 "하늘에 있는 것들"에 대한 그리스도의 화해 사역을 말하고 있는 것은 에베소서 1:9-10에서 "하늘에 있는 것이나 땅에 있는 것이 다 그리스도 안에서 통일되게 하려 하심이라"고 말한 것이나, 에베소서 2:13, 16에서 "이제는 전에 멀리 있던 너희가 그리스도 예수 안에서 그리스도의 피로 가까워졌느니라"고 말하고 "십자가로 이 둘을 한 몸으로 하나님과 화목하게 하려 하심이라"고 말한 것과 대체로 부합하는 것으로 보인다. 사도는 에베소서에서는 13절에는 먼저 "그리스도의 피로"라고 말하고, 나중에 16절에 가서 "십자가로"라고 말한 반면에, 여기에서는 그 둘을 합쳐서 "그의 십자가의 피로"라고 말하고, 에베소서에서는 "화목하게 하다"를 헬라어로 단순 동사로 표현한 반면에, 여기에서는 복합동사로 표현한다. 또한, 사도는 거기에서는 "이 둘을 하나님과 화목하게 하려 하심이라"고 표현한 반면에, 여기에서는 "만물을 자기[즉, 하나님]와 화목하게 되기를 기뻐하심이라"고 표현한다. 에베소서 2:13, 16에서는 오직 이 땅에 있는 사람들이 하나님과 화목하게 된 까닭에 서로 간에도 화목하게 된 것에 대해서만 말하고 있지만, 에베소서 1:10에서는 여기에서와 마찬가지로 "하늘에 있는 것이나 땅에 있는 것," 즉 "만물"이 하나님과 화목하게 된 것에 대해서 말하고 있기 때문에, 우리가 여기에서도 "만물"에 천사들을 포함시킨다면, 이 본문은 사도가 에베소서 1:10에서 말한 것과 동일한 것을 말한 것이 된다. 또한, 모든 피조물은 인간의 죄악으로 인해서 현재 원래의 질서를 상실하고 혼돈에 빠져 있고 허무함에 종속되어 있기 때문에, 이 은혜의 화해 사역이 온전히 열매를 맺어서, 자신들이 온전히 질서를 회복해서, 만물 안에서 만물을 충만하게 하시는 자에게 제대로 영광을 돌릴 수 있게 되기를 간절히 바라고 있다는 것도 우리가 이 본문에 언급된 화해 사역을 넓게 해석해야 할 이유가 될 것이다(롬 8:19-23; 고전 15:58).

21. 전에 악한 행실로 멀리 떠나 마음으로 원수가 되었던 너희를.

전에 … 멀리 떠나 … 원수가 되었던 너희를. 이 절의 처음에 나오는 불변화사 "그리고"는 히브리식 표현으로서 "그러므로"라는 의미이다. 따라서 여기에서 사도는 골로새 교인들이 자기가 앞에서 말한 내용들과 가르침들을 토대로 해서, 그들이 복음으로 말미암아 실효적으로 부르심을 받기 전에는, 하나님과 하나님을 기쁘시게 하는 것들로부터 "멀리 떠나," 다른 사람들과 마찬가지로 타락하고 부패한 본성을 따라 비참한 삶을 사는 상태 가운데 있었다는 결론을 이끌어 내도록 만든다. 시편 5:9; 로마서 6:19; 고린도전서 6:11; 에베소서 2:1, 3, 11-12을 보라. 그들은 단지 외적인 행실에 있어서 참 하나님과 아무런 교제가 없었던 것이 아니라, 내적으로도 하나님을 "원수"로 여기고 미워하였고, 하나님께서도 그들을 자신의 원수들로 여기시고서 미워하셨다. 그들이 좋아하거나 싫어하는 것들은 하나님이 원하시는 것과 정반대였고, 하나님의 계시된 뜻과 반대되는 것이었다(요 15:18, 21; 롬 1:29-30; 5:10; 8:7; 약 4:4).

악한 행실로 … 마음으로. 그들은 하나님의 성령에 속한 영적인 일들을 받을 수 없고 이해할 수 없었기 때문에(고전 2:14), 그들의 마음이나 생각, 또는 그들의 육신적인 추론은 하나님에 대한 그러한 적대감이 지배하고 있었다. 이렇게 그들의 심령의 주된 기능이 어두워져 있어서(엡 4:18), 하나님에 대한 적대감으로 물들어 있었기 때문에, 그들은 하나님의 법에 굴복할 수 없었고(롬 8:7), 그들의 부패하고 타락한 추론의 지배 아래에서 악한 길로 달려가는 데 몰두하느라고(창 6:5), 하나님과 화평하게 되는 일에 대해서는 생각조차 하지 않았다.

22. 이제는 그의 육체의 죽음으로 말미암아 화목하게 하사 너희를 거룩하고 흠 없고 책망할 것이 없는 자로 그 앞에 세우고자 하셨으니.

이제는 … 화목하게 하사. 하나님의 긍휼하심은 제한이 없으셨기 때문에, 하나님께서는 그들이 죄인들로 있는 동안에 그들을 부르셔서 자기와 화목하게 하셨다(롬 5:10). 그러한 "화목"은 이전이 아니라 "이제" 그들에게 주어졌고, 하나님의 작정하심 가운데서 영원 전에 주어진 것이 아니라, 그리스도께서 십자가 위에서 죽셨을 때에 값없이 거저 그들에게 주어졌다(고후 5:19). 사도가 여기에서 "화목하게 하셨다"는 것은, 단지 그리스도께서 하나님과 우리의 화해를 이루는 데 꼭 필요하였던 일, 즉 하나님의 진노를 제거하는 일을 하셨다는 것만을 의미하는 것이 아니라, 하나님과 우리를 화목하게 하신 그리스도의 사역이 시간상에서 이루어졌을 때, 그 일이 효력을 발휘해서(고후 5:20) 실제로 우리 속에 있던 하나님에 대한 적대감이 제거된 것까지를 포괄하는 의미를 지닌다.

그의 육체의 죽음으로 말미암아. 그리스도께서 그들을 하나님과 화목하게 하는 길을 열어 놓으실 때에 사용하신 수단은 그리스도께서 입으셨던 저 육체(가상의 몸이 아니라)를 하나님께 제물로 드리는 것이었고, 그들이 이것을 믿음으로 받아들였을 때, 그리스도께서 드리신 화목제사는 실제로 구체적으로 효력을 발휘하였다(골 1:4). 이것은 그리스도께서 고난을 당하시고 십자가 위에서 죽으시기 위하여, 우리와 똑같이 유한한 목숨을 지닌 육체를 입으셨기 때문에 가능하였는데(고후 5:14; 빌 2:16; 히 10:5, 10; 벧전 2:24; 3:18), 이 육체는 그리스도께서 부활하신 후에 입게 되신 저 영원히 죽지 않는 신령한 몸과 다른 것이었다(롬 5:10; 고전 15:44, 53). 그리스도의 죽음은 단지 우리의 유익을 위한 것이었던 것이 아니라, 우리를 대신하여 자기 자신을 하나님께 드려서 하나님의 공의를 만족시킨 것이었고, 그리스도의 희생제사는 우리를 위하여 자기 자신을 드리신 것이었기 때문에, 하나님 앞에서 "향기로운 제물과 희생제사"였다(엡 5:2).

너희를 거룩하고 흠 없고 책망할 것이 없는 자로 그 앞에 세우고자 하셨으니. 그들은 전에는 그들 자신을 거룩하게 만들어서 하나님 앞에 설 수 있게 할 수 없었지만, 그리스도께서는 그들을 위하여 하나님 앞에 드리신 자신의 희생제사로 말미암아 그들을 거룩한 자로 하나님 앞에 설 수 있게 하셨다. 즉, 그리스도께서는 자신의 "육체"라는 "휘장 가운데로 새로운 살 길"을 열어 놓으셨기 때문에, 그들은 "예수의 피를 힘입어 성소에 들어갈 담력을 얻었고"(히 10:19-20), 하나님께서는 그런 그들을 그리스도의 육체라는 휘장을 통해서 바라보시기 때문에, 점이나 흠이나 주름진 것이 없는 자들로 보신다. 에베소서 1:4; 5:27을 보라. 사도는 고린도전서 1:30에서 "너희는 하나님으로부터 나서 그리스도 예수 안에 있고 예수는 하나님으로부터 나와서 우리에게 지혜와 의로움과 거룩함과 구원함이 되셨으니"라고 말한다. 그리스도는 골로새 교인들의 "의로움과 거룩함"이셨고, 그들은 "주 예수 그리스도의 이름과 우리 하나님의 성령 안에서 씻음과 거룩함과 의롭다 하심을 받은"(고전 6:11) 자들이 되었다. 그리스도의 화목하게 하시는 사역의 목적은 새롭게 회복되는 것 또는 거룩하게 되는 것이다(눅 1:74-75; 고후 5:15; 딛 2:14; 벧전 2:24). 사도는 히브리서 13:21에서 "모든 선한 일에 너희를 온전하게 하사 자기 뜻을 행하게 하시고"라고 말하였듯이, 그리스도께서는 골로새 교인들을 모든 선한 일에서 온전하게 만들고자 하신다고 말하는데, 믿는 자들은 그런 식으로 모든 일에서 하나님의 뜻을 행해 나가다 보면, 그들의 온전함의 정도는 점점 더 깊어져가게 된다(고전 13:10; 엡 4:13; 빌 3:11-12).

23. 만일 너희가 믿음에 거하고 터 위에 굳게 서서 너희 들은 바 복음의 소망에서 흔들리지 아니하면 그리하리라 이 복음은 천하 만민에게 전파된 바요 나 바울은 이 복음의 일꾼이 되었노라.

만일 너희가 믿음에 거하고 터 위에 굳게 서서. 여기에서 "만일"은, 믿는 자들이 계속해서 믿음에 거하는 것이 순전히 그들 자신의 자유의지에 달려 있다거나, 믿는 자들이 끝까지 믿음을 지켜서 구원을 받는 것이 어려울 수 있다는 육신적인 의심을 나타내는 것이 아니고(벧전 1:5), 단지 그들 가운데 있는 거짓 교사들의 미혹으로 인해서 그들 모두가 기존의 건전한 믿음을 그대로 유지하지 않고 그 믿음에 대하여 의심을 품을 수 있는 가능성이 얼마든지 있는 상황에서, 그들이 전에 듣고 믿었던 바로 그 믿음을 진정으로 지켜 나가기만 한다면, 그들은 하나님과 화목된 관계 속에 있는 것이라고 말하는 것이다. 따라서 사도는 마치 견고한 "터" 위에 지어진 집과 뿌리를 깊게 잘 내린 나무만이 무너지지 않고 제대로 설 수 있는 것과 마찬가지로(엡 3:17-18; 히 13:9), 골로새 교인들도 자신들의 믿음이 제대로 된 "터" 위에 견고히 세워진 것이 확인된 경우에만 진정으로 하나님과 화평한 관계를 누릴 수 있기 때문에(마 13:23; 롬 5:1), 그들 자신의 믿음이 과연 그러한지를 검증해 보라고 권하고 있는 것이다.

너희 들은 바. 골로새 교인들이 전에 복음 사역자들로부터 들었던 것은, 사람들의 마음으로 하여금 생각이 많게 하고 불안하게 만드는 헛된 철학들이 아니라, 그리스도의 분명하고 확실한 가르침들이었다(골 1:7). 복음의 소망에서 흔들리지 아니하면 그리하리라. 믿음의 뿌리를 내리지 못하고 일시적으로 믿은 자들(눅 8:13)이나, 복음 위에 제대로 닻을 내리지 않아서 "온갖 교훈의 풍조에 밀려 요동하는" 자들(엡 4:14)은 복음이 우리 앞에 제시한 저 영생에 대한 소망에서 떨어져 나가게 된다. 하지만 영생에 대한 달콤한 약속들은 "사도들과 선지자들의 터 위에 세워진" 것으로서(엡 2:20) 확실하고 분명한 것이다(히 6:18-19).

이 복음은 천하 만민에게 전파된 바요. 신실한 사도들은 그리스도의 지상명령에 따라 하늘 아래에 있는 모든 피조물, 즉 이 땅에서 살아가는 이성적인 존재들인 모든 사람들 또는 온 세계의 열방에 복음을 전하였다(골 1:6; 마 28:19; 막 16:15). 여기에서 "만민"으로 번역된 "피조물"은 히브리어에서 "사람"이라는 특수한 것을 좀 더 포괄적인 "피조물"이라는 명사를 사용해서 나타낸 환칭(antonomasia) 또는 제유법적 표현이다. 또한, "만민에게"로 번역된 어구는 헬라어 본문에는 "모든 피조물 안에서"로 되어 있기 때문에, 거기에서 "모든 피조물"은 유대 땅과 대비되는 곳으로서의 온 세계, 즉 당시에 헬라인들과 로마인들이 알고 있던 땅 중에서 유대 땅을 제외한 모든 지역들을 가리키는 것일 수도 있다. 성경에서 "피조물"이라는 표현은 종종 온 세계를 가리키는 데 사용된다(롬 8:19-21). "천하"는 "만민"을 강조하기 위해서 중복적으로 사용된 어구이다(행 4:21, "천하 사람 중에").

나 바울은 이 복음의 일꾼이 되었노라. 사도는 자기가 앞에서 말한 것들을 골로새 교인들에게 좀 더 분명하게 확증하기 위해서, 자기도 이 화해의 복음이 온 세계에 전파되기 시작할 때에 즉시 그 일을 하도록 부르심을 받아서(갈 1:1), 특히 이방인들 중에서 복음을 전파하는 일꾼이 되도록 부르심을 받았다는 말을 덧붙인다(딤전 1:11). 사도는 고린도후서 5:19에서 "하나님께서 그리스도 안에 계시사 세상을 자기와 화목하게 하시며 그들의 죄를 그들에게 돌리지 아니하시고 화목하게 하는 말씀을 우리에게 부탁하셨느니라"고 말한다.

24. 나는 이제 너희를 위하여 받는 괴로움을 기뻐하고 그리스도의 남은 고난을 그의 몸된 교회를 위하여 내 육체에 채우노라.

나는 이제 너희를 위하여 받는 괴로움을 기뻐하고. 사도는 자기가 지금 복음으로 인해서 겪고 있는 여러 가지 괴로움들을 기뻐하고 있는 것이 자기가 복음 사역으로 부르심을 받았음을 확증해 주는 것이라고 말하면서, 자기는 자기가 그들에게 전한 복음의 교훈을 온 몸으로 증언하고 인치기 위해서, 그들을 위해 기꺼이 십자가를 기쁨으로 지고 있기 때문에, 그들은 자기가 고난을 겪고 있는 것으로 인해서 낙심할 필요가 없다고 말한다(계 5:2-3; 고후 7:4). 빌립보서 1:14("형제 중 다수가 나의 매임으로 말미암아 주 안에서 신뢰함으로 겁 없이 하나님의 말씀을 더욱 담대히 전하게 되었느니라"), 20; 2:17-18("만일 너희 믿음의 제물과 섬김 위에 내가 나를 전제로 드릴지라도 나는 기뻐하고 너희 무리와 함께 기뻐하리니 이와 같이 너희도 기뻐하고 나와 함께 기뻐하라")을 보라. 유대인들은 바울이 헬라인들을 비롯한 이방인들과 교제한다는 이유로 그를 미워하고 박해하였고, 그러한 유대인들의 모함으로 죄수의 몸이 되어 로마로 호송되어 갇혀 있게 되었다(골 2:1; 4:3, 18; 행 21:28-29; 26:17-18; 엡 3:1). 하지만 사도는 구금이 되어 있는 상태에서도 사도로서의 자신의 직무를 중단하지 않았고, 로마에서 사람들에게 복음을 전하고 가르쳤을 뿐만 아니라(행 5:41; 딤후 2:10), 자기가 세운 교회들에 속한 신자들의 영혼을 돌보고(고후 12:15), 그들의 덕을 세우며 그들을 위로하는 데 힘을 쏟았다(고후 1:6-7; 빌 1:13-14).

채우노라. 이 절의 후반부에 나오는 계사 "그리고"는 이유를 나타낸다. "채운다"는 것은 단순히 사도가 교회를 위하여 고난을 받는다는 의미인 것이 아니라, 그리스도께서 사도를 위하여 고난 받으신 것처럼, 이제는 사도가 그리스도를 위하여 고난 받을 차례라는 의미를 담고 있다. 즉, 사도는 이렇게 말하고 있는 것이다: 그리스도께서는 나를 속량하시기 위하여 반드시 필요해서 고난을 받으셨는데, 이제는 내가 빌립보서 1:29에서 "그리스도를 위하여 너희에게 은혜를 주신 것은 다만 그를 믿을 뿐 아니라 또한 그를 위하여 고난도 받게 하려 하심이라"고 말한 것처럼, 그리스도의 영광을 위하여 고난을 받을 차례이다. 그리스도께서 자신의 십자가를 지심으로써 그 피로 나를 사셨듯이, 나는 나에게 주어진 싸움들을 싸워 나감으로써 그리스도의 나라와 그 복음에 진보가 있게 하고 있다.

그리스도의 남은 고난을 … 내 육체에. 한 박식한 해석자는 이 어구를 "그리스도를 위한 고난들과 관련하여 남아 있는 것을 내 육체에"로 번역한다. 하지만 우리가 이 문제를 좀 더 분명하게 살펴본다면, 우리의 번역을 그대로 유지하는 것이 옳을 것이다. 왜냐하면, 바울이 고난을 자기 육체에 채운다는 것을 다음과 같이 두 가지로 생각해 볼 수 있기 때문이다: (1) 먼저, 그리스도와 관련해서, 사도는 여기에서 그리스도께서 성육신하셔서 이 땅에 계시는 동안에 친히 그 몸으로 당하신 고난을 말하고 있는 것이 아니다. 왜냐하면, 바울을 비롯해서 신약의 그 어떤 기자도 그리스도께서 하나님의 진노를 가라앉히고 하나님의 공의를 만족시키기 위하여 받으신 고난들(sufferings)을 표현할 때에 여기에 나오는 "환난들"(afflictions, 한글개역개정에는 "고난"으로 번역되어 있지만 헬라어 본문에는 이렇게 되어 있다 — 역주)이라는 용어를 사용하지 않기 때문이다. 또한, 그리스도께서는 십자가 위에서 숨을 거두실 때에 친히 우리를 위한 구원 사역을 온전히 그리고 남김 없이 다 이루셨고(요 19:30, "예수께서 신 포도주를 받으신 후에 이르시되 다 이루었다 하시고 머리를 숙이니 영혼이 떠나가시니라"; 골 1:13, 22), 그리스도께서 그 때에 못 다 겪으신 고난이 아직 남아 있는 것이 아니기 때문에, 믿는 자들은 그리스도의 남은 고난을 채울 의무를 부여받고 있지 않다(롬 6:9-10; 히 10:14, "그가 거룩하게 된 자들을 한 번의 제사로 영원히 온전하게 하셨느니라"). 따라서 우리가 여기에 생각할 수 있는 것은, 베드로전서 2:21에서 "그리스도도 너희를 위하여 고난을 받으사 너희에게 본을 끼쳐 그 자취를 따라오게 하려 하셨느니라"고 말하고 있는 것처럼, 바울은 자기가 그리스도의 "본"을 따라 고난을 받고 있다고 생각했다는 것이다: 그리스도께서는 나의 구원을 위하여 고난을 받으신 것과 마찬가지로, 나도 그리스도를 본받아 그리스도의 복음과 그의 영광을 위하여 기쁜 마음으로 고난을 받고 있다.

(2) 다음으로 사도 자신과 관련해서 생각해 볼 때, 사도가 여기에서 한 말의 의미는 이런 것이다: 나는 그리스도와의 영광스러운 교제 가운데서 그리스도의 이름을 위하여 많은 고난을 받아 왔듯이(고후 1:5; 갈 6:17; 딤후 1:8, 10), 그리스도의 신비

의 몸의 한 지체로서 내게 맡겨진 고난의 나머지를, 이 신비의 몸의 머리이신 그리스도의 본을 따라 채워 나가고 있다(롬 8:18; 벧전 4:13). 하나님께서는 우리의 머리 되시는 그리스도께서 어떠한 고난을 겪으셔야 할지를 미리 정하셨던 것처럼(행 4:28; 벧전 1:20) "세상에 있는" 우리 "형제들"에게도 어떤 때에 어느 정도로 고난을 겪게 하실 지를 정하시고(벧전 5:9) 그 계획을 이루어 가고 계시는데, 나는 우리 형제들이 겪게 되어 있는 바로 그 동일한 고난 속에서 내게 할당된 몫의 고난을 나의 현재의 고난 가운데서 조금씩 채워 나가고 있다. 이렇게 하나님께서는 그리스도의 모든 지체들로 하여금 그리스도의 장성한 분량까지 온전히 자라갈 때까지 각자에게 주어진 고난을 감당하게 하신다(빌 3:10, 12, 21). 따라서 그리스도인들이 그리스도의 지체로서 겪는 이러한 고난들은 두 가지 이유에서 "그리스도의 고난"이라고 말할 수 있을 것이다. 첫 번째는 그들이 겪는 고난들은 그리스도와 그의 복음과 그의 영광을 위한 것들이기 때문에, 그것들은 그들이 그리스도의 권속이자 제자들임을 나타내는 증표로서, 그리스도의 고난이라고 할 수 있기 때문이다(갈 6:17; 히 11:26). 두 번째는 그들이 받는 고난들은 머리와 지체들 간의 연합으로 인한 고난들이기 때문이다(고전 12:12). 머리와 지체들은 서로 하나가 되어서 온전한 몸을 이루고 있는 까닭에, 지체들이 고난을 당할 때, 그리스께서도 그들과 함께 아파할 수밖에 없고, 따라서 그들의 고난은 그리스도의 고난이 된다(행 9:4, 16). 그런 그리스도께서는 자신에게 주어진 고난들을 육체로 계실 때에 다 남김없이 겪으셨기 때문에, 사도가 여기에서 말하는 믿는 자들의 고난은 단지 육체를 지니고 있는 동안에만 지속될 뿐이다. 그러므로 믿는 자들은 죽고 나서 연옥에서 겪게 될 고난이 남아 있지는 않을까 하고 염려할 필요가 전혀 없다.

그의 몸된 교회를 위하여. 바울은 자기가 고난을 겪고 있기는 하지만, 자기가 기쁜 마음으로 힘을 내서 그 고난을 기꺼이 감당할 수 있게 해 주는 또 한 가지 이유가 있음을 밝히는데, 그 이유는 자기가 감당하는 고난들이 그리스도의 신비의 몸인 온 교회에 유익이 된다는 사실이다(골 1:18). 이러한 사실은 사도가 겪는 지독하게 쓴 환난들을 달콤하게 느끼게 해줄 수 있는 것이었다. 왜냐하면, 바울의 고난들은 그들의 믿음을 더욱 견고하게 해 주었을 뿐만 아니라, 그들의 덕을 세우고 그들을 위로해 주었기 때문이다. 사도는 디모데후서 2:10에서 "내가 택함 받은 자들을 위하여 모든 것을 참음은 그들도 그리스도 예수 안에 있는 구원을 영원한 영광과 함께 받게 하려 함이라"고 밝힌 것처럼, 자신의 고난이 믿는 자들에게 힘을 주어서 복음의 진리 위에 더욱 견고하게 설 수 있게 해 주었기 때문에, 그러한 고난들을 기쁨으로 감당할 수 있었다(빌 1:12-14).

교황주의자들은 이 본문을 근거로 삼아서, 사도 바울은 자신의 고난들을 통해서 다른 신자들의 죄를 보속함으로써, 이 세상에서 신자들이 받게 되어 있는 벌들을 보속해 주는 교회의 권능에 기여하였다고 주장하지만, 그런 주장은 전혀 근거 없고 터무니없는 것이다. 사도는 자기가 교회의 덕을 세우기 위해 고난들을 감당하였다고 말하는데, 거기로부터 사도가 교회의 죄들을 보속하였다는 결론을 이끌어 내는 것은 미개하기 짝이 없는 짓이다. 사도는 "내가 너희 영혼을 위하여 크게 기뻐하므로 재물을 사용하고 또 내 자신까지도 내어 줄" 마음이 있다고 말하였지만(고후 12:15), 고린도 교인들이 자기를 그들 중의 한 파당의 우두머리로 내세우는 잘못을 범하고 있는 것을 지적하면서, "바울이 너희를 위하여 십자가에 못 박혔느냐"고 그들을 질책한다(고전 1:13). 바울의 고난들이 보속적인 성격을 지니고 있다고 말하는 것은 그리스도의 십자가의 공로를 폄하하는 것이다. 잠언 20:9에서 "내가 내 마음을 정하게 하였다 내 죄를 깨끗하게 하였다 할 자가 누구냐"고 말하고 있듯이, 그리스도 외에는 인간 중에 죄 없는 자가 아무도 없었기 때문에, 하나님이신 그리스도께서 인간을 대속하시기 위하여 친히 십자가를 지셔야 했고, 그리스도의 희생제사가 우리의 "양심을 죽은 행실에서 깨끗하게 하고 살아 계신 하나님을 섬기게" 할 수 있었던 것은 그것이 "영원하신 성령으로 말미암아 흠 없는 자기를 하나님께 드린 그리스도의 피"의 제사였기 때문이었다(히 9:14). 그리스도께서는 십자가 위에서 자신의 육체로 믿는 자들의 죄들을 친히 남김없이 다 짊어지셨기 때문에, 인류의 대속과 구원을 위해서 달리 보완하거나 보충해야 할 것은 아무것도 남아 있을 수 없었다(요 1:29; 히 1:3, 8; 벧전 2:24; 요일 2:2). 인간의 구원을 위해서는 그리스도의 고난 외에도 그것을 보충할 수 있는 인간의 보속이 필요하다고 주장하는 것은 여기에서 사도가 말하고자 하는 주된 취지를 정면으로 부정하는 것이다(골 1:12-14, 20-22). 사도는 자기가 그리스도 "안에서 발견되려 함이니 내가 가진 의는 율법에서 난 것이 아니요 오직 그리스도를 믿음으로 말미암은 것이니 곧 믿음으로 하나님께로부터 난 의라"(빌 3:9, 12)고 말함으로써, 자기가 구원받기 위해서 스스로 보속할 필요가 있다는 주장을 일축하고, "내가 그리스도를 위하여 약한 것들과 능욕과 궁핍과 박해와 곤고를 기뻐한다"고 해도(고후 12:10), 그것은 "각각 자기의 짐을 지는"(갈 6:5) 것일 뿐임을 보여 준다.

25. 내가 교회의 일꾼 된 것은 하나님이 너희를 위하여 내게 주신 직분을 따라 하나님의 말씀을 이루려 함이니라.

내가 교회의 일꾼 된 것은. 사도는 위의 23절에서 "나 바울은 이 복음의 일꾼이 되었노라"고 말했던 것처럼, 여기에서는 자기가 어떠한 신분이나 지위를 가지고서 교회를 위하여 고난을 감당하고 있는지를 보여 준다. 즉, 자기는 교회에 속한 지체들의 대속을 위하여 아직 남아 있는 속전을 치르기 위하여 고난을 감당하고 있는 것이 아니라(옛 교부들 중 한 사람은 이렇게 주장하였다), 교회의 "일꾼"으로서 복음의 교훈을 전하고 가르침과 아울러 그리스도와 그의 복음을 위하여 고난을 감당하고 있는 것임을 분명하게 밝히는데, 우리는 여기에서 "일꾼"을 이 단어의 일반적인 의미를 따라 주인의 뜻을 따라 섬기고 봉사하는 일을 하는 자라는 의미로 해석하여야 한다. 사도는 고린도후서 5:18에서 "모든 것이 하나님께로서 났으며 그가 그리스도로 말미암아 우리를 자기와 화목하게 하시고 또 우리에게 화목하게 하는 직분을 주셨으니"라고 말한 것처럼, 자신의 사도직을 교회를 주관하는 직분이 아니라 하나님의 명을 받아 교회를 섬기는 직분이라고 보았다. 사도가 그리스도로부터 직접 그의 사도라는 놀라운 직분으로 부르심을 받은 것은 사실이지만, 그리스도께서 베드로를 비롯한 여러 사도들에게 섬기는 자들이 되라고 명령하신 것(마 20:26)을 기억하고서, 그리스도의 기업인 교회를 주관하려고 하지 않았고(고후 1;24; 벧전 5:1-3), 도리어 자신의 특별한 부르심에 합당하게 섬기는 일꾼과 증인이 되고자 하였다(행 26:16). 사도는 다른 곳들에서 자기가 "하나님의 일꾼"(고후 6:4; 살전 3:2), 새 언약과 복음과 말씀과 화해 사역의 일꾼(행 6:4; 고후 3:6; 5:18-19; 엡 3:7), 예수 그리스도의 일꾼(롬 15:8; 고전 4:1; 엡 6:20; 딤전 4:6)이라고 말하고 있듯이, 여기에서는 머리 되시는 그리스도와 그의 몸인 교회 간의 연합을 염두에 두고서, 자신을 "교회의 일꾼"으로 자처한다 — 오늘날에 낮은 지위에 있는 사람들 중에는 자기가 이런 식으로 불리는 것을 좋아하지 않는 사람들도 있다.

하나님이 너희를 위하여 내게 주신 직분을 따라. 사도는 하나님의 뜻과 경륜을 따라 교회를 박해하던 자에서 복음을 전하고 교회를 섬기는 일꾼으로 부르심을 받았는데(행 9:15-16; 고전 4:1; 고후 5:19; 엡 1:1), 하나님께서는 사도를 특히 이방인들의 사도로 세우셔서 이방인들 가운데로 보내셨고, 골로새 교인들은 이방인들이었기 때문에, 사도가 "이 복음을 위하여 그의 능력이 역사하시는 대로" 자기에게 주신 "하나님의 은혜의 선물을 따라 일꾼이 된"(엡 3:7) 것은 골로새 교인들을 위한 것이

기도 하였다. 하나님의 말씀을 이루려 함이니라. 하나님께서 사도를 교회의 일꾼으로 세우신 것은 하나님의 말씀을 로마에 있는 사람들을 비롯한 여러 사람들 가운데서와 마찬가지로 골로새 사람들 가운데서도 전하게 하심으로써(롬 15:19), 복음이 이방인들 가운데서 전파되고 이방인들이 하나님의 부르심을 받게 될 것이라는 예언을 이루시기 위한 것이고(슥 2:11; 행 22:21; 롬 1:5; 11:13; 딤전 2:7), 사도로 하여금 이방인들 가운데서 구원에 관한 가르침 전체를 온전히 전파하는 일을 죽을 때까지 계속하게 하셔서, 하나님의 말씀을 이루시기 위한 것이었다.

26. 이 비밀은 만세와 만대로부터 감추어졌던 것인데 이제는 그의 성도들에게 나타났고.

이 비밀은 만세와 만대로부터 감추어졌던 것인데. "이 비밀"은 저 거룩한 경건에 관한 비밀을 가리킨다(골 2:2-3; 4:3; 마 13:11; 롬 16:25-26; 고전 2:7; 엡 3:3-4, 6, 8-10). 디모데전서 3:16("크도다 경건의 비밀이여, 그렇지 않다 하는 이 없도다 그는 육신으로 나타난 바 되시고 영으로 의롭다 하심을 받으시고 천사들에게 보이시고 만국에서 전파되시고 세상에서 믿은 바 되시고 영광 가운데서 올려지셨느니라")과 요한계시록 14:6("또 보니 다른 천사가 공중에 날아가는데 땅에 거주하는 자들 곧 모든 민족과 종족과 방언과 백성에게 전할 영원한 복음을 가졌더라")을 보라. "이 비밀"은 "약하고 천박한 초등학문"(갈 4:9)이나 사도가 골로새 교인들에게 피하라고 경고한 "철학과 헛된 속임수"(골 2:8)와 같지 않아서, 구원받는 자들에게 "하나님의 능력"이 되고(롬 1:16; 고전 1:18-19), 창세 전에 하나님 안에 감추어져 있던 "하나님의 지혜"가 된다(고전 1:24; 2:7; 딤후 1:9; 딛 1:2; 벧전 1:20). 하나님께서는 우리의 첫 조상들과 구약 시대에 자기 백성이었던 유대인들에게 이 비밀을 얼핏 보여 주셨지만, 이방인들은 신약 시대가 시작될 때까지 이 비밀을 알지 못하였고, 유대인들 중에서도 다수, 심지어 그들 중에서 박식한 이들까지도 여러 세대 동안 할례 없는 이방인들이 교회 속으로 들어오게 될 줄을 알지 못하였다(행 10:28). 구약의 선지자들은 이 비밀을 알아보려고 애를 썼지만, 이 비밀의 많은 부분은 그들에게도 어둠 속에 있었다(고전 2:9; 벧전 1:10-11). 또한, 이 비밀이 교회를 통해서 드러나기 전에는, 천사들도 이 감추어진 비밀을 알지 못하였다(엡 1:10).

이제는 그의 성도들에게 나타났고. 하지만 이제 하나님께서는 그 비밀들을 계시하시고(단 2:28), 이 문제와 관련해서 자기 속에 품고 계셨던 계획을 아주 분명하게 나타내셨기 때문에, 하나님을 진정으로 경외하는 자들은 그리스도를 통해서 거울을 보는 것처럼 수건을 벗은 얼굴로 하나님의 영광을 볼 수 있게 되었고(마 13:11; 막 4:11; 요 8:47; 15:15; 행 16:14; 고전 2:10, 16; 고후 3:18), 자신들의 구원을 위해 반드시 필요한 모든 것들을 아주 분명하게 알 수 있게 되었다(벧전 2:9).

27. 하나님이 그들로 하여금 이 비밀의 영광이 이방인 가운데 얼마나 풍성한지를 알게 하려 하심이라 이 비밀은 너희 안에 계신 그리스도시니 곧 영광의 소망이니라.

하나님이 그들로 하여금 … 알게 하려 하심이라. 그리스도께서 "천지의 주재이신 아버지여 이것을 지혜롭고 슬기 있는 자들에게는 숨기시고 어린 아이들에게는 나타내심을 감사하나이다 옳소이다 이렇게 된 것이 아버지의 뜻이니이다"(눅 10:21; 마 11:26-27)라고 말씀하신 것과 마찬가지로, 사도는 이 비밀을 나타내신 것이 전적으로 하나님의 선하고 기뻐하신 뜻을 따라 된 것이라고 말함으로써(롬 9:18), 하나님께서 성도들이 이 비밀을 믿게 될 것임을 미리 아시고서, 성도들에게 이 비밀을 받을 만한 어떤 자격이 있는 것을 보시고 그렇게 하신 것이라고 생각하는 자가 아무도 없게 함과 아울러서, 골로새 교인들로 하여금 하나님의 이러한 은혜가 모든 사람에게 주어지는 것이 아님을 깨닫고서, 그들에게 주어진 이 은혜와 특권이 얼마나 소중한 것임을 알게 하고자 하였다. 요컨대, 사도는 사람들이 자기가 앞에서 한 말을 듣고 호기심이 발동해서, 왜 하나님께서는 이 비밀을 좀 더 일찍 나타내셔도 되었을 텐데 그렇게 하지 않으신 것인지, 또는 왜 꼭 그런 식으로만 하셔야 했는지에 대해서 의구심을 갖고 이런저런 온갖 질문들을 제기하는 것을 미리 차단하기 위해서, 하나님께서는 전적으로 자신의 절대주권과 자신의 기쁘신 뜻을 따라 이 비밀을 지금 그들에게 나타내신 것이라고 선언한 것이라는 말이다. 마찬가지로, 사도는 에베소서 1:9에서도 하나님께서는 "그의 기뻐하심을 따라" "그 뜻의 비밀을 우리에게 알리신 것"이라고 말함으로써, 하나님이 이 비밀을 우리에게 나타내실 때가 되었다고 생각하실 때까지는, 이 비밀은 우리에게 허락될 수 없었다는 것을 보여 준다.

이 비밀의 영광이 이방인 가운데 얼마나 풍성한지를. 어떤 이들은 "영광"이 "신비"에 걸리는 것으로 보고서, 여기에서 "비밀의 영광"으로 번역된 어구를 "영광스러운 비밀"로 번역하고, 사도는 이 비밀이 하나님의 영광을 드러내고, 믿는 자들에게 영광을 약속하고 있다는 의미에서(눅 2:14) 그렇게 표현한 것이라고 본다. 하지만 대부분의 해석자들은 "영광"을 "풍성함"을 수식하는 것으로 보아서(골 1:11), 이 어구를 "이 비밀의 영광스러운 풍성함"으로 번역하거나, "영광"을 "풍성함"의 의미상의 주어로 보아서, 이 어구를 "이 비밀의 영광이 이방인 가운데" 교회의 구원을 위하여 "풍성하다는 것"으로 번역한다(엡 1:18; 3:7-8). 사도는 통상적으로 "풍성함"(abundance)을 나타내는 데 "부요함"(riches)이라는 단어를 사용하기 때문에(롬 2:4; 11:33; 엡 1:7), 여기에서 복음이 얼마나 놀랍고 기이한 것인지를 보여 주기 위해서, 복음 속에서 나타난 "영광"은 하나님의 이전의 그 어떤 경륜 속에서 나타난 영광도 모두 훨씬 뛰어넘는 지극히 풍성한 영광이었다는 것을 표현하는 데 이 단어를 사용하고 있다(고후 3:8, 18). 따라서 사도는 에베소서 2:7에서 "이는 그리스도 예수 안에서 우리에게 자비하심으로써 그 은혜의 지극히 풍성함을 오는 여러 세대에 나타내려 하심이라"고 말한다. 마치 물을 저으면 물에 내리쬐는 햇살이 산산이 부서져 보이듯이, 율법 속에서는 이 영광의 풍성함이 그러한 산산이 부서지고 조각난 햇살처럼 흩어져서 불완전하고 희미하게 나타났을 뿐이어서, 하나님의 어떤 역사 속에서는 하나님의 한 속성이 드러났고, 또 다른 역사 속에서는 또 다른 속성이 드러났던 반면에, 그리스도를 통하여 인간을 대속하시는 이 역사에 있어서는 하나님의 모든 속성들이 그리스도 안에서 지극히 온전하고 분명하며 영광스럽게 다 드러났다. 그리스도는 하나님이 자신의 성령으로 말미암아 드러내신 이 비밀의 대상이심과 동시에 계시자이신데, 이 비밀의 영광은 유대인들보다도 이방인들 가운데서 훨씬 더 찬란하게 드러났기 때문에(롬 15:7-9; 고전 2:10; 고후 3:9, 18), 이전의 모든 영광은 단지 이 영광의 그림자에 불과한 것들이었다(골 2:17; 고후 3:18; 갈 3:1; 히 10:1).

이 비밀은 너희 안에 계신 그리스도시니. 사도는 이 비밀이 골로새 교인들 가운데 계시고 그들을 위하여 계시며 그들 "안에" 계시는 그리스도시라고 선언한다. 즉, 그리스도는 그들 가운데서 전파되었을 뿐만 아니라, 그들이 향유하고 있고, "믿음으로 말미암아" 그들의 "마음에 계신다"(엡 3:17)는 것이다. 왜냐하면, 하나님께서 이 비밀을 그들에게 나타내셨을 때에는, 반드시 거기에 성령의 권능의 역사, 곧 자신의 영광스러운 능력을 통해서 그들을 흑암의 나라에서 건지셔서 그리스도의 나라로 옮기시는 역사가 수반되기 때문이다(골 1:13; 눅 17:21; 갈 2:20; 4:19; 엡 3:5, 7). **곧 영광의 소망이니라.** 그러므로 이 비밀의 시작이자 끝이신 그리스도(딤전 3:16)는 골로새 교인들이 기다리고 있는 저 장래의 영광의 대상이실 뿐만 아니라 토대이기도 하시다(딤전 1:11). 그렇기 때문에, 그리스도 밖에 있는 모든 자들은 "세상에서 소망이 없는" 자들이고(엡 2:12), 그리스도 안에 있는 모든 자들은 "큰 안위"를 받게 된다(히 6:18).

28. 우리가 그를 전파하여 각 사람을 권하고 모든 지혜로 각 사람을 가르침은 각 사람을 그리스도 안에서 완전한 자로 세우려 함이니.

우리가 그를 전파하여. 사도는 앞에서 오직 그리스도만이 우리의 "영광의 소망"이라는 것을 선언한 바 있는데, 여기에서는 자기를 비롯한 복음의 일꾼들이 전파하는 것은 바로 그 그리스도라는 것을 보여 준다(행 4:12; 고전 2:2; 갈 5:4; 요일 1:3). 각 사람을 권하고 모든 지혜로 각 사람을 가르침은. 사도가 우리의 유일한 영광의 소망이신 그리스도를 전파하는 방식은 그리스도께서 명하신 대로 그리스도인으로서 갖추어야 할 모든 지혜 안에서 모든 사람을 경고하고 교훈해서, 그들로 하여금 죄를 피하고 자신들에게 주어진 본분과 도리를 다하게 하는 것이었다. 이 본문에서 "각 사람"으로 번역된 어구들은 세 번 모두 직역하면 "모든 사람"이 되는데, 여기에서 "모든"은 배분적인 의미가 아니라 집합적인 의미를 지니기 때문에, 사도는 모든 사람 중의 각 사람을 의미하는 것이 아니라, 각 사람으로 이루어진 전체를 의미한다. 따라서 사도는 복음의 일꾼들이 이 놀라운 은택을 사람들에게 나누어 줄 때, 어떤 사람이 어느 민족에 속하고 어떤 신분과 처지에 있느냐 하는 것과는 상관없이, 한 사람도 빼놓지 않고 모든 사람을 그리스도께로 초청하고, 이 복음을 받아들이고자 하는 사람이라면 누구에게든지 이 복음을 전파하였고, 하나님께서는 그런 사람들 가운데서 역사하여 그들에게 생명과 능력을 주셨다고 말하고 있는 것이다(행 20:21, 27, 31; 롬 1:14-16; 딤전 3:2; 딤후 2:24; 3:16; 4:2; 딛 1:9).

각 사람을 그리스도 안에서 완전한 자로 세우려 함이니. 사도는 자기를 비롯해서 자기와 같은 마음을 가진 복음의 일꾼들이 모든 사람 가운데서 앞에서 말한 바와 같은 방식으로 이 비밀을 전파하는 목적은, 그리스도께서 사역하셨을 때에 가지셨던 것과 동일하게(골 1:22), 자신들의 수고를 통해서 사람들을 그리스도로 말미암아 은혜의 보좌 앞에 흠 없이 설 수 있게 하기 위한 것이라고 말한다(고후 11:2, "내가 하나님의 열심으로 너희를 위하여 열심을 내노니 내가 너희를 정결한 처녀로 한 남편인 그리스도께 드리려고 중매함이로다"; 빌 3:12, 15; 히 5:14).

29. 이를 위하여 나도 내 속에서 능력으로 역사하시는 이의 역사를 따라 힘을 다하여 수고하노라.

사도는 이렇게 말한다: 나는 그 일을 수행하기 위해서, "너희 가운데서 수고하고 주 안에서 너희를 다스리며 권하는 자들"(살전 5:12)과 마찬가지로, "수고하는 농부"(딤후 2:6)처럼, 내 속에서 능력으로 역사하시는 이의 은혜를 따라(고전 15:10) 지쳐서 쓰러질 때까지 온 힘을 다해서 애쓰고 있다. 하지만 나는 내 자신의 힘이나 지혜로 그 일을 하거나 그 일을 위하여 고난을 받는 것이 아니라, 내게 그 일을 하라고 능력을 주시는 이를 의지해서 그 일을 위해 수고하고 있다(골 1:11; 롬 15:15-21; 고전 9:25-27; 엡 1:19-20; 3:7; 빌 4:13).

MATTHEW POOLE'S COMMENTARY

골로새서 2장

개요

1. 바울이 자기를 직접 보지 못한 교회들에 대해서 자기가 얼마나 마음을 쓰는지를 증언하면서, 그들에게 사랑 가운데서 연합하여 하나님의 비밀인 그리스도를 온전히 알게 되기를 권함(1-3).
2. 그렇게 해야만, 그들이 미혹을 받아서 지금 굳건하게 서 있는 믿음에서 떠나는 일이 생기지 않게 될 것이라고 말함(4-7).
3. 그렇게 해야만, 그들의 믿음이 철학과 사람의 전통들에 의해서 변질되지 않을 것이라고 말함(8).
4. 그들이 세례를 통해 참된 할례를 받고서, 그리스도 안에서 이미 온전하게 되었다는 것을 보여 줌(9-12).
5. 하나님께서 그리스도를 통해서 그들을 살리셨고, 그들을 대적하던 법조문으로 된 율법을 폐하심과 동시에 통치자들과 권세들을 무력화시키셨음을 보여 줌(13-15).
6. 이러한 사실들을 토대로 해서, 사도는 그리스도의 그림자에 불과한 율법의 법조문들에 복종하지 말고, 천사 숭배를 비롯해서 사람들이 고안해 낸 헛된 것들을 따르지 말라고 강력하게 촉구함(16-23).

1. 내가 너희와 라오디게아에 있는 자들과 무릇 내 육신의 얼굴을 보지 못한 자들을 위하여 얼마나 힘쓰는지를 너희가 알기를 원하노니.

사도는 이유를 나타내는 불변화사로 이 장을 시작하는데, 이 불변화사는 사도가 앞 장에서 방금 전에 말하였던 것과 연결된다. **내가 너희를 … 위하여 얼마나 힘쓰는지를 너희가 알기를 원하노니.** 사도는 앞 장의 끝 절에서 "힘을 다하여 수고한다"고 말한 것이 참이라는 것을 보여 주고, 그들에 대한 자신의 사랑이 거짓 없는 참된 것임을 보여 주기 위하여, 여기에서 자기가 그들을 위하여 복음 사역을 하면서 얼마나 힘겹고 어려운 싸움을 계속해 왔고 지금도 그렇게 하고 있는지를 그들이 확실하고 분명하게 알았으면 하는 마음을 전한다. 이 싸움으로 인해서, 사도는 내적으로는 온갖 두려움들과 염려들을 해야 했고, 밖으로는 온갖 환난들로 둘러싸여서 극심한 괴로움들을 겪어야 했고(고후 11:23-30; 딤후 2:10, "내가 택함 받은 자들을 위하여 모든 것을 참음은 그들도 그리스도 예수 안에 있는 구원을 영원한 영광과 함께 받게 하려 함이라"), 그 가운데서도 그들을 위하여 하나님께 간절히 기도하며(골 4:12; 살후 1:11), 그들에게 기도로 도와주기를 요청하기도 하였다(롬 15:30; 히 13:18). 사도는 자기가 복음을 전하고 교회들을 돌보기 위해서 산을 넘고 강을 건너 넓은 지역들을 두루 다니며 고생하고 여행한 것들과 여러 교회들에 마음을 쓰며 고심하여 서신들을 쓴 것과 더불어서 그러한 것들을 자기가 행한 "싸움"이라고 부르고 있다(여기에서 "힘쓰는지"로 번역된 단어는 빌립보서 1:30에서는 "싸움"으로 번역되고 있다): "너희에게도 그와 같은 싸움이 있으니 너희가 내 안에서 본 바요 이제도 내 안에서 듣는 바니라."

라오디게아에 있는 자들과. 사도는 골로새에 있던 성도들만이 아니라, 그 이웃인 라오디게아에 있던 성도들도 동일한 미혹을 받을 우려가 있다고 보고서, "라오디게아에 있는 자들"도 동시에 염두에 두고서 이 서신을 썼다(골 4:16). **무릇 내 육신의 얼굴을 보지 못한 자들을 위하여.** 또한, 사도는 자기를 직접 보지 못하였거나, 자신의 육성으로 전한 복음을 들어 보지 못한 많은 그리스도인들, 특히 브루기아 지방에 있던 그리스도인들도 염두에 두었다. 사도행전에서는 사도가 골로새와 라오디게아가 위치해 있던 브루기아 지방 전체를 두 번이나 두루 다녔다고 보도하고 있기 때문에(행 16:6; 18:23), 이 어구의 처음에 나오는 계사 "그리고"는 사도가 직접 가서 만났던 라오디게아에 있는 자들과 사도와 일면식도 없는 자들을 구분하기 위한 의도로 사용된 것일 가능성도 있기는 하지만, 사도가 그러한 도시들에 직접 가지 않았다는 것을 결정적으로 증명해 주는 것은 아니고, 이것은 별로 중요한 문제도 아니다. 어쨌든 바울은 골로새 사람 또는 라오디게아 사람이었던 빌레몬을 비롯해서 그의 아내와 가족과 알고 지내는 사이였던 것으로 보인다(몬 1:1-2).

2. 이는 그들로 마음에 위안을 받고 사랑 안에서 연합하여 확실한 이해의 모든 풍성함과 하나님의 비밀인 그리스도를 깨닫게 하려 함이니.

이는 그들로 마음에 위안을 받고. 거짓 교사들은 기독교 신앙을 변질시키고 무너뜨리려고 애썼던 반면에, 사도의 거룩한 영혼이 여기에서 애쓰고 힘쓴 것은, 앞 장의 28절에서 "우리가 그를 전파하여 각 사람을 권하고 모든 지혜로 각 사람을 가르침은 각 사람을 그리스도 안에서 완전한 자로 세우려 함이니"라고 말했던 것과 마찬가지로, 그들을 그리스도인으로서 끝까지 온전하고 견고하게 세우는 것이었다. **사랑 안에서 연합하여.** 사도는 그러한 선한 목적을 이루는 데 적절한 수단은 그들이 모두 사랑 가운데서 하나가 되고 서로 연합하는 것이라고 생각하였다.

확실한 이해의 모든 풍성함과 하나님의 비밀인 그리스도를 깨닫게 하려 함이니. "확실한 이해의 모든 풍성함"에 도달하는 것은 제대로 된 토대 위에 세워진 강력한 복음적인 믿음에 도달하는 것이다. 사도는 하나님에 의해서 믿는 자들에게 계시된 "비밀"(딤전 3:9)인 이 믿음이 무엇이고 그 대상이 무엇인지를 일련의 우아한 단어들을 사용해서 생생하게 제시한다. 여기에서 사도가 골로새 교인들에게 진심으로 바란 것은 다음과 같은 것들이었다: (1) 사도는 그들이 받아들여 믿은 복음의 주된 원리들에 대하여 충분히 만족스럽게 이해하게 되기를 바랐다. 하나님 앞에서 의미 있는 믿음은 맹목적인 신앙이 아니라, 무엇을 믿고 있는지를 확실히 알고 확신하는 가운데 그 위에 견고히 세워진 믿음이다. 성경은 그리스도인의 믿음이 무엇을 믿는지도 모르는 맹신과는 구별되는 "큰 확신"이라는 것을 보여 준다(요 6:69; 롬 4:21; 살전 1:5; 히 6:11; 10:22).

(2) 사도는 그들이 인간의 헛된 사변들이나 전통들과는 확연히 반대되는 복음의 근본적인 진리들을 내적으로 동의하고 마음으로 시인해서 진심으로 받아들이기를 바랐다(엡 4:13-14; 히 6:1). 사도는 골로새서 1:26-27에서 "이 비밀은 만세와 만대로부터 감추어졌던 것인데 이제는 그의 성도들에게 나타났고 하나님이 그들로 하여금 이 비밀의 영광이 이방인 가운데 얼마나 풍성한지를 알게 하려 하심이라 이 비밀은 너희 안에 계신 그리스도시니 곧 영광의 소망이니라"고 말한 것과 마찬가지로, 여기에서도 복음을 인간의 머리로 고안해 낸 것이 아니라 하나님 안에 감추어져 있던 신비인 "하나님의 비밀"이라고 부름으로써, 복음의 탁월함과 믿음의 고귀함을 보여 준다. 하나님께서는 믿음의 대상이실 뿐만 아니라 복음을 계시하신 분이기 때문에, 이 믿음과 복음은 "하나님의 비밀"이라 불린다. 그리스도께서는 성부 하나님을 계시하시고(마 11:27; 요 1:18), 성부 하나님께서는 그리스도를 계시하신다(골 1:27; 마 16:17; 엡 3:3).

어떤 헬라어 사본에는 여기에서 "하나님이 비밀인 그리스도"로 번역된 부분이 "하나님의 비밀, 그리고 아버지의, 그리고 그리스도"로 되어 있는데, 여기에서 첫 번째로 나오는 "그리고"는 계사가 아니라 부가적으로 덧붙여지거나 보충설명을 위해 덧붙여진 허사로서 "즉" 또는 "곧"으로 번역될 수 있다. 헬라어와 라틴어에서는 계사가 반복되는 경우에 나중에 나오는 계사는 통상적으로 그런 의미를 지닌다. 따라서 "하나님의 비밀, 그리고 아버지의"는 "하나님, 곧 아버지의 비밀"이라는 뜻이고(골 1:3; 고전 15:24; 고후 11:31; 엡 1:3; 빌 4:20), 이 어구는 "하나님, 곧 아버지와 그리스도의 비밀"로 번역될 수 있다. 여기에서 첫 번째로 나오는 "그리고"를 그런 식으로 읽으면, 우리는 사도가 추상적으로 고찰된 하나님의 비밀에 대해서 말하고 있는 것이 아님을 알게 된다. 즉, 사도는 여기에서 이렇게 말하고 있다: "나는 너희 모두가 하나님의 비밀 전체, 즉 성부 하나님과 성자 그리스도의 비밀 전체를 깨달아서 다 연합되어 하나가 되기를 바란다."

3. 그 안에는 지혜와 지식의 모든 보화가 감추어져 있느니라.

그 안에는. 여기에서 "그"로 번역된 관계대명사는 앞 절에 나온 "하나님의 비밀"을 가리키는 것일 수도 있고, 바로 앞에 나오는 "그리스도"를 가리키는 것일 수도 있다. 전자로 보는 경우에는, 골로새 교인들을 미혹하는 자들이 자랑하는 겉만 번지르르하고 그럴 듯해 보이는 거짓 지혜와는 반대로, 사도가 지금 얘기하고 있는 하나님의 비밀 속에는 사람들을 위로하고 구원하는 데 필요한 모든 것들이 풍성하게 감추어져 있다는 의미가 된다. 고린도전서 2:7("오직 은밀한 가운데 있는 하나님의 지혜를 말하는 것으로서 곧 감추어졌던 것인데 하나님이 우리의 영광을 위하여 만세 전에 미리 정하신 것이라")과 에베소서 3:3-4("계시로 내게 비밀을 알게 하신 것은 내가 먼저 간단히 기록함과 같으니 그것을 읽으면 내가 그리스도의 비밀을 깨달은 것을 너희가 알 수 있으리라")과 비교해 보라.

후자로 보는 경우에는, 다음과 같은 두 가지 의미 중 하나가 된다: (1) 첫째로, "그리스도 안에는"이라는 어구에서 "그리스도"를 객체로 이해할 때, 이것은 그리스도를 제대로 올바르게 알게 되기만 한다면, 우리는 구원에 필요한 모든 지혜와 온전한 지식을 얻을 수 있다는 뜻이다. 사도는 여기에서 우리가 그리스도에 관하여 모든 것을 다 알게 된다거나, 그리스도께서 복음 안에서 우리에게 모든 것을 다 계시하셨다고 말하고 있는 것이 아니고, 단지 우리가 복음 안에서 그리스도를 올바르게 깨닫게 되면, 우리는 우리의 구원에 필요한 것들을 알 수 있게 된다고 말하고 있는 것이다. (2) 둘째로는, "그리스도"를 주체로 이해할 때에는, 이것은 구원에 필요한 지혜의 모든 보화는 그리스도 안에서 계시되고 발견될 뿐만 아니라 그리스도 안에 감추어져 있기 때문에, 우리가 우리의 구원의 근원이 되시는 그리스도 안에 거하기만 한다면, 그리스도께서는 우리에게 위로가 되고 우리를 완전하게 해 줄 수 있는 모든 것들을 우리에게 주실 수 있으시다는 것이다. 바울이 여기에서 우리 주님이 하나님의 모든 깊은 것들(고전 2:10)을 알고 계셨다고 말한 것일 가능성은 극히 희박하고, 단지 그 모든 것들이 그리스도 안에서 발견되고, 그리스도 안에 거하며, 그리스도 안에 감추어져 있기 때문에, 우리는 "휘장 곧 그의 육체"(히 10:20) 또는 그의 험한 십자가를 통해서 그것들을 볼 수 있다고 말하고 있는 것일 가능성이 높다. 골로새서 2:8-9을 비롯해서 사도가 한 일련의 말들은 그리스도를 주체로 이해하는 것이 합당함을 보여 준다. 즉, 골로새 교회에서 거짓 교사들이 자랑한 인간의 지혜와는 반대로, 그리스도는 우리에게 구원을 가져다줄 모든 지혜의 원천이시라는 것이다.

지혜와 지식의 모든 보화가 감추어져 있느니라. 사도는 비유를 계속해서 이어가는 가운데, 우리가 구원의 지식의 "보화"를 어디에서 가져와야 하는지를 보여 준다. 사도는 구원의 지식이 놀랍도록 기이하고 풍성한 것임을 보여 주기 위해서, 그 지식을 "보화"라고 부른다. 모세의 성막에도 어느 정도의 보화가 있었지만, 그리스도 안에서 발견되는 보화의 풍성함에 비하면 초라하기 짝이 없는 수준이었고, 사도가 빌립보서 3:8에서 "모든 것을 해로 여김은 내 주 그리스도 예수를 아는 지식이 가장 고상하기 때문이라"고 말했듯이, 인간에게 유익을 준다고 하는 그 밖의 다른 지식들은 배설물에 불과하다(골 2:2). 따라서 사람들이 믿고 행해야 할 것은 인간의 모든 지혜와 지식 위에 뛰어난 그리스도 안에 있는 지혜와 지식이다.

하지만 우리는 이 "보화"가 언제 어떻게 그리스도 안에 감추어져 있게 되었는지를 고찰할 때에는 신중을 기하여야 한다. 왜냐하면, 흠정역을 비롯한 거의 모든 역본에는 "감추어져"로 번역된 단어가 관계대명사 "그"와 아주 가까운 곳에 위치하고 있는 반면에, 실제로 헬라어 본문에서 그 단어는 이 절의 끝에 나와서, 지금 현재 그리스도 안에 감추어져 있다는 의미라기보다는 그리스도 이전에 감추어져 있었다는 뉘앙스를 풍기는 듯이 보이기 때문이다. 한 박식한 해석자가 지적하고 있듯이, 감추어진 보화는 감추어진 음악이나 감추어진 달란트(눅 19:20)와 마찬가지로 사람들이 주목하지 않는다. 따라서 우리는 사도가 이 서신에서 지난 세대들에서 세상의 지혜자들로부터 감추어져 있었던 비밀들이 이제는 그리스도로 말미암아 밝히 드러나서, 심지어 신앙에 있어서 어린 아이들에게까지 알려지게 되었다고 말하고 있는 것이라고 생각하는 것이 자연스럽다(골 1:26-27; 눅 10:21). 왜냐하면, 사도는 방금 앞의 2절에서 골로새 교인들로 하여금 성부와 성자의 비밀을 이해하고 깨달아서, 이 비밀이 지닌 영광의 풍성함이 무엇인지를 알게 하려고 한다고 말하고서, 지금까지 감추어져 있던 그 "지혜의 보화"가 이제 계시되었음을 밝히고, 얼마 후에 9절에서는 계속해서 그리스도 안에는 "신성의 모든 충만이 육체로 거하신다"고, 즉 그림자나 구름 속에 감추어져 있는 것이 아니라, 사람들이 눈으로 똑똑히 볼 수 있고 손으로 만질 수 있는 형태로 나타났다고 말하고 있기 때문이다.

따라서 사도가 헬라어 본문에서 "감추어져"라는 단어를 이 문장의 맨 끝에 놓은 것은 다음과 같은 의도를 보여 주는 것이라고 할 수 있다: 그리스도 안에는 율법 아래에서 감추어져 있던 지혜의 모든 보화가 지극히 충만하게 거한다. 이 지혜는 율법 아래에서는 감추어져 있었기 때문에, 만세와 만대로부터 감추어진 비밀 또는 신비로 불렸지만(골 1:26-27), 지금은 그리스도의 성도들에게 분명하게 나타났기 때문에, 그리스도 안에 감추어져 있는 것이 아니라, 하나님의 기쁘신 뜻을 따라 이방인들 중에서 알려져 있다. 그러므로 이 비밀을 담고 있는 지혜와 지식은 이제 감추어진 보화가 아니다. 그 지혜와 지식은 그리스도 밖에 있는 자들과 그리스도께서 오시기 이전의 유대인들 가운데서만 감추어진 보화였을 뿐이다. 왜냐하면, 이 비밀은 그리스도이신데(골 4:3), 그리스도께서는 이 땅에 오셔서 그 비밀을 감추신 것이 아니라 밝히 드러내시고, 하나님 아버지를 사람들에게 분명하게 나타내셨기 때문이다(요 1:18, "본래 하나님을 본 사람이 없으되 아버지 품 속에 있는 독생하신 하나님이 나타내셨느니라").

하지만 그래도 여전히 이 본문이 그리스도 안에 현재적으로 모든 보화가 감추어져 있다고 말하고 있는 것으로 읽고자 하는 사람이 있다면, 우리는 "감추어져 있다"는 단어를 이 비밀에 관한 지식과 지혜가 아무도 보지 못하고 알지 못하게 그리스도 안에 감추어져 있다는 의미가 아니라, 사람들로 하여금 그리스도 안에 있는 지혜와 지식이 얼마나 보배로운 것인지를 잘 알지 못하지만, 사실은 그것들이 보화라고 말하며, 속히 그 보화를 그리스도로부터 꺼내가기를 바란다는 의미를 담고 있는 것으로 이해하여야 할 것이다. 왜냐하면, 그리스도께서 아버지 하나님의 보내심을 받아 이 땅에 오신 것은 그 하늘의 보화를 모든 사람들에게 나누어 주시기 위한 것이기 때문이다. 그리스도는 선한 자들에게나 악한 자들에게나 자신의 빛을 골고루 비추어 주시는 "의의 해"(요 1:9)이신 까닭에, 그리스도가 제대로 전파되었지만, 많은 사람들에게 여전히 감추어져 있고, 소수의 사람들에게만 그의 팔이 나타났다면(사 53:1; 고후 4:3-4), 그 책임은 전적으로 믿지 않는 자들에게 있다. 그들은 그들 자신이 눈이 멀어서, 그리스도께서 비추어 주시는 구원의 빛을 깨닫지 못하고 알지 못한 것이기 때문이다.

따라서 우리는 여러 가지 점에서 다음의 두 가지가 모두 옳다는 것을 알게 된다:

(1) 이 문제 자체를 객관적으로 고찰해 볼 때, 우리의 구원을 위해 필요한 지혜의 모든 보화들은 예수 그리스도 안에 분명히 있고, 그리스도께서 이 땅에 오셨을 때에 드러났다(딤전 3:16; 딛 2:11, "모든 사람에게 구원을 주시는 하나님의 은혜가 나타나"). (2) 사람들의 지각 및 보는 것과 관련해서 주관적으로 고찰해 볼 때, 사람의 지각은 죄로 말미암아 본성적으로 희미해져 있고 부패해 있기 때문에, 타고난 본성을 따라 움직이는 육신적인 사람들은 우리의 중보자이신 그리스도 안에 있는 지혜와 지식의 보화를 알 수 없고, 그리스도 안에서 그들이 원하는 "고운 모양"이나 "흠모할 만한 아름다운 것"을 볼 수 없다(사 53:2). 따라서 십자가에 못 박히신 그리스도는 유대인들에게는 "거치는 것"이고 이방인들에게는 "어리석은 것"인 반면에, 부르심을 받은 자들에게는 "하나님의 능력이요 하나님의 지혜"이다(고전 1:23-24).

루터파는 이 본문을 근거로 해서, 모든 것을 아는 전지성을 그리스도의 인성에 돌리는데, 그러한 주장은 터무니없다. 왜냐하면, 우리가 이미 앞에서 보았듯이, 여기에서 사도의 목적은 그리스도 자신이 무엇을 아시는지를 우리에게 알게 해 주는 데 있는 것이 아니고, 우리가 그리스도 안에서 무엇을 발견하고 알 수 있는지를 보여 주는 데 있기 때문이다. 또한, 우리는 사도가 여기에서 말한 그리스도 안에 있는 "보화"를 절대적인 의미가 아니라, 사람들과 천사들이 알아야 하는 모든 지식과 관련된 상대적인 의미로 해석하여야 한다. 따라서 한 인격 안에서 신성과 인성을 지니고 계시는 그리스도 안에 무한한 지식이 있다고 해서, 거기로부터 그리스도의 인성이 모든 것을 알고 있었다고 추론하는 것은 잘못이다.

4. 내가 이것을 말함은 아무도 교묘한 말로 너희를 속이지 못하게 하려 함이니.

내가 이것을 말함은. 사도는 자기가 앞에서 그리스도를 아는 구원의 지식을 놀랍고 기이한 보화라고 말하고, 그리스도를 만세와 만대로부터 감추어져 있던 하나님의 비밀이라고 말한 이유를 여기에서 밝힌다. 아무도 … 너희를 속이지 못하게 하려 함이니. 사도는 거짓 교사들이 놀라운 "지혜"를 가르친다는 미명 하에 그럴 듯하고 화려한 언변과 현학적인 철학을 내세워서 교묘하고 거짓된 추론들과 오류들이 가득한 논증으로 골로새 교인들을 현혹시키고 있는 상황에서(골 2:8, 18, 23), 그들이 그러한 말들에 속아넘어가지 않도록 하기 위해서, 자기가 앞에서 그런 말을 한 것이라고 말한다. 여기에서 사용된 "속이다"라는 단어는 바로 그런 의미이다(약 1:22). 교묘한 말로. 순진한 사람들은 그 마음이 은혜로 견고해져 있지 않은 경우에는, 수사학적으로 현란한 말들과 미사여구들을 사용해서 그들의 귀에 솔깃한 감언이설로 유혹하면, 거기에 이끌려서 넘어가고 말기 때문에(롬 16:18; 엡 4:14; 5:6; 히 13:9), 골로새 교인들은 현재 교회가 처해 있는 상황 속에서, 그리스도 안에서 발견되는 그리스도를 아는 고상한 지식에 착념함으로써(빌 3:8-9), 신앙이라는 미명 하에 그들을 미혹하여 그리스도의 단순한 복음에서 떠나게 만들고자 하는 인간의 온갖 철학과 헛된 속임수들을 조심하여야 할 필요가 있었다. 그래서 사도는 고린도후서 11:3에서 "뱀이 그 간계로 하와를 미혹한 것 같이 너희 마음이 그리스도를 향하는 진실함과 깨끗함에서 떠나 부패할까 두려워하노라"고 자신의 심정을 밝힌다.

5. 이는 내가 육신으로는 떠나 있으나 심령으로는 너희와 함께 있어 너희가 질서 있게 행함과 그리스도를 믿는 너희 믿음이 굳건한 것을 기쁘게 봄이라.

이는 내가 육신으로는 떠나 있으나 심령으로는 너희와 함께 있어. 사도는 골로새 교인들이 자기가 그들로부터 멀리 떨어져서 로마에 있기 때문에, 그들에게는 마음을 쓰지 못할 것이라고 지레짐작하지 못하도록 하기 위해서, 자기는 그들에 대하여 큰 애정을 품고 있고, "모든 교회를 위하여 염려하는 것"(고후 11:28)은 사도인 자기에게 주어진 의무인 까닭에, 그들과 관련된 모든 일에 관심을 가지고 지켜보며 함께 하고 있고, 자기가 육신으로 로마에 갇혀 있는 것도 심령으로 그들과 함께 하는 것을 방해할 수 없다는 것을 분명하게 보여 준다. 하지만 우리는 옛적에 선지자 엘리사가 게하시의 행동을 멀리서도 꿰뚫어 보았고(왕하 5:26), 에스겔이 저 멀리 바벨론의 그발 강가에 있으면서도 예루살렘에서 행해진 유대인들의 은밀한 행위들을 볼 수 있었듯이, 사도도 성령의 놀라운 역사로 말미암아 골로새 교인들이 어떻게 행하고 골로새 교회가 어떻게 돌아가고 있는지를 계속해서 분명하게 알 수 있었다고 생각해서는 안 된다. 여기에서 사도는 고린도전서 5:3에서 "내가 실로 몸으로는 떠나 있으나 영으로는 함께 있어서 거기 있는 것 같이 이런 일 행한 자를 이미 판단하였노라"고 말하였듯이, 여기에서도 단지 자기가 몸으로는 골로새 교인들로부터 떠나 있지만, 자신의 생각과 감정은 늘 그들과 함께 하고 있다고 말한 것일 뿐이다.

너희가 질서 있게 행함을 … 기쁘게 봄이라. 사도에게는 한편으로는 골로새 교인들이 철학과 헛된 속임수들에 넘어가서 믿음에서 떠나면 어쩌나 하고 염려하는 것이 있었던 것과 마찬가지로, 다른 한편으로는 그들이 복음의 진리를 따라 제대로 행하여 영적으로 좋은 상태에 있는 모습을 보면서 기뻐하는 것도 있었다(고전 14:10; 살전 4:1; 5:14). 그리스도를 믿는 너희 믿음이 굳건한 것. 사도는 그리스도를 믿는 골로새 교인들의 믿음이 하늘의 "궁창"만큼이나 견고하다고 말한다. 하늘들과 천체들은 자신의 원래의 자리를 이탈하지 않고 그대로 지키고서, 자신에게 주어진 궤도를 따라 정상적으로 운행하기 때문에, 우리는 궁창이 요동하지 않고 견고하다고 말할 수 있다. 하늘에 속한 모든 진리들은 바로 그러한 천체의 질서 속에서 자신의 자리를 견고하게 지키는 항성들과 같고, 하나님으로부터 오는 모든 은혜도 하나님으로부터 오기 때문에 견고함이라는 속성을 지니고 있다. 따라서 믿음은 영원한 산들처럼 견고하고, 그러한 믿음 안에서 모든 은혜들은 서로 연결되어 있어서, 그리스도를 믿는 믿음 전체는 믿는 자들에게 일종의 "궁창"이기 때문에, 그들은 참된 은혜를 가져다주는 믿음 안에서 계속해서 점점 더 풍성한 은혜를 받게 된다.

6. 그러므로 너희가 그리스도 예수를 주로 받았으니 그 안에서 행하되.

사도는 골로새 교인들에게, 궤변을 펴며 그들을 미혹시키고자 하는 자들을 조심하라고 경고하고, 그들이 견고한 믿음 위에서 복음의 진리를 따라 규모 있게 행하고 있는 것을 칭찬한 후에, 여기에서는 그 두 가지를 계속해 나가라고 권면하면서, 특히 후자와 관련해서, 자기가 앞에서 그들에게 설명한 그대로, 그리스도가 그런 분이심을 믿고 그런 그리스도 안에서 행하라고 권면한다. 왜냐하면, 사도는 여기에서 "너희가 그리스도의 가르침 또는 그리스도에 관한 가르침을 받았으니"라고 말하는 것이 아니라, "너희가 그리스도 예수를 받았으니"라고 말하고 있는데(요 1:11-12; 요일 5:11-12), 이것은 사도가 앞에서 말한 대로 그들의 구원을 위해 필요한 모든 보화가 그 안에 있는 "그리스도"를 너희가 받아들였다는 의미이기 때문이다. 여기에서 사도가 자기 백성을 그들의 죄로부터 구원하기 위하여 오신 이를 뜻하는 "예수"라는 표현만을 덧붙이는 것이 아니라, "주"라는 표현도 덧붙이고 있는 것은, 그들은 자신들의 기존의 믿음이나 삶의 규범에 그 어떤 다른 것도 뒤섞어서는 안 되고, 자신들이 받은 그리스도만이 "길이요 진리요 생명"(요 14:6)이시라는 것을 알고서, "그리스도 안에" 온전히 거하여, 오직 그리스도의 뜻을 따라 행하고(살전 4:1), 성령의 인도하심과 능력을 받아서 복음 진리에 따라 살아가며 믿음을 끝까지 지켜 나가라는 의미를 담고 있다.

7. 그 안에 뿌리를 박으며 세움을 받아 교훈을 받은 대로 믿음에 굳게 서서 감사함을 넘치게 하라.

그 안에 뿌리를 박으며 세움을 받아. 사도는 마치 가지가 뿌리에 붙어 있고(요 15:4) 건물이 견고한 터 위에 서 있어야 하는 것과 마찬가지로(사 28:16; 고전 3:11; 엡 2:22), 그들도 계속해서 그리스도 안에 뿌리를 내리고, 올바른 "터"이신 그리스도 위에 세워져 있어야, 믿음에 거하고 믿음을 지켜 나갈 수 있다는 것을 보여 준다. **믿음에 굳게 서서.** 베드로전서 5:10에서 "모든 은혜의 하나님 곧 그리스도 안에서 너희를 부르사 자기의 영원한 영광에 들어가게 하신 이가 잠깐 고난을 당한 너희를 친히 온전하게 하시며 굳건하게 하시며 강하게 하시며 터를 견고하게 하시리라"고 말하고 있는 것처럼, 사도는 골로새 교인들에게 그렇게 믿음에 견고하게 서라고 권면하는데, 이 말을 덧붙인 이유는, 단지 자기가 앞에서 사용한 비유적인 표현들의 의미를 분명히 하기 위한 것이 아니라, 시편 기자가 "이는 여호와의 집에 심겼음이여 우리 하나님의 뜰 안에서 번성하리로다 그는 늙어도 여전히 결실하며 진액이 풍족하고 빛이 청청하니"(시 92:13-14)라고 말한 것처럼, 그들이 믿음 안에서 더욱 강해지고 깊어져야 한다는 것을 보여 주기 위한 것이기도 하다.

교훈을 받은 대로. 사도가 앞 절에서 "너희가 그리스도를 받았으니"라고 하나의 삽입구처럼 말한 것과 마찬가지로, 여기에서도 이 어구를 하나의 삽입구처럼 덧붙이고 있는데, 그것은 그들이 거짓 교사들의 신기한 교설에 미혹되어 넘어가기 쉬운 상황이었기 때문에, 그들에게 그들이 전에 받은 "교훈"에 머물고 그리스도를 믿는 믿음 안에 머물도록 다시 한 번 주의를 주고 경고하기 위한 것이다. **감사함을 넘치게 하라.** 사도는 골로새 교인들에게 그들이 받은 차고 넘치는 풍성한 은혜에 견고히 서서, 감사함으로 그 은혜를 더욱 차고 넘치게 하라고 권면한다(고전 15:58, "내 사랑하는 형제들아 견실하며 흔들리지 말고 항상 주의 일에 더욱 힘쓰는 자들이 되라"; 벧후 1:8). 왜냐하면, 그들에게는 이미 구원의 모든 지식이 주어져 있는 까닭에, 거기에 다른 어떤 것은 더할 필요가 없고, 오직 그 어떤 것과도 비할 수 없는 지혜와 지식의 보화이신 그리스도를 자신들에게 계시해 주신 하나님께 감사하는 것만이 남아 있고, 그들이 감사할 때, 그들 안에서 하나님의 은혜는 더욱 풍성해지고 차고 넘치게 될 것이었기 때문이다.

8. 누가 철학과 헛된 속임수로 너희를 사로잡을까 주의하라 이것은 사람의 전통과 세상의 초등학문을 따름이요 그리스도를 따름이 아니니라.

주의하라. 사도는 앞에서 골로새 교인들에게 믿음에 굳게 서라고 권면을 한 후에, 디모데전서 4:1-2에서 "성령이 밝히 말씀하시기를 후일에 어떤 사람들이 믿음에서 떠나 미혹하는 영과 귀신의 가르침을 따르리라 하셨으니 자기 양심이 화인을 맞아서 외식함으로 거짓말하는 자들이라"고 말했듯이, 그들을 호시탐탐 노리고 있다가 교묘하고 능숙한 술수로 속이고자 하는 "미혹하는 영들"에게 넘어갈 위험성이 있다는 것을 생각해서, 여기에서 그들을 유혹해서 그리스도로부터 떠나게 만들고자 하는 모든 것들을 조심하라고, 자기가 앞에서 이미 그들에게 "내가 이것을 말함은 아무도 교묘한 말로 너희를 속이지 못하게 하려 함"(골 2:4)이라고 경고했던 것을 다시 한 번 자세하게 역설한다. **누가 너희를 사로잡을까.** 사도는 미혹하는 자들을 골로새 교인들을 자신들의 먹잇감으로 삼고자 하는 자들이라고 말하고, 그리스도의 양 우리를 침입해서 믿는 자들을 탈취물로 가져가고자 하는 최악의 강도들로 묘사한다(갈 6:13). 그래서 사도는 고린도후서 11:20에서 고린도 교인들에게 "누가 너희를 종으로 삼거나 잡아먹거나 빼앗거나 스스로 높이거나 뺨을 칠지라도 너희가 용납하는도다"라고 말하였다.

철학과 헛된 속임수로. 미혹하는 자들은 세상 철학을 활용해서 그리스도의 비밀을 얄팍한 이성의 법정에 세워 놓고 농단하거나, 당시에 세상에서 널리 유행하던 플라톤이나 피타고라스, 헤시오도스 등과 같은 철학자들의 흥미롭지만 오류투성이의 사변들로 그리스도를 덧칠하여 완전히 다른 그리스도를 만들어 내는 방식으로 믿는 자들을 속였다. 후대의 영지주의자들은 그러한 철학들의 개념들을 받아들여서 이단사설들을 만들어 내어 그럴 듯한 영적 체계를 세우고서는, 그들 자신만이 유일하게 진정으로 하나님을 아는 신령한 자들이라고 자처하였다. 그들은 자신들의 지식이야말로 참된 지식이라고 주장하였지만, "지혜 있는 모양"을 갖추고 있었을 따름이고(골 2:23), 실제로는 "거짓 지식"(딤전 6:20)으로서 실제로 무익한 것이었다. 어떤 이들은 "철학과 헛된 속임수"라는 어구에서, 접속사 "그리고"를 보충설명을 나타내는 것으로 보아서, "철학"과 "헛된 속임수"는 서로 동격 관계에 있는 것으로 해석한다: "철학, 곧 헛된 속임수로." 하지만 사도가 이후에 말하고 있는 내용을 살펴보았을 때, 우리는 "헛된 속임수"를 철학 이외에 사람들이 사용하는 일반적인 속임수, 즉 우리 구주께서 마태복음 15:9에서 바리새인들에 대해서 "사람의 계명으로 교훈을 삼아 가르치니 나를 헛되이 경배하는도다 하였느니라"고 꾸짖으신 것과 같이, "사람의 전통을 따른" 미신이나 잘못된 신앙을 가리키는 것으로 이해할 수 있을 것이다. 실제로, 사도는 나중에 이 장의 후반부에서 그런 것들 중의 몇 가지를 열거하며 반박한다(16-23절). 미신 또는 잘못된 신앙을 뜻하는 헬라어는 사람들을 속여서 올바른 길, 즉 그리스도와 하나님의 말씀에서 정한 예배 방식으로부터 벗어나게 하는 것을 의미하기 때문에, 사도가 그런 것들을 "속임수"라고 부른 것은 합당하다. 또한, 미신 또는 잘못된 신앙은 공허하고 무익할 뿐만 아니라, 하나님을 기쁘시게 해 드리거나 하나님의 복을 가져다주기는커녕 도리어 하나님을 진노하시게 하는 것이기 때문에, 속임수와 마찬가지로 "헛되다"(시 106:29, 43).

이것은 사람의 전통과 세상의 초등학문을 따름이요 그리스도를 따름이 아니니라. 여기에서 사도가 말하고 있는 "사람의 전통"은 우리 구주께서 바리새인들을 꾸짖으실 때에 지적하신 "사람의 계명"(마 15:9)과 같은 것인데, 하나님께서는 우리가 "사람의 전통"을 우리의 삶의 규범으로 삼아서 행하는 것을 기뻐하지 않으시고(사 8:20; 28:13; 요 20:31; 행 26:22; 딤후 3:15-16), 자신의 전에 사람의 전통이나 "세상의 초등학문," 즉 모세 율법의 예식들을 두는 것을 허락하지 않으신다. "세상의 초등학문"이라는 표현은 고대의 문법학에서 가져온 비유로서, 거기에서 모든 문학의 기본 또는 초보가 되는 문자들을 가리키는데, 사도는 여기에서 일종의 신앙의 초보적인 가르침을 담고 있는 모세 율법을 가리키는 데 이 표현을 사용하고 있다. 왜냐하면, 이 절을 비롯해서 골로새서 2:20-21; 갈라디아서 3:24 같은 여러 본문들을 종합해 볼 때, 사도는 그리스도께서 세우신 저 신령한 성소에 두어서는 안 되고(요 4:23-24; 갈 5:2), "세상에 속한 성소"에 두는 것이 적절한 유형적(有形的)이고 감각적인 "육체의 예법"(히 9:1, 10)을 여기에서 "세상의 초등학문"이라고 말하고 있는 것으로 보이기 때문이다. 그러한 것들은 철학적인 색채를 띤 것들이든, 바리새파적인 색채를 띤 것들이든, "그리스도를 따름이 아니다." 우리는 어떤 사람을 잘못 묘사한 글을 보면, 그 글이 그 사람과 그 사람의 삶을 있는 그대로 똑같이 또는 비슷하게 묘사한 것이 아니고, 전혀 딴 사람처럼 묘사했다는 의미로 "그 사람을 따름이 아니다"라는 표현을 사용한다. 그러므로 교회의 머리 되시는 그리스도께서는 자기가 엉뚱하게 잘못 묘사되는 것을 좋아하지 않으시기 때문에, 어떤 사람이 이 세상이나 이 세상의 왕들의 지혜로 아무리 그럴 듯하고 화려하게 치장한 옷을 입을 입었다고 할지라도(고전 2:6-7), 자기가 사람들에게 정해 준 옷을 입지 않고 자신의 전에 들어 왔을 때에는, 그 사람의 예배를 받지 않으신다(레 10:1; 렘 7:31; 고후 5:9).

9. 그 안에는 신성의 모든 충만이 육체로 거하시고.

이 구절은 그 앞에 이유를 나타내는 불변화사가 이끌고 있기 때문에, 사도가 앞에서 철학이나 모세 율법의 예법으로 사람들을 미혹해서 그리스도로부터 떠나게 하고자 하는 자들을 조심하라고 했던 경고를 강화시키는 논거로서의 역할을 한다. 만일 여기에서 보여 주는 사도의 추론이 바로 그 두 가지를 염두에 둔 것이 아니라면, 그의 추론은 적절한 것이 될 수 없을 것이다.

그 안에는. 사도는 이제야 비로소 주 예수 그리스도라는 이름을 언급하지만, 사실은 지금까지 그리스도에 대하여 설명해 왔고, 이후에 이어지는 설명도 그리스도에 관한 것임은 너무나 분명하다. 사도는 이제 그리스도가 누구신지, 그리스도 안에는 어떤 것들이 자리 잡고 있는지, 어떤 것들을 그리스도께 돌릴 수 있는지에 대하여 말한다(골 1:19; 요 1:4; 딤전 4:16). 소키누스주의자들은 사도가 이 절 이후에서 그리스도에 대하여 설명하고 있는 것은 앞에서 설명한 것과 서로 모순된다고 지적하면서, 마치 사도가 앞뒤가 안 맞는 말들을 하고 있는 것처럼 중상모략하지만, 사실은 전혀 그렇지 않다. 이 절에 나오는 관계대명사인 "그"는 그리스도를 가리키고, 이 관계대명사가 오직 8절에만 걸리는 것이 아니라 11절 이하에도 걸린다는 것은 분명하다. 사도는 앞 장에서 이미 골로새 교인들이 그들의 "머리"이신 그리스도 안에서 "온전하다"고 말하였고, 이 장에서도 나중에 그렇게 말한다. 소키누스주의자들은 바울이 여기에서 그리스도에 대하여 설명하고 있는 것들을 그리스도가 아니라 그리스도의 가르침에만 적용해야 한다고 주장하지만, 그들의 그런 행태는 손바닥으로 하늘을 가리고자 하는 것과 같다. 그들의 주장대로라면, 그리스도의 가르침이 천사들의 머리라고 해야 하고, 우리는 그리스도의 가르침 안에서 십자가에 못 박혔다고 해야 하며, 우리는 그리스도의 가르침과 함께 장사되었다가 함께 일으키심을 받았다고 해야 하고, 손으로 쓴 율법의 법조문들이 그리스도의 가르침의 십자가에 못 박혔다고 해야 하며, 그리스도의 가르침이 통치자들과 권세들의 머리라고 해야 하고, 그리스도의 가르침이 세례를 통해서 장사되었다고 해야 하는데, 바울이 한 말들이 아니라 그들의 논리를 따라 한 이런 말들이야말로 정말 어처구니없고 터무니없는 말들이 아닌가? 사도는 그리스도께서 승천하신 지 이미 여러 해가 지났고, 또한 그리스도의 인격은 어제나 오늘이나 영원토록 동일하시다는 점에서(히 13:8) 과거 시제가 아니라 현재 시제를 사용해서 "거하셨고"가 아니라 "거하시고"로 표현한다. 왜냐하면, 사도는 지금 하늘에 계시는 그리스도의 가르침 속에 신성의 모든 충만이 육체로 거해 왔고, 그리스도인들은 그 가르침 안에서 그리스도를 믿고 자신의 의무들을 행하고 있는 것(이렇게 말하는 것이 과연 말이 되는 것인지는 차치하고라도)이라는 논리를 펴고 있는 것이 아니라, 그리스도께서 성육신하신 순간부터 그의 육체(지금 하늘에 있는 그리스도의 몸) 속에는 신성의 모든 충만이 거한다고 말하고 있는 것이기 때문이다. 믿는 자들은 그리스도와 영적으로 연합되어 신비의 몸을 이루고 있어서, 그들 자신도 그리스도 안에서 신성으로 충만하다는 것(10절),

즉 "신성한 성품에 참여하는 자"(벧후 1:4)가 되었다는 것을 알고 있기 때문에, 자신들의 최선의 믿음을 발휘해서 그러한 연합으로부터 떨어져 나가지 않고자 한다

육체로 거하시고. 여기에서 "거하다"는 일시적으로 잠시 머무는 것이 아니라, 영속적으로 항상 거한다는 의미인데, 이것이 이 단어의 통상적인 의미이다(고후 6:16). 사도는 이렇게 그리스도 안에 영속적으로 거하는 것을 그리스도의 인성과 관련해서 명명하여 "신성의 모든 충만"이라고 부르고, 인간으로서는 헤아릴 수 없는 신성에 속한 온갖 놀랍고 기이한 것들이 성육신하신 그리스도 안에 충만하였다고 말한다. 따라서 그리스도 안에 거하는 모든 것들은 완전하거나 놀랍고 탁월한 신성에 속하지 않은 것이 하나도 없었고, 신성에 속한 그러한 것들은 통상적인 방식을 따라서가 아니라, 그리스도의 신성과 인성이 인격적으로 연합되는 방식으로 그리스도 안에 거하였다. 이 두 본성은 서로 혼합되거나 뒤섞이거나 다른 쪽으로 변화되거나 변형되는 방식으로 연합되어 있었던 것이 아니고, "육체로"라는 표현은 신성의 모든 충만이 단지 겉으로만 외재적으로 머물러 있었던 것이 아니라, 그리스도 안에 내재되어서 발현되었음을 보여 준다. 이 부사는 신성의 모든 충만이 어디에 거하였는지, 그 대상을 나타낼 뿐만 아니라, 방식도 나타낸다. 우리 주님께서 자신의 몸을 "성전"이라고 말씀하신 것(요 2:21)은 사도가 여기에서 "육체로" 라고 말한 것의 의미를 모두 다 온전히 밝혀 주지는 못한다. 왜냐하면, 여기에서 "육체"(직역하면 "몸")로 번역된 단어는 어떤 사람 자체를 가리키기 때문이다(계 18:13). 따라서 로마서 12:1에서 "너희 몸을 하나님이 기뻐하시는 산 제물로 드리라"는 것은 "너희 자신을 제물로 드리라"는 의미이고, 고린도후서 5:10에서 "우리가 각각 선악간에 그 몸으로 행한 것을 따라" 심판을 받을 것이라는 것은 "우리가 우리 자신 전체로 행한 것을 따라" 심판받게 될 것임을 의미한다. 그리스도 안에는 신성의 본질과 권능 등 신성의 모든 것이 존재한다. 그러한 신성은 이적들을 행하는 선지자들과 사도들 속에서도 구체적으로 나타났으며, 모든 거룩함을 입은 자들 속에서는 은혜로 나타났고, 하늘에서는 "가까이 가지 못할 빛"(딤전 6:16) 속에서 빛나고 있으며, 눈에 보이는 교회와 규례들 속에서는 상대적으로 나타나고, 율법 아래에서는 모형으로 나타났으며, 성례전들 속에서는 표상들을 통해 나타났지만, 피조물들 속에서 나타난 이 모든 신성은, 사도가 이 본문에서 그 신성이 "육체로" 거하였다고 하는 것의 의미에는 훨씬 못 미친다. 사도가 말한 "육체로"는, 이성을 지닌 영혼과 유형적인 육체가 사람 안에서 서로 연합하여 한 사람의 인격을 형성하고 있는 것과 마

찬가지로, 그리스도 안에 거한 "신성"이 그리스도의 인성과 인격적으로 서로 연합하여 떼려야 뗄 수 없을 정도로 밀접하고 친밀하게 하나가 되어서, 그리스도 안에 거한 신성과 인성은 그리스도라는 하나의 동일한 인격을 형성하고 있었다는 의미이다. 이렇게 성육신하신 그리스도 안에서 신성이 거한 방식은 하나님께서 천사들이나 사람들에게 임재하신 온갖 방식과 전혀 다른 것이었다. 신성은 그리스도 안에는 인격적으로 거하였지만, 천사들이나 사람들 속에서는 그들의 인격과 분리된 채로 거하여 그들을 돕고 그들에게 힘을 더해 주는 역할만을 할 뿐이다.

신성의 모든 충만이. "신성"이라는 표현이 그러한 사실을 여실히 보여 준다. 우리는 신성에 참여하는 자들이 된 것인 반면에(벧후 1:4), 그리스도께서는 단지 신성에 참여하신 분이 아니고, 신성 자체가 그 안에 거하신 분이다. 그리스도 안에 거하는 것은, 소키누스주의자들이 불가타 역본에 나와 있는 번역을 그대로 인용해서 주장한 것과는 달리, 신적인 속성(Divinity)이 아니라, 하나님의 본성과 본질 자체를 가리키는 "신성"(Deity)이다. 우리가 주목할 것은, 하나님 자신 속에서는 신적인 속성과 신성은 실제로는 동일하고(롬 1:20), 오직 우리의 인식과 지각의 방식에 있어서만 다를 뿐이지만, 그리스도의 신성을 부인하는 원수들은 신적인 속성을 나타내는 단어(Divinity)를 악용해서, 우리가 인간의 영혼에는 신적인 속성이 존재한다고 말할 때의 의미로 사용하여, 이 본문에서는 분명히 "모든"이라고 말하고 있음에도 불구하고, 그리스도 안에는 하나님의 뜻이라는 신적인 속성만이 존재하였을 뿐이고 그 밖의 다른 신적인 속성들은 존재하지 않았다는 식으로 왜곡할 수 있었기 때문에, 사도는 여기에서 "신적인 속성"을 나타내는 단어가 아니라 "신성" 자체를 나타내는 단어(Deity 또는 Godhead)를 사용하고 있다는 것이다. 따라서 사도는 나중에 아리우스파(the Arians)와 그 이후에 그랬던 것처럼, 그리스도를 성부 하나님보다 열등한 신으로 여기는 일이 일어나지 않도록 하기 위해서, "신성의 모든 충만"이 그리스도 안에 거한다는 표현을 사용함으로써, 그리스도는 성부 하나님과 동등하신 완전한 하나님이시라는 것과 성자 하나님의 신성과 성부 하나님의 신성 간에는 양적인 차이도 전혀 없다는 것을 분명하게 밝힌다. 성부 하나님 안에 거하는 신성과 성자 하나님 안에 거하는 신성이 서로 다른 것이 아니라, 하나의 동일한 신성의 모든 충만이 성부 안에 및 성자 안에 거하고 있다(요 10:30, "나와 아버지는 하나이니라"). 아담과 하와 안에 거한 인성의 충만은 양적으로 동일하지 않았지만, 성부와 성자의 신성은 양적으로 동일하다. 하지만 일부 루터파가 생각하듯이, 그리스도의 인성과 신성이 미치는 범위가 동일한 것은 아니다. 그리스도의 인성이 존재하는 곳에는, 또는 사람으로서의 그리스도께서 계시는 곳에는, 신성의 충만이 육체로 거하기는 하지만, 이 신성의 충만은 자동적으로 인성에 미치는 것이 아니라, 그리스도께서 원하실 때에만 이 신성의 충만으로부터 나온 파생된 충만으로 발현되어 인성에 미치게 된다.

10. 너희도 그 안에서 충만하여졌으니 그는 모든 통치자와 권세의 머리시라.

너희도 그 안에서 충만하여졌으니. 너희는 그리스도를 영접해서(골 2:6-7), 너희가 이미 들었듯이, 신성의 모든 충만이 그 안에 거하는 그리스도와 신비 가운데서 연합된 성도들과 거룩한 형제들이다(골 1:2). 너희는 그리스도의 영을 받아 머리 되신 그리스도의 신비의 몸에 속한 지체들로서 그리스도 안에서 온전한 자들이다(롬 8:1, 9; 엡 1:23). 너희는 어떤 이들의 생각처럼, 너희 자체로 직접적으로 온전한 자들이 된 것이 아니라, 너희의 머리 되시는 그리스도 안에 있는 모든 충만을 지속적으로 공급받아 충만해짐으로써 간접적으로 온전해진다. 따라서 너희는 "그 안에서" 온전해져서, 의롭다 하심을 받고 의로운 자들로 받아들여지는 것이기 때문에(고전 1:30; 고후 5:21; 엡 1:6; 빌 3:9), 요한복음 1:16에서 "우리가 다 그의 충만한 데서 받으니 은혜 위에 은혜러라"고 말한 것처럼, 모든 신령한 복들을 그리스도로부터 받는다(엡 1:3). 따라서 각 사람은 자신의 의무로 주어진 모든 일들을 행하는 데 충분한 은혜를 받기 때문에(고후 12:9), 사도는 빌립보서 4:13에서 "내게 능력 주시는 자 안에서 내가 모든 것을 할 수 있느니라"고 말한다. 우리가 장차 내세에서 영광을 받을 때까지는 이 땅에서는 실제로 온전해질 수 없다는 것은 사실이지만, 참된 신자들은 그들의 머리 되시는 그리스도께서 이미 모든 것을 이루셨다는 점에서만이 아니라, 그들이 그리스도 안에서 구원을 받게 될 것이 확실하다는 점에 있어서도 온전하다고 할 수 있고, 장차 결코 끝이 없을 영원무궁한 삶을, 완벽한 상태는 아니지만 그 일부를 맛보며 실제로 이미 이 땅에서 살아가고 있다는 점에서도 온전하다고 할 수 있다(요 3:36; 4:14; 롬 5:2; 엡 4:30; 살후 2:13; 히 9:15; 10:14; 벧전 1:3-4; 요일 5:12).

그는 모든 통치자와 권세의 머리시라. 사도는 거짓 교사들이 성도들을 교묘하고 잘못된 교설로 미혹시켜서 그리스도를 떠나 천사들을 숭배하게 하고자 한다는 것을 알고 있었기 때문에(18절), 여기에서 그리스도는 천사들의 "머리"이시라고 분명하게 못을 박아서, 그리스도를 믿는 그들의 믿음을 더욱 견고하게 세워 준다. 여기에서 "모든 통치자와 권세"는 천사들을 가리킨다. 사도는 선한 천사들은 본성과 은혜에 있어서 사람들보다 뛰어나고, 하나님에 의해서 다른 피조물들보다 더 높은 권위를 부여받고 있음은 사실이지만(마 24:36; 고후 11:14; 딤전 5:21), 성육신하셔서 인성을 입으신 그리스도의 위엄은 천사들의 위엄보다 비할 바 없이 더 크다는 것을, 자기가 앞에서 그리스도 안에는 신성과 인성이 인격적으로 연합되어 있고, 신성의 모든 충만이 거하고 있다고 말한 것으로부터 추론해 낸다. 신성의 모든 충만이 그 안에 육체로 거하시는 그리스도는 선한 천사들보다 훨씬 탁월하시고 뛰어나시며, 천사들은 완전함에 있어서 그리스도보다 훨씬 아래라는 점에서(엡 1:21; 히 1:4), 천사들의 머리이시다. 천사들 중에서 아무리 높은 천사들이라고 할지라도, 천사들은 "섬기는 영들"로서 그리스도를 수종드는 존재들이기 때문에, 그리스도의 권위와 지휘 아래 있다(마 13:41; 16:27; 24:31; 엡 3:10; 히 1:14; 벧전 3:22; 계 1:1; 22:16).

11. 또 그 안에서 너희가 손으로 하지 아니한 할례를 받았으니 곧 육의 몸을 벗는 것이요 그리스도의 할례니라.

또 그 안에서 너희가 손으로 하지 아니한 할례를 받았으니. 사도는 골로새 교인들 중에서 잘못된 신앙에 빠진 자들이 마치 복음에 어떤 결함이 있기라도 한 것처럼 그리스도를 믿는 것만으로는 구원을 받는 데 충분하지 않고 모세 율법을 지키며 할례를 받아야 한다고 생각하고 있는 것을 반박하기 위해서, 그들은 이미 참된 "할례"를 받았기 때문에, 그리스도께서 복음 안에서 그들에게 요구하신 것에 그 어떤 것이라도 더할 필요가 전혀 없다는 것을 보여 준다. 왜냐하면, 당시에 그들은 옛 언약을 인치는 행위이자 율법 전체를 지켜야 할 의무를 받아들이는 증표로서의 할례(갈 5:3)는 구원을 받는 데 꼭 필요한 것이라고 주장하면서(행 15:1, 24), 이미 복음을 믿고 있던 골로새 교인들에게 할례를 받으라고 압박을 하였던 것으로 보이기 때문이다. 그래서 사도는 여기에서 그들은 구약 시대의 할례가 하나의 예표로서 보여 주었던 실체, 즉 마음의 할례를 이미 받고 거룩해졌고(롬 2:28-29; 빌 3:3), 육체의 할례 없이 그리스도 안에서 온전해졌기 때문에, 이제 육체의 할례는 그들에게 전혀 쓸데없게 되었음을 보여 줌과 아울러, 그런데도 불구하고 할례를 비롯한 율법의 예법들을 성도들에게 강요하는 자들은 그리스도의 십자가를 무효로 돌리고 그리스도의 은혜의 신비 전체를 무너뜨리고자 하는 치명적인 오류를 범하는 것임을 보여 준다. 하나님께서 장래에 오게 될 온전한 것을 미리 보여 주는 예표로서 유대인들에게 육체의 할례를 하도록 명하셨다는 것은 사실이다. 하지만 육체의 할례가 예표로서 보여 주었던 그 온전한 것이 그리스도께서 오심으로써 이미 도래하였는데도, 여전히 그 예표만을 고집하는 자들은 육체의 할례라는 그림자만을 붙잡고서 온전한 실체, 즉 사람의 손으로 행하지 않고 하나님에 의해서 행해지는 참된 할례를 부정하고, 모세의 칼이 아니라 "좌우에 날선 어떤 검보다도 예리한"(히 4:12) 그리스도의 말씀으로 행하는 할례를 부정함으로써, 진리를 거부하는 자들이다. 이 절을 다음 절 및 빌립보서 3:3("하나님의 성령으로 봉사하며 그리스도 예수로 자랑하고 육체를 신뢰하지 아니하는 우리가 곧 할례파라")과 비교해 보면, 우리는 사도가 우리 그리스도인들에게는 세례가 유대인들의 할례와 동일한 것이라고 말하고, 세례를 단순히 외적인 예식이 아니라 성령의 내적인 역사로 이해하고 있음을 알게 된다(롬 6:3-4; 딛 3:5, "중생의 씻음"). 그래서 갈라디아서 3:27에서는 "누구든지 그리스도와 합하기 위하여 세례를 받은 자는 그리스도로 옷 입었느니라"고 말하고, 베드로전서 3:21에서는 "물은 예수 그리스도께서 부활하심으로 말미암아 이제 너희를 구원하는 표니 곧 세례라 이는 육체의 더러운 것을 제하여 버림이 아니요 하나님을 향한 선한 양심의 간구니라"고 말한다. 물론, 육체의 할례라는 그림자 같은 예식(히 10:1)이 행해지고 있던 구약 시대에도 신약 시대에서와 마찬가지로 마음의 할례가 존재하기는 했지만(신 10:16; 30:6; 렘 4:4), 그리스도께서는 구약 시대에는 오직 육체의 할례라는 예표를 통한 약속으로서만 존재하셨을 뿐이고, 신약 시대에는 그 약속을 따라 친히 이 땅에 오셔서 그 이전의 예표를 폐하시고, 그 대신에 세례라는 예식을 제정하셨다. 이제는 그리스도께서 십자가에서 죽으시기까지 순종하심으로써, 그 공로로 사람들 마음에서 죄를 도려내시는 할례를 행하실 수 있게 되셨는데, 그러한 목적으로 세례를 제정하시고, 이 세례를 통해서 사람들로 하여금 죄 사함을 받게 하셨기 때문에(마 28:19; 행 2:38; 롬 6:3-4; 갈 3:27; 벧전 3:21), "약속된 것," 곧 하나님이 약속하신 메시야를 "받지 못한"(히 11:39) 구약 시대의 사람들이 사용하였던 육체의 할례(엡 2:11)는 효력을 잃게 되었고, 따라서 이미 믿는 자들에게 강요해서는 안 되는 것이었다.

곧 육의 몸을 벗는 것이요 그리스도의 할례니라. 사도는 이 영적인 할례의 일부를 설명하면서, 먼저 옛 사람, 즉 육체와 감각들만이 아니라 더러운 죄로 물든 심령까지 포함하는 부패하고 타락한 본성이 성도 안에서 죽어지는 것에 대하여 말한다(골 3:5; 롬 6:6; 갈 5:19-21, 24; 엡 4:22). 우리는 새 사람을 입어서(엡 4:24) 우리 안에서 역사하는 죄의 지배를 굴복시킬 때까지는, 죄의 몸은 대체로 우리의 육체 속에서 힘을 발휘하지만, 거듭나지 않은 우리 몸의 모든 지체와 힘도 죄를 범하는 데 적극적으로 기여하는데, 죄의 몸을 벗고 타락한 본성이 죽어지는 것은 인간이 본성적으로 지니고 있는 어떤 것으로도 되지 않고, 오직 "그리스도의 할례"로만 가능하다. 그리스도께서는 우리를 육체의 할례에 의한 굴레로부터 벗어나게 하시기 위하여, 친히 제8일에 할례를 받으심으로써 할례의 수종자가 되셨고, "진실로 진실로 네게 이르노니 사람이 거듭나지 아니하면 하나님의 나라를 볼 수 없느니라"(요 3:3)고 말씀하심으로써, 그리스도의 할례 없이는 아무도 그의 나라에 들어올 수 없다고 하셨다. 그리스도께서는 세상에서 가장 고상한 철학자들의 온갖 사변과 세상의 온갖 종교들이 내세운 경건으로는 결코 이룰 수 없는 일을 자신의 보혈의 공로로 이루셨고, 자신의 성령을 통해서 모든 믿는 자들 속에서 그 일이 이루어지게 하셨다.

12. 너희가 세례로 그리스도와 함께 장사되고 또 죽은 자들 가운데서 그를 일으키신 하나님의 역사를 믿음으로 말미암아 그 안에서 함께 일으키심을 받았느니라.

너희가 세례로 그리스도와 함께 장사되고. 사도는 그들이 그리스도 안에서 육체의 할례가 예표하였던 것을 발견할 뿐만 아니라, 이제는 폐하여진 그 할례 대신에 새롭게 제정된 외적인 표징이나 인침인 세례를 받았음을 보여 준다. 그리스도의 죽음과 장사되심은 세례를 통해서 표상되고 인쳐진 옛 본성의 죽어짐을 보여 준 본보기일 뿐만 아니라, 그 토대이기도 하다. 즉, 사도가 로마서 6:3-4에서 "무릇 그리스도 예수와 합하여 세례를 받은 우리는 그의 죽으심과 합하여 세례를 받은 줄을 알지 못하느냐 그러므로 우리가 그의 죽으심과 합하여 세례를 받음으로 그와 함께 장사되었나니 이는 아버지의 영광으로 말미암아 그리스도를 죽은 자 가운데서 살리심과 같이 우리로 또한 새 생명 가운데서 행하게 하려 함이라"고 말한 것처럼, 우리 주님께서 우리에게 세례라는 외적인 표징과 더불어 그 표징이 나타내는 그의 은혜를 수여하실 때, 우리는 세례를 통해서, 유비적으로 또는 상징적으로 또는 성례전적으로 죽게 된다. 왜냐하면, 그 때에 세례를 받은 자의 죄들은 그리스도와 함께 장사되어 모습을 감추게 됨으로써, 그 사람은 그 죄들로 인하여 영원히 정죄 받지 않게 되고, 이전처럼 그 죄들에 의해서 지배를 받지도 않게 되기 때문이다(롬 6:6, 9, 14).

또 … 그 안에서 함께 일으키심을 받았느니라. 세례가 효력을 발휘하여서, 죄의 몸이 죽어지게 되었을 때, 그리스도께서 죽은 자 가운데서 일으키심을 받으셨던 것처럼, 너희도 "새 생명"으로 다시 살아나고 일으키심을 받게 된다(롬 6:4; 갈 3:27-29; 엡 4:23-24; 5:14, 26, 27; 골 3:10-11). 그리스도의 부활하심으로 말미암아, 그 부활과 비슷한 영적이고 신비적인 부활이 너희 속에서 일어나게 된다. **하나님의 역사를 믿음으로 말미암아.** 너희 안에서 일어난 그러한 부활은 너희 자신의 힘으로 된 것이 아니라, 하나님이 자신의 능력을 통해서 너희 가운데 역사하여 생겨나게 하신 "믿음으로 말미암아" 된 것이다(요 6:29; 빌 1:29; 2:13; 히 12:2). 그래서 사도는 에베소서 2:8에서 "너희는 그 은혜에 의하여 믿음으로 말미암아 구원을 받았으니 이것은 너희에게서 난 것이 아니요 하나님의 선물이라"고 말한다.

죽은 자들 가운데서 그를 일으키신. 하나님께서는 자신의 권능으로 역사하셔서 그리스도를 죽은 자들 가운데서 일으키셨다. 로마서 4:24("예수 우리 주를 죽은 자 가운데서 살리신 이")과 에베소서 1:19-20("그의 힘의 위력으로 역사하심을 따라 믿는 우리에게 베푸신 능력의 지극히 크심이 어떠한 것을 너희로 알게 하시기를 구하노라 그의 능력이 그리스도 안에서 역사하사 죽은 자들 가운데서 다시 살리시고 하늘에서 자기의 오른편에 앉히사")을 비교해 보라. 골로새 교인들이 지닌 믿음은 하나님께서 사람의 손으로 하지 않은 할례를 그들 속에서 행하심으로써 생겨난 것일 뿐만 아니라, 하나님께서 그리스도를 죽은 자들 가운데서 일으키실 때에 사용하셨던 저 놀랍고 기이한 능력에 의해서 생겨난 것이다. 사도는 우리의 부활과 그리스도의 부활이 본질적으로 유사한 특질을 지니고 있다고 말한다. 그리고 여기에서 사도가 사랑을 비롯해서 하나님의 역사에 의해서 생겨난 그 밖의 다른 은혜들이 아니라 "믿음"을 구체적으로 적시해서 언급하는 이유는, 하나님이 우리에게 역사하셔서 우리를 새로운 피조물이 되게 하시기 위하여 그 구성 부분인 믿음이 생겨나게 하실 때에는, 믿음은 우리의 육신적인 이성과 단순한 도덕적인 의와는 반대되는 것이어서, 우리 속에 본성적으로 있는 그 어떤 것이 조금도 거기에 개입할 수 없기 때문에, 다른 그 어떤 은혜를 주실 때보다도 더 큰 빛을 우리의 심령에 비추어 주셔야 하는 반면에, 다른 은혜들을 주실 때에는 단지 우리 안에 있는 잘못된 것들을 바로잡아서 제대로 작동되게 하시기만 하면 되기 때문이다.

13. 또 범죄와 육체의 무할례로 죽었던 너희를 하나님이 그와 함께 살리시고 우리의 모든 죄를 사하시고.

또 범죄와 육체의 무할례로 죽었던 너희를. 사도는 그들은 에베소 교인들과 마찬가지로(엡 2:1, 5) 본래는 은혜의 삶을 박탈당하고, 영광의 삶으로부터 분리되어서, "죄 가운데서" 영적으로 죽어 있었지만, 그들이 거룩하게 되고 의롭다 하심을 얻는데 필요한 모든 것을 그리스도 안에서 다 가지고 있기 때문에, "육체에 행한 할례"(엡 2:11)의 필요성이 전혀 없다는 것을 계속해서 보여 준다. 사도가 여기에서 말한 "육체의 무할례"는 문자 그대로 이해하면, 그들이 원래 이방인들로 살아가던 사람들이었기 때문에 자신들의 육체의 포피를 베는 할례를 어렸을 때에 받지 않았다는 뜻이라고 할 수 있겠지만, 사도가 11절에서 "그 안에서 너희가 손으로 하지 아니한 할례를 받았으니 곧 육의 몸을 벗는 것이요 그리스도의 할례니라"고 말한 것으로 보아서, 육신적인 생식으로 인하여 모든 사람에게 원죄의 부패함이 대물림되면서, 사람이 태어날 때부터 지니게 되고 중생하지 않은 자들을 지배하고 있는 타락한 본성, 즉 할례받지 못한 마음을 가리키는 것이라고 보아야 한다. 이전의 그들은 은혜의 삶과 관련해서 죽은 자들이었다(마 8:22; 요 5:25; 롬 8:7; 고전 2:14; 딤전 5:6).

하나님이 그와 함께 살리시고. 너희는 전에 하나님의 생명으로부터 떠나 있었던 자들이었는데(엡 4:18), 하나님께서는 그리스도와 함께 너희를 살리시고 영적인 생명을 다시 회복시켜 주셔서, 현세와 내세에서 영원한 생명을 얻게 하셨다(고전 15:22, "아담 안에서 모든 사람이 죽은 것 같이 그리스도 안에서 모든 사람이 삶을 얻으리라").

우리의 모든 죄를 사하시고. 하나님께서는 죄 사함의 표징이자 인침인 세례 이전과 이후에 너희가 범한 모든 죄들을 값없이 거저 사하여 주셨다(여기에서 "사하셨다"는 단어는 사랑 가운데서 값없이 거저 주거나 사해 주신 것을 의미한다, 고후 2:10; 엡 4:32). 따라서 그리스도의 영이신 성령께서 은혜의 원리를 그들에게 주입해 주시고, 살아 있고 영원한 씨를 그들의 심령 속에 심으셔서, 악한 습성들을 뿌리 뽑게 하실 뿐만 아니라, 하나님께서는 그리스도의 온전한 대속으로 말미암아, 장차 그들을 결박해서 영원한 죽음에 내어 주게 될 모든 죄책을 값없이 도말하시고, 믿는 자들에게 그들의 죄들 중 그 어떤 것에 대해서도 책임을 묻지 않으실 뿐만 아니라, 마치 그들이 전혀 죄를 범한 적이 없었던 것처럼, 그들을 대우하시고(마 26:28; 행 10:43; 엡 1:7; 히 9:15), 다시는 그들의 죄를 기억도 하지 않으시기 때문에, 그들은 자신들의 죄가 어디 있는지를 눈을 씻고 찾아보아도 찾을 수 없게 된다(렘 31:34; 50:20; 히 10:17). 교황주의자들은 믿는 자들은 자신들이 범한 잘못들은 다 사함을 받게 되지만, 그들의 죄악에 대한 형벌은 전부 또는 부분적으로 받게 되어 있다고 주장함으로써, 자신들의 보속 개념을 정당화하지만, 그런 교설은 단지 교황주의자들인 학자들이 성경과 이성을 거슬러 날조해 낸 것일 뿐이고, 우리는 골로새서

1:24("나는 이제 너희를 위하여 받는 괴로움을 기뻐하고 그리스도의 남은 고난을 그의 몸된 교회를 위하여 내 육체에 채우노라")을 다룰 때, 그런 교설이 근거없는 것임을 이미 살펴본 바 있다.

14. 우리를 거스르고 불리하게 하는 법조문으로 쓴 증서를 지우시고 제하여 버리사 십자가에 못 박으시고.

사도는 바로 앞에서 하나님의 은혜가 그들에게 나타나서 그들의 모든 죄들을 값없이 사하여 주셨다고 말하였는데, 여기에서는 그러한 죄 사함의 토대와 수단이 무엇이었는지를 덧붙인다. 즉, 사도는 "우리를 거스르고 불리하게 하는" 자필증서를 가리키면서, 하나님께서 그 증서를 "지워 버리셨다" 또는 "무효화시켜 버리셨다"고 말하고 있는 것이다. 어떤 이들은 "우리를 거스르고 불리하게 하는 손으로 쓴 증서"라고 읽고, 어떤 이들은 "우리를 거스르고 불리하게 하는 조문들로 된 법령"이라고 읽지만, 우리가 이 어구를 설명할 때에 이 두 가지 읽기 간에 차이는 전혀 없다. 성경에서 흔히 죄를 빚이라고 말하고, 죄를 사하여 주는 것을 빚을 탕감해 주는 것이라고 말한다(마 6:12; 눅 11:4; 13:4). 빚을 진 자는 빚을 갚아야 하는 것과 마찬가지로, 죄를 지은 자는 벌을 받아야 한다. 우리가 기억해야 할 것은, 사적인 채권자는 채무자가 자기에게 진 빚을 탕감해 줄 수 있지만, 법을 위반한 자는 공공의 정의를 책임진 자로부터 사면을 받지 않는 한, 무죄방면될 수가 없고, 늘 형벌을 받아야 하는 처지에 놓여 있게 된다는 것이다. 따라서 출애굽기 24:7에서 모세가 "언약서를 가져다가 백성에게 낭독하여 듣게 하니 그들이 이르되 여호와의 모든 말씀을 우리가 준행하리이다"라고 말했듯이, 모세 율법 아래에서 살아가는 자들은 자신의 범법함을 인해서 늘 형벌의 위협 아래 살아가야만 하였다. 모세의 손을 통해 하나님이 주신 율법에는 예식에 관한 많은 규례들이 첨부되어 있었고, 할례를 받은 자들은 그 모든 것을 다 지켜야 할 의무가 있었다. 사도는 사람들에게 부과된 그러한 의무는 사람들이 날 때부터 부패해 있고 타락해 있음을 공적으로 증언해 주는 증서였다고 해석한다. 즉, 율법 중에서 결례들은 그들의 죄악의 더러움을 증언해 주는 것이었고, 희생제사들은 율법 아래에서 살면서도 율법을 지켜 행하지 않고 살아가는 그들은 죽어 마땅하다는 것을 증언해 주는 것이었다. 따라서 "돌에 써서 새긴 죽게 하는 율법 조문의 직분" 아래에서 살아간 자들(고후 3:7, 9)은 "저주 아래에 있는 자들"이었다(갈 3:10, 19). 그들은 자신을 대신해서 피 흘려 죽을 희생제물들에 안수할 때마다, 자기가 죄를 지었다는 것을 인정하는 증서에 서명을 하는 것이었고, 그렇게 드려진 희생제사들은 그들의 양심에 계속해서 그들의 죄를 일깨워 주기만 할 뿐이고, 그들의 양심을 온전하게 해 줄 수 없었기 때문에, 그들의 마음은 확고한 평안을 얻을 수 없었다(히 9:9; 10:1-3). 그래서 그들은 끊임없이 자신의 죄를 고백하였고, 더 나은 제사를 통해서 그 저주를 제거하고자 하였다. 사도는 에베소서 2:15에서는 그리스도께서 자기 자신을 희생제물로 드리셔서 "법조문으로 된 계명의 율법"을 폐하셨다고 말한다. 에베소서 2:15과 골로새서 2:16, 20-21을 비교해 보라. 그러므로 "그리스도의 할례"를 받고서 그리스도 안에서 발견되는 자들에게는 정죄함이 없다(골 2:11; 롬 8:1; 7:4).

율법은 그 자체로는 거룩하고 의로우며 선하다고 할지라도, 죄가 우리의 범법함을 이유로 우리를 정죄하고 저주의 위협으로 두려워하게 하며, "율법으로 말미암는 죄의 정욕이 우리 지체 중에 역사하여 우리로 사망을 위하여 열매를 맺게 하고"(롬 7:5, 9), 율법의 예식들을 통해서 그러한 상황을 더욱 악화시키며, 이방인들에게 하나님의 전의 문을 닫아 걸어서, 이방인들이었던 골로새 교인들로 하여금 전에는 "약속의 언약들에 대하여는 외인이요 세상에서 소망이 없고 하나님도 없는 자"(엡 2:12)가 되게 하였다는 점에서, "우리를 불리하게 하는" 것이었다. 하지만 사람들에게 부과되었던 그러한 의무는 그리스도의 죽으심에 의해서 폐기되고 무효화되었는데, 사도는 사람들이 빚을 다 갚았을 때에는 증서에 붉은 줄을 긋거나 지워 버리는 것처럼, 그리스도께서도 자신의 피로 그들의 죄를 기록해 놓은 증서를 지워 버리셨을 뿐만 아니라, "제하여 버리셨다"고 우아하게 표현한다. 여기에서 "제하여 버리셨다"는 것은, 그리스도께서 인류가 진 빚을 다 갚으시고서는 그들의 빚을 기록해 놓은 채무증서를 갈기갈기 찢어서 없애버리심으로써, 그들의 죄에 대한 기억이나 증거가 하나도 남아 있지 않게 하셨고, 그들의 죄에 대한 그 어떤 논쟁의 여지도 남겨두지 않으시고 다 없애버리셨다는 것이다.

하지만 사도는 그렇게 말하고도 충분히 만족스럽게 표현하지 못하였다고 생각하였는지, "십자가에 못 박으셨다"는 말까지 덧붙인다. 이것보다 더 확실한 말이 있을 수 있겠는가? 사도의 이 말은 그리스도께서 십자가 위에서 하나님께 자기 자신을 희생제물로 단번에 드리심으로써 율법을 무장해제시키셨고 율법의 정죄하는 권세를 제거해 버리셨다는 것을 의미한다(롬 7:4; 갈 3:13). 박식한 사람들의 말에 의하면, 옛적에 특히 아시아(중동)에서는 오래 되었거나 무효가 된 문서들이나 증서들을 폐기처분할 때에는 그것들을 못으로 구멍을 뚫어서 폐기하는 것이 관행이었다고 한다. 그리스도께서는 자신의 온전한 대속을 통해서 인류를 율법의 정죄로부터 벗어나게 하셨을 뿐만 아니라(롬 8:1, 34), 원수들이 자기를 십자가에 못 박혔을 때에 사용하였던 바로 그 못들을 가지고서 반대로 법조문으로 된 증서를 십자가에 매달고 못을 박으셔서, 율법에 규정된 예법들을 폐기하셨다. 왜냐하면, 그리스도께서는 율법에 규정된 모든 예법이 모형 또는 예표로 보여 주던 원형이자 실체로서 이 땅에 오셔서, 그 모든 예법들이 이루고자 하였던 것을 실제로 이루셔서, "모든 사람을 위하여 자기를 대속물로 주시고"(딤전 2:6) 사람들의 죄를 없이 하시며(히 9:26) 사람들로 하여금 영원한 속량을 얻게 하셨기(히 9:12) 때문이었다.

15. 통치자들과 권세들을 무력화하여 드러내어 구경거리로 삼으시고 십자가로 그들을 이기셨느니라.

통치자들과 권세들을 무력화하여. 여기에서 "무력화하다"로 번역된 단어를, 어떤 이들은 옛적에 경주자들이 옷을 벗고 달리곤 하였던 것처럼, 그리스도께서 그런 식으로 그들의 옷을 다 벌거벗기셨다는 의미로 해석한다. "통치자들과 권세들"이라는 어구는 모든 진정한 사본들에는 그렇게 되어 있지만, 몇몇 사본들에는 필사자들의 실수로 "그의 육신을 벗으시고"로 되어 있기 때문에, 일부 옛 교부들은 이 어구를 그런 식으로 해석하였다. 하지만 그리스도께서는 자신의 인성을 벗으신 것이 아니라, 단지 육신의 연약한 것들만을 벗으신 것일 뿐만 아니라(고후 5:16; 히 5:7), 그러한 해석은 사도가 여기에서 계속해서 얘기해 나가고 있는 내용과도 맞지 않는다. 어떤 해석자는 율법의 예법들은 원래 신적인 권위를 지니고 있었기 때문에, 사도가 여기에서 그 예법들을 "통치자들과 권세들"이라고 표현한 것이고, 그리스도께서 그러한 예법들을 벌거벗겨서, 그것들의 정체는 단지 자기가 이룰 일들을 희미하게 보여 주는 예표들에 불과하다는 것을 드러내셨다고 말한 것이라고 생각한다. 그러나 나는 그런 식으로 이 구절을 알레고리적으로 해석할 이유가 전혀 없다고 본다. 왜냐하면, 여기에서 "무력화하다"로 번역된 단어는 전쟁에서 이긴 군대가 포로로 사로잡은 적군들을 무장해제하는 것을 가리키기 때문이다. 이렇게 통상적으로 이 단어는 무장하는 것과 반대되는 무장해제한다는 의미로 사용된다(롬 13:12, "우리가 어둠의 일을 벗고 빛의 갑옷을 입자"; 엡 6:11, "하나님의 전신갑주를 입으라"). 따라서 여기에서 "통치자들과 권세들을 무력화하여"는 그리스도께서 마귀와 그의 졸개들인 악한 천사들을 비롯해서 모든 흑암의 세력들을 무장해제시키시고, 그들이 약탈해서 가지고 있던 모든 것을 다 탈취하셨다는 것을 가리킨다. 우리는 이미 앞에서 "통치자들과 권세들"이 천사들을 가리킨다는 것을 살펴본 바 있지만(골 1:16; 롬 8:37; 엡 1:21), 여기에서는 악한 천사들을 지칭하는 단어들로 사용되고 있다. 악한 천사들은 죄와 허무함에 굴복되어 있는 이 세계를 장악하고 지배하는 자들이라는 점에서 그런 이름들로 불린다(눅 4:6; 요 12:31; 고후 4:4; 엡 2:2; 6:12; 딤후 2:26). 그리스도께서는 하나님께서 창세기 3:15에서 처음으로 "내가 너로 여자와 원수가 되게 하고 네 후손도 여자의 후손과 원수가 되게 하리니 여자의 후손은 네 머리를 상하게 할 것이요 너는 그의 발꿈치를 상하게 할 것이니라"고 약속하셨던 것을 따라서, 그들을 멸하러 오셨고, 마침내 십자가 위에서 그 일을 이루시고(눅 11:22; 요 16:11; 고전 15:55; 히 2:14; 요일 3:8), 자신의 신민들을 "흑암의 권세에서 건져내사 그의 사랑의 아들의 나라로 옮기셨다"(골 1:13).

드러내어 구경거리로 삼으시고. 그리스도께서는 완벽한 승리자로서 병거에 타셔서 개선하시면서, 자기가 사탄과 모든 흑암의 권세들을 다 이기시고 사로잡으시고 굴복시키셨다는 것을 하늘과 땅이 보는 앞에서 공개적으로 보여 주셨다(눅 10:17-18). **십자가로 그들을 이기셨느니라.** 사탄이 자기가 무죄한 예수를 죽여 없애서 이제 자기를 방해할 자가 아무도 없기 때문에 온 천하를 자기 마음대로 주무를 수 있게 되었다고 생각하였던 바로 그 때에, 그리스도와 그를 따르던 자들은 생명의 주로 말미암아 승리를 거두게 되었고, 사탄을 비롯한 흑암의 세력들은 영원한 부끄러움과 괴로움을 맛보게 되었다. 교황주의자들은 이 본문을 근거로 삼아서, 그리스도께서 십자가 위에서 이렇게 승리하셨을 때, 이스라엘의 열조들의 영혼을 천국과 지옥 사이에 있는 림보(Limbus)로부터 데려오셨다고 말하지만, 그것은 단지 비성경적인 허구일 뿐이다. 왜냐하면, 그리스도께서 자신의 개선 행렬에서 공개적으로 드러내셔서 만천하의 구경거리가 되게 하신 자들은 그리스도에 의해서 탈취되고 사로잡혀서 영원한 수치와 망신을 당하게 된 자들이기 때문이다.

"십자가로 그들을 이기셨느니라"로 번역된 구절의 헬라어 본문은 직역하면 "그것 안에서 그들을 이기셨느니라"가 된다. 어떤 이들은 "그것 안에서"를 난외주를 따라서 "그 자신 안에서" 또는 "그 자신에 의해서"로 번역한다. 즉, 그리스도께서는 다른 어떤 자의 도움에 의해서가 아니라, 자신의 권세와 능력에 의해서 그들을 이기셨다는 것이다. 이사야 선지자는 그리스도께서 홀로 포도즙 틀을 밟으셨고, 그와 함께 한 자는 아무도 없었다고 말한다(사 63:3). 하지만 앞 절에 "십자가에"라는 표현이 나오는 것을 고려했을 때, 대명사 "그것"이 "십자가"를 가리키는 것으로 보고서, "그것 안에서"를 "십자가로"로 번역해서, 그리스도께서 십자가 위에서 또는 십자가로 사탄을 이기셨다는 의미로 해석하는 것이 더 나을 것으로 보인다. 왜냐하면, 그리스도께서 십자가 위에서 겪으신 그 죽음이 그리스도의 승리의 유일하게 참된 원인이었기 때문이다. 십자가 위에서 그리스도께서는 자신의 발로 사탄을 밟으셨고, 십자가 위에서 자신의 자손들을 자유롭게 하셨다. 따라서 골로새 교인들을 십자가로부터 떼어놓고 율법 아래에서 종살이 하던 시절로 되돌리고자 하는 자들은 그리스도께서 사탄으로부터 빼앗은 탈취물들을 사탄에게 다시 돌려주고자 하는 자들이다.

16. 그러므로 먹고 마시는 것과 절기나 초하루나 안식일을 이유로 누구든지 너희를 비판하지 못하게 하라.

그러므로 … 누구든지 너희를 비판하지 못하게 하라. 사도는 그리스도께서 주신 자유를 누리고 있는 자들은 그 누구로부터도 정죄를 받을 이유가 없고, 그 누구도 그리스도께서 주신 자유를 누린다는 이유로 다른 사람을 비판하거나 비난할 권한이 없다고 말한다. 누구라도 "그리스도를 따르는" 것도 아니고(골 2:8) 그리스도의 자유의 법에 의해서 보증된 것도 아닌(롬 14:3-4; 갈 5:1; 약 1:25) 것을 마치 그리스도의 자유를 누리는 데 꼭 필요한 것인 것처럼 말하며 그들에게 강요한다면, 그들은 그런 자의 말을 따라서는 안 된다. 바울 자신도 사람들이 그런 것들을 강요한 경우에는 단호하게 거부하였다(고전 6:12; 7:23; 갈 2:5, 11, 14). 사도는 이 절에서 열거하고 있는 것들, 즉 "먹고 마시는 것과 절기나 초하루나 안식일" 등과 같은 것들이 자기를 주관하거나 자기에 대하여 어떤 영향력을 행사하는 것을 결코 허용하지 않았다. 왜냐하면, 사도는 자신의 머리는 그리스도이시고, 오직 그리스도만이 자신의 양심의 주로서, 자기가 그를 어떻게 섬겨야 하는지를 지시하시고 명하실 수 있으시다는 것을 알고 있었기 때문이었다.

먹고 마시는 것과 절기나 초하루나 안식일을 이유로. 따라서 사도는 율법에서 정한 예법들을 믿는 자들에게 강요하지 못하도록 하기 위하여, 여기에서 그 중의 몇 가지를 들고 있는데, 그 중 하나는 먹고 마시는 것을 정한 것과 부정한 것으로 구분해서 가려서 먹고 마시는 예법에 관한 것이었다. 그리스도께서 그러한 율법의 법조문들을 십자가에 못 박으셔서 폐기하신 후라서, 그런 것들은 이미 효력을 상실한 것들임에도 불구하고, 믿는 자들 중에서도 유대교나 피타고라스학파의 철학자들의 영향을 받아 그들의 예법에 물들어 있던 미신적인 사람들은 기존의 기독교 체계에 이 예법에 관한 규정을 추가해서 정한 음식과 부정한 음식을 가려서 먹고 마셔야 한다고 주장하였다. 또한, 그들은 레위기에 규정된 조문들을 따라 연례적이거나 한 달 또는 한 주마다 반복되는 여러 절기들과 "초하루나 안식일" 같은 성일들을 지켜야 한다고 주장하였다.

17. 이것들은 장래 일의 그림자이나 몸은 그리스도의 것이니라.

이것들은 장래 일의 그림자이나. 사도가 히브리서 9:9-10에서 "이 장막은 현재까지의 비유니 이에 따라 드리는 예물과 제사는 섬기는 자를 그 양심상 온전하게 할 수 없나니 이런 것은 먹고 마시는 것과 여러 가지 씻는 것과 함께 육체의 예법일 뿐이며 개혁할 때까지 맡겨 둔 것이니라"고 말한 것처럼, 그런 것들은 이전 시대의 그러한 제도 속에서는 그 어떤 일시적인 영광을 지니고 있었든지 간에, 장차 그리스도께서 가져다주실 은택들을 희미하게 그림자처럼 보여 주는 예표들이나 모형들이었을 뿐이기 때문에(히 8:5; 9:11; 10:1), 그리스도께서 오셔서 그것과는 비할 수 없을 정도로 큰 영광이 존재하게 된 지금에 있어서는, "더 큰 영광으로 말미암아 이에 영광될 것이 없게" 되었고(고후 3:10-11), 효력을 상실하고 폐기된 것들이다. 따라서 "장래 일"의 예표들이나 그림자들이라 불리는 그런 것들은 그 원형이자 실체인 그리스도께서 이 땅에 오셔서 친히 제정하신 성례전들을 어떤 식으로든 부정하거나 대신할 수 없다. 왜냐하면, 그 성례전들에 올바르게 참여하는 자들은 옛 시대의 예법들이 예표로 보여 주었던 그리스도를 그 속에서 만나게 되기 때문이다. 그러므로 우리는 사도가 여기에서 성찬에서의 떡과 포도주를 "먹고 마시는 것"으로 표현하여 정죄하고 있는 것이 아니라, 오직 그리스도를 따르는 것이 아닌 것들, 즉 모세 율법에서 정한 여러 가지 예법들을 비롯해서 거짓 교사들이 주장하였던 그 밖의 여러 가지 외적인 예식들을 정죄하고 있는 것이라고 말할 수 있다.

몸은 그리스도의 것이니라. 그리스도는 구약 시대의 모든 그림자들의 실체이자 원형이시고, 그 그림자들은 그리스도 안에서 온전히 성취되었다(요 1:17; 롬 10:4; 갈 4:10-12). 구약 시대의 모든 약속들은 그리스도 안에서 "예"와 "아멘"이 되었기 때문에(단 9:24), 사도는 고린도후서 1:20에서 "하나님의 약속은 얼마든지 그리스도 안에서 예가 되니 그런즉 그로 말미암아 우리가 아멘 하여 하나님께 영광을 돌리게 되느니라"고 말한다." 구약 시대의 모든 그림자들로부터 증언을 받고 오신 그리스도 안에서 그 모든 것이 온전히 이루어졌다(요 19:30, "다 이루었다"). 그리스도는 "안식일의 주인"이시다(마 12:8). 즉, 그리스도께서는 자신의 대속의 희생제사를 통해서 마귀의 궤계를 무너뜨리시고, 하나님이 창세 때로부터 계획하셨던 것, 곧 값없이 은혜로 만물을 구속하고자 하신 일을 마치시고 안식에 들어가심으로써(히 4:10), 구약 시대의 다른 모든 모형들과 마찬가지로 안식일이라는 옛적의 모형을 폐하시고(고후 3:7, 11), 오직 안식이라는 모형이 보여 주었던 실체만을 보존하셨다. 왜냐하면, 하나님께서 자신의 창조 사역을 마치신 후에, 일곱째 날을 거룩한 안식의 날로 정하셔서 기념하게 하셨는데, 그리스도께서는 만물을 새롭게 하시는 구속 사역을 통해서 진정으로 창조의 일을 마치시고 안식에 들어가셔서, 한 주간의 첫째 날에 부활하셔서, 자신의 교회로 하여금 그 날을 지켜 기념하게 하셨기 때문이다. 우리 주님께서는 그리스도인들이 어느 날에 하나님을 예배할지를 놓고 서로 의견이 갈리는 것을 막으시고 바로 그 첫째 날에 함께 모여 하나님을 예배하도록 하시기 위하여, 일곱째 밤이 지난 한 주간의 첫째 날에 자신의 사도들 가운데 나타나심으로써, 그 날을 거룩하게 하신 것이었다. 어떤 이들은 유대인 랍비들이 지존자께서 희년에 이스라엘에 대하여 자유함과 속량하심과 안식일을 완성하시는 분이 되실 것이라고 미리 예언하였다고 지적하면서, 그리스도께서 죽으시고 부활하시는 기간 동안에 네 번의 안식년과 안식일이 한데 합쳐져서 계속 이어졌다고 말한다: (1) 희년의 안식(눅 4:18-19, "주의 성령이 내게 임하셨으니 이는 가난한 자에게 복음을 전하게 하시려고 내게 기름을 부으시고 나를 보내사 포로 된 자에게 자유를, 눈 먼 자에게 다시 보게 함을 전파하며 눌린 자를 자유롭게 하고 주의 은혜의 해를 전파하게 하려 하심이라"). (2) 큰 안식일(요 19:31, "이 날은 준비일이라 유대인들은 그 안식일이 큰 날이므로 그 안식일에 시체들을 십자가에 두지 아니하려 하여 빌라도에게 그들의 다리를 꺾어 시체를 치워 달라 하니"). (3) 그리스도의 시신이 무덤에 두어졌을 때의 한 주간의 안식일. (4) 한 주간의 첫 날에 이루어진 참된 안식일. 그리스도께서는 이 첫 날에 마귀에게 승리하시고 만물을 자기에게 복종시키시고 부활하심으로써, 지금까지 모든 안식이 예표나 모형으로 보여 주었던 참된 안식을 실제로 이루셨다. 그리스도께서 율법이 줄 수 없었던 안식을 자기 백성에게 주시게 되었을 때, 그것을 예표하였던 다른 모든 안식들은 효력을 잃고 폐기되었다. 따라서 하나님의 백성들은 세상 끝날까지 한 주간의 첫 날 또는 주일에 함께 모여 그리스도를 경배하고 찬송함으로써 이 날을 기념하여야 한다(고전 16:1-2, "매주 첫 날에"; 계 1:10, "주의 날에 내가 성령에 감동되어 내 뒤에서 나는 나팔 소리 같은 큰 음성을 들으니").

18. 아무도 꾸며낸 겸손과 천사 숭배를 이유로 너희를 정죄하지 못하게 하라 그가 그 본 것에 의지하여 그 육신의 생각을 따라 헛되이 과장하고.

아무도 … 너희를 정죄하지 못하게 하라. 여기에서 "정죄하다"로 번역된 복합동사는 신약에서 다른 저자들에게서는 별로 볼 수 없고 바울에게서 특히 볼 수 있으며 이 서신에서는 오직 여기에서만 사용되고 있는 단어인데, 이 단어 때문에 해석자들 사이에서 이 구절에 대한 다양한 해석이 제시되었다. 어떤 이들은 이 단어를 바로 다음에 나오는 단어와 연결해서 해석하고, 어떤 이들은 흠정역처럼 이하에 나오는 내용 전체와 연결해서 "아무도 너희를 속여서 너희의 상을 빼앗지 못하게 하라"로 해석한다. 이 복합동사의 단순한 형태는 골로새서 3:15("그리스도의 평강이 너희 마음을 주장하게 하라")에서 "주장한다"는 의미로 사용되고 있지만, "판단하다, 재단하다, 매개하다"라는 의미를 지니기도 한다. 하지만 바울은 다른 곳들에서는 이 단어를 단순한 형태로 사용하거나, 판단하고 정죄하는 것에 대하여 말하는 문장에서 사용하지 않는다(롬 2:1). 하지만 이 단어는 시합에서 심판을 보는 사람들의 행위로부터 유래한 단어이기 때문에, 사도는 시합을 하는 선수에 대한 총애나 미움으로 인해서 편파적으로 판정을 내려서, 판정이 정당했더라면 상을 받았을 선수는 그 시합에서 지고 원래 졌어야 할 선수가 상을 받는 기만적인 일이 일어나게 되는 것을 염두에 두고서 이 말을 했을 가능성이 높다. 그래서 어떤 해석자들은 흠정역의 번역의 취지에 동의한다: "너희는 저 불의하고 자의적인 자들이 거짓된 것들을 열거하고 잘못된 잣대를 제시하며 지켜 행하라고 하면서, 그렇게 하지 않는 너희를 판단하고 정죄함으로써, 너희를 속여서(마 24:4; 엡 5:6; 살후 2:3) 그리스도를 떠나게 하여, 너희가 장차 그리스도로부터 받을 상을 빼앗기게 하지 못하도록 주의하고 조심하라." 이 구절을 어떤 이들은 "아무도 스스로 겸손한 체하면서 너희를 교묘한 말로 속이지 못하게 하라"로 번역하기도 하고, 어떤 이들은 "아무도 너희의 상을 빼앗지 못하게 하라"로 번역하기도 하며, 어떤 이들은 "아무도 너희를 자신의 마음대로 주관하지 못하게 하라"로 번역하고, 어떤 이들은 "아무도 너희에 대하여 주관자나 심판자의 역할 또는 직분을 자처하거나 참칭하지 못하게 하라"로 번역한다. 골로새 교회에서 거짓 교사들은 잘못된 신앙에 빠져서, 하나님으로부터 골로새 교인들을 돌보라는 그 어떤 공식적인 권세도 받지 않았으면서도, 자신들의 교묘한 말과 논리를 통해서 골로새 교인들을 상악하여 주관하고서, 오늘날의 교황주의자들처럼, 자신들이 고안해 낸 교설들과 유대교의 전통적인 교설들을 그들에게 강요하며, 그들의 영적 상태를 자신들의 잣대로 재단하고 단죄하고 있었는데, 사도가 여기에서 이 말을 하는 목적은 그리스도를 참되게 따르는 자들을 그러한 미혹하는 자들로부터 보호하고자 하는 것이었다. 한 박식한 해석자는 사도는 이 단어가 어떤 주목할 만한 이점을 지니고 있지 않았다면, 여기에서 이 단어를 사용하지 않았을 것이라고 말하면서, 이 단어의 단순한 형태가 지닌 이점은 "판단하다" 또는 "재단하다"라는 의미와 함께 "매개하다"라는 의미도 함께 지니고 있었다는 것이라고 말한다. 즉, 사도가 여기에서 말하고 있는 이 미혹하는 자들은 플라톤 사상의 몇몇 개념들을 토대로 해서 천사들이 하나님과 인간 사이의 매개자라는 자신들의 사상을 밑받침하고자 했고, 사도는 이 본문에서 그런 자들을 반박하고 질책하고자 하였기 때문에, 이 단어는 사도의 의도에 기가 막히게 잘 들어맞는 단어였다는 것이다(마치 사도가 빌립보서 3:2에서 할례를 지칭할 때에 "몸을 상해하는 일"이라는 표현을 사용한 것과 마찬가지로).

꾸며낸 겸손과 천사 숭배를 이유로. 그들은 자신들의 오만하고 도도하며 고압적인 영을 감추기 위해서, 누가 뭐라고 하지도 않았는데 자원해서 자신들이 마치 세상에서 가장 겸손한 자들인 것처럼 겸손한 체하는 태도로 행하는 가운데, 뻔뻔스럽게도 자신들은 천사들을 통해서 하나님과 직통으로 말씀을 주고받는 자들이라고 말하면서, 그렇기 때문에 자신들은 하나님과 인간 사이를 매개해 주는 중간적인 존재인 천사들을 숭배한다고 주장하였다. 사도는 사람들이 고안해 낸 자의적인 예배의 대표적인 예로 여기에서 천사 숭배를 언급하면서, 천사 숭배에 관한 교설이 겉보기에 아무리 번드르르해 보이고 그럴 듯해 보일지라도, 우리와 하나님 사이에 중보자는 오직 그리스도 한 분이시기 때문에, 성경으로부터 그 어떠한 보장도 받지 못하는 미신일 뿐임을 보여 준다. 그리스도께서는 자신의 제자들이 자신의 온전한 대속 사역과 자기가 그들에게 주신 온전한 자유를 굳게 믿고서, 자의적인 자들이 만들어 낸 예배와 교설들로 이루어진 사람의 전통에 의해서 그 믿음이 흔들리지 않기를 기대하셨다(마 15:2, 6, 9). 그리스도께서는 오직 자기만이 참된 산 길이시고, 오직 자기를 통해서만 우리가 하나님 앞에 담대히 나아갈 수 있음을 보여 주셨기 때문에(마 11:28; 요 14:1, 6; 엡 3:12; 히 4:16; 10:19-20), 우리는 마치 우리 자신을 겸손히 낮춘다는 미명 하에서라도, 그리스도께서 명하시지 않으신 것들을 하나님에 대한 우리의 예배와 의무 속에 자의적으로 포함시켜서는 안 된다. 그러므로 교황주의자들이 겸손을 가장해서 어떤 논리를 펴든, 우리 믿는 자들이 하늘의 궁정에서 섬기는 자들인 천사들을 숭배하거나 그들의 이름을 부르며 기도하는 것은 그리스도를 따르는 것이 아니라 도리어 거스르는 것일 뿐이다.

그가 그 본 것에 의지하여. 사도는 자의적인 겸손과 천사 숭배 같은 것들을 주장하는 자들은 뻔뻔스럽게도 다른 사람의 신앙 고백에 침입해서 헤집어 놓는 자들이고, 자기가 알지도 못하는 참된 신앙을 자기 자신이 고안해 낸 것으로 망쳐 놓는 자들이라고 말한다. 옛적에 다윗은 "여호와여 내 마음이 교만하지 아니하고 내 눈이 오만하지 아니하오며 내가 큰 일과 감당하지 못할 놀라운 일을 하려고 힘쓰지 아니하나이다"(시 131:1)라고 고백하였던 반면에, 그들은 천사 숭배를 말할 아무런 근거도 없는데도, 마치 자신들은 천사들과의 교통을 통해서 인간으로서는 알 수 없는 비밀을 알고 있는 것처럼 행세하였다. 사도는 자신들의 호기심으로 인해서 플라톤 학파의 천사론에 푹 빠져 잘못된 교설을 주장하는 자들을 반박하기 위해서 여기에서 플라톤 학파에서 사용하던 단어를 사용한다. 이 천사 숭배에 관한 교설은 브루기아 지방의 그리스도인들 중에 깊이 뿌리를 내려서, 3세기가 지난 후에도 이러한 오류는 뿌리뽑히지 않아서, 골로새 근방의 라오디게아에서 열린 공의회에서는 천사 숭배를 금지하는 교회법이 제정되기도 하였다.

그 육신의 생각을 따라 헛되이 과장하고. 사도는 천사 숭배 같은 어리석은 교설이 등장하는 이유를 계속해서 얘기해 나간다. 이 모든 원인은 그들이 자신들의 육신의 감각과 지각을 경솔하게 의지한 데 있는데, 그들은 먼저 자신들이 본 것을 지나치게 의지해서, 자기가 본 환상을 진짜라고 믿어 버리고, 육신적인 원리에 의해서 움직이는 기만적인 사고를 따라서, 자기가 본 것을 과장하고 헛된 말들로 부풀려서, 실제로는 자신들도 알지 못하고 경험하지 못한 하나의 사상 체계로 만들어 나간다. 그래서 사도는 디모데전서 1:7에서 "율법의 선생이 되려 하나 자기가 말하는 것이나 자기가 확증하는 것도 깨닫지 못하는도다"라고 말한다.

19. 머리를 붙들지 아니하는지라 온 몸이 머리로 말미암아 마디와 힘줄로 공급함을 받고 연합하여 하나님이 자라게 하시므로 자라느니라.

머리를 붙들지 아니하는지라. 사도는 여기에서 자기가 앞에서 질책한 일들이 벌어지는 이유는 그들이 자신들의 머리이신 주 그리스도를 붙들지 않고 떨어져 나갔기 때문이라고 말한다(골 2:8-9). 왜냐하면, 모든 진리는 그리스도로부터 나오고, 따라서 그리스도는 진리 자체이시기 때문이다(요 14:6). 그러므로 "머리"이신 그리스도에게 붙어 있지 않은 것이 모든 배교의 원천이다. 에베소서 4:15-16("오직 사랑 안에서 참된 것을 하여 범사에 그에게까지 자랄지라 그는 머리니 곧 그리스도라 그에게서 온 몸이 각 마디를 통하여 도움을 받음으로 연결되고 결합되어 각 지체의 분량대로 역사하여 그 몸을 자라게 하며 사랑 안에서 스스로 세우느니라")을 보라. **온 몸이 머리로 말미암아.** 교회는 그리스도의 몸이고, "머리"이신 그리스도께서는 교회가 지각하고 살아 움직이는 데 필요한 모든 것을 나누어 주시고 공급해 주신다. **마디와 힘줄로 공급함을 받고.** 그리스도의 몸에 속한 모든 지체들은 믿음으로 말미암아 그 몸의 일부가 되어서(엡 3:17) 성령으로 말미암아 서로 잘 연합되고 결합되어 있기 때문에(엡 2:21-22, "그의 안에서 건물마다 서로 연결하여 주 안에서 성전이 되어 가고"), 그리스도께서 자신의 몸인 교회에 공급해 주시는 생명과 생기 같은 자양분들은 그 지체들인 "마디와 힘줄들"을 통해서 지속적으로 몸에 공급된다. **연합하여.** 모든 믿는 자들은 영적으로 하나가 되어서, 그리스도와 연합되어 있을 뿐만 아니라, 서로 간에도 연결되어 있다. 고린도전서 10:17; 12:12("몸은 하나인데 많은 지체가 있고 몸의 지체가 많으나 한 몸임과 같이 그리스도도 그러하니라"), 20, 25, 27("너희는 그리스도의 몸이요 지체의 각 부분이라")을 보라. **하나님이 자라게 하시므로 자라느니라.** 따라서 그리스도의 몸인 교회는 사랑 가운데 서로 덕을 세우면서, 하나님이 주신 능력과 은혜를 따라, 하나님이 자라게 하시는 대로 영적으로 자라가고(고전 3:6), 그러한 성장을 통해서 하나님께 영광을 돌려 드린다. 이렇게 교회는 하나님이 공급해 주시는 은혜와 능력으로 충만해져서, 우리 주 그리스도 예수 안에서 온전한 분량에 도달할 때까지, 빛과 순결함과 모든 은혜에 있어서 점점 더 견고해지고 강해져 간다. 반면에, 육신의 생각으로 고안해 낸 사람들의 전통 가운데서 자라가는 교회는 점점 더 종기들과 종양들로 뒤덮여서, 온갖 변형과 변질이 일어나서, 흉한 모습으로 변해가다가, 결국에는 망하고 만다.

20. 너희가 세상의 초등학문에서 그리스도와 함께 죽었거든 어찌하여 세상에 사는 것과 같이 규례에 순종하느냐.

너희가 세상의 초등학문에서 그리스도와 함께 죽었거든. 여기에서 사도는 이미 폐기된 것들을 다시 부활시킨 것들이든, 아니면 기존에 없던 것들을 새로 도입한 것들이든, 하나님의 예배의 일부로서 골로새 교회에 침투해 들어온 온갖 미신적이고 잘못된 예식들과 교설들을 계속해서 반박해 나가면서, 그들은 "머리"이신 그리스도와 연합되어서 그리스도 안에 있는 자들이고, 그리스도께서는 자신의 죽음을 통해서 그들을 온갖 비천한 "세상의 초등학문들"로부터 자유롭게 하셨기 때문에, 그러한 것들에 대하여 죽은 자들인데(롬 6:3, 5; 7:4, 6; 갈 4:9-11; 골 2:19), 왜 그런 것들을 다시 받아들여서 거기에 종 노릇 하고 있는 것이냐고 질책한다. 즉, 그들은 그리스도 안에서 온전해진 자들이고(골 2:10), "세례로 그리스도와 함께 장사된" 자들이며(골 2:12), 그리스도께서 이미 그러한 예식들과 "규례들"을 십자가에 못 박으셔서 폐기처분하셨기 때문에(골 2:14), 그런 것들은 그리스도를 따르는 것이 아니고(골 2:8) 하나님께서 명하신 예배나 예배 방식도 아니라는 것이다.

어찌하여 세상에 사는 것과 같이 규례에 순종하느냐. 사도는 그들이 그러한 예식들과 규례들에 순종하는 것은, 그들은 엄연히 자신들의 머리이신 그리스도를 붙들고 있는 자들인데도(골 2:19), 마치 그리스도께서 오시기 전인 옛 세상에 사는 자들인 것처럼, "이 세상의 초등학문 아래에 있어서 종 노릇 하는"(갈 4:3) 삶을 살아가는 것이라고 말한다. 거짓 교사들이 그들에게 이 멍에를 강제로 메게 하고자 하는 데에는 아주 사악한 의도가 숨겨져 있는 것이고(행 15:10), 그렇기 때문에 그들이 그 멍에를 자신들의 목에 메는 것은 지극히 어리석은 일일 수밖에 없다. 왜냐하면, 하나님께서는 자신이 이미 폐기하신 예식이나 사람들이 새롭게 고안해 낸 예식을 따라 드려지는 예배를 받지 않으실 것이기 때문이다. 교회의 머리 되시는 그리스도께서는 사람들이 자기가 십자가로 폐기처분하신 예배를 다시 부활시켜서 미리 무효가 되어 버린 방식으로 예배를 드리는 것도 용납하지 않으시고, 자기가 명하지 않으신 새로운 방식으로 고안해 내어 하나님을 예배하는 것도 용납하지 않으신다. 사도는 여기에서 방백들이 자신의 신민들의 진정한 유익을 위하여 하나님의 예배와 관련해서 이렇게 해도 상관없고 저렇게 해도 상관없는 가치중립적인 문제들과 관련해서 어떤 규례들을 세워 반포하는 것을 질책하고 있는 것이 아니라, 이미 폐기된 옛 율법의 예법을 따르거나 세상 철학을 근거로 해서 새롭게 고안해 낸 예식들을 사용해서 하나님을 예배하는 것을 질책하고 있는 것이다.

21. (곧 붙잡지도 말고 맛보지도 말고 만지지도 말라 하는 것이니.

사도는 앞에서 골로새 교회에서 거짓 교사들이 잘못된 신앙과 육신의 정욕을 따라 거짓된 교설들을 가르치고, 그러한 교설들로 그리스도인들의 양심을 주관하고 지배하고 있는 것을 질책하였는데, 이제 여기에서는 그러한 규례들을 믿는 자들에게 강요하였던 자들이 자신들의 교설에서 사용하였던 단어들과 구절들 중 일부를 그대로 가져와서, 그들이 하는 말들이 얼마나 어처구니없는 것을 생생하게 보여 준다. 헬라어에 능통한 사람들은 사도가 여기에서 우아한 점층법을 사용하고 있는 것이 헬라어 본문에서는 그대로 나타난다고 말한다. 왜냐하면, 우리가 "붙잡지도 말고"로 번역한 첫 번째 어구는 물론 종종 그런 식으로 번역되기도 하지만, 여기에서는 세 번째 어구("만지지도 말라")와 서로 의미가 중복되어서 동어반복이 될 것을 우려해서 그렇게 번역한 것이지만, 실제로는 가장 분별력 있고 박식한 해석자들이 증명해 주고 있듯이, "먹지도 말고"로 번역하는 것이 합당한 것으로 보이기 때문이다. 즉, 이것은 거짓 교사들이 그리스도인들에게 그들의 일상적인 식사에서 먹지 말아야 할 음식과 먹어도 괜찮은 음식이 있다고 가르쳤음을 보여 준다. 그들은 율법에서 정한 음식과 부정한 음식을 규정한 것을 유대인들이 따라 왔던 그러한 규례(골 2:16)를 부활시키고, 그것과 유사한 그 밖의 다른 유사한 규례들도 만들어서 믿는 자들에게 지켜 행하라고 강요하였는데, 사도는 여러 곳에서 그들의 그러한 교설을 비판한다(롬 14:17; 고전 8:8; 딤전 4:3). 이렇게 그들은 특정한 음식들을 "먹지 말라"고 가르친 후에, 그런 교설로도 성이 차지 않아서, 그리스도인들이 그러한 부정한 음식에 의해서 더럽혀져서 부정을 타지 않으려면, "맛보지도 말고," 더 나아가 손으로 다루거나 "만지지도 말라"고 가르쳤다. "맛보지도 말라"는 것은 "먹지도 말라"보다 한층 더 나아간 것이고, 손으로 "만지지도 말라"는 것은 "맛보지도 말라"는 것보다 한층 더 나아간 것이다. 이것은 그러한 잘못된 규례들을 강요한 자들의 대단한 독창성을 보여 주는 것으로서, 그들은 하나의 외적인 규례를 세운 후에는 거기에다 또 다른 규례를 세우고, 또 그것을 기반으로 해서 다시 규례들을 고안해 내는 등, 끝도 없이 규례들을 만들어 내어 믿는 자들의 양심을 옭아매고 단단히 묶어서 결국에는 질식사시켜 버린다. 사도는 앞의 16절에서는 "먹고 마시는 것과 절기나 초하루나 안식일을 이유로 누구든지 너희를 비판하지 못하게 하라"고 말함으로써, 하나님께서 이전 시대에 사람들에게 지키라고 명하셨던 것들이지만 지금은 폐기처분된 율법의 여러 예법들에 대해서 말하였다면, 여기에서는 앞 절이 분명하게 보여 주듯이, 사람들이 새롭게 고안해 낸 여러 규례들에 대하여 말하고 있다.

22. 이 모든 것은 한때 쓰이고는 없어지리라) 사람의 명령과 가르침을 따르느냐.

이 모든 것은 한때 쓰이고는 없어지리라. 사도는 기독교 시대 아래에서는 그러한 규례들로 예배를 드리는 것이 하나님이 열납하시는 예배가 될 수 없는 이유들을 여기에 덧붙이는데, 첫 번째로 그것은 먹는 것과 마시는 것과 입는 것은 사람들로 하여금 이 세상을 살아가면서 목숨을 부지하도록 하기 위하여 일시적인 용도로 주어진 것들인 까닭에 "한때 쓰이고는 없어질" 것들이기 때문이라는 것이다. 그렇기 때문에, 그런 것들은 그 자체로는 사람들을 거룩하게 할 수도 없고 부정하게 할 수도 없다(마 15:11; 막 7:19; 롬 14:17; 고전 6:13; 딤전 4:3). 그런 것들은 모두 우리를 위해 잠시 사용된 후에 썩어지거나 소모되는 것들일 뿐이고, 다른 용도로는 전혀 쓸모가 없는 것들이다. 이것은 우리가 그런 것들로부터 얻는 모든 유익은 단지 이 유한한 목숨과 관련된 것들이라는 것을 증명해 준다. 따라서 우리의 유한한 목숨을 위한 용도로 사용된 후에 없어지고 말 것들이 영원히 죽지 않고 썩지 않는 우리의 영혼의 생명에 그 어떤 유익을 끼칠 수 있다고 생각하는 것은 어불성설이다. 그러므로 이미 폐기된 규례들을 부활시키거나 그런 것들과 유사한 규례들을 새롭게 만들어 내어서 믿는 자들에게 강요하는 것은 그 어떤 영적인 유익도 가져다주지 않는 것들로 믿는 자들을 괴롭고 힘들게 하고 결국에는 망하게 하는 것이다.

사람의 명령과 가르침을 따르느냐. 이것은 사도가 앞에서 거짓 교사들이 가르친 규례들을 따라 드리는 예배는 하나님께 열납되는 예배가 될 수 없다고 말한 것에 대하여 두 번째 이유로 제시하고 있는 내용이다. 여기에서 사도는 그들이 가르치는 규례들은 그리스도를 따르는 것이 아니라, "사람의 명령과 가르침을 따르는" 것이라는 좀 더 강력한 논거를 제시한다. 사도가 앞의 8절에서 "누가 철학과 헛된 속임수로 너희를 사로잡을까 주의하라 이것은 사람의 전통과 세상의 초등학문을 따름이요 그리스도를 따름이 아니니라"고 말한 것을 참조하라. 사도의 그러한 논거는 우리 주님께서 바리새인들이 고안해 낸 예배를 질책하시면서, "사람의 계명으로 교훈을 삼아 가르치니 나를 헛되이 경배하는도다 하였느니라"(마 15:9)고 말씀하신 것과 통하고, 선지자 이사야가 "이 백성이 입으로는 나를 가까이 하며 입술로는 나를 공경하나 그들의 마음은 내게서 멀리 떠났나니 그들이 나를 경외함은 사람의 계명으로 가르침을 받았을 뿐이라"(사 29:13)고 말한 것과도 통한다. 하나님이 명하지 않으신 예배나 예배 의식이나 방식들을 도입하는 것은 하나님이 금지하신 것이었다(신 12:32; 요 14:26; 16:13; 계 22;18). 십계명 중에서 "너를 위하여 새긴 우상을 만들지 말고 또 위로 하늘에 있는 것이나 아래로 땅에 있는 것이나 땅 아래 물 속에 있는 것의 어떤 형상도 만들지 말며 그것들에게 절하지 말며 그것들을 섬기지 말라"(출 20:4-5)고 규정한 두 번째 계명의 취지는 오직 하나님께서 명하시고 정하신 특정한 방식으로만 하나님을 예배하라는 것이기 때문에, 하나님이 명하시거나 정하시지 않은 방식으로 하나님을 예배하는 것은 하나님이 금지하신 것이다. 따라서 그리스도인들이 하나님이 가르치신 것이 아니라 단지 사람들이 고안해 내어 가르친 방식으로 하나님을 예배하고 신앙생활을 한다면, 그러한 것들은 하나님께 열납될 수 없다.

23. 이런 것들은 자의적 숭배와 겸손과 몸을 괴롭게 하는 데는 지혜 있는 모양이나 오직 육체 따르는 것을 금하는 데는 조금도 유익이 없느니라.

이런 것들은 … 지혜 있는 모양이나. 사도는 여기에서 신앙을 여러 가지로 제약하는 규례들을 제시하고 지켜 행하라고 강제하는 사람들의 교훈과 가르침들이 "지혜 있는 모양"을 갖추고 있다고 말한다. 그런 것들은 겉보기에 번지르르하고 그럴 듯하며 지혜로운 것 같은 모양새를 갖추고 있기 때문에, 실체보다는 그림자들에 더 끌리는 자들을 속일 수는 있지만, 그리스도께서 주신 참되고 진정한 지혜는 아니기 때문에 그 어떤 유익도 없고 무익할 뿐인 것들이다.

자의적 숭배와 겸손. "자의적 숭배"는 하나님이 정하신 예배가 아니라, 사람들이 자신들의 생각 속에서 자의적으로 고안해 낸 잘못된 신앙과 예배를 가리킨다. 모든 옛 교부들과 현대의 거의 모든 해석자들은 여기에서 "숭배"로 번역된 헬라어가 그 안에 선한 것이 없고 사악함만이 있는 그런 종교나 신앙을 가리키는 것으로 해석하는데, 여기에서 사용된 "자의적 숭배"라는 복합명사는 앞에서 말한 것과 같은 의미를 지닌 "숭배"라는 단어에 인간의 자의성을 표현하는 단어가 결합된 것이기 때문에, 골로새서 2:18에서와 마찬가지로, 인간이 자의적으로 고안해 낸 악한 종교나 신앙을 가리키는 것으로 해석하는 것이 합당하다. 우리는 사도가 두 개의 단순한 단어를 결합해서 하나의 복합된 단어로 사용한 예를 에베소서 2:15과 골로새서 1:20에서도 볼 수 있다. 즉, 사도는 에베소서 2:15("법조문으로 된 계명의 율법을 폐하셨으니 이는 이 둘로 자기 안에서 한 새 사람을 지어 '화평하게 하시고'")에서는 "화평하게 하다"를 두 개의 단순한 단어들로 표현한 것을 골로새서 1:20("땅에 있는 것들이나 하늘에 있는 것들이 그로 말미암아 자기와 '화목하게 되기'를 기뻐하심이라")에서는 하나의 복합동사로 표현한다. 따라서 우리는 이 단어가 사용된 전체적인 문맥을 고려했을 때, 사도가 언급한 "자의적 숭배"라는 복합명사는 그가 골로새서 2:18에서 이 둘을 나누어서 "꾸며낸 겸손과 천사 숭배"라고 말한 것과 그 의미가 동일하다고 보는 것이 합당하다. 왜냐하면, 하나님의 백성들이 하나님께서 친히 명하신 대로 하나님을 예배하는 것은 반드시 그래야 하고 칭찬받을 만한 일이고 하나님께 열납될 수 있는 예배가 되겠지만(시 110:3), 하나님의 뜻과 반대되는 사람의 뜻이 개입되어 만들어진 예배, 즉 사람들이 하나님의 그 어떤 보증도 없이 자신의 머리로 고안해 낸 예배인 "자의적 숭배"는 하나님께서 미워하시는 것이고, 그런 예배는 사람들이 의욕적으로 열심을 내어 드릴수록, 더 가증스러운 것이 되기 때문이다.

우리가 우리 자신이 원하고 선택한 방식이 아니라, 오직 하나님께서 원하시고 선택하신 방식을 따라서만 하나님을 예배하여야 하는 것은 너무나 당연하고, 그런 예배만이 하나님께 열납될 수 있기 때문에, 우리는 그런 예배를 드릴 수 있도록 아주 세심하게 마음을 써야 한다(고후 5:9). 인간 사회에서 존귀한 자들이 자신의 종들에게 제복을 정해 주고서 반드시 그 옷을 입고서 자기를 섬기도록 명하였는데, 어떤 종들이 어리석게도 주인이 정해 준 제복보다 자기가 고안해 낸 옷이 여러 가지 면에서 종의 제복으로 더 적합할 것이라고 생각해서, 자기가 만든 옷을 입고 주인을 섬기려고 나아온다면, 그 주인은 그 종들이 자기 옆으로 와서 시중드는 것을 거부할 것이고, 그 종들은 문 밖으로 쫓겨나게 될 것임을 우리는 안다. 그런데 하물며 모든 것을 다 아시고 꿰뚫어 보시는 지극히 지혜로우신 하나님을 예배함에 있어서, 하나님이 정해 주신 것들이 아니라, 사람들이 자신의 생각으로 고안해 낸 것들로 하나님을 섬기고자 한다면, 하나님께서는 그러한 종들을 가증스럽게 여기실 것은 너무나 뻔한 일이 아니겠는가. 하나님은 자원하여 자기를 예배하는 자들을 사랑하시고 기뻐하시지만, 사람들이 자의적으로 드리는 예배는 미워하신다.

그런 자들은 그들 자신이 고안해 낸 자의적인 예배가 하나님이 명하신 예배보다 그들 자신을 더 낮추는 것이 될 것이라고 말하면서, 마치 그들이 정말 하나님 앞에서 겸손함을 보이기 위해서 그런 예배를 고안해 낸 척하지만, 우리 주님께서 "금식할 때에 너희는 외식하는 자들과 같이 슬픈 기색을 보이지 말라 그들은 금식하는 것을 사람에게 보이려고 얼굴을 흉하게 하느니라 내가 진실로 너희에게 이르노니 그들은 자기 상을 이미 받았느니라"(마 6:16)고 말씀하신 것처럼, 자신들은 하나님과 자신의 윗사람들을 지극히 겸손하게 섬기는 자들이라는 것을 사람들에게 보이기 위해서, 그들 자신이 만들어 낸 방식으로 짐짓 겸손한 체하는 위선자들일 뿐이다.

몸을 괴롭게 하는 데는. 잘못된 신앙에 빠진 자들일수록, 그들은 자신들의 신앙이 다른 사람들보다 훨씬 뛰어나다는 것을 보여 주기 위해서, 자신의 몸을 아끼지 않고 괴롭게 하고 채찍질하는 데 열심을 낸다. 마찬가지로, 오늘날 가톨릭의 수도사들은 자신들의 몸을 보양하는 데 필요한 것을 행하지 않음으로써 몸을 학대하는 것을 경건으로 여긴다.

조금도 유익이 없느니라. 한 박식한 해석자는 사도는 이 어구를 마치 삽입구인 것처럼 처리해서, "자의적 숭배와 겸손과 몸을 괴롭게 하는 것"을 "육체를 만족시키는 것"과 연결시켜서 읽기를 의도한 것이라고 생각한다: "이런 것들은 자의적 숭배와 겸손과 몸을 괴롭게 하여 육체를 만족시키는 데에는 지혜 있는 모양이지만, 사실은 조금도 유익이 없느니라." 따라서 여기에서 "조금도 유익이 없다"는 것은, 그들은 몸을 괴롭게 하고 금욕하는 것은 사치와 향락으로 몸을 욕되게 하는 것과 반대로 진정한 성화의 길이거나 몸을 존귀하게 하는 것이라고 생각하지만, 그것은 잘못된 착각이라는 것이다(롬 1:26; 고전 6:18-20; 살전 4:4; 히 13:4). 사도는 다른 곳들에서 그리스도인들에게 몸을 귀히 여기라고 명하는데, 여기에서는 미혹하는 자들이 몸을 괴롭게 하는 것은 그렇게 몸을 귀히 여기는 것과 반대되는 행위임을 지적한다. 왜냐하면, 그들의 종교적인 금욕적 행위들은 자신들의 몸을 사치와 향락 같은 것들을 누리는 데 사용하는 것으로부터 멀리하는 것이 아니라, 단지 어떤 특정한 음식들을 부정한 것으로 규정해 놓고서, 그런 것들을 먹지 않는 것일 뿐인데, 그 음식들은 사람의 몸을 더럽히지도 못하고, 그 음식들을 먹는다고 해서 사람의 몸이 그 거룩함과 존귀함을 잃게 되는 것도 아니기 때문이다. 어떤 이들은 "몸을 괴롭게 하는 데에는"이라는 어구를 "몸을 하찮게 여기는 데에는"으로 읽기도 한다.

오직 육체 따르는 것을 금하는 데는. 사도는 자기가 앞에서 말한 그런 자들의 행위들은 육체의 소욕을 만족시켜 주어서, 육체가 제멋대로 버릇없이 행하도록 부추기는 일들이기 때문에, 하나님이나 하나님의 뜻을 행하고자 하는 것에는 안중에도 없고, 오직 "정욕을 위하여 육신의 일을 도모하는"(롬 13:14) 것일 뿐이라고 말한다. 어떤 이들은 "오직 육체 따르는 것을 금하는 데는 조금도 유익이 없느니라"로 번역된 어구는 육체가 본성적으로 필요로 하는 것들을 공급해 주는 데에 아무런 관심도 없다는 뜻이라고 보고, 어떤 이들은 "조금도 유익이 없느니라"는 육체를 존중해 주지 않는다는 의미로 보고서(딤전 5:3), 육체를 제대로 돌보지 않거나, 육체를 보양하는 데 필요한 것들을 완전히 무시함으로써 몸을 경시한다는 뜻이라고 해석한다. 이렇게 해석자들은 몸이 본성적으로 요구하는 것들을 채워 주지 않음으로써 몸을 제대로 돌보지 않는다는 의미로 이 어구를 해석하는 데 대체로 동의한다. 따라서 우리는 흠정역에서 "육체를 만족시키는 데"로 번역한 이 절의 마지막 어구가 육체의 소욕을 마음껏 충족시켜 주는 것이라는 의미를 지니고 있는 것으로 이해하지 않는다면, 누가복음 1:53에서 하나님께서 "주리는 자를 좋은 것으로 배불리셨으며"라고 말하고 있는 것이나, 요한복음 6:12에서 그리스도께서 무리들을 배불리 먹이셨다고 한 것처럼, "육체의 자연스러운 욕구를 만족시킨다"는 좋은 의미로 해석해야 한다. 실제로 우리는 헬라 작가들이 이 단어를 무절제하고 탐욕스럽게 욕구를 충족시킨다는 의미로 사용하기도 하지만, 결코 탐욕스럽지 않은 자연스러운 욕구를 충족시킨다는 좋은 의미로도 사용하고 있는 것을 볼 수 있다.

MATTHEW POOLE'S COMMENTARY

골로새서 3장

개요

1. 하늘의 것을 찾으라고 권면함(1–4).
2. 육신의 소욕들을 죽이고, 그리스도인답게 서로를 대할 때에 모든 악의를 버리라고 권면함(5–11).
3. 서로 간에 형제 간의 우애와 사랑을 비롯한 모든 도리들을 다하라고 권면함(12–17).
4. 아내들의 도리(18).
5. 남편들의 도리(19).
6. 자녀들의 도리(20).
7. 부모들의 도리(21).
8. 주인에 대한 종들의 도리(22–25).

1. 그러므로 너희가 그리스도와 함께 다시 살리심을 받았으면 위의 것을 찾으라 거기는 그리스도께서 하나님 우편에 앉아 계시느니라.

그러므로 너희가 그리스도와 함께 다시 살리심을 받았으면. 사도는 앞에서 땅에 속한 없어질 규례들을 지켜 행하라고 하는 잘못된 미신적인 신앙을 반박하고, 골로새 교인들에게 그림자들에 집착하지 말고 실체를 생각하라고 촉구한 후에, 자기가 앞에서 "너희가 세례로 그리스도와 함께 장사되고 또 죽은 자들 가운데서 그를 일으키신 하나님의 역사를 믿음으로 말미암아 그 안에서 함께 일으키심을 받았느니라"(골 2:12-13)고 단언한 것을 전제로 해서, 여기에서는 그들은 그리스도와 함께 다시 살리심을 받았기 때문에, 그렇게 다시 살리심을 받은 자들에게 요구되는 의무들을 행하는 것이 그들에게 합당하다고 말한다. 사도가 여기에서 그들이 다시 살리심을 받았다고 한 것은 그들이 이미 육체로 부활했다고 말한 것이 아니고, 영적인 죽음으로부터 다시 살아났다고 하는 비유적이고 영적인 부활에 대하여 말한 것이다. 왜냐하면, 육체의 부활은 우리가 이 땅에 있는 동안에는 실제로 일어날 수 없고, 우리는 단지 우리의 머리이신 그리스도와의 신비의 연합으로 인하여 그 지체들이라는 자격으로 "그리스도 안에서 함께 하늘에 앉아"(엡 2:6) 있다고 말할 수 있을 뿐이며(세례는 우리의 그러한 신분을 보여 주고 인쳐 주는 성례전이다), 그리스도를 일으키신 저 동일한 성령의 역사로 말미암아 중생을 통해서 영적으로 부활하여(롬 6:4; 딛 3:5), 새롭게 변화된 그리스도인들로서 장차 우리에게 있게 될 본래적인 의미의 부활, 곧 육체의 부활에 대한 확실한 소망을 가지고 살아가고 있기 때문이다.

위의 것을 찾으라. 사도는 그들의 그러한 신분을 전제로 해서, 우리 구주께서 자신의 제자들에게 하나님의 나라를 구하라고 명하셨던 것과 동일한 의미에서(마 6:33), 그들에게 부지런히 천국과 거기에서의 행복을 목표로 삼고, 성결한 삶을 그 목표에 도달하는 수단으로 삼고서, 부지런히 애쓰고 힘쓰라고 촉구한다. 왜냐하면, 그들의 "시민권은 하늘에 있고," 그들의 삶은 "거기로부터 구원하는 자 곧 주 예수 그리스도를 기다리며" 살아 가는 삶이기 때문이다(빌 3:20).

거기는 그리스도께서 하나님 우편에 앉아 계시느니라. 사도는 마치 사람들에 대해서 말할 때와 동일한 방식과 표현을 사용해서, 하나님에 대하여 말하고 있기는 하지만, 우리는 실제로 하나님께서 사람의 모습으로 하늘에 앉아 계시는 것으로 생각하였던 이단이었던 신인동형론자들(the Anthropomorphites) 같은 치명적인 오류를 범하지 않도록 조심하여야 한다. 어떤 이들은 신인동형론자들 같이 생각하는 것을 혐오하면서도, 하늘은 하나님의 보좌이고 영원할 것이기 때문에(렘 17:12; 애 5:19; 마 5:34), 하늘에는 실제로 하나님의 보좌가 있어서, 하나님께서는 이 땅에 있는 자신의 성전에 임재해 계셨던 것처럼, 하늘에서 그 보좌 위에 앉아 계시고(왕상 22:19; 시 11:4), 그리스도께서도 그 보좌의 오른편에 앉아 계실 것이라고 생각하는 경향을 보여 준다(히 1:3; 8:1; 12:2; 계 3:21). 하지만 그런 식으로 인간이 사용하는 시공간을 하늘에까지 그대로 확장해서 하나님이 앉아 계시는 특정한 물질적인 보좌를 생각하게 되면, 우리의 이해와 인식에 왜곡을 가져 오는 것과 같은 여러 가지 부작용들이 생겨나는 것은 물론이고, 영이신 하나님께만 드려야 할 경배를 피조물에게 드리는 일이 벌어질 수 있다. 또한, 사도행전 7:55에서는 "스데반이 성령 충만하여 하늘을 우러러 주목하여 하나님의 영광과 및 예수께서 하나님 우편에 서신 것을 보고"라고 말하고 있는 것과, 천사들은 몸이나 손과 발 같은 지체들이 없는데도 불구하고, 히브리서 1:13에서 "어느 때에 천사 중 누구에게 내가 네 원수로 네 발등상이 되게 하기까지 너는 내 우편에 앉아 있으라 하셨느냐"고 말하고 있는 것으로 보아서, 우리는 사도가 이 본문에서 "그리스도께서 하나님 우편에 앉아 계시느니라"고 말하였다고 해도, 그것을 정말 그리스도께서 하늘 보좌에 앉아 계시는 것으로 생각해서는 안 된다. 따라서 대다수의 해석자들은 이 어구를 비유적으로 해석해서, 그리스도께서 자신의 모든 원수들을 자기 발 아래에 굴복시키신 후에(마 28:18; 고전 15:25), 모든 진정한 권세와 통치권을 자신의 수중에 쥐고 계시고, 위엄과 영광과 존귀로 관을 쓰신 채로(히 1:3; 2:9), 모든 복들을 지극히 초월적인 방식으로 누리고 계시는(시 16:11; 110:1; 행 2:33, 36) 모습을 묘사한 것이라고 본다. 성육신하신 그리스도께서 영광 속으로 들어가셨을 때, 하나님으로부터 만물을 통치하시는 권세를 받으셨고(사 16:5; 눅 22:29-30; 24:26; 고전 15:43; 계 19:6), 지금은 하늘에서 영광 중에 그 권세를 지니고 계신다(행 3:21; 계 3:21, "이기는 그에게는 내가 내 보좌에 함께 앉게 하여 주기를 내가 이기고 아버지 보좌에 함께 앉은 것과 같이 하리라"). 그리스도께서는 지상의 특정한 곳으로부터 하늘의 특정한 곳으로 승천하심으로써, 장소적으로 위로 올라가신 것이기 때문에, 루터파가 그리스도의 영광의 승천을 근거로 삼아서, 그리스도의 몸은 어디든지 편재하신다는 것을 증명할 수 있다고 주장한 것은 터무니없다. 왜냐하면, 그리스도께서는 요한복음 17:24에서 "아버지여 내게 주신 자도 나 있는 곳에 나와 함께 있어 아버지께서 창세 전부터 나를 사랑하시므로 내게 주신 나의 영광을 그들로 보게 하시기를 원하옵나이다"라고 기도하셨듯이 믿는 자들이 아버지 하나님이 자기에게 주신 영광을 장차 하늘에 와서 보게 되기를 바라셨기 때문이다.

2. 위의 것을 생각하고 땅의 것을 생각하지 말라.

위의 것을 생각하고. 사도는 믿는 자들에게 그들의 보화가 있는 곳에 그들의 마음을 두게 하기 위하여, 여기에서 또 다른 표현을 사용해서, 그들은 "위의 것"을 열렬히 생각하여야 한다고 권면한다(롬 8:5, "육신을 따르는 자는 육신의 일을, 영을 따르는 자는 영의 일을 생각하나니"). 즉, 믿는 자들은 온 마음과 뜻을 다해서, 그리고 하나님께서 그들로 하여금 위의 것을 향유하고 누리도록 하기 위하여 그들에게 주신 모든 것들을 다 활용해서, 그들을 위하여 "하늘에 간직하신 것," 곧 "썩지 않고 더럽지 않고 쇠하지 아니하는 유업"(벧전 1:4)을 사모하고 거기에 마음을 두어야 한다는 것이다. 따라서 믿는 자들은 자신들이 아무리 연구하고 궁리해도 알아낼 수 없는 하나님의 깊은 것들을 호기심에서 파헤치고자 하지 말고, "마땅히 생각할 그 이상의 생각을 품지 말고 오직 하나님께서 각 사람에게 나누어 주신 믿음의 분량대로" 위의 것을 "지혜롭게 생각하는"(롬 12:3) 것이 마땅하다.

땅의 것을 생각하지 말라. 믿는 자들은 하늘의 것들과 반대되는 모든 것을 자신들의 마음과 생각에서 멀리하여야 한다. 즉, 사람들이 고안해 낸 육신적인 규례들과 예법들을 따르지 말아야 한다는 것은 말할 것도 없고(골 2:22; 빌 3:18-19), 이 세상의 즐거움들과 유익들과 존귀들을 열심히 추구해서도 안 된다. 왜냐하면, 그런 것들을 추구하는 자들은 무절제한 탐욕에 빠져서(골 3:5; 마 6:33; 갈 5:24), 그런 것들을 탐닉하는 것에서 헤어나올 수 없게 되기 때문이다(딛 2:12; 약 4:4; 벧후 1:4; 요일 2:17). 따라서 그리스도인들은 영적인 것들을 소홀히 하게 될 정도까지 땅의 것들을 추구하는 것은 합당하지 않지만, 그들 자신과 가족들로 하여금 더욱더 하늘의 것들을 사모하게 하는 데 도움이 되는 한에 있어서는, 땅의 것들로 그들 자신과 가족들을 돌보아야 한다.

3. 이는 너희가 죽었고 너희 생명이 그리스도와 함께 하나님 안에 감추어졌음이라.

이는 너희가 죽었고. 사도는 골로새 교회의 신자들이 땅의 것들에 마음을 두어서는 안 되는 또 다른 이유를 여기에서 덧붙이는데, 그것은 그들은 죄와 세상에 대하여 죽은 자들이기 때문이라는 것이다. (1) 그리스도의 참된 지체들은 우리의 첫 부모로부터 육신적인 출생을 통해서 물려받은 저 부패하고 타락하여 죄에 물들어 있는 육신적인 삶, 전적으로 타락한 옛 사람의 삶에 대하여 죽은 자들이다. 골로새서 2:11-12, 20; 로마서 6:2, 4, 6-8, 11; 7:9; 고린도후서 5:14, 17; 갈라디아서 5:24을 보라. (2) 믿는 자들은 그들의 머리이신 그리스도와 교제하고 있는 자들이기 때문에, 세상에 대하여 죽은 자들이다. 시편 22:15; 이사야서 26:19; 갈라디아서 6:14; 디모데후서 2:11; 베드로전서 4:1-2을 보라.

너희 생명이 그리스도와 함께 하나님 안에 감추어졌음이라. 믿는 자들은 그들이 그리스도를 영접하였을 때에 죄악된 생명과 반대되는 영적인 생명을 받았고, 그리스도와 더불어 일으키심을 받아서 믿음으로 그 영적인 생명으로 살아가고 있다(골 2:13; 요 11:25-26; 14:6; 갈 2:20; 히 10:38; 요일 5:11-12). 그들은 그리스도와 연합되어 있기 때문에, 이 생명은 "그리스도와 함께 하나님 안에 감추어져" 있다. 왜냐하면, 그리스도는 아버지 하나님과의 연합에 의해서 하나님 안에 계시기 때문이다. 그리스도는 하나님 안에 계시고, 우리의 생명은 그리스도 안에 있다. 그래서 우리 주님께서는 요한복음 17:21에서 "아버지여, 아버지께서 내 안에, 내가 아버지 안에 있는 것 같이 그들도 다 하나가 되어 우리 안에 있게 하사 세상으로 아버지께서 나를 보내신 것을 믿게 하옵소서"라고 말씀하신다. 즉, 우리의 거듭남과 새롭게 됨과 거룩하게 됨을 통해서 우리에게 전달된 우리의 영적인 생명의 원천은 그리스도 안에 있고, 그 영적인 생명이 온전함에 도달할 때까지 계속해서 열매를 맺으며 성장해 나가는 것도 그리스도 안에서 이루어진다(빌 3:10, 14).

4. 우리 생명이신 그리스도께서 나타나실 그 때에 너희도 그와 함께 영광 중에 나타나리라.

우리 생명이신 그리스도께서 나타나실 그 때에. 사도는 골로새서 1:5에서 "너희를 위하여 하늘에 쌓아 둔 소망"에 대하여 말한 바 있는데, 하나님의 계획과 약속은, 그리스도께서 나타나실 때에 바로 그 소망을 이루실 것이다. 따라서 그들을 새 생명으로 살리신 그리스도께서 나타나실 때, 요한일서 3:2-3에서 "장래에 어떻게 될지는 아직 나타나지 아니하였으나 그가 나타나시면 우리가 그와 같을 줄을 아는 것은 그의 참모습 그대로 볼 것이기 때문이니 주를 향하여 이 소망을 가진 자마다 그의 깨끗하심과 같이 자기를 깨끗하게 하느니라"고 말한 것처럼, 그들은 그리스도와 같게 될 것이고(요일 3:2), 베드로전서 1:4에서 "썩지 않고 더럽지 않고 쇠하지 아니하는 유업을 잇게 하시나니 곧 너희를 위하여 하늘에 간직하신 것이라"고 말한 것처럼, 그리스도와 더불어 하늘의 유업을 받게 될 것이다. 그 때가 되면, 여기에서 일부는 성결함 가운데서, 일부는 고난 가운데서 시작된 것(롬 8:18), 즉 그들이 그리스도를 닮는 것이 마침내 영광과 지극한 행복 가운데서 완성될 것이다(빌 3:21; 히 11:26, 35).

너희도 그와 함께 영광 중에 나타나리라. 그 때에 그리스도로 말미암아 하나님의 자녀가 된 자들은 그리스도와 더불어 영광 속으로 들어가게 될 것인데(히 2:10), 우리 주님께서는 요한복음 10:28에서 "내가 그들에게 영생을 주노니 영원히 멸망하지 아니할 것이요 또 그들을 내 손에서 빼앗을 자가 없느니라"고 말씀하신 것처럼, 그들을 끝까지 자신의 손으로 이끄셔서 그 영광으로 들어가게 하실 것이다. 그 때까지 세상이 그들을 멸시 받을 만한 하찮은 자들로 여기고(요 16:2), 그들 스스로도 "지금은 거울로 보는 것 같이 희미하여"(고전 13:12) 자기 자신이 그런 자인 것처럼 느껴져서 종종 눈물을 흘리겠지만(시 31:22), 그 때가 되면, 그들은 그리스도를 대면하여 보게 될 것이고, 하나님께서는 그들의 눈에서 모든 눈물을 씻어 주실 것이며(계 7:17), 마지막 날에는 그들이 영광 중에 해처럼 빛나게 될 것이다(마 13:43; 고전 15:43, 53; 살후 1:7, 10, 12).

5. 그러므로 땅에 있는 지체를 죽이라 곧 음란과 부정과 사욕과 악한 정욕과 탐심이니 탐심은 우상 숭배니라.

그러므로 땅에 있는 지체를 죽이라. 사도는 사람들이 앞에서 자기가 어떤 육신적인 정에 빠져서, 금욕적인 신앙의 규례들과 예법들을 질책하였던 것이 아닌가 하는 의구심을 품지 않도록 하기 위해서, 여기에서는 참된 그리스도인들은 죄에 대하여 죽은 자들이고, 그들의 생명이 그리스도 안에 감추어져 있는 자들이기 때문에, 육신의 소욕들을 죽이는 것은 그들에게 필수적인 의무로 부과되어 있다는 것을 보여준다. 사도는 앞에서 그리스도인들은 죄에 대하여 죽은 자들이라고 말해 놓고서, 이제 여기에서는 "땅에 있는 지체를 죽이라"고 말하는 것은 앞뒤가 안 맞는 것이 아닌가 하는 의문이 들 수도 있지만, 죽인다는 것이 무엇을 의미하고, 믿는 자들이 죽이고자 하는 것이 무엇인지를 따로 구별해서 고찰해 본다면, 그러한 의문은 해결된다.

(1) "죽이라"에 대하여. 먼저, 우리는 죽어짐을 생각하는 경우에, 실효적인 부르심이 존재할 때, 우리의 옛 사람 또는 죄의 습성은 하나님의 성령에 의해서 치명적인 상처를 입게 되기 때문에, 우리 안에서 죄가 죽어지는 것은 시작되지만, 아직은 부분적인 것이고, 마지막 또는 종말에 가서야 온전히 죽어지게 되는 것을 생각할 수 있다. 하지만 사도가 이 절에서 골로새 성도들에게 죽이라고 권면하고 있는 것은 바로 그러한 실효적인 부르심으로 인해서 시작된 죄의 죽어짐과 관련된 것이 아니다. 즉, 사도는 여기에서 그들에게 죄가 죽어지는 역사가 그들 가운데서 시작되도록 하라고 말하고 있는 것이 아니라는 것이다. 다음으로, 우리는 죽어짐이라는 것을, 은혜의 삶이 지속됨으로써 거기에 반대되는 모든 것이 지속적으로 죽어지는 것이라는 관점에서 생각해 볼 수 있다. 왜냐하면, 새로워진 사람들조차도 자신 속에 있는 옛 사람을 가차 없이 즉시 죽이는 일을 끊임없이 계속해서 힘써 나가야 하기 때문이다. 이것이 사도가 여기에서 골로새의 신자들에게 권면하고 있는 것이다. 그들은 자신 속에 남아 있는 옛 사람의 악한 성품들이나 부패한 습성들을 그대로 놓아두어서는 안 되고, 성령의 도우심을 받아서(이것은 본성적인 일이 아니라 영적인 일이기 때문에) 끊임없이 옛 본성을 죽이는 일을 지속해 나가야 하고, 이 전쟁을 멈추어서는 안 된다는 것이다(롬 8:13; 갈 5:24).

(2) "땅에 있는 지체들"에 대하여. 사도는 그들이 무엇을 죽여야 하는 것인지, 즉 믿는 자들이 죽여야 할 대상을 명시적으로 표현하는데, 그것은 "땅에 있는" 그들의 "지체들"이다. 사도는 고린도전서 9:27에서 "내가 내 몸을 쳐 복종하게 한다"고 말하고 있는 것처럼, 여기에서도 그들에게 후반부에서 말하게 될 그런 악한 욕심들을

불러일으키는 것으로 생각되는 몸의 특정한 지체들을 잘라내 버리거나 죽이라고 말하고 있는 것이 아니고, 무절제한 행위들과 육신의 소욕들을 쳐서 복종시키라고 말하고 있는 것이다. 사도가 후반부에서 열거하는 있는 구체적인 악덕들은 모두 합치고 하나로 뭉뚱그려서 "몸"이라는 개념 아래 포괄할 수 있다는 것이 이것을 분명하게 보여 준다. 왜냐하면, 사도는 앞의 골로새서 2:11에서 "육의 죄의 몸"(한글개역개정에는 "육의 몸")이라는 표현을 사용한 바 있는데, 이것은 그가 단지 이러한 여러 가지 소욕들이 본성적인 몸과 그 지체들에 거한다는 점에서 환유법적으로 표현한 것일 뿐만 아니라(롬 6:6, 12, 19), 우리 안에 거하는 수많은 부패하고 타락한 본성은 하나의 사람, 즉 "옛 사람" 또는 옛 아담 또는 죄의 몸에 비유될 수 있다는 것을 보여 주는 것이기 때문이다(골 3:9; 롬 6:6; 7:24; 엡 4:22). 사도는 이 비유를 계속해서 사용해서, 이 부패하고 타락한 몸의 부분들은 "지체들"이라고 부르고, 이렇게 그러한 지체들로 이루어진 옛 사람의 몸 전체는 땅에 속한 것들에 이끌리고 땅에 속한 일들을 하는 데 사용되며 땅에 있는 감각적인 대상들을 통해서 힘을 얻는다는 의미에서 "땅에 있는" 것이라고 부른다. 따라서 우리가 우리의 구체적인 지체들을 통해서 역사하는 옛 사람의 생명에 속하는 모든 속성들을 쳐서 복종시키는 일을 끊임없이 해나가지 않는다면, "땅에 있는 지체들"은 계속해서 그런 식으로 활동해 나가게 될 것이다.

음란과 부정과 사욕과 악한 정욕과 탐심이니 탐심은 우상 숭배니라. "음란." 병행 본문들인 에베소서 5:3("음행과 온갖 더러운 것과 탐욕은 너희 중에서 그 이름조차도 부르지 말라")과 고린도전서 6:9-10("음행하는 자나 우상 숭배하는 자나 간음하는 자나 탐색하는 자나 남색하는 자나 도적이나 탐욕을 부리는 자나 술 취하는 자나 모욕하는 자나 속여 빼앗는 자들은 하나님의 나라를 유업으로 받지 못하리라")을 보라. 그 본문들에서 사도는 사람들의 부패하고 타락한 본성으로 인해서 나타나는 육체의 소욕들을 열거하면서, 그 중에서도 가장 현저한 현상인 "음행"을 가장 먼저 언급한다. "음행"은 외적인 행위만이 아니라 내적인 "음욕"도 가리키는데, 음욕은 이방인들이 잘못이 아니라고 생각하기 쉽지만, 성경에서는 하나님의 성령에 의해서 중대한 죄악으로 단죄된다(마 5:28, "나는 너희에게 이르노니 음욕을 품고 여자를 보는 자마다 마음에 이미 간음하였느니라"; 롬 1:29; 고전 5:1; 6:18; 7:2; 10:8; 살전 4:3).

"부정." 사도는 에베소서 5:3에서도 이것을 언급하는데(한글개역개정에는 "더러운 것"으로 번역되어 있다 – 역주), "부정"은 사람들이 자신의 부패하고 타락한 본성을 따라 행하는 행위들 중에서 성적으로 좀 더 추잡한 행위들을 가리킨다(롬 1:27; 갈 5:19; 살전 4:7; 계 17:4). 사도는 로마서 1:24에서 "하나님께서 그들을 마음의 정욕대로 더러움에 내버려 두사 그들의 몸을 서로 욕되게 하게 하셨으니"라고 말한다. "사욕." 이것은 정욕을 조금이라도 자극하는 것이 있을 때에는 여지없이 그 정욕에 쉽게 넘어가는 소질, 즉 선정적인 것들을 좋아하는 음탕하고 호색하는 더러운 성향을 가리킨다(시 32:9; 롬 1:26-27; 고전 6:9; 살전 4:3, 5). "악한 정욕." 이것은 순리를 지나치게 거스르는 욕구를 가리키는데, 음식을 지나치게 탐하는 것이나, 이성, 특히 성령을 거슬러 막무가내로 행하는 것 등이 그런 것에 속한다(갈 5:17, "육체의 소욕은 성령을 거스르고 성령은 육체를 거스르나니 이 둘이 서로 대적함으로 너희가 원하는 것을 하지 못하게 하려 함이니라"). "탐심"은 이 세상의 것들에 대하여 과도하게 욕심을 내고 집착하는 것을 가리키는데, 탐심이 있는 사람들은 그런 것들을 소유하여 자신의 욕심을 채우기 위하여 찾아 헤매게 되기 때문에, 하나님으로부터 마음이 멀어지게 되고(전 5:10; 눅 12:18), 살아 계신 하나님을 의지하기보다는 세상의 재물을 의지하게 된다(욥 31:24; 마 6:24; 딤전 6:17).

"탐심은 우상 숭배니라." 탐심을 지닌 사람들은 하나님을 섬기는 것이 아니라 재물을 섬기게 되기 때문에, 사도는 탐심을 "우상 숭배"로 규정한다. 에베소서 5:5("너희도 정녕 이것을 알거니와 음행하는 자나 더러운 자나 탐하는 자 곧 우상 숭배자는 다 그리스도와 하나님의 나라에서 기업을 얻지 못하리니")을 보라. 또한, 사도가 탐심을 우상 숭배라고 말한 또 다른 이유는, 유대인들에게는 우상 숭배보다 더 가증스러운 것은 없었는데, 그들은 자기들이 가장 혐오하는 것들의 이름을 사용해서 여러 죄들을 지칭하는 관행이 있었던 까닭에, 탐심을 우상 숭배로 지칭함으로써, 탐심이야말로 지독하게 가증스러운 일이라는 것을 나타내고자 하였기 때문이다. 예를 들어, 사무엘상 15:23을 보면, 사무엘이 하나님의 명령을 청종하지 않은 사울 왕에게 "거역하는 것은 점치는 죄와 같고 완고한 것은 사신 우상에게 절하는 죄"와 같다고 말하는데, 이것은 하나님의 성령이 불순종한 사울 왕에게 "거역하는 것"이 말 그대로 "점 치는 죄"라는 것을 가르치고자 한 것이 아니라, 하나님을 거역하고 마음을 완고하게 하는 것이 하나님 앞에서 얼마나 가증스러운 일인지를 보여 주고자 한 것이다. 따라서 사도는 이러한 악들이 얼마나 가증스러운 것들인지를 보여 줌으로써, 우리가 그런 악들의 가지들만을 잘라내고서 만족할 것이 아니라, 아예 뿌리째

뽑아내 버려야 한다는 것을 여기에서 말하고 있는 것이다.

6. 이것들로 말미암아 하나님의 진노가 임하느니라.

사도는 이러한 악들 중에서 단 한 가지라도 처리하지 않고 남겨 두거나 거기에 빠진다면, 돌이킬 수 없는 치명적이고 무시무시한 결과를 초래하게 될 것임을 상기시킨다. 에베소서 5:6("누구든지 헛된 말로 너희를 속이지 못하게 하라 이로 말미암아 하나님의 진노가 불순종의 아들들에게 임하나니")을 보라. 왜냐하면, 육신적인 자들은 그러한 악들을 범하는 자들을 크게 잘못한 것이 없는 사람들로 여기고, 하나님께서 그들의 그런 행위들을 그냥 못 본 체 넘어가 주실 것이라고 생각할 수도 있겠지만, 하나님의 자녀들이라고 하면서도 여전히 하나님의 말씀을 들으려 하지 않고 반역하며 완고하게 자신의 고집대로 행하여서 구제불능인 자들에게는 하나님의 진노하심과 심판이 반드시 임하게 되기 때문이다(마 24:38-39; 갈 5:21; 고전 6:9-10, "불의한 자가 하나님의 나라를 유업으로 받지 못할 줄을 알지 못하느냐 미혹을 받지 말라 음행하는 자나 우상 숭배하는 자나 간음하는 자나 탐색하는 자나 남색하는 자나 도적이나 탐욕을 부리는 자나 술 취하는 자나 모욕하는 자나 속여 빼앗는 자들은 하나님의 나라를 유업으로 받지 못하리라").

7. 너희도 전에 그 가운데 살 때에는 그 가운데서 행하였으나.

"그 가운데서 행하였으나." 어떤 이들은 "그 가운데서"를 "그들 가운데서"로 번역하기도 하지만, 골로새 교인들은 회심 전에도 그들 가운데서 살았었고, 지금도 여전히 그런 불순종하는 자들 가운데서 살고 있다. 따라서 우리는 "그 가운데서"를 "그런 악들 가운데서"로 번역하는 것이 옳을 것이다. 즉, 사도는 여기에서 그들이 그런 악들 가운데서 행하였을 뿐만 아니라, 그 때에는 그런 악들 가운데서 살았다고 말하고 있는 것이다: 지금은 골로새 교회의 신자들인 너희도 회심하기 전까지는 타락한 부모들로부터 그런 악들의 독을 물려받아서 거기에 물들어 있었을 뿐만 아니라, 그런 악들 가운데서 살면서, 그런 악들이 너희의 죽을 몸을 지배하고 주관하는 가운데(골 1:21; 고전 6:11; 엡 2:3, 11-12; 5:8) 그 악들의 종이 되어 끌려 다니며(롬 6:17, 19), 육신적이고 정욕적인 삶에 빠져 살았었다(고전 12:2).

8. 이제는 너희가 이 모든 것을 벗어 버리라 곧 분함과 노여움과 악의와 비방과 너희 입의 부끄러운 말이라.

이제는 너희가 이 모든 것을 벗어 버리라. 사도는 앞에서 골로새 교인들이 전에 하나님을 모르는 이방인으로 있을 때에는 죄악된 상태 가운데서 육신의 온갖 소욕들을 따라 행하며 살아갔었다는 것을 상기시킨 후에, 여기에서는 그들은 이제 예전의 그들이 아니고, 그리스도를 믿는 믿음을 고백하고 은혜 가운데서 사는 자들이 되어서, "빛의 자녀들처럼 행하는" 것이 마땅하기 때문에(롬 13:12; 엡 5:8; 살전 5:5, 8, "너희는 다 빛의 아들이요 낮의 아들이라 우리가 밤이나 어둠에 속하지 아니하나니 … 우리는 낮에 속하였으니 정신을 차리고 믿음과 사랑의 호심경을 붙이고 구원의 소망의 투구를 쓰자"), 앞에서 말한 것들 같은 "유혹의 욕심을 따라 썩어져 가는 구습을 따르는 옛 사람을 벗어 버려야"(엡 4:22) 한다고 말하면서, 그러한 구습들 중 몇 가지를 예로 든다.

곧 분함과 노여움과 악의와 비방과 너희 입의 부끄러운 말이라. "분함." 사도는 여기에서 분을 내는 것 자체를 금지하는 것이 아니고(엡 4:26, "분을 내어도 죄를 짓지 말며 해가 지도록 분을 품지 말고"; 4:31), 어떤 사람이 자기를 모욕했다고 생각해서 그 사람에게 복수하고자 하여 과도하게 분을 내며 그 사람을 부당하게 해치고자 하는 것을 금지하고 있는 것이다. "노여움." 누가복음 4:28-29을 보면, 안식일에 회당에서 우리 주님께서 말씀을 선포하셨을 때, 거기에 있던 유대인들이 주님의 말씀을 듣고 "다 크게 화가 나서 일어나 동네 밖으로 쫓아내어 그 동네가 건설된 산 낭떠러지까지 끌고 가서 밀쳐 떨어뜨리고자" 하였다는 보도가 나오는데, 이것은 사도가 여기에서 말한 "노여움"이 무슨 의미인지를 잘 보여 준다. 즉, "노여움"은 누군가가 자기를 해악을 끼쳤다고 여겨서 갑자기 마음이 격동하여 크게 화를 내어서 그 노한 모습이 얼굴과 행동으로 나타나는 것을 가리키는 것으로서, 그러한 노여움은 그리스도인들에게 합당하지 않다(엡 4:31).

"악의." 이것은 내적으로 악한 성향이나 성질, 그리고 겉으로 드러나는 악한 행위, 둘 다를 가리킨다. 지금은 이 단어가 흔히 좀 더 일반적인 의미로 사용되어서, 사람의 모든 감정을 관통해서 흐르는 사악함과 독기로서 남들을 해치는 모든 죄악들로 이어지는 기운을 가리키지만(고전 5:8, "우리가 명절을 지키되 묵은 누룩으로도 말고 악하고 악의에 찬 누룩으로도 말고 누룩이 없이 오직 순전함과 진실함의 떡으로 하자"), 여기에서는 좀 더 구체적인 의미로 사용되어서, 다른 사람이 자기에게 가한 해악들을 잊지 않고 기억하고서 은밀하게 지속적으로 뿌리 깊은 분노를 품는 가운데 언젠가는 반드시 복수할 것이라고 생각해서 복수할 기회를 노리는 것, 즉 "앙심"과 거의 동일한 의미를 지니는 것으로 보인다. 사도는 이 서신의 쌍둥이 서신인 에베소서에서는 이것을 "악독"(엡 4:31)이라고 부른다. 창세기 4:5; 로마서 1:29;

디도서 3:3; 베드로전서 2:1과 비교해 보라.

사도는 이렇게 모든 행위의 원인이 되는 마음의 악들을 열거한 후에, 이제는 입으로 짓는 죄들로 넘어간다. "비방." 사도는 이것을 에베소서 4:31에서는 "악한 말을 하는 것"(한글개역개정에는 "비방하는 것")이라고 표현한다. 여기에서 "비방"으로 번역된 헬라어는 어떤 사람의 선한 이름에 해를 끼치는 것을 의미하기 때문에, 이 단어가 하나님과 관련하여 사용될 때에는 좀 더 좁은 의미인 "신성모독"으로 번역되고, 사람들과 관련하여 사용될 때에는 좀 더 폭넓은 의미인 "비방"으로 번역된다(롬 3:8; 고전 4:13; 딛 3:2). 하지만 이 단어는 뒤에서 은밀하게 행해지는 경우에는 험담 또는 중상모략을 가리키고, 좀 더 공개적으로 행해지는 경우에는 욕하거나 비방하는 것을 가리킨다(마 15:19; 막 7:22; 딤전 6:4). "너희 입의 부끄러운 말." 음탕하고 외설적인 말이나 정직하지 못한 말은 그리스도인들이 입에 올려서는 안 된다(골 4:6). 에베소서 4:29("무릇 더러운 말은 너희 입 밖에도 내지 말고")과 5:4("누추함과 어리석은 말이나 희롱의 말이 마땅치 아니하니 오히려 감사하는 말을 하라")을 보라. 음탕하고 외설적이며 더러운 말은 그리스도인의 입에서 나와서는 안 된다(고전 15:33).

9. 너희가 서로 거짓말을 하지 말라 옛 사람과 그 행위를 벗어 버리고.

너희가 서로 거짓말을 하지 말라. 사도는 여기에서 십계명 중에서 아홉 번째 계명을 어기고 말과 행실에 있어서 진실되지 못한 악을 버리라고 말한다. 에베소서 4:25("거짓을 버리고 각각 그 이웃과 더불어 참된 것을 말하라")을 보라. 거기에서 사도는 여기에서와 동일한 논거 위에서 거짓말하는 것을 버리라고 좀 더 자세하게 촉구한다. 거짓말을 한다는 것은, 마음과 생각에 품고 있는 것과는 다른 언행을 보여서, 의도적으로 자기가 상대하는 사람들을 속이는 것을 의미하는데, 새로운 피조물이 된 믿는 자들의 삶의 원리들과 반대된다. 믿는 자들은 하나님의 형상을 따라 새롭게 된 자들이고, 거짓말하는 것은 진리와 반대되는 것으로서, "거짓의 아비"로부터 나오는 것이기 때문에, 하나님께서는 그 어떤 악보다도 이 악을 더 미워하신다(시 5:6; 15:2; 잠 12:22; 요 8:44; 계 21:8, 27). 세상 사람들은 거짓말을 하고도 아무렇지도 않게 느끼기 때문에, 거의 일상적으로 거짓말하는 죄를 범한다. 그러나 사도는 그리스도인들은 하나님을 대할 때는 물론이고 형제들을 대할 때나 외인들을 대할 때에도 온갖 거짓말과 속임수를 버리고, 자신의 속에 있는 마음과 생각을 그대로 밖으로 표현할 것을 요구한다(엡 4:15; 약 3:14, "진리를 거슬러 거짓말하지 말라").

옛 사람과 그 행위를 벗어 버리고. 사도는 그들이 거짓말을 하지 않아야 하는 이유를 여기에 덧붙이는데, 그것은 그들은 이전 같이 하나님을 모르는 자들이 아니라, 새롭게 거듭나서 하나님을 알고, 거룩하게 된 자들이기 때문이라고 말한다. (1) 사도는 우아한 비유를 사용해서 옛 사람을 죽이는 것에 대해서 다시 한 번 말하는데, 마치 자기가 앞에서 말한 악들이나 그런 것들과 비슷한 악들은 믿는 자들이 현세에서 얼마든지 완전히 버릴 수 있기 때문에, 믿는 자들이 반드시 그렇게 하기를 간절히 바란다는 듯이, 벌레들이 우글거리는 오래된 헌 옷을 벗어 버리는 것과 관련된 비유를 사용해서, 옛 사람을 벗어 버리라고 권면한다. 이것은 믿는 자들이 육신의 온갖 소욕들의 원인인 "옛 사람"을 혐오하여 벗어 버리기만 한다면, 옛 사람으로부터 나오는 온갖 악한 성향들과 행위들은 자연스럽게 제거될 것임을 암시한다. 로마서 6:6-7("우리가 알거니와 우리의 옛 사람이 예수와 함께 십자가에 못 박힌 것은 죄의 몸이 죽어 다시는 우리가 죄에게 종 노릇 하지 아니하려 함이니 이는 죽은 자가 죄에서 벗어나 의롭다 하심을 얻었음이라"), 11("이와 같이 너희도 너희 자신을 죄에 대하여는 죽은 자요 그리스도 예수 안에서 하나님께 대하여는 살아 있는 자로 여길지어다")과 에베소서 4:22("너희는 유혹의 욕심을 따라 썩어져 가는 구습을 따르는 옛 사람을 벗어 버리고")에 대한 설명들을 보라. 우리 주님께서 "육으로 난 것은 육이요 영으로 난 것은 영"이라고 말씀하신 것처럼(요 3:6), "육체의 소욕은 성령을 거스르고 성령은 육체를 거스를" 수밖에 없지만(갈 5:17), "그리스도 예수의 사람들은 육체와 함께 그 정욕과 탐심을 십자가에 못 박은" 자들이다(갈 5:24).

10. 새 사람을 입었으니 이는 자기를 창조하신 이의 형상을 따라 지식에까지 새롭게 하심을 입은 자니라.

새 사람을 입었으니. 사도는 앞에서 그리스도인들은 "옛 사람"이 죽은 자들이라고 말한 후에, (2) 여기에서는 앞에서 사용한 것과 동일한 비유를 계속해서 사용해서, 그들이 "새 사람"을 입은 자들이라고 말한다. 인간 세상의 육신적인 출생에 있어서 옛 사람은 가고 새 사람이 오는 것과 마찬가지로, 영적인 거듭남에 있어서도 옛 아담을 벗은 자들은 새 아담, 즉 그리스도를 입게 된다. 이것은 단지 성례전적으로 이루어지는 것이 아니라(골 2:12-13; 갈 3:27), 실제로 그리스도 예수 안에서 새로운 피조물들이 되고(고후 5:17; 엡 2:10), 속 사람이 새로워지는 것이다(롬 7:22; 고후 4:16). 에베소서 3:16과 4:24에 대한 설명을 보라. 또한, 그것은 새 마음과 새 영을 수여받는 것이고(겔 11:19; 요 3:5-6), 새로운 자질들과 정서들을 수여받는 것이다.

이는 … 지식에까지 새롭게 하심을 입은 자니라. 사도는 에베소서 1:18-19에서 "너희 마음의 눈을 밝히사 그의 부르심의 소망이 무엇이며 성도 안에서 그 기업의 영광의 풍성함이 무엇이며 그의 힘의 위력으로 역사하심을 따라 믿는 우리에게 베푸신 능력의 지극히 크심이 어떠한 것을 너희로 알게 하시기를 구하노라"고 말한 것처럼, 골로새 교인들에게, 그들은 구원의 빛을 받아 지각이 열렸고, 성령의 특별한 역사로 말미암아 그 지각을 따라 하나님의 뜻을 행하고자 하는 강력한 의지를 지니게 된 자들이라고 말한다. 에베소서 4:23; 빌립보서 2:13; 데살로니가후서 2:13-14에 대한 설명을 보라. 그리스도인들은 성령의 역사에 의해서 단지 사변적인 지식이 아니라 현실에서 실제로 능력을 발휘하는 생생하게 살아 있는 지식을 얻게 된다(요일 2:3).

자기를 창조하신 이의 형상을 따라. 성경에서는 하나님께서 "성령의 새롭게 하심"(딛 3:5)을 통해서 그리스도 예수 안에서 자신의 형상을 따라 새롭게 조성하시거나 창조하셨다고 말한다(고전 15:49; 벧전 1:15-16). 왜냐하면, 하나님의 본래의 형상은 참된 "지식"과 "의"에 있는데, 하나님께서 은혜로 말미암아 사람들을 회복시키실 때에는 그들의 왜곡되었던 심령의 여러 기능들을 바로잡으셔서, 그들의 지각을 열어 신령한 지식을 알게 하시고, 그들의 의지를 새롭게 하셔서 하나님을 기쁘시게 해드리는 일들에 강하게 이끌리게 하심으로써, 그들의 영적인 형상이 하나님의 형상을 닮게 하셨기 때문이다. 그렇게 거룩하게 된 심령들은 하나님과의 교제 가운데서 이전과는 전혀 다른 새로운 삶을 살게 되고, 그러한 삶 속에서 신령한 방식으로 말하고 행하게 된다.

11. 거기에는 헬라인이나 유대인이나 할례파나 무할례파나 야만인이나 스구디아인이나 종이나 자유인이 차별이 있을 수 없나니 오직 그리스도는 만유시요 만유 안에 계시니라.

골로새 교회에는 거듭남을 무시하지는 않지만, 신앙의 무게중심을 좀 더 외적인 것들에 두는 자들이 있었기 때문에, 사도는 여기에서 그들이 구원을 받고 그리스도와 교제하는 데에는 새 사람을 입는 것, 곧 그리스도를 진정으로 믿고서 거룩해지는 것으로 충분하고, 거짓 교사들이 그들의 구원에 반드시 필요하다고 역설하며 강요한 외적인 규례들이나 예법들 같은 것은 전혀 필요하지 않다는 것을 보여 줌으로써, 그들이 다른 식으로 빠져나갈 길을 미리 차단한다.

거기에는 헬라인이나 유대인이나. 하나님께서는 어떤 사람들을 실효적으로 부르셔서 거듭나게 하실 때, 당시의 세상에 알려져 있던 여러 구별이나 차별들, 특히 그 사람이 이방인으로 태어난 자인지, 아니면 아브라함의 자손으로 태어난 자인지를 전혀 고려하지 않으셨다(마 3:9; 요 8:39; 롬 2:11; 10:12; 롬 11:7, 11-12). 갈라디아서 3:28에 대한 설명을 보라. **할례파나 무할례파나.** 이제 그리스도께서 오셨기 때문에, 하나님께서는 할례 받은 자들에게만이 아니라 할례 받지 않은 자들에게도 똑같이 역사하셨다(갈 5:6; 6:15). 왜냐하면, 옛적에 노아가 "하나님이 야벳을 창대하게 하사 셈의 장막에 거하게 하시고"(창 9:27)라고 예언하였듯이, 이방 교회의 대다수를 구성하고 있던 "야벳"의 후손들은 이제 "셈"의 후예들인 유대인들과 동일한 장막에 거하게 되었기 때문이다. 민수기 24:24에 나오는 발람의 예언과 비교해 보라. 셈과 함이 하나님의 교회에서 배제되지는 않았지만, 한 박식한 사람이 지적하였듯이, 사도 시대 이후로 지금까지, 그리스도를 믿는 신앙은 대체로 야벳의 후손들이 사는 유럽과 야벳의 분깃이 있던 아시아의 일부에서 융성하였는데, 후자의 일부는 아주 오래 전에 아메리카 대륙으로 건너갔고, 전자에 속한 다수도 나중에 그 대륙으로 건너갔다는 것을 우리는 알고 있다.

야만인이나 스구디아인이나. 헬라어 본문에서 보면, 사도는 "야만인"과 "스구디아인"을 순접이나 역접의 그 어떤 접속사로도 서로 연결시키고 있지 않기 때문에, 해석자들은 사도가 이 두 단어를 앞의 두 쌍의 단어군과 마찬가지로 서로 반대되는 개념으로 대비시키고 있는 것인지에 대하여 의구심을 가져 왔다. 하지만 우리는 로마서 8:39이나 고린도전서 3:22에 나오는 비슷한 형태의 다른 본문들의 경우와 마찬가지로 여기에서도 그렇게 정확한 구문을 밝혀내려고 애쓸 필요가 없다. 대부분의 해석자들은 사도가 여기에서 "야만인"이라고 말한 후에, 자신의 의도를 좀 더 생생하게 전달하기 위해서, 그 한 예로 가장 야만적인 종족으로 알려져 있던 "스구디아인"(오늘날의 "타르타르인")을 추가적으로 거론한 것이라고 본다. 하지만 헬라인들은 종종 당시의 세상에는 인간의 학문과 철학이 융성한 그들 자신과 나머지 야만인들이라는 두 부류의 사람들이 있다고 여겼기 때문에, 사도가 여기에서 "야만인"과 "스구디아인"을 대비되는 의미로 사용한 것이라고 굳이 생각하고자 하는 사람이 있다면, "야만인"은 철학적 관점에서 야만인이라고 할 수 있는 유대인을 가리키고, "스구디아인"은 이방인들을 가리키는 것이라고 볼 수도 있을 것이다. 따라서 사도는 세 쌍의 단어군을 열거하면서, "유대인, 할례파, 야만인"이라는 한 부류를 "이방인, 무할례파, 스구디아인"이라는 또 다른 부류와 대비시키고 있는 것이라고 할 수 있다. 스구디아인들은 그 수가 많았기 때문에, 어떤 이들은 "열방"을 표현하는 데 이 단어를 사용해서(예컨대, 심마코스[Symmachus]는 "고임 왕 디달"["고임"은 "열방"이라는 뜻이다]로 되어 있는 창세기 14:9을 "스구디아인들의 왕 디달"로 번역한다). 따라서 온 세상은 할례자들과 무할례자들로 구분할 수 있었던 것과 마찬가지로, 유대인과 스구디아인들로 구분할 수도 있었다.

종이나 자유인. 하나님께서 그리스도 안에서 사람들을 받아들이실 때에는, 민족의 구별과 아울러서 신분의 구별도 폐지되었다. 좀 더 온건한 법 아래에서 좀 더 자유롭게 살아가는 사람들이 있는가 하면, 좀 더 가혹한 법 아래에서 좀 더 노예 같이 살아가는 사람들이 있었지만, 그런 것들은 그들이 그리스도 안에 있게 되는 것과는 이제 아무 상관이 없는 것이었고, 군왕들의 법령들이 유대교의 율법이나 사려 깊은 법은 아니라고 할지라도, 그리스도 안에 있게 된 자들은 인간의 모든 제도를 그들의 주를 위하여 기꺼이 순종하고자 한다(벧전 2:13). 신분의 높고 낮음이나 노예냐 자유민이냐의 구별과는 아무 상관 없이, 그리스도 안에서 새 사람을 입은 자들은 누구든지 하나님에 의해서 받아들여진다(행 10:34-35; 고전 7:20-22). 철학자의 청산유수 같은 언변이나 배우지 못한 자의 투박한 언어, 자유민의 자유나 노예의 종살이 같은 구별들은 그들이 그리스도 안에서 새로운 피조물이 되는 역사를 결코 촉진시키지도 못하고 방해하지도 못한다.

오직 그리스도는 만유시요 만유 안에 계시니라. 진정으로 그리스도를 영접해서 그리스도로 옷입는 자들은, 그들이 육신을 따라 아브라함의 자손이든 아니든, 믿음의 조상 아브라함에게 약속된 하나님의 온갖 복들과 특권들을 받게 된다(시 32:3; 갈 3:7-9). "주 예수 그리스도로 옷 입은"(롬 13:14) 자들은 모두 "그리스도 안에서 온전한"(골 2:10) 자들이다. 그리스도는 새로워진 모든 자들에게 원인 면에서나 결과 면에서나 모든 것이다(고전 1:30; 15:10; 갈 2:20). 모든 것을 가지고 계시는 그리스도와 믿음으로 하나가 된 자들은 그들이 현세에서 필요한 것들이나 그들의 영원한 복을 위해 필요한 것들에서 모든 것을 가지고 있는 자들이다(엡 3:17; 행 4:12).

12. 그러므로 너희는 하나님이 택하사 거룩하고 사랑 받는 자처럼 긍휼과 자비와 겸손과 온유와 오래 참음을 옷 입고.

그러므로 너희는 … 옷 입고. 사도는 앞에서 그들이 벗어 버려야 할 "옛 사람"의 몇몇 구체적인 악들을 언급하였던 것과 마찬가지로(8절), 여기에서는 그들이 그리스도 안에서 온전해지기 위해서, 또는 새로운 피조물로서 계속해서 행하기 위해서 입어야 할 "새 사람"의 몇몇 구체적인 덕목들과 은혜들이 있다고 말한다. **하나님이 택하사 거룩하고 사랑 받는 자처럼.** 사도는 그들이 하나님께서 영원 전에 택정하시고 때가 되자 모든 사람들 중에서 실효적으로 부르신 자들이라고 말한다. 요한복음 15:16; 로마서 8:29-30; 에베소서 1:4-5; 데살로니가후서 2:13을 보라. 성도들은 성령의 인치심에 의해서만이 아니라 성령의 거룩하게 하시는 역사에 의해서도 새로워지고(골 1:2; 벧전 1:2), 하나님으로부터 값없이 거저 주시는 특별한 사랑을 받는 자들이다(요 14:21; 롬 1:7; 살전 1:4).

긍휼과 자비와 겸손과 온유와 오래 참음. "긍휼." 사도는 그들이 성령의 거룩하게 하시는 역사를 따라 긍휼을 덧입게 되기를 바라는데, 단순히 긍휼이라고 표현하지 않고, 히브리식 어법을 따라 "긍휼들의 내장"이라는 표현을 사용해서, 형제들의 환난을 진심으로 가슴 아파하며, 그들이 고통당할 때에 진심으로 함께 아파하는 등 불쌍히 여기는 자애로운 마음을 지니라고 말한다. 누가복음 6:36; 로마서 12:15; 갈라디아서 6:2; 에베소서 4:32; 베드로전서 3:8을 보라. "자비." 이것은 예의바르고 공손하며 선량한 것을 가리키는 것으로서(갈 5:22), 다른 사람들이 곤경에 처해 있을 때, 인자한 마음으로 그들을 구해내고자 애쓰는 것이다(고후 6:6; 벧전 5:14).

"겸손." 이것은 겸손한 체하는 것이 아니라, 진심으로 낮아진 심령을 지닌 것을 뜻한다. 에베소서 4:2과 빌립보서 2:3에 대한 설명을 보라. "온유." 이것은 열린 마음과 기쁜 표정으로 다른 사람들을 받아 주는 것이다. 갈라디아서 5:13, 23; 6:1; 데살로니가전서 2:7("우리는 그리스도의 사도로서 마땅히 권위를 주장할 수 있으나 도리어 너희 가운데서 유순한 자가 되어 유모가 자기 자녀를 기름과 같이 하였으니")을 보라. "오래 참음." 이것은 다른 사람들이 자기에게 많은 해악과 모욕과 분노를 쏟아 붓고, 그 밖에도 여러 가지 화날 수 있는 괴로움들을 겪고 있는데도, 전혀 분개하지 않고 그런 것들을 인내로서 감당해 내며 침착하고 차분하게 대처하는 것이다(골 1:11; 행 5:41; 딤후 2:10; 4:2; 벧전 4:16).

13. 누가 누구에게 불만이 있거든 서로 용납하여 피차 용서하되 주께서 너희를 용서하신 것 같이 너희도 그리하고.

서로 용납하여. 사도는 서로에 대하여 너그럽고 관대하게 행하여, 무례한 언동이나 모욕을 참아 줄 뿐만 아니라, 다른 사람들의 연약한 점들을 지적하거나 공격해서 그들을 화나게 하거나 당혹스럽게 만들어서, 그들로 하여금 그들 자신에 대하여 더 비참하게 느끼게 하는 그런 일을 하지 않아야 한다고 말한다. 잠언 16:32에서는 "노하기를 더디하는 자는 용사보다 낫고 자기의 마음을 다스리는 자는 성을 빼앗는 자보다 나으니라"고 말한다. 고린도전서 4:12("모욕을 당한즉 축복하고 박해를 받은즉 참고"); 갈라디아서 6:2; 에베소서 4:2; 데살로니가후서 1:4을 보라. **누가 누구에게 불만이 있거든 … 피차 용서하되.** 사도는 어떤 사람에 대하여 정당한 불만이 있을 때에도, 용서하고 그냥 넘어가라고 말한다. "피차 용서하라"로 번역된 어구는 헬라어 본문에는 "너희 자신을 용서하라"로 되어 있다. 왜냐하면, 우리가 자기 자신에게서 잘못을 보고 우리 자신도 용서받아야 할 자라는 것을 안다면, 우리는 우리 형제의 잘못도 용서하고 그냥 넘길 것이기 때문이다. 따라서 여기에서 "너희 자신을 용서하라"는 "피차 용서하라"는 의미이다(막 10:26; 눅 23:12).

주께서 너희를 용서하신 것 같이 너희도 그리하고. 사도는 우리에게 피차 용서하고자 하는 좀 더 강력한 동기를 부여하기 위하여, 우리가 본받아야 마땅한 우리 주님의 모범을 여기에서 제시한다. 즉, 우리는 우리의 머리와 주 되시는 예수 그리스도께서 우리를 용서하신 것을 생각할 때, 우리 주님을 본받아서 다른 사람들을 용서하는 것이 마땅하다는 것이다. 마태복음 6:14; 18:32; 18:33; 마가복음 11:25; 요한복음 13:14; 에베소서 4:32; 베드로전서 2:21에 대한 설명을 보라. 사도가 로마서 15:1-3에서 "믿음이 강한 우리는 마땅히 믿음이 약한 자의 약점을 담당하고 자기를 기쁘게 하지 아니할 것이라 우리 각 사람이 이웃을 기쁘게 하되 선을 이루고 덕을 세우도록 할지니라 그리스도께서도 자기를 기쁘게 하지 아니하셨나니 기록된 바 주를 비방하는 자들의 비방이 내게 미쳤나이다 함과 같으니라"고 말한 것처럼, 믿음이 강한 자들은 사소한 일들에서 믿음이 연약한 형제들을 고려하고 그들의 유익을 위하여 행하는 것이 마땅하다.

14. 이 모든 것 위에 사랑을 더하라 이는 온전하게 매는 띠니라.

이 모든 것 위에 사랑을 더하라. 우리가 여기에서 "이 모든 것 위에"로 번역한 어구, 즉 "이 모든 것을 뛰어넘어"라는 의미로 번역한 어구를, 어떤 이들은 "이 모든 것에"로 번역하거나, "이 모든 것을 위하여"로 번역하는데, 그들의 견해에 의하면, "이 모든 것 위에 사랑을 더하라"로 번역된 구절은 사도가 방금 앞에서 골로새 교인들에게 덧입으라고 말한 은혜들에, 또는 그 은혜들을 위하여 사랑을 덧입으라는 의미가 된다. 이 두 가지 해석은 그리스도인들 간의 사랑은 새 사람이 입을 수 있는 최고의 옷이자 그리스도의 제자들의 제복이라는 데에는 서로 일치한다(요 13:35, "너희가 서로 사랑하면 이로써 모든 사람이 너희가 내 제자인 줄 알리라"). 그러나 이 알레고리적인 표현을 전자처럼 해석하면, 이 알레고리의 의미를 지나치게 세밀하게 해석한 것이 될 위험성이 있다. 따라서 후자의 해석처럼, 사도가 앞에서 말한 다른 여러 은혜들과 행실들을 행하기 위하여 사랑을 덧입거나 발휘하라는 의미로 이 말을 한 것으로 이해하는 쪽이 훨씬 더 합당한 것으로 보인다. 왜냐하면, 사랑이야말로 그들로 하여금 사도가 앞에서 말한 것들을 행하고자 하는 동기를 갖게 만들어 주고, 그들의 그러한 행위들에 진정성을 부여해 주는 역할을 하며, 사랑이 없이는 새 사람의 그러한 행위들은 겉으로만 그럴 듯하게 보일 뿐이고 진정성이 결여되어서 하나님께 열납될 수 없게 될 것이기 때문이다. 따라서 사랑은 새 사람이 은혜 가운데서 행하는 온갖 행위들을 서로 연결시키고 묶어 준다는 점에서, 사도가 로마서 13:8-10에서 "남을 사랑하는 자는 율법을 다 이루었느니라 간음하지 말라, 살인하지 말라, 도둑질하지 말라, 탐내지 말라 한 것과 그 외에 다른 계명이 있을지라도 네 이웃을 네 자신과 같이 사랑하라 하신 그 말씀 가운데 다 들었느니라 … 그러므로 사랑은 율법의 완성이니라"고 말한 것처럼, 율법 전체를 다 이루고 완성하는 것이다(갈 5:14; 마 22:39-40). 하나님과 우리 이웃에 대한 그러한 진실하고 변함없는 사랑을 지닌 사람들은 그 사랑으로 인해서 끊임없이 선한 일을 하고자 하게 되고, 어떤 점에서도 다른 사람을 해치는 일을 피하고자 하게 된다.

이는 온전하게 매는 띠니라. 하지만 우리는 아무리 그런 상태에 있다고 해도 이 땅에서는 율법을 완벽하게 이룰 수는 없다. 그런데도 교황주의자들은 사도가 치환법(hypallage) 또는 히브리식 어법을 사용해서, 사랑은 지극히 온전한 띠라는 의미로 "온전하게 매는 띠"라고 말한 것을 근거로 삼아서, 우리는 사랑에 의해서 의롭게 될 수 있고, 따라서 하나님 앞에서 율법의 행위로 말미암아 의롭게 될 수 있다는 주장을 펼치지만, 그러한 주장은 다음과 같은 이유들로 인해서 부적절하다:

(1) 새로운 피조물이 되어서 사랑을 입은 자들 중에서 가장 뛰어난 자들이라고 해도, 이 세상에 있는 동안에 그들의 사랑은 그 성숙함이나 정도에 있어서 절대적으로 온전할 수는 없다. 전도서 7:20; 로마서 7:18-19; 갈라디아서 5:17; 빌립보서 3:12, 15; 야고보서 3:2에 대한 설명을 보라.

(2) 설령 어떤 사람이 새로운 피조물이 되어서 하나님의 은혜로 말미암아 사랑을 덧입어서 율법을 일정 정도 온전히 이루며 살아 간다고 할지라도, 그 사람은 이미 과거에 하나님의 율법을 범한 자이기 때문에, 자신이 행한 사랑의 행위들로 인해서

하나님 앞에서 의롭다 하심을 얻는 것은 불가능하다(요일 1:8, 10).

(3) 사도가 여기에서 사랑을 "온전하게 매는 띠"라고 말한 것은, 그리스도를 머리로 한 교회의 지체들이 한 몸 안에서 온전히 서로 연결되어 있고 연합되어 있다는 의미일 가능성이 높다. 골로새서 2:2, 19; 에베소서 4:16에 대한 설명을 보라. 여기에서 "띠"로 번역된 헬라어는 한 몸을 구성하는 여러 부분들이 모여서 서로 결합되어 있는 것을 의미하고, 한 헬라어 사본에는 이 어구가 "온전하게 매는 띠"(the bond of perfectness)가 아니라 "하나로 묶는 띠"(the bond of unity)로 되어 있다. 하나님과 하나님의 형상을 지닌 자들에 대한 사랑은 모든 거듭난 심령 속에 있는 그 밖의 다른 은혜들을 한데 묶기도 하지만, 그리스도의 몸의 참된 지체들을 서로 묶어 주고, 그들의 머리이신 그리스도 아래에서 그들을 온전하게 하기 위한 최고의 수단이기도 하기 때문에, 그들의 머리 되시는 그리스도께서는 자기를 따르는 자들에게 서로 사랑하라고 명시적으로 요구하셨다(요 15:12; 요일 3:23; 4:21). 요한일서 4:10-11에서는 "사랑은 여기 있으니 우리가 하나님을 사랑한 것이 아니요 하나님이 우리를 사랑하사 우리 죄를 속하기 위하여 화목 제물로 그 아들을 보내셨음이라 사랑하는 자들아 하나님이 이같이 우리를 사랑하셨은즉 우리도 서로 사랑하는 것이 마땅하도다"라고 말함으로써, 우리가 우리 형제들을 사랑해야 하는 이유는 하나님이 우리를 사랑하셨기 때문이다. 그리고 우리가 하나님과 하나님의 자녀들을 온전히 사랑할 때, 우리는 우리의 사랑이 우리를 서로 온전히 매는 띠라는 것을 알게 된다. 따라서 우리가 서로 그리스도의 계명을 따라 사랑 가운데서 행할 때, 우리 간에 이러한 사랑에 의해서 사랑의 띠의 두 끝이 서로 만나고 연결되어서, 우리는 그리스도 안에서 및 그리스도로 말미암아 하나님과 하나가 되고, 우리 간에도 하나가 되는 역사가 이루어진다(행 4:32; 엡 5:2; 살전 4:9).

15. 그리스도의 평강이 너희 마음을 주장하게 하라 너희는 평강을 위하여 한 몸으로 부르심을 받았나니 너희는 또한 감사하는 자가 되라.

그리스도의 평강이 너희 마음을 주장하게 하라. 사도는 세상의 평강이 아니라, "하나님의 평강," 또는 일부 사본들에 의하면 "그리스도의 평강"을 말한다. 우리는 그리스도의 중보 없이는 하나님과 그 어떤 평화도 이룰 수 없다. 그래서 사도는 골로새서 1:19-20에서 "아버지께서는 모든 충만으로 예수 안에 거하게 하시고 그의 십자가의 피로 화평을 이루사 만물 곧 땅에 있는 것들이나 하늘에 있는 것들이 그로 말미암아 자기와 화목하게 되기를 기뻐하심이라"고 말하였다(골 2:14). 그리스도께서는 "우리의 화평"이 되셔서, 우리에게 화평을 전하셨고, 우리와 하나님 사이에, 그리고 우리 사이에 화평을 이루셨으며(행 10:36; 엡 2:14-17), 우리를 "평안의 매는 줄"로 하나가 되게 하셨다(엡 4:3). "평강의 주"께서는 우리에게 평강을 주셔서 누리게 하신다(요 14:27; 살후 3:16). 그러므로 이 평강은 그리스도로 말미암아 하나님으로부터 오는 평강이다. 빌립보서 4:7("모든 지각에 뛰어난 하나님의 평강이 그리스도 예수 안에서 너희 마음과 생각을 지키시리라"), 9("너희는 내게 배우고 받고 듣고 본 바를 행하라 그리하면 평강의 하나님이 너희와 함께 계시리라")을 보라. 우리는 그리스도를 믿음으로 말미암아 우리의 심령 속에서 하나님과 화평을 이루게 되고(사 32:17; 롬 5:1; 14:17), 우리 서로 간에도 화평을 이루게 된다(요 17:21; 롬 15:6-7, 13).

사도는 그리스도의 지체들이 그러한 평강 가운데서 살아가도록 하기 위하여(고후 13:11), 그러한 평강이 "너희 마음을 주장하게 하라"고 말한다. 여기에서 "주장하다"로 번역된 헬라어는 여기에서처럼 단순한 형태로든 골로새서 2:18에서처럼 복합동사로든 오직 이 서신에서만 사용되고 있고, 신약성경의 다른 곳에서는 찾아볼 수 없는데, "중재하다" 또는 "중보하다"를 의미한다. 흠정역과 대다수의 해석자들은 이 단어를 전자의 의미로 해석한다. 왜냐하면, 이 단어는 운동경기에서 심판을 맡은 사람이 여러 경주자들 중에서 어느 선수에게 상을 줄 것인지를 결정하는 것을 뜻하기 때문이다. 따라서 사도가 "그리스도의 평강이 너희 마음을 주장하게 하라"고 말한 것의 의미는, 그리스도의 평강으로 하여금 새 사람의 다른 모든 정서나 감정을 다스리고 감독하며 규율하거나 그 규범이 되게 하라는 것이다: 너희는 그리스도께서 주신 평강이 너희의 모든 행위들을 주관하고 다스리게 하여서, 언제나 합당하고 적절하게 이루어지게 하고, 정도에서 벗어난 그 어떤 일도 시도하지 못하게 하며, 하나님이 기뻐하시는 일이나 그리스도인 공동체의 선한 질서를 깨뜨리고자 하는 성향들을 통제하게 하여야 한다. 아랍어 역본은 이 어구를 "그리스도의 평강이 너희 마음의 중심이 되게 하라"로 번역하고 있다. 하지만 한 박식한 해석자는 사도가 앞의 골로새서 2:18("아무도 꾸며낸 겸손과 천사 숭배를 이유로 너희를 정죄하지 못하게 하라")에서와 마찬가지로 여기에서도 천사들을 통해서 하나님과 직통한다고 말한 거짓 사도들을 염두에 두고서 이 말을 한 것이라고 보고서, 여기에서 "주장하다"로 번역된 단어는 "매개하다, 중재하다, 개입하다"를 의미하기도 하기 때문에, 사도는 이렇게 말한 것이라고 생각한다: "그런 거짓 사도들이 주장하는 천사들의 온갖 매개 또는 중재를 너희 마음의 중심에 두어서 참된 평강을 주시는 그리스도를 폄훼하지 말고(골 1:20), 도리어 그리스도를 폄훼하는 모든 것들을 십자가에 못 박고서(골 2:14), 그리스도께서 주신 평강이 그것을 방해하는 다른 모든 것들보다 너희의 마음에서 가장 큰 영향력을 끼칠 수 있게 하라."

너희는 평강을 위하여 한 몸으로 부르심을 받았나니 너희는 또한 감사하는 자가 되라. 사도가 로마서 12:18에서 "할 수 있거든 너희로서는 모든 사람과 더불어 화목하라"고 말하고, 고린도전서 7:15에서 "하나님은 화평 중에 너희를 부르셨느니라"고 말하고 있는 것에서 볼 수 있듯이, 하나님의 부르심은 화평과 화목과 평강을 위한 것이다. 그리고 하나님께서는 그들을 부르셔서, 그들의 머리 되시는 그리스도 아래에서 한 몸이 되게 하셨다(고전 10:16; 12:12-13, 25-26; 엡 4:4). 사도는 거기에 "감사하는 자가 되라"는 말을 덧붙인다. 이 어구는 수동적인 의미로 해석해서, 상냥하고 친절하며 우호적인 사람이 되라는 의미일 수도 있지만, 흠정역처럼 능동적인 의미로 해석해서, 하나님과 그리스도, 그리고 그리스도인들에게 감사하는 사람이 되라는 의미라고 보는 것이 좋을 것이다: 너희는 지금까지 너희가 받은 은택들을 생각해서, "범사에 우리 주 예수 그리스도의 이름으로 항상 아버지 하나님께 감사하며"(엡 5:20), 복음에 합당하게 행하라.

16. 그리스도의 말씀이 너희 속에 풍성히 거하여 모든 지혜로 피차 가르치며 권면하고 시와 찬송과 신령한 노래를 부르며 감사하는 마음으로 하나님을 찬양하고.

그리스도의 말씀이 너희 속에 풍성히 거하여 모든 지혜로 피차 가르치며 권면하고. 어떤 해석자는 바울이 이 절의 첫 번째 구절을 하나의 삽입문처럼 사용해서, 앞 절의 "감사하는 자가 되라"를 이 절에서 이어지는 내용과 연결시키고 있다고 보았고, 또 다른 해석자는 이 삽입문이 14절부터 시작된다고 보았다. 사도가 여기에서 권면하고 있는 것은 성경의 가르침, 좀 더 구체적으로 말해서 복음의 교훈이 그들 속에 풍성하게 거하여서, 그들의 심령 속에 자리를 잡고 뿌리를 내리게 하라는 것이다. 사도가 히브리서 4:2에서 "그들과 같이 우리도 복음 전함을 받은 자이나 들은 바 그 말씀이 그들에게 유익하지 못한 것은 듣는 자가 믿음과 결부시키지 아니함이라"고 말했듯이, 복음의 교훈이 우리의 심령 속에 제대로 자리를 잡으려면, 우리는 믿음으로 그 교훈들을 받아들여서 우리 심령에 영적으로 뿌리를 내려야 하고, 만약 말씀이 믿음과 단단히 결부되지 않는 경우에는, 우리의 심령 속에서 겉돌기만 할 뿐이기 때문에, 제대로 자리를 잡을 수 없게 된다. 그렇게 말씀이 우리의 심령 속에 자리를 잡지 못하는 경우에는, 말씀은 우리에게 한 줄기 빛은 될 수 있겠지만, 우리의 심령에 지속적으로 빛을 비춰 주어서, 우리의 지각을 열어 줄 수는 없고(요 1:5, "빛이 어둠에 비치되 어둠이 깨닫지 못하더라"; 고후 4:4, "이 세상의 신이 믿지 아니하는 자들의 마음을 혼미하게 하여 그리스도의 영광의 복음의 광채가 비치지 못하게 함이니"), 그런 사람은 말씀이 돌밭에 뿌려진 것처럼 "말씀을 듣고 즉시 기쁨으로 받되 그 속에 뿌리가 없어 잠시 견디다가" 결국에는 넘어지고 만다(마 13:20-21). 여기에서 사도는 골로새 교인들에게 하나님의 말씀을 부지런히 살펴서 진심으로 받아들이고 세심하게 지켜 나가라고 권면하고 있는 것이다. 신앙에 있어서 어린 자들은 말씀을 머리에는 담아두지만, 마음속에는 담아두지는 않는 자들인데, 말씀이 우리 속에 거한다는 것은 말씀을 머리로 기억하는 것은 물론이고 우리의 마음에 새기는 것을 의미한다(시 1:2; 요 5:39; 20:31; 행 17:11; 딤후 3:15-17).

시와 찬송과 신령한 노래를 부르며. 사도의 이러한 권면은 골로새 교회의 모든 성도들에게 해당되는 것인데도, 교황주의자들은 평신도들은 자신들의 모국어로 된 성경을 사용해서는 안 된다고 말함으로써, 하나님의 성령을 대적하고 있다. 왜냐하면, 사도가 여기에서 권면한 대로, 모든 그리스도인들이 서로를 가르치고 경책하기 위해서는(여기에서 "권면하다"로 번역된 헬라어는 "경책하다"를 의미한다) 모국어의 사용이 필수적이고(엡 5:19), 하나님을 찬양하고 감사하는 마음을 표현하고자 할 때, 사도가 여기에서 권면한 대로 "시와 찬송과 신령한 노래"를 부르려면, 하나님의 말씀을 사용하여야 하는데, 그렇게 하기 위해서도 모국어의 사용은 필수적이기 때문이다. 사도는 사도행전 8:35; 28:23 등에서와는 달리, "시와 찬송과 신령한 노래로부터(from)"가 아니라 "시와 찬송과 신령한 노래 안에서(in)" 가르치고 권면하라고 말하고 있는데, 이것은 그리스도인들이 사람들의 귀로 들을 수 있는 목소리로 곡조를 붙여서 거룩한 노래를 부르는 것은 그리스도의 특별한 규례라는 것을 의미한다(약 5:13; 시 95:1-2; 100:1-2; 행 16:25; 사 52:8; 롬 10:14).

어떤 이들은 사도가 여기에서 그리스도인들이 노래해야 하는 내용과 방식을 보여 주기 위하여 서로 다른 세 가지 단어를 사용하고 있는 것으로 보고, 어떤 이들은 칠십인역의 시편에 나오는 이 세 가지 단어들의 히브리적인 용법을 따라 그 의미를 구별한다. 하지만 시편의 표제들이나 구약의 다른 본문들을 살펴보면, 우리는 이 단어들이 종종 서로 별다른 의미의 구별 없이 상호대체적으로 사용되고 있는 것을 본다(삿 5:3; 대상 16:8-9; 내하 7:6; 23:13; 29:30; 시 39:3; 45:1; 47:1; 48:1; 65:1; 105:1-

2; 사 12:2, 4; 42:10; 또는, 시 30편; 48편; 65편; 66편; 75편; 83편; 87편의 표제). 그래서 어떤 이들은 이 세 가지 단어가 의미상으로 서로 간에 어떤 차이가 있다는 견해를 거부하지는 않지만, 하나님에 대한 찬송이 "시편"을 중심으로 이루어졌다는 점(눅 24:44)에 주목하였고, 좀 더 범위를 넓혀서, 옛적의 선지자들, 또는 그 이후에 특별하거나 통상적인 성령의 감동을 받은 자들이 작곡한 온갖 거룩한 곡조를 주목하였다(눅 24:44; 행 16:25; 고전 14:15, 26; 약 5:13). 즉, 사도는 여기에서 "시편"(한글개역개정에서는 "시"로 번역됨 – 역주)을 부르라고 말하면서, 이것을 좀 더 분명하게 하기 위해서 시편에 포함된 두 종류의 노래인 "찬송"과 "신령한 노래"를 아울러 언급하고 있다는 것이다. 그 중에서 "찬송"은 하나님의 뛰어나신 일들과 인간에게 베푸신 하나님의 은택들을 송축하는 찬양들을 가리키는 것이었고(시 113:1-9; 마 26:30), "신령한 노래"는 이 어구 자체의 의미는 상당히 폭넓지만, 이 어구와 함께 사용된 "시편"과 "찬송"이라는 단어들을 함께 고려했을 때, "찬송" 이외에 신앙과 경건에 관한 다양한 주제들을 다룬 노래들을 가리키는 것으로서, 육신적이고 관능적이며 세상적인 즐거움을 위한 노래들과는 반대로, 성령으로부터 나왔거나 거룩한 목적에 바쳐진 것이라는 의미에서 "신령한"이라는 수식어가 붙은 온갖 부류의 노래들을 가리키는 것이었다(계 14:2-3; 15:2-3).

감사하는 마음으로 하나님을 찬양하고. 우리가 이 거룩한 노래를 부르는 것이 사람들의 귀에 듣기에 좋을 뿐만 아니라, 하나님께도 열납되는 것이 되기 위해서는, 우리가 말씀 가운데 거하는 가운데, 이 노래가 은혜 가운데 있는 심령, 또는 성령이 우리의 마음속에 주신 은혜로부터 나와야 하고(사 29:13; 마 15:8), 우리 주 그리스도로 말미암아 하나님께 영광과 존귀를 돌리는 찬양이 되어야 한다(눅 1:46-47; 요 5:23; 벧전 4:11).

17. 또 무엇을 하든지 말에나 일에나 다 주 예수의 이름으로 하고 그를 힘입어 하나님 아버지께 감사하라.

사도는 여기에서 그리스도인들은 사사로운 것이든 관계적인 것이든 모든 언행심사가 다 하나님께 열납될 수 있는 것이어야 한다는 보편적인 가르침을 제시한다. 사도는 "말에나 일에나"라고 표현하지만, 외부적으로 표현되는 언행이라는 것은 내면적인 심사의 표출이라는 점에서, 사람들의 입으로 나오는 말이나 손으로 이루어지는 행위 같이 밖으로 표현되는 외적인 것들만이 아니라, 내면에서의 마음의 생각이나 추론이나 결단 같은 내적인 심사도 거기에 포함된다. 따라서 여기에서 사도는 그리스도인들은 모든 언행을 진심으로 "주 예수의 이름으로" 하여야 한다고 말하고 있는 것인데, 에베소서 5:20에서는 "그리스도"라는 단어를 덧붙여서, "범사에 우리 주 예수 그리스도의 이름으로 항상 아버지 하나님께 감사하며"라고 말한다.

플라톤(Plato)도 모든 말만이 아니라 모든 생각도 신으로부터 시작되어야 한다고 말할 수 있었지만, 그는 중보자 예수 그리스도 및 그 중보자와 성부 하나님의 사랑에 대해서는 전혀 알지 못하였다. 그러나 그리스도인들은 그리스도 외에는 "다른 이로써는 구원을 받을 수 없나니 천하 사람 중에 구원을 받을 만한 다른 이름을 우리에게 주신 일이 없다"는 것을 알기 때문에(행 4:12), 그들이 믿는 그리스도의 이름 외에는 다른 이름으로는 자신들과 자신들의 행위가 하나님께 열납될 수 없다는 것을 안다(빌 2:10; 히 10:19-20; 요일 5:13). 그렇기 때문에, 그리스도께서 "너희가 내 이름으로 무엇을 구하든지 내가 행하리니 이는 아버지로 하여금 아들로 말미암아 영광을 받으시게 하려 함이라"(요 14:13-14)고 말씀하신 대로, 그들은 자신들에게 필요한 모든 것을 그리스도의 이름으로 구하고(요 15:3, 16; 16:23, 26), 자신들이 구하는 것이 그리스도의 권위에 의해서 보증받고자 하며(마 18:18-20; 막 11:9; 요일 5:14), 그리스도의 모범을 따르고(마 11:29; 16:24; 요 13:15; 벧전 2:21-24; 요일 2:6), 그리스도로부터 힘을 얻고자 하며(시 71:17; 행 4:7, 10; 고전 15:10; 빌 4:13; 딤후 2:1), 그리스도를 믿는 믿음으로 살아가고(갈 2:20; 히 10:38; 벧후 1:2-3), 그리스도께서 정하신 바에 따라 그리스도를 섬기고 경배하며(미 4:5; 마 28:19-20; 행 2:42-43; 딤후 2:19), 그리스도를 위하여 살아가고(마 19:29; 24:9; 행 9:16; 계 2:3, 13; 3:8), 그리스도의 영광과 존귀를 위하여 행하며(시 31:3; 고전 10:31; 계 4:9, 11; 5:12-13; 11:13), "하나님 아버지께" 진심으로 "감사하고자" 한다. 어떤 헬라어 사본들에는 "하나님"과 "아버지" 사이에 계사가 있지만, 아람어 역본과 아랍어 역본에서는 그러한 계사가 나오지 않는다. 따라서 사도가 여기에서 말한 "하나님 아버지"는 그리스도의 아버지이시자, 우리를 자신의 자녀로 삼으신 우리의 아버지 하나님을 가리키는 것으로 보아야 한다. "그를 힘입어"는 유일한 중보자이신 "그리스도로 말미암아"를 의미한다(엡 5:20; 히 13:15).

18. 아내들아 남편에게 복종하라 이는 주 안에서 마땅하니라.

아내들아 남편에게 복종하라. 사도는 관계상의 도리들에 대한 권면을 시작하면서, 아내들이 혼인에 의해서 자신의 남편 된 자에 대하여 어떻게 하는 것이 도리인지를 가장 먼저 언급한다. 그 이유는 부부관계는 성격상 모든 관계에 있어서의 도리들 중에서 가장 첫째가는 것이고, 다른 관계상의 도리들이 거기로부터 흘러나오는 원천으로서의 역할을 하기 때문이다(창 2:22; 시 127:3; 128:3; 잠 5:15-16). 사도는 아내들에게 자원해서 모든 일에서 남편에게 복종할 것을 요구하는데, 여기에서 "복종한다"는 것은 공경하는 마음을 가지고서 복종하는 것을 의미한다(엡 5:24, 33; 벧전 3:1). 에베소서 5:22에서는 "아내들이여 자기 남편에게 복종하기를 주께 하듯 하라"고 말한다. 질서의 하나님께서는 여자를 남자보다 열등하게 창조하셨다(창 2:18, 22; 3:16; 고전 11:7-9; 딤 2:5). 그러한 맥락에서 사도는 디모데전서 2:11-14에서 "여자는 일체 순종함으로 조용히 배우라 여자가 가르치는 것과 남자를 주관하는 것을 허락하지 아니하노니 오직 조용할지니라 이는 아담이 먼저 지음을 받고 하와가 그 후며 아담이 속은 것이 아니고 여자가 속아 죄에 빠졌음이라"고 말한다. 하지만 남편에 대한 아내의 복종은 여종으로서의 노예적인 복종이어서는 안 되고, 부부이자 배필로서의 순종이어야 한다. 이는 주 안에서 마땅하니라. 아내가 남편에게 복종하는 것은 하나님께서 정하신 것이기 때문에 아내로서의 합당한 태도이고, 그리스도의 뜻에 부합한다(행 5:29; 벧전 3:5, "전에 하나님께 소망을 두었던 거룩한 부녀들도 이와 같이 자기 남편에게 순종함으로 자기를 단장하였나니").

19. 남편들아 아내를 사랑하며 괴롭게 하지 말라.

남편들아 아내를 사랑하며. 아내에 대한 남편의 도리는 "아내를 사랑하는" 것이다. 사도는 아내에 대한 남편의 관계상의 도리를 말할 때, 고린도전서 7:3에서는 "남편은 그 아내에 대한 의무를 다하라"고 말하고, 에베소서 5:25, 33에서는 "남편들아 아내 사랑하기를 그리스도께서 교회를 사랑하시고 그 교회를 위하여 자신을 주심같이" 하고 "자기의 아내 사랑하기를 자신 같이 하라"고 말하는 등, 남편이 아내를 사랑하여야 한다는 것을 누누이 강조하고 역설한다(마 19:6). 사도는 그렇게 함으로써, 한편으로는 남편에게 복종하여야 하는 아내의 도리, 다른 한편으로는 아내에 대한 남편의 권위로 인하여, 부부관계가 주종관계로 변질될 위험성을 완화시킨다.

괴롭게 하지 말라. 사도는 남편들이 아내에 대하여 가지고 있는 권위로 인해서 오만방자해져서 무례하게 행하지 않도록 하기 위해서, 남편들은 자신의 기분을 따라 제멋대로 아내를 대하고 괴롭혀서는 안 되고, 따뜻하고 다정한 언행으로 아내를 대하여야 한다고 일침을 가한다. 화를 내고 괴롭히는 것은 어느 누구에게나 해서는 안 되는 일이기는 하지만(골 3:8; 엡 4:31), 남편이 기뻐하고 즐거워하여야 할 자신의 아내에게 그렇게 하는 것은 더더욱 있어서는 안 되는 일이다(잠 5:15, 18-19; 벧전 3:7).

20. 자녀들아 모든 일에 부모에게 순종하라 이는 주 안에서 기쁘게 하는 것이니라.

자녀들아 모든 일에 부모에게 순종하라. "자녀들"은 아들과 딸들을 모두 가리킨다. 사도는 자녀들에게 그들을 낳아 주신 부모, 또는 그들에 대하여 정당한 권위를 지니고 있는 부모에게 겸손히 순종할 것을 명한다. 출애굽기 20:12("네 부모를 공경하라 그리하면 네 하나님 여호와가 네게 준 땅에서 네 생명이 길리라")과 에베소서 6:1("자녀들아 주 안에서 너희 부모에게 순종하라 이것이 옳으니라")을 보라. 자녀들은 자신의 부모를 공경하여야 하고(레 19:3; 히 12:9), 부모의 거룩하고 지혜로운 지시들을 따라야 하며(눅 2:51), 부모가 돌봐주신 모든 것에 대하여 감사하고 거기에 보답하고자 하여야 하고(딤전 5:4), 부모의 훈육과 징계에 복종하여야 한다(렘 35:6; 히 12:9). 절대주권을 지니신 최고의 주관자이신 하나님의 뜻에 부합하는 모든 일에서, 자녀는 부모에게 순종하여야 한다(행 4:19; 5:29).

이는 주 안에서 기쁘게 하는 것이니라. 사도는 여기에서 자녀들이 자신의 부모에게 순종하여야 하는 가장 설득력 있는 이유를 제시한다. 즉, 부모에 대한 자녀의 순종은, 부모에게 자녀를 다스릴 권위를 주신 "주"를 단지 그냥 기쁘시게 하는 일이 아니라 무척 기쁘시게 하는 일이라는 것이다(엡 6:1-3, "자녀들아 주 안에서 너희 부모에게 순종하라 이것이 옳으니라 네 아버지와 어머니를 공경하라 이것은 약속이 있는 첫 계명이니 이로써 네가 잘되고 땅에서 장수하리라").

21. 아비들아 너희 자녀를 노엽게 하지 말지니 낙심할까 함이라.

아비들아 너희 자녀를 노엽게 하지 말지니. 사도는 부모들이 하나님께서 그들에게 주신 권위를 남용하는 것을 막고, 그리스도인답게 그 권위를 제대로 합당하게 사용하도록 하기 위하여, 그들 자신의 감정이나 기분을 만족시키기 위해서, 또는 일차적으로 하나님의 영광과 자녀들의 유익을 고려함이 없이, 자녀들을 화나게 하거나 신경을 긁는 행위를 해서는 안 된다고 말한다(히 12:9-10, "우리 육신의 아버지가 우리를 징계하여도 공경하였거든 … 그들은 잠시 자기의 뜻대로 징계하였거니와"). 사도는 에베소서 6:4에서 이 동일한 주제에 대하여 말하면서, "아비들아 너희 자녀를 노엽게 하지 말고 오직 주의 교훈과 훈계로 양육하라"고 말한 것과 마찬가지로, 여기에서도 아비들이 하나님께서 그들에게 주신 권위를 극단적으로 남용하는 것을 막기 위하여 좀 더 엄격하게 그 권위를 제한하고 있는 것으로 보인다. 왜냐하면, 헬라어 본문을 보면, 사도는 여기에서 아비들이 아무런 근거도 없는 권위를 행사해서는 안 된다고 말하는 것은 물론이고, 그 권위를 가혹하게 행사해서도 안 된다는 뜻을 지닌 단어를 사용하고 있고, 아울러 자녀들을 낙심하게 해서는 안 된다는 아주 중요한 이유를 그 근거로 들고 있기 때문이다. **낙심할까 함이라.** 사도는 아비들이 온건한 훈육을 했더라면, 자녀들이 얼마든지 아비들에게 순종하였을 것인데도, 아비들이 가혹하게 훈육을 하는 바람에, 자녀들이 낙심하고, 심지어 도저히 어쩔 도리가 없다고 생각해서 절망하는 일이 생겨서는 안 된다고 말한다.

22. 종들아 모든 일에 육신의 상전들에게 순종하되 사람을 기쁘게 하는 자와 같이 눈가림만 하지 말고 오직 주를 두려워하여 성실한 마음으로 하라.

종들아. 사도는 유대인 상전 아래에서든 이방인 상전 아래에서든 종살이 하는 것이 얼마나 힘든지를 알고 있었기 때문에, 그러한 비천한 처지에 있는 믿는 자들이 특히 믿지 않는 상전들에게 아주 철저하게 복종해야 한다는 사실에 혐오감을 느끼고서, 노예계약을 파기하고 멍에를 벗어 버리고자 함으로써, 당시의 사회 질서의 근간을 뒤흔들어 놓고, 기독교 신앙이 세상 사람들에 의한 혹독한 비방에 직면하는 일이 일어나지 않도록 하기 위해서, 종이나 노예로 살아가는 모든 믿는 자들의 처지가 가혹한 것 같지만, 사실은 그들이 자신의 상전들에게 하는 일들은 모두 다 하나님께 하는 일들이 되어서, 종들로서 자신의 상전들에 대한 도리를 다한 자들에게는 한없이 은혜로우신 하나님께서 장차 가장 크고 귀한 상을 주실 것임을 알게 해 주는 방식으로 여기에서 말함으로써, 그들의 처지의 가혹함을 덜어 주는 데 특별히 신경을 쓰고 있다.

모든 일에 육신의 상전들에게 순종하되. 기독교 신앙은 온갖 부류의 종들이 하나님께서 자신의 지혜로우신 섭리 안에서 그들 위에 정당한 권세로 세우신 "육신의 상전들"의 모든 합법적이고 올바른 명령들을 기꺼이 받아서 기쁜 마음으로 행할 것을 요구한다(골 3:20). 또한, 에베소서 6:5("종들아 두려워하고 떨며 성실한 마음으로 육체의 상전에게 순종하기를 그리스도께 하듯 하라")을 보라. 사도가 "육신의 상전"이라는 표현을 사용한 것은, 단지 "모든 영의 아버지"이자 "상전"이신 하나님(히 12:9)과 구별하기 위한 것이 아니라, 종들의 육신의 상전의 권세는 오직 육체적이고 현세적인 것들에만 미칠 뿐이고, 양심을 비롯해서 영원한 것들에는 미치지 못한다는 것을 보여 줌으로써, 그들의 종살이가 언제까지나 지속되는 것도 아니고, 그들은 육신으로는 종들일지라도 영적으로는 하나님 안에서 "자유인"이고(고전 7:22),

그들의 심령으로는 "그의 아들의 복음 안에서" 하나님을 섬기는 자라는 것을 알게 하여(롬 1:9), 그들의 종살이의 비참함을 덜어 주기 위한 것이다.

사람을 기쁘게 하는 자와 같이 눈가림만 하지 말고. 사도는 종들은 사람을 기쁘게 하고자 하는 자들처럼 행하여서는 안 되고, 그들의 마음과 행동을 하나하나 다 지켜보시고 아시는 하나님을 기쁘시게 해드리고자 하는 자들처럼 하나님의 복음에 합당하게 행하여야 한다고 말한다(딛 2:9; 벧전 2:18). 따라서 종들은 비록 그들의 하늘의 상전이 아니라 육신의 상전을 섬기는 것이고, 그들의 영적인 문제에 대해서가 아니라 세상일들에 대하여 권세를 지닌 육신의 상전을 섬기는 것이라고 할지라도, 상전들이 볼 때에만 순종하는 체하고, 상전들이 보지 않을 때에는 눈가림으로 대충 행하여서는 안 된다. 그래서 사도는 에베소서 6:5-8에서 이것을 좀 더 자세하게 풀어서, "종들아 두려워하고 떨며 성실한 마음으로 육체의 상전에게 순종하기를 그리스도께 하듯 하라 눈가림만 하여 사람을 기쁘게 하는 자처럼 하지 말고 그리스도의 종들처럼 마음으로 하나님의 뜻을 행하고 기쁜 마음으로 섬기기를 주께 하듯 하고 사람들에게 하듯 하지 말라 이는 각 사람이 무슨 선을 행하든지 종이나 자유인이나 주께로부터 그대로 받을 줄을 앎이라"고 말한다. **오직 주를 두려워하여 성실한 마음으로 하라.** 사도는 종들이 하나님을 거룩하게 경외하는 마음으로, 사람이 아니라 하나님께 행하듯이, 그들에게 맡겨진 모든 일들을 진실한 마음으로 행하여야 한다고 말한다(엡 6:5-6).

23. 무슨 일을 하든지 마음을 다하여 주께 하듯 하고 사람에게 하듯 하지 말라.

상전들이 제멋대로이고, 그들의 지시나 명령들이 가혹하다고 할지라도, 종들은 마지못해서 억지로 불만이 가득해서 불평하며 행하는 것이 아니라, 기쁜 마음으로 흔쾌히 자원해서 진심으로 행하여야 한다. 왜냐하면, 믿는 종들은 단지 "몸은 죽여도 영혼은 능히 죽이지 못하는 자들"인 육신의 상전들을 섬기는 자들이 아니라, 육신의 상전들이 종들인 그들에게 시키는 일들을 통해서 "오직 몸과 영혼을 능히 지옥에 멸하실 수 있는" 우리 모두의 상전이신 하나님을 섬기는 자들이기 때문이다(마 10:28; 엡 6:7).

24. 이는 기업의 상을 주께 받을 줄 아나니 너희는 주 그리스도를 섬기느니라.

너희가 이미 잘 알고 있듯이, 그리스도께서는 자신의 피로 너희를 사셔서 너희의 참된 상전이 되셨고(엡 1:14, 18), 너희를 하나님께 양자로 드려서, 하나님의 권속이 되게 하신 후에(롬 8:17; 갈 4:7; 엡 1:5), 지금은 하늘에서 너희의 모든 섬김들을 다 지켜보고 계시다가(엡 6:8), 장차 너희의 공로에 대한 상이 아니라, 전적인 은혜로 주어지는 상을 너희에게 주실 것이다. 왜냐하면, 너희의 참된 상전, 즉 "주"이신 그리스도께서는 너희가 그리스도인으로서 육신의 상전에게 행하는 모든 일들을, 자신의 종으로서(엡 6:6), 그리고 하나님 안에서 자유인으로서(고전 7:22) 행하는 일들로 여기시고서(마 25:40), 너희를 비롯한 그 어떤 사람도 본성적으로는 결코 얻을 수 없는 저 하늘의 영원한 "기업"을 너희에게 "상"으로 주실 것이기 때문이다. 그러므로 너희는 오네시모처럼(몬 1:10), 그리스도의 명령을 따라, 그리고 그리스도를 위하여, 너희의 육신의 상전들의 멍에를 기쁜 마음으로 흔쾌히 감당하여야 한다.

25. 불의를 행하는 자는 불의의 보응을 받으리니 주는 사람을 외모로 취하심이 없느니라.

불의를 행하는 자는 불의의 보응을 받으리니. "불의를 행하는 자," 즉 이러한 관계상의 도리들을 제대로 행하지 않고, 자연법이나 영원한 법에 따른 도리들을 짓밟은 자는, 그가 비천한 종이든 우월한 지위에 있는 주인이든, 또는 그가 "종"이든 "자유인"이든(엡 6:8), 주종관계 속에서 잘못을 저질러 상대방에게 해악을 끼침으로써 자기가 행한 "불의"에 대하여 합당한 "보응," 자신의 잘못에 상응하는 벌을 반드시 받게 될 것이다(롬 2:6; 고후 5:10; 벧후 2:13, "불의의 값으로 불의를 당하며").

주는 사람을 외모로 취하심이 없느니라. 하나님의 공의는 치우침이 없고 공평하기 때문에, 하나님 또는 그리스도께는 "사람을 외모로 취하심이 없다"(롬 2:11). 사도는 이것과 병행되는 본문인 에베소서 6:9에서는 "상전들아 너희도 그들에게 이와 같이 하고 위협을 그치라 이는 그들과 너희의 상전이 하늘에 계시고 그에게는 사람을 외모로 취하는 일이 없는 줄 너희가 앎이라"고 말함으로써, 하나님께서는 지극히 의로우신 재판장이시기 때문에, 사람들의 외적인 조건들이나 처지에 의해서 휘둘리지도 않으시고, 어떤 사람이 힘 있는 사람인지 가난한 사람인지도 보지 않으신다는 것을 보여 준다(레 19:15, "너희는 재판할 때에 불의를 행하지 말며 가난한 자의 편을 들지 말며 세력 있는 자라고 두둔하지 말고 공의로 사람을 재판할지며"; 욥 34:19). 하나님께서는 사무엘상 16:7에서 사무엘에게 이렇게 말씀하신다: "그의 용모와 키를 보지 말라 내가 이미 그를 버렸노라 내가 보는 것은 사람과 같지 아니하니 사람은 외모를 보거니와 나 여호와는 중심을 보느니라." 하나님은 공의를 베푸시거나 심판을 행하실 때, 가장 힘 있는 군주와 가장 비천한 노예를 둘 다 아무런 차별 없이 대하신다. 따라서 주인의 물건을 훔치거나 횡령한 종과 자신의 종들을 억

압한 주인은 둘 다 각자가 행한 잘못들에 상응하는 벌을 하나님의 공평하신 손으로부터 반드시 받게 될 것이다. 현세에서 속수무책으로 학대를 당하는 비천한 자와 고삐 풀린 것처럼 아무런 제약도 받지 않고 아랫사람들을 학대하고 폭압적으로 행하는 큰 자는 언젠가는 "의로우신 재판장"(딤후 4:8) 앞에 서서, 전자는 신원을 받게 될 것이고, 후자는 그가 행한 것에 상응하는 벌을 받게 될 것이다. 이 의로우신 재판장은 사무엘상 2:30에서 "나를 존중히 여기는 자를 내가 존중히 여기고 나를 멸시하는 자를 내가 경멸하리라"고 말씀하셨던 바로 그런 분이라는 것과 각 사람이 잘못한 것들에 대하여 반드시 보응하시는 분이시라는 것(살전 4:6; 살후 1:6)을 온 세상에 보여 주실 것이다.

MATTHEW POOLE'S COMMENTARY

골로새서 4장

개요

1. 종들에 대한 상전들의 도리(1).
2. 기도 가운데서 끝까지 믿음을 지키라는 일반적인 권면(2–4).
3. 지혜롭게 행하라는 권면(5).
4. 말을 고르게 하라고 권면함(6).
5. 이 서신을 가지고 갈 두기고와 오네시모를 천거함(7–9).
6. 여러 인사말들과 축도로 끝맺음(10–18).

1. 상전들아 의와 공평을 종들에게 베풀지니 너희에게도 하늘에 상전이 계심을 알지어다.

이 절은 앞 장과 연결되는 내용이기 때문에, 해석자들은 대체로 이 절이 4장 처음에 나오는 것은 적절하지 않다고 본다. 상전들아. 사도는 앞에서 종들의 도리에 대해서 이미 말하였기 때문에, 여기에서는 종들에 대한 합법적인 권세를 지닌 모든 자들에게 자신의 주관 하에 있는 자들에 대한 도리를 일깨워 준다.

의와 공평을 종들에게 베풀지니. 너희가 타고난 출신이나 가진 재산으로 인해서 인간 사회에서 종들보다 더 높은 지위를 얻어 상전들이 되었다고 할지라도, 너희는 종들과 동일한 본성과 연약함들을 지니고 있고, 앞 절에서 이미 말하였듯이, 언젠가는 종들과 똑같이 저 동일한 법정에 출두해서, 저 동일한 재판장이시자 상 주시는 이이신 하나님 앞에 설 수밖에 없다. 사도는 이것과 병행되는 본문인 에베소서 6:9에서 "상전들아 너희도 그들에게 이와 같이 하고"라고 말함으로써, 종들이 아랫사람으로서 해야 할 도리를 다해야 하는 것과 마찬가지로, 상전들도 윗사람으로서 해야 할 도리를 다해야 한다고 말한다. 즉, 상전들은 사도가 말한 종들의 도리를 그대로 다해야 한다는 것이 아니고, 하나님의 법과 자연법과 열국의 법에 의해서 인간관계 속에서 모든 사람들에게 일반적이고 공통적으로 부과되어 있는 올바른 이성에 기초한 도리들을 따라 행하여야 한다는 것이다(롬 13:7-8; 갈 5:13; 엡 6:9).

사도는 여기에서 상전들은 자신의 종들에게 "의"를 베푸는 것이 도리라고 말하고 있기 때문에, 상전들은 종들에게 정신적으로나 육체적으로나 합당한 대우를 베풀어야 하고(창 18:19; 출 12:44), 일을 지나치게 많이 시키거나 지나치게 적게 시켜서도 안 되며(잠 12:10; 29:21), 진수성찬을 먹이지 않더라도 충분한 영양분을 섭취할 수 있을 정도의 식사를 제공하여야 하고(잠 27:27; 31:15; 눅 12:42; 15:17), 합당한 품삯을 주어야 하며(출 2:21; 약 5:4), 종들의 수고에 대하여 합당한 보상을 제공하여야 한다(신 15:13, "그를 놓아 자유하게 할 때에는 빈 손으로 가게 하지 말고"). 또한, 사도는 상전들은 자신의 종들에게 "의"만이 아니라 "공평"을 베풀어야 한다고 말하고 있기 때문에, 상전들은 종들을 잔인하고 가혹하게 대하거나 낙심하게 해서는 안 되고, 종들이 선한 뜻으로 그들을 섬기기를 그들이 기대하는 것과 마찬가지로, 종들에 대해서도 지혜롭고 선하며 온유하고 신실하게 대하는 것이 마땅하다(시 101:2; 벧전 2:18). 따라서 상전들은 종들에게 때를 따라 휴식을 주어 새롭게 힘을 차릴 수 있게 하여야 하고, 종들의 지혜로운 대답들을 멸시하지 말아야 하며(욥 31:13-14), 건강할 때나 아플 때나 한결같이 그들에게 호의를 보여야 한다(왕하 5:5-6; 잠 14:35; 마 8:6).

너희에게도 하늘에 상전이 계심을 알지어다. 사도는 여기에서 상전들이 왜 자기가 앞에서 말한 대로 종들에게 행해야 하는지, 그 아주 중요한 이유를 여기에서 제시하는데, 그것은 그들에게도 하늘에 상전이 계시고, 그 상전은 그들이 자신의 종들에게 행한 대로 장차 그들에게 되갚아 주시는 분이시기 때문이라고 말한다. 사도는 에베소서 6:8-9에서 "이는 각 사람이 무슨 선을 행하든지 종이나 자유인이나 주께로부터 그대로 받을 줄을 앎이라 상전들아 너희도 그들에게 이와 같이 하고 위협을 그치라 이는 그들과 너희의 상전이 하늘에 계시고 그에게는 사람을 외모로 취하는 일이 없는 줄 너희가 앎이라"고 말함으로써, 이러한 사실을 다시 한 번 분명하게 재확인해 준다: 하늘에 계신 너희의 상전이신 분이 장차 각 사람에게 상벌을 내리실 때, 너희가 그의 손으로부터 호의를 기대한다면, 너희는 지금 너희의 종들에게 호의를 베풀어야 한다. 왜냐하면, 그 날에는 너희 상전들과 너희의 종들이 똑같이 하늘의 상전 앞에서 종들로 서게 될 것이고, 너희는 하늘의 상전이 너희에게 이 땅에서 행하라고 맡기신 청지기직을 너희가 어떻게 수행하였는지에 대하여 그 앞에서 결산을 하게 될 것이기 때문이다(마 24:49-51; 눅 16:2).

2. 기도를 계속하고 기도에 감사함으로 깨어 있으라.

기도를 계속하고. 이것은 간절하게 기도하는 것을 견고하게 인내로써 지속해 나가라는 것이다. 우리는 게을러지고 나태해져서 기도하기가 싫어지기 쉽기 때문에,

정신을 바짝 차리고 깨어서, 기도해야 할 우리의 본분을 지속적으로 행해 나갈 필요가 있다(눅 18:1; 엡 6:18, "모든 기도와 간구를 하되 항상 성령 안에서 기도하고 이를 위하여 깨어 구하기를 항상 힘쓰며 여러 성도를 위하여 구하라"). 기도에 … 깨어 있으라. 우리는 언제든지 우리에게 주어진 의무들을 다하기 위해서는, 우리의 마음이 늘 기도하기에 합당한 상태를 유지하도록 하여야 한다(시 5:3; 막 13:33; 행 12:12; 롬 12:12; 살전 5:17; 약 5:16; 계 3:2). 감사함으로. 우리는 하나님께서 우리의 기도에 대하여 이미 응답해 주신 것들에 대하여 감사하는 가운데 늘 깨어 기도하여야 한다(시 116:12-13; 살전 5:16-18, "항상 기뻐하라 쉬지 말고 기도하라 범사에 감사하라 이것이 그리스도 예수 안에서 너희를 향하신 하나님의 뜻이니라").

3. 또한 우리를 위하여 기도하되 하나님이 전도할 문을 우리에게 열어 주사 그리스도의 비밀을 말하게 하시기를 구하라 내가 이 일 때문에 매임을 당하였노라.

또한 우리를 위하여 기도하되. 사도는 골로새 교인들에게 그들 자신을 위하여 간구할 뿐만 아니라, 바울 및 그와 함께 한 사람들, 특히 서두의 인사말에서 언급한 디모데를 위해서 기도해 줄 것을 부탁한다(골 1:1, 7; 롬 15:30; 고후 1:11; 빌 1:19; 살후 3:1; 몬 1:22). 하나님이 전도할 문을 우리에게 열어 주사 그리스도의 비밀을 말하게 하시기를 구하라. 사도는 골로새 교인들에게 자신들이 자유롭게 말씀을 전하고 전도할 수 있게 되어서, 그리스도의 비밀을 사람들에게 전하게 해 주시라고 하나님께 기도해 줄 것을 부탁한다(골 1:26-27; 2:2; 마 13:11; 고전 16:9; 엡 1:9). 에베소서 6:19에 대한 설명을 보라. 내가 이 일 때문에 매임을 당하였노라. 사도는 에베소서 6:20에서 "이 일을 위하여 내가 쇠사슬에 매인 사신이 된 것은 나로 이 일에 당연히 할 말을 담대히 하게 하려 하심이라"고 말한다. 사도는 로마의 셋집에서 로마 군인들의 감시 하에 가택연금된 상태에서 찾아오는 사람들에게 복음을 전하였는데(행 28:16, 20, 30-31), 사도행전 28:30-31에서는 "바울이 온 이태를 자기 셋집에 머물면서 자기에게 오는 사람을 다 영접하고 하나님의 나라를 전파하며 주 예수 그리스도에 관한 모든 것을 담대하게 거침없이 가르치더라"고 보도한다.

4. 그리하면 내가 마땅히 할 말로써 이 비밀을 나타내리라.

사도는 자기가 가택연금에서 풀려나 자유롭게 복음을 전할 수 있는 여건이 마련된다면, 그리스도의 유능한 사역자로서 그리스도의 비밀을 아주 분명하고 명확하게 사람들에게 전할 수 있게 될 것이라고 말한다(롬 1:15; 고전 2:4; 9:16; 딤후 2:15, "너는 진리의 말씀을 옳게 분별하며 부끄러울 것이 없는 일꾼으로 인정된 자로 자신을 하나님 앞에 드리기를 힘쓰라"; 4:2).

5. 외인에게 대해서는 지혜로 행하여 세월을 아끼라.

지혜로 행하여. 너희는 그리스도인으로서 너희의 삶을 아주 지혜롭게 살아감으로써, 기독교 신앙이 세상 사람들 가운데서 욕을 먹거나 비방을 받지 않게 하여야 한다(삼하 12:14; 롬 2:23-24; 딤전 6:4). 우리 주님께서는 "너희는 뱀 같이 지혜롭고 비둘기 같이 순결하라"(마 10:16)고 말씀하셨다. 에베소서 5:15-16("너희가 어떻게 행할지를 자세히 주의하여 지혜 없는 자 같이 하지 말고 오직 지혜 있는 자 같이 하여 세월을 아끼라 때가 악하니라")을 보라. 너희는 "아무쪼록 몇 사람이라도 구원하고자" 하여 "여러 사람에게 여러 모습이 되는" 것이 마땅하지만(고전 9:20-23), 한편으로는 그런 식으로 모든 사람에게 맞춰 주다가 자칫하면 너희의 양심이 다치는 일이 생길 수 있기 때문에, 그런 일이 생기지 않도록 조심하여야 하고(출 34:15; 엡 5:11), 다른 한편으로는 정당한 이유 없이 다른 사람들을 멸시하다가 그들의 분노를 사서 박해를 당할 수 있기 때문에, 그런 일이 일어나지 않도록 주의하여야 한다. 바울은 그리스도인이 아닌 자들의 일에 관여하기를 극히 조심하였고, 다른 사람들에게도 자기와 같이 그렇게 하기를 바랐으며(행 17:24-25; 고전 5:12-13, "밖에 있는 사람들을 판단하는 것이야 내게 무슨 상관이 있으리요마는 교회 안에 있는 사람들이야 너희가 판단하지 아니하랴 밖에 있는 사람들은 하나님이 심판하시려니와 이 악한 사람은 너희 중에서 내쫓으라"), 하나님과 인간의 법에 의해서 외인들에게 주어진 권리들을 부정하지 않았다(마 22:21; 롬 13:7; 벧전 2:13-14, "인간의 모든 제도를 주를 위하여 순종하되 혹은 위에 있는 왕이나 혹은 그가 악행하는 자를 징벌하고 선행하는 자를 포상하기 위하여 보낸 총독에게 하라").

외인에게 대해서는. 외인들은 너희와는 달리 "믿음의 권속"(갈 6:10)에 속한 자들이 아니기 때문에, 너희는 한편으로는 그들의 악한 행실에 물들지 않도록 조심하여야 하고(고전 5:6), 다른 한편으로는 그들에게 책 잡힐 빌미를 주지 않도록 더욱더 조심해서(딤전 5:14), "모든 참된 신실성"을 나타내어, "범사에 우리 구주 하나님의 교훈을 빛나게" 하여야 한다(딛 2:10). 세월을 아끼라. 몇몇 박식한 해석자들은 사도는 여기에서 다니엘서 2:8("시간을 지연하려 함이로다")의 칠십인역에 나오는 구절을 인용해서 다음과 같은 의미를 지닌 하나의 격언으로 표현하고 있다고 말한다: 너희는 정직하되 지혜롭고 영리하게 행하여, 너희의 심령에 대한 영적인 위험들을 피하고, 지혜롭게 행하지 못해서 일어나는 박해를 피함으로써 시간을 아껴야 한다.

하지만 대부분의 해석자들은 여기에서 “아끼라”로 번역된 헬라어는 기회를 엿보거나 적절한 때를 찾는 것을 의미한다고 본다. 왜냐하면, 흠정역에서 “속하다”로 번역된 분사는, 문자 그대로의 의미를 지닌 것으로 보는 것은 불가능한 까닭에 비유적인 의미로 보아야 하는데, 지금 남아 있는 시간을 갑절로 부지런히 활용해서, 지난 과거의 잃어버린 시간을 벌충하거나 회복하는 것, 즉 우리의 영적인 유익을 위하여 현재의 시간을 사용하기 위하여 다른 어떤 것에 시간을 사용하는 것을 포기하는 것, 또는 우리로 하여금 쓸데없는 잡념에 빠지게 하거나 여러 가지 쾌락들로 유혹하여 현재의 시간을 허비하게 만들고자 하는 사탄과 세상의 손아귀로부터 시간을 구해내는 것을 의미하기 때문이다. 에베소서 6:16을 보라.

6. 너희 말을 항상 은혜 가운데서 소금으로 맛을 냄과 같이 하라 그리하면 각 사람에게 마땅히 대답할 것을 알리라.

너희 말을 항상 은혜 가운데서 … 하라. “말”은 우리가 사람들, 특히 외인들과 상대할 때에 가장 민감한 부분이어서 극히 조심할 필요가 있기 때문에, 그리스도께서 자기에게 나아온 자들을 “은혜로운 말”로 대하셨듯이(눅 4:22), 너희도 그런 그리스도를 본받아서, 너희와 상대하는 자들이 너희의 말이 은혜로운 영혼 또는 내면의 은혜로부터 흘러나오고(골 3:16), 너희의 입에서 나오는 가르침이 “때에 맞는 말”(잠 15:23-24)이고 “지혜의 온유함”(약 3:13)이 있는 말이며 올바른 지식을 사용한(잠 15:2) 은혜로운 말이고(전 10:12) 배은망덕하거나 독기를 품은 말이 아니라 듣는 자들에게 은혜를 끼치는 말이라는 것(엡 4:29)을 인정할 수 있는 그런 말을 하기 위해 애써야 한다. 소금으로 맛을 냄과 같이. 소금을 적당하게 친 음식(마 5:13)이 사람의 미각에 맛이 좋게 느껴지는 것과 마찬가지로, “경우에 합당한 말”은 부패함이 전혀 없어서 향기로운 냄새를 풍기기 때문에(욥 33:3; 막 9:50) 사람들의 귀에 “아로새긴 은 쟁반에 금 사과,” 즉 은쟁반에 옥구슬이 굴러가는 것 같이 아름답게 들린다(잠 25:11).

그리하면 각 사람에게 마땅히 대답할 것을 알리라. 사도는 자기가 이 절의 전반부에서 은혜 가운데서 소금으로 맛을 낸 것 같이 말을 하라고 한 이유를 여기에서 제시하는데, 그것은 그렇게 했을 때에 그들이 그리스도인으로서 행해야 할 아주 중요한 일, 즉 사람들에게 복음의 핵심을 전하는 일을 할 수 있게 된다는 것이다: 너희는 내가 골로새서 3:8에서 피하라고 말한 “분함과 노여움과 악의”를 가지고 하는 “비방과 너희 입의 부끄러운 말”에서 벗어나서, 복음에 합당한 방식으로 “너희 속에 있는 소망에 관한 이유를 묻는 자에게" "온유와 두려움으로"(벧전 3:15), 그리고 공손하고 진실하게(엡 4:25) 대답할 수 있게 될 것이다.

7. 두기고가 내 사정을 다 너희에게 알려 주리니 그는 사랑 받는 형제요 신실한 일꾼이요 주 안에서 함께 종이 된 자니라.

두기고가 내 사정을 다 너희에게 알려 주리니. 사도는 이 서신을 끝맺기 전에, 자기는 골로새 교인들로부터 아주 멀리 떨어져 있기는 하지만, 그들에 대한 사랑과 염려를 늘 하고 있다는 것을 확실하게 하기 위해서, 여기에서 그들과 자신이 다 만족할 수 있는 신앙적으로 흠이 없고 훌륭한 두 사람을 이 서신과 함께 그들에게 보낼 것임을 알린다. 그 중 한 사람인 두기고는 "아시아 사람"으로서 골로새 교인들과 동향 사람이었고, 사도행전 20:4을 보면, 바울이 헬라 지역에서 수리아로 가고자 할 때에 그 여정에 함께 동행한 자들 중의 한 명이었다("아시아까지 함께 가는 자는 베뢰아 사람 부로의 아들 소바더와 데살로니가 사람 아리스다고와 세군도와 더베 사람 가이오와 및 디모데와 아시아 사람 두기고와 드로비모라"). 사도는 두기고를 종종 다른 교회들에 보내어서 교회들을 돌보게 하기도 하였다(딤후 4:12; 딛 3:12). 사도는 두기고가 가서 자기가 어떤 상황과 형편 가운데 있는지를 비롯해서 자기와 관련된 모든 사정을 그들에게 다 알려 줄 것이라고 말한다. 에베소서 6:21-22("나의 사정 곧 내가 무엇을 하는지 너희에게도 알리려 하노니 사랑을 받은 형제요 주 안에서 진실한 일꾼인 두기고가 모든 일을 너희에게 알리리라 우리 사정을 알리고 또 너희 마음을 위로하기 위하여 내가 특별히 그를 너희에게 보내었노라")을 보라.

그는 사랑 받는 형제요. 사도는 디모데(골 1:1)와 에바브로디도(빌 2:25)의 경우에서와 마찬가지로, 두기고에 대해서도, 그가 선한 형제이고 사람들로부터 사랑 받고 있는 형제라고 골로새 교인들에게 소개하고 천거한다. 신실한 일꾼이요. 사도는 자기가 두기고를 직접 겪어 보니, 그가 예수 그리스도의 "신실한 일꾼"이자 사자임을 발견했다고 말한다. 주 안에서 함께 종이 된 자니라. 사도는 두기고를 "주 안에서 함께 종이 된 자," 즉 복음의 일을 자기와 함께 하는 그리스도의 종으로 인정함으로써, 골로새 교인들이 그를 더욱더 따뜻하게 영접해 주기를 바라는 자신의 마음을 표현한다.

8. 내가 그를 특별히 너희에게 보내는 것은 너희로 우리 사정을 알게 하고 너희 마음을 위로하게 하려 함이라.

"내가 그를 특별히 너희에게 보내는 것은." 바울은 앞에서 두기고를 그들에게 보내는 목적은 자기가 어떻게 지내고 있는지, 즉 자신의 사정을 그들에게 알리고자 하는 것이라고 말하였지만, 여기에서는 다음과 같은 두 가지 목적도 아울러 있음을 밝힌다. 첫 번째는 "그로 너희의 사정을 알게" 하는 것이었다(매튜 풀이 당시에 사용한 헬라어 본문에는 이렇게 되어 있었는데, 한글개역개정에는 "너희로 우리 사정을 알게 하고"로 되어 있다 — 역주). 즉, 사도는 두기고가 골로새 교회로 가서, 그들이 특히 영적으로 어떤 상태에 있는지를 분명하게 알아 오기를 바랐다(엡 6:22; 골 2:1, 5). 두 번째는 "너희 마음을 위로하게" 하기 위한 것이었다. 사도는 두기고를 보내서, 그들의 심령을 위로하고 유쾌하게 해 주어서(엡 6:22), 사탄의 여러 시험들과 안팎의 박해자들의 폭압 아래에서 힘들어 하는 그들이 낙심하지 않고 힘을 얻을 수 있게 해 주고자 하였다(고후 4:17).

9. 신실하고 사랑을 받는 형제 오네시모를 함께 보내노니 그는 너희에게서 온 사람이라 그들이 여기 일을 다 너희에게 알려 주리라.

신실하고 사랑을 받는 형제 오네시모를 함께 보내노니 그는 너희에게서 온 사람이라. 여기에서 사도는 두기고 외에도 오네시모를 골로새 교회에 보낼 것이라고 말한다. 어떤 이들은 아래에서 사도가 오네시모를 칭찬하고 천거하는 내용을 근거로 삼아서, 이 오네시모는 빌레몬에게서 도망친 노예인 오네시모와는 다른 인물일 것이라고 생각하지만, 대부분의 해석자들은 이 서신에 나오는 그에 대한 묘사들(골 4:10, 16)을 빌레몬서에 나오는 여러 정황들과 비교해 보고서, 두 사람은 동일인물로서 골로새 사람 오네시모가 틀림없다는 결론을 내린다. 사도는 빌레몬서에서와 마찬가지로 여기에서도 명시적으로 오네시모를 "사랑을 받는 형제"라고 부를 뿐만 아니라 "신실한" 형제라고도 부른다. 왜냐하면, 오네시모는 과거에 어떤 사람이었든지 간에, 지금은 바울의 영적인 아들이 되어서, 바울로부터 그 믿음과 신실성을 진정으로 인정받은 자가 된 까닭에, 그의 주인인 빌레몬에게도 유익을 끼치는 자가 될 것이 틀림없었기 때문이었다. 사도가 골로새 교인들에게 오네시모를 천거한 데에는 그가 그들과 동향 사람이라는 사실이 영향을 미친 것으로 보인다. 그들이 여기 일을 다 너희에게 알려 주리라. 두기고와 오네시모는 서로 다른 처지와 상황 가운데 있었지만, 함께 사도의 천거와 신임을 받은 자들로서 공동의 증인이 되어서, 로마에 있는 교회의 사정, 특히 지금 로마에서 가택연금 상태에 있는 바울의 사정을 골로새 교인들에게 정확하고 자세하게 알려 줄 수 있는 사람들이었다.

10. 나와 함께 갇힌 아리스다고와 바나바의 생질 마가와 (이 마가에 대하여 너희

가 명을 받았으매 그가 이르거든 영접하라).

나와 함께 갇힌 아리스다고. 여기에서 사도는 할례파에 속한 형제들을 시작으로 다른 형제들의 이름으로 골로새 교인들에 대한 그들의 문안인사를 전한다(눅 10:5, "어느 집에 들어가든지 먼저 말하되 이 집이 평안할지어다 하라"). 할례파 중의 한 사람이었던 아리스다고는 "마게도냐 사람"이자 "데살로니가 사람"으로서 바울과 함께 전도여행을 다녔던 자들 중의 한 명이었을 뿐만 아니라(행 19:29; 20:4; 27:2), 지금은 바울과 함께 갇힌 자가 되었는데, 사도는 빌레몬서 1:14에서 "나의 동역자 마가, 아리스다고, 데마, 누가"라고 말한다. 바나바의 생질 마가. 이것은 바나바의 조카였던 요한 마가를 가리킨다(행 12:12; 13:13). 마가는 바울과 전도여행을 하던 중에 제멋대로 혼자 떠나 버려서 바울을 종종 언짢게 하고 자신의 삼촌인 바나바와 함께 다니기도 하였지만(행 15:37, 39), 나중에는 잘못을 뉘우치고 바울과 화해한 후에는(딤후 4:11; 몬 1:24) 복음전도자로서 바울의 복음 사역에 힘을 보태 주는 유익한 인물이 되었다.

이 마가에 대하여 너희가 명을 받았으매 그가 이르거든 영접하라. 이 마가에 대해서, 바울은 골로새 교회를 비롯한 여러 교회들에게, 마가가 그들에게로 가면, 그를 환대해 주라고 이미 지시를 내려놓았었다. 왜냐하면, 만일 그렇지 않았다면, 모든 교회들은 마가가 밤빌리아에서 바울과 그 일행을 제멋대로 떠나 버린 일로 인해서(행 13:13), 마가를 좋지 않은 눈으로 바라보았을 것이기 때문이다. 한편, 베드로는 베드로전서 5:13에서 유대인들 중에서 본토가 아닌 여러 이방 땅들에 흩어져 살아가던 자들 중에서 믿는 자들에게 문안인사를 전할 때에 마가를 자신의 영적인 아들이라고 언급한다. 어떤 이들은 사도가 골로새 교인들이 "명을 받았다"고 말한 것이, 바나바가 자신의 조카인 마가를 천거하는 서신을 골로새 교인들에게 썼다는 것을 가리키는 것이라고 생각하기도 한다.

11. 유스도라 하는 예수도 너희에게 문안하느니라 그들은 할례파이나 이들만은 하나님의 나라를 위하여 함께 역사하는 자들이니 이런 사람들이 나의 위로가 되었느니라.

유스도라 하는 예수도 너희에게 문안하느니라 그들은 할례파이나. 사도가 이 문안인사에서 할례파, 즉 유대인으로서 그리스도를 믿은 자들 중에서 세 번째로 언급하는 인물은 "유스도"라는 별명을 지닌 "예수"인데, 아마도 그의 의로운 행실로 인해서 그런 별명이 붙은 것으로 보인다. 이 유스도가 누가가 사도행전 18:7에서 언급한

"디도 유스도"와 동일인물인지는 분명하지 않다. 헬라어로 "예수"라는 이름은 히브리어로는 "여호수아"(히 4:8)인데, 이 이름은 유대인들 가운데서 흔하게 사용되었다. 하지만 그리스도인들은 그리스도의 부활 이후에 자신들의 주이시고 사람이자 하나님이신 예수를 경외하는 마음에서, 자신의 자녀들의 이름을 "예수"로 짓는 것을 삼갔다.

이들만은 하나님의 나라를 위하여 함께 역사하는 자들이니. 유대인들 중에서, 로마에서 가택연금 상태로 갇혀 있던 바울이 사람들에게 복음을 전하고 가르치며, 영혼들을 회심시켜서 은혜의 나라를 확장하는 것(마 4:23; 막 4:11)을 도운 사람들은 오직 이 세 사람뿐이었다. 그리고 당시에는 베드로는 로마에 있지 않았던 것으로 보인다. 디모데의 경우에는 그의 아버지가 헬라인 또는 이방인이었고(행 16:1, 3), 그 밖의 다른 사람들은 이방인 출신이었다(행 28:28). 이런 사람들이 나의 위로가 되었느니라. 흠정역에서는 "이런 사람들"이 아니라, 사도가 갇혀 있는 와중에서도 이렇게 복음을 전하는 일을 할 수 있게 된 것이 가택연금이 된 상태에 있던 사도에게 큰 위로가 된 것으로 번역하고 있다.

12. 그리스도 예수의 종인 너희에게서 온 에바브라가 너희에게 문안하느니라 그가 항상 너희를 위하여 애써 기도하여 너희로 하나님의 모든 뜻 가운데서 완전하고 확신 있게 서기를 구하나니.

그리스도 예수의 종인 너희에게서 온 에바브라가 너희에게 문안하느니라. 사도는 앞에서 몇몇 할례파 그리스도인들로부터의 문안인사를 골로새 교인들에게 대신 전하였는데, 여기에서는 몇몇 이방인 출신 그리스도인들로부터의 문안인사를 전하면서, 가장 먼저 에바브라를 언급한다. 사도는 앞의 1:7-8에서도 그를 칭찬한 바가 있는데, 여기에서는 그가 그들 가운데서 태어나서 자란 자로서, 자기처럼 복음을 전하는 일에 택하심을 받아 그리스도의 종이 되어서(롬 1:1), 그들을 섬기는 데 헌신하고 있고, 복음을 전하다가 자기와 함께 갇히게 되었다고 소개한다(몬 1:23). 그가 항상 너희를 위하여 애써 기도하여. 사도는 에바브라가 자신의 직임에 충성을 다하는 자이기 때문에, 골로새 교인들과 멀리 떨어져 로마에 와 있고, 그들을 만난 지 오랜 시간이 흘렀어도 전혀 흐트러짐 없이, 그들이 영적으로나 육신적으로나 영원히 잘 되게 해 주시라고 하나님께 밤낮으로 간절하게 기도하고 있다고 말한다(롬 15:30). 너희로 하나님의 모든 뜻 가운데서 완전하고 확신 있게 서기를 구하나니. 에바브라는 골로새 교인들이 하나님께서 원하는 수준까지 성장해서 무엇 하나 부족함이 없이 온전하고 완전한 신앙에 도달하게 해 달라고 하나님께 기도하였다. 골로새서 1:28-29과 빌립보서 3:15에 대한 설명을 보라. 골로새와 빌립보는 서로 상당히 멀리 떨어져 있었기 때문에, 어떤 박식한 해석자가 주장한 것과는 달리, 여기에 언급된 에바브라가 에바브로디도와 동일인물이었을 가능성은 거의 없다.

13. 그가 너희와 라오디게아에 있는 자들과 히에라볼리에 있는 자들을 위하여 많이 수고하는 것을 내가 증언하노라.

사도는 이렇게 말한다: 나는 에바브라가 골방에서 은밀하게 드리는 기도를 몰래 엿들은 것은 아니지만, 그가 골로새에 있는 너희 그리스도인들에 대하여 특별한 애정과 각별한 열심을 지니고 있다는 것을 자신있게 증언할 수 있다. 또한, 그는 너희만이 아니라 너희의 이웃 도시들인 라오디게아와 히에라볼리에 있는 그리스도인들을 위해서도 신경을 많이 쓰고 있다. 사도는 골로새서 2:1에서 "내가 너희와 라오디게아에 있는 자들과 무릇 내 육신의 얼굴을 보지 못한 자들을 위하여 얼마나 힘쓰는지를 너희가 알기를 원하노니"라고 말한 바 있다. 요한계시록을 쓴 요한은 하나님의 명령으로 하나님께서 천사를 통해서 자기에게 보여 주신 것들을 편지로 써서 "아시아에 있는 일곱 교회"에 보냈는데, "라오디게아"는 그 일곱 교회 중에서 마지막으로 언급된 교회였다(계 1:11; 3:14). 지리학자들에 의하면, 거룩한 성이라는 뜻을 지닌 "히에라볼리"는 라오디게아로부터 10km 정도 떨어진 곳에 자리 잡고 있었다.

14. 사랑을 받는 의사 누가와 또 데마가 너희에게 문안하느니라.

사랑을 받는 의사 누가. 사도가 여기에서 누가를 특별히 칭찬하고 있지 않다는 점을 들어서, 어떤 이들은 이 누가가 누가복음과 사도행전을 쓴 누가와 동일인물이 아니었을 것이라고 생각하지만, 대부분의 해석자들은, 마태가 세리에서 사도가 되었고, 다른 사도들도 고기를 낚는 어부들에서 사람을 낚는 어부들이 되었던 것과 마찬가지로, 누가도 육신의 병을 고치는 의사에서 영혼을 치료하는 의사가 되어서, 바울을 계속해서 따라다니며 전도여행을 함께 하였는데(딤후 4:11; 몬 1:24), 여기에 언급된 누가가 바로 그 누가라고 생각한다. 누가가 쓴 누가복음과 사도행전의 문체를 보면, 그가 헬라어에 능통한 인물이었음이 드러날 뿐만 아니라, 의학 전문용어들을 자연스럽게 사용하고 있는데(행 15:39; 17:16), 이것은 그가 의사라는 것과 아주 잘 부합한다. 여기에서 사도는 앞에서 두기고에 대하여 그렇게 말하였듯이(골 4:7), 누가에 대해서도 "사랑을 받는"이라는 수식어를 붙이는데, 디모데후서 4:11에서는 자기와 함께 갇힌 자들 외에는 오직 누가만이 자신의 동역자로서 자기 곁에 있다고 말한다. 어떤 이들은 사도가 고린도후서 8:18에서 연보를 위하여 디도와 "함께 그 형제를 보내었으니 이 사람은 복음으로써 모든 교회에서 칭찬을 받는 자요"라고 말한 사람이 바로 누가였을 것이라고 생각하지만, 그 형제가 바나바 또는 다른 인물이었을 것이라고 말하는 이들이 있기 때문에 확실하지는 않다. 누가가 복음 전도자로서의 일을 하면서 의사의 일도 함께 한 것은 바울이 사도의 직무를 수행하면서 동시에 장막을 만드는 자로서의 일도 같이 한 것과 마찬가지였기 때문에, 그것은 전혀 이상한 일이 아니다(살후 3:8).

데마가 너희에게 문안하느니라. 사도는 이방인 출신 그리스도인들의 문안인사를 골로새 교인들에게 대신 전하면서, 에바브라와 누가에 이어, 세 번째로 "데마"를 언급한다. 데마는 이 때까지만 해도 믿음을 지키는 가운데 바울의 동역자들 중의 한 사람으로서 수고를 하고 있었다(몬 1:24, "나의 동역자 마가, 아리스다고, 데마, 누가가 문안하느니라"). 하지만 나중에 로마에서 그리스도인들에 대한 박해가 점점 더 심해지자, 데마는 어떤 세상적인 이유로 인해서 바울을 떠나 데살로니가로 가 버렸다(딤후 4:10, "데마는 이 세상을 사랑하여 나를 버리고 데살로니가로 갔고 그레스게는 갈라디아로, 디도는 달마디아로 갔고"),

15. 라오디게아에 있는 형제들과 눔바와 그 여자의 집에 있는 교회에 문안하고.

라오디게아에 있는 형제들. 사도는 골로새 교인들에게 로마에서 자기와 함께 하고 있는 각각 할례파와 무할례파에 속한 다른 형제들의 문안인사를 대신 전한 후에, 여기에서는 사도 자신의 이름으로 라오디게아에 있는 교회의 그리스도인들에게 문안인사를 전한다. 눔바와 그 여자의 집에 있는 교회에 문안하고. "눔바"라고 불린 어떤 경건한 인물은 아마도 라오디게아 근방에 살고 있었거나, 라오디게아에서 가장 잘 알려져 있던 그리스도인이었던 것으로 보인다. 어떤 이들은 별 생각 없이 눔바를 여자였을 것이라고 생각하지만, 남성 관사가 붙어 있는 것으로 보아서, 여자가 아니라 남자였음이 분명하다. 눔바의 가족이나 이웃들로 이루어진 한 무리의 믿는 자들은 눔바의 보호나 인도 아래에서 그의 집에서 그가 정한 때에 모여서 하나님을 예배하였다(롬 16:1, 5; 고전 16:15, 19).

16. 이 편지를 너희에게서 읽은 후에 라오디게아인의 교회에서도 읽게 하고 또 라오디게아로부터 오는 편지를 너희도 읽으라.

이 편지를 너희에게서 읽은 후에. 사도는 이 서신이 골로새 교인들의 손에 들어갔을 때, 다른 교회들에서도 통상적으로 그러하였듯이, 교회 또는 형제들의 공식적인 집회에서 공적으로 읽혀지게 될 것임을 당연한 것으로 전제한다. 실제로 사도는 데살로니가전서의 끝부분에서 "내가 주를 힘입어 너희를 명하노니 모든 형제에게 이 편지를 읽어 주라"(5:27)고 데살로니가 교인들에게 엄히 명하고, 그렇게 하지 않으면 하나님께서 노하셔서 그들을 벌하실 것이라고 말한다. 성경을 부지런히 연구하는 것(요 5:39), 교회의 공식적인 집회들에서 모든 사역자들과 남녀노소의 신자들의 덕을 세우기 위하여 성경을 봉독하는 것은 그리스도의 제자들의 필수불가결한 의무였다(신 17:19; 시 1:2; 119:9; 막 13:37; 행 13:15; 17:11-12; 18:26-28; 롬 15:4; 딤전 4:13, 15).

라오디게아인의 교회에서도 읽게 하고. 이것은 로마에서 사도가 이 서신을 한 부 더 필사할 기회가 없었다는 것을 보여 준다. 따라서 사도는 골로새 교인들에게 이 서신을 그들 가운데서 공개적으로 읽은 후에, 따로 한 부를 더 필사해서 라오디게아 교인들에게 보내서, 그들이 공적으로 모이는 집회에서 그들도 이 서신을 공개적으로 읽게 하라고 부탁한다. 또 라오디게아로부터 오는 편지를 너희도 읽으라. 또한, 사도는 골로새 교인들에게 "라오디게아 교회로부터 오는 편지"를 받아서 그들 가운데서 공개적으로 읽으라고 명한다. 여기에서 "라오디게아 교회로부터 오는 편지"로 번역된 어구는 대부분의 옛 교부들과 현대의 해석자들이 그런 식으로 번역하지만, 현재는 라틴어본으로만 남아 있는 에디오피아어 역본은 이 구절을 "이 편지를 라오디게아로 보내서, 라오디게아인들도 거기에 있는 그리스도인들의 집회에서 이 편지를 읽게 하라"로 번역하고 있다. 불가타 역본에는 "또 라오디게아의 편지," 또는 "라오디게아인의 편지를 너희도 읽으라"로 되어 있다.

이 구절을 근거로 해서, 옛날과 현대의 몇몇 해석자들은 사도 바울이 라오디게아 교인들에게도 따로 서신을 썼을 것이라고 생각해 왔고, 어떤 악한 자는 그러한 견해를 빌미로 삼아서, 골로새서와 에베소서로부터 여러 구절들을 발췌하고 짜깁기해서 짤막하고 조악하며 형편없는 하나의 편지를 날조해서, 사도 바울이 라오디게아 교회에 보낸 편지라고 명명하였다. 그러나 그 날조된 편지의 성격이나 문체는 사도 바울의 것과는 너무나 다른 것이었기 때문에, 박식한 교부들과 제2니케아 공의회에서는 그 편지를 위서로 규정하고 배척하였고, 그 이후로 소수의 교황주의자들과 퀘이커 교도들이 이 라오디게아서를 라틴이로 번역해서 정경의 일부로 사용한 것을 제외하고는, 교파를 초월해서 거의 모든 박식한 해석자들에 의해서 거부되어 왔다. 일부 교황주의자들은 이 사례를 그리스도인들 가운데서 사용될 정경의 범위를 결정하는 권한이 교회에 있음을 보여 주는 것이라고 강변한다. 그러나 하나님의 권위를 지닌 책들을 보존하는 것은 교회의 책무이기는 하지만, 정경을 결정하거나 신앙의 규범이 될 책들을 결정하는 것은 교회에 속한 권한이 아니다. 그런데도 교회가 마치 그러한 권한을 가진 것처럼 행세한다면, 그것은 모든 정경의 저자이신 하나님의 위엄을 침해하는 것일 수밖에 없다.

어떤 이들은 라오디게아서가 지금 전해내려오지 않고 있기 때문에, 오늘날의 정경에는 결함이 있다고 주장한다. 그러나 만일 바울이 라오디게아서를 썼다고 가정하더라도, 그 서신이 오늘날의 우리에게 전해져 오지 않는다고 해서, 우리에게 있는 현재의 정경은 우리의 구원에 필요한 모든 것들을 다 담고 있지 않다는 결론을 내린다면, 그러한 결론은 터무니없는 것이다. 어떤 이들은 라오디게아서의 불가타 역본(이것은 전해 내려온 것이라기보다는 그들이 쓴 것이라고 해야 한다)을 계속해서 거론하면서, 현재의 정경 속에 포함되어 있는 에베소서가 바로 바울이 쓴 라오디게아서라고 엉뚱한 주장을 제시하기도 하였지만, 테르툴리아누스(Tertullian)는 마르크탄(Marctan)이라는 협잡꾼이 바울의 에베소서의 표제를 라오디게아서로 바꾸어 놓은 장본인임을 밝혀낸 바 있다. 어떤 이들은 현재의 빌레몬서가 바울이 라오디게아 교회에 쓴 편지일 것이라고 주장한다. 왜냐하면, 바울이 빌레몬서에서 빌레몬을 자신의 "동역자"(몬 1:1)라고 부르고 있는 것에서 알 수 있듯이, 빌레몬은 자기가 살고 있던 곳의 이웃 도시였던 라오디게아에서 사역을 하고 있었을 것이고, 사도는 빌레몬서를 오네시모의 손으로 보냈는데, 앞에서 골로새서를 골로새 교회에 전달한 자들 중의 한 사람으로 이미 오네시모를 언급한 바 있기 때문이다. 어떤 이들은 사도가 앞에서 누가를 언급하고 있는 것으로 보아(골 4:14), 누가복음이 사도가 라오디게아 교회에 보낸 편지였을 것이라고 주장하지만, 아무런 증거가 없다.

또한, 우리가 주목할 것은, 만일 바울이 라오디게아 교회에 별개의 편지를 써서 보냈다면, 자기가 라오디게아 교인들에게 문안인사를 하는 내용을 이 골로새서 내에 굳이 포함시킬 이유가 없었으리라는 것이다. 따라서 바울이 여기에서 말한 "라오디게아로부터 오는 편지"는 자기가 라오디게아 교인들에게 따로 써보낸 편지를 의미하는 것이 아니라, 마치 우리의 성경 역본들이 헬라 교부들의 진정한 사본을 따라 성경을 충실하게 번역한 것들인 것처럼, 라오디게아인들이 필사한 어떤 편지를 가리키는 것일 가능성이 높다. 그래서 어떤 이들은 요한일서가 라오디게아에서 씌어졌다고 보고, 여기에 언급된 "라오디게아로부터 오는 편지"는 요한일서였을 것이라고 추정한다. 어떤 이들은 디모데전서에 오랫 동안 이 서신이 라오디게아에서 씌어졌음을 밝히는 후기가 붙어 있었다는 점에 착안해서, 그 편지는 디모데전서였을 것이라고 생각한다. 그러나 그 후기에 나오는 라오디게아가 속한 속주 이름인 파카티아나(Pacatiana)는 주후 1세기의 저술가들의 글들 속에는 등장하지 않고, 오직 로마 제국이 여러 속주들로 분할된 후대에 가서야 등장한다는 사실은 그러한 주장에 불리하게 작용하는데, 파카티아나는 콘스탄티노플에서 열린 제5차 공의회에서 나온 교회 기록에 처음으로 언급되고 있다고 말하는 사람들도 있다. 또한, 그들은 디모데전서 자체 속에도 그 서신이 마게도냐의 어느 곳에서 씌어졌음을 암시하는 몇몇 구절들이 있다고 생각한다(1:3; 3:14; 4:13).

어떤 이들은 "라오디게아로부터 오는 편지"가 라오디게아 교인들이 골로새 교인들에게 답장으로 쓴 서신을 가리키는 것이라고 생각하는데, 나는 그런 견해가 얼마나 가능성이 있는 것인지에 대해서는 말하지 않겠지만, 사도가 여기에서 언급한 편지가 라오디게아 교회 또는 그 교회의 어떤 직분자가 로마에 있던 바울에게 쓴 편지였을 가능성은 대단히 높다. 바울은 그 편지를 읽고서, 골로새서를 쓰면서 별로 시간이 없어서 급히 쓰느라고 골로새 교인들에게 해 줄 말들을 다 적지 못하였는데, 자기가 골로새서에서 간단하게 언급한 구절들을 좀 더 분명히 하는 데 그 편지가 골로새 교인들에게 도움이 될 것이라고 생각해서, 그들에게 그 편지를 공적으로 그들 가운데서 읽으라고 말한 것으로 보인다. 그리고 라오디게아 교회에서 바울에게 보낸 편지 속에는, 믿는 자들을 미혹하고 있었던 거짓 사도들이나 교사들이 그들 가운데서 퍼뜨리고 있던 교설들이 왜 잘못된 것들인지가 자세하게 나와 있었을 것이다.

17. 아킵보에게 이르기를 주 안에서 받은 직분을 삼가 이루라고 하라.

사도는 골로새 교인들에게 "아킵보"에게 그가 "주 안에서 받은 직분을 삼가 이루라"는 말을 전해 달라고 부탁하는데, 빌레몬서 1:2에서는 아킵보를 "우리와 함께 병사 된 아킵보," 즉 복음의 일꾼으로 부른다. 사도는 아킵보가 자기와 디모데를 대신해서 그가 맡은 사역이 얼마나 놀라운 것인지를 명심하고서(롬 11:13; 엡 3:7; 딤전 4:6), 그를 부르셔서 그 일을 맡기신 주 예수의 권위를 생각하여(마 9:38; 빌 1:17; 딤전 5:1, 21), 좀 더 마음을 쓰고 주의를 기울여 주기를 바라는 자신의 심정을 전한다(행 20:28-29; 벧전 5:1-2). 아킵보는 에바브라의 동역자였거나, 에바브라가 없는 동안에 이 거룩한 직분을 새롭게 맡았을 것인데, 여기에서 사도는 그가 자신에게 맡겨진 직분을 세세한 부분까지 다 신경을 써서, 자신이 해야 할 일들을 하나도 빠짐없이 꼼꼼하게 다 챙겨서 충성스럽게 감당해 줄 것을 부탁하고 있다(골 1:25; 고전 9:16-17; 딤전 4:16; 딤후 4:5).

18. 나 바울은 친필로 문안하노니 내가 매인 것을 생각하라 은혜가 너희에게 있을지어다.

나 바울은 친필로 문안하노니. 사도는 다른 서신들을 쓸 때와 마찬가지로 이 서신을 쓸 때에도 골로새 교인들을 자신의 마음에 품고서 그 내용을 구술하였고, 대필자로 하여금 이 서신을 받아쓰게 한 후에, 서신을 위조하거나 날조하는 일을 막기 위해서, 자기가 전형적으로 사용하던 문안인사와 사도로서의 축도는 자신의 손으로 직접 썼다(롬 16:22; 고전 16:21; 갈 6:11; 살후 2:2; 3:17; 몬 1:19). 내가 매인 것을 생각하라. 이 말을 통해서, 사도는 골로새 교인들에게 자기가 갇혀 있는 것을 늘 생각하고서 기도할 때마다 자기를 위해서 기도해 줄 것을 간곡히 요청하는 한편(골 4:3; 히 13:3, "너희도 함께 갇힌 것 같이 갇힌 자를 생각하고 너희도 몸을 가졌은즉 학대 받는 자를 생각하라"), 자기가 고난으로 부르심을 받은 경우에는 늘 변함없이 인내로써 사도로서의 직무를 감당하고자 하는 결심을 보여 준다. 빌립보서 1:14("형제 중 다수가 나의 매임으로 말미암아 주 안에서 신뢰함으로 겁 없이 하나님의 말씀을 더욱 담대히 전하게 되었느니라")을 보라. 사도의 고난은 그가 전하는 복음이 참되다는 것과 골로새 교인들을 비롯한 이방 그리스도인들에 대한 그의 뜨거운 사랑을 증명해 주는 너무나 분명한 증거였다. 왜냐하면, 사도는 이방 그리스도인들을 위하여 매이고 묶인 몸이 되었기 때문이다. 은혜가 너희에게 있을지어다. 사도는 마지막으로 주 예수 그리스도 안에서 하나님 아버지의 특별한 은혜와 은총이 골로새 교인들과 늘 함께 하시기를 간절히 기도한다. 로마서 16:24; 고린도전서 16:23-24; 빌립보서 4:23을 보라. 사도는 자신의 기도가 참된 것임을 증언하고, 하나님께서 자신의 기도를 들어 주실 것을 확신한다는 것을 나타내기 위해서, 다른 서신들에서와 마찬가지로 여기에서도 "아멘"이라는 말로 끝맺는다. 헬라어 사본들에는 "두기고와 오네시모에 의해서 로마로부터 골로새 교인들에게 쓰어짐"이라는 후기가 붙어 있다.

MATTHEW POOLE'S COMMENTARY

데살로니가전서

MATTHEW POOLE'S COMMENTARY

서론

사도 바울은 특히 무할례자들의 사역자이자 이방인들에게 복음을 전할 자로 부르심을 받았기 때문에, 이방인들의 도시들과 지역들을 두루 다니며 전도하다가, 마게도냐의 제일가는 도시였던 데살로니가에 이르게 되는데, 사도행전 16:9-10에서는 "밤에 환상이 바울에게 보이니 마게도냐 사람 하나가 서서 그에게 청하여 이르되 마게도냐로 건너와서 우리를 도우라 하거늘 바울이 그 환상을 보았을 때 우리가 곧 마게도냐로 떠나기를 힘쓰니 이는 하나님이 저 사람들에게 복음을 전하라고 우리를 부르신 줄로 인정함이러라"고 말한다. 사도는 하나님의 그러한 부르심에 순종해서 드로아를 떠나서 사모드라게로 갔고, 거기로부터 네압볼리로 갔다가 빌립보로 가서, 빌립보에서 며칠을 머물렀다(빌 1:12). 사도는 그 후에 "암비볼리와 아볼로니아로 다녀가 데살로니가에 이르니 거기 유대인의 회당이 있는지라 바울이 자기의 관례대로 그들에게로 들어가서 세 안식일에 성경을 가지고 강론하며 뜻을 풀어 그리스도가 해를 받고 죽은 자 가운데서 다시 살아나야 할 것을 증언하고 이르되 내가 너희에게 전하는 이 예수가 곧 그리스도라 하니 그 중의 어떤 사람 곧 경건한 헬라인의 큰 무리와 적지 않은 귀부인도 권함을 받고 바울과 실라를 따르나," 믿지 않는 "유대인들은 시기하여 저자의 어떤 불량한 사람들을 데리고 떼를 지어 성을 소동하게 하여" 바울 일행을 박해하려고 찾아내려 하였지만 찾지 못하였다(행 17:1-5). 상황이 이렇게 전개되자, 형제들은 바울과 실라를 베뢰아로 보냈고(살전 1:10), 바울은 거기에서도 유대인들의 회당에 들어가서 복음을 전하였다. 그러나 데살로니가에서 바울을 붙잡고자 하였던 저 믿지 않는 유대인들은 베뢰아까지 와서 추격해 왔기 때문에, 바울은 베뢰아를 떠나서 아덴으로 갔는데, 어떤 이들은 바울이 아덴에서 데살로니가 교인들에게 보내는 이 서신을 썼다고 생각하고, 이 서신의 후기에도 그렇게 적혀 있다.

사도는 이 서신에서 그들 가운데서의 자신의 전도가 큰 성공을 거두었다고 말하면서 하나님께 감사를 드리고, 몇몇 대목들에서 그들에 대하여 자랑스럽게 언급한다. 그러나 그들은 이제 막 믿게 된 초신자들이었고, 복음으로 인하여 자신의 동향 사람들로부터 박해를 받는 처지가 되어 있었기 때문에, 사도는 그들이 받아들인 믿음 안에 그들을 견고히 세우기 위하여 더욱 심혈을 기울이고 마음을 썼고, 여러 차례 직접 자기가 그들에게로 가고자 하였지만, 데살로니가전서 2:18에서 "그러므로 나 바울은 한번 두번 너희에게 가고자 하였으나 사탄이 우리를 막았도다"라고 말한 것처럼, 이런저런 방식으로 사탄의 방해를 받아 뜻을 이루지 못하였다. 그래서 그는 그들의 신앙 상태가 어떠한지를 알아 봄과 동시에, 그들을 믿음 안에서 견고히 세우기 위할 목적으로 자기 대신에 디모데를 그들에게 보냈고, 디모데가 돌아와서 그들의 상태가 어떠한지를 알려준 것을 토대로 해서, 자기가 디모데로부터 들은 말들과 자기가 전에 그들 가운데 있었을 때에 직접 보고 알게 된 것을 따라 이 서신을 그들에게 써 보냈는데, 그 구체적인 내용은 다음과 같은 것들이었다.

(1) 사도는 하나님의 은혜가 그들 가운데서 놀라울 정도로 풍성하게 역사하신 것, 자기가 그들 가운데서 사역할 때에 성령이 특별히 강력하게 임재하신 것, 그리고 그들의 모범적인 믿음과 행실을 인해서 하나님께 감사한다(1장). (2) 사도는 자기가 그들 가운데 있을 때에 보여 주었던 사역자로서의 수고들과 개인적인 행실, 유대인들이 그리스도와 그의 사도들, 특히 바울 자신을 악의적으로 해치고자 한 것을 그들에게 상기시키면서, 그들이 이 모든 일의 증인들이라고 말하고, 자기가 지금 그들을 기뻐하고 자랑스러워한다고 말한다(2장). (3) 다음으로, 사도는 자기가 그들에게 디모데를 보낸 이유를 말하고, 디모데가 그들에 대하여 좋은 말을 많이 해서, 자기가 그 말을 듣고서 큰 위로와 힘을 얻었다고 말한 후에, 그들을 대면해서 보기를 간절히 원하는 자신의 심정을 전하고, 그들 가운데서 사랑이 점점 더 풍성해지고, 그들이 거룩함 가운데서 더욱 견고해지기를 기도한다(3장). (4) 그런 후에, 사도는 그들에게 자기가 주 예수로부터 받아서 그들에게 전해 준 교훈들과 명령들을 따라 행하라고 권면하면서, 혼인의 정절을 지킬 것, 의로움 가운데서 사람들을 대할 것, 형제 사랑, 사람들과 화평하게 지낼 것, 그들의 부르심을 생각할 것, 각 사람에게 맡겨진 것들을 부지런히 행할 것 등을 예로 들어서 말하고, 예수 안에서 죽은 자들은 나중에 그가 오실 때에 다시 부활하여 그 때까지 여전히 살아 있는 자들과 마찬가지로 공중에서 주님을 만나게 될 것이기 때문에, 먼저 죽었다고 해서 지나치게 슬퍼해서는 안 된다고 말한다(4장). (5) 다음으로, 사도는 장차 있게 될 그리스도의 재림이 어떤 식으로 이루어질 것인지에 대해서 설명하면서, 그 재림은 사람들이 예상하지 못한 때에 갑자기 일어날 것이기 때문에, 많은 사람들이 안일하게 살다가 그

리스도의 재림을 맞아서 크게 당황하게 될 것이라고 말하고, 데살로니가 교인들에게 그 날은 구원받기로 되어 있는 자들에게는 구원의 날이 될 것이기 때문에, 정신을 바짝 차리고 깨어서 그 날을 준비하고 있으라고 권면한다. 그런 후에, 사도는 그들에게 그들의 교회의 상황에 다른 의무들과 서로 간의 친교에 대하여 말하고, 그들의 인도자들과 교사들을 존경하며, 서로를 경책하고 지지해 주고 위로해 주며, 악을 악으로 갚지 말라고 권면한다. 그리고 이 서신을 끝맺기에 앞서, 사도는 그들을 하나님께 부탁하는 기도를 하고, 그들에게 자기를 위해 기도해 줄 것을 부탁하며, 서로 문안인사를 나누고, 이 서신을 모든 형제들에게 전하라고 부탁한 후에, 자신의 통상적인 인사말로 이 서신을 끝맺는다(5장).

이것이 이 서신의 골자이다. 이 서신이 씌어진 장소에 대해서는 우리가 깊이 따져볼 필요가 없지만, 헬라어 사본들의 후기에서는 이 서신이 아덴에서 씌어졌다고 적고 있고, 그로티우스(Grotius) 등은 이 서신이 고린도에서 씌어졌다고 주장한다. 이 서신이 씌어진 시기에 대해서는, 이 서신은 바울이 데살로니가를 떠나고 나서 그리 오래지 않은 때에 씌어졌음이 분명하다. 왜냐하면, 데살로니가 교인들의 당시의 상황은 상당히 불안정하고 급박한 것이었고, 사도는 그런 와중에서 갑자기 어쩔 수 없이 그 곳을 떠나야 했던 까닭에, 그들에 대하여 열렬한 사랑을 품고 있던 사도가 그들에게 서신으로나마 자신의 뜻을 전하는 것을 오랫동안 미루었을 가능성은 희박하기 때문이다. 데살로니가전서와 후서 중에서 어느 쪽이 먼저 씌어졌느냐 하는 문제와 관련해서는, 그로티우스는 원래 데살로니가후서가 먼저 씌어졌는데, 나중에 어떤 사람에 의해서 그 순서가 뒤바뀐 채로 서신들의 명칭이 붙여진 것이라고 주장하지만, 그러한 주장은 근거 없는 무모한 추측에 불과한 것이기 때문에, 반박할 가치조차 없다. 그러나 성경에서는 사도의 다른 서신들을 데살로니가전서보다 순서상으로 앞 쪽에 배치해 놓고 있지만, 사도는 자신이 여러 교회들에 쓴 서신들 중에서 데살로니가전서를 가장 먼저 썼기 때문에, 순서상으로는 이 서신이 성경의 서신서들 중에서 가장 앞에 배치되어야 한다. 사도행전이 잘 보여 주고 있듯이, 데살로니가는 고린도나 로마보다 복음을 더 일찍 접하였고, 다른 어느 도시에서보다도 단기간에 놀라운 성공을 거두었으며, 박해도 더 심하게 받았다. 이런 이유들로 인해서, 사도는 다른 어느 교회보다도 데살로니가 교회에 가장 먼저 서신을 써보냈던 것으로 보인다.

MATTHEW POOLE'S COMMENTARY

데살로니가전서 1장

개요

1. 인사말(1).
2. 사도는 자기가 기도 가운데서 데살로니가 교인들의 믿음과 사랑과 인내를 기억하면서 하나님께 감사한다고 말함(2-4).
3. 그들이 복음을 모범적으로 받아들여서 성장해 가고 있는 것을 칭찬함(5-10).

1. 바울과 실루아노와 디모데는 하나님 아버지와 주 예수 그리스도 안에 있는 데살로니가인의 교회에 편지하노니 은혜와 평강이 너희에게 있을지어다.

바울과 실루아노. 바울은 다른 서신들에서와는 달리 여기에서는 자신을 사도로 소개하고 있지 않은데, 그 이유는 무엇인가? 그것은 데살로니가 교인들의 심령에는 바울이 사도라는 것을 증명해 주는 너무나 분명한 인침이 있어서, 그들은 바울의 사도직을 전혀 의심하지 않았고, 그들 가운데 있던 거짓 사도들도 바울의 사도직을 부정하거나 의문을 제기할 수 없었기 때문이었다. 바울은 자신의 이름과 나란히 "실루아노"라는 이름을 덧붙여 놓는다. 베드로는 "실루아노"를 "내가 신실한 형제로 아는 실루아노"(벧전 5:12)라고 표현하는데, 실루아노는 고린도 교인들 가운데서 바울과 함께 일하였던 복음 사역자였고(고후 1;19), 데살로니가에서도 바울과 함께 사역을 하였다(행 17:4). 그는 사도행전 17:4에서는 "실라"라는 이름으로 나오지만, "실라"는 실루아노의 줄임말이거나, 또 다른 이름이었던 것으로 보인다. 또한, 사도행전 15:22에서는 예루살렘 교회가 "사람들을 택하여 바울과 바나바와 함께 안디옥으로 보내기를 결정하니 곧 형제 중에 인도자인 바사바라 하는 유다와 실라더라"고 말함으로써, 실루아노가 "형제들 중에서 인도자들" 중의 한 사람이었음을 보여 주고, 이어서 32절에서는 "유다와 실라"가 "선지자"였다고 말한다. 나중에, 바울은 마가 대신에 자신의 전도여행을 함께 할 사람으로 "실라"를 선택하였다(행 15:40). 이렇게 해서, 실루아노는 바울과 함께 데살로니가 사람들을 전도하여 회심시키는 데 하나님의 도구로 쓰임을 받아 수고하였고, 그 결과 바울과 더불어서 데살로니가 교인들로부터 사랑과 존경을 받는 자였기 때문에, 바울은 이 서신의 첫머리에 자신의 이름과 실루아노의 이름을 나란히 올려 놓았다.

디모데. 디모데라는 이름은 헬라식 이름이다. 왜냐하면, 그의 아버지는 헬라인이었기 때문이다(행 16:1). 그러나 그의 어머니는 "유대 여자"였고, 이름은 "유니게"였다(딤후 15). 디모데는 어릴 때부터 유대교 가운데서 성장하였고, 부모로부터 구약성경을 배우며 자랐지만, 그리스도에 대한 신앙은 바울로부터 가르침을 받았기 때문에, 바울은 그를 "믿음 안에서 참 아들 된 디모데"(딤전 1:2)라고 부른다. 또한, 사도행전 16:2에서는 디모데를 "형제들에게 칭찬 받는 자"라고 말한다. 바울은 디모데로 하여금 복음 전도자로서의 직무를 수행하도록 하기 위하여, 다른 장로들과 함께 디모데를 안수하였고, 디모데는 그 때에 "하나님의 은사"를 수여받았다(딤후 1:6). 바울은 로마서 16:21에서는 디모데를 "나의 동역자 디모데"라고 부르는데, 사도행전 17:14은 디모데가 실루아노와 더불어서 특히 데살로니가 교인들을 회심시키는 데 바울과 함께 수고하였음을 보여 준다. 바울이 데살로니가의 유대인들로부터 박해를 받아 데살로니가를 떠난 후에도, 디모데는 거기에 계속해서 남아 있었고, 나중에 아덴에서 바울은 데살로니가 교인들의 상태를 알고 그들의 믿음을 견고히 하기 위하여, 디모데를 그들에게 보내기도 하였다(살전 3:1-2). 그래서 바울은 이 서신이 데살로니가 교인들로부터 더 큰 환영과 존중을 받도록 하기 위해서, 이 서신의 첫머리에 자기 이름과 실루아노 다음에 디모데의 이름을 나란히 올려 놓는다. 사도는 고린도후서와 빌립보서, 그리고 골로새서에도 자기 이름과 더불어서 디모데의 이름을 함께 거론한다. 바울이 이렇게 디모데의 이름을 자신의 서신들에서 자주 함께 거론한 이유는, 디모데는 바울의 전도여행에서 데살로니가 교인들이 처음으로 회심할 때에 이방인들 가운데서 바울과 함께 수고한 인물이었고, 여러 교회들에서 유명한 인물이어서, 그의 서신들에 더 큰 신뢰성과 호소력을 더해 줄 수 있었기 때문이었다. 또한, 이것은 사도가 이렇게 실루아노와 디모데의 이름을 자신의 이름과 나란히 올려서, 자기가 여러 교회들에 전한 복음 진리에 그들도 동의하고 있다는 것을 보여 줌으로써, 자기가 전한 복음에 대한 그들의 믿음이 더욱 견고해질 수 있기를 바란 것이기도 하였다.

데살로니가인의 교회에 편지하노니. 데살로니가는 마게도냐 지방에서 가장 큰 대도시로서, 오래된 것으로나 규모가 큰 것으로나 환경이 좋은 것으로나 교역이 발달한 것으로 유명하였는데, "데살로니가인의 교회"는 거기에 세워진 교회였다(살전 4:10, "너희가 온 마게도냐 모든 형제에 대하여 과연 이것을 행하도다"). 데살로니가는 처음에는 데살리아(Thessalia)로 불리다가, 빌립 왕에 의해서 점령된 뒤로는 데살로니가로 불리게 되었다. "빌립보"도 마게도냐 지방에서 또 다른 큰 도시였는데, 거기에도 교회가 세워졌고, 사도는 그 교회에도 서신을 썼다. 이것을 통해서, 우리는 사도행전에서 보도하고 있는 것처럼, 하나님께서 환상 중에서 바울을 불러서 마게도냐로 가게 하셨고, 거기에서 바울을 통해서 큰 역사를 일으키셨음을 확인할 수 있다.

하나님 아버지와 주 예수 그리스도 안에 있는. 여기에서 데살로니가인의 교회가 "하나님 아버지와 주 예수 그리스도 안에 있다"는 것은, 하나님의 아들이 성부 하나님과 동일한 본성과 본질을 지니고 있다는 의미에서 아버지 하나님 안에 있다고 말하는 것과 같지도 않고, 성육신하신 그리스도께서 성부 하나님과 동일한 인격이라는 의미에서 그리스도의 인성이 그리스도의 신성 안에 있다고 말하는 것과 같지도 않으며, 단지 데살로니가전서 1:9에서 그들이 "우상을 버리고 하나님께로 돌아와서 살아 계시고 참되신 하나님을 섬기고" 있다고 말하고 있는 것처럼, 그들이 거짓 신들을 버리고 참되신 하나님을 섬기게 되었다는 것을 의미하거나(사도는 하나님을 거짓 신들과 구별하기 위해서 "하나님 아버지"라고 부른다), 그들이 사도가 전한 복음 안에서 "아버지"로 계시된 하나님을 섬기게 되었다는 것을 의미한다. 사도가 여기에서 하나님을 "아버지"라고 부르는 것은, 플라톤이나 호메로스를 비롯한 이방인들이 그들의 만신전 중에서 최고의 주신을 "아버지"라고 부른 것과는 그 의미가 완전히 다른 것이었다. 왜냐하면, 이방인들은 자신들이 섬기는 최고신이 다른 열등한 신들보다 더 우월하다는 것을 표현하기 위해서 "아버지"라는 호칭을 그 최고신에게 붙이거나, 다른 열등한 신들이 최고신으로부터 탄생했다는 것을 나타내기 위해서 최고신을 "아버지"로 호칭한 것인 반면에, 데살로니가 교인들이 아버지 하나님 안에 있다는 것은 그런 의미가 아니라, 그들이 그리스도를 믿음으로써, 그리스도의 공로를 토대로 해서, 하나님이 그들의 하나님이자 아버지가 되시고, 그들은 그 하나님의 자녀가 되는 언약 관계 속으로 들어갔다는 것을 의미하기 때문이다. 또한, 그것은 그들이 성령으로 말미암아 하나님과 연합되고 교제하게 되었음을 의미하는 것이기도 하다. 왜냐하면, 성령으로 말미암아 성도들은 하나님 안에 거하게 되고, 하나님은 그들 안에 거하시게 되기 때문이다(요일 2:27-18). 그래서 요한일서 5:20에서는 "또 아는 것은 하나님의 아들이 이르러 우리에게 지각을 주사 우리로 참된 자를 알게 하신 것과 또한 우리가 참된 자 곧 그의 아들 예수 그리스도 안에 있는 것이니 그는 참 하나님이시요 영생이시라"고 말한다.

사도는 "하나님 아버지"와 "주 예수 그리스도"를 나란히 함께 언급하는데, 이것은 "예수 그리스도"로 말미암지 않고는, 하나님 아버지께로 나아갈 수도 없고, 하나님 아버지를 참되게 예배할 수도 없으며, 하나님 아버지와의 그 어떤 연합이나 교제도 불가능하고, 따라서 하나님 아버지 안에 있는 것도 있을 수 없기 때문이다. 데살로니가 교인들은 전에는 하나님 아버지와 예수 그리스도에 대하여 외인들이었지만, 지금은 복음으로 말미암아 하나님 아버지와 예수 그리스도 안에 있는 복된 상태에 이르게 되었는데, 그들이 그렇게 된 것은 하나님 아버지와 주 예수 그리스도의 덕분이었다. 사도는 데살로니가 교인들이 하나님 아버지 안에 있다는 것을 먼저 말하고 있지만, 사실 우리는 먼저 그리스도 안에 있고, 그런 후에 그리스도로 말미암아 하나님 아버지 안에 있게 되는 것이라고 말하는 것이 자연스러운 순서이다. 사도가 그냥 "데살로니가인의 교회"라고 말하지 않고, 그 앞에 "하나님 아버지와 주 예수 그리스도 안에 있는"이라는 수식어를 붙인 이유는, 복음이 그들에게 말씀으로만이 아니라 능력으로 임하였다는 것을 보여 주기 위한 것이다. 사도는 이런 식으로 그리스도의 참된 교회의 성격, 즉 그리스도의 교회가 어떤 존재인지, 또는 적어도 어떤 존재가 되어야 하는지를 데살로니가 교인들에게 알려 준다. 왜냐하면, 그들의 교회가 하나님 아버지와 주 예수 그리스도 안에 있다는 것은 단순한 문자적인 지식이나 교리적인 믿음이나 외적인 신앙 고백 이상의 것을 의미하기 때문이다.

은혜와 평강이 너희에게 있을지어다. 사도는 데살로니가후서 3:17에서 "나 바울은 친필로 문안하노니 이는 편지마다 표시로서 이렇게 쓰노라"고 말하고 있듯이, 자신의 이러한 인사를 사도로서의 자신을 표시하는 인사라고 말한다. 고린도전서 1:3; 고린도후서 1:2 등을 보라. 구약 시대에 유대인들의 통상적인 인사말은 "평강이 너희에게 있을지어다"였지만, 신약 시대에는 "은혜와 평강이 너희에게 있을지어다"가 되었다. 여기에서 "평강"은 모든 복과 그러한 복들이 흘러나오는 원천인 은혜 또는 은총을 포괄적으로 지칭하는 표현이다. 디도서 2:11-13에서는 "모든 사람에게 구원을 주시는 하나님의 은혜가 나타나 우리를 양육하시되 경건하지 않은 것과 이 세상 정욕을 다 버리고 신중함과 의로움과 경건함으로 이 세상에 살고 복스러운 소망과 우리의 크신 하나님 구주 예수 그리스도의 영광이 나타나심을 기다리게 하셨으니"라고 말하고, 에베소서 1:3에서는 "하나님 곧 우리 주 예수 그리스도의 아버지께서 그리스도 안에서 하늘에 속한 모든 신령한 복"을 하나님의 교회에 주셨다고 말한다. 그래서 사도 바울은 여기에서 교회들에게 "은혜와 평강이 있을지어다"라고 인사하고, 사도 베드로는 "은혜와 평강이 너희에게 더욱 많을지어다"(벧후 1:2) 라고 인사하며, 유다서 1:2에서는 "긍휼과 평강과 사랑이 너희에게 더욱 많을지어다"라고 인사한다. 또는, "은혜"는 종종 하나님께서 주셔서 우리 안에 있게 된 어떤 속성을 가리키는 경우도 있기 때문에, 우리는 여기에 언급된 "은혜"를 그런 의미로 이해하고, "평강"을 우리 마음과 양심의 내적인 평안함을 의미하는 것으로 이해하고서, 이 구절을 해석할 수도 있다. 하지만 사도는 여기에서 교회 밖의 불신자들에게가 아니라, "너희에게," 즉 "하나님 아버지와 예수 그리스도 안에 있는" 너희에게 "은혜와 평강이 있을지어다"라고 말하고 있기 때문에, 우리는 이 구절을 전자의 의미로 이해하는 편이 좋을 것이다.

어떤 사본들에는 "하나님 우리 아버지와 주 예수 그리스도로부터"라는 어구가 덧붙여 있다. 즉, 은혜와 평강은 "하나님으로부터," 그것도 우리와는 직접적으로 상관없는 절대적인 존재로서의 하나님으로부터가 아니라 "우리 아버지"가 되시는 그런 "하나님으로부터" 온다는 것이다. 사도는 여기에서 하나님을 자신의 자녀들에게 은혜와 평강의 복을 베풀어 주시는 "아버지"로 묘사한다. 하지만 하나님께서는 우리에게 직접 은혜와 평강의 복을 주시는 것이 아니라, "예수 그리스도로 말미암아," 즉 그리스도의 피의 공로를 근거로 하고 그리스도의 중보기도를 통해서 우리에게 그런 복을 주신다. 사도는 성령을 언급하고 있지 않지만, 성령께서 이 일에 관여하고 계심은 두말할 필요가 없다. 따라서 성령은 이러한 복들의 원천이시라기보다는 이러한 복들을 실제로 우리에게 전달해 주시는 분으로 암묵적으로 전제되어 있다. 이렇게 삼위일체 하나님은 창조 사역에서와 마찬가지로 구속 사역에 있어서도 동일한 질서 속에서 함께 관여하고 계시지만, 창조 사역에서보다는 구속 사역에서 그 역할이 좀 더 분명하게 구별된다.

2. 우리가 너희 모두로 말미암아 항상 하나님께 감사하며 기도할 때에 너희를 기억함은.

우리가 너희 모두로 말미암아 항상 하나님께 감사하며. 사도는 인사말을 전한 후에, 자기가 그들로 인하여 하나님께 감사하고, 그들을 위하여 기도하고 있다는 말을 덧붙인다. 사도는 자신의 사역이 데살로니가 교인들 속에서 큰 성공을 거두고 많은 열매를 맺음으로써, 거기에서 자신의 사도직이 진짜라는 것을 너무나 분명하게 보여 주는 하나님의 인치심을 보았고, 그들의 모범적인 신앙이 복음 전파에 크게 유익을 끼치고 있는 것을 보았기 때문에, 하나님께 감사를 드린다. 그리고 사도는 복음이 그렇게 큰 성공을 거두게 된 것은 자신의 사역과 수고 덕분이라기보다는 하나님이 복을 주신 덕분이었기 때문에, 하나님을 향하여 감사를 드린다. 또한, 사도는 "항상" 감사하고 있다고 말함으로써, 자기가 늘 감사하다는 말을 입 밖으로 내어 표현하는 것은 아닐지라도, 마음속으로는 끊임없이 감사하는 마음을 품고 있다는 것을 보여 준다.

"너희 모두로 말미암아." 사도는 데살로니가전서 3:6-7에서 "지금은 디모데가 너희에게로부터 와서 너희 믿음과 사랑의 기쁜 소식을 우리에게 전하고 또 너희가 항상 우리를 잘 생각하여 우리가 너희를 간절히 보고자 함과 같이 너희도 우리를 간절히 보고자 한다 하니 이러므로 형제들아 우리가 모든 궁핍과 환난 가운데서 너희 믿음으로 말미암아 너희에게 위로를 받았노라"고 말한 것처럼, 자신의 지시로 데살로니가 교회로 갔다가 그 곳의 사정을 살펴본 후에 다시 돌아온 디모데로부터, 데살로니가 교인들에 대해서 좋은 소식들만을 들었기 때문에, 여기에서 "너희 모두로 말미암아" 하나님께 감사하고 있다고 말한다. 실제로 우리는 데살로니가후서에서와는 달리 전서에서는 그들 중의 어느 한 사람이라도 책망하는 말을 전혀 찾아볼 수 없다.

기도할 때에 너희를 기억함은. 사도는 자기가 그들을 기억하고서 기도하고 있다는 말을 덧붙이는데, 어떤 이들은 '므네이안 휘몬 포이우메노이' (μνείαν ὑμῶν ποιούμενοι, "너희를 기억함은")가 사도가 그들의 이름을 부르며 기도하였다는 것을 나타낸다고 본다. 특히 복음 사역자들과 그들의 사역에서, 기도와 감사가 둘 중 하나라도 빠져서는 안 되고, 이 둘이 늘 함께 있어야 한다. 로마서 1:8; 빌립보서 1:3 등은 사도가 다른 교회들에 대해서도 그렇게 하였다는 것을 보여 준다.

3. 너희의 믿음의 역사와 사랑의 수고와 우리 주 예수 그리스도에 대한 소망의 인내를 우리 하나님 아버지 앞에서 끊임없이 기억함이니.

끊임없이 기억함이니. 사도가 그들을 인하여 하나님께 항상 감사할 수 있었던 것은 하나님께서 그들 가운데서 풍성한 은혜와 강력한 능력으로 역사하신 일을 늘 기억하고 있었기 때문이었다. 그렇다고 해서, 이것은 사도가 그 일을 실제로 늘 기억하고 있었다는 것이 아니라, 그 일에 대한 기억이 늘 그의 마음속에 자리 잡고 있었고, 그 기억이 특히 그가 하나님 앞으로 나아가서 기도할 때에 실제로 그의 생각 속으로 올라와서, 그들을 인하여 감사기도를 할 수 있었다는 것이다. 실제로, 이것이 '아디아레잎토스' (ἀδιαλείπτως, "끊임없이")라는 헬라어의 의미이다. 사도는 전에 그들과 함께 있는 동안에 그들에게서 그러한 모습을 보았고, 이제 그들과 떨어져 있으면서 그 일을 "끊임없이" 기억하였으며, 그런 기억이 그의 마음을 휘저을 때마다, 그의 내면으로부터는 하나님께 감사하는 기도가 터져나왔다. 즉, 데살로니가 교인들과 관련된 그런 일은 사도의 마음과 생각 속에 좋은 기억으로 간직되어 있었고, 그것이 그의 기도와 감사의 제목이 되었다.

너희의 믿음의 역사. 이것은 헬라어 본문에는 "너희의"가 "역사"를 꾸미는 것으로 되어 있어서, "믿음으로 말미암아 너희가 행한 일"이라는 의미를 지닌다. 이것을 통해서, 사도는 그들의 믿음이 참되고 진정한 것임을 암시한다. 즉, 데살로니가 교인들의 믿음은 "거짓이 없는 믿음"(딤후 1:5), "하나님이 택하신 자들의 믿음"(딛 1:1)으로서, 야고보서 2:26에서 말한 "죽은 믿음"과는 구별되는 것이었다. 그들은 "많은 환난 가운데서 성령의 기쁨으로 말씀을 받아 우리와 주를 본받은 자가 되었고"(6절), "우상을 버리고 하나님께로 돌아와서 살아 계시고 참되신 하나님을 섬기게" 되었으며(9절), 하나님께서 "죽은 자들 가운데서 다시 살리신 그의 아들이 하늘로부터 강림하실 것을 기다리고" 있었는데(10절), 이것이 데살로니가 교인들의 "믿음의 역사"였다.

사랑의 수고. 여기에서 "수고"로 번역된 헬라어는 힘이 다하여 지칠 때까지 수고하는 것을 의미하기 때문에, "사랑의 수고"는 기진맥진할 때까지 사랑을 베푸는 것을 뜻한다. 참된 믿음에는 "역사"가 따르고, 사랑에는 "수고"가 따른다. 믿음이 사랑으로 역사할 때, 힘이 다할 때까지 일하게 된다. 이 말을 통해서, 사도는 데살로니가 교인들의 믿음은 물론이고 사랑까지도 다 진실된 것임을 분명하게 선언한다. 그들의 사랑은 거짓이 없는 참된 사랑으로서 열렬히 타오르는 사랑이었기 때문에, 그 사랑으로 인한 수고가 그들이 지금 섬기는 참 하나님과 그들이 지금 믿고 있는 예수 그리스도만이 아니라, 이제 그들의 형제가 된 성도들에게까지 미쳤다. 그래서 사도는 데살로니가전서 4:9-10에서 "형제 사랑에 관하여는 너희에게 쓸 것이 없음은 너희들 자신이 하나님의 가르치심을 받아 서로 사랑함이라 너희가 온 마게도냐 모든 형제에 대하여 과연 이것을 행하도다"라고 말할 수 있었다. 그리고 그들의 이러한 사랑은 사도 바울에게도 미쳐서, 그들이 사도에게 보여 준 많은 일들 속에서 나타났고, 그 중에서도 그들 중 몇몇 사람들이 그가 박해를 피해서 데살로니가에서 아덴으로 갈 때에 힘든 여정임에도 불구하고 그를 동행해 준 것에서 더욱 분명하게 드러났다(행 17:15).

소망의 인내. 사도는 앞에서 데살로니가 교인들의 "믿음"과 "사랑"에 대하여 말한 후에, 이제 여기에서는 그들의 "소망"에 대하여 말한다. 이 세 가지는 하나님의 주된 세 가지 은혜, 또는 신학적으로 중추가 되는 은혜라 불리는데, 사도는 고린도전서 13:13에서 이 세 가지를 모두 한 자리에서 언급하면서, "믿음, 소망, 사랑, 이 세 가지는 항상 있을 것인데 그 중의 제일은 사랑이라"고 말한다. 우리 믿는 자들은 이 땅에서 이 세 가지를 통해서 하나님과 교제하게 된다. 믿음에는 "역사"가 따르고, 사랑에는 "수고"가 따르는 것과 마찬가지로, 소망에는 그 열매로서 "인내"가 따른다. 인내에는 선한 것을 기대하고 바라보는 것과 관련된 인내가 있고, 믿는 자들에게 반드시 찾아오는 여러 고난들이나 환난들과 관련된 인내가 있는데, 이 두 가지 인내는 모두 소망에 의해서 생겨난다. 마음을 느긋하게 가지고서 우리가 원하는 어떤 선한 것을 기대하고 기다리는 것을 가리키는 전자의 인내는 '마크로튀미아'(μακροθυμία)라고 하는 것이 더 적절하고, 여기에서 사용된 '휘포모네'(ὑπομονή)는 현재의 고난이나 환난을 참고 견뎌내는 것을 가리키는 후자의 인내를 의미한다. 전자의 인내는 데살로니가전서 1:10에 언급되어 있는데, 거기에서 사도는 그들이 "그의 아들이 하늘로부터 강림하실 것을 … 기다리고" 있다고 말한다. 후자의 인내는 데살로니가전서 2:14에 언급되어 있는데, 거기에서 사도는 "형제들아 너희가 그리스도 예수 안에서 유대에 있는 하나님의 교회들을 본받은 자 되었으니 그들이 유대인들에게 고난을 받음과 같이 너희도 너희 동족에게서 동일한 고난을 받았느니라"고 말한다. 이것에 대해서 사도는 하나님께 감사하면서, 데살로니가후서 1:4에서 "너희가 견디고 있는 모든 박해와 환난 중에서 너희 인내와 믿음으로 말미암아 하나님의 여러 교회에서 우리가 친히 자랑하노라"고 말한다. 소망은 장차 믿는 자들에게 주어질 지극히 복된 것을 기대하면서 그 때까지 기다리는 전자의 인내를 낳음과 동시에, 현재 믿는 자들에게 닥친 고난과 환난이 언제까지나 계속되지는 않을 것임을 알고 참고 견디는 후자의 인내를 낳는다. 이 두 가지를 생각하면, 믿는 자들의 마음은 그 어떤 상황 속에서도 차분하고 평안할 수 있게 되는데, 이것이 "소망의 인내"이다.

우리 주 예수 그리스도에 대한. 이 어구는 직역하면 "우리 주 예수 그리스도의"가 된다. 이렇게 번역하는 경우에는, "우리 주 예수 그리스도"는 데살로니가 교인들이 지닌 소망은 물론이고 그들의 믿음과 그 역사, 그리고 그들의 사랑과 그 수고의 원인이자 원천이 된다. 또는, 이 어구는 흠정역처럼 "우리 주 예수 그리스도 안에서"

로 번역되는데, 이렇게 번역하는 경우에는, 예수 그리스도는 데살로니가 교인들이 지닌 소망의 대상이 된다(고전 15:19; 딤전 1:1, "우리 구주 하나님과 우리의 소망이신 그리스도 예수"). 이것을 통해서, 그리스도인들의 소망은 다른 모든 소망과 구별된다. 모든 소망은 인내를 낳는다. 농부는 이른 비와 늦은 비가 올 것이라고 기대하는 소망이 있기 때문에, 인내로써 그 비를 기다릴 수 있다. 그래서 야고보서 5:7에서는 "형제들아 주께서 강림하시기까지 길이 참으라 보라 농부가 땅에서 나는 귀한 열매를 바라고 길이 참아 이른 비와 늦은 비를 기다리나니"라고 권면한다. 상인은 이득이 돌아올 것을 기대하는 소망이 있기 때문에, 그리고 상속자는 유업을 물려 받게 될 것이라는 소망이 있기 때문에, 인내할 수 있다. 다른 소망들은 이 비천한 눈에 보이는 세상의 것들에 두어져 있는 반면에, 그리스도인들의 소망은 그리스도께 고정되어 있다. 이 그리스도인들의 소망에 대해서, 히브리서 6:19-20에서는 "우리가 이 소망을 가지고 있는 것은 영혼의 닻 같아서 튼튼하고 견고하여 휘장 안에 들어가나니 그리로 앞서 가신 예수께서 멜기세덱의 반차를 따라 영원히 대제사장이 되어 우리를 위하여 들어 가셨느니라"고 말한다. 또한, 믿음과 사랑도 둘 다 그리스도를 그 대상으로 삼지만 현재적인 것인 반면에, 그리스도 안에서의 소망의 인내는 장차 그리스도께서 나타나실 것과 그 때에 그들이 구원 받게 될 것을 중심으로 한 장래의 일에 관한 것이다. 그래서 사도는 로마서 8:24-25에서 "우리가 소망으로 구원을 얻었으매 보이는 소망이 소망이 아니니 보는 것을 누가 바라리요 만일 우리가 보지 못하는 것을 바라면 참음으로 기다릴지니라"고 말한다.

우리 하나님 아버지 앞에서. 이 어구는 아람어 역본이나 아랍어 역본에는 없다. 이 어구는 사도가 하나님 앞에 나아가서 기도할 때, 하나님께서 데살로니가 교인들 가운데서 베푸신 은혜를 기억하고 감사하고, 그들을 위하여 기도하는 것과 관련된 것일 수 있다. 왜냐하면, 우리는 예배하거나 기도할 때에 하나님 앞에 나아가서, 우리 자신을 하나님께 보이고, 하나님께서 이전에 베풀어 주신 은혜들을 기억하고서, 그 은혜들을 하나님 앞에 고하며 감사하기 때문이다. 또는, 이 어구는 하나님께서 데살로니가 교인들의 믿음의 역사와 사랑의 수고와 소망의 인내를 다 알고 계시고 보고 계신다는 것을 의미하는 것일 수 있다. 즉, 하나님께서는 데살로니가 교인들이 그렇게 행하고 있는 모든 것을 기쁜 마음으로 다 보고 계신다는 것이다. 또는, 마지막으로 이 어구는 데살로니가 교인들이 그들의 믿음과 사랑과 소망 가운데서 행하는 모든 일들을 진실한 마음으로 행하고 있음을 의미하는 것일 수 있다. 즉, 그들은 이 모든 일들을 하나님 앞에서 행하는 것처럼 행해 왔다는 것이다. 실제로, 사도는 고린도후서 2:17에서 자신이 진실하게 말씀을 전하고 사역을 행해 왔다는 사실을, "우리는 … 순전함으로 하나님께 받은 것 같이 하나님 앞에서와 그리스도 안에서 말하노라"고 표현한다. 따라서 사도는 자기가 이렇게 데살로니가 교인들이 은혜 가운데서 행해 온 것을 이렇게 말한 것은, 이방인 웅변가들처럼 그들에게 대단한 찬사를 돌려서 사람들의 칭송을 받게 하기 위한 것이 아니라, 오직 하나님께 영광을 돌리고 하나님께서 찬송을 받으시게 하기 위한 것임을 이 어구를 통해서 밝힌 것이라고 할 수 있다.

4. 하나님의 사랑하심을 받은 형제들아 너희를 택하심을 아노라.

사도가 데살로니가 교인들을 인하여 하나님께 감사하는 또 한 가지 이유가 여기에 나온다. 사도는 그들이 어떻게 복음을 받아들였는가 하는 것과 거기에서 하나님의 성령의 은혜들이 분명하게 역사한 것을 보고서, 그들이 하나님의 택함 받은 자들이라는 것을 알았다. 어떤 사람이 하나님의 택하심을 받은 사람인가 하는 것은 하나님의 비밀한 작정하심에 속한 일이기 때문에, 우리는 그 자체를 알 수는 없다. 하지만 그 사람이 택하심을 받았을 때에는 거기에 따른 분명한 열매들과 결과들이 나타날 수밖에 없기 때문에, 우리는 그 열매를 보고서 그것을 알 수 있다. 원인을 보고서 결과를 추론하는 것은 선험적인 지식에 속하고, 결과를 보고서 원인을 추론하는 것은 귀납적 지식에 속하는데, 이 경우는 후자에 해당한다. 이렇게 사도는 데살로니가 교인들이 하나님의 택하심을 받았다는 것을 알게 되었다. 사도는 그것을 소망하거나 추정한 것이 아니라, 분명하게 알았다. 사도는 그것을 특별한 계시를 통해서가 아니라, 외적으로 분명히 드러난 증표들을 통해서 알았다. 사도가 그것을 알았다면, 데살로니가 교인들 자신도 그것을 알고 있었을 것이다. 따라서 우리는 "너희를 택하심을 아노라"는 구절을 이렇게 읽을 수 있다: "너희는 하나님께서 너희를 택하셨다는 것을 알고 있다." "택하심"은 많은 사람들 중에서 일부를 선택하는 것을 의미한다. 모든 사람을 다 선택하는 것을 "택하심"이라고 할 수는 없다. 어떤 이들은 특정한 사람들에 대한 영원한 택하심을 부정하고, 하나님께서 회심한 자들을 그렇지 않은 다른 사람들로부터 일시적으로 구별한 것일 뿐이라고 생각하지만, 그러한 구별은 하나님이 영원 전부터 결정해 놓으신 뜻을 따라 이루어진 일이 아니던가? 그래서 사도는 에베소서 1:11에서 "모든 일을 그의 뜻의 결정대로 일하시는 이의 계획을 따라 우리가 예정을 입어 그 안에서 기업이 되었으니"라고 말한다. 또는, 그들은 특정한 사람들에 대한 영원한 택하심을 인정하면서도, 거기에 조건을 붙여서 인정한다. 즉, 하나님께서는 그 사람들이 끝까지 믿음을 지킨다는 조건을 붙여서 영원히 택하신 것이라고 주장한다. 그러나 사도는 여기에서 데살로니가 교인들이 끝까지 믿음을 지킬 것이라는 전제 아래에서, 그들이 하나님의 택하심을 입은 자들이라고 말하고 있는 것이 결코 아니고, 그들은 영원까지 택하심을 받은 자들이 된 것이라고 단언하고 있는 것이다.

5-6. [5]이는 우리 복음이 너희에게 말로만 이른 것이 아니라 또한 능력과 성령과 큰 확신으로 된 것임이라 우리가 너희 가운데서 너희를 위하여 어떤 사람이 된 것은 너희가 아는 바와 같으니라 [6]또 너희는 많은 환난 가운데서 성령의 기쁨으로 말씀을 받아 우리와 주를 본받은 자가 되었으니.

이는 우리 복음이 너희에게 말로만 이른 것이 아니라 또한 능력과 성령과 큰 확신으로 된 것임이라. 사도는 앞에서 데살로니가 교인들이 하나님의 택하심을 받은 것을 자기가 안다고 말했는데, 이제 여기에서는 그 이유를 제시한다. 즉, 복음이 그들에게 이르렀을 때, 그들 가운데서 "능력과 성령과 큰 확신"의 역사가 일어났다는 것이 그 증거라고 말한다. 사도는 자기를 비롯한 여러 복음 사역자들이 함께 그들에게 복음을 전하였기 때문에, "우리의 복음"이라고 말한다. 또는, 복음이 그들에게 맡겨졌다는 의미에서 그렇게 말한 것일 수도 있다. 사도가 "우리 복음이 너희에게 말로만 이른 것이 아니라 또한 능력으로 된 것"이라고 말한 것은, 사도를 비롯한 복음전도자들이 데살로니가 교인들에게 복음을 전하였을 때, 하나님께서 여러 이적들을 통해서 복음이 참되다는 것을 확증하셨고, 복음을 듣는 자들의 마음에 강력하게 역사하셨다는 의미이다. 거짓 교사들의 사역과는 달리, 사도 일행이 복음을 전할 때에는 거기에 하나님의 능력이 함께 하였고, 그렇기 때문에 사도는 고린도전서 4:19-20에서 "주께서 허락하시면 내가 너희에게 속히 나아가서 교만한 자들의 말이 아니라 오직 그 능력을 알아보겠으니 하나님의 나라는 말에 있지 아니하고 오직 능력에 있음이라"고 말할 수 있었다.

사도가 "성령으로 된 것"이라고 말한 것은, 자신들이 전하는 복음을 들었을 때, 데살로니가 교인들이 성령의 은사들을 받았다는 의미이거나, 성령이 강하게 역사하시는 것을 마음속에 느꼈다는 의미이다. 그래서 데살로니가 교인들은 자신들에게 임한 성령의 능력을 보고서, 사도를 비롯한 복음전도자들이 사람의 힘으로나 단지 말로만 그런 일을 하고 있는 것이 아님을 알았고, 그래서 아무런 의심 없이 "큰 확신으로" 복음의 진리에 온전히 동의하게 되었다는 것이다. 또는, 여기에서 "큰 확신"은 사도 일행이 큰 확신으로 데살로니가 교인들에게 복음을 전하였다는 의미일 수도 있다. "큰 확신"이라는 표현 속에는, 바다로 나간 배가 역풍을 만나서 원래의 항로를 이탈하는 것이 조금도 없이 온전히 순풍을 만나서 아주 쾌적하고 기분좋게 바다 위를 달린다는 뉘앙스가 담겨 있다. 즉, 사도는 데살로니가 교인들이 큰 확신으로 마음의 온갖 반대들과 의구심들과 주저함들 같은 파도들을 다 헤치고 순풍에 돛 단 배처럼 순조롭게 믿음을 지니게 되었다고 말하고 있는 것이다. 왜냐하면, 사람들의 마음에서 의심들이 일어나게 되면, 그 의심들은 하나님의 말씀이 사람들의 마음에 미치는 힘을 상당히 약화시키기 때문이다. 물론, 그들의 이러한 큰 확신은 성령으로부터 온 것이었다.

우리가 너희 가운데서 너희를 위하여 어떤 사람이 된 것은 너희가 아는 바와 같으니라. 우리는 너희 가운데서 보통 사람들처럼 처신한 것이 아니라, 복음을 전하는 열심과 수고를 다하였고, 우리가 전한 복음을 위하여 고난을 참고 인내하였으며, 거룩한 행실을 보였고, 우리 자신을 부인하고 너희에 대한 큰 사랑과 자애로움을 가지고서 너희 가운데서 우리의 손으로 수고함으로써, 너희로 하여금 우리가 하나님이 보내신 자들이고, 우리의 사역이 하늘로부터 온 것이며, 우리가 원하는 것은 너희의 가진 것이 아니라 오직 너희 자신이라는 것을 알게 하여, 너희가 우리가 전한 복음을 큰 확신으로 받아들이는 데 우리가 보탬이 되었으면 되었지 방해가 되지 않게 하려고 애썼다. 그리고 우리가 그렇게 한 이유는 오직 한 가지, 즉 너희로 하여금 구원을 얻게 하기 위한 것이었다. 사도는 데살로니가 교인들에게 이 모든 것이 거짓이 아니라 참이라는 것을 그들이 더 잘 알고 있지 않느냐고 말한다. 데살로니가 교인들은 사도 일행이 그들 가운데서 복음을 전하며 사역하였을 때, 하나님께서 강력하게 임재하시고 역사하신 것을 인정하지 않을 수 없었는데, 사도는 그 모든 것이 그들을 위한 것이었다고 말한다.

또 너희는 … 우리와 주를 본받은 자가 되었으니. 너희는 하나님의 능력으로 너희에게 이른 우리 복음을 너희 마음속에 받아들여서, 너희의 행실 가운데서 그것을 나타내 보여서, 우리를 본받아 너희 자신을 부인하고 거룩하게 행하는 가운데 너희에게 닥친 고난들을 기쁜 마음으로 인내로써 잘 감당하는 자들이 되었다. 너희는 전에는 세상의 풍속을 따라 행하는 자들이었고, 이교도들의 종교와 행실을 따르는 자들이었지만, 우리가 너희에게 가르친 복음의 교훈을 너희의 눈 앞에서 직접 실천하자, 너희도 그런 우리를 본받아 우리와 똑같이 복음의 교훈을 실천하는 모습을 보여 주었다. 이렇게 복음 사역자들은 단지 말로만이 아니라 모범적인 실천으로 사람들을 가르치는 것이 마땅하다. 사도는 여기에서 그들이 "우리"만이 아니라 "주"를 본받는 자가 되었다고 말하는데, 그 이유는 사도는 그리스도의 모범을 본받아 왔고, 그들은 그런 사도를 본받았기 때문이었다. 그렇게 해서, 그들은 그리스도를 자신들의 구주로 믿게 되었고, 자신들의 주이자 선생이신 그리스도의 명령들과 모범들을 본받게 되었다. 그래서 사도는 고린도 교인들에게 "내가 그리스도를 본받는 자가 된 것 같이 너희는 나를 본받는 자가 되라"(고전 11:1)고 권면한다.

많은 환난 가운데서 … 말씀을 받아. 하나님의 말씀을 받았을 때에 많은 환난과 박해를 겪을 수밖에 없는 상황이었지만, 너희는 그런 상황에서도 말씀을 받았다. 너희는 말씀을 너희의 머리로 받아서 지식적으로만 알게 되었던 것도 아니고, 너희의 마음속으로 받아서 실제로 믿었을 뿐만 아니라, 실제로 말씀대로 행하는 자들이 되었다. 성경에서 "말씀을 받았다"는 것은 이 모든 것을 포괄적으로 가리키는 표현이다. 성령의 기쁨으로. 말씀을 받은 너희에게는 환난들이 뒤따랐지만, 그 환난들은 너희로 낙심하게 만들거나 위축되게 만들지 못하였고, 도리어 너희의 마음속에는 성령으로 인한 기쁨이 있었다. 성령께서는 통상적으로 고난 가운데 있는 성도들에게 가장 큰 기쁨을 주시는데, 이것은 사도가 앞에서 말했듯이, 복음이 그들에게 말로만이 아니라 성령으로 이른 것을 보여 주는 한 예였다. 복음의 기쁜 소식은 복음으로 인하여 그들이 겪게 된 모든 환난들보다 더 큰 위로를 그들에게 가져다주었기 때문에, 그들은 낙심하지 않고 도리어 기뻐할 수 있었다.

7. 그러므로 너희가 마게도냐와 아가야에 있는 모든 믿는 자의 본이 되었느니라.

너희가 우리와 주를 본받는 자들이 되었던 것과 마찬가지로, 이제 너희도 마게도냐와 아가야의 모든 믿는 자들에게 큰 영향을 끼치는 아주 훌륭한 "본"이 되었다. 너희의 모범은 데살로니가의 지경을 넘어 온 마게도냐에 있는 믿는 자들에게 미쳤고, 더 나아가 온 아가야에 있는 믿는 자들에게까지 미쳤다. 사도행전 16장이 보여 주듯이, 마게도냐의 빌립보 사람들은 너희보다 먼저 복음을 받았지만, 너희의 믿음은 그들을 넘어섰고, 믿음과 인내에 있어서 그들의 "본"이 되었다.

8. 주의 말씀이 너희에게로부터 마게도냐와 아가야에만 들릴 뿐 아니라 하나님을 향하는 너희 믿음의 소문이 각처에 퍼졌으므로 우리는 아무 말도 할 것이 없노라.

어떻게 데살로니가 교인들은 자신들과는 전혀 교류가 없는 아주 먼 지역의 믿는 자들에게까지 믿음의 "본"이 될 수 있었는가? 사도는 여기에서 그러한 의문을 풀어 준다. 그것은 "소문"을 통해서였다. 데살로니가 같은 유명한 곳들에서 행해진 특별하거나 훌륭한 일들에 대한 소식이나 소문은 상인들이나 여행자들이나 서신들을 통해서 쉽게 멀리까지 퍼져나갔다. 사도는 여기에서 데살로니가 교인들의 믿음에 관한 소문을 메아리에 비유해서, 원래 어떤 소리가 메아리를 통해서 저 멀리까지 퍼져나가서 사람들의 귀에 들리게 된 것을 가리키는 단어를 사용한다. 그들로부터 나가서 메아리처럼 곳곳에 울려퍼지게 된 것은 "주의 말씀"이었다. 이 말씀은 전도자들의 목소리를 통해서 퍼져나가고(고전 14:8-9; 갈 6:6), 듣는 자들의 행실에 의해서 퍼져나간다. 이렇게 주의 말씀이 지닌 강력한 능력과 힘은 "마게도냐와 아가야"만이 아니라 "각처에" 알려지게 되었다. 물론, 여기에서 "각처에"는 엄밀하게 말해서 세상의 모든 곳을 의미하는 것은 아니고, 세상의 여기저기에 복음이 알려지게 되었음을 의미한다. 로마서 10:18에서 사도들의 사역에 대해서 바울이 "내가 말하노니 그들이 듣지 아니하였느냐 그렇지 아니하니 그 소리가 온 땅에 퍼졌고 그 말씀이 땅 끝까지 이르렀도다 하였느니라"고 말한 것처럼, 복음에 관한 "소문"은 복음전도자가 직접 발을 밟은 곳보다 더 멀리 퍼져나가는 법이기 때문에, 데살로니가 사람들이 복음을 듣고 받아들였다는 소문도 원근 사방으로 퍼져나갔다.

그리고 "주의 말씀"만이 아니라 "하나님을 향하는 너희 믿음"의 소문도 퍼져나갔다(ἐξελήλυθεν - '엑셀렐뤼텐'): 너희의 믿음이 아주 대단하였기 때문에, 인근원방의 많은 사람들의 입에 회자되었다. 우리가 데살로니가에 처음으로 들어가자마자, 너희는 아주 빨리 복음을 받아들이고 믿었다(살전 1:9). 우리가 너희에게 가기 얼마 전에 빌립보에서 복음을 전하였을 때에는, 거기 사람들이 듣고 일어나서 우리와 우리가 전한 복음을 모욕하고 박해하였는데, 너희는 우리가 복음을 전하자마자 즉시 믿었고, 내가 이미 앞에서 말했고, 이 서신에서 나중에 또 말하겠지만, 믿음의 놀라운 열매들을 맺어서, 너희의 믿음이 참되다는 것을 보여 주었다. 그리고 그것은 사람들을 의지하는 믿음이 아니라 "하나님을 향한" 믿음이었다. 우리가 너희에게 그리스도 예수를 전하였을 때, 너희는 그리스도 예수를 단순한 사람으로 믿은 것이 아니라, 하나님의 아들로 믿고서, 그리스도로 말미암아 참되신 하나님을 섬기는 자들이 되어서, 모범적인 신앙으로 하나님을 믿는 자들이 되었다.

"우리는 아무 말도 할 것이 없노라." 사도는 우리가 전한 복음에 대해서, 또는 데살로니가 교인들이 복음을 받은 것과 관련해서 더 이상 아무런 할 말이 없다고 말한다. 그들은 사도가 전한 복음을 받아들여서 너무나 훌륭하게 모범적으로 행해 나가고 있었고, 그것으로 인해서 그들의 모범적인 신앙과 복음의 말씀이 널리 퍼져나갔기 때문에, 사도는 더 이상 어떤 말도 할 필요가 없었다. 만일 데살로니가 교인들의 모범적인 신앙에 관한 소문이 이미 널리 퍼진 상황이 아니었다면, 사도는 복음 전파에 도움이 되게 하고 다른 믿는 자들로 하여금 본받게 하기 위하여, 그들에 관한 얘기를 널리 퍼뜨릴 필요가 있다고 생각했을 것이지만, 이제는 굳이 그럴 필요가 없었다. 이렇게 믿는 자들의 선한 모범들은 복음 사역자들이 복음을 전하는 데 들이는 수고를 덜어 주는 역할을 한다.

9. 그들이 우리에 대하여 스스로 말하기를 우리가 어떻게 너희 가운데에 들어갔는지와 너희가 어떻게 우상을 버리고 하나님께로 돌아와서 살아 계시고 참되신 하나님을 섬기는지와.

그들이 우리에 대하여 스스로 말하기를 우리가 어떻게 너희 가운데에 들어갔는지. 마게도냐와 아가야의 믿는 자들은 직접 자신들의 입으로 이러한 일들을 공개적으로 "스스로 말하고 있다"(*ἀπαγγέλλουσιν* - '아팡겔루신'). 우리가 그들에게 가서 얘기를 들려 준 것이 아닌데도, 우리가 너희 가운데로 처음 들어갔을 때, 너희가 우리와 우리의 복음을 어떤 식으로 받아들였는지를, 그들이 그들 가운데서 공공연하게 말하고 있다는 사실은, 내가 앞에서 말한 대로, "주의 말씀"이 너희로부터 퍼져나가서 그들에게도 전해졌다는 것을 분명하게 보여 준다.

너희가 어떻게 우상을 버리고 하나님께로 돌아와서. 특히 너희가 이전에 섬겼던 우상들을 버렸다는 사실이 그들 가운데서 얘기되고 있다. 너희는 이전에 사람들이 참되신 하나님의 형상들이라고 말하며 만든 여러 신상들, 또는 유명한 인물들을 신격화해서 그 인물들의 모습을 우상들로 만들어서 그 인물들과 그 우상들을 섬기거나, 이교도들이 자신들에게 이로움을 준다고 생각해서 해와 달과 별들 같은 무생물인 피조물들을 형상화해서 만든 우상들을 신으로 섬겼었지만, 복음을 들은 날로부터 그러한 우상들로부터 돌아섰다. 너희가 우상들을 버린 것은 복음을 들은 너희의 마음에 하나님이 능력으로 역사하셔서 된 일이기는 하지만, 너희 자신의 결단으로 인한 것이기도 하였다. 너희는 그렇게 전에는 그러한 우상들을 섬기는 가운데 자라고 행하였지만, 이제는 그러한 행실로부터 돌아섰다. 여기에서 "어떻게"는 그들이 그러한 우상들로부터 돌아선 방식을 가리키는 것일 수도 있고, 어떤 수단을 통해서 우상들로부터 돌아섰는지를 가리키는 것일 수도 있다. 전자로 해석하면, 그것은 그들이 사도 일행으로부터 복음을 듣자마자 그 즉시 우상들에 대하여 거룩한 분노를 느끼고서 아주 신속하고도 매우 기꺼이 진심으로 우상들로부터 돌아선 것을 가리킨다. 후자로 해석하면, 그것은 선지자 이사야가 장차 도래할 복음 시대에 대해서, "사람이 자기를 위하여 경배하려고 만들었던 은 우상과 금 우상을 그 날에 두더지와 박쥐에게 던지고 암혈과 험악한 바위 틈에 들어가서 여호와께서 땅을 진동시키려고 일어나실 때에 그의 위엄과 그 광대하심의 영광을 피하리라"(사 2:20-21)고 하였던 저 예언을 따라서, 우리가 그들 가운데로 들어가자마자, 우리가 전한 복음의 능력이 그들의 심령 속에서 역사하여, 그들이 우상들을 버리고 살아 계신 하나님께로 돌아오게 된 것임을 가리킨다.

살아 계시고 참되신 하나님을 섬기는지. 여기에서 "섬기다"로 번역된 '둘류에인'(δουλεύειν)은 하나님께 합당한 경배와 예배로써 하나님을 섬기는 것을 의미한다. 그런데도 교황주의자들은 자신들이 성인들과 천사들에게 드리는 좀 더 저급한 예배에 국한해서만 이 헬라어 단어를 사용한다. 또는, 이 단어는 하나님에 대한 온전한 예배를 의미하는 것일 수도 있다. 사도는 앞에서 데살로니가 교인들이 이전에는 우상들을 섬기는 잘못된 예배를 드렸던 반면에, 지금은 그들이 참된 하나님을 섬김으로써 올바른 예배를 드리게 되었다고 말하고 있는 것이다.

사도는 그들이 전에 섬기던 우상들은 사람들이 부어 만들거나 조각해 만든 생명 없는 형상들이거나 무생물 피조물들이거나 이미 죽은 인물들이었던 반면에, 하나님은 "살아 계신" 하나님이심을 분명히 한다. 또는, 사도는 하나님은 본성적으로 생명이시고 영원히 변함없는 생명이시며 모든 살아 있는 것들에게 생명을 주시는 분이시라는 의미에서, 하나님을 "살아 계신 하나님"이라고 말한 것일 수도 있다. 생명은 오직 하나님께 속한 것이기 때문에, 하나님께서는 이사야서 49:18에서 "내가 나의 삶으로 맹세하노니"라고 말씀하신다. 또한, 사도는 거짓 신들과는 반대로, 하나님은 "참되신 하나님"이라고 말한다. 이교의 신들은 본래 신들이 아니고, 단지 사람들이 그 우상들을 신으로 여기고 섬긴 것일 뿐이기 때문에, 사도는 갈라디아서 4:8에서 "너희가 그 때에는 하나님을 알지 못하여 본질상 하나님이 아닌 자들에게 종노릇 하였더니"라고 말한다. 사도가 이렇게 말한 것은 한편으로는 복음의 능력이 어떤 것인지를 보여 주기 위한 것이고, 다른 한편으로는 데살로니가 교인들이 단지 우상들로부터 돌아섰을 뿐만 아니라 참되신 하나님을 섬기는 자들이 되었다고 말함으로써, 그들을 칭찬해 주기 위한 것이었다. 왜냐하면, 참되신 하나님을 고백하기는 하지만 섬기지는 않는 사람들이 많기 때문이다. 또한, 사도는 그들이 전에는 그들을 구원할 수 없는 우상들을 섬겼지만, 지금은 그들을 넉넉히 구원하실 수 있으신 하나님을 섬기고 있다는 것을 보여 줌으로써, 하나님이 그들에게 주신 특권이 어떠한지를 이 말을 통해서 보여 준다.

10. 또 죽은 자들 가운데서 다시 살리신 그의 아들이 하늘로부터 강림하실 것을 너희가 어떻게 기다리는지를 말하니 이는 장래의 노하심에서 우리를 건지시는 예수시니라.

그의 아들이 하늘로부터 강림하실 것을 너희가 어떻게 기다리는지를 말하니. 사도는 데살로니가 교인들에게 임한 복음이 지닌 또 다른 능력이 무엇인지를 보여 주기 위하여 이 말을 덧붙이는데, 그것은 그들이 갖게 된 믿음은, 사도가 앞에서 말한 것 같이, 하나님을 향한 것일 뿐만 아니라, 이제 여기에서 말한 것처럼, 그리스도를 향한 것이기도 하다는 것이다. 그들은 이교의 거짓 신들과는 반대되는 "참되신 하나님"께 돌아온 것일 뿐만 아니라, 믿지 않는 유대인들과는 달리, 참되신 그리스도이신 하나님의 아들에게로 돌아온 것이기도 하였다. 왜냐하면, 예수 그리스도는 육신을 따라서는 다윗의 자손이셨지만, 성육신하셔서 이 땅에 오신 하나님의 아들이셨기 때문이다. 그리스도는 하나님의 아들들이라 불리는 천사들처럼 하나님에 의해서 지음 받으심으로 인해서도 아니고, 성도들처럼 하나님이 자신의 양자로 택하심을 통해서도 아니고, 영원한 출생에 의해서 하나님의 아들이신 분이실 뿐만 아니라 성육신하신 그리스도 예수도 한 인격 안에서 인성과 신성이 결합되어 계신 분이셨기 때문에 마찬가지로 하나님의 아들이셨다. 하나님의 아들과 관련하여 데살로니가 교인들이 지니고 있던 믿음은 장차 그 아들이 하늘로부터 강림하실 것을 기다리는 것이었다.

또한, 사도가 이 말을 덧붙인 것은, 단지 그들의 믿음이 어떤 내용으로 이루어져 있는지를 보여 주기 위한 것이 아니라, 그들이 자신들의 구원자이자 상 주시는 이이신 그리스도께서 하늘로부터 강림하시기를 기다리는 것은, 박해 속에서 고난을 겪고 있던 그들이 그러한 현재의 상황에서 믿음으로 바라보아야 할 것이었기 때문이었다. 따라서 이 말을 통해서, 사도는 그들의 믿음과 소망과 사랑과 인내 전체가 그들의 구원자이신 그리스도를 기다리는 것으로 수렴되고 통합되게 하고자 하였다. 그들은 그리스도께서 하늘로 가셨다는 것과 장차 다시 오실 것임을 믿었는데,

이 두 가지는 기독교 신앙의 두 가지 큰 신조였다. 그들은 자신들의 지각이나 이성이나 그 어떤 전통을 근거로 해서는 이 두 가지 신조를 믿을 수 없었지만, 사도가 전한 복음을 듣고서 그것을 믿었다. 또한, 그들은 그리스도께서 다시 오실 때를 알지 못하였지만, 그리스도께서 하늘로부터 강림하시기를 오직 믿음으로 기다렸다. 그리스도께서 오실 정확한 때는 계속해서 비밀로 부쳐져 있기 때문에, 모든 시대의 성도들은 자기 시대에 그리스도께서 오실 것이라고 기대하고서 기다리는 것이 마땅하다. 그리스도께서는 세상 끝날이 되어서야 오실 것이지만, 성도들은 세상 끝날이 되기 이전의 모든 세대에서 그리스도께서 오시기를 기다려야 한다. 왜냐하면, 각 시대의 성도들은 자기 시대에 그리스도께서 다시 오시는 것을 살아서 볼 수 없다고 할지라도, 그리스도의 재림을 기다리는 것 자체만으로도 큰 유익을 얻게 되기 때문이다. 사도는 데살로니가 교인들이 받아들인 복음의 영광스러운 결과들에 대한 자신의 설명을 그리스도의 재림에 관한 말로 끝맺는다. 이 장의 나머지 부분은 하나님의 아들에 관한 가르침이다.

죽은 자들 가운데서 다시 살리신. 사도는 그리스도께서 하나님의 아들이시라는 것을 말한 후에, 그가 죽은 자들 가운데서 부활하신 분이라는 사실을 덧붙인다. 이것을 사도는 로마서 1:4에서는 "성결의 영으로는 죽은 자들 가운데서 부활하사 능력으로 하나님의 아들로 선포되셨으니 곧 우리 주 예수 그리스도시니라"고 말하고, 사도행전 13:33에서는 "하나님이 예수를 일으키사 우리 자녀들에게 이 약속을 이루게 하셨다 함이라 시편 둘째 편에 기록한 바와 같이 너는 내 아들이라 오늘 너를 낳았다 하셨고"라고 말함으로써, "너는 내 아들이라 오늘 너를 낳았다"는 구약에서의 하나님의 선언을 그리스도의 부활에 적용한다. 또는, 사도는 그리스도께서 다시 오실 것에 대한 데살로니가 교인들의 소망을 더욱 견고히 하기 위하여, 이 말을 덧붙인 것일 수도 있다. 만일 그들이 그리스도의 죽음에 대해서는 들었지만, 그리스도께서 다시 사신 것에 대해서는 듣지 못하였다면, 그들은 그리스도께서 장차 하늘로부터 강림하실 것이라는 소망을 가질 수 없었을 것이다. 사도는 아덴 사람들에게 강론할 때에는, "이는 정하신 사람으로 하여금 천하를 공의로 심판할 날을 작정하시고 이에 그를 죽은 자 가운데서 다시 살리신 것으로 모든 사람에게 믿을 만한 증거를 주셨음이니라"(행 17:31)고 말함으로써, 하나님께서 그리스도를 다시 살리신 것을, 그리스도께서 세상을 심판하시기 위하여 다시 오실 것이라는 논거로 사용한다. 그리고 데살로니가에 있는 믿는 자들도 그리스도께서 이미 부활하셨다는 사실을 알고서, 그가 장차 다시 오시면, 그 날에 자기들도 부활하게 될 것임을 확신할 수 있었을 것이기 때문에, 현재의 환난과 박해 속에서 자신들의 몸이 죽임을 당한다고 할지라도, 얼마든지 그 고난을 감내할 수 있는 힘을 얻을 수 있었을 것이다.

이는 장래의 노하심에서 우리를 건지시는 예수시니라. 사도는 앞에서 "하나님의 아들"이라고 불렀지만, 여기에서는 "예수," 즉 구원자라고 부른다. 사도가 그리스도를 "하나님의 아들"이라고 부른 것보다는 "예수"라고 불렀을 때, 그 이름이 데살로니가 교인들에게는 더 친근하게 들렸을 것이다. 사도는 여기에서 그리스도의 위대한 구원 사역을 언급하고자 하였기 때문에, "구주"라는 뜻을 지닌 "예수"라는 이름을 사용하는 것이 합당하였다: 그가 오실 때, 그는 자기 백성을 구원하시기 위하여 오실 것이다(히 9:28, "그리스도도 많은 사람의 죄를 담당하시려고 단번에 드리신 바 되셨고 구원에 이르게 하기 위하여 죄와 상관 없이 자기를 바라는 자들에게 두 번째 나타나시리라").

사도는 앞에서 "하나님의 아들"을 언급한 후에는, 하나님께서 죽은 자들 가운데서 다시 살리신 분이라는 설명을 덧붙였다고 한다면, 여기에서 "예수"를 언급한 후에는, 그는 "장래의 노하심에서 우리를 건지시는" 분이라는 설명을 덧붙인다. 우리가 흠정역의 번역을 따라서 "건지시는"이 아니라 "건지신"이라고 과거시제로 해석한다면, 이 구절은 그리스도께서 우리의 구원을 위하여 이미 행하신 일을 가리키는 것이 된다. 하지만 우리가 헬라어 본문을 따라 현재시제로 해석한다면, 이 구절은 지금도 계속되고 있는 지속적인 일을 가리키는 것이 된다. 즉, 그리스도께서는 자신의 중보기도를 통해서, 또는 우리에게 끊임없이 은혜를 공급해 주셔서 우리를 죄와 시험의 권세로부터 건지시고 우리로 하여금 계속해서 구원의 상태를 유지할 수 있게 하심으로써, 우리를 장래의 노하심에서 건지고 계신다. 또는, 히브리어와 헬라어에서는 현재시제가 미래의 의미를 지니는 때가 종종 있다는 점을 감안해서, 우리가 이 동사를 미래시제로 읽는다면, 이 구절은 그리스도께서 장차 하늘로부터 다시 오실 때를 가리키는 것이 된다. 그 때에 그리스도께서 우리를 장래의 노하심에서 건지실 것이기 때문에, 성도들은 그 날을 두려워할 필요가 없고, 도리어 간절히 기대하는 것이 마땅하다는 것이다. 왜냐하면, 그 날에 임할 장래의 노하심은 이 세상에서 지금까지 임하였던 하나님의 그 어떤 노하심보다도 더 클 것이지만(롬 2:5), 그 노하심은 단 한 방울도 성도들에게는 임하지 않을 것이기 때문이다. 그들은 지금은 사람들의 분노를 사서 일시적으로 사람들로부터 박해와 환난과 공격을 당하고 있기는 하지만, 장래의 노하심으로부터는 건지심을 받아서 완전히 벗어나 있게 될 것이다. 왜냐하면, 그 날에 하나님의 노하심은 상상이 되지 않을 정도로 극렬하고 극심할 것이지만, 그들은 그리스도의 강력한 권능으로 거기에서 건지심을 받게 될 것이기 때문이다. 여기에서 "건지시는"으로 번역된 헬라어 '뤼오메논' (ῥυόμενον)은 그런 의미를 담고 있는 단어이다.

MATTHEW POOLE'S COMMENTARY

데살로니가전서 2장

개요

1. 바울은 자기가 데살로니가 사람들에게 어떤 식으로 복음을 전하였는지를 설명함(1–12).
2. 그들은 그 복음을 받고, 복음을 위하여 기꺼이 고난을 당함(13–16).
3. 바울은 자기가 그들에게 가고자 하였다는 것을 말하고, 지금까지 무엇이 그 일을 방해하였는지를 밝힘(17–18).
4. 그들에 대하여 자기가 느끼는 기쁨과 만족감을 표현함(19–20).

1. 형제들아 우리가 너희 가운데 들어간 것이 헛되지 않은 줄을 너희가 친히 아나니.

"너희가 친히." 이 단어를 어떤 이들은 '아우토이' (αὐτοὶ), 즉 "그들이"로 읽는데, 그런 식으로 읽는 경우에, "그들"은 사도가 앞에서 언급한 마게도냐와 아가야에 있는 믿는 자들을 가리킨다(살전 1:9-10). 하지만 흠정역을 따라 "너희가 친히"로 읽는다면, 이 단어는 사도가 데살로니가 교인들 자신들이 직접 경험해서 아는 것에 호소하는 것임을 보여 준다. "우리가 너희 가운데 들어간 것이 헛되지 않은 줄을." 여기에서 "헛되다"로 번역된 '케네' (κένη)는 헛되거나 공허하다는 뜻이 아니라, 열매가 없다는 뜻이다. 따라서 "헛되지 않았다"는 것은 사도가 그들 가운데로 들어가서 처음으로 복음을 전하였을 때에 큰 성공을 거두었다는 것이다. 복음은 언제나 "생명으로부터 생명에 이르는 냄새"가 되든지, 아니면 "사망으로부터 사망에 이르는 냄새"가 되기 때문에(고후 2:16), 복음의 일꾼의 사역을 통해서 선한 열매가 전혀 맺히지 않았다고 할지라도, 그 사역을 헛되다고 말할 수는 없다. 이사야 선지자는 여호와께서는 "내게 이르시되 너는 나의 종이요 내 영광을 네 속에 나타낼 이스라엘이라 하셨느니라 그러나 나는 말하기를 내가 헛되이 수고하였으며 무익하게 공연히 내 힘을 다하였다 하였도다 참으로 나에 대한 판단이 여호와께 있고 나의 보응이 나의 하나님께 있느니라"(사 49:3-4)고 말하였다. 또는, 어떤 이들은 사도가 여기에서 자신들이 그들 가운데로 들어가서 헛되고 무익한 것들을 전한 것이 아니라는 것을 그들이 더 잘 알 것이라고 말한 것으로 이해하기도 한다.

2. 너희가 아는 바와 같이 우리가 먼저 빌립보에서 고난과 능욕을 당하였으나 우리 하나님을 힘입어 많은 싸움 중에 하나님의 복음을 너희에게 전하였노라.

너희가 아는 바와 같이 우리가 먼저 빌립보에서 고난과 능욕을 당하였으나. 여기에서 사도는 새로운 주제를 시작하는데, 자기 자신과 자기가 그들 가운데서 행한 처신을 좀 더 구체적으로 설명함으로써, 자신의 사역이 그토록 성공을 거둔 부차적인 이유가 무엇이었는지를 밝힌다. 왜냐하면, 복음 사역자들의 악한 행실은 흔히 그들의 사역을 망쳐서 수포로 돌아가게 만들기 때문이다. 사도가 여기에서 말하고 있는 내용은 겉보기에는 헛된 영광을 구하여 자화자찬하는 냄새를 풍기는 것이기는 하지만, 사실은 거기에는 거룩한 목적이 담겨 있는 것이었다. 이것은 사도가 고린도 교회를 비롯한 여러 교회들에게 동일하게 거룩한 목적으로 어쩔 수 없이 자신을 자랑한 것과 동일한 맥락이다.

사도는 자기가 그들 가운데서 복음을 전하는 사역을 수행할 때에 어떤 식으로 행하였는지에 대하여 언급하기에 앞서, 먼저 그들에게로 가기 조금 전에, 자기와 실라가 "빌립보에서" 겪은 "고난과 능욕"에 대하여 말한다. 사도행전 16:23-24을 보면, 빌립보에서 바울과 실라는 관리들에게 많이 맞고 난 후에, 마치 중죄인들처럼 발에 차꼬를 찬 채로 깊은 옥에 갇혔다. 이렇게 그들은 데살로니가로 오기 얼마 전에 한바탕 곤욕을 치렀지만, 그러한 고난과 능욕에 굴하거나 의기소침하지 않고, 더욱 담대하게 데살로니가 사람들에게 복음을 전하였다.

우리 하나님을 힘입어 … 하나님의 복음을 너희에게 전하였노라. 여기에서 "힘입어"로 번역된 '에파르레시아사메타' (ἐπαῤῥησιασάμεθα)는 큰 확신 속에서 담대함을 얻어서 거침없이 말하였다는 뜻이다. 즉, 사도 일행은 빌립보에서 곤욕을 치른 후에도 조금도 두려움 없이 복음을 담대하고 거침없이 전하였다는 것이다. 사도는 고린도후서 3:12에서도 "우리가 이같은 소망이 있으므로" 거침없고 "담대히 말한다"고 밝힌다. 사도의 이러한 태도는 복음을 전하는 자들에게 합당한 것으로서, 박해의 때에 지극히 칭찬 받을 만한 것이고, 복음 전파에 유익이 된다. 사도는 자신의 담대함과 거침없음이 결코 자신의 부르심과 본분, 또는 진리와 건전한 이성의 규범을 뛰어넘은 무모하거나 방자한 것이 아니었음을 보여 주기 위하여, 그 모든 것이 사도 일행을 부르셔서 특히 마게도냐에서 복음 전도의 사역을 감당하게 하신 하나님의 보호하심과 도우심 속에서 이루어진 것임을 밝힌다. 사도는 앞에서는 자신들이 데살로니가 교인들에게 복음을 전했다는 의미에서 "우리 복음"(5절)이라고 표현하였지만, 여기에서는 영원 전부터 복음을 작정하시고 때가 되자 실제로 이루신 분이 하나님이시라는 것을 나타내기 위하여 "하나님의 복음"이라고 부른다. 하나님의 복음은 예수 그리스도로 말미암은 구원의 기쁜 소식을 가리킨다.

많은 싸움 중에. 여기에서 "싸움"으로 번역된 단어는, 누가복음 13:24에서 "좁은 문으로 들어가기를 힘쓰라"고 말한 것처럼, 힘쓰고 애쓰는 것을 의미할 수도 있고, 빌립보서 1:30에서 "너희에게도 그와 같은 싸움이 있으니 너희가 내 안에서 본 바요 이제도 내 안에서 듣는 바니라"고 말한 것처럼, 힘들고 위험한 일들을 의미할 수도 있다. 전자로 해석하면, 사도는 자신들이 데살로니가 사람들에게 복음을 전하기 위하여 고군분투를 하였다고 말한 것이 되고, 후자로 해석하면, 사도 일행이 복음을 전하는 동안에 많은 위험들을 겪어야 했다는 뜻이 된다. 사도 일행이 겪은 그러한 일들은 데살로니가 사람들을 믿게 할 수는 없었을지라도, 믿음으로 인도하는 데 도움이 되었다. 사도는 다른 곳들에서 자신의 사역을 "선한 싸움"(딤전 1:18)이라고 부르기도 하고, 디모데후서 4:7에서는 이 본문에서와 동일한 단어를 사용해서 "선한 싸움"이라고 부르기도 하는데, 이것은 복음 사역에는 많은 어려움들과 위험들이 수반되기도 하고, 거짓 교사들의 반대와 공격과 박해가 수반되기도 하기 때문이다. 사도 일행은 "믿음"을 위하여 싸우는 것이었기 때문에, 유다서 1:3에서는 "사랑하는 자들아 우리가 일반으로 받은 구원에 관하여 내가 너희에게 편지하려는 생각이 간절하던 차에 성도에게 단번에 주신 믿음의 도를 위하여 힘써 싸우라는 편지로 너희를 권하여야 할 필요를 느꼈노니"라고 말한다.

3. 우리의 권면은 간사함이나 부정에서 난 것이 아니요 속임수로 하는 것도 아니라.

우리의 권면은. "권면"은 사도가 전한 복음 전체를 가리키는 제유법적 표현일 수도 있고, 그 중에서 특히 권면에 해당하는 내용만을 가리키는 것일 수도 있다. 사도는 처음에는 사람들에게 교리를 가르쳤고, 그런 후에 믿음과 실천을 위한 권면들을 덧붙이곤 하였다. 사도행전 15:31에서는 예루살렘 공의회에서 결정해서 각 교회에 내려 보낸 글을 "권면"(한글개역개정에는 "그 위로하는 말")이라고 부른다. 사도행전 13:15에는 바울 일행이 비시디아 안디옥에 이르러 안식일에 회당에 들어가 앉았는데, "회당장들이 사람을 보내어 물어 이르되 형제들아 만일 백성을 권할 말이 있거든 말하라"고 했다는 보도가 나온다. 하지만 로마서 12:8에서는 권면을 좀 더 엄격하게 정의해서, 예언이나 가르침과 구별한다("예언이면 믿음의 분수대로 … 가르치는 자면 가르치는 일로 … 위로하는 자면 위로하는 일로").

간사함이나 부정에서 난 것이 아니요 속임수로 하는 것도 아니라. "간사함에서 난 것이 아니요"(공동번역과 새 번역에는 "잘못된 생각"으로 번역되어 있다 – 역주)라는 것은 사도가 데살로니가 교인들에게 가르친 복음과 관련된 말이다. 사도는 자신의 가르침은 잘못된 것이 아니라 참된 것이었고, 머리로 생각해 낸 동화 같은 이야기도 아니었으며, 잘못된 판단에서 나온 것도 아니었다고 말한다. 따라서 사도는 자신들이 왜 그토록 담대하게 복음을 전할 수 있었는지, 그 이유를 여기에서 밝히고 있는 것인데, 자신들은 복음이 절대적인 진리라는 것을 알았기 때문에, 담대할 수 있었다는 것이다. 또는, 이것은 그들이 복음을 전할 때에 진실하였다는 것을 말한 것일 수도 있다: 우리는 거짓 사도들과는 달리, 협잡이나 사기를 통해서 사람들을 유혹하고자 하지 않았고, 오로지 진실한 마음으로 너희가 회심하고 구원받게 하고자 하였다.

"부정에서 난 것이 아니요"로 번역된 '엑스 아카타르시아스'(ἐξ ἀκαθαρσιὰς)가 사도가 그들에게 전한 가르침과 관련된 것이라면, 그것은 그 가르침의 순수성을 가리킨다. 즉, 자신들의 가르침은 니골라당이나 쾌락주의자들처럼 육신을 만족시키고자 하는 그런 가르침이 아니라, 순수한 가르침이라는 것이다. 반면에, 이 어구가 사도가 그들에게 복음을 전할 때의 마음가짐과 관련된 것이라면, 그것은 사도는 자신들이 순수한 마음으로 그들에게 복음을 전하였다는 뜻이 된다. 즉, 자신들은 탐욕이나 교만이나 헛된 영광을 구하여, 불순한 동기를 가지고 복음을 전한 것이 아니라는 것이다.

"속임수로 하는 것도 아니라"는 것은 사도는 앞에서 이미 언급한 것을 여기에서 중복해서 말하고 있는 것으로 보인다. 그래서 어떤 해석자들은 앞에 나온 "간사함"과 "부정"은 사도 일행이 전한 가르침의 내용과 관련된 것이고, 오직 여기에서 말하고 있는 "속임수"만이 그들이 그러한 가르침을 전할 때의 동기나 태도와 관련된 것이라고 생각하는데, 그러한 견해는 십중팔구 옳은 것 같다. 즉, 사도 일행은 거짓 사도들과는 달리, 그들을 이용해서 돈벌이를 하려고 하는 교활하고 음흉한 의도나 속셈을 전혀 지니고 있지 않았다는 것이다. 사도는 자신들이 그들을 가르친 의도가 오로지 데살로니가 교인들의 회심과 구원을 위한 참된 것이었다는 것은 하나님 앞에서나 모든 사람들의 양심에나 너무나 분명한 사실이라고 말한다.

그러므로 여기에서 사도는 자신들의 가르침 자체도 이렇게 잘못되거나 부정한 것이 아니고, 자신들이 그런 복음을 전할 때의 마음가짐도 거짓이 없고 진실한 것이었다는 사실이, 자신들이 담대하게 복음을 전할 수 있었던 또 한 가지의 이유였다고 말하고 있는 것이다. 왜냐하면, 진실하고 참될 때, 거기에서 담대함이 나오기 때문이다. 또는, 사도는 자기가 앞에서 말한 그런 것들이 복음이 그들 가운데서 큰 성공을 거두게 된 원인이었다고 말한 것일 수도 있다. 왜냐하면, 참되고 올바른 것에는 통상적으로 복이 수반되기 때문이다. 또는, 사도는 데살로니가 교인들로 하여금 계속해서 자신들이 그들에게 전한 가르침에 거하고, 그들에게 그런 가르침을 전한 자신들을 변함없이 믿고 사랑해 줄 것을 요청하기 위한 근거로 이런 말을 한 것일 수도 있다. 왜냐하면, 말씀을 전한 자들의 진실성을 의심하게 되면, 그들이 전한 말씀이 사람들에게 미치는 힘이 방해를 받을 수밖에 없게 되기 때문이다.

4. 오직 하나님께 옳게 여기심을 입어 복음을 위탁 받았으니 우리가 이와 같이 말함은 사람을 기쁘게 하려 함이 아니요 오직 우리 마음을 감찰하시는 하나님을 기쁘시게 하려 함이라.

오직 하나님께 옳게 여기심을 입어 복음을 위탁 받았으니. 사도는 앞에서 자신들이 복음을 전할 때에 진실함으로 하였다고 말하였었는데, 이 절에서는 왜 자신들이 그렇게 할 수밖에 없었는지, 그 이유를 밝힌다. 그 이유 중의 하나는 자신들은 하나님으로부터 복음을 전하라는 위임을 받았기 때문이라는 것이다. 즉, 하나님께서는 사도에게 복음을 맡기시고, 복음이 오류에 의해서 변질되는 것을 막고 끝까지 그 순수성을 보존하는 가운데 순수한 복음을 사람들에게 전할 책무를 주셨기 때문에, 사도의 "권면"이나 가르침은 "오류" 또는 "속임수"에서 나온 것일 수 없고, 사도는 그 복음을 순수하고 단순하게 있는 그대로 전하였다는 것이다. 사도는 자신이 전하는 복음은 하나님께서 그에게 맡기신 것이었기 때문에, 감히 복음을 변질시키거나 더럽힐 수 없었다. 그래서 사도는 디모데전서 1:11에서 "이 교훈은 내게 맡기신 바 복되신 하나님의 영광의 복음을 따름이니라"고 말할 수 있었다. 또한, 사도는 하나님께서 자기에게 맡기신 영광스러운 복음이라는 의식을 지니고 있었기 때문에, 그가 복음 사역을 수행하는 데에 "부정"이나 "속임수"가 있을 수 없었다. 하나님께서는 사도가 어떤 자인지를 아시고 인정하셔서 복음을 맡기기에 적합한 인물로 판단하셨기 때문에, 사도에게 복음을 맡기신 것이었다. 여기에서 "옳게 여기심을 입어"로 번역된 '데도키마스메타' (δεδοκιμάσμεθα)는 그런 의미이다. 실제로, 사도는 디모데전서 1:12-13에서 좀 더 명시적으로 "나를 능하게 하신 그리스도 예수 우리 주께 내가 감사함은 나를 충성되이 여겨 내게 직분을 맡기심이니"라고 말하고, 자기가 회심 이전에는 "비방자요 박해자요 폭행자였으나 도리어 긍휼을 입은 것은 내가 믿지 아니할 때에 알지 못하고 행하였음이라"고 말한다. 그래서 하나님께서는 바울에게 특별하고 놀라운 계시들과 은사들과 은혜들을 주셔서 사도로서의 직무를 수행하기에 합당한 자로 만드셔서, 사도에게 복음을 맡기시고, 사도의 직무를 감당하도록 하셨고, 사도는 하나님의 기대를 저버리지 않고, 충성스럽게 자신에게 맡겨진 직무를 수행하였다. 또한, 사도는 "오직 우리가 하나님께 옳게 여기심을 입어 복음을 위탁 받았으니"라고 복수형으로 말하고 있기 때문에, 우리는 사도가 실루아노와 디모데를 비롯해서 그 밖의 다른 사도들과 사역자들도 자기와 더불어서 함께 하나님의 인정을 받아 복음을 위탁 받았다고 말하고 있는 것으로 이해하여야 한다.

우리가 이와 같이 말함은. 여기에서 사도는 자기가 앞에서 말한 대로 자신들은 하나님의 인정을 받고서 복음을 위탁 받은 자들이기 때문에, 고린도전서 4:1-2에서 "사람이 마땅히 우리를 그리스도의 일꾼이요 하나님의 비밀을 맡은 자로 여길지어다 그리고 맡은 자들에게 구할 것은 충성이니라"고 말한 것처럼, 자신들의 주인이신 그리스도께서 자신들에게 맡기신 일을 충성되게 수행해서, 나중에 결산할 때에 충성된 자로 인정받기 위하여, 진실하고 정직하게 복음을 전하는 것이라고 말한다.

사람을 기쁘게 하려 함이 아니요 오직 우리 마음을 감찰하시는 하나님을 기쁘시게 하려 함이라. 사도는 앞 절에서 자신들이 데살로니가 교인들에게 복음을 충성되고 진실하게 전한 한 가지 이유를 밝힌 데 이어서, 여기에서는 또 다른 이유를 밝히는데, 그것은 모든 것을 아시는 하나님께서는 사람들의 마음도 아시고 "감찰하신다"는 것이었다. "감찰한다"는 것은 단순히 아는 것 이상의 것을 의미하는데, 시금석을 통해서 금이나 은을 감별하듯이, 세밀하게 살피고 검증해서 아는 것을 가리킨다. 하나님께서는 모든 사람의 마음을 감찰하시지만, 특히 친히 복음을 맡기신 자들의 마음을 더욱더 유심히 감찰하신다. 또는, 이 절의 끝에 나오는 "우리 마음을 감찰하시는"이라는 어구는 "사람을 기쁘게 하려 함이 아니요"라는 어구에 좀 더 직접적으로 걸리는 것일 수도 있다: "우리는 하나님께서 우리의 마음을 감찰하시는 것을 알기 때문에, 복음이나 하나님의 말씀을 전할 때, 감히 사람을 기쁘게 하고자 하는 목적으로 말하지 않는다."

사도는 여기에서 이렇게 말함으로써, 앞에서 자기가 사람들에게 베푼 "권면"에는 거짓된 것이나 부정한 것이나 속임수가 없다고 한 말을 다시 한 번 확증한다. 왜냐하면, 만일 그런 것들이 사도의 권면 속에 들어 있었다면, 사도는 사람들의 생각이나 사람들이 원하는 것이나 행하는 것들을 따라 사람들을 기쁘게 하는 방식으로 말씀을 전한 것이 되고 말 것이기 때문이다. 물론, 사도는 고린도전서 10:33에서 "나와 같이 모든 일에 모든 사람을 기쁘게 하여 자신의 유익을 구하지 아니하고 많은 사람의 유익을 구하여 그들로 구원을 받게 하라"고 말한 것처럼, 어떤 경우들에 있어서는 사람들을 기쁘게 하고자 하였다. 그러나 사람들을 기쁘게 하는 것이 하나님을 기쁘시게 해드리는 것과 서로 상충되는 경우에는, 사도는 사람들을 기쁘게 하는 쪽을 택하지 않았다. 반면에, 이 둘이 서로 상충되지 않을 때에는, 사도는 로마서 15:2에서 "우리 각 사람이 이웃을 기쁘게 하되 선을 이루고 덕을 세우도록 할지니라"고 말하고 있듯이, 모든 일에 모든 사람을 기쁘게 하고자 하였다. 복음 사역자들은 직분상 그리스도의 종들이기 때문에, 종의 신분으로서 자신들의 주인을 기쁘게 해드리는 것이 마땅하다. 그래서 바울은 갈라디아서 1:10에서 "이제 내가 사람들에게 좋게 하랴 하나님께 좋게 하랴 사람들에게 기쁨을 구하랴 내가 지금까지 사람들의 기쁨을 구하였다면 그리스도의 종이 아니니라"고 말한다.

이런 이유로 인해서, 사도는 자기가 사람들에게 베푸는 가르침의 내용과 자신의 외적인 행실만이 아니라, 하나님께서 자신의 마음을 감찰하신다는 것을 알고 있기 때문에, 자신의 마음의 내적인 동기와 의도까지 세심하게 살피고 조심하였다. 또한, 사도는 자신의 수고에 대한 상을 사람들로부터가 아니라 하나님으로부터 받기를 기대하였기 때문에, 사람들이 아니라 하나님을 기쁘시게 해드리고자 하였고, 하나님께서 자신의 마음을 감찰하실 때, 자기가 흠이 없게 행하고자 하였다. 사도는 여기에서 거짓 사도들이 사람들을 기쁘게 하고자 하고, 믿는 자들에게 모세 율법도 아울러 지켜야 구원받을 수 있다고 가르침으로써 유대인들을 기쁘게 하고자 한 것, 또는 미혹하는 자들이 사람들의 육정과 욕심을 채워주고 만족시켜 주기 위하여 복음의 교훈을 왜곡시키고 변질시켜서 전하고 가르친 것을 염두에 두고서, 이 말을 하고 있다.

5. 너희도 알거니와 우리가 아무 때에도 아첨하는 말이나 탐심의 탈을 쓰지 아니한 것을 하나님이 증언하시느니라.

앞의 절들에서 사도는 자기가 진실하고 정직하게 복음을 전하였다는 사실을 좀 더 일반적으로 역설한 후에, 여기에서와 다음 절에서는 거기에 대해서 좀 더 구체적으로 얘기한다. 즉, 사도는 사람들이 복음 사역을 할 때에 너무나 흔히 범하기 쉬운 세 가지 악, 즉 "아첨하는 말"과 "탐심"과 헛된 "영광"을 구하는 것을 자기는 전혀 범하지 않았다고 말한다.

우리가 아무 때에도 아첨하는 말이나. 헬라어 본문을 직역하면, 이 어구는 "우리가 아첨의 말에(*ἐν λόγω κολακείας* - '엔 로고 콜라케이아스') 있지 않았다"가 된다: 우리는 사람들을 기쁘게 하고자 하지 않았기 때문에, 우리의 말은 아첨의 말이 아니었다. 우리가 어떤 사람들에게 없는 선한 것들을 마치 있는 것처럼 말하거나, 그들이 가지고 있는 것 이상으로 있는 것처럼 말하거나, 그들에게 있는 악들을 칭찬하거나 별 것 아닌 것으로 물타기를 한다면, 우리는 그들에게 아첨하고 있는 것이다. 하나님께서는 구약의 거짓 선지자들을 책망하실 때, 흔히 이 아첨의 말을 지적하시고(사 30:10; 겔 13:10, 18), 신약의 거짓 교사들도 흔히 이 아첨의 말로 인하여 책망을 받는다. 사역자들의 아첨(flattery)은 사람들에게 유익을 끼치기보다는 사람들을 기쁘게 해 주기 위하여 "부드러운 것들"을 전하고 가르치는 것이다. 그런 사역자들은 사람들이 싫어하는 합당한 책망들(just reproofs), 본질을 꿰뚫는 날카로운 진실들(searching truths), 꼼꼼하고 세심한 적용들(close applications)을 피하고, 사람들이 좋아하는 지혜롭고 재치 있는 말들과 미사여구들을 사용하기를 좋아한다. 또한, 그런 사역자들은 사람들로 하여금 자신들이나 자신들의 상태를 실제보다 더 낫고 괜찮은 것으로 생각하게 하기 위하여, 진실 중의 일부를 은폐하거나 왜곡해서 말한다.

너희도 알거니와. 사도는 자신들이 데살로니가 교인들에게 공개적으로 말씀을 전하고 가르쳤기 때문에, 데살로니가 교인들은 사도 일행이 어떤 말을 하였고 어떤 식으로 말하였는지를 알 수 있었다. 그래서 사도는 자신들이 그들에게 아첨하는 말을 하지 않았다는 것을 그들이 더 잘 알 것이라고 말한다.

탐심의 탈을 쓰지 아니한 것을 하나님이 증언하시느니라. 사도는 자신들이 그들에게 복음을 전할 때에 자신의 의도와 목적이 무엇이었는지에 대해서는, 그들이 알 수 없었을 것이었기 때문에, 하나님을 증인으로 내세워서 자신들의 진실성을 단언하는데, 이것은 일종의 맹세이고, 모든 맹세에서 사람들은 하나님을 공식적인 증인으로 세우게 된다. 이러한 맹세는 자신의 말에 거짓이 없음을 단언하는 것과 같다. 그래서 사도는 고린도전서 15:31에서 "형제들아 내가 그리스도 예수 우리 주 안에서 가진 바 너희에 대한 나의 자랑을 두고 단언하노니"라고 말하기도 한다. 사도가 여기에서 이렇게 하나님을 증인으로 내세워서 틀림없는 것이라고 단언하고 있는 것은, 자기가 데살로니가 교인들 가운데서 사역을 하였을 때, 자기에게는 "탐심"의 그 어떤 의도도 없었다는 것인데, 사도는 그것을 "탐심의 탈을 쓰지 아니한 것"이라고 표현한다. "탐심"은 우리가 가지고 있는 것을 부당하고 인색하게 내놓지 않는 것이거나, 지나치게 더 많은 것들을 갖고자 하는 것인데, 여기에서는 후자를 의미하는 헬라어가 사용되고 있다.

흠정역이 여기에서 "겉옷"(한글개역개정에서는 "탈")으로 번역한 단어는, 요한복음 15:22("내가 와서 그들에게 말하지 아니하였더라면 죄가 없었으려니와 지금은 그 죄를 핑계할 수 없느니라")에서는 "핑계"로 번역된 것에서 알 수 있듯이, 원래 "핑계"라는 의미이지만, 흠정역은 이 단어를 속옷을 가리는 "겉옷"으로 비유적으로 번역하였다. 하지만 사도는 속에 있는 악한 의도를 덮고 은폐하기 위하여 둘러대는 겉보기에 그럴 듯한 핑계들을 가리키기 위하여 이 단어를 사용한 것이다. 이 단어는 신약에서 자주 사용되고 있는 단어로서(마 23:14; 막 12:40; 눅 20:47), 종종 "기회, 빌미"로 번역되기도 하지만, 대체로 "핑계"로 번역되고, 여기에서도 그런 의미로 사용되고 있는데, 이교의 저술가들에 의해서는 종종 "고소, 고발"이라는 의미로 사용되었다. 따라서 여기에서 사도는 자신들은 거짓 선지자들이나 거짓 교사들처럼 행하지 않았다고 말하고 있는 것이다. 베드로후서 2:3에서는 거짓 선지자들과 거짓 교사들에 대하여, "그들이 탐심으로써 지어낸 말을 가지고 너희로 이득을 삼으니 그들의 심판은 옛적부터 지체하지 아니하며 그들의 멸망은 잠들지 아니하느니라"고 말한다.

6. 또한 우리는 너희에게서든지 다른 이에게서든지 사람에게서는 영광을 구하지 아니하였노라.

또한 우리는 … 사람에게서는 영광을 구하지 아니하였노라. 이것은 사도가 자신이 사역을 할 때에 범하지 않았다고 말한 세 가지 악 중에서 세 번째 악이다. "영광"이라는 말은 첫 번째로는 어떤 대상 속에 있는 무엇인가 뛰어나고 탁월한 어떤 것을 가리키고, 두 번째로는 그러한 뛰어나고 탁월한 것이 겉으로 나타나고 드러난 것을 가리키며, 세 번째로는 사람들 가운데서 뛰어나고 탁월한 것으로 인정받는 것을 가리키는데, 여기에서 "영광"으로 번역된 헬라어는 세 번째 의미를 지니고 있고, 이 본문에서 그런 의미로 사용되고 있다: 우리는 사람들로부터 높임과 존경과 박수갈채를 구한 것이 아니었다. 우리는 우리의 사역과 행실에서나, 우리의 마음과 생각의 추구에 있어서나, 사람들로부터 영광을 얻기 위하여 궁리하고 애쓰고 수고한 것이 결코 아니었다. 사도 바울과 그의 동역자들은 사람들로부터 높임을 받고 존경을 받는 것이 마땅하였지만, 그런 것들을 얻기 위해서 사역을 한 것은 아니었다. 사람들 가운데서 높임을 받는 것이 그들에게 뒤따라오기는 하였지만, 그들이 그런 것을 추구하고 따라간 것은 아니었다.

그리스도께서는 마태복음 6장에서 서기관들과 바리새인들이 기도나 구제나 금식이나 여러 습관적인 행위들과 호칭들에 있어서 사람들로부터 칭찬과 칭송을 받기 위해서 그렇게 행하고 있다고 책망하셨고, 요한복음 5:44에서는 "너희가 서로 영광을 취하고 유일하신 하나님께로부터 오는 영광은 구하지 아니하니 어찌 나를 믿을 수 있느냐"고 말씀하셨다. 모든 사람은 사람들로부터 공경을 받고 칭송을 들을 수 있는 방식으로 행하는 것이 마땅하고, 사람들로부터 좋은 평판을 듣고 선한 이름을 얻는 것은 복된 일이지만, 의도적으로 사람들로부터 영광과 존귀를 얻고자 하는 것은 악한 것이다. 사도는 스스로도 영광을 구하지 않았을 뿐만 아니라, 다른 사람들에게도 영광을 구하지 말라고 명한다: "헛된 영광을 구하여 서로 노엽게 하거나 서로 투기하지 말지니라"(갈 5:26). 또한, 사도는 거짓 교사들이 사람들로부터 헛된 영광을 구하는 죄를 범하고 있다고 지적한다(고후 10:12).

사람들로부터 오는 영광을 구하는 것은 자기 자신을 낮추고 겸손하게 행하는 것과 정반대되는 악으로서, 인간으로서도 합당하지 못한 일일 뿐만 아니라, 하나님을 크게 욕되게 하는 일이며, 복음을 정면으로 거스르는 일이기도 하다. 이교도들은 사람들로부터 오는 영광이 사람들로 하여금 큰 업적을 이루도록 박차를 가하는 것이 된다고 여겨서 소중히 여겼고, 키케로는 고관들을 등용할 때에 이것을 여러 원칙들 중의 하나로 삼았다고 한다. 반면에, 기독교 신앙에서는 모든 영광을 하나님께 돌리기 때문에 사람들로부터 오는 영광을 구하는 것을 단죄한다. 하지만 사도 바울이 종종 그러했듯이, 우리가 사람들 가운데서 우리의 이름을 날리는 것이 하나님의 이름을 존귀하게 하고 하나님께 영광이 되는 경우에는, 우리는 그렇게 할 수 있지만, 그것은 사람들로부터 오는 영광을 구하는 것과는 다르다.

너희에게서든지 다른 이에게서든지. 사도가 이 말을 덧붙인 이유는, 자기가 여기에서 말한 것이 비단 데살로니가 교인들 가운데서만이 아니라 다른 모든 이들 가운데서도 자신들이 사역할 때의 일반적인 원칙이었다는 것을 보여 주기 위한 것이다.

즉, 사도와 그의 동역자들은 데살로니가 교회에서만이 아니라 어느 교회, 어느 지역에 가서 사역할 때에도 아첨하는 말을 하지도 않았고, 탐심의 의도를 가지고 사역하지도 않았으며, 사람들로부터 오는 영광을 구하여 일하지도 않았다는 것이다. 그들의 사역은 언제 어디서나 한결같았고 정직하였으며 진실하였다.

7. 우리는 그리스도의 사도로서 마땅히 권위를 주장할 수 있으나 도리어 너희 가운데서 유순한 자가 되어 유모가 자기 자녀를 기름과 같이 하였으니.

우리는 그리스도의 사도로서 마땅히 권위를 주장할 수 있으나. 이 구절의 헬라어 본문은 직역하면 "우리는 그리스도의 사도로서 무거운 짐이 될 수 있었다"가 되는데, 이것은 히브리적인 표현이다. 어떤 이들은 여기에서 "무거운 짐"이라는 말은 "권위"를 의미한다고 말한다. 이렇게 해석하는 경우에는, 사도는 이렇게 말한 것이 된다: "우리는 그리스도의 사도로서, 또는 그리스도의 종들로서 우리가 지닌 권위를 사용해서, 얼마든지 너희로 하여금 우리에게 더 큰 공경을 바치고 우리를 더 융숭하게 대접하도록 요구할 수 있었다." 왜냐하면, 모든 권위와 존귀에는 무게가 있어서, 사람들에게 무거운 짐, 즉 부담으로 작용하기 때문이다. 어떤 이들은 여기에서 "무거운 짐"은 부양하는 것을 의미한다고 말한다. 이렇게 해석하는 경우에는, 사도는 이렇게 말한 것이 된다: "그리스도께서는 자신의 사도들에게 사람들 가운데 신령한 것들을 심고서 육신적인 것들을 거둘 권세를 주셨기 때문에, 우리는 얼마든지 너희에게 우리가 먹고 쓸 것을 비롯해서 필요한 것들을 다 부담하여 우리를 부양하도록 요구할 수 있었다." 그리스도께서는 유대 땅에서 자신의 사도들을 처음으로 전도를 위하여 파송하실 때, 그들이 전도하는 사람들의 집에 머물며 그들이 주는 음식을 먹으라고 명하셨다. 고린도전서 9장을 보라. 그러나 사도와 그의 동역자들은 탐심과는 거리가 먼 사람들이었기 때문에, 자신들의 형편이 어려운 중에서도 자신들에게 적법하게 주어진 당연한 권리를 사용하지 않았고, 그들 자신의 영광을 구하는 것과는 거리가 먼 사람들이었기 때문에, 자신들에게 주어진 권위를 이용해서 그들 가운데서 영광과 존귀를 얻고자 하지 않았다. 사도는 디모데전서 5:17에서 "잘 다스리는 장로들은 배나 존경할 자로 알되 말씀과 가르침에 수고하는 이들에게는 더욱 그리할 것이니라"고 말하여, 믿는 자들은 복음 사역자들을 존경하고 부양하여야 한다고 역설하였으면서도, 정작 사도 일행은 사람들에게 폐를 끼치거나 부담을 주지 않기 위해서, 자신의 손으로 밤낮으로 수고하였다(살전 2:9).

도리어 너희 가운데서 유순한 자가 되어. 사도는 이번에는 데살로니가 교인들 가운데서 자신들이 어떻게 처신하였는지를 좀 더 적극적으로 설명하면서, 자신들이 그들 가운데서 "유순한 자"가 되어 행하였다는 점을 가장 먼저 언급한다. 여기에서

"유순한 자"로 번역된 '에피오이'(ἤπιοι)를, 라틴어 역본에서는 '네피오이'(νήπιοι)로 읽고서 "어린아이들"로 번역하였다: 유모가 자기 자신이 갓난아기가 되어서 자신의 갓난아기를 돌보고, 자기 자신이 어린아이가 되어서 자신의 어린아이들을 돌보듯이, 우리는 너희에게 어린아이들이 되었다. 이것은 성령의 열매들 중의 하나이다: "오직 성령의 열매는 사랑과 희락과 화평과 오래 참음과 자비와 양선과 충성과 온유와 절제니 이같은 것을 금지할 법이 없느니라"(갈 5:22-23). 어린아이 같은 유순함은 까다롭고 괴팍하며 엄하고 포악한 것과 반대되는 것으로서, 모든 사람, 특히 사역자들에게 요구되는 덕목이고(딤후 2:24, "주의 종은 마땅히 다투지 아니하고 모든 사람에 대하여 온유하며 가르치기를 잘하며 참으며"), 그리스도에게서 탁월하였던 덕목이었기 때문에, 이사야 선지자는 "그는 목자 같이 양 떼를 먹이시며 어린 양을 그 팔로 모아 품에 안으시며 젖먹이는 암컷들을 온순히 인도하시리로다 … 그는 외치지 아니하며 목소리를 높이지 아니하며 그 소리를 거리에 들리게 하지 아니하며 상한 갈대를 꺾지 아니하며 꺼져가는 등불을 끄지 아니하고"(사 40:11; 42:2-3)라고 예언하였다. 그렇기 때문에, 그리스도께서는 사마리아의 한 마을이 자신들을 받아들이지 않았을 때, 야고보와 요한이 발끈해서, "주여 우리가 불을 명하여 하늘로부터 내려 저들을 멸하라 하기를 원하시나이까"라고 말하자, 그들을 책망하셨다(눅 9:54-55). 어린아이 같은 유순함은 겸손함과 온유함과 인내로부터 나오고, 그 반대는 교만과 혈기와 제멋대로 방자하게 행하는 것이다. 어떤 경우에는 날카로움과 엄격함도 필요할 수 있기 때문에, 우리 믿는 자들은 지혜롭고 분별 있게 처신하여야 한다. 우리는 사도가 지금 믿음을 가진 지 얼마 되지 않은 데다가 박해의 시련 가운데 있는 데살로니가 교인들에게 이렇게 말하고 있다는 것을 기억할 필요가 있다. 유다서 1:22-23에서 "어떤 의심하는 자들을 긍휼히 여기라 또 어떤 자를 불에서 끌어내어 구원하라 또 어떤 자를 그 육체로 더럽힌 옷까지도 미워하되 두려움으로 긍휼히 여기라"고 말하였듯이, 우리는 사도가 배교자들과 완악한 죄인들에 대해서는 종종 엄하고 가차 없이 대하는 것을 발견한다.

유모가 자기 자녀를 기름과 같이 하였으니. 사도는 자신들이 사역할 때에 보여 준 유순함을 유모가 자기 자녀들을 기를 때에 보여 주는 유순함에 비유한다. 여기에서 "유모"는 고용된 유모가 아니라 젖먹이를 키우는 어머니를 가리킨다. 젖먹이를 둔 어머니는 갓난아기가 제멋대로 행하고 온갖 투정을 다 부려도 다 품어 주고, 온갖 뒤치다꺼리를 다하며 돌보아 주며, 아기를 자신의 품에 품고 젖을 물리며, 금지옥

엽처럼 온 정성과 사랑을 다해서 자신의 젖먹이를 키워낸다. 옛적에 모세는 그런 갓난아이 같은 이스라엘 백성을 자기에게 맡기신 여호와를 향하여 이렇게 투정을 부린다: "이 모든 백성을 내가 배었나이까 내가 그들을 낳았나이까 어찌 주께서 내게 양육하는 아버지가 젖 먹는 아이를 품듯 그들을 품에 품고 주께서 그들의 열조에게 맹세하신 땅으로 가라 하시나이까." 어머니가 자신의 갓난아이를 그렇게 돌보는 것은 어떤 이득을 얻기 위한 것이 아니라, 순전히 모정 때문이다. 사도는 데살로니가 교인들에게 "우리가 너희 가운데서 유모처럼 유순한 자가 되었다"고 말한다. 사도가 그들을 회심시켜서 그리스도께로 인도하였을 때, 사도는 그들의 영적인 아버지였지만, 그의 유순함은 자신의 젖먹이 자녀를 기르는 어머니가 보여 주는 그런 유순함이었다. 사도는 그들이 믿은 지 얼마 되지 않아서 그들의 믿음이 연약하다는 사실을 배려해서, 그들을 품어 주었다. 그런데다가, 연약한 것들 투성이였던 초신자들인 그들에게 시험들과 환난들까지 닥쳤기 때문에, 사도는 그런 그들을 불쌍히 여기지 않을 수 없었고, 그래서 더욱더 복음 진리의 순전한 젖으로 그들을 소중히 먹였다. 하지만 사도는 결코 어떤 이득을 위해서가 아니라, 그들에 대한 진실한 사랑과 자원하는 마음으로 그렇게 한 것이었다. 우리가 여기에서 "유모"로 번역한 '트로포스'(τρόφος)는 "먹이는 자"라는 뜻으로서 좀 더 일반적인 의미를 지니기 때문에, 어떤 이들은 사도는 짐승들, 특히 새끼를 부화시키는 새들이 자신의 따뜻한 체온으로 어린 새끼를 품는 모습을 이 단어로 표현하고자 한 것이라고 말하기도 한다. 욥기 39:14을 보라.

8. 우리가 이같이 너희를 사모하여 하나님의 복음뿐 아니라 우리의 목숨까지도 너희에게 주기를 기뻐함은 너희가 우리의 사랑하는 자 됨이라.

우리가 이같이 너희를 사모하여 하나님의 복음뿐 아니라 우리의 목숨까지도 너희에게 주기를 기뻐함은. 사도는 여기에서도 계속해서 자신들이 그들 가운데서 어떻게 행하였는지를 설명하는데, 앞 절에서는 자신들이 스스로 낮아져서 정말 온유하고 유순하게 유모처럼 행하였음을 보여 주었다면, 여기에서는 그들에 대한 자신들의 사랑이 얼마나 큰지를 보여 준다. 먼저, 사도는 지금 자신들이 그들을 얼마나 사모하는지에 대하여 말한다. "사모한다"는 것은 어떤 대상을 간절하게 바라고 사랑한다는 것이다. 사도와 그의 동역자들이 데살로니가 교인들에게 간절히 바라는 것은, 처음에는 그들이 믿어서 구원의 길로 들어서는 것이었고, 그 후에는 그들이 믿음을 끝까지 지키는 가운데 계속해서 성장해 나가서 그 구원을 이루는 것이었다. 사도가 원한 것은 그들이 가진 것이 아니라 바로 그들 자신이었다. 바울은 다른 곳에서 "우리는 너희의 가진 것이 아니라 너희를 구한다"고 말한다. 두 번째로, 사도는 자신들은 그들을 너무나 사랑하기 때문에, 그들에게 복음을 나누어 주어 구원을 받게 하고자 한 것이라고 말하는데, 그것을 두 가지로 나누어서 자세하게 설명한다:

(1) 사도는 자신들이 이 일을 단지 필요에 의해서 어쩔 수 없어서, 또는 다른 속셈을 가지고 한 것이 아니라, 자원해서 한 것이라고 말한다. 여기에서 "기뻐하다"로 번역된 '유도쿠멘'(εὐδοκοῦμεν)은 그런 의미이다: 우리가 너희에게 복음을 전한 것은, 우리 마음에서 원했기 때문이고, 우리가 그렇게 하기를 기뻐하였기 때문이다. (2) 사도는 자신들이 그들에게 자신들의 목숨까지도 기꺼이 내어 주고자 하였다고 말한다. 즉, 사도행전 16장이 보여 주듯이, 그들은 자신들의 목숨을 걸고 죽기를 각오하고 그들에게 복음을 전한 것이라고 말하고 있는 것이다. 여기에서 "목숨"으로 번역된 단어는 영혼을 의미하기도 한다. 다른 사람을 위해 죽는 사람은 자기 목숨을 그 사람에게 주는 것이다. 또는, 사도가 데살로니가전서 2:9에서 "형제들아 우리의 수고와 애쓴 것을 너희가 기억하리니 너희 아무에게도 폐를 끼치지 아니하려고 밤낮으로 일하면서 너희에게 하나님의 복음을 전하였노라"고 말하고 있듯이, 이것은 사도 일행이 그들을 위해 목숨이 위태로울 정도로 곤경들을 겪고 힘에 지나도록 수고하였다는 것을 가리키는 것일 수도 있다. 어떤 이들은 이것은 단지 사도와 그의 동역자들이 그들에 대하여 얼마나 큰 사랑을 지니고 있는지를 표현한 것일 뿐이라고 생각한다. 사람은 자기가 온 마음을 다해 사랑하는 사람에게 자신의 목숨을 "나누어 준다"(한글개역개정에는 "주다"로 번역됨). 우리가 곤경에 처한 어떤 사람을 사랑하고 불쌍히 여겨서, 그를 그 곤경에서 건져 준다면, 우리는 그 사람에게 우리의 목숨을 "나누어 주는" 것이다. 사도 일행은 그런 식으로 데살로니가 사람들에게 복음을 전하였다. 로마서 12:8에서는 육신의 궁핍을 채워 주는 것을 주는 데 "나누어 준다"는 표현을 사용하는데, 복음은 영혼의 궁핍을 채워 주는 생명의 떡이기 때문에, 사도는 복음에 대해서도 이 표현을 사용해서, 로마서 1:11에서 "내가 너희 보기를 간절히 원하는 것은 어떤 신령한 은사를 너희에게 나누어 주어 너희를 견고하게 하려 함이니"라고 말한다. 또한, 사도는 여기에서 앞에서 말한 "유모," 즉 젖먹이를 기르는 어머니를 염두에 두고서 이 표현을 사용한 것일 수 있다. 왜냐하면, 젖먹이를 기르는 어머니는 자신의 어린 자녀를 너무나 사랑하고 소중히 여겨서, 다른 음식들은 물론이고, 자신의 피라고도 할 수 있는 "젖"까지 자기 아기에게 주기 때문이

다.

너희가 우리의 사랑하는 자 됨이라. 사도는 데살로니가 교인들이 자신들이 사랑하고 소중히 여긴 사람들이었다고 말한다. 여기에서 사도는 그들에 대한 자신들의 사랑이 자신들이 온갖 위험과 수고를 무릅쓰고 그들에게 복음을 전한 이유임을 좀 더 분명하게 밝힌다. 즉, 사도는 자신들이 그들 가운데서 어떻게 행하고 처신하였는지에 대하여 자기가 앞에서 말한 모든 것이 전부 다 "사랑"으로부터 나온 것이라고 말하고 있는 것이다.

9. 형제들아 우리의 수고와 애쓴 것을 너희가 기억하리니 너희 아무에게도 폐를 끼치지 아니하려고 밤낮으로 일하면서 너희에게 하나님의 복음을 전하였노라.

우리의 수고와 애쓴 것을 너희가 기억하리니. 사도는 자기가 앞에서 말했던 것들, 즉 자신들은 그들에게 복음을 전할 때에 탐심이나 헛된 영광 같은 것들을 구하지 않고 올바르고 정직하게 행하였으며, 그들에 대한 큰 사랑을 가지고 행하였다는 것을 확실히 해 두기 위해서, 그들의 기억에 호소한다. 여기에서 "수고"로 번역된 단어는, 단순히 어려운 일들을 겪은 것을 의미할 뿐만 아니라, 염려하고 걱정하며 노심초사한 것을 의미한다. 어떤 이들은 여기에서 "애쓴 것"으로 번역된 단어를 앞에 나온 "수고"라는 단어와 구별해서, 힘에 지나고 녹초가 되도록 행한 것을 의미하는 것으로 본다.

너희 아무에게도 폐를 끼치지 아니하려고 밤낮으로 일하면서 너희에게 하나님의 복음을 전하였노라. 이것은 사도 일행이 자신들의 먹을 것과 쓸 것을 충당하기 위하여 육체적인 노동을 하였다는 것을 보여 준다. 사도행전 18:3에서는 바울이 고린도에서는 천막을 만드는 일을 하며 복음을 전하였다고 말하고 있지만, 데살로니가에서도 그렇게 하였다는 것은 사도행전에 나오지 않는다. 사도는 자기가 사역한 교회들에 의해서 부양을 받을 마땅한 권리가 있었음에도 불구하고(고전 9장), 교회가 가난한 경우에는, 자기가 부양을 받게 되면, 신자들이 오해하여 구설수에 오를 수도 있었기 때문에, 그런 일을 미연에 방지하기 위해서 교회로부터 부양 받기를 거절하였다. 교황주의자들은 사도가 교회로부터의 부양을 거절한 것은 여분의 공덕(work of supererogation)이었다고 말하지만, 그런 주장은 터무니없다. 왜냐하면, 그러한 경우들에 있어서 사도가 자신의 사역의 존귀함을 고려해서 그렇게 행한 것은 사도로서 마땅한 도리였기 때문이다. 그러므로 이 본문을 근거로 해서, 사역자들은 그 어떤 경우에도 자신의 손으로 일해서 생계를 해결해서는 안 된다거나, 사역자들은 언제나 스스로 일해서 생계를 해결하는 가운데 값없이 복음을 전하여야 한다는 것을, 모든 사역자들이 지켜야 할 하나의 일반적인 규범으로 제시하는 것은 잘못된 것이다. 하지만 사도는 자신들이 그들을 위하여 밤낮으로 수고하고 애쓴 것을 잊지 않은 그들을 칭찬한다.

"밤낮으로"는 사도 일행이 한편으로는 자신들의 먹을 것과 쓸 것을 마련하고, 다른 한편으로는 복음을 전하기 위하여, 불철주야로 얼마나 부지런히 눈코 뜰 새 없이 행하였는지를 잘 보여 준다(살전 3:10; 시 1:2; 눅 2:37). 사도가 데살로니가후서 3:8에서 "누구에게서든지 음식을 값없이 먹지 않고 오직 수고하고 애써 주야로 일함은 너희 아무에게도 폐를 끼치지 아니하려 함이니"라고 말한 것처럼, "밤낮으로"라는 표현은 사도 일행이 낮에는 물론이고 밤의 일부까지도 육체적인 노동을 했다는 것을 의미하는 것일 수는 있지만, 우리는 사도 일행이 밤낮으로 하루 종일 육체적인 노동을 한 것으로 이해해서는 안 된다. 만일 그렇게 했다면, 사도가 이 절의 끝부분에서 "너희에게 하나님의 복음을 전하였노라"고 말하고 있는 것과는 달리, 사도 일행은 데살로니가 사람들에게 복음을 전할 시간을 낼 수 없었을 것이기 때문이다. 어쨌든, 사도 일행은 데살로니가 교인들 중 그 누구로부터도 금전을 받지 않았고, "아무에게도" 폐를 끼치지 않고자 하였다. 왜냐하면, 가난한 자들은 약간의 금전을 부담한다고 하여도, 그것이 그들에게는 큰 부담이 되었을 것이고, 부자들은 어떤 식으로든 금전적인 부담을 지지 않으려고 했을 것인 까닭에, 사도 일행을 부양하는 것을 부담스럽게 여겼을 것이기 때문이다.

10. 우리가 너희 믿는 자들을 향하여 어떻게 거룩하고 옳고 흠 없이 행하였는지에 대하여 너희가 증인이요 하나님도 그러하시도다.

앞 절들은 사도 일행이 복음 사역을 수행하면서 어떻게 처신하고 행하였는지를 설명한 것이라면, 이 절에는 그들이 그리스도인으로서 어떠한 행실을 보였는지가 나온다. 사도는 자기를 비롯한 자신의 동역자들은 하나님과 관련해서 "거룩하게" 행하였고, 사람들에 대한 도리들이나 본분들과 관련해서는 "옳게" 행하였으며, 그 누구로부터도 비난 받을 빌미를 완전히 없애기 위해서 그들에게 합법적으로 주어진 권리나 자유조차도 사용하지 않고 사양하였다는 점에서 "흠 없이" 행하였다고 말한다.

사도는 이렇게 말한 후에, 자기가 한 말이 진실임을 강조하기 위해서, 데살로니가 교인들이 그 증인들이라고 말하고, 거기에서 한 걸음 더 나아가서 하나님도 그 증인이시라는 말을 덧붙인다. 어떤 일에 대한 증인으로는 우선 증인인 사람들이 있고, 다음으로는 사람 증인보다 더 중요한 양심이라는 증인이 있으며, 모든 증인 중에서 가장 중요한 증인이신 하나님이 계신다(요일 3:20). 사도는 자신들이 외적으로 행한 행위들에 대한 증인들로 데살로니가 교인들을 내세우고, 자신들의 마음이 올바르고 흠이 없고 순전하였다는 것을 증언해 줄 증인으로는 하나님을 내세운다. 사도가 이런 말을 한 것은, 자신들을 자랑하기 위한 것이 아니었고, 데살로니가 교인들에게 하나의 "본"을 제시함과 동시에, 자신들의 사역이 그들 가운데서 큰 성공을 거둔 이유 중의 하나를 설명하기 위한 것이었다. 사역자들의 행실은 그들의 수고의 성공 여부에 큰 영향을 미친다.

11. 너희도 아는 바와 같이 우리가 너희 각 사람에게 아버지가 자기 자녀에게 하듯 권면하고 위로하고 경계하노니.

사도행전 20:20에서 "유익한 것은 무엇이든지 공중 앞에서나 각 집에서나 거리낌이 없이 여러분에게 전하여 가르치고"라고 말하였듯이, 사도는 공적인 사역 외에도, 데살로니가 교인들을 좀 더 사적으로 만나서 권면하고 위로하고 경계하였다. 즉, 그들 중에서 정신을 좀 차려야 할 자들에게는 간곡하게 권면해서 일깨워 주었고, 안팎으로 환난과 어려움에 처한 자들에게는 위로의 말을 전하여 힘을 낼 수 있게 해 주었다. 사도는 "아버지가 자기 자녀에게 하듯," 한편으로는 그들을 사랑하는 마음으로 그들의 아픔을 함께 나누며 진심을 담아서 간곡하게, 다른 한편으로는 사도로서의 권위를 유지하는 가운데, 그들을 권면하고 위로하였다.

사도는 앞에서는 자신을 어머니에 비유하였었는데(살전 2:7, "너희 가운데서 유순한 자가 되어 유모가 자기 자녀를 기름과 같이 하였으니"), 여기에서는 가정에서 사사로이 자녀들에게 권면하고 조언하며 위로하는 역할을 맡은 "아버지"에 비유한다. 사도는 고린도전서 4:15에서 고린도 교인들과 관련해서, "그리스도 안에서 일만 스승이 있으되 아버지는 많지 아니하니 그리스도 예수 안에서 내가 복음으로써 너희를 낳았음이라"고 말한 것처럼, 그리스도 안에서 복음으로 데살로니가 교인들을 낳은 그들의 영적인 아버지였기 때문에, 그들을 공적으로만이 아니라 사적으로도 돌보는 것이 마땅한 일이었다. 사도는 앞에서는 자기가 그들 가운데서 "유순한 자"가 되었다고 말하였듯이, 여기에서는 자기가 아버지의 자상함으로 그들을 세심하게 돌보았다고 말한다. 또는, 이것은 사도가 그들이 처음으로 회심하였을 때에는 자기가 어머니 같은 유순한 자가 되어 그들을 돌보았지만, 나중에는 아버지의 권위로써 그들을 돌보았다고 말한 것일 수도 있다.

여기에서도 사도는 자기가 그렇게 하였다는 것을 그들 자신이 더 잘 안다고 말하며, 그들의 양심을 자기가 한 말이 진실이라는 것을 증명해 줄 증인으로 내세우는데, 이것은 그들로 하여금 자기가 여기에서 한 말을 더 깊이 마음에 새기게 하기 위한 것이다.

12. 이는 너희를 부르사 자기 나라와 영광에 이르게 하시는 하나님께 합당히 행하게 하려 함이라.

헬라어 본문에서 이 절은 흠정역과 한글개역개정에서 앞 절에 나온 "경계하노니"로 시작된다. "경계하다"로 번역된 '마르튀로메노이'(μαρτυρόμενοι)는 "증언하다"를 의미하는데, 어떤 이들은 "간청하다"로 해석하고, 어떤 이들은 출애굽기 19:21에서 하나님께서 모세에게 "내려가서 백성을 경고하라 백성이 밀고 들어와 나 여호와에게로 와서 보려고 하다가 많이 죽을까 하노라"고 말씀하신 예에서 보여 주듯이, 경고의 의미를 담은 엄중한 당부를 가리키는 것으로 해석한다. 이 단어는 여기에서 사도가 하나님을 증인으로 세우는 가운데 하나님의 이름으로 그들에게 엄중하게 당부하는 것을 의미한다.

이는 … 하나님께 합당히 행하게 하려 함이라. "하나님께 합당히 행한다"는 것은, 하나님이 어떤 분이신가에 걸맞게, 즉 참되시고 살아 계신 하나님에 걸맞게 행하는 것을 의미한다: 너희는 그러한 하나님께 속한 백성답게 행하여, 너희의 행실을 통해서 이 하나님의 그러한 덕목들을 드러내는 것이 마땅하다(벧전 2:9, "너희는 택하신 족속이요 왕 같은 제사장들이요 거룩한 나라요 그의 소유가 된 백성이니 이는 너희를 어두운 데서 불러 내어 그의 기이한 빛에 들어가게 하신 이의 아름다운 덕을 선포하게 하려 하심이라"). 또는, 이것은 데살로니가 교인들이 하나님으로부터 사도가 앞에서 말한 것과 같은 큰 긍휼하심과 영광스러운 특권들을 받은 자들에 걸맞게 행하여야 한다는 뜻일 수도 있다.

너희를 부르사 자기 나라와 영광에 이르게 하시는. 이 구절은 "너희를 자기 나라와 영광 속으로 부르고 계시는"으로 번역할 수도 있다. 우리는 여기에서 하나님의 "나라와 영광"은 장차 그들에게 주어질 천국을 가리키는 것으로 이해하여야 한다. 그들은 아직 천국을 소유하지는 못했지만, 하나님께서는 복음으로 그들을 천국으로 부르셨다(빌 3:14; 벧전 5:10, "모든 은혜의 하나님 곧 그리스도 안에서 너희를 부르사 자기의 영원한 영광에 들어가게 하신 이"). 또는, 이 구절은 흠정역처럼 "너희를 자기 나라와 영광 속으로 부르신"으로 읽을 수도 있다. 이렇게 읽는 경우에는, 사도는 그들이 복음의 부르심을 믿고 순종하였기 때문에, 그 이후로 현재까지도 하나님의 나라와 영광 속으로 이미 들어가 있다고 말하고 있는 것이 된다. "자기 나라와 영광"은, 하나님의 영광, 특히 하나님의 은혜와 긍휼과 사랑과 지혜가 밝게 빛나고 있는 "하나님의 영광스러운 나라"를 의미하는 것일 수 있다. 따라서 사도는 하나님께서 그리스도인들을 부르신 것을 "하나님이 위에서 부르신 부름"(빌 3:14)이라고 표현하기도 하고, "하늘의 부르심"(히 3:1)이라고 표현하기도 한다. 사도는 데살로니가 교인들이 하나님의 부르심을 받아서 사탄의 나라에서 벗어나서 이 영광스러운 나라 속으로 들어간 자들이기 때문에, 평소의 행실에서 하나님과 이 부르심에 합당하게 행하고(엡 4:1; 골 1:10), 그들이 이미 들어간 이 영광스러운 나라의 법을 따라 행하며, 그들이 장차 들어가게 될 천국의 영광에 합당하게 행하라고 당부한다.

13. 이러므로 우리가 하나님께 끊임없이 감사함은 너희가 우리에게 들은 바 하나님의 말씀을 받을 때에 사람의 말로 받지 아니하고 하나님의 말씀으로 받음이니 진실로 그러하도다 이 말씀이 또한 너희 믿는 자 가운데에서 역사하느니라.

이러므로 우리가 하나님께 끊임없이 감사함은. 사도는 자신과 자신의 동역자들이 어떻게 행하고 처신했기에, 자신들이 그들 가운데서 전한 복음이 큰 열매를 맺게 된 것인지를 지금까지 설명하고 난 후에, 다음으로 이번에는 데살로니가 교인들이 어떻게 했기에, 복음이 그들 가운데서 큰 성공을 거둘 수 있게 된 것인지에 대하여 설명하기 시작하면서, 먼저 그들이 그렇게 행한 것에 대하여 자신들은 하나님께 끊임없이 감사하고 있다는 말을 꺼내는 것으로 운을 뗀다. 하지만 복음이 그들 가운데서 큰 성공을 거두게 된 것은 일차적으로 하나님으로 말미암은 것이기 때문에, 사도가 앞에서 설명한 자기와 자신의 동역자들의 처신이나 이 절에서 말하고 있는 데살로니가 교인들의 처신은 부차적인 이유들일 수밖에 없다.

너희가 우리에게 들은 바 하나님의 말씀을 받을 때에 사람의 말로 받지 아니하고. (1) 그들은 복음을 "들었다." 어떤 사람들은 복음을 들으려고 하지 않는다. 그러므로 사도는 여기에서 그들이 들은 복음을 "너희가 우리에게 들은 바 하나님의 말씀"이라고 부른다. 이것은 사도가 로마서 10:17에서 "믿음은 들음에서 나며 들음은 그리스도의 말씀으로 말미암았느니라"고 말하고 있는 것처럼, 히브리적인 어법이다. (2) 그들은 복음을 "받았다." 여기에서 "받았다"로 번역된 단어는, 요셉이 동정녀 마리아를 기꺼이 자신의 아내로 맞이하였다는 것을 표현하기 위하여 사용된 예에서 알 수 있듯이(마 1:20), 자원하는 마음과 기쁨으로 기꺼이 받아들였다는 것을 의미한다. (3) 그들은 복음을 "사람의 말로 받지 않았다." 만일 그들이 복음을 사람의 말로 받았더라면, 종종 복음에 대해서 의문이나 이의를 제기하였을 것이다. 또는, 이것은 데살로니가 교인들이 어떤 철학의 가르침들처럼 이성을 근거로 해서, 또는 사람들의 소문을 근거로 해서 단지 인간적인 믿음을 갖게 된 것이 아니라, 하나님의 역사와 권위를 근거로 해서 믿음을 갖게 된 것임을 의미하는 것일 수도 있고, 그들이 복음을 전하는 자의 학식이나 뛰어나고 훌륭한 언변으로 인해서, 거기에 감탄하고 감동해서 하나님의 말씀을 받아들인 것이 아니라는 의미일 수도 있으며, 교황주의자들이 주장하는 것과는 달리, 교회가 복음을 하나님의 말씀으로 믿기 때문에, 그들도 그렇게 믿게 된 것이 아니라는 의미일 수도 있다.

하나님의 말씀으로 받음이니. 사도는 데살로니가 교인들이 자신들이 전한 복음을 하늘로부터 온 말씀으로 여기고서, 경외하는 마음으로 거기에 순종하여 기꺼이 받아들여서, 하나님으로부터 온 믿음을 가지게 되었다고 말한다. 사도는 이러한 단언을 일종의 삽입문처럼 여기에 끼워 넣는다. **진실로 그러하도다.** 이것은 그들이 진정으로 그렇게 하였다는 의미이다. 사도는 그들에게 하나님의 말씀을 전하였고, 그들은 사도가 전한 복음을 진정으로 하나님의 말씀으로 받았다. 사도는 이런 이유로 인해서 하나님께 감사한다. 사도는 앞에서 하나님의 말씀이 데살로니가 교인들 가운데서 크게 역사한 부차적인 이유들을 언급한 후에, 이제 그 일차적이고 주된 이유, 즉 하나님과 관련된 이유를 언급한다. 어떤 사람이 복음을 하나님의 말씀으로 받았다면, 그것은 전도자나 설교자가 유능했기 때문이 아니라, 전적으로 하나님으로부터 말미암은 역사이다. 그러므로 사역자들이 자신들이 전한 복음을 사람들이 하나님의 말씀으로 받아서 믿음을 갖게 되는 것을 보는 것은 하나님께 크게 감사해야 할 제목이 된다. 왜냐하면, 그러한 역사는 하나님의 은혜 없이는 이루어질 수 없는 일이기 때문이다. 따라서 사역자들은 자신들의 사역의 열매가 나타난 것을 볼 때, 즉시 그 일로 인하여 하나님께 감사를 드리는 것이 마땅하다.

이 말씀이 또한 너희 믿는 자 가운데에서 역사하느니라. 사도는 하나님의 강력한 역사를 통상적으로 "역사하다"라는 말로 표현하고(엡 1:19; 빌 2:13), 사탄의 역사도 그런 식으로 표현한다(엡 2:2, "지금 불순종의 아들들 가운데서 역사하는 영이라"). 라틴어에서 "귀신 들린 자들"을 '에네르구메니'(energumeni)라고 하는데, 이 라틴어는 여기에서 사용된 "역사하다"로 번역된 헬라어와 그 어원이 동일한데, 이 단어들은 둘 다 초자연적인 어떤 힘의 작용이라는 뉘앙스를 지닌다. 즉, 사람들이 복음을 하나님의 말씀으로 믿고 받아들인 곳에서는, 하나님의 초자연적인 능력이 실효적으로 작용해서, 사람들 가운데서 사랑과 회개, 자기부인과 옛 본성의 죽어짐, 위로와 평강의 역사가 이루어지게 된다는 것이다. 사도는 앞에서 데살로니가 교인들이 "믿음의 역사와 사랑의 수고와 소망의 인내"(살전 1:3)를 보여 주고 있다고 말한 바 있는데, 그들에게 나타난 그 모든 것들은 그들이 복음을 하나님의 말씀으로 받아서 그들의 마음에 간직하였기 때문이다.

14. 형제들아 너희가 그리스도 예수 안에서 유대에 있는 하나님의 교회들을 본받은 자 되었으니 그들이 유대인들에게 고난을 받음과 같이 너희도 너희 동족에게서 동일한 고난을 받았느니라.

너희가 그리스도 예수 안에서 유대에 있는 하나님의 교회들을 본받은 자 되었으니. 이 절의 처음 부분에 "왜냐하면"으로 번역될 수 있는 헬라어 접속사 '가르'가 나오는 것이 보여 주듯이, 사도는 앞 절에서 자기가 단언한 것이 사실임을 여기에서 증명한다. 즉, 데살로니가 교인들은 "유대에 있는 하나님의 교회들을 본받은 자"가 되었는데, 이것은 그들 가운데서 하나님의 말씀이 능력으로 역사하였다는 것이 사실임을 보여 준다는 것이다. 유대인들의 대부분은 예수 그리스도를 믿지 않았지만, 그래도 많은 유대인들이 복음을 받아들여 믿었고, 그 결과 유대에도 교회들이 생겨났다는 것을 사도행전이 잘 보여 준다. 전에는 단 하나의 국가 교회가 있었을 뿐이었지만, 복음 시대에는 많은 교회들이 존재하게 되었다. 믿는 유대인들은 그리스도를 믿는 자들로서, 성령의 역사를 통해서 그리스도의 이름으로 함께 모여 교회를 이루었기 때문에, "그리스도 예수 안에 있는 하나님의 교회들"로 불린다. 그런데 데살로니가 교인들도 이제 유대의 교회들을 "본받은 자들," 또는 따르는 자들, 또는 그 교회들과 동일한 상황을 겪는 자들이 되었다. 유대 교회들은 가장 먼저 생겨났고, 이방 교회들은 그 뒤를 따랐기 때문에, 후자는 전자의 믿음과 예배와 질서를 따랐고, 전자가 고난 속에서 인내로써 믿음을 지킨 것도 그대로 본받았다.

너희도 너희 동족에게서 동일한 고난을 받았느니라. 복음을 믿은 유대인들은 자신들의 동족인 믿지 않는 유대인들로부터 고난을 받았듯이, 데살로니가 교인들도 마찬가지로 자신들의 동족으로부터 고난을 받았다. 그러나 사도가 여기에서 "너희 동족"이라고 말한 것이, 오직 당시에 데살로니가에 기주하였던 이방인들만을 가리키는 것인지, 아니면 거기에서 태어나서 거주한 유대인들까지 포함해서 말한 것인지는 확실하지 않다. 왜냐하면, 사도행전 17장에 언급된 데살로니가에서의 그리스도인들에 대한 박해는 주로 유대인 회당에서 촉발되기는 했지만, 이방인들도 그 박해에 동조하였을 수도 있기 때문이다.

그들이 유대인들에게 고난을 받음과 같이. 데살로니가 교회는 유대 교회 "같이" 고난을 받았다. 즉, 그들은 히브리서 10:32-34에서 사도가 말한 것과 같은, 유대 교회가 전에 받았던 것과 동일한 종류의 박해를 동일한 이유로 인해서 받았고, 그 박해 가운데서도 유대 교회와 마찬가지로 동일한 기쁨과 변함없는 믿음과 담대함을 보여 주었다. 여기에서 마태복음 10:36에서 그리스도께서 "사람의 원수가 자기 집안 식구리라"라는 말씀이 성취되었다.

15. 유대인은 주 예수와 선지자들을 죽이고 우리를 쫓아내고 하나님을 기쁘시게 하지 아니하고 모든 사람에게 대적이 되어.

유대인은 주 예수와 선지자들을 죽이고 우리를 쫓아내고. 믿는 유대인들이 동족에 의해서 박해를 당하고, 뒤이어 너희도 너희 동족에 의해서 박해를 당한 것은 전혀 이상한 일이 아니다. 왜냐하면, 믿지 않는 유대인들은 예수를 보고 "십자가에 못 박으소서 십자가에 못 박으소서"(요 19:6)라고 소리 지르며, 빌라도의 손을 빌려서 주 예수를 죽인 자들이었기 때문이다. 그리스도께서 죽으신 것은 하나님께서 미리 정해 두신 계획에 따라 된 일이긴 하였지만, 유대인들은 독한 악의를 품고서 로마의 세력을 부추겨 그리스도를 죽였다. 우리 주님께서는 마태복음 21:38에서 포도원 비유를 통해서 농부로 비유된 유대인들이 "그 아들을 보고 서로 말하되 이는 상속자니 자 죽이고 그의 유산을 차지하자"고 말하였다고 말씀하신다.

믿지 않는 유대인들은 하나님께서 특별히 그들에게 보내신 선지자들, 곧 그들과 같은 동족인 선지자들까지 죽인 자들이었다. 따라서 그들이 자신들과 같은 동족인 믿는 유대인들을 박해한 것은 새삼스러울 것도 없는 일이었다. 바울을 박해한 유대인들은 선지자들을 죽인 바로 그 유대인들이었던 것은 아니었지만, 그 유대인들과 동일한 민족이자 동일한 혈통과 동일한 영을 물려받은 자들이었다. 그래서 우리 구주께서는 마태복음 23:31에서 "너희가 선지자를 죽인 자의 자손임을 스스로 증명하고" 있다고 말씀하신다. 하나님의 종들과 사람들을 박해하는 영은 유대인들에게는 대대로 물려받은 것이어서 너무나 자연스러운 것이었다. 그들의 왕들도 그런 죄를 범하였고, 그들의 제사장들도 그런 죄를 범하였으며, 그들의 거짓 선지자들도 그런 죄를 범하였고, 일반 백성들도 그런 죄를 범하였다. 하나님께서는 세상의 그 어떤 민족보다도 자신의 선민인 유대 민족에게 더 많은 기대를 거셨지만, 유대인들은 하나님의 기대를 무참히 짓밟아 버리고, 그렇게 행하였다. 그들이 바울을 비롯한 믿는 유대인들을 박해한 것은, 단지 사도 바울이 그들에게 새로운 교훈이나 예배를 전하였기 때문이 아니었다. 왜냐하면, 그들은 이전에도 그들의 동족인 선지자들을 죽인 자들이었기 때문이다. 그들은 믿는 자들을 박해한 진짜 이유는 그들이 육신의 정욕을 사랑하고, 책망을 싫어하고, 거룩함을 미워하였기 때문이었다. 실제로 그리스도께서는 마태복음 23:37에서 "예루살렘아 예루살렘아 선지자들을 죽이고 네게 파송된 자들을 돌로 치는 자여 암탉이 그 새끼를 날개 아래에 모음 같이 내가 네 자녀를 모으려 한 일이 몇 번이더냐 그러나 너희가 원하지 아니하였도다"라고 유대인들을 책망하시면서, 나중에 그들이 믿는 자들을 박해하게 되리라는 것을 예언하신다: "내가 너희에게 선지자들과 지혜 있는 자들과 서기관들을 보내매 너희가 그 중에서 더러는 죽이거나 십자가에 못 박고 그 중에서 더러는 너희 회당에서 채찍질하고 이 동네에서 저 동네로 따라다니며 박해하리라"(마 23:34).

하나님을 기쁘시게 하지 아니하고. 사도는 여기에서 완서법(meiosis)을 사용해서, "하나님을 노하시게 하고"라고 말할 것을 "하나님을 기쁘시게 하지 아니하고"로 표현한다. 따라서 이것은 믿지 않는 유대인들이 하나님을 미워하는 자들이 되어서 하나님을 크게 노하시게 하여, 하나님으로부터 미움을 받고 배척당하는 자들이 되었다는 것을 의미한다. 하나님께서는 이 세상에서 오직 유대 민족만을 자신의 백성으로 택하셔서, 율법을 주시고, 자기를 예배하게 하셨기 때문에, 어느 모로 보나 유대인들은 세상의 다른 그 어떤 민족보다도 하나님을 기쁘시게 해드리는 것이 마땅하였지만, 도리어 하나님을 크게 노하시게 하는 민족이 되어 버렸다. 그들은 자신의 부패하고 왜곡된 마음과 생각 속에서, 복음과 사도들을 박해하는 것이 하나님을 기쁘시게 하는 일이라고 생각하는 망상에 빠져서(요 16:2), 하나님을 크게 진노하시게 하는 일을 저질렀다.

모든 사람에게 대적이 되어. 유대인들의 그러한 행위는 그들의 예배와 율법과 관습을 거스르는 것이었다. 또는, 이것은 유대인들이 그런 식으로 행하여서, 인류의 구원을 위하여 예정된 복음의 전파를 방해한 것은, 모든 사람을 거스르고 모든 사람에 대하여 대적이 되는 행위였다는 뜻일 수도 있다. 이렇게 유대인들은 오직 자신들만이 하나님의 선민으로서 의롭다고 여기고 세상의 다른 모든 민족들을 다 멸시하였기 때문에, 도처에서 반역과 소요를 일으키고, 이방인들과 사이좋게 지내기를 거부하였다.

16. 우리가 이방인에게 말하여 구원받게 함을 그들이 금하여 자기 죄를 항상 채우매 노하심이 끝까지 그들에게 임하였느니라.

우리가 이방인에게 말하여 구원받게 함을 그들이 금하여. 유대인들이 모든 사람에게 대적이 되어 행하는 모습은, 특히 사도들이 인류의 대다수를 차지하고 있는 이방인들에게 복음을 전하는 것을 그들이 금지한 것에서 더욱 뚜렷하게 드러났다. 유대인들은 사도들이 동족인 유대인들에게 복음을 전하는 것을 반대하고 금지하였을 뿐만 아니라, 이방인들에게 복음을 전하는 것까지 금지하였다. 왜냐하면, 유대인들은 이방인들이 하나님의 교회로 들어오거나 하나님의 특별한 은총을 받게 되는 것을 도저히 용납할 수 없었기 때문이었다. 이것은 예수께서 회당에서 설교하시면서, 이스라엘 사람들은 구원을 받지 못하였고 이방인들이 하나님의 구원을 받았다고 말씀하시자, "회당에 있는 자들이 이것을 듣고 다 크게 화가 나서"(눅 4:28) 예수를 죽이고자 한 것과, 사도가 예루살렘에서 하나님께서 "나더러 또 이르시되 떠나가라 내가 너를 멀리 이방인에게로 보내리라 하셨느니라"고 유대인들 앞에서 말하자, 그들이 "듣다가 소리 질러 이르되 이러한 자는 세상에서 없애 버리자 살려 둘 자가 아니라"고 한 것(행 22:21-22)이 잘 보여 준다. 여기에서 유대인들이 사도의 이방인 전도를 금지하였다는 것은, 유대인들에게 그런 권한이 주어져 있어서 금지명령을 내린 것을 의미하는 것이 아니라, 그들이 사람들과 관원들을 부추시고 선동해서, 그들의 힘이 닿는 데까지 어떻게 해서든지 사도가 이방인들에게 전도하는 것을 방해하고 막았다는 것을 의미한다(행 17:6).

자기 죄를 항상 채우매. 유대인들의 죄는 결국 그들의 멸망을 초래할 정도까지 채워졌다. 그들은 의도적으로 그들 자신을 멸망시키고자 한 것은 아니었지만, 그들의 멸망은 하나님의 의로우신 심판으로 인해서 일어난 일이었다. 그들이 선지자들을 죽인 것도 큰 죄였지만, 그들은 그리스도를 죽이고 사도들을 박해하고, 그렇게 하여 인류의 구원을 방해하고자 함으로써, 자신들의 죄를 "채웠다." 사도의 이 말 속에는, 창세기 15:16에서 하나님께서 아브람에게 "네 자손은 사대 만에 이 땅으로 돌아오리니 이는 아모리 족속의 죄악이 아직 가득 차지 아니함이니라"고 말씀하신 것, 그리고 다니엘이 예언한 "이미 정한 종말"(단 9:27)에 대한 암시가 내포되어 있다. 이 땅에서 사람들은 거룩함을 온전하게 하고 은혜를 충만하게 하여 채우는 삶을 살아갈 수도 있고, 죄를 채우는 삶을 살아갈 수도 있다. 복음을 대적하는 죄는 율법을 대적하는 죄보다 그 죄의 질이 훨씬 더 중하고, 그들은 끊임없이 더욱더 중한 죄로 나아갔기 때문에, 사도는 그들이 자신들의 죄를 채웠다고 말한다. 그래서 우리 주님께서도 유대인들의 지도자들에게 "너희가 너희 조상의 분량을 채우라"(마 23:32)고 말씀하셨다.

노하심이 끝까지 그들에게 임하였느니라. 그들이 먼저 자신들의 죄의 분량을 다 채웠기 때문에, 그런 후에 다니엘서 9:27에서 "이미 정한 종말"이 임할 것이라고 예언하고, 우리 구주께서 마태복음 23:38에서 "보라 너희 집이 황폐하여 버려진 바 되리라"고 예언하신 대로, 그들에게 하나님의 "노하심"이 임하였는데, 그것은 그들이 로마인들에 의해서 최종적으로 멸망당한 것이었다. 하나님의 노하심은 이전에도 여러 차례 그들에게 임하였지만, 이 때처럼 극한까지 임한 적은 없었다. 헬라어 본문에서는 노하심이 "끝까지" 임하였다고 말한다. 즉, 하나님께서는 이전에는 그들을 벌하실 때에 어느 정도까지만 노하심을 부으신 후에는 노하심을 그치시고 그들을 다시 회복시키셨지만, 이번에는 그들이 멸망할 때까지 "끝까지" 노하심을 그치지 않으셨다는 것이다. 또는, 어떤 이들은 헬라어 본문에서 "노하심이 그들에게 임하였다"는 구절은 "노하심이 그들에게 먼저 임하였다"로 읽을 수 있기 때문에, 옛 세상에서 소돔과 예루살렘의 멸망은 단지 최후의 심판이 어떠할 것임을 보여 준 예표들이었다는 점에서, "끝까지"는 이 노하심이 최후의 심판 때에 가서 완성될 것을 의미하기 때문에, 사도는 유대인들에게 임한 노하심은 그들에게 맛보기로 임한 것일 뿐이라고 말하고 있다고 본다. 이러한 해석은 사도가 로마서 11장에서 말하고 있는 것이나 많은 선지자들이 예언한 것, 즉 유대인들이 세상의 종말 이전에 믿음을 갖게 되고 유대인들과 이방인들이 함께 하나님의 교회를 이루게 될 것이라고 한 것과 모순되지 않는다. 또한, 우리는 유대인들 중에서 하나님이 택하신 남은 자들에게는 이 말씀이 해당되지 않는 것으로 이해하여야 한다.

17. 형제들아 우리가 잠시 너희를 떠난 것은 얼굴이요 마음은 아니니 너희 얼굴 보기를 열정으로 더욱 힘썼노라.

사도는 여기에서 자기가 그들을 너무 일찍 떠나서 계속해서 그들로부터 떨어져 있게 된 것에 대해서 그들에게 유감을 표명한다. 그들은 사도가 전한 복음을 받아들였기 때문에 큰 고난을 겪어야 했는데도, 사도행전 7장이 보여 주듯이, 사도가 그들을 너무 일찍 떠나서 오랫동안 그들에게 돌아오지 않은 것은, 그들의 마음을 낙심하게 하고, 그들에 대한 사도의 사랑을 의심하게 만들었을 수도 있다.

(1) 사도는 자기가 그들을 떠난 것은 자기가 원한 것이 아니라, 유대인들의 박해 때문에 어쩔 수 없는 일이었다고 말한다. 사도행전 17:10을 보면, 데살로니가 교인들은 사도가 유대인들에게 붙잡히지 않도록 밤중에 형제들을 시켜서 사도를 베뢰아로 보냈다. 따라서 헬라어 본문에는, 사도가 여기에서 자기가 자원해서 그들을 떠난 것이 아니라 어쩔 수 없이 등 떠밀려서 떠나게 된 것이라고 말하고 있는 것으로 되어 있다. (2) 사도는 자기가 그들을 남겨 두고 떠난 것이 부모를 모두 다 잃은 고아를 홀로 내버려 둔 것 같아서 몹시 가슴 아파하였고, 자녀들을 먼저 저 세상으로 떠나보낸 아비 같이 너무나 마음이 괴로웠다고 말한다. 실제로, 사도는 그리스도 안에서 복음으로 그들을 낳았기 때문에 그들의 영적인 아비였고, 그들은 사도에게 영적인 자녀들이었다. (3) 사도는 자기가 그들을 떠나 있었던 것은 단지 "잠시"였다고 말한다. 사도는 그들을 떠날 때, 갑작스럽게 쏟아진 박해라는 폭우를 피하기 위해서, 단지 잠시만 그들에게서 떨어져 있고자 한 것이었다. 어떤 이들은 여기에서 "잠시"는 사도가 공식적으로 그들을 떠난 것이 아니라, 갑작스럽게 떠난 것을 표현한 말이라고 생각한다. (4) 사도는 자기가 그들을 "얼굴"로는 떠나 있어서 대면해서 그들을 볼 수는 없었지만, "마음"으로는 그들을 한시도 떠난 적이 없다고 말한다. 몸은 떠나 있지만, 마음은 늘 함께 하고 한시도 떠나지 않는 것은, 진정으로 사랑하는 자들이 지닌 속성이다. (5) 사도는 자기가 그들에게로 와서 그들을 보려고 늘 애썼다고 말한다. 사도는 타의로 인해서 어쩔 수 없이 그들을 갑자기 떠나야 했기 때문에, 더욱더 그들에게 다시 가서 그들의 얼굴을 보고 싶은 마음이 간절하였다. 마지막으로, 사도는 자기가 그들에게 다시 가려고, "열정으로" 힘썼다고 말한다. 즉, 그것이 자신의 너무나 간절한 소원이었다는 것이다. 사도는 그들을 너무나 사랑하였기 때문에, 그들의 얼굴을 보는 것이 간절한 소원이었고, 그래서 어떻게 해서든지 그들에게 다시 돌아가고자 하였다.

18. 그러므로 나 바울은 한번 두번 너희에게 가고자 하였으나 사탄이 우리를 막았도다.

그러므로 나 바울은 한번 두번 너희에게 가고자 하였으나. 사도는 그들에 대한 자신의 사랑이 진실이라는 것을 구체적으로 보여 주기 위해서, 자기가 그들에게 가려고 여러 번 시도를 하였다는 말을 덧붙인다. 여기에서 "한번 두번"으로 번역된 표현은, 느헤미야 13:20("장사꾼들과 각양 물건 파는 자들이 한두 번 예루살렘 성 밖에서 자므로")과 빌립보서 4:16("데살로니가에 있을 때에도 너희가 한 번뿐 아니라 두 번이나 나의 쓸 것을 보내었도다")이 보여 주듯이, "자주"를 의미한다. 또한, 사도는 그들이 사도의 동역자들만이 그들에게 오고자 한 것이 아니냐고 생각하지 않도록 하기 위해서, 자기도 그들에게 가고자 하였다는 것을 분명히 하기 위하여, 특별히 자기 이름까지 밝히면서, "나 바울은 너희에게 가고자 하였다"고 명시적으로 밝힌다. 또는, 어떤 이들은 사도가 "나 바울은"이라는 표현을 통해서, 자기가 그들에게 가고자 하였다는 것을 그들에게 확실하게 보여 주고자 한 것이라고 생각한다: "다른 사람들의 생각은 어땠는지는 몰라도, 적어도 나 바울은 정말 너희에게 가고자 하였다." 그리고 실제로 불어 역본은 이 구절을 그런 식으로 번역한다.

사탄이 우리를 막았도다. 사도는 사탄이 방해하지만 않았다면, 자기가 그들에게로 갔을 것이라고 말한다. 사탄은 아덴에서 철학자들을 부추겨 복음을 거슬러 논쟁하게 만들어서(행 17:18, "어떤 에피쿠로스와 스토아 철학자들도 바울과 쟁론할새 어떤 사람은 이르되 이 말쟁이가 무슨 말을 하고자 하느냐 하고 어떤 사람은 이르되 이방 신들을 전하는 사람인가보다 하니 이는 바울이 예수와 부활을 전하기 때문이러라"), 사도로 하여금 거기에 머물며 그 철학자들에게 복음을 변증하지 않을 수 없게 함으로써 방해하기도 하였고, 악인들을 부추겨서 사도가 가는 길목에 매복하게 하거나, 베뢰아에서 유대인들이 그랬던 것처럼, 소동을 일으키게 해서, 사도로 하여금 "바다까지 가게" 하였으며(행 17:14), 여러 교회들에서 분란을 일으켜서 사도를 지체시켜서, 사도로 하여금 그 분란을 해결할 때까지 움직일 수 없게 하였고, 그 외에도 성경에 기록되지 않은 여러 가지 방법으로 사도의 발목을 붙잡았다. 하지만 사탄의 그러한 방해가 더욱 심해질수록, 데살로니가 교인들에게로 가고자 하는 사도의 소원은 더욱 간절해졌다. 이런 일을 통해서, 우리는 복음에 대한 사탄의 적개심, 특히 새롭게 생겨난 교회들이 뿌리를 내리지 못하도록 극렬하게 방해공작을 하는 모습을 본다.

19. 우리의 소망이나 기쁨이나 자랑의 면류관이 무엇이냐 그가 강림하실 때 우리 주 예수 앞에 너희가 아니냐.

사도는 여기에서 자기가 그들을 보고 싶어하는 이유를 밝히면서, 가장 먼저 그들이 자신의 "소망"이라고 말한다. 즉, 그들이 장차 그리스도의 날에 다른 믿는 자들과 더불어서 구원을 받게 될 것이라는 사실이 자신의 소망의 근거라는 것이다. 두 번째로, 사도는 그들이 자신의 "기쁨"이라고 말한다. 즉, 그들이 자기가 전한 복음을 기꺼이 진심으로 받아들인 것이 지금의 자기에게 기쁨의 원천이라는 것이다. 세 번째로, 사도는 그들이 자신의 "자랑의 면류관"이라고 말한다. 이것은 그들이야말로 자기가 가장 자랑스럽게 여기고 최고로 기뻐하는 대상이라는 것을 의미한다. 사도가 여기에서 예수 그리스도께서 강림하실 때를 언급하고 있는 것으로 보아, 사도는 자기가 그 날에 받게 될 "면류관"을 염두에 두고 이 말을 한 것으로 보인다. 사도는 이 면류관에 대해서, 고린도전서 9:25에서 "이기기를 다투는 자마다 모든 일에 절제하나니 그들은 썩을 승리자의 관을 얻고자 하되 우리는 썩지 아니할 것을 얻고자 하노라"고 말한다. 데살로니가 교인들은 사도로 하여금 그 자랑스러운 면류관을 얻게 하는 데 큰 기여를 할 사람들이었다. 우리는 사도의 이 말 속에서 초점의 주목할 만한 이동을 발견한다. 즉, 사역자들은 장차 그리스도로부터 면류관을 받게 될 것이지만, 그들로 하여금 그 면류관을 받게 해줄 자들은 바로 데살로니가 교인들이라는 것이다.

20. 너희는 우리의 영광이요 기쁨이니라.

사도는 그들에 대한 자신의 큰 사랑과 자기가 그들을 마음으로 흡족해한다는 것을 보여 주기 위해서, 또는 그들이 다른 사람들보다도 자기가 더 자랑스러워하는 자들이라는 것을 보여 주기 위해서, 여기에서 그들이 자신의 "영광' 이자 "기쁨"이라고 재차 확실히 해 둔다. 사도가 "기쁨"이라는 말 외에 "영광"이라는 말을 덧붙인 것은, 자신의 사역이 그들 가운데서 큰 성공을 거둔 것이 장차 그리스도의 날에 그에게 영광으로 되돌아올 것이었기 때문이다. 그래서 다니엘서 12:3에서는 "많은 사람을 옳은 데로 돌아오게 한 자는 별과 같이 영원토록 빛나리라"고 말한다. 또는, 이것은 데살로니가 교인들은 현재에 있어서 바울의 사도직을 인쳐 준 것이었다는 점에서, 바울의 영광이자 바울의 사역의 영광이라는 의미일 수도 있다.

MATTHEW POOLE'S COMMENTARY

데살로니가전서 3장

개요

1. 사도는 자기가 데살로니가 교인들을 크게 염려하여, 그들을 위로하고 믿음 안에 견고히 서게 하기 위하여, 디모데를 보냈다는 것을 보여 줌(1-5).
2. 디모데가 돌아와서 그들에 대하여 좋게 얘기한 것이 환난 가운데 있던 자기에게 큰 위로가 되었다고 말함(6-8).
3. 사도는 자기가 하나님께 감사하는 한편, 그들을 보러 갈 수 있기를 간절히 바라고 있다고 말함(8-10).
4. 사도는 하나님께서 자기를 그들에게로 인도해 주시고, 그들이 끝까지 사랑과 거룩함 가운데서 자라갈 수 있게 해 주시라고 기도함(11-13).

1. 이러므로 우리가 참다 못하여 우리만 아덴에 머물기를 좋게 생각하고.

데살로니가 교인들은 사도가 자신들로부터 오랫동안 떠나 있으면서도 한 번도 자신들에게 오지 않은 것을 보고서, 그들에 대한 사도의 사랑을 의심할 수 있었기 때문에, 사도는 여기에서도 그들에 대한 자신의 사랑을 확증하기 위한 해명을 계속해 나간다. 즉, 사도는 자기가 아덴에 머무는 동안에 사정이 생겨서 직접 그들에게 갈 수 없었기 때문에, 디모데라도 우선 그들에게 보낸 것이라고 말한다. 우리는 누가가 쓴 사도행전에서는 이 일에 대한 보도를 발견할 수 없다. 사도는 그들에 대한 자신의 사랑이 얼마나 컸었는지를 보여 주기 위해서, 여기에서 다음과 같은 네 가지 내용을 덧붙이는데, 그 중에서 두 가지는 이 절에 나오고, 나머지 두 가지는 다음 절에 나온다:

(1) 사도는 디모데를 그들에게 보낸 동기를 "우리가 참다 못하여"라는 어구로 표현함으로써, 자기가 그들에게 직접 갈 수 없다면, 누구라도 그들에게 보내서, 그들을 돌보게 하지 않으면 안 된다는, 그들을 지극히 사랑한 데서 온 애타는 간절한 심정에서 디모데를 그들에게 보낸 것이라고 말한다. 여기에서 "참다 못하여"로 번역된 헬라어는, 무거운 짐이 사도의 마음을 계속해서 짓눌러서 견딜 수 없었다는 의미를 담고 있다. (2) 사도는 당시에 자신의 일행은 디모데가 곁에 있음으로 해서 많은 도움과 힘을 얻었기 때문에, 디모데는 자신들에게 너무나 필요한 존재였지만, 데

살로니가 교인들을 걱정하고 생각하는 마음이 자신에게 너무나 간절해서, 힘들더라도 "우리만 아덴에 머물기"로 결정하고, 디모데를 그들에게 보낸 것이라고 말한다. 사도는 순전히 데살로니가 교인들을 사랑하고 염려해서, 그런 결정을 흔쾌히 내린 것이었다. 여기에서 "좋게 생각하다"로 번역된 헬라어 '유도케사멘'(εὐδοκήσαμεν)은, 사도가 디모데를 보내게 되면, 자신들은 더 힘들어지더라도, 데살로니가 교인들은 힘을 얻을 것이라고 생각하였기 때문에, 그런 결정을 할 때에 마음이 흡족하고 기뻤다는 것을 보여 준다.

2. 우리 형제 곧 그리스도의 복음을 전하는 하나님의 일꾼인 디모데를 보내노니 이는 너희를 굳건하게 하고 너희 믿음에 대하여 위로함으로.

(3) 사도는 여기에서 디모데가 복음을 전하는 사역에서 자신의 오른팔 같은 존재로서, 자기에게 너무나 소중하고 귀한 존재라고 소개하는데, 이것은 자기에게 그토록 소중한 인물을 데살로니가 교인들에게 보낸 것임을 밝힘으로써, 자신이 그들을 사랑하고 염려하며 생각하는 것이 얼마나 지극한 것이었는지를 보여 주기 위한 것이다. (4) 사도는 디모데를 그들에게 보낸 목적을 여기에서 밝힌다. 즉, 사도는 그들이 박해와 시험과 환난으로 인한 두려움 때문에, 자신들이 이미 받은 믿음을 버리게 되지 않도록 그들을 "굳건하게 하고," 그들의 "믿음에 대하여" 그들을 "위로하기" 위한 것이 디모데를 그들에게 보낸 목적이었다고 말한다. 여기에서 "위로하다"로 번역된 단어는 종종 "권면하다"를 의미하기 때문에, 우리가 "권면하다"로 읽는다고 하여도, 의미는 잘 통하고 별 무리가 없다. 그러나 여기에서는 디모데가 데살로니가 교회에 가서 그들에게 해야 할 일들은 그들이 이미 받아들인 믿음을 더욱 굳건하게 함과 동시에, 그들의 믿음에 의거해서 위로하는 것이었다고 보는 것이 더 적절하기 때문에, 흠정역처럼 "위로하다"로 번역하는 것이 더 잘된 번역이라고 할 수 있다.

3. 아무도 이 여러 환난 중에 흔들리지 않게 하려 함이라 우리가 이것을 위하여 세움 받은 줄을 너희가 친히 알리라.

아무도 이 여러 환난 중에 흔들리지 않게 하려 함이라. 사도는 앞에서 자기가 큰 환난들을 겪은 것을 언급하였었고, 데살로니가 교인들도 사도가 데살로니가와 베뢰아에서 어떤 환난들을 겪었는지를 잘 알고 있었다(행 17장). 그러므로 이제 그들 자신이 환난을 겪게 된 데살로니가 교인들은 그들이 지니고 있던 믿음이 "흔들릴" 수 있었다. 그래서 사도는 그들을 위로하고 그들의 믿음을 견고하게 하기 위하여 디모데를 보낸 것이었다. 물론, 하나님께서는 디모데 없이도 데살로니가 교인들을 위로하시고 그들의 믿음을 굳건하게 하실 수 있으셨지만, 자신의 사역자들을 통해 역사하셔서 그런 일을 행하시기로 정하셨기 때문에, 그렇게 하신 것일 뿐이다. 사도는 "아무도 흔들리지 않게 하려 함이라"고 말함으로써, 복음으로 인한 여러 환난들에도 불구하고 그 믿음이 흔들리지 않는 것이 그리스도인들의 마땅한 도리라는 것을 보여 준다. 사도가 여기에서 사용한 "흔들리다"로 번역된 단어는, 데살로니가후서 2:2("영으로나 또는 말로나 또는 우리에게서 받았다 하는 편지로나 주의 날이 이르렀다고 해서 쉽게 마음이 흔들리거나 두려워하거나 하지 말아야 한다")에서 사용된 단어와 마찬가지로, 바다 물결이 바람에 의해서 흔들리는 것을 묘사한 것에서 온 단어이다. 두려움이나 의심, 마음의 주저함 같은 것들은 그리스도인들의 믿음을 흔들 수 있었기 때문에, 사도는 데살로니가 교인들에게서 그런 것들을 제거하거나 미리 방지하기 위해서 디모데를 그들에게 보냈다.

우리가 이것을 위하여 세움 받은 줄을 너희가 친히 알리라. 사도는 데살로니가 교인들이 환난 중에서도 "굳건하게" 서서 흔들리지 않도록 하기 위하여, "믿는 자들에게 환난이라는 것은 이미 정해져 있는 일임을 너희가 알고 있지 않느냐"는 말을 덧붙인다. "세움 받다"라는 단어는 누가복음 2:34과 디모데전서 1:9에서도 사용되고 있지만, 사도는 여기에서 우리가 환난을 받는 것은 하나님의 뜻과 의도에 따른 것이라는 의미로 이 단어를 사용하고 있다. 즉, 사도 자신이나 데살로니가 교인들에게 닥친 환난들은 우연히 온 것이거나, 단지 사람들의 분노와 적개심에서 생겨난 것이 아니라, 하나님이 정하신 일이라는 것이다. 사도가 여기에서 자신을 비롯한 복음 사역자들이 겪게 되어 있는 환난들만을 말하고 있는 것인지, 아니면 사도행전 14:22; 로마서 8:17, 36; 디모데후서 3:12에서 말한 것처럼, 모든 성도들이 겪게 되어 있는 환난들에 대하여 말하고 있는 것인지는 확실하지 않다. 우리는 사도가 두 가지 모두에 대해서 말한 것으로 이해하는 것이 좋을 것이다. 따라서 사도는 데살로니가 교인들이 자신들에게 닥친 환난들을, 마치 안 일어나야 할 일들이 자신들에게 일어난 것처럼 여겨서, 그들의 믿음이 흔들리는 것을 막기 위하여, 이 말을 한 것이다. 그래서 베드로전서 4:12-13에서도 "사랑하는 자들아 너희를 연단하려고 오는 불 시험을 이상한 일 당하는 것 같이 이상히 여기지 말고 오히려 너희가 그리스도의 고난에 참여하는 것으로 즐거워하라 이는 그의 영광을 나타내실 때에 너희로 즐거워하고 기뻐하게 하려 함이라"고 말한다.

4. 우리가 너희와 함께 있을 때에 장차 받을 환난을 너희에게 미리 말하였는데 과연 그렇게 된 것을 너희가 아느니라.

사도는 앞 절에서 그들이 하나님의 뜻을 따라 환난을 받도록 세움을 받았다는 것을 그들 자신도 잘 알고 있다고 말하였었는데, 여기에서는 자기가 그들과 함께 있을 때에 그들에게 그것을 말해 주었기 때문에, 그들이 그것을 알고 있는 것임을 그들에게 다시 한 번 상기시켜 준다. 바울은 무엇인가 특별한 본능 또는 계시를 통해서 자기가 겪게 될 환난들을 종종 미리 내다보았고, 하나님께서는 바울이 처음으로 회심하였을 때, 다메섹에 살던 아나니아라는 제자에게, 바울이 앞으로 고난을 받게 될 것임을 좀 더 일반적으로 말씀해 주셨다: "그가 내 이름을 위하여 얼마나 고난을 받아야 할 것을 내가 그에게 보이리라"(행 9:16). 따라서 바울은 하나님으로부터 자기가 장차 많은 고난을 받게 될 것이라는 계시를 받았을 것이다.

또한, 사도는 데살로니가 교인들에게 장차 그들이 환난을 겪게 될 것임을 말해 주었다. 신실하고 충성된 사역자는 하나님의 백성들에게 "면류관"만이 아니라, "그리스도의 십자가"에 대해서 말해 주는 법이다. 아울러, 사도는 자기가 장차 환난들을 받게 될 것도 그들에게 미리 말해 주었는데, 그 환난들이 "과연 그렇게" 일어났다고 말한다. 사도가 이렇게 믿는 자들에게 환난들은 하나님이 정하신 것임을 말해 주면서, 실제로 환난들이 사도 자신에게와 그들에게 장차 닥칠 것을 미리 말해 줌으로써, 그들은 사도가 그들에게 전한 복음을 더욱 신뢰하게 된 것은 물론이고, 사도가 환난들을 겪는 것을 보고서도 결코 믿음이 흔들리지 않을 수 있었을 것이다.

5. 이러므로 나도 참다 못하여 너희 믿음을 알기 위하여 그를 보내었노니 이는 혹 시험하는 자가 너희를 시험하여 우리 수고를 헛되게 할까 함이니.

사도는 여기에서 자기가 그들에게 디모데를 보내게 된 또 다른 이유를 설명하면서, 그것은 그들의 "믿음을 알기" 위한 것이었다고 말한다. 즉, 그들이 온갖 환난과 시험 가운데서도 그들의 믿음을 굳건히 지키는지, 그렇지 않은지를 알아 보기 위한 것이었다는 것이다. 사도는 여기에서 사탄을 "시험하는 자"라고 부르고서는, 사탄이 거짓 교사들을 통해서 데살로니가 교인들을 유혹하고 미혹하거나, 환난들을 통해서 그들에게 겁을 주어서, 그들로 하여금 시험에 들게 하여 믿음에서 떠나게 하지는 않을까 하고 자기가 걱정하였다고 말한다. 사도는 그들의 외적인 형편이나 처지보다는 그들의 심령의 내적인 상태에 더 많은 관심을 가지고 있었다. 왜냐하면, 박해에는 통상적으로 "시험"이 동반되기 때문이다. 사도는 그들이 사탄의 시험에 빠져서 사탄의 수중으로 넘어가 버림으로써, 자기가 그들을 위하여 그동안 쏟아 부은 큰 "수고"가 "헛되게" 될 것을 걱정하였다. 믿는 자들을 상대로 사탄이 가장 먼저 하는 일은 그들을 믿음에서 떨어져 나가게 하는 것이고, 다음으로 하는 일은 그들의 믿음을 파괴하는 것이다. 일반적으로 사탄의 공격을 가장 많이 받는 것은 초신자들이다. 그러므로 바울은 데살로니가 교인들을 떠나 있는 동안에, 그들의 믿음이 어떻게 되지는 않을까 하고 늘 노심초사하였고, 바울 자신이 앞에서 말한 대로, 도저히 더 이상 참을 수가 없어서 "참다 못하여," 그들의 믿음을 확인하기 위해서 디모데를 그들에게 보내지 않을 수 없게 되었다.

6. 지금은 디모데가 너희에게로부터 와서 너희 믿음과 사랑의 기쁜 소식을 우리에게 전하고 또 너희가 항상 우리를 잘 생각하여 우리가 너희를 간절히 보고자 함과 같이 너희도 우리를 간절히 보고자 한다 하니.

지금은 디모데가 너희에게로부터 와서 너희 믿음과 사랑의 기쁜 소식을 우리에게 전하고. 사도는 앞에서 자기가 디모데를 데살로니가 교인들에게 보냈다는 말을 하였었는데, 이제 여기에서는 그가 어떤 소식을 가지고 돌아왔고, 그 소식이 자기에게 어떤 결과를 가져다주었는지에 대하여 말한다. (1) 사도는 최근에야 자기에게로 돌아온 디모데로부터 소식을 전해 듣게 되었다고 말한다: "지금은 디모데가 너희에게로부터 와서." 따라서 사도는 디모데가 돌아온 지 얼마 되지 않아서 이 서신을 쓴 것으로 보인다. (2) 사도는 디모데가 그들에 대한 좋은 소식을 자기에게 가져다주었다고 말한다: "너희 믿음과 사랑의 기쁜 소식을 우리에게 전하고." 여기에서 "기쁜 소식"으로 번역된 단어는 헬라어로 복음의 기쁜 소식을 표현할 때에 사용되는 바로 그 단어이다. 즉, 디모데는 그들의 "믿음"이 여전히 변함없이 견고하다는 기쁜 소식을 가져다주었고, 게다가 그들은 견고한 믿음만이 아니라 "사랑"도 아울러 갖추고 있다는 기쁜 소식을 가져다주었다는 것이다. 그들이 사랑으로 역사하는 믿음을 지니고 있다는 것은, 그들의 믿음이 살아 있는 참된 믿음이라는 것을 보여 주는 증거였다.

또 너희가 항상 우리를 잘 생각하여. 사도는 데살로니가 교인들을 황급히 떠난 후에 오랫동안 그들로부터 떠나 있었는데도 불구하고, 그들은 사도를 잊지 않고 있었다. 그들은 사도에 대하여 "좋은 기억"을 갖고 있었다. 즉, 그들은 사도를 사랑하고 존경하고 있었고, 그들 가운데서 사도가 행한 사역에 대하여 감사하고 있었다는 것이다. 그리고 "항상"이라는 단어는, 사도에 대한 그들의 그런 "좋은 기억"이 처음부터 지금까지 늘 변함이 없었음을 보여 준다. 우리가 너희를 간절히 보고자 함과 같이 너희도 우리를 간절히 보고자 한다 하니. 그들은 사도와 그의 사역에 대하여 좋은 기억을 갖고 있는 것으로 만족하지 않고, 그들로부터 오랫동안 떠나 있는 사도와 그의 동역자들을 몹시 보고 싶어하였다. 사도는 그들이 자기를 보고 싶어하는 것과 마찬가지로, 자기도 그들을 보고 싶어한다는 것을 표현하기 위해서, "우리가 너희를 간절히 보고자 함과 같이"라는 어구를 덧붙인다. 사도는 자기가 그들을 지금까지 계속해서 늘 생각하고 염려하며 그들에게 가고 싶어했지만, 디모데가 가져온 소식으로 인해서, 더욱더 그런 심정이 간절해졌다는 것을, "우리도 너희를 간절히 보고자 한다"는 말로 그들에게 밝힌다.

7. 이러므로 형제들아 우리가 모든 궁핍과 환난 가운데서 너희 믿음으로 말미암아 너희에게 위로를 받았노라.

사도는 자신의 "모든 궁핍과 환난 가운데서" 그들의 그러한 "믿음으로 말미암아 "위로를 받았다." 믿는 자들의 신실함과 변함없는 모습은 그들의 사역자에게 큰 "위로"가 된다. 그래서 요한삼서 1:4에서는 "내가 내 자녀들이 진리 안에서 행한다 함을 듣는 것보다 더 기쁜 일이 없도다"라고 말한다.

8. 그러므로 너희가 주 안에 굳게 선즉 우리가 이제는 살리라.

데살로니가 교인들의 믿음이 사도에게 주는 위로는 아주 큰 것이었기 때문에, 그들이 믿음에 굳게 선다면, 그것은 사도에게 생명과도 같은 것이 될 것이었다. 사도는 그들이 믿음에 굳게 서는 것을 "주 안에 굳게 서는" 것이라고 표현한다. 영혼과 육신의 결합만이 생명인 것은 아니다. 특히 하나님으로부터 온 위로는 영혼의 생명이다. 반대로, 사람들의 배교와 타락은 그들의 신실한 교사들의 심령을 죽이는 것이다.

9. 우리가 우리 하나님 앞에서 너희로 말미암아 모든 기쁨으로 기뻐하니 너희를 위하여 능히 어떠한 감사로 하나님께 보답할까.

이것은 디모데가 가져온 소식이 사도에게 가져다준 또 하나의 결과이다. 그 소식은 사도로 하여금 하나님께 크게 감사하게 만들었다. 먼저, 사도는 그들의 믿음에 대하여 듣고 기뻐하였고, 다음으로는 그 기쁨으로 인하여 하나님께 감사한다. 사도가 기뻐한 것은 그들의 믿음에 대하여 들었기 때문인데, 그 믿음을 그들에게 주시고 계속해서 붙들어 주신 분은 하나님이셨다. 사도는 자기로 하여금 기뻐할 수 있게 해 주신 것에 대하여 하나님께 감사하였고, 자기에게 기쁨을 가져다준 그들의 믿음에 대하여도 하나님께 감사한다. 복음 사역자들이 자신들이 섬기는 사람들의 믿음으로 인하여 기뻐하게 되면, 그 기쁨은 하나님께 대한 감사를 불러온다. 사도가 "능히 어떠한 감사로 하나님께 보답할까"라고 말하고 있는 것에서 알 수 있듯이, 하나님께 대한 사도의 감사는 말로 표현할 수 없을 정도로 큰 것이었고, 사도가 어떤 식으로든 보답할 수 있는 것이 결코 아니었다. 그래서 다윗도 "내게 주신 모든 은혜를 내가 여호와께 무엇으로 보답할까"(시 116:12)라고 말하였다. 자기가 "하나님 앞에서" 기뻐하였다고 한 사도의 말은 그 기쁨이 하나님으로부터 온 신령한 것임을 보여 줌과 동시에, 다윗이 법궤가 예루살렘 성으로 들어오자, "여호와 앞에서 힘을 다하여 춤을 춘"(삼하 6:14) 것처럼, 그 기쁨은 하나님의 선하심을 송축하는 것으로서, 그 속에는 하나님을 공경함이 가득하였다는 것을 보여 준다. 또는, 이것은 사도가 자신의 기쁨이 사람들 앞에서의 외적인 기쁨이 아니라, 하나님 앞에서의 내적인 기쁨임을 말하고자 한 것일 수도 있다.

10. 주야로 심히 간구함은 너희 얼굴을 보고 너희 믿음이 부족한 것을 보충하게 하려 함이라.

주야로 심히 간구함은. 우리는 여기에서 디모데가 가져온 데살로니가 교회에 관한 소식이 사도에게 가져다준 결과들 중에서 마지막 결과를 보는데, 그 소식을 들은 사도는 그들을 위하여 더욱 간절하게 기도하게 되었다는 것이다. 사도는 데살로니가전서 2:9에서도 "밤낮으로"라는 표현을 사용해서, "형제들아 우리의 수고와 애쓴 것을 너희가 기억하리니 너희 아무에게도 폐를 끼치지 아니하려고 밤낮으로 일하면서 너희에게 하나님의 복음을 전하였노라"고 말한 바 있는데, 여기에서도 그 표현을 사용해서 자기가 "주야로" 그들을 위하여 기도한다고 말하고, 다른 한편으로는 "심히"라는 표현을 사용해서 시도 때도 없이 온 힘을 다하여 기도한다고 말함으로써, 자기가 얼마나 간절하게 그들을 생각하고 있는지를 보여 준다. 여기에서 "심히"로 번역된 헬라어는 영어로 제대로 번역할 수가 없는 단어이지만, 사도는 특히 어떤 것을 강조하고자 할 때에 이 단어를 종종 사용한다: "우리 가운데서 역사하시는 능력대로 우리가 구하거나 생각하는 모든 것에 더 넘치도록 능히 하실 이에게"(엡 3:20); "그들의 역사로 말미암아 사랑 안에서 가장 귀히 여기며 너희끼리 화목하라"(살전 5:13).

너희 얼굴을 보고 너희 믿음이 부족한 것을 보충하게 하려 함이라. 이것은 사도가 데살로니가 교인들을 위하여 더욱 간절하게 기도하게 된 내용이 어떤 것이었는지를 보여 준다. 사도가 보낸 서신들도 그들의 믿음에 많은 유익을 가져다줄 것이기는 했지만, 그들에게 가장 유익할 것은 사도가 그들에게 직접 가서 그들의 믿음을 돌봐 주는 것이었다. 서신이나 글을 읽는 것보다, 예배나 모임에 직접 참석해서 강단에서 선포되는 하나님의 말씀을 들을 때, 거기에는 특별한 은혜와 복이 수반된다. 우리는 사도가 로마 교인들을 위해서도 여기에서와 비슷한 기도를 한 것을 볼 수 있다: "어떻게 하든지 이제 하나님의 뜻 안에서 너희에게로 나아갈 좋은 길 얻기를 구하노라 내가 너희 보기를 간절히 원하는 것은 어떤 신령한 은사를 너희에게 나누어 주어 너희를 견고하게 하려 함이니"(롬 1:10-11). 사도는 앞에서 데살로니가 교인들의 믿음을 칭찬한 바 있지만, 그들의 믿음에는 여전히 부족한 것이 있었다. 그들은 믿음을 가진 지 얼마 되지 않았기 때문에, 그들의 믿음은 아직 온전한 것이 아니었다. 아니, 아무리 좋은 믿음이라고 할지라도, 거기에는 부족한 것들이 어느 정도는 있기 마련이다. 여기에서 "부족한 것"으로 번역된 단어는 다른 곳들에서는 "결여된 것" 또는 "남은 것"을 가리키는 데 사용된다 : "내가 스데바나와 브드나도와 아가이고가 온 것을 기뻐하노니 그들이 너희의 부족한 것을 채웠음이라"(고전 16:17); "나는 이제 너희를 위하여 받는 괴로움을 기뻐하고 그리스도의 남은 고난을 그의 몸된 교회를 위하여 내 육체에 채우노라"(골 1:24).

그들의 믿음은 다음과 같은 점들에서 부족한 것이었을 수 있다: (1) 그들이 믿음으로 말미암아 알고 있는 것과 관련해서, 그들은 믿음의 어떤 신비들에 대해서는 여전히 깨닫지 못하고 있었을 것이다. 열두 제자들도 그리스도께서 승천하시기 전까지는 복음의 신비들을 제대로 깨닫지 못하였었고, 고린도 교인들 중 일부도 부활에 관한 가르침을 한동안 의심하였었다(고전 15:12). (2) 그들은 복음 진리들을 이미 믿고 있었고, 또한 알고 있었지만, 그 진리들을 아주 분명하게 알고 있지는 않았을 것이다. (3) 그들은 믿음을 지니고 있기는 하였지만, 그 믿음으로 인한 활발한 역사들과 열매들은 아직 부족하였을 것이다. 첫 번째와 두 번째의 부족함은 가르침에 의해서 제거될 수 있는 것이었고, 세 번째의 부족함은 권면과 위로를 통해서 제거될 수 있는 것이었기 때문에, 사도는 그들의 얼굴을 직접 보고서, 가르침과 권면과 위로를 통해 믿음에 있어서 그들의 부족함을 채워 줄 수 있기를 간절히 바라고 기도한 것이었다. 여기에서 "보충하다"로 번역된 단어는, 없는 부분들을 채워 넣고 완성도를 높임으로써 어떤 것을 온전하게 만드는 것을 의미한다. 여기에서 사용된 이 단어는 신약성경에서 자주 발견되고(고후 13:11; 갈 6:1), 여러 역본들에서 다양하게 번역되고 있기는 하지만, 그 의미는 서로 대동소이해서, 대략 다음과 같다: 사도는 유대인들의 박해로 인해서 어쩔 수 없이 너무나 갑작스럽게 그들 곁을 떠날 수밖에 없게 되어서, 그것은 마치 집을 반쯤 짓다가 그냥 버려둔 채로 황급히 그 현장을 떠나온 것과 같은 것이었다. 그래서 사도는 비록 얼마 전에 데살로니가에서 목숨이 위태로울 정도의 큰 위험을 겪은 후였지만, 그럼에도 불구하고 그들에 대한 사랑과 염려가 너무나 컸기 때문에, 그들의 믿음을 온전하게 하기 위하여 그들에게 돌아가기를 간절히 소원하였다.

11. 하나님 우리 아버지와 우리 주 예수는 우리 길을 너희에게로 갈 수 있게 하시오며.

여기에는 사도가 어떤 내용으로 기도하였는지가 구체적으로 표현되어 있다. 사도는 자기가 하나님께 그런 기도를 한다는 것을 분명하게 밝히면서, 하나님 다음에 "우리 아버지"라는 말을 덧붙임으로써, 자기가 기도를 드리는 하나님은 자기를 비롯한 믿는 자들과 아버지와 자녀의 관계 가운데 있는 분임을 분명히 한다. 따라서 믿는 자들은 자신들과는 상관없는 절대적인 존재로서의 하나님께 기도하는 것이 아니라, 자신들의 "아버지"이신 하나님께 기도하는 것이고, 마땅히 그들에게는 그러한 믿음이 존재하여야 한다. 그래서 그리스도께서는 자신의 제자들에게 "우리 아버지"로 시작되는 기도를 가르쳐 주셨고, 믿는 자들 속에 내주해 계시는 양자의 영이신 성령께서는 믿는 자들로 하여금 하나님을 "아빠 아버지"라고 부르며 기도하게 하신다(롬 8:15). 우리는 하나님이 우리의 아버지이심을 믿고 하나님 앞으로 나아갈 때, 더 큰 자유함과 확신 속에서 하나님께 나아갈 수 있게 된다.

또한, 사도는 자기가 기도하는 대상 속에는 하나님 외에 그리스도도 포함되어 있다는 것을 보여 주면서, 그리스도를 "우리 주 예수 그리스도"라고 부르는데, 이것은 그리스도가 하나님이시라는 것을 분명하게 선언하고 있는 것이다. 만일 그렇지 않았다면, 그리스도는 예배와 기도의 대상이 될 수 없었을 것이다. 우리는 성부 하나님과 별개로 존재하시는 성자 하나님께 기도하는 것도 아니고, 성자 하나님과 별개로 존재하시는 성부 하나님께만 기도하는 것도 아니며, 주 예수 그리스도 안에서 및 주 예수 그리스도를 통해서 성부 하나님께 기도한다. 왜냐하면, 우리가 하나님을 "우리 아버지"라고 부르며 기도할 때, 하나님에 대한 그러한 호칭 속에는 이미 우리가 "그리스도 안에서 및 그리스도를 통해서" 기도하고 있는 것임을 나타내는 것이기 때문이다. 또한, 사도는 그리스도와 그의 백성 간의 관계를 표현해 주고 있는 호칭으로 그리스도를 부른다: "우리 주 예수 그리스도."

사도가 기도한 내용은, 하나님께서 자기에게 그들에게로 갈 수 있는 길을 열어 주시라는 것이었다. 즉, 사탄의 훼방들이 어떤 것이든지 간에, 하나님께서 그 모든 훼방들을 다 제거해 주시고, 하나님의 섭리로 말미암아 자기가 그들에게로 갈 수 있는 길이 열리게 해 달라는 것이었다. 여기에서 "우리 길을 너희에게로 갈 수 있게 하시다"로 번역된 헬라어 본문은 직역하면 "너희에게로 가는 우리의 길을 곧게 해 주시다"가 된다. 사도는 데살로니가후서 3:5에서는 이 단어를 "마음"에 적용해서, "주께서 너희 마음을 인도하여 하나님의 사랑과 그리스도의 인내에 들어가게 하시기를 원하노라"고 말하는데, 거기에서 "주께서 너희 마음을 인도하여"는 "주께서 하나님을 향한 너희의 마음을 곧게 해 주셔서"라는 의미로서, 이 헬라어 단어는 히브리어로 "굽은 것"과 반대되는 "곧은 것"을 가리키는 데 구약성경에서 자주 사용되는 '야샤르'에 해당한다. 불어 역본에서는 "우리 길에 대해 말씀해 주다"로 읽는다. 사도의 이러한 본으로부터, 우리는 하나님께서 모든 일에서 우리의 길을 인도해 주시기를 기도하는 것이 우리의 본분이자 의무라는 것을 배우게 된다.

12. 또 주께서 우리가 너희를 사랑함과 같이 너희도 피차간과 모든 사람에 대한 사랑이 더욱 많아 넘치게 하사.

더욱 많아 넘치게 하사. 헬라어 본문에서 이 어구는 "점점 더 늘어나다"와 "차고 넘치다"라는 두 단어로 되어 있는데, 이것은 사도가 하나님께 밤낮으로 간절하게 기도하는 것들 중의 하나였다. 사도가 앞에서 기도한 것들은 자기 자신과 관련된 것이었다고 한다면, 이것은 그들과 관련된 것이다. 사도는 앞에서는 그들의 믿음 중에서 부족한 것들을 보충하여 온전하게 만들기 위하여 그들에게 가고자 하는 소원이 간절하였기 때문에, 그렇게 해 주시라고 하나님께 기도하였고, 이제 여기에서는 그들의 사랑이 점점 더 커져서 풍성해져서 차고 넘치게 해 주시라고 기도한다. 즉, 사도는 데살로니가 교인들 간의 사랑과 모든 사람에 대한 그들의 사랑이 점점 더 커져서, 그들 가운데서 사랑의 열매가 가득하게 되기를 바라고 기도한다. 그들은 극심한 박해 아래 있었고, 그렇기 때문에 그들이 서로 사랑하는 것이 평소보다 더 절실하게 요구되었다.

또한, 사도는 그들의 사랑이 서로에 대해서만이 아니라 "모든 사람"에게 미치게 되기를 기도한다. 여기에서 "모든 사람"은 문자 그대로 모든 사람들을 의미하는 것일 수도 있고, 믿는 자들만을 가리키는 것일 수도 있다. 전자로 해석할 수 있는 이유는 모든 사람을 사랑하는 것은 믿는 자들에게 주어진 보편적인 의무이자 도리이기 때문이다: "피차 사랑의 빚 외에는 아무에게든지 아무 빚도 지지 말라 남을 사랑하는 자는 율법을 다 이루었느니라"(롬 13:8). 그러므로 사람들에 대한 우리 믿는 자들의 모든 도리는 "사랑"이라는 말 한 마디에 다 포괄되어 있다. 그래서 베드로 사도는 "너희가 더욱 힘써 너희 믿음에 덕을, 덕에 지식을, 지식에 절제를, 절제에 인내를, 인내에 경건을, 경건에 형제 우애를, 형제 우애에 사랑을 더하라"(벧후 1:7)고 말함으로써, 형제들 간의 사랑에 모든 사람에 대한 사랑도 더하여야 한다는 것을 분명히 한다. 우리 주님께서는 심지어 "원수"까지도 사랑해야 한다고 말씀하신다(마 5:44) — 물론, 이것은 원수로서가 아니라 사람으로서 사랑하는 것이다. 하지만 후자로 해석할 수도 있는데, 그것은 성경에서는 불신자들을 제외한 믿는 자들만을 가리킬 때에도 "모든 사람"이라는 표현을 사용하기 때문이다: "모든 사람에게 구원을 주시는 하나님의 은혜가 나타나"(딛 2:11).

우리가 너희를 사랑함과 같이. 사도는 데살로니가 교인들로 하여금 그들 서로와 모든 사람을 사랑하도록 한층 더 큰 동기를 부여하기 위하여, 그들에 대한 자신의 사랑을 하나의 본보기로 그들 앞에 제시한다. 믿는 자들은 특히 그리스도의 사랑을 본받는 것이 마땅하기 때문에, 사도 바울은 자주 믿는 자들에게 형제 사랑과 모든 사람에 대한 사랑을 역설할 때, 그리스도의 사랑을 본보기로 제시하기는 하지만, 여기에서는 자기가 데살로니가 교인들로부터 오랫동안 떨어져 있을지라도 여전히 변함없이 그들을 사랑하고 있다는 것을 보여 주고, 자기가 실천하지 않는 것을 그들에게 의무로 부과하는 것이 결코 아니라는 것을 보여 주기 위하여, 그들에 대한 자신의 사랑을 본보기로 언급하고 있다.

13. 너희 마음을 굳건하게 하시고 우리 주 예수께서 그의 모든 성도와 함께 강림하실 때에 하나님 우리 아버지 앞에서 거룩함에 흠이 없게 하시기를 원하노라.

너희 마음을 굳건하게 하시고 … 하나님 우리 아버지 앞에서 거룩함에 흠이 없게 하시기를 원하노라. 어떤 이들은 이 절에 나오는 말씀이 오직 바로 앞 절에만 걸리는 것으로 보아서, 사도가 여기에서 이렇게 말한 것으로 해석한다: 너희의 사랑이 점점 더 커지고 풍성해지고 차고 넘치게 되어서, 너희의 마음이 "거룩함에 흠이 없게 굳건하게" 되게 해 주시기를 나는 기도한다. 만일 그들에게 사람들에 대한 사랑이 없다면, 그들의 거룩함은 의심받아 마땅하고, 적어도 어떤 흠이 있는 것이라는 점에서, 이 구절을 그렇게 해석하는 것은 일리가 있다. 사랑 자체는 "거룩함"의 큰 부분이다. 사랑 안에서 거룩함이 빛을 발하고 있다면, 그 거룩함을 흠 잡을 사람이 어디 있겠는가? 그러한 거룩함은 하나님과 사람들 앞에서 흠 없는 것이 될 것이고 책잡을 것이 없는 거룩함이 될 것이다. 하나님께서 어떤 사람에게서 사랑이 점점 깊어지게 하신다면, 그것은 그 사람을 흠 잡을 것 없는 거룩함 가운데서 굳건하게 하시는 것이다. 어떤 사람의 마음속에 사랑이 결여되어 있다면, 그 사람의 마음은 굳건하게 된 것이 결코 아니다. 외식하는 자, 곧 위선자는 그 속에 사랑이 없기 때문에, 시험이 올 때에 믿음에서 떨어져 나갈 수밖에 없다. 그런 자는 사람들 앞에서 한동안 믿음이 좋은 사람으로 행세할 수 있고, 사람들도 그 사람을 그렇게 보아주겠지만, 그런 자의 정체는 사람의 마음을 감찰하시는 하나님 앞에서는 숨김없이 드러나게 되고, 장차 예수 그리스도께서 강림하실 때에는 백일하에 드러나서 거기에 걸맞은 심판을 받게 될 것이다. 그래서 사도는 여기에서 데살로니가 교인들과 관련해서, "우리 주 예수께서 강림하실 때"까지 그들이 "거룩함에 흠이 없게" 굳건하게 되기를, 또는 주께서 오실 때에 그들이 거룩함에서 흠이 없는 자들로 발견될 수 있게 해 주시라고 기도한다. 사도는 이 말을 통해서, 장차 그리스도께서 다시 한 번 강림하셔서 사람들을 엄격하게 심판하실 것이기 때문에, 성도들은 그 때에 "주 앞에서 점도 없고 흠도 없이 평강 가운데서 나타나기를 힘써야"(벧후 3:14) 한다는 것을 보여 준다. 사도는 여기에서 "우리 주 예수께서 그의 모든 성도와 함께 강림하실 때에"라고 말하는데, 이것에 대해서는 다음 장에서 자세하게 설명한다.

어떤 이들은 이 절이 앞의 10절("주야로 심히 간구함은 너희 얼굴을 보고 너희 믿음이 부족한 것을 보충하게 하려 함이라")에도 걸리는 것으로 보고서, 사도는 여기에서 자기가 그들의 얼굴을 보고서 그들의 믿음을 온전하게 하고자 하는 것은, 그들이 그들의 믿음과 사랑으로 말미암아 거룩함에서 흠이 없이 굳건하게 서게 하기 위한 것이라고 말하고 있는 것으로 해석한다.

MATTHEW POOLE'S COMMENTARY

데살로니가전서 4장

개요

1. 데살로니가 교인들에게 거룩하고 의로운 행실을 통해서 하나님을 기쁘시게 해드리기 위하여 계속해서 힘쓰라고 권면함(1–8).
2. 그들 서로 간에 사랑하는 것을 칭찬하고, 그 사랑이 더욱 풍성해지게 하라고 권면함(9–10).
3. 그들 각자의 부르심을 따라 조용히 행하라고 권면함(11–12).
4. 사도는 소망 없는 자들처럼 죽는 자들을 위해 슬퍼해서는 안 된다고 말하면서, 의인들의 부활과 그리스도의 재림에 대해서 간략하게 설명함(13–18).

1. 그러므로 형제들아 우리가 끝으로 주 예수 안에서 너희에게 구하고 권면하노니 너희가 마땅히 어떻게 행하며 하나님을 기쁘시게 할 수 있는지를 우리에게 배웠으니 곧 너희가 행하는 바라 더욱 많이 힘쓰라.

사도는 이제 좀 더 구체적인 일들에 대하여 권면하는 것으로 옮겨가서, 데살로니가 교인들이 어떠어떠한 일들을 마땅히 행해야 하는지를 권면하기 시작하는데, 우선 이 첫 번째 절에서는 일종의 서론으로서 일반적인 권면을 제시한다. 우리는 여기에서 먼저 사도가 사용한 문체와 표현들을 주목해 볼 수 있다. 즉, 사도는 데살로니가 교인들을 "형제들"이라고 부르면서, 자기를 철저히 낮추고 간절하게 그리스도의 이름으로 그들에게 호소한다. 다음으로, 사도가 역설하는 내용은 그들의 삶과 행실과 행위에 관한 것인데, 거기에 대해서 "너희가 마땅히 어떻게 행하여야 하는지를 우리에게 배웠다"고 말함으로써, 그들이 행할 때에 규범으로 삼아야 할 것이 무엇인지를 분명하게 밝힌다. 즉, 사도는 자기가 그들에게 어떻게 행하라고 전에 말해 준 것들을 규범으로 삼아서 행하라고 말하고 있는 것이다. 왜냐하면, 사도는 자신의 사역을 통해서 그들에게 복음의 신비들만을 열어서 보여 준 것이 아니라, 그들에게 주어진 도덕적인 의무들과 도리들도 설명해 주었기 때문이다.

사도는 그들이 자기가 전에 그들에게 가르쳐 준 그러한 규범을 따라 행하고 있다고 말하면서, 그들이 그 규범을 따라 행하는 것으로 만족해서는 안 되고, 그리스도인으로서 합당한 그들의 그러한 행실이 더욱더 깊어지고 성숙해져야 한다고 권면하면서, 다음과 같은 것들로 동기를 부여한다: (1) 사도는 "주 예수 안에서" 그들에게 촉구하고 권면하는 것이라고 밝힌다. 즉, 자기는 한 개인으로서가 아니라, 그리스도의 사역자이자 대사로서 그리스도의 뜻을 그들에게 권면하는 것이라고 밝힘으로써, 자신의 권면의 권위가 그들과 자신의 주이신 예수 그리스도께 있다는 것을 분명히 하고 있는 것이다. (2) 사도는 그들이 어떻게 행해야 하는지를 이미 자기에게서 배워서 알고 있다고 못 박음으로써, 그들이 자신들은 어떻게 행해야 하는지를 알지 못한다고 변명하거나 핑계할 수 없음을 분명히 한다. (3) 사도는 그들이 자기가 그들에게 가르친 대로 행하는 것이야말로 "하나님을 기쁘시게" 하는 일임을 분명히 한다.

2. 우리가 주 예수로 말미암아 너희에게 무슨 명령으로 준 것을 너희가 아느니라.

이것은 사도가 앞에서 말한 것에 대한 보충설명이다. 사도는 데살로니가 교인들이 자신들의 행실과 관련해서 자기로부터 가르침 받은 것들을 여기에서 "명령들"이라고 부르는데, 여기에서 사용된 "명령들"이라는 단어의 의미와 문맥상의 의미로 볼 때, 이것은 사도 자신의 명령들이 아니라 주 예수의 명령들을 가리킨다. 바울은 사도로서의 권위를 지니고 있었지만, 그것은 자기 자신에게서 난 것이 아니라 그리스도부터 온 것이었기 때문에, "주 예수로 말미암아"라고 말한다. 따라서 만일 그들이 사도가 그들에게 명령한 대로 행하지 않는다면, 그것은 그리스도께 불순종하는 것이 된다. 사도는 그들이 이미 알고 있는 것을 실천으로 옮길 것을 역설하기 위하여, 그들이 이미 알고 있다는 사실을 그들에게 상기시키며 강조한다. 왜냐하면, 삶에 영향을 미치지 못하는 믿음 또는 지식은 죽은 것이기 때문이다. 데살로니가 교인들은 사도가 그들에게 명한 것들이 사도 자신의 이름이 아니라 그리스도의 이름으로 그들에게 명하였다는 사실을 이미 알고 있었다.

3. 하나님의 뜻은 이것이니 너희의 거룩함이라 곧 음란을 버리고.

하나님의 뜻은 이것이니. 사도는 앞 절에서 자기가 전에 데살로니가 교인들에게 가르친 것들을 그리스도로부터 온 "명령들"이라고 불렀는데, 여기에서는 그것들을 "하나님의 뜻"이라고 부른다. 또는, 사도는 자기가 전에 그들에게 가르친 명령들 외에, 하나님의 뜻에 속하는 또 다른 명령들을 여기에서 추가적으로 그들에게 가르치고 있는 것일 수도 있다. 하나님의 뜻 중에는 비밀에 부쳐져서 감추어져 있는 것들도 있고 계시된 것들도 있는데, 하나님의 계시된 뜻들은 사람들로 하여금 믿고 행하게 하고자 하시는 것들이다. 사도가 여기에서 말하는 "하나님의 뜻"은 후자를 의미하는 것으로서, 하나님이 우리에게 원하시거나 명령하신 것들을 비유적으로 표현한 것이다.

너희의 거룩함이라. 사도가 여기에서 하나님의 뜻이라고 말하며 가장 먼저 언급하는 것은 "거룩함"이다. 해석자들은 일반적으로 여기에 언급된 "거룩함"은 성결을 의미하는 것으로, 즉 사람들이 마음과 삶에서 하나님의 뜻을 따를 때에 거기에 존재하게 되는 성결한 삶을 가리키는 것으로 해석한다. 그러나 나는 여기에서 "거룩함"은 성결을 의미하는 것이 아니라, 사도가 바로 뒤에서 설명하고 있는 부정함의 죄와 반대되는 순결 또는 정절을 의미한다고 생각한다. 즉, 사도는 "너희의 거룩함이라"고 말한 후에, "음란을 버리고"라는 말을 덧붙임으로써, 자기가 말한 "거룩함"이 무엇인지를 설명하고 있다는 것이다: "음란을 버리는 것이 하나님의 뜻이다." 여기에서 "음란"(fornication)은 혼인을 했든 안 했든 모든 사람의 온갖 정숙하지 못함, 곧 사람들이 행위로만이 아니라 마음이나 말이나 눈이나 외설적인 몸짓 등으로 드러내는 성적으로 더러운 것들을 가리킨다. 이러한 "음란"은 이방인들, 특히 헬라인들 사이에서 만연되어 있던 죄였지만, 사람들이 죄라고 생각하지도 않았던 그런 죄였다. 그래서 예루살렘 공의회에서는 믿음을 갖게 된 이방인들이 "음란"을 죄악이 아닌 것으로 여기지 못하도록 하기 위하여, 그들이 금해야 할 일들 중의 하나로 "음행"을 언급한다(행 15:20, "다만 우상의 더러운 것과 음행과 목매어 죽인 것과 피를 멀리하라고 편지하는 것이 옳으니"). 왜냐하면, "음란" 또는 "음행"은 다른 많은 도덕적으로 악한 일들과는 달리 본성의 빛을 통해서는 악이라는 것이 별로 분명하게 드러나지 않기 때문이다. 그래서 사도는 데살로니가 교인들에게, "음란"을 피하는 것이 하나님의 뜻이기 때문에, 그들이 어떤 것들을 행할 때에 이것을 규범으로 삼아서 충분히 고려하여 행하여야 한다고 말한다. 하나님의 이러한 뜻은 십계명 중에서 제7계명에 나와 있어서, 유대인들은 잘 알고 있었지만, 새롭게 믿음을 지니게 된 이방인들이었던 데살로니가 교인들은 이것을 잘 알지 못하였을 것이다. 그래서 사도는 이방인 교회들에 보낸 자신의 편지들에서 "음란"이나 "음행"을 피하라고 권면하는데, 특히 고린도 교인들에게는 아주 자세하게 여러 가지 논거를 들어서 그렇게 권면하고 있다(고전 6:9). "음란"은 사람들의 마음을 부패시키고 유약하게 만들며 포로로 사로잡는 죄이고, 육신을 소모시키는 죄이며, 사람들의 재산을 탕진하게 만드는 죄이다. 따라서 물론 하나님의 모든 명령들은 우리의 유익과 복을 위한 것이기는 하지만(신 10:13, "내가 오늘 네 행복을 위하여 네게 명하는 여호와의 명령과 규례를 지킬 것이 아니냐"), "음란"을 금하신 하나님의 뜻은 "선하신 뜻"이다(롬 12:2).

4. 각각 거룩함과 존귀함으로 자기의 아내 대할 줄을 알고.

이것은 사도가 데살로니가 교인들로 하여금 앞에서 말한 "음란"의 죄를 범하지 않게 하기 위하여 덧붙인 것이다. 베드로전서 3:7에서 아내를 "더 연약한 그릇"이라고 부르고 있다는 사실을 들어서, 어떤 이들은 여기에서 사도가 말한 "그릇"(한글개역개정에서는 "아내"로 번역함 – 역주)은 "아내"를 가리키는 것으로 이해한다. 이 절에 언급된 "거룩함"도 우리가 앞 절에서 살펴본 것처럼 "정절" 또는 "순결"을 의미하는 것이라고 보아야 하기 때문에, 사도는 여기에서 남편은 자기 아내를 "정절" 또는 "순결함" 가운데서 아내를 취하여야 한다고 말하고 있는 것이다. 히브리서 13:7에서 "모든 사람은 결혼을 귀히 여기고 침소를 더럽히지 않게 하라"고 말하고 있듯이, 결혼은 모든 사람에게 존귀한 것이기 때문에, 결혼한 상태에서 정절을 지키며 살아가는 것도 존귀한 일이다. 왜냐하면, 잠언 6:32-33에서 "여인과 간음하는 자는 무지한 자라 이것을 행하는 자는 자기의 영혼을 망하게 하며 상함과 능욕을 받고 부끄러움을 씻을 수 없게 되나니"라고 말한 것처럼, 남자는 간음으로 인해서 존귀와 반대되는 "능욕"을 얻게 되기 때문이다.

어떤 이들은 본문에 나오는 "그릇"이 영혼의 그릇인 육신을 가리키는 것이라고 본다. 우리의 영혼은 육신을 이리저리 끌고 다니면서, 무의식적이거나 의식적이거나 지적인 삶의 여러 기능들을 그 육신을 통해서 행해 나간다. 따라서 해석자들은 사무엘상 21:5에서 다윗이 제사장에게 "우리가 참으로 삼 일 동안이나 여자를 가까이 하지 아니하였나이다 내가 떠난 길이 보통 여행이라도 소년들의 그릇이 성결하겠거든 하물며 오늘 그들의 그릇이 성결하지 아니하겠나이까"라고 한 말에서도, "소년들의 그릇이 성결하다"는 것도 소년들의 몸이 여자를 가까이 하지 않았다는 의미라고 해석한다. 고린도전서 6:18에서는 "음행을 피하라 사람이 범하는 죄마다 몸 밖에 있거니와 음행하는 자는 자기 몸에 죄를 범하느니라"고 말하고 있기 때문에, 자신의 몸에 음행의 죄를 짓는 것을 피한 자는 자신의 "그릇"을 순결하게 지킨 자이다. 반면에, 고린도전서 6:15에서는 우리의 육신을 창녀에게 내어주어 "음란"이나 "음행"을 저지르는 것은 그리스도의 지체인 우리 자신을 창녀의 지체로 만드는 것이라고 말한다. 여기에서 "각각"으로 번역된 단어가 남성이라는 점에서, 이 본문에 나오는 것은 일차적으로 남편들에게 해당되는 말이기는 하지만, 아내들에게도 마찬가지로 적용된다. 이렇게 육신의 순결 또는 정결을 지키는 일은 세심한 주의와 분별력으로 언제나 정신을 바짝 차리고서 시험들을 이기는 것이 필요하기 때문에, 사도는 각 사람이 "어떻게 하여야 자신의 그릇을 거룩함으로 소유할 수 있는지를 알아야" 한다고 말한다.

사도는 "거룩함" 다음에 "존귀함으로"라는 어구를 덧붙인다. 왜냐하면, 부정한 행위들은 몸을 욕되게 하기 때문이다. 그래서 사도는 로마서 1:24에서 "하나님께서 그들을 마음의 정욕대로 더러움에 내버려 두사 그들의 몸을 서로 욕되게 하게 하셨으니"라고 말한다. 하나님께서는 우리의 몸을 대단히 신묘하게 지으셨고, 그리스도께서 그런 우리의 몸을 자신의 피로 사셨으며, 영혼과 더불어서 그리스도의 지체이고, 성령의 전이기 때문에(고전 6:19-20), 모든 참된 성도들은 자신의 몸을 "존귀함으로" 간수하는 것이 마땅하다. 또는, 이것은 고린도전서 6:20에서 "너희 몸으로 하나님께 영광을 돌리라"고 말하고 있는 것처럼, 우리에게 하나님께 존귀와 영광을 돌아가게 하는 방식으로 우리의 몸을 사용하고, 우리의 "몸을 하나님이 기뻐하시는 거룩한 산 제사로 드리라"(롬 12:1)는 의미일 수도 있다.

5. 하나님을 모르는 이방인과 같이 색욕을 따르지 말고.

색욕을 따르지 말고. 우리는 사랑이든 분노든 욕망이든 우리의 정(affection)이 요동해서 표출되는 것을 혈기(passion)라고 부른다. 왜냐하면, 그러한 것들에 의해서 우리의 심령이 영향을 받기(passive) 때문이다. 스토아학파에서는 혈기는 현자에게 합당하지 않은 것이라고 말하였고, 사도는 갈라디아서 5:24에서 "그리스도 예수의 사람들은 육체와 함께 그 정욕(passions)과 탐심(lusts)을 십자가에 못 박았느니라"고 말한다. 거기에서 "탐심"으로 번역된 단어는 통상적으로 대상과 관련해서나 정도에 있어서나 온갖 무절제하고 지나치게 표출되는 감정들을 가리키는 것으로 해석된다. 이 단어는 헬라어에서는 단지 "소욕"을 의미하고 때로는 좋은 의미로도 사용된다(빌 1:23). 왜냐하면, 사람은 악한 것을 원할 수도 있지만, 좋은 것을 원할 수도 있기 때문이다. 따라서 갈라디아서 5:17에서는 "육체의 소욕은 성령을 거스르고 성령은 육체를 거스르나니"라고 말한다(이 구절의 헬라어 본문을 직역하면, "육체는 성령을 거슬러 원하고 성령은 육체를 거슬러 원한다"가 된다 — 역주). 하지만 여기에서 이 단어는 나쁜 의미로 사용되어서, 사도가 여기에서 "색욕"이라고 부르는 부정한 욕망을 가리킨다. 철학자들은 우리 심령의 정 또는 혈기를 분노 같이 자신을 어떤 해악으로부터 보호하고자 하는 방어적인 것들(irascible)과, 실제적인 것이든 허구적인 것이든 욕망 같이 성취하거나 피하고자 하는 것들(concupiscible)로 나눈다. 에베소서 2:3에서 "전에는 우리도 다 그 가운데서 우리 육체의 욕심을 따라 지내며 육체와 마음의 원하는 것을 하여 다른 이들과 같이 본질상 진노의 자녀이었더니"라고 말하는 것에서 알 수 있듯이, "색욕"(lusts of concupiscence)은 마음에 속한 것도 있고 육체에 속한 것도 있는데, 여기에서는 후자를 의미한다. 따라서 앞 절에 나온 "그릇"(아내)이 한 남편의 합법적인 아내를 가리키는 것이라면, 사도는 남편들에게 자신의 아내에 대해서조차도 모든 부정한 행위를 금지하고 있는 것이 된다. 하지만 거기에서 "그릇"이 육신을 가리키는 것이라면, 사도는 각 사람이 누구에게나 자신의 몸을 부정한 방식으로 사용하는 것을 금지하고 있는 것이 된다.

하나님을 모르는 이방인과 같이. 여기에서 사도는 데살로니가 교인들이 이방인이라는 사실을 자신의 권면을 위한 하나의 근거로 사용한다: 너희는 다른 사람들과 마찬가지로 민족으로 말하자면 이방인들이지만, 다른 이방인들과는 달리 하나님을 모르는 자들이 아니다. 사도는 로마서 1:20에서 "창세로부터 그의 보이지 아니하는 것들 곧 그의 영원하신 능력과 신성이 그가 만드신 만물에 분명히 보여 알려졌나니 그러므로 그들이 핑계하지 못할지니라"고 말하였듯이, 이방인들도 하나님에 대한 본성적인 지식을 가지고 있다. 그런데 그러한 본성적인 지식 외에, 성령을 통해서 알 수 있는 초자연적인 지식이 있는데, 하나님께서 계시하신 자신의 생각과 뜻과 계획, 하나님의 본성과 작정하신 일들은 오직 성경을 통해서만 알 수 있고, 그것은 그리스도 안에서 하나님을 아는 지식이다. 본문에서 사도는 후자의 의미에서 이방인들이 하나님을 모른다고 한 것이다. 그러므로 이방인들이 "색욕"을 따라 산 것은 전혀 이상한 일이 아니다. 왜냐하면, 그들에게 하나님의 말씀이라는 규범이 없었고, 하나님에 대한 참된 지식이나 하나님의 은혜가 없었던 까닭에, 그들에게는 그런 색욕을 억제할 수 있는 힘이 없었기 때문이다. 그러나 데살로니가 교인들은 복음으로 말미암아 회심하였기 때문에, 전에는 그들에게 결여되어 있었던 하나님에 대한 참된 지식을 갖게 되었고, 따라서 전과는 달리 색욕을 따라 살지 않는 것이 마땅한 일이었다. 지식은 우리의 마음과 삶에 영향을 미쳐야 하고, 지식을 거슬러 범죄하는 것은 죄를 더욱 가중시키기 때문에, 우리가 알면서도 범죄한다면, 우리는 더욱더 핑계할 수 없게 된다. 하지만 지식이 없는 곳에서는, 사람들은 온갖 악을 저지르게 된다! 사도는 이방인들에 대하여, 에베소서 4:18에서 "그들의 총명이 어두워지고 그들 가운데 있는 무지함과 그들의 마음이 굳어짐으로 말미암아 하나님의 생명에서 떠나 있도다"라고 말한다. 유대인들은 "무지함"으로 인해서 그리스도를 십자가에 못 박았고, 사울도 "무지함"으로 인해서 그리스도의 제자들을 박해하였다(딤전 1:13). 따라서 이방인들보다 더 많은 지식을 갖고 있는 그리스도인들이 이방인들보다 더 악한 일들을 행한다면, 그들은 더 많은 정죄를 받게 된다. 사도는 로마서 2:27에서 그러한 토대 위에서 유대인들을 질책한다: "본래 무할례자가 율법을 온전히 지키면 율법 조문과 할례를 가지고 율법을 범하는 너를 정죄하지 아니하겠느냐."

6. 이 일에 분수를 넘어서 형제를 해하지 말라 이는 우리가 너희에게 미리 말하고 증언한 것과 같이 이 모든 일에 주께서 신원하여 주심이라.

이 일에 분수를 넘어서 형제를 해하지 말라. 어떤 이들은 3절의 "하나님의 뜻은 이것이니 너희의 거룩함이라"에 나오는 "거룩함"을 좀 더 넓은 의미로 해석해서, 사도가 데살로니가 교인들에게, 성결한 삶을 사는 것이 하나님의 뜻이라고 말한 것으로 이해하고, 사도는 이 절에서 그 성결한 삶 중의 또 다른 한 가지에 대하여 말하고 있는 것으로 본다. 즉, 사도는 앞에서는 성결한 삶 중에서 정절을 지키는 삶에 대해서 말하였다면, 여기에서는 사람들과의 여러 가지 거래에서 상호적으로 정의를 행하는 삶에 대하여 말하고 있다는 것이다. 데살로니가는 교역과 상거래가 아주 활발하였던 도시여서, 믿는 자들이 성결한 삶을 살기 위해서는, 사람들과의 온갖 거래에 있어서도 올바르게 행하는 것이 꼭 필요한 일이었기 때문에, 사도는 그들에게 의롭게 행하는 것과 반대되는 것, 즉 정직하게 거래하지 않고 형제들을 속여서 피해를 끼치는 일은 행해서는 안 된다고 권면할 필요가 있었다는 것이다. 여기에서 "분수를 넘어섰다"는 것은 정도를 벗어났다는 의미인데, 어떤 것을 사거나 팔 때에 해당 물건에 합당한 가격을 주고 받는 것이 아니라 물건의 가치에 비해서 가격을 더 받거나 덜 주는 것, 또는 다른 사람의 무지나 절박한 사정을 악용해서 부당한 이득을 챙기는 것, 또는 어떤 사람과의 언약을 깨뜨리는 등이 그런 일들에 해당된다. 이 헬라어 단어는 신명기 17:2에서 사용된 히브리어 '아바르'와 상응하는 의미를 지니는데, '아바르'는 합당한 경계선을 넘어서는 것을 의미한다. 또한, 여기에서 "해하다"로 번역된 단어는 탐욕으로 말미암아 어떤 사람에게서 합당한 것 이상의 것을 갈취하는 것을 의미한다. 어떤 해석자들은 "분수를 넘어서다"는 폭력을 사용하여 불의를 행하는 것을 가리키고, "해하다"는 속임수를 통해서 불의를 행하는 것을 가리키는 것이라고 설명한다(고후 7:2). 이러한 불의가 "형제"에게 행해진 것이라는 사실로 인해서, 그 죄는 더욱 가중된다. "형제"에는 일반적인 관계에 의한 형제도 있고 특별한 관계에 의한 형제도 있다. 즉, 모든 인류는 동일한 인성을 지니고 있다는 점에서 모두 다 형제라고 말할 수 있지만, 공통의 혈연이나 문화로 인한 형제도 있고 영적인 형제도 있다. 우리는 여기에 언급된 "형제"는 이 세 가지 의미를 모두 포함하는 것으로 이해할 수 있겠지만, 사도는 특히 영적인 형제들을 염두에 두고 있는 것으로 보인다: 그리스도를 믿는 믿음 안에서 형제 된 자들은 서로를 속여서는 안 된다. 흠정역에서 "어떤 일에서나"로 번역된 어구는 헬라어 본문에는 "이 일에"로 되어 있기는 하지만, "거래에 있어서나 일반적인 행함에 있어서나 그 어떤 일에서든지"라는 의미를 담고 있기 때문에, 흠정역의 번역처럼 읽는 것이 좋은 것으로 보인다.

사도는 "어떤 일에서나 정도를 벗어나서 형제를 속여 이득을 챙기지 말라"고 일반적으로 표현하고 있기 때문에, 우리는 사도가 이 말을 통해서 구체적으로 무엇을 말하고자 하는지는 문맥에 비추어서 이해하여야 한다. 따라서 앞에 나온 절들과 뒤에 나오는 절에 비추어 볼 때, 이 구절은 또 다른 의미를 지닐 수 있다. 따라서 어떤 이들은 사도가 이 절에서도 여전히 혼인의 순결에 대해서 말하고 있는 것으로 본다. 즉, 사도는 여기에서 혼인의 경계선을 넘어서서 자기에게는 아무런 권리도 없는 다른 사람의 아내와 부정행위를 행함으로써 다른 이의 침상을 더럽히고 그 형제를 기만해서는 안 된다고 말하고 있다는 것이다. 이렇게 해석하는 경우에는, 우리는 "어떤 일에서든"은 "사도가 앞에서 말한 그런 일에서"를 의미하거나, 간음하는 행위를 우회적으로 표현한 것으로 보아야 한다. 히브리어에서 "가다"를 뜻하는 '보'는 구약성경에서 흔히 성적인 관계를 갖는 것을 나타내는 데 사용되기 때문에, 헬라어에서 "가다"를 뜻하는 '바이노'(βαίνω)와 여기에서 사용된 "넘어가다"를 뜻하는 '휘페르바이노'(ὑπερβαίνω)도 그런 의미로 사용되고, 여기에서 사도가 사용한 또 하나의 단어인 '플레오네크테인'(πλεονεκτεῖν, "해하다")은 에베소서 4:19("그들이 감각 없는 자가 되어 자신을 방탕에 방임하여 모든 더러운 것을 '욕심으로' 행하되")에서는 지나치게 과도하다는 의미로 사용된다.

이는 … 이 모든 일에 주께서 신원하여 주심이라. 사도는 이 절의 전반부에서 자기가 왜 그런 말을 한 것인지, 그 이유를 여기에서 제시하는데, 그것은 주는 그런 모든 일에 대하여 복수하시는 자이시기 때문이라는 것이다. "내 사랑하는 자들아 너희가 친히 원수를 갚지 말고 하나님의 진노하심에 맡기라 기록되었으되 원수 갚는 것이 내게 있으니 내가 갚으리라고 주께서 말씀하시니라"(롬 12:19; 신 32:35). 우리가 전반절에 나오는 구절이 온갖 거래에 있어서 속이거나 불의를 행하는 것에 관한 것이라고 이해하든, 아니면 혼인의 침상을 몰래 기만적으로 더럽히는 것에 관한 것이라고 이해하든, 사람이 그 불의를 스스로 바로잡거나 복수하지 않더라도, 의로우신 하나님께서는 그 불의를 행한 자들을 반드시 심판하셔서 불의를 당한 자들을 신원해 주실 것이다(히 13:4, "모든 사람은 결혼을 귀히 여기고 침소를 더럽히지 않게 하라 음행하는 자들과 간음하는 자들을 하나님이 심판하시리라").

우리가 너희에게 미리 말하고 증언한 것과 같이. 사도는 자기가 이것을 전에 그들에게 미리 경고하고 증언하였었다고 말한다. 본성의 빛이 이방인들에게 하나님은 악을 벌하시는 분이라는 것을 말해 주었고(행 28:4), 이방인들은 "하나님께는 복수의 눈이 있으시다"(ἔχει θεὸς ἔκδικον ὄμμα - '에케이 테오스 에크디콘 옴마')고 말할 수 있었겠지만, 사도는 그것을 분명하게 확인해 주는 가르침을 데살로니가 교인들에게 이미 주었었다. 사도는 그리스도께서 장차 세상을 심판하러 오실 것에 대하여 그들에게 말하면서, 그 때에 주님께서는 악인들의 불의에 대하여 복수하시고 의인들을 신원해 주실 것이라고 말하였었다(유 1:15). 그들은 전에는 그것에 대하여 무지하였었다. 하나님께서는 종종 이 세상에서 복수를 행하시지만, 사도는 여기에서 그리스도께서 최후의 심판 때에 복수하실 것에 대하여 말하고 있는 것으로 보인다. 왜냐하면, 사도가 전에 자기가 그들 가운데서 사역할 때에 이미 그것을 그들에게 경고하고 증언한 바 있다고 말하고 있는 것으로 보아서, 그것은 본성적인 양심으로는 그렇게 분명하게 알 수 없는 것이었을 것이기 때문이다.

7-8. [7]하나님이 우리를 부르심은 부정하게 하심이 아니요 거룩하게 하심이니 [8]그러므로 저버리는 자는 사람을 저버림이 아니요 너희에게 그의 성령을 주신 하나님을 저버림이니라.

사도는 앞의 3절과 4절에서 "거룩함"이라고 말한 혼인의 순결 또는 정절을 데살로니가 교인들에게 지키라고 역설하기 위해서, 여기에서 또 다른 추가적인 이유들을 이 두 절을 통해 덧붙인다. 사도가 첫 번째로 제시하는 이유는 그리스도인으로서의 부르심과 관련된 것으로서, 사도는 하나님께서 그들로 하여금 "부정한" 삶이 아니라 "거룩함," 즉 순결하고 정절을 지키는 삶을 살도록 하기 위하여 그들을 부르셨다고 말한다. 그들이 이방인으로 살았을 때에는, 더러운 정욕을 따라 살았지만, 지금 그들은 복음의 능력에 의해서 부르심을 받아서 믿음을 고백한 자들이 되었기 때문에, 더러운 정욕을 따라 사는 삶을 단죄하고, 혼인의 순결을 지키는 성결한 삶을 사는 것이 마땅하다는 것이다. 그들을 부르신 장본인은 "하나님"이시고, 사도들과 그 밖의 복음 사역자들은 하나님이 사용하신 도구들일 뿐이다.

바로 그러한 사실로부터 사도는 8절에 나오는 두 번째 이유를 이끌어 내는데, 그것은 어떤 사람이 혼인의 순결을 멸시하거나 거부하였다면(우리는 이 본문을 이렇게 읽을 수 있다), 그 사람이 멸시한 것은 사람이 아니라 하나님이시라는 것이다. 복음 사역자가 하나님이 명하신 것을 전하는데, 어떤 사람이 그 사역자를 멸시하였다면, 그것은 하나님 자신을 멸시한 것이다(눅 10:16). 사도는 여기에서 하나님의 명령에 순종하지 않는 것은 하나님을 멸시하는 것이라고 말한다. 또는, 이것은 사람들이 사도 바울의 외적으로 비천한 모습을 보고서 그를 멸시하거나 그의 권위에 의문을 제기한 것을 가리키는 것일 수도 있다.

"너희에게 그의 성령을 주신." 이것은 사도가 제시하는 세 번째 이유이다. 여기에서 사도는 데살로니가 교인들이 믿을 때에 성령을 받았다는 사실을 근거로 삼아서, 그렇기 때문에 그들이 부정한 삶을 살아서는 안 된다고 말한다. 왜냐하면, 부정한 삶은 그들의 거룩한 부르심과 전혀 맞지 않는 삶일 뿐만 아니라, 하나님이 그들에게 주신 성령과도 전혀 맞지 않는 삶이기 때문이다. 어떤 사본들에는 이 본문에 나오는 "너희에게"가 "우리에게"로 되어 있다. 이렇게 읽는 경우에, 이 본문에서 사도는 하나님께서는 믿는 자들에게 성령을 주셔서 말하고 행하게 하셨기 때문에, 사도가 그들에게 전한 것들은 사도 자신에게서 나온 것이 아니라 성령으로부터 나온 것이라고 말하고 있는 것이 된다.

어떤 이들은 "거룩함"이라는 단어를 좀 더 넓은 의미로 해석해서, 사도가 제시한 이 모든 이유 또는 근거들은 데살로니가 교인들에게 성결한 삶을 살라고 일반적으로 권면하기 위한 것이라고 본다. 이렇게 본다면, "부정함"은 성결한 삶과 반대되는 온갖 더럽고 추한 죄악된 삶을 의미하게 된다. 성경에서 죄는 흔히 더러움 또는 부정이라는 개념으로 묘사되고, 특히 율법 아래에서 그런 식으로 표현되었다. 따라서 죄로부터 깨끗하게 되는 것은 "육과 영의 온갖 더러운 것에서 깨끗하게" 되는 것이다(고후 7:1). 그래서 사도는 여기에서 죄 가운데서 살아가는 것은 부정함 가운데서 살아가는 것이고, 우리의 거룩한 부르심에 역행하는 것이며, 하나님을 멸시하는 것이고, 하나님의 성령의 본성이나 명령을 거슬러 행하는 것이라고 말하면서, 데살로니가 교인들에게 부정한 삶이 아니라 성결한 삶을 살라고 역설하고 있다.

9. 형제 사랑에 관하여는 너희에게 쓸 것이 없음은 너희들 자신이 하나님의 가르

치심을 받아 서로 사랑함이라.

형제 사랑에 관하여는 너희에게 쓸 것이 없음은. 사도는 혼인의 순결을 지키는 삶과 의로운 삶에 대한 권면을 마치고, 이제 영적인 근거 위에서 행하는 사랑인 "형제 사랑"에 대하여 말하기 시작한다. 성도들은 하나님을 한 분 공동의 아버지로 모시고 있는 하나님의 자녀들이기 때문에, 모두 다 한 형제이다(살전 2:8-9; 히 13:1). 그러한 이유에서 성도들을 사랑하는 것이 바로 "형제 사랑"이다. 사도는 데살로니가 교인들이 형제 사랑과 관련해서는 아주 잘하고 있기 때문에, 자기가 더 이상 무엇이라고 더 할 말이 없다고 말함으로써, 그들을 칭찬하고 치켜세워 주는 방식으로, 형제 사랑을 실천하는 것이 중요하다는 것을 역설한다. 사도는 이렇게 상대방을 치켜세워 줌으로써 진실로 그렇게 하도록 유도하는 화법을 종종 사용한다. 예를 들면, 사도는 사도행전 26:27-28에서는 "아그립바 왕이여 선지자를 믿으시나이까 믿으시는 줄 아나이다"라고 동일한 화법을 구사하는데, 사도의 이러한 말을 들은 아그립바는 바울에게 "네가 적은 말로 나를 권하여 그리스도인이 되게 하려 하는도다"라고 말함으로써, 사도가 무슨 의도로 그렇게 말하는지를 이미 안다는 식으로 말한다. 또한, 사도는 고린도 교인들에게도 동일한 화법을 사용해서, "성도를 섬기는 일에 대하여는 내가 너희에게 쓸 필요가 없나니 이는 내가 너희의 원함을 앎이라 내가 너희를 위하여 마게도냐인들에게 아가야에서는 일 년 전부터 준비하였다는 것을 자랑하였는데 과연 너희의 열심이 퍽 많은 사람들을 분발하게 하였느니라"(고후 9:1-2)고 말하기도 한다. 즉, 사도는 형제 사랑과 관련해서 데살로니가 교인들을 은근히 칭찬하고 치켜세워 줌으로써, 그들로 하여금 자기가 그들을 칭찬하고 좋게 말한 것에 부응하여 그대로 행하도록 하기 위하여, 이런 화법으로 말하고 있는 것이다.

너희들 자신이 하나님의 가르치심을 받아 서로 사랑함이라. 사도는 이렇게 말한다: 너희는 이미 하나님으로부터 가르치심을 받아서 형제 사랑을 잘 실천하고 있는데, 내가 굳이 너희에게 형제 사랑에 대해서 더 가르칠 필요가 있겠는가? 예레미야서 31:33-34에서는 "내가 이스라엘 집과 맺을 언약은 이러하니 곧 내가 나의 법을 그들의 속에 두며 그들의 마음에 기록하여 나는 그들의 하나님이 되고 그들은 내 백성이 될 것이라 … 그들이 다시는 각기 이웃과 형제를 가리켜 이르기를 너는 여호와를 알라 하지 아니하리니 이는 작은 자로부터 큰 자까지 다 나를 알기 때문이라"고 말함으로써, 장차 하나님께서 직접 사람들을 가르치시게 될 것을 예언하였고, 요한

일서 2:26-27에서는 "너희는 주께 받은 바 기름 부음이 너희 안에 거하나니 아무도 너희를 가르칠 필요가 없고 오직 그의 기름 부음이 모든 것을 너희에게 가르치며 또 참되고 거짓이 없으니 너희를 가르치신 그대로 주 안에 거하라"고 말함으로써, 그 예언이 성취되었음을 보여 준다. 이렇게 하나님으로부터 가르치심을 받은 자들은 반드시 그 가르치심을 행하게 되어 있다. 왜냐하면, 하나님은 헛되이 가르치시는 법이 없으시기 때문이다. 일부 광신자들은 성경의 이러한 말씀들을 근거로 삼아서, 사람들의 온갖 가르침은 다 쓸데없고, 하나님으로부터 직통으로 가르침을 받아야 한다고 주장하지만, 사도가 여기에서 말하고자 한 것은, 데살로니가 교인이 이미 하나님으로부터 제대로 가르치심을 받아서 형제 사랑을 잘 실천하고 있는데, 자기가 거기에 덧붙여서 형제 사랑에 대하여 무엇을 더 가르칠 필요가 없다고 생각하였다는 것일 뿐이다. 여기에서 우리는 하나님의 가르치심은 사람들의 생각만 밝게 해 주는 것이 아니라, 사람들의 깊은 감정에까지 영향을 미쳐서, 하나님은 사랑이시기 때문에, 사람들 속에서 다른 사람들을 사랑하고자 하는 마음을 불러일으킨다는 것을 알게 된다. 데살로니가 교인들은 형제 사랑 외에도 하나님으로부터 여러 가지를 가르침 받았을 것이지만, 사도는 오직 이것만을 복음으로 말미암은 성령의 지극히 합당한 역사로 언급한다. 왜냐하면, 사람에 대한 사람의 일반적인 사랑은 본성적인 것에 속하기 때문이다.

10. 너희가 온 마게도냐 모든 형제에 대하여 과연 이것을 행하도다 형제들아 권하노니 더욱 그렇게 행하고.

너희가 … 과연 이것을 행하도다. 사도는 자기가 칭찬한 데살로니가 교인들의 형제 사랑이 참된 것이라는 것과 그들이 하나님으로부터 그것을 가르침 받았다는 것을 증명하기 위해서, 이 절에서는 그들의 형제 사랑의 구체적인 예를 제시한다. 만일 이렇게 구체적인 증거를 들지 않았다면, 사도는 데살로니가 교인들의 형제 사랑이 실은 별 열매도 없는 공허한 것이었는데도, 그들에게 듣기 좋은 말로 아부했다는 말을 들었을 것이다. 그래서 사도는 "너희가 형제들을 사랑한다고 고백하고 있다"고 말하지 않고, "너희가 과연 이것을 행하도다"라고 분명하게 말한다. 마찬가지로, 사도는 예루살렘 교회의 가난한 성도들을 위한 고린도 교인들의 연보에 대해서도 "이제는 하던 일을 성취할지니 마음에 원하던 것과 같이 완성하되 있는 대로 하라"(고후 8:11)고 말함으로써, 그들이 실제로 행하고 있었다는 것을 강조하고, 그것을 잘 마무리하라고 부탁한다.

온 마게도냐 모든 형제에 대하여. 마게도냐 지방은 넓은 지역이어서, 그 안에는 많은 교회들이 세워져 있었다. 데살로니가 교인들의 사랑은 이해관계나 사람들의 평판이나 세상적인 어떤 인맥관계나 자부심으로 인한 것이 아니었지만, "온 마게도냐 모든 형제"에게 미쳤다. 그들의 이러한 형제 사랑이 구체적으로 어떤 모습으로 나타났는지에 대해서는 사도가 여기에서 언급하고 있지 않지만, 우리는 사도가 고린도후서 8:1-2에서 "형제들아 하나님께서 마게도냐 교회들에게 주신 은혜를 우리가 너희에게 알리노니 환난의 많은 시련 가운데서 그들의 넘치는 기쁨과 극심한 가난이 그들의 풍성한 연보를 넘치도록 하게 하였느니라"고 말한 것 속에서, 특히 아낌없는 구제로 나타났음을 짐작할 수 있다.

형제들아 권하노니 더욱 그렇게 행하고. 하지만 그들의 형제 사랑은 아직 온전한 것은 아니었기 때문에, 사도는 그들의 형제 사랑이 차고 넘치게 풍성해지도록 더욱 더 애쓸 것을 그들에게 부탁한다. 이것은 형제 사랑의 범위를 마게도냐에만 국한시키지 말고 좀 더 넓히라는 의미일 수도 있고, 형제 사랑의 정도와 관련해서 더욱더 깊고 뜨거운 사랑으로 사랑하라는 의미일 수도 있다. 여기에서 "그렇게 행하고"로 번역된 헬라어는 후자의 의미에서 "풍성하게 하다"로 해석될 수 있고, 실제로 사도는 고린도후서 8:7에서 이 단어를 그런 의미로 사용해서 "오직 너희는 믿음과 말과 지식과 모든 간절함과 우리를 사랑하는 이 모든 일에 풍성한 것 같이 이 은혜에도 풍성하게 할지니라"고 말한다. 사랑을 비롯한 그 어떤 은혜도 단번에 온전해질 수는 없고, 하나님으로부터 가르치심을 받는 사람들도 조금씩 배워나가야 한다. 사랑은 복음에 지극히 합당한 은혜이고, 그들의 현재의 고난 받는 상태에 아주 합당한 은혜였기 때문에, 사도는 특히 그들 가운데서 사랑이 더욱 풍성하게 하라고 권면한다.

11. 또 너희에게 명한 것 같이 조용히 자기 일을 하고 너희 손으로 일하기를 힘쓰라.

조용히 … 힘쓰라 사도는 데살로니가 교인들에게 "조용히" 하고, 자기가 해야 할 일들을 부지런히 행하라고 권면한다. 아마도 사도는 자기가 그들 가운데서 사역하면서 지켜보았던 것을 통해서, 또는 그들에 대해서 들은 것을 통해서, 이러한 권면을 그들에게 해 줄 필요가 있다고 생각했던 것 같다. 실제로, 사도가 데살로니가후서 3:10-11에서 "우리가 너희와 함께 있을 때에도 너희에게 명하기를 누구든지 일하기 싫어하거든 먹지도 말게 하라 하였더니 우리가 들은즉 너희 가운데 게으르게 행하여 도무지 일하지 아니하고 일을 만들기만 하는 자들이 있다 하니"라고 쓰고 있는 것이 그런 사정을 잘 보여 준다. "조용히 하다"로 번역된 헬라어 '헤쉬카제인'(ἡσυχάζειν)은 화평한 기질과 행동거지 둘 다에 대한 것으로서, 세속적인 일에서든 신앙적인 일에서든 분쟁하거나 다투거나 분열하는 것과 반대되는 것을 가리킨다. 사도는 특히 때와 장소와 관련된 사람들을 고려하였을 때, 데살로니가 교인들이 "조용히" 산다는 것이 실천하기 어려운 일이라는 것을 알고 있었기 때문에, "조용히" 살려고 힘쓰라고 말한다. "힘쓰다"로 번역된 헬라어 '필로티메이스타이'(φιλοτιμεῖσθαι)는 어떤 야심을 가지고 그 야심을 이루기 위하여 열심히 행하는 것을 의미한다. 잠언 20:3에서 "다툼을 멀리 하는 것이 사람에게 영광이거늘 미련한 자마다 다툼을 일으키느니라"고 말한 것처럼, 우리는 다투지 않고 조용히 사는 것이 우리 자신과 우리의 신앙 고백에 합당하다는 것을 알기 때문에, 그러한 삶을 어떻게든 살아내야 하겠다는 거룩한 야심을 가지고, 그 야심을 이루기 위하여 힘쓰고 애써야 한다. 이 헬라어는 고린도후서 5:9에서도 "힘쓴다"는 의미로 사용되고 있다: "우리는 몸으로 있든지 떠나든지 주를 기쁘시게 하는 자가 되기를 힘쓰노라." 이 헬라어는 원래 마음을 써서 열심히 애쓰고 노력한다는 의미이지만, 여기에서는 온갖 종류의 애쓰고 힘쓰는 것을 다 포괄한다. 사도가 여기에서 "조용히" 살기를 힘쓰라고 권면한 것은 히브리서 12:14에서 "모든 사람과 더불어 화평함과 거룩함을 따르라 이것이 없이는 아무도 주를 보지 못하리라"고 말한 것과 일치한다. 베드로전서 3:11("악에서 떠나 선을 행하고 화평을 구하며 그것을 따르라")을 보라.

자기 일을 하고. 다음으로, 사도는 데살로니가 교인들에게 각자에게 주어진 일들을 부지런히 근면성실하게 행하라고 권면한다. 사도는 앞에서 말한 "조용히" 살기 위한 좋은 방법으로 이 처방을 제시하고 있는 것이다. 왜냐하면, 분쟁이나 다툼은 흔히 우리와 상관없는 남의 일에 간섭하는 데서 생겨나기 때문이다. 실제로, 사도는 데살로니가후서 3:11-12에서 "우리가 들은즉 너희 가운데 게으르게 행하여 도무지 일하지 아니하고 일을 만들기만 하는 자들이 있다 하니"라고 그런 자들을 꾸짖으면서, "이런 자들에게 우리가 명하고 주 예수 그리스도 안에서 권하기를 조용히 일하여 자기 양식을 먹으라 하노라"고 처방을 제시한다. 하지만 이기적인 마음에서 남의 일에는 신경도 쓰지 않고, 오로지 자기 일만 챙기는 것은 크게 잘못된 것이다. 그래서 사도는 빌립보서 2:21-22에서 로마에서 가택연금 상태에 있는 자기 곁에 있는 믿는 자들 중에서 빌립보 교인들의 "사정을 진실히 생각하는 자"가 디모데밖에 없고, "그들이 다 자기 일을 구하고 그리스도 예수의 일을 구하지 아니한다"고 탄식한다. 우리는 다른 사람들의 일에 개입하도록 부르심을 받았을 때에는 적극적으로 나서서 마치 우리 자신의 일인 것처럼 다른 사람들을 도와주어야 하고, 그렇지 않은 경우에는 조용히 있어야 한다. 그리스도인의 부르심에는 일반적인 것도 있고 특별한 것도 있는데, 이 둘 중의 어느 하나에 속하지 않은 일들은 우리 자신의 일이 아니다. 우리는 우리의 부르심의 범위 내에서만 행하고 고난 받는 것이 마땅하다. 우리의 부르심에 속하지 않은 일들로 고난을 받는다면, 그것은 남의 일에 쓸데없이 참견해서 고난 받는 것이기 때문에 무익한 고난이다. 그래서 베드로 사도는 "너희 중에 누구든지 살인이나 도둑질이나 악행이나 남의 일을 간섭하는 자로 고난을 받지 말려니와"라고 경고하는데, 거기에서 "남의 일에 간섭한다"는 것은 헬라어 본문에서 어떤 감독이 다른 감독의 직무에 쓸데없이 끼어들어서 간섭하는 것을 가리킨다.

너희 손으로 일하기를. 이것은 우리의 부르심을 벗어나서 게으름과 나태함 가운데서 살아가는 삶을 단죄하는 말이다. 우리는 우리 자신의 부르심의 범위 내에 머물러서 "조용히" 행하여야 할 뿐만 아니라, 우리 자신의 손으로 직접 일하며 살아야 한다. 사도는 데살로니가후서 3:12에서 "이런 자들에게 우리가 명하고 주 예수 그리스도 안에서 권하기를 조용히 일하여 자기 양식을 먹으라 하노라"고 말할 뿐만 아니라, 에베소서 4:28에서는 에베소 교인들에게 "도둑질하는 자는 다시 도둑질하지 말고 돌이켜 가난한 자에게 구제할 수 있도록 자기 손으로 수고하여 선한 일을 하라"고 말한다. 이것은 손으로 하는 일만이 "일"이고 그 밖에는 다른 일은 없다는 말이 아니다. 복음 사역자들은 손으로 일하는 것을 면제받을 권리가 있지만(고전 9:6), 그렇다고 해서 그들이 일을 하지 않는 것이 아니다. 손으로 하는 일 외에도, 머리나 혀나 발이나 폐로 하는 일도 있다. 따라서 사도가 여기에서 "손으로 일하는" 것을 언급한 것은 그것을 통해서 온갖 일들을 다 포괄적으로 표현하고자 한 것일 수도 있고, 자신의 서신을 읽을 자들의 상황에 맞춰서 거기에 맞는 말을 한 것일 수도 있다. 왜냐하면, 데살로니가는 교역이 활발한 도시여서, 대부분의 사람들은 손으로 일하는 생업에 종사하고 있었기 때문이다. 사도는 고린도후서 8:2에서 마게도냐 교회들에 속한 신자들은 대체로 가난한 사람들이었지만, 그들의 힘에 지나도록 풍성한 연보를 하였다고 말한다. 따라서 그들 중의 일부는 다른 사람들이 베푸는 구제에 의지해서 게으른 삶을 사는 자들이 있었을 것인데, 어떤 이들은 바로 그러한 상황이 사도가 이런 말을 이 서신 속에서 쓴 계기가 되었을 것이라고 생각한다. 많은 재산이 있어서, 굳이 일할 필요가 없다고 해도, 그 누구도 게으르게 살아서는 안 된다. 우리 주님께서는 각 사람에게 주어진 시간과 달란트들을 제대로 잘 사용하여야 하는 이유를 마태복음 25:19에서 가르쳐 주시는데, 그것은 우리 각 사람이 우리에게 그런 것들을 주신 하나님 앞에서 장차 결산을 하여야 하기 때문이라고 말씀하신다. 그 때에 하나님으로부터 받은 것들로 아무런 이문도 남기지 않은 게으르고 무익한 종들은 "바깥 어두운 데로" 내쫓기게 될 것이다(마 25:30). 모든 사람은 일할 수 없는 장애를 가지고 있지 않는 한, 이런저런 방식으로 반드시 일을 하여야 하고, 자기 자신과 남들의 유익을 위하여 일하여야 한다.

너희에게 명한 것 같이. 이것은 사도가 전에 그들과 함께 있었을 때에 그들에게 명한 것을 의미한다. 사도는 그 때에 그들의 삶을 보고서, 그들에게 그러한 명령을 할 필요가 있다고 생각해서 그렇게 명하였을 것이다. 그리스도인들이 근면하고 성실하게 일한다면, 그들은 모든 사람들로부터 칭찬을 듣게 될 것이다. 하지만 그들이 자신에게 주어진 일은 하지 않고 게으르게 살면서, 남의 일에 간섭해서 문제를 일으킨다면, 그들의 그러한 행실로 인해서 기독교 신앙은 이방인들 중에서 욕을 먹게 되는데, 사도가 이러한 명령을 한 주된 이유도 거기에 있었던 것으로 보인다. 사도는 여기에서 세상의 방백처럼 세상 일들과 관련해서 공공의 복리를 위하여, 남의 일에 간섭하지 말고 자기에게 맡겨진 일을 근면성실하게 행하라고 명하고 있는 것이 아니라, 사도가 이후에 하고 있는 말들이 보여 주듯이, 단지 그리스도의 사역자로서 영적인 목적을 위하여 그러한 명령을 하고 있는 것이다.

12. 이는 외인에 대하여 단정히 행하고 또한 아무 궁핍함이 없게 하려 함이라.

사도는 두 가지 이유를 들어서, 자기가 앞에서 명한 것들을 꼭 지켜야 한다는 것을 데살로니가 교인들에게 역설하는데, 그 중 한 가지는 외인들의 평판과 관련된 것이고, 다른 한 가지는 실용적인 목적과 관련된 것이다. 사도는 그들에게 자기가 앞에서 말한 대로 행하라고 명하는 것은, 그들이 외인들에 대하여 "단정히," 즉 "품위 있게" 행하게 하기 위한 것이라고 말한다. 여기에서 "단정히"로 번역된 단어는 고린도전서 14:40("모든 것을 품위 있게 하고 질서 있게 하라")에서는 "품위 있게"로 번역된다. 믿지 않는 이방인들은 "외인들"로 불리고(고전 5:12; 골 4:5), 그리스도의 교회 속으로 받아들여진 자들은 "안에" 있는 자들로 불린다. 여기에서 사도는 믿는 자들이 하나님을 모르는 이방인들조차도 인정하고 칭찬할 수밖에 없도록 도덕적으로 올바른 행실을 보임으로써, 이방인들이 비록 믿음의 깊은 신비들과 복음의 거룩함을 이해하지는 못한다고 하여도, 믿는 자들의 행실을 보고서, 복음을 존귀하게 여기게 되도록 하여야 한다고 말하고 있는 것이다. 사도는 이것을 골로새서 4:5에서는 "외인에게 대해서 지혜로 행하는" 것이라고 말한다.

사도가 또 한 가지 이유로 든 것은 실용적인 것으로서, "아무도 궁핍함이 없게" 하는 것이다. 즉, 사도는 믿는 자들 중에서 아무도 다른 사람에게 구걸하거나 아쉬운 소리를 해서 먹고 살지 않아도 되게 하기 위한 것이라고 말한다. 그리스도인들이 먹고 살기 위해서 다른 사람, 특히 믿지 않는 자들에게 구걸한다면, 그것은 그러한 모습을 보는 믿지 않는 이방인들이 복음을 믿는 데 걸림돌이 될 것이다. 또는, 이 구절은 "아무것에서도 궁핍함이 없게"로 해석될 수도 있다: 너희가 너희 자신의 손으로 수고하여 아무런 궁핍함이 없이 먹고 살게 된다면, 너희는 다른 사람들에게 기대지 않아도 되고, 친구들에게 폐를 끼치거나 외인들에게 걸림돌이 되지 않을 것이다. 각 사람이 스스로 수고하여 먹고 사는 것은 옛적에 하나님께서 아담에게 주신 법이었고(창 3:19, "네가 흙으로 돌아갈 때까지 얼굴에 땀을 흘려야 먹을 것을 먹으리니"), 솔로몬이 잠언에서 자주 권면한 것이었으며, 사도가 그리스도인들에게 명한 것이었다(살후 3:10).

13. 형제들아 자는 자들에 관하여는 너희가 알지 못함을 우리가 원하지 아니하노니 이는 소망 없는 다른 이와 같이 슬퍼하지 않게 하려 함이라.

사도는 여기에서 새로운 주제, 즉 그리스도 안에서 죽은 자들을 위하여 너무 슬퍼해서는 안 된다는 주제로 넘어간다. 사도가 이 주제를 여기에서 다루는 이유는, 자기가 그들 가운데 있을 때에 그들이 죽은 자들에 대하여 지나치게 슬퍼하는 모습을 보았기 때문이거나, 디모데 또는 다른 경로를 통해서 그들의 그런 모습에 대하여 들었기 때문일 것이다. 여기에서 우리가 유념해야 할 것은, 사도는 그들이 그리스도 안에서 죽은 자들을 위하여 슬퍼하는 것을 단죄하는 것이 아니라, 지나치게 슬퍼하는 것은 합당하지 않다는 것을 지적하고 있는 것일 뿐이라는 것이다. 은혜는 인간의 본성을 파괴하는 것이 아니라 본성이 제대로 잘 작동하게 해주고, 이성을 파괴하는 것이 아니라 이성이 제대로 작동하도록 바로잡는 역할을 하며, 인간의 감정과 정서를 다 제거해서 우리를 스토아학파 철학자들이나 목석으로 만들어 버리는 것이 아니라 그 감정과 정서가 제대로 적정한 수준에서 작동하게 해 준다. 인간의 감정들은 적절한 한계 내에서 올바르게 표출될 때에는 선한 것이기 때문에, 기독교는 그렇게 가르치고, 인간의 감정들이 그런 식으로 사용되는 것은 은혜 안에서 가능하다. 죽은 자들, 특히 그리스도 안에서 죽은 자들을 위하여 애곡하는 것은 인간의 본성과 은혜가 둘 다 가르치고 하나님이 요구하시는 마땅한 도리이다. 그렇기 때문에 하나님께서는 그렇게 하지 않는 것을 책망하시고(사 57:1), 어떤 사람이 죽었는데 아무도 애곡하지 않는 경우에는, 그것은 저주 받은 죽음으로 여겨졌다(렘 22:18-19). 따라서 사도가 여기에서 다루는 것은 오직 죽은 자들을 위하여 지나치게 슬퍼하는 것에 대한 것이다.

사도는 데살로니가 교인들이 그렇게 하는 것을 막거나 제거하기 위하여, 여러 가지 교훈들과 근거들을 제시한다. 사도는 그들이 그렇게 하는 데에는 무지가 크게 작용하고 있다고 생각해서, 최후의 부활과 그리스도께서 장차 친히 다시 오실 것임을 그들에게 가르치는데, 이러한 일들은 이방인들이 본성의 빛에 의거해서는 전혀 모르거나 거의 알 수 없는 것들이었다. 사도는 그들 가운데 있었던 시간이 짧았기 때문에, 이러한 것들에 대해서 그들을 가르칠 기회를 갖지 못하였고, 그래서 여기에서 그러한 것들에 대하여 자세하게 설명한다. 사도는 고린도 교인들 중에도 부활이 없다고 공공연하게 말하고 다니는 자들이 있다는 말을 들었다(고전 15:12, "그리스도께서 죽은 자 가운데서 다시 살아나셨다 전파되었거늘 너희 중에서 어떤 사람들은 어찌하여 죽은 자 가운데서 부활이 없다 하느냐"). 죽은 자들의 부활은 인간의 이성으로는 도무지 납득할 수 없는 신비였기 때문에, 실제로 부활을 믿는 것은 어려운 일이었다. 이방인들은 영혼의 불멸성에 대해서는 별로 의심하지 않고 믿었지만, 이방인들 중에서 가장 박식한 자들조차도 부활에 관한 가르침을 의심하였고, 사도행전 17:18에서 "어떤 에피쿠로스와 스토아 철학자들도 바울과 쟁론할새 어떤 사람은 이르되 이 말쟁이가 무슨 말을 하고자 하느냐 하고 어떤 사람은 이르되 이방 신들을 전하는 사람인가보다 하니 이는 바울이 예수와 부활을 전하기 때문이러라"고 보도한 것처럼, 그 중 일부는 대놓고 공개적으로 부활의 가르침을 비웃기도 하였다.

사도는 그러한 분위기 속에서 데살로니가 신자들이 죽은 자들을 위하여 지나치게 슬퍼하는 것을 막기 위해서, 이 절에서 두 가지 근거를 제시한다: (1) 사도는 그리스도 안에서 이미 죽은 자들이든, 죽어가고 있는 자들이든, 앞으로 죽게 될 자들이든 상관없이, 성도들의 죽음을 "잠자는 것"이라고 부른다(단 12:2; 눅 8:52; 요 11:11; 고전 15:20, 51). 따라서 죽은 성도들을 위하여 지나치게 슬퍼할 이유가 전혀 없다. 왜냐하면, 잠을 잔다는 것은 곧 깨어난다는 것을 의미하는 것인 까닭에, 죽은 성도들이 잠자는 것이라면, 그것은 그들이 언젠가는 반드시 잠에서 깨어나듯 다시 부활하게 된다는 것을 의미하기 때문이다. 그래서 이사야서 57:2에서는 의인들의 죽음에 대해서 "그들은 평안에 들어갔나니 바른 길로 가는 자들은 그들의 침상에서 편히 쉬리라"고 말함으로써, 무덤을 "침상"이라고 부른다. 따라서 죽은 자들이 묻힌 곳은 그들이 잠자고 있는 곳일 뿐이다. (2) 잠언 14:32에서 "악인은 그의 환난에 엎드러져도 의인은 그의 죽음에도 소망이 있느니라"고 말하고 있는 것처럼, 그리스도 안에서 죽은 자들에게는 "소망"이 있다. 그 소망은 그들이 죽은 후에 복된 상태에 있게 될 것이라는 소망이고, 장차 부활하게 될 것이라는 소망이며, 그리스도께서 오실 때에 그들을 다시 보게 될 것이라는 소망이다. 죽음은 영원한 이별이 아니다. 사도가 여기에서 말하고자 하는 것도 바로 그것이다. 우리는 그리스도 안에서 죽은 자들을 장차 이 땅에 있었던 때보다 훨씬 더 놀라운 모습 속에서 보게 될 것이고, 그렇게 볼 수 있게 될 때, 그들의 그리스도인 친구들은 그들을 알아볼 수 있을 것이다. 만일 그렇지 않다면, 사도가 데살로니가 교인들에게 죽은 자들을 위하여 지나치게 슬퍼하지 말라고 하면서 여기에서 제시한 이유 또는 근거는 별 설득력이 없게 될 것이고, 현재의 논의와도 잘 부합하지 않게 될 것이다.

믿지 않는 이방인들은 사도가 앞에서 말한 그러한 소망이 없는 자들이었기 때문에(엡 2:12), 그들의 죽은 자들을 땅에 묻으면서 몹시 슬퍼하였고, 자신들의 육신을 자해하거나, 머리를 밀어 대머리가 되거나, 구슬픈 애가를 부르거나, 슬피 애곡하거나, 때로는 악기들을 동원해서 그 슬픔을 표현하였다. 그리고 유대인들도 이방인들의 그러한 풍습을 배워서 행하였는데, 하나님께서는 자주 유대인들이 이방인들의 풍습을 따라 그렇게 하는 것은 책망하셨고, 우리 주님께서도 한 관리의 딸이 죽었을 때, 사람들이 그 관리의 집에 모여서 피리를 불며 울며 애곡하는 모습을 보시고, "물러가라 이 소녀가 죽은 것이 아니라 잔다"고 하셨지만, 사람들은 우리 주님이 그렇게 말씀하시는 것을 비웃었다(마 9:23-24). 하나님께서는 자기 백성에게 "너희는 너희 하나님 여호와의 자녀이니 죽은 자를 위하여 자기 몸을 베지 말며 눈썹 사이 이마 위의 털을 밀지 말라"(신 14:1; 레 19:28)고 분명하게 말씀하셨다. 사도는 이 본문에서 하나님의 그러한 말씀들을 염두에 두고서, 데살로니가 교인들이 죽은 자들을 위하여 지나치게 슬퍼하는 것은 그들의 영육을 상하게 할 뿐만 아니라, 그리스도인으로서의 믿음과 소망과 신앙 고백을 욕되게 하는 것임을 지적하고 있는 것이다. 우리가 그런 식으로 행하는 것은 우리의 믿음과 소망을 저버리는 일이고,

우리가 전하는 것들이 거짓이고 가짜라고 선언하는 것이다. 사람은 죽으면 이전처럼 이 땅으로 다시 돌아와서 이전의 모습으로 살 수는 없게 되지만(욥 14:7-10), 예수 안에서 죽은 자들에게는 새 생명으로 부활하여 다시 살게 될 소망이 있다.

14. 우리가 예수께서 죽으셨다가 다시 살아나심을 믿을진대 이와 같이 예수 안에서 자는 자들도 하나님이 그와 함께 데리고 오시리라.

사도는 앞 절에서 죽은 자들을 위하여 지나치게 슬퍼해서는 안 되는 이유로 부활에 대한 소망을 제시한 바 있는데, 이제 여기에서는 그리스도께서 다시 살아나셨다는 사실을 증거로 제시하며, 그 소망이 확실하다는 것을 증명한다. **우리가 예수께서 죽으셨다가 다시 살아나심을 믿을진대.** 사도는 데살로니가 교인들이 그리스도께서 죽으셨다가 다시 살아나셨다는 사실을 믿고 있다는 것을 전제한다. 왜냐하면, 그리스도의 죽으심과 다시 사심은 사도가 전에 그들에게 가르쳤던 것임과 동시에 그들이 받아들였던 것이고, 기독교 신앙의 두 가지 가장 중요하고 근본적인 가르침들로서, 그리스도의 교회는 이 가르침들이 없으면 성립할 수 없기 때문이었다.

여기에서 다음과 같은 질문이 생긴다: 그리스도의 부활이 어떻게 성도들의 부활을 증명해 줄 수 있단 말인가? 그리스도는 하나님의 영원하신 아들이시라는 유일무이한 특권을 지니고 계신 분이지 않는가? 이 질문에 대한 대답은 이렇다: (1) 먼저 이것은 부활이라는 것이 가능하다는 것을 보여 준다. 왜냐하면, 하나님께서 그리스도를 통해서 죽은 자가 부활할 수 있다는 것을 이미 보여 주셨기 때문이다. (2) 그리스도께서는 우리로 하여금 의롭다 하심을 얻게 하시기 위하여 부활하셨다(롬 4:25). 하나님께서는 그리스도 안에서 우리를 의롭다고 하심으로써, 우리에게 사망을 가져다준 죄를 사하셨다. 그런데 사망은 오직 우리가 죄 가운데 있을 때에만 우리를 지배할 수 있다. (3) 그리스도께서는 한 사사로운 개인으로서가 아니라, 자신의 몸인 교회의 머리로서 부활하셔서(엡 1:4, 20), 자기 백성을 위하여 사망의 끈을 끊으셨고, 무덤을 이기셨다. (4) 그리스도께서는 "잠자는 자들의 첫 열매"로서 부활하셨는데(고전 15:20), "첫 열매"는 이후에 이루어질 모든 추수를 보장해 주는 일종의 담보 같은 것이었다. (5) 하나님께서는 자기가 미리 아신 자들을 택하셨고, 그렇게 택하신 자들로 하여금 "그 아들의 형상을 본받게 하기 위하여" 미리 정하셨다(롬 8:29). (6) 그리스도는 택하신 자들이 있어야만 온전하게 되신다(엡 1:23, "교회는 그의 몸이니 만물 안에서 만물을 충만하게 하시는 이의 충만함이니라"). (7) 본문이 말해 주듯이, 그들은 "예수 안에서 자는 자들"이다. 그들은 그리스도 안에서 살 뿐만 아니라 그리스도 안에서 죽는다(계 14:13). 죽음도 그들과 그리스도의 연합을 갈라놓을 수 없다.

이와 같이 예수 안에서 자는 자들도. 사도는 이 말을 통해서도 믿는 자들과 그 밖의 다른 사람들을 구별한다. 오직 예수 안에서 자는 자들이 이러한 복된 부활의 특권을 누리게 될 것이다. 또한, 이 말 속에는 믿는 자들은 믿음으로 끝까지 그리스도 안에 머물러 있어야 한다는 뜻이 내포되어 있다. **하나님이 그와 함께 데리고 오시리라.** 예수 안에서 자는 자들의 부활은 이 본문에서 명시적으로 표현되어 있지는 않지만, 이 말 속에 함축되어 있다. 어떤 이들은 여기에서 "하나님"은 장차 하늘로부터 강림하실 하나님의 아들을 가리키는 것으로 이해한다(살전 1:10). 그리스도께서는 하늘에서 온전해진 의인들의 영들을 "자기와 함께" 데리고 오실 것이고, 그 영들은 자신들의 몸과 결합될 것인데, 이것은 그들의 부활이 없이는 이루어질 수 없다. 이렇게 사도는 여기에서 그리스도께서 장차 이 땅에 다시 오실 때, 그리스도 예수 안에서 잠자는 자들, 즉 죽은 성도들도 하늘로부터 다시 오게 될 것이라는 사실을, 데살로니가 교인들이 주 안에서 죽은 자들을 위하여 지나치게 슬퍼해서는 안 되는 또 하나의 이유로 제시한다. 어떤 이들은 여기에서 "하나님"이 성부 하나님을 가리키는 것으로 해석한다: 하나님께서는 죽은 자들을 다시 살리셔서 자기 아들에게로 이끄실 것이고, 그들을 그리스도와 함께 천국에 이르게 하실 것이다. 여기에서 "예수 안에서 자는 자들"을 예수를 위하여 죽은 자들, 즉 오직 순교자들로 국한시키고자 하는 자들은 이 본문을 지나치게 좁게 해석하는 것이다.

15. 우리가 주의 말씀으로 너희에게 이것을 말하노니 주께서 강림하실 때까지 우리 살아 남아 있는 자도 자는 자보다 결코 앞서지 못하리라.

사도는 여기에서 주께서 다시 강림하실 때에게 구체적으로 어떤 일들이 어떤 순서로 일어나게 될 것인지에 대하여 설명한다. 즉, 주께서 강림하시게 될 때, 모든 성도들은 주를 만나게 될 것이고, 성도들 서로 간에도 만남이 이루어지게 될 것인데, 그 때에 이미 죽은 자들이라고 해서, 아직 "살아 남아 있는 자들"보다 불리한 대접을 받게 되지 않을 것이라고 운을 뗀다. 우리는 성경의 그 어디에서도 주의 재림에 대하여 이렇게 자세하고 분명하게 말해 주는 대목을 찾아볼 수 없다. 사도는 주의 재림 때에 일어나게 될 일과 관련된 사실을, 데살로니가 교인들이 죽은 자들을 위하여 지나치게 슬퍼할 필요가 없는 또 한 가지 이유로 제시한다. **우리가 주의 말씀으로 너희에게 이것을 말하노니.** 사도는 자신이 지금부터 하는 말을 데살로니가 교인들이 자기가 다른 사람들로부터 전해들은 어떤 전승이라고 생각하거나, 사도 자신이 추측한 것이라고 생각하지 않도록 하기 위하여, 자기가 지금부터 그들에게 들려주는 말은 "주의 말씀"이라고 못을 박는다. 어떤 말이 "주의 말씀"이라는 것은, 그 말에 대한 우리 자신의 이성적인 판단이나 평가와는 상관없이, 우리가 전적으로 믿고 받아들여야 하는 충분한 근거와 이유가 된다.

주께서 강림하실 때까지 우리 살아 남아 있는 자도 자는 자보다 결코 앞서지 못하리라. 죽은 자들의 부활, 그리스도의 재림, 천사들의 호위, 나팔 소리, 그 날에 있을 그리스도의 음성 같은 것들에 대하여 사도가 여기에서 하고 있는 말들은 복음서들에 나오는 말들이다. 그러나 모든 성도들이 공중에서 주를 만나게 된다는 것, 그리고 그 때에 이미 죽은 자들과 아직 살아 있는 자들 중에서 어느 쪽이 먼저 주를 만나게 되는가 하는 순서의 문제 같은 것은 우리는 기록된 성경의 그 어디에서도 찾아볼 수 없다. 사도는 이것이 "주의 말씀"이라고 말함으로써, 당시까지는 성경에 기록되지 않은 내용으로서, 자기가 특별한 계시를 통해서 주로부터 받은 것임을 밝힌다. 사도는 이 두 부류의 성도들과 관련된 순서에 대해서 이렇게 말한다:

(1) 사도는 먼저 이 순서에 대하여 소극적으로 말하는 가운데, 그 때에 이 땅에 여전히 살아 있는 성도들이라고 해서, 그 때에 이미 자고 있는 자들이 무덤에 아직 누워 있는 동안에, 공중으로 들어올려져서 그리스도를 더 빨리 만나게 되지는 않을 것이라고 말한다. 여기에서 사도는 마치 자기가 그 때에 여전히 살아 있게 될 성도들 중의 한 명이 될 것처럼 말을 한다. 하지만 분명히 사도는 자기가 이 땅에 살아 있는 동안에 그리스도께서 재림하실 것이라고 생각하지 않았는데, 만일 그렇지 않았다면, 데살로니가후서 2:2에서 "영으로나 또는 말로나 또는 우리에게서 받았다 하는 편지로나 주의 날이 이르렀다고 해서 쉽게 마음이 흔들리거나 두려워하거나 하지 말아야 한다는 것이라"고 말하지 않았을 것이다. 또한, 사도는 자기가 아주 오래 살아서 결국에는 그리스도께서 다시 오시는 것을 보게 될 것이라고 생각하지도 않았다. 왜냐하면, 사도는 디모데후서 4:6에서 "전제와 같이 내가 벌써 부어지고 나의 떠날 시각이 가까웠도다"라고 말하고 있기 때문이다. 그런데도 사도는 성도들 전체를 한 묶음으로 보고서, 자기도 그 중의 한 사람이라고 생각해서, "우리 살아 남아 있는 자도"라고 말한 것이다. 그런 맥락에서, 사도는 고린도전서 15:51에서도 "보라 내가 너희에게 비밀을 말하노니 우리가 다 잠 잘 것이 아니요 마지막 나팔에 순식간에 홀연히 다 변화되리니"라고 말한다.

(2) 사도는 다음으로 이 순서에 대하여 적극적으로 말하는 것으로 옮겨가서, "그리스도 안에서 죽은 자들이 먼저 일어날" 것이라고 말한다. 즉, 주 안에서 죽은 자들이 먼저 부활하고 나서야, 비로소 그 때에 살아 남아 있는 자들이 "마지막 나팔에 순식간에 홀연히 다 변화되어"(고전 15:51), 두 부류가 동시에 함께 공중으로 끌어 올려지게 되리라는 것이다. 사도는 이렇게 순식간에 변화되는 것을, 고린도후서 5:2에서는 "하늘로부터 오는 우리 처소로 덧입는" 것이라고 부르면서, "이렇게 입음은 우리가 벗은 자들로 발견되지 않으려 함이라 이 장막에 있는 우리가 짐진 것 같이 탄식하는 것은 벗고자 함이 아니요 오히려 덧입고자 함이니 죽을 것이 생명에 삼킨 바 되게 하려 함이라"(고후 5:3-4)고 말한다. 이렇게 그리스도 안에서 죽은 자들이 부활하게 될 때, 그 때까지 살아 있는 자들은 홀연히 변화되어서, 그 부활한 자들과 함께 연합되어, 하나의 가시적인 그리스도의 몸을 이루게 될 것이다.

16. 주께서 호령과 천사장의 소리와 하나님의 나팔 소리로 친히 하늘로부터 강림하시리니 그리스도 안에서 죽은 자들이 먼저 일어나고.

주께서 호령과 … 친히 하늘로부터 강림하시리니. 이것은 죽은 자들의 부활이 그리스도께서 재림하실 때에 일어나게 될 것임을 분명하게 보여 준다. 여기에서 "호령"으로 번역된 헬라어는, 선장이나 군대의 지휘관이 선원들이나 병사들에게 각자의 위치에서 명령을 수행할 준비를 갖추고 대기하라고 명하는 "명령" 또는 "명령의 말씀"을 의미한다. 따라서 여기에서 "호령"은 그리스도께서 그 날에 자신의 재림을 위하여 천사들에게 준비를 명하는 말씀을 발하시는 것을 가리키는 것으로 보인다. 요한복음 5:28에서는 "무덤 속에 있는 자가 다 그의 음성을 들을 때가 오나니 선한 일을 행한 자는 생명의 부활로, 악한 일을 행한 자는 심판의 부활로 나오리라"고 말함으로써, 여기에서 주의 "호령"이라고 말한 것을 그리스도의 "음성"으로 표현한다. 이것이 그리스도의 입에서 나오는 "호령"이나 어떤 음성이든, 단지 그리스도께서 자신의 신적인 능력을 베푸시는 것이든, 그리스도께서는 그것을 통해서 잠자는 자들을 깨우시고 다시 살리실 것이라는 것은 분명하기 때문에, 나는 여기에 언급된 "호령"이 구체적으로 무엇을 가리키는지에 대해서는 굳이 따지고 싶지 않다.

천사장의 소리. 복음서에서는 그리스도께서 "모든 천사와 함께" 오실 것이고(마 25:31), "큰 나팔소리와 함께 천사들을 보내리니 그들이 그의 택하신 자들을 하늘 이 끝에서 저 끝까지 사방에서 모으리라"(마 24:31)고 말하지만, 사도는 여기에서 모든 천사가 그리스도와 함께 온다는 말은 하지 않고, 단지 "천사장"과 그의 "소리"

만을 언급하는데, 천사장은 다른 모든 천사들을 지휘하는 천사이다. 따라서 사도가 "천사장"에 대하여 언급하고 있는 것은, 신학자들이 말하는 것 같은 천사들의 세분된 위계질서가 존재하지는 않더라도, 적어도 천사들 가운데 모종의 위계질서가 존재한다는 것은 사실임을 보여 준다. 해석자들은 그 날에 천사장이 사람이 들을 수 있는 목소리를 내게 되어 있는 것인지, 또는 이 천사장이 "모든 통치자와 권세의 머리"(골 2:10)이신 그리스도 자신을 가리키는 것인지에 대하여 문제를 제기하지만, 나는 그런 문제를 제기하는 것 자체가 의심스러운 것으로 보기 때문에, 거기에 대해서는 왈가왈부하려고 하지 않는다. 다만, 그 날에 천사들이 그리스도를 도와서, 특히 택함 받은 자들의 부활(마 24:31), 의인들을 악인들로부터 가려내는 일(마 13:41)을 거들게 될 것임은 분명하다.

하나님의 나팔 소리로. 사도는 고린도전서 15:52에서 "나팔 소리가 나매 죽은 자들이 썩지 아니할 것으로 다시 살아나고 우리도 변화되리라"고 말한다. 우리가 여기에 언급된 "하나님의 나팔 소리"를 문자 그대로 해석해서, 앞에서 언급된 그리스도의 "호령"이나 천사장의 "소리"와 구별되는 "나팔 소리"로 이해해야 하는 것인지, 아니면 단지 마치 전쟁에서 나팔 소리가 흩어진 군대를 다시 한 군데로 모으는 역할을 하고, 율법 아래에서 은 나팔들이 이스라엘의 회중을 모으는 역할을 했던 것과 마찬가지로, 모든 택함 받은 자들을 무덤에서 일으키셔서 한 곳으로 모이게 하시는 하나님의 능력을 나타내는 것으로 이해해야 하는 것인지는 확실하지 않다. 이 절은 그리스도께서 재림하실 때에 이미 죽어서 잠들어 있는 성도들에 관한 것이다.

17. 그 후에 우리 살아 남은 자들도 그들과 함께 구름 속으로 끌어 올려 공중에서 주를 영접하게 하시리니 그리하여 우리가 항상 주와 함께 있으리라.

그 후에 우리 살아 남은 자들도 그들과 함께 구름 속으로 끌어 올려. 그리스도의 교회는 세상 끝날까지 존재할 것이기 때문에, 믿는 자들 중에서 일부는 그리스도께서 재림하실 때에도 여전히 살아 있게 될 것인데, 그 때에 그들은 천사들의 팔에 안기거나, 그리스도의 어떤 끌어 올리시는 힘에 의해서 구름 속으로 "끌어 올려지게" 될 것이다. 여기에서 "끌어 올려"로 번역된 헬라어는 그 일이 갑작스럽게 이루어질 것이라는 뉘앙스를 내포하고 있다. 또한, 그 때에 "살아 남아 있는 자들"만이 아니라, 이미 다시 살리심을 받아서 무덤에서 나오게 된 "잠자는 자들"도 함께 구름 속으로 끌어 올려지게 될 것이다. 이렇게 모든 성도들은 하나의 거대한 몸을 이루어 "구름 속으로" 끌어 올려질 것이다. 그리스도께서도 구름 가운데서 승천하셨고(행 1:9),

다시 오실 때에도 구름 가운데서 오실 것이다(마 24:30). 왜냐하면, 그리스도께서는 구름을 자신의 병거로 사용하시기 때문이다(시 104:3).

공중에서 주를 영접하게 하시리니. (1) 믿지 않는 자들이 다 두려워 떨며 도망치는 동안, 이것은 믿는 자들이 그리스도의 오심을 환영하고 송축하는 의미를 갖는다. (2) 천사들이 그리스도께 존귀를 더하기 위하여 주를 수행하는 것과 마찬가지로, 이것은 믿는 자들이 그리스도께 존귀를 더하는 의미를 갖는다. (3) 이것은 믿는 자들의 최종적인 해방을 의미한다. (4) 이것은 믿는 자들이 자신들의 머리이신 그리스도에 가시적으로 결합되는 것을 의미한다. (5) 이것은 믿는 자들이 그리스도를 도와 이 세상을 심판하고 이 땅에서 그리스도와 함께 다스리는 것이 시작됨을 의미한다. 최후의 심판이 이 땅 위에서 이루어질 것인지, 아니면 공중에서 이루어질 것인지에 대해서는 나는 확실히 알지 못하겠다. 그러나 이 일 후에, 그리스도와 그의 성도들은 다시는 서로 떨어지지 않게 될 것이다. 그리스도와 그들 간의 첫 번째 만남은 공중에서 이루어지겠지만, 그리스도께서 이 낮은 세상에 계실 때에도 그들은 늘 함께 할 것이고, 그리스도께서 이 땅에서 하실 모든 일을 다 마치신 후에는, 그들은 그와 함께 하늘로 올라가서 영원히 함께 하게 될 것이다. 아우구스티누스(Augustine)는 "한번 죽는 것은 사람에게 정해진 것이요 그 후에는 심판이 있으리니"라고 한 히브리서 9:27의 말씀을 근거로 해서, 그리스도께서 재림하실 때에도 여전히 살아 있는 성도들은 공중으로 끌어 올려지는 순간 한번 죽었다가 그 즉시 다시 살아나게 될 것이라고 생각하였지만, 사도는 고린도전서 15:51에서 "보라 내가 너희에게 비밀을 말하노니 우리가 다 잠 잘 것이 아니요 마지막 나팔에 순식간에 홀연히 다 변화되리니"라고 분명하게 말한다.

18. 그러므로 이러한 말로 서로 위로하라.

사도는 여기에서 자기가 한 이 모든 말을 자기가 원래 의도했던 목적에 적용해서, "이러한 말로 서로 위로하라"고 말한다. 그가 지금까지 이런 말들을 해 온 목적은, 데살로니가 교인들이 자신의 그리스도인 친구들이 죽는 것에 대하여 지나치게 슬퍼해서는 안 된다는 것을 깨우쳐 줌과 동시에 그들을 위로해 주기 위한 것이었다. 그런데 사도는 그들에게 위로를 받으라고 말하는 것이 아니라, "서로 위로하라"고 말하는데, 이것은 그들에게 그리스도인으로서 서로 아픔과 기쁨을 같이 할 중요한 본분을 일깨워 주기 위한 것이다. 이것은 우리가 모든 사람에게 행해야 할 본분이지만, 특히 성도들에게 행해야 할 본문이고, 동일한 회중에 속한 형제들에게는 더욱더 행해야 할 본분이다. 가까운 사람들이 죽어서 떠나보내야 하는 장례식 때의 슬픔은 일반적으로 우리의 삶 속에서 가장 고통스러운 것이기 때문에, 우리는 그런 일을 겪고 있는 형제들에게 위로의 말을 건네어 그들의 고통을 덜어 줄 필요가 있다.

그러나 사도는 세상적인 그 어떤 말이 아니라, "이러한 말들," 또는 히브리식으로 해석하자면 "이러한 일들," 즉 자기가 앞에서 지금까지 그들에게 가르쳐 준 말들 또는 일들을 통해서 위로하라고 말한다. 철학자들은 죽음의 공포와 사별의 아픔을 겪는 사람들을 달래 주기 위해서 온갖 논리들을 사용해 왔지만, 그리스도인들은 성경에 나오는 말씀들로부터 위로를 얻어야 한다. 왜냐하면, 성경에 나오는 말씀들은 가장 선하고 확실하며 영원히 변하지 않는 보편적인 진리들이기 때문이다. 그래서 사도는 여기에서 데살로니가 교인들에게 그렇게 하고 있듯이, 로마 교회의 교인들에게도 "무엇이든지 전에 기록된 바는 우리의 교훈을 위하여 기록된 것이니 우리로 하여금 인내로 또는 성경의 위로로 소망을 가지게 함이니라"(롬 15:4)고 똑같은 권면을 한다. 사도가 앞에서 말한 것들, 즉 예수 안에서 잠자는 자들이 장차 다시 살아나게 되리라는 것, 우리가 지금 죽은 자들을 그 때에 다시 만나게 되리라는 것, 우리와 그들이 함께 우리 주님과 영원히 함께하게 되리라는 것은, 자신이 사랑하던 자들을 사별한 고통 중에 있는 사람들에게 큰 위로가 될 수 있다. 또한, 사별의 슬픔과 고통 중에 있는 사람들만이 아니라 그 밖의 다른 슬픔과 고통 중에 있는 사람들도 이러한 사실들로부터 큰 위로를 얻을 수 있는데, 사도가 이 절에서 "이러한 말로 서로 위로하라"고 한 말 속에는 그런 의도도 내포되어 있다.

MATTHEW POOLE'S COMMENTARY

데살로니가전서 5장

개요

1. 사도는 계속해서 그리스도의 재림이 갑작스럽게 올 것임을 보여 주면서, 그리스도인들은 불시에 그런 일을 당하지 않도록 늘 깨어 있어야 한다고 권면함(1–11).
2. 그들의 영적인 인도자들을 존경하라고 당부함(12–13).
3. 그 밖의 다른 여러 가지 교훈들(14–22).
4. 기도와 문안인사로 끝맺음(23–28).

1. 형제들아 때와 시기에 관하여는 너희에게 쓸 것이 없음은.

"예수께서 감람 산 위에 앉으셨을 때에 제자들이 조용히 와서" "우리에게 이르소서 어느 때에 이런 일이 있겠사오며 또 주의 임하심과 세상 끝에는 무슨 징조가 있사오리이까"(마 24:3)라고 물었을 때, 주님께서는 "그 날과 그 때는 아무도 모르나니 하늘의 천사들도, 아들도 모르고 오직 아버지만 아시느니라"(마 24:36)고 대답하셨고, 주님께서 승천하시기 직전에도 제자들이 또다시 "주께서 이스라엘 나라를 회복하심이 이 때니이까"라고 물었을 때에도, "때와 시기는 아버지께서 자기의 권한에 두셨으니 너희가 알 바 아니요"라고 대답하신 것처럼(행 1:6-7), 사도는 데살로니가 교인들에게 "주의 날이 밤에 도둑 같이 이를 줄을 너희 자신이" 이미 "자세히 알고" 있기 때문에, "때와 시기에 관하여는 너희에게 쓸 것이 없다"고 말한다. 데살로니가 교인들은 그 날이 언제 임할지에 대해서는 구체적으로 알고 있지 않았지만, 그것을 알려고 할 필요가 없었다.

그런데도 그들 중에는 그 날이 언제일지가 너무나 궁금해서 어떻게든 알아내고자 질문하고 캐묻는 사람들이 있었던 것으로 보인다. 사도는 사도행전 1:7에서 우리 주님께서 말씀하신 것처럼, 그 시기는 하나님의 권한에 속하는 일이기 때문에, 우리가 알 수 없다고 말하지 않고, 거기에 대해서는 "너희에게 쓸 것이 없다," 즉 "너희가 이미 알고 있기 때문에, 너희에게 쓸 필요가 없다"고 말한다. 사도는 서신을 쓸 때에나 말씀을 전할 때에나 하나님의 백성에게 정말 필요하고 유익한 것들에만 관심을 가졌다. 우리 주님께서 어떤 사람이 구원 받을 사람이 얼마나 될지가 궁금해서, "주여 구원을 받는 자가 적으니이까"라고 물었을 때, 그 사람이 궁금해하는 것에 대하여 대답해 주셔서 그 궁금증을 풀어 주시는 것이 아니라, "좁은 문으로 들어가기를 힘쓰라 내가 너희에게 이르노니 들어가기를 구하여도 못하는 자가 많으리라"고 말씀하심으로써, 그 사람에게 가장 필요한 말씀으로 대답해 주신 것과 마찬가지로(눅 13:23-24), 사도도 여기에서 그런 식으로 대답한다. 즉, 사도는 이하의 절들에서 그들에게 "때와 시기"에 관하여 알려 주는 것이 아니라, 그리스도께서 어느 날 갑자기 생각하지도 않은 때에 그들에게 오실 것임을 그들이 이미 알고 있다는 것을 활용해서, 그들이 불시에 그런 일을 당하지 않으려면 늘 깨어 있어야 할 것이라고 충고해 준다.

2. 주의 날이 밤에 도둑 같이 이를 줄을 너희 자신이 자세히 알기 때문이라.

사도가 앞에서 "때와 시기"라고 말한 것은 주께서 재림하실 때를 가리키는 것이었을 수도 있고, 자기가 앞에서 일반적으로 말한 것을 여기에서는 구체적으로 "주의 날"이라고 부르는 것에 적용하고 있는 것일 수도 있다. 데살로니가 교인들은 주님께서 오실 특정한 때를 알지는 못했지만, 그 날이 "밤에 도둑 같이" 예기치 않은 때에 갑자기 임할 것임을 알고 있었다. 실제로 요한계시록 16:15에서 주님은 "보라 내가 도둑 같이 오리니 누구든지 깨어 자기 옷을 지켜 벌거벗고 다니지 아니하며 자기의 부끄러움을 보이지 아니하는 자는 복이 있도다"라고 말씀하신다. 하지만 여기에서 "도둑"이라는 비유는 오직 생각하지도 않은 때에 갑자기 온다는 것만을 나타내는 데 국한해서 제한적으로 사용된 것일 뿐이다. 왜냐하면, 그리스도의 오심은 도둑이 오는 것과는 달리, 모든 믿는 자들에게 환영을 받게 될 것이기 때문이다. 그리스도께서 오시게 될 때를, 여기에서와 다른 곳들에서는 "주의 날"이라고 부르고, 디모데후서 1:18에서는 "그 날"이라고 부르지만, 이 본문들에서 "날"은 자연의 한 날을 가리키는 것이 아니라, 일정 기간으로 이루어진 특정한 시기를 가리킨다. 성경에서는 하나님께서 자신의 은혜의 역사나 심판의 역사를 분명하게 나타나실 때를 "여호와의 날"이라고 부른다(사 2:12; 렘 46:10). 마찬가지로, 그 때에는 그리스도께서 이전보다 훨씬 더 뚜렷하게 자신을 나타내실 것이기 때문에, 그리스도께서 재림하시는 때는 그의 "날"로 불린다. 데살로니가 교인들은 그 날이 갑자기 임할 것임을 알고 있었을 뿐만 아니라, "자세히," 즉 온전히, 그리고 정확하게 알고 있었다. "온전히" 또는 "정확하게"를 의미하는 "자세히"라는 단어는 에베소서 5:15에서도 사용되고 있다: "너희가 어떻게 행할지를 자세히 주의하여 지혜 없는 자 같이 하지 말고 오직 지혜 있는 자 같이 하여." 데살로니가 교인들은 주께서 오실 구체적인 때에 대해서는 단지 추측만을 할 수 있었을 뿐이지만, 그 날이 갑자기 올 것임은 온전히 또는 정확히 알고 있었기 때문에, 거기에 대한 지식은 그들에게 강력한 영향을 미칠 수 있었다. 신앙에 있어서는 실제적으로 우리의 삶 속에 작용해서 효력을 나타내는 지식만이 온전한 것이다.

3. 그들이 평안하다, 안전하다 할 그 때에 임신한 여자에게 해산의 고통이 이름과 같이 멸망이 갑자기 그들에게 이르리니 결코 피하지 못하리라.

그들이 평안하다, 안전하다 할 그 때에. 사도는 이 말을 통해서, 세상이 평안하고 안전해서 사람들이 "주의 날"이 임하리라고는 꿈에도 생각하지 못하고 있을 때, 그 날이 생각지도 않게 갑자기 임하게 될 것임을 생생하게 증명한다. 사람들은 자신들의 입으로만이 아니라, 마음과 행동으로도 자신들이 평안하고 안전하다고 말할 그 때에, 주의 날이 임할 것이라는 것이다. 사도는 사람들이 자신들이 평안하고 안전하다는 것을 전혀 의심하지 않고 굳게 믿을 때라는 것을 좀 더 생생하게 표현하기 위해서, 원래 미끄러질 위험이 전혀 없다는 의미를 지니고 있던 두 단어를 여기에서 사용한다.

멸망이 갑자기 그들에게 이르리니. 히브리서 9:28에서 "그리스도도 많은 사람의 죄를 담당하시려고 단번에 드리신 바 되셨고 구원에 이르게 하기 위하여 죄와 상관 없이 자기를 바라는 자들에게 두 번째 나타나시리라"고 말하고 있듯이, 그리스도의 재림은 "그를 바라는 자들"에게는 "구원"이 될 것이지만, 자신이 평안하고 안전하다고 생각하며 안일하게 살아가던 자들에게는 "갑작스러운 멸망"이 될 것이다. 사도는 그들의 멸망이 갑작스러운 것이 될 것임을 좀 더 생생하게 묘사하기 위해서, "임신한 여자에게 해산의 고통이 이름과 같이" 그 멸망이 임할 것이라는 비유를 사용한다. "해산의 고통"은 대체로 갑자기 찾아오는 경우가 많고, 고통이 아주 극심하기 때문에, 성경에서는 극심한 고통과 참상을 표현하는 데 이 비유를 자주 사용한다(사 13:8; 렘 13:21). 그리고 이 해산의 고통은 임산부가 결코 피할 수 없는 것이기 때문에, 사도는 육체의 안일함 속에서 살아가던 사람들이 "결코 피하지 못할" 것이라고 말한다. "결코 피하지 못하리라"는 구절은 헬라어 본문에서 이중 부정을 통해서 강조되어 표현되어 있다.

4. 형제들아 너희는 어둠에 있지 아니하매 그 날이 도둑 같이 너희에게 임하지 못하리니.

사도는 데살로니가 교인들이 앞에서 자기가 한 말을 듣고 두려워하지 않도록 하기 위해서, 그들을 위로할 목적으로, 주의 날이 불신자들에게와는 달리 그들에게는 생각하지도 않은 때에 갑자기 임하지 않을 것이라는 말을 여기에 덧붙인다. 즉, 그들은 그리스도께서 재림하시게 될 날이 언제인지를 구체적으로 알 수는 없지만, 불신자들이 아무런 대비도 없이 갑자기 그 날을 맞아서 혼비백산하게 될 것인 것과는 달리, 아무런 준비도 없이 불시에 그 날을 맞게 되지는 않으리라는 것이다. 사도는 그렇게 말하면서, 그 이유를 제시하는데, 그것은 그들이 "어둠에 있지 않기" 때문이라고 말한다. 우리는 여기에서 사용된 "어둠"이라는 단어를 비유적인 것으로 해석하여야 한다. 왜냐하면, 성경에서는 죄, 무지, 비참함을 나타내기 위하여 "어둠"이라는 비유를 사용하기 때문이다. 여기에서 "어둠"은 죄와 무지, 그 중에서도 특히 무지를 가리킨다. 즉, 데살로니가 교인들은 복음의 빛 속으로 들어온 자들이기 때문에, 그리스도를 알고, 그리스도로 말미암은 구원의 길에 대한 지식도 가지고 있다. 특히, 그들은 그리스도께서 다시 오신다는 것도 알고, 그리스도께서 어떤 식으로 오시고 어떤 목적으로 오시는지도 알고 있다. 하지만 불신자들은 그런 것들을 전혀 알지 못한다. 그러므로 그리스도의 재림이 불신자들에게는 밤에 도둑이 오는 것과 같을 것이지만, 믿는 자들에게는 전혀 그렇지 않을 것이다.

5. 너희는 다 빛의 아들이요 낮의 아들이라 우리가 밤이나 어둠에 속하지 아니하나니.

밤은 어둠의 때이고, 낮은 빛의 때이기 때문에, 사도는 이러한 표현들을 통해서 데살로니가 교인들의 현재의 상태가 어떤 것인지를 설명한다: (1) 먼저, 사도는 적극적인 관점에서, "너희는 다 빛의 아들이요 낮의 아들이라"고 말한다. 이것은 히브리식 표현으로서, 다음과 같은 의미이다: 너희는 신령한 빛에 참여한 자들이고, 이 빛은 유대인들이 가지고 있던 저 예언의 빛 또는 본성의 빛 같은 희미한 빛이 아니다. 베드로후서 1:19에서는 이 신령한 빛을 "등불"에 비유한다: "우리에게는 더 확실한 예언이 있어 어두운 데를 비추는 등불과 같으니 날이 새어 샛별이 너희 마음에 떠오르기까지 너희가 이것을 주의하는 것이 옳으니라." 또한, 너희는 "낮의 아들"이다. 왜냐하면, 복음의 때는 "낮"이라고 불리기 때문이다(롬 13:12; 고후 6:2). (2) 다음으로, 사도는 소극적인 관점에서, "우리가 밤이나 어둠에 속하지 아니하나니"라고 말한다: 너희의 상태는 다른 이방인들이나 이전에 너희가 이방인으로 있던 때와는 완전히 다르다. 불신자들이 어둠이고 밤이라면, 너희는 빛이요 낮이다. 하지만 우리는 그렇다고 해서 믿는 자들에게는 그 어떤 무지도 없는 것처럼 생각해서는 안 된다. 왜냐하면, 아무리 깊은 신앙을 지닌 사람들도 이 땅에서는 거울을 통해서 희미하게만 볼 수 있을 뿐이기 때문이다(고전 13:12). 따라서 사도는 그들의 현재의 상태를, 그들이 이방인으로 있던 이전의 상태 및 율법 아래에서의 유대인들의 상태와 비교해서 상대적으로 말하고 있는 것이다. 그리스도 안에서의 그들의 상태는 밤이 아니기 때문에, 그들은 밤의 자녀들이 아니라, 빛의 자녀들이고 낮의 자녀들이다.

6. 그러므로 우리는 다른 이들과 같이 자지 말고 오직 깨어 정신을 차릴지라.

사도는 앞 절들에서 자기가 말한 것들로부터 한 쌍의 교훈을 이끌어 내어서 여기에 제시한다: (1) 먼저, 사도는 소극적인 측면에서, "우리는 다른 이들과 같이 자지 말고"라고 말한다. 잠은 밤의 자녀들에게나 어울리는 것이고, 낮의 자녀들에게는 어울리지 않는다. 앞에서 밤과 어둠이 비유적으로 사용된 것과 마찬가지로, 여기에서 잠도 비유적으로 사용되고 있다. 성경에서 잠은 여러 가지 의미로 사용되지만, 여기에서는 "안일함"을 의미한다. 자연적인 잠이 우리의 모든 지각들을 묶어 버려서, 위험들이 닥쳐 와도, 우리가 알아차리지 못하는 것과 마찬가지로, 영적인 잠도 우리의 마음을 어둡게 하고, 영적인 지각을 마비시키기 때문에, 우리로 하여금 그리스도께서 오시는 것에 대비하지 못하게 하고, 우리에게 갑자기 임할 멸망을 피할 수 없게 만든다. 이 절의 병행 본문인 로마서 13:11-12에서는 "너희가 이 시기를 알거니와 자다가 깰 때가 벌써 되었으니 이는 이제 우리의 구원이 처음 믿을 때보다 가까웠음이라 밤이 깊고 낮이 가까웠으니 그러므로 우리가 어둠의 일을 벗고 빛의 갑옷을 입자"라고 말한다.

(2) 다음으로, 사도는 적극적인 측면에서, "오직 깨어"라고 말한다. 즉, 잠을 자지 말고, 그 반대로 깨어서 서 있으라는 것이다. 잠은 우리의 지각들을 다 묶어 버리지만, 우리가 깨어 있으면, 우리의 지각들은 활발하게 잘 작동이 된다. 우리의 영혼이 깨어 있으면, 우리의 모든 정신적이거나 육체적인 기관들은 영적으로 작동해서, 우리에게 영적으로 유익한 것들을 알아차리고 행하게 되며, 선한 것을 붙잡고, 죄를 비롯해서 우리에게 해악이 되는 것들을 피하게 된다. 그러나 이 본문에서 깨어 있다는 것은, 특히 우리가 불신자들처럼 생각지도 않은 때에 갑자기 주의 날을 맞는 것이 아니라, "주 앞에서 점도 없고 흠도 없이 평강 가운데서 나타나기"(벧후 3:14) 위하여, 그리스도의 재림을 준비하고 대비하는 것을 의미한다.

"정신을 차릴지라." 이것은 "근신"으로 번역될 수 있는 단어로서, 절제의 한 종류이고, 성령의 열매들 중의 하나이며(갈 5:23), 일련의 은혜의 연쇄들 중의 한 고리로 여겨진다(벧후 1:6). 여기에서 "정신을 차리다"로 번역된 헬라어는 원래 사람의 정신이나 마음이 합당한 경계선 내에 머물러 있는 것을 가리키는 것으로서, 건전한 정신 또는 절제된 정신을 의미한다. 이 단어는 통상적으로 절제해서 먹고 마시며 과식하지 않는 것을 가리키지만, 명예와 부, 즐거움들 같은 온갖 세상적인 일들을 좋아하거나 관심을 갖거나 추구하는 것과 관련해서 합당한 한계 내에서 절제하는 것을 가리키는 데도 사용된다. 우리가 그런 것들을 절제하는 이유는, 그렇게 하는 것이 그리스도의 재림을 준비하고 대비하는 데 필수적인 것이기 때문이다. 고린도전서 7:29-31; 베드로전서 4:7을 보라. 베드로전서 5:8에서 "근신하라 깨어라 너희 대적 마귀가 우는 사자 같이 두루 다니며 삼킬 자를 찾나니"라고 말하고 있는 것처럼, 여기에서도 "정신을 차리는" 것(근신)과 "깨어" 있는 것은 서로 함께 결합되어 있다. 왜냐하면, 식욕이 당긴다고 해서 절제하지 않고 마구 먹고 마시면, 우리의 몸이 둔해져서 잠들게 되는 것과 마찬가지로, 절제와 근신이 없이는, 우리의 영혼도 깨어 있을 수 없기 때문이다.

7. 자는 자들은 밤에 자고 취하는 자들은 밤에 취하되.

사도는 믿는 자들의 현재의 상태와 신분을 근거로 삼아서, 앞에서 자기가 한 권면, 즉 믿는 자들은 마땅히 정신을 차리고 근신하여 깨어 있어야 한다고 말한 것을 여기에서 다시 한 번 역설한다. 잠을 자고자 하는 자들은 밤을 택해서 밤을 이용해서 자고, 술에 취하고자 하는 자들은 밤을 택해서 밤을 이용해서 술에 취한다. 특히 사도들의 시대에는 술에 취하는 것은 아주 부끄러운 일이었기 때문에, 사람들은 낮 시간에 술을 마시고 취하는 것을 창피하게 여겼다. 사도행전 2:15; 에베소서 5:12-13을 보라. 그래서 고대 사람들은 마음껏 먹고 마시고 취하여 즐기기 위해서 자신들의 축제를 밤에 거행하였다. 하지만 사도는 믿는 자들에게 이렇게 말한다: 너희는 너희가 이전에 이방인으로 있던 때와는 달리 지금은 무지의 밤에 있지 않기 때문에, 안일함의 잠이나 술 취함의 죄에 빠져 지내서는 안 된다. 사도는 여기에서 잠과 술 취함이라는 비유를 통해서 온갖 종류의 무절제한 삶을 지적하는 것으로 보인다. 왜냐하면, 이사야 선지자가 "그들의 취함이 포도주로 말미암음이 아니며 그들의 비틀거림이 독주로 말미암음이 아니니라"(사 29:9)과 말한 것처럼, 사람은 반드시 술로만 취하는 것이 아니라, 쾌락과 염려, 육신적인 사랑과 욕망들, 열정에 의해서 취하기도 하고, 사람들의 영혼에 대한 하나님의 영적인 심판에 의해서 취하기도 하기 때문이다(사 29:10).

8. 우리는 낮에 속하였으니 정신을 차리고 믿음과 사랑의 호심경을 붙이고 구원의 소망의 투구를 쓰자.

우리는 낮에 속하였으니 정신을 차리고. 사도는 여기에서 믿는 자들에게 두 가지 영적인 의무를 명하는데, 그 중 하나는 "정신을 차리라"는 것이다. 사도는 앞의 6절에서도 이미 그리스도의 재림을 대비하기 위한 하나의 준비로서 "정신을 차리라"고 명하였지만, 여기에서는 그들의 현재의 상태에 걸맞는 것이자, 앞 절에서 말한 술 취함과 반대되는 것으로서 그것을 명하고 있다. 믿는 자들이 적극적으로 악한 것과 반대되는 선한 덕목을 행하지 않고, 단지 악을 피하는 것만으로는 충분하지 않다. 즉, 술 취하지 않는 것만으로는 충분하지 않고, 거기에 반드시 정신을 차리는 것이 수반되어야 한다는 것이다.

믿음과 사랑의 호심경을 붙이고 구원의 소망의 투구를 쓰자. 사도가 여기에서 명하는 또 다른 영적인 의무는 영적인 무장을 하라는 것이다. 사도가 앞에서 첫 번째로 말한 영적 의무를 행하게 되면, 믿는 자들은 세상의 온갖 좋은 것들의 유혹과 시험에서 벗어나 안전하게 될 것이고, 이 두 번째 의무는 세상의 악이 믿는 자들을 침범하여 해악을 끼치는 것을 막아 주게 될 것이다. 따라서 이 두 가지 영적인 의무는 믿는 자들을 세상의 좋은 것들과 악들이라는 이중의 전선에서 세상을 이기게 해 준다. 사도가 말하는 무장은 영적인 것이다. 군인들이 자신의 몸을 보호하기 위해서 "호심경"을 가슴에 붙이고 머리에 "투구"를 쓰는 것과 마찬가지로, 그리스도인들은 자신의 영혼과 심령을 보호하기 위하여 그런 것들에 비유될 수 있는 무장을 하지 않으면 안 된다. 호심경과 투구가 우리의 육신적인 목숨을 지켜 주는 가장 중요한 부위들인 심장과 머리를 보호해 주듯이, 그리스도인의 무장도 우리의 영혼의 생명에서 가장 중요한 것들을 보호해 준다. 그래서 사도는 믿는 자들의 영적인 무장에서 가장 중요하고 필요한 "호심경"과 "투구"만을 여기에서 대표적으로 언급한 것이다.

그리스도인의 "호심경"은 "믿음과 사랑"이다. 사도가 가장 먼저 말하는 것은 "믿음"인데, 에베소서 6:16에서는 "모든 것 위에 믿음의 방패를 가지고 이로써 능히 악한 자의 모든 불화살을 소멸하고"라고 말하고, 여기에서는 "믿음"이 믿는 자들의 "호심경"이라고 말한다. 성경에서는 큰 일들을 "믿음"의 역사로 돌린다. 우리로 하여금 의롭다 하심을 얻게 해 주고, 하나님의 자녀가 되게 해 주며, 그리스도와 연합하게 해 주고, 우리의 마음을 깨끗하게 해 주는 것 등등은 모두 "믿음"으로 말미암는 역사들이다. 하지만 우리는 여기에서 사도가 말하는 "믿음"은 적들의 공격을 방어하기 위하여 하나님이 우리에게 주신 어떤 은혜를 가리키는 것으로 보아야 한다. 즉, 우리는 복음의 교훈, 특히 사도가 앞에서 제시한 부활과 그리스도의 재림, 거기에 수반되는 온갖 것들에 관한 가르침을 참된 것으로 인정하고 받아들일 때, 그러한 가르침에 대한 우리의 그러한 믿음은 방어용 무기가 된다는 것이다. 그러한 가르침에서 우리에게 주어진 약속들이 지닌 힘은 하나님께서 자신의 약속들을 지키셔서, 그 약속하신 것들을 행하셔서, 우리를 지켜 주시고 보호해 주실 수 있는 신실하심과 충분한 능력을 지니고 계시느냐에 달려 있는데, 실제로 하나님은 그러한 신실하심과 전능하심을 지니신 분이기 때문에, 그런 하나님과 그 약속들을 믿는 우리의 믿음은 우리에게 "호심경"이 되어서 우리를 지켜 줄 수 있게 된다. 즉, 하나님과 그 약속들을 믿게 되면, 믿는 자들은 세상의 온갖 유혹들을 물리칠 수 있게 되고, 따라서 사도가 앞에서 말했듯이, 평안하고 안전하다고 말하며 안일하게 살아가는 세상의 불신자들에게 임할 저 갑작스러운 멸망을 피할 수 있게 된다.

사도가 두 번째로 언급하는 것은 "사랑"이다. 사랑이 믿음과 결합되어서, "사랑으로써 역사하는 믿음"(갈 5:6)이 될 때, 그 믿음은 참되고 살아 있는 믿음이 된다. 그리고 사랑의 역사는 많은 복된 결과들을 낳게 되는데, 특히 믿음과 함께 방어용 "호심경"으로 작용하게 된다. 사랑은 세상의 박해와 환난으로부터 믿는 자들을 지켜줄 것이다: "많은 물도 이 사랑을 끄지 못하겠고 홍수라도 삼키지 못하나니 사람이 그의 온 가산을 다 주고 사랑과 바꾸려 할지라도 오히려 멸시를 받으리라"(아 8:7). 참된 신앙이 세상에서 모욕을 당하고 박해를 받을 때, 우리에게 그런 것으로부터 보호해 줄 사랑이 없다면, 노예적인 두려움이 우리를 삼켜 버릴 것이다. 사랑은 배교의 위험으로부터도 우리를 보호해 준다. 따라서 우리에게 사랑이 있다면, 우리는 그리스도께서 재림하실 때까지 믿음을 지킬 수 있게 되는데, 사도는 이것에 대해서 이미 앞에서 말한 바 있다. 사람들은 사랑이 심장에 자리 잡고 있다고 생각하기 때문에, 사도가 "사랑"을 심장을 보호해 주는 호심경에 비유한 것은 적절하다.

사도가 세 번째로 들고 있는 믿는 자들의 무기는 "투구"인데, 헬라어에서 "투구"를 가리키는 '페리케팔라이아'는 직역하면 "머리를 둘러싸고 있는 것"이라는 의미이다. 사도는 여기에서 "구원의 소망"이 믿는 자들이 머리에 쓰는 투구라고 말한다. 에베소서 6:17에서는 "소망"이라는 단어를 빼고 "구원의 투구"라고 말하고 있기는 하지만, 거기에서 "구원의 투구"는 여기에서와 마찬가지로 "구원의 소망의 투구"라는 의미이다. 왜냐하면, 구원은 성령에 의해서 우리에게 주어져서 우리 속에 내재하게 된 어떤 은혜가 아닌 까닭에, 그 자체로는 그리스도의 무장의 일부가 될 수 없기 때문이다. 구원의 소망은 그리스도인에게 많은 점에서 대단히 유용하다. 그것은 우리에게 힘을 더해 주는 강장제이기도 하고, 우리에게 박차를 가하여 정신을 차리게 해 주는 것이기도 하며, 우리를 든든하게 떠받쳐 지탱해 주는 지지대이기도 하고, 우리를 제어해 주는 재갈이기도 하기 때문에, 여기에서 우리를 보호해 주는 "투구"로 비유되고 있다. 따라서 베드로 사도가 참된 소망을 "산 소망"(벧전 1:3)이라고 부르고 있는 것은 전혀 이상한 일이 아니다. 구원의 소망은 펄펄 살아 있는 소망이기 때문에, 실제의 투구가 우리의 목숨을 보호해 주듯이, 우리 영혼의 생명을 보호해 줄 수 있다. 그래서 솔로몬은 "소망이 더디 이루어지면 그것이 마음을 상하게 하거니와 소원이 이루어지는 것은 곧 생명 나무니라"(잠 13:12)고 말한다. 사람이 소망을 잃어버리고 완전히 절망하게 되면, 그 마음이 무너져 내려서 결국 죽게 된다. 하지만 소망이 있는 동안은, 환난들과 괴로움들이 홍수처럼 몰려온다고 해도, 소망은 우리의 머리를 큰 물 위로 밀어올려서 죽지 않게 해 준다. 사탄이 우리의 영혼을 공격하여 절망 속으로 빠뜨리고자 할 때, 이 구원의 소망은 그러한 공격을 막아 주는 "투구" 역할을 잘 해 주게 될 것이다.

따라서 이 절에서 언급된 그리스도인의 무장은 신학자들이 세 가지 신학적인 은혜들이라고 부르는 "믿음, 사랑, 소망"인데, 사도는 고린도전서 13:13에서 이 세 가지를 나란히 언급하면서, " 그런즉 믿음, 소망, 사랑, 이 세 가지는 항상 있을 것인데 그 중의 제일은 사랑이라"고 말한다. 낮의 자녀들인 성도들은 이 세 가지로 무장하는 것이 마땅하고, 그렇게 했을 때, 그리스도의 재림에 대비해서 제대로 무장한 것이 된다. 그래서 사도는 로마서 13:12에서 성도들이 그렇게 무장하는 것을 "빛의 갑옷"을 입은 것이라고 말한다. 이렇게 빛의 갑옷으로 무장한 자들은 밤의 자녀들에게 불시에 임하게 될 갑작스러운 멸망을 피하게 될 것이다.

9. 하나님이 우리를 세우심은 노하심에 이르게 하심이 아니요 오직 우리 주 예수 그리스도로 말미암아 구원을 받게 하심이라.

하나님이 우리를 세우심은 노하심에 이르게 하심이 아니요 … 구원을 받게 하심이라. 어떤 해석자들은 사도가 이 장과 앞의 장들에서 믿는 자들에게 성결한 삶과 관련된 모든 의무들을 행하라고 말한 이유 또는 근거를 여기에서 이 말을 통해서 제시하고 있는 것으로 본다. 그런 해석자들 중 일부가 주장하듯이, 믿는 자들이 자신들이 하나님의 택하심을 받았다거나 구원을 위하여 세우심을 입었다는 것을 아는 것은 분명히 그들로 하여금 죄악이나 나태함에 빠지지 않게 하고, 도리어 힘을 내어서 성결한 삶을 살려고 애쓰게 만든다는 것은 사실이다. 그러나 나는 이 절에 나오는 말씀은 바로 직전에 언급된 "구원의 소망"에만 걸리는 것으로 보거나, 사도가 앞에서 그리스도의 재림에 관하여 말한 모든 것에만 걸리는 것으로 보아야 한다고 생각한다. 전자로 이해하는 경우에는, 사도는 여기에서 하나님께서 우리를 세우신 것은 우리의 구원을 위한 것이기 때문에, 우리가 지닌 구원의 소망은 확실한 것이라고 말하고 있는 것이 될 것이다. 후자로 이해하는 경우에는, 사도는 여기에서 하나님께서 우리를 성도들로 세우신 것은 우리로 하여금 심판을 받아 멸망에 이르게 하려는 것이 아니라, 오직 우리 주 예수 그리스도로 말미암아 구원을 받게 하기 위한 것임은 너무나 분명한 사실이라고 말함으로써, 데살로니가 교인들로 하여금 그리스도께서 재림하실 때, 그리스도 안에서 죽은 자들이 다시 부활해서, 그 때에 여전히 살아 있던 성도들과 함께 공중에서 주를 만나 그 후로 영원히 주와 함께 있게 되리라는 것도 너무나 분명한 사실이라는 것을 확신하게 하고자 하는 것이 될 것이다.

사도는 앞에서 낮의 자녀들과 밤의 자녀들이라는 두 부류의 사람들을 언급하면서, 그리스도께서 재림하실 때, 전자에게는 구원이 임하고, 후자에게는 갑작스러운 멸망이 임하게 될 것이라고 말하였는데, 이제 여기에서는 거기에서 좀 더 근원으로 소급해 올라가서, 사람들의 최종적인 운명을 결정하시는 절대 주권을 지니신 하나님이 원래 사람들에 대하여 의도하신 것이 무엇이었는지를 밝힌다. 사도가 여기에서 언급한 "세우심"은 하나님께서 어떤 사람들이 성도가 될 것임을 단지 미리 아셨다는 정도의 의미만을 지니는 표현이 아닌 것으로 보인다. 왜냐하면, 로마서 8:29에서 "하나님이 미리 아신 자들을 또한 그 아들의 형상을 본받게 하기 위하여 미리 정하셨으니"라고 말한 것과 베드로전서 1:2에서 "하나님 아버지의 미리 아심을 따라 성령이 거룩하게 하심으로 순종함과 예수 그리스도의 피 뿌림을 얻기 위하여 택하심을 받은 자들에게 편지하노니"라고 말한 것이 잘 보여 주듯이, 하나님이 미리 아신다는 것은 어떤 사실을 초연하게 미리 아시고 인지하신다는 뜻이 아니기 때문이다.

또한, 여기에서 "세우심"은 하나님께서 단지 사람들에게 일반적으로 구원의 수단과 길을 정해 주신 것을 의미하는 것도 아니고, 어떤 사람들이 구원 받게 될 자들이고, 그들의 수가 얼마나 되는지를 정해 놓으신 것을 의미한다. 실제로 사도는 어떤 특정한 사람들의 "이름들이 생명책에 있다"고 말하기도 하고(빌 4:3), "창세 전에 그리스도 안에서 우리를 택하셨다"고 말하기도 하며(엡 1:4), 요한계시록 17:8에는 "창세 이후로 그 이름이 생명책에 기록되지 못한 자들"에 대한 언급이 나오기도 한다. 만일 하나님께서 구원 받게 될 자들을 정해 놓으신 것이 아니라면, 각 사람의 구원은 하나님의 영원하시고 언제까지나 변함없으신 뜻이 아니라, 각 사람의 의지라는 불확실한 것에 의해서 좌지우지 되게 될 것이다. 사도는 에베소서 1:11에서 "모든 일을 그의 뜻의 결정대로 일하시는 이의 계획을 따라 우리가 예정을 입어 그 안에서 기업이 되었으니"라고 말함으로써, 하나님께서 사람들의 구원을 위해 일하시고 역사하는 모든 것은 하나님의 뜻에 의해서 정해진 계획을 따라 진행되는 것임을 보여 준다. 따라서 확실하고 변함없으며 영원한 하나님의 계획은 단지 행위들과 수단들에만 미치는 것이 아니라, 각 사람의 최종적인 운명에도 미친다(롬 8:28-29).

또한, 하나님께서 이렇게 우리를 "세우심"은 어떤 사람들이 믿음을 갖게 될 것인지를 하나님이 미리 보신 것에 기초한 것도 아니다. 왜냐하면, 믿음이 하나님의 선물이라면, 이 선물은 하나님의 계획과 미리 세우심 또는 정하심으로부터 오는 것이기 때문이다. 만일 그렇지 않다면, 사람들은 이렇게 말할 수 있게 될 것이다: 하나님께서는 내가 구원 받을 수 있는 길을 열어 놓으신 것은 맞지만, 내가 구원을 받느냐 못 받느냐 하는 것은 전적으로 내 자신에게 달려 있다. 그러나 사람들의 그러한 말이 잘못된 것임은 논란의 여지가 없다. 따라서 만일 그리스도 안에서 하나님께서 계획하신 모든 것들이 좌절된다면, 단 한 사람도 구원 받을 수 없게 된다. 그러나 하나님께서 사람들이 구원 받을 수 있는 수단을 정해 놓으셨다면, 그것은 구원 받는 사람들이 반드시 존재하게 될 것임을 의미한다. 왜냐하면, 하나님께서는 구원 받을 자가 아무도 없을 것인데도, 마치 구원 받을 수 있을 것처럼, 구원의 수단을 사람들 앞에 헛되이 제시하시는 그런 분이 아니시기 때문이다(엡 1:4, "창세 전에 그리스도 안에서 우리를 택하사"; 벧전 1:2).

사도는 여기에서 "노하심"을 "구원"과 반대되는 개념으로 사용한다. 사도가 앞의 3절에서는 "멸망"이라고 부른 것을 여기에서는 "노하심"이라고 부르는 이유는, 하나님의 노하심은 멸망을 낳고, 멸망을 통해서 드러나기 때문이다. 구원 받은 자들은 그 노하심으로부터 건짐을 받게 되는데, 그렇게 되는 최고의 이유는, 그들이 노하심을 위해서가 아니라 구원을 위해서 세움 받은 자들이고, 구원을 위해 세움 받은 자들은 아무도 노하심을 위해 세움 받은 자가 될 수 없기 때문이다. 이것과 동일한 맥락 속에서, 사도는 로마서 9:22-23에서는 구원 받는 자들에 대한 하나님의 긍휼하심을 좀 더 분명하게 드러내기 위해서, "진노의 그릇"과 "긍휼의 그릇"으로 구별해서 서로 대비시킨다. 반면에, 여기에서 사도는 하나님께서 구원을 위하여 세우신 자들이라고 할지라도, 구원을 위하여 애써야 한다는 것을 보여 주기 위해서, 하나님이 우리로 하여금 "구원을 얻게" 하시기 위하여 우리를 세우신 것이라고 말한다. 사도는 자신만이 아니라 데살로니가 교인들에 대해서도, 하나님께서 "우리를 세우심은 구원을 받게 하심이라"고 말하지만, 이것은 이 세상에서 누가 구원 받을 자이고 누가 구원 받지 못할 자인지를 확실하게 알 수 있다는 의미는 아니다.

오직 우리 주 예수 그리스도로 말미암아. 하나님께서는 오직 그리스도 안에서 및 그리스도로 말미암아서만, 구원 받게 하시려고 사람들을 세우신다. 그래서 사도행전 4:12에서는 "다른 이로써는 구원을 받을 수 없나니 천하 사람 중에 구원을 받을 만한 다른 이름을 우리에게 주신 일이 없음이라"고 말한다. 어떤 이들의 주장처럼, 우리는 그리스도의 가르침과 본을 통해서만이 아니라, 우리의 구원의 근거인 그리스도의 보혈의 공로, 그리고 우리 안에서 실효적으로 구원을 이루시는 성령을 통해서 구원을 받는다. 하나님의 무한하신 지혜가 이 길 외에 구원의 다른 길을 찾아낼 수 있지 않았을까 하는 생각을 하는 사람들도 있겠지만, 나는 그리스도의 십자가로 말미암은 구원의 길이야말로, 긍휼과 공의가 놀라울 정도로 함께 높임을 받게 하고, 사람들로 하여금 자신들의 창조주를 사랑하고 섬기며 영화롭게 하는 데 전력을 다할 수 있게 만드는 데 최고의 방법이라고 본다. 하나님께서 사람들을 세우셔서 구원을 얻게 하신 것을 통해서는, 하나님의 값없이 거저 주시는 은혜를 뚜렷하게 드러내셨다고 한다면, 하나님께서 예수 그리스도로 말미암아 사람들을 구원하시는 것을 통해서는 하나님의 은혜의 지극히 풍성하심을 뚜렷하게 드러내셨다. 하나님께서 우리로 하여금 구원을 얻게 하시는 데에는, 우리로 하나님과 화목하게 하시는 것과 우리 안에 하나님의 형상을 회복시키시는 것, 이 두 가지가 꼭 필요한데, 우리는 그리스도의 보혈의 공로로 말미암아 전자를 얻게 되고, 성령의 역사를 통해서는 후자를 얻게 된다. 따라서 어떤 이들은 사람이 정직하고 올바르게 행한다면, 어느 종교에서나 구원을 얻을 수 있다고 생각하기를 좋아하지만, 그런 것은 아무런 근거도 없는 생각일 뿐이다.

10. 예수께서 우리를 위하여 죽으사 우리로 하여금 깨어 있든지 자든지 자기와

함께 살게 하려 하셨느니라.

어떤 이들은 사도는 앞 장의 끝부분에서 성도들의 죽음과 부활에 대하여 말하였었는데, 이 절에 나오는 사도의 말은 그것과 연결되는 것으로서, 여기에서는 성도들의 죽음을 "자는 것"으로 표현하였고, 부활을 "깨어 나는 것"(한글개역개정에는 "깨어 있든지")으로 표현하였으며, 성도들이 주와 함께 영원히 있게 될 것을 "주와 함께 사는 것"으로 표현한 것이라고 생각한다. 사도는 우리가 부활의 때에 깨어나기 전에는 그리스도와 함께 할 수 없다고 생각하지 않도록 하기 위하여, 우리가 잠자고 있을 때조차도, 우리는 그리스도와 함께 사는 것이라고 말한다. 사도는 앞의 6절("우리는 다른 이들과 같이 자지 말고 오직 깨어 정신을 차릴지라")에서는 잠자는 것을 여기에서와는 다르게 안일하게 산다는 또 다른 의미로 사용한 적이 있지만, 여기에서는 4:14("예수 안에서 자는 자들")에서와 동일하게 죽음을 가리키는 의미로 사용한다. 따라서 안일하게 산다는 의미에서의 잠자는 것의 반대는 "정신을 차리고 깨어 있는 것"인 반면에, 죽음을 의미하는 잠자는 것의 반대는 죽음으로부터의 부활을 뜻하는 "깨어 나는 것"이다.

이것으로부터 우리는 우리의 영혼과 육신이 함께 잠자는 것이 아니라, 육신이 무덤에서 잠자는 동안에 영혼은 주와 함께 산다는 것을 알 수 있다. 그래서 사도는 빌립보서 1:23에서 "내가 … 차라리 세상을 떠나서 그리스도와 함께 있는 것이 훨씬 더 좋은 일이라 그렇게 하고 싶으나"라고 말함으로써, 자기가 죽어 자신의 육신이 썩어질 때, 자신의 영혼은 주와 함께 있게 될 것이기 때문에, 빨리 이 세상을 떠나 주께로 가기를 간절히 원하였고, 고린도후서 5:1에서는 "만일 땅에 있는 우리의 장막 집이 무너지면 하나님께서 지으신 집 곧 손으로 지은 것이 아니요 하늘에 있는 영원한 집이 우리에게 있는 줄 아느니라"고 말함으로써, 우리의 영혼이 하늘의 영원한 집에 가게 될 것은 사도 자신만이 아니라 모든 성도들의 특권이라고 말한다. 이렇게 우리가 잠자게 되면, 우리는 오직 영혼으로만 주와 함께 있게 될 것이다. 하지만 우리가 부활의 때에 "깨어나게" 되면, 우리는 영혼은 물론이고 몸을 지닌 채로 주와 함께 있게 될 것이다.

우리가 잠자든지 깨어나든지 그리스도와 함께 있을 수 있는 특권을 얻게 된 것은 전적으로 그리스도의 죽음으로 말미암은 것이다. 만일 그리스도께서 죽지 않으셨다면, 우리의 영혼에게 천국은 여전히 닫혀 있었을 것이다. 왜냐하면, 히브리서 10:19-20에서 "우리가 예수의 피를 힘입어 성소에 들어갈 담력을 얻었나니 그 길은 우리를 위하여 휘장 가운데로 열어 놓으신 새로운 살 길이요 휘장은 곧 그의 육체니라"고 말하고 있는 것처럼, 우리가 하늘의 지성소로 들어갈 수 있게 된 것은 그리스도께서 피를 흘리시고, 자신의 육체라는 휘장을 우리를 위하여 찢으심으로 말미암은 것이기 때문이다. 또한, 만일 그리스도께서 죽지 않으셨다면, 우리의 육신은 영원히 무덤 속에 갇혀 있게 될 것이고, 부활이라는 것은 있을 수 없는 일이 되었을 것이다. 따라서 우리가 잠자고 있을 때에나 깨어나게 되었을 때에나 그리스도와 함께 살 수 있게 된 것은 그리스도의 죽음으로 말미암은 것이다.

어떤 이들은 이 절에서 사도가 한 말은 바로 앞 절에서 우리의 구원과 관련하여 한 말에만 걸리는 것으로서, 우리가 어떻게 해서 그리스도로 말미암아 구원을 얻게 되는지를 보여 주고자 한 것이라고 생각한다. 즉, 사도는 "예수께서 우리를 위하여 죽으셨다"고 말함으로써, 자기가 앞에서 하나님께서 사람들을 세우심은 구원을 얻게 하기 위한 것이라고 말하였는데, 여기에서는 하나님이 그리스도의 죽음으로 말미암아 사람들이 구원을 얻게 하신 것이라고 좀 더 자세하게 설명하고 있다는 것이다. 성경에서는 성부 하나님의 계획에 초점을 맞추어서 말할 때에는 베드로전서 3:18에서처럼 그리스도께서 "죽임을 당하셨다"고 말하고, 그리스도 자신이 자원하여 죽으신 것에 초점을 맞추어서 말할 때에는 여기에서처럼 "우리를 위하여 죽으셨다"고 말한다. 그리스도께서 우리를 위하여 죽으셨다는 것은 우리의 죄책이 얼마나 엄청나게 큰 것인지를 보여 줌과 동시에, 우리에 대한 그리스도의 사랑이 얼마나 큰 것인지를 보여 주는 것이다(요 15:13). 그리스도께서는 우리를 사랑하셔서, 우리로 하여금 자기와 함께 살게 하고자 하셨고, 우리와 자기가 함께 사는 것이 가능하게 하시기 위하여 죽으셨다.

그런데 우리가 주와 함께 산다는 것은 우리의 구원의 핵심을 표현한 것이라는 점에서, 그리스도께서는 우리의 구원을 위하여 죽으신 것이라고 할 수 있다. 왜냐하면, 지극히 영화로우시고 우리에 대한 사랑으로 가득하신 주님과 함께 산다는 것, 게다가 우리와 아주 가까운 많은 친지들과 함께 천국이라는 곳에서 영원히 주님과 함께 살게 된다는 것은 우리가 너무나 사모할 수밖에 없는 일이고, 그것은 우리의 구원의 핵심일 수밖에 없다. 그리스도의 죽음은 단지 하나님에 대한 믿음과 인내와 순종의 모범을 보여 주시기 위한 것이거나, 그리스도께서 친히 베푸신 가르침을 우리에게 확증해 주시기 위한 것이 아니라, 하나님의 공의를 만족시키셔서, 우리의 죄가 사함 받을 수 있게 해 주시고, 우리로 하여금 영원히 주와 함께 살 수 있는 특권을 얻을 수 있게 해 주시기 위한 것이었다.

11. 그러므로 피차 권면하고 서로 덕을 세우기를 너희가 하는 것 같이 하라.

사도는 여기에서 데살로니가 교회 전체에게 서로를 위로하고 서로 간에 덕을 세우라고 권면한다. 물론, 교회에는 이러한 사역을 위하여 특별히 세워진 직분자들이 있기는 하지만, 일반 그리스도인들도 서로에 대하여 위로하고 덕을 세우는 일을 하는 것이 마땅한데, 전자는 권위를 가지고 행하는 반면에, 후자는 사랑을 가지고 행하는 것이 다를 뿐이다. **피차 권면하고.** 사도는 앞에서 믿는 자들에게 위로가 될 수 있는 많은 진리들을 데살로니가 교인들 앞에 제시하였기 때문에, 그들은 그러한 진리들을 가지고서 서로를 위로하는 것이 마땅하다는 것이다. 이렇게 흠정역에서는 이 구절을 "피차 위로하고"로 번역하고 있지만, 우리가 이 구절을 "서로 권면하라"로 읽는다면, 이 어구는 사도가 자기가 이 장과 앞 장에서 그들에게 말해 준 여러 꼭 필요한 신앙상의 의무들을 가지고 서로를 권면하라고 말하고 있는 것이 된다.

서로 덕을 세우기를. "덕을 세운다"는 것은 원래 차근차근 집을 지어 가는 것에서 유래한 말이다. 사도가 이러한 표현을 사용한 이유는 각각의 교회는 살아 있는 돌들인 성도들로 지어져 가는 하나님의 집이기 때문이다. 따라서 각각의 돌들은 하나님의 집을 짓는 데 기여하는 것이 마땅한데, 성도들은 서로 간에 권면하고 위로함으로써 하나님의 집을 점점 더 온전히 지어 갈 수 있다. 따라서 그리스도인들이 자기 자신의 덕을 세우는 데만 몰두하거나, 하나님의 집을 세우기는커녕 무너뜨리거나 분열시키거나 파괴한다면, 그것은 책망 받아 마땅한 일이다. **너희가 하는 것 같이 하라.** 사도는 자기가 여기에서 그들에게 권면한 것을 그들이 이미 실천하고 있다고 말함으로써 그들을 다시 한 번 칭찬한다. 사도는 앞에서도 여러 차례 그렇게 하였는데, 이것은 그들에게 듣기 좋은 말을 해서 그들의 기분을 맞춰 주려는 것이 아니라, 그들로 하여금 더욱 분발해서, 다른 교회들의 본이 되도록 격려하기 위한 것이다.

12-13. [12]형제들아 우리가 너희에게 구하노니 너희 가운데서 수고하고 주 안에서 너희를 다스리며 권하는 자들을 너희가 알고 [13]그들의 역사로 말미암아 사랑 안에서 가장 귀히 여기며 너희끼리 화목하라.

사도는 앞에서 그리스도인들 간의 서로에 대한 의무들에 대하여 말한 후에, 이제 여기에서는 그들이 자기가 앞에서 말한 것을 그대로 실천하면 교회에서 사실상 직분자들은 필요 없는 것이 아니냐고 생각하지 않도록 하기 위하여, 목회자들과 교사들에 대한 그리스도인들의 의무들을 얘기한다. 데살로니가 교회는 직분자들 아래에서 운영되고 있었던 것으로 보이는데, 우리는 그런 교회를 유기적 교회(organical church)라고 부른다. 사도는 박해 때문에 어쩔 수 없이 데살로니가 교회를 떠나야 했지만, 사도가 떠나고 난 후에 어려운 상황 속에서도 다른 사역자들과 교사들은 그 교회에서 사역을 계속하였기 때문에, 데살로니가 교인들은 자신들의 사역자들에게 큰 신세를 졌고, 따라서 사도는 그들에게 사역자들을 지극히 귀한 자들로 여기라고 간곡하게 권면한다. 사도는 그 사역자들에 대하여 말할 때, 목사나 장로, 또는 교사라는 그들의 직분을 언급하는 것이 아니라, 그들이 하고 있는 일을 언급하는 방식으로 그들을 소개한다.

너희 가운데서 수고하고. 여기에서 "수고하다"로 번역된 단어는, 디모데전서 5:17에서 사도가 "잘 다스리는 장로들은 배나 존경할 자로 알되 말씀과 가르침에 수고하는 이들에게는 더욱 그리할 것이니라"고 말할 때에 사용한 바로 그 단어로서, 기진맥진할 정도까지 고되고 힘들게 일하고 애쓴 것을 의미한다. 이것은 복음 사역이 힘들고 고된 사역이라는 것을 보여 줌과 동시에, 사역자들의 본분은 자신의 직분으로 인한 영광과 이익을 추구하는 것이 아니라, 그 직분으로 인해 맡겨진 일을 위해 혼신의 힘을 다 쏟아 수고하는 것임을 보여 준다. 복음 사역자들은 성도들을 가르치고 감독하거나 다스리며 권면하고 경계하는 등의 일을 하여야 했고, 그런 일들은 모두 힘들고 고된 일들이었다.

주 안에서 너희를 다스리며 권하는 자들을. 여기에서 "다스리다"로 번역된 단어는 앞에서 인용한 디모데전서 5:17에서도 사용되고 있는데, 거기에서도 "다스리다"로 번역되고 있다. 이 단어는 장로들이나 사역자들이 자신들에게 맡겨진 양 무리에 대하여 가지고 있는 감독권과 우월한 지위를 나타낸다. "주 안에서"는 교회의 직분자들이 세상의 관리들과 다르다는 것을 보여 주기 위한 것일 수도 있고, 교회의 직분이 원래 지닌 목적과 그 다스림의 원래의 의미를 보여 주기 위한 것일 수도 있다. 즉, 교회의 직분들은 주께서 세우신 것으로서, 그리스도의 법에 따라 수행되어야 하며, 주를 섬기고 영화롭게 하는 것을 그 목적으로 하여야 한다는 것이다. "권하다"라는 단어는 신약성경에서 자주 사용되는 단어로서(행 20:31; 롬 15:14; 골 1:28; 3:16), 공적으로나 사적으로나 교훈의 방식, 또는 상담이나 경고, 책망의 방식으로 사람들을 깨우쳐서 어떤 일들을 행하도록 촉구하는 것을 의미한다.

너희가 알고 … 사랑 안에서 가장 귀히 여기며. 사도는 여기에서 그리스도인들이 자신들의 사역자들에게 해야 할 도리들을 제시한다: (1) 그리스도인들은 사역자들을 "알아주어야" 한다. 즉, 그들의 직분을 인정하고, 그들의 가르침을 존중하며, 그들의 다스림에 순복하고, 그들의 수고에 대하여 보답하여야 한다는 것이다. 여기에서 사용된 "안다"라는 단어는 성경에서 흔히 의지와 감정이 담긴 행위들, 즉 마음의 작용만이 아니라 겉사람의 행위들까지 나타내는 데 사용되기 때문에, 시편 1:6에서는 "알다"를 "인정하다"로 번역하여 "무릇 의인들의 길은 여호와께서 인정하시나 악인들의 길은 망하리로다"라고 말하고 있고, 시편 101:4에서는 악한 마음을 품지 않을 뿐만 아니라 악한 일을 행하지도 않겠다고 고백할 때, "사악한 마음이 내게서 떠날 것이니 악한 일을 내가 알지 아니하리로다"라고 말한다. (2) 그리스도인들은 사역자들이 행하는 일로 말미암아 사랑 안에서 사역자들을 지극히 존경하여야 한다. 여기에서 "가장 귀히"로 번역된 '휘페르에크페릿수' (ὑπερεκπερισσοῦ)는 "지극히"라는 뜻으로서, 로마서 5:20에서는 죄가 많아진 곳에 은혜는 이루 말할 수 없이 더욱더 차고 넘쳤다는 의미로 이 단어를 사용해서, "율법이 들어온 것은 범죄를 더하게 하려 함이라 그러나 죄가 더한 곳에 은혜가 더욱 넘쳤나니"라고 말하고 있고, 고린도후서 7:4에서도 환난이 많은 곳에서 기쁨이 이루 말할 수 없이 더욱더 차고 넘쳤다는 의미로 이 단어를 사용해서, "내가 우리의 모든 환난 가운데서도 위로가 가득하고 기쁨이 넘치는도다"라고 말한다. 이렇게 여기에서 "가장 귀히 여기며"로 번역된 어구는 헬라어 본문에서 더 이상 강조할 수 없을 정도로 극도로 강조되어 있고, 그 뉘앙스를 영어로는 표현할 수 없다. 따라서 사도는 데살로니가 교인들에게 그들의 사역자들을 극진히 존경하고 생각해 주고 온 마음으로 사랑하는 것이 마땅하다고 말하고 있는 것이다. 그들은 사역자들을 존경할 뿐만 아니라 사랑해야 하고, 사랑할 뿐만 아니라 존경해야 한다. 이렇게 이 두 가지가 서로 어우러지고 결합되어서, 그들 가운데서 사역자들에 대한 존경과 사랑이 차고 넘쳐야 한다. 사도는 디모데전서 5:17에서 그리스도인들은 사역자들을 "배나 존경할 자로 알라"고 말하고 있는데, 그 말 속에는 사역자들에 대한 그리스도인들의 도리 전체가 담겨져 있다.

그들의 역사로 말미암아. 사도는 그리스도인들이 사역자들을 지극히 존경하고 사랑해야 하는 이유를 여기에서 제시하는데, 그것은 그들이 하는 일들, 즉 가르치는 일, 다스리는 일, 권면하고 경계하는 일 때문이라는 것이다. 사역자들이 행하는 일들은 믿는 자들의 구원을 위한 일이기 때문에, 그 자체로 존귀하다. 따라서 그리스도인들은 주님이 사역자들에게 맡기신 일들로 인하여 그들을 존경하고 사랑하는 것이 마땅하다. 또는, 사역자들이 그 어떤 이유들로 인하여 그리스도인들로부터 존경과 사랑을 받을 만하다고 할지라도, 그리스도인들이 그들을 존경하고 사랑하는 일차적이고 주된 이유는 그들에게 맡겨진 일 때문이어야 한다. 교회의 사역자들은 일반적인 그리스도인들이 아니라 해당 교회의 그리스도인들을 대상으로 좀 더 직접적으로 사역하고 수고하는 자들이라는 점을 고려하면, 더욱더 그리스도인들은 자기 교회의 사역자들을 그들의 일로 인하여 존경하고 사랑하여야 한다. 또는, 어떤 이들은 사역자들은 "너희 중에서 너희의 속사람을 가르치고 덕 세우며 위로하는 것으로 인하여"로 읽기도 한다.

너희끼리 화목하라. 어떤 사본들에서는 여기에서 "너희"를 뜻하는 헬라어 '헤아우토이스' (ἑαυτοῖς)의 철자를 약간 수정해서 '아우토이스' (αὐτοῖς)로 읽고 있다. 그렇게 읽는 경우에는, 이 구절은 "그들과 화목하라," 즉 그들의 사역자들과 화목하게 잘 지내라고 권면하는 것이 된다. 왜냐하면, 사역자들과 평신도들 간에 불화가 생겨나서 덕 세움에 방해가 되는 일이 종종 일어나기 때문이다. 그러나 나는 흠정역의 번역을 그대로 따르고자 한다. 그런 경우에, 사도는 이 구절을 통해서, 그리스도인들은 서로 화목하게 지내는 것이 마땅하다고 말함으로써, 사역자들에 대한 도리와는 다른 새로운 도리를 제시하고 있는 것이 된다. 하지만 이 구절을 전자처럼 읽는 것도 얼마든지 가능하기는 하다. 왜냐하면, 그리스도인들이 자신들의 사역자들을 높이고 존경한다면, 그것 자체가 그리스도인들 서로 간에 화목을 유지할 수 있는 수단이 되기 때문이다. 반면에, 고린도 교인들은 모든 사역자들에게 다 존경과 사랑을 보내지 않고, 서로 파당을 이루어서 자신들의 사역자들 중 특정한 사람들에 대해서는 칭찬하고 그 밖의 다른 사람들은 멸시하였기 때문에, 화목하게 지내지 못하고, 분열과 다툼이 끊이지 않았다. 우리 구주께서는 자신의 제자들에게 "너희 속에 소금을 두고 서로 화목하라"(막 9:50)고 말씀하셨고, 아마도 사도는 그 말씀을 여기에 가져와서 사용한 것으로 보인다. 또한, 사도는 자신의 서신들에서 그리스도인들 간의 화목의 의무를 자주 강조하는데(롬 14:19; 고전 7:15; 고후 13:11; 골 3:15; 히 12:14), 그것은 성도들 간의 분열은 그들이 하나로 연합되어 화목하게 지내지 못하게 함으로써, 사역자들의 수고를 헛되게 만들 수 있기 때문이었다.

14. 또 형제들아 너희를 권면하노니 게으른 자들을 권계하며 마음이 약한 자들을 격려하고 힘이 없는 자들을 붙들어 주며 모든 사람에게 오래 참으라.

또 형제들아 너희를 권면하노니. 어떤 이들은 사도가 이제부터는 사역자들에게 권면하는 말을 시작하고 있는 것이라고 생각한다. 즉, 사도가 여기에서 "형제들"이라고 부른 것은 좀 더 특별하고 제한된 의미를 지니는 것으로서 사역자들만을 가리키는 것이고, 사도가 여기에서 권면하고 있는 것들은 일반 그리스도인들이 아니라 사역자들에게 더 적합한 것들이라는 것이다. 그러나 어떤 이들은 데살로니가 교회 전체와 거기에 속한 몇몇 지체들에 대한 권면을 계속해 나가고 있는 것이라고 보는데, 나는 후자의 견해가 옳다고 생각한다. 왜냐하면, 세속 국가에서 방백들과 관리들은 자신들의 직책으로 인해서 좀 더 특별한 의무를 지기는 하지만, 그 국가에 속한 모든 사람들은 방백이든 관리이든 일반 백성이든 나라가 잘되도록 하기 위하여 최선을 다해야 하는 것과 마찬가지로, 비록 책무의 정도나 무게감은 서로 다르기는 하겠지만, 여기에서 사도가 말하고 있는 것들은 사역자들이나 일반 그리스도인들이나 모두가 다 행하여야 할 것들로 보이기 때문이다.

게으른 자들을 권계하며. 여기에서 "권계하다"로 번역된 단어는 12절에서는 "권하다"로 번역된 것과 동일한 단어로서, 단순한 권면이 아니라 "훈계" 또는 "경책하는" 것을 의미한다. 사도는 12절에서는 사역자들이 행하는 훈계에 대하여 말하였다면, 여기에서는 형제들 간의 경책에 대하여 말하고 있다. 훈계하거나 경책할 때에는 때와 장소, 사람과 방식 등과 관련해서 매우 세심하고 사려 깊은 처신이 요구된다. 여기에서 "게으른 자들"로 번역된 단어는 군대에서 군인들이 자신의 계급과 위치를 지키지 않고 제멋대로 행하는 것에서 유래한 단어이기 때문에, 자신의 자리나 분수를 지키지 않는 자들을 가리키고, 난외주에서는 "질서를 어기고 제멋대로 행하는 자들"이라는 설명이 붙어 있다. (1) 시민적인 관점에서 보면, 그런 자들은 생업이 없거나 생업이 있더라도 자신의 생업은 태만히 하고, 남의 일에 끼어들어 간섭하기 좋아하고, 자신들에게 주어진 시민으로서의 의무들은 행하지 않는 자들이다. (2) 본성적인 관점에서 보면, 그런 자들은 본성의 빛, 즉 순리를 따르지 않고, 본성적으로 주어진 관계들 속에서 자기가 행하고 지켜야 할 것들을 행하지도 않고 지키지도 않는 자들이다. (3) 영적인 관점에서 보면, 그런 자들은 자신들의 사역자들이나 일반 형제들과 관련해서 교회에 속한 자로서 마땅히 지켜야 할 규범들과 질서를 지키지 않고 제멋대로 행하는 자들이다. 그런 자들에 대하여 경책하거나 훈계하는 것은 교회의 치리나 권징의 첫 번째 단계이다.

마음이 약한 자들을 격려하고. 여기에서 "마음이 약한 자들"로 번역된 '올리고프

쉬쿠스' (ὀλιγοψύχους)라는 헬라어는 직역하면 "마음이 작은 자들"이라는 뜻으로서, 위험한 의무들인 경우에는 감히 행하려고 시도하지 못하고, 환난이 닥칠 것을 두려워하여 지레 겁을 먹고 움츠러들며, 죄의식과 자신의 무가치함에 대한 인식으로 인해 의기소침해 있고, 하나님의 진노하심이나 자신으로 하여금 넘어지게 할 수 있는 유혹이나 시험들을 두려워하여 낙심해 있는, 우유부단하고 소심하며 심약한 자들을 가리킨다.

힘이 없는 자들을 붙들어 주며. 여기에서 "붙들어 주다"로 번역된 '안테케스테' (ἀντέχεσθε)는 어떤 사람이 무거운 짐을 지고 있을 때에 그 한 쪽 끝을 함께 들어주는 것을 가리키는 데서 유래한 단어로서, 로마서 8:26에서 "성령도 우리의 연약함을 도우시나니"라고 말할 때에 "돕다"로 번역된 '쉬안티람바네타이' (συναντιλαμβάνεται)와 상응하는 단어이다. 여기에서 "힘이 없는 자들"은 지식에 있어서나 믿음에 있어서 연약한 자들을 가리키는 것일 수 있다. 그런 자들은 복음 안에서 자신들에게 주어진 자유함을 알지 못하기 때문에(롬 14:1; 고전 8:9), 다른 성도들처럼 그 자유함으로 행하지 못하고, 그들의 양심도 연약할 수밖에 없어서(고전 8:12), 믿음이 강한 자들은 자신들에게 주어진 자유함 속에서 율법의 예법들로부터의 자유함을 누리는 반면에, 그들은 그러한 예법들에 매여 종살이 하는 자들이다. 그리스도인들은 그런 자들을 멸시하거나 가혹하게 대해서는 안 되고, 자애롭게 대하고 잘 붙들어 주어서 힘을 더해 주어야 한다. 또는, 여기에서 "힘이 없는 자들"은 은혜에 있어서 약한 자들, 즉 아직 복음 안에서 뿌리를 제대로 내리지 못한 어린 가지 같은 초신자들과 그리스도 안에서 어린아이들을 가리키는 것일 수도 있다.

모든 사람에게 오래 참으라. 이 권면은 보편적인 것이다. 사도가 앞에서 말한 권면들은 오직 성도들에게만 해당되는 반면에, 이 권면은 성도들만이 아니라 불신자들에 대한 것이기도 하다. 여기에서 "오래 참다"로 번역된 단어는 흔히 하나님의 속성으로 돌려진다(출 34:6; 롬 9:22). "오래 참는다"는 것은, 선한 자들이든 악한 자들이든, 믿는 자들이든 불신자들이든, 강한 자들이든 연약한 자들이든, 사역자들이든 일반 평신도들이든 상관없이, 누가 우리를 부당하게 대하더라도, 화를 내지 않고 참고 인내하는 것을 가리킨다.

15. 삼가 누가 누구에게든지 악으로 악을 갚지 말게 하고 서로 대하든지 모든 사람을 대하든지 항상 선을 따르라.

삼가 누가 누구에게든지 악으로 악을 갚지 말게 하고 … 항상 선을 따르라. 사도는 교회의 인도자들, 즉 사도행전 20:28에서 "감독자들"로 불리는 자들을 향하여 이 말을 하고 있는 것으로 보인다. 그래서 사도는 교회의 사역자들에게, 성도들 중에서 누가 악으로 악을 갚고 있지는 않은지를 감독할 것을 요구한다. 또는, 이것이 앞에서처럼 교회 전체를 향하여 한 말이라면, 사도는 모든 그리스도인들은 자신의 형제들 중에서 누가 악으로 악을 갚는 자가 있지는 않은지를 주의 깊게 살펴보아야 한다고 엄중하게 당부하고 있는 것이 된다. 사도가 여기에서 당부하는 것은 다음과 같은 것들이다:

(1) 먼저, 사도는 소극적인 관점에서 "악으로 악을 갚지 말아야" 한다고 말한다(벧전 3:9). 이것은 스스로 원수를 갚지 말라는 것이다. 사도는 로마서 12:17, 19에서도 "아무에게도 악을 악으로 갚지 말고 모든 사람 앞에서 선한 일을 도모하라 … 내 사랑하는 자들아 너희가 친히 원수를 갚지 말고 하나님의 진노하심에 맡기라 기록되었으되 원수 갚는 것이 내게 있으니 내가 갚으리라고 주께서 말씀하시니라"고 말한다. 우리 주님께서는 "악한 자를 대적하지 말라"고 말씀하신 후에, "누구든지 네 오른편 뺨을 치거든 왼편도 돌려 대며 또 너를 고발하여 속옷을 가지고자 하는 자에게 겉옷까지도 가지게 하며 또 누구든지 너로 억지로 오 리를 가게 하거든 그 사람과 십 리를 동행하라"고 말씀하심으로써, 그 말씀이 무슨 의미인지를 좀 더 구체적으로 자세하게 설명해 주신다(마 5:39-41). 그러나 우리는 이것은 악의나 앙심으로부터 생겨나는 사사로운 복수를 금지한 것이고, 우리가 어떤 부당한 일들을 당했을 때, 세상 법정이나 교회 법정을 통해서 법과 공평을 따라 정당하게 우리의 권리를 회복하거나 배상을 받는 것을 금지한 것은 아닌 것으로 이해하여야 한다. 사사로운 복수는 사도가 앞에서 모든 사람에 대하여 오래 참으라고 명한 것과 양립될 수 없는 것이고, "욕을 당하시되 맞대어 욕하지 아니하시고 고난을 당하시되 위협하지 아니하시고 오직 공의로 심판하시는 이에게 부탁하신" 그리스도의 모범과도 맞지 않는 것이며(벧전 2:23), 그리스도인으로서의 부르심이나 신앙 고백과도 부합하지 않는 것이다(벧전 2:21).

(2) 다음으로, 사도는 적극적인 관점에서 "항상 선을 따르라"고 말한다. 여기에서 "선"으로 번역된 단어는 그 자체로 선한 것, 또는 다른 사람들에게 선한 것을 가리키는 의미로 자주 사용되는데(마 7:11; 눅 1:53; 갈 6:6), 이 절에서 "악"과 반대되는 개념으로 등장한다. 그리고 "따른다"는 것은 온 힘을 다해 끈질기게 따르는 것을 의미하는데, 마태복음 5:11에서는 "박해하다"라는 나쁜 의미로 사용되기도 하지만,

좋은 의미로도 사용된다(히 12:14; 벧전 3:11). 따라서 "선을 따른다"는 것은, 베드로전서 3:11("악에서 떠나 선을 행하고")에서와는 달리, 단지 선을 행하라는 것 이상의 의미를 지니는 것으로 보아야 하기 때문에, 선을 행하려고 안으로는 온 마음을 다 기울이고 밖으로는 힘쓰고 애쓰는 것을 가리킨다. 사도는 이렇게 선을 따르는 것을 "항상," 즉 언제 어디서든지 어떤 일에서든지 누구와 있든지 선을 따르라고 명한다. 믿는 자들은 자신의 외적인 환경이나 조건이 어떻게 달라진다고 하여도, 선을 따르는 삶을 살아가는 것은 늘 일관되고 변함이 없어야 한다. 우리는 사람들의 심령에 선한 일만이 아니라, 사람들의 육신에 선한 일도 하여야 하고, 모든 사람에게 해악된 일을 행하지 않고 선한 일을 행하여야 한다.

서로 대하든지 모든 사람을 대하든지. 사도는 갈라디아서 6:10에서는 "우리는 기회 있는 대로 모든 이에게 착한 일을 하되 더욱 믿음의 가정들에게 할지니라"고 말한다. 사람들이 흔히 말하듯이, 착한 일은 많이 할수록 좋고, 반대로 악한 일은 적게 할수록 좋다. 그리스도인들은 서로에 대하여는 특별한 관계 가운데 있고, 모든 사람에 대하여는 일반적인 관계 가운데 있는데, 그것이 특별한 관계이든 일반적인 관계이든 모든 관계는 "선"으로 채워져야 한다. 사도가 로마서 13:8에서 "피차 사랑의 빚 외에는 아무에게든지 아무 빚도 지지 말라 남을 사랑하는 자는 율법을 다 이루었느니라"고 말한 것처럼, 믿는 자들은 모든 사람에게 "사랑의 빚"을 지고 있는 자들이고, 선을 행하는 것은 그 빚을 갚는 것이다. 따라서 우리는 단지 자기와 같은 견해를 가진 그리스도인들이나 특정한 회중에 속한 그리스도인들, 또는 어떤 특정한 부류의 사람들에 대해서만 제한적으로 선을 행해서는 안 되고, 우리의 힘이 닿거나 우리에게 기회가 주어지거나 우리의 부르심을 따라 만나게 되는 모든 사람에 대해서 선을 행하여야 하고, 우리 주님께서 명하셨듯이, 원수들에게까지 선을 행하여야 한다(마 5:44). 우리가 그렇게 행할 때, 우리는 하나님이 행하시는 것처럼 행하는 것이고, 하나님으로 하여금 모든 사람들 가운데서 영광을 받으시게 하는 것이다. 교황주의자들의 주장과는 달리, 이것은 사도가 그들에게 그렇게 행하면 좋겠다고 권면하고 있는 것이 아니라, 엄중한 계명으로 명령하고 있는 것이다. 믿는 자들은 악을 행하지 않는 것으로는 충분하지 않고, 적극적으로 선을 행하여야 한다. 우리 주님께서 "안식일에 선을 행하는 것과 악을 행하는 것, 생명을 구하는 것과 죽이는 것, 어느 것이 옳으냐"(막 3:4)고 말씀하셨듯이, 한 사람의 생명을 구원할 수 있는 기회가 우리에게 주어졌는데도 그 사람을 구원하지 않는다면, 그것은 그 사람을 죽이는 것이다. 어떤 사람의 재산을 구할 수 있는 기회가 우리에게 주어졌는데도 그 재산을 구하지 않는다면, 그것은 그 사람의 재산을 도둑질하는 것이다.

16. 항상 기뻐하라.

사도는 여기에서 그리스도인들의 의무들 중에서 앞에서 언급하지 않은 것들을 짧은 문장으로 간단하게 연이어서 제시해 나간다. 이 의무들은 서로 연결되어 있는 것으로 보이기는 하지만, 앞에서 언급된 것들과 같이 다른 사람들과의 관계 속에서의 의무들이 아니라 그리스도인 개개인과 관련된 의무들인 것으로 보인다. 사도는 기뻐하여야 할 의무로부터 시작한다. 기쁨은 우리의 심령이 어떤 합당한 은택을 얻게 되었거나 그렇게 될 확실한 소망을 가지게 되었을 때에 느끼는 감정이다. 본성적인 기쁨은 사람이나 짐승이나 자신의 본성들이 충족되었을 때에 생겨나고, 영적인 기쁨은 성령이 영적인 대상들에게 역사하였을 때에 생겨난다. 사도가 여기에서 말하는 것은 후자인데, 빌립보서 4:4에서는 "주 안에서" 기뻐하는 것이라고 말하고, 로마서 14:17에서는 "성령 안에 있는 희락"이라고 말한다. 이러한 기쁨은 우리가 어떤 영적인 은택을 이미 향유하고 있거나 장차 향유하게 될 소망을 가지게 되었을 때에 생겨나는데, 성 베르나르(Bernard)의 표현을 빌리자면, 이미 나타났거나 장래에 약속된(exhibita et promissa) 영적인 은택을 근거로 해서 생겨나는 기쁨이다. 그래서 사도는 이 기쁨을 "소망 중에 즐거워하는" 것이라고 부르기도 한다(롬 5:2; 12:12).

사도는 여기에서 아무런 조건도 붙이지 않고 오직 "항상" 기뻐하라고 명하는데, 이것은 빌립보서 4:4에서도 마찬가지이다. 하나님께서는 종종 자기 백성들에게 애곡하라고 말씀하시지만, 성경의 그 어디에서도 "항상" 애곡하라고 말씀하시지는 않는다. 왜냐하면, 하나님의 자녀들은 늘 기뻐하여야 하지만, 모든 영적인 애곡은 영적인 기쁨으로 귀결되는 성향을 지니고 있어서, 결국에는 영적인 기쁨으로 끝나게 되어 있기 때문이다. 사도는 데살로니가 교인들이 현재 환난과 고난 속에서 힘을 얻기 위해서는, 그런 가운데서도 항상 기뻐하는 것이 마땅하다고 말하고 있는 것이다. 그리스도인들이 기뻐해야 할 이유들은 언제나 존재하기 때문에, 그리스도인들은 기뻐하는 것이 체질화되어 있어야 하고, 온갖 슬픔과 고통과 괴로움 가운데서도 변함없이 기뻐할 수 있다. 그래서 베드로전서 1:6에서는 "너희가 이제 여러 가지 시험으로 말미암아 잠깐 근심하게 되지 않을 수 없으나 오히려 크게 기뻐하는도다"라고 말한다. 즉, 그들은 근심거리가 있어서 마음이 무거운 가운데서도 크게 기뻐하고 있다는 것이다. 반면에, 세상적이고 육신적인 기쁨에는 늘 슬픔과 근심이 섞여 있기 때문에, 잠언 14:13에서는 "웃을 때에도 마음에 슬픔이 있고 즐거움의 끝에도 근심이 있느니라"고 말한다. 따라서 그리스도인들은 모든 상황 속에서, 즉 단지 형통할 때만이 아니라 역경과 곤경 속에서도 기뻐하여야 하고, 특히 마태복음 5:12과 베드로전서 4:13에서 말하고 있듯이, 의를 위하여 고난을 받도록 부르심을 받았을 때에는 더욱더 기뻐하여야 한다. 사도는 믿는 자들에게 항상 기뻐하는 것이 좋을 것이라고 조언하고 있는 것이 아니라, 항상 기뻐하라고 명령하고 있다. 이러한 영적인 기쁨은 이 세상에서조차도 하나님 나라를 구성하는 한 중요한 부분이다(롬 14:17, "하나님의 나라는 먹는 것과 마시는 것이 아니요 오직 성령 안에 있는 의와 평강과 희락이라"). 그렇기 때문에, 사도는 항상 기뻐하라고 명한다. 반면에, 슬퍼하고 애곡하는 것은 잠시 잠깐이고, 성도들에게는 현세에서만 겪는 것일 뿐이다.

17. 쉬지 말고 기도하라.

기도하라. 이것은 우리가 항상 기쁨을 유지할 수 있는 방법이자 수단이기 때문에, 사도는 앞 절에서 "항상 기뻐하라"고 명한 후에, 바로 이어서 "쉬지 말고 기도하라"고 명한다. 빌립보서 4:6에서 "아무 것도 염려하지 말고 다만 모든 일에 기도와 간구로, 너희 구할 것을 감사함으로 하나님께 아뢰라"고 말하고 있듯이, 기도는 우리가 "구할 것들"을 하나님께 아뢰는 것이다. 우리는 사무엘의 어머니인 한나의 경우처럼 마음속으로 기도할 수도 있고, 소리를 내어 기도할 수도 있다. 어떤 이들은 거기에 행동으로 기도하는 것도 추가해서, 우리의 선행은 하늘로부터 복을 불러 오는 목소리이고, 우리의 죄악은 하나님의 원수 갚으심을 재촉하는 목소리가 된다고 말한다.

쉬지 말고. 옛적의 유케파(Euchites: '기도파') 또는 메잘린파(Messalians: '기도하다'라는 의미)로 불린 이단은 그리스도인들은 오직 항상 기도만 하면 되고, 다른 것들은 할 필요가 없다고 생각했지만, 여기에서 "쉬지 말고 기도하라"는 것은, 누가복음 18장에서 주님께서 "항상 기도하고 낙심하지 말아야 할 것"을 비유로 말씀하신 것처럼, 낙심하거나 지쳐 나가떨어져서 기도를 그만두어서는 안 된다는 의미인데, 로마서 12:12; 에베소서 6:18; 골로새서 4:2 등에서 "기도에 항상 힘쓰라"고 하는 것도, "힘쓰다"로 번역된 '프로스카르테레이테'(προσκαρτερεῖτε)가 지쳐서 나가떨어지지 않고 계속해서 힘을 내어 기도한다는 뜻이기 때문에, 동일한 의미를 보여 준다. 또한, "쉬지 말고 기도하라"는 것은, 빌립보서 4:6에서 "아무 것도 염려하지 말고 다만 모든 일에 기도와 간구로, 너희 구할 것을 감사함으로 하나님께 아뢰라"고 한 것처럼, 모든 일에서 기도하는 것을 의미하는 것이기도 하고, 에베소서 6:18에서 "모든 기도와 간구를 하되 항상 성령 안에서 기도하고 이를 위하여 깨어 구하기를 항상 힘쓰며"라고 말한 것처럼, 좋은 때이든 나쁜 때이든 때를 가리지 말고 어느 때나 항상 기도할 시간을 내어서 기도하라는 것을 의미하는 것이기도 하다. 이 절에서 "쉬지 말고"는 우리가 앞에서 말한 이 모든 것들을 다 의미하는데, 이 단어는 데살로니가전서 1:3; 2:13; 로마서 1:9에서도 사용되고 있다. 따라서 "쉬지 말고 기도하라"는 것은 전체적으로 기도를 방해하는 그 어떤 일이 일어나도 그런 일로 인해서 기도를 중단하거나 쉬지 말고 늘 정신을 바짝 차리고 깨어서 기도하라는 것이다(골 4:2). 따라서 우리의 마음은 언제나 기도할 수 있는 상태로 준비되어 있어야 하는 것은 물론이고, 평소에는 꾸준히 늘 기도하다가, 종종 인생의 어려운 일들을 만났을 때에는 부르짖어 기도하여야 한다. 이 세상에서 삶을 살다 보면, 우리에게는 늘 부족한 것들이 있고 필요한 것들이 있기 마련인데, 하나님께서는 우리에게 무엇이 언제 필요한지를 다 아시기 때문에, 우리는 우리에게 필요한 것들을 하나님으로부터 공급받기 위하여, 늘 하나님 앞에 나아가 기도하고 간구하여야 한다.

18. 범사에 감사하라 이것이 그리스도 예수 안에서 너희를 향하신 하나님의 뜻이니라.

범사에 감사하라. 우리가 기도를 통해서 긍휼하심을 얻었다면, 그 다음 차례는 하나님께 감사하는 것이 되어야 한다. 우리가 어떤 것에 대하여 기도하였다면, 우리는 거기에 대하여 감사하는 것이 마땅하다. 이것은 "범사에 감사하라"는 말을 이해하는 열쇠임과 동시에, 감사해야 할 범위를 보여 주는 것이다. 우리는 우리가 죄에 빠졌을 때에 감사해서는 안 된다. 왜냐하면, 우리는 우리로 하여금 죄에 빠지게 해 주시라고 기도해서는 안 되기 때문이다. 하지만 우리가 죄 사함을 얻었거나 죄에 빠진 경험으로 인하여 유익을 얻었다면, 거기에 대해서는 감사하여야 한다. 또한, 우리는 환난에 대해서도 마찬가지로 말할 수 있다. 우리는 모든 상황 속에서, 즉 형통하든 역경이나 곤경에 처하든, 우리의 처지와 상관없이 감사하여야 한다. 빌립보서 4:6에서 "모든 일에 기도와 간구로, 너희 구할 것을 감사함으로 하나님께 아뢰라"고 말하고, 골로새서 4:2에서 "기도를 계속하고 기도에 감사함으로 깨어 있으라"고 말하고 있는 것처럼, 우리는 "감사함" 가운데서 기도하고 간구하여야 한다. 원래 감사는 우리가 어떤 은혜를 받았을 때에 드리는 것이기 때문에, 하나님께서 우리에게서 무엇을 빼앗아 가셨든 아니면 무엇을 더하여 주셨든, 그것이 현세에 속한 일시적인 것이든 내세에 속한 신령한 것이든, 그것이 사적인 것이든 공적인 것이든, 하나님이 우리에게 행하신 것이 우리에게 은혜가 되고 유익이 되었다면, 우리는 그 모든 일에서 하나님께 감사를 드려야 한다. 우리는 한 걸음 더 나아가서, 하나님의 뛰어나시고 탁월하시며 영광스러운 것들이나, 하나님께서 행하신 찬송 받아 마땅한 놀라운 일들을 찬송하는 것으로 하나님께 감사할 수도 있다. 우리가 하나님께서 우리에게 베풀어 주신 은혜나 긍휼에 대하여 감사하는 것은 다음과 같은 것들을 의미한다: (1) 우리의 감사는 그 은혜나 긍휼이 하나님으로부터 온 것임을 인정하는 것이다. (2) 우리의 감사는 하나님의 은혜나 긍휼에 거기에 걸맞은 합당한 가치를 부여하는 것이다. (3) 우리의 감사는 하나님의 선하심과 우리 자신의 무가치함을 인정하는 것이다. (4) 우리의 감사는 그 은혜나 긍휼로 인하여 하나님을 찬송하는 것이다.

이것이 … 하나님의 뜻이니라. 어떤 이들은 사도는 앞에서 그리스도인들이 행하여야 할 모든 의무들에 대하여 말한 후에, 이제 여기에서 그들이 그렇게 행하여야 하는 이유 또는 근거를 제시하고 있는 것이라고 생각하지만, 나는 사도가 마지막으로 말한 것, 즉 범사에 감사하라고 한 것의 이유 또는 근거를 제시한 것으로 보는 것이 좋을 것이라고 생각한다. 즉, 사도는 범사에 감사하는 것은 하나님께 영광을 돌림과 동시에, 우리 자신에게도 복이 되는 것이어서, 하나님이 특별히 명하여 행하게 하신 하나님의 뜻이라고 말하고 있는 것이다. 여기에서 "하나님의 뜻"은 환유법적인 표현으로서, 하나님께서 원하시는 일이라는 뜻이다(엡 6:6; 골 4:12). 범사에 하나님께 감사하는 것은 사람이 굳이 기록된 말씀을 찾아보지 않아도 본성의 법에 의해서 알게 되는 하나님의 뜻이다. 사도는 로마서 1:21에서 이방인들이 본성적으로 "하나님을 알되 하나님을 영화롭게도 아니하며 감사하지도 아니하였다"고 책망한다. 이방인들은 신에게 감사하지 않는 것을 가장 크게 책망 받을 일로 여겨서, 그것을 벌하는 법들을 만들었다. 또한, 범사에 하나님께 감사하는 것은 기록된 하나님의 법에 의해서도 요구된다. 율법 중에서 도덕법도 사람들에게 그렇게 할 것을 요구하였고, 예식법도 하나님께 감사하는 제사를 드리도록 규정하였다. 마찬가지로, 복음에서도 그것을 요구한다. 히브리서 13:15에서 "우리는 예수로 말미암아 항상 찬송의 제사를 하나님께 드리자 이는 그 이름을 증언하는 입술의 열매니라"고 말함으로써, 하나님께 감사하는 것을 복음의 제사들 중의 하나로 여겼고, 시편 기자는

"하나님의 이름을 찬송하며 감사하는" 것은 율법의 모든 대단한 제사들보다 더 하나님을 기쁘시게 해드리는 것이라고 말한다(시 69:30-21). 사도가 범사에 감사하는 것이 하나님의 뜻이라고 말하고 있는 것으로 보아서, 범사에 감사하는 것은 하나님을 기쁘시게 해드리는 일임에 틀림없다.

그리스도 예수 안에서. 이것은 범사에 감사하는 것이 하나님의 뜻이라는 것은 자연법 또는 본성의 법이나 모세의 율법만이 아니라 그리스도 예수께서도 우리에게 말씀하신 것이라는 의미일 수 있다. 이렇게 해석하는 경우에는, 범사에 감사하라는 명령은 그리스도인들에게 한층 더 큰 힘을 갖게 되고, 그리스도의 계명들 중의 하나로 받아들여질 수 있게 된다. 또는, 이것은 우리가 그리스도로 말미암아, 즉 하나님께서 그리스도 안에서 우리에게 나타내신 저 크신 사랑으로 인하여 범사에 하나님께 감사하여야 한다는 것을 의미하는 것일 수 있다. 즉, 우리는 하나님이 우리에게 베풀어 주신 아주 작은 은혜나 긍휼에도 하나님께 감사하는 것이 마땅하지만, 하나님께서는 우리가 특히 그리스도와 관련해서 감사할 것을 원하신다는 것이다.

너희를 향하신. 또한, 사도는 그리스도에 참여한 자들, 즉 그리스도 안에서 나타난 하나님의 사랑에 참여한 자들인 그리스도인들에게서 특히 감사를 받고 싶어 하신다는 것을 보여 주기 위하여, 여기에 "너희를 향하신"(εἰς ὑμᾶς - '에이스 휘마스')을 덧붙인다. 이방인들은 하나님이 그들에게 때를 따라 하늘에서 비를 내려 주시고 열매가 맺히게 하시는 등 일반적으로 베푸시는 은총들에 대하여 감사하여야 하지만, 그리스도인들은 그리스도 예수로 말미암아 특별한 은총들을 받은 자들이어서 더욱더 하나님께 감사하는 것이 마땅하기 때문에, 그래서 특히 그리스도인들인 "너희"로부터 범사에 감사를 받고자 하시는 것이 하나님의 뜻이라는 것이다.

19. 성령을 소멸하지 말며.

사도는 "너희가 항상 기도하고 범사에 감사할 수 있기 위해서는 성령을 소멸하지 말아야 한다"고 말한다. "성령을 소멸하지 말라"는 완서법(meiosis)을 사용한 표현으로서, 성령을 소중히 여기라는 뜻이다. 성령은 "불"에 비유된다(마 3:11). 사도행전 2:3에서는 오순절 날에 사도들과 제자들에게 성령이 임하는 광경을, 불의 비유를 사용해서, "마치 불의 혀처럼 갈라지는 것들이 그들에게 보여 각 사람 위에 하나씩 임하여 있더니"라고 보도한다. 그러나 성령은 불과는 달리 "끌" 수 있는 것이 아니다(여기에서 "소멸하다"로 번역된 단어는 불을 "끄다"라는 뜻이다 — 역주). 따라서 사도가 여기에서 "성령"이라고 표현한 것은 실제로는 사람들에게 통상적으로나 특별하게 주어지는 성령의 은사들과 역사들을 가리킨다.

초대 교회에서는 많은 사람들에게 치유, 방언, 다스림, 예언 같은 특별한 은사들이 주어졌다. 그러한 은사들을 받은 사람들은 그들 자신의 잘못에 의해서 그 은사들을 잃을 것이라고는 생각하지 않았을 것이 틀림없다. 사도는 이러한 특별한 은사들 중에서 특히 예언의 은사를 높이 치고(고전 14:1), 여기에서도 다음 절에서 특별히 언급하며, 디모데에게는 "네 속에 있는 하나님의 은사," 곧 예언의 은사를 "다시 불일듯 하게" 하라고 권면하는데(딤후 1:6), 거기에서 사용된 헬라어 '아나조퓌레인' (ἀναζωπυρεῖν)은 불을 지펴서 활활 타오르게 하는 것을 의미한다. 사역자들은 자신에게 주어진 은사가 자신 속에서 활활 타오르게 할 것이 요구된다. 반면에, 모든 그리스도인들에게 공통적으로 주어진 성령의 통상적인 은사들과 역사들이 있는데, 성령께서 사람들의 심령에 역사하셔서 빛을 비추어 주시고 깨어나게 하시며 거룩하게 하시고 위로하시는 것이 그런 것들에 속한다.

사람들은 게으름과 안일함, 세상적인 여러 잡다한 일들, 무절제한 감정들 등에 의해서 성령의 역사를 약화시킬 수 있는데, 사도는 사람들이 그런 식으로 성령의 역사를 약화시키는 것을 "성령을 끈다"(한글개역개정에는 "성령을 소멸한다")라고 불렀다. 아마도 이것은 구약 시대에 제사장들은 제단 위의 불이 꺼지지 않고 항상 탈 수 있도록 세심한 주의를 기울여서 살펴야 한 것을 염두에 둔 표현일 수 있다. 불은 관리를 소홀히 하거나 그 위에 물을 부으면 꺼지게 되듯이, 우리는 신앙의 의무들을 은혜 가운데서 행하지 않거나, 우리 자신이 죄악에 빠지게 되면, 성령을 꺼버리게 된다. 그래서 범죄한 다윗은 시편 51:10-12에서 "하나님이여 내 속에 정한 마음을 창조하시고 내 안에 정직한 영을 새롭게 하소서 나를 주 앞에서 쫓아내지 마시며 주의 성령을 내게서 거두지 마소서 주의 구원의 즐거움을 내게 회복시켜 주시고 자원하는 심령을 주사 나를 붙드소서"라고 기도하였다. 진정으로 거듭난 사람들에게서는 은혜가 완전히 소멸되는 일은 없고, 단지 은혜의 강도와 활발함만이 약화될 뿐이다. 하지만 특히 복음 아래에서 살아가는 거듭나지 않은 사람들에게 자주 주어지는 성령의 일반적인 조명하심과 깨우치심은 완전히 꺼져 버리고 소멸될 수 있다(히 6:4-6). 우리는 하나님께서 "나의 영이 영원히 사람과 함께 하지 아니하리니"(창 6:3)라고 말씀하심으로써, 자신의 성령을 통해서 옛 세상을 변화시키고자 하시는 역사를 거두시는 것을 볼 수 있고, 스데반은 사도행전 7:51에서 서기관들과 바리새인들이 자신들의 조상들과 마찬가지로 중생하지 못한 자들이어서 "성령을 거스르고"

있다고 말한다. 성령께서는 사람들을 변화시키려고 애쓰지만, 사람들이 성령의 역사를 받아들이려고 하지 않을 때, 성령의 역사는 약화되고 결국 소멸될 수 있다. 우리는 우리 자신 속에서만이 아니라 다른 사람들 속에 있는 성령의 역사도 약화시킬 수 있다. 그리스도인들이 자신의 사역자들을 낙심하게 하거나, 악한 본보기를 보이거나, 사역자들이나 형제들이 보이는 뜨거운 열심을 비난할 때, 그것은 사역자들이나 형제들 속에서의 성령의 역사를 약화시키는 것이다.

20. 예언을 멸시하지 말고.

성령께서는 "예언"이라는 형태로 사람들의 마음과 생각에 자주 역사하기 때문에, 우리가 우리에게 임한 그러한 예언들을 무시하고 멸시하면, 성령의 역사는 점점 소멸되게 된다. "예언"은 특별한 계시를 통해서 장래 일들을 미리 말하는 것을 의미하기도 하고(고전 14:29-30), 성경, 특히 그 중에서도 구약성경을 의미하기도 하며(벧후 1:21), 성경을 해석하고 적용하는 것, 곧 우리가 오늘날 설교라고 부르는 것을 의미하기도 한다(고전 14:3). 예언과 관련해서 믿는 자들의 마땅한 도리는 예언을 멸시하지 않는 것이고, 불필요하고 무가치한 것으로 여겨서 무시하지 않는 것이다. "멸시하다"라는 단어는 신약성경에서 자주 사용되기는 하지만(눅 18:9; 행 4:11; 롬 14:3, 10), 사도는 앞에서 말한 완서법(meiosis)을 여기에서도 사용하고 있는 것이기 때문에, 단지 "예언을 멸시하지 말라"고 말하고 있는 것이 아니라, 예언을 지극히 소중히 여기고 공경하며, 온 마음을 다하여 경청하고 주의를 기울이라고 말하고 있는 것이다. 왜냐하면, 예언은 교훈과 덕 세움은 물론이고 회심을 위해서 하나님께서 세우신 규례이기 때문이다(고전 14:24-25). 어떤 이들은 예언을 하는 형제들이 외적으로 미천한 자들이라는 이유로 예언을 멸시하기도 하고, 어떤 이들은 자신들이 잘 알고 있다고 여기는 교만한 자부심으로 인해서 예언을 멸시하기도 하며, 어떤 이들은 신앙 자체를 경멸하기 때문에 예언을 멸시하기도 한다. 하지만 사도는 데살로니가 교인들이 신앙에 있어서 상당한 진보를 이루고 있다고 칭찬하면서도, 그들에게 교회에서 이루어지는 예언들을 계속해서 경청하라고 명하였다. 사도가 "예언들"이라고 복수형으로 표현한 것은, 당시 데살로니가 교회에서 사역하던 선지자들이 여러 명이었기 때문일 수도 있고, 그들의 예언의 여러 부분들을 가리키는 것일 수도 있으며, 그들이 반복해서 여러 번 예언하였기 때문일 수도 있다. 당시의 교회에는 특별한 예언의 은사를 받거나 직접적인 계시를 받아서 예언하는 자들도 있었고(고전 14:29-30), 은사가 아니라 직분으로 인해서 예언하는 자들도 있었다(엡

4:11).

21. 범사에 헤아려 좋은 것을 취하고.

범사에 헤아려. 이것은 사도가 앞에서 말한 "예언"과 관련된 것이다. 즉, 그리스도인들은 예언을 경청하고 주의를 기울여야 하지만, 예언으로 행해진 것들을 무조건적으로 받아들여서는 안 되고, 어떤 것들이 예언되고 있는지를 분별하고 판단하여야 한다는 것이다. 따라서 여기에서 "범사"는 문자 그대로 모든 일 또는 모든 것을 가리키는 것이 아니라, 선지자들이 예언이라는 이름으로 전하는 신앙상의 가르침들과 말씀들만을 가리킨다. 요한 사도도 "사랑하는 자들아 영을 다 믿지 말고 오직 영들이 하나님께 속하였나 분별하라 많은 거짓 선지자가 세상에 나왔음이라"(요일 4:1)이라고 말하는데, 거기에서 "분별하라"로 번역된 '도키마제테' (δοκιμάζετε)는 여기에서 "헤아리다"로 번역된 바로 그 단어이다. 이 단어는 불이나 시금석으로 금이나 귀금속들이 진짜인지 가짜인지를 알아내는 것을 의미하는 단어이다. "영들을 분별하는" 특별한 은사가 따로 있기는 하였지만(고전 12:10), 사람들의 영들과 가르침들이 하나님으로부터 온 것인지 그렇지 않은지를 분별해 내는 것은 모든 그리스도인에게 주어진 의무이다. 왜냐하면, 사도는 여기에서 모든 성도들을 향하여 일반적으로 이것을 명하고 있고, 사도 요한이 요한일서 4:1에서 명하고 있는 것도 모든 성도들을 대상으로 하고 있는 것이기 때문이다.

우리는 진리의 표준인 성경에 비추어서 사람들의 가르침들을 분별하고 판단하여야 하는데, 베뢰아 사람들은 사도의 가르침을 성경에 비추어서 과연 그러한가 하고 살펴본 것으로 인해서 칭찬을 받았고(행 17:11), 사도는 빌립보서 1:10에서는 빌립보 교인들이 "지극히 선한 것을 분별할" 수 있게 해 주시라고 하나님께 기도하고, 히브리서 5:12-14에서는 믿는 자들이 "때가 오래 되었으므로 마땅히 선생이 되었을 터인데" 아직도 여전히 "단단한 음식은 못 먹고 젖이나 먹어야 할 자가 되었다"고 책망하고, "젖을 먹는 자마다 어린 아이니 의의 말씀을 경험하지 못한 자"이고 "단단한 음식은 장성한 자의 것이니 그들은 지각을 사용함으로 연단을 받아 선악을 분별하는 자들"이라고 말하는데, 거기에서 "선생"은 다른 형제들보다 앞서 선악을 분별할 수 있게 되어서 진리를 다른 형제들에게 나누어 줄 수 있게 된 인도자들과 지도자들을 가리킨다(히 13:7, 17).

하지만 아무리 진리를 잘 깨달은 자들이라고 해도 그 어떤 오류도 없게 되는 것은 불가능하기 때문에, 그리스도인들은 진리의 준칙인 성경에 비추어서 그들의 가르침을 검증하고 분별하여야 한다. 교황주의자들이 교황의 무오설을 주장하며 신자들에게 교회에 절대적으로 복종할 것을 강요함으로써, 하나님의 권위에 의거하여야 할 사람들의 신앙을 사람의 권위에 종속시키는 것에 대하여 개신교인들이 반대하는 것도, 성경에 비추어서 그들의 주장을 분별하고 검증한 결과이다. 우리는 교회의 권위와 교회가 제시하는 신앙을 경솔하게 배척해서는 안 되지만, 맹목적으로 믿고 맹목적으로 순종해서도 안 된다.

좋은 것을 취하고. 여기에서 "좋은 것"은 우리의 정신 건강에 좋은 "진리"를 가리키고, 진리의 반대인 오류는 우리의 정신에 해악을 끼친다. 사도가 앞에서 말한 대로, 우리가 사람들의 가르침들이나 예언이라고 말한 것들을 분별해서 검증했다면, 우리는 진리의 성경과 부합한 것들로 밝혀진 것들에 대해서는 굳게 붙잡는 것이 마땅하다. 모든 진리 속에는 좋은 것이 들어 있지만, 특히 하나님의 진리와 복음의 교훈 속에는 더할 나위 없이 "좋은 것"이 들어 있기 때문에, 사도는 디모데후서 1:14에서 복음의 교훈을 "좋은 것"으로 지칭하면서, "우리 안에 거하시는 성령으로 말미암아 네게 부탁한 아름다운 것을 지키라"(한글개역개정에서는 "좋은 것"을 "아름다운 것"으로 번역하였다 ― 역주)고 명한다. 왜냐하면, 하나님의 진리와 복음의 교훈은 우리의 영혼에 영원토록 "좋은 것"이어서, 우리의 육신에 일시적으로 좋은 것들과는 비교할 수 없이 좋은 것이기 때문이다.

사도는 우리에게 이 "좋은 것"을 "굳게 붙잡으라"(한글개역개정에서는 "취하라")고 명하는데, 어떤 이들은 여기에서 "굳게 붙잡으라"로 번역된 단어는 온갖 반대와 역경에 맞서서 굳게 붙잡으라는 뜻이라고 말한다. 즉, 사람들을 미혹하는 온갖 가르침들, 사탄의 유혹과 시험들, 세상의 박해에 맞서서 "좋은 것," 곧 복음 진리를 두 손으로 굳게 붙잡아야 한다는 것이다. 누가복음 8:15에서는 이 단어를 사용해서, "착하고 좋은 마음으로 말씀을 듣고 굳게 붙잡아서 인내로 결실한다"는 것을, 좋은 땅이 말씀이라는 씨를 굳게 붙잡음으로써 결실하게 되는 것이라는 식으로 표현한다. 또한, 이 단어는 고린도전서 11:2에서는 우리가 진리를 굳게 지켜야 한다고 말하는데 사용되고, 로마서 1:18에서는 우리가 이방인들처럼 진리를 억눌러서는 안 된다고 말하는데 사용되는데, 이렇게 이 단어는 "굳게 지키다"는 의미로도 사용될 수 있고, 억누른다는 의미로 사용될 수도 있다. 믿는 자들은 진리를 굳게 붙잡아야 한다는 것은 사도들이 자신의 서신들 속에서 성도들과 교회들에게 신신당부하며 명한 일이다(딤후 1:13; 딛 1:9; 히 4:14; 계 2:13, 25; 3:3). "개신교도"(protestant)라는 말이

나오기 전에, 생각으로나 실천으로나 진리를 굳게 붙잡은 자들에게는 "굳게 붙잡는 자들"(fast-men)이라는 호칭이 붙여진 것도 그들이 진리를 굳게 붙잡았기(hold fast) 때문이었다.

22. 악은 어떤 모양이라도 버리라.

어떤 해석자들은 이 절이 앞 절과 연결되어 있다고 보고서, 오직 사람들의 가르침들과 예언이라고 말하는 것들에만 해당되는 것이라고 해석해서, 사도는 여기에서 무엇인가 오류가 있고 잘못된 것으로 보이는 가르침들에 대해서는, 적절한 검증과 분별 없이 무턱대고 그 가르침들을 경솔하게 받아들여서는 안 된다고 주의를 주고 있는 것으로 이해한다. 물론, 그러한 해석도 일리가 있고 배제되어서는 안 되겠지만, 나는 이 절을 그런 의미로 국한시켜서는 안 되고, 가르침들만이 아니라 실천과 행위들에도 적용되는 것으로 해석할 필요가 있다고 본다. 즉, 예배에서는 우상 숭배로 비칠 수 있는 것들은 다 피해야 하는데, 우상의 신전에서 제물을 먹는 것은 언제나 중대하고 심각한 우상 숭배인 것은 아니었지만, 사도는 그러한 행위가 우상 숭배로 비칠 수 있는 행위였기 때문에, 그러한 행위를 금한다(고전 10:14). 또한, 예배만이 아니라 일상생활에서도, 교만이나 탐욕, 술 취함이나 간음 같은 악들만을 피하는 것이 아니라, 그런 악들로 비쳐질 수 있는 것들도 피해야 한다. 이것은 한편으로는 우리 자신이 악으로 비쳐질 수 있는 것들을 행하다가 실제로 악을 저지르게 되지 않도록 하기 위한 것이고, 우리가 악으로 비쳐질 수 있는 것들을 행하는 것을 다른 형제들이 보고서, 시험에 들거나, 그런 악들을 행하여도 괜찮은 것이라고 착각해서 실제로 진짜 악들을 저지르게 되는 일이 일어나지 않게 하기 위한 것이다. 하지만 반대로, 우리는 우리가 꼭 행하여야 할 일인 데도, 그 일이 다른 형제들에게 악으로 비쳐질 수 있다는 이유로, 그 일을 행하는 것을 회피해서는 안 된다.

어떤 이들은 이 본문을 "온갖 종류의 악을 피하라"로 읽는다. 실제로 헬라어에서 '판토스 에이두스 포네루'(παντὸς εἴδους πονηροῦ)는 논리학자들은 "온갖 종류의 악"이라는 의미로 사용한다. 하지만 우리가 이것과 관련된 해석자들의 논의를 자세하게 살펴보려면 끝도 없을 것이다. 따라서 나는 사도가 앞에서 자기가 데살로니가 교인들을 비롯한 그리스도인들이 마땅히 행해야 할 온갖 의무들을 제시한 후에, 이제 이 서신의 끝부분에서 하나의 일반적인 명령으로 마무리하고 있는 것으로 본다. 즉, 사도는 여러 가지 많은 악들을 피하라고 그들에게 명한 후에, 이제 여기에서는 단지 실제로 그러한 악들인 것들만이 아니라, 그렇게 비칠 수 있는 것들조차도 버리라고 명하고 있는 것이다.

23. 평강의 하나님이 친히 너희를 온전히 거룩하게 하시고 또 너희의 온 영과 혼과 몸이 우리 주 예수 그리스도께서 강림하실 때에 흠 없게 보전되기를 원하노라.

사도는 자기가 앞에서 제시한 온갖 권면들과 경책들이 하나님의 역사 없이는 데살로니가 교인들 가운데서 실제로 이루어질 수 없다는 것을 알기 때문에, 여기에서 이 모든 것을 기도로 마무리하는데, 하나님께서 그들을 거룩하게 해 주시고 끝까지 그들의 신앙을 흠 없이 지켜 주실 것을 기도한다. 그들은 이미 거룩함을 입은 자들이었지만, 그것은 어디까지나 부분적인 것이었기 때문에, 사도는 그들의 거룩함이 점점 더 깊어져서 온전함에 이르게 되기를 기도하는데, 여기에서 "온전히"는 바로 그런 의미이다. "온전히"로 번역된 이 단어는 사도가 자신의 서신들 중에서 다른 곳에서는 사용한 적이 없고 오직 이 대목에서만 사용하고 있는 단어로서, 해석자들에 의해서 "철저하게," "완전하게," "모든 부분에서," "모든 일에서," "온전히," "전체적으로" 등으로 번역된다. 사도가 이 절의 후반부에서 "너희의 온 영과 혼과 몸이 흠 없게 보전되기를 원하노라"고 말하고 있는 것과 로마서 12:1에서도 "너희 몸," 즉 너희 전체를 "하나님이 기뻐하시는 거룩한 산 제물로 드리라"고 말하고 있는 것으로 보아서, 여기에서 이 단어는 믿는 자들이 영과 육에 속한 모든 것들에서 전인적으로, 모든 부분에서 거룩해지고 정도에 있어서 온전히 거룩해지는 것을 의미하는 것으로 보인다. 따라서 우리는 우리의 신앙은 단지 시작될 때에만 하나님의 역사로 시작되는 것이 아니라, 은혜 안에서 성장하고 온전해지는 것도 하나님으로 말미암는다는 것을 알게 된다. 그래서 사도는 자기가 권면하는 목적이 그들의 "평강"이라는 것을 강조하기 위해서, 하나님을 "평강의 하나님"이라고 부르는 가운데(살전 5:3), 데살로니가 교인들이 성장해서 온전히 거룩함에 이르게 해 주시라고 하나님께 기도하는데, 이것은 펠라기우스주의자들(the Pelagians)의 교설이 틀린 것임을 보여 준다. 왜냐하면, 그들은 인간은 전적으로 타락한 것이 아니라 단지 부분적으로만 고장이 난 것인 까닭에, 하나님이 인간의 본성을 처음에만 약간 만져 주시기만 하면, 그 이후로는 인간이 스스로 거룩함으로 나아갈 수 있다고 주장하지만, 실제로는 우리의 영과 육에 속한 여러 기관들은 스스로 거룩해질 수 있는 것이 아니라, 하나님이 주셔서 우리 안에 내재하게 된 은혜와 우리 속에 내주하시는 성령의 역사를 따라 거기에 순종하여 행함으로써 거룩해지기 때문이다.

사도는 여기에서 다음과 같은 것들을 기도한다: (1) 사도는 이미 거듭난 데살로니가 교인들이 계속해서 은혜 안에서 자라가서 온전한 거룩함을 이루기 위하여 애쓰게 해 달라고 기도한다. 또한, 사도는 우리가 참된 거룩함에 이르려면, 영과 혼과 육이 모두 포함된다는 의미에서 전인적으로 거룩해져야 한다고 말한다. (2) 사도는 데살로니가 교인들이 그리스도께서 재림하실 때까지 끝까지 믿음을 지키는 것은 물론이고, 온전히 거룩해져서, "흠 없게 보전되기"를 위하여 기도하면서, 그 대상이 우리의 "영과 혼과 몸"을 포함한 전인이라는 것을 분명히 한다. 사도는 성전의 세 부분, 즉 지성소와 성소와 뜰에 대응되는 인간 존재의 세 부분을 영과 혼과 몸으로 표현한다. 인간을 한 번 생각해 보라. "영"은 지성과 양심과 이성적인 의지 같은 인간의 최고의 기능들을 가리키고, "혼"은 감정이나 정서, 또는 성정 같이 인지하고 지각하는 기능들을 가리키며, "몸"은 심령의 장막이자 도구인 외적인 육신을 가리킨다. 유대인 랍비들은 영과 혼과 몸이 인간의 창조에 관한 기사인 창세기 2:7에 다 표현되어 있다고 생각하였다. 즉, "여호와 하나님이 땅의 흙으로 사람을 지으시고"는 "몸"에 대한 것이고, "생기('니쉬마트 하임')를 그 코에 불어넣으시니"는 이성적인 "혼"에 대한 것이며, "사람이 생령('네페쉬 하야')이 되니라"는 살아 움직이고 지각하는 생명, 곧 "영"에 대한 것이라는 것이다. 사도는 "너희의 영"이라고 말하고 있기 때문에, "영"이 하나님의 영을 의미하지 않는다는 것은 분명하고, 사도가 그들의 인격이 그대로 보전되기를 기도하고 있다는 점에서, "영"이 우리의 혼 중에서 거룩하게 된 부분을 의미하지 않는다는 것도 분명하다.

다만 한 가지 우리가 주목해야 할 것은 사도는 그들의 "영"에 대해서 말할 때에만 "온"(whole)이라는 수식어를 붙여서 "너희의 온 영"이라고 말하고 있다는 것이다. 사도가 여기에서 하나의 수식어로 여러 명사들을 수식하는 수사법인 액어법(zeugma)을 사용한 것이라고 본다면, 우리는 "온"이 "영"만이 아니라 "혼과 몸"에도 걸리는 것으로 볼 수 있기 때문에, 사도는 여기에서 그들이 전인적으로 거룩해져서, 주님이 재림하실 때에 그들의 온 영과 온 혼과 온 몸이 다 흠 없게 보전되기를 기도한 것으로 해석할 수 있다. 여기에서 "온"으로 번역된 단어는 야고보서 1:4("인내를 온전히 이루라 이는 너희로 온전하고 구비하여 조금도 부족함이 없게 하려 함이라")에서는 "구비하여"로 번역되고 있는데, 거기에서 이 단어는 한 사람에게 속한 모든 기업 또는 분깃을 하나도 빠짐없이 다 소유하는 것을 의미한다.

또한, "보전된다"는 것은 그들의 영과 혼과 몸의 실질이 그대로 보전된다는 의미가 아니라, 그런 것들이 거룩함 속에서 보전된다는 것을 의미한다. 한편으로는, 그들의 영과 혼과 몸은 지성에 있어서의 무지와 허영, 무력함과 적대감, 의지에 있어서의 주저함과 완악함, 감정에 있어서의 무절제함과 변덕스러움, 몸에 있어서 하나님의 법과 심령의 올바른 명령들에 대한 불순종 같이, 그들 속에 본성적으로 존재하는 죄악되고 왜곡된 것들로부터 건짐을 받음으로써, 흠 없이 보전될 수 있다. 하지만 그런 것들이 그들의 영과 혼과 몸을 지배하게 된다면, 마치 질병이 그들을 지배하게 되면, 그들이 목숨을 잃게 되듯이, 그것들은 그들에게 멸망을 가져다주게 될 것이다. 다른 한편으로는, 기름이 등에 지속적으로 공급되면, 등불은 꺼지지 않고 계속해서 타오를 수 있듯이, 그들의 영과 혼과 몸은 하나님으로부터 끊임없이 은혜를 공급받아서, 하나님이 인간을 창조하실 때에 갖고 계셨던 원래의 목적을 따라 행하여, 하나님을 올바르게 섬기게 될 때, 흠없이 보전될 수 있다. 우리는 이 본문을 통해서 아담이 타락했을 때, 혼과 몸에 속한 인간의 열등한 기능들만이 아니라 영에 속한 최고의 기능들까지도 타락하고 부패하게 된 것임을 알게 된다. 왜냐하면, 만일 그렇지 않았다면, 사도는 여기에서 그들의 혼과 몸만이 아니라 그들의 영도 끝까지 거룩하게 보전해 주시라고 기도할 필요가 없었을 것이고, 에베소서 4:23-24에서 "오직 너희의 심령이 새롭게 되어 하나님을 따라 의와 진리의 거룩함으로 지으심을 받은 새 사람을 입으라"고 말할 필요가 없었을 것이기 때문이다.

사도는 앞에서 그들의 영과 혼과 몸을 거룩하게 해 주시라고 기도한 후에, 다음으로는 그들의 영과 혼과 몸을 "우리 주 예수 그리스도께서 강림하실 때에 흠 없게 보전되게" 해 주시라고 기도하는데, 디모데후서 4:18에서는 이것을 "주께서 나를 모든 악한 일에서 건져내시고 또 그의 천국에 들어가도록 구원하시리니"라는 말로 표현하고, 베드로 사도는 이것을 "사랑하는 자들아 너희가 이것을 바라보나니 주 앞에서 점도 없고 흠도 없이 평강 가운데서 나타나기를 힘쓰라"(벧후 3:14)는 말로 표현한다. 그 날까지 보전된 자들은 끝까지 보전된 자들이고, 그 날에 흠 없는 자들로 발견될 것이다. 그들의 전인, 즉 영과 혼과 몸은 처음에 거룩함을 입은 후에 계속해서 거룩함 가운데서 보전되다가 결국에는 구원받고 영광을 입게 된다. 사도는 여기에서 "흠 없게"로 번역된 '아멤프토스'(ἀμέμπτως, 직역하면 "책 잡을 것이 없는")라는 말을 통해서, 그 날에는 각 사람에 대하여 철저하고 엄격한 심사가 이루어져서 어떤 자들은 책망을 받게 될 것이고 어떤 자들은 책망을 받지 않게 될 것임을 암시한다. 사도는 이 말을 통해서, 아마도 데살로니가 교회의 교사들과 사역자들은 물론이고 일반 신자들까지도, 자기가 이 서신에서 그들에게 부탁하거나 명한 여러 가지 의무들을 충실히 행함으로써, 그 날에 책망 받을 일이 없는 자들로 드러나기를 간절히 바라는 자신의 심정을 표현한 것이라고 할 수 있다. 하나님의 율법이라는 잣대를 엄격하게 적용한다면, 하나님 앞에서 책망 받을 일이 없는 자는 결코 있을 수 없지만, 그리스도를 믿음으로 죄 사함을 받고 그리스도 안으로 받아들여진 후에 정직하고 진실하게 산 자들은 그리스도의 날에 책망 받을 일 없는 흠 없는 자들로 발견될 수 있다. 하지만 그렇게 되기 위해서는 힘쓰고 애쓰며 고군분투할 것이 요구된다.

24. 너희를 부르시는 이는 미쁘시니 그가 또한 이루시리라.

우리는 앞 절에서 사도의 기도를 보았는데, 여기에서는 사도의 믿음을 본다. 사도는 자기가 앞에서 데살로니가 교인들을 위하여 기도한 것들을 하나님께서 반드시 이루어 주실 것이라고 말함으로써, 그들을 위로하는 방식으로 자신의 믿음을 드러내 보인다. 여기에서 어떤 이들은 이런 반문을 제기할 수 있을 것이다: 사도에게 그런 믿음이 있다면, 사도는 굳이 하나님께 기도할 필요가 없지 않았겠는가? 사도가 기도하여야 했던 것은, 하나님이 작정하신 일들과 약속하신 것들은 결코 변함이 있을 수 없기 때문에 반드시 이루어지게 되지만, 그럼에도 불구하고 하나님께서는 우리의 기도를 받으셔서 그 일들을 이루시기를 기뻐하시기 때문이었다. 기도는 믿는 자들이 마땅히 행하여야 하는 의무이기 때문에, 하나님이 어떤 일들을 작정하시고 약속하셨다고 해서, 우리가 그 일들을 놓고 하나님께 기도하지 않아도 되는 것은 결코 아니다. 게다가, 어떤 일들을 작정하시는 것은 하나님의 몫이고, 우리에게 주어진 몫은 기도하는 것이다. 그리고 하나님께서는 목적만이 아니라 수단도 다 정해 놓으시는데, 하나님이 이루고자 하시는 목적들은 우리의 기도라는 수단을 통해서 이루어진다.

그렇다면, 사도는 여기에서 하나님께서 무엇을 이루실 것이라고 말하고 있는 것인가? 그것은 여기에 명시적으로 표현되어 있지 않다. 사도는 단지 하나님이 "이루실" 것이라고만 말한다. 하지만 사도는 앞에서 하나님께서 데살로니가 교인들을 "온전히 거룩하게" 하시고, 주께서 재림하시는 그 날까지 "흠 없게 보전하시기"를 기도하였기 때문에, 여기에서는 하나님이 바로 그 일을 반드시 이루실 것이라고 말하고 있는 것으로 보아야 한다.

사도는 하나님께서 그들을 위한 자신의 기도를 반드시 이루실 것이라는 근거 또는 이유 중의 하나로, 하나님이 그들을 부르셨다는 사실을 든다. 왜냐하면, 사도는

"하나님의 은사와 부르심에는 후회하심이 없고"(롬 11:29), 하나님께서는 "부르신 그들을 또한 의롭다 하시고 의롭다 하신 그들을 또한 영화롭게 하시는"(롬 8:30) 분이시기 때문에, 하나님이 데살로니가 교인들을 부르셨다면, 그들을 반드시 거룩하게 하시고 끝까지 보전하셔서 영화롭게 하실 것임을 알고 있었기 때문이었다. 사도는 복음의 능력이 그들의 마음에 역사하여, 그들이 회심하여 믿게 되고 변화 받은 것을 보았기 때문에, 그들이 진정으로 부르심을 받고 택하심을 입었다는 사실을 알고 있었다(살전 1:4). 그러한 사실로부터, 사도는 그들이 결국에는 온전히 거룩하게 되고 끝까지 보전될 것이고, 은혜로부터 떨어져 나가서 배교하는 일은 일어나지 않을 것이라는 결론을 내릴 수 있었다. 진정으로 부르심을 받지 못하고 겉보기에만 부르심을 받은 많은 자들은 온전히 거룩해지지 않을 뿐만 아니라 결코 거룩해질 수 없다.

그러나 사도는 여기에서 자신의 기도를 하나님이 이루실 것이라는 근거 또는 이유로, 단순히 그들이 하나님의 부르심을 받았다는 사실을 들고 있는 것이 아니라, 그들을 부르신 하나님이 미쁘신 분이라는 사실도 아울러 든다. 사도는 하나님께서 자신의 기도를 이루실 수 있으신 분이라고 말하지 않는다. 물론, 그 말도 맞는 말이기는 하지만, 사도는 그렇게 말하는 대신에, 하나님은 "미쁘시니 이루시리라"고 말한다. 실효적으로 부르심을 받은 자들은 하나님과의 언약 관계 속으로 들어가게 되는데, 하나님의 언약은 그들을 거룩함 가운데서 온전하게 하셔서 끝까지 보전하시겠다는 것이다. 그런데 하나님은 미쁘시고 신실하시기 때문에, 자신의 언약을 지키시지 않을 수 없다. 하나님이 사람들을 부르시는 것은 전적으로 하나님의 은혜와 긍휼로 말미암은 역사이지만, 하나님께서 자기가 부르신 자들을 끝까지 보전하셔서 자신이 시작하신 구원의 역사를 완성하시는 것은 하나님의 미쁘심, 즉 신실하심으로 말미암는다. 사도는 고린도 교인들에 대해서도, "주께서 너희를 우리 주 예수 그리스도의 날에 책망할 것이 없는 자로 끝까지 견고하게 하시리라"고 단언한다. 사도의 이러한 확신의 근거는, "하나님이 우리를 세우심은 노하심에 이르게 하심이 아니요 오직 우리 주 예수 그리스도로 말미암아 구원을 받게 하심이고"(살전 5:9), "너희를 부르신 이는 미쁘시다"는 것이다.

25. 형제들아 우리를 위하여 기도하라.

사도는 조금 전에 그들을 위하여 하나님께 기도하였는데, 이제 여기에서는 그들에게 "우리를 위하여" 기도해 달라고 부탁한다. 사도는 데살로니가 교인들에게만 아니라, 다른 교회들에 속한 성도들에게도 그런 기도 부탁을 한다(롬 15:30; 골 4:3). 사역자들과 일반 신자들은 서로를 위해서 기도할 필요가 있고, 이렇게 서로를 위하여 기도를 해 줄 상호적인 의무를 지고 있다. 사역자들은 직분에 의해서 성도들을 위하여 기도할 책무가 있고, 일반 신자들은 사역자들의 수고를 통해서 복음이 널리 전해지고(살후 3:1) 그들 자신도 덕 세움을 입기 위하여 사역자들을 위하여 기도할 일반적인 의무가 주어져 있다. 사도는 데살로니가 교인들을 "형제들"이라고 부르는 것을 자신의 위신이 깎이는 일이라고 생각하지 않았던 것과 마찬가지로, 그들에게 기도 부탁을 하는 것도 자신의 체면을 구기는 일이라고 생각하지 않았다. 교회에서 아무리 높은 직분에 있는 형제들도 교회에서 지극히 미천하고 낮아 보이는 형제들의 도움을 필요로 한다. 머리는 발에게 "너는 내게 쓸데없다"고 말할 수 없다. 복음을 전하지 않는 자들은 기도로 복음 전파를 도울 수 있다. 하지만 이 본문은 이미 죽은 성도들에게 기도 부탁 하는 것을 정당화시켜 주는 것이 될 수 없다. 우리가 죽은 성도들을 위하여 기도하는 것이나, 성인들에게 우리를 위해 기도해 줄 것을 부탁하는 기도를 하는 것은, 성경의 그 어디에서도 우리에게 명하거나 약속된 것이 아니고, 우리는 그런 본보기를 성경의 그 어디에서도 찾아볼 수 없다. 믿음 없이 행하는 것은 죄이다. 게다가, 죽은 성도들이 이 아래세상에서 살아가는 우리의 상태를 알 수 있는지도 의심스럽고, 우리의 기도를 들을 수 있는지도 의심스럽다. 하나님께서는 우리에게 그러한 불확실한 근거들 위에서 기도할 것을 결코 명하시는 분이 아니고, 그런 기도는 불확실한 근거들 위에 서 있기 때문에, 우리가 믿음으로 그렇게 기도할 수도 없다.

26. 거룩하게 입맞춤으로 모든 형제에게 문안하라.

모든 형제에게 문안하라. 오늘날에도 사람들이 흔히 그러하듯이, 사도는 자신의 여러 서신들을 인사 또는 문안인사로 끝을 맺으면서, 때로는 자신의 문안인사만을 전하기도 하고, 때로는 특정한 사람들 또는 교회들로부터의 문안인사를 전해 주기도 하고(롬 16:6; 고전 16:19), 때로는 여기에서와 마찬가지로 성도들에게 서로 문안인사를 하라고 권하기도 한다(롬 16:17; 고전 16:20). 사도는 "모든 형제들," 즉 한 분 공통의 머리이신 주 예수 그리스도와 한 분 공통의 아버지이신 하나님 아래에서 복음 교회 안에서 하나로 연합되어 있는 모든 믿는 자들, 특히 데살로니가 교회에 속한 모든 형제들에게 문안인사를 하라고 말한다. 우리는 때로는 혈연관계를 이유로, 때로는 사회적 관계를 이유로 사람들을 "형제들"이라고 부른다. 그러므로 영적으로 한 아버지를 모시고서 그 아버지의 자녀들로서 한 권속으로 살아가는 자들을 "형제들"이라고 부르는 것은 전혀 이상한 일이 아니다. 그리고 그들의 형제애가 모든 형제들에게 미치는 것이 마땅한 것과 마찬가지로(벧전 2:17, "형제를 사랑하며"), 그들의 문안인사도 가난한 자든 부자이든, 높은 자이든 낮은 자이든, 종이든 자유민이든 모든 형제들에게 미치는 것이 마땅하다.

거룩하게 입맞춤으로. 사람들이 서로에게 입 맞추는 방식으로 문안인사를 하는 관습은 유대인들과 동방의 나라들 가운데서 널리 행해졌다(창 27:26; 잠 24:26; 눅 7:45). 그러한 관습은 자연스럽게 그리스도의 교회로도 유입되어서, 사랑과 우애의 외적인 상징이자 표시로 널리 사용되었다. 오늘날 우리는 입맞춤하는 방식으로 인사를 하지 않고 악수하는 방식을 사용하기는 하지만, 그 의미는 동일하다. 즉, 두 사람의 입술이나 손을 접촉하여 하나가 되게 하는 것은 두 사람의 마음이 내적으로 하나가 되었음을 나타내는 것이다. "입맞춤"을 나타내는 헬라어 '필레마'(φιλήμα)는 사랑 또는 우애를 의미하기 때문에, "사랑의 입맞춤"(벧전 5:14)이라 불리기도 한다. 이러한 인사법은 지금은 사라졌지만, 그것이 의미하는 것은 모든 교회와 모든 곳과 모든 시대에 보존되어야 한다. 이 인사법은 순교자 유스티누스(Justin Martyr) 시대와 테르툴리아누스(Tertullian) 시대에도 "화평의 입맞춤"(osculum pacis)이라는 이름으로 행해졌는데, 특히 믿는 자들이 성찬식이나 애찬식을 비롯한 공식적인 집회들에서 서로 만났을 때에 행해졌다. 사도는 이 입맞춤을 가룟 유다의 배신의 입맞춤이나, 창기의 욕정의 입맞춤(잠 7:13)과 구별하기 위해서 "거룩한 입맞춤"이라고 부른다. 누군가가 왜 오늘날 우리는 세족식이나 거룩한 입맞춤 같은 것들을 행하지 않는 것이냐고 묻는다면, 우리는 단지 "논쟁하려는 생각을 가진 자가 있을지라도 우리에게나 하나님의 모든 교회에는 이런 관례가 없느니라"(고전 11:16)고 말하거나, 사도가 빌립보서 4:8에서 말한 것처럼, "형제들아 무엇에든지 참되며 무엇에든지 경건하며 무엇에든지 옳으며 무엇에든지 정결하며 무엇에든지 사랑 받을 만하며 무엇에든지 칭찬 받을 만한" 일들을 행하면 될 것이라고 말할 수밖에 없다.

27. 내가 주를 힘입어 너희를 명하노니 모든 형제에게 이 편지를 읽어 주라.

사도는 이제 이 서신에서 데살로니가 교인들에게 쓸 내용들을 다 쓴 후에, 그들 모두에게, 특히 그들의 장로들과 교사들에게 이 서신을 "모든 형제에게" 다 읽어 주어서 모두가 알게 할 것을 엄중히 당부한다. 왜냐하면, 사도는 지금 자기가 직접 그들에게 가서 여러 가지 것들을 가르치고 교훈할 수 있는 처지가 되지 못하였던 까닭에, 이 서신을 데살로니가 교회에 보내서, 그들 모두가 자신의 가르침과 교훈을 알게 하려고 이 서신을 쓴 것이기 때문이다. 사도는 이 서신을 공적인 목적으로 썼기 때문에, 그들 모두가 한 사람도 빠짐없이 이 서신을 읽거나 듣고서, 그들에 대한 자신의 큰 사랑과 관심과 염려, 그들에 대한 자신의 칭찬들, 그들 모두에게 큰 유익을 가져다줄 교훈과 경책과 권면과 위로의 말들을 알게 되기를 바랐다.

사도는 "내가 주를 힘입어 너희를 명하노니"(ὁρκίζω ὑμᾶς τὸν Κύριον - '호르키조 휘마스 톤 퀴리온')라고 말함으로써, 자기가 하나님의 이름으로 이것을 엄히 명하고 있기 때문에, 그들은 맹세로써 그렇게 해야 할 것임을 분명히 한다. 아브라함은 자기 집의 모든 소유를 맡아 관리하는 종에게 자기 아들 이삭을 위해 자기 족속 중에서 배필을 구해 달라고 부탁할 때, "내가 너에게 하늘의 하나님, 땅의 하나님이신 여호와를 가리켜 맹세하게 하노니"(창 24:3)라고 말하고, 대제사장 가야바도 그리스도께 "내가 너로 살아 계신 하나님께 맹세하게 하노니 네가 하나님의 아들 그리스도인지 우리에게 말하라"(마 26:63)고 말한다. 이렇게 여기에서 "명하다"로 번역된 헬라어 '호르키조'는 "내가 너로 맹세하게 한다"를 의미하는 히브리어 '히쉬바아티'에 해당한다. 예컨대, 아가서 5:8의 "예루살렘 딸들아 너희에게 내가 부탁한다('히쉬바아티') 너희가 내 사랑하는 자를 만나거든 내가 사랑하므로 병이 났다고 하려무나"라는 구절에서 "너희에게 내가 부탁한다"로 번역된 어구는 "내가 너희로 맹세하게 하노니"라는 뜻이다. 따라서 사도는 여기에서 데살로니가 교인들에게 하나님의 이름과 권위로써 어떤 일을 당부하면서, 만일 그들이 그렇게 하지 않는다면, 하나님으로부터 벌을 받게 될 것이라고 경고하고 있는 것이다.

그리고 사도가 당부하고 있는 것은 모든 형제들에게 이 서신을 읽어 주라는 것이다. 사도는 골로새 교인들에게도 자기가 그들에게 보낸 서신, 곧 골로새서를 라오디게아 교회에서도 읽게 하고, 그들도 라오디게아 교회로부터 오는 편지를 읽으라고 당부하지만, 여기에서처럼 이렇게 엄중하게 당부하지는 않는다. 이것으로부터 우리는 유대인들이 회당에서 모세의 율법을 봉독하였던 것과 마찬가지로, 교회의 집회들에서도 성경을 봉독하는 것이 합당하다는 것을 알게 된다. 그래서 기독교회들에서는 아주 일찍부터 교회마다 성경을 봉독하는 자들이 세워져 있었다. 배교자 율리아누스(Julian the Apostate)도 니코메디아 교회의 성경 봉독자였다. 어떤 이들의 주장처럼, 데살로니가전서가 사도가 쓴 최초의 서신이었다면, 사도는 다른 교회들도 공식적인 집회들에서 성경을 봉독하는 것을 하나의 규례로 삼아야 한다는 것을 보여 주기 위해서, 이렇게 특별히 하나님의 이름으로 엄중하게 명한 것일 수 있다. 하나님의 말씀이 믿는 자들의 마음속에 있는 그대로 풍성하게 거하게 하는 것은 중요하기 때문에, 성경을 해설하고 적용하는 것도 필요하지만, 성경을 그대로 읽어 주는 것도 꼭 필요하다. 또한, 여기에서 사도는 성경을 성직자들만이 아니라 모든 거룩한 형제들에게 읽어 주어 알게 하여야 한다고 말하고 있다는 점에서, 평신도들이 자신들의 언어로 성경을 읽어서는 안 된다고 주장하는 교황주의자들의 가르침은 잘못된 것임을 보여 준다. 왜냐하면, 사도는 데살로니가 교인들이 모두 듣고 이해할 수 있는 그들의 언어로 자신의 서신을 쓰는 것을 당연시하였기 때문이다. 우리는 사도가 교회의 지도자들이나 사역자들만이 자신의 서신을 읽고, 자기가 가르치고자 하는 것을 알게 하고, 일반 신자들은 무지 가운데 두고자 하였으리라고는 상상도 할 수 없다.

28. 우리 주 예수 그리스도의 은혜가 너희에게 있을지어다.

사도는 그들에게 서로 문안인사를 하라고 권면한 후에, 이제 여기에서는 자신의 문안인사를 그들에게 전한다. 여기에서의 사도의 문안인사는 오늘날과 같이 입에 발린 소리가 아니라, 자신의 심령 깊은 곳에서 진정으로 소원하는 것을 그대로 밖으로 표현한 인사이다. 사도는 이 절에 나오는 문구를 자신의 모든 서신에서 자신에게 특유한 인사말로 사용하였기 때문에, 데살로니가후서 3:17-18에서 "나 바울은 친필로 문안하노니 이는 편지마다 표시로서 이렇게 쓰노라 우리 주 예수 그리스도의 은혜가 너희 무리에게 있을지어다"라고 말한다.

사도가 여기에서 언급한 "은혜"는 하나님께서 믿는 자들에게 주셔서 그들 속에 내재해 있게 된 은혜를 가리키는 것이 아니라, 하나님께서 믿는 자들에게 선의를 보이시고 은총을 내려 주시는 것을 가리킨다. 모든 복들은 "은혜"로부터 생겨나는데, 신약성경에서는 그러한 모든 복들을 종종 "평강"이라는 말로 포괄하기도 하기 때문에, 사도는 자신의 문안인사나 축도에서 "은혜"와 "평강"을 함께 언급하기도 한다. 그리고 여기에 나오는 사도의 문안인사 속에는 단지 그리스도만이 언급되고 있지만, 다른 많은 곳들에서는 "하나님 아버지"가 함께 언급되고(살후 1:2; 벧후 1:2), 성령 하나님도 함께 언급되기도 한다(고후 13:14). 하지만 삼위일체 하나님 중에서 일부만이 언급되어 있는 경우에도, 우리는 성부와 성자와 성령 하나님이 모두 전제되어 있는 것으로 이해하여야 한다. 왜냐하면, 모든 일에서 삼위 하나님은 서로 합력하시기 때문이다. 우리의 구원 역사 전체에 있어서 "은혜"는 아주 두드러지게 나타나기 때문에, 사도는 자신의 모든 문안인사에서 언제나 "은혜"를 언급한다. 사도는 이 서신을 "은혜"라는 말로 끝맺고, 요한은 요한계시록 22:21에서 "주 예수의 은혜가 모든 자들에게 있을지어다 아멘"이라고 함으로써, 성경 전체를 "은혜"라는 말로 끝맺는다.

여기에서 사도가 "아멘"이라는 말을 덧붙인 것은 성경 전체가 진실하다는 것을 확증하기 위하여 인을 친 것이다. 또는, 어떤 이들은 "아멘"이라는 말은 사도가 붙인 것이 아니라, 이 서신을 읽은 모든 교회가 사도의 모든 가르침에 대하여 화답하기 위하여 덧붙인 것이라고 생각한다.

이 서신의 헬라어 사본에는 "데살로니가 교인들에게 보낸 첫 번째 서신은 아덴에서 쓰어졌다"라는 문구가 후기로 붙어 있다. 해석자들은 사도의 서신들에 대한 이러한 후기들은 사도 자신이 쓴 것이 아니라, 후대의 필사자들이 사도의 서신들을 필사하면서 덧붙인 것이라고 판단한다. 이러한 후기들은 다른 사람들이 쓴 서신들에서는 발견되지 않고, 오직 바울의 서신들에서만 발견된다. 우리가 편지를 쓸 때에는 어디에서 썼는지를 밝히는 것이 보통이듯이, 이 서신은 아덴에서 쓰어진 것으로 되어 있다. 사도는 데살로니가와 베뢰아에서 사역을 하다가 박해를 받고서 몇몇 형제들에 이끌려서 아덴으로 왔고(행 17:15), 거기에 한동안 머물렀다. 그러나 사도가 아덴에서 이 서신을 쓴 것인지, 거기에서 썼다면 그렇게 처음으로 아덴에 왔을 때에 쓴 것인지, 아니면 그 후의 어느 때에 쓴 것인지에 대해서는, 우리는 단지 추측만 할 수 있을 뿐이다. 사도는 이 서신을 아덴이 아니라 고린도에서 썼을 가능성이 훨씬 높다. 왜냐하면, 사도는 이 서신을 자신의 이름과 함께 디모데와 실루아노의 이름으로 데살로니가 교회로 보낸다고 쓰고 있는데, 우리는 사도행전 18:5을 통해서, 실라와 디모데는 사도가 고린도에서 전도 활동을 하고 있을 때에 그에게로 온 것을 알 수 있기 때문이다.

MATTHEW POOLE'S COMMENTARY

데살로니가후서

MATTHEW POOLE'S COMMENTARY

서론

사도는 데살로니가전서를 쓴 후에 자기가 직접 그들에게 가려고 했지만, 그러한 계획이 좌절되고, 자기가 그리스도의 재림에 관하여 앞의 첫 번째 서신에서 쓴 내용에 대하여 데살로니가 교인들 사이에서 약간의 오해가 있다는 것을 알고서, 이 두 번째 서신을 쓰게 된다. 이 서신에서 사도는 먼저 통상적인 인사말을 전한 후에, 자기가 그들을 인하여 하나님께 감사한다고 말하고, 그들이 온갖 박해 아래에서도 계속해서 믿음을 지키고 인내해 온 것에 대하여, 자기가 그들을 자랑하고 있다고 말한다. 그런 후에, 사도는 하나님의 의로우신 심판, 즉 그리스도께서 재림하실 때에 데살로니가 교인들을 비롯한 모든 믿는 성도들과 하나님을 모르거나 복음에 순종하지 않은 그들의 모든 대적들에게 어떻게 하실지를 말함으로써, 그런 것들을 근거로 해서 그들을 위로하고 나서, 그들의 믿음을 온전하게 하셔서, 그들로 인하여 그리스도의 이름이 영광을 받게 해 주시라고 기도한다(1장).

그러나 사도는 그들이 마치 자신들이 살아 있는 동안에 그리스도께서 당장에 재림하실 것처럼 생각해서 마음이 흔들리고 있다는 말을 전해 듣고서, 그들의 잘못된 생각을 호되게 경고하며 질책한 후에, 그리스도께서 재림하실 날이 오기 전에 먼저 대규모의 배교가 일어나고 "불법의 사람"이 출현할 것이라고 말하고, 그런 일들이 어떤 식으로 진행되고 어떤 결과를 가져올 것인지에 대하여 자세하게 말한다. 하지만 사도는 하나님께서 데살로니가 교인들을 택하시고 부르셔서, 주 예수께서 영광을 얻게 하신 것에 대하여, 하나님께 감사한다고 말하고, 하나님이 그들을 위로하시고 견고히 세워 주시기를 기도한다(2장).

다음으로, 사도는 계속해서 그들에게 복음 사역의 성공과 그 사역을 감당하는 자들의 안전을 위하여 기도해 줄 것을 부탁한 후에, 하나님께서 그들을 견고하게 하실 것을 믿고, 그들이 자기에게서 받은 교훈들에 순종할 것을 믿는다고 말하면서, 그들에 대한 신뢰를 밝히고 나서, 교회에서 무질서하게 행하는 것들을 바로잡는 추가적인 교훈들을 준 다음에, 그들의 평강을 위해 기도하고, 그들을 예수 그리스도의 은혜에 부탁하는 기도로 이 서신을 끝맺는다(3장).

MATTHEW POOLE'S COMMENTARY

데살로니가후서 1장

개요

1. 인사말(1–2).
2. 바울은 자기가 데살로니가 교인들의 믿음과 사랑과 인내에 대하여 여전히 칭찬하고 자랑스러워하고 있음을 확인해 줌(3–5).
3. 하나님의 의로우신 심판에 대하여 말하면서, 하나님이 그들의 원수들을 벌하시고 그들의 환난들을 보상해 주실 것이라고 위로함(6–10).
4. 하나님이 그들에게 두신 자신의 은혜로우신 목적을 이루시기를 기도하고 있다고 말함(11–12).

1-2. [1]바울과 실루아노와 디모데는 하나님 우리 아버지와 주 예수 그리스도 안에 있는 데살로니가인의 교회에 편지하노니 [2]하나님 아버지와 주 예수 그리스도로부터 은혜와 평강이 너희에게 있을지어다.

이 두 절은 데살로니가전서에 나오는 것과 동일해서, 데살로니가전서 1:1에 대한 설명을 보면 될 것이기 때문에, 나는 이 절들에 대한 설명은 생략하고자 한다.

3. 형제들아 우리가 너희를 위하여 항상 하나님께 감사할지니 이것이 당연함은 너희의 믿음이 더욱 자라고 너희가 다 각기 서로 사랑함이 풍성함이니.

사도는 데살로니가전서와 마찬가지로 후서도 감사로 시작한다. 하지만 사도는 거기에서는 그들의 믿음과 소망과 사랑을 인하여 하나님께 감사한다고 말하는 반면에, 여기에서는 그들의 믿음과 사랑에 대해서만 언급하고, 거기에서는 그들의 은혜가 실제적으로 나타난 것에 대하여 감사한 반면에, 여기에서는 그들의 은혜가 성장해 가는 것에 대하여 감사하며, 거기에서는 단지 "우리가 감사하며"라고 말한 반면에, 여기에서는 "우리가 감사하지 않을 수 없으니 이것이 당연함은"이라고 여러 가지 뉘앙스를 덧붙여 말한다. 즉, 사도는 그들이 그동안 온갖 박해를 겪었음에도 불구하고, 여전히 은혜를 지키고 간직하고 있을 뿐만 아니라, 도리어 그 은혜가 점점 더 자라고 성장해 온 것에 대하여, 자기가 그들로 인하여 지금은 이전보다 더 감사하지 않을 수 없다는 듯이 말하고 있다.

구체적으로 말해서, 사도가 여기에서 하나님께 감사하는 것은 데살로니가 교인들의 은혜가 성장한 것을 보았기 때문이다. 빌립보서 1:6에서 "너희 안에서 착한 일을 시작하신 이가 그리스도 예수의 날까지 이루실 줄을 우리는 확신하노라"고 말하고 있듯이, 은혜의 시작만이 아니라 은혜의 성장도 하나님으로 말미암는다. 만일 그렇지 않다면, 사도가 왜 그들의 은혜가 성장한 것과 관련해서 하나님께 감사를 하겠는가? 그래서 베드로 사도도 하나님을 "모든 은혜의 하나님"이라고 부르며, "그리스도 안에서 너희를 부르사 자기의 영원한 영광에 들어가게 하신 이가 잠깐 고난을 당한 너희를 친히 온전하게 하시며 굳건하게 하시며 강하게 하시며 터를 견고하게 하시리라"(벧전 5:10)고 말함으로써, 약한 자들에게든 강한 자들에게든, 처음이든 나중이든, 온갖 은혜들이 다 하나님으로부터 온다는 것을 분명히 한다. 그들의 은혜가 어떤 식으로 성장하게 되었는가 하는 문제, 즉 최초의 은혜와 마찬가지로 하나님이 그들에게 새로운 은혜들을 부어 주셔서 그들의 은혜가 성장한 것인지, 아니면 단지 그들이 자신들이 받은 최초의 은혜를 계속해서 사용함으로써 더욱더 큰 은혜로 성장하게 된 것인지에 관한 문제는 신학자들에게 맡겨 두고, 나는 단지 그리스도인들의 은혜가 성장하는 것은 그들에게 주어진 의무이고, 교회에서 칭찬 받을 일이라는 것만을 지적해 두고자 한다.

사도는 여기에서 구체적으로 다음과 같은 것들을 말한다: (1) 사도는 그들의 믿음이 성장했다고 말하는데, 단지 그냥 성장했다고 말하는 것이 아니라, "엄청나게"(ὑπεραυξάνει - '휘페르아욱사네이,' 한글개역개정에는 "더욱") 성장했다고 말한다. 즉, 그들은 믿음에 있어서 평범한 수준에서 성장한 것이 아니라, 통상적인 정도를 넘어서서 대단한 성장을 했다는 것이다. 그들의 믿음이 성장했다는 것은 그들이 믿음에서 믿음으로 점점 더 성장해서, 복음의 교훈에 대한 그들의 동의가 더욱 깊이 뿌리를 내리고 견고해지게 되었고, 그리스도 안에서의 그들의 복된 상태에 대한 확신이 훨씬 더 강력해졌으며, 더욱더 그리스도를 믿고 의지하게 되었다는 것을 의미하거나, 하나님을 아는 그들의 지식이 성장해 감에 따라서, 그들의 믿음도 더 많은 일들로 확장되었다는 것을 의미한다. (2) 사도는 그들의 사랑이 성장했다고 말하는데, 이것에 대해서도 단지 그냥 성장했다고 말하는 것이 아니라, 여기에서 "풍성하다"로 번역된 '플레오나제이'(πλεονάζει)라는 강조된 표현을 사용해서, 그들의 사랑이 점점 더 풍성해지고 있다고 말한다. 즉, 그들은 자신들의 내면에서 사랑이 점점 더 깊어져 가고 있고, 그 사랑이 밖으로 표출되어 맺어지는 열매들도 점점 더 풍성해지고 있다는 것이다. 사도는 그들의 사랑은 "모든 사람"에게 널리 미치는 사랑이 되었고, 일방적인 것이 아니라 상호 간에 이루어지고 있는 사랑이라고 말함으로써, 그들의 풍성한 사랑의 실체가 무엇인지를 분명하게 밝힌다. 그들은 각기 다른 모든 형제들을 사랑하였고, 다른 모든 형제들에 의해서 사랑을 받았다. 즉, 다른 교회들과는 달리, 데살로니가 교회에는 파당이나 분열이 없이, 모든 믿는 자들이 서로서로 사랑하였다는 것이다. 믿음과 사랑은 자매 같은 은혜들이기 때문에, 언제나 공존한다. 따라서 참된 믿음은 사랑으로 역사하는 믿음이기 때문에, 오직 본질상의 순서에 있어서만 믿음이 먼저이고, 참된 믿음이 생기는 순간에 사랑도 동시에 생기는 까닭에, 어느 쪽이 시간적으로 먼저라고 말할 수 없다. 그런데도 교황주의자들은 사랑에 의해서 믿음이 형성된다고 주장하고(fides formata - '피데스 포르마타'), 사도의 이 말을 근거로 해서, 데살로니가 교회에는 외식하는 자나 거짓 그리스도인이 한 명도 없었다고 말하기도 한다.

사도와 그의 동역자들은 데살로니가 교인들의 그러한 모습으로 인해서 하나님께 감사하지 않을 수 없었다고 말한다. 그리스도인들은 자기 자신만이 아니라 다른 사람들에게 주신 하나님의 은혜에 대해서도 하나님께 감사하는 것이 마땅하다. 특히, 복음 사역자들은 자신들의 사역을 통해서 회심한 자들, 또는 자신들에게 맡겨진 자들에게 은혜가 주어졌을 때에 마땅히 하나님께 감사하여야 한다. 사도는 데살로니가 교인들에게 주어진 하나님의 은혜로 인하여 기뻐할 수 있게 되었을 뿐만 아니라, 그 일로 인해서 장래에 자신이 받게 될 영광도 더 커졌기 때문에, 하나님께 감사할 수밖에 없었다.

4. 그러므로 너희가 견디고 있는 모든 박해와 환난 중에서 너희 인내와 믿음으로 말미암아 하나님의 여러 교회에서 우리가 친히 자랑하노라.

우리가 친히 자랑하노라. 사도는 앞 절에서는 데살로니가 교인들을 인하여 하나님께 감사한다고 말했는데, 이 절에서는 자기가 여러 교회들에게 그들을 자랑하고 다닌다고 말한다. 이렇게 사도는 그들을 인하여 하나님께 감사한 동시에, 사람들 앞에서는 그들을 자랑하였는데, 우리는 실루아노와 디모데도 사도와 마찬가지로 그들에 대하여 그렇게 하였을 것이라고 이해하여야 한다. 어떤 것을 자랑한다는 것은 그것을 높이 평가한다는 것을 의미하고, 어떤 것을 기뻐한다는 것은 그것을 많이 칭찬하고 박수갈채를 보내고 있다는 것을 의미하기 때문에, 우리가 어떤 것을 자랑하거나 기뻐한다면, 그것은 실제로든 생각 속에서든 우리 자신이 이런저런 방식으로 연관되어 있는 대단한 것일 수밖에 없다. 자랑하는 것은 자랑하는 내용이나 대상에 따라 선한 것일 수도 있고 악한 것일 수도 있다. 우리의 지혜와 힘과 재물을 자랑하는 것(렘 9:23), 사람을 자랑하는 것(고전 3:21), 우리 자신의 행위나 공로를 자랑하는 것(롬 4:2), 우리가 하나님으로부터 받은 것인데도 마치 받지 않은 것처럼 자랑하는 것(고전 4:7), 육체를 따라 자랑하는 것(고후 11:18), 우리가 사실은 부끄러워해야 할 것들을 자랑하는 것(빌 3:19)은 모두 악한 자랑이다. 그러나 하나님을 자랑하는 것(사 41:16), 하나님의 거룩하신 이름을 자랑하는 것(대상 16:10), 하나님께서 우리에게 주신 기업을 자랑하는 것(시 106:5), 하나님을 아는 지식을 자랑하는 것(렘 9:24), 그리스도의 십자가를 자랑하는 것(갈 6:14), 우리가 주를 위하여 겪는 환난들을 자랑하는 것(롬 5:3), 그리스도 예수를 자랑하는 것(고전 1:31), 하나님이 우리에게 주신 소망을 자랑하는 것(히 3:6), 이 본문에서처럼 복음 사역이 형통하여 교회가 은혜 안에서 성장하게 된 것이나, 믿는 자들의 믿음과 인내를 자랑하는 것, 또는 고린도 교인들이 후하게 연보한 것을 자랑하는 것(고후 9:2)은 선한 자랑이다. 그러나 사도가 그들을 자랑한 것은 자기 자신을 높이기 위한 것이 아니라, 하나님의 은혜를 찬양하고, 다른 교회들로부터 그들을 본받도록 분발을 촉구하기 위한 것이었다.

하나님의 여러 교회에서. 사도가 데살로니가 교인들의 성장한 은혜를 하나님의 교회들에서 자랑한 것은, 오직 하나님의 교회에 속한 성도들만이 은혜가 얼마나 귀하고 소중한지를 알고, 은혜가 성장한 성도들에 대한 얘기를 하고 칭찬을 하면, 거기에 공감하고, 그러한 성도들을 본받고자 할 수 있는 자들이고, 육신에 속한 자들은 진정으로 선하고 좋은 것들을 알지 못하는 자들인 까닭에, 그런 얘기를 하면, 도리어 코웃음치며 비웃기만 할 뿐이기 때문이었다. 데살로니가 교인들의 성장한 모습을 자랑한 것은 단지 사도만이 아니라, 실루아노와 디모데도 그들의 그러한 모습을 자랑하였다. 지식과 지혜와 선함으로 유명한 이들로부터 받는 칭찬은 그렇지 않은 경우보다 훨씬 더 큰 무게감을 지니게 된다. 게다가, 사도와 그의 동역자들은 그들과 그들의 상태를 그 누구보다도 아주 잘 알고 이해하고 있던 이들이었고, 그들의 회심에 있어서 하나님의 도구로 사용된 이들이었기 때문에, 그들에 대한 사도 일행의 자랑은 다른 그 어떤 사도들이나 사역자들에 의한 자랑보다 훨씬 더 큰 무게감과 신뢰감을 주었다.

너희가 견디고 있는 모든 박해와 환난 중에서 너희 인내와 믿음으로 말미암아. 사도는 자기가 그들에 대하여 어떤 것들을 자랑하는지에 대하여 이미 앞 절에서 밝힌 바 있지만, 여기에서는 추가적으로 그들이 "모든 박해와 환난 중에서" 보여 준 "인내와 믿음"도 자랑하고 있다는 말을 덧붙인다. 어떤 이들은 "박해"와 "환난"을 구별해서, 전자는 의를 위하여 받는 고난을 가리키고, 후자는 온갖 종류의 고난을 가리킨다고 말한다. 사도가 "모든 박해와 환난"이라고 말하고 있는 것으로 보아서, 데살로니가 교인들은 이 두 가지 고난을 많이 겪은 것으로 보인다. 하지만 그들은 그러한 고난들을 잘 "인내하였다." 즉, 그들은 단지 그러한 고난들을 떨쳐 버릴 수 없었기 때문에, 어쩔 수 없이 고난들을 겪은 것이 아니라, 야고보 사도가 "보라 인내하는 자를 우리가 복되다 하나니"(약 5:11)라고 말한 의미에서 기꺼이 그 고난들을 인내로써 감당하였다. 여기에서 "인내" 또는 "인내하였다"는 것은 어쩔 수 없어서 참고 견뎠다는 것이 아니라, 모세가 "하나님의 백성과 함께 고난 받기를 잠시 죄악의 낙을 누리는 것보다 더 좋아하였던"(히 11:25) 것과 마찬가지로, 하나님께 죄를 짓지 않기 위해서, 또는 그리스도인으로서의 신앙 고백을 욕되게 하지 않기 위해서 자원하여 고난을 인내로써 감당한 것을 의미한다. 고난은 그 자체로는 바람직한 것이 아니기 때문에, 사도는 그들이 고난당한 것을 자랑한 것이 아니라, 고난 속에서 그들이 보여 준 "인내와 믿음"을 자랑한 것이었다. 사도는 앞에서는 믿음과 사랑을 결합시켜서 언급하였던 것과 마찬가지로, 여기에서는 믿음과 인내를 결합시켜서 언급한다. 왜냐하면, 사랑이 믿음으로부터 나오듯이, 그리스도인들의 인내도 믿음으로부터 나오기 때문이다. 이 점에서 그리스도인들의 인내는 스토아학파나 소요학파나 플라톤학파 같은 이교도들 중에서 발견되는 도덕적인 덕목으로서의 인내와 구별된다. 믿음과 인내는 그리스도인들로 하여금 고난을 감당할 수 있게 해 주는 두 가지 은혜이기 때문에, 사도는 데살로니가 교인들의 고난을 얘기할 때에 이 두 가지 은혜를 동시에 언급한다. "믿음"은 하나님을 의지하는 것이어서, 믿는 자들로 하여금 환난 아래에서도 하나님의 사랑을 보고, 하나님의 약속들을 믿으며, 하나님이 약속하신 상을 바라볼 수 있게 해 주기 때문에, 환난 가운데 있는 신자들을 견고하게 붙들어 줄 수 있다. "인내"는 혈기를 가라앉히고 억제하는 것이어서, 환난의 무게 아래에서 믿는 자들의 심령에 평안을 가져다주고, 환난 자체를 좀 더 가볍게 느끼게 해 주어서, 은혜와 이성이 제대로 작동할 수 있게 해 주기 때문에, 그리스도인들은 환난 가운데서 힘을 얻을 수 있게 된다. 이런 이유들로 인해서, 사도는 여기에서 마치 사람들이 위대한 정복자들의 영웅적인 행위를 자랑하거나, 군대의 지휘관이 자신의 휘하 군사들의 눈부신 전공을 자랑하는 것처럼, 그렇게 데살로니가 교인들의 그러한 모습을 자랑한다.

5. 이는 하나님의 공의로운 심판의 표요 너희로 하여금 하나님의 나라에 합당한 자로 여김을 받게 하려 함이니 그 나라를 위하여 너희가 또한 고난을 받느니라.

이는 하나님의 공의로운 심판의 표요 너희로 하여금 하나님의 나라에 합당한 자로 여김을 받게 하려 함이니. 사도는 여기에서 계속해서 환난 가운데 있는 데살로니가 교인들을 위로하기 위하여, 그들이 겪고 있는 환난이 무엇을 의미하는지를 설명해 나가고 있는 것으로 보인다: (1) 먼저, 사도는 그들의 환난은 "하나님의 공의로운 심판"의 증표라고 말함으로써, 그들을 위로한다. 여기에서 "표"로 번역된 헬라어는 논리학자들이 어떤 사실을 분명하게 보여 주는 것 또는 예시해 주는 것을 가리킬 때에 사용하는 단어이다. 또한, 우리는 사도가 여기에서 말하는 "심판"은 하나님이 이 세상에서 가하시는 심판들 또는 벌들, 즉 하나님께서 자신의 자녀들을 아끼지 아니하시고 징계하시는 것을 가리키고, 그런 의미에서 믿는 자들이 겪는 환난은 하나님의 의로우신 심판을 보여 주는 증표가 된다고 말하고 있는 것으로 이해해서는 안 되고, 도리어 최후의 심판을 가리키는 것으로 이해하여야 한다. 즉, 우리는 의인들이 악인들로부터 환난들과 해악들을 겪는데도, 악인들이 이 세상에서 벌을 받지 않는 것을 볼 때, 그러한 사실로부터, 장차 심판이 있을 것임을 추론할 수 있다는 것이다. 왜냐하면, 만일 장차 최후의 심판이 도래하지 않는다면, 하나님께서 이 세상을 의로우시고 지혜로우시며 선하시고 신실하시게 다스리고 계신다는 말은 거짓이 되고 말 것이기 때문이다. 실제로 솔로몬은 하나님의 공의가 지배하여야 할 곳에서 악인들이 활개를 치고 다니고 불의가 만연해 있는 것을 보았을 때, 그런 식으로 추론하였다: "내가 해 아래에서 보건대 재판하는 곳 거기에도 악이 있고 정의를 행하는 곳 거기에도 악이 있도다 내가 내 마음속으로 이르기를 의인과 악인을 하나님이 심판하시리니 이는 모든 소망하는 일과 모든 행사에 때가 있음이라 하였으며"(전 3:16-17). 솔로몬이 "심판"이라고 한 것을 사도는 여기에서 그 심판의 두드러진 성격을 드러내는 수식어를 붙여서 "공의로운 심판"이라고 말하는데, 로마서 2:5에서는 이것을 한 단어로 표현해서 '디카이오크리시아'(δικαιοκρισία), 즉 "의로우신 심판"이라고 부른다. 왜냐하면, 하나님의 모든 심판은 의로우시기 때문이다. (a) 악인들은 현세에서는 제대로 심판을 받지 않지만, 그 때에는 그 어떤 긍휼하심도 없는 심판을 받고 제대로 된 공의를 만나게 될 것이기 때문에, 그 심판은 의로우신 심판이 될 것이다. (b) 하나님의 공의가 지금은 희미하게 나타나고 있지만, 그 때에는 의인들에게나 악인들에게나 아주 분명하게 나타날 것이기 때문에, 그 심판은 의로우신 심판이 될 것이다. 이런 의미에서, 사도의 이 말은 지금 원수들로부터 부당하고 불의한 고난을 받고 있는 성도들에게 위로의 말이 된다. 사도는 바로 그러한 동일한 취지로 빌립보 교인들에게도 "무슨 일에든지 대적하는 자들 때문에 두려워하지 아니하는 이 일을 듣고자 함이라 이것이 그들에게는 멸망의 증거요 너희에게는 구원의 증거니 이는 하나님께로부터 난 것이라"(빌 1:28)고 말하였다.

(2) 다음으로, 사도는 그들이 지금 겪고 있는 고난이 그들에게 큰 유익을 가져다 줄 것이라는 말로 그들을 위로한다. 즉, 그들이 그러한 환난들을 믿음과 인내로써 잘 감당하게 되면, 그 결과로 그들은 "하나님의 나라에 합당한 자로 여김을 받게" 되리라는 것이다. 물론, 이것은 교황주의자들의 주장과는 달리, 하나님이 그들의 공로를 인정하시기 때문에 그렇게 하시는 것이 결코 아니다. 이 본문에서 사용되고 있는 헬라어가 지니는 통상적인 의미는 그러한 주장을 밑받침해 주지 않는다. 왜냐하면, 여기에서 "합당한 자로 여김을 받게 하라"로 번역된 헬라어 동사는 능동태가 아니고 수동태로 사용되고 있기는 하지만, 실제로는 거기에 해당하는 라틴어의 수동태 동사인 '디그나리'(dignari)와 마찬가지로 "황송하게도 ~해 주시다"라는 능동의 의미를 담고 있기 때문이다. 물론, 우리는 어떤 의미에서는 이 단어가 여기에서 단지 하나님께서 황송하게도 그들에게 자신의 나라에 들어오게 허락하셨다는 의미만이 아니라, 그들이 자신의 나라에 들어오기에 합당한 자들로 여기셨다는 의미도 담고 있다고 말할 수도 있지만, 하나님께서는 그들이 환난들을 믿음과 인내로써 잘 감당하였기 때문에, 그들의 그러한 공로에 비추어 볼 때, 그들이 자신의 나라에 들어오기에 합당한 자들이라고 여기셨다는 의미는 결코 아니다. 왜냐하면, 사도가 로마서 8:18에서 "생각하건대 현재의 고난은 장차 우리에게 나타날 영광과 비교할 수 없도다"라고 말한 것처럼, "현재의 고난"과 "장차 나타날 영광"은 처음부터 서로 비교를 할 수 없을 정도로 현격하게 차이가 나는 것들인 까닭에, 믿는 자들은 고난이나 순교 같은 자신의 그 어떤 행위로도 그 영광에 합당한 자가 될 수 없기 때문이다. 하나님께서는 예수 그리스도 안에서의 새 언약에 속한 은혜를 따라, 전적인 은혜로 자신의 나라를 위하여 고난 받은 자들을 그 나라에 합당한 자들로 여기시는 것이고, 또한 하나님이 그렇게 하시는 것이 하나님의 본성이나 복음에 속한 약속들과 관련된 하나님의 신실하심과 부합하는 것이 될 뿐이다. 그래서 흠정역에서는 "너희로 하여금 하나님의 나라에 합당한 자가 되게 하기" 위한 것이라고 번역하지 않고, "합

당한 자로 여김을 받게 하기" 위한 것이라고 번역한다. 즉, 하나님께서는 전적으로 자신의 값없이 거저 주시는 은혜로 말미암아 그들을 자신의 나라에 합당한 자들로 여기시는 것이다. 하나님의 나라는 새 언약에 속한 특정한 조건들 위에서 사람들에게 제시되고, 그 조건들을 행하는 자들은 하나님의 나라에 합당한 자들로 여김을 받게 되지만(계 22:14), 그 조건들을 행하는 것이 "공로"가 되는 것은 결코 아니다. 왜냐하면, 사람들이 그 조건들을 행한다고 하여도, 그들이 그렇게 행할 수 있는 것은, 하나님께서 그들로 하여금 그 조건들을 행할 수 있도록 은혜를 주신 덕분인 까닭에, 그들의 행위는 결코 공로가 될 수 없기 때문이다. 우리가 그 조건들을 행하여서 하나님의 나라에 합당한 자들로 여김을 받았다고 해도, 그 모든 공로는 우리의 것이 아니라, 그리스도와 하나님의 은혜 덕분으로 돌려지는 것이 마땅하다. 만일 그렇지 않다면, 인간은 하나님 앞에서 자랑할 것이 있게 될 것인데, 그것은 어불성설이기 때문이다. 성경은 "영생"은 하나님께서 그리스도 예수 우리 주 안에서 우리에게 거저 주시는 "은사"라고 말하고(롬 6:23), "너희는 그 은혜에 의하여 믿음으로 말미암아 구원을 받았으니 이것은 너희에게서 난 것이 아니요 하나님의 선물이라"(엡 2:8)라고 말함으로써, 구원을 하나님의 은혜에 의한 선물이라고 말한다. 따라서 우리는 오직 "은혜"와 양립할 수 있는 "합당함"만을 허용하여야 한다. 그래서 우리 주님께서는 "이와 같이 너희도 명령 받은 것을 다 행한 후에 이르기를 우리는 무익한 종이라 우리가 하여야 할 일을 한 것뿐이라 할지니라"(눅 17:10)고 말씀하신다. 우리는 하나님의 나라를 위하여 모든 것을 행하고 모든 고난을 받은 후에, 바울이 오네시보로를 위해서 기도한 것처럼(딤후 1:18), "원하건대 주께서 그 날에" 우리로 하여금 "주의 긍휼을 입게 하여 주옵소서"라고 기도하는 것이 마땅하다.

그 나라를 위하여 너희가 또한 고난을 받느니라. 이것은 원수들이 그들을 박해하는 이유를 말하고 있는 것으로 보아서, 그들의 원수들이 그들을 박해하는 것이 어떤 다른 정당한 이유가 있어서가 아니라, 오직 하나님의 나라 때문에 그들을 박해하는 것이라는 의미로 해석될 수도 있고, 그들이 고난 받는 목적과 의도를 말하고 있는 것으로 보아서, 사도는 여기에서 그들이 하나님의 나라를 위하여 고난을 받고 있는 것이라고 그 목적을 밝힌 것으로 해석될 수도 있다. 이것으로부터 우리는 하나님의 나라는 우리가 고난 받을 만한 가치가 있는 것이고, 고난 없이는 하나님의 나라에 들어갈 수 없는 경우도 있어서, 그런 경우에 고난 받기를 거부하게 되면, 하나님의 나라에 합당하지 않은 자로 여김을 받게 된다는 것을 알게 된다. 왜냐하면, 데살로니가 교인들처럼 하나님의 나라를 위하여 고난 받는 자들은 하나님의 언약과 그리스도의 공로로 말미암아 하나님의 은혜와 긍휼에만 참여하는 것이 아니라, 하나님의 공의와 신실하심에도 참여하여야 하기 때문이다. 또한, 우리는 고난당할 때, 모세가 그랬던 것처럼 위로부터의 "상"을 바라보아야 한다(히 11장).

6. 너희로 환난을 받게 하는 자들에게는 환난으로 갚으시고.

사도는 앞에서 성도들이 겪는 박해들과 환난들을 근거로 해서, 장차 심판이 있음을 논증하였는데, 여기에서는 그 심판을 구체적으로 예시한다. 사도의 논리는 이런 것이다: 하나님이 의로우시다면, 그 의로우심을 나타내시기 위해서는, 각 사람의 행위에 대하여 보응하시는 것은 반드시 있어야 하는 것인데, 우리는 이 세상에서 아직 그 보응을 보지 못한다. 따라서 각 사람이 행한 대로 보응하시는 심판은 장래에 있을 것임에 틀림없다. 사도는 전자에 대해서는 앞에서 이미 말하였기 때문에, 여기에서는 후자, 곧 의로우신 보응에 대하여 말한다: 하나님께서는 자기 백성에게 환난을 가져다주는 자들에게는 환난으로 보응하실 것이다. 우리는 행한 대로 되갚아 준다는 응보의 법칙이 적용된 예를, 세계사 속에서는 애굽 왕 바로, 아도니베섹, 하만 같은 경우들에서 볼 수 있고, 교회사 속에서는 박해자들과 관련된 많은 이야기들 속에서 볼 수 있지만, 이 응보의 법칙은 장차 도래할 최후의 심판에서 온전히 실현될 것인데, 사도는 이 심판에 대해서 "네 고집과 회개하지 아니한 마음을 따라 진노의 날 곧 하나님의 의로우신 심판이 나타나는 그 날에 임할 진노를 네게 쌓는도다"(롬 2:5)라고 말한다. 여기에서 사도는 하나님의 백성들을 박해하여 환난을 겪게 한 자들에 대한 하나님의 보응은 "환난"이 될 것이라고 말하는데, 로마서 2:9에서도 "악을 행하는 각 사람의 영에는 환난과 곤고가 있으리니"라고 말한다.

성경의 다른 본문들에서는 장차 악인들에게 임할 벌을 다른 식으로 표현하지만, 여기에서 사도가 그런 식으로 표현한 것은 단순히 단어유희(paranomasia)라는 우아한 수사법을 사용했기 때문만이 아니고, 원수들이 하나님의 백성을 박해하고 "환난"을 겪게 하는 죄를 저질렀기 때문에, 거기에 상응하는 벌을 받게 될 것임을 보여주기 위한 것이다. 즉, 그들은 다른 사람들에게 환난을 가져다주었기 때문에, 하나님께서도 그들에게 환난을 가져다주시게 되리라는 것이다. 사도는 그들이 지옥에서 받게 될 온갖 고통을 "환난"이라는 단어로 포괄한다. 우리 구주께서는 그들의 그러한 모습을 "바깥 어두운 데 쫓겨나 거기서 울며 이를 갈게 되리라"(마 8:12)는 말씀으로 표현하는데, 그것은 환난의 극치를 보여 주는 표현이다. 또한, 사도는 하나님께서 보응하실 것이라고 말함으로써, 우리에게 우리 스스로 보복하거나 원수 갚으려 해서는 안 된다는 것을 가르친다(시 94:1; 롬 12:19). 사도가 여기에서 이 말을 하는 것은 데살로니가 교인들을 위로하기 위한 것이다. 우리는 악인들의 멸망 그 자체를 기뻐해서는 안 되고, 다만 하나님의 공의가 온전히 실현되고, 하나님께서 자기 백성을 온전히 구원하시고 영화롭게 하시며 존귀하게 하실 때가 임하였다는 사실을 기뻐하여야 한다.

7. 환난을 받는 너희에게는 우리와 함께 안식으로 갚으시는 것이 하나님의 공의시니 주 예수께서 자기의 능력의 천사들과 함께 하늘로부터 불꽃 가운데에 나타나실 때에.

사도는 앞에서 하나님의 백성을 박해하고 환난을 가져다준 자들에 대한 하나님의 보응을 말한 후에, 여기에서는 그들로부터 "환난을 받는" 자들에 대해서 말하는데, 우리는 이 말 속에서도 앞에서와 마찬가지의 상응관계를 볼 수 있다. 왜냐하면, 사도는 환난을 받는 자들에 대한 하나님의 보응은 "안식"이라고 표현하는데, "안식"으로 번역된 헬라어는 환난이 그치거나 수고로부터 쉬는 것을 의미하기 때문이다. 히브리서 4:9에서 "안식할 때가 하나님의 백성에게 남아 있도다"라고 말할 때, 거기에서의 안식은 수고로부터 쉬는 것을 의미하고, 여기에서 "안식"은 환난이 그치고 쉬는 것을 의미한다. "안식"이라는 말은 환난이나 수고로부터 벗어난다는 소극적인 의미를 담고 있는 표현이기는 하지만, 사도는 하나님의 백성이 장차 누리게 될 온갖 지극한 복까지 포함하는 적극적인 의미로 이 단어를 사용하고 있다. 따라서 여기에서 "안식"이라는 표현 속에는, 하나님이 자기 백성의 영혼을 온전히 만족시켜 주시기 위하여 준비해 두신 모든 것, 즉 다른 곳에서 면류관, 하나님의 나라, 성도의 기업, 영광, 구원, 영생으로 표현된 모든 것들이 담겨져 있다.

사도는 하나님께서 박해자들에게 "환난"으로 갚으시고, 환난 받는 자들에게는 "안식"으로 갚으신다고 말함으로써, 이 모든 것을 보응(recompence) 개념으로 얘기한다. 하나님의 백성들이 겪는 환난과 하나님이 그들에게 갚아 주시는 "안식"은 처음부터 서로 비교 자체가 불가능하기 때문에 아예 등치관계가 성립될 수 없지만, 그럼에도 불구하고 하나님께서는 자신의 크신 은혜와 긍휼하심으로 말미암아 "환난"을 "안식"으로 갚아 주시는 것이기 때문에, 사도는 이러한 보응이 "하나님의 의"(한글개역개정에는 "하나님의 공의")로부터 오는 것이라고 말한다. 악인들에 대한 보응과 성도들에 대한 보응은 둘 다 하나님의 의로부터 오는 것이기는 하지만, 그의의 성격은 서로 다르다. 악인들에 대한 보응에서는 '아크리보디카이온'(ἀκριβοδίκαιον), 즉 엄격한 공의가 적용되어서, 그들의 죄에 상응하는 벌이 가해지는 것이지만, 성도들에 대한 보응에 있어서는 '에피에이케이아'(ἐπιείκεια), 즉 형평법이 적용되어서, 성도들이 행한 일들이나 겪은 환난들에 상응하는 어떤 상이 내려지는 것이 아니라, 하나님께서 전에 약속하시고 정해 놓으신 것들과 그들을 위한 그리스도의 공로에 의거해서 상이 내려진다.

사도는 이 "안식"과 관련하여 두 가지를 말한다: (1) 사도는 하나님께서 "너희에게는 우리와 함께 안식으로 갚으실" 것이라고 말함으로써, 그리스도의 사도들과 사역자들인 "우리"와 "너희가" 함께 안식에 참여하게 될 것임을 보여 준다: 우리가 함께 고난에 참여한 것처럼, 안식도 함께 받게 될 것이다. 너희는 사도들과 동일한 안식과 지극한 복을 누리게 될 것이다. 지금은 너희와 우리가 서로 떨어져 있지만, 그 때에는 우리와 너희가 함께 한 자리에서 안식하게 될 것이고, 그것은 너희와 우리에게 이 안식이 더욱 달콤하게 느껴지게 해 줄 것이다. (2) 사도는 "주 예수께서 하늘로부터 나타나실 때"가 우리와 너희가 안식에 들어가게 될 때라고 말한다. 신약성경에서는 그리스도의 재림을 여러 가지로 표현한다. 즉, 디모데후서 4:8에서는 '에피파네이아'(ἐπιφάνεια, 영어로 appearing), 고린도후서 4:2과 요한일서 3:2에서는 '파네로시스'(φανερώσις, 영어로 manifestation), 그리고 여기에서는 '아포칼립시스'(ἀποκάλυψις, 영어로 revelation)로 표현한다(헬라어와 영어로는 이렇게 각각 다르게 표현되지만, 한글개역개정에서는 이 모든 것을 다 "나타나심"으로 번역하고 있다 — 역주). 그리스도께서는 지금은 하늘에 계시지만, 그 때에는 친히 오셔서 자신의 영광을 드러내실 것이다. 그렇게 그리스도께서 재림하시기 전에는, 성도들은 죽어서 영혼은 하늘에서 안식하고 육신은 무덤에 있을 것이지만, 그 때가 이르러서야 전인적으로 안식하게 될 것이다. 이미 안식에 들어가신 그리스도께서는 자기 백성을 자기와 동일한 안식에 들어가게 하시기 위하여 다시 오실 것이다(히 4:10).

8. 하나님을 모르는 자들과 우리 주 예수의 복음에 복종하지 않는 자들에게 형벌을 내리시리니.

형벌을 내리시리니. 사도는 그리스도의 재림의 또 하나의 목적을 여기에서 말한다. 즉, 그리스도께서는 단지 자기 백성을 안식에 들어가게 하시기 위하여 재림하시는 것이 아니라, 불신자들에게 "형벌을 내리시기" 위해서도 재림하시리라는 것이다. 사도는 앞 절에서 그리스도께서 이 심판을 행하시기 위해서 "자기의 능력의 천사들과 함께" 나타나실 것이라고 말하였는데, 성경의 다른 곳에서는 "자기의 거룩한 천사들과 함께" 나타나실 것이라고 말하기도 한다. 시편 103:20에서 "능력이 있어 여호와의 말씀을 행하며 그의 말씀의 소리를 듣는 여호와의 천사들이여"라고 말하고 있는 것처럼, 천사들에게는 뛰어난 능력이 있기 때문에, "능력"이라는 이름으로 불린다(엡 1:21). 사도가 여기에서 천사들을 "능력의 천사들"이라고 말한 것은, 그리스도께서 재림하실 때에 수행하실 일은 엄청난 일일 뿐만 아니라 힘들고 어려운 일이 될 것이어서, 아무도 그 일을 방해할 수 없도록, 그 일을 하기에 충분한 능력을 갖춘 천사들이 수행원으로 동원될 것임을 보여 주기 위한 것이다. 물론, 그리스도께서는 혼자서도 그 일을 하시기에 충분한 능력을 지니고 계시지만, 이 큰 날에 행하실 일들을 엄숙하고 장엄하게 수행하시기 위하여 천사들을 대동하셔서, 천사들로 하여금 그 일들을 돕게 하실 것이다. 왜냐하면, 그 날에 그리스도께서는 성도들을 죽은 자 가운데서 부활하게 하시고, 사방에서 불러 모아 한 곳에 모이게 하시며, 마치 알곡과 가라지를 분리하고, 양들과 염소들을 분리하듯이, 그들을 불경건한 자들로부터 분리하신 후에, "하나님의 모르는 자들과 복음에 복종하지 않는 자들"에게 원수를 갚으실 것인데, 이 모든 일에서 "능력의 천사들"이 그리스도를 수종들게 될 것이기 때문이다. 여기에서 사도는 특히 이 주의 진노의 날에 악인들을 벌하는 일을 천사들이 맡게 될 것이라고 말한다.

또한, 그리스도께서는 하늘로부터 "불꽃 가운데에" 또는 "활활 타는 불 가운데에" 나타나실 것이다. 이것은 히브리적인 표현이다. "불"은 자연의 모든 원소들 중에서 가장 두렵고 무시무시한 것인데, 특히 활활 타는 불이 모든 것을 태워 버릴 것처럼 맹렬하게 타오르는 모습은 주의 진노의 날에 그 진노가 얼마나 맹렬하고 무시무시할지를 잘 보여 준다. 성경에서는 하나님의 진노를 흔히 "불"로 묘사하고(신 32:22; 시 97:3; 렘 21:12; 히 10:27), "불"은 그리스도의 큰 날, 즉 주의 날에도 큰 역할을 한다. 다니엘서 7:9-10에서는 최후의 심판을, "내가 보니 왕좌가 놓이고 옛적부터 항상 계신 이가 좌정하셨는데 그의 옷은 희기가 눈 같고 그의 머리털은 깨끗한 양의 털 같고 그의 보좌는 불꽃이요 그의 바퀴는 타오르는 불이며 불이 강처럼 흘러 그의 앞에서 나오며 그를 섬기는 자는 천천이요 그 앞에서 모셔 선 자는 만만이며 심판을 베푸는데 책들이 펴 놓였더라"고 묘사하고 있고, 고린도전서 3:13에서는 "각 사람의 공적이 나타날 터인데 그 날이 공적을 밝히리니 이는 불로 나타내고 그 불이 각 사람의 공적이 어떠한 것을 시험할 것임이라"고 말하며, 베드로후서 3:7,

12에서는 "이제 하늘과 땅은 그 동일한 말씀으로 불사르기 위하여 보호하신 바 되어 경건하지 아니한 사람들의 심판과 멸망의 날까지 보존하여 두신 것이니라 … 하나님의 날이 임하기를 바라보고 간절히 사모하라 그 날에 하늘이 불에 타서 풀어지고 물질이 뜨거운 불에 녹아지려니와"라고 말한다. 사도가 여기에서 말하는 활활 타는 불이 실제적인 것인지, 아니면 단지 상징적이고 비유적인 것인지, 또는 실제적인 것이라고 한다면, 노아의 때에 궁창 위의 물과 궁창 아래의 물이 서로 합쳐져서 대홍수가 난 것과 마찬가지로, 그 때에도 궁창 위의 불이 땅에 임하고, 땅 아래의 불이 위로 터져나오게 되는 것인지, 아니면 어떤 새로운 자연적이거나 초자연적인 불이 생겨나게 되는 것인지에 대해서는, 나는 신학자들에게 맡겨 두고자 한다. 하지만 해석자들은 일반적으로 이 불을 실제적인 불을 의미하는 것으로 본다. 만일 그렇지 않다면, 사도 베드로가 베드로전서 3:10에서 "주의 날이 도둑 같이 오리니 그 날에는 … 물질이 뜨거운 불에 풀어지고 땅과 그 중에 있는 모든 일이 드러나리로다"라고 말할 수 없었을 것이다. 또한, 이 불을 실제적인 불이라고 할 때, 노아의 홍수 때의 실제적인 물과 서로 병행이 될 수 있다.

그러나 이 불은 하나님의 진노의 불이고, "경건하지 아니한 사람들의 심판과 멸망"(벧후 3:7)을 위한 도구이다. 왜냐하면, 사도는 이 본문에서 그리스도께서 원수를 갚으시기 위하여 활활 타는 불 가운데서 나타나실 것이라고 말하고 있기 때문이다. 원수를 갚는 것은 공의의 행위이다. 그것은 악으로 악을 갚으시는 것, 그들이 행한 악에 대하여 거기에 걸맞는 악으로 되갚아 주시는 것이다. 시편 기자는 시편 94:1에서 "여호와여 복수하시는 하나님이여 복수하시는 하나님이여 빛을 비추어 주소서"라고 탄원하고, 로마서 12:19에서는 "내 사랑하는 자들아 너희가 친히 원수를 갚지 말고 하나님의 진노하심에 맡기라 기록되었으되 원수 갚는 것이 내게 있으니 내가 갚으리라고 주께서 말씀하시니라"고 말하며, 히브리서 10:27에서는 "오직 무서운 마음으로 심판을 기다리는 것과 대적하는 자를 태울 맹렬한 불만 있으리라"고 말한다. 또한, 우리 주님께서도 원수를 갚아 달라고 밤낮으로 부르짖는 과부에 관한 비유를 통해서, "하물며 하나님께서 그 밤낮 부르짖는 택하신 자들의 원한을 풀어 주지 아니하시겠느냐 그들에게 오래 참으시겠느냐 내가 너희에게 이르노니 속히 그 원한을 풀어 주시리라"(눅 18:7-8)고 말씀하셨다.

하나님을 모르는 자들. 이 사람들은 그리스도께서 재림하셔서 복수하실 자들이다. 어떤 이들은 사도가 여기에서 복음을 듣지 않은 이방인들을 이렇게 표현한 것이라고 생각한다. 즉, 사도는 여기에서 복음을 듣지는 않았지만, 본성의 빛 및 하나님이 창조와 섭리를 통해 지으신 모든 것들을 통해서 하나님을 알 수 있었음에도 불구하고, 그런 기회를 선용하지 않음으로써, 하나님을 모른 채로 살아간 이방인들이 그리스도의 심판을 받게 될 것이라고 말하고 있다는 것이다. 여기에서 하나님을 안다는 것은 하나님에 대하여 사변적으로 안다는 것이 아니라 실제적으로 안다는 것을 의미하기 때문에, 실제로 하나님을 경외하고 사랑하며 공경하지 않는 자들은 하나님을 모르는 자들이라고 할 수 있다. 그런 까닭에, 이방인들은 하나님을 아는 자들이지만, 그들의 삶 속에서 하나님을 하나님으로 섬기며 영화롭게 하지 않고, 반대로 우상을 섬기며 살아가는 자들이기 때문에(롬 1:21), 그런 의미에서 갈라디아서 4:8과 데살로니가전서 4:5에서는 "너희가 그 때에는 하나님을 알지 못한" "하나님을 모르는 이방인"이라고 말한다. 또한, 하나님께서는 유다 왕 요시야에 대해서, "그는 가난한 자와 궁핍한 자를 변호하고 형통하였나니 이것이 나를 앎이 아니냐"(렘 22:16)고 말씀하심으로써, 의와 공의를 행하는 것이 곧 하나님을 아는 것이라고 하신다. 사무엘상 2:12에서는 "엘리의 아들들은 행실이 나빠 여호와를 알지 못하더라"고 말함으로써, 그들의 악한 행실을 근거로 해서, 그들이 비록 하나님의 제사장들이었지만 하나님을 알지 못한 자들이었다고 말한다.

우리 주 예수의 복음에 복종하지 않는 자들. 우리는 이 어구를 앞에 나온 어구와 연결시켜서 하나의 동일한 의미로 해석할 수 있는데, 그런 경우에 "복음에 복종하지 않는 자들"은 "하나님을 모르는 자들"과 동일한 자들이 된다. 복음으로 말미암지 않고는 하나님을 올바르게 알 수 없기 때문에, 복음에 복종하는 자들만이 하나님을 올바르게 아는 자들이다. 어떤 사람들은 복음 아래에서 살고 있기는 하지만, 하나님에 대하여 무지하고 하나님을 알지 못한다. 또는, 어떤 사람들은 복음에 대한 지식을 갖고 있기는 하지만, 복음에 복종하지는 않는다. 지식과 복종은 함께 가야 한다. 사도는 이 복종을 복음에 복종하는 것이라고 부른다. 복음에는 사람들이 믿어야 할 약속들만 들어 있는 것이 아니라, 복종해야 할 계명이나 명령들도 들어 있다. 믿음 자체도 그러한 명령들 중의 하나라고 할 수 있기 때문에, 복음을 믿지 않는 자들은 복음에 복종하지 않는 자들이다. 여기에서 "복종하다"로 번역된 헬라어는 "주의해서 듣고 믿는다"는 의미이기도 하고, "복종한다"는 의미이기도 하다. 복음에는 몇몇 특별한 명령들과 제도들이 들어 있을 뿐만 아니라, 복음은 도덕법의 모든 명령들을 포괄하고, 절차법이나 예식법 중에서도 공평함 같은 도덕적인 의미를 지닌 규정들도 포괄한다. 인간은 복음이 명하는 것들에 반드시 복종하여야 한다. 따라서 불순종은 큰 악이기 때문에, 불순종한 자들은 장차 그리스도께서 재림하실 때에 거기에 상응하는 형벌을 받게 될 것이다. 그래서 로마서 2:8-9에서는 "오직 당을 지어 진리를 따르지 아니하고 불의를 따르는 자에게는 진노와 분노로 하시리라 악을 행하는 각 사람의 영에는 환난과 곤고가 있으리니"라고 말한다. 본성의 법에 복종하지 않은 이방인들에게 하나님의 진노가 임할 것이고(롬 1:18), 모세 율법에 복종하지 않은 유대인들에게 하나님의 진노가 임할 것인데(롬 2:2; 히 2:3; 10:28; 히 12:25), 복음에 복종하지 않은 자들에게는 얼마나 더 큰 하나님의 진노가 임하겠는가. 사도는 여기에서 그리스도께서 재림하실 때에 복음에 복종하지 않은 자들에게 복수하실 것임을 특별히 강조해서 언급한다. 왜냐하면, 복음에 대하여 짓는 죄들은 가장 극악무도한 죄들이어서 하나님의 맹렬한 진노를 초래하고, 가장 혹독한 형벌을 받게 될 것이기 때문이다.

9. 이런 자들은 주의 얼굴과 그의 힘의 영광을 떠나 영원한 멸망의 형벌을 받으리로다.

이런 자들은 … 영원한 멸망의 형벌을 받으리로다. 사도는 앞에서 말한 악인들에 대한 하나님의 보응 또는 원수 갚으심이 무엇을 의미하는지를 여기에서 좀 더 구체적으로 밝힌다. 사도는 그것을 "멸망"이라고 부르는데, 이것은 존재 자체를 없애 버리는 멸절을 의미하는 것이 아니라, 생존하기는 하겠지만 삶 속에서 모든 좋은 것들을 다 박탈당한 상태를 의미한다. 로마서 6:23에서는 "죄의 삯은 사망이요"라고 말함으로써 이것을 "사망"이라고 부르고, 요한계시록 20:6에서는 "둘째 사망"이라고 부르지만, 그러한 표현들도 악인들의 생존 자체가 아예 없어지게 된다는 것이 아니라, 단지 삶 속에서의 온갖 위로들과 낙들을 다 빼앗기게 될 것임을 나타낸다. 악인들은 단지 몸이나 영혼, 어느 한 쪽에 해당하는 위로들과 낙들을 박탈당하는 것이 아니라, 전인적으로 그런 것들을 박탈당하게 된다. "불"은 모든 것을 태워 버리고 무너뜨리는 파괴자이기 때문에, 그리스도께서 활활 타는 불 가운데서 오실 때, 그 불로 인해 그들의 멸망이 초래될 것이다.

사도는 이 멸망을 "영원한 멸망"이라고 부른다. 그들을 멸망시키는 불은 영원히 꺼지지 않을 것이다(막 9:43-44). 긍휼의 불이었던 제단의 불이 항상 꺼지지 않게 하여야 했던 것과 마찬가지로, 공의의 불인 도벳의 불도 영원히 타오를 것이다(사 30:33). 하나님께서 영원히 살아 계시고, 하나님의 공의도 영원히 충족되지 않을 것이기 때문에, 그들의 멸망도 영원히 계속될 것이다. 그들은 영원한 범죄를 저질렀기 때문에, 하나님의 영원한 시간 속에서 영원토록 형벌을 받게 될 것이다. 하나님께서는 사람들이 자신의 죄를 속량 받을 수 있는 기회를 복음을 통해서 주셨기 때문에, 복음을 배척하고 복음에 복종하지 않는 자들에게는 더 이상 아무런 소망도 남아 있지 않다. 그들의 멸망은 영원토록 지속되는 멸망이다. 또한, 사도는 그들의 멸망을, 그들이 "형벌을 받는"(*δίκην τίσουσιν* - '디켄 티수신') 것이라고 말한다. 즉, 그들의 멸망은 하나님께서 자기 백성을 일시적으로 괴롭게 하시는 징계가 아니라, 그들의 악행에 대하여 보복하시는 공의의 형벌이라는 것이다. 이 형벌은 그리스도께서 자신의 얼굴을 악인들에게서 감추시고, 자신의 권능의 영광을 그들에게 비추지 않으시는 것으로 이루어지고, 이 두 가지는 그들에게 완전한 멸망을 가져다주게 될 것이다.

주의 얼굴과 그의 힘의 영광을 떠나. 이 어구의 헬라어 본문을 직역하면, "주의 얼굴로부터와 그의 힘의 영광으로부터 떠나"가 되어서, 전치사 "~로부터"가 두 번 사용되고 있는데, 첫 번째의 것은 "분리"를 나타내고, 두 번째의 것은 "결과"를 나타낸다. 어떤 이들은 이 전치사들은 둘 다 효과를 나타내는 것이라고 본다. 즉, 그들은 그리스도의 미소 짓는 얼굴을 보아야만 구원을 얻게 되는데, 반대로 그리스도의 노하신 얼굴을 보게 되기 때문에 그 결과로 멸망을 당하게 되고, 마찬가지로 그리스도의 영광스러운 능력이 그들에게 미쳐서 그 결과로 멸망을 당하게 된다는 것이다(롬 9:22). 하지만 어떤 이들은 반대로 이 두 전치사가 모두 다 "분리"를 나타내는 것으로 해석한다. 즉, 성도들은 그리스도의 얼굴을 항상 봄으로써 영원토록 기뻐하게 되고, 그리스도의 영광스러운 권능이 이 세상에서 그들에게 역사하여 회심과 성화를 가져다주었던 것과 마찬가지로, 그리스도께서 재림하시는 날에도 그들에게 역사하여 온전한 구원을 가져다줄 것이지만, 그리스도께서 자신의 얼굴과 권능을 악인들로부터 거두어 가실 때, 악인들은 멸망하게 된다는 것이다. 왜냐하면, 그리스도의 "힘의 영광"은 그 날에 성도들의 몸과 영혼에 영광을 가져다줄 권능일 뿐이고, 악인들은 그 날에 그 "힘의 영광"을 경험하지 못할 것이기 때문이다.

10. 그 날에 그가 강림하사 그의 성도들에게서 영광을 받으시고 모든 믿는 자들에게서 놀랍게 여김을 얻으시리니 이는 (우리의 증거가 너희에게 믿어졌음이라).

그 날에 그가 강림하사 그의 성도들에게서 영광을 받으시고. 사도는 앞에서 그리스도의 재림이 악인들에게 미칠 결과에 대해서 말하였고, 이제 여기에서는 성도들과 믿는 자들에게는 어떤 식으로 작용할 것인지에 대하여 말한다. 즉, 그리스도께서는 앞 절에서 말한 것 같이 악인들에게는 활활 타는 불 가운데서 오셔서 그들을 멸망시키실 것이지만, 성도들과 믿는 자들 가운데서는 "영광을 받으시고 놀랍게 여김을 얻으시리라"는 것이다. 사도는 재림하신 그리스도께서 그들에 의해서(by)가 아니라 그들 가운데서(in) 영광을 받으시고 경배와 찬송을 받으실 것이라고 말한다. 즉, 그리스도께서는 그들 가운데 영광스러운 모습으로 나타나셔서 영광을 받으시게 될 것이고, 자신의 성도들 가운데서 그들의 머리로서 또 다른 신비적인 영광을 받으시게 될 것이다. 마치 해가 스스로 갖고 있는 영광 외에도, 달과 별들 가운데서 광휘와 영광을 지니듯이, 그리스도의 지체들인 성도들이 머리이신 그리스도 안에서 및 그리스도로부터 영광을 얻는 것과 마찬가지로, 머리이신 그리스도께서도 자신의 지체들 가운데서 영광을 얻으시게 될 것이다. 그래서 골로새서 3:4에서는 "우리 생명이신 그리스도께서 나타나실 그 때에 너희도 그와 함께 영광 중에 나타나리라"고 말한다. 성자이신 그리스도께서는 성부 하나님으로부터 영광을 받으셔서, 그 영광을 자신의 성도들에게 주셨는데(요 17:22, "내게 주신 영광을 내가 그들에게 주었사오니"), 그가 나타나시는 그 날에 그 영광을 그들에게 덧입혀 주시고서, 그들의 영광 가운데서 영광을 얻으실 것이다. 그래서 이사야서 44:23에서는 하나님께서 "이스라엘 중에 자기의 영광을 나타내셨다"고 말한다.

모든 믿는 자들에게서 놀랍게 여김을 얻으시리니. 여기에서 "놀랍게 여김을 얻으시리니"로 번역된 단어는 재림하신 그리스도의 영광이 너무나 놀라운 것이어서, 모든 믿는 자들이 자신들 가운데 영광 중에 서신 그리스도를 뵈올 때에 경탄하며 넋을 잃고 바라보게 될 것임을 의미한다. 실제로 성도들만이 아니라, 하늘의 모든 천사들, 아니 온 세계가 경이로움에 사로잡히게 될 것이다. 작은 일들은 우리에게서 경탄을 자아낼 수 없지만, 너무나 놀랍고 큰 일이어서 도무지 우리의 머리로 이해할 수 없는 경우에는, 우리는 오직 경탄할 수밖에 없게 된다. 그리스도께서는 그들에 의해서 경탄을 받게 되실 뿐만 아니라, 그들 가운데서 경탄을 받게 되실 것이다. 그들은 자신들을 향한 그리스도의 놀랍고 기이한 사랑과 은혜와 긍휼하심, 지혜와 신실하심을 경탄하며 그리스도를 경배하게 될 것이다. 왜냐하면, 그리스도께서는 수많은 비천하고 죄악되며 멸시 받을 만한 초라한 벌레들을 진토로부터 들어올리셔서 그토록 영광스럽고 존귀한 놀라운 모습으로 바꾸어 놓으신 분이시기 때문에, 그들 가운데서 경배 받으시기에 충분하신 분이시기 때문이다.

이는 우리의 증거가 너희에게 믿어졌음이라. 사도는 데살로니가 교인들로 하여금 이러한 사실로 인한 위로를 받도록 하기 위하여, 앞에서 "성도들"과 "모든 믿는 자들"이라고 일반적으로 말한 후에, 여기에서는 구체적으로 그들을 언급하는 말을 삽입구 속에 끼워 넣는다. 즉, 그 날에 그리스도께서는 모든 믿는 자들 가운데서 경배를 받게 되실 것인데, 그 믿는 자들 가운데는 그들도 포함되어 있다는 것이다. 사도는 자기가 그들에게 전한 복음의 교훈을 "우리의 증거"(testimony)라고 부른다(요 3:33; 고전 3:6). 이것은 자기가 그들에게 전한 것은 자기가 스스로 만들어 낸 것이 아니라, 자기는 단지 증언한 것일 뿐임을 의미한다. 이 증언을 듣는 사람들은 서로 다른 반응을 보여서, 어떤 이들은 그 증언을 믿지 않았고, 어떤 이들은 그 증언을 믿고 받아들였는데, 사도는 데살로니가 교인들이 후자에 속한 것에 대하여 칭찬하고, 그들을 위로한다.

흠정역에서는 "이는 우리의 증거가 너희에게 믿어졌음이라"는 어구를 삽입구로 처리해서, "그 날에"가 나머지 문장 전체에 걸리는 것으로 번역한 반면에, 아람어 역본에서는 이 어구를 삽입구로 처리하지도 않고, 또한 과거가 아니라 미래 시제로 읽은 후에, "그 날에"도 이 어구에 걸리는 것으로 보고서, 여기에서 사도가 "너희 가운데서 우리가 전한 증언이 그 날에 확증되어 믿어지게 될 것이기 때문에, 그리스도께서는 자신의 성도들 가운데서 이렇게 영광을 받으시고 경배를 받게 될" 것이라고 말하고 있는 것으로 본다. 여기에서 "그 날"은 사도가 데살로니가전서 5:2에서 "주의 날"이라고 부른 바로 그 날을 가리키는 것으로서, 그리스도께서 재림하시는 날을 의미한다. 그 날은 너무나 큰 날이기 때문에, 사도는 강조해서 "그 날"이라고 부른다.

11. 이러므로 우리도 항상 너희를 위하여 기도함은 우리 하나님이 너희를 그 부르심에 합당한 자로 여기시고 모든 선을 기뻐함과 믿음의 역사를 능력으로 이루게 하시고.

이러므로 우리도 항상 너희를 위하여 기도함은. 사도는 첫 번째 서신에서도 자주 그랬듯이, 여기에서도 또다시 데살로니가 교인들을 위한 자신의 기도를 언급하는데, 아마도 그 이유는 자기가 그들로부터 한동안 떨어져 있었기 때문일 것이다. 그들은 사도의 기도를 특히 더 필요로 하였을 것이기 때문에, 사도는 이렇게 그들을 위한 자신의 기도를 자주 언급함으로써, 자기가 그들을 잊지 않고 있음을 그들에게 확인시켜 준다. 사도가 여기에서 자기가 그들을 위하여 기도하고 있는 내용이라고 밝힌 것은, 자기가 앞에서 말해 온 것과 관련된 것이었는데, 이것은 이 절의 처음에 나오는 '에이스 호'(εἰς ὅ, "이러므로")라는 어구가 잘 보여 준다: "이것을 위해서 우리도 항상 너희를 위하여 기도함은."

우리 하나님이 너희를 그 부르심에 합당한 자로 여기시고. "그 부르심"은 그들이 부르심을 받은 바 저 복된 상태를 가리키는 것으로 이해하여야 한다. 왜냐하면, 사도는 그들이 이미 "부르심"을 받았다는 것을 전제하고 이 말을 하고 있기 때문이다. 사도가 여기에서 한 말은 그가 데살로니가후서 1:5에서 "너희로 하여금 하나님의 나라에 합당한 자로 여김을 받게 하려 함이니"라고 말한 것이나, 1:10에서 그리스도께서 "그의 성도들에게서 영광을 받으시고 모든 믿는 자들에게서 놀랍게 여김을 얻으시리니"라고 말한 것과 동일한 취지라고 할 수 있다. 따라서 "그 부르심"은 "하나님 나라"로의 부르심을 의미하는데, 사도는 빌립보서 3:14에서는 그것을 "그리스도 예수 안에서 하나님이 위에서 부르신 부름의 상"이라고 표현한다. 사도는 여기에서도 "합당한 자로 여기시고"라는 표현을 사용하는데, 앞의 5절에서도 이미 그러한 표현을 사용한 바 있다. 다만, 거기에서는 그들의 환난과 관련해서 사용되었고, 여기에서는 그들을 위한 사도의 기도의 내용과 관련해서 사용된 것만이 다를 뿐이다. 사도는 거기에서 환난 가운데 있는 그들이 인내와 믿음으로 끝까지 잘 감당함으로써 하나님의 나라에 합당한 자로 여김을 받게 되라고 권면하였다면, 여기에서는 하나님께서 그들을 하나님의 나라에 합당한 자로 여기시게 되기를 기도한다. 그들이 환난을 잘 감당해서 하나님의 나라에 합당한 자로 여김을 받게 된다고 할지라도, 그것은 그들의 공로 때문이 아니라, 하나님의 전적인 은혜 때문이다. 그리스도의 부르심에는 의무가 수반되기 때문에, 사도는 에베소 교인들에게도 그러한 의무들을 잘 감당함으로써, "너희가 부르심을 받은 일에 합당하게 행하라"고 권면한다(엡 4:1-2). 하나님께서는 그들을 장차 그들에게 주어질 지극히 복된 상태로 부르신 것이기 때문에, 사도는 여기에서 그들이 장차 누리게 될 그 상태를 "그 부르심"으로 표현하고 있는데, 그 지극히 복된 상태에는, 오직 하나님이 거기에 합당한 자로 여기실 자들만이 참여하게 될 것이다. 하나님께서는 그 합당함을 엄격한 율법이라는 잣대에 비추어 판단하시는 것이 아니라, 은혜의 언약을 따라 자신의 은혜로우신 너그러우심 안에서 판단하실 것이지만, 사도의 이 기도 속에는, 그들이 그러한 지극히 복된 상태에 들어가기에 합당한 자들로 여기심을 받기 위해서는, 그 은혜의 언약을 따라 행하여야 한다는 뜻이 담겨 있다.

모든 선을 기뻐함과 … 이루게 하시고. 여기에서 "모든 선을 기뻐함"으로 번역된 어구는 자기 백성을 향하신 하나님의 은혜로우신 뜻과 목적들을 가리키고, 그것은 흔히 그의 선하시고 기뻐하시는 뜻으로 불린다(마 11:26; 눅 12:32; 엡 1:5, 9). 이사야서 53:10에서는 하나님께서 그리스도의 손으로 "여호와께서 기뻐하시는 뜻"을 이루실 것이라고 예언하는데, 거기에서 "기뻐하시는 뜻"으로 번역된 히브리어는 여기에서 사용된 헬라어와 동일한 의미를 지니기 때문에, 그 예언은 그리스도께서 자기 백성을 향하신 하나님의 은혜로우신 뜻들을 이루실 것임을 의미한다. 사도가 하나님의 뜻을 하나님의 "모든 선하시고 기뻐하심"이라고 한 이유는, 그 일들이 전적으로 하나님의 절대주권에 의한 것이고 다른 이유는 전혀 없기 때문이고, 하나님이 그 일들을 대단히 기뻐하시고 흡족해하시기 때문이다. 그 일들은 역사와 시간 속에서 이루어지기는 하지만, 하나님의 마음속에는 영원 전부터 있던 것이었기 때문에, 에베소서 3:11에서는 "영원부터 우리 주 그리스도 예수 안에서 예정하신 뜻"이라고 부른다. 사도는 에베소서 1:9에서는 "뜻"과 "기뻐하심"을 따로 사용해서, 하나님께서 비밀에 감추어져 있던 자신의 "뜻"을 믿는 자들에게 알리셨는데, 그것은 하나님의 "기뻐하심을 따라" 그리스도 안에서 예정하신 것이라고 말한다. 사도는 여기에서 그것을 하나님의 "선하심"의 "기뻐하신 뜻"이라고 표현하는데, 이것은 얼핏 보면 동어반복처럼 보이지만, 실제로는 그렇지 않고, 이 모든 일이 하나님의 은혜로 이루어진 일임을 강조해서 표현한 것이거나, 자기 백성을 향하신 하나님의 그러한 선하시고 기뻐하신 뜻은 하나님의 선하심으로부터 생겨난 것임을 보여 주기 위한 것일 뿐이다. "선하심"은 하나님 속에 있는 지극히 탁월한 속성이기 때문에, 하나님께서는 자신의 그러한 선하심으로 말미암아 자신이 지으신 모든 피조물들에게 어떻게든 선을 행하고자 하신다. 그러나 여기에서 사도가 말한 선하심은 하나님께서 자기 백성을 택하신 일 속에서 드러난 하나님의 특별하신 선하심을 가리킨다. 따라서 여기에서 "모든 선을 기뻐함을 이루신다"로 번역된 어구는 하나님께서 자신의 마음속에 영원 전부터 있던 저 모든 선하신 뜻들을 이루시는 것을 의미한다. 그 뜻들 중에서 일부는, 그들을 부르시고, 자녀로 삼으시며, 의롭다고 하시고, 거룩하게 하시는 역사를 시작하시는 것을 통해서 이미 이루어졌지만, 모든 뜻이 다 온전히 이루어진 것은 아니기 때문에, 사도는 여기에서 그 모든 뜻들을 온전히 이루시라고 기도한 것이다. 따라서 그들을 택하심과 그들의 최초의 회심이 이루어진 것이, 그들에게 그럴 만한 자격이 있었기 때문도 아니고, 그들이 장차 믿음을 갖게 될 것을 하나님이 미리 아셨기 때문도 아니며, 오직 하나님의 선하시고 기뻐하시는 뜻을 따라 된 것임과 마찬가지로, 그들이 은혜 안에서 성장하여 구원을 온전히 이루게 되는 일도 전적으로 하나님의 선하시고 기뻐하시는 뜻을 따라 될 것임은 두말할 필요가 없다.

믿음의 역사를 능력으로. "믿음의 역사"는 하나님의 역사로 그들 속에서 생겨난 믿음 자체를 가리키는 것일 수도 있고, 믿음의 열매들을 가리키는 것일 수도 있다. "역사"는 여기에서 일들 또는 행위들을 의미한다. 사도가 자신의 기도에 이 어구를 덧붙인 이유는, 그들이 믿음 없이 오직 하나님의 선하시고 기뻐하시는 뜻에 의해서만 구원 받은 것이 아니라, 그들이 구원 받는 데에는 그들 속에서 역사한 믿음도 한 몫을 하였다는 것을 보여 주기 위한 것이다. 그들의 구원을 완성하는 것은 믿음의 역사를 이루는 것이다. 왜냐하면, 끝까지 믿음을 지키고 온전한 믿음을 향하여 성장해 가는 것은 믿음의 역사로 말미암기 때문이다. 또는, 좀 더 구체적으로, 이것은 사도가 앞에서 말한 그들의 인내와 믿음, 즉 그들이 환난 가운데서도 인내로써 믿음을 지킨 것을 가리키는 것일 수도 있다. 왜냐하면, 그것도 믿음의 고유한 역사이기 때문이다. 그러나 믿음은 그 자체만으로는 충분하지 않고, 믿음의 역사는 실패할 수도 있기 때문에, 사도는 "능력으로"라는 말을 덧붙인다. 여기에서 "능력"은 하나님의 능력을 가리키는데, 누가복음 1:35에서는 "성령이 네게 임하시고 지극히 높으신 이의 능력이 너를 덮으시리니"라고 말함으로써, "성령"이 곧 "하나님의 능력"이라는 것을 보여 준다. 그러므로 사도는 여기에서 우리의 믿음과 하나님의 능력을 한데 결합시켜 놓고 있는 것인데, 베드로전서 1:5에서도 이 둘을 결합시켜서, "너희는 말세에 나타내기로 예비하신 구원을 얻기 위하여 믿음으로 말미암아 하나님의 능력으로 보호하심을 받았느니라"고 말한다. 처음에 우리 속에서 믿음을 만들어 낸 바로 그 하나님의 능력은 그 이후로도 믿음과 함께 하는 역사를 이어 나간다.

12. 우리 하나님과 주 예수 그리스도의 은혜대로 우리 주 예수의 이름이 너희 가운데서 영광을 받으시고 너희도 그 안에서 영광을 받게 하려 함이라.

우리 주 예수의 이름이 너희 가운데서 영광을 받으시고 너희도 그 안에서 영광을 받게 하려 함이라. 이 절의 맨 앞에 나오는 '호포스'(ὅπως)라는 단어가 보여 주듯이, 모든 해석자들은 이 절 전체를 목적절로 보고, 사도는 여기에서 데살로니가 교인들을 위한 자신의 기도의 궁극적인 목적이 무엇인지를 밝히고 있는 것이라고 이해한다. 사도는 그들의 구원과 관련된 것들을 기도하였지만, 거기에서 한 걸음 더 나아가서,

그들의 구원을 통해서 주 예수의 이름이 그들 가운데서 영광 받으시게 되기를 기도하였다. 그리스도의 영광과 성도들의 구원은 하나로 묶여 있기 때문에, 성도들은 직접적으로는 자신들의 구원을 바라보아야 하지만, 궁극적으로는 그리스도의 영광을 바라보아야 한다. 그러나 사도가 그리스도께서 현세에서 영광을 받으시기를 바란 것인지, 아니면 내세에서 영광을 받으시기를 바란 것인지는 확실하지 않다. 나는 하나님께서 예수 그리스도로 말미암아 자신의 권능으로 성도들의 믿음을 끝까지 지켜 주셔서, 장차 하나님의 선하심으로 말미암은 하나님의 모든 선하시고 기뻐하시는 뜻이 성도들에게서 이루어질 때, 내세에서 그리스도의 이름이 자기 백성 가운데서 영원토록 영광을 받으시게 되기를 사도가 여기에서 기도하고 있는 것이라고 생각한다. 그 때에 성도들은 그리스도로 말미암아 영광을 받게 될 뿐만 아니라, 본문이 말하고 있듯이, 그리스도 안에서 영광을 받게 될 것이다. 즉, 그들은 예수 그리스도와 연합되어 그리스도와 동일한 영광에 참여하는 방식으로 그리스도 안에서 영광을 받게 될 것이다(요 17:22; 골 3:4; 요일 3:2). 이 일이 이루어졌을 때, 사도가 앞에서 그들을 위하여 기도하였던 일들이 모두 이루어진 것이다. 즉, 그들은 자신들의 부르심의 상을 받게 된 것이고, 하나님의 선하심으로 말미암은 하나님의 선하시고 기뻐하시는 뜻이 모두 이루어진 것이며, 믿음의 역사가 온전히 완성된 것이다.

우리 하나님과 주 예수 그리스도의 은혜대로. 사도는 앞에서 하나님의 선하심으로 말미암은 하나님의 선하시고 기뻐하시는 뜻이라고 불렀던 것을 여기에서는 하나님의 "은혜"라고 부르고, 거기에 그리스도의 은혜를 덧붙이는데, 그것은 사도가 앞에서 말한 대로, 하나님의 이름만이 아니라 그리스도의 이름도 영광을 받으시게 될 그러한 일들에서 성부와 성자의 은혜 또는 은총이 둘 다 아주 두드러지게 나타난 까닭에, 그리스도의 이름도 그의 은혜대로 그들 가운데서 큰 영광을 받으시는 것이 마땅하기 때문이다. 또는, 우리는 이 구절을 이렇게 이해할 수도 있다: 그들은 하나님과 예수 그리스도의 은혜를 따라 그리스도 안에서 큰 영광을 받았다. 즉, 하나님께서는 그리스도 예수 안에서 자신의 이루 말할 수 없이 큰 은혜를 그들에게 나타내셨다는 것이다. 사도는 이 어구를 통해서, 인간의 공로, 즉 여기에서는 데살로니가 교인들 자신의 공로가 개입될 여지를 원천적으로 차단해 버린다.

MATTHEW POOLE'S COMMENTARY

데살로니가후서 2장

개요

1. 바울은 데살로니가 교인들에게 그리스도의 날이 가까웠다고 근거 없이 추측해서는 안 된다고 경고함(1–2).
2. 큰 배교가 있고, 불법의 사람이 먼저 나타나며, 그의 불의의 속임에 미혹되어 많은 사람들이 멸망하게 되는 일이 먼저 있을 것이라고 말함(3–12).
3. 데살로니가 교인들에 대한 자신의 선한 소망을 다시 한 번 밝힘(13–14).
4. 그들에게 자신의 가르침 안에 굳게 서라고 권면하고, 모든 선한 일에서 그들을 위로하시고 견고하게 하시기를 하나님께 기도함(15–17).

1. 형제들아 우리가 너희에게 구하는 것은 우리 주 예수 그리스도의 강림하심과 우리가 그 앞에 모임에 관하여.

사도는 이제 데살로니가 교인들 중 적어도 일부가 마치 그리스도의 날이 곧 도래할 것처럼 생각하고 있는 것을 반박하기 시작한다. 사도는 데살로니가전서 4:17에서 "그 후에 우리 살아 남은 자들도 그들과 함께 구름 속으로 끌어 올려 공중에서 주를 영접하게 하시리니 그리하여 우리가 항상 주와 함께 있으리라"고 말하였기 때문에, 어떤 이들은 그리스도의 재림이 사도 바울이 살아 있는 동안에 있을 것이라고 오해할 수 있었고, 또한 사람들은 그 밖의 다른 이유들로 인해서 그리스도께서 곧 다시 오실 것이라는 생각에 빠질 수 있었다. 일부 해석자들은 이 문제가 사도가 데살로니가후서를 쓴 주된 이유라고 생각한다. 어쨌든, 그리스도의 재림의 시기에 관한 그러한 오해는 위험한 결과를 초래할 수 있었기 때문에, 사도는 아주 단호하고 맹렬하게 그러한 오해를 자세하게 조목조목 반박한다. 왜냐하면, 그러한 잘못된 생각을 품고 있는 사람들은 실제로 그리스도의 재림이 단기간에 일어나지 않는 것을 보았을 때에는 복음의 진리 전체를 의심할 수 있었고, 그리스도의 재림이 곧 있을 것이라고 생각해서, 장차 교회에 닥칠 고난들에 대비할 수 없을 것이었고, 그 날을 기다리다 지쳐서 그들의 인내가 바닥이 나서, 결국에는 그리스도의 재림 자체를 의심하게 될 수도 있었기 때문이었다. 또한, 그러한 생각을 지닌 사람들은 그리스도의 나라를 아주 좁게 해석해서, 복음을 다른 이방인들 가운데서도 널리 전하여 이 땅에서 그리스도의 나라를 이루는 일을 소홀히 가능성도 높았고, 그 중에서 좀 더 속된 자들은 그리스도의 재림이 곧 있을 것이라는 잘못된 생각을 악용해서, 고린도전서 15:32에서 말하고 있는 것처럼, "내일 죽을 터이니 먹고 마시자"라고 말하며, 방탕한 삶으로 빠져들 수도 있었다.

사도는 데살로니가 교인들로 하여금 자신의 말을 좀 더 친근하게 듣고 받아들이게 하기 위하여, 그들을 "형제들"이라고 부르고, "우리가 너희에게 구한다"는 표현을 사용해서, 자기가 지금부터 하는 말들은 자기가 그들에게 간청하는 것임을 밝히며, 다음으로 "우리 주 예수 그리스도의 강림하심과 우리가 그 앞에 모임을 걸고"라는 맹세의 양식을 사용해서, 그들의 주의를 더욱더 환기시킨다. 우리는 사람들에게 간청할 때, 그들이 좋아하는 것이나 두려워하는 것을 들어서 간청함으로써, 그들로 하여금 우리의 간청에 주의를 기울이고 더 잘 받아들이게 하는 방법을 사용한다. 그리스도의 재림은 그들에게 안식을 가져다주고 그들의 대적들에게는 환난을 가져다줄 것이었기 때문에, 그들이 바라고 기뻐하는 일이었다. 그래서 사도는 바로 그 일을 걸고 그들에게 간청을 한다. 따라서 우리는 여기에 언급된 "그리스도의 강림하심"(*παρουσία* - '파루시아')도 데살로니가전서에 언급된 것들과 마찬가지로(살전 2:19; 3:13 등), 그리스도께서 유대 교회와 나라를 멸하시러 오시게 될 것(이것은 주후 70년에 이루어졌다)을 가리키는 것이 아니라, 세상 끝날에 있을 그리스도의 재림을 가리키는 것으로 이해하여야 한다. 사도가 여기에서 말한 "우리가 그 앞에 모임"은, 그리스도께서 재림하실 때, 그리스도의 몸에 속한 모든 성도들이 그에게로 모여들어서 공중에서 그를 만나게 될 것을 가리킨다(살전 4:17). 그러므로 그 의미는 이런 것이다: 너희가 그 복된 만남을 보고자 하고, 그 수에 들고자 한다면, 내가 지금부터 하는 말을 귀 기울여 경청하여야 한다.

하지만 어떤 이들은 헬라어 본문에서 사용된 전치사가 '디아'(δία)가 아니라 '휘페르'(ὑπὲρ)이고, 이 전치사는 '페리'(πέρι)와 동일한 의미로 볼 수 있다는 점을 들어서, 이 본문을 "우리가 우리 주 예수 그리스도의 강림하심과 우리가 그 앞에 모임을 걸고(by) 너희에게 간청하노니"라고 읽는 것이 아니라, "우리가 우리 주 예수 그리스도의 강림하심과 우리가 그 앞에 모임에 관하여 너희에게 간청하노니"라고 읽어야 한다고 말한다. 즉, 사도는 자기가 지금부터 그들에게 말하고자 하는 내용을 밝히고 있는 것일 뿐이라는 것이다. 나는 전자의 해석이 더 낫다고 본다. 따라서 사도는 여기에서 데살로니가 교인들에게 그리스도의 재림이 당장에 도래할 것처럼 생각해서 쉽게 마음이 흔들리고 요동하지 말고, 도리어 자기가 그들에게 이전부터 아주 최근까지 가르쳤던 그리스도의 재림에 관한 참된 가르침을 굳게 붙잡고 견고히 서라고 간곡히 명하고 있는 것이다. 복음 진리에 관하여 쉽게 요동하고 흔들리는 것은 큰 악이었기 때문에, 사도는 갈라디아 교인들을 호되게 책망하였고(갈 1:6), 시편 기자도 "그들은 그가 행하신 일을 곧 잊어버렸다"고 말하며, 광야의 이스라엘 백성을 책망하였다(시 106:13).

2. 영으로나 또는 말로나 또는 우리에게서 받았다 하는 편지로나 주의 날이 이르렀다고 해서 쉽게 마음이 흔들리거나 두려워하거나 하지 말아야 한다는 것이라.

쉽게 마음이 흔들리거나 … 하지 말아야 한다는 것이라. 여기에서 "마음이 흔들리다"로 번역된 '살류테나이' (σαλευθῆναι)는, 바다에서 바람이 불어 물결이 출렁거리는 것에 빗대어서, 사람들의 마음이 거짓된 교설들에 미혹되어 출렁거리는 것을 나타내는 말이다(엡 4;14; 히 13:9). 사도는 자신의 서신들에서 여러 번 성도들에게 진리 안에서 견고히 서라고 명한다(고전 16:13; 빌 4:1; 골 1:23 등). 여기에서 "마음"은 마음 그 자체를 가리키는 것일 수도 있고, 마음의 생각이나 판단을 가리키는 것일 수도 있다. 전자로 해석하는 경우에, 사도는 그들에게 그들의 이전의 마음과 지각으로부터 떠나서는 안 된다고 간청하고 있는 것이 된다. 왜냐하면, 거짓된 가르침들은 사람들을 홀리거나 미혹해서 그들의 정상적인 마음에서 떠나 제정신이 아니게 만들기 때문이다. 그래서 사도는 갈라디아 교인들에게, "어리석도다 갈라디아 사람들아 예수 그리스도께서 십자가에 못 박히신 것이 너희 눈 앞에 밝히 보이거늘 누가 너희를 꾀더냐 … 그리스도의 은혜로 너희를 부르신 이를 이같이 속히 떠나 다른 복음을 따르는 것을 내가 이상하게 여기노라"(갈 3:1; 1:6)고 말한다. 사람이 미친 것을 라틴어에서는 '아멘티아' (amentia) 또는 '데멘티아(dementia)라고 하는데, 이것은 정신이 나가거나, 부패하여 변질되거나, 왜곡된 것을 가리킨다. 사도는 디모데후서 3:8-9에서 얀네와 얌브레가 이스라엘 백성을 홀려서 미혹시켰다고 말하면서, 그들은 "그 마음이 부패한 자"라고 말하고, 결국에는 "그들의 어리석음이 드러날 것"이라고 말한다. 후자로 해석하는 경우에, 사도는 그들에게 그들이 그리스도의 재림에 관하여 품어 왔던 올바른 생각과 판단을 꼭 붙잡고서, 거기에 대하여 요동하거나 의심하지 말라고 간청하는 것이 된다. 우리는 "마음"이라는 단어가 이런 의미로 사용된 예를 고린도전서 2:16("누가 주의 마음을 알아서 주를 가르치겠느냐 그러나 우리가 그리스도의 마음을 가졌느니라")에서 본다.

두려워하거나. 여기에서 "두려워하다"로 번역된 '트로에이스타이'(θροεῖσθαι)는 군대에서 갑자기 비상이 걸려서 군인들이 화들짝 놀라 기겁을 하는 모습을 묘사한 말이다. 우리 주님께서는 마가복음 13:7에서 이 단어를 그런 의미로 사용해서, "난리와 난리의 소문을 들을 때에 두려워하지 말라 이런 일이 있어야 하되 아직 끝은 아니니라"고 말씀하신다(마 24:6). 데살로니가 교인들이 그리스도의 재림이 곧 있을 것이라는 말을 들었을 때에 이런 반응을 보일 수 있었던 이유는, 그들이 혹시라도 아무런 준비가 되어 있지도 않은데 불시에 재림을 맞게 되는 것은 아닌가 하는 염려, 또는 자신들이 전에 그리스도의 재림에 관하여 가르침 받은 것들이 다 잘못된 것은 아닌가 하는 두려움이 충분히 그들을 엄습할 수 있었기 때문이었다. 또한, 그것은 그리스도께서 곧 재림하실 것이라고 떠벌리고 다닌 거짓 교사들이 데살로니가 교인들로 하여금 겁을 집어먹게 하기 위하여, 의도적으로 그리스도의 재림을 아주 무시무시하고 공포스러운 사건으로 그들 앞에 묘사하였을 것이기 때문이기도 하였을 것이다. 사실 그리스도의 재림은 성도들에게 두렵고 공포스러운 사건이 아니라, 성도들이 소망하고 기뻐할 사건인데도 불구하고(살전 1:10; 4:18 등), 그러한 거짓 교사들의 목적과 의도는 믿는 자들을 "교란하고 어지럽게 하는" 것이라고 사도는 말한다(갈 1:7; 5:12).

영으로나 또는 말로나 또는 우리에게서 받았다 하는 편지로나. 거짓 교사들은 그리스도의 재림에 관하여 잘못된 것을 데살로니가 교인들에게 가르치면서, 자신들의 그러한 가르침이 마치 성령으로부터 온 것이거나, 사도 바울의 어떤 서신에 근거한 것이거나, 사도가 데살로니가 교인들에게 보낸 첫 번째 서신에서 밝힌 내용이거나, 사도가 말했거나 가르친 어떤 말씀에 의거한 것이라고 주장했던 것으로 보이고, 심지어 가짜 서신을 만들어서, 그것을 사도의 서신이라고 내보이며 자신의 가르침을 뒷받침하기도 했을 것이다. 사도가 말한 "우리에게서 받았다 하는 편지"는 "영"과 "말"과 "편지"에 다 걸린다: "우리에게서 받았다 하는 영으로나, 우리에게서 받았다 하는 말로나, 우리에게서 받았다 하는 편지로나."

"영으로나." 이것은 거짓 교사들이 그리스도께서 곧 재림하실 것이라는 성령의 특별한 계시를 자신들이 받은 체하였다는 것을 보여 준다. 초대 교회 시대에는 그런 일들이 좀 더 일상화되어 있었기 때문에, 사도는 고린도 교인들에게 "형제들아 내가 너희에게 나아가서 방언으로 말하고 계시나 지식이나 예언이나 가르치는 것으로 말하지 아니하면 너희에게 무엇이 유익하리요"(고전 14:6)라고 말하고, 갈라디아 교회들에게도 "너희에게 성령을 주시고 너희 가운데서 능력을 행하시는 이의 일이 율법의 행위에서냐 혹은 듣고 믿음에서냐"(갈 3:5)라고 말한다. 어떤 거짓 교사들은 "예수를 저주할 자"라고 말하고 다니면서도, 마치 자신들이 성령을 받은 자들인 것처럼 행세하였기 때문에, 사도는 "내가 너희에게 알리노니 하나님의 영으로 말하는 자는 누구든지 예수를 저주할 자라 하지 아니하고 또 성령으로 아니하고는 누구든지 예수를 주시라 할 수 없느니라"(고전 12:3)고 말하고, 사도 요한은 "사랑하는 자들아 영을 다 믿지 말고 오직 영들이 하나님께 속하였나 분별하라 많은 거짓 선지자가 세상에 나왔음이라"(요일 4:1)고 명한다. 주후 1세기의 마술사 시몬(Simon Magus)은 자기가 성령을 받았다고 말하며 그 성령을 자신의 헬레네 여신(Helene)이라고 불렀고, 주후 2세기의 몬타누스(Montanus)는 자기가 받은 성령을 자신의 "보혜사"라고 불렀으며, 주후 7세기의 마호메트(Mahomet)는 자기가 받은 성령을 자신의 "비둘기"라고 불렀다. 마찬가지로, "불법의 사람"도 자기가 성령을 받았다고 주장할 것이다. 하지만 이런 자들이 받은 영은 사실은 성령이 아니라 "적그리스도의 영"(요일 4:3)이고, 사도가 이후에 언급하게 될 사탄의 영이며, 종말에 일어날 것으로 예언된 "미혹의 영들"이다(딤전 4:1). 마찬가지로, 구약 시대에도 거짓 선지자들은 성령을 받은 자들로 행세하였다(왕상 22:24; 미 2:11). 이교도들조차도 자신들이 신들로부터 신탁과 영감과 계시를 받은 것처럼 행세하였는데, 누마 폼필리우스(Numa Pompilius, 주전 715-673년, 로마의 전설적인 제2대 왕)와 리쿠르고스(Lycurgus, 고대 스파르타의 정치가이자 법률가) 같은 왕들과 법률가들이 특히 그러하였다. 지금도 여전히 광적인 종교인들은 그런 식으로 행세한다.

"말로나." 여기에서 "말로"로 번역된 헬라어는 '디아 로구'(διὰ λόγου)인데, 어떤 이들은 이것은 점성술의 어떤 법칙들을 사용해서, 그리스도께서 재림하실 날이 가까웠다는 것을 계산해 낸 것을 가리키는 것이라고 이해하고, 어떤 이들은 여기에서 사용된 '로고스'를 "말"이 아니라 "추론"으로 번역하고서, 거짓 교사들은 프톨레마이오스(Ptolemy)가 그랬던 것처럼, 지구의 활력이 쇠퇴하는 것을 보거나, 태양이 지구에 더 가까워지는 것을 보고서, 또는 그 밖의 다른 자연 현상들을 근거로 해서, 그리스도께서 재림하시고, 세상이 해체될 날이 가까웠다고 추론하였을 것이라고 본다. 그러나 나는 여기에 언급된 "말"은, 거짓 교사들이 사도 바울이 글로 기록하지는 않았지만, 어디에선가 가르치거나 전도할 때에 직접 한 말이라고 인용하는 방식으로, 그리스도의 재림이 가까웠다는 자신들의 가르침을 성도들에게 제시하였다는 것을 의미하는 것으로 보아야 한다고 생각한다. 가톨릭에서는 성경에 기록되지는 않았지만 사도들은 많은 것들을 구전으로 전해 주었고, 자신들은 그러한 구전을 계승한 것처럼 말하면서, 거기에 의거해서 수많은 미신들과 우상 숭배들을 만들어 내었는데, 그런 것들은 성경에 근거가 없는 것들이다. 유대인들도 성경에 기록되지 않은 모세와 선지자들이 한 말들을 집대성해서 제2의 토라로 불리는 미쉬나(Mishneh)와 카발라(Cabbala) 전통을 만들어 내었다.

"편지로나." 이것은 거짓 교사들이 다른 사람들이 자신들에게 보낸 편지, 또는 사도 바울이 보낸 것으로 날조한 어떤 편지, 또는 사도의 데살로니가전서를 거론하며, 그리스도의 재림에 관한 자신들의 잘못된 교설을 성도들에게 가르쳤다는 것을 의미한다.

주의 날이 이르렀다고 해서. 여기에서 한 가지 반론이 제기될 수 있다: 그들은 주의 날, 또는 주의 강림이 가까웠다고 말한 것이고, 사도도 여러 본문들에서 그렇게 말하고 있기 때문에(고전 10:11; 빌 4:5; 약 5:7-8; 벧전 4:2), 그들이 그렇게 말한 것은 아무런 문제도 없지 않는가? 이러한 반론에 대한 우리의 대답은, 사도가 그 본문들에서 사용한 단어는 이 본문에서 사용한 단어와 그 의미가 서로 다르다는 것이다. 즉, 사도는 그리스도의 재림이 가까웠다고 말한 반면에, 거짓 교사들은 그리스도의 재림이 이미 도래했다거나, 아주 가까이 왔다고 말하였다는 것이다(롬 8:38; 갈 1:4). 왜냐하면, 헬라어에서는 가까운 미래에 일어날 일은 이미 일어난 것처럼 과거로 표현하기도 하기 때문이다(요 17:4; 딤후 4:7). 또는, 우리는 사도가 위의 여러 본문들에서 그리스도의 재림이 우리의 기준에서가 아니라 하나님의 기준에서 볼 때에 가까웠다고 말하고 있는 것으로 이해할 수도 있다. 그런 의미에서, 그리스도께서는 "보라 내가 속히 오리니"(계 22:7)라고 말씀하셨다. 따라서 사도가 그리스도의 재림에 관한 데살로니가 교인들의 생각이 잘못되었다고 경고한 이유는, 그들은 마치 그리스도께서 그들이 아직 살아 있는 동안에 재림하실 것이라고 생각하였기 때문이었다. 사도들은 모두 한결같이 주의 재림이 "가까웠다"고 말하였지만, 미혹하는 자들은 늘 사도들의 그런 말을 왜곡시켜서, 마치 그리스도께서 머지않은 때에 재림하실 것처럼 잘못된 교설을 사람들에게 전파하곤 하였다.

3. 누가 어떻게 하여도 너희가 미혹되지 말라 먼저 배교하는 일이 있고 저 불법의 사람 곧 멸망의 아들이 나타나기 전에는 그 날이 이르지 아니하리니.

누가 어떻게 하여도 너희가 미혹되지 말라. 여기에서 사도는 그리스도의 재림과 관련된 잘못된 교설에 속아 넘어가서는 안 된다고 다시 한 번 당부하는 것으로, 그러한 교설을 반박하는 자신의 논거들을 제시해 나가기 시작한다. 사도는 앞에서 그들에게 흔들리거나 요동해서는 안 된다고 신신당부하였다면, 여기에서는 속아 넘어가서는 안 된다고 그들에게 경고한다. 왜냐하면, 마음이 흔들린다면, 그것은 이미 반은 속아 넘어간 것이어서, 완전히 속아 넘어가는 것은 시간문제이기 때문이다. 또한, 사도가 앞의 2절에서 "두려워하지 말라"고 한 것도, 겁을 집어먹고 두려워하게 되면, 미혹하는 자들의 먹잇감이 되기 쉽기 때문이었다. 사도가 이 본문에서 그들에게 이런 식으로 경고하였다는 것은, 그들의 마음이 흔들리고 두려워하게 된 것이 사도가 데살로니가전서에서 그리스도의 재림에 관하여 쓴 내용을 그들이 스스로 잘못 오해하였기 때문이 아니라, 그들 가운데서 활동하던 몇몇 미혹하는 자들의 잘못된 교설 때문이었음을 증명해 준다. 마음이 흔들리는 것은 좋지 않은 일이지만, 미혹되어서 속아 넘어가는 것은 더욱 좋지 않은 일이다. 왜냐하면, 여기에서 "미혹되다"로 번역된 헬라어가 보여 주듯이, 미혹된다는 것은 올바른 길을 완전히 벗어나는 것을 의미하기 때문이다. 따라서 사도는 여기에서 그런 잘못된 교설을 가르치는 사람들에도 미혹되지 말고, 그 교설 자체에도 미혹되지 말라고 말하고 있는 것이다: 그런 교설을 전파하는 사람이 있다면, 그 사람이 성령의 계시를 받았다고 주장하거나 교회에서 대단한 명성을 지닌 자라고 할지라도, 너희는 그런 교설에 속아 넘어가서는 안 된다.

또한, 사도는 데살로니가 교인들에게 "어떻게 하여도"라고 말함으로써, 거짓 교사들이 어떤 교묘한 술수를 쓰거나, 귀에 듣기 좋은 말로 하거나, 그들을 사랑해서 그런 말을 하는 체하거나, 그럴 듯한 논리들을 제시하며 말하거나, 우리가 한 말이라고 하면서 설득하고자 하거나, 권위 있는 서신들을 날조해서 근거로 삼아 가르치거나, 너희에게 우리가 보낸 서신이나 성경 구절들을 곡해해서 말하거나, 자신들이 이적들을 행하는 것처럼 해서 그런 것들을 권위로 삼아서 가르치는 등, 그 어떤 수단과 방법을 다 동원해서 가르치더라도, 그들이 그런 교설에 속아 넘어가서는 안 된다고 당부한다.

사도는 그렇게 당부한 후에, 거짓 교사들의 잘못된 재림 사상을 반박하기 위한 논거로 두 가지를 제시한다: (1) 널리 배교가 일어나리라는 것. (2) 불법의 사람이 출현하리라는 것. 사도는 이 두 가지 일이 반드시 일어날 것이고, 이 두 가지 일이 일어난 후에야 "그 날이 이르게" 될 것인데, 아직 그런 일들이 일어나지 않았기 때문에, 그리스도의 재림은 지금 도래하지 않을 것이라고 말한다.

먼저 배교하는 일이 있고 … 그 날이 이르지 아니하리니. 흠정역 번역에서 "그 날이 이르지 아니하리니"는 헬라어 본문에는 없는 것으로서, 문장을 완성하기 위하여 보충해 넣은 어구이다. "배교하는 일"로 번역된 단어는 뒤로 물러나는 것, 떠나는 것, 떨어져 나가는 것 등을 의미한다. 따라서 이 단어는 악을 떠나서 선으로 간 것을 가리킬 때에는 좋은 의미를 지니게 되고, 선을 떠나 악으로 간 것을 가리킬 때에는 나쁜 의미를 지니게 되는데, 성경에서는 언제나 후자의 의미로 사용된다. 또한, 이 단어는 세상 일과 관련해서도 사용되고, 영적인 일과 관련해서도 사용된다. 이 단어가 세상 일에 사용될 때에는 사람들이 자신들이 속해 있던 시민 정부로부터 떨어져 나가는 것을 의미하기 때문에, 어떤 해석자들은 여기에서 "배교하는 일"로 번역된 것은 로마 제국이 동로마와 서로마로 분리되고, 거기에서 열 왕국이 생겨나게 될 것을 가리키는 것이라고 해석하기도 하는데, 히에로니무스(Hierom)가 그 대표적인 인물이다. 그러나 여기에서 사도는 시민 정부와 국가 정세에 대해서가 아니라, 교회에 대하여 쓰고 있는 것이기 때문에, 배교가 널리 일어나서, 그 정점에서 "불법의 사람"이 출현할 것에 대하여 말하고 있는 것이다. 그리고 이 불법의 사람은 세상이 아니라 교회에서 출현하는 인물이다. 이렇게 배교가 널리 행해지게 되면, 사람들은 미혹되어서 거짓된 교설을 믿게 되고 멸망을 자초하게 될 것이다. 사도는 사람들이 진리를 사랑하지도 않고 진리를 받아들이지도 않는 것이 이러한 배교의 원인이라고 말한다. 따라서 사도가 여기에서 말하고 있는 것은 세상적인 변절이 아니라 영적인 배교이고, 성경에서 이 단어는 언제나 그런 의미로 사용된다.

이 배교는 모든 교인들에서 일어나지는 않을 것이지만, 일부 교인들이나 교회들에서 일어나는 것이 아니라, 많은 교회들에서 일어나게 될 것이다. 사도가 4절에서 "불법의 사람"이 "하나님의 성전"이라 불리는 곳에 앉아서, 다른 모든 신들보다 자기를 더 높여서, 스스로 하나님으로 자처하게 될 것이라고 말하고 있는 것으로 보아서도, 이 배교는 어느 특정한 교회에서 일어나는 일일 수 없다. 만일 이 배교가 특정한 교회에서 일어날 일이었다면, 사도는 그 교회를 구체적으로 밝혔을 것이다. 또한, 이 배교는 가장 훌륭한 교회에서 일어나게 될 소규모의 배교도 아니다. 어떤 이들은 이 배교가 일부 믿는 유대인들이 유대교로 다시 돌아가거나, 일부 그리스도인들이 니골라당의 가르침(Nicolaitanism)을 받아들이게 될 것을 가리키는 것이라고 생각하지만, 여기에서 "배교하는 일"(ἡ ἀποστασία - '헤 아포스타시아')로 불린

이 사건은 그런 것보다 훨씬 더 큰 규모의 배교를 의미할 것이다. 또한, 사도는 배교자가 아니라 배교를 말하고 있기 때문에, 그로티우스(Grotius)의 해석처럼, 이 배교는 카이우스 카이사르(Caius Caesar)나 어떤 특정한 인물을 가리키는 것일 수 없다. 왜냐하면, 만일 배교가 광범위하게 일어나지 않는다면, 그 와중에서 "불법의 사람"이 출현해서, 자기를 모든 신들보다 더 높여서 스스로 하나님을 자처하고 숭배를 받고자 하게 될 일도 일어날 수 없기 때문이다.

이 배교는 올바른 가르침, 하나님이 정하신 예배, 교회의 정치, 진정으로 거룩한 삶 등으로부터 떠나는 배교가 될 것인데, 이것에 대해서는 나중에 좀 더 자세하게 살펴보게 될 것이다. 또한, 이 배교는 단번에 일어나지 않고 점진적으로 일어나게 될 것이다. 왜냐하면, 이 배교로부터 "불법의 사람"이 출현하게 되는데, 그는 배교가 계속해서 진행되는 동안에 그런 사람으로 성장해 가게 될 것이기 때문이다. 거룩함과 마찬가지로, 죄와 악도 단번에 완성되지 않는다.

또한, 일부 교황주의자들의 주장처럼, 이 배교는 로마 가톨릭으로부터 떨어져 나가는 것을 가리키는 것도 아니다. 그들은 종교개혁을 배교라고 주장하지만, 종교개혁은 배교로부터 올바른 신앙으로 다시 돌아온 것이었다. 만일 그들의 주장이 맞다면, "불법의 사람"이 종교개혁으로부터 출현하였어야 하는데, 최초의 종교개혁자들 중에서 자기 자신을 모든 신들보다 더 높여서, 스스로 하나님을 자처하며 하나님의 성전에 앉아서 사람들의 숭배를 요구한 자가 과연 있었으며, 그들 중에 "모든 능력과 표적과 거짓 기적"으로 나타난 자가 누가 있었고, 그들 중에 혼인을 금하고 특정한 음식들을 부정하다고 하여 먹지 말라고 하였던가? 왜냐하면, 그런 것들은 사도가 디모데전서 4:1-3에서 이 배교의 특징에 대하여 묘사하고 설명한 것인 까닭에, "불법의 사람"이 되기 위해 필요한 조건들이기 때문이다. 또한, 이 배교는 마호메트교를 가리키는 것도 아니다. 왜냐하면, 마호메트는 하나님의 성전에 앉지 않았기 때문이다. 유대인들이 유대교회로부터 복음 교회로 회심한 것도 이 배교가 가리키는 것이 아니다. 왜냐하면, 사도는 그런 것을 배교라고 부르지 않을 것이기 때문이다.

저 불법의 사람이 … 나타나기 전에는. 사도가 그리스도의 재림이 당장에 도래하지 않을 것이라고 단정하는 두 번째 근거는 불법의 사람의 출현과 관련된 것이다. 즉, 그리스도의 재림에 앞서 먼저 "불법의 사람"이 출현하게 되어 있다는 것이다. 이것은 히브리식 표현이다. 히브리어에서는 호전적인 사람을 "전쟁의 사람"이라고 표현하고, 피 흘리기를 좋아하는 사람을 "피의 사람"이라고 표현하며, 속이는 사람을 "속임의 사람"이라고 표현한다. 따라서 "불법의 사람"은 불법을 현저한 특징으로 하는 사람이라는 의미이다. 그는 개인적으로 지독한 불법과 죄를 자행하는 인물일 뿐만 아니라, 불법과 죄를 널리 조장하고 퍼뜨리며 옹호하고 명하는 인물이다. 불법의 사람은 소극적으로는 하나님이 요구하시는 일들을 사람들이 행하는 것을 금지시킬 것이고, 적극적으로는 하나님이 금하신 일들을 사람들에게 요구하거나 허용할 것이다. 십계명의 첫 번째 돌판에 기록된 계명들과 관련해서, 불법의 사람은 미신과 우상 숭배를 통해서 하나님의 예배를 변질시키고 부패시킬 것이며, 진심이 담겨 있지 않은 기도를 하며 하나님의 이름을 망녕되이 일컬을 것이고, 참된 경건도 없으면서 마치 자신이 지극히 경건한 자인 체할 것이며, 위증과 거짓 맹세를 밥 먹듯이 할 것이고, 우상 숭배와 관련된 두 번째 계명을 없애 버리고 안식일과 관련된 네 번째 계명의 도덕성을 제거할 것이며, 사람들로 하여금 인간의 권위를 믿고 거기에 복종하게 만들 것이다. 아울러, 십계명의 두 번째 돌판에 기록된 계명들과 관련해서, 불법의 사람은 부모를 공경하라는 다섯 번째 계명이 정하고 있는 윗사람들과 권세들에 대한 여러 공경의 의무들을 없애 버릴 것이고, 살인과 간음, 음행과 수간을 자행하며, 도둑질과 거짓말을 아무렇지도 않게 행할 것이다. 불법의 사람은 이 모든 것 외에도, 거짓된 종교를 장려하고, 벌금을 물리거나 투옥시키거나 추방하거나 고문하거나 독살하거나 대량학살을 벌이거나 화형에 처하거나 해서 참된 종교를 뿌리 뽑고자 할 것이다.

이 "불법의 사람"은 한 사람이 아니라, 위계질서를 갖춘 한 무리의 사람들일 수 있다. 하지만 그들은 동일한 영에 의해서 일사불란하게 움직이기 때문에, 마치 한 사람인 것처럼 불린다. 이것은 시편 10:18에서 "고아와 압제 당하는 자를 위하여 심판하사 세상에 속한 자가 다시는 위협하지 못하게 하시리이다"라고 말할 때, "세상에 속한 자"(직역하면, "땅의 사람")는 세상(또는, 땅)의 영을 지닌 모든 사람들을 가리키고, 창세기 25:27에서 "에서는 익숙한 사냥꾼이었으므로 들사람이 되고 야곱은 조용한 사람이었으므로 장막에 거주하니"라고 말할 때, "들사람"(직역하면, "들의 사람")은 들에서 일하는 것을 좋아하는 기질을 지닌 사람들을 가리키는 것과 같다.

또는, "불법의 사람"은 불법을 자행하는 죄악된 국가를 가리키는 것일 수 있다. 다니엘서에서는 네 개의 국가를 네 마리의 짐승들로 표현하고, 요한계시록에서는 적그리스도의 국가를 바다에서 올라오는 짐승으로 표현한다(계 13:1). 따라서 "불법의 사람"은 죄악된 국가를 가리키는데, 그 국가는 많은 사람들과 민족들로 구성되어 있기는 하지만, 한 사람의 영향력과 통치 아래에서 일사불란하게 움직이기 때문에, 마치 한 사람인 것처럼 표현한 것일 수 있다. 거기에서 국가 전체의 죄는 그 국가를 통치하는 한 사람을 중심으로 자행되고, 그 한 사람으로부터 나온다. 그 한 사람은 모든 죄의 원천이다. 이 국가의 죄는 "불법의 비밀"(살후 2:7)이라 불린다는 점에서, 다른 모든 여느 국가들이 자행하는 죄와는 다르다. 그러므로 우리는 사도가 여기에서 "불법의 사람"은 요한계시록에서 그의 이마에 "비밀"이라고 씌어진 "물 위에 앉은 큰 음녀"(계 17:1, 5)와 동일한 인물이라고 생각해도 무방할 것이다. 해석자들은 일반적으로 요한계시록 12:1-2에 나오는 해산의 고통을 겪는 "여자"는 참된 사도적 교회를 가리키는 것으로 볼 뿐만 아니라, 해석자들 중에서 요한계시록 17장에 나오는 "음녀"가 문자 그대로 한 명의 여자를 가리키는 것으로 보는 사람은 아무도 없다는 사실을 생각할 때, 우리는 이 본문에 나오는 "불법의 사람"을 문자 그대로 한 명의 사람을 가리키는 것으로 볼 이유가 없는데도, 교황주의자들은 한사코 여기에서 "불법의 사람"은 문자 그대로 한 사람을 가리키는 것이라고 주장한다. 예컨대, 교황주의자들은 장차 단 지파에 속한 한 유대인이 나타나서, 예루살렘에 자신의 나라와 성전을 세워서, 삼 년 반 동안 유대인들을 미혹하여, 교회에 큰 재앙을 끼치다가, 그 때에 에녹과 엘리야가 나타나서 그 불법의 사람을 무찌를 것인데, 이 불법의 사람은 세상의 종말 직전에 나타날 것이라고 말하는데, 그것은 터무니없는 주장이다!

또한, 마술사 시몬과 그의 추종자들을 이 불법의 사람이라고 할 수도 없다. 왜냐하면, 그는 사도 바울이 활동하던 시대에 나타났고, 사도 바울은 자기 시대에 "불법의 비밀이 이미 활동하기" 시작하였다고 말하지만(살후 2:7), "불법의 사람"은 그리스도께서 재림하시기 직전에 활동할 것이라고 말하기 때문이다(살후 2:8). 이 불법의 사람은 사도 요한이 "적그리스도"라고 부른 바로 그 인물이다(요일 2:18). 사도 요한은 "적그리스도의 영"이 자기 시대에 세상에 이미 있다고 말한다(요일 4:3). 요한계시록에서는 나라들이 "음녀"로부터 음행의 잔을 받아 마시게 될 것이고, 그 음녀를 섬기며 복종하게 될 것이라고 말한다(계 13:8; 17:4). 이 모든 것은 교황주의자들의 주장과는 달리, "불법의 사람"은 사도 바울의 시대가 아니라 그 시기보다 한참 후에 출현하게 될 인물임을 보여 주기 때문에, 마술사 시몬은 불법의 사람이 될 수 없다. 그런데도 교황주의자들은 일찌감치 사도 시대에 등장한 마술사 시몬이야말로 여기에서 사도가 말한 "불법의 사람"이라고 규정함으로써, "불법의 사람"이 그들 자신 가운데 있을지도 모른다는 의구심을 아무도 가지지 못하게 원천적으로 차단하고자 한다. 그러나 사도 바울 시대의 로마 교회와 지금의 로마 가톨릭 교회를 비교해 보고, 트렌트 공의회(주후 1545-1563년에 이탈리아의 트렌트에서 열린 공의회로서, 여기에서 현재의 통일적인 가톨릭교회의 교리가 확정되었다)의 가르침을 사도 바울의 로마서와 비교해 본 사람이라면 아마도 이렇게 말하지 않을 수 없게 될 것이다: "신실하던 성읍이 어찌하여 창기가 되었는고"(사 1:21).

또한, 사도가 여기에서 이 불법의 사람이 "나타날" 것이라고 할 때에 사용한 동사도, 그가 문자 그대로 한 사람인 것도 아니고, 사람으로 태어날 어떤 인물도 아니라는 것을 보여 준다. 왜냐하면, 여기에서 "나타나다"로 번역된 헬라어는 사람에 대해서는 사용되지 않고 사물이나 사건에 대해서 사용되기 때문이다. 구체적으로 말하자면, 7절에 언급된 "불법의 비밀" 같은 것에 사용된다는 것이다. "나타난다"는 것은 존재하게 된다는 의미이거나 이미 존재하고 있던 것이 눈에 보이게 출현한다는 의미인데, 여기에서는 전자의 의미로 사용되고, 8절("불법한 자가 나타나리니")에서는 후자의 의미로 사용된다. 마치 부패한 곳에서 구더기가 생기듯이, 배교가 진행되고 무르익으면서, 불법의 사람은 그 와중에서 서서히 등장하게 된다. 교회의 순수함과 믿음, 사랑과 거룩함이 쇠락하고, 교만과 야심, 탐욕과 사치가 팽배해지면서, 그 속에서 불법의 사람이 등장하게 된다. 이 때가 "나타나다"의 첫 번째 의미에서 불법의 사람이 나타날 적기였을 것이라고 많은 해석자들이 추정한다. 대체로 대부분의 해석자들은 주후 607년에 제66대 교황인 보니파키우스 3세가 당시 로마 황제였던 포카스(Phocas)로부터 로마 교회가 모든 교회의 모교회이고, 로마 교회의 수장인 교황이 모든 교회의 수장이라는 것을 인정하는 칙령을 받았을 때가 바로 그 때였다고 지적한다. 그러나 배교가 불법의 사람의 출현을 촉진시키는 것과 마찬가지로, 역으로 불법의 사람은 배교를 더욱 촉진시킨다. 따라서 불법의 사람은 전체적인 배교 가운데서 출현함과 동시에, 배교를 이끌어 간다. 가르침과 예배, 치리와 행실의 부패와 타락이 불법의 사람을 낳았다면, 이번에는 불법의 사람이 그러한 부패와 타락을 점점 더 심화시켜 나간다.

멸망의 아들. 이것은 또 하나의 히브리적인 표현으로서, 히브리어에서는 전자가 어떤 식으로든 후자로부터 나온 것일 경우에는, 전자를 후자의 "아들"이라고 말한다. 그래서 욥기 5:7에서 "불꽃들"은 "숯의 아들들"이고, 창세기 49:22에서 "가지들"

은 "나무의 아들들"이며, 잠언 3:1에서 "배우는 자"는 "가르치는 자의 아들"이다. 또한, 어떤 사람이 어떤 것에 중독되거나 경도되어 있는 경우에도, 그 사람을 그것의 "아들"이라고 표현한다. 따라서 시편 89:22에서는 "악인"을 "악의 아들"이라고 표현한다. 또한, 전자가 후자를 낳는 경우에도, 후자를 전자의 아들이라고 표현한다. 그래서 스가랴서 4:14에서 감람나무의 가지들은 기름을 낳기 때문에 "기름의 아들들"로 불린다. 사도는 여기에서 "불법의 사람"을 "멸망의 아들"이라고 지칭하는데, 요한복음 17:12에서는 가룟 유다를 그렇게 부른다(한글개역개정에는 "멸망의 자식"). 위에서 말한 대로, 히브리식 표현에 의하면, "멸망의 아들"은 능동의 의미로 보는 경우에는 다른 사람들을 멸망으로 이끄는 자이기 때문에, 요한계시록에서는 그를 "아볼루온"(멸망시키는 자라는 뜻 — 역주)이라고 부른다(계 9:11, "그들에게 왕이 있으니 무저갱의 사자라 히브리어로는 그 이름이 아바돈이요 헬라어로는 그 이름이 아볼루온이더라"). 또한, "멸망의 아들"은 수동의 의미로 보는 경우에는 멸망에 처해질 자라는 뜻이 되는데, 요한계시록에서는 "짐승과 거짓 선지자"가 "산 채로 유황불 붙는 못에 던져졌다"고 말하고(계 19:20), "전에 있다가 지금 없어진 짐승"이 "멸망으로 들어가리라"(계 17:11)고 말한다. 다른 사람들의 영혼과 육신을 멸망에 빠뜨린 이 "멸망의 아들"은 스스로 멸망에 처해지게 될 것인데, 먼저는 말씀과 성령에 의해서 사실상 멸망을 당하게 될 것이고(살후 2:8), 다음으로는 현세와 내세에서 하나님의 보복하시는 공의의 심판에 의해서 영원한 멸망에 처해지게 될 것이다. 사도는 "불법의 사람"에 대한 묘사들 속에서 이미 이 불법의 사람이 장차 어떤 운명을 맞게 될 것인지를 암시한다. 즉, 사도는 이 불법의 사람이 나타나서 자기를 높이게 될 것이라고 말함으로써, 결국 이 불법의 사람이 한없이 추락하여 파멸하게 될 것임을 보여 주고 있는 것이다.

4. 그는 대적하는 자라 신이라고 불리는 모든 것과 숭배함을 받는 것에 대항하여 그 위에 자기를 높이고 하나님의 성전에 앉아 자기를 하나님이라고 내세우느니라.

사도는 이 "불법의 사람"에 대한 설명을 여기에서도 계속해 나가면서, 그를 "대적하는 자"이자 자기 자신을 한없이 높이는 자로 규정한다. 그는 대적하는 자라. 여기에서 사용된 헬라어 '호 안티케이메노스'(ὁ ἀντικείμενος)는 "대적하는 자"라는 의미이다. 또는, 우리는 '안티케이메노스'는 현재분사로서 지속적인 행위나 성향을 나타내기 때문에, 불법의 사람이 무엇인가에 대하여 지속적으로 끊임없이 대적하고 있는 것을 나타내는 것으로 해석할 수도 있다. 그렇다면, 이 불법의 사람은 무엇에 대하여 그토록 집요하게 대적하는 것인가? 어떤 이들은 "신이라고 불리는 모든 것과 숭배함을 받는 것"에 대적하는 것이라고 해석하지만, 문법상으로 그러한 해석은 허용될 수 없기 때문에, 우리는 이 불법의 사람이 대적하는 대상을 그런 식으로 제한해서는 안 된다. 그러므로 우리는 본문에 나와 있는 대로, 사도는 불법의 사람이 무엇에 대하여 대적하는지를 밝히지 않고, 이 동사를 비한정적인 용법으로 사용하고 있는 것으로 보아야 한다. 하지만 우리는 이 불법의 사람이 집요하게 대적하는 대상이 그리스도라는 것을 어렵지 않게 짐작할 수 있는데, 사도 요한이 이 불법의 사람을 "그리스도를 대적하는 자"라는 의미로 "적그리스도"라는 이름으로 부르고 있는 것이 그 증거이다. 불법의 사람은 공개적으로 대놓고 그리스도를 대적하는 것이 아니라, 가룟 유다가 주님께 입맞춤하는 척하면서 주님을 팔아 넘긴 것처럼 그런 식으로 그리스도를 대적한다. 필립 니콜라스(Philip Nicholas), 휘테이커(Whitaker), 다나이운스(Danaeuns), 샤미르(Chamier), 물랭(Moulin), 유니우스(Junius) 등이 쓴 적그리스도에 관한 글들을 참조하라. 불법의 사람은 그리스도를 섬기는 척하면서, 사실을 그리스도를 이용해서 자신의 목적을 이루어 나가는 자이기 때문에, 그리스도를 대적하는 일은 은밀하게 이루어진다. 그는 자신의 모든 일에서 그리스도를 인정하지만, 실질적으로는 그 모든 일에서 그리스도를 부인하고 대적한다. 그는 그리스도의 기름 부으심을 정면으로 대적한다는 의미에서 적그리스도라 불린다. 그리스도는 기름 부음 받은 자를 의미하는데, 불법의 사람은 자기가 기름 부음 받은 바로 그 직분을 이용해서 그리스도를 대적한다. 그는 자기 자신을 "하나님의 종들 중의 종"이라고 자처하지만, 그리스도의 종들을 박해하고 파문하며 추방하고 죽인다. 그는 "성도들과 싸운다"(계 13:7). 그는 두 개의 뿔을 가진 어린 양의 모습을 하고서, 용처럼 말하며(살후 2:11), 양심이 화인을 맞아서 "외식함으로 거짓말하는" 자이다(딤전 4:2).

신이라고 불리는 모든 것과 숭배함을 받는 것에 대항하여 그 위에 자기를 높이고. 사도는 불법의 사람을 그리스도를 대적하는 자라고 설명한 후에, 그의 또 다른 특징, 즉 자기 자신을 지극히 높이는 것에 대하여 설명한다. "자기를 높이다"로 번역된 헬라어 '휘페르아이로메노스'(ὑπεραιρόμενος)는 수동분사로서 "높아진"을 의미하는데, 그가 이렇게 높아진 것은 하나님으로부터 온 것이 아니니다. 그는 실제로는 신이 아닌데도 "신이라고 불리는 모든 것 위에 자기를 높인다." 사도는 구약성경에서 통치자들을 "신들"이라고 부르는 것을 잘 알고 있었기 때문에(시 82:1, 6), 고린도전서

8:5에서 "비록 하늘에나 땅에나 신이라 불리는 자가 있어 많은 신과 많은 주가 있으나"라고 말한다. 통치자들과 위정자들은 지위 고하가 있어서 여러 부류로 구분되고, 그 중에서 왕들과 황제들은 가장 높은 부류에 속한다. 그러나 불법의 사람은 그 모든 통치자들과 위정자들 위로 자신을 높인다. 즉, 그는 종교라는 영적인 세계에서만 아니라 세속에서도 무소불위의 권력을 쥔 자여서, 자신의 말을 듣지 않는 하나님의 종들을 파문하여 출교시킬 뿐만 아니라, 왕들을 폐위시키고 나라들을 없애 버리며, 황제들로 하여금 자신의 문 앞에서 시립하게 하고 자신의 등자를 잡아 주게 하는 등 황제들을 시종으로 부리며, 황제들로 무릎을 꿇고 자신의 신발에 입맞춤하게 하고, 알렉산데르 3세(Alexander the Third, 주후 1159-81년, 제170대 교황)가 신성 로마 제국 황제였던 프레데릭 바르바로사(Frederic Barbarossa)에게 그랬던 것처럼, 황제들의 목을 밟고 지나가기도 하였다. 이런 일들은 몇몇 특정한 자들의 지나친 전횡으로 치부되어 사람들로부터 비난받았던 것이 아니라, 로마 교회의 교리와 박사들은 그 모든 일들을 정당화하고 당연시하였다. 벨라르미네(Bellarmine)는 교황이 니케아 공의회에 참석하지 않고자 한 이유는 황제가 거기로 와서 자기보다 더 높은 자리에 앉고자 하지 않도록 하기 위해서였다고 말한다. 사도는 이렇게 "대적하다"와 "높이다"라는 두 단어를 사용해서, 불법의 사람이 그리스도에 대하여 적개심을 가지고 그리스도를 대적하고, 스스로 교만하여져서 자기를 지극히 높이는 자라는 것을 우리에게 설명해 준다. 이렇게 사도는 먼저 불법의 사람이 실제로는 신이 아닌데도 신이라 불리는 자들보다 자기가 더 높은 권세를 지닌 것처럼 행세할 것이라고 말한다. 즉, 신이라 불리는 자들은 사람들 중에서 최고의 권력자들이지만 인간일 뿐인 반면에, 불법의 사람은 자신을 신으로 자처하리라는 것이다. 그들은 사람들의 신체나 재산을 주관하는 반면에, 그는 사람들의 양심을 주관한다. 그들은 단지 산 자들만을 관장하는 반면에, 그는 죽은 후의 사람들의 영혼까지도 관장하게 될 것이다.

하나님의 성전에 앉아. 다음으로, 사도는 불법의 사람이 자신을 하나님으로 자처하게 될 것이라고 말한다. 즉, 옛적에 바벨론의 왕이 자기가 "가장 높은 구름에 올라가 지극히 높은 이와 같아지리라"(사 14:14)고 말하였던 것처럼, 불법의 사람도 그렇게 말하리라는 것이다. 옛적에 하나님의 처소가 예루살렘 성전이었던 것처럼, 불법의 사람은 스스로 하나님을 자처하며 "하나님의 성전에 앉아" 있을 것이다. 교황주의자들은 이것은 솔로몬에 의해서 지어졌다가 나중에 다시 재건되었고 장차 또다시 지어지게 될 바로 그 성전을 가리키는 것이라고 주장하지만, 그것은 옳지 않다. 왜냐하면, 솔로몬이 지은 성전이나 그 후에 재건된 성전은 모두 다 파괴되었고, 만일 그들의 주장대로, 불법의 사람이 나타나서 또다시 그 성전을 재건한다고 하더라도, 사도가 그것을 "하나님의 성전"이라고 부를 리는 없기 때문이다(고후 6:16; 계 3:12 등). 따라서 사도가 고린도전서 3:16-17에서 "너희는 너희가 하나님의 성전인 것과 하나님의 성령이 너희 안에 계시는 것을 알지 못하느냐 누구든지 하나님의 성전을 더럽히면 하나님이 그 사람을 멸하시리라 하나님의 성전은 거룩하니 너희도 그러하니라"고 말한 것처럼, 그가 여기에서 말한 성전도 영적인 성전, 즉 교회이다. 아우구스티누스, 히에로니무스, 힐라리우스, 크리소스토모스도 그런 식으로 이해한다.

사도는 불법의 사람이 "하나님의 성전"에 앉을 것이라고 말한다. 즉, 하나님의 성전이 불법의 사람의 주교좌(cathedra)가 되리라는 것이다. 사도는 불법의 사람을 "주교"라고 말하고, 불법의 사람이 앉아서 다스리는 자신의 관할지역인 "주교좌"는 하나님의 성전이라고 말한다. 불법의 사람은 거기에서 자신을 하나님으로 자처하며 앉아 있다. 교황주의자들에 속한 저술가들은 교황을 다음과 같이 부른다: "주 하나님 우리의 교황이시여, 하나님과 교황께서 다스리시는 곳은 동일하니, 당신은 땅에 계시는 또 한 분의 하나님이십니다"(ominus Deus noster Papa, Idem est Dominium Dei et Papae, Tu es alter Deus in Terra). 불법의 사람은 하나님으로 자처하며, 사람들의 양심을 구속하는 법들을 만들고, 자연법과 도덕법을 폐기하며, 사람들의 과거와 현재와 미래의 죄들을 자기 마음대로 사면하고, 영혼들을 연옥에서 꺼내어서 천국으로 옮겨줄 수도 있다. 따라서 이 불법의 사람은 회교도들이나 이교도들이나 불신자들 중의 어떤 인물일 수는 없다.

그는 "하나님의 성전," 곧 교회에 "앉아" 있다. 그가 앉아서 통치하는 "하나님의 성전"이라는 곳은 참된 교회일 수 없고, 그 실체는 사탄의 회당(the synagogue of Satan)이다. 그러나 배교하기 이전에 그 곳은 분명히 "하나님의 성전"이라는 이름을 지니고 있었고, 그 이름을 불렸으며, 실제로도 하나님의 성전이었다(롬 1:8). 복음서 기자는 예루살렘이 그 거룩함을 상실한 후에도 "거룩한 성"이라 부르고 있고(마 4:5), 이사야 선지자는 예루살렘이 "창기가 되었을" 때에도 "신실한 성읍"이라고 불렀으며(사 1:21), 베드로 사도는 다볼 산을 여전히 "거룩한 산"이라고 부른다(벧후 1:18). 왜냐하면, 그 곳들은 한때 그런 곳이었고, 사람들에 의해서 관행적으로 여전히 그렇게 불리기 때문이다. 이것은 우상들은 실제로는 신들이 아닌데도, 사람들이 그렇게 부르기 때문에, 성경에서 우상들을 "신들"이라고 부르는 것과 같다(대하 28:23; 고전 8:5).

아우구스티누스(Augustine)는 자신의 「하나님의 도성」에서 여기에서 사용된 '에이스 톤 나온' (εἰς τὸν νάον)을 흠정역처럼 "하나님의 성전에"로 읽지 않고, "하나님의 성전을 위하여"로 읽는다. 즉, 불법의 사람은 마치 자기가 하나님의 성전이자 하나님의 교회로서 하나님의 성전을 수호하는 자로서 앉아 있다는 것이다. 그리고 우리의 몇몇 개신교 저술가들도 교황이 교회의 머리로서 실질적으로 온 교회를 자신의 수중에 장악하고서 교회의 모든 권세를 행사한다는 점에서, 아우구스티누스의 해석을 따른다.

자기를 하나님이라고 내세우느니라. 사도는 오이쿠메니오스(Oecumenius, 주후 10세기 데살로니가의 주교)가 말하는 것과는 달리, 불법의 사람은 자신의 입으로 자기가 하나님이라고 말하는 것이 아니라, 사람들 앞에서 마치 하나님인 것처럼 행세할 것이라고 말한다. 벨라르미네(Bellarmine)는 이 구절이 불법의 사람은 스스로 공개적으로 하나님을 자처할 것임을 말하고 있는 것으로 해석해서, 교황은 그렇게 하지 않기 때문에 불법의 사람이 아니라고 교황을 옹호한다. 그러나 교황은 자기가 이적들과 표적들과 기사들을 행하는 체하고, 사면권, 면죄부를 줄 권세, 성인들을 세울 권세, 왕들과 나라들을 주관할 권세를 쥐고 마음대로 행사함으로써, 사람들 앞에서 자기가 하나님인 것처럼 행세하고, 자기에게는 모든 사람을 판단할 권세가 있는 반면에, 자기는 그 누구에 의해서도 판단 받지 않을 권세가 있다고 주장한다. 교황주의자들은 이렇게 말한다: "로마 황제 콘스탄티누스 이래로 계속해서 신으로 불려온 교황을 세속 권력은 풀거나 묶을 수 없다. 왜냐하면, 사람이 신을 판단할 수 없는 것은 너무나 분명한 일이기 때문이다"(A seculari potestate non solvi posse nec ligari pontificem, quem constat a Constantino Deum appellatum, cum nee Deum ab hominibus judicari manifestum sit).

마지막으로, 사도는 불법의 사람이 자기 자신을 하나님보다 더 높일 것이라고 말한다. 로마 가톨릭에서 성경의 권위는 하나님으로부터 나오는 것이 아니라 교황의 교서로부터 나오기 때문에, 교황이 성경 중의 어떤 글을 정경으로 인정하지 않으면, 신자들은 그것을 믿어서는 안 된다. 설령 교황이 실수로 악덕을 행하도록 명하고 미덕을 금지하였다고 할지라도, 교회는 교황이 악덕이라고 한 것을 악덕으로 믿어야 하고 미덕이라고 한 것을 미덕으로 믿어야 한다. 실제로 가톨릭의 신학자들과 교회법률가들은 교황은 사도들과 구약성경이 말하고 있는 것들을 폐기할 수 있고, 성경의 권위는 교황의 교서의 권위 아래 있으며, 교회의 권위 없이는 성경은 휴지 조각에 불과하다고 공공연하게 말한다. 따라서 세례 요한의 제자들이 그리스도께 "오실 그이가 당신이오니이까 우리가 다른 이를 기다리오리이까"(마 11:3)라고 물었듯이, 우리는 교황에게 "장차 올 적그리스도가 당신이오니이까 우리가 다른 이를 기다리오리이까"라고 묻지 않을 수 없다. 나는 샤미에르(Chamier)처럼, 로마의 대주교가 적그리스도가 아니라면, 적그리스도는 아예 존재하지 않는 것이라고 담대하게 말하고자 한다.

5. 내가 너희와 함께 있을 때에 이 일을 너희에게 말한 것을 기억하지 못하느냐.

여기에서 사도는 데살로니가 교인들이 자기가 전에 그들에게 해 준 말을 잊어버린 것을 은근히 책망한다. 가르침 받은 것들을 잊어버리는 것은 큰 죄악이다. 솔로몬은 "내 아들아 나의 법을 잊어버리지 말고 네 마음으로 나의 명령을 지키라"(잠 3:1)거나, "내 입의 말을 잊지 말며 어기지 말라"(잠 4:5)고 말하는 등, 가르침을 잊어버려서는 안 된다고 경고한다. 성경에서는 잊어버리는 것을 자주 책망하고(히 12:5; 약 1:24), 잊지 말 것을 요구한다(말 4:4; 요 16:4; 유 1:17; 계 3:3). 다윗은 "내가 주께 범죄하지 아니하려 하여 주의 말씀을 내 마음에 두었나이다"(시 119:11)라고 말하고 있고, 동정녀 마리아도 천사가 자기에게 한 말을 마음에 담아 두었다(눅 2:19).

사도들은 장차 배교가 있을 것과 거짓 선지자들과 거짓 교사들이 일어날 것에 대하여 교회에게 세심하게 경고하였다. 바울은 에베소 교회의 장로들에게 "내가 떠난 후에 사나운 이리가 여러분에게 들어와서 그 양 떼를 아끼지 아니하며 또한 여러분 중에서도 제자들을 끌어 자기를 따르게 하려고 어그러진 말을 하는 사람들이 일어날 줄을 내가 아노라"(행 20:29-30)고 말하였고, 베드로는 "백성 가운데 또한 거짓 선지자들이 일어났었나니 이와 같이 너희 중에도 거짓 선생들이 있으리라 그들은 멸망하게 할 이단을 가만히 끌어들여 자기들을 사신 주를 부인하고 임박한 멸망을 스스로 취하는 자들이라"(벧후 2:1)고 말하였으며, 사도 요한은 "지금은 마지막 때라 적그리스도가 오리라는 말을 너희가 들은 것과 같이 지금도 많은 적그리스도가 일어났으니"(요일 2:18)라고 말하고, 요한계시록에도 그런 내용이 모호하기는 하지만 좀 더 자세하게 묘사된다. 사도는 이 절에서 데살로니가 교인들에게, 그리스도께서 재림하시기 전에 "불법의 사람"이 먼저 출현할 것임을 자기가 그들에게 이미 말한 바 있다는 것을 상기시켜 주면서, 그들은 그들이 살아 있는 동안에 그리스도께서 재림하실 것이라는 말에 마음이 흔들리거나 동요해서는 안 된다고 말한다. 사도들은 교회들이 이런 일들을 불시에 겪게 되거나, 이런 일들이 일어났을 때에 당황하고 두려워하거나, 걸려 넘어져서 시험에 드는 일이 없도록 하기 위하여, 교회들에게 이런 일들을 미리 말해 준 것이었다.

6. 너희는 지금 그로 하여금 그의 때에 나타나게 하려 하여 막는 것이 있는 것을 아나니.

너희는 지금 … 막는 것이 있는 것을 아나니. 사도는 "불법의 사람"이 올 것이라는 말을 전에 데살로니가 교인들에게 해 주었을 뿐만 아니라, 지금은 어떤 것이 불법의 사람이 출현하는 것을 막고 있다는 것도 말해 주었던 것으로 보인다. 이렇게 불법의 사람의 출현을 막고 있던 것이 무엇이었는지는 데살로니가 교인들은 알고 있었던 것으로 보이지만, 그것이 무엇이었을지를 우리가 알기는 어렵기 때문에, 거기에 대해서 많은 추측들이 제시되어 왔다. 여기에서 나는 그것이 무엇이었을지를 일반적으로 제시할 것이다: (1) 그것은 사도가 분명하게 글로 써서 공개하는 것은 안전하지 않다고 생각한 그 무엇이었다. 만일 그렇지 않았다면, 사도는 그것이 무엇인지를 이렇게 모호하게 쓰지는 않았을 것이다. (2) 그것은 사물임과 동시에 인물이었다. 왜냐하면, 사도는 이 절에서는 그것을 "막는 것"(τὸ κατέχον - '토 카테콘') 이라고 말하고 있는 반면에, 다음 절에서는 "막는 자"(ὁ κατέχων - '호 카테콘')라고 말하고 있기 때문이다. (3) 그것은 불법의 사람이 출현하는 것을 막는 장애물로서의 역할을 하다가, 때가 되면 완전히는 아니지만 어느 정도 제거될 사물 또는 인물이었다.

가톨릭과 개신교의 해석자들은 둘 다 사도가 여기에서 말한 "그것"은 로마 황제와 로마 제국을 가리킬 가능성이 높고, 그래서 사도는 로마인들이 영원할 것이라고 생각하고 있던 그 제국이 언젠가는 제거될 것이라고 자기가 쓴다면, 그것은 그리스도인들에 대한 로마인들의 적대감을 부추기는 일이 될 것이었기 때문에, 분명하게 밝히지 않고 단지 모호하게 쓴 것이라고 본다. 어떤 이들은 이 본문이 로마 황제의 권좌가 로마에서 콘스탄티노플로 옮겨가게 될 것에 대하여 말하고 있는 것이라고 이해한다. 실제로 그런 일이 일어나자, 그것은 로마 교회의 대주교였던 교황에게 더욱 큰 권세를 쥘 수 있는 기회를 만들어 주었다. 가톨릭 저술가들은 이 본문이 로마 제국의 완전한 멸망에 대하여 말하고 있는 것이라고 주장하고서, 그런데 그런 일이 아직 일어나지 않았기 때문에, "불법의 사람"은 아직 출현하지 않은 것이라고 말한다. 우리 개신교 쪽의 저술가들은 이 본문이 로마 제국과 로마 황제의 세력이 약화될 것에 대하여 말하고 있는 것이라고 이해한다. 실제로 로마 제국과 로마 황제의 세력이 약화되자, 그것은 로마 교회의 대주교인 교황과 성직자들에게 종교적으로나 세속적으로나 더욱 큰 권세로 부상할 수 있는 기회를 가져다주었는데, 몇몇 박식한 저술가들은 그 자세한 경과를 기록해 놓았다. 로마 제국이 열 개의 나라로 분할되면서, 로마 황제들의 권력은 더욱 약화되었다. 세계를 통치하는 두 개의 큰 권력은 양립할 수 없었기 때문에, 나중에 로마 황제의 권력이 쇠퇴하자, 전 세계 교회의 우두머리로서의 교황은 종교적인 권세와 세속적인 권세를 한 손에 다 장악하게 되었다. 이것이 요한계시록 13:1에서 "내가 보니 바다에서 한 짐승이 나오는데 뿔이 열이요 머리가 일곱이라 그 뿔에는 열 왕관이 있고 그 머리들에는 신성 모독 하는 이름들이 있더라"고 말한 바로 그 짐승, 즉 열 개의 뿔이 달리고, 그 뿔마다 왕관이 있는 "한 짐승"이다. "용"으로 표현된 사탄이 "이 짐승에게 권세"를 주자, 사람들은 "용에게 경배하며 짐승에게 경배하여 이르되 누가 이 짐승과 같으냐 누가 능히 이와 더불어 싸우리요"라고 말한다(계 13:4). 실제로 테르툴리아누스, 크리소스토모스, 아우구스티누스 등과 같은 옛적의 몇몇 교부들과 저술가들은 이 본문을 그런 식으로 해석하였고, 히에로니무스는 로마가 고트족의 왕 알라리쿠스(Alaricus)에 의해서 함락되었다는 소식을 전해 듣고서, 적그리스도가 출현할 날이 멀지 않았음을 예견하였다. 고대 교회는 이러한 해석에 근거해서, 적그리스도의 출현이 미루어질 수 있도록 하기 위하여, 로마 제국이 오래도록 지속되기를 기도하였다. 그러나 그토록 강성하였던 로마 제국의 쇠락은 이제 분명해졌다. 로마 제국의 동부 지역은 투르크인들의 지배 하에 들어갔고, 서부 지역은 열 왕이 다스리는 열 개의 왕국으로 분할되었으며, 로마 제국은 겨우 남아 있던 게르마니아 지역에서 명맥만 이어가고 있었다. 이탈리아와 로마는 완전히 교황의 지배 아래 있게 되었다. 이렇게 사도가 말한 "불법의 사람"은 오래 전에 이미 출현하였다. 그로 하여금 그의 때에 나타나게 하려 하여. 하나님께서는 자신이 행하실 모든 일에 때를 정해 놓으시기 때문에, 불법의 사람이 출현할 때와 멸망할 때도 이미 정해 놓으셨다.

7. 불법의 비밀이 이미 활동하였으나 지금은 그것을 막는 자가 있어 그 중에서 옮겨질 때까지 하리라.

불법의 비밀이 이미 활동하였으나. 불법의 사람이 본격적으로 출현하거나 자신의 정체를 온전히 드러내기 전에, 모든 준비는 착착 진행되어 가고 있는데, 그 모든 일들은 "불법의 비밀"의 역사에 의한 것이었다. 모든 "비밀"이 다 그러하듯이, 비밀은 일반적으로 이것인지 저것인지 애매하고 모호하며 대단히 교묘해서 알아차리기가 쉽지 않다. 가르침에도 비밀스러운 것들이 있고, 행위에도 비밀스러운 것들이 있으며, 경건의 비밀도 있고, 불법의 비밀도 있으며, 하나님 나라의 비밀도 있고, 마귀의 나라의 비밀도 있다. 따라서 "하나님의 깊은 것들"(고전 2:10)도 있고, "사탄의 깊은 것들"(계 2:24)도 있다. 불법의 사람의 출현을 은밀하게 준비하는 것은 "불법의 비밀"의 역사이다. 그것은 공개적인 죄나 악이 아니다. 사도가 "불법의 비밀"이라는 표현을 통해서 말하고자 하는 것은, 그것은 경건을 가장한 불경건이고, 진리를 가장한 오류들이며, 교묘하게 의로 위장된 악이라는 것이다. 이것에 대해서는 블레즈 파스칼(Blaise Pascal, 주후 1623-62년, 프랑스의 철학자이자 수학자)이 쓴 「예수회 사상의 비밀」(*The Mystery of Jesuitism*) 또는 「시골 친구에게 보내는 편지」(*Provincial Letters*)라고 불리는 책을 참조하라.

또한, 사도는 이 "불법의 비밀"이 이미 활동하고 있다고 말한다. 이 비밀은 두더지가 땅 아래에서 활동하듯이 그렇게 은밀하게 힘을 발휘하고 영향력을 행사하며 역사한다. "불법의 비밀"은 하나님의 존재와 섭리와 속성들이나 자연종교를 공격하는 것이 아니라, 기독교 신앙에 특유한 가르침들과 예배와 행실을 공격하고 훼손시킨다. 이 비밀은 그렇게 하기 위해서 사람들을 "멸망하게 할 이단을 가만히 끌어들여 자기들을 사신 주를 부인하고"(벧후 2:1), 하나님을 더욱더 경건하고 겸손하게 공경하고 예배한다는 미명 아래 사람들이 고안해 낸 예식들과 계명들을 예배 속에 끌어들이며(골 2:22-23), 행실에 있어서는 도덕적으로 불경스러운 행위들에 가톨릭 교회를 섬기는 일들이라는 명목으로 면죄부를 준다. 사도는 바로 그러한 일들을 진행해 나가는 "불법의 비밀"이 이미 활동하고 있다고 말한다. 이미 사도 바울의 시대에, 거짓 교사들은 거짓된 가르침들을 사람들에게 베풀고 있었고, 사람들이 만들어 낸 예식들과 전통들이 하나님의 예배 속으로 들어 왔으며, 사람들은 교회에서 자리다툼을 하며 더 높은 자리에 오르고 사람들로부터 인정받고자 하였으며, 복음으로 장사를 하려고 하였고, 경건을 자신들의 이득을 챙기는 수단으로 활용하였으며, 단순명료한 복음에 철학적인 사변들을 뒤섞어 혼잡하게 하였고, 경건과 복음의 자유함이라는 미명 하에 육체의 소욕을 충족시키려고 애썼다. 나는 여기에서 사도가 이

"불법의 비밀"이 이교도들이나 유대인들이 아니라 기독교 신앙을 고백한 자들 가운데서 이미 활동하고 있다고 말한 것이라고 본다. 모든 더러운 물이 하나의 공동의 하수구로 빨려 들어가듯이, 나중에 불법의 사람이 본격적으로 출현하게 되었을 때, 이러한 모든 악들과 폐습들은 불법의 사람을 중심으로 이루어지게 될 것이었다. 모든 작은 적그리스도들은 한 거대한 적그리스도 아래에서 일사불란하게 움직이게 된다.

지금은 그것을 막는 자가 있어 그 중에서 옮겨질 때까지 하리라. 이교도인 황제들에 의한 우상 숭배들과 박해들이 힘을 잃고 약화되면, 그들 대신에, "용"으로부터 그의 권좌와 영과 권세를 넘겨받은 "짐승"이 출현해서, 기독교 국가라는 이름 아래 적그리스도의 국가를 세우고서, 우상 숭배들을 행하고 기독교 신앙을 박해하게 될 것이다. 로마 황제가 이교도이든 기독교도이든, 그의 수중에 있던 권세가 "옮겨질" 때, 불법의 사람이 그 자리를 대신하게 되고 자기를 지극히 높이게 될 것이다. 즉, 이 불법의 사람은 그동안에도 가르침과 예배와 행실에 있어서 온갖 부패하고 악한 것들을 교회 속으로 들여오겠지만, 세속적인 권세를 자신의 수중에 넣어, 종교적인 권세와 세속적인 권세를 다 쥐게 될 때까지는, 아직 온전히 출현한 것이 아니라는 것이다. 하지만 불법의 사람이 이 두 종류의 권세를 다 쥐게 되었을 때, "불법의 비밀"의 역사는 최고조에 다다르게 된다. 사도 요한은 요한계시록 17:5에서 큰 음녀의 이마에 "비밀이라, 큰 바벨론이라, 땅의 음녀들과 가증한 것들의 어미라"고 씌어진 것을 자기가 보았다고 말하는데, 어떤 이들은 이 문구가 옛적에 교황의 주교관에 씌어져 있었다고 말한다.

8. 그 때에 불법한 자가 나타나리니 주 예수께서 그 입의 기운으로 그를 죽이시고 강림하여 나타나심으로 폐하시리라.

그 때에 불법한 자가 나타나리니. 나는 사도가 여기에서 말한 "나타남"은 앞의 3절에서 말한 "나타남"과는 다른 의미라고 생각한다. 나는 앞에서 3절의 나타남은 불법의 사람이 처음으로 존재하게 되었다는 것(quoad existentiam)을 의미하고, 여기에서 말하는 나타남은 그 불법의 사람의 존재가 공공연하게 본격적으로 드러나게 되는 것(quoad apparentiam)을 의미한다는 것을 이미 말한 바 있다. 왜냐하면, 나는 사도가 이 절의 후반부에서 이 불법의 사람이 멸망을 당하게 될 것에 대하여 말하고 있기 때문에, 전반부에서는 이 불법의 사람이 본격적으로 모든 사람들 앞에 출현하게 될 것에 대하여 말하고 있는 것으로 보아야 한다고 생각하였기 때문이다. 그의 본격적인 출현은 그의 멸망의 첫 단계이기 때문에, 그는 여기에서 또 다른 이름으로 불린다. 그가 처음으로 등장하였을 때에는 "불법의 사람"이었지만, 등장한 후로 하나님의 법과 그리스도의 법을 폐하고 자신의 법을 세우는 일을 계속해 왔기 때문에, 여기에서는 '아노모스'(ἄνομος), 즉 "무법자"(한글개역개정에는 "불법한 자")라 불린다. 지금까지 그리스도를 위하여 자신의 모든 것을 헌신한 자인 것처럼 행세해 왔던 그가 사실은 적그리스도였다는 것이 이제 비로소 분명하게 드러난다. 하나님께서 많은 박식한 사역자들과 왕들을 비롯해서 자신의 수많은 백성들의 눈을 밝혀 주심으로써, 전에는 감추어져서 은밀하게 활동하던 "불법의 비밀"이 그 정체를 드러내게 된다. 전에는 많은 사람들이 알지 못하는 언어로 되어 있어서 봉해져 있었던 성경은 이제는 각 나라의 언어로 번역되어 모든 사람들이 이해할 수 있게 된다. 제사장 엘리가 한나에게 포도주에 취하였느냐고 말하였듯이, 전에는 "땅의 임금들도" 음녀와 "더불어 음행하였고 땅에 사는 자들도 그 음행의 포도주에 취하여" 있었지만(계 17:2), 이제 그들은 그 취한 것에서 깨어나서, 음녀가 준 음행의 포도주를 멀리하게 된다. 하나님의 말씀이 성취될 때가 이르게 되자, 전에 자신들의 권세를 "짐승"에게 주었던 왕들과 나라들도 이제는 "음녀를 미워하여 망하게" 한다(계 17:16-17). 요한계시록에서 천사가 요한에게 "내가 여자와 그가 탄 일곱 머리와 열 뿔 가진 짐승의 비밀을 네게 이르리라"(계 17:7)고 말한 것은 바로 이 "불법의 비밀"에 대하여 말한 것이었다. 경건의 비밀을 알려면 하나님의 계시가 필요한 것과 마찬가지로, 불법의 비밀을 아는 데에도 하나님의 계시가 필요하다. 요한계시록에 등장하는 "여자"는 사도가 앞에서 말한 바로 그 "불법의 사람"이다. 이 여자는 전에는 그리스도의 신부였지만, 이제는 우상 숭배로 말미암아 "음녀"가 되어서 그리스도로부터 버림을 받은 자인데, 요한계시록 17:18에서는 이 여자를 "땅의 왕들을 다스리는 큰 성"이라고 말한다. 사람들은 이러한 것들을 깨달음으로써, 이 "불법한 자"의 정체가 분명하게 드러나게 된다.

주 예수께서 … 그를 죽이시고. 이 일은 단번에 이루어지지 않는다. 이 "불법한 자"는 멸망당하기 전에 먼저 죽임을 당하게 될 것이다. 요한계시록 2:20, 22에서 성령께서는 하나님의 종들을 유혹하여 음행을 저지르게 한 "자칭 선지자라 하는 여자 이세벨"을 고통의 침상에 던질 것이고, 거기에서 그녀가 서서히 죽어가게 될 것이라고 말한다. 이 불법한 자가 지닌 종교적이고 세속적인 권세는 점진적으로 쇠락의 길을 걷게 될 것이고, 그가 사람들의 양심에 대하여 지니고 있던 권위도 서서히 약화되어 갈 것이다. 천사들이 일곱 개의 대접을 쏟아 부어서 일곱 가지 마지막 재앙들을 일으킬 때, 그 재앙들은 이 불법한 자를 서서히 죽게 만들 것이다. 사도는 "주 예수께서" 친히 이 일을 행하실 것이라고 말한다. 불법한 자가 어린 양을 상대로 싸움을 걸어온 것이기 때문에, 어린 양께서는 비록 "부르심을 받고 택하심을 받은 진실한 자들"을 자신의 도구들로 사용하실 것이기는 하지만, 친히 그 불법한 자를 이기시고 죽이실 것이다(계 17:14). 왜냐하면, 하늘과 땅의 모든 권세가 그리스도께 주어져 있는 까닭에, 자기 백성을 구원하시고 대적들을 멸하시는 일은 그리스도께 속한 일이기 때문이다. 그래서 시편 97:3에서는 "불이 그의 앞에서 나와 사방의 대적들을 불사르시는도다"라고 말한다. 그리스도는 자기 백성에게는 그 길을 인도하시고 힘을 주시는 분이시지만, 자기 대적들에게는 소멸하시는 불이시기 때문이다. 그리스도께서 이 세상에 재림하셔서, 사람의 손을 사용함이 없이 산에서 베어낸 돌이 네 번째 왕국의 때에 신상을 칠 것이고(단 2:34), 그 말기에 적그리스도의 국가 아래에서 그 신상은 산산조각이 나게 된다.

그 입의 기운으로. 이사야서 11:4에서는 그리스도에 대하여 말하면서, "그의 입술의 기운으로 악인," 즉 사도가 여기에서 말한 "불법한 자"를 "죽일 것"이라고 예언하였다(계 18:8; 19:15). 어떤 이들은 이것은 그리스도께서 "말씀으로" 손쉽게 이 불법한 자를 죽이실 것임을 의미하는 것이라고 해석한다. 즉, 그 때에 그리스도께서 "그가 죽으리라"고 말씀하시면 "그가 죽게 되리라"는 것이다. 또는, 우리는 흠정역의 번역처럼, "그의 입술의 기운으로," 즉 그리스도께서 말씀하실 때에 그 입술에서 나가는 권능 또는 기운으로 인해서 불법한 자가 죽게 될 것이라는 의미로 이해할 수도 있다. 그러나 카에타노(Cajetane) 등은 그리스도의 입에서 나오는 이 기운은 자신의 사역자들의 입을 빌려서 나가는 그리스도의 입의 기운, 즉 복음의 말씀이라고 이해한다. 요한계시록 14:6, 8을 보면, 천사가 공중을 날아다니면서 땅에 거주하는 자들에게 "영원한 복음"을 전하고, 그런 후에 다른 천사가 그 뒤를 따라 "무너졌도다 무너졌도다 큰 성 바벨론이여 모든 나라에게 그의 음행으로 말미암아 진노의 포도주를 먹이던 자로다"라고 말하는 장면이 나온다. 복음의 말씀이 분명하게 전파될 때, "불법의 비밀"은 그 정체가 드러나게 되고, 적그리스도에 의해서 교회 속으로 도입되었던 온갖 부패하고 변질된 것들의 실체가 드러나서, 그리스도께서 처음에 세우셨던 순전한 제도들과 복음의 교훈들이 회복되게 된다. 복음이 전파될 때, 그리스도의 기운이 나가서, 그런 일을 이루게 될 것이다. 그리스도께서는 자신의 "권능의 규”로 자신의 원수들을 다스리시는데(시 110:2), 바로 그 권능의 규로 이 불법의 사람을 죽이실 것이다. 나라들과 백성들은 복음 전파를 통해 진리를 깨닫고서, 불법의 사람으로부터 벗어나게 될 것이다.

폐하시리라. 사도는 그리스도께서 불법한 자를 “죽이실” 것이고, 그런 후에 “폐하실” 것이라고 말한다. 여기에서 “폐하다”로 번역된 ‘카타르게세이’(καταργήσει)는 힘줄을 끊어서 무력화시키는 것을 의미하는데, 신약성경에서 그런 의미로 자주 사용된다. 로마서 3:31에서는 이 단어를 율법에 적용해서, “우리가 믿음으로 말미암아 율법을 파기하느냐 그럴 수 없느니라 도리어 율법을 굳게 세우느니라”고 말하고, 로마서 6:6에서는 이 단어를 “죄의 몸”에 적용해서, “우리의 옛 사람이 예수와 함께 십자가에 못 박힌 것은 죄의 몸이 죽어 다시는 우리가 죄에게 종 노릇 하지 아니하려 함이니”라고 말하며, 갈라디아서 5:4에서는 이 단어를 사람들에게 적용해서, “율법 안에서 의롭다 함을 얻으려 하는 너희는 그리스도에게서 끊어지고 은혜에서 떨어진 자로다”라고 말하는데, 여기에서는 사도가 이 단어를 “불법의 사람”에게 적용해서, 이 세상에서 이 불법의 사람과 관련된 어떤 것들이 남아 있을지라도, 그리스도께서는 그런 것들이 전혀 힘을 쓰지 못하도록 만드실 것이라고 말하고 있는 것이다. 즉, 이 불법의 사람의 통차권은 폐하여질 것이고, 그가 지녔던 열쇠들로는 그 어떤 것도 열거나 닫을 수 없게 될 것이며, 그의 칼의 양날은 완전히 무디어질 것이고, 그의 삼중의 왕관은 그의 머리에서 떨어질 것이며, 그의 연옥의 불은 꺼질 것이고, 그의 신상들은 사람들로부터 숭배를 받지 못하게 될 것이며, 사람들은 그의 십자가 주문이 힘을 잃게 될 것이고, 성인들의 기도라는 것이 허구라는 것이 밝혀질 것이며, 교황이 무오하다는 교리는 사기라는 것이 드러날 것이고, 교회가 지녔던 무소불위의 권세는 무너져 내리게 될 것이며, 강 같이 차고 넘쳤던 그의 수입원들은 말라 버릴 것이고, “이전에 있었다가 지금은 없으나 장차” 있게 될 “짐승”은 그 때에는 완전히 없어지게 될 것이다(계 17:8).

강림하여 나타나심으로. 불법한 자를 죽이는 데에는 그리스도의 입으로부터 나온 기운이 사용되었다고 한다면, 불법한 자를 폐하는 데에는 그리스도께서 강림하실 때의 광채가 사용될 것이다. 어떤 이들은 이것은 그리스도께서 심판하시러 이 땅에 재림하실 때에 있게 될 큰 광채를 가리키는 것으로 해석한다: “번개가 동편에서 나서 서편까지 번쩍임 같이 인자의 임함도 그러하리라”(마 24:27). 그리스도께서는 하늘의 영광으로 재림하실 것이고, 모든 눈이 그 모습을 보게 될 것이다. 사도는 데살로니가전서 4장과 이 장에서 그리스도의 재림이 어떤 자들이 생각하는 것처럼 그렇게 가깝지 않다는 것을 자세하게 논증한다. 그리스도께서 재림하셨을 때, 불법한 자가 먼저 멸망을 받지 않더라도, 나중에 다른 악인들과 더불어 그 불법한 자도 멸망을 받게 될 것이다(살후 1:9). 그러나 그리스도께서 가장 먼저 적그리스도의 나라와 복음 아래에서 범죄한 자들을 심판하실 것으로 생각되기 때문에, 그렇게 하지 않으실 것이라고 생각하기는 어렵다. 왜냐하면, 성경에서는 특히 그런 자들에 대한 심판을 종종 언급하는데, 마태복음 13장에 나오는 가라지와 알곡에 관한 비유, 마태복음 25장에 나오는 열 처녀 비유와 달란트 비유가 그런 예들이고, 요한계시록에서는 20:12에서 일반적인 심판에 대하여 말하기 전에, 먼저 19:20에서 짐승과 거짓 선지자가 불 못에 던져지게 될 것이라고 말하기 때문이다. 따라서 그리스도께서 재림하셨을 때, 그의 심판은 적그리스도 및 그의 무리들로부터 시작될 것이고, 그런 후에 세상의 다른 부분으로 옮겨가게 될 것이다. 많은 해석자들은 이러한 심판은 시간이 오래 걸릴 것이기 때문에, 그리스도께서는 이 땅에 오랜 시간 머물러 계시면서 세상을 심판하실 것이라고 말한다.

어떤 이들은 "강림하여 나타나심으로"라는 어구를 영적인 의미로 해석해서, 그리스도께서 이 세상에 좀 더 분명하게 드러나게 되는 것을 가리키는 것으로 본다. 적그리스도, 또는 이 "불법의 사람"의 나라가 어둠 속에 세워질 것이기 때문에, 그리스도께서 강림하실 때의 광채에 의해서 어둠은 쫓겨가고, 그 나라는 멸망하게 될 것이다. 히브리서 1:3에서는 그리스도의 영원하신 출생과 관련해서, 그리스도는 "하나님의 영광의 광채"라고 말하지만, 사도가 여기에서 말하고 있는 것은 사람들과 관련된 광채이다. 그리스도께서는 창세로부터 자신의 영인 성령으로 이 땅에 오셔서 자신의 교회에 광채를 비춰 주셨고, 승천하신 후에는 더욱더 밝은 광채를 교회에 주셨지만, 이 어구에 언급된 광채는 이전의 모든 광채를 능가하는 광채가 될 것이라는 의미에서, 사도는 "그의 오심의 광채," 즉 그리스도께서 강림하실 때의 광채라고 표현한다. 그렇다면, 이것은 그리스도께서 이 땅에 오셔서 심판하시기도 전에, 이 불법의 사람은 그 광채에 의해 멸망을 당하게 될 것임을 보여 준다. 왜냐하면, 불법의 사람의 멸망이 요한계시록에서 말한 바벨론의 멸망과 동일한 것이라면, 그 일이 있은 후부터 그리스도께서 최후로 오시기 전까지 많은 일들이 이 땅에서 일어나게 될 것이기 때문이다. 해석자들은 그 사이에 유대인들의 대규모 회심, 곡과 마곡이라 불리는 원수들의 멸망, 하늘로부터 새 예루살렘이 내려와서 이 땅의 교회가 영광스러운 모습을 지니게 되는 것 등과 같은 일들이 일어나게 될 것이라고 말한다. 하지만 사도는 여기에서 문자 그대로의 칼에 의한 멸망에 대해서는 전혀 언급하지 않는다. 어떤 왕들이 세속적인 이유에서 서로 다른 종교들에 속해 있게 될지에 대해서는 내가 알 수 없지만, 이 "불법의 사람"은 교회의 배교로부터 출현한 것과 마찬가지로, 교회가 회복될 때에는 스스로 멸망하게 될 것인데, 교회의 회복과 불법의 사람의 멸망은 그리스도의 입에서 나오는 기운과 그리스도께서 강림하실 때의 광채에 의해 이루어진다. 하지만 하나님께서는 자기가 정하신 때와 방식으로 이런저런 도구들을 사용하셔서, 자신의 종들을 피 흘리게 한 죄에 대한 책임을 물어 이 불법의 사람에게 보복하실 것이다.

9. 악한 자의 나타남은 사탄의 활동을 따라 모든 능력과 표적과 거짓 기적과.

사도는 계속해서 이 "불법의 사람"에 관한 얘기를 이어간다. 사도는 앞에서 그가 어디로부터 생겨나고, 어느 정도의 권세를 얻게 되며, 그 권세를 어느 곳에서 어떤 식으로 행사하고, 무엇이 그에게 그런 길을 열어 주게 될 것인지에 대해서 말하였고, 그가 어떤 식으로 멸망하게 될지에 대해서도 이미 말하였지만, 특히 그가 어떤 사람들에게 어떤 식으로 행하여서 그 모든 권세를 얻고 유지하게 될 것인지에 대해서 좀 더 자세하게 말할 필요가 있다고 생각하였다.

악한 자의 나타남은 사탄의 활동을 따라. 여기에서 "사탄의 활동을 따라"로 번역된 헬라어 어구는 '카트 에네르게이안'(κατ' ἐνέργειαν)이다. 그리스도께서 권능 중에 오시는 것과 마찬가지로, 사탄도 그러하다. 그리스도께서는 하나님의 영으로 오시는 것과 마찬가지로, 사탄도 자신의 영으로 온다. 그리스도께서 나타나실 때에 하나님의 영이 역사하는 것과 마찬가지로, 불법의 사람이 나타날 때에도, 사탄의 영이 불법의 사람에게서 역사한다. 이 구절은 불법의 사람이 나타날 때에 역사하는 힘이 사탄의 힘인지를 보여 주는 것일 수도 있고, 불법의 사람의 나타남은 사탄이 활동하는 것과 유사할 것임을 보여 주는 것일 수도 있다.

전자의 해석에 의하면, 우리의 육신에서 물질이 그 안에 있는 영에 의해서 형성되고 활동하는 것과 마찬가지로, 이 어구는 적그리스도의 교회가 처음에 어떤 영에 의해서 형성되어서 계속해서 활동하고 유지하게 된 것인지를 보여 준다. 참된 교회에는 성령이 계셔서, 교회를 신령한 성전으로 만들어 가시는 반면에(엡 2:21-22), 거짓 교회에는 마귀의 영이 있어서, 사탄의 회당으로 만들어진다(계 2:9). 요한계시록 13:2에서는 "용"이 "짐승"에게 자신의 "능력과 보좌와 큰 권세"를 주었다고 말한다.

마귀를 가리키는 이 용은 이방 제국에서 그 황제가 그리스도인이 되었을 때에 자신의 권좌로부터 쫓겨나지만, 적그리스도의 수중에 떨어진 교회를 발견하고, 전에 이방의 황제들의 권좌에서 자기가 행사하던 능력과 권세를 이제는 거기에서 행사한다. 이것으로부터 우리는 가톨릭교회가 겉으로 보기에는 무척 경건해 보임에도 불구하고, 그 엄청난 광분함과 잔인하기 짝이 없는 냉혹함이 어디로부터 오는 것인지를 알게 된다.

후자의 해석에 의하면, 이 어구는 불법의 사람의 나타남은 사탄이 활동하는 것과 비슷하다는 것을 보여 준다. 이것은 불법의 사람이 사탄과 마찬가지로 큰 능력과 엄청난 힘으로 나타나리라는 것을 의미한다. 여기에서 "활동"으로 번역된 단어는 그런 의미이다. 이 헬라어 단어는 흔히 좋은 의미로 사용되어서, 하나님이 사람들의 마음에 역사하시는 것(빌 2:13, "너희 안에서 행하시는 이는 하나님이시니"), 말씀의 역사(살전 2:13, "이 말씀이 또한 너희 믿는 자 가운데서 역사하느니라"), 기도에 마음을 다하는 것(약 5:17)을 나타내는 데 사용된다. 또는, 이것은 불법의 사람이 사탄과 동일한 방법들을 사용하여 나타날 것임을 의미한다. 사탄이 빛의 천사로 위장하듯이, 이 불법의 사람도 자기가 지극히 경건하고 하나님께 헌신된 자인 체 행세한다는 것이다. 또는, 이것은 사탄이 우리 구주를 시험할 때에 그랬던 것처럼(마 4:1-11), 사람들 앞에 세상의 부귀영화를 제시하며 미혹하듯이, 불법의 사람도 사람들의 눈이 먼 것과 무지한 것을 이용하여 그런 식으로 사람들을 미혹하는 방식으로 나타날 것임을 의미한다. 또는, 이것은 사탄이 우리의 첫 조상들을 속여서 "거짓의 아비"라 불리게 되었듯이, 불법의 사람도 사람들 앞에서 진리를 말하는 것이 아니라 거짓을 가지고 사람을 속일 것임을 의미한다.

모든 능력. 여기에서 "모든 능력으로"로 번역된 헬라어는 '엔 파세 뒤나메이' (*ἐν πάσῃ δυνάμει*)이다. 사도가 앞에서 말했듯이, 불법의 사람 속에서는 사탄의 힘이 역사하는 것은 물론이고, 거기에다가 그는 외적으로도 큰 능력으로 나타나리라는 것이 이 어구가 의미하는 것인 것 같다. 땅의 왕들은 자신들의 권세를 이 짐승에게 바치고, 이 불법의 사람은 엄청난 세상 권력도 얻게 된다. 요한계시록 13:1에서는 "바다에서 한 짐승이 나오는데 뿔이 열이요"라고 말하고 있는데, 이 뿔들은 권세와 힘의 상징이다. 그래서 온 세상이 "누가 이 짐승과 같으냐 누가 능히 이와 더불어 싸우리요"(계 13:4)라고 말하게 된다.

표적과 거짓 기적. 어떤 이들은 이것을 두 단어를 사용해서 하나의 의미를 만들어

내는 수사법(hendyadis)으로 보고서, "모든 능력과 표적과 거짓 기적으로"를 "표적들과 거짓 기적의 모든 능력으로"로 읽지만, 그러한 해석은 별로 적절해 보이지 않는다. 이것은 사탄이 하나님을 흉내내는 원숭이라는 것을 아주 분명하게 보여 준다. 하나님께서는 "표적과 기사의 능력으로" 복음을 확증하셨고(롬 15:19), 히브리서 2:4에서는 "하나님도 표적들과 기사들과 여러 가지 능력과 및 자기의 뜻을 따라 성령이 나누어 주신 것으로써" 복음을 증언하셨다고 말한다. 그리고 사탄도 이 불법의 사람을 세상에 등장시킬 때에 동일한 방법을 사용한다. 하나님께서는 진리를 확증하시기 위하여 그렇게 하신 반면에, 사탄은 거짓을 지지하고 옹호하기 위하여 그렇게 한다.

그러나 불법의 사람은 "표적들과 기사들"을 행하여 자신을 세상에 드러낼 것이지만, 그런 것들은 히브리서 2:4에서 말한 참된 "기사들"이 아니라는 점에서 "거짓 기사들"(한글개역개정에는 "거짓 기적")이다. 마귀는 거짓 기사들을 만들어 낼 수는 있지만, 참된 이적들을 만들어 낼 수는 없다. 왜냐하면, 마귀는 자연의 법칙에 대한 자신의 대단한 지식과 경험을 통해서, 인간이 모르는 자연법칙들을 최대한으로 활용해서 인간이 보고서 놀랄 만한 거짓 기사들을 만들어 낼 수는 있지만, 참된 이적은 자연법칙을 뛰어넘는 창조행위인 까닭에, 참된 이적을 만들어 낼 수는 없기 때문이다. 신학자들은 기사와 이적을 구별하지만, 여기에서는 그렇게까지 구별할 필요는 없다. 왜냐하면, 모든 이적들은 기사들인 반면에, 모든 기사들이 이적들인 것은 아니지만, 사람들은 그 원인이나 이유를 알지 못하는 모든 일들을 이적으로 여기기 때문이다.

사람들의 마음은 표적들에 의해서 큰 영향을 받고 움직이기 쉽다. 사도는 고린도전서 1:22에서 "유대인은 표적을 구하고"라고 말한다. 유대인들은 그리스도께도 자주 "표적"을 보일 것을 요구하였다. 그래서 이 불법의 사람은 사람들에게 표적들을 보여 주며 등장할 것이다. 어떤 표적들은 단지 어떤 것을 나타내고 상징하는 역할을 한다. 예컨대, 십자가라는 표는 그리스도의 죽으심과 부활을 나타내는 것이다. 불법의 사람은 자신이 등장할 때에 이러한 의미에서의 표적들도 보여 줄 것이다. 또한, 어떤 표적들은 어떤 것을 확증해 주는 역할을 하는데, 진짜 이적들 또는 이적으로 보이는 것들이 그런 것들이다. 불법의 사람은 자신이 등장할 때에 이러한 의미에서의 표적들도 보여 줄 것이다. 사도는 여기에서 불법의 사람이 "거짓 기사들"(τέρασι ψεύδοις - '테라시 프슈도이스'), 즉 히브리식 표현으로 "거짓의 기사들"

을 보여 주며 등장할 것이라고 말한다. "기사들"로 번역된 헬라어는 흔히 진짜 이적들을 가리키는 데에 사용되지만, 여기에서는 그렇지 않다. 왜냐하면, "이적들"은 오직 하나님의 권능이 역사한 결과이고(롬 15:19; 히 2:4), 마귀에게는 불가능한 일이기 때문이다. 사도가 불법의 사람이 행할 기사들을 "거짓 기사들"이라고 말한 이유는, 그 기사들이 거짓말을 확증할 목적으로 사용될 것이기 때문일 수도 있고, 그 기사들 자체가 진짜가 아니라 가짜로서, 사람들을 기만하고 속여서 홀리기 위한 사기 수법일 것이기 때문일 수도 있다. 우리는 그러한 "거짓 기사들"에 대한 자세한 설명을 그레고리우스 1세(Gregory, 주후 6세기)의 「대화록」(*Dialogues*)이나 부제 파울루스(Paulus Diaconus) 등의 저작에서 찾아볼 수 있다. 사도는 여기에서 그러한 거짓 기사들은 불법의 사람의 특징이라고 분명히 말하는데도, 교황주의자들은 그런 기사들이 가톨릭교회가 참된 교회임을 보여 주는 증표들이라고 자랑한다. 그리스도께서는 "거짓 그리스도들과 거짓 선지자들이 일어나 큰 표적과 기사를 보여 할 수만 있으면 택하신 자들도 미혹하리라"(마 24:24)고 말씀하셨다. 또한, 신명기 13:1-3에서는 "너희 중에 선지자나 꿈 꾸는 자가 일어나서 이적과 기사를 네게 보이고 그가 네게 말한 그 이적과 기사가 이루어지고 너희가 알지 못하던 다른 신들을 우리가 따라 섬기자고 말할지라도 너는 그 선지자나 꿈 꾸는 자의 말을 청종하지 말라 이는 너희의 하나님 여호와께서 너희가 마음을 다하고 뜻을 다하여 너희의 하나님 여호와를 사랑하는 여부를 알려 하사 너희를 시험하심이니라"고 말하고 있고, 요한계시록 13:11-14에서는 "내가 보매 또 다른 짐승이 땅에서 올라오니 어린 양 같이 두 뿔이 있고 용처럼 말을 하더라 … 큰 이적을 행하되 심지어 사람들 앞에서 불이 하늘로부터 땅에 내려오게 하고 짐승 앞에서 받은 바 이적을 행함으로 땅에 거하는 자들을 미혹하며"라고 말하고 있는 것도 보라.

10. 불의의 모든 속임으로 멸망하는 자들에게 있으리니 이는 그들이 진리의 사랑을 받지 아니하여 구원함을 받지 못함이라.

불의의 모든 속임으로. "불의의 속임"은 불의한 속임이라는 의미일 수도 있고, 기만적인 불의라는 의미일 수도 있는데, 사도가 거기에 "모든"이라는 수식어를 붙인 것은, 불법의 사람이 사람들을 속일 수 있는 것이라면 온갖 불의를 다 총동원해서 사람들을 속이려 들 것임을 말하고자 하는 것이다. "불의의 속임"이라는 표현은 불법의 사람이 실제는 불의한 것인데도 아주 교묘하게 의로운 것인 양 가장해서 사람들을 속일 것임을 보여 준다. 따라서 이것은 사도가 앞에서 언급한 "불법의 비밀”(살후 2:7)과 같은 의미이다. 거기에서 “불법의 비밀”은 “불의의 비밀”로 읽을 수도 있다. 모든 미덕이 “의”라는 말로 포괄되듯이, 모든 죄는 그것이 하나님에 대한 것이든 사람에 대한 것이든 다 “불의”라는 말로 포괄될 수 있다. 사도는 여기에서 “불의의 속임”이라는 말을 통해서, 불법의 사람이 불의를 너무나 교묘하게 은폐하고 위장해서, 사람들이 그 실체를 알아차리지 못하고 속아 넘어가게 될 것임을 보여 준다. 이것은 바리새인들이 과부의 가산을 삼키는 자들임에도 불구하고, 오랜 시간 동안 길게 기도하고, 박하와 회향의 십일조를 정확히 내고, 선지자들의 무덤을 새롭게 단장하고 묘비를 세우며, 자신들의 경문의 띠를 넓게 하고, 씻지 않은 손으로는 음식을 먹지 않는 등, 철저하게 경건한 자들로 행세한 것과 같다. 내가 앞에서 이미 언급하였듯이, 우리는 그러한 모습을 로마 가톨릭 교회에서도 볼 수 있다. 거기에 속한 사람들은 야심이 대단하고 탐욕스러우며 잔인하고 온갖 미신에 빠져 있지만, 마치 자신들은 지극히 의로운 자들로서 오로지 그리스도와 교회를 위하여 모든 일을 행하는 것처럼 행세한다. 그들은 자신들이 베드로에게서 물려받았다고 하는 열쇠들을 부자들의 곳간을 열어서 터는 데 사용하고, 이 세상에 사는 사람들의 죄를 사면해 주거나, 이미 죽은 자들을 내세의 연옥에서 꺼내 준다는 속임수를 사용해서 자신들의 곳간에 엄청난 재물을 쌓는다. 불법의 사람은 그런 식으로 등장해서 승승장구하며 최고의 권좌에 오른다.

멸망하는 자들에게 있으리니. 이것은 불법의 사람에게 속아 넘어가는 자들이 어떤 자들인지를 보여 준다. 사도는 하나님으로부터 버림을 받아 “멸망하는 자들” 또는 “망하는 자들”을 자주 그런 식으로 묘사한다(고후 2:15; 4:3). 여기에서 “멸망하는 자들”은 다른 곳들에서 말하는 “저주 받은 자들”과 동일한 의미이다. “멸망하는 자들”이라는 것은, 누가복음 19:10에서 우리 주님께서 “인자가 온 것은 잃어버린 자를 찾아 구원하려 함이니라”고 말씀하실 때와 동일한 의미에서 “잃어버린 자들”을 뜻하고, 고린도후서 4:9에서 사도가 우리는 “거꾸러뜨림을 당하여도 망하지 아니하고”라고 말하였을 때와 동일한 의미에서 “망하는 자들”이라는 뜻이다. 요한계시록 13:8에서는 그런 자들은 “죽임을 당한 어린 양의 생명책에 창세 이후로 이름이 기록되지 못한” 자들이기 때문에, 그런 자들 중에서 “이 땅에 사는 자들은 다 그 짐승에게 경배하리라”고 말하고, 요한계시록 14:9-11에서는 “누구든지 짐승과 그의 우상에게 경배하고 그 이마에나 손에 표를 받으면 그도 하나님의 진노의 포도주를 마시리니 그 진노의 잔에 섞인 것이 없이 부은 포도주라 거룩한 천사들 앞과 어린 양 앞에서 불과 유황으로 고난을 받으리니 그 고난의 연기가 세세토록 올라가리로다 짐승과 그의 우상에게 경배하고 그의 이름 표를 받는 자는 누구든지 밤낮 쉼을 얻지 못하리라"고 말한다.

이는 그들이 진리의 사랑을 받지 아니하여. 사도는 그런 자들이 왜 불법의 사람에게 속아 넘어가게 되는지, 그 이유를 여기에서 제시한다. 사도는 그들이 "진리"를 받지 않았다고 말하는 것이 아니라, "진리의 사랑"을 받지도 않고, 굳게 붙들지도 않고, 대규모의 배교의 흐름에 자신들을 내어 주어 떠내려가 버렸다고 말한다. 사도가 말한 "진리"는 이방인들이 본성적으로 가지고 있던 자연적인 진리, 즉 이방인들이 자신들의 불의로 막아 버린 "진리"(롬 1:18)를 가리키는 것일 수도 있고, 하나님의 계시에 의한 초자연적인 진리를 가리키는 것일 수도 있는데, 사도는 여기에서 이방인들이 아니라 그리스도인들에 대하여 말하고 있고, 세상에 대해서가 아니라 교회에 대해서 말하고 있기 때문에, 후자를 의미한다.

구원함을 받지 못함이라. 여기에서 사도가 말한 "진리"는 구원의 진리이다. 복음은 "진리의 말씀"이라 불린다(엡 1:13; 골 1:5). 사도는 만일 그들이 진리를 사랑으로 받았다면, 구원을 받았을 것인데, 그렇게 하지 않았기 때문에 구원을 받지 못하였다고 말한다. 따라서 불법의 사람에게 속아 넘어가서 진리를 버리고 떠나 버리는 자들은 머리로만 신앙을 고백한 자들이고 제대로 진리의 복음을 받아들이지 않은 자들이다. 진리를 머리만이 아니라 마음으로도 받은 자들만이 불법의 사람에게 속아 배교하여 망하는 길로 가지 않을 수 있다. 복음 계시의 확실성은 우리에게서 믿음을 이끌어내고, 복음 진리 안에 있는 사랑스러움은 우리에게서 사랑을 이끌어낸다. 그래서 사도는 그들이 진리를 사랑하여 복음을 받아들였더라면, 구원을 받을 수 있었을 것이라고 말한다.

11. 이러므로 하나님이 미혹의 역사를 그들에게 보내사 거짓 것을 믿게 하심은.

이러므로 하나님이 미혹의 역사를 그들에게 보내사. 사도는 앞 절에서 불법의 사람에 의해서 속아 넘어가서 미혹된 자들과 그들의 죄에 대하여 설명하였고, 여기에서는 그들에 대한 하나님의 벌을 설명한다. 그들은 먼저 미혹되었고, 그것은 그들이 범한 죄였다. 그랬을 때, 하나님께서는 그들에게 "미혹의 역사" 또는 "강력한 미혹"을 보내시는데, 이것은 그들에 대한 벌이다. 그들은 진리를 사랑하지 않았고, 따라서 진리를 받아들이지 않았는데, 이것은 그들의 죄였다. 그러자 하나님께서는 그들로 하여금 "거짓 것을 믿게" 하시는데, 이것은 그들에 대한 벌이다. 만일 그들이 진리를 제대로 받아들였더라면, 그들은 구원을 받았을 것이다. 그러나 그들은 진리를 받아들이지 않았기 때문에, 저주를 받아 멸망하게 된 것이다. 사도는 앞에서 그들을 "멸망하는 자들"이라고 불렀는데, 여기에서 그 멸망이라는 것이 저주를 받고 벌을 받는 것임을 보여 준다. 하나님은 죄 또는 거짓의 원천이 아니시고, 도리어 그런 것들에 대하여 복수하시는 분이시지만, 공의의 심판에 따른 벌로서 사람들을 죄나 거짓에 내어 주실 수 있으신데, 사도는 그것을 여기에서 "하나님이 보내셨다"는 말로 표현한다. 이것은 다음과 같은 것들을 의미한다: (1) 이것은 하나님이 사람들을 사탄에게 내어 주셔서 사탄의 유혹과 미혹에 넘어가게 하셨다는 것을 의미한다. (2) 이것은 하나님이 지금까지는 자신의 은혜로 그들을 보호해 오셨는데, 이제는 그 은혜를 거두어 가셨다는 것을 의미한다. (3) 이것은 하나님께서 그들의 마음이 죄나 거짓에 기울어 있는 것을 보시고, 그들이 그런 것들에 빠지는 것을 더 이상 막지 않으시고 허용하셨다는 것을 의미한다.

신학자들은 하나님께서는 사람들을 적극적으로 악에 빠뜨리시는 분이 아니시고, 단지 사람들에 대한 자신의 은혜와 보호하심을 거두어 가시는 방식으로 벌하시는 것일 뿐이라고 말한다. 성경에서는 하나님이 자기가 허용하시는 악들이 일어나게 하시는 분이라고 종종 말한다. 그래서 하나님께서는 요셉이 자신의 형제들에 의해서 애굽으로 팔려 가는 것을 허용하셨고(창 45:7), 다윗이 이스라엘 백성에 대한 인구조사를 하도록 허용하셨으며(삼하 24:1; 대상 21;1), 열 왕에게 자신의 권세를 짐승에게 바치고자 하는 마음을 주셔서 그렇게 하게 하셨다(계 17:17). 이런 일들은 하나님께서 단순히 허용하시고 허락하신 것이 아니라, 그렇게 작정하신 것이다. 하나님은 그런 일들이 일어날 수 있도록 모든 환경을 조성하셨고, 모든 과정을 안배하셨으며, 그런 일들이 어느 정도까지 진행되게 하실 것인지도 정하셨다. 하지만 이런 일들은 하나님이 적극적으로 악을 조장하시고 이루어 가시는 모습이 아니라, 단지 자신의 선한 목적을 위하여 그런 일들을 적극적으로 이용하시거나, 악인들을 벌하시기 위하여 그런 일들을 적극적으로 만들어 나가시는 것일 뿐이다. 사도가 말한 "멸망하는 자들"은 불법의 사람에게 미혹되어서 잘못된 길로 빠졌고, 하나님께서는 그들을 거기에 내어 주셨다.

그리고 사도는 하나님이 보내신 "미혹의 역사" 또는 "강력한 미혹"이 대단한 효과를 발휘하였다고 말하는데, 이것은 불법의 사람이 그들을 강력하게 미혹하였다는 뜻일 수도 있고, 그들이 불법의 사람에게 강력하게 미혹되었다는 뜻일 수도 있다. 일단 오류가 사람들의 삶을 부패시키고 망치게 되면, 오류가 오류를 낳는 일이 반복되면서, 사람들의 삶은 진리로부터 철저하게 떠나게 되는데, 이것이 오류의 강력한 힘이다. 이렇게 하나님께서는 죄나 미혹에 빠진 사람들을 벌하실 때, 그들이 더욱더 죄나 미혹에 빠져 들어가게 하는 방식으로 그들을 벌하신다. 그러므로 그들은 죄나 미혹의 수렁에 더욱 깊이 빠져들어서, 거의 헤어나올 수 없게 된다. 그러나 하나님이 먼저 그들에게 죄를 짓게 하시거나 미혹에 빠지게 하시는 것은 결코 아니고, 그것은 단지 그들의 죄에 대한 벌일 뿐이다. 사람들이 먼저 보기를 거부할 때, 하나님께서는 그들에 대한 벌로 그들을 눈멀게 하시는 것이고, 사람들이 먼저 자신의 마음을 완악하게 하여 고집을 부릴 때, 하나님께서는 그들에 대한 벌로 그들의 마음을 완악하게 하시는 것이다. 이 본문에서도 "멸망하는 자들"은 먼저 진리를 받아들이기를 거부하였고, 그러자 하나님께서는 그들에 대한 벌로 그들로 하여금 "거짓 것"을 믿게 하셨다고 말한다. 로마서 1:24-25("그러므로 하나님께서 그들을 마음의 정욕대로 더러움에 내버려 두사 그들의 몸을 서로 욕되게 하게 하셨으니 이는 그들이 하나님의 진리를 거짓 것으로 바꾸어 피조물을 조물주보다 더 경배하고 섬김이라")을 보라. 따라서 하나님과 불법의 사람과 멸망하는 자들은 모두 다 이 악들에 관여되어 있지만, 불법의 사람과 멸망하는 자들은 죄와 불의를 적극적으로 행하는 자들로 관여되어 있는 반면에, 하나님은 그들에 대한 의로우신 심판과 징벌을 베푸시는 자로 관여되어 있을 뿐이다.

거짓 것을 믿게 하심은. 하나님께서 멸망하는 자들을 내어 주셔서 그들로 하여금 믿게 하신 "거짓 것"은 신앙의 가르침과 관련된 거짓 것이다. 거짓말은 거짓을 말하는 것이고, 위선은 거짓된 행동을 하는 것이라면, 오류는 거짓된 가르침이다(호 11:12; 행 5:3). 어떤 이들은 여기에서 사도가 말한 "거짓 것"은 앞에서 말한 "거짓 기사들"(한글개역개정에는 "거짓 기적")이라고 말한다. 그렇게 이해하는 것도 굳이 배제할 필요는 없지만, 나는 여기에서 "거짓 것"은 사도가 앞 절에서 말하였고 다음 절에서도 말하고 있는 "진리"와 반대되는 것으로서의 거짓된 가르침을 가리키는 것으로 해석하는 것이 더 좋다고 본다. 성경에서 "거짓 것들"이라고 말하는 것은, 우상들(사 44:20), 세상 것들(시 4:2), 세상의 큰 자들(시 62:9), 거짓된 점술들(겔 22:28; 슥 10:2), 거짓 예언들(렘 14:14; 23:25-26), 거짓 교훈들(딤전 4:1-2) 등인데, 이 마지막 본문에서는 종말에 "어떤 사람들이 믿음에서 떠나 미혹하는 영과 귀신의 가르침을 따르리라"고 말하고, 거짓 선지자들이 일어날 것인데, 그들은 "양심이 화인을 맞아서 외식함으로 거짓말하는 자들"이라고 말하고, 요한계시록 2:2에서는 에베소 교회가 "자칭 사도라 하되 아닌 자들을 시험하여 그의 거짓된 것을 … 드러낸 것"에 대하여 말한다. 사도는 여기에서 가톨릭 교회의 수많은 가르침들과 교훈들을 "거짓 것"으로 지칭하고 있는 것일 가능성이 크다. 그들이 가르치는 화체설은 "거짓 것"이 아니고 무엇이며, 연옥이나 교회의 무오성, 성인들의 중보기도의 효험, 성례전에 참여하면 참여하는 것만으로 이미 공로가 된다는 가르침(opus operatum) 등이 "거짓 것"이 아니고 무엇이란 말인가? 사람들이 그러한 가르침들을 믿게 되려면, 얼마나 강력하게 미혹되어야 하는 것일까? 사도는 그러한 거짓 것들을 믿는 것은 그들에 대한 하나님의 엄중한 심판이라고 말한다. 따라서 특히 사도가 이후에 하는 말들을 생각해 보면, 사람이 진리를 믿게 되는 것은 하나님의 지극히 큰 은혜일 수밖에 없다.

12. 진리를 믿지 않고 불의를 좋아하는 모든 자들로 하여금 심판을 받게 하려 하심이라.

심판을 받게 하려 하심이라. 여기에서 사용된 헬라어는 "심판을 받다"라는 뜻이지만, 이 본문에서처럼 흔히 "단죄되어 벌을 받게 되다"라는 의미로 사용된다. 이렇게 "심판 받다"라는 동사는 흔히 "심판 받다"와 "단죄되다"라는 두 가지 의미가 결합된 것으로 해석된다(요 3:17; 고전 11:29; 유 1:4). 왜냐하면, 물론 사람이 심판을 받는다고 해서 다 단죄되는 것은 아니지만, 악인들에 대한 심판은 곧 단죄이기 때문이다. 여기에서 사도는 멸망하는 자들이 거짓 것들을 믿은 결과로서 그들이 단죄될 것이라고 말하는 것일 수도 있고, 하나님께서 그들에게 미혹의 역사를 보내신 목적이 그들을 단죄하시기 위한 것이라고 말하는 것일 수도 있다. 그들은 먼저 영적인 심판을 통해서, 다음으로는 영원한 심판을 통해서 벌을 받게 될 것인데, 하나님의 이 두 가지 심판은 모두 의로우신 심판이다. 이것으로부터 우리는 잘못된 판단이나 생각도 단죄를 받을 수 있다는 것을 알게 된다. 베드로후서 2:1에서는 "멸망하게 할 이단" 또는 "멸망의 이단"이라고 말함으로써, 사람들이 이단사설들로 인해서 멸망받게 될 것임을 보여 주는데, 로마 가톨릭 교회에는 그러한 멸망하게 할 이단들이 수없이 많다. 사도는 골로새서 2:18-19에서 멸망하는 자들에 대해서, 그들은 그리스도를 완전히 배척하는 자들이 아니라, 단지 "머리를 붙들지 아니하고," 복음을 따른 참된 예배에 "꾸며낸 겸손과 천사 숭배"를 뒤섞어서 자의적으로 하나님을 섬기는 자들이라고 말한다. 사도는 그런 자들은 구원을 받을 수 없다는 것을 분명하게 선언한다.

진리를 믿지 않고. 우리는 여기에서 하나님으로부터 심판과 단죄를 받고 지옥에 떨어질 자들에 관한 추가적인 묘사를 보는데, 사도가 이 말을 덧붙인 것은 하나님이 그들에게 "미혹의 역사"를 보내셔서 거짓 것을 믿게 하신 것과 그들을 단죄하셔서 벌하신 것이 둘 다 의로우신 일이었음을 분명히 하기 위한 것일 수도 있고, 그들이 거짓 것을 믿게 된 이유가 그들이 "진리를 믿지" 않았기 때문임을 보여 주기 위한 것일 수도 있다. 진리를 믿지 않는 자들은 거짓 것에 쉽게 속아 넘어가서 믿게 되는 법이다. 여기에서 "진리를 믿는다"는 것은 진리에 동의할 뿐만 아니라 거기에 따라 실제로 살아가는 것을 의미하는데, 그들은 그렇게 하지 않았다. 사도는 이미 앞에서 그들이 진리를 사랑하여 받아들인 자들이 아니라는 것을 말한 바 있다.

불의를 좋아하는 모든 자들로 하여금. 그들은 불의를 행하였을 뿐만 아니라, 불의 가운데서 살아가는 것을 대단히 흡족해하고 마음에 만족함을 느꼈다. 이것이 여기에서 사용된 헬라어가 의미하는 것이다. 그래서 그들은 자신들의 그러한 불의한 삶을 단죄하는 진리를 배척하고, 자신들의 삶을 지지하고 옹호해 주는 거짓된 교훈을 믿었다. 잠언 10:23("미련한 자는 행악으로 낙을 삼는 것 같이 명철한 자는 지혜로 낙을 삼느니라")과 로마서 1:32("그들이 이같은 일을 행하는 자는 사형에 해당한다고 하나님께서 정하심을 알고도 자기들만 행할 뿐 아니라 또한 그런 일을 행하는 자들을 옳다 하느니라")을 보라. 어떤 해석자들은 요한복음 8:46에서 우리 주님께서 "너희 중에 누가 나를 죄로 책잡겠느냐 내가 진리를 말하는데도 어찌하여 나를 믿지 아니하느냐"고 말씀하심으로써, "진리"를 "죄"와 대비시키신 것과 마찬가지로, 사도는 여기에서 "불의"를 "진리"와 대비시키고 있다는 점에서, "불의"는 잘못된 교훈 또는 오류를 가리키는 것으로 이해하고, 사도는 여기에서 특히 그리스도인들에게 육체의 정욕과 욕심들을 따라 행하도록 부추긴 마술사 시몬과 니골라 당의 부패하고 타락한 교훈들을 염두에 둔 것이라고 말한다. 하지만 나는 그들이 "불의"를 그런 식으로 해석한다면, 사도가 자신이 앞에서 말한 불법의 사람의 교훈들도 여기에서 "불의"라는 말로 지칭한 것이라고 생각하지 못할 이유도 없지 않겠는가? 따라서 나는 여기에서 "불의"를 가장 넓은 의미로 해석해서, 모든 죄를 가리키는 것이라고 본다. 사도 요한은 요한일서 5:17에서 "모든 불의가 죄"라고 말하는데, 거기에서 "불의"로 번역된 헬라어는 법을 어기는 것을 의미하는 '아노미아'(ἀνομία)이고, 여기에서 "불의"로 번역된 헬라어는 부당하게 행하는 것을 의미하는 '아디키아'(ἀδικία)

이기 때문에, 우리는 사도가 여기에서 잘못된 생각을 갖고 있는 것은 물론이고, 거기에다 악한 삶이 수반되고 있는 것을 "불의"로 표현한 것임을 알게 된다. 사람들이 죄를 기뻐하고 즐길 정도까지, 사람들의 죄가 깊어지면, 그들은 하나님의 심판과 단죄를 받아 멸망할 때가 무르익은 것이라고 할 수 있다. 사도가 여기에서 말하고 있는 것들이 저 적그리스도의 교회에 얼마나 딱 들어맞는지는 조금만 생각해 보면 금방 알 수 있다.

13. 주께서 사랑하시는 형제들아 우리가 항상 너희에 관하여 마땅히 하나님께 감사할 것은 하나님이 처음부터 너희를 택하사 성령의 거룩하게 하심과 진리를 믿음으로 구원을 받게 하심이니.

주께서 사랑하시는 형제들아 우리가 항상 너희에 관하여 마땅히 하나님께 감사할 것은. 사도는 여기에서 데살로니가 교인들은 자기가 앞에서 말한 저 "멸망하는 자들"에 속하지 않은 자들이라고 말하고, 하나님께서는 그들을 믿음이나 행위에 있어서의 배교로부터 안전하게 지키셔서 구원을 받게 하셨다고 말한다. 사도는 하나님께 진정으로 감사하는 마음으로, 그리고 데살로니가 교인들을 위로하기 위한 목적으로 이 말을 한다. 사도는 앞에서도 자주 그들을 인하여 하나님께 감사하곤 하였는데(살전 1:2; 2:13; 3:9; 살후 1:3), 앞에서나 여기에서나 하나님께서 그들에게 그런 은혜를 베풀어 주신 것으로 인해서, 자기가 하나님께 빚진 자가 된 것이라고 말하면서, 그래서 "우리가 마땅히 하나님께 감사하지" 않을 수 없다고 말한다. 헬라어 본문에서 이 어구는 신세를 지고 빚을 져서 감사할 수밖에 없다는 의미를 지닌다. 사도는 여기에서 데살로니가 교인들을 앞에서 흔히 그랬듯이 단지 "형제들"이라고 부르는 것이 아니라, "주께서 사랑하시는 형제들," 즉 주로부터 사랑을 받아 왔고 지금도 받고 있는 형제들이라고 부름으로써, 자기가 앞에서 말한 멸망하는 자들 속에 그들이 포함되어 있지 않다는 것을 분명하게 보여 준다.

하나님이 처음부터 너희를 택하사 … 구원을 받게 하심이니. 사도가 이렇게 말하는 것은 자기가 그들을 인하여 하나님께 감사할 수밖에 없는 이유를 제시하는 것일 수도 있지만, 그들이 주로부터 사랑을 받은 자들이라는 것을 증명해 주는 근거들을 제시하는 것으로 보아야 한다. 사도는 하나님이 그들을 사랑한 증거의 한 예로, 하나님께서 그들을 택하신 것을 든다. 하나님이 다윗을 왕으로 세우신 것(삼하 6:21)과 가룟 유다를 사도로 세우신 것(요 6:70) 같은 어떤 직분으로의 택하심이 있고, 하나님이 아브라함의 자손들을 택하신 것(신 26:18; 시 135:4; 시 147:19)과 같은 가시적인 교회와 구원의 수단으로의 택하심이 있다. 그리고 사도가 여기에서 말하는 것과 같은 "구원"으로의 택하심이 있다. 이 구원으로의 택하심은 사람들이 믿음을 갖게 되었을 때에 거기에 수반되는 하나님의 택하심을 가리키는 것일 수도 있다. 어떤 이들은 마태복음 22:14에서 우리 주님께서 "청함을 받은 자는 많되 택함을 입은 자는 적으니라"고 말씀하신 것을 그런 의미로 해석한다. 하지만 사도는 여기에서 "처음부터"라고 말하고 있기 때문에, 우리는 이 구원으로의 택하심을 데살로니가 교인들이 믿음을 가지기 전에 이미 하나님이 그들을 택하셨다는 것을 의미하는 것으로 보아야 한다. 왜냐하면, 사도가 여기에서 사용한 "처음부터"라는 어구는 복음이 전파되기 시작한 때를 가리키는 것도 아니고, 사도가 데살로니가 교인들에게 복음을 전하거나 그들이 실효적으로 부르심을 받게 되기 시작한 때를 가리키는 것도 아니며, 시간이 시작된 창세로부터라는 의미도 아니고, 아담의 타락 직후라는 의미도 아니며, "영원 전부터"라는 의미이기 때문이다. 따라서 여기에서 "처음부터"는 사도가 에베소서 1:4에서 "창세 전에 그리스도 안에서 우리를 택하사"라고 말하였을 때에 거기에 나오는 "창세 전"과 동일한 의미이다. "처음부터"라는 표현은 시간과 연관되어 있는 것으로 보이기는 하지만, 성경에서는 흔히 시간과 관련된 그러한 말들로 영원을 표현한다. 예컨대, 다니엘서 7:9에서 하나님을 "옛적부터 항상 계신 이"라고 지칭하였을 때, 그것은 하나님이 영원 전부터 계셨다는 것을 나타내는 말이고, 유다서 1:4에서 "옛적부터 이 판결을 받기로 미리 기록된 자들"(*πάλαι προγεγραμμένοι* - '팔라이 프로게그람메노이')이라고 말하였을 때, 그것은 하나님이 영원 전부터 어떤 자들을 멸망에 처하기로 작정하신 것을, 하나님이 장차 멸망 받을 자들의 이름을 책에 기록해 놓으신 것으로 표현한 것이다. 어떤 자들이 "옛적부터" 저주를 받아 지옥에 떨어질 자들로 책에 미리 기록되었다고 한다면, 하나님이 그들의 이름을 책에 기록하신 것은 "영원 전"이 아니면 언제이겠는가? 사도가 여기에서 말한 구원으로의 택하심은 하나님이 그들을 완성된 구원으로 택하신 것을 의미한다. 이 택하심은 믿음으로 말미암아 구원으로 향한 길에 들어서게 된 것을 의미하는 것도 아니고, 그 구원의 첫 열매로서 거룩하게 된 것을 의미하는 것도 아니다. 왜냐하면, 사도는 여기에서 "성령의 거룩하게 하심과 진리를 믿음으로"라는 어구를 통해서, 그런 것들을 이 구원으로의 택하심을 위한 수단들이라고 말하기 때문이다.

성령의 거룩하게 하심. 에베소서 1:4에서는 "창세 전에 그리스도 안에서 우리를 택하사 우리로 사랑 안에서 그 앞에 거룩하고 흠이 없게 하시려고"라고 말함으로써,

하나님의 택하심은 최종적인 목적임과 동시에 그 목적을 이루기 위한 수단이라는 것을 보여 준다. 우리의 거룩함은 하나님이 우리를 택하시게 된 원인이 아니고, 하나님의 택하심의 결과물이자, 우리가 구원을 받기 위하여 반드시 가야 하는 길로 하나님이 정해 놓으신 것이다. 그래서 히브리서 12:14에서는 "모든 사람과 더불어 화평함과 거룩함을 따르라 이것이 없이는 아무도 주를 보지 못하리라"고 말한다.

진리를 믿음으로. 온전한 구원으로 나아가는 길은 진리를 믿는 것이기 때문에, 사도는 앞 절에서 진리를 믿지 않은 자들을 "멸망하는 자들"이라고 말하였다. 따라서 하나님께서는 우리가 장차 믿게 될 것을 이미 아시고서 거기에 의거해서 우리를 택하신 것이 아니다. 우리는 믿음으로 말미암아 구원을 얻게 되지만, 택하심을 얻게 되는 것은 아니다. 이것에 대해서는 내가 데살로니가전서 4장을 설명할 때에 이미 자세하게 다룬 바 있다. 사도는 여기에서 거룩하게 되는 것(성화)과 믿음을 결합시키는데, 그것은 이 둘은 서로 나뉘지 않고 나뉠 수도 없기 때문이다.

이렇게 사도는 이 모든 것을 통해서, 데살로니가 교인들이 하나님으로부터 사랑을 받은 자들임을 증명한다. 사도는 그들이 거룩하게 된 것과 진리를 믿은 것 속에서, 하나님이 그들을 택하신 열매들을 보았기 때문에, 거기에 근거해서 그들이 하나님의 택하심을 받았고, 하나님으로부터 사랑을 받은 자들이라는 결론을 이끌어 낸다.

14. 이를 위하여 우리의 복음으로 너희를 부르사 우리 주 예수 그리스도의 영광을 얻게 하려 하심이니라.

이를 위하여 우리의 복음으로 너희를 부르사. 사도는 앞에서 데살로니가 교인들의 택하심에 대하여 말하였다고 한다면, 이제 여기에서는 그들의 부르심에 대하여 말한다. 성경에서 택하심과 부르심은 흔히 함께 나오고(롬 8:30; 벧후 1:10), 이사야서 42:1, 6에서는 그리스도에 대해서도, 하나님께서 그리스도를 택하셨고 부르셨다고 말한다. 왜냐하면, 이 둘은 구원에 꼭 필요한 하나님의 절대주권에 의한 두 가지 역사이기 때문이다. 이 두 역사 중에서 택하심은 영원 속에서 이루어지고, 부르심은 시간 속에서 이루어진다. 또한, 택하심은 하나님 자신 속에서만 이루어지는 반면에, 부르심은 현세 속에서 피조물인 인간에게서 이루어진다. 부르심은 택하심으로부터 흘러 나와서 현세에서 이루어지는 최초의 역사이다. 성경에는 외적인 부르심과 내적인 부르심에 대하여 말하고 있기 때문에, 우리는 여기에서 사도가 이 두 가지를 모두 말하고 있는 것으로 이해하여야 한다. 왜냐하면, 이 절의 처음에 나오는

“이를 위하여”(εἲς ὃ - ‘에이스 호’)는 사도가 앞 절에서 말한 모든 것, 즉 구원을 받는 것과 거룩하게 되는 것과 진리를 믿는 것을 가리키는데, 이러한 것들은 단순한 외적인 부르심으로는 얻을 수 없는 것들이기 때문이다.

사도가 여기에서 복음을 “우리의 복음”이라고 말한 이유는, 복음은 원래 하나님으로부터 온 것이고, 복음의 내용도 예수 그리스도에 관한 것이지만, 그 복음은 사도와 그의 동역자들이 전한 것이자 그들에게 맡겨진 것이었기 때문이다. 사도는 “우리의 복음으로 너희를 부르사”라는 말을 통해서, 자신들이 그들에게 복음을 전하였을 때, 그들이 그 복음을 듣고 구원을 받았다는 것을 상기시킴으로써, 하나님께서 그들에게 얼마나 큰 은혜와 긍휼을 베푸셨는지를 일깨워 준다. 또한, 사도는 그들이 이미 자신들로부터 받은 “복음”을 통해서만 “성령의 거룩하게 하심과 진리를 믿음으로” 그들의 구원을 완성하게 될 것임을 상기시켜 줌으로써, 그들이 믿음과 거룩한 삶을 끝까지 지켜 나가는 데 세심한 주의를 기울여야 하고, 거짓 교사들이 말하는 율법이나 철학적인 사변들을 통해서 구원을 얻고자 하는 생각은 아예 버려야 한다는 것을 일깨워 준다. 왜냐하면, “믿음은 들음에서 나며 들음은 그리스도의 말씀으로 말미암고”(롬 10:17), “복음은 모든 믿는 자에게 구원을 주시는 하나님의 능력이 되기”(롬 1:16) 때문이다. 또한, 사도는 이 말을 통해서 그들이 하나님의 택하심을 받은 자들임을 다시 한 번 그들에게 확인해 준다. 즉, 그들이 이렇게 복음을 통해서 실효적으로 부르심을 받았다면, 그들은 하나님으로부터 택함 받은 자들임이 틀림없다는 것이다. 왜냐하면, 만일 어떤 사람이 이런 식으로 부르심을 받아서, 자신의 마음속에서 복음의 능력을 느끼고, 복음에 순종하는 삶을 살아 가지 않는다면, 그 사람은 자기가 하나님의 택하심을 받았고, 따라서 장차 반드시 구원을 받게 될 것이라고 확신할 수 없기 때문이다.

우리 주 예수 그리스도의 영광을 얻게 하려 하심이니라. 사도는 앞에서 “구원”이라고 말한 것을 여기에서는 “우리 주 예수 그리스도의 영광을 얻는” 것이라고 표현한다. 사도는 데살로니가전서 5:9에서도 여기에서 사용된 것과 동일한 단어를 사용해서 “하나님이 우리를 세우심은 노하심에 이르게 하심이 아니요 오직 우리 주 예수 그리스도로 말미암아 구원을 받게 하심이라”고 말하였지만, 여기에서는 “얻다,” 거기에서는 “받다”로 번역된 ‘페리포이에시스’(περιποίησις)는 종종 구원 자체를 가리키는 데에도 사용되는데, 히브리서 10:39에서 “우리는 뒤로 물러가 멸망할 자가 아니요 오직 영혼을 구원함에 이르는 믿음을 가진 자니라”고 할 때, “영혼을 구원함"으로 번역된 어구는 직역하면 "영혼을 얻음"이다. 또한, 에베소서 1:13-14에서도 "너희도 진리의 말씀 곧 너희의 구원의 복음을 듣고 그 안에서 또한 믿어 약속의 성령으로 인치심을 받았으니 이는 우리 기업의 보증이 되사 그 얻으신 것을 속량하시고 그의 영광을 찬송하게 하려 하심이라"고 말하는데, 거기에서 "얻으신 것"으로 번역된 단어도 여기에서 "얻다"로 번역된 단어이기 때문에, 그 본문도 이 단어가 믿는 자들이 "얻은 것," 즉 구원 자체를 나타내는 데 사용된 예이다. 사도는 여기에서 "얻다"라는 단어를 통해서, 그리스도의 영광은 그들이 부지런히 애쓰고 힘써서 얻어내야 하는 것이고, 그들이 다른 것들을 팔아서 사야 하는 것임을 보여 주고자 한 것일 수 있다. 왜냐하면, 이 단어는 그런 뉘앙스를 지니는 것으로 보이기 때문이다.

어떤 이들은 "그리스도의 영광"을, 우리가 그리스도께 드리는 영광을 가리키는 것으로 곡해해서 해석하지만, 그것은 잘못된 해석이다. "그리스도의 영광"은 우리가 그리스도로부터 받게 될 영광을 가리키는 것으로서, 아버지 하나님께서 그리스도에게 주신 바로 그 영광, 그리고 그리스도께서 자기 백성에게 주신 바로 그 영광이다(요 17:22, "내게 주신 영광을 내가 그들에게 주었사오니"). 동일한 맥락에서, 로마서 8:17에서는 하나님의 자녀들은 "그리스도와 함께 한 상속자"라고 말한다. 따라서 여기에서 사도는 하나님께서 그리스도와 적어도 동일한 종류의 영광을 얻게 하시기 위하여 믿는 자들을 부르신 것이라고 말함으로써, 한편으로는 이 구원이 얼마나 엄청난 것인지를 데살로니가 교인들에게 보여 주고, 다른 한편으로는 그들이 자기가 앞의 절들에서 말한 멸망하는 자들, 즉 하나님의 심판과 단죄를 받아 영원한 멸망에 처해지게 될 자들과 얼마나 다른 처지에 있는지도 아울러 보여 준다.

또는, 여기에서 "얻다"로 번역된 헬라어는 베드로전서 2:8에서 믿는 자들을 지칭한 "그의 소유가 된 백성"(*λαὸς εἰς περιποίησιν* - '라오스 에이스 페리포이에신')으로 번역될 수 있기 때문에, 우리가 그런 식으로 이 단어를 읽어서, 하나님께서 "너희를 그의 소유가 된 백성으로 부르셔서 그리스도의 은혜의 영광을 나타내셨다"는 취지로 이 구절을 해석한다고 해도, 사도는 이 구절을 통해서, 하나님께서 자기가 앞에서 언급한 멸망하는 자들과 데살로니가 교인들을 얼마나 다르게 대하셨는지를 분명하게 보여 준 것이 된다.

15. 그러므로 형제들아 굳건하게 서서 말로나 우리의 편지로 가르침을 받은 전통을 지키라.

앞의 절들은 위로의 말씀을 담고 있었다고 한다면, 여기에는 권면의 말씀이 나온다. 사도는 앞에서 그들이 하나님의 택하심과 부르심을 받은 자들이라고 분명하게 밝힘으로써 그들을 위로한 후에, 이제 그들에게 그들이 마땅히 해야 할 본분과 도리를 다하라고 권면한다. 구원의 확신은 안일함과 나태함을 조장하는 것이 아니다. 이 절의 앞에 나오는 "그러므로"는 사도가 그들의 구원이 확실하다는 사실을 토대로 해서, 그들을 일깨우고 정신을 바짝 차리게 하고 있음을 보여 준다. 사도가 그들에게 다음과 같은 것들을 권면한다:

(1) "굳게 서라." 이것은 군대에서 대장이 자신의 휘하 군인들에게 하는 말이다. 이 말은 고린도전서 16:13과 에베소서 6:14에도 나온다. 사도가 이 말을 하는 것은 자기가 앞에서 장차 큰 배교가 있을 것이라고 말하였기 때문이다. 또는, 사도는 자기가 앞에서 하나님께서 그들로 하여금 복음으로 말미암아 큰 영광을 얻게 하시기 위하여 그들을 부르셨다고 말하였기 때문에, 그들이 그 큰 영광을 얻기 위해서는, 엉거주춤한 태도를 보이거나 의기소침한 모습을 보여서는 안 되고, 견고한 믿음과 확신, 그리고 변함없이 굳건한 의지를 가지고서 "굳게 서야" 한다고 그들에게 권면하고 있는 것이다. (2) 그들이 "가르침을 받은 전통을 지키라." 여기에서 "전통"으로 번역된 단어는 다른 사람으로부터 전해 받은 것을 의미하지만, 특히 가르침들이나 교훈들을 의미한다. 마태복음 15:3을 보면, 우리 주님께서는 바리새인들의 교훈을 "너희의 전통"이라고 부르신다. 따라서 사도들이 사람들에게 전한 복음의 참된 교훈들도 "전통"이라고 할 수 있다. 고린도전서 11:23에서 사도는 "내가 너희에게 전한 것은 주께 받은 것"이라고 말한다.

말로나 우리의 편지로. 사도는 자기와 자신의 동역자들이 입의 말씀으로 그들에게 공적으로나 사적으로 가르친 것들을 지키고, 자기가 서신들로 그들에게 말한 것들도 지키라고 말한다. 사도는 데살로니가 교인들을 직접 가르쳤을 뿐만 아니라, 데살로니가후서를 쓰기 전에도, 그들에게 서신을 써서 보냈었다. 교황주의자들은 이 본문을 근거로 삼아서, 신앙에 있어서 아주 중요하고 꼭 필요한 내용들 중에서 일부는 성경에 기록되어 있지 않다고 주장하지만, 그런 주장은 근거 없는 주장일 뿐이다. 그들은 그렇게 성경에 기록되지 않은 내용들을 "전통들"이라고 부르면서, 그러한 전통들은 신앙에 관한 것도 있고, 행실에 관한 것도 있으며, 예전과 하나님에 대한 예배에 관한 것도 있고, 교회의 외적인 체제와 관련된 것도 있다고 말한다. 그러나 어떤 전통들이 하나님께서 인정하시는 전통들인지를 누가 우리에게 보장해 줄 수 있단 말인가? 그런 전통들을 인정하는 것은 사람들이 자기가 좋아하는 것들을 전통이라는 미명 하에 교회 속으로 들여올 수 있도록 문을 활짝 열어 주는 것이 아닌가? 사도가 도대체 누구에게 그러한 전통들을 대대로 전하라고 위임하였단 말인가? 사도가 자신이 그리스도로부터 받은 복음 진리의 체계 전체를 믿는 자들에게 말로나 글로 전해 주지 않았을 이유가 도대체 무엇이었다는 말인가? 사도가 믿는 자들에게 서신들을 썼을 때에 그들에게 유익한 것들을 쓰지 않고 은폐할 이유가 어디 있었다는 것인가? 사도는 디모데에게 "모든 성경은 하나님의 감동으로 된 것으로 교훈과 책망과 바르게 함과 의로 교육하기에 유익하니 이는 하나님의 사람으로 온전하게 하며 모든 선한 일을 행할 능력을 갖추게 하려 함이라"(딤후 3:16-17)고 분명하게 말하지 않았던가? 그런데도 믿는 자들에게 전통들이 필요한 이유가 무엇이란 말인가? 설령 전통들이라는 것이 존재한다고 해도, 우리가 성경이 하나님의 감동으로 된 것임을 확신하는 것과 같이, 그러한 전통들이 하나님의 감동으로 된 것임을 어떻게 알고 확신할 수 있다는 것인가? 우리 구주께서는 바리새인들의 전통들을 책망하시면서, 그들은 자신들의 전통들을 따라 "잔과 대접의 겉은 깨끗이 하되 그 안에는 탐욕과 방탕으로 가득하게 하는도다"(마 23:25)라고 말씀하시며, "너희의 전통으로 하나님의 말씀을 폐하는도다"(마 15:6)라고 꾸짖으셨는데, 사도는 동일한 맥락에서 골로새 교인들에게 "누가 철학과 헛된 속임수로 너희를 사로잡을까 주의하라 이것은 사람의 전통과 세상의 초등학문을 따름이요 그리스도를 따름이 아니니라"(골 2:8)고 경고한다. 바울은 자기도 회심 이전에는 "내 동족 중 여러 연갑자보다 유대교를 지나치게 믿어 내 조상의 전통에 대하여 더욱 열심이 있었다"(갈 1:14)고 회고한다. 오늘날에도 우리는 여전히 사람들은 하나님께서 성경에서 분명하게 명하신 도덕적인 의무들이나 하나님이 세우신 예배 제도들보다 그런 것들에 더 큰 열심을 내는 것을 본다. 사도는 자기가 "말로나 편지로" 가르친 모든 것들을 여기에서 "전통들"이라고 부르고, 고린도전서 11:2에서는 "내가 너희에게 전하여 준 대로 그 전통을 너희가 지키므로 너희를 칭찬하노라"고 말한다. 이것은 사도가 성도들에게 전해 준 전통들 중에서 말로나 편지로나 그들에게 전하지 않은 것은 없다는 것을 보여 준다. 그런데도 교황주의자들이 "전통들"을 사도가 글로 쓰지 않은 것들로만 국한시키는 이유는 무엇인가? 사도는 데살로니가 교인들에게 자기가 "말로나 편지로" 그들에게 가르친 "전통들"을 굳게 지키라고 권면한다. 즉, 그들이 그 "전통들을 지키기"만 한다면, 그들은 "굳건하게 서게" 될 것이라는 것이다.

16. 우리 주 예수 그리스도와 우리를 사랑하시고 영원한 위로와 좋은 소망을 은

혜로 주신 하나님 우리 아버지께서.

여기에서 사도는 자기가 앞에서 데살로니가 교인들에게 한 권면의 말씀에 기도를 더한다. 글로 쓴 말씀이든, 입으로 전한 말씀이든, 말씀에는 반드시 기도가 수반되어야 한다. 그래서 사도행전 6:4을 보면, 열두 사도는 제자들에게 "우리는 오로지 기도하는 일과 말씀 사역에 힘쓰리라"고 말한다. 사도 바울은 데살로니가에 교회를 세웠지만, 교회를 성장하게 하신 이는 하나님이시라는 것을 알았기 때문에, "나는 심었고 아볼로는 물을 주었으되 오직 하나님께서 자라나게 하셨나니"(고전 3:6)라고 말하였다.

사도가 여기에서 자신의 기도의 대상으로 첫 번째로 언급하는 것은 "우리 주 예수 그리스도"이시다. 아타나시우스(Athanasius)의 시대에 이것은 그리스도의 존엄을 옹호하고 아리우스파(the Arians)를 반박하는 데 좋은 근거가 되었고, 지금도 여전히 소키누스파(the Socinians)를 반박하는 데 좋은 근거가 되고 있다. 왜냐하면, 오직 하나님만이 예배의 대상이 될 수 있고, 사도가 여기에서 데살로니가 교인들에게 주시라고 기도하는 그러한 은사들을 수여하실 수 있으신데, 사도는 "하나님 우리 아버지"보다도 먼저 "우리 주 예수 그리스도"를 자신의 기도의 대상으로 삼고 있기 때문이다. 그리스도를 언급할 때, 사도는 그리스도를 자신의 백성과의 관계 속에서 언급하는 것을 기뻐한다. 사도는 자신의 모든 서신들에서 대체로 그렇게 하고 있고, 이 본문에서도 그렇게 하고 있다. 즉, 사도는 여기에서 "주 예수 그리스도" 앞에 소유대명사 "우리"를 사용하는데, 그것은 우리가 주 예수 그리스도로부터 은혜와 복을 받는 관계에 있다는 것을 보여 주기 위한 것이라는 말이다.

사도가 자신의 기도의 대상으로 두 번째로 언급하는 것은 "하나님 아버지"이시다. 야고보서 1:17에서는 이 하나님은 "빛들의 아버지"이신데, "온갖 좋은 은사와 온전한 선물이 다 위로부터 빛들의 아버지께로부터 내려오나니 그는 변함도 없으시고 회전하는 그림자도 없으시니라"고 말한다. 사도가 자신의 기도 속에서 하나님 아버지와 더불어 그리스도를 언급하는 이유는, 그리스도를 통하지 않고서는 아무도 하나님 앞으로 나아갈 수 없고, 그리스도로 말미암지 않고는 그 어떤 "좋은 은사"도 우리에게 내려올 수 없기 때문이다. 사도는 "주 예수 그리스도"를 언급할 때와 마찬가지로, "하나님 아버지"를 언급할 때에도 하나님의 백성과의 관계 속에서 언급한다: "하나님, 곧 우리 아버지." 그리스도는 우리의 주이시고, 하나님은 그리스도 안에서 우리의 아버지이시다. 사도는 그리스도와 하나님을 이런 식으로 말하고 바라봄으로써, 자기가 데살로니가 교인들에게 주시라고 기도하는 은사들을 반드시 얻게 될 것이라는 자신과 그들의 믿음을 한층 강화시킨다.

우리를 사랑하시고. 사도는 하나님께서 자기의 기도를 반드시 응답해 주실 것이라는 또 하나의 근거를 하나님의 사랑에서 찾는다. 우리가 기도하면서도 과연 하나님이 우리의 기도에 응답해 주실 것인지에 대한 의심들이 올라오는 이유는, 하나님의 권능을 믿지 못해서라기보다는 하나님이 우리의 기도를 응답해 주시고자 하시는 뜻과 의지가 과연 있을까 하고 의심하면서 믿지 못하기 때문인데, 이 때에 우리가 하나님이 우리에게 베풀어 주신 사랑 가운데서 하나님을 바라보게 되면, 그러한 의심은 사라지게 된다. 왜냐하면, 사랑하는 자에게 무엇이든지 좋은 것을 해 주고자 하는 것이 사랑의 본질이고 속성이기 때문이다. 또한, 사도는 자신의 기도에 대한 응답의 확신의 근거를, 자기와 데살로니가 교인들이 하나님으로부터 받은 은사들 속에서 찾는데, 그것들은 "영원한 위로"와 "좋은 소망"이다.

사도가 앞에서 말한 하나님의 사랑은 모든 사람을 향한 일반적인 사랑이 아니라, 성도들을 향한 특별한 사랑이고, 그 사랑은 구체적으로 나타날 수밖에 없는데, 성도들에게 그렇게 구체적으로 나타난 특별한 사랑의 표현들 중의 하나를, 사도는 영원한 위로라고 부른다. 외적인 위로들은 일반적인 은사들에 속하는데, 사도는 여기에서 그러한 것들을 "영원한 위로"라고 부르는 것이 아니다. 왜냐하면, 외적인 위로들은 영원한 것이 아니기 때문이다. 외적인 위로들은 현세에 국한된 것이기 때문에, 현세에서 시작되고 현세에서 끝난다. 그러나 사도가 말한 "영원한 위로"는 현세에서 시작되기는 하지만, 영원까지 이어진다. 그러한 위로는 사람들이나 세상이 줄 수 있는 것도 아니고, 우리가 우리 자신에게 줄 수 있는 것도 아니며, 오직 하나님만이 우리에게 주실 수 있으시다. 모든 사람이 누구나 자기가 사랑하는 자들을 위로하고자 하는 것과 마찬가지로, 하나님께서는 이 위로를 자기가 사랑하시는 자들에게 주신다. 하나님이 사랑하시는 자들 중에는, 하나님이 주시는 위로를 느끼지 못하는 자들도 있기는 하겠지만, 그들에게는 하나님의 위로를 받을 자격이 있고, 하나님은 그들을 위하여 위로를 예비해 두신다: "의인을 위하여 빛을 뿌리고 마음이 정직한 자를 위하여 기쁨을 뿌리시는도다 의인이여 너희는 여호와로 말미암아 기뻐하며 그의 거룩한 이름에 감사할지어다"(시 97:11-12). 하나님께서 성도들에게 주시는 "영원한 위로"는 종종 중단될 수도 있지만, 그 토대까지 파괴되어서 다시는 회복되지 않게 되는 일은 없기 때문에, 현세에서나 영원한 내세에서나 영원히 지속된다. 그래서 베드로 사도는 하나님을 "모든 은혜의 하나님"이라고 부르고(벧전 5:10), 바울 사도는 "찬송하리로다 그는 우리 주 예수 그리스도의 하나님이시요 자비의 아버지시요 모든 위로의 하나님이시며"(고후 1:3)라고 말한다. 여기에서 사도가 "우리를 사랑하시고"라고 말함으로써, "우리"라는 말을 사용한 것은, 자기만이 아니라 데살로니가 교인들도 거기에 포함된다는 것을 분명히 하기 위한 것이다. 왜냐하면, 사도는 앞의 데살로니가전서 1:6에서 이미 "너희는 많은 환난 가운데서 성령의 기쁨으로 말씀을 받은" 자들이라고 말한 바 있기 때문이다.

사도가 자신의 기도에 대한 응답의 확신의 근거로 제시하는 또 하나의 것은 하나님이 자기와 그들에게 주신 "좋은 소망"이다. 인간이 본성적으로 갖는 감정으로서의 소망은 인간의 심령이 갖는 기대이고, 그 대상은 "이루어지기가 어렵기는 하지만 불가능한 것은 아닌 장래의 좋은 것"(bonum futurum, arduum, possibile)이다. 하지만 성도들에게 주어지는 소망은 하나님께서 이미 약속하셨지만 아직 나타나지는 않은 좋은 것들에 대한 기대이다. 사도는 이 소망의 대상이 지극히 좋은 것들이라는 점에서, 이 소망을 "좋은 소망"이라고 부른다. 사도는 로마서 5:5에서 이 소망은 확실한 것이어서, 우리의 기대를 결코 저버리지 않을 것이기 때문에, "소망이 우리를 부끄럽게 하지 아니할" 것이라고 말하고, 히브리서 6:19에서는 우리의 영혼이 가지고 있는 이 소망을 "닻"에 비유하며 "튼튼하고 견고하다"고 말한다. 우리의 소망은 오직 하나님께서 약속하신 것들만을 소망하는 것이다. 만일 우리가 하나님이 약속하지 않으신 것들을 소망한다면, 그것은 주제넘고 뻔뻔한 기대일 뿐이고, 참된 소망은 아니다. "좋은 소망"의 열매는 평강과 순전함과 부지런함과 위로 등이기 때문에, 사도는 여기에서 그런 것들을 소망과 결부시켜 말하고, 다른 곳들에서는 성도들은 "소망 중에 즐거워한다"고 말한다(롬 5:2; 12:12; 히 3:6). 또는, 어떤 이들은 사도는 데살로니가 교인들의 마음속에 소망이 상당한 정도로 뿌리를 내리고 있음을 나타내기 위해서, "좋은 소망"이라는 표현을 사용한 것이라고 생각한다. 즉, 그들은 하나님이 약속하신 좋은 것들을 아직 향유하고 있지는 않지만, 그것들을 장차 향유하게 되리라는 상당한 정도의 소망을 지니게 되었다는 것이다. 사도는 여기에서 성도들의 "소망"을 그 앞에 "좋은"이라는 수식어를 붙임으로써, 세상 사람들의 육신적인 헛된 소망이나, 위선자들의 거짓된 소망(욥 8:13)과 구별하고, 데살로니가 교인들이 전에 이방인으로 있을 때에 아무런 소망 없이 지냈던 것(엡 2:12)과도 구별하고 있다. 또한, 이 소망은 하나님이 성도들에게 주시는 선물이기 때문에, 하나님은 소망의 대상이실 뿐만 아니라 소망의 원천이시기도 하다. 그래서 사도는 로마서 15:13에서 하나님을 "소망의 하나님"이라고 부른다.

사도는 하나님께서 성도들에게 주신 이 두 가지 은사, 즉 "영원한 위로와 좋은 소망"이 하나님께서 그들에게 "은혜로 주신" 것들이라고 말한다. 만일 그렇지 않았다면, 우리는 하나님으로부터 그 어떤 소망이나 위로도 얻을 수 없었을 것이다. 죄가 하나님으로부터 우리가 소망과 위로를 받을 수 있는 길을 차단하고 봉쇄해 버렸기 때문에, 오직 하나님의 은혜만이 우리에게 그 길을 열어 줄 수 있었다. 우리가 지금 누리고 있는 것들이나, 장차 누리게 될 모든 것들은, 오로지 하나님의 은혜로 말미암는다. 사도는 성도들이 이미 받은 이러한 은사들을 근거로 해서, 자기가 여기에서 데살로니가 교인들을 위하여 기도하고 있는 것들을 하나님이 들어주실 것이라는 자신의 믿음을 더욱 강화시킨다.

17. 너희 마음을 위로하시고 모든 선한 일과 말에 굳건하게 하시기를 원하노라.

사도는 자기가 데살로니가 교인들을 위하여 어떤 것들을 기도하고 있는지, 그 내용을 여기에서 밝힌다. 너희 마음을 위로하시고. 사도는 앞에서 이미 하나님께서 "영원한 위로"를 주셨다고 말한 바 있지만, 여기에서도 하나님께서 "너희의 마음을 위로하시기"를 기도한다. 이것은 하나님이 성도들에게 약속하신 영원한 위로를 실제로 데살로니가 교인들에게 주셔서 누리게 해 주시라는 것일 수도 있고, 그들이 이미 받은 위로가 계속해서 지속되고 점점 더 많아지게 해 주시라는 것일 수도 있다. 사도가 이렇게 기도하는 이유는, 환난들을 겪고 있던 그들이 지치고 낙심하지 않도록 하기 위한 것일 수도 있고, 그들로 하여금 더욱더 믿음에 견고히 서서 믿음에서 떨어져 나가지 않게 하기 위한 것일 수도 있는데, 그렇게 되려면, 하나님께서 그들에게 새로운 힘을 주셔야 하기 때문이다. 따라서 사도의 이 기도는 그가 그들을 위하여 다음으로 기도하는 것과 잘 부합한다.

모든 선한 일과 말에 굳건하게 하시기를 원하노라. "진리의 말씀"은 "선한 말"인데, 복음은 "진리의 말씀"이다(고후 6:7). 복음의 모든 교훈은 "선하다"(딤전 4:6). 그래서 잠언 4:2에서는 "내가 선한 도리를 너희에게 전하노니 내 법을 떠나지 말라"고 말한다. 복음의 교훈은 선해서 "교훈과 책망과 바르게 함과 의로 교육하기에 유익하기" 때문에, "하나님의 사람으로 온전하게 하며 모든 선한 일을 행할 능력을 갖추게 하는" 데 유익하다(딤후 3:16). 모든 진리는, 그것이 본성적인 것이든 도덕적인 것이든, 선한 것이지만, 복음 진리는 그 중에서도 지극히 선하다. 복음은 "구원의 말씀"(행 13:26)이기 때문에 선한 말씀이다. "선한 말에 굳건하다"는 것은, 선한 말씀인 복음을 굳게 믿고, 여러 가지 미혹하는 교설들이나 박해들에 맞서서 복음을 견고하게 붙드는 것이다. 사도는 여기에서 하나님의 모든 진리, 특히 그 중에서도 좀 더 중요한 진리들을 "모든 선한 말"이라고 표현한다. 믿는 자들은 어떤 진리들은 굳게 붙잡고 어떤 진리들은 소홀히 하는 일이 있어서는 안 되고, 모든 진리들을 견고하게 붙잡아야 한다. 사도는 "말"에 "일"을 덧붙이는데, 그것은 믿음과 행위는 서로 일치되어야 하기 때문이다. 복음의 교훈들은 참되기 때문에, 선한 행위들을 요구한다. 선한 행위들은 하나님에 대한 것도 있고, 우리 이웃에 대한 것도 있고, 우리 자신에 대한 것도 있다. 그리스도인들은 그러한 모든 선한 행위들을 행하여야 할 뿐만 아니라, 그런 선한 행위들에 굳건하여야 하는데, 이것은 어떤 경우에도 끝까지 변함없이 참고 인내하며 단호하게 모든 일에서 선하게 행하여야 한다는 것을 의미한다. 참된 신앙이나 경건은 단지 말에 있는 것이 아니라 행위에 있고, 단지 생각만 해서는 안 되고 반드시 실천하여야 한다. 올바른 생각을 갖는 것도 중요하지만, 거기에는 거룩한 삶이 반드시 수반되어야 한다. 우리가 행하는 어떤 "일"이 선하려면, 우리가 그 일을 하는 동기와 원리, 그 과정과 방식과 목적 등 모든 것이 다 선하지 않으면 안 된다.

MATTHEW POOLE'S COMMENTARY

데살로니가후서 3장

개요

1. 데살로니가 교인들에게 자기를 위해 기도해 달라고 부탁함(1–2).
2. 자기가 그들을 신뢰한다고 말함(3–4).
3. 하나님께 그들을 인도해 주시라고 기도함(5).
4. 게으르고 무질서한 자들을 책망하고, 그런 자들을 멀리하라고 명함(6–15).
5. 기도와 문안인사로 끝맺음(16–18).

1. 끝으로 형제들아 너희는 우리를 위하여 기도하기를 주의 말씀이 너희 가운데서와 같이 퍼져 나가 영광스럽게 되고.

끝으로 형제들아 너희는 우리를 위하여 기도하기를. 사도는 "끝으로"(τό λοιπὸν - '토 로이폰')라고 말함으로써, 이제 자기가 이 서신을 마무리하고자 한다는 것을 보여 주는데, 다른 서신들에서도, 자기가 이제 서신을 마무리할 것임을 나타내기 위해서 이 표현을 사용한다(고후 13:11; 엡 6:10; 빌 4:8). "끝으로"는 앞에서 말하지 못한 것들을 마지막으로 덧붙이겠다는 뜻인데, 사도가 가장 먼저 덧붙이고 있는 것은 그들에게 자기를 위하여 기도해 달라고 부탁하는 말이다. 사도는 데살로니가전서에서도 그들에게 자기를 위해 기도해 줄 것을 부탁했었고(살전 5:25), 다른 교회들에게도 자기를 위해 기도해 줄 것을 부탁하곤 하였다(고후 1:11; 엡 6:19; 히 13:18 등). 사도는 앞 장에서는 데살로니가 교인들을 위해 자기가 기도했었는데, 이제 여기에서는 그들에게 자기를 위해 기도해 줄 것을 부탁한다. 사역자들과 일반 신자들은 서로를 위해 기도해 줄 의무가 있다. 사도는 스스로 말씀과 기도에 힘썼고(행 6:4), 자신이 그리스도의 사도였음에도 불구하고, 많은 사람이 기도하는 것이 혼자 하는 기도보다 더 역사하는 힘이 크다는 것을 알았기 때문에, 이렇게 데살로니가 교인들에게 자기를 위해 기도해 줄 것을 부탁하고 있는 것이다. 그리고 데살로니가 교인들도 그리스도인들로서 이 세상에서 그리스도와 그의 복음이 널리 전해져서 하나님의 나라가 확장되게 하는 데 관심을 가져야 하였기 때문에, 그리스도의 사도인 바울을 위해 기도하는 것이 마땅한 일이었다. 또한, 사도는 그리스도께서 자기에게 맡기신 일이 지극히 크고 중하기 때문에, 하나님의 은혜 없이는 자신의 힘으로 해나갈 수 없다는 것을 너무나 잘 알고 있었기 때문에, 그들에게 기도 부탁을 한 것이다. 사도는 그들에게 기도 부탁을 하면서, 그들을 "형제들"이라고 부르는데, 이것은 악인들과 믿지 않는 자들의 기도는 아무 소용이 없다는 것을 알고 있었기 때문이었다. 사도는 큰 사도였지만, 교회에서 아무리 큰 자라고 할지라도, 지극히 미천한 형제들의 기도와 도움을 필요로 하지 않는 자는 있을 수 없다.

주의 말씀이 … 퍼져 나가. 사도는 먼저 그들이 자신의 사역과 관련해서 기도해 주기를 부탁하는데, 그것은 "주의 말씀"이 거침없이 "퍼져 나갈" 수 있게 해주시라고 하나님께 기도해 달라는 것이었다. 즉, 하나님의 말씀이 어디에서나 막힘이 없이, 생명수 강처럼 도도하게 흘러서 널리 퍼져 나갈 수 있게 해 달라는 것이다. 사도는 모든 민족에게 복음을 가르칠 책무를 맡은 자였기 때문에, 이 말씀이 이 나라에서 저 나라로, 그리고 한 세대에서 다음 세대로 계속해서 전해지고 퍼져 나가서, 복음을 따르는 제자들이 많아지기를 원하였다. 이것을 사도행전 6:7에서는 "하나님의 말씀이 점점 왕성해져" 간다고 말하고, 사도행전 12:24에서는 "하나님의 말씀"이 "흥왕하여 더하더라"고 말하며, 사도행전 19:20에서는 "주의 말씀이 힘이 있어 흥왕하여 세력을 얻으니라"고 말한다. 그리스도께서는 이것을 씨앗 중에서 가장 작은 겨자씨가 점점 자라나서 새들이 깃들 정도로 큰 나무로 성장하는 것에 비유하기도 하셨고, 작은 누룩이 가루 서 말에 퍼져서 그 떡덩이 전체를 부풀게 하는 것에 비유하기도 하셨다(마 13:31-33). 그리스도께서는 이러한 비유들에서 주로 하나님의 말씀이 사람들의 심령 속에서 큰 능력으로 역사하는 것에 대하여 말씀하신 것으로 보이는 반면에, 사도가 여기에 데살로니가 교인들에게 기도 부탁하고 있는 것은 하나님의 말씀이 외적으로 거침없이 퍼져 나가게 해 달라는 것이다. 복음이 퍼져 나가는 것을 가로막는 것들은 많이 있다. 악한 통치자들이 복음 전파를 금지하는 법들을 만들기도 하고, 큰 박해들이 일어나기도 하며, 거짓 교사들이 복음을 훼방하기도 하고, 신앙을 고백한 자들이 사실은 배교자들로서 추문을 일으켜서 세상 사람들로 하여금 복음에 대하여 반감을 갖게 만들기도 하며, 복음을 믿는 자들에게 비난과 비방이 쏟아져서 사람들이 복음을 믿기 어려운 환경이 조성되기도 한다. 반면에, 복음이 거침없이 퍼져 나가기 위해서는, 복음에 호의적인 관원들과 제대로 된 사역자들이 있어야 하고, 성령이 활발하게 역사하여, 복음을 위한 수고들이 열매를 맺게 하여야 한다. 사도는 여기에서 데살로니가 교인들에게, 하나님께서 이렇게 복음 전파를 가로막는 것들을 제거해 주시고, 아울러 복음 전파가 거침없이 이루어질 수 있는 환경들이 조성될 수 있게 해주시기를 기도해 달라고 부탁을 하고 있다.

영광스럽게 되고. 이것은 "주의 말씀"이 이 세상에서 비방과 경멸을 받는 것이 아니라, 존귀와 영광과 공경을 받게 해 달라는 것이다. 유대인들은 복음을 이단사설로 여겼고, 이방인들은 복음을 어리석은 것으로 치부하였다. 하지만 사도행전 13:48에서는 "이방인들이 듣고 기뻐하여 하나님의 말씀을 찬송하며 영생을 주시기로 작정된 자는 다 믿더라"고 말한다. 즉, 이방인들에게 어리석은 것으로 보였던 복음이, 하나님이 역사하시자, 이방인들이 하나님의 말씀으로 받아들여 지극히 공경하고, 그 말씀을 기뻐하게 되었다는 것이다. 또한, 이것은 복음이 이 세상에서 영광스러운 결과들을 만들어 낼 수 있도록 기도해 달라는 의미이기도 하다. 즉, 복음이 전파되는 곳들에서 하나님께서 듣는 자들로 하여금 하나님께 순복하게 하시고, 사람들을 새로운 피조물들로 만드셔서, 마귀의 나라에서 건져 내어 그리스도의 나라로 옮겨 주시라는 것이다. 또한, 이것은 복음이 사람들이 만들어 낸 것이 아니라 하늘로부터 온 것이고, 사람들을 구원하시는 하나님의 능력이라는 것을, 하나님께서 여러 가지 역사들로 증거해 주시라고 기도해 달라는 것이다. 또한, 우리는 거기에 한 가지를 덧붙일 수 있는데, 그것은 복음을 믿고 고백한 자들의 흠 없고 모범적인 행실로 말미암아 복음이 세상 사람들 가운데서 영광을 받게 해 주시라고 기도해 달라는 것이다.

너희 가운데서와 같이. 사도는 복음이 데살로니가 교인들 가운데서 크게 역사하여 영광스럽게 된 사실을 이미 데살로니가전서와 후서를 통해서 꽤 자세하게 보여 준 바 있기 때문에, 복음이 그들 가운데서 영광을 받게 된 것처럼 다른 곳들에서도 많은 사람들에게 그렇게 되게 해주시라고 기도해 달라고 부탁한다. 복음의 능력을 이미 맛보고 회심하고 구원받은 자들은 다른 사람들도 자신들과 같이 되게 해 달라고 기도하는 것이 마땅하다. 그들은 그렇게 기도함으로써, 사람들에 대한 자신들의 사랑과 하나님에 대한 자신들의 사랑을 증명해 보일 수 있다. 따라서 사도는 그들이 그렇게 하는 것은 하나님께서 기쁘게 받으실 것이었기 때문에, 여기에서 이렇게 그들에게 기도를 부탁하고 있는 것이다. 또한, 사도는 그들이 이미 복음의 능력을 맛본 경험이 있기 때문에, 하나님께서 다른 사람들에게 그렇게 하실 것임을 잘 알 것이기 때문에, 그들에게 그런 기도를 부탁하고 있는 것이기도 하다. 한편, 사도는 이 어구를 통해서, 데살로니가 교인들이야말로 "주의 말씀"이 거침없이 퍼져 나가 영광스럽게 된 모범적인 사례라는 사실을 지적하고 있다. 그들은 사도가 그들에게 전한 복음을 사람의 말이 아니라 하나님의 말씀으로 받았다. 사도는 여기에서 마치 이렇게 말하고 있는 것과 같다: 주의 말씀이 어떤 식으로 사람들 가운데서 형통하여 영광을 받게 되는지를 알고 싶은 사람들이 있다면, 데살로니가로 가라.

2. 또한 우리를 부당하고 악한 사람들에게서 건지시옵소서 하라 믿음은 모든 사람의 것이 아니니라.

사도는 앞에서 자신의 복음 사역과 관련하여 기도해 줄 것을 부탁한 후에, 여기에서는 자기를 비롯한 복음 사역자과 관련된 기도를 그들에게 부탁한다. 왜냐하면, 사도 바울과 그의 동역자들은 자신들을 반대하는 자들을 만났고, 그런 자들로 인해서 자신들의 복음 사역에 방해를 받았으며, 그런 자들은 복음이 거침없이 퍼져 나가는 데에 걸림돌이 되었기 때문이었다. 그렇다면, 이 사람들은 어떤 사람들이었는가? 그들은 복음과 기독교 신앙을 박해하는 이방인들이었는가? 실제로 바울 일행은 그런 이방인들을 만난 적이 있었다. 또는, 그들은 기독교 신앙을 시기하고 앙심을 품고 있던 유대인들이었는가? 실제로 바울 일행은 그런 유대인들도 만난 적이 있었다. 특히, 사도 바울은 바로 데살로니가에서 유대인들의 박해를 만났고, 그래서 데살로니가를 떠나서 베뢰아로 가지 않을 수 없었다(행 17장). 또는, 그들은 교회 속으로 몰래 들어온 거짓 형제들이었는가? 실제로 바울은 고린도후서 11:26에서 "거짓 형제의 위험"에 대하여 말하고 있다. 어떤 이들은 사도가 바로 뒤에 "믿음은 모든 사람의 것이 아니니라"는 말을 덧붙인 것을, 비록 신앙을 고백한 자들 중에서도 참된 믿음을 갖지 않은 자들이 있을 수 있다는 뉘앙스를 풍기고 있는 것으로 보고서, 사도는 여기에서 특히 "거짓 형제들"을 염두에 두고서 "부당하고 악한 사람들"이라고 말한 것이라고 생각한다. 하지만 나는 사도가 말한 "부당하고 악한 사람들"은 우리가 여기에서 열거한 여러 부류의 사람들을 모두 다 포괄하는 것이라고 보지 않을 이유가 없다고 생각한다.

그러나 사도가 어떤 사람들을 염두에 두고서 여기에서 그런 말을 한 것이든, 사도는 첫 번째로 그런 사람들을 "부당한 사람들"로 묘사한다. 여기에서 "부당한"으로 번역된 단어는 제자리를 벗어났다는 것을 의미한다. 따라서 이 어구를 문자 그대로 이해하면, "부당한 사람들"은 정상적인 가정에서 생활하는 자들이 아닌 부랑자들이나 여기저기 떠돌아다니는 자들, 즉 사도가 가는 곳마다 좇아와서 사도의 복음 사역을 방해하는 자들을 가리킨다. 또는, 이 어구를 논리와 관련해서 이해하면, "부당한 사람들"은 제대로 된 올바른 논리를 따라 말하지 않고, 이치에 맞지 않는 터무니없는 말들을 늘어놓고 어이없는 주장들을 내세우는 자들을 가리키는데, 유대인 출신의 거짓 교사들이나, 사도가 아덴에서 만나 논쟁을 벌였던 이방의 철학자들(행 17장)이 그런 자들이었다. 또는, 이 어구를 도덕적인 것과 관련해서 이해하면, "부당한 사람들"은 부패하고 타락한 삶의 철학을 가지고서 방탕하고 부도덕한 삶을 살고, 자신의 자리에서 지켜야 할 본분과 도리와 분수를 지키지 않으며, 의의 길에서 벗어나 어그러진 길들로 행하는 자들을 가리킨다. 흠정역에서는 이 어구를 "이성 없는 사람들," 즉 이성을 잃고 광분함과 혈기에 사로잡혀서 온통 이치에 어긋나는 짓들을 행하는 자들로 번역한다. 우리는 데살로니가에서 바울을 박해하였던 유대인들에게서 그런 모습을 본다(행 17:5, "유대인들은 시기하여 저자의 어떤 불량한 사람들을 데리고 떼를 지어 성을 소동하게 하여 야손의 집에 침입하여 그들을 백성에게 끌어내려고 찾았으나"). 또한, "부당한 사람들"은 이성과 이치에 어긋나게 행하는 자들을 가리키는데, 사도는 데살로니가전서 2:15-16에서 "유대인은 주 예수와 선지자들을 죽이고 우리를 쫓아내고 하나님을 기쁘시게 하지 아니하고 모든 사람에게 대적이 되어 우리가 이방인에게 말하여 구원받게 함을 그들이 금하여 자기 죄를 항상 채우매 노하심이 끝까지 그들에게 임하였느니라"고 말함으로써, 유대인들이 바로 그런 자들이었음을 보여 준다. 또한, "부당한 사람들"은 이성 있는 피조물로서의 인간답게 살아가는 것이 아니라, 본능을 따라 육체의 욕심들을 채우며 짐승 같이 살아가는 자들을 가리킨다.

다음으로, 사도는 그들을 "악한 사람들"이라고 묘사한다. 즉, 그들이 유대인들이었든 이방인들이었든, 아니면 교사들이었든 일반 신자들이었든, 배운 자들이었든 못 배운 자들이었든, 그들은 악한 자들이었다는 것이다. 그들이 "부당한" 자들이었다는 것이 무엇을 의미하든지 간에, 그들이 "악한" 자들이었다는 것은 너무나 분명하다. 여기에서 "악한"으로 번역된 단어는 악을 행하려고 온 힘을 다하는 자들, 또는 자신들의 악행으로 인해서 다른 사람들에게 고통과 괴로움을 안겨 주는 자들이라는 의미를 지닌다. 사도는 그런 자들을 데살로니가에서 만났는데, 유대인들이었던 그들은 저잣거리의 불량배들을 끌어 모아서 떼를 지어 소동하여 성 전체를 뒤집어 놓았고, 바울 일행을 찾아내기 위해 야손의 집에 침입해서, 야손과 형제들에게 행패를 부린 자들이었다(행 17:5-6). 사실, 사도는 복음을 전하러 간 곳마다, 거기에서 그런 부류의 사람들을 만났다. 사람들의 마음에 가득한 욕심들, 그리고 복음에 대한 마귀의 적개심과 앙심으로 인해서, 신실한 복음 사역자들은 반대를 만날 수밖에 없었고, 그런 자들은 복음이 거침없이 퍼져 나가지 못하도록 방해하는 데 온 힘을 쏟았다.

그래서 사도는 데살로니가 교인들에게 자기와 자신의 동역자들이 그런 자들로부터 건짐을 받게 기도해 달라고 부탁한다. 여기에서 "건지다"로 번역된 '뤼스토멘' (ῥυσθῶμεν)은 힘을 사용해서 어떤 절박한 위험으로부터 구출해 내는 것을 의미하는 단어로서, 신약성경에서 종종 사용되고 있다(눅 1:74; 골 1:13; 살전 1:10). 사도가 이렇게 하나님께서 자신들을 "부당하고 악한 사람들에게서" 건져 주시기를 기도해 달라고 부탁하는 것은, 자기 자신을 위한 것이 아니라, 복음을 위한 것이었다. 복음을 위하여 고난 받는 것은 영광스러운 일이기는 하지만, 부당하고 악한 자들로부터 벗어나는 것은 바람직한 일이다.

사도는 그런 사람들이 왜 생겨나는지, 그 이유를 여기에 덧붙인다: "믿음은 모든 사람의 것이 아니니라." 사도는 불신자들에 대해서는 굳이 이런 말을 할 필요가 없었다. 불신자들에게 믿음이 없다는 사실은 모든 사람들이 다 알고 있는 것이기 때문이다. 따라서 사도는 여기에서 신앙인들이라고 하는 사람들을 염두에 두고서 이 말을 한 것으로 생각된다. 왜냐하면, 신앙을 고백했다고 해서, 모두가 다 참된 믿음을 가지고 있는 것은 아니기 때문이다. 성경에서 "믿음"은 종종 도덕적인 덕목으로서의 "신실함"을 의미하기도 하는데, 어떤 이들은 사도가 다음 절에서 "주는 미쁘사"라고 말하고 있는 것이 여기에서 말한 "믿음은 모든 사람의 것이 아니니라"와 대비시키기 위한 대구라고 보고, 여기에서 "믿음"으로 번역된 단어는 "신실함"을 의미하는 것이라고 생각한다. 하지만 나는 여기에서 "믿음"은 도덕적인 덕목이 아니라, 하나님에 의해서 주어지는 선물로서의 믿음, 즉 사람의 마음을 정결하게 하고, 사랑으로 역사하며, 하나님의 모든 계명들에 순종하는 행위들을 낳는 복음적인 참된 믿음을 가리키는 것으로 본다. 만일 사도가 여기에서 말한 "부당하고 악한 사람들"이 그런 믿음을 가지고 있었다면, 그들은 결코 "부당하고 악한 사람들"이 될 수 없었을 것이다. 그렇다면, 우리는 그런 사람들이 교회에 있다고 생각할 수 있는 것인가? 사도는 디모데후서 3:5에서 "경건의 모양은 있으나 경건의 능력은 부인하는" 자들에 대해서 말하면서 "이같은 자들에게서 네가 돌아서라"고 말하는데, 그런 자들은 사도가 여기에서 말한 온갖 악을 다 자행하면서도 겉으로는 "경건의 모양"을 갖추고 있는 자들을 가리킨다. 하지만 어떤 사람들이 신앙을 고백하는 가운데 교양 있고 예의바르게 행하고 어느 모로 보나 경건한 것처럼 보일지라도, 복음의 능력이

나 순전함, 또는 복음을 전파하는 것을 반대하고 방해한다면, 그들은 "부당하고 악한 사람들"이라고 할 수 있기 때문에, 사도가 여기에서 기도 부탁을 하고 있듯이, 우리는 그런 사람들로부터 우리를 건져 주시라고 기도하여야 한다. 신실한 사역자들과 그들의 손에 맡겨진 복음 사역을 위하여, 그들을 그런 자들로부터 건져 주시라고 기도하는 것은 성도들의 마땅한 도리이자 의무이다.

3. 주는 미쁘사 너희를 굳건하게 하시고 악한 자에게서 지키시리라.

사도가 이 말을 여기에 덧붙인 것은 데살로니가 교인들을 위로하기 위한 것이다: (1) 사도는 앞에서 하나님께서 그들을 "굳건하게 하시기"를 기도한 바 있는데(살후 2:17), 여기에서 하나님이 그들을 반드시 "굳건하게" 하실 것이라고 그들을 다시 한 번 안심시킨다. 믿는 자들은 하나님께서 약속하신 것들이 자신들에게 이루어지게 해 달라고 기도할 수 있고, 또 기도하여야 하기 때문에, 사역자들은 성도들에게 하나님이 자신들에게 주실 것이라고 미리 확신할 수 있는 그런 은혜일지라도, 그 은혜를 기도로써 구하도록 권면하여야 한다. 하나님께서는 그들의 마음을 굳건하게 하셔서 거짓 교훈에 맞서서 복음에 대한 견고한 믿음을 가질 수 있게 하시고, 그들의 마음을 굳건하게 하셔서 악한 자들을 지나치게 두려워하지 않게 하시며, 그들의 행위를 굳건하게 하셔서 거룩함의 길에서 떠나지 않게 하신다. 사도는 하나님이 그리스도 안에서 주신 새 언약 속에는, 사람들의 죄를 사하시는 긍휼하심과 사람들을 거룩하게 하시는 은혜는 물론이고, 사람들의 믿음을 굳건하게 하셔서 끝까지 믿음을 지켜 나가게 하시겠다는 약속도 포함되어 있다는 것을 잘 알고 있었다(렘 32:40). 사도는 하나님의 신실하심을 근거로 해서, 하나님은 신실하신 분이시기 때문에, 그들을 반드시 굳건하게 하실 것이라고 확신한다. 사도는 이 동일한 근거 위에서 고린도 교인들을 위로하고 있고(고전 10:13), 전에도 데살로니가 교인들을 위로한 적이 있는데(살전 5:24), 여기에서 하나님이 그들을 굳건하게 하실 것이라는 사도의 확신은 사도가 방금 앞에서 말한 것과 관련이 있는 것으로 보인다: 너희는 "부당하고 악한 사람들"을 만나게 될 것이지만, 두려워하지 말라. 왜냐하면, 하나님께서는 미쁘신 까닭에, 너희를 굳건하게 해주실 것이기 때문이다. 하나님께서는 자신의 뜻과 계획을 따라 약속하시고, 그렇게 약속하신 것들은 반드시 지키시는데, 우리는 하나님의 그러한 모습을 신실하시다고 말한다.

(2) 사도는 하나님께서 그들을 굳건하게 하실 뿐만 아니라, "악한 자에게서 지키실" 것이라고 말한다. 어떤 이들은 여기에서 이 단어를 "악한 자"로 번역해서 마귀

를 가리키는 것으로 보고서, 사도는 하나님께서 자기 백성을 악한 자 마귀에게서 지키실 것임을 말하고 있는 것으로 해석한다. 그러나 나는 사도가 여기에서 사용한 이 단어는 "악," 즉 악한 일을 가리키는 것으로 보아야 한다고 생각한다. "악"에는 도덕적인 악과 형벌을 초래하는 악인 죄가 있는데, 이 단어는 헬라어에서 오직 죄로서의 악을 가리키는 데 사용된다. 물론, 이 단어는 종종 마귀 속에 거하는 죄나 마귀에 의해서 야기되는 죄라는 뉘앙스로 마귀를 가리키는 데에도 사용되기는 하지만(엡 6:16, "악한 자의 모든 불화살"; 요일 5:18, "하나님께로부터 난 자는 다 범죄하지 아니하는 줄을 우리가 아노라 하나님께로부터 나신 자가 그를 지키시매 악한 자가 그를 만지지도 못하느니라"), 여기에서는 사도가 디모데후서 4:18에서 "주께서 나를 모든 악한 일에서 건져내시고 또 그의 천국에 들어가도록 구원하시리니"라고 말한 것과 동일한 맥락에서 "악한 일"을 가리키는 것으로 보는 것이 좋을 것이다.

그렇다면, 사도가 여기에서 말한 "악한 일"은 다른 사람들이 자행하는 악한 일을 가리키는 것인가, 아니면 그들 자신이 범하는 악한 일을 가리키는 것인가? 나는 후자로 해석하는 것에 끌린다. 왜냐하면, 사도는 그들에게 전자에 대하여 확실하게 보증할 수 없었을 것이기 때문이다. 그러면, 사도는 그들에게 후자에 대해서는 어떻게 보장할 수 있었는가? 사도는 하나님께서 그들을 모든 죄로부터 지켜 주실 것이라고 생각하였던 것인가? 사도가 여기에서 한 말은 그런 의미도 아니고, 사도는 그렇게 말하고 있는 것도 아니다. 하나님께서는 자기 백성을 다른 사람들이 빠져드는 악과 죄로부터 지켜 주시기는 하시지만, 모든 악과 죄로부터 지켜 주시는 것은 아니다. 하나님은 자기 백성이 죄악을 전혀 저지르지 않도록 지켜 주시지는 않으시지만, 그들이 죄의 권세 아래 떨어지는 것은 막아 주시고 지켜 주신다. 그렇기 때문에, 하나님의 백성들은 사탄과 세상에 의해서, 또는 그들 자신의 마음에 의해서 시험을 받아 죄와 악을 범할 수 있지만, 최종적으로 사탄의 수중에 떨어지지는 않는다. 하지만 하나님께서 자기 백성을 더욱더 굳건하게 해주신다면, 그들은 더욱더 악으로부터 보호를 받게 될 것이다. 사도는 이것과 관련해서도, 하나님의 신실하심을 근거로 해서 데살로니가 교인들을 위로한다. 그러나 하나님께서 우리를 악으로부터 지켜 주신다고 약속하셨다고 해서, 우리가 우리 자신을 악으로부터 지키기 위하여 애쓰지 않아도 되는 것은 결코 아니다. 그래서 요한일서 5:18에서는 "하나님께로부터 난 자는 다 범죄하지 아니하는 줄을 우리가 아노라"고 말하면서, "하나님께로부터 난 자는 자기 자신을 지키기 때문에 악한 자가 그를 만지지 못한다"고 말한다(한글개역개정에서는 "하나님께로부터 난 자"를 "하나님께로부터 나신 자"로 그리스도를 가리키는 것으로 이해해서, 그리스도께서 성도들을 "지키시매 악한 자가 그를 만지지도 못한다"는 취지로 이 구절을 번역한다 — 역주). 또한, 그러한 맥락 속에서 잠언 4:23에서는 "모든 지킬 만한 것 중에 더욱 네 마음을 지키라 생명의 근원이 이에서 남이니라"고 권면하고, 유다서 1:21에서는 "하나님의 사랑 안에서 자신을 지키며 영생에 이르도록 우리 주 예수 그리스도의 긍휼을 기다리라"고 권면한다. 그리고 베드로 사도는 우리의 믿음과 하나님의 능력이 합력하여 우리가 악에서 보호를 받는다고 말한다: "너희는 말세에 나타내기로 예비하신 구원을 얻기 위하여 믿음으로 말미암아 하나님의 능력으로 보호하심을 받았느니라"(벧전 1:5).

4. 너희에 대하여는 우리가 명한 것을 너희가 행하고 또 행할 줄을 우리가 주 안에서 확신하노니.

사도는 앞에서 하나님께서 데살로니가 교인들을 굳건하게 하시고 악에서 지켜 주실 것에 대한 자신의 확신을 분명하게 선언하고 난 후에, 이제 여기에서는 그들이 자기가 그들에게 당부하고 명한 것들을 잘 순종하리라는 것에 대한 자신의 확신을 선언한다. 왜냐하면, 사도는 그들이 순종하여야만 하나님께서 그들을 지켜 주실 수 있으시다는 것을 잘 알고 있었기 때문이다. 사도는 이 말을 통해서, 자기가 앞에서 하나님이 그들을 택하시고 부르시며 굳건하게 하시고 끝까지 지켜 주실 것이라고 확신을 가지고 선언한 근저에는, 그들이 순종하리라는 것에 대한 자신의 확신이 있었음을 보여 준다. 사도는 그들 가운데서 복음을 전하고 가르친 자기와 자신의 동역자들이, 십계명의 첫 번째와 두 번째 돌판에 기록된 의무들에 관한 것이든, 아니면 복음의 교훈과 질서와 예배와 훈육에 관한 것이든, 그들에게 명한 모든 것들을 행하는 것이 그들의 순종이라고 말한다. 왜냐하면, 사도 바울과 그의 동역자들이 그들에게 명한 것들은 다름아닌 주께서 명하신 것들이기 때문이다(마 28:20; 고전 14:37). 복음 사역자들은 교회에서 자기 마음대로 자의적으로 명하는 지휘관들이 아니다. 그들은 하나님의 기업인 "양 무리를 주장하는" 자들인 것도 아니고(벧전 5:3), 성도들의 "믿음을 주관하는" 자들도 아니며(고후 1:24), 바리새인처럼 "사람의 계명으로 교훈을 삼아 가르치는" 자들도 아니다(마 15:9). 사도는 전에 데살로니가 교인들에게, 그들이 자신들이 전한 것들을 "사람의 말로 받지 아니하고 하나님의 말씀으로 받았다"(살전 2:13)고 말한 바 있다. 우리의 믿음과 신앙의 실천은 하나님의 권위, 즉 하나님이 명시적으로 분명하게 밝히신 것들이나, 그러한 것들로부터 자연스럽게 도출될 수 있는 것들 위에 세워져야 한다. 따라서 복음 사역자들이 그런 것들을 사람들에게 명할 때, 그것들은 주께로부터 온 것이고, 그들 자신에게서 나온 것이 아니다. 사도들은 이후의 사역자들이 일할 토대를 놓도록 그리스도로부터 직접 부르심을 받은 자들이었던 반면에, 후대의 사역자들은 그러한 직접적이고 무오한 하나님의 감동을 받은 자들이 아니기 때문에, 그들이 할 일은 성경에 계시되어 있는 하나님의 생각과 뜻을 올바르게 찾아내어 전하는 것이다. 그리스도인들에게는 모든 가르침이나 교훈들 중에서 신앙의 핵심이 아니라 부수적인 것에 속하는 것들로서 보편적인 규범으로 삼을 수 없는 것들을, 하나님이 누구나 알 수 있도록 가르치신 일반적이고 보편적인 규범들에 비추어 걸러낼 책무가 주어져 있고, 모든 교회에서 그렇게 함에 있어서 당연히 사역자들의 권위와 권면이 존중되는 것이 마땅하다. 하지만 사역자들이 성도들의 덕을 세우기에 합당하지 않은 것들이나, 불미스러운 것들이나, 악한 것들처럼 보여서 믿는 자들에게 걸림돌이 될 수 있는 것들이나, 은혜와 긍휼의 일반적이고 보편적인 규범에 어긋나는 것들이나, 미신적인 신앙으로 이끄는 것들을 명해서는 안 되는데, 로마 가톨릭 교회가 명한 것들은 그런 것들이 많기 때문에, 정죄받는 것이 마땅하다.

사도는 데살로니가 교인들에게 자기와 자신의 동역자들이 명한 것들에 순종하라고 명할 때, "우리가 너희에게 명한 것들"이라고 말함으로써, 자신들이 명한 것들 중의 일부가 아니라 모두를 순종하여야 한다고 말한다. 왜냐하면, 사도가 아무런 제한 없이 그냥 "명한 것들"이라고 했을 때에는, 그것은 모든 명한 것들을 의미하기 때문이다. 또한, 사도는 "너희가 행하고 또 행할 줄을"이라고 말함으로써, 그들에게 자신들이 명한 것들을 지금만이 아니라 앞으로도 계속해서 변함없이 순종할 것을 당부한다: "너희가 우리로부터 이미 받은 모든 명령들을 지금도 지키고 있고 앞으로도 계속해서 지켜 나갈 것이고, 우리가 장차 너희에게 명하게 될 다른 새로운 것들에도 너희가 순종할 것을 나는 확신한다." 사도가 "우리가 명한 것"이라고 했을 때, 거기에는 사도가 이 절 이하에서 말하는 것들도 포함된다. 사도가 이렇게 자기와 자신의 동역자들이 그들이 순종할 줄을 "주 안에서 확신한다"고 말한 것은, 그들이 지금 순종하는 것을 보고서, 앞으로도 그들이 순종하게 될 것임을 확신하게 된 것이거나, 적어도 이렇게 말함으로써, 그들로 하여금 계속해서 자신들의 명령을 순종해 나갈 것을 은연중에 압박하고 있는 것이다.

5. 주께서 너희 마음을 인도하여 하나님의 사랑과 그리스도의 인내에 들어가게 하시기를 원하노라.

사도는 자기가 방금 전에 데살로니가후서 2:17에서 그들을 위하여 "너희 마음을 위로하시고 모든 선한 일과 말에 굳건하게 하시기를 원하노라"고 기도하였던 것처럼, 여기에서도 다시 한 번 그들을 위하여 기도한다. 이것은 사도의 마음속에 데살로니가 교인들이 얼마나 깊이 자리 잡고 있었는지를 보여 주는 것이다. 또한, 이렇게 사도가 자주 권면과 기도를 번갈아 하고 있는 것은, 권면은 하나님의 역사하심이 없이는 효과를 거둘 수 없다는 것을 보여 주는 것이기도 하다. 사도는 여기에서 두 가지를 기도한다: (1) 사도는 하나님께서 그들의 마음을 인도하셔서 "하나님의 사랑" 속으로 들어가게 하시기를 기도한다. 이것은 "하나님의 사랑"을 어떻게 해석하느냐에 따라서 두 가지로 해석될 수 있다. 하나는 "하나님의 사랑"을 수동적인 의미로 보고, 그들을 향하신 하나님의 사랑으로 해석한다면, 이 기도는 하나님께서 그들의 마음을 인도하셔서, 그들로 하여금 온 마음을 다하여 그들을 향하신 하나님의 사랑을 깊이 묵상하고 연구하고 찬양하게 해주시라는 것이 된다. 다른 하나는 "하나님의 사랑"을 능동적인 의미로 보고, 하나님을 향한 그들의 사랑으로 해석한다면, 이 기도는 하나님께서 그들을 마음을 인도하셔서, 그들의 온 마음이 하나님을 사랑하는 데로 "일직선으로 곧장 들어가게" 해주시라는 것이 된다. 여기에서 "들어가다"로 번역된 헬라어는 화살이 과녁을 향하여 곧장 날아가거나, 어떤 것이 중심을 향하여 일직선으로 나아가는 것을 의미한다. 사람들의 사랑이 하나님을 향하여 일직선으로 날아가서 그런 상태가 고정될 때까지는, 사람들의 마음의 움직임은 꾸불꾸불하고 고르지 못하다. 그래서 성경에서는 죄의 길을 "굽은 길"(시 125:5)이라고 부르고, 세례 요한의 사역은 굽은 길들을 곧게 펴는 것이었다(사 40:4). 사람의 마음과 사람이 행하는 길이 죄악에서 돌이켜 하나님을 향할 때, 사람의 마음과 행실은 곧게 펴져서 올바르게 되고 정직하게 된다. 다윗은 시편 119:36에서 "내 마음을 주의 증거들에게 향하게 하시고 탐욕으로 향하지 말게 하소서"라고 기도한다. 즉, 사람들이 굽어 있을 것을 "구부려서" 곧게 하듯이, 다윗은 하나님께서 "내 마음을 구부리셔서"('하트 립비') 하나님이 말씀하시고 명하신 것들로 향하게 해주시고, 탐욕으로 향하는 일이 없게 해주시라고 기도하고 있는 것이다. 또한, 다윗은 시편 86:11에서는 "여호와여 주의 도를 내게 가르치소서 내가 주의 진리에 행하오리니 일심으로 주의 이름을 경외하게 하소서"라고 말하는데, 거기에서 "일심으로 주의 이름을 경외하게 하소서"로 번역된 구절은 직역하면 "나의 마음을 당신의 이름을 경외하는 것과 하나가 되게 하소서"가 되기 때문에, 이것은 다윗의 마음이 온통 하나님의 이름을 경외하는 것으로 빈틈없이 가득하게 해 달라고 기도한 것이다. 마찬가지로, 바울은 여기에서 데살로니가 교인들의 마음이 오직 일편단심으로 하나님을 사랑하는 것으로만 향하게 해주시라고 기도한다. 이것으로부터 우리는 사람의 마음이 하나님을 일편단심으로 사랑하는 것으로 향하게 되는 것은 인간의 능력을 벗어난 일로서 오직 하나님의 역사로만 가능하다는 것을 알게 된다. 아무리 훌륭한 신앙을 가진 성도들이라고 할지라도, 그들의 마음은 하나님을 사랑하는 쪽으로 더 온전하고 변함없이 향할 필요가 있다.

(2) 사도는 하나님께서 그들의 마음을 인도하셔서, "그리스도의 인내," 즉 그리스도를 위하여 감수하는 인내로 들어가게 하시기를 기도한다. 사도는 자기가 그리스도를 위하여 받는 고난을 흔히 "그리스도의 고난"이라고 부르고(고후 1:5; 빌 3:10), 요한은 자기가 그리스도를 위하여 감수하는 인내를 "그리스도의 인내"라고 부른다(계 1:9, "예수의 참음"). 이런 의미에서, 사도는 데살로니가 교인들이 그리스도를 위한 고난을 기꺼이 인내로써 감당하고자 하는 마음을 갖게 해주시라고 기도하고(히 10:36; 약 5:10), 본성적으로 고난을 싫어하고 피하려고 할 수밖에 없는 그들의 마음을 인도하셔서 고난을 감당하기에 적합한 마음이 되게 해주시라고 기도한다. 여기에서 "인내"로 번역된 헬라어는 흔히 십자가 아래에서 인내한다는 의미로 사용된다. 따라서 사도는 데살로니가 교인들이 현재 그리스도를 위하여 고난 받고 있는 상황을 염두에 두고서, 이런 기도를 하고 있는 것이다. 우리가 "그리스도의 인내에 들어가게"를 흠정역처럼 "인내로써 그리스도를 기다리게"로 번역한다면, 사도는 하나님께서 그들의 마음을 인도하셔서, 그들의 마음이 오로지 그리스도의 오심을 간절하게 사모하며 그 날이 오기만을 인내로써 기다리게 해주시라고 기도하고 있는 것이 된다. 여기에서 "인내"로 번역된 헬라어는 고난 가운데서의 인내를 가리키기도 하지만, 어떤 것을 기다리며 인내한다는 뜻으로 종종 사용된다(롬 8:25; 히 10:36). 따라서 "그리스도의 인내"를 그런 식으로 해석한다면, 이것은 사도가 데살로니가전서 1:10에서 "하나님의 아들이 하늘로부터 강림하실 것"을 그들이 간절하게 기다리고 있다는 말을 들었다고 말한 것의 연장선상에서, 그들이 계속해서 그렇게 그리스도의 재림에 대한 간절한 소망 가운데서 살아갈 수 있도록 기도한 것이 된다. 왜냐하면, 그들이 그런 소망으로 살아갈 때, 그들이 현재 겪고 있는 고난들을 잘

헤쳐 나갈 수 있게 될 뿐만 아니라, 그리스도께서 언제 오시더라도 당혹스러워할 일도 없게 될 것이기 때문이었다. 아무리 신앙이 좋은 사람들이라고 할지라도, 그리스도의 재림이 늦어져서 하염없이 기다리다 보면, 마음이 안일해지고 나태해지기 쉽다. 그래서 사도는 빌립보서 3:20에서도 "우리의 시민권은 하늘에 있는지라 거기로부터 구원하는 자 곧 주 예수 그리스도를 기다리노니"라고 말함으로써 성도들을 격려하고, 여기에서도 하나님께서 그들의 마음을 인도하셔서 그리스도의 재림을 인내로써 간절히 기다리는 쪽으로 향하게 해주시라고 기도한다. 마찬가지로, 베드로 사도도 동일한 이유에서 믿는 자들에게 "너희 마음의 허리를 동이고 근신하여 예수 그리스도께서 나타나실 때에 너희에게 가져다 주실 은혜를 온전히 바랄지어다"(벧전 1:13)라고 권면한다.

6. 형제들아 우리 주 예수 그리스도의 이름으로 너희를 명하노니 게으르게 행하고 우리에게서 받은 전통대로 행하지 아니하는 모든 형제에게서 떠나라.

형제들아 우리 주 예수 그리스도의 이름으로 너희를 명하노니. 사도는 여기에서 또 다른 주제로 넘어가서, 교회에서 질서를 지키지 않고 제멋대로 행하는 자들을 어떻게 처리해야 하는지에 대하여 말한다. 사도는 앞의 4절에서 자기가 그들에게 명하였거나 명할 것들을 그들이 순종하여 행할 것임을 확신한다고 분명하게 선언한 후에, 이제 여기에서 그들에게 자기가 명하고자 하는 것이 무엇인지를 밝힌다. 사도가 이 문제에 대해서 아주 단호하게 추상같이 명하는 이유는, 이것이 아주 중요한 문제였거나, 그들이 이 문제를 처리하기를 주저하며 회피하고 있었기 때문일 것이다. 사도는 데살로니가전서 5:14에서 제멋대로 행하는 자들에 대하여 말하였을 때에는, "형제들아 너희를 권면하노니 게으른 자들을 권계하며 마음이 약한 자들을 격려하고 힘이 없는 자들을 붙들어 주며 모든 사람에게 오래 참으라"고 상당히 온화한 태도로 말하였었지만, 여기에서는 그렇게 행하는 "모든 형제들로부터 떠나라"고 단호하게 명한다. 또는, 이것은 그들이 그런 형제들에게 먼저 경고했는데도, 말을 듣지 않고 여전히 행실을 고치지 않는 경우에는, 그런 자들로부터 떠나라고 명한 것일 수도 있다. 어쨌든, 사도는 자기가 여기에서 명하는 일을 그들이 행하기를 주저하고 꺼려할 것이라고 짐작하고서, 이렇게 단호하게 명하고 있는 것이다. 여기에서 "명하다"로 번역된 '파랑겔로멘'(παραγγέλλομεν)은 원래 다른 사람의 명령을 그대로 전달한다는 의미를 지니고 있기 때문에, 사도는 여기에서 "우리 주 예수 그리스도의 이름으로" 명하는 것이라고 말한다. 바울은 사도로서 성도들에게 명할 권세를 지니고 있었지만, 그 권세는 그리스도께서 주신 것이기 때문에, 성도들에게 권면하거나 명할 때에는 흔히 그리스도의 이름으로 권면하거나 명하는 것임을 밝힌다.

모든 형제에게서 떠나라. 여기에서 "떠나다"로 번역된 단어는 원래 "피하다"라는 의미이고, 실제로 고린도후서 8:20에서 그렇게 번역되고 있다(거기에서 한글개역개정에는 "조심하다"로 되어 있다 — 역주). 또한, 이 단어는 갈라디아서 2:12에서는 베드로가 이방인들과 함께 먹다가 그들로부터 "물러갔다"고 말하는 데에도 사용되고 있고, 히브리서 10:38에서는 그리스도께서 "나의 의인은 믿음으로 말미암아 살리라 또한 뒤로 물러가면 내 마음이 그를 기뻐하지 아니하리라"고 하셨다고 말하면서, "뒤로 물러가다"라는 의미로 사용되기도 하는데, 어떤 이들은 거기에서 "뒤로 물러가다"는 군인이 전쟁터에서 후퇴하는 것을 가리키는 것이라고 생각한다. 그러나 여기 이 본문에서 이 단어는 선원이 암초를 피하여 자신의 배를 조종해 나가는 것을 가리키기 때문에, "피하지" 않으면 위험이 닥칠 것이라는 뉘앙스를 내포하고 있다. 이것이 사도가 데살로니가 교인들에게 이렇게 엄히 명하는 이유였을 것이다. 사도는 교회에서 제멋대로 행하는 형제가 부자이든 가난한 자이든, 신분이 높든 미천하든 상관없이, 그 형제에게서 떠나고 멀리하라는 의미에서, 여기에서 "모든 형제"라고 말한다 사도는 고린도 교인들에게도 "이제 내가 너희에게 쓴 것은 만일 어떤 형제라 일컫는 자가 음행하거나 탐욕을 부리거나 우상 숭배를 하거나 모욕하거나 술 취하거나 속여 빼앗거든 사귀지도 말고 그런 자와는 함께 먹지도 말라 함이라"(고전 5:11)고 말함으로써, 그 형제가 인간적으로 어떤 처지에 있는 형제인지를 고려하지 말라고 명한다.

게으르게 행하고 우리에게서 받은 전통대로 행하지 아니하는. 어떤 이들은 여기에서 "게으르게 행하다"로 번역된 어구는 군인들이 계급에 따른 위계질서를 지키지 않고, 규율을 따라 행하지도 않는 것을 가리키는 것이라고 말한다. 따라서 사도는 "우리에게서 받은 전통대로 행하지 아니하는" 것을 "게으르게 행하는" 것으로 표현하고 있는 것이 된다. "전통"이 무엇을 의미하는지에 대해서는 우리가 앞 장에서 이미 설명한 바 있다. 따라서 사도는 여기에서 어떤 이들의 생각과는 달리, 교회의 예배나 질서와 관련된 예식들이나 예전들을 "전통"이라고 말하는 것이 아님은 분명하다. 사도는 이후의 절들에서 자기가 무엇을 "전통"이라고 표현하였는지를 스스로 설명한다.

그렇다면, 사도가 여기에서 "떠나라"고 명한 것은 무엇을 의미하는가? 그것은 크고 작은 어떤 출교를 가리키는 것인가? 출교는 성도들의 교제로부터 떠나게 하는 것이기 때문에, 상식적으로 생각한다면, 그렇게 불릴 수도 있을 것이다. 그러나 출교는 사도가 고린도전서 5:7에서 "묵은 누룩을 내버리라"고 말한 것같이, 어떤 형제를 성도들의 교제로부터 쫓아내는 것을 의미한다는 점에서, 여기에서 그런 형제들로부터 단지 "떠나라"고 한 것과는 다르다. 또한, 여기에서 "떠나라"고 한 것은, 사도가 고린도전서 5:5에서 그들이 아버지의 아내를 취한 형제를 "사탄에게 내주었다"고 말한 것이나, 디모데전서 1:20에서 "후메내오와 알렉산더"를 "사탄에게 내주었다"고 말한 것과는 더더욱 다르다. 사도가 여기에서 언급하고 있는 형제들이 행하고 있다고 말한 악, 즉 "게으르게 행하고 우리에게서 받은 전통대로 행하지 아니하는" 것은 그런 권징을 받을 만한 정도의 악은 아니다. 왜냐하면, 이 형제들은 앞의 경우들처럼, 근친상간이나 신성모독의 죄를 범한 것이 아니라, 단지 무질서하게 행한 것일 뿐이기 때문이다. 그들이 어떻게 무질서하게 행하였는지에 대해서는, 사도가 나중에 자세하게 설명한다. 사실, 사도는 데살로니가전서에서는 그런 자들에 대해서는 단지 따끔하게 훈계하고 경고할 것을 요구했을 뿐이다: "게으른 자들을 권계하며." 물론, 사도가 여기에서 말하는 형제들은 자신의 이전의 편지에서 말한 형제들보다는 좀 더 정도가 심한 자들이기는 하지만, 사도는 그런 형제들을 눈에 보이는 그리스도의 나라인 교회 밖으로 내쳐서 사탄의 나라에 내어 줄 것을 명하고 있는 것으로 보이지는 않는다. 왜냐하면, 사도는 아래의 15절에서 "그러나 원수와 같이 생각하지 말고 형제 같이 권면하라"고 말하고 있기 때문이다. 출교는 교회의 권세로 행하는 것이기 때문에, 사도는 고린도전서 5:4에서 근친상간의 죄를 범한 형제를 사탄에게 내주었다고 말할 때에는 "주 예수의 이름으로 너희가 내 영과 함께 모여서"라고 말함으로써, 그것이 교회의 권세에 의거한 출교임을 분명히 밝히고 있지만, 여기에는 그런 언급이 전혀 나오지 않는다. 또한, 사도는 디도서 3:10에서 "이단에 속한 사람을 한두 번 훈계한 후에 멀리하라"고 명함으로써, 그런 자들을 절대적으로 배척하라고 말하지만, 여기에서는 그렇게 말하고 있지 않고, 고린도전서 5:11에서 "그런 자와는 사귀지도 말고 함께 먹지도 말라"고 말한 것처럼, 단지 그런 자들을 멀리하고 친밀하게 교제하거나 사귀지 말라고만 말하고 있는 것으로 보인다. 거기에서 "함께 먹지도 말라"고 한 것은, 이방인들과 함께 먹지 않는 유대인들의 관습에 빗대어 말한 것으로서, 성경에서나 세속의 저술가들의 글들에서나 "먹는 것"은 곧 교제를 의미한다. 사도는 세상에 속한 죄인들과의 그러한 교제는 허용하지만, 교회에 속한 죄인들과의 그러한 교제는 금지하고 있기 때문에, 이 교제는 성찬의 교제를 의미하는 것일 수 없다. 사도가 여기에서 제멋대로 행하는 형제들과 친밀하게 교제하는 것을 금지하는 이유는, 성도들이 그런 형제들과 계속해서 친밀하게 교제하는 경우에는, 그 형제들로 하여금 자신들의 행동이 괜찮다고 생각해서 고칠 생각을 하지 않게 되어서 죄를 고집하는 삶을 살게 될 뿐만 아니라, 기독교 신앙을 욕되게 하고, 이교도나 불신자들보다 더 다른 형제들을 그들과 동일한 악으로 물들일 위험성이 크기 때문이었다. 그래서 사도는 고린도 교인들에게 그런 자들과는 "사귀지도 말고 함께 먹지도 말라"고 명했고, 로마 교인들에게도 "너희가 배운 교훈을 거슬러 분쟁을 일으키거나 거치게 하는 자들을 살피고 그들에게서 떠나라"(롬 16:17)고 명했듯이, 데살로니가 교인들에게도 그런 형제들에게서 "떠나라"고 명한다. 따라서 이것은 영적인 교제로부터의 출교라는 좀 더 큰 징벌의 전단계인 것으로 보인다. 즉, 만일 그런 형제들이 이렇게 경고를 받은 후에도, 자신의 행실을 부끄러워하지도 않고, 고치려 하지도 않으며, 단지 가끔씩 무질서한 행위를 하는 것이 아니라, 시도 때도 없이 "무질서하게 행하게" 되는 경우에는, 그들에게 출교의 징벌이 내려졌을 것이다. 나는 여기에서 사도가 "떠나라"고 한 것을 이렇게 해석하는 것이 옳다고 보지만, 그럼에도 불구하고 어떤 이들은 이것을 출교로 해석하는 데에는 무리가 있다는 것을 고려하지 않고, 여전히 이것은 출교를 의미한다고 고집한다.

7. 어떻게 우리를 본받아야 할지를 너희가 스스로 아나니 우리가 너희 가운데서 무질서하게 행하지 아니하며.

어떻게 우리를 본받아야 할지를 너희가 스스로 아나니. 사도는 여기에서 자기와 자신의 동역자들이 그들 가운데서 어떤 식으로 행하였는지를 말하여, 무질서하게 행하는 자들의 죄악이 크다는 것을 우회적으로 보여 줌으로써, 그들이 그런 자들로부터 떠나는 것이 합당함을 다시 한 번 강조한다. 즉, 사도는 그런 자들은 자기가 그들에게 가르친 것에 비추어 보아서만이 아니라, 자신들이 그들에게 보인 모범에 비추어 보아서도 책망 받아 마땅한 자들임을 드러내 보임으로써, 그들이 그런 자들에게서 떠나는 것을 주저하거나 망설여서는 안 된다고 우회적으로 압박하고 있는 것이다. 사도는 자기가 다른 사람들에게 요구하는 것들을 스스로도 행하였는데, 어떤 때에는 자기는 그렇게 행하지 않아도 되는데도, 오로지 믿는 자들에게 모범을 보이고자 하는 목적으로 그렇게 행하는 경우도 종종 있었다. 왜냐하면, 특히 사역자들의 경우에는 모범이 교훈보다 성도들에게 더 많은 것을 가르쳐 주기 때문이다. 데살로니가 교인들은 사도와 그의 동역자들이 그들 가운데서 어떻게 행하였는지만이 아니라, 사도 일행이 그렇게 행한 목적도 잘 알고 있었기 때문에, 자신들이 사도 일행을 본받아야 한다는 것도 알고 있었고, 어떻게 본받아야 하는지도 알고 있었다. 사도와 그의 동역자들은 이런 식으로 자신의 모범을 통해서 데살로니가 교인들이 어떻게 행하여야 하는지를 보여 주었을 뿐만 아니라, 본받고자 하는 동기도 부여해 주었다.

우리가 너희 가운데서 무질서하게 행하지 아니하며. 사도는 자신들이 그들 가운데 어떤 모범을 보였는지를 이렇게 좀 더 일반적이고 소극적으로 표현하는데, 사도가 이것을 말하는 것은 자화자찬하기 위한 것이 아니라, 그들이 본받도록 하기 위한 것이다. 사도는 앞 절에서 그들에게 "게으르게 행하는" 모든 형제들에게서 떠나라고 명하였는데, 여기에서도 거기에서와 동일한 단어를 사용해서, 자신들은 "무질서하게 행하지 아니하였다"고 말한다(앞 절의 "게으르게 행하다"와 이 절의 "무질서하게 행하다"는 동일한 어원에서 나온 단어들로서 동일한 의미이다 — 역주). 앞에서 이미 설명하였듯이, 이 단어는 원래 군대 용어로서, 군인이 자신의 계급을 망각하고 위계질서를 흐트러뜨리고 제멋대로 행하는 것을 가리키는 말이다. 따라서 사도는 군대에서 대장이 전쟁터에서 군대를 이끌고 앞장서서 지휘관으로서의 본분을 다하는 것과 마찬가지로, 자신들도 그들 앞에서 지휘관으로서의 할 일들을 다함으로써, 그러한 모범을 통해서 그들에게 교회에서 질서 있게 행하는 것이 무엇인지를 가르쳤다고 말하고 있는 것이다. 사도는 여기에서 그것을 소극적으로 표현하고 있지만, 그러한 적극적인 의미가 그 속에 내포되어 있다.

8. 누구에게서든지 음식을 값없이 먹지 않고 오직 수고하고 애써 주야로 일함은 너희 아무에게도 폐를 끼치지 아니하려 함이니.

누구에게서든지 음식을 값없이 먹지 않고. 사도는 앞에서 일반적이고 소극적으로 표현한 자신들의 모범을 여기에서는 구체적인 사례를 적극적으로 제시한다. 즉, 사도는 자신들은 스스로 일해서 생계를 꾸려나갔고, 사람들에게서 공짜로 얻어먹거나, 사람들이 거저 주는 것들로 생계를 해결한 것이 아니라고 말하고, 자신들이 무질서하게 행하지 않았음을 보여 주는 한 예로 그러한 사실을 제시함으로써, 데살로니가 교인들이 그들 중에서 무질서하게 행하는 자들을 단속해야 하는 이유를 더욱 분명하게 보여 준다. 여기에서 "값없이"로 번역된 '도레안'(δωρεὰν)은 종종, 갈라디아서 2:21에서 "만일 의롭게 되는 것이 율법으로 말미암으면 그리스도께서 헛되이 죽으셨느니라"고 말할 때처럼, "헛되이"라는 의미로도 사용되는데, 이런 경우에 이 단어는 구약에서 자주 사용되는 히브리어 '힌남'에 해당한다(시 7:4; 25:3; 69:4; 119:61). 또한, 이 단어는 "까닭 없이"라는 의미로도 사용되기 때문에, 요한복음 15:25에서 우리 주님은 이 단어를 사용하셔서, 유대인들이 자기를 미워하고 해치려고 하는 것에 대해서, "이는 그들의 율법에 기록된 바 그들이 이유 없이 나를 미워하였다 한 말을 응하게 하려 함이라"고 말씀하셨고, 로마서 3:24에서는 이 단어를 아무런 공로도 없는데 거저 주셨다는 의미로 사용해서, "그리스도 예수 안에 있는 속량으로 말미암아 하나님의 은혜로 값 없이 의롭다 하심을 얻은 자 되었느니라"고 말한다. 따라서 여기에서 사도는 고린도후서 11:7에서 고린도 교인들에게 "내가 너희를 높이려고 나를 낮추어 하나님의 복음을 값없이 너희에게 전함으로 죄를 지었느냐"고 말하였듯이, 자기가 데살로니가 교인들에게도 복음을 "값없이" 전하였다고 말하고 있는 것이다. 만일 사도가 그들 가운데서 복음으로 수고한 것에 대한 대가로 그들로부터 부양을 받았더라도, 그것은 그들이 사도에게 마땅히 그렇게 해야 하는 것이었을 것이기 때문에, 사도는 공짜로 거저 그들로부터 얻어먹은 것이 아니었을 것이다. 그러나 사도는 자신이 마땅히 누려야 할 권리조차도 사용하지 않고, 고린도 교회에서 그랬던 것처럼(행 18:3), 데살로니가 교회에서도 스스로 일을 해서 생계를 해결하였다.

오직 수고하고 애써 주야로 일함은. 여기에서 "수고하고 애써 일하였다"로 번역된 어구는 기진맥진할 정도로 힘들고 고되게 일하였다는 것을 의미한다. 게다가, 사도는 자신들이 "주야로" 그렇게 힘들게 일하였다고 말하는데, 마찬가지로 데살로니가전서 2:9에서도 "형제들아 우리의 수고와 애쓴 것을 너희가 기억하리니 너희 아무에게도 폐를 끼치지 아니하려고 밤낮으로 일하면서 너희에게 하나님의 복음을 전하였노라"고 말한 바 있다. 이 둘 간에 차이점이 있다면, 그것은 단지 이렇게 말한 동기가 서로 다르다는 것이다. 즉, 사도는 이전의 편지에서는 자기는 그들 가운데서 어떤 것들을 얻어낼 목적으로 탐심으로 일한 것이 아니고, 그들에 대한 자신의 사랑은 진실한 것이었음을 밝히려고 그렇게 말한 것이었던 반면에, 여기에서는 게으르게 빈둥거리며 남이 주는 떡을 먹고 기생하며 살아가는 형제들이 얼마나 악한 삶을 살고 있는지를 그들에게 일깨워 주기 위하여, 질서를 따라 근면성실하게 살아가는 것이 어떤 것인지, 자신들이 그들 가운데서 행한 행실을 통해서 그 모범을 보여 주기 위하여 이렇게 말하고 있다는 점이 서로 다를 뿐이다. 만일 사도가 자신의 손으로 일하여 먹고 살지 않았더라도, 그것은 무질서하게 행한 것이 되지 않았을 것이었지만, 사도는 혹시라도 그렇게 생각하는 사람이 있을 수도 있었기 때문에, 그런 오해의 소지조차도 철저하게 없애기 위해서, 스스로 일해서 생계를 해결하고자 한 것이었다. 왜냐하면, 하나님의 말씀을 연구하고 기도에 전념하며 부지런히 복음을 전하는 사역은 지극히 중요하고 힘든 일인데도, 대부분의 사람들은 그런 복음 사역을 일이라고 생각하지 않기 때문이다. 사도는 고린도 교인들에게 "어찌 나와 바나바만 일하지 아니할 권리가 없겠느냐"(고전 9:6)고 말하였듯이, 오로지 복음 사역에만 전념하고, 생계를 위한 일을 하지 않을 권리가 사도에게 있었지만, 이러한 상황에서 자기가 그런 권리를 사용하는 경우에는, 선한 일이 방해를 받고, 악한 일이 조장될 우려가 있었기 때문에, 자신의 권리를 포기하고, 스스로 생계를 위하여 일하는 쪽을 택한 것이었다.

9. 우리에게 권리가 없는 것이 아니요 오직 스스로 너희에게 본을 보여 우리를 본받게 하려 함이니라.

우리에게 권리가 없는 것이 아니요. 이 절에 나오는 내용은 사도가 이미 앞 절에서 말한 것이고, 여기에서 사도는 단지 복음 사역으로 인하여 사역자가 부양을 받아 마땅하다는 것을 "권리"라는 말로 표현하고 있을 뿐이다. 이 권리는 사람들이 제정한 어떤 법률에 의해서 생겨난 것이 아니라, 그리스도로부터 받은 권위와 권세로부터 생겨난 것이다. 율법 아래에서 제사장들이 하나님의 율법에 의해서 자신들이 행하는 직무로 인하여 부양을 받았기 때문에, 사도는 고린도전서 9:13-14에서 "성전의 일을 하는 이들은 성전에서 나는 것을 먹으며 제단에서 섬기는 이들은 제단과 함께 나누는 것을 너희가 알지 못하느냐 이와 같이 주께서도 복음 전하는 자들이 복음으로 말미암아 살리라 명하셨느니라"고 말하고, 갈라디아서 6:6에서는 "가르침을 받는 자는 말씀을 가르치는 자와 모든 좋은 것을 함께 하라"고 명한다. 사도는 자신에게 그러한 권리가 보장되어 있었는데도, 어떤 경우들에는 복음의 진보를 위하여 자신의 그러한 권리를 사용하지 않았다: "다른 이들도 너희에게 이런 권리를 가졌거든 하물며 우리일까보냐 그러나 우리가 이 권리를 쓰지 아니하고 범사에 참는 것은 그리스도의 복음에 아무 장애가 없게 하려 함이로다"(고전 9:12). 마찬가지로, 사도는 여기에서도 데살로니가 교인들에게 질서 있게 행하는 것이 어떤 것인지, 그 모범을 보여 주기 위하여 자신의 권리를 포기하고 스스로 생계를 위하여 일하며 복음을 전하였다. 여기에서 "본"으로 번역된 '튀폰'(τῦπον)은 인을 묻혀서 여러 번 찍어도 똑같은 형상이 찍혀 나오도록 새긴 인장을 가리키는 단어로서, 신약성경에서 여러 가지 것들에 적용되어서 자주 사용된다.

오직 스스로 너희에게 본을 보여 우리를 본받게 하려 함이니라. 선한 모범들을 본받는 것은 바람직한 일이지만, 선한 모범을 보이는 것은 더 바람직한 일이다. "제사장들이 제사장다우면, 사람들도 사람다워진다"는 옛 속담이 있다. 여기에서 "본받다"로 번역된 단어는 원래 "따르다, 좇다"라는 의미인데, 어떤 사람을 "따르는" 것은 그 사람을 본받는 것이기 때문에, 고린도전서 11:1에서도 이 단어를 "본받다"로 번역해서, "내가 그리스도를 본받는 자가 된 것 같이 너희는 나를 본받는 자가 되라"고 말한다. 그리스도는 최초의 본이고, 사도를 비롯한 모든 신자들은 그 본에 의해서 규율되어야 한다. 본받는 것은 그리스도께서 가신 곳까지 따라가고, 그 이상으로 가지 않는 것이다. 사역자들이 본이 되어야 하는 것과 마찬가지로(딛 2:7; 벧전 5:3), 사람들은 그 본을 따르는 자들이 되어야 한다. 사역자들이 자신들의 행실로서 본을 보였는데도, 사람들이 사역자들의 본을 따르지 않는다면, 그 죄는 더욱 커지게 될 것이다.

10. 우리가 너희와 함께 있을 때에도 너희에게 명하기를 누구든지 일하기 싫어하거든 먹지도 말게 하라 하였더니.

이 절의 처음에 나오는 이유를 나타내는 불변화사가 보여 주듯이(한글개역개정에는 번역되지 않음 — 역주), 사도는 여기에서 이유를 제시하는데, 이것이 무엇에 대한 이유를 제시하고 있는 것인지는 확실하지 않지만, 여기에서도 자기가 스스로 일해서 생계를 해결한 또 다른 이유를 제시하고 있는 것일 가능성이 대단히 크다. 왜냐하면, 이것은 사도가 그들 가운데서 사역할 때, "누구든지 일하기 싫어하거든 먹지도 말게 하라"고 명하였던 까닭에, 무거운 짐을 다른 사람들에게는 짊어지게 하고 그들 자신은 손가락 하나 까딱하지 않은 바리새인들 같다는 말을 듣지 않기 위해서, 그들에게 명한 것을 사도 자신도 스스로 실천한 것이라고 말하고 있는 것으로 보이기 때문이다.

이것은 사도가 4절에서 자기가 명한 것을 그들이 행할 것임을 확신한다고 선언하고 나서, 그들에게 명하고 있는 것들 중의 하나로서, 이 명령은 하나님께서 아담에게 주신 법에 근거하고 있는 것으로 보인다: "네가 흙으로 돌아갈 때까지 얼굴에 땀을 흘려야 먹을 것을 먹으리니 네가 그것에서 취함을 입었음이라"(창 3:19). 사도는 하나님이나 그리스도의 말씀이나 무오한 영감에 직접적으로 근거하지 않은 일을 신자들에게 권할 때에는, 그것을 "허락"이라고 부르고(고전 7:6, "내가 이 말을 함은 허락이요 명령은 아니니라"), 그렇지 않은 때에는 "명하는 자는 내가 아니요 주시라"(고전 7:11)라고 말하거나, "이 글이 주의 명령인 줄 알라"(고전 14:37)고 말한다. 따라서 이 본문에서 사도가 명한 것은 사도 자신의 명령이 아니라, 주의 명령이다. 그래서 사도는 에베소서 4:28에서 동일한 취지로, "도둑질하는 자는 다시 도둑질하지 말고 돌이켜 가난한 자에게 구제할 수 있도록 자기 손으로 수고하여 선한 일을 하라"고 말한다. 고린도전서 7:20("각 사람은 부르심을 받은 그 부르심 그대로 지내라")을 보라. 하나님께서 우리에게 이렇게 게으름의 유혹을 경계하라고 명하시는 것은, 우리로 하여금 우리 자신과 우리가 부양해야 할 자들을 먹여 살림과 동시에, 가난한 자들을 구제함으로써(엡 4:28), 모든 사람들에게 유익이 되고 함께 잘 살게 하시기 위한 것이다. 기독교 신앙은 자연법이나 국법 중에서 유익한 것들을 폐기하지 않는다.

하지만 이 일반적인 명령에는 몇 가지 조건들이 전제된다. 먼저, 이것은 일할 수 있는 능력이 있고 일할 기회가 주어진 사람들에게 해당되는 명령이다. 또한, 일을 하기는 하는데, 하나님께서 사람들에게 이렇게 자기 손으로 일하라고 명하신 목적에 부합하지 않는 일을 하는 사람들은 여기에서 말하는 "일하는" 것이 아니다. 또한, 육체적인 일만이 아니라 정신적인 일도 여기에서 말하는 일에 해당한다. 하나님의 이 법은 모든 사람에게 공평하게 적용되기 때문에, 이 세상에서 게으르게 빈둥거리며 쓸모없이 살아가는 사람이 있어서는 안 된다. 사도가 이 본문에서 명하고 있는 것이 옳음을 보여 주는 설득력 있는 근거는 본성 자체이다. 이것을 솔로몬은 잠언 16:26에서 "고되게 일하는 자는 식욕으로 말미암아 애쓰나니 이는 그의 입이 자기를 독촉함이니라"고 말한다. 어떤 이들은 사도가 여기에서 명하고 있는 것을 근거로 해서, 데살로니가 교인들은 대체로 손으로 일해서 먹고 사는 육체노동자들이었을 것이라고 추정한다. 여기에서 "먹지도 말게 하라"는 것은 교회에서 그런 자들을 구제해서는 안 된다는 뜻이다. 즉, 사도는 여기에서 "일하기 싫어하는" 자들, 즉 일하고 싶어도 일할 수 없는 자들이 아니라, 일을 할 수 있는데도 일하고자 하지 않는 자들은 교회가 구제해서는 안 된다고 말하고 있는 것이다.

11. 우리가 들은즉 너희 가운데 게으르게 행하여 도무지 일하지 아니하고 일을

만들기만 하는 자들이 있다 하니.

우리가 들은즉. 사도는 자기가 무질서하게 행하는 자들에 대하여 이렇게 말하고, 그 해결책을 명하게 된 이유를 여기에서 밝히는데, 그것은 자기가 데살로니가 교인들 중에서 이렇게 무질서하게 행하는 자들이 있다는 얘기를 전해 들었다는 것이다. 만일 그런 자들이 데살로니가 교인들 중에 있지 않았다면, 사도가 여기에서 말하고 명한 것들은 다 공허하고 쓸데없는 것들로 여겨졌을 것이다. 소식의 신뢰성과 진실성은 소식을 가져온 사람이 어떤 사람이냐 하는 것과 그 사람이 그 소식을 전한 목적이 무엇이냐 하는 것에 의해서 결정된다. 사도는 고린도전서 11:18에서도 고린도 교회에 파당들이 존재한다는 소식을 자기가 전해 들었다고 말하면서, 거기에 대해서 "먼저 너희가 교회에 모일 때에 너희 중에 분쟁이 있다 함을 듣고 어느 정도 믿거니와"라고 말한다.

너희 가운데 … 자들이 있다 하니. 사도는 자기가 여기에서 게으르고 무질서하게 행한다고 책망한 그런 형제들이 데살로니가 교회에 얼마나 되는지를 구체적으로 밝히고 있지는 않지만, 모든 형제들이 아니라 단지 일부 형제들이 그렇게 행하고 있다는 말을 들었다고 말한다. 사도는 데살로니가 교회 전체와 관련해서는, 이미 4절에서 데살로니가 교인들이 자기가 명한 것들을 행하였고 앞으로도 행할 것임을 자기가 확신한다고 말하고서, 게으르고 무질서하게 행하는 일부 형제들로부터 떠나라고 그들에게 명한 바 있다.

게으르게 행하여 도무지 일하지 아니하고 일을 만들기만 하는. 사도는 여기에서 그런 일부 형제들의 "무질서"를 두 가지로 나누어서 책망한다. (1) 먼저, 사도는 그들이 "도무지 일하지 아니한다"(μηδὲν ἐργαζομένους - '메덴 에르가조메누스')고 책망한다. 즉, 그들은 자신들이 해야 할 최소한의 일도 하지 않는다는 것이다. (2) 다음으로, 사도는 그들이 "일을 만들기만 한다"(περιεργαζομένους - '페리에르가조메누스')고 책망한다. 즉, 그들은 바쁘고 분주하게 움직이기는 하지만, 제대로 된 일을 하는 것이 아니라, 도리어 일을 망치고 문제만을 일으키고 다닌다는 점에서, 자신들의 본분이나 책무에 나태하고 "게으른" 자들이라는 것이다. 사도행전 19:19에서는 마술사들이 행하는 "마술"을 '페리에르가'(περίεργα)라고 부른다. '페리에르가'라는 헬라어는 이리저리 돌아다닌다는 뜻으로서, 괜한 호기심으로 나서지 않아야 할 일에 공연히 나서서 간섭하거나, 자기 일에 전념하지 않고 대충대충하는 것을 가리킨다. 사도는 디모데전서 5:13에서 젊은 과부들에 대하여 말하면서, 이 단어를 "일을 만든다"는 의미로 사용해서, "그들은 게으름을 익혀 집집으로 돌아다니고 게으를 뿐 아니라 쓸데없는 말을 하며 일을 만들며 마땅히 아니할 말을 하나니"라고 말한다. 베드로전서 4:15에서는 "남의 일을 간섭하는 자"를 '알로트리오에피스코포이'(ἀλλοτριοεπίσκοποι)라고 부른다. 왜냐하면, 자기 자신의 일은 게을리하고 소홀히 하는 자들은 다른 사람의 일에 간섭하기 쉽고, 이 사람 저 사람의 일에 간섭하다 보면, 그 일이 끝이 없어서, 분주하고 바쁠 수밖에 없기 때문이다. 그런 자들은 자기 집에 가만히 앉아 있지를 못하고, 이 집 저 집으로 돌아다니면서 남의 말을 하게 되고, 자신의 떡이 아닌 남들의 떡을 얻어먹게 되는데, 사도는 여기에서 그런 자들의 그러한 행태를 기독교 신앙을 고백한 자로서 부끄러운 일이라고 말하며 책망하면서, 특히 그런 자들이 정신을 차리고 행실을 고치도록 하기 위해서 아주 간곡하게 명한다.

12. 이런 자들에게 우리가 명하고 주 예수 그리스도 안에서 권하기를 조용히 일하여 자기 양식을 먹으라 하노라.

이런 자들에게 우리가 명하고 주 예수 그리스도 안에서 권하기를. 사도는 앞에서 데살로니가 교회에게 "이런 자들"에게서 "떠나라"고 명했었는데(6절), 이제 여기에서는 바로 그 당사자들에게 직접 그리스도의 이름으로 명한다. 조용히 일하여. 여기에서 "일하라"는 것은 앞에서 말한 게으르게 빈둥거리는 것과 반대되는 것이고, "조용히 한다"는 것은 자기 일은 안 하고 쓸데없이 이리저리 돌아다니며 남의 일에 간섭해서 분란을 일으키는 것과 반대되는 것이다. 사도는 여기에서와 그 밖의 다른 많은 곳들에서 그리스도인들에게 화목하고 사이좋게 지내기를 요구한다(고후 13:11; 골 3:15, "너희는 평강을 위하여 한 몸으로 부르심을 받았나니"; 살전 5:13, "너희끼리 화목하라").

자기 양식을 먹으라 하노라. 이것은 무위도식하며 살지 말고, 남의 수고에 기대어 얹혀서 살아가지 말라는 것이다. 하지만 이것은 자신의 양식을 주린 자들에게 나누어 주어서는 안 된다거나, 구제에 의해서만 살아갈 수 있는 가난한 자들에게 남으로부터 구제를 받아서는 안 된다고 말하는 것은 아니다. 사도가 "자기 양식을 먹으라"고 한 것은 스스로 일해서 자기 자신과 자신의 가족을 부양하라는 것이다. 성경에서 "양식"(직역하면 "떡")은 인간의 육신적인 목숨을 유지하는 데 필요한 모든 것을 나타낸다. 사도는 여기에서 사람이 정직하게 일해서 자기 양식을 먹으며 사는 것은 복된 일임을 보여 준다. 따라서 사람들이 정직하게 일해서 얻게 된 것을 자신이 소유하는 것은 시민으로서 당연한 권리이기 때문에, 그러한 권리를 인정하지 않는 사회는 옳지 않다. 또한, 사도는 이 말을 통해서, 남의 것을 수탈하는 자들, 해적들과 강도들, 속이는 자들, 그리고 백성들의 재물을 강탈해서 자신을 배불리고 남의 입에 있는 떡을 빼앗아 자기 입에 넣는 폭군들을 단죄한다. 또한, 사도는 하나님의 섭리 가운데서 자기에게 주어진 분깃과 몫에 만족하고 조용히 살아가지 않고, 하나님의 섭리에 반기를 들고서 남의 것을 시기하거나 부러워하여 넘보며 어떻게든 남의 것을 자기 수중에 넣고자 하는 자들도 당연히 단죄하고 있는 것이 아니겠는가?

13. 형제들아 너희는 선을 행하다가 낙심하지 말라.

형제들아 너희는. 사도는 이제 마치 데살로니가 교인들 중에서 자기가 앞에서 말한 무질서하게 행한 자들에 속하지 않은 사람들만이 오직 "형제들"로 불릴 자격이 있다는 듯이, 그들을 그렇게 부른 후에, 온유하고 친밀한 어조로 그들에 대하여 권면한다.

선을 행하다가 낙심하지 말라. 형제들로 불릴 자격이 있는 성도들에 대하여 사도가 준 권면은 선을 행하다가 지쳐서 낙심하는 일이 있어서는 안 된다는 것이다. 여기에서 "낙심하다"로 번역된 헬라어는 고난이나 환난과 관련해서 자주 사용되고(고후 4:1; 엡 3:13, "나의 여러 환난에 대하여 낙심하지 말라"), 그런 경우에 너무나 지치고 힘들어서 절망하는 것을 가리키는데, 이 단어는 원래 전쟁에서 겁을 집어먹고 잔뜩 움츠러들거나 기절하듯이 겁을 집어먹는 것을 가리키는 데 사용된 것으로 보인다. 따라서 사도는 여기에서 "낙심하지 말라"로 번역된 '메 엑카케세테' (μὴ ἐκκακήσητε)라는 표현을 통해서 말하고자 하는 것은, 우리가 마땅히 해야 할 일들을 행하다가 여러 가지 해악을 당한다고 할지라도, 거기에 겁을 집어먹거나 의기소침하거나, 그런 해악들을 당하는 데 지치고 힘들어서 그 일들에 염증을 느껴 그만두는 일이 있어서는 안 된다는 것이다.

이 단어는 기도와 관련해서 사용되기도 하고(눅 18:1, "예수께서 그들에게 항상 기도하고 낙심하지 말아야 할 것을 비유로 말씀하여"), 일반적으로 "선을 행하는" 것으로 표현되는 온갖 신앙 및 경건의 의무들을 행하는 것과 관련해서 사용되기도 하는데(갈 6:9, "우리가 선을 행하되 낙심하지 말지니"), 그런 경우에 "낙심한다"는 것은 기도나 신앙의 의무들을 행하는 것을 게을리하거나 염증을 느끼는 것을 의미한다. 옛적에 선지자들은 그런 사람들을 보면서 탄식하면서, 아모스 선지자는 그런 자들에게 "너희가 월삭이 언제 지나서 우리가 곡식을 팔며 안식일이 언제 지나서 우리가 밀을 내게 할꼬"(암 8:5)라고 불평하고 있다고 책망하고, 말라기 선지자는 "만군의 여호와가 이르노라 너희가 또 말하기를 이 일이 얼마나 번거로운고 하며 코웃음치고 훔친 물건과 저는 것, 병든 것을 가져왔느니라 너희가 이같이 봉헌물을 가져오니 내가 그것을 너희 손에서 받겠느냐"(말 1:13)라고 책망한다. 사도는 갈라디아서 6:9에서도 이 단어를 그런 의미로 사용해서, "우리가 선을 행하되 낙심하지 말지니 포기하지 아니하면 때가 이르매 거두리라"고 말한다.

사도는 이 본문에서 질서 있게 행하는 자들에게, 그들이 지금 행하고 있는 선한 일들을 그대로 변함없이 계속해 나가라고 권면하는데, 그가 말하는 "선"은 좀 더 구체적으로 말해서 구제의 일을 가리키는 것일 수 있다. 실제로 사도는 빌립보서 4:14에서 빌립보 교인들이 자기를 도와준 일에 대해서, "너희가 내 괴로움에 함께 참여하였으니 잘하였도다"라고 말한다. 성실하게 일한 자들은 구제를 받을 이유가 없지만, 구제가 자신의 이익과는 무관하다고 해서, 다른 사람들을 구제하는 일을 소홀히 하거나 게을리해서는 안 된다. 또는, 여기에서 "선"은 좀 더 일반적으로 모든 선한 일들을 가리키는 것일 수도 있다. 믿는 자들은 온갖 선한 일들을 행하다가 해악과 위험을 겪게 되더라도, 힘들어하거나 염증을 내지 않고 선한 일들을 변함없이 지속해 나가는 것이 마땅하다.

14. 누가 이 편지에 한 우리 말을 순종하지 아니하거든 그 사람을 지목하여 사귀지 말고 그로 하여금 부끄럽게 하라.

사도는 여기에서 데살로니가 교회에게 게으르고 무질서하게 행하는 자들을 어떻게 대하여야 하는지에 관하여 추가적인 명령들을 한다. 즉, 그런 자들이 계속해서 고집을 부리고 말을 듣지 않는 경우에는, 그들에 대하여 추가적인 조치들을 취하라는 것이다. 사도는 데살로니가 교인들에게 처음으로 복음을 전하고 가르쳤을 때에도 그들이 어떻게 행해야 하는지에 대하여 명령을 하였었고, 자신의 첫 번째 편지에서도 또다시 그 명령을 반복하였는데, 이제 두 번째 편지에서도 또다시 반복해서 그들에게 이렇게 여러 번 동일하게 명하고 있는 것이다.

누가 이 편지에 한 우리 말을 순종하지 아니하거든 그 사람을 지목하여. 사도는 디모데전서 5:21에서 "하나님과 그리스도 예수와 택하심을 받은 천사들 앞에서 내가 엄히 명하노니 너는 편견이 없이 이것들을 지켜 아무 일도 불공평하게 하지 말라"고 말하였듯이, 여기에서도 데살로니가 교회에게, 교회에서 게으르고 무질서하게 행하는 자들에게 권면하였는데도 순종하지 않는 경우에는, 그 사람이 누가 되었든, 특정한 사람을 두려워하거나 편애해서 이 일을 불공평하게 처리해서는 안 된다고 분명하게 명한다.

여기에서 "지목하다"로 번역된 단어가 무엇을 의미하는지를 놓고 해석자들 사이에서는 논란이 있다. 사도는 로마서 16:17에서 "형제들아 내가 너희를 권하노니 너희가 배운 교훈을 거슬러 분쟁을 일으키거나 거치게 하는 자들을 살피고 그들에게서 떠나라"고 말함으로써, 복음의 교훈을 거역하고 분란을 일으키는 자들을 "찾아내어"(한글개역개정에는 "살피고" — 역주) 그들에게서 떠나라고 말하고 있는데, 여기에서 그런 자들을 "지목한다"는 것은 단순히 "찾아내는 것" 이상의 것을 의미하는 것으로 보인다. 따라서 어떤 이들은 "지목한다"는 것은 출교를 의미하는 것으로 해석해서(아우구스티누스), 교회로부터 내쫓는 좀 더 중한 출교나, 성찬에 참여하지 못하게 하는 좀 더 경한 출교를 가리키는 것이라고 본다. 유대 교회에 여러 등급의 권징이 존재하였던 것과 마찬가지로, 복음 교회도 그랬다는 것을 여러 공의회들이 분명하게 보여 준다. 어떤 이들은 여기에서 "지목한다"는 것은 사도가 6절에서 "게으르게 행하고 우리에게서 받은 전통대로 행하지 아니하는 모든 형제에게서 떠나라"고 말한 것처럼, 거기에서 명한 "떠나라"는 것을 의미할 뿐이라고 생각한다. 그러나 이 견해에 의하면, 사도는 동일한 명령을 반복해서 말하고 있는 것이 되는데, 과연 사도가 그렇게 쓸데없이 동일한 것을 반복할 필요가 있었던 것인지는 의문이다. 그리고 사도는 앞에서와는 달리 여기에서는 그런 자들이 자기가 이 서신에서 한 명령에 순종하지 않고 좀 더 완악하게 고집을 부리는 경우에 데살로니가 교회가 그들에게 취할 조치에 대하여 말하고 있다는 점도 우리는 고려하여야 한다.

따라서 우리는 여기에서 사도는 자기가 앞에서 말한 것처럼 단지 그런 자들과 친밀하게 지내지 말고 그들에게서 떠나는 것에서 한 걸음 더 나아가서, 그런 자들이 자행한 범죄와 그들의 이름을 교회 앞에서 공적으로 고지하여 모든 교인들이 다 알게 하라고 명한 것일 가능성이 크다고 본다. 실제로, 사도는 디모데전서 1:19-20에서는 후메내오와 알렉산더의 이름과 그들의 죄상을 구체적으로 지적해서, "믿음과 착한 양심을 가지라 어떤 이들은 이 양심을 버렸고 그 믿음에 관하여는 파선하였느니라 그 가운데 후메내오와 알렉산더가 있으니 내가 사탄에게 내준 것은 그들로 훈계를 받아 신성을 모독하지 못하게 하려 함이라"고 공적으로 고지하였고, 디모데후서 2:16-18에서도 후메내오와 빌레도의 이름과 그들의 죄상을 구체적으로 지적해서, "망령되고 헛된 말을 버리라 그들은 경건하지 아니함에 점점 나아가나니 그들의 말은 악성 종양이 퍼져나감과 같은데 그 중에 후메내오와 빌레도가 있느니라 진리에 관하여는 그들이 그릇되었도다 부활이 이미 지나갔다 함으로 어떤 사람들의 믿음을 무너뜨리느니라"고 공적으로 고지하였다.

여기에서 "지목하여"로 번역된 '세메이우스테'(σημειοῦσθε)는 그런 자들에게 어떤 표시를 해서 알린다는 것인데, 이것은 단지 그런 자들에게서 떠나는 것으로는 행해질 수 없다. 사도는 여기에서 단지 무질서하게 행하는 자들이 아니라, 거기에다가 한 술 더 떠서 사도와 교회의 말에 순종하지 않고 완악하게 행하는 자들을 데살로니가 교회가 어떻게 조치해야 하는지에 대하여 말하고 있는 것이기 때문에, 우리는 온 교회가 똑똑히 볼 수 있는 좀 더 강력한 권징을 그런 자들에게 가하라고 사도가 데살로니가 교회에 명하고 있는 것으로 보아야 한다.

사도는 자기가 이 서신에서 쓴 내용들 중에서 어떤 것을 그런 자들이 순종해야 하는지에 대해서는 구체적으로 밝히고 있지 않지만, 우리는 그것을 굳이 특정한 것으로 제한한 필요는 없다. 왜냐하면, 우리는 사도가 이 서신에서 명한 것들 중에서 그들의 순종을 요구하는 모든 것에 그들이 순종하기를 명한 것으로 보아야 하기 때문이다. 사도는 자기가 이 서신에 쓴 말들은 자기가 입으로 전한 말들과 마찬가지로 하나님의 말씀이기 때문에, 거기에 순종하는 것이 마땅하다고 여긴다.

나는 이 구절에 대한 또 다른 읽기가 있다는 것을 알고 있다: "누가 우리의 말을 순종하지 아니하거든 편지로 그 사람을 지목하라." 즉, 사도는 그런 자들 중에서 자기가 이 서신에서 명한 것들을 순종하지 않는 자들이 있다면, 그들의 이름을 구체적으로 써서 편지로 자기에게 알려 달라고 데살로니가 교회에 명하고 있다는 것이다. 이 읽기는 흠정역의 난외주에 나와 있다. 그러나 이 읽기가 옳을 가능성은 희박하다. 이것은 어떤 "편지"를 말하고, 누구에게 보내는 편지를 말하는 것인가? 데살로니가 교회가 사도에게 보내는 편지를 말하는 것인가? 그렇다면, 사도는 무슨 목적으로 그런 편지를 자기에게 보내라고 말하고 있는 것인가? 데살로니가 교회에서 그런 자들에 대한 조치가 어떻게 진행되고 있는지를 사도가 알기 위해서인가? 사도는 여기에서 데살로니가 교회에게 그런 자들을 어떻게 조치하라고 구체적으로 지시하고 있는데, 과연 그렇게 서신을 보내서 알리고 보고할 필요가 있었을까?

사귀지 말고. 여기에서 "사귀지 말라"로 번역된 헬라어는 그런 자와 섞이지 말라는 것인데, 이것은 에베소서 5:11에서 "너희는 열매 없는 어둠의 일에 참여하지 말고 도리어 책망하라"고 말하고 있는 것처럼, 그런 자의 범죄 또는 악한 행실에 대한 것일 수도 있고, 고린도전서 5:9에서 "내가 너희에게 쓴 편지에 음행하는 자들을 사귀지 말라 하였거니와"라고 말하고 있는 것처럼, 그 당사자에 대한 것일 수도 있다. 하지만 어떤 이들은 사도는 여기에서 신령한 친교가 아니라 단지 일상적인 교제를 금지하고 있는 것이라고 생각한다. 왜냐하면, 이 본문에 나오는 이 단어는 일반적으로 그런 의미로 사용되고, 해석자들도 그런 의미로 이 단어를 번역하는 반면에, 신령한 친교는 신약성경에서 또 다른 단어로 표현되기 때문이다. 즉, 여기에서 사용된 단어는 '쉰아나미그뉘스타이'이지만, 요한일서 1:3에서 신령한 친교를 의미하는 "사귐"을 말할 때에는 '코이노니아'를 사용하고 있다는 것이다: "우리가 보고 들은 바를 너희에게도 전함은 너희로 우리와 사귐이 있게 하려 함이니 우리의 사귐은 아버지와 그의 아들 예수 그리스도와 더불어 누림이라." 만일 이 단어가 여기에서 신령한 교제를 의미하는 것이라면, 그것은 그런 자를 교회로부터 내쫓아서 사탄에게 내주는 것을 의미하는데, 그것은 아래의 15절에서 사도가 "그러나 원수와 같이 생각하지 말고 형제 같이 권면하라"고 말한 것과 배치되는 것으로 보인다. 즉, 이것은 우리 주님께서 마태복음 18:17에서 "만일 그들의 말도 듣지 않거든 교회에 말하고 교회의 말도 듣지 않거든 이방인과 세리와 같이 여기라"고 말씀하신 그런 것이 아니다. 물론, 우리는 출교하기 전에 "권면"이 먼저 선행된다는 것을 알고 있기는 하지만, 어떤 형제를 하나님의 백성과의 모든 일상적이고 친밀한 교제로부터 배제시키는 것은 그 자체만으로도 그 형제에게 큰 벌이고 고통이다. 어떤 이들은 사도는 여기에서 교회의 지도자들에게 그런 자들을 구체적으로 "지목하여" 온 교회로 하여금 그들과 사귐을 갖는 것을 금지시키는 조치를 하라고 명하고 있는 것으로 이해한다. 독자들이 알아서 잘 판단하기 바란다.

그로 하여금 부끄럽게 하라. 사도는 그런 자들을 "지목함"과 아울러 "사귀지 말라"고 명한 목적을 여기에서 밝히는데, 앞에서 그런 자들에게서 떠나라고 말하였을 때에는 이 말을 덧붙이지 않았다. 그래서 어떤 이들은 거기에서는 단지 그런 자들과 친밀하게 사귐으로써 성도들이 그런 자들의 죄에 물드는 것을 피하도록 하기 위한 것이었던 반면에, 여기에서는 거기에서 한 걸음 더 나아가서, 완악한 마음으로 불순종하는 그런 자들에게 창피를 주어서 그들로 하여금 수치를 느끼게 하기 위한 것이 이러한 추가적인 조치들의 목적이라고 말하고 있는 것이라고 생각한다. 그러나 나는 굳이 그렇게 한정해서 해석할 필요는 없다고 본다. 왜냐하면, 여기에서 교회가 그런 자들을 부끄럽게 만드는 것은 그런 자들을 미워하거나 증오해서가 아니라, 그런 자들의 유익을 위한 것, 즉 그들이 부끄러워하게 되는 것이 그들의 참된 회개의 첫 걸음이 될 수 있게 하기 위한 것이기 때문이고, 교회의 모든 권징은 그런 목적으로 이루어지는 것이 마땅하기 때문이다. 본질적으로 죄에는 부끄러운 것이 내포되어 있어서, 죄인들은 자신들이 범한 죄를 회개하게 될 때, 그 부끄러운 것을 보고서, 부끄러워하게 된다(사 1:29; 겔 16:61). 그래서 사도는 로마서 6:21에서 "너희가 그 때에 무슨 열매를 얻었느냐 이제는 너희가 그 일을 부끄러워하나니 이는 그 마지막이 사망임이라"고 말한다. 하나님께서는 죄인들이 부끄러움을 알지 못한다고 탄식하신다(렘 3:3, "그럴지라도 네가 창녀의 낯을 가졌으므로 수치를 알지 못하느니라"). "부끄러워하는" 것은 짐승들의 본성에는 없고 사람들에게만 존재하는 본성적인 감정이고, 타락 이전의 인간에게는 없었던 감정이다. 그것은 죄로 인하여 생겨난 고유한 결과이기 때문에, 그 자체로는 미덕이 아니지만, 공공연하게 큰 악을 저지르는 것을 억제하고, 사람들로 하여금 자신들의 외적인 행실을 단정하게 유지하게 하는 데 유용하다. 또한, 하나님께서는 사람들을 참된 회개로 이끄시는 데 "부끄러움"을 사용하기도 하신다. 어떤 사람을 시기하거나 미워해서 그 사람에게 창피를 주는 것은 사랑의 법을 어기는 것으로서 죄악이지만, 어떤 사람의 비위를 맞춰주거나 친밀하게 사귐으로써, 그 사람을 완악하게 하여 자신의 죄를 계속해서 고집하게 만드는 것보다는, 그 사람을 회개로 이끌기 위하여 창피를 주는 것이 훨씬 더 옳은 일이다.

15. 그러나 원수와 같이 생각하지 말고 형제 같이 권면하라.

사도는 무질서하게 행하고 불순종하는 자들을 어떻게 조치해야 하는지를 데살로니가 교회에 명한 후에, 그들이 그런 자들을 대할 때에 내적으로 어떤 생각과 마음을 가져야 하고, 외적인 행위와 관련해서는 어떤 태도를 취해야 하는지에 대해서 그들에게 구체적으로 명한다. **그러나 원수와 같이 생각하지 말고.** 사도는 먼저 그들에게 그런 자들을 "원수"로 여겨서는 안 된다고 말함으로써, 죄 범한 형제와 공공연한 원수는 큰 차이가 있기 때문에, 이 둘을 혼동해서는 안 된다는 것을 분명히 한다. 데살로니가 교인들은 그런 자들을 원수로 여겨서 미워해서도 안 되고, 복음에 대하여 적대감을 지니고서 기독교 신앙을 박해하는 자들과 똑같이 취급해서도 안 되며, 그런 자들을 절대로 용서할 수 없다는 그런 마음으로 그 사람들을 대해서도 안 된다는 것이다.

형제 같이 권면하라. 여기에서 사도는 데살로니가 교인들이 그런 자들에게 외적으로 어떻게 행해야 하는지에 대하여 말하는데, 그것은 그런 자들을 "형제"로 여기고서 훈계하고 경책하여야 한다는 것이다. 이러한 훈계와 경책은 사적으로든 공적으로든, 사역자에 의해서든 같은 형제로서든, 온유하게든 심하게든 행해질 수 있지만, 거기에는 경고가 포함되어 있어야 한다. 헬라어에서는 그러한 훈계나 경책을 정도의 경중에 따라서 세 단어로 표현한다: '누테시아' (νουθεσία), '에피티미아' (ἐπιτιμία), '에피플렉시스' (ἐπίπληξις). 이 본문에서는 그 중에서 첫 번째 단어가 사용되고 있기 때문에, 사도는 여기에서 그런 자들에게 그들이 범한 죄가 무엇인지, 그들이 마땅히 행했어야 할 의무가 무엇이었는지를 일깨워 주어서, 그런 것들을 그들의 마음에 담아 두게 해야 한다고 말하고 있는 것이다. 데살로니가 교인들은 그런 자들과 어울려서 친밀하게 지내서는 안 되고, 그들을 경책하고 훈계하기 위한 목적으로만 그들을 만나야 한다. 사도가 여기에서 말한 경책은 교회 앞에서 공적으로 행해질 수도 있고, 사적으로 행해질 수도 있는데, 우리 구주께서는 마태복음 18:15-17에서 사적인 경책을 먼저 하고, 그런 후에 교회 앞에서 공적인 경책을 하라고 구체적으로 명하셨다: "네 형제가 죄를 범하거든 가서 너와 그 사람과만 상대하여 권고하라 만일 들으면 네가 네 형제를 얻은 것이요 만일 듣지 않거든 한두 사람을 데리고 가서 두세 증인의 입으로 말마다 확증하게 하라 만일 그들의 말도 듣지 않거든 교회에 말하고 교회의 말도 듣지 않거든 이방인과 세리와 같이 여기라." 따라서 교회는 단지 그런 자들과 어울리지 않는 것만이 아니라, 그들에게 경책하는 것으로도, 그런 자들을 회개시키기 위하여 애써야 하고, 어느 경우이든 그런 자들을 "형제"로 대하는 것을 잊어서는 안 된다.

사도가 여기에서 그런 자들을 "형제 같이 권면하라"고 말한 것은 그런 자들이 여전히 형제로서의 신분을 지니고 있음을 일깨워 주는 것일 수 있다. 즉, 그런 자들은 비록 죄를 범했다고 할지라도, 원수나 이교도나 가시적인 교회 밖의 외인이 아니라, 엄연히 "형제"라는 것이다. 어떤 이들은 사도의 이 말을 근거로 해서, 사도는 앞에서 그런 자들을 출교시키라고 명한 것이 아님을 이 말이 분명하게 보여 주는 것이라고 생각한다. 또는, 사도가 이렇게 말한 것은 교회에서 그런 자들에게 경책할 때에 어떤 태도를 지녀야 하는지를 명하고 있는 것일 수 있다. 즉, 그런 자들을 경책하는 목적은 그들을 얻는 데 있기 때문에, 한 형제를 사랑하고 긍휼히 여기는 마음으로 온유하게 경책해야 하고, 가혹하게 꾸짖거나 몰아세워서는 안 된다는 것이다.

우리 주님께서는 “만일 들으면 네가 네 형제를 얻은 것이요”(마 18:15)라고 말씀하심으로써, 이런 경우에 경책의 목적이 무엇인지를 분명하게 말씀해 주고 계시는데, 그러한 목적을 이루기 위해서는 경책은 정말 사려 깊고 지혜롭게 행해져야 한다. 따라서 그런 자들을 경책하는 자들은, 그들의 기질, 그들이 범한 죄의 경중, 세상에서 그들이 처해 있는 외적인 환경이나 여건, 그들의 나이 등과 같이, 그들이 살아가는 시대나 장소와 관련된 모든 요인들을 다 종합적으로 고려해야 한다는 것이다.

16. 평강의 주께서 친히 때마다 일마다 너희에게 평강을 주시고 주께서 너희 모든 사람과 함께 하시기를 원하노라.

평강의 주께서 친히 … 너희에게 평강을 주시고. 사도는 자신이 하고자 한 말들을 다하였기 때문에, 이제 서신을 마무리하는 수순으로 들어가서, 먼저 데살로니가 교인들을 위하여 기도한다. 사도가 그들을 위하여 기도하는 것은 “평강”이다. “평강”이라는 단어는 여러 가지 다양한 의미로 사용되고, 아주 포괄적인 의미를 지니고 있기는 하지만, 우리는 여기에서 사용된 평강은 형제들 간에 하나가 되어 화목하게 지내는 것을 의미하는 것으로 이해하여야 한다. 사도가 데살로니가 교회에 실제로 존재하는 어떤 분쟁이나 파당을 염두에 두고서 이렇게 기도한 것인지, 아니면 데살로니가 교회에서 무질서하게 행하는 자들을 처리하는 가운데서 그들 사이에 일어날 수도 있는 어떤 분쟁을 염려해서 이렇게 기도한 것인지는 확실하지 않다. 이렇게 형제들 간에 하나가 되어 화목하게 지낸다는 의미에서의 “평강”은, 믿는 자들 가운데서 복음이 존귀히 여김을 받게 해 주고, 믿는 자들로 하여금 위로와 힘을 얻고 덕세움을 받게 해주는 데 아주 중요한 것이었기 때문에, 사도는 여러 교회들에 보낸 자신의 서신들에서 이것을 역설하고 기도한다. 사도는 자기가 기도를 올리는 대상을 “평강의 주”라고 표현하는데, 나는 사도가 예수 그리스도를 그렇게 표현한 것이라고 생각한다. 그리스도는 종종 “평강의 왕”이라 불린다(사 9:6). 사도는 데살로니가전서 5:23에서 하나님을 “평강의 하나님”이라고 부른다. 하나님과 우리 사이, 그리고 유대인과 이방인 사이를 화목하게 하셔서 그들 간에 평강이 있게 하신 분은 그리스도이시고, “평강”은 성령께서 그리스도인들의 심령 속에서 만들어 내시는 열매들 중의 하나이다(갈 5:22). 그리스도인들의 참된 평강은 그리스도의 선물이기 때문에, 사도는 주께서 그들에게 평강을 주시기를 기도한다. “주께서 친히”라는 사도의 표현 속에는, 이 평강은 오직 그리스도만이 주실 수 있다는 것, 그리고 이 평강을 누리는 것은 특별한 복과 은혜라는 의미가 내포되어 있다. 따라서 사도가 데살로니가전서 5:23에서 "평강의 하나님이 친히 너희를 온전히 거룩하게 하시고"라고 말하면서, "평강의 하나님이 친히"라는 어구를 사용하고 있는 것에 대해서도, 우리는 여기에서와 마찬가지로 해석하여야 한다.

때마다 일마다. 여기에서 사도는 하나님과 우리 간의 평강이나 형제들 간의 평강이 바람직한 것이기는 하지만, 얻기가 어려운 것임을 보여 준다. 평강은 우리가 전심전력을 다해서 얻고자 할 만한 가치가 있는 것이고, 그러한 노력이 없이는 얻기 힘들다. 그래서 사도는 로마서 12:18에서 사람들 중에는 자신의 타고난 기질을 고집하여 행함으로써 그 누구와도 화목하게 지내려고 하지 않는 자들이 있지만, "할 수 있거든 너희로서는 모든 사람과 더불어 화목하라"고 말하고, 히브리서 12:14에서는 "모든 사람과 더불어 화평함과 거룩함을 따르라 이것이 없이는 아무도 주를 보지 못하리라"고 경고하며, 에베소서 4:3에서는 "평안의 매는 줄로 성령이 하나 되게 하신 것을 힘써 지키라"고 권면하고, 베드로전서 3:11에서는 "악에서 떠나 선을 행하고 화평을 구하며 그것을 따르라"고 명한다. 그러므로 사도는 여기에서도 데살로니가 교인들이 그들 간에 언제나 중단 없이 평강을 누릴 수 있게 해주시기를 아주 간절하게 기도한다. 즉, 사도는 그들 가운데서 한시라도 분열이나 분쟁이 일어나지 않게 되기를 간절하게 바란다. 또한, 사도는 "때마다"라는 표현에 "일마다"라는 표현을 추가함으로써, 그들의 생각이나 말이나 행동이나 그 어떤 것에서든지, 그들이 다 한마음과 한뜻으로 하나가 되기를 바라는 자신의 간절한 심정을 기도로 올려드린다.

주께서 너희 모든 사람과 함께 하시기를 원하노라. 사도는 마지막 작별인사로 이 말을 여기에 덧붙인다. 이것은 사도가 그들 중에서 무질서하게 행하는 자들을 호되게 책망하긴 했지만, 그들 모두를 깊이 사랑하고 있음을 보여 준다. "주께서 함께 하시기를 원한다"는 사도의 기도는 천국에 속한 모든 지극한 복들을 그들에게 주시라는 기도이기 때문에, 이것은 사도가 그들을 위하여 구할 수 있는 것들 중에서 가장 큰 것을 구한 기도이다. 우리가 작별인사로 통상적으로 사용하는 말인 '아듀'(Adieu)는 상대방을 하나님께 맡겨드린다는 뜻이다.

17-18. [17]나 바울은 친필로 문안하노니 이는 편지마다 표시로서 이렇게 쓰노라 [18]우리 주 예수 그리스도의 은혜가 너희 무리에게 있을지어다.

이것은 사도가 자신의 서신을 다 끝마치고, 작별인사까지 한 뒤에, 이 서신이 자기가 진짜로 보낸 것이고, 자신이 보낸 진본임을 증명하기 위하여 덧붙인 것이다.

왜냐하면, 이후에 신조들과 예전들과 복음서들과 교부들의 글들을 위조하고 날조한 자들이 많았던 것과 마찬가지로, 당시에도 사도의 서신들을 위조한 자들이 종종 있었고, 사도는 자신의 서신들이 위조되어서 유포되는 일이 생기게 되면, 교회들에게 아주 위험스러운 해악을 끼칠 수 있다는 것을 알고 있었기 때문이었다. 모든 시대의 이단들, 특히 로마 가톨릭 교회는 이 위조와 날조의 죄에 깊이 연루되어 왔다. 로마서 16:22에 나오는 구절, 즉 "이 편지를 기록하는 나 더디오도 주 안에서 너희에게 문안하노라"는 구절이 "더디오"라는 필사자가 로마서를 대필하였음을 분명하게 보여 주듯이, 이 두 절에서 사도가 하는 말은 데살로니가후서도 대필되었을 가능성이 대단히 높다는 것을 보여 준다. 사도가 갈라디아서 6:11에서 "내 손으로 너희에게 이렇게 큰 글자로 쓴 것을 보라"고 말한 것이나 빌레몬서 1:19에서 "나 바울이 친필로 쓰노니 내가 갚으려니와 네가 이 외에 네 자신이 내게 빚진 것은 내가 말하지 아니하노라"고 말한 것은, 갈라디아서와 빌레몬서의 경우에는 사도가 직접 썼을 가능성이 높다는 것을 보여 준다는 점에서, 사도는 자신의 서신들을 늘 대필시켰던 것은 아닌 것으로 보인다. 하지만 여기에 나오는 문안인사는 사도가 직접 자신의 손으로 썼는데, 여기에서 사도 자신이 직접 밝히고 있듯이, 오직 이 서신에서만이 아니라 자신의 모든 서신들에서 사도는 그렇게 하였고, 또한 사람들이 사도 바울이 직접 쓴 것임을 알아볼 수 있는 특징적인 글자들로 썼다. 만일 그렇게 하지 않았다면, 사도의 서신들을 위조하고자 하는 자들은 쉽게 그것을 위조할 수 있었을 것이다. 사도가 여기에서 한 말은 내가 이미 다른 곳에서 설명했기 때문에, 여기에서 더 덧붙일 말은 없다.

매튜 풀 청교도 성경주석 19
에베소서~데살로니가후서

1판 1쇄 발행 2015년 10월 28일
1판 2쇄 발행 2017년 4월 28일

펴낸이 박명곤
디자인 디자인집 지윤경, 요나미디어 고봉환(02-991-9191)
마케팅 박지성
경영지원 김영은
펴낸곳 크리스천다이제스트
출판등록 제406-1999-000038호
전화 031-911-9864 **팩스** 031-944-9820
주소 경기도 파주시 회동길 152 피노키오뮤지엄 4층
홈페이지 www.cdp1984.com **이메일** cdp1984@naver.com